신약교회사

– 반카톨릭 교회사 –

B.C.4 – A.D.1984

피터 럭크만 지음

편집부 옮김

말씀보존학회

The History of

THE NEW TESTAMENT CHURCH

By

Peter S. Ruckman, Ph.D.

Bible Baptist Bookstore

Pensacola, Florida

1995, 1997 / Korean by Word Of God Preservation Society

Seoul, Korea

신약교회사

이 책에 인용된 성경 구절은 〈한글킹제임스성경〉 입니다.

이 책을 내면서

신약 교회사라 하면 거의 로마 카톨릭 교회와 친카톨릭 교회의 관점에서 본 교회사이다. 로마 카톨릭 교회는 콘스탄틴이 즉위한 A.D.312년부터 종교적 권력을 휘두른 것은 물론이요 정치적 권력까지도 행사해 왔다. 지금도 바티칸은 엄연한 국가로 존재하면서 세계의 전쟁, UN의 활동, 세계 경제, 종교 통합, 민족 분쟁 등에 개입하고 있으며 심지어 우루과이라운드(UR), 시장 개방, 동성연애와 낙태에 이르기까지 개입하지 않는 곳이 없다.

카톨릭 교회는 그들이 종교와 정치의 권력을 장악하면서부터 성경대로 믿음을 지키려는 그리스도인들을 박해하고 고문하고 죽이기를 주된 일로 삼아왔다. 특히 암흑시대 기간에는 성도들의 손에서 성경을 빼앗아 버렸으며 나중에는 그들의 식성대로 고친 성서를 주면서 하나님의 말씀이라고 속였던 것이다. 그 성경이 바로 림즈 듀웨이 성경(Rheims Douay, 1582)이며, 시내사본과 바티칸사본에서 나온 성경이요, 제롬의 벌게이트와 웨스트코트와 홀트, 네슬판 성경과 동질의 성경이며, 영어 개역성경 RV, ASV, RSV, NASV, NIV, Living Bible로 이어지는 성경의 모체인 것이다. 우리나라의 성서공회에서 나온 개역한글판성경, 공동번역, 표준새번역도 이 계보에서 나온 것들이다. 그때나 지금이나 그리스도인들은 그런 성경을 하나님의 말씀으로 받아들이지 않았다. 그 이유는 성도들 안에 내주하신 성령님께서 그것은 성경이 아니라고 일깨워 주시기 때문이다.

이들은 변개된 성경, 성직자 제도, 세례, 사도신경 암송, 건물을 성전시하는 경향, 주일마다 갖는 성찬식, 마리아 숭배, 비성경적 전통을 준수하는 일들을 마치 성경적 교리인양 지금도 실행하고 있다. 성경대로 믿는 그리스도인들은 이런 비성경적인 가르침을 수용하지 않음으로써 늘 교권을 장악하고 있는 다수에게서 이단으로 지목되었던 것이다. 믿음이 진리에 뿌리내리지 못한 사람들은 하나님을 두려워하지 않고 사람들을 두려워하기에 그리스도의 편에 서기를 스스로 거부해왔다. 흔히 개신교(Protestantism) 하면 로마 카톨릭 교회에 항거하여 대단한 일을 이룩해 놓은 것으로 생각한다. 그러나 개신교는 아무것도 고쳐 놓은 것이 없다. 오히려 지금까지도 카톨릭의 실체를 모른 채 신약 교회의 하나로 인정해 주고 있을 뿐이다.

이제껏 비진리에 항거한 성경대로 믿는 교회들이 어떻게 믿음을 지켰는지는 제대로 알려질 길이 없었다. 그것은 로마 카톨릭 교회와 친카톨릭 교회의 숲에 가리워져 있었으며 늘 그늘진 곳과 지하에 묻혀 있었기 때문이다. 이런 상황에서 B.C.4년부터 1984년까지의 반카톨릭 교회사인 신약 교회사를 기록했다는 것은 피터 럭크만 박사만이 이룩해낼 수 있는 또 하나의 위대한 업적인 것이다. 이 교회사를 공부하는 독자 여러분께서는 생생한 자료와 정확한 근거에 입각한 가식 없는 역사적 사실에 다시 한 번 경탄을 금치 못하게 될 것이다.

초대 교회 이래로 성경대로 믿는 사람들은 성경과 더불어 살았고 성경과 더불어 죽었다. 그들은 결코 자신의 유익과 편의를 위해 예수 그리스도를 부인한 적이 없었다. 왜냐하면 그 분이 우리를 위해서 먼저 죽으셨기 때문이다.

몬타니스트(Montanists), 노바티안(Novatians), 도나티스트(Donatists), 네스토리안(Nestorians), 폴리시안(Paulicians), 보고마일(Bogomiles), 카타리(Cathari), 왈덴스(Waldenses), 알비겐스(Albigenses), 유카이트(Euchites), 메살린(Messalines), 재침례파(Anabaptists), 모라비안(Morabians) 등 우리 믿음의 선배들은 친카톨릭적 냄새조차도 싫어했던 것이다. 우리들은 믿음의 선배들의 이름과 믿음을 더럽혀서는 안될 것이다. 종교개혁을 일으킨 마틴 루터의 후예들도 루터의 이름을 더럽히지 않아야 할 것이다.

우리는 이런 교회사를 가르치고 배우는 교회와 신학원이 있다는 것에 자긍심을 갖는다. 또한 이 땅에도 바알에게 무릎꿇지 않은 많은 성경대로 믿는 그리스도인들이 있는 줄로 믿는다.

이 책과 더불어 여러분의 믿음의 색깔이 투명해지기를 바라마지 않는다.

1995. 10.
말씀보존학회 대표
이 송 오 목사

서 문

성경적 기준으로 보아 교회사는 주로 신약 시대에 시작된 지역 모임들의 역사를 다루게 된다. 그러나 이제껏 쓰여진 많은 교회사들이[될린져(Döllinger), 워커(Walker), 피셔(Fisher), 네안더(Neander), 모쉐임(Mosheim), 샤프(Schaff), 캐언즈(Cairns), 뉴만(Newman) 등] 주로 다룬 것은 반(反)교회사라고 불러야 하는 내용들이었다. 그것은 거의 대부분의 교회사가들이 교회사를 집필할 때 중요한 참고 자료로 삼아야 할 성경을 무시하고 있기 때문이다. 필립 샤프(Philip Schaff)는 8권이나 되는 기독교회사를 쓸 때(이 기독교회사란 성경을 믿는 사람들의 역사일텐데도) 오헤어(Madalyn Murray O'Hair)나 웨스트코트와 홀트(Westcott & Hort)만큼도 성경의 능력과 권위를 의식하지 않았다.

우리의 교회사는 두 가지 전제하에 쓰여졌다. 우리의 전제란 대부분의 교회사들이 실제로는 반(反)교회사라는 사실이다. 즉 대부분의 교회사들은 신약 교회의 최대의 적으로 드러난 정치적, 종교적 기구를 중심으로 교회의 성장과 발전의 역사를 기록하고 있다. 마지막 시대에(1970-1994) 이 실체는 국제 공산주의와 연합한 로마 카톨릭 지도부임이 분명히 밝혀지고 있다.

샤프(Schaff), 맥기퍼트(McGiffert), 라투렛(Latourette), 라가르데(LaGarde), 돌링거(Dollinger), 헤펠(Hefele) 및 기타 여러 사람들은, 로마 카톨릭 교회와 신약 교회가 전혀 닮은 데라고는 없는데도 로마 카톨릭 교회를 교회사의 주류인 양 취급해 왔다.

신약 교회와 로마 카톨릭 교회의 역사는 너무나 다르고 양립할 수 없기 때문에, 이들을 연결시키려면 온갖 종류의 술수를 동원해야 할 판이다. 즉 속임수, 속다르고 겉

다른 말, 외경적 자료들, 외부 증인들, 날조된 문서와 감상적 픽션까지 다 동원해도 모자랄 지경이다. 신약 교회와 로마 카톨릭 교회와는 조직, 교회 행정, 예배 방식, 지향하는 바, 믿음의 내용, 활동, 목적, 목표, 혹은 그 열매에 있어서도 완전히 다르다.

준(semi)교회사란 신약 교회가 역사 속을 움직여 갈 때 만나게 되는 인물이나 사건을 다루는 것으로, 로마가 신약 교회의 복음 증거를 방해하는 데 적극적으로 개입한 것과는 달리, 신약 교회의 복음증거를 적극적으로 방해하는 일에는 개입하지 않은 인물, 제도, 사건 및 상황들의 역사라 할 수 있다. 한편 세속사는 역사를 종교적 측면과는 별개로 다루는 것이며, 교회의 영향이나 그리스도인들이 문화에 기여한 바 등을 가끔 언급하기도 한다. 그러나 소위 웰즈(Wells), 듀란트(Durant), 스펭글러(Spengler), 처칠(Churchill), 깁본(Gibbon) 등과 같은 역사가가 다루는 것들은 우리가 지금부터 고찰하고자 하는 신약 교회사와는 실제적으로는 전혀 관련이 없다.

우리의 전제는 <킹제임스성경> 1611년판이 이제껏 번역 출판된 모든 성경 중 가장 정확한 최고의 성경이며, 휴거 이전 이 지구상에 하나님께서 계시하신 최고의 권위라는 사실이다. 즉, 이 성경이야 말로 성경대로 믿는 사람들에게 있어서 믿음과 실행의 모든 문제를 가늠하는 오류없고 완벽한 최종권위이다. 우리는 이 사실을 증명해 줄 많은 자료를 충분한 시간과 공간을 할애하여 제시했으므로, 독자 스스로 진실을 찾아낼 수 있다고 생각하며, <킹제임스성경>에서 잘못을 찾아 냈다든가, 이 지구상 그 누구도 본 적이 없는 "원본"만이 "축자적으로 완전히 영감"을 받아 쓰여졌다고 하는 "근본주의자"들의 주장이나 인용문들로 인해 오도되지 않기를 바란다. <킹제임스성경>으로부터 번역된 성경은(이미 800여 언어로 번역되었다) 이 시대 마지막에 이르기까지 하나님의 축복을 받을 것이며, 특히 히브리어로 번역된 신약성경은 하나님의 특별한 축복을 받을 것이다.

우리는 헬라어 표준원문이 어디서 기원되었으며, 이 원문으로부터의 번역성경들이 어떻게 만들어졌고 보존되어 왔는가, 이 원문들을 암흑 시대에도 사용한 사람들은 누구인가, 이 원문을 없애려고 한 자들은 누구였던가, 또한 어떻게 참된 헬라어 원문들이 독일의 종교개혁과 인쇄술에 의해 살아 남게 되었는가를 자세히 설명할 것이다. 우리는 또한 알렉산드리아 이단들이 추천하고 보급해 온 알렉산드리아 원문의 기원(40개가 넘는 원천 자료를 동원하여)이 무엇이었는가에 대해 충분한 자료도 제시할 것이며, 어떻게 이 추악하고 위조된 "성경"이 암흑 시대로 침투해 들어갔는지도 설명할 것이다.

오리겐, 유세비우스, 콘스탄틴과 제롬 등에 의해 만들어진 이 알렉산드리아 원문은 서구문명에서 가장 형편없는 시기, 즉 "암흑 시대" 기간 중 "기독교계"의 공식 "성경"이었다. 카톨릭 수도승, 주교, 사제, 신부, 예수회 회원 및 교회들이 이 성경의 교훈을 가르치고 강론했으나, 그 열매란 끊임없는 사기극, 혼돈, 왜곡된 정치, 모함, 투서, 진실왜곡, 대량투옥, 고문, 종교적 이유에 의한 대량 학살뿐이었다. 만약 우리가 어떤 책을 그 열매로 판단하는 것이 옳다면, 우리는 주저없이 알렉산드리아 원문(20세기의 ASV, NIV, New ASV)은 "성경"이라는 이름하에 추천 보급되어 왔던 가장 타락하고 불경건하며 그리스도를 모독하는 책이라는 사실을 인정해야 할 것이다. 암흑 시대에 이 알렉산드리아의 위조 성경은 제롬의 '라틴 벌게이트'(Jerome's Latin Vulgate)라고 불렸으며, 종교개혁 시대에는 <림즈 듀웨이 역본, *Douay Rheims Version*, 1582>이라 불렸고, 금세기에는 여러 가지 이름(RV, ASV, NASV, RSV, NRSV, IV, NIV, NEB, TEV 등)으로 번져 나가 기독교 대학을 주도하는, 죽었으나 그래도 정통이라고 우겨 대는 배교자 그룹만큼이나 많아졌다.

만약 우리가 이처럼 믿음에 관한 모든 일들에 있어 성경을 그 기준으로 받아들인다면, 우리는 교회사가 7개의 중요한 시대로 되어 있음을 믿을 것이다. 그 첫 번째 시대는(에베소 시대, 계 2:1) 사도들의 시기로 명명될 수 있는데, 마태복음 10장에서 부름 받은 최초의 신약 교회로 시작되어 마지막 사도의 죽음과 더불어 A.D.90년에 막을 내리게 된다.

교회사의 제2시기(스머나 시대, 계 2:8)는 일반적으로 A.D.90년에서 A.D.325년까지에 해당되고 제3시기(퍼가모 시대, 계 2:12)는 A.D.325년부터 A.D.500년까지에 해당된다. 교회에 관한 역사적 사건들을 다루게 될 때 역사가들은(그들이 구원을 받았든 그렇지 않든, 혹은 어떤 교단에 속해 있던 간에) <킹제임스성경> 계시록 2장과 3장에 나와 있는 체계를 그 기준으로 삼게 된다. 그들은 첫 번째 시대를 사도적 교부 시대(Apostolic Fathers)로, 두 번째 시대를 니케아 이전 교부 시대(Anti-Nicene Fathers)로 그리고 세 번째 시대는 니케아 이후 교부 시대(Post-Nicene Fathers)로 명명하고 있다. 재미있는 것은 하나님께서는 종종 성경을 거부하는 "그리스도인"들로 하여금 성경적 문장, 표현, 체계, 분류 방법을 사용하도록 하시며, 거의 모든 사람들이 성경적 시대 구분을 따르도록 하신다. 예를 들면 로마 카톨릭 역사가들이 "암흑 시대"(The Dark Ages)를 "중세"(The Middle Ages)로 변경시키고자 했을 때(이는 이 시기 동안 유럽을 다스린 장본인이 로마 카톨릭 교회였고, 그 결과가 유럽 역사상 최악의 상황이었기 때문에, 그들이 남긴 역사적 오점을 지워 버리기 위한 시도였음) 그들은 성경의 함정 속에 빠져 버린 것이다. 그들은 A.D.500-1500년 시기를 "중세"라고 명명함으로써 그들과 그들의 뒤를 따르던 개신교 역사가들로 클라렌스 라킨(Clarence Larkin)이 1918년에 쓴 <세대적 진리, *Dispensational Truth*>라는 책에 나오는 도표에 입각하여 예수 그리스도의 재림 시기를 정한 셈이다. 이 도표들은 <킹제임스성경>으로부터 도출된 것으로 일곱 체계(Seven-sevens system)를 찾아내어 만든 것이다(일곱 체계는 레위기 23, 25장, 벧후 3:8, 요 2:1, 마 17장 등에 나와 있음). 이 체계는 교회 역사 첫 500년을 "저녁 경점"(even watch)로, 그 다음 천년을 "밤중 경점"(midnight watch)과 "닭 울 때의 경점"(cock crowing watch)으로 그리고 그 다음 500년을 "아침 경점"(morning watch)으로 분류하고 있다(막 13:35). 따라서 A.D.500-1000년으로부터 시작되는 시기에 "중간"(middle)이란 명칭을 붙이는 사람은(자의든 타의든 상관없이) A.D.500년까지를 "시작"으로 그리고 마지막 500년을 "끝"으로 인정하고 있는 셈이다. 라투렛(Latourette)은 그의 <기독교 팽창사, *A History of the Expansion of Christianity*>에서 다른 역사가들과 마찬가지로 이 함정에 자기도 모르게 걸려들고 말았다. 그는 그의 교회사 제2권을 "1000년 간의 불확실한 시대"라고 불렀는데, 그가 정한 시기는 A.D. 500-1500년으로 이 시대는 로마 카톨릭이 유럽을 장악하고 있던 시기였다. 그 시기에 관심이 없는 것은 물론 재림을 믿지도 않는 자들이 이처럼 A.D.2000년을 예수 그리스도의 재림 시기로 정해 놓은 것은 매우 신기한 사실이다. 이처럼 하나님께서는 현명한 자들로 그들의 꾀에 빠지게 하시는 데 명수이신 것이다(고전 3:19). 최근에 와서는 역사가들이 그들의 "실수"를 깨닫고서는 실제의 암흑 시대는 A.D.800년까지는 시작된 바 없다고 은밀하게 발뺌을 하면서 르네상스는 암흑 시대의 일부분이 아니라고 주장하고 있다.

교회사의 제4시기(두아티라 시대, 계 2:18)는 "위대한" 교황 레오 시대로부터 십자군 시대까지에 해당된다(대략 A.D.500-1000년). 제5시기(사데 시대, 계 3:1)는 A.D. 1000-1500년 사이이며, 제6시기(필라델피아 시대, 계 3:7)는 종교개혁이 포함되는 시기이다(A.D.1500-1900). 종교개혁 시대로 들어오게 되면(혹은 종교개혁이 완성된 시기, 즉 1600-1700년) 우리는 교회사에 있어 필라델피아 교회 시대를 꽃피우는 시기를 맞이하게 된다. 이때쯤이면 독자께서도 신약 지역교회와 로마 카톨릭 음녀(계 17장)와의 차이에 대해서 충분히 인식하셨으리라고 짐작된다. 모든 종교 개혁자들이 교황을 적그리스도로 간주했고[5], 따라서 카톨릭 교회는 사탄의 신부라고 여겨졌던 것이다. 비록 카톨릭 교회가 "자선 행위", 수녀들의 봉사, 병원 건립, 고아원 운영, 흑인 향상 협의회의 지원, 라틴 아메리카의 공산주의 지원 등을 통해 그럴싸한 "간증"들을 내세우기도 하지만, 오늘날까지도 그리스도인들을 살해해 온 이 사악한 집단은 때때로 그 가면을 벗어 제낀 채 피 묻은 얼굴을 불쑥 내밀고 있다(계 17:5-9).

이 때는 로마 교회가 벌써 14세기 간의 "발전"을 이룩해 놓은 시점이다. 물론 이 경우 "발전"이라는 것은 배도를 뜻한다. "진화"라는 어휘가 때로는 "퇴보"를 뜻한다는 사실은 명백하다. 원래의 사도적 부르심에 충실하고 사도 바울에게 주어진 계시에 충실했던 교회들은 신약성경을 훨씬 뛰어넘는 따위의 "발전"은 하지 않았다. 물론 여러가지 믿음의 실행과 고백들이 때때로(행 15장) 정의내려진 적은 있으나, 소위 "발전"이라고 하는 것은 동방 정교회와 더불어 로마 교회에 국한되는 것이었고, 우리가 이미 보아온 것처럼 이 발전은 겨자씨가 진화하여 푸른 월계수(시 37:35)가 되어 마귀들이 거처하는 둥지가 되어 버렸음을 뜻한다(마 13:32). 이 종교적 마귀들은 신학적으로 보아 거짓말쟁이요, 이단인 동시에 잔인한 살인자들로서 방화, 고문, 학살, 암살에 있어 그 어떤 기록도 이들 집단의 기록을 능가하지 못할 것이다(1920-1960년 사이의 모택동, 레닌, 스탈린의 학살 기록이 어쩌면 유일하게 이들보다 앞설지 모르겠다). 게다가 그 기록은 모택동, 레닌, 스탈린 등과는 달리 카톨릭 교회의 지도자들에 의해 예수 그리스도의 이름으로 교회의 공식적인 승인과 때론 "축복"과 더불어 자행된 살상 기록이다.[4] 이러한 행위에 대해 교황이나 주교들이 공식 재가와 승인을 했다는 사실은 의심할 나위가 없다. "거룩한 어머니 교회"의 이름으로, 혹은 "마리아의 성스러운 이름"으로, 때론 신성 모독으로 저질러진 재난들은 유럽의 그 어느 곳에나 지난 1000년 간 너무도 흔한 일들이었던 것이다.

한편 필라델피아 교회 시대는 국가로부터 분리된 지역교회를 여전히 믿고 있는 유럽의 그리스도인들이 "조국"을 떠나 새로운 지평선을 찾아나서게 되는 때이다. 이들은 북쪽으로 가자니 시베리아, 스피치베르겐(Spitsbergen), 젬리아(Zemlya), 아이슬랜드와 그린랜드에서 얼어 죽을 것이고, 남쪽으로 가자니 카톨릭 교회가 시작된 아프리카로 돌아가는 꼴이 되는 셈이요, 동쪽으로 가자니 터키인과 사라센, 모슬렘들이 그들을 죽이거나 노예로 삼는 일을 큰 특권으로 여기고 있는 터요, 그대로 남아 있자니 그들이 아이들에게 물을 뿌리는 세례를 주지 않거나, 로마 카톨릭 주교로부터 허가를 받지 않고 성경을 읽는다면 감옥에 갈 처지에 놓이게 된 것이다. 게다가 유럽과 영국에 살고 있던 성경대로 믿던 모든 그리스도인들은 프랑스, 스페인, 이탈리아, 오스트리아 및 남부 독일의 국가교회들이 선언한 125가지의 저주하에 놓여 있었던 것이다

[트렌트 공의회(Council of Trent), 1545-1564]. 요한 바오로 2세에 의하면 이 저주들은 오늘날까지도 여전히 유효하다. 이는 모든 교황은 선출된 후에 '교회'의 공식 공의회에서 선언된 모든 공식 명령들을 준수할 것을 서명해야 하기 때문이다. 트렌트 공의회는 카톨릭 교회 역사상 가장 오래 열렸으며 가장 중요하다고 간주되고 있다.

카톨릭 교황들이 유럽의 군주들을 선동하여 서로 다투게 함으로써 민족주의의 발흥을 억제하고, 모든 국가들 위에 카톨릭 독재를 수립하고자 부지런히 활동하고 있을 즈음, 이 와중에서 탈출하는 유일한 길은 출렁이는 파도를 넘어 서쪽으로 항해 길에 오르는 것 뿐이었다. 그렇지 않으면 오직 죽음만이 있을 뿐이었다. 이로써 1600-1900년 사이 수십만의 유럽인들이 재난을 피해서 서쪽행을 택했다. 이들이 북미 대륙으로 가져온 기독교는 기본적으로 "프로테스탄트"(개신교)였다(물론 후에 아일랜드, 이탈리아, 쿠바 등지에서 카톨릭 신자들이 몰려오긴 했지만). 미국은 <틴데일 성경>의 개역본인 <제네바 성경>(이것은 1620년 필그림 조상들이 가져온 것이었다)과 <킹제임스성경>에 기초하여 세워졌는데, 이 <킹제임스성경>은 미국에서 인쇄된 최초의 성경이었다. 독립 선언문을 작성한 사람들이나 필라델피아 헌법 기념관에 있는 지도자들 중 그 누구도 예수회의 <림스 성경, 1582> - 즉 오늘날의 ASV, NASV, RSV, NRSV, IV, NIV - 을 하나님의 말씀이나 혹은 "하나님의 말씀의 신뢰할 만한 번역본"이라고 믿지 않았다. 그런 종교적 정신 착란은 영국의 엘리자베스 여왕이나 제임스 국왕도 걸리지 않았던 것이었다. 이들 영국의 통치자들은 오늘날 미국의 리버티 침례 대학, 밥 존스 대학, 성서 침례 대학, 휘튼, 하일즈-앤더슨, 혹은 샌프란시스코 신학교들의 교수요원들보다 훨씬 더 영적 분별력이 뛰어났던 것이다.

<킹제임스성경>은 <제네바 성경>과 마찬가지로 <틴데일 성경>의 개역본이었으므로 미국은 출발부터 제대로 된 국가였다. 이는 미국이야말로 카톨릭이 화형시켰던 반카톨릭적 그리스도인들이 번역한 성경을 가지고 건국된 최초의 국가이기 때문이다. 이것은 역사상 "전무후무한" 사건이었으니, 어째서 미국 역사에 있어 18,19세기 동안 한 명의 카톨릭 신자도 백악관의 주인이 될 수 없었던가를 잘 설명해 준다고 하겠다. 워싱톤, 프랭클린, 제퍼슨, 아담스 그리고 메디슨은 모두 젊었을 때 <킹제임스성경>을 배웠던 것이다. 그들이 알고 있었든지 모르고 있었든지 간에 그들이 "성경"이라고 인정했던 <킹제임스성경>은 <틴데일 성경>이나 <제네바 성경>이 <비숍 성경>과 상반되는 경우에는(비숍 성경은 당시 오늘날의 ASV에 가장 근접했던 성경이었다) <비숍 성경>이 거부되어야 한다는 현명한 원칙하에 쓰여졌던 것이다.

유럽의 두 운동으로 인해 대서양 횡단을 통한 미주 대륙으로의 대량 이민이 가속화되었으니, 그 첫째는 “경건주의 운동”이며, 또 하나는 요한 웨슬리(John Wesley)에 의해 주도된 “감리교 부흥 운동”이었다.

“참된” 교회사에 관한 한 미국과 유럽의 연결 고리는 카톨릭 교회나 그 관련 단체와는 전혀 무관하다. 카톨릭 교회는 이미 A.D.1000년이 되기도 전에 이교도가 되어 버렸기 때문이다. 따라서 미국과 유럽의 성경대로 믿는 사람들의 교제는 독일의 경건주의자 및 모라비안들[스페너(Spener), 프랑케(Franke), 슈팡겐베르크(Spangenberg), 진젠돌프(Zinzendorf), 데이비드 크리스천(David Christian) 등]에 의해 시작되었으며, 그후 피터 뵐러(Peter Bohler)와 그에 의해 개종한 요한 웨슬리에 의해 확고히 되었다. 미국 기독교를 1933년 “금주령 해제”시까지 특징지워 주었던 불길 같은 복음 전파를 미국으로 가져온 사람은 요한 웨슬리와 조지 휫필드였다. 이 두 사람은 마틴 루터와 경건주의자들[이들은 로마 교황이 추천하는 NASV나 NIV 대신 루터(Luther)와 엘지버(Elzevir)가 편수한 <표준원문>을 사용했다]로부터 그들의 영적 유산을 물려받았다.

제7시기는 A.D.1900년경(대략 1884-1901년 무렵)이며, 마지막 시기인 라오디케아 시대가 시작된다(라오디케아 시대, 계 3:14). 이 시대의 교회는 미지근한 것으로 특징지워져 있다(계 3:16). 믿거나 말거나, “하나님의 말씀을 지킨” 교회(계 3:8)가 결국 자신의 재산, 수입 규모를 자랑하는 교회로 “발전”하고 말았다. 그 교회는 이렇게 되고 있는 동안 자신의 그 “촛대”를 빼앗겨 버린 것이다(계 2:5, 시 119:105).

이 일곱 교회 시대는 성경 본문(<킹제임스성경>, 1611)에 에베소, 스머나, 퍼가모, 두아티라, 사데, 필라델피아, 라오디케아 시대로 명명되어 있다(<피터 럭크만의 주석서 요한계시록> 말씀보존학회, 1994, 1:11; 2,3장 참조). 성경에 의하면 인간 역사는 각 시대마다 배교(Apostasy)로 끝나게 되어 있다. 성경을 진지하게 공부하는 학생이라면 역사의 모든 시대는 역사의 창시자께서 기록하신 대로 부정적인 상황을 그 결말로 갖게 된다는 사실을 자기 이름 석자 알고 있는 것만큼이나 잘 알고 있을 것이다. 따라서 “진화론적” 관념을 머리에 담고 교회사를 쓴 모든 기독교 사가들[어거스틴, 샤프, 모든 교황들, 네안더(Neander), 라투렛(Latourette) 등]은 그들의 생애를 바쳐 만든 “역작”에서 이미 비성경적 태도와 비성경적 편견을 보인 것이다. 이와 같은 편견으로 출발한 사람은 역사적 사실들을 해석할 자격이 없는 사람들이다.

이 기간에도 우리가 지금까지 보아 왔던 역사적 악순환이 반복될 것이다. 즉, 복음 전파(설교), 그 뒤를 이은 가르침(교육), 그후 문화(과학과 철학) 그리고 급기야는 배교(에큐메니칼 운동과 성경 권위의 거부)와 이교도화(공산주의, 카톨릭, U.N., 국제 연맹 등)의 과정이 반복될 것이다. 역사상 그 어떤 영적 운동도 이러한 과정을 거치지 않은 적이 없다. 사람, 운동, 기계화 그리고 기념비가 그것이다. 사람은 복음을 전파하는 것이요, 운동은 가르치는 것이며, 기계는 문화를 뜻하며, 기념비는 배교를 의미한다. 미국의 모든 교회와 학교 역시 - 그들의 신앙 고백, 창설자, 학생수, 수입 및 명성과 관계없이 - 이 4단계 가운데 하나의 단계에 속해 있다고 할 수 있다. 어떤 영적 지도자를 따르고 있는 중이거나, 어떤 운동에 관여하고 있거나, 이미 기계를 돌리고 있는 중이거나, 아니면 벌써 관광객들의 눈요깃감이 되어 버렸거나, 그 넷 중의 하나에 해당된다고 하겠다.

만약 누군가가 로마 카톨릭과 루터 교회 그리고 성공회라고 칭하는 기념비를 관광하고 싶으면 유럽과 영국 전역에 박물관처럼 널려 있으니 가보라. 이미 A.D.1800년 이전에 그리고 대다수는 이미 A.D.1200년 이전에 기념비로 전락하고 말았으니 말이다.

성령께서 하시는 성경적 진리의 제시가 가져다 주는 성경적 확신들을 거부한 다음에 쓰여지는 역사는 아무런 가치가 없다. 우리는 성경이 제시하는 대로 사탄은 창세기 3장 이래 거의 모든 인간 활동에 깊은 관심을 보여 왔으며, 지금도 살아서 활동하고 있고 과거 그 어느 때보다도 가장 강력한 능력과 권위를 행사할 미래가 그 앞에 전개될 것임(계 13장)을 인정한다. 이와 같은 사실들에 관한 온전한 진리의 제시라는 관점에서 보자면 거의 모든 교회사가들은 실로 "풋내기"에 불과하다. 우리가 이들을 풋내기로 부르는 것은 그들의 연구나 저술에는 사탄이 교회 역사에 깊이 간여하고 있으며, 많은 사건들이 사탄의 직접적인 역사였다는 사실을 애써 감추려고 하고 있기 때문이다(고후 4:4). 윌 듀란트(Will Durant)는 이에서 한 걸음 더 나아가 사탄은 존재하지 않는 고로 인간의 세속사나 종교사에 있어서도 사탄의 역사는 그 어디에서도 찾아볼 수 없다고 주장한다. 사탄이 교회 역사에는 관여하지 않았다든가 사탄 자체가 아예 존재하지 않는다고 하는 자들은 모두 역사의 교훈들을 해석하는 데 있어서는 철저히 무능한 것이다. 역사가 인간에게 무엇인가를 가르칠 수 없다면, 그 무엇이 인간을 가르칠 수 있겠는가? 결국 역사란 인류의 기록된 경험들인 것이다. 전세계를 미혹하는 존재가 있다면(계 12:9), 그가 교회사가를 속이는 것쯤이야 지구상의 그 어떤 죄인을 속이는 것만큼이나 간단한 일이 아닐 수 없다(세속사든 종교사든 간에). 집요하고 교묘하게 그리고 강력하고 활발하게 진리를 왜곡시키려고 시도하는 존재가 있다는 사실(창 3장)을 무시한 역사 기록은 진리를 찾고자 하는 그 누구에게도 진지한 것으로 받아들여져서는 안된다.

실로 그리스도인은 "길이요, 진리요, 생명이신"(요 14:6) 그분과 사귐을 갖는 사람이요, 진리임을 주장하는(요 17:17) 책을 부여받은 자이다(살전 2:13). 믿는 사람 안에 있는 "진리의 영"(요 14:17)이 그를 모든 진리로 이끈다면(요 16:13), 범세계적으로 6천 년 간에 걸쳐 기회가 주어지면 그 어느 때든지(딤후 2:26) 진리를 왜곡시키기 위해(살후 2:4-10) 온갖 능력과 권위(눅 4:6)를 행사하려는 초자연적인 진리의 대적자를 무시한 채 기록된 역사를 그리스도인된 자로서 어찌 진지하게 받아들일 수 있겠는가? 이 악한 자가 어디에서 활동하며, 어떻게 활동했으며, 언제 혹은 누구를 통해 역사했던가를 전혀 다루지 않는 입술로만 그리스도인인 체하는 자들이 쓴 교회사들을 어찌 인정할 수 있겠는가? 그가 참된 그리스도인이라면 "교회사"를 쓴답시고 사탄에 대한 성경적 사실들을 내던질 수 있겠는가? 그리스도인이라면 사탄에 관한 확실한 사실을 믿어야 하지 않겠는가? 이러한 사실들을 작업복을 입고 벗듯이 그렇게 아무렇지 않게 다루어야 하겠는가?

사탄의 세상(고후 4:4)이나 그의 "그리스도들"(고후 11:1-14)을 논할 때 마귀에게 그에 합당한 "비중"을 두지 않는 이유는 마귀와 그의 간계를 모르거나(엡 6:11) - 그런데 이것은 하나님의 자녀에게는 고의적인 죄가 될 수 있다(고후 2:11) - 아니면 비겁하게 마귀와 공모하여 역사에서 성경적 이슈가 등장하는 곳에서는 "그 누구 편도 들지 않음으로써" 책을 팔아 먹겠다는 의도를 갖고 있는 것이 분명하다. 성경적 이슈들을 담고 있지 않은 교회사는 상상할 수도 없다. "사실"들을 다루는 데 있어 "객관성"을 냉정하고 중립적으로 지키겠다고 하면, 독자들은 모든 사탄적인 사건들이 그저 인간의 무지나 실수 때문이었다는 인상을 받게 될 것이다(제14장 주 121-125). 소위 가장 많이 읽히는 역사책들을 읽어 보면 이들 저자들[웰즈(Wells), 리드패스(Ridpath), 듀란트(Durant), 처칠(Churchill), 캐이톤(Caton), 롤린슨(Rowlinson), 네안더(Neander), 모쉐임(Mosheim), 하르낙(Harnack), 될린져(Döllinger) 등]은 사탄이 존재한다고 믿지 않거나, 존재하더라도 어쩌면 사탄이 그들의 책의 출판이나 판매를 관장할 것이기 때문에 사탄을 대적하지 않고자 하는 것이 아닌가 하는 인상을 받게 된다. 이들 전형적인 역사가들은(알렉산드리아 이단들처럼, 제5장 참조) 너무도 그럴싸하게 똘똘 뭉쳐 영적 소경 군단을 이루고 있는 바 이는 그들 스스로가 판 무덤인 것이다.

그 어떤 교회사가나 전기 작가도 그가 다루는 주제에 접근함에 있어 완전히 중립적일 수는 없다. 만약 그렇게 할 수 있는 그 누구가 있다면 그는 하나님일 것이다. 그런데도 많은 현대 과학자들과 성경 교사들은(Hills, *Believing Bible Study*, 1967 참조) 그들이 마치 하나님처럼 초자연적 "냉정"과 객관성을 획득한 자인 것처럼 굴고 있다. 그러나 그 어떤 죄인이(구원받았든 잃어버린 바 되었든 간에) 완전히 중립적일 수 없는 한 분야가 있다면, 그것은 다름아닌 성경적 진리와 마주치게 될 그 분야인 것이다. 고집센 불신자, 불가지론자, 배교자 그리고 무신론자 그 누구일지라도 완전히 중립을 지킬 수는 없다. 이성의 시대를 대표하는 무신론자(Will Durant)나 계몽 시대의 무신론적 글들마저도 가장 사악하고 주관적인 편견으로 가득 차 있다. 막스(Marx), 스피노자, 사르트르, 듀이(Dewey), 산따야나(Santayana), 헤겔, 러셀, 피히테(Fichte), 네슬, 홀트, 헉슬리, 다윈, 바쿠닌(Bakunin), 니체 등의 작품에는 광적인 편견들로 가득 찬 페이지들이 많이 있다.

그 누구도 "편견"으로부터 완전히 자유로운 사람은 없다(<피터 럭크만의 주석서 사도행전>, 말씀보존학회, 1997, 22:2 참조). 자신은 편견으로부터 완전히 해방된 자라고 주장하는 사람들은 그들의 학문이 하도 깊고 넓어서(그들의 학문이 그들의 양심을 마비시켜 드디어는 "그 어떤 것"에도 "관용"을 베풀 수 있게 된 "놀라운" 자들) 모든 것을 객관적으로 말할 수 있다고 착각하고 있는 '학자인 체'하는 자들인 것이다. 자신의 수입에만 지장이 없다면 "그 무엇이든" 용납하겠다는 자들은 분명히 밝혀 두지만 거짓말조차도 용납할 것이다. 단 한 가지, 자신의 수입(소득)에 지장이 있다면 그들은 가만있지 않는다. 사탄의 역사는 인류 역사 6000년을 총망라하는 고로(창 3장, 겔 28장, 사 14장, 욥 1장, 마 2장, 계 13장 등), 사탄은 마태복음 27장에서 죽었고, 그 이후에는 역사에 등장하지 않았다고 생각하는 몇몇 역사가들처럼 어리석어야 할 필요가 없다. 만약 하나님께서 한 권의 책을 갖고 계시다면 사탄도 한 권의 책을(고후 11:4) 갖고 있으며, 하나님께 사역자들이 있다면 사탄에게도 사역자들이 있으며(고후 11:15), 하나님께 그리스도가 있으면(Christ) 마귀도 자기의 그리스도(christ)를 갖게 될 것이고(마 24:5, 눅 21:8), 하나님께서 한 도성(계 21:9-10)인 교회를 신부로 갖고 있다면 사탄도 이에 지지 않고 교회요 도성인(계 17:18) 자신의 신부를(계 17:1-5) 갖게 될 것이다.

지금부터 여러분이 읽게 될 교회사에서는 모든 진리에 관한 기준과 시금석으로 오직 <킹제임스성경>만을 취하게 될 것이다. 우리는 이미 성경대로 믿는 사람들을 위한 성경 주석 시리즈(피터 럭크만의 주석서)에서 취한 우리의 입장을(1949-1980) 전혀 바꿀 생각이 없다. 우리는 역사에 대한 진리의 왜곡과 변개가 있을 때는 그것을 지적할 것이며, 그 근원을 추적할 것이다. 진리를 반대하거나 진리를 전파하는 자들을 박해하는 자들은 그 이름을 열거할 것이며, 그 날짜와 장소도 지적할 것이다. 성경대로 믿는 사람은 플라토, 어거스틴, 아리스토텔레스, 소크라테스, 헤겔 등과 같은 "지식인" 혹은 "책벌레"들의 주위를 방황하면서 "진리가 무엇이냐?" "최고의 선은 무엇인가?"하는 따위의 어리석은 질문을 하지는 않는다. 이런 질문들은 어린아이들이나 하는 것이다(빌라도, 하이데거, 틸리히, 바르트, 러셀, 듀이, 막스, 프로이트, 볼테르, 루소 등). 성경대로 믿는 사람들은 하나님의 진리의 말씀(요 17:17)과 성육신하신 진리(요 1:1-3)를 갖고 있으며 이를 믿기 때문에 불교 신자, 도교 신자, 유교 신자, 카톨릭 신자, 회교 신자, 근본주의자 혹은 자유주의자들에게 에큐메니칼(교회 일치) 운동의 신호를 보내거나 이들의 입장에 맞도록 태도를 조정하는 일은 하지 않을 것이다. 특히 오류를 관용적 태도로 용납하거나 거짓을 친절하게 받아들이는 것이 "경건한" 그리스도인의 표식인 것처럼 생각하는 자유주의자들과는 전혀 타협치 않을 것이다. 그리스도인은 신실한 증인이어야 하지(고전 4:1-2) 직업 정치인이어서는 안된다(딤전 5:7,17,21). 이 세상 제도에 일치하는 것이야말로(딤후 4:10) 설교자나 성경 교사에게 있어(롬 12:1-3) 치명적 결점으로 "역사로부터 인간이 배우는 것이라고는 인간은 역사로부터 아무것도 배우지 못한다는 사실이다"라는 것을 알고 있는 교회사가에게는 아무런 지침이 될 수 없는 것이다.

성경에 나타난 모든 세대는 부정적인 상황으로 끝난다(에덴, 아담, 노아, 아브라함, 모세, 다윗 등과 맺는 모든 언약). 따라서 역사를 공부하는 학생이라면 교회사 각 시대에 있어 하나님의 말씀이 조금이라도 변개되거나 잘못 적용되는 경우 이에 극히 유념해야 할 것이다. 왜냐하면 배교란 "땅 속에서 솟아나는" 것이 아니기 때문이다(욥 5:6-7). 거짓말은 다리를 갖고 있고, 기초와 건축가와 촉진자와 광고가와 그것을 사들이는 자를 갖고 있게 마련이다. 따라서 모든 타락의 씨앗들은 매시대마다 철저히 파헤쳐 찾아내야 한다. 왜냐하면 인간을 궁극적으로 음부로 내려 보내는 것은(<피터 럭크만의 주석서 욥기>, 말씀보존학회, 1997, 17:13-16 참조) 인간 안에 있는 썩어 버릴 씨앗(벧전 1:23)이기 때문이다. 교회사 일곱 시대마다 배교의 씨앗을 뿌리는 자들이 있어 왔고, 이들은 그들을 뒤따르는 자들을 곧장 내리막길로 이끌어 가는 지름길이 되곤 했다(제4,5장 참조).

"선한 인간"들에 대한 칭찬과 찬사가 교회사에 어찌나 많이 나오는지 "교회사"를 읽다 보면 과연 그 역사가가 성경 기자들은 인간의 미술, 음악, 사상, 지식을 자랑하는 데 열을 내본 적이 없다는 사실을 알고나 있는지 의심스러울 때가 있다. 성경 기자들은 "동료 인간을 대하는 한 인간의 태도"에 있어서 조차도 자랑하는 법이 없다. 성경 기자가 솔로몬의 책들을 열거할 때도(왕상 4:29-34) 겨우 반 페이지를 할애할 정도이다. 성경에서 모세를 칭찬할 때도(신 34:10, 사 63:11), 그 누구도 장광설을 늘어놓는 법이 없다. 성경에 등장하는 최고의 인물들에 대한 "평가들"(왕상 11:12,34,38)을 볼 것 같으면 아주 간략하고 신중하다. 한 개인의 하나님과의 관계를 논하거나 하나님께서 원하시는 바를 그가 어떻게 행했는가를 기록하는 경우가 아니면 결코 장황한 적이 없다(왕상 4:34). 바울 역시 그의 자서전에서(고후 11장) "나팔"을 불어 대지 않는다. 곧 이어 12장에서 그는 마귀가 그에게 역사하였음을 언급하고 있다. 바울은 마귀가 역사와 아무런 관련이 없다고 생각하지 않았으며, 심지어 자신의 삶에 있어서도 마귀가 간섭하고 있음을 고백하고 있다.

현대 알렉산드리아 이단(제5장)의 용어를 빌리자면 "선하고, 경건한 사람들"이 하나님의 말씀을 공격하고(마 16:22의 베드로) 최종권위를 무너뜨리려고(왕상 13장) 애쓰고 있는 것을 우리는 늘 볼 수 있다. 상당히 많은 수의 "선하고" 준비되고, 뜻이 있는 사람들이 사탄에게 여러 가지 목적으로 쓰임받아 왔다. 사탄이 어떤 거짓말이라도 퍼뜨리려고 마음만 먹으면 이들은 최고의 "운반자"들인 셈이다. 이그나티우스(제4장 주 41 참조)나 폴리캅(제4장 주 42,43 참조)에 의해 전달된 거짓말은 말시온(Marcion)이나 셀수스(Celsus) 같은 이단들이 퍼뜨린 거짓말보다 훨씬 더 효과적이게 마련이다. 하나님의 말씀을 변개시키거나 왜곡시키는 선하고 "경건한" 사람들은 대단한 광고 효과를 발휘하기 마련이어서 더 많은 구매자들이 몰리기 마련이다. 주정뱅이나 비도덕적인 불가지론자(혹은 자유주의자나 신정통주의 신학자들) 같은 사람들은 효과적으로 거짓말을 퍼뜨릴 수 없다. 적어도 그리스도의 몸된 교회에는 그들이 영향을 미칠 수 없다. 성경 변개를 가장 잘 퍼뜨리는 자들은 늘 "진영 안"에 있기 마련이다(수 9:1-15). 선함과 경건함(노아와 다윗)은 결코 사탄의 공격에 대한 절대 보장이 될 수 없다(창세기 1:1부터 계시록 20:9의 마지막 전쟁이 있기까지). 적어도 사탄이 하나님의 말씀의 권위에 도전하려 하는 공격에 있어서는 그렇다고 할 수 있다. 성 프란시스코, 토마스 아 켐피스 그리고 성 도미니크 등의 전기를 쓴 카톨릭 작가들은 성경을 거부하는 고집쟁이들을 칭찬하는 데 있어 웨스트코트, 홀트, 로버트슨, 메이첸, 그레고리, 네슬, 그린, 타이어 및 존 R. 라이스의 전기작가들 만큼이나 장황하다. 죽을 수밖에 없는 죄인의 "선함"과 "경건함"이 신성한 권위를 지닌, 하나님께서 숨을 불어넣으신 말씀보다 더 권위 있는 기준이 된다고 생각하는(제3장 참조) 그런 사람이야 말로 성경대로 믿는 사람이 아니라 감상적인 "휴머니스트"에 불과할 뿐이라는 사실을 입증할 따름이다. 현대의 많은 근본주의자들 역시 최종권위에 관한 한 자유주의적 휴머니스트일 뿐이다. 그들은 그들의 친구들이 하나님께서 말씀하신 것을 대적할 때 그들 편을 들 것이다.

만약 교회사가 몇몇 형제들이 고백하는 것처럼 그렇게 "객관적"이 되고자 한다면, 그는 "선하고" "경건한" 사람이라 할지라도 전능하신 하나님의 권위를 무너뜨리기 위해 사탄을 대신하여 말하고 행동한다면 이들을 비판하는 데 주저하지 말아야 할 것이다(사탄의 걸작품 NASV, 1972 참조).

교회사에서 그런 사람들이 저지른 부정적인 행동들을 객관적 입장에서 접근하여 다룬다면 아마 엄청난 분량이 될 것이다(<하나님의 나라와 천국, *The Sure Word of Prophecy*>, 말씀보존학회 참조). 이러한 이유로 우리는 그러한 교회사가 세상과 타협하는 자들과 세상을 기쁘게 하려는 자들에게는 결코 "반가운 일"이 될 수 없음을 알고, 또 그러한 기대도 하지 않는다. 그가 그리스도를 거부하는 자유주의자이건 배교한 근본주의자이건 간에(요 17:16) 이런 종류의 교회사를 좋아할 리 만무하다. 우리는 다른 교회사들이 반(反)교회사(로마 카톨릭 교회사)나 준교회사(교회에 영향을 미치는 정치, 사회, 경제사)를 주로 다루는 것과는 달리 진정한 의미의 교회사(신약 지역교회사)를 다룰 것이다. 성령님께서 독자 여러분을 모든 진리로 이끄시기를(요 16:13) 바라는 것은 여러분들로 "인간이 역사로부터 배우는 유일한 것은 인간이 역사로부터 아무것도 배우지 못한다는 사실이다"라는 역사의 교훈 이상의 것을 꼭 이 교회사를 통해 배우기를 원하기 때문이다. 당부하건대, 되풀이되는 역사의 우를 다시는 범하지 않기를 바란다. 교회사는 이제껏 알려진 조직체 중에서 종교의 자유를 가장 철저히 거부하는 집단인 "로마 카톨릭 교회"를 대항할 수 있기 위해 모든 성경대로 믿는 사람들에게 주는 사전 경고요 대비책인 것이다.

피터 럭크만

들어가는 말

『그들로 주장들을 내어 놓고, 무슨 일이 일어날지를 우리에게 보이게 하라. 그들로 이전 일들을 보이게 하여, 그것들이 무엇이든지 간에, 우리로 그 일들을 숙고하고, 그 일들의 나중 결말도 알게 하라. 아니면 앞으로 있을 일들을 우리에게 선포할지니라』(사 41:22).

20세기에 "기독교" 서점에서 찾아 볼 수 있는 교회사 책들을 한 번이라도 살펴본 사람이라면 성경적 관점에서 쓰여진 신약 교회사가 꼭 필요하다는 사실을 인정할 것이다. 이들 책들이 주로 다룬 내용들은 반(反)교회사(Anti-church history)로 이 책들은 암흑 시대 동안 유럽을 다스린 종교적 괴물을 "교회"로 정의하고 있으며, 따라서 로마 카톨릭 교회에 관한 역사가 교회사라고 여기고 있는 것이다. 이들은 마치 로마가 베드로를 감옥에 넣지도 않았고 바울을 처형하지도 않았으며 심지어는 그리스도를 매질하고 십자가에 못박지도 않은 것처럼 생각하는 모양이다.

우리가 지금부터 제공할 교회사는 역사적 사건들의 개요를 조금 상회하는 정도의 분량이긴 하나 우리는 독자들로 하여금 예수 그리스도의 승천부터 현재까지 참된 사도적 실행이 무엇인가를 맛보게 하고 클레멘트와 오리겐(제5장)으로부터 시작하여 NASV(그리고 밥 존스 대학의 교수들)에 이르기까지 이어지는 배교한 근본주의 노선인 알렉산드리아 이단들과 요한과 이그나티우스(제3,4장)로부터 칼 햇치(Carl Hatch)와 잭 하일스(Jack Hyles)로 이어지는 성경대로 믿는 증인들의 노선과의 차이를 보여 주기 위해 충분한 "살을 뼈에 붙일 것이다."

모든 배교는 하나님께서 말씀하신 것에 의문을 제기하면서 시작된다(창 3:1). 또한 배교를 추진하거나 용납하는(혹은 돕거나 고무시키는) 모든 사람들은 그들 자신(혹은 그들의 친구나 고용인들)이 최종권위가 될 수 있도록 하기 위해 상충되는 권위들을 동시에 추천한다. 이것은 앞으로 분명히 드러날 사실이어서 현재로서는 더 이상의 언급이 필요 없다고 생각된다. 상충되는 권위들은 교회사를 통해 기독교 학자들이 그리스도의 몸을 분열시킬 목적으로 세웠던 것이며 그럼으로써 그리스도의 몸된 교회를 일단의 학자 집단(소위 학파라고 하는 것)이나 권위적 종교 조직(교회)의 지배하에 두고자 하였던 것이다. 알렉산드리아 이단은 A.D.400년부터 지금까지 로마 카톨릭 교회를 지배해 왔으며 금세기에 들어와서는 미국, 영국, 유럽에 있는 거의 모든 중요한 기독교 대학과 신학교를 그 기관들의 교수진을 통해 장악하기에 이르렀다. 만약 교회사를 공부하는 학생이 성경대로 믿는 "구령자"들이 이들 배교자들을 지원하고, 급료를 주고, 도와주고 있는 것을 보고 놀라게 된다면 그는 미국의 교육(연방이든 사립이든)은 알렉산드리아 이단을 통해 완전 통제되고 있음을 기억해야만 할 것이다.

아인슈타인(1879-1955)과 논리실증주의자들(모든 상대주의자들과 마찬가지로)은 모든 진리는 상대적이라고 가르쳤다. 상대 진리란 연방 교육 기관들이 이 세상에는 그 어떤 최종적이고 절대적인 도덕 혹은 윤리적 권위가 없다고 학생들을 세뇌시켜 결국 사회주의 제도를 절대시하려고 가르치는 "가치들"인 것이다. 이는 "가치 규명"(values clarification)이라는 명칭으로 알려져 있다(1980, 전미 교육 협회). 다시 말해 모든 학생은 국가(혹은 정부)를 그들의 "구세주"로서 받아들이고 지지해야 한다는 뜻이다. 이처럼 연방 교육 기관에서 배우는 학생들은 상충되는 권위들에 노출되어 있다. 여러 가지의 권위들을 동시에 제시함으로써(이런 일이 현대의 주일학교에서 ASV, RSV, NASV, RV, NRSV 등에 의해 어떻게 자행되고 있는지 보라) 정부는 최종적이고 결정적인 권위자로 등장하게 된다. 상대적 진리란 밥 존스 대학(Bob Jones University)[1]의 총장이 견지하고 있는 교리적 입장이다. 그리고 그는 이러한 "확신" 위에 서명하고도 남는 사람이다. 우리가 교회사에서 토레이나 스펄전 같은 일꾼들이 때로 성경에 나와 있는 말씀들을 변경함으로써[2] 성경적 진리를 지지하고자 하는 유혹에 넘어갔을 때 우리는 다윗과 히스키야 안에 있었던 옛 성품들은 베드로나 바울 안에 있었던 옛 성품들과 다를 바 없다는 사실을 기억해야만 한다. "경건하고", "성별된" 그리고 "근본주의를 고수하는" 사람이라면 성경의 권위라고 하는 분야에 있어서 그의 옛 성품은 전혀 활동하지 않는다고 단정하는 그러한 이단이야말로 진짜 이단이며(제9장 참조) 거짓 교리의 역사에 있어 가장 위험스러운 가르침들 중 하나인 것이다. 밥 존스 3세(주 1 참조)와 위즈덤 박사(주 2 참조)가 제시하는 죄에 대한 알리바이는 죄를 짓고 있긴 해도 그들은 "존경받는 성경학자"들이거나 "하나님의 사람"이기 때문에 괜찮다고 하는 것이다. 나는 성경 그 어디에서도 그 죄인의 성품이 고결하다는 이유로 죄에 대한 그 어떤 알리바이가 정당화되는 것을 본 적이 없다. 이것이야말로 "해 아래" 새로운 일인 것이다.

그 어떤 경건한 사람도 하나님의 길 대신 자신의 길을 가고자 함에 있어(사 53:6) 우주의 권위를 무너뜨리고자 하지 않는 사람은 없는 법이다. 예를 들면 현대의 "성경 개정 위원님"들은 이러한 성경적 사실들(딤후 3:3,4, 삼하 11장, 단 2:46, 창 26:7)을 거부하는 자들로, 스스로 속고 있는 자요 하나님께 죄를 지은 자들이다(잠 8:8,9). 절대 진리 대신 상대적 진리들을 내세우는 것은 모든 과학주의, 유물론, 진화론의 출발점인 것이다. 또 "상대성"이라고 하는 물결에 휩쓸리는 것을 참을 수 없는 자들은 정당을 만들거나(파시스트나 나치즘) 권위적 경제 제도를 창설하거나(공산주의나 자본주의), 혹은 권위적 지식 체계를 만들어 낸다(실증주의, 플라토주의, 쾌락주의 등).

본 교회사는 하나의 최종적이고 무오한 권위의 관점에서 신약 교회라는 주제를 다루게 될 것이며 이 권위에 의문을 제기하는 모든 학교, 교회, 정당, 학파 등의 의견을 주목하여 다룰 것이다. 예를 들면 우리는 1611년 이후 교회 안에 발생한 "문제"는 이제껏 아무도 발견하지 못한 "축자적으로 영감받은 완전한 원본들"과 어떤 관계가 있다고 주장하지 않을 것이다. "현대어"로 된 가장 최근에 나온 "신뢰할 만한 역본들"(RV, ASV, NASV, NIV, RSV, NRSV, Living Bible 등) 7개는 마약 거래, 사생아 출산, 합법화된 포르노 및 사창가, 성도착증의 용납, 공립 학교 제도의 파괴, 정부에 의한 교회 및 사립 학교의 강제 인수, 500%의 범죄 증가율, 역사상 그 어느 때보다 심각한 성경의 내용에 대한 전반적인 무지를 제외하고는 미국 사회에 기여한 바가 하나도 없다.

독자 여러분은 본 교회사에서 언급한 모든 사항을 그 출처와 함께 직접 체크해 보기 바란다. 아마 여러분은 "우리 조상들의 믿음"이 "지하 감옥, 화형 및 칼" 등에도 불구하고 여전히 살아 있으며 "지하감옥, 화형 및 칼"은 모든 배교한 교회들이 성경을 믿는 성경 독자들로 구성된 나라를 점령하기 위해 사용한 무기들이었음을 이해하게 될 것이다. 성경을 읽고 믿은 나라를 공산주의가 점령한 경우는 동서고금을 통하여 지구 상에 한 나라도 없었다. 카나다와 멕시코는 성경을 읽고 믿는 나라의 대열에서 100년에서 500년 전에 이미 이탈하였던 것이다. 스페인과 이탈리아는 15세기 동안 이 대열에 있어 본 적이 없다. 마이클(마틴) 루터 킹 주니어, 프랭클린, D. 루즈벨트,

혹은 아브라함 링컨 등이 그런 시도를 해 보긴 했어도 그들은 속지 않았다. 당신이 속일 수 있는 사람이란 신문이나 역사책에서 읽은 것을 믿는 풋내기들인 것이다. 성경대로 믿는 사람을 공산주의와 카톨릭은 "쌍둥이 형제"가 아니라고 생각하도록 속일 수 있는 길은 없다. 당신이 속일 수 있는 사람은 T.V.나 라디오를 듣고, 보고, 그것을 믿어 버리는 "멍청이"들뿐이다.

우리들의 헌법은 한 권의 책이지 존 로크가 쓴 수필이나 프랑스 혁명에서 나온 조각 따위가 아니다. 우리는 우리의 "권리장전"을 로마서에서부터 빌레몬서까지의 비울서신에서 얻었다. 만약 이 책들이 "인권"을 옹호한다는 명목하에 무시된다면 남아 있는 권리라고는 시민권과 모든 강제노동 수용소에서나 찾아 볼 수 있는 사회적 평등일 것이다. 교회사를 공부해 보면 이 책(성경)이 버려지거나, 무시되거나, 의문시되거나, 변개되거나 하는 경우 그 어느 곳에서든 그 어느 때이든 간에 사회, 정치, 경제, 종교적 재난이 따라왔다는 것을 알게 된다(갈 6:7). 성경보다 더 높은 권위라고 받아들여진 권위는 반드시 투옥, 기근, 고문, 마귀 숭배, 사망 등을 가져오기 마련이다. 교회사야말로 바로 이 진리를 입증해 주고 있으니 비록 한 교회가 성경을 믿는다고 주장하고 "그 책과 동행한다고" 아무리 떠벌려도 진실로 성경을 믿지 않는다면 아무런 의미가 없다. 결국 의심과 불신의 파도는 닥치게 마련이요, 곧이어 분쟁, 권리 착취, 세금, 사유 재산 상실, 자유의 상실, 체포, 사망, 고문, 전쟁, 기아, 마귀 숭배가 물밀듯 몰려오게 마련이다.

1980년 현재 지구상에서 일어나는 모든 파괴적이고 고통스러운 일들은 하나님께서 말씀하신 그 말씀들에 의문을 제기함으로써 시작되었던 그 "거래"로부터 나온 것들이다(창 3:1).

모든 하나님의 자녀(교육을 받았든 안 받았든)를 확신시키기에 충분한 확실한 하나의 진리는 하나님께서 쓰시고, 사용하시고, 높이시고, 확정하시고, 이 지구상의 어떤 책보다 축복하신 그 책을 함부로 다루는 것은 위험한 일이라는 사실이다. <피터 럭크만의 주석서> 시리즈(창세기, 출애굽기, 욥기, 잠언, 마태복음, 요한계시록, 소선지서, 사도행전 등)를 읽은 독자들은 우리가 어떤 글을 쓰든 정해 놓은 기본 원칙을 잘 알고 있을 것이다. 우리는 하나의 최종적이고, 절대적이며, 무오한 하나님께서 주신 권위(성경)를 확정한 후 이 권위로 모든 자료, 사실, 이론, 의견, 사상, 새로 발견한 사실 등을 판단한다는 것이다. 다시 말하면 우리는 기독교 대학교나 신학교들이 실행한다고 하면서도 실제로는 행하지 않는[3] 실행을 늘 행하고 있는 것이다. 우리는 단지 몇 명의 높은 교육을 받은 "멍청이"들이 성경을 그의 연구에서 제외시켰다고 해서 모든 진리를 판단하는 궁극적 기준으로서의 성경을 절대로 버리지 않는다. 우리는 성경이 말씀하는 바를 믿으며, 그것이 인류학이든, 통합에 관한 것이든, 지질학이든, 예언이든, 시민의 자유이든, 건강 식품이든, 대중 연설이든, 국내 정치든, 사회과학이든, 심리학이든, 히브리어 문법이든 그 무엇이든 간에 역사, 인종학, 교리론, 역사적 해석, 고등 비평, 신약개론, 미술, 음악, 스포츠, 혹은 요리이든 간에 철저히 성경이 말씀하는 바를 따를 것이다. 참다운 성경대로 믿는 사람이라면 교회사를 쓸 때 성경을 한 편으로 치워놓는 일 따위는 안할 것이다. 오히려 성경은 성경적 신학이나 원문비평학을 제외하고는 그 어느 분야보다도 교회사 연구에 필수적이다.

우리의 목표는 라오디케아 시대(계 3:14)에 살고 있는 성경대로 믿는 사람들에게 아주 일찍부터(A.D.33) 지금에 이르기까지 그들이 가지고 있는 책이 하나님의 말씀이며 그 책에서 발견된 진리로 사람들을 개종시키려고 열심히 노력했던(더 정확히 말하면 그 책의 저자에게로) 그리스도인들의 무리가 끊이지 않고 이어져 왔다는 사실을 보여주는 것이다. 이러한 그리스도인들은 교회사 전체를 통해 볼 때 교리적인 면에서 약간 차이를 보이고 있으며 20세기 동안 수없이 다양한 이름으로 불려져 왔다(제6장 주 78 참조). 이들은 교황들이 "교회의 통치자"로 군림한 이래로(A.D.570년, 제5장 참조) 결코 "그리스도인"이라고 불려진 적이 없다. 이 "그리스도인"이란 이름은 후에 마태복음 5:9에 입각하여 "화평케 하는 자들"(peacemakers, 카가와, 파이크, 피일, 블레이크 등)이라고 자처하는 국제 사회주의자들이나, 혁명가들(카스트로, 간디, M.L. 킹 Jr. 등) 그리고 공산주의자들(아브라함 링컨, 러셀, 듀이, 로이터, 루즈벨트 등), 카톨릭, 프로테스탄트, 그리스 정교회 회원 등에게 사용되었다. "그리스도인"이란 용어는 사도행전 11:26에서 특별한 의미를 갖는 이름이었으나 대학 교과 과정에 아인슈타인의 '엉뚱한 사상'이 도입됨으로써(동시에 비엔나 학파의 논리 실증주의자들도 뒤따라 왔음) "그리스도인"이란 단어는 "스쿠버 다이버" 혹은 "곡예사" 등까지도 의미하는 상대적인 용어로 전락하고 말았다. 연합 통신사에서는 어떤 어휘든 원하는 것을 의미할 수 있도록 사용된다. 전국 교육 협회도 마찬가지이다. 오늘날 "그리스도인"이란 용어는 모든 사람들과 심지어는 마귀와도 잘 지내며 선한 삶을 살아가는 것이 인간의 도리라고 믿는 멋진 사회주의자를 의미하게까지 되어 버렸다. 이러한 정의대로 한다면 모든 정치가들은 "그리스도인"이다. 모든 공산주의자들도 "그리스도인"이다. 이들의 목적은 모든 사람(마귀까지 포함하여)들과 "나누는" 삶을 사는 것이다.

절대 진리의 제거가 현대 기독교 교육의 목적이라면 기독교 교육 역시 국제 사회주의의 손에 놓여진 또 하나의 도구에 불과하다. 이미 언급했듯이 현대의 학교란 학생들이 절대권위를 철저히 믿지 않도록 가르치는 곳이다. 어떤 구원받지 못한 젊은이가 한 학교(기독교 학교든 아니든 간에)에 들어가게 되면 그는 성경이 더 이상 최종권위가 아닌 지역으로 빠져든 셈이다. 왜냐하면 그에게 성경을 가르치는 사람들(구원받은 자들이든 아니든 간에)이 성경은 무오한 권위임을 믿지 않을 뿐 아니라 최종권위임을 믿지 않기 때문이다(학교측에서는 그렇게 믿는다고 주장할 지 모르지만). 이때부터 그 학생에게는 모든 것이 "추측"이거나 "취향"이거나 "고려할 만한 의견"일 뿐 절대적 최종권위는 없는 것이다. 그 학생은 뉴욕이나 캘리포니아에 있는 주립 대학을 졸업하는 그 어떤 자유주의자(구원받지 못한)들과 마찬가지 상태로 학교를 졸업하게 된다(사립이든 공립이든). 그가 학교 문을 나서자마자 그럴싸한 "최종권위들"이 그를 기다리고 있다가 두 팔을 벌리고 환영을 한다. 유엔, 복지국가, 바티칸, 학회들, 사회복지, 공산당, 마약문화 등이 서로가 권위임을 자랑하고 있는 것이다. 결국 이 졸업생은 그에게는 최종권위가 없음을 고백할 수밖에 없게 된다(만약 4년 간의 세뇌 교육에도 불구하고 그에게 여전히 조금의 정직함이 남아 있기라도 한다면 말이다). 결국 그들에게는 최종권위가 의견과 선호(취향)의 문제일 뿐인 셈이다(주 1 참조).

20세기 동안의 교회 역사에서 일어났던 그 어떤 일도 사탄의 짓으로 간주하기를 거부하는 경향 이외에도 교회사가들이 갖고 있는 두 가지의 특징을 우리는 잊지 말아야 한다. 첫 번째 특징은 우리가 "바울에 대한 강박관념"이라고 부르는 현상으로 역사가들이 바울을 쿼터백으로, 런닝백은 요한과 베드로, 센터는 크리소스톰, 루터와 웨슬리를 가드로, 휫필드와 칼빈을 태클러로, 비쳐(Beecher)와 포스딕(Fosdic)을 전위로 하는 "올스타 팀"을 만드는 경향을 말한다. 이 조그마한 "그룹"은 바울의 신앙 스타일은 시간이 흐르면서 점점 부드러워지고 느슨해져서 결국에 가서는 피터 대제나 징기스칸을 닮지 않은 것만큼 바울(혹은 루터)을 닮지 않게끔 되어버린다는 생각을 기초로 하여 만들어진 팀이다. "바울적 강박관념"이란 모든 역사가들의 옛 성품 안에 내재하는 두 가지 사악한 경향으로부터 나온 정신병으로 생각된다. 첫째로, 이 강박관념은 바울을 그의 사역과는 분리시켜 작가나 신학자로 간주하려는 경향이다(행 20:21-24 주석 참조). 스탬, 베이커, 오헤어, 그레이티렉스, 벌린져, 무어 등은 그들의 사역이 코웁랜드, 골먼, C.W. 버포, 던, 지미 스워거트 혹은 오럴 로버츠 만큼이나 바울의 사역과는 닮지 않은 완벽한 "근본주의자"들의 예라고 할 수 있다. 그런데도 이들은 자신들이 바울이 쓴 책에서 두 가지 진리를 끄집어내었다는 이유로 해서(엡

3:1-6과 고후 5:20) 자신들이 바울과 같은 대열이라고 착각하고 있는 것이다. 일단 바울이 교수나 "신학자"의 위치로 내려앉게 되면 그는 데마나 디오트레페 만큼이나 영적 수준이 낮은 "솜방망이"들과 함께 있어야 할 판이다.

"바울적 강박관념"이란 용어는 대부분의 성경 학자들, 역사가들 그리고 신학자들이 바울의 성격과 사역을 다룰 때 취하는 독특한 태도를 묘사할 다른 용어가 없어 차선책으로 사용한 것이다. 이들은 바울은 원래부터 "사상가" 즉 자신의 교리를 정립한 신학자였다는 가정하에 그의 교리와 신학 사상을 세워 나가고자 하는 사람들이다. 바울을 학구적인 신학자로 만들어 버리고 그의 "신학"을 그 이후의 신학자들과 비교하려는 강박관념은 사도행전을 뒤이어 복음이 전파되는 과정을 완전히 흐려 버린다. 교회사를 정확히 분석하려면 이 점은 꼭 짚고 나가야 할 사항이다. 사도행전에 등장하는 사람들은 매우 실제적인 사명을 수행하여 매우 실제적인 결과를 얻어낸 매우 실제적인 사람들이었다. 신약 지역교회의 참된 역사를 추적하는 일이 가능하다면 우리가 찾아봐야 할 사람들은 말씀을 전파하였던 성경대로 믿는 사람들이어야지 "성경 기자들이 원본을 기록할 때는 어떤 생각을 하였을까?" 따위를 상상이나 하고 앉아 있는 어리석은 대학 교수들이 아닌 것이다.

바울적 강박관념은 여러 가지 방식으로 설명할 수 있다.

A. 바울을 그와 전혀 닮지 않은 사람들과 한 그룹으로 만들어 버린다. 예를 들면 "루터... 칼빈... 토마스 아퀴나스"[4] 이런 식으로 하던가, 아니면 "요한...바울...루터...어거스틴..."[5] 하던가, 아니면 "어거스틴...루터...칼빈...바울...모세...핫지...와필드"[6] 하던가 말이다. 어떤 "올스타 팀"에 보면 루터와 칼빈을 로욜라[7]와 같은 그룹에 넣기도 한다. 아무리 의도적으로 하지는 않았다손 치더라도 이런 종류의 분류는 그 누군가가 바울과 같이되고 싶거나 아니면 바울(혹은 로욜라)을 바울 아닌 그 어떤 것으로 만들어 버리려는 심한 강박관념이 있음을 보여 준다.

B. 바울 서신서는 영감받은 성경이라는 사실은 무시한 채 바울의 사상만을 담은 "바울 자신의" 서신임을 강조한다. 그러나 이들 서신들은 구원, 의롭게 됨, 거듭남, 구원의 영원한 보장 및 재림에 관해 하나님께서 생각하시는 바를 담고 있는 것이지 단순히 "바울 신학"만을 그 내용으로 하고 있는 것이 아니다.

C. 바울의 교리와 신앙이 가져온 결과들을 간과하거나 무시한다(혹은 주관적 견해에 따라 경시하거나, 제쳐놓거나 한다). 메이첸, 와필드, 웨스트, 로버트슨, 샤프, 로크만 재단 등은 도시를 뒤흔드는 부흥을 일으켜 본 적도 없고, 거짓 신들을 치워 버린

적도 없으며, 체포나 투옥 매질이나 욕질을 야기시켜 본 적도 없고, 신약 교회를 세워 본 적도 없다. 그들이 만들어 낸 것이라곤 그저 유아세례를 주는 무천년주의자인 죽은 정통주의 보수주의자들로 이들은 윈드서핑 보드에서 만큼이나 거리에서 말씀을 전하지 않는 자들이다.

위에서 열거한 세 가지 중에서 가장 위험한 것은 (A)라고 할 수 있다. 앞서 열거한 "올스타 팀"은 그래도 양호한 편이라고 할 수 있다. 어떤 팀을 보면 "모세...예수...바울...루터...바르트...키에르케고르"를 하나로 묶어 놓아 마치 이들이 성경적으로 유사한 사람들이거나 신학적으로 공동 노선이라도 취한 것처럼 간주한다. 바르트가 "바울的"이라고 하는 것보다 차라리 캐더린 드 메디치가 바울적이라고 하는 편이 더 낫다고 하겠다.

루터 역시 시체가 되어 버린 정통주의 신학자들로부터 신학자로(바울과 나란히) 분류되는 것이 상례이다. 그러나 스탠포드 대학교의 한 교수가 지적했듯이 루터는 신학자가 아니며 당시의 신학공부 마저도 끝내지 못한 사람이었다.[8] [거의 모든 역사가들은 바울이 그의 서신서들(그가 받은 계시들)을 기록할 때, 조직적이거나 체계적인 신학적 감각을 갖고 있지 않았다는 사실을 인정한다.] 시버그는 "루터는 새로운 교회를 세웠고 멜랑히톤은 이에 조화를 이루는 신학을 정립했다"[9]라고 말했다. 가우센 역시 오리겐, 유세비우스 및 헹텐베르크 등을 열거할 때 바울은 포함시키지 않았다. 물론 어떤 분류는 상당히 건전한 것도 있다. 예를 들면 "어거스틴과 존 칼빈 그리고 토마스 아퀴나스는 전세계에서 3대 신학 사상가[10]를 형성하고 있다" 같은 분류이다. 왜냐하면 이들 세 사람은 모두 구령하는 복음 전파자가 아니었으며 모두 철학을 숭배했고 세 사람 모두 어떤 그리스도인이 교회와 국가의 일치를 주장하는 신학 체계를 거부하면 즉시 죽이려고 했던 자들이었기 때문이다(제6,7장 참조).

칼 헨리는 바르트를 벌콥, 엔젤러, 머레이, 체이퍼[11] 등을 포함하는 신학 노선에 연결시켰는데 이것은 매우 건전한 분류라고 할 수 있다. 위에 열거한 그 누구도 구령하는 설교자이거나 성경대로 믿는 교사들이 아니었기 때문이다.

감히 그 누가 바울을 이런 부류와 함께 놓을 수 있겠는가? 바울이 빠진 "팀"이라면 어떻게 신약의 기독교와 맥을 같이할 수 있겠는가? 이방인들에게 사도로서 일한 사람은 바울이었고 그는 신약 교회들에게 서신을 기록한 장본인이다. 신약을 읽어 보면 그 누구라도 바울이 "성경개정위원님"이나 신학자와는 전혀 공통점이 없음을 알 수 있을 것이다. 바울은 거리 곳곳에서 복음을 전파하다가 돌로 매맞는 모습으로 종종 나타난다(행 14:19). 그는 "의와 절제와 심판"에 관해 총독 앞에서도 담대하게 증거했다(행 24:25). 그는 감옥에 갇혔고, 매맞았고, 난파당했고, 박해받았고, 민족을 배반한 무정부주의자로 몰리기도 했다(행 16:24; 24:5). 만약 바울이 오늘날 미국의 펜사콜라(플로리다), 그린빌(사우스 캐롤라이나), 채터누가(테네시), 스프링필드(미주리)에 있는 쇼핑센터나 산책 길에 나타나 복음을 전파한다면 "학자님"들께서 그들의 유명한 "신학자 그룹"이나 "자격있는 성경학자" 그룹 속에 바울을 끼워 주려고 애쓸 것인지 심히 의심스러운 일이 아닐 수 없다.

바울과 그의 동료들은 거리에서 복음을 전파하는 성경대로 믿는 사람으로서 그들의 설교와 가르침으로 온 세상을 뒤흔든 사람들이었다. 그들은 학자들의 세상뿐 아니라 사회계, 경제계, 예술계 그리고 로마 제국 전체를 뒤흔들었던 것이다. 우리는 신약교회사를 섭렵해 가면서 이 사실을 꼭 잊지 말아야 할 것이다.

'바울적' 강박관념은 역사가와 신학자들이 서신서를 다룰 때 그것들이 "요한" 혹은 "베드로" 신학에 반대되거나 혹은 유사한 하나의 "신학 체계"일 뿐이라는 자세로 임한다는 사실에서 또한 엿볼 수 있다고 하겠다. 몇 가지 예를 들면 충분히 납득이 될 것이다.

1. "계시와 이성"(Revelation and Reason)이라는 책에서 브루너는 신약의 설교를 "복음서에서 예수께서 하신 설교"에 국한시킨다.[12] 그렇다면 바울의 서신에 나오는 내용은 어찌할 것이며 사복음서에는 완전한 복음의 내용이 나와 있지 않다는 사실은 어떻게 설명할 수 있을 것인가?

2. 헨리 스위트는 요한에 대해 "저자의 기독론은 그로 하여금 ...로 나아가도록 한다"[13]라고 말했다. 그러나 계시록의 "저자"는 신격의 제3위이시다. 스위트의 반신반의하는 태도와 노선을 같이하는 자가 있으니 그는 W.M. 램세이(Ramsay)로 전형적인 정통주의 배교자이다.[14] 램세이는 "계시록의 상징들은 유대인들이 선호하는 스타일에 따라 저자가 모방한 다소 거친 문체로 저자에게 부과된 것이다"라고 그럴싸하게 말했다. 그러나 유대적 스타일이라고 해서 성령께서 그 문체를 모방해야 할 필요가 있었다고 믿을 만큼 어리석은 사람이 과연 있을지 의문스럽다(물론 이 책을 읽고 있는 독자들을 포함해서 말이다). 그런데도 램세이는 그렇다고 말한다.

3. 게할러스 보스(Geerhardus Vos)라는 유명한 "보수주의자"는 "바울의 이 문장들은

철학[15]의 압력하에 쓰여진 것이다"라고 말하면서 "바울의 철학은 부분적인 것에 불과하다."고 선언하고 있다. 그에 따르면 우리는 바울 서신의 내용은 그의 "철학"을 "완성한 것이며" 적어도 "제한된 범위에서나마"[16] 정확했다고 믿을 수밖에 없다.

이러한 바울에 대한 강박관념은 지난 19세기 동안 모든 분야에서 입증된 사실이다. 게할러스 보스(유명한 "존경받는" 보수적 성경 신학자이신 분)는 바울의 서신서들은 그저 바울 자신의 신학일 뿐(즉 교리에 관한 그의 사상) 성령의 신학은 아니라고 은근히 주장하고 있는 것이다.

'바울적' 강박관념의 마지막 부분은 바울의 응용 신학의 결과를 간과하는 것이다. 많은 사람이 순진하게도 바울을 스피노자, 바르트, 헤겔, 틸리히, 어거스틴과 같은 대열에 넣을 수 있다고 생각하고 있는 것 같다. "복음(gospel)이란 하나님의 은혜를 전파하고 외치는 것"이라고 말한 사람은 마틴 루터였다. 따라서 복음은 책이나 편지같은 것을 통해서 보다는 입술로 전파하는 것이 기본이다. "전세계에 울려 퍼진 하나의 목소리, 공개적으로 외쳐진 그 음성" 바로 이것이 복음이 전파되는 방법이다.[17] 『**너희는 온 세상에 가서...복음을 전파하라.**』는 말씀은 하나님께서 존중하신 종교개혁 본문인 <킹제임스성경>을 개정하라는 명령이 전혀 아니다(그런데도 그렇게 착각하는 이들이 있다). 우리는 자기의 생각을 행동으로 옮기는 사상가와, 행동가처럼 되고 싶어하는 사상가와의 사이에 얼마나 커다란 차이가 있는가 이번 교회사를 통해 강력하게 제시하고자 한다. 이것은 박해 가운데서 복음을 전파한 신약 교회를 따르기를 원한다면 꼭 필요한 일인 것이다. 많은 작가들이 교회사에 등장하는 유명한 인물들을 지나치게 부각시킴으로써(비록 의도적이지 않았는지는 몰라도) 신약 교회의 모든 영광을 몇몇 인물들에게만 주고 말았다(제14,17장 참조). 그러나 실상 그들은 유다 이스카리옷만큼이나 전혀 "바울"적이지 않다.

바울에 관한 강박관념이 교회사가들의 두드러진 특징 중의 하나라면 이들이 갖고 있는 또 다른 특징으로 이들이 "이단"을 구별하는데 매우 혼동하고 있다는 사실을 들 수 있겠다(제9장 참조). 이들은 어떤 사람이 사도신경을 믿기만 하면(모든 교황 추종자들도 사도신경은 다 믿는다) 그가 성령의 역사를 무시하거나 성경대로 믿는 사람들의 성경적 확신들을 왜곡시키는 일 조차도 그저 역사적 사실로만 받아들이려고 한다. 역사가들은, 특히 필립 샤프는 자기 자신들의 종교적 망상(제6장 주 40)에 반대되는 역사적 사건을 다룰 때면 반쯤 눈을 감고 슬쩍 넘어가 버리는 못된 습관이 있는 것 같다. 필립 샤프가 신약성경의 헬라어 원문의 역사[18]를 다루는 "사실"들을 제시할 때 그는 스스로 역사가로서(그는 역사가였다)의 자격과 성경개정위원(그는 실제 성경개정위원이었다)으로서의 자격을 박탈하고 있는 것 같다. 필립은 <킹제임스성경>을 3만 군데 이상이나 변개시킨 1901년의 미국 성경 개정 위원회의 책임자였다. 샤프가 초대 교회의 전천년 신자들의 가르침을 역사적 자료로서 채택하는 모습은 유태인이 아돌프 히틀러의 정통신앙을 자료로 수집하려는 모습과 같다. 샤프가 자신이 물뿌림(세례) 받은 그 "대야"에다가 자기 자신이 "그리스도인됨"을 정당화시키려는 시도는 실로 우스꽝스러운 일이 아닐 수 없다(제9장 주 92 참조). 성경을 거부하는 무천년주의자요, 유아에게 물뿌리는 것을 주장하는 이 사람의 관점에서 쓴 교회사는 결코 객관적인 교회사가 될 수 없다. 왜냐하면 성경대로 믿는 사람들은 성경과 동행하며, 믿는 자들에게만 침례를 주고 예수 그리스도의 전천년 재림을 전파하였기 때문이다(제7장 주 34-40 참조).

조지 달러[19]가 그의 교회사 책 뒷면에 근본주의 지도자들을 열거할 때 그는 롤로프(Roloff)로부터 라일(Ryle) 사이에 끼는 한 사람을 빼고 넘어간 것 같다. 조지는 미국과 유럽의 성경대로 믿는 근본주의자 가운데 성씨가 Ru(Ruckman)로 시작되는 사람은 찾지 못한 것 같다. 조지는 "근본주의 헌장"을 기초하기 위해 모인 제1회 근본주의 대회가 "진리의 모든 문제에 있어서 인간의 의견은 지속적으로 거부되어야 하며 오직 성경에만 신뢰를 두어야 한다."[20]는 사실을 선포했다고 지적할 만큼 충분히 정직한 사람이었는데, 그러한 조지가 그러한 주장을 정확하게 받아들이고 있는 근본주의자를 20세기에서는 찾지 못했다는 것이 의아스러울 뿐이다. 적어도 그 성씨가 Ru로 시작되는 한 사람은 분명히 그 선언을 믿고 인정하고 있으니 말이다. 조지는 아마도 열심히 찾아보지 않은 모양이다. 엘진 모여는 "교회사의 인물들"(*Who was Who in Church History*, Moody Press, 1962)이란 책에서 미국의 4,000개나 되는 근본주의 노선의 침례교회를 세웠으며 밥 존스 쥬니어와 밥 존스 3세로 하여금 밥 존스 대학교의 주요 교수진을 무천년주의의 장로교인들로부터(휘트, 브로큰셔, 페인 등) 전천년 침례교인들로 바꾸도록 지시했던 인물을 제외시켜 버렸으며 또한 미국이 나은 가장 위대한 성경학자로 할린세이, 살렘커번, 베버, 잭 하일스, 존 R. 라이스, 찰스 풀러, 디한 박사, 테오도르 엡, 제리 팔웰, 잭 밴임프 그리고 페리 록우드 등에게 그들이 예수 그리스도의 재림에 관해 알고 있는 모든 것을 가르쳐 준 인물을 배제시켜 버렸다. "교회사의 인물들"이란 책에서 제외시킨 이 두 인물은 프랭크 노리스(J. Frank Norris)와 클라렌스 라킨(Clarence Larkin)이었다. 모여 씨는 칸트, 헤겔, 니체, 잉거솔, 쉴러, 피히테, 볼테르, 데카르트 등을 교회사에다 열거하는데는 주저하지 않으면서도 어떻게 해서 성경대로 믿는 침례교인 두 사람은 간과해 버렸을까? 실로 불가사의한 일이 아닐 수 없다. 조지 달러와 엘진 모여는 "사도적 노선"을 추적하는데 약간의 어려움을 느낀 것처럼 보인다. 특히 사도적 노선에 너무 가까이 접근해 보니 자신들의 반성경적 입장이 확연히 드러나 버렸을 때 그런 것 같다(달러는 그의 교회사 집필시 밥 존스 대학교의 교수였다). 그들은 마땅히 신뢰를 두어야 할 것은 버리고(롬 13:7) 엉뚱한 곳에 신뢰를 두는 자들인 것이다. 역사는 교회사가들이 살고 있는 이 시대까지 중단없이 계속되어 온 것인데도 이들은 과거 19세기 동안 흘러오던 역사의 흐름이 갑자기 다른 방향으로 바뀐 양 그런 식으로 20세기 교회사를 기록하고 있다. 달러는 "성경에 대한 공격"이란 제목을 붙여 그의 교회사의 한 장을 기술하기 시작하면서 말하기를 "근본주의자란 말씀의 절대권위를 믿는 자들로 인간의 의견이 말씀과 상충될 때는 인간의 의견들은 거부되어야 한다고 믿는 사람들이다"[21]라고 했다. 그러나 조지 달러는 그런 종류의 믿음을 주장하는 학교에서 가르쳐 본적이 한 번도 없고 현재도 그런 학교에서 가르치고 있지 않다. 만약 이 사실을 믿지 못할 것 같으면 그에게 편지를 써 직접 물어보라. 소위 "객관적 중립"이란 존재하지 않는 것 아니겠는가?

베드로와 야고보 그리고 요한과 더불어 교회사를 시작하여 크리소스톰, 이그나티우스, 폴리캅, 성 패트릭을 거쳐 버트홀드, 조아킴, 콜롬바, 사보나롤라 등과 중세를 항해한 후 위클리프, 루터, 칼빈, 후스 등과 육지를 발견하여 휫필드, 웨슬리, 에드워드, 무디, 스펄젼 및 선데이와 항구로 입항하고 나서는 갑자기(오 하나님께서 그대를 도우시기를!) 비쳐, 아프만, 트루에, 체이퍼, 웨더헤드 등과 닻을 내려 버리다니... 이런 교회사를 읽는 것보다 더 우스꽝스러운 일은 없을 것이다. 아마 이 배는 상륙하면서 지뢰밭에서 발버둥친 것이 틀림없다.

우리는 우리의 교회사에서 교조적 신학 논쟁보다는 실천 신학을 강조할 것이며 "기독교" 신학자들의 책보다는 순종하는 성도들의 삶에 더 큰 비중을 둘 것이다. 우리는 성령 충만한 복음 전파자와 선교사들을 찾아 나선 것이지 쓰레기로 가득찬 주교나 대주교를 찾고 있는 것이 아니다. 우리는 성경대로 믿는 "이단"에게 더욱 관심을 가질 것이며 "정통주의" 살인마들은 제쳐버릴 것이다. 교회사가 정직한 교회사가 되기 위해서는[즉 반(反)교회사가 되지 않기 위해서는] 사도들의 행전이 멈춘 이후에도(행 28:31 주석 참조) 계속되어 온 성령의 행전의 연속 선상에 있어야 할 것이다.

차 례

교회의 주권적 제사장이시며 거룩하신 분이시요,

감독 중의 감독, 사도들의 통치자,

신실한 자들의 대리자이신 주 예수 그리스도께 이 책을 바칩니다.

제 1 장
교회사의 성격

말씀하시기를 "나는 알파와 오메가요 처음과 마지막이라. 그러므로 네가 보는 것을 책에 써서 아시아에 있는 일곱 교회, 곧 에베소와 스머나와 퍼가모와 두아티라와 사데와 필라델피아와 라오디케아에 보내라." 하시더라. (계 1:11)

역사가 인정하는 유일한 "사도적" 계승이란 사도들의 휘하에서 개종한 사람들(사도행전 1-28장)의 계승이다. 사도들은 그리스도의 몸에 주어진(딤전 3:16, 롬 11:25, 골 1:27, 고전 15:49-52, 계 17:5, 엡 5:32, 살후 2:7) 일곱 개의 위대한 신약의 "신비"(고전 4:1-2)를 전수해 주었다(딤후 2:2). 이스라엘에 대한 하나님의 사역이 끝나(고전 1:22) 표적들이 그쳤기에 사도들의 "표적들"(고후 12:12)은 적어도 A.D.100년 이후에는 더 이상 존재하지 않았으니 이는 사도들의 휘하에서 개종된 사람들 거의 모두가(막 16:17) 이때쯤이면 모두 죽었을 것이기 때문이다. 하나님께서 여전히 이스라엘을 다루고 계시는 동안 사도들의 휘하에서 개종하기 위해서는 적어도 사도행전 28장, 즉 A.D.61-62년 이전에 개종했어야 했다. 그러나 실은 그때쯤이면 A.D.100년쯤이나 마찬가지로 표적들을 보기 힘들었을 터인데 이는 바울 자신이 A.D.68년 자신의 사역이 끝나 갈 무렵에 이미 표적들을 잃어버리고 있었기 때문이다(딤전 5:23과

딤후 4:20을 자세히 읽어 보라). 따라서 만약 오늘날 그 누구라도 신약 시대의 사도들의 능력과 권위를 위조하려면 두 가지 중 하나를 행해야 한다.

첫째는, 로마를 좇아 베드로에게 주어진 표적들과 능력과 권위가 베드로 자신이 개종시킨 사람들의 시대(A.D.33-70)를 훨씬 뛰어 넘어 로마에 있는 이탈리아인 정치인들에게로 직업 정치인 노릇을 하는 총각 사제 직분을 통해 넘겨졌다고 주장하는 것이다(1159년의 아드리안으로부터 1979년의 공산주의자인 교황 요한 바오로 2세에 이르기까지 모두가 이탈리아인이었다). 이를 위해서는 "표적들"과 "기적들"이 "발명"되는 수밖에 없었다. 실로 로마는 자신들의 "회원제"[1]를 통해 외국의 여러 민족들은 정치적으로 통제할 수만 있다면 그 어떤 것도 발명하는데 주저하지 않을 집단이다.

둘째는, 20세기의 "은사주의 운동"을 추종하여 "제2의 오순절"이 일어나고 있으며(A.D.33년 이래 1980년 현재까지 성령께서 강림하신 적이 한 번도 없었다는 사실을 기억하라). 하나님께서는 "표적들"이 더 이상(고전 14:22) 믿지 않는 유대인들(고전 1:22)을 위한 것이 아니라 적그리스도 휘하에 하나의 교회를 세우기 위해 창설된 이방인 에큐메니칼 정당들을 위한 것이라고 주장하는 것이다(계 17장). 성경을 공부하고(딤후 2:15) 성경을 믿는(살전 2:13) 그 누구라도 이와 같은 두 가지의 책략은 종교적 익살에 지나지 않는다는 사실을 잘 알고 있다. 사도적 표적, 기적 및 이적들이 교회사에서 전수됐다고 하는 소위 "사도적 계승"이란 없다. 만약 그 어떤 것이 "계승"되었다고 한다면 그것은 마태복음 28:19,20, 고린도후서 5:20, 사도행전 27:25, 갈라디아서 5장, 로마서 10-14장, 골로새서 1-2장, 로마서 3장 등에서 이방인들에게 주어진 명령들을 순종하고자 했던 사람들의 실행만이 계승되었다고 할 수 있다. 즉 진정한 교회사의 참다운 "정통"의 시비는 성경에 대한 믿음과 성경의 내용을 매시대마다 성도들이 처한 그 상황에 적용시켜야 한다고 믿는 그러한 믿음으로 판가름난다. "신조들" 역시 그 안에 "온 세상에 가서 복음을 전파하라."는 복음의 명령을 담고 있지 않다면 별 의미가 없거나 무시해도 좋다고 하겠다. 로마 카톨릭 신화에서는 "복음"이란 "술에 취하게 만드는 알콜음료"가 그리스도의 피라고 주장하는 것부터 공산주의 국가를 방문해서(1979년 1,2월에 행해진 요한 바오로 2세의 순방) 계급 투쟁을 부추기는 "전도 여행"에 이르는 모든 것을 포함한다. AP통신은 이 요한 바오로 2세의 순방을 "복음을 전파하는 전도 여행"이라고 불렀다. 이 교황이라는 양반이 행하신 3년 간의 "전도 여행"에서 그는 한 번도 "복음"을 전파하거나 가르쳐 본 적이 없다. 이 복음을(고전 15:1-4, 갈 1:8-10) 그 누구에게 그 어느 때에도 그가 방문한 그 어느 나라에서도 전파했다는 기록이 전혀 없다. 만약 "신조들"이란 것이 그리스도인이 한 번도 보거나, 읽거나, 전파되는 것을 보지도 못한 그러한 책[2], 그러나 자신은 그것을 믿는다고 하는 그러한 책에 기초하고 있다면 그것은 아무짝에도 쓸모가 없는 것이다. 당신의 생애에서 만나게 된 가장 위선적인 거짓말쟁이는 자신은 물론이요 그 누구도 평생 동안 한 번도 보지도 못한 기준[3]을 당신의 생애와 사역에 있어 무오한 기준으로서 추천해 주는 기독교 학자인 것이다.

여러분은 이 교회사를 읽어 가시면서 "신조들"(신경, 신앙 고백 등)이나 "공회"(councils)가 거의 아무런 문제도 해결하지 못했음을 감지하실 것이다. 마가복음, 누가복음, 요한복음과 사도행전에 나오는 모든 "공회"에 대한 언급은 진리를 억압하는데 "헌신"했던 성경을 거부하는 그룹을 지칭한 것이므로(행 6:12 주석 참조), 역사가들이 이러한 문제들을 다룰 때 매우 중요한 것처럼 지적한 것은(시버그, 니브, 에이어, 라가드, 드루먼트, 샤프 등) 쓰레기로 취급해도 좋겠다. 실행은 늘 고백보다 앞서 왔다(마 7:21). 이 사실은 그 사람이 구원을 받았든 그렇지 않고 버림받은 자이건 마찬가지이다(약 2:18). 실행과 고백이 일치하면 아무런 문제가 없다. 그러나 기독교 지도자들이 외부의 종교적 권위[4]에 굽히고 싶지 않다는 이유로 문을 안으로 걸어 잠그고 모이는 따위의 "공회"를 대할 때는 그들의 "고백" 따위는 진지하게 고려할 필요가 전혀 없는 것이다. "성경은 하나님의 말씀이다"를 믿는다고 고백한다고 해서 그것이 그가 진정으로 그것을 믿는다는 뜻은 아니다.[5] 고백으로 모든 문제가 끝나는 것이 아니기 때문이다.

공회와 신조들은 일단의 그리스도인들이 믿어야만 하는 신앙 내용에 관한 외적인 신앙 고백일 수는 있다. 그러나 얼마나 많은 그리스도인들이 그것을 믿을 것이며(그것이 옳은 경우) 혹은 그 고백의 얼마만큼이나 그들이 믿었어야만 하는가(그것이 옳지 않은 경우)는 "별개 문제이다." 그 악명 높은 트렌트 공회(1546)는 미국의 모든 로마 카톨릭 하원 의원들은(1980년 혹은 그 어느 때든지) 자니 카슨, 아브라함 링컨, 카터 대통령, 베니 굳맨, 돌리 파튼, 빌리 그래함, 마틴 루터 킹 주니어 등이 모두 하나님의 저주(아나테마)[6]하에 있다고 선언했다. 미국에 있는 그 어떤 카톨릭 신자가 그런 것을 믿는다고 고백한 적이 있었던가? 그가 그 사실을 믿는다고 해도 그것을 공표할 리 있겠는가? 조간 신문이 그 사실을 보도하겠는가? 카톨릭 신자가 그 사실을 믿어야만 한다는 사실을 몰랐을 때 카톨릭 교회가 그것을 믿지 않으면 그도 역시 저주하에 놓인다고 알려주겠는가?[7] 물론 전혀 그렇지 않다. 왜 진실을 알려주어 이 나라를 삼켜 버릴 기회를 잃어버리겠는가? "신조"(신경)들이라고 하는 것은 필요할 때마다 만들어 내는 편리한 도깨비 방망이 같은 것이다. 신조들과 공회들은 정치적 동기에서 만들어지고 행해지는 것이 보통이다. 이런 짓들은 "비열한 종교 지도자"들이 조작하는 일[8]일뿐 성경대로 믿는 그리스도인의 신앙을 실행에 옮기는 것과는 아무런 관계도 없다.

우리의 교회사는 실천 신학을 다루게 될 것이다. 즉 성경의 진리를 믿는 사람들의 삶 속에서 그 진리가 실제적으로 역사하는 그것을 다루게 될 것이다. 이들은 (밥 존스 시니어가 늘 잘 묘사했듯이) "성경이 말씀하는 모든 것에 동의를 하지 않을 때 조차도 성경이 말씀하시는 그것은 옳다"라고 믿었다. 하나님 말씀에 더하거나 빼거나 하지 아니하고 있는 그대로의 문맥대로 말씀을 그대로 받아들이는 사람은 그 말씀들이 "의미"하는 바를 미리 정해 놓고 그것을 "가르치기" 위해 너댓 개의 번역들을 참조해 보는 그런 사람보다는 진리에 훨씬 더 가까이 서 있다.

이러한 스타일의 성경대로 믿는 사람들은 때로는 노바티안으로 때로는 도나티스트로, 때로는 폴리시안, 보고마일, 불가리안으로 불렸으며 혹은 다른 이름들로 불리기도 했다. 이들은 항상 "이단"으로 취급당했다. "이단"이란 A.D.60년부터(행 24:14) 지금까지 "당대의 종교세력"에 "무릎꿇지 않은" 성경대로 믿는 사람들이 짊어졌던 짐이었던 것이다. 성경대로 믿는 그 어떤 그룹(보도파, 형제들, 파테린, 카타리, 위그노 등)도 이 비난을 면해 본 적이 없다. 현대의 배교한 근본주의자들에게는 참다운 성경대로 믿는 사람(Bible believer)은 "이단"인데 그것은 창세기 3:1과 웨스트코트와 홀트[9]를 통해 지옥에서 파견 나온 기독교 대학과 신학교 교수들이 내세우는 선전에 굴복하지 아니하기 때문이다. 성경대로 믿는 사람은 로마에 의해 항상 "이단"으로 간주되어 왔다.[10] 우리 교회사의 한 장에 해당되는 "이단들"을 찾아내기 위한 "이단 사냥"이라는 장에서(제9장 참조) 진짜 이단이란 "축자적으로 영감받은 하나님의 말씀"만이 성경이라고 믿는다고 고백하면서(그러나 그는 그러한 성경을 한 번도 가져 본 적이 없다) 자신이 가르치고자 하는 것을 위해서는 성경에서 더하거나 빼거나 자유자재로 행동하는 그러한 자라는 입장을 견지할 것이다. 간단히 말하면 이단이란 "성경을 변개시키는 거짓말쟁이"인 것이다. "믿음의 근본적인 사항"을 부인하는 자들이라는 전통적 정의보다는 우리가 여기서 내린 정의야말로 이단이 무엇인가 그 정체를 훨씬 더 정확하게 드러내 줄 것이다. 우리는 "근본적인 것들"은 거의 모든 이교도들의 종교에서조차도 발견될 수 있음[11]을 알고 있기에 그러한 근본적인 것 몇 가지를 믿는다고 해서 참다운 "그리스도인"의 분명한 표식을 가졌다고 할 수 없다고 주장하는 바이다.

참된 "그리스도인"의 특징은 하나님께서 말씀하신 것을(창 3:1, 살전 2:13, 행 27:25, 요 8:47) 믿는 것이다. 진정한 그리스도인은 하나님께서 말씀하신 것에 "덧붙이지" 않으며(잠 30:6) 그 말씀을 삭제시키지도 않는다(계 22:19). 그 어떤 "신앙의 근본 사항"들도 그것들의 출처인 성경보다 중요하지는 않다. 그 출처(원천)가 부패하게 되면 그 근본 사항도 부패할 수밖에 없다. 우리 모두는 몇몇 "근본 사항들"이 참되다는 사실은 인정하지만 그러나 그것이 참된 것은 성령 하나님께서 그것들이 참되다고 말씀하셨기 때문에 참된 것이지(벧후 1:21, 시 119:89) 그렇지 않다면 아무런 의미도 없게 된다. 당신 의견에 그것들이 옳다고 주장해 봐야 아무런 의미가 없다. 그러나 하나님께서 그것을 말씀하시면(창 1:3,6,9), 그것은 옳은 것이며(민 23:19), 만약 하나님께서 그것을 비꼬셨다면(마 23:24, 암 4:4) 우리도 그렇게 해야 한다는 것이다.

우리의 교회사에서 우리는 수차례 반복되는 확고부동한 사이클(순환)이 우리 눈 앞에 전개되는 것을 발견하게 될 것이다. 이 사이클은 적어도 몇 차례 반복되는 고로 그 누구의 분석이나 느낌과는 전혀 관계 없이 독립적으로 작용하는 하나의 역사의 법칙임을 확인할 수 있다. 이 사이클은 다음과 같다.

1. 전파(설교, Preaching) : "복음 전파"(Evangelism)라고 할 수 있음

2. 가르침(Teaching) : "교육"(Education)을 의미함

3. 문화(Culture) : 과학, 철학, 전통(골 2:8, 딤전 6:20) 등이 교육(Teaching or Education) 분야에 침투함

4. 배교(Apostasy) : 에큐메니칼 운동이 시작되어(타협) 이교도적 종교 제도와 구원받지 못한 자들과의 연합을 시도함

5. 이교도(Paganism) : 제1단계에 해당되는 "복음화"(evangelized) 이전의 대중들의 원래 상태를 말함

이 다섯 개의 단계는 교회사를 추적할 때 되풀이되는 악순환으로서 다음과 같은 방식으로도 설명할 수 있겠다.

1. 사람(Man) : 한 사람이 등장하여 복음을 전파하고 말씀을 설교한다.

2. 운동(Movement) : 교육 시설과 교육 기관들의 설립을 포함함

3. 기계(Machine) : 세상 교육제도(대학 및 대학교)를 따라 교육제도를 제도화함

4. 기념비(Monument) : 성령께서 교육 기관들을 이교도들에게 떠넘기시고 떠나버리

심. 이로써 성령의 능력과 자유 대신에 훈련과 학력(Academic Standard)이 평가 기준이 되버림.

5. 유물론(Materialism) : 신앙 운동(제2항)의 조각 하나 남지 않고 황량해짐(혹은 물질주의).

모든 종교 운동들을 보면 사람으로 시작해서(요 1:6) 어떤 운동이 뒤따르고, 얼마후 기계로 전락했다가 기념비를 하나 세우고 나서는(이것들은 벽돌이나 돌이나 모르타르로 지어지기 때문에) 결국 물질만 남게 된다. 결국 새로운 신앙 운동은 새로운 사람이 다시 나타나야 시작된다.

이 다섯 단계를 설명하기 위해 사용한 용어들은 시대마다 약간씩 달라지게 되는데 이것은 독자를 현혹시켜 교회사의 교훈들을 얻지 못하게 하려는 시도에서 비롯된 것이다. 예를 들면 이교도(paganism)는 때로는 "무신론"(atheism)으로 혹은 "공산주의"(communism)로 불리기도 한다. 어떤 때는 "사탄숭배"(Satanism)나 "카톨릭"으로 등장하기도 한다. 배교는 때로 "통합"(integration), "종합"(synthesis), "계몽"(enlightment), "고등비평"(higher criticism) 따위로 둔갑해서 나타나기도 한다. 문화는 "합리주의"(관념론), "높은 학문수준"(high acadamic standards), "높은 문화수준", "세련됨"(refine- ment) 혹은 "풍요로운 교과 과정"(enriched curriculum) 등의 가면을 쓰고 등장한다. 이런 종류의 변신은 끝이 없다. 성경대로 믿는 사람들의 신원 확인을 가리기 위해 수많은 이름을 동원했듯이(제6, 7장 참조) 문화, 이교도, 배교 등을 위해서도 수많은 이름들을 지어내서는 독자가 살고 있는 그 시대에 어떤 단계가 진행되고 있는지를 은폐시키려고 하는 것이다. 예를 들면 오늘날 미국의 모든 기독교 학교나 교회는 위에 언급한 다섯 단계 중의 한 단계를 거치고 있는 것이다(사람-전파; 운동-가르침; 문화-기계화; 배교-기념비화; 원상복구-물질주의적 이교도). 이처럼 "원상복구"된 "원래 상태"는 "소망도 없고 세상에서 하나님도 없는" 상태인 것이다(엡 2:12).

이 "악순환"의 모형은 A.D.100-300년 사이의 유럽 기독교에 어떤 일이 일어났는가? A.D.1500-1800년 사이에 독일의 종교개혁은 어떤 경로를 밟게 되었는가? A.D. 1600-1900년 사이에 영국의 부흥은 어떻게 변모되었는가? 1901년과 1990년 사이에 미국의 기독교는 어떻게 변질되었는가를 우리에게 설명해 줄 것이다. 이 사이클은 중단 없이 반복되었고 30년 이상 영적 건강을 유지할 수 있었던 학교, 교회, 개인 및 기관 등은 제2단계(성경적 교육)에서 멈추고 더 나아가지 않았기 때문에 그것이 가능했다. 한 단계라도 더 나간 경우는 영적 건강이 곧 무너져 내리고 말았으니 이는 그리스도인의 "성장"을 위해 성경에서 정해 놓은 한계는 마태복음 28:19의 전파와 디모데후서 2:15의 공부였기 때문이다. "문화"(고전 1장; 2장, 행 17:21, 사 29:11)는 성경에서 한 번도 고려의 대상이 된 적이 없다(딤전 6:20, 골 2:8). 문화를 추종하는 사람들은(NIV와 NASV의 롬 1:21,25,28 참조) 결국은 일어나서 여타 무신론자들과 마찬가지로 성경 구절들을 공격하게 되어 있다(NIV와 NASV의 갈 3:1, 롬 13:9 참조). "문화"란 하나님의 자녀에게 그가 구원받고 깨우침을 받은 그 책(성경)보다 더 높은 권위들이 있다는 생각을 주입시킴을 뜻한다. 문화란 지구상의 그 어떤 개인, 학교, 교회 혹은 민족에게도 "조난신호"인 것이다. 문화가 침투하면 영적 조난이 생긴다는 이 사실이야말로 역사가 우리에게 가르쳐 주는 교훈이라고 할 수 있다. 교회사가들이 결코 배우지 못하는 교훈이 바로 이것이다.[12] 혼돈 되고 자기 중심적인 생각(롬 1:21,25, 28)으로 가득한 현대의 배교한 근본주의자들이 결코 깨우침을 받을 수 없는 교훈이 바로 이것이다. 자기 자신의 교만으로 스스로 "현명한" 자는 그 누구에 대해서도, 그 어떤 방식으로도 그 어떤 진리에 의해서도 개선되지 못한다(잠 27:22 주석 참조).

바울에 대한 강박관념(들어가는 말 참조)이 교회사 공부를 진행하는 동안 계속해서 돌발적으로 드러날 것이다. 이 '바울적' 강박관념이 테네시 템플, 스프링필드, 웨스트민스터, 밥 존스, 미드웨스턴, 프린스턴, 달라스 대학교의 교수실에 앉아서 폼을 잡고 있는 시체가 되어 버린 19, 20세기의 정통주의자(구렛나루나 멋지게 기르고 이중 촛점 렌즈를 쓰고 앉아 회개의 눈물은 한 방울도 흘려 본 적이 없는 파렴치한)들의 삶에서만큼 더 잘 드러나는 곳은 아마도 없을 것 같다. 항상 "하나님의 말씀에 충성을"이라는 구호를 내세우는 이들 변개자들은 멕시코의 치와와가 독일의 세퍼드를 닮지 않은 만큼이나 그들의 개인적 생활에 있어서 바울을 닮지 않았다. "근본 신앙들", "교리들", "신조들" 그리고 "믿음들"을 전파한다고 하는 "성도들에게 단번에 전해주신 믿음"의 자칭 수호자들(애프만, 커스터, 파노시언, 포터, 멜톤, 고드윈, 워커, 뉴만, 맥래, 브라운 등)은 사실은 전혀 신뢰할 수 없는 자들이다. 이들은 거리에서 설교하거나 말씀을 전파하지도 않고(행 7장), 집집마다 찾아다니지도 않으며(행 20:20) 한 번도 "피곤, 추위, 고통, 금식 등"(고후 11:27)을 당하거나 해본 적이 없으며 로마 총독을 떨게 할 수도 없었다(행 24:25). 그들이 사용하는 언어는("더 나은 번역이라면 이렇게 되어야만 하는데...", "이곳의 번역은 불행하게도 의미가 잘 안 들어오는데...", "희랍어라면 시제가 더 분명해질텐데...", "이런 단어들은 원본에는 없는데..." 등) 신약성경에는 한 번도 나온 적이 없으며 더군다나 바울은 그의 서신에서 이런 말들을 사용한 적이 없다. 그들이 사용하는 언어는 혼란(바벨)이요, 방언(TONGUE)이요 전혀 바울적이지 못하며 비성경적이요 비기독교적이라고 할 수 있다.

신학자들과 문법학자들은 자신들을 "바울적"으로(창 20:7과 그 주석 참조) 착각하는 경향이 있다. 왜냐하면 그래야 자신들이 "존경받는 성경학자"처럼 보일 것이기 때문이다.

이 교회사에서 다루는 내용들은 성경적 진리를 실행하고 적용하는 것이야말로 교회사 전체를 통해 성경대로 믿는 사람들을 특징지워주는 것이라는 중심 사상을 밑에 깔고 수집된 것들이다. 근본주의 대학교 교수들(1900-1980)의 경우처럼 믿음이 없거나,[13] 만약 이 믿음을 삶에 적용하지 않는다면 성경적 기독교라는 증거가 없는 셈이다. 그럴 경우, 혼합 기독교 혹은 위조 기독교는 있을지언정 성경적 기독교는 없는 것이다.

독자 여러분이 사도행전을 공부해 본다면(행 2:41; 4:33; 5:15; 6:8) 성령께서 참으로 역사하시는 때마다 한 번도 예외없이 그 사역에 대한 사탄의 즉각적인 반대(행 4:1; 5:17; 5:40; 7:54)가 있었다는 사실을 발견하게 될 것이다. 일단 산을 넘으면 곧바로 내리막길이 있는 법이다. 앞서 설명한 악순환 모형이 이러한 움직임을 잘 보여준다. 일단 여러분이 복음 전파와 성경 교육(Evangelism and Education)을 넘어서게 되면 "수문을 틀어막고" "물새는 곳이 없도록" 안전 장치를 잘 점검해야만 한다. 왜냐하면 여러분이 "교육"(education)을 말하자마자 알렉산드리아 이단(제5장 참조)이 얼굴을 들이밀게 될 터인데 이들은 현대 기독교 교육 제도를 창설하고 세운 장본인들인 것이다. 이들은 이집트의 알렉산드리아[14]에 최초의 기독교 대학을 세웠다. 20세기의 대학 설립자는 아무리 그가 "구령하고" "복음적인" 사람이었다 할지라도(지금도 여전히 그렇더라도), 그가 교과 과정을 짜자마자 배도를 위한 둥지를 틀게 되는 것이다. 결국 그는 자신이 짠 틀을 파괴시키지 않고는 쥐들의 서식처를 깨끗케 할 수 없을 경우, 그것을 용납하거나 '열렬히' 옹호할 수밖에 없게 된다.[15] 이것은 오늘날 어째서 "구령하는"(Soul-winning)자들이 후원하고 설립한 대학교에서 "구령도 하지 않는 배교자"(Non-soul-winning apostate)인 교수들이 버젓이 자리잡고 있는가를 설명해 준다. 이들 교수들은 "구령"이야말로 "가장 중요한" 일이라고 자랑을 하면서도 정작 자신들은 30년 동안 그 누구도 그리스도께 인도하지 못한 자들인 것이다. 이 양반들이 서로를 격려하며 서로를 보호하고 있는 동안(그럼으로써 서로의 죄들을 감춰 준다) 수업시간에 참석하는 학생들은 시속 500마일의 속도로 하나님의 말씀에 대한 믿음에서 떨어져 나가게 된다. 이것이 모든 신학교들이 세월이 지나면서 성경을 거부하는 길로 들어서게 되는 과정이다.[16] 문제는 구령하는 "설립자"마저도 그들 교수진들의 더러운 사역을 보호하게 된다는 것이요 이들 교수진은 부주의한 설립자의 영적인 명성 뒤에 숨어 자신들도 영적인 사람들이라고 위장하는 것이다. 그러나 그들은 전혀 영적인 사람들이 아닌 것이다. 그들 대부분은 영적인 요소라고는 눈꼽만큼도 없는 사람들이다. 그들이 신학교 교실에서 사역을 준비하는 학생들에게 끼치는 해악이란 실로 어마어마해서 도저히 치유가 불가능하며 오직 그리스도의 심판석에서야 "구령하는" 설립자의 모든 죄와 50명에서 10,000명에 이르는 젊은이들로 자신들이 그 안에서 주 예수 그리스도를 발견한(마 11:27) 그 책을 믿는 믿음에서 돌이키도록 사주한 그의 동료 교수들의 모든 죄가 밝혀질 것이다. 이때는 모든 것이 깨끗이 "씻겨져"(엡 5:27) 그들이 감추어 놓은 알리바이가 참 빛 가운데 드러나게 될 것이다. 역사와 영적 수준과 성경에 대한 믿음이 하향곡선을 긋게 되는 데에는 그만한 이유가 있는 법이다. 문제는 그 어느 나라건, 그 어느 때이건 이러한 하향곡선의 근원은 성경대로 믿는 사람들이 세운 교육 기관들이 배교하는데 있다는 것이다(아마 주님께서는 내가 이제껏 그래 온 것과는 달리 그분의 심판석에서 이 문제들을 다루실 때 점잖게 대하시거나 미적지근하지는 않으실 것이다). 진리의 하나님께서는 역사의 하나님이시며 역사의 하나님께서는 성경의 하나님이신 것이다.

"니케아 이전 시대의 예배"에 관해 필립 샤프가 참조한 것들은 하르낙, 프로브스트, 볼츠, 바이세커, 잔 등과 같은 학자들이 초기 예배 의식에 관해 생각했던 그것들이었다.[17] 물론 우리는 회당에서 그 당시 이루어진 유대 스타일의 예배 의식이 어떠했는지 알고 있다[셰마(아침 저녁으로 예배시 유대인들이 읊는 기도), 18개의 축복기도(Berachoth), 율법의 교훈(Parasha) 및 선지서들(Haphthara), 미드라시(구약성경에 대한 고대 유대인의 주석) 해설 낭독 등]. 그러나 이런 것들은 사도행전 15장(어쩌면 7장) 이후에 신약 교회에서 실행된 "예배" 형태와는 아무런 관계가 없다. 사도행전 2-5장 사이에서 구원받은 유대인들은 성전에서 경배했다(행 3:1-4). 그러나 회당에서 기독교회의 모임이 있었다는 기록은 전무하다. 바울이 설교했던 회당은(행 13:14) 유대인들의 집회였다. 만약 그리스도인들이 회당에 있었다면(행 19:8) - 이방인이든 그렇지 않든 간에(행 10:22) - 그것은 이들이 신약의 진리를 듣거나 일어서서 그 진리를 전파하기 위한 것이었다(행 13:38-42). 신약의 예배 규례를 회당에서 지켰다는 기록은 전혀 없다. 교회사가들은 여러분들을 로마 카톨릭의 반성경적 오류의 미궁으로 이끌어

가기 위해서 여러분을 성경에서부터 디다케(12사도의 교훈)나 클레멘트의 서신들[18]로 몰아간다. 즉 구원받은 교회사가들로서 기독교 문학의 밝은 빛을 자처하는 자들이 성경의 기록(행 7-28장)을 곧 내던지고 성경 대신 앞서 언급한 두 개의 가짜 문서들(이단)을 들고 나오는 것이다. 그러나 이 문서들은 토빗이나 벨과 용과 같은 외경만큼이나 비성경적인 것들이다.

사도 요한이 죽자마자 "성체성사기도"란 것이 지역교회로 침투하였고 이것과 더불어 교회사가들은 "예배 의식"과 "예배 구절들"(필립 샤프의 교회는 이렇게 부른다)[19]에 관해 언급하기 시작한다. 따라서 교회사가인 샤프가 "성사"(영세, 견진, 성체, 고해, 종부, 신품, 혼배의 칠성사)를[20] "신성한 의식"이라고 언급한 것은 지극히 당연한 일이라 하겠다. 그러나 여러분도 아시다시피 신약성경에 그런 것은 전혀 나와 있지 않다. 이제껏 나온 가장 객관적인 교회사를 썼다고 자처하는 위대하신 학자라는(물론 "사실들"의 가장 "중립"적인 관찰이라는 방법을 사용했다고 한다) 샤프는 드디어 성체성사(the sacrament of water baptism)가 "표적"으로서의 할례를 대체했다고 주장하기까지에 이르렀다. 신구약 그 어디에서도 침례가 "표적"으로 언급된 곳은 한 곳도 없다. 샤프는 자신의 "교회사" 제1권도 끝내기 전에(무려 8권을 쓰셨다) 자신의 작품 속에 교황의 편견을 집어넣은 꼴이 되고 말았다. 그 어떤 신약 교회도 물침례를 표적이나 "성사"로 실행한 적이 없다. 이와 다르게 가르친다면 그것은 역사가 아니라 픽션(소설)이 되버리는 것이다.

전혀 증명이 불가능한 사실인데도 불구하고 샤프가 소위 유아세례를 초대 교회가 실행한 "사실"로 간주하려는 것은 "매우 가능성이 높은" 일일 것이라는 자신의 추측을 과감히 "사실"로 위장하려는 것일 뿐이다.

이것이 1901년 ASV 뒤에 숨어 있는 기독교 학문(상아탑)인 것이다. 필립 샤프는 ASV 출간 위원회 책임자였다. 여기서 우리가 꼭 짚고 넘어가야 할 것은 샤프가 "사실들"이라고 주장할 때는(웨스트코트와 홀트도 마찬가지다) 그는 역사에서 발견할 수 있는 사실을 언급하고 있는 것이 전혀 아니라는 점이다. 그들이 "사실"이라고 간주해 버리는 것은 "매우 가능성이 높은" 것이라는 뜻이요 실제로는 전혀 가능성도 없는 것이다. NIV, NASV를 만들기 위해 설정한 "헬라어 신약성경" 역시 웨스트코트, 홀트 그리고 필립 샤프의 이론에 기초한 추론일 뿐이다.[22] 이것들은 필립 샤프가 사실이라고 주장한 "유아에게 물뿌리기"(baby sprinkling)가 사실이 아닌 것만큼이나 사실이 아닌 것이다.

샤프는 그의 교회사 제1권에서 "교회사"가 아닌 픽션을 쓴 셈이다.

쓸모 있는 역사가를 자처하는 이 양반은 하나님의 말씀에 덧붙이고, 말씀을 변개시키는 것에 만족하지 않고 더나아가 "성체성사"가 매일[23] "베풀어졌다."고 말한다[베풀어졌다는 말은 로마 카톨릭 교회가 "받았다"(마 26:26)는 말 대신 사용하는 말임]. 이런 거짓말을 뒷받침해 주는 권위는 도대체 무엇인가? 이런 주장은 사도행전 20:7, 11이 식사하는 것을 가리키고 있는 멀쩡한 사실 앞에서 사도행전 2:46은 "주의 만찬"이라고 고집하는 캠벨(그리스도의 교회라는 교단을 세운 자)의 이론일 뿐이다. 하나님의 진리를 뒤집기 위해 샤프는 매우 "관용적"인 태도로 고린도전서 10:16의 교제에 대해 네 가지의 해석을 열거하면서 규례의 준수로 오는 축복은 성경적 이해나 해석과는 상관 없다고 주장한다. 그렇다면 이 교제에서 주의 몸을 분별하지 못한 것(고전 11:29)에 대해 그리스도인이 받게 될 저주는 어떻게 설명하려는가?

이 네 가지 해석들을 다루는 기본 원칙은 파당을 거부하고, 하나님을 조롱하기를 거부하며, 성경과 모순되는 그 해석을 거부하는 것이다. 샤프는 유아세례와 "성체성사"에 대해 로마 카톨릭의 입장을 수용한다. 그리고 나서는 네 가지 중 어떤 것을 택하든 그것은 "선호"의 문제일 뿐이라고 일축하면서 성경 말씀은 네 가지 중 어떤 것이 올바른 해석인가를 판단하는 기준이 될 수 없다고 한다. 이렇게 되면 자신은 옳고 성경은 틀렸다고 독자들을 은밀히 설득시키려는 음모가 아니겠는가? 이것이 바로 알렉산드리아 방법론이라는 것이다.

또 다른 예를 들어보자. 하나님의 말씀은 "그리스도의 몸"(고전 11:29)이 살아 있는 사람들로 되어 있다(고전 10:17)고 말씀하신다. 그리스도의 몸은 더 이상 죽은 시체(요 6:55)를 언급하고 있지 않는다. 하나님의 말씀은 기념하라고 말하고 계시지(고전 11:25) "성체"를 먹으라고 하지 않는다. 따라서 샤프가 열거한 네 "해석들" 중 셋은 일시에 무시해도 좋다. 샤프가 열거한 네 가지 해석은 아무런 의미가 없다. 왜냐하면 샤프는 그 어떤 해석에 대한 성경의 입장을 믿으려는 의도가 조금도 없기 때문이다. 이것은 당신의 헬라어 선생이 로마서 1:25에 대한 "네 가지 가능한 본문들"(NIV, ASV, NASV, AV)을 제시할 때 실은 <킹제임스성경>을 제거하기 위한 숨은 의도를 갖고 있는 것과 마찬가지이다. 이 사람의 원래 의도는 성경을 없애고 자신의 견해를 제시하는 것이다. 자신의 삶에 있어 성경이 제시하는 죄의 책임을 면해 보고자 하는 그의 열망이 숨은 동기인 셈이다(롬 1:21,25,28 참조). <킹제임스성경, 1611>에는 아무런 "문제"가 없으며 오히려 이 성경의 분명한 어조를 증오하는 그 자의 삶에 문제가 있는 것이다. 뉴만(Newman)은 플라이더러, 홀트, 라이트푸드, 알렌, 바우어, 다건, 크레마 같은 사람들보다는 출발점에 있어 약간 나은 셈이다. 그러나 그 역시 야고보서 2:2을 다른 구절들과 혼동하여 그리스도인들이 회당에서[25] 모였다고 생각했다. 그는 야고보서 1:1 말씀을 무시한 채 야고보서가 그리스도인에게 쓰여진 것으로 생각했다. <리빙 바이블>의 케네스 테일러(Kenneth Taylor)는 뉴만을 위해 아예 야고보서 1:1을 변개하여 뉴만의 의도를 충족시켜 주었다. 그러나 이 지구상에 야고보서 1:1에서 그 서신이 그리스도인에게 썼다고 하는 헬라어 필사본은 하나도 없다. 뉴만과 테일러씨께서는 아마 야고보서를 읽을 때 눈을 감고 딴 생각을 하신 모양이다. 야고보서는 "흩어져 있는 열두 지파에게" 쓴 것이다.

그럼에도 불구하고 뉴만이 인용한 모든 사람들은 신약 교회는 침례받은 믿는 자들로 구성된 독립적인 몸이라는데 동의하고 있다(해치, 하르낙, 백기퍼트, 바이세커, 코니비어, 하우슨). 신약 교회는 분명한 성경적 근거 위에 매주 첫째 날에 모였다(출 12:16, 행 2:1, 요 20:1, 고전 16:2, 행 20:7). 그리고 이들은 그 어떤 "교구 주교"들의 감독(커닝햄, 하르낙, 샤프 등)도 받지 않고 독립적으로 교회를 이끌어 갔다. 신약 지역교회가 자치, 자가번식, 자족의 원칙을 갖고 있었다는 사실은 무너질 수 없는 사실이다. 그 어떤 작가도 예수회 출신의 가장 비열한 자들(벨라마인, 노빌리, 로욜라 등)이나 가장 과격한 국제사회주의자들(파이크, 카가와, 필 위글, 소크만, 옥스남, 블레이크, 웨더헤드 등) 마저도 성경대로 믿는 신약 교회는 완전히 독립적이었으며 외부의 그 어떤 상부 그룹으로부터 명령을 받아 본 적이 없다는 사실을 부인하지 않을 것이다. 사도행전 15장에 나오는 것은 일련의 권장 사항(명령이 아님)과 제안(행 15:23,25,29)이었다.

필립 샤프에게는 교회 정치가 너무도 융통성이 있는 것인지 자신은 50%만 옳고 나머지 50%는 자신은 틀리고 장로교회, 회중교회, 성공회(감독교회), 카톨릭 등이 옳다고 인정하는 것 같다. 이들 그룹이 자의적으로 교회를 운영해 나가는 방법을 제시할 때 그는 그만 이를 용납하기 때문이다.[26] 샤프는 침례교회는 아예 언급도 안하고 있다. 그는 모든 것을 앞서처럼 50 대 50으로 하려는지 사도행전 20:17 말씀을 <킹제임스성경>을 대신해서 개역본(RV)의 구절로 대치해 버렸다. 그는 이 구절에서 <킹

제임스성경>은 지역교회 감독들[27]의 신원 확인을 불투명하게 만들었다고 주장한다. 그러나 그는 자신의 의견과 어긋나는 곳에서는 성경을 받아들일 의도가 전혀 없다. <킹제임스성경>에서는 베드로전서 5:1-6이 사도행전 20:17을 해석해 주고 있기 때문에 샤프가 그 구절을 변개시키는 것은 전혀 의미가 없다. 그럼에도 불구하고 그의 교회사를 읽어나가면 이런 일들이 상당수 발견되는 것이다. 예를 들면 샤프는 장황하게 설명을 늘어놓고서는 상당량의 필사본 증거들을[28] 열거하더니만 계시록 1-3장에 나오는 일곱 교회의 천사들은 그곳의 목사들이었다는 결론을 내린다. 이런 어처구니없는 사사로운 해석이 오늘까지 살아남아 하나님께서 자기 입에서 목사를 투해 내치는(계 3:16) 비극을 연출하고 있는 것이다. "선호"(취향)가 있는 곳에는 마귀들이 따르게 마련이고, 결국 샤프는 마귀에게 길을 내주기 위해 천사들은 천상의 사자들(오리겐, 드웨트, 알포드, 라이트푸트) 혹은 "부목사 및 서기"(비트링거, 라이트푸트, 벵겔, 와이너) 혹은 교회들을 의인화시킨 것(아서스, 샐머시우스)이라고 해석해도 좋다고 해버린다. 앞에 열거한 수많은 사람들(샤프를 포함하여)은 천사란 날개가 없는(창 18:2; 19:1과 그 주석 참조) 33세의 남자란 사실을 전혀 믿지 않는 사람들이기 때문에 이들의 의견은 일고의 가치도 없다고 단정할 수 있다.

이처럼 신약 지역교회의 역사는 필립 샤프가 다루기에는 불가능한 일인 것이다. 자신의 지식과 교육과, 자료 연구와 수많은 노력과 시간을 들여 쓴 모든 것이 무너져 내릴 때 죽음의 천사가 "슬프도다"라고 쓴 깃발을 들고 나아갈지 모르겠다. 샤프는 가시적인 교회들이 서서히, 꾸준히, 확실히 진행되는 "진화"를 거쳐 성장하면 하나님의 나라가 도래할 것이라고 믿었다.[29] 이와 같이 반기독교적이요, 반성경적인 편견을 가지고 필립 샤프는 교회사에 대한 참다운 진실을 발견해 낼 수 없다. 그것은 허리케인 속에서 속삭임을 들을 수 없는 것과 같다고 하겠다. "왕국을 가져오도록" 돕기 위해 필립 샤프는 우리를 "여집사" 제도로 안내해 준다(Amplified Version, 로마서 16:1). 샤프에 따르면 동방 교회들이 나중에(신약 시대보다 훨씬 후임) 여자들을 "여집사"[30]로 안수했으므로 로마서 16:1(신약 시대에도)은 여집사가 되어야만 한다고 했다. 그러나 로마서 16:1에 나오는 단어는 여성으로 되어 있지 않고 중성으로 되어 있는 고로 샤프와 그의 동료들은 뭔가를 재빨리 손을 쓰지 않을 수 없게 되었다. 즉 그는 주를 달아[31] "후에 가서는" 이 단어가 지구상에 존재하는 모든 필사본과 같이 중성으로 쓰여지지 않았고 여성 명사로 쓰여졌다고 주장했다. 이것이 1901년의 ASV의 배후에 숨어 있는 학문적 업적인 것이다. 진화론을 입증하기 위해 성경을 변개시키는 일은 "기독교" 역사가들에게는 종종 있는 일이다.

이런 것들이 가장 위대한 "교회사가"들이 하는 못된 짓들의 일부이다. 이런 자들을 양산한 자들은 유아세례(어린아이에게 물뿌리는 행위)를 일삼는 자들이었다. 필립 샤프는 그의 친구 웨스트코트와 홀트처럼 에큐메니칼적 카톨릭 신자로 딘 버간(Dean Burgon, 1813-1888)의 철천지원수였다. 버간은 종교개혁 원문을 챔피언 자리에 올려놓은 장본인으로 샤프는(버간을 대적하여) "마가복음 16장에 빠진 부분"이란 그의 책에 나오는 모든 것은 단순한 "추측"[32]일뿐 성경의 마가복음 16장의 빠진 부분이 하나님의 말씀인지 아닌지는 알 길이 없다고 결론을 내리고 말았다. 그러나 그 부분은 지역교회(당시의 사도들이 세운 교회들)에게 주어졌음을 본문 자체가 말하고 있기 때문에 샤프의 주장은 일고의 가치도 없음을 알게 된다. 우리는 그가 쓴 교회사로 로마 카톨릭의 여러 가지 미신적인 제사의식을 살펴볼 수 있으며, 로마 카톨릭의 정치 행태, 암흑 시대에 있어서의 광신 그룹들, 종교개혁 시대의 교회 정치 및 신학, 로마 카톨릭 교황들 그리고 기타 범죄자들, 세속사, 시대 구분법 등을 참조할 수 있을 것이다. 그러나 신약 지역교회, 그 성경, 그 권위의 기준, 그 성장 등에 관해서는 전혀 가치가 없다. 그는 될린져(1799-1899), 몰러(1796-1838), 헤펠레(1809-1893), 르낭(1832- 1892), 네안더(1789-1850) 등과 똑같은 자이다. 유세비우스, 소크라테스, 소조멘, 테오도레, 칼리스티, 카시오 도루스, 마인, 타이너 그리고 페시우스 등과 같은 역사가들은 성경대로 믿는 사람들의 모임의 역사와 발전에 상응하는 종교발전의 과정에 관해 우리에게 여러 가지 정보를 제공해 줌으로써 약간의 기여를 할 수는 있을지 몰라도 이러한 역사적 사실들을 해석하는 데 있어서는 전혀 무능하다. 이들은 한결같이 하나님의 말씀에 비추어 볼 때 매우 위험스러운 이단들에게 관용적인 태도를 취함으로써 반성경적인 논조와 타협적인 "선호"(취향)를 인정했을 뿐 아니라 성경을 변개시킴으로써 파생된 이단들의 주장을 뒷받침했다.

지역교회와 성경에 관해 거짓되거나 왜곡된 견해를 지닌 채 교회사를 쓰기 시작하는 그 어떤 교회사가도 곧바로 물 속에 빠져들어[33] 구명대 없이는 도저히 물 위에 뜰 수 없다는 사실을 발견하게 될 것이다. 그들이 살고 있는 세상 제도로부터 불려나온 침례받은 믿는 자들의 지역 모임이야말로 어떤 교회사를 쓰든 간에 가장 중요한 요소인 것이다. 이들 무리는 결코 유아에게 세례를 주지 않았으며, 성령에 의해 죄인이 거듭나는 것과 물침례를 혼동해 본 적이 없다(그런 혼동은 성경을 거부하는 종교적 진화론자들의 눈으로 보자면 나중에 등장하게 된 "발전"의 결과인 것이다).

제 2 장
교회를 교회사 안으로 되돌려 놓자

온 유대와 갈릴리와 사마리아에 있는 교회들은 평안을 누리고 든든히 세워져 갔으며 주를 두려워함과 성령의 위로 가운데서 행하니 그 수가 늘어 가더라. (행 9:31)

교회사란 성경적 정의에 의하면 우선적으로 지역교회들의 역사를 다루고 그리고 부차적으로 조직화된 교단들을 다루어야만 한다. "교회"라는 단어는 신학을 공부하는 모든 학생들에게 잘 알려져 있다. 이 말은 불러냄을 받은 자들의 모임이란 뜻의 ε'κκλησια(ecclesia)를 번역한 것이다. 비록 이 단어가 때로는 그리스도의 영적인 몸인 살아 있는 유기체를 언급하기는 해도(골 1:18, 엡 1:22, 딤전 3:15), 이 단어는 모이기 위한 목적을 지닌(행 2장), 경배하고(행 4장), 기도하며(행 4장), 상부상조하며(행 11장), 성경을 가르치고 설교하며(행 13장), 선교의 열정을 지닌(행 16장) 회중들의 모임으로 그들이 살고 있는 지역 사회의 이교도들에게 예수 그리스도를 증거하는 사람들을 가리킨다. 이 "불려나온 모임"을 지칭하는 교회라는 단어는 신약성경에서 무려 80번 이상에 걸쳐 지역 모임을 언급하고 있다. 신약성경 그 어디에서도 이 교회가 대주교, 추기경 그리고 교황들이 "사제들"과 "수녀들"을 통해 세금을 걷어 들이려고 운영하는 정치 조직이라는 증거는 단 하나도 찾아 볼 수가 없다. 신약 교회는 이러한 자들이나 그들의 활동에는 직접 혹은 간접적으로도 전혀 관계가 없는 것이다.

정직한 교회사를 쓰기 위해서는 이 "교회"에 대한 신약성경의 묘사를 잘 이해해야만 한다. 이것은 절대적으로 필요한 일이다. 만약 교회사가가 성경이 신약 교회에 대해 제공하는 있는 그대로의 기본적인 정의를 무시해 버린다면 온갖 혼란과 오류가 끊이지 않음은 물론이요 그의 작품(교회사)은 더 이상 존재할 가치를 상실하는 것이다. 따라서 뒬린져나 라투렛이 아무리 많은 자료를 연구하여 긴 교회사를 쓴다 할지라도 그것은 아무런 가치가 없는 것이다. 왜냐하면 그 두 사람은 한 번도 신약성경적 의미에서 볼 때 지역교회의 회원인 적이 없었으며 두 사람 다 신호등 바뀌는 그 시간만큼도 거리에서 설교해 본적이 없다(거리 설교는 모든 사도들이 행한 것이다). 최초의 교회사가인 유세비우스(Eusebius) 역시 신약 교회에 관한 한 신뢰할 수 없는 정보만을 제공하고 있을 뿐이다. 그는 그리스도의 천년 재림을 부인한(제7장 주 34-39) 준(準)아리안파 정치인으로(제8장 참조), 그들의 주님이 곧 돌아오실 것을 기다리고 있었던(행 3:19,20, 살전 4:15-18, 요일 3:2-3) 신약성경의 그리스도인의 행실에 관해서는 거의 알지 못한다. 교회(ecclesia)란 단어는 마리아에게 기도하거나 성체성사를 받거나, 묵주 기도를 드리거나 혹은 유아에게 물 뿌리는 그러한 "그리스도인"을 지칭하기 위해 쓰여진 적이 없다. 이런 행위들은 후일에 나타난 교회의 "발전 결과"로 생겨난 일인데 당신이 종교적 진화론자라면 "발전"이라는 용어를 쾌히 받아들일 것이다.

신약성경에서 보자면 지역교회는 자치적이고(행 6장), 목사들과 집사들을 직접 뽑았으며(딤전 3:1-12), 목사가 지구상에서는 그 교회의 보이는 머리였으며(히 13:17, 딤전 5:17) 가난한 성도들을 지원했고(롬 15:25-26, 고전 16:1-3), 개종자들을 침수로 침례주었고(행 16:33), 전도자들과 선교사들을 파송하였다(행 13:1-4; 16:1-4).

우리의 질문은 다음과 같다. 신약성경이 묘사하고 있는 그리스도인들의 이와 같은 특성을 어떻게 개선해 보겠다는 말인가?(그 어느 시대 그 누구라도) 유세비우스, 샤프, 피셔, 마인, 라가르드, 워커, 뉴만 같은 교회사가들이 신약성경이 완성되고 그 사도들의 사역의 기록이 완성된 이후 그 다음 단계(A.D.90-200년)를 초대 교회가 발전된 형태니, "완숙"하게 된 모습이니 하면서 내세우는 것이 무엇인 줄 독자 여러분은 알고 있는가? 피셔나 네안더는 사도적 규범들(Apostolic Constitution)이나 디다케(Didache)[1]를 사용하여 독자 여러분에게 이 부패한 두 종류의 문서들에 나오는 예배 의식들이 신약성경에 나오는 예배 의식의 전진된 형태라고 설득하려고 들 것이다. 이것이 이들이 독자들에게 기독교 초기 시대를 설명할 때 쓰는 수법인 것이다. 그들이 성경을 거부하는 진화론자들이 아니고서야 어찌 그런 일이 있을 수 있겠는가?

1900년에 이르기까지 모든 주요 교단들은 성경이 최종권위임을 고백하였는데(로마는 이에 덧붙여 그들의 전통도 최종권위라고 한 것은 물론이다), 그렇다면 로마 카톨릭 신자가 아니고서야 그 어떤 역사가라도 국제 정치에 깊숙이 연루된 종교 조직체의 역사를 마치 신약 교회 역사인 것처럼 기술할 수 있겠는가? 그러한 교회사는 반(反)교회사(ANTI-CHURCH HISTORY)일뿐이다. 터무니없는 거짓말을 옹호하고 역사의 진리를 덮어 버릴 흉측한 음모가 아니고서야 도대체 어떤 동기에서 그런 책을 쓸 수 있단 말인가? “교회”가 “그리스도의 몸”(엡 3:1-6, 골 1:18)이라고 한다면 그 몸과 비겁하고(제12장 주 67) 음행을 일삼는(제12장 주 86-88) 종교집단의 상층계급을 구성하는 이들과 무슨 상관이 있단 말인가? 이들이 하는 짓이라고는 “성사”들을 통해 정부를 통제하는 것 아닌가?

신약성경에는 추기경도 없고, 9일 간의 기도회도 없고, 수녀도 없고, 수도원장도 없고, 수사도 없고, 성사도 없고, 크리스마스도 없고, 염주도 없다는 사실을 주목하기 바란다. 죽은 자들에게 드리는 기도, 마리아 숭배 그리고 “예배 보조 기구”로서의 성상들도 없는데 “기독교의 팽창”(A.D.500-1000)과 “교회 성장”(A.D.500-1000)을 우리는 어떻게 해석해야만 하는가? 될린져와 라투렛에 따르면 그러한 요소들은 전세계를 “기독교”로 개종시키기 위한 하나님의 축복을 받아 행해진 신성한 “누룩 보급 운동”의 일부 요소라고(제11장 주 58-59) 한다.

사도행전에 나와 있는 지역교회는 로마에 의해 괴로움을 당했고 박해를 받았다(행 24장). 야고보의 머리를 벤 자도 로마였고(행 12장) 바울을 감옥에 넣은 자도 로마였고(행 28장) 예수 그리스도를 채찍질하고 못박은 자도 로마였다(마 27장). 그렇다면 로마라고 하는 “고양이”(cat)가 콘스탄틴의 물 뿌림을 받았다고(제7장 주 13) 하루 아침에 변모했단 말인가? A.D.313년 밀라노 칙령(the Edict of Milan) 이후에는 로마는 더 이상 그리스도인들을 죽이거나 감옥에 넣지 않았단 말인가? 나는 그렇다고 믿지 않는다. 콘스탄틴 휘하에 조직된 교회국가인 로마는(A.D.325-500) 제국 내의 모든 성경대로 믿는 그리스도인들에게 사형선고를 내렸으며 또한 그들의 공회에서 정한 명령에 따르지 않는 모든 이교도도 마찬가지로 다뤘던 것이다(제8,9장 참조). 신약의 그 어떤 교회도 그 누구의 생일을 기념한 적도 없고 마리아에게 기도해 본적도 없으며 아이를 목욕시키는 것 말고는 아이들에게 물뿌려 본 적이 없다(유아세례). 이런 짓들은 학자들의 취향의 문제도 아니요 논쟁의 문제도 아니다. 신약성경에서는 유아세례(물뿌리기)건 유아침례건 단 하나의 예도 찾아볼 수 없다.[2] 로마 카톨릭은 유아세례를 억지로 입증하려고 심지어는 혼자 사는 여인(행 16:15)의 집안에 유아들이 있었을 것이라고까지 억측을 하고 있으니 돈으로 압력을 가한다면 그 무엇은 증명 못하랴?

신약 지역교회는 장로들과 집사들을 임명했다(딤전 3:1-4). 사제도, 수녀도, 수사도, 대주교도, 추기경도, 교황도 임명된 적이 없다. 웹스터 사전에 따르면 "대주교"(대감독)란 주 예수 그리스도(벧전 2:25)보다 한 단계 더 높은 영적 지위다. 이들은 예수 그리스도께서는 그 직책을 딸 능력이 없었던 것으로 보는 모양이다. 카톨릭 소비에트 교회 내의 "추기경"이나 "대주교"(대감독)란 직책이 성경에 나오는 직임인 것 같은가? 어림도 없는 얘기다. 그것이 신약성경의 직임보다 더 개선되고 발전된 직책이란 말인가? 어림 반푼 어치도 없는 얘기다. 성경과 모순되는 데도(딤전 2:1-10) 그들이 "건전한 교리"를 따르고 있다고 받아 주란 말인가? 만약 그런 직책들이 "구전에 의한 전통"(요 21:25)에 의해 나타난 것으로 사도들의 가르침과 모순된다면(딤전 3:1-8, 벧전 5:1-6) 어떻게 성경대로 믿는 그리스도인으로서 그것들을 용납할 수 있겠는가? 선한 제도들이기에 그들이 지옥으로 가는 길을 포장하고 있는데도 용납하란 말인가? 주님께서 말씀하시지 않았던 "전진된" 계시들로 수용하란 말인가? 위조 문서,[3] 성배, 촛대, 염주, 종, 묵주, 연옥, 면죄부 따위가, 마법, 이스터 토끼, 돈 주고 산 교회 특별석, 성직매매, 검은 마술, 바티칸 정책들, 외설잡지 그리고 카톨릭만큼이나 신약성경에 충실하지 못하다는 것을 잘 알고 있는데도 교황과 대주교님들께서 "금서 목록"(제17장 주 28)을 작성하시어 양들을 보호하시겠다니 이런 어처구니없는 일도 있단 말인가?

A.D.90년 이후 지역교회에서 행해진 예배 의식과 성격에 관해 그 어떤 반증이 있다 할지라도, 만약 그것이 모든 진리의 창시자(요 14:17)이신 그분에 의해 주어진(딤후 3:16) 진리(요 17:17)에 분명히 모순된다면, 정직한 사람을(요 7:17) 모든 진리로(요 16:13) 이끄시겠다고 약속하신 그분이 주신 진리에 모순된다면 우리는 어떻게 반응해야 할 것인가? 이 문제는 그리스도인이라면 항상 심각하게 다루어야 할 심각한 신학적 문제인 것이다.

점진적 계시에 관해서는 모든 성경 학도들은 사도행전에 나오는 진리의 계시가 어떤 면에서는 점진적이라는 사실을 인정한다(행 2장 주석 참조). 구약성경에서 다루지 않은 어떤 상황이 발생하면(행 14:23) 그러한 상황에 대처하기 위해 때에 따라 임시 조처들이 취해진 것이 사실이다(행 6:1-6). 적어도 공회 비슷한 그런 회의가 한 번 열린 것도 사실이다(행 15장). 그러나 이 점에서도 성령께서는 교회사가들이 묘사하는 것보다 훨씬 더 조심스럽다. 즉 성령은 사도행전 15장의 회의를 "공회"(Council)로 부르신 적이 없다. 왜냐하면 이 단어는 성경에서(행 4:15; 22:30; 24:20; 6:12) 진리를 억누르려는 사탄의 뜻을 수행하기 위해 종교적 위선자 집단이 모여 회의하는 것이 아니고서는 사용된 적이 없기 때문이다(막 13:9, 눅 22:66, 요 11:47, 행 6:15). 그런데도 우리는 네안더, 드루먼트, 케언즈, 워커, 모여, 샤프, 달러, 피셔, 라투렛, 헤펄레 혹은 베너 등이 쓴 그 어떤 교회사에서도 단 한 번도 이 기본적이고 근본적이며, 핵심적인 성경의 진리가 언급된 것을 발견치 못하니 "우째" 이런 일이 있을 수 있단 말인가? 참다운 학자라면 이런 일을 두고 "심각한 간과"라고 부르지 않겠는가? 모든 교회사가들이 빼놓지 않고 언급하는 일곱 개의 공식적이고 표준이 되는 "교회 공회"[니케아(325), 콘스탄티노플(381), 에베소(431), 칼세돈(451), 콘스탄티노플(553), 콘스탄티노플(680), 니케아(787)]가 성경이 "공회"(council)에 관해 무엇을 말하고 있는지를 전혀 알지 못하는 자들의 저서에서 버젓이 다루어지고 있으니...! 참으로 희한한 세상에 살고 있다. 만약 마가, 누가, 요한 및 사도행전에 등장하는 공회들이 사탄의 작품이 아니라면, 땅 위에서 "기뻐하심을 입은 사람들"에게 보내는 평화의 사도들의 모임인가? "한 우리 안에 한 양떼를" 모으기 위한 에큐메니칼 서곡인가? 독자도 아시다시피 교회사가들이 진화론적 입장(즉 긍정적 사고 방식)으로 교회 역사에 접근하게 되면 그들이 교회사를 쓸 자격을 스스로 박탈하고 있는 셈이다. 신약성경에는 그 어떤 기독교 "공회"도 없다. 나중 약 600여 년 간에 걸쳐 등장하는 공회는 로마 카톨릭의 발명품일 뿐 그 이상도 그 이하도 아닌 것이다.

성경이 우리에게 명백히 제시하고 있는 상식적 원칙에 모순되지 않는 어떤 가르침이나 실행은 "의심스러운 경우들"을 다루기 위해 용납될 수도 있다(롬 14장, 골 3장). 예를 들면 "성경에" 교회 건물에 대한 언급이 없기 때문에 교회 건물을 지어서는 안된다고 단정할 수는 없다. 성경이 "너희는 버스를 타고 세상에 나가 아이들을 버스에 태워 오라"고 하지 않았다고 해서 주일학교나 주일학교 버스는 잘못이라고 단정할 수는 없다. 몇몇 형제들은 지나치게 "성경적"이다 보니 비성경적이 되고 만다(고전 8:1-2).

그러나 성경에 분명히 위배되거나 모순되는 그러한 경우는 - 즉 피없이 드리는(히

9:22) “반복되는 제사”(히 10:8-14), 한 분 중보자(딤전 2:5) 이외의 사람(마 23:9)에게 기도한다거나, 마리아는 무죄하다(눅 2:22)는 주장들은 - 전혀 다른 것이다. 사탄은 이러한 문제들을 다룰 때(창 3:1) “착한 사람들이” 이 문제에 “동의”하니까, 이런 것들은 각자 “선호”에 맡기면 되는 것이지 흥분할 일이 못된다고 유혹한다. 사탄은 이 문제 가지고 “한 우리의 양떼”를 분열시켜서는 안되며, 교리적 논쟁은 무익하다는 식으로 처리해 버린다. 즉 하나님의 말씀이 화평(평화), 사랑, “단합” 따위보다 덜 중요하다는 말이다. “관용”과 “사랑”은 하나님의 말씀에 덧붙이거나 그 말씀에서 삭제시키는 일을 일삼는(혹은 변개시킬 목적으로) 미국의 모든 배교한 근본주의자들이 사용하는 훌륭한 어휘이다(계 2:2 주석 참조). 그런데 이상하게도 이 어휘들은 마태복음 7:1을 그들의 기본 신조로 갖고 있는 교회협의회(NCC)소속 자유주의자들과 현대주의자들이 사용하고 있는 바로 그 말들이다.

하나님의 말씀에 더하거나 그 말씀에서 삭제시키는 그 행위가 인류의 파멸과 타락을 자초했음은 주지의 사실이다(창 3:1-3). 지구상에서 저질러진 첫 번째 두 개의 범죄는 여자에 의해 자행되었다(아담은 이브가 파멸시켜 버렸다). 이 두 개의 범죄란 첫째 하나님의 말씀을 삭제시킨 것이요 둘째 그 말씀들에 덧붙인 것이다. 이러한 성경적 진실이 버젓한데 헬라어 신약성경에서 128단어를 삭제시키거나(네슬, 홀트, 알란드, 메쯔거) 혹은 600단어를 성경에 덧붙이는 일이(ASV, NASV, NIV에서 눅 24:51-52을 수정하기 위해 사용된 “D”사본을 보시오) 단지 “선호”(취향)의 문제[4]라니 어처구니 없을 뿐이다. 이브 역시 하나님보다 거짓말쟁이의 말을 듣는 것을 “선호”했다.

신약 지역교회는 하나님의 말씀(Word of God, 살전 2:13)과 하나님의 말씀들(Words of God, 요 8:47)을 믿는 침례받은 믿는 자들로 구성되어 있다. 그들이 실행한 “공산주의”는 자발적인 것이었고(행 4:32) 국가로부터 완전히 분리되어 있었다. 이들 그리스도인들은 모두 자본주의자였으며(마 20:11-16) 사유 재산의 소유권을 믿었다(행 5:4). 이들은 주식, 세금, 소득 분배, 복지 정책, 재판, 도시 재개발 사업, 구호 정책, 도시 계획 등을 통해 “인류”에게 에덴의 동산을 되돌려 주겠다는 정치가들이 시도하는 사회주의적 캠페인에 “연루”되어 본 적이 없다. 이들 그리스도인들은 자신들의 형제들을 돌보았으며(행 11:29, 롬 15:25-26) “그들 중 가난한 형제 자매들”(고전 16:1-5)이라고 했을 때 이들은 인종 혼합주의자들(행 6:9, 리버티노)이나 시저 시대의 원로원의 정치가들을 언급한 것이 아니었다. 따라서 1980년 현 시점에서 NCC가 시행하고 있는 활동이나 계획이나 또 그들의 철학도 신약 지역교회와는 전혀 관계가 없는 것이다. 이 "악한" 세상은 결코 신약 지역교회의 "은혜로운 친구"(요 17:14)가 될 수 없다. 신약 교회 성도들은 자신들은 물론이요 그 누구도 "왕국을 가져올 수 있다"(뉴딜, 페어딜, 가난과의 전쟁 프로그램을 통해서 그리고 위대한 사회, 긴급 구조단, 인권 운동[5]과 같은 프로그램을 통해서)고 잘못 생각해 본적이 없다. 이 일은 오직 왕이 돌아오셔야만 이루어지는 것이다(행 3:19). 왕없이 하나님의 뜻이 "하늘에서 이루어진 것같이 땅에 이루어"지기를 노력하는 것이야말로 이 지구상에서 폼잡는 사람들의 최대의 상품이 되어 버렸다(나폴레옹, 케네디 일가, 허스트, 워싱턴 포스트, 히틀러, 카터, 록펠러, 애버내씨, 쉰 주교, 파이크, 카스트로, 프랑코, 벌더버거스, 피의 메리 여왕, 교황들). 과야나에서 1978년 짐 존스가 하려던 것이 바로 이것이었다. 못 믿겠거든 그가 뭐라고 설교했는지 들었던 사람들에게 물어보라. 짐 존스는 인권과 게이 해방과, 긴급 구조와, 사회정의와, 부의 분배와, 공동생산과 가난의 폐지 등을 설교했다. 그리고 그는 모든 교황들처럼 "아버지"라고 불리웠다. 왕이 없는데 왕국을 세우겠다는 것이 그들의 목표인 것이다.

이러한 문제들에 관해서는 필자가 1970년에 출간한 <하나님의 나라와 천국, *The Sure Word of Prophecy; The Kingdom of God versus The Kingdom of Heaven*>이라는 책에서 충분히 다루었다. 현재로서는 사도행전에서 교회는 지역교회로서 이 세상제도로부터 부르심을 받아 예수 그리스도께서 육성으로 주신 지침과 사도들에 의해 기록된 가르침(행 1:1-8)에 따라 하나님을 경배하고 섬기는 자들의 모임이란 사실을 짚고 넘어가고자 한다. 만약 그 누구라도 이 "부름받아 나온 모임"이 어떻게 "수많은 모임들로"(계 2,3장) 증식되어 갔는가를 추적하고자 한다면 그는 이 모임들이 어떻게 성경을 설교하고, 어떻게 가르치며 과학과 철학에 대해서는 어떤 태도를 취하였으며(골 2:8, 딤전 6:20) 예수 그리스도의 재림에 대해서는 어떤 태도를 취하였고 로마와 로마 추종자들은 어떻게 대했고 그 무엇보다도 이들 모임은 최종권위에 대해 어떤 태도를 취하였는가를 제일 우선적으로 살펴야 할 것이다. 교회의 창시자(엡 1:22-23)께서 교회에 관하여 하신 말씀(행 20:28) 그리고 교회의 머리(골 1:18)께서 그 교회와 더불어 행하신(행 3-28장) 그것을 무시한 채 교회사를 논하는 것은 영적인 미친 짓에 불과하다.

그런데도 제롬, 어거스틴, 샤프, 될린저, 유세비우스, 콘스탄틴 등을 비롯한 수많은 사람들이 바로 그런 짓을 한 것을 아는 우리로서는 그들이 쓴 "교회사" 안에서 위조와, 이단과, 전쟁과 살인과, 투서와 고문과 혼란이 가득차 있음을 발견할 때 결코 놀라지 않을 것이다. 신약성경에서도 이러한 일들은 교회의 안팎에서 적들과 관련되어 나타나고 있다. 우리는 이러한 것들을 반(反)교회사라고 부른다. 우리 주님께서 주신 판단의 기준이 『**그 열매들을 보고 나무들을 알게 되리라**』(마 7:20)고 한다면 카톨릭, 성공회, 개혁 교회, 루터 교회, 공산주의(모든 공산주의자들은 "선행을 실행하는 자"들이요 종교적 광신자들이다)와 같은 잘 조직된 국가종교들은 변질된 흙에 심기우고 뿌리 박혀 그 가지까지 병들어 버린 것임을 알 수 있다. "그리스도께서 세우신 교회"[6]라고 고백하며 그 교회 바깥에서는 구원이 없다[7]고 그처럼 담대하게 공식 선언을 하는 그 어떤 교회도 그들의 신앙 고백이 맺은 열매라고는 15세기 동안에 자행된 잔인한 살인행각이요 지구상 그 어디에서도 볼 수 없는 마귀적인 정치적 음모(그 음모가 발각되면 "모르고" 그 일에 간여했다고 발뺌을 일삼는)라고 한다면 그 교회는 벌레가 먹어 버린 썩은 나무에 불과하다(마 13:32). 이와 같은 "혼합된 괴물단지"가 맺은 열매를 주워 맛을 본다면, 부패한 성경, 부패한 리더쉽, 부패한 신조, 부패한 회원들(마 13:32)의 냄새가 코를 찌를 것이요 부패한 "그리스도"의 냄새도 있을 것이다. 이 "중독된 씨앗"은 서방 세계에서 가장 가난에 찌든 민족들을 양산해 냈으며(멕시코, 중남미, 캐나다의 대부분) 그 영적 지도자께서는("그리스도의 대리자" 등으로 호칭되는 분) 가난, 실업, 비특권층, 짓밟힌 자들을 위해 애통하시는 동안(요한 바오로 2세 1979년 1월) 자신은 14개의 방과 50개의 전화기, 200명의 무장 경호요원, 4대의 자가용, 한 대의 자가용 비행기[8] 등을 갖춘 궁전에서 살고 계신 것이다. 이 위선자가 심고, 가지치고, 가꾸는 이 나무가 얼마나 건강할 것 같은가? 이 나무가 맺는 열매를 본 사람이라면 누구나 이 나무를 잘라 버리던가(눅 13:9) 쥐약을 스프레이로 뿌려 버리던가 할 것이다. 차라리 야생 나무들에서 좋은 열매를 기대하는 편이 더 나을 것이다. 그 어떤 "교회사"도 지옥(그리고 그 지옥문을 지키는 자들)과 동맹 관계를 맺음으로 인해 "지옥의 문들"이 자신들을 이기지 못할 것이라는 사실을 증명하려고 1000년의 세월을 보내 버린 더러운 정치적 음모 집단과는 아무런 관계가 없다. 이들은 자신들의 개종자들을 자신들보다 "두 배나 더 악한 지옥의 자식"(마 23:15)으로 만들어 버리는 자들이다. 이러한 사실은 삼십 년 전쟁이나, 제1차 대전, 제2차 대전 그리고 베트남 전쟁의 배경을 공부해 보면 분명히 드러난다.

"교부들"(제4장 참조)과 정경 이외의(extra-cannonical) "기독교" 서적들(그것이 변증론이든 논증이든)의 오해를 옆으로 제쳐놓고 살펴보면 신약 교회들은 침례받은 믿는 자들로 이루어진 성경대로 믿는 모임들이라는 사실은 분명해 진다. 이들은 많은 실제적 특징을 지니고 있었다(<피터 럭크만의 주석서 사도행전> 2장 참조). 그러나 그 무엇보다도 이들 성경대로 믿는 사람들을 캠벨추종자(19세기에 나타난 그리스도의 교회 창시자), 공산주의와 사회주의 추종자(20세기) 그리고 로마 카톨릭(모든 세기에 걸쳐)과 구별시켜 주는 뚜렷한 증거들은 다음과 같다.

1. 이들은(성경대로 믿는 사람들) 외경을 담고 있지 않은 구약성경만을 인정했다.

2. 이들이 완성시킨 신약성경은 주로 소아시아에서 나온 것이다. 이집트의 알렉산드리아[9] 50마일 이내에서 쓰여진 "원본"(Original autograph)은 하나도 없다.

3. 이들의 전초 기지는 로마가 아니라 시리아의 안티옥이었다. 이 지역에서 마틴 루터성경과 <킹제임스성경> 시대에 사용된 비잔틴 표준원문이 나온 것이다(신약의 서신 중 로마에서 쓰여진 단 하나는 감옥에서였다).

4. 이들은 기도와 말씀의 사역에만 전념하였고(행 6:4), 말씀의 사역은 하나님의 말씀의 가르치는 것도 포함하고 있었다(행 13:1-4). 또한 이들은 복음을 땅 끝까지 전파하고자 하는 선교 열정과 노력을 보였다(행 16:1-6).

5. 결코 이들은 유아세례를 준 적이 없었으며 이방인들을 개종시키기 위한 수단, 즉 그들의 구원과 중생의 수단으로 물침례를 권한 적이 없다(행 15장). 그리스도의 몸인 교회가 가르친 구원에 관한 공식 교리는(장로들, 사도들, 형제들 그리고 성령께서 인정하신 것임, 행 15장과 그 주석 참조) 이방인은 믿음을 통하여 은혜로 구원을 받는(행 15:11) 것이요 구원을 위해 이에 덧붙일 것이 아무것도 없다는 것이다. 유대인의 명절인 오순절에 유대인들에게 주어진 메세지가 있은 이후에는(이때는 신약성경은 아직 한 권도 기록되지 않은 때임을 주의할 것) 성경대로 믿는 그 누구도 물침례가 중생과 구원이라고 오해해 본 적이 없다. 신약에 나오는 그 어떤 그리스도인도 성령을 받기 위해 혹은 중생하기 위한 수단으로서 물침례가 필요하다고 설교한 적이 없다(행 2:38 주석 참조).

6. 참된 교회는 결코 정부의 행사나 정책에 관여해서 다른 소수 민족을 돕는다거나(혹은 방해)해 본 적이 없다. 그들은 그 어떤 "시위"를 벌여서도 "이 땅에 평화"를 가져오겠다는 시도를 하거나 복지 정책이나 환경 운동 등에 간여하거나 법개정 투쟁을 벌여 본 적이 없다. 이들은 이 세상에 속한 사람이 아니었기 때문이다(요 17:16).

7. 마지막 특징은 신약의 그리스도인은 그 어떤 교회지도자를 "아버지"라고 부른 적이 없다. 또한 그 어떤 교회 지도자도 그가 아무리 사람들을 그리스도께로 인도하였다 할지라도(고전 4:15) 회중을 제외하고 자기 혼자만이 "사제"(제사장)라고 불리워 본 적이 없다. 그가 비록 교회의 "기둥"이었을지언정(갈 2:9) 결코 교회의 "아버지"가 되어 본 사람은 신약 교회에서는 없었다. 또한 아무리 당신이 레이저 광선을 동원해 샅샅이 뒤져도 신약성경에서 "추기경"이나 로마의 대주교는 찾을 수 없을 것이다. 콘

스탄틴이 신약성경의 권위를 찬탈해 버린 후 우후죽순처럼 등장한 그러한 로마 카톨릭의 "장난질"(제6장 참조)은 그것이 참된 교회를 부패시키고 성도들로 하나님께 순종하지 못하도록 방해하는 사탄의 전략과 연관되어 있는 것을 제외하고는 "교회사"와 아무런 관계도 없다. 사탄의 이러한 "장난질"은 그리스도인들로 이 세상에서 그들에게 주어진 그 임무(요 17:8, 행 1:8)를 수행치 못하도록 하기 위한 음모인 것이다. 신약성경에 "부록"이나 "장식물"처럼 자의적으로 덧붙인 것들, 즉 터툴리안(Tertullian), 시프리안(Cyprian), 저스틴 마터(Justin Martyr), 디다케 및 소위 "사도들의 규례"(후에 가서는 교황들이 이에 더 덧붙였음)들은 모두를 있는 그대로 받아들여서는 안된다. 이것들은 신약의 실행[10]에 관련된 지역 모임들의 모습을 묘사한 책들로 아무리 "과거"와 전통이 중요하고 존중되어야 한다 할지라도(출 16:3 주석 참조) 그것들이 신약성경의 교리와 실행을 부패시키는데 한 몫을 한 "선한" 사람들의 거짓말과 잘못된 가르침을 담고 있는 경우에는 존중되어서는 안되는 것이다. 그것들이 성경적이거나 성경과 모순되지 않을 때는 우리는 그들의 건전한 생각에 대해 하나님께 감사할 것이나 하나님의 말씀에 어긋나거나(딤후 2:2) 필요한 곳에서 사람들에게 아첨하기 위해(유 16절) 그들의 입을 다물어 버린 경우에는(고전 9:16-17) 결코 그것들을 인정해 주지 않을 것이다. 아무리 "경건한" 그리스도인일지라도 그 안에는 두 가지 성품이 있는 것이다. "새 성품"만이 그의 생각과 행동에 있어 하루 24시간 내내 작용하고 있다고 가정하는 것은 커다란 착각이다. 다윗도 다른 사람의 아내에게 100% 신뢰를 실추시킨 사람이었다. 따라서 오리겐, 홀트, 유세비우스, 메이첸, 히메네우스, 와필드, 웨스트, 커스터, 아프만, 해리스, 섬너, 어거스틴 같은 준(準)-신자(Semi-believers)정도 밖에 안되는 사람들을 하나님의 말씀 보존에 관련하여 신뢰하라는 것은 객관적 입장에서 교회사를 공부하려는 학생에게 너무 무리한 요구가 아닐 수 없다. 아무리 보수정통이고 근본주의자일지라도 성경을 거부하는 이단이나 성경을 변개하는 카톨릭 교회의 주장에 동의하는 글이나 설교를 할 때는 우리는 그를 배교자로 단정할 것이며 "존경받는 성경학자"나 "구별된 그리스도인"이라는 이유만으로는 그를 인정해 줄 수 없다. 데마는 그리스도인이었고(딤후 4:10) 디오트레페(요삼 9절)도 역시 그러했다. 어떤 성도가 적절히 지적했듯이 "만약 당신이 성경 교사로서 <킹제임스성경>을 믿지 않는다면 당신은 다른 면은 몰라도 그 점에 있어서는 사탄과 동의하고 있는 셈이다."

진리의 창시자(요 15:26)에 따르면 교회사를 쓸 수 있는 유일한 방법은 그것을 쓰기 전에 그분께 나아오는 것이다(요 16:13). 교회사가는 모든 경건한 사람도 두 가지 성품을 지니고 있으며, 모든 경건한 사람도 사탄의 공격을 받으며, 모든 경건한 사람도 때로 사탄에 의해 사용되어지기도 하며(마 16:23), 모든 경건한 사람도 잘못 인도될 수 있으며(제5,6장 참조) 비록 경건한 사람이 신약 교회에 선하고, 적절하며, 성경적인 공헌을 하였다 할지라도 위에 열거한 사항이 그에게 일어날 수 있다는 사실에 있어 진리의 창시자이신 그분과 의견이 같아야 교회사를 쓸 자격이 있는 것이다. 사실 역사상 대부분의 경건한 사람들은 신약성경에서 꼭 읽어야 하는 주요한 것들을 믿는데 있어 정확했다. 그러나 "경건"이라는 말을 거듭나지도 못한 철학자나, 교회 정치가(예를 들면 유세비우스가 콘스탄틴에게 늘어놓은 찬사 따위)에게 무차별하게 적용하는 것은 신성 모독 행위에 불과하다. 신약성경에 따르면 거듭나지 못한 사람은 그가 얼마나 기도를 많이 하든지, 얼마나 "경건"하든지 또 얼마나 "영적"인지에 관계없이 그는 "진노의 자식"이요 "불순종의 자식"이요 하나님도 없고, 소망도 없고, 이 세상에서 그리스도도 없는 그러한 자인 것이다(엡 2:1-6,12, 롬 5:6-10). 이와 다른 의견을 갖고 있는 자는 바리새인의 망상에 사로잡힌 자라고 할 수 있다(요 3:36, 막 7:7,13, 고전 6:9-10).

또한 교회사가는 역사의 창시자이신 분과 그 분의 성경에서 "천국"은 하늘의 왕이신 그분이 이 땅에 돌아오셔서 예루살렘에서 그의 보좌에 앉으실 때까지 오지 않는다는 사실을 받아들이고 이에 동의해야만 한다(마 19:28; 25:31, 눅 1:30-33, 마 5:35). 따라서 후천년주의와 무천년주의는 성경을 믿는 역사가에 의해 마땅히 가장 위험스러운 반기독교적 이단으로 다루어져야만 할 것이다. 그런데도 라투렛, 드루먼트, 피셔, 베더, 될린져, 마인, 베튼슨, 케언즈, 워커, 네안더, 알브라이트, 브루스, 다우빈, 소크라테스, 소조멘, 모쉐임 등은 이 두 이단을 지지했다. 이 두 주장이 사탄적이라는 증거는 모든 직업 정치가들, 국제 사회주의자들, 무신론 공산주의자들, 로마 카톨릭 신자들이 이 두 주장 중 하나를 붙들고 있다는 사실이다. 후천년주의는 한 마디로 말해 인간은 본성적으로 선하기에 인간이 모든 문제를 "판단하는 기준"이 되어야 하며 인간은 하나님의 개입없이도 "황금 시대"(Golden Age), 1000년 왕국, 파티마 평화 계획, 가난과의 전쟁, 새로운 재단, 국제 소비에트, 신성 로마 제국을 세우고 이룰 수 있다고 가르친다. 모든 후천년주의자들은 긍정적 사고 방식을 갖고 있는 사람들이다. 먹고살기 위해서는 그런 생각을 가져야만 하는 것이다. 무천년주의자들 그룹에는 모로, 벌콥, 칼빈, 트루에, 스펄젼, 래드, 비쳐, 웨스트코트, 네슬, 홀트 그리고 "기독교" 교회협의회 소속 회원들이 포함된다. 참으로 희한한 그룹이다.

신약 지역교회들의 내부의 적은 시기심(고전 3:3), 복수심(고전 6:1-6), 은사주의자를 자처하는 거짓 사도들(고후 11:1-13), 야망에 찬 교회 지도자들(요삼 9절), 거짓 교리를 가르치는 교사들(마 13:33), 종교적 "의식"주의자들(마 23:1-33), 전통으로 하나님의 말씀을 무효화시켜 버리는 종교 지도자들(막 7:1-13, 골 2:8), 과학이 성경과 동등한 권위를 갖고 있다고 생각하는 교만한 이기주의자들(딤전 6:20), 백만장자가 되고픈 야심가들(이들은 이익이 경건이라고 생각하는 자들이다. 딤전 6:5,17), 강단을 장악하려는 분열자들(행 20:30), 예수 그리스도를 대리하고 있다고(고후 11:10-14, 마 7:15) 경건하게 고백하는 크리스챤들(마 24:5) 그리고 태양은 헬라어 학자들 위에만 떠오르고 진다고 생각하는 "교육받은" 멍청이들(고전 1-3장) 등이다.

이러한 적들이 교회사에서 등장하는 경우 그들은 "적들"(빌 3:18,19)로 불려야 마땅하지 그들을 "그리스도 안에 있는 형제들"로 칭할 수는 없는 것이다. 그들의 "영광스럽고 신성한 연합체"나 "시몬 베드로의 축복된 계승"을 인하여 그들을 존경해 줄 수 없다. 그들은 지적 받았고(롬 16:17), 꾸짖음 받았으며(딛 1:13), 다루어졌다(고전 5-6장). 물론 이들은 그리스도인의 방식으로(살후 3:15) 다루어야 하며, 결코 로마 카톨릭 교회나, 공회나, 사제들[11]이 사용한 방식으로 대해서는 안된다. 성경의 적들을 대하는데 있어 로마 카톨릭과 성경적 기독교는 전혀 닮은 구석이 없다.

지역교회는 두 가지 규례를 지켰으며 "성사들"(sacraments)은 지킨 적이 없다(고전 10-11장, 행 2:41; 9:18; 10:48). 지역교회는 두 가지, 오직 두 가지 직분만을 갖고 있었고 이 두 직분은 안수를 필요로 하였다(딤전 3:1-8). 지역교회는 교회 내의 과부들을 지원하였고(딤전 5:9-10). 지역교회의 기본 활동은 생활, 생각, 친교(교제), 교리의 순수성을 유지하는 것이요 세상에 비친 모습은 "광신적"인 세상 거부자들의 분리된 그룹이요(롬 12:1-2), 이단적 "종파"(Sect, 제9장 참조)였던 것이다. 이 교회는 구원받지 못한 죄인들을 복음화하는 것(행 1:8)을 그 임무로 여겼으며, 주님이 오실 때 바쁘게 주님을 섬기는 모습으로 발견되고자 하는 축복된 소망을 지니고 있었다(눅 19:13). 교회는 교회 내의 악을 제거하는 수단으로서 휴거를 기다리고 있었으며(고전 15장, 살전 4장, 요일 3장, 빌 2장), 로마 천주교의 악을 제거하는 치료책으로서 재림을 기다리고 있었다(살후 2장, 계 1,14,19장, 사 2장 등). 지역교회는 기도하고, 경배하며, 기뻐하고, 증거하고, 간증하며, 박해받는 불러냄을 받은 "모임"이었다. 이들의 교회사는 그 기원과 성격과 특징과 부르심과 사역이 성경에 나와 있는 대로 받아들이지 못하는 사람들에게는 전혀 이해될 수도 없고 받아들일 수도 없는 그러한 것이다. 이런 자들은 이런 교회사의 자료를 수집하지도 않는다. 예를 들면 라투렛(Latourette)은 우리가 방금 정의내린 대로 지역교회를 이해하고 있는 사람들은 교회에 대하여 "극단적"[12]인 견해를 갖고 있다고 주장한다. 그러나 앞서 내린 지역교회의 정의는 성령께서 신약성경 내에 계시하신 것이므로 라투렛은 하나님께서 너무 "과격"하시다고 비난하기 이전에 성경을 읽는 법부터 배워야 할 것 같다.

라투렛, 듀란트 그리고 다른 교회사가들의 책들에 보면 너무도 자주 나와서 이제 좀 "은퇴"시켰으면 하는 구절이 있다. 그 구절은 약간씩 차이가 있으나 대강 다음과 같다. "우리는 이러저러한 나라에 기독교가 언제 노입되있는지, 어떻게 들어왔는지 알 수가 없다..." 다른 말로 해보자면 "이러저러한 나라에서의 기독교의 시작은 분명히 드러나 있지 않고 어둠 속에 가리워져 있다."고나 할 것이다. 이런 류의 교회사가들이 갖고 있는 어려움은 성경의 용어들이다. 교회사 책들에서 "기독교"(Christianity)라고 할 때는 유아세례로부터 십자가에 키스하는 것에 이르기까지 무엇이든지 다 포함하고 의미한다. 특히 전형적인 교회사에서 보자면 기독교는 로마 카톨릭 종교 체계를 뜻한다. 라투렛은 이보다 더 나아가서(그는 무엇을 쓰고 있는지도 모르고 썼겠지만) 멕시코와 남미에서의 "개종"이란 "물침례였다"라고 쓰고 있다. 유대인들 가운데서 "기독교로의 개종"(라투렛이 "참된 믿음"이라고 부른 그것)[13]과 더불어서 라투렛은 개종이란 말을(물침례를 받지 않으려거든) 죽든지[14] 떠나든지 하라는 강요에 의한 물침례를 언급할 때 사용한다. 칼끝을 쳐다보고 물 속에 잠기는 그런 침례와 교회와 무슨 상관이 있단 말인가? 그런 교회가 성경에 있단 말인가?

샤프는 거의 3권에 걸쳐(그의 교회사 8권 중) 정통 기독교는 로마 카톨릭이라고 가정한다(아무런 근거 없이). 아무리 그가 "그 당시에는 그랬다"고 변명하더라고 그는 이미 빗나가 버린 것이다. 성경은 정통 기독교는 신약 교회라고 말하고 있지 로마 카톨릭 파시스트 교회라고 말하지 않는다.

하르낙이나 니브 등도 역시 "정통 기독교"(Orthodox Christianity)나 "참된 믿음"이 한 나라에 들어가게 된 경로에 대해 전혀 모르고 있다. 왜냐하면 이들은 로마가 로마 카톨릭으로 개종시키기 위해 한 나라에 파송한 어떤 선교사나 "사제"들이 전해 준 것만을 정통 기독교라고 착각하고 있기 때문이다. 이들이 기독교 선교에 대해 가지고 있는 자료라고는 카톨릭 교회가 국가를 정치적으로 정복하기 위해 보낸 정복 사업의 기록들 뿐이다. 심지어 샤프와 이들 교회사가들은 기독교가 이방 나라들에 어떻게 전파되었는지 "모르겠다"고 까지 했으니, 이들은 도대체 누구를 위해 교회사를 쓰는 건지 모르겠다. 이들 중 한 사람도 복음 전파자나 구령자도 아니며 선교사도 아니고 신약 지역교회의 회원도 아니다. 그러니 그들이 어떻게 복음이 이방 나라들에 전파되었는가를 알 리가 만무하다.

성경을 믿는 그 어떤 성경대로 믿는 성도도 어떻게 "참된 믿음"이 전파되었는가를 잘 알고 있다(갈 1:8-10, 고전 15:1-5, 행 20:1-28, 엡 3:1-6, 딤전 4:1-6). 복음은 한 번도 물이 성령이라고 생각하는 유아에게 물뿌려 주는 '성사'주의자를 통해 그 어떤 나라에도 전해져 본 적이 없다. 마리아를 숭배하고, 우상에 키스하는 "사제"를 통해 그 어떤 부족이나 종족에게 복음이 들어간 적이 없다. "참된 신앙"은 대주교로부터 가서 파시스트 체제를 위해 동조자들을 얻어 오라고 사명을 받고 나서는 캠벨주의자(물침례로 거듭난다고 주장하는 자)의 손을 통해 그 어떤 이교도에게 전파된 적이 없다. "참된 신앙"이 어떤 나라에 들어가게 되었다면 그것은 에디오피아로 복음이 들어간 방법(행 9장), 사마리아로 전파된 방법(행 8장), 그리스로 확산된 방법(행 17장), 로마까지 다다른 방법(행 28장)과 똑같은 방법으로 된 것이다. "참된 신앙"은 예수 그리스도의 피를 통한 속죄(고후 5:14-21, 그 어떤 행위와 관계없이)를 하늘 나라에 갈 수 있는 유일한 길로 제시했던 성경대로 믿는 증인들의 입술을 통해 전달된 것이다(행 15:1-5). 이 "구원 계획"은 사도들에 의해, 장로들에 의해 그리고 "축복받은 시몬 베드로"에 의해(행 15:7) 오리겐과 유세비우스가 태어나기 100년 전에 이 지구상에 "교황"이 나타나시기 전 300여년 전에 확정된 것이다. 따라서 라투렛과 샤프 같은 이들이 이해하지 못하고 있는 것은 복음 전파와 성경 교육을 통해 성경적 기독교가 확장되어 나갔다는 지극히 단순한 진실인 것이다. 이들이 이 사실을 모르는 이유는 첫째 이들은 전혀 복음을 전하는 자들이 아니라는 것이다. 샤프와 라투렛은 독일 세파트가 입다물지 못하고 짖어 대는 그 시간만큼도 성경을 설교하지 못하는 자들이다. 그들이 책에서(우리는...모른다고 하면서) "우리"라고 쓴 것은 오늘날 현대주의자들이 쓴 "우리는 어떻게 성경을 얻게 되었는가?"라든지, "우리의 하나님께서 호흡하신 책"[16]에서 "우리"라는 말을 사용한 의도와 똑같다고 하겠다. 우리(성경대로 믿는 사람들)마저 그들 속에 포함시켜 버리려는 저의가 아니고 무엇이겠는가? 모르는 자들로 스스로 떠들게 놔 두라. 그러나 "우리"라고 하면서 그리스도인을 대신해서 떠들지는 못하게 하자. 그리스도인은 그들(모르겠다는 분들)보다 더 나은 도구(성경)를 갖고 있고 더 많은 경험과 지각을 갖추고 있으니 우리를 "우리" 속에 넣지 말라. 예수회(Jesuit)나 프란시스코회(Franciscan)가 그곳에 로마 종교를 창설하기 위해 진입하여(그것도 한참 후에) 그 어떤 "일"을 했든지 간에 우리 성경대로 믿는 사람들은 기독교가 어떻게 멕시코, 말레이시아, 중국, 러시아, 영국, 독일, 아이슬랜드, 아프리카에 전파되었는가를 정확히 알고 있다(물론 이것이 "참된 믿음"일 경우).

"참된 신앙"은 늘 성경을 믿는 예수 그리스도(요 15:19-25)의 증인(행 1:8)들의 입술을 통해 최초로 전달된다. 다른 "기독교"를 "다른" 방식으로 전달하는 것은 갈라디아서 1:9과 고린도후서 11:15에서 말한 바로 그것이다. 교회사가들이 자신의 상상력 대신 성경을 참조한다면 많은 진실을 얻게 될 것이다.

듀란트, 될린져, 샤프, 라투렛, 베더, 워커 등의 교회사를 공부하면서 배울 수 있는 위대한 진리는 교회사가가 아무리 뛰어난 연구가일지라도, 아무리 철저히 자료를 수집, 정리, 제시할 수 있을지라도 그는 그 자료를 기독교적, 성경적으로 이해하고, 해석하고 독자에게 적용하는데 실패할 수 있다는 것이다. 이들은 교회사를 쓰려고 책상 앞에 앉자마자 성경은 제쳐놓는다. 그들은 성경의 의견, 선호, 계명, 훈계, 분석, 적용 등을 살펴 보기 위해 성경을 다시 찾아보거나 그들 자신의 견해를 확인해 보기 위해 절대로 성경을 사용하지 않는다. 필라델피아 교회 시대(계 3:7-8)에 지역교회들은 "하나님의 말씀을 지켰으며" 이로써 전세계의 복음 전파(성경강론)의 문이 열렸다는 사실보다 성경과 교회사와의 관계를 잘 설명해 주는 것은 없을 것이다. 라투렛은 이런 사실이 그가 태어나기 1800여년 전에 예언되어 기록되었으며 그가 교육을 마치기 300여 년 전에 전세계적 언어인 영어로 인쇄되었는데도 불구하고 이런 현상을 이해하지 못하고 있다. 강력한 교회 부흥은 시리아 계열 표준원문의 회복과 출판에 의해 - 에라스무스(Erasmus), 베자(Beza), 스테파누스(Stephanus), 엘지버(Elzevir)의 헬라어 텍스트 - 이루어졌으며 이 표준원문은 영어와 독일어로 번역되어 땅 끝까지[17] 전파되었으며 지구상에서 일어난 세계적인 규모의 지적, 도덕적, 산업적, 사회적, 예술, 경제적 혁명들을 가져왔다. 라투렛은 이 모든 사건들을 그가 "기독교의 충격"[18]이라고 부르는 현상들로 불완전하게 설명해 버린다. 기독교의 충격이란 현상은 하나님에게나 인간에게나 알려진 적이 없다. 이것은 라투렛이 발명해 낸 것으로 성령의 능력(요 16:8-11)을 기독교적 자극이니 충격이니 하면서 희석시켜 버리는 것이다. 그러니 라투렛이 종교개혁과 그에 뒤이은 필라델피아 시대의 부흥을 어떻게 제대로 분석할 수 있겠는가? 그가 제시한 참고문헌 1,000권을 가지고도 A.D.1400-1900년 사이에 무슨 일이 이 지구상에서 벌어졌는가를 설명해 낼 도리가 없는 것이다. 차라리 예수회 신부가 분석하는 것이 나을 지경이다(다행히 샤프는 숨을 거두어 A.D.1600년 이후의 교회사는 시도도 못했다). 라투렛은 이 시대의 엄청난 도덕적, 영적 각성과 부흥(이 사건으로 감옥, 정신병자 수용소, 노예제도, 여성의 대우, 유아 교육, 노동자 처우 등에 있어서 엄청난 변화가 있었다)을 그저 "기독교적 사회 의식"[18]이 깨어난 정도로 결론을 내리고 있다. 그리스도인의 양심이 남아 있던 나라나 정부들이 지배하는 곳에서 터져나온 "기독교적 자극(충격)"이란 거듭나지도 못하고 구원받지도 못한, 성경을 거부하는 인문주의 학자나 철학자들이 주도한 도덕 각성 운동이라고 형편 없는 결론을 내리고 마는 것이다. 성경 그 어디에도 기독교적 충격이니 의식이니 자극이니 따위는 없다. 2,000권 이상의 책을 읽을 수 있었던 사람이 어디서나 구입할 수 있는 성경에 나와 있는 그 진리를 발견하지 못했다면 그는 더 이상 교육받은 사람이니 글쓰는 작가니 떠들 자격이 없는 것이다. "기독교 의식"(Christian Conscience)과 "기독교적 자극"(충동, 충격)은 사제나 성사처럼 알렉산드리아 이단이 만들어 낸 희한한 용어일 뿐이다.

제 3 장
교회들을 위한 헌법

모든 성경은 하나님**의 영감으로 주어진 것으로**
교리와 책망과 바로잡음과 의로 훈육하기에 유익하니 이는 하나님**의 사람이**
온전하게 되며, 모든 선한 일에 철저히 구비되게 하려 함이니라. (딤후 3:16-17)

사도행전 28장이 끝난 후의 교회의 추후 발전 과정을 다루고 있을 것이라고 추정되는 소위 "기독교 문서들"이라고 불리는 것들(클레멘트, 바나바스, 허마의 목자, 디다케, 사도들의 규례 등)을 접하게 될 때 교회사를 공부하는 학생들이 받게 되는 충격에 대비할 방법이 도무지 없을 것 같다. 성경이 말하고 있는 바와 이들 문서들로부터 접하게 되는 A.D.100-325년 사이에 있었던 기독교와의 차이는 너무도 커서 교회사를 배우는 학생이라면 보고마일(1100-1200)들이 그리하였던 것처럼 사도적인 참다운 복음 증거가 사라져 버린 것에 대해 크게 실망하게 될 것이다. 우리는 신약 교회로 대변되던 기독교는 사라지고 "카톨릭" 기독교가 그 자리를 차지해 버렸다고 생각할지 모른다. 이 "스머나" 교회 시대(계 2:8) 기간중 그리스도의 몸에 무슨 일이 생겼는가를 이해하려면 교회가 무엇인가를 정의내려 주는 바로 그 책의 출처와 편집 과정을 살펴보는 것이 필수적이다. 물론 교회사 책이 필사본 증거와 원문비평학에 관해 자세히 논증할 적절한 곳은 아니긴 하지만 이 두 분야는 다른 어떤 분야보다도 교회사에 크게 영향을 미쳤던 것이 분명할진대 이에 대한 언급은 불가피하다고 생각된다. 우리는 이미 앞장에서 교회가 무엇인가에 대한 문제는 성경에 정확히 기록되고 정의 내려진 대로 살펴본 바 있다. 그렇다면 이 책(성경)은 어디서부터 온 것인가? "우리는 우리의 성경을 어떻게 얻게 되었는가?" "성경과 양피지" "신약의 필사본들은 믿을 만한가?" "어떤 성경을 택할 것인가?" "성경학 개론" 등과 같은 책이 무려 3만여 권이나 된다는 사실 앞에서 그리스도인은 이와 같은 종류의 문서와 책들이 어디서부터 왔으며 어떻게 그것들을 믿는 사람들에 의해 믿음과 실행의 모든 문제에 있어 최종권위로 받아들여지게 되었는가를 이해해야만 될 것 같다.

필립 샤프(Philip Schaff) 같은 유명한 교회사가가 종교개혁 성경 중 35,000군데를 바꾸는 것이 좋겠다고 추천하고(ASV, 1901) 웨스트코트(Westcott)와 홀트(Hort)의 심히 부패한 역본(RV, 1884)과 이들보다 조금 앞선 라흐만(Lachmann, 1850)과 티쉔돌프(Tischendorf, 1872)[1]의 역본을 인정하고 있는 사실을 감안해 보면 교회사에서 성경 문제가 더욱더 논쟁거리가 될 것이 분명하다.

사도행전의 앞부분에 해당되는 시기에 있던 신약 지역교회는 "신약성경"이라고 불리는 책은 갖고 있지 못했고 다만 창세기부터 말라키까지의 구약성경만 가지고 있었다. 더군다나 당시 성도들이 사용했을 것으로 추정하는[2] 신화적인 칠십인역(LXX)은 A.D.150년[3] 전에 존재했었다는 증거가 그 어느 필사본에서도 발견되지 않는다. 그런데도 샤프는 트레겔레스, 데이비슨, 쳄니츠, 베벡, 잔, 크레드너, 키크호퍼, 차트리스, 고센, 레우스, 웨스트코트 등과 마찬가지로 사도행전 시대의 지역교회들이 헬라어 구약성경(B.C.250년경 번역되었다고 추정되는)을 사용했다고 믿고 있으니 우리는 진리를 다루고 있다고 주장하는 그들의 "역사책"을 충분히 의심할 권리가 있다고 본다. 샤프는 웨스트코트와 홀트(1881-1884)가 내세우는 빈약한 원문 비평이론을 추천하고 보급하고자 애를 쓸 때 마치 한 번도 역사문서를 손에 쥐어 보지 못한 사람처럼 정신없이 더듬거리고 있는 것 같다.[4] 적어도 10개국 언어를 읽고 쓸 줄 아는 사람이 이런 짓을 하는 것을 바라보자니 서글프기 짝이 없다. 이보다 더 서글픈 사실은 무려 26개국 언어를 다룰 줄 아는 로버트 딕 윌슨(1856-1930)이 하나님께서는 이스라엘을 완전히 젖혀 버렸고(로크만 재단이 펴낸 Amplified Version, 살전 2:16 참조) 그리스도의 천 년 통치가 없을 것이라고 주장하는 모습을 바라볼 수밖에 없다는 것이다. "위대한 사람들이라고 항상 현명한 것은 아니다"(욥 32:9). 신약성경이 어디에서 기록되었는가에 관해 잘못된 시각을 갖고 교회사를 시작하여, 신약성경 중 그 어떤 책은 정경이 아니라고 의문을 제기하는 사람이 누구였는가에 대해 잘못된 사실로[5] 오도되고 결국 그 책을 누가 보존하였고 어디서 보존되었는가[6]에 대해 거짓되이 알고 있다면, 그 사람이 "완성시킨" 그 교회사에서 내린 결론을 수용한다는 것은 불가능하다. 이 교회사가가 달려간 그 경주(딤후 4:7)가 하나님께서 설정한 코스(히 12:1)대로 달린 것이라고는 보기 어렵다.

"교부"들은 그들의 글에 성경으로부터 약 35,000번 이상이나 인용하고 있으므로(복음서에서만 19,368)[7] 교회사가 시작된지 초기 3세기 동안 그 어느 곳이든지 간에 성경이 존재했다는 사실은 자명하다. 성경의 라틴어 번역은 A.D.180-200년 사이에 이루어졌다. 시리아어 및 라틴어 초기 번역본들이 1611년판 <킹제임스성경>과 일치하는 고로 샤프, 라잇풋, 드라이버, 엘리코트, 홀트 등은 <킹제임스성경>의 본문 중 어떤 것들은 그 당시(시리아어, 라틴어 번역 당시) 만큼이나[9] 오래된 것이 아니라고 증명을 해야만 할 필요가 생긴 것이다. 결국 이들은 몇 가지 거짓말과 몇 가지 거짓 이론을 만들어 냈다. 웨스트코트와 홀트가 어떻게 해서 고대 "표준원문"(Received Text)이 프로테스탄트 종교개혁 성경이 되었는가에 대해 추정하는 이론(실로 추정된 이론 이외의 그 무엇도 아니다)을 요약하면 다음과 같다 :

1. 표준원문은 시리아로부터 왔으므로 그것은 "비잔틴" 혹은 "시리아"형 원문 혹은 "안티옥" 계열 원문[10]이라 불러야 한다.

2. 그리스바흐는 모든 희랍어 필사본들을 "계열"(families) 별로 분류하면서 "시리아 본문" 수천 개를 제거했는데 그것은 다른 계열에서 발견되는 "시리아 본문"들이 시리아 혹은 비잔틴 계열에 있기 전에 이미 다른 계열 원문들에 있었기 때문이라고 했다.[11] 이것을 밥 존스 대학교와 무디 성경 신학원에서는 "기독교 학문"이라고 부른다.

3. 그리고 나서 웨스트코트와 홀트는 A.D.400년(적어도 A.D.360년) 이전에 있었던 어떤 "교부"도 "시리아 원문"을 인용한 적이 없는데 그것은 그 원문들이 시리아 계열에만 있었던 것이 아니기 때문이라고 했다.[12] 즉 다른 계열 원문이 그 내용을 확증해 주는 경우는 그 원문들은 그 계열에 속할 수가 없다는 묘한 이론인 것이다. 이것이 휘튼, 샌프란시스코, 린치버그, 페에몬트에 있는 기독교 대학들이 "학문"이라고 부르는 것이다.

4. 이와 같이 뚱딴지같은 원문비평학 체계를 세워 놓은 이들은 이제 와서 어떻게 이들 "시리아" 혹은 "비잔틴" 본문들이 암흑 시대를 살아남아 교회사의 클라이막스 시대인 성경적이고 구령하고, 선교하고, 복음을 전파했던 필라델피아 시대의 서막을

여는 바로 그 시점에 등장하여 위대한 교회 부흥(1500-1900)을 가져왔는가를 설명해야만 될 입장에 놓이게 된 것이다(그 동안 로마 카톨릭은 제롬, 오리겐, 유세비우스 및 콘스탄틴 등이 계승한 알렉산드리아 원문을 고수하고 있었던 것이다).

5. 위에 언급한 엉터리 이론은 "루시안"(Lucian)이라고[13] 하는 한 장로가 콘스탄티노플 혹은 안티옥에서 신약성경을 개정하였으며 그 개정판을 전 교회에[14] 표준 성경으로 공식적으로 재가하고 추천해 준 사람을 얻었다고 주장함으로써 만들어지게 되었다. 이 개정본은 알렉산드리아 계열과 "서방" 계열[15] 원문들을 "개정"하고 "비교융합"하여 만들어졌던 것이다.

<킹제임스성경>의 본문(시리아)을 담고 있는 파피루스들이 2,3세기 때에 있었다는 사실 이외에도, A.D.350년 이전에 있었던 교부들도 이 <킹제임스성경> 본문들을 인용하였다는 사실 이외에도,[16] 계열 분류가 속임수[17]라는 사실 이외에도, 신약성경 그 어떤 원본도 알렉산드리아에서 쓰여지지 않았다는 사실 외에도("서방" 계열에 속한 것도 로마 감옥에서 쓰여졌을 뿐이다) 그 이후 1000년 동안 교회가 사용한 공식으로 재가된 성경은 "루시안"의 개정본[18]이 아니었다는 사실 이외에도, 제4세기에 그 어떤 성경이나 성경 개정본을 공인한 지역교회가 콘스탄티노플에도 안티옥에도 있었다는 역사 기록이 하나도 없다는 사실은 그들(웨스트코트와 홀트)의 이론의 허구성을 입증하고도 남는다. 이외에도 그 어떤 역사가도(세속사가건 종교사가이건) "루시안"이란 사람이 신약성경을 "개정"하였다고 하는 증거를 하나도 찾아낸 적이 없다. 차라리 루시안이 포드 자동차를 "개정"(수리)했다고 하는 편이 나을 것이다.

사실이 이런데도(즉 이 이론은 웨스트코트와 홀트가 1881-1884년 사이에 꾼 망상에 불과한데도) 밥 존스 대학교 교수님들은(1940-1980) 이 맹독성 이론을 빨아들이고 말았다.[19]

우리는 A.D.325-400년 사이의 교회 시대를 다룰 때 좀더 자세하게 이 문제를 다룰 것이다. 현재로서는(A.D.33-90) 우리의 관심은 성경 필사본들이 증거하는 바에 대항하기 위해 일어난 "구전 전승"(oral traditions)과 원본(original autograph)과의 대결에 있다고 하겠다. 영감받은 성경으로서(딤후 3:16) 그리스도의 몸이 받아들인 신약성경 27권은 정확한 경륜적 순서로 이루어져 있다. 즉 구약에서 신약으로 넘어가는 과도기로서 마태복음(유대인들의 왕을 다룸)과, 이스라엘에서 교회로 넘어가는 과도기를 다룬 사도행전(유대인 사도들)과 교회에서 환란으로 넘어가는 과도기를 다룬 히브리서

(유대인 그리스도인을 다룸)와 모든 일의 종국을 다룬 계시록의 순서로 되어 있다. 그런데 이 순서는 웨스트코트와 홀트가 만든 신약성경에서는 변개되어 있다. 그것은 성경의 예언에 관해 성경 독자들을 오도하기 위한 목적이었다. 홀트가 만든 완전히 변개된 신약성경(1884년)에는 히브리 크리스챤 서신들(일반 서신들, 야고보서, 히브리서 - 이때 유다서를 히브리서 앞에 놓았음)이 사도행전과 바울서신 사이에 놓여 있다. 이렇게 되면 교회 시대가 대환란을 이어서 펼쳐지는 셈이다. 앞서 언급한[20] 미키 마우스 이론을 발명해 내신 시체가 다 되버린 정통주의 배교자들의 머리 속에서 나옴직한 현상이 아닐 수 없다.

신약성경 27권 중 소위 "안티레고메나"(반대경, Antilegomena)라고 불리는 일곱 개가 있는데 이것은 교회사가들이 이 책들은 누군가에 의해 논쟁이 되었고 "한참 후"에까지[21] 정경으로 인정받을 수 없었다는 근거하에 그렇게 불렀던 것이다. 이들 교회사가들에게 누가 그 일곱 권의 정경성(canonicity)을 의문시했는가(창 3:1), 누가 그 책들의 권위를 논쟁했는가를 물어 보면 이들은 입을 다물어 버린다. 네다섯 명의 교부들이 이들 일곱 권의 책에서 인용하지 않았다는 이유로 대다수의 성경대로 믿는 그리스도인들도 그 책들의 권위를 의심했을 것이라고 독자들을 오도하고 있는 것이다. 이들 교회사가들을 따라가다 보면 당신은 곧바로 끝없는 구렁으로 떨어져 버릴 것이다. 이들 반대경(정경이 의심가는 일곱 책들)은 히브리서, 야고보서, 베드로후서, 요한이서, 요한삼서, 유다서 그리고 요한 계시록이었다. 그런데 이들 일곱 권 중 계시록을 빼고는 홀트의 신약성경에서[22] 그 순서가 잘못 배치되었다.

우리가 주목할 사실은 이 일곱 권의 책들은 소위 "히브리 크리스챤" 혹은 일반 서신들로 알려진 것들이라는 것이다. 그런데 이 책들 중 하나는 짐승의 표를 다루고 있고, 둘은 거짓 선지자를 다루고 있으며 또 둘은 육신적 교회 지도자들을 다루고 있음을 주목할 필요가 있다. 더 나아가 이들 중 둘(야고보서와 히브리서)은 바울 서신들(롬 4,5장, 엡 2장 등)과 모순되는 것처럼 보인다.

여기서 자세한 설명은 할 수 없으나(이런 것들은 신약개론과 역사적 비평과목에 적절한 주제이다) 한 가지 짚고 넘어갈 것은 북아프리카 교회나 로마 카톨릭 교회는[23] 히브리서가(예를 들면) 바울이 쓴 것이 아니라고 주장한다는 점이다.

카르타고(A.D.387)에서 그리스도인들이 정경성에 관한 문제를 논의하였을 때 그들은 다음 몇 가지 기준에 의거해서 정경을 결정하겠다고 하였다(실은 성령께서 이미 정경을 정하신 후였지만). ① 그 기록자가 사도였는가? ② 이 사실이 그 기록된 책에 분명히 나타나 있는가? ③ 믿는 자 안에 내주하시는 성령께서 그 책들을 증거하시는가? ④ 그것들 중 성경과 모순되는 것은 없는가? ⑤ 이제까지의 계시와 노선을 같이하는가? ⑥ 그리스도의 몸은 이런 책들에 관해 지금까지 어떻게 대해 왔는가?

만약 바울이 히브리서를 쓰지 않았다면 어떤 사도가 그것을 썼느냐가 문제시될 것이고, 만약 사도가 쓰지 않았다면 그것은 정경에 있어서는 안된다는 결론이 도출될 수밖에 없게 된 것이다.

반대경(Antilegomena)에 관해 말할 때는 이 책들이 한 배교자가 싫어한다는 이유로[24] 논쟁의 대상이 되어 버린 그 과정을 주목해야 한다. 예를 들면 디오니시우스(오리겐 이후 등장함)는 자기와 오리겐이 전천년주의자가[25] 아니라는 이유 때문에 계시록에서 사도적 권위를 없애 버리려고 애썼다. 가이우스(A.D.213)도 자기가 후천년주의자라고[26] 해서 마찬가지로 계시록을 거부했다. 요한이서와 삼서를 "반대경" 속에 집어넣은 사람은 유세비우스와 오리겐이었다(제5,8장 참조). 오리겐(제5장 참조)과 유세비우스는(제8장 참조) 신구약성경 그 어떤 것으로 판단해 봐도 전혀 지적으로 뛰어난 사람들이 못된다. 그들은(정경에 관해 논의함에 있어) 알렉산드리아의 클레멘트나 어거스틴을 제외하고는 가장 형편없는 "원문비평학자"였던 것이다. 알로기와 에피니우스(A.D. 315-403)가 신약성경의 책들을 논할 때면 이런 종류의 "학자"들의 노선을 따르고 마는 것이다. 유세비우스(A.D.260-340)는 계시록의 저자가 누구인가를 논하는데 있어 몹시 주저하였는데 이는 이 책이 사도가 기록한 분명한 증거가 있긴 하나 자신은 오리겐과 콘스탄틴과의 관계를 생각해서 이 책을 거부해야만 했기 때문이었다. 그래서 그는 파피아스(Papias, A.D.60-130)를 핑계로 대는 것이다. 파피아스는 요한 계시록은 "사도 요한"이 아니라 "요한"이라고 불렸던 다른 장로가 썼다고 주장[27]했기 때문이었다(<문제의 구절들, *Problem Texts*>, 1980 참조). 결국 오리겐이 카이사랴에 파괴적 비평 학파를 세운 후에(A.D.216-222) 계시록은 시리아 페쉬타 성경에서 사라져 버렸다. 오리겐이 계시록을 "의심스럽다"고 할 때 그가 외경은 영감을 받은 책이며 어린이를 위한 신앙 교육은 쥬디스(Judith)와 토빗(Tobit)[28]으로 시작되어야 한다고 생각했다는 사실을 독자 여러분은 잊어서는 안된다. 이와 같은 "고대의 권위자"를 어떻게 신뢰하란 말인가?0

니콜즈는 말하기를 히브리서는 알렉산드리아 학파[29]에 의해 "어떤 의미에서는" 바울의 작품일 것이라고 간주되었다고 했다. 히브리서가 "반대경" 목록에 끼어 있었다는 유일한 증거는 오리겐(A.D.184-254)이 알렉산드리아 학파가 히브리서를 성경의 정경에 받아들인 것을 "다른 교회들이" 비난하였다고 알고 있었기 때문이었다.[30] 그런 "다른 교회들"이 도대체 어떤 교회들이란 말인가?

진실은 이렇다(그런데 필립 샤프는 이 진실을 수상 비행기처럼 피해 다닌다). 즉 말시온(Marcion)이라고 하는 "이단"(A.D.110-160)이 있었는데 그는 반대경 일곱 권 전부를 거부하는 자였다는 것이다.[31] 이탈리아 밀라노에서 나온 한 로마 문서("Muratorian Fragment"라고 하는 A.D.280년경에 쓰여진 것으로 추정되는 문서)에 보면 "히브리서"를 언급하고 있지 않다. 그러나 이 문서는 오리겐 이후까지(A.D.184- 254) 쓰여지지 않았으며 말시온은 베드로후서와 요한이서, 삼서를 믿는데 있어 주저했었다. 오리겐의 제자(알렉산드리아의 디오니시우스, A.D.265)는 베드로후서와 유다서를 거부하였고 감독의 직임을 삼위일체 하나님의 위치까지 높여 버린[32] 시프리안(Cyprian, A.D.195-258)은 히브리서, 베드로후서, 유다서의 정경성에 관해 죽을 때까지 답변을 회피했다. 따라서 "의심가는 책"(논란되는 책)이란 거듭나지 않은 불신자가 좋아하지 않는 책이요 이 불신자는 철학을 숭배하는[33] 교육받은 멍청한 그리스도인에게 자기가 좋아하지 않는 책에 대해 너무도 그럴싸하게 반론을 제기함으로써 결국 오리겐과 유세비우스 같은 풋내기들로 하여금 그 책에 의심을 품도록 만든 것이다.[34] 마찬가지로 시프리안 같은 니골라파는 "감독"들 역시 교만한 불한당이 될 수도 있다고 지적하는 책이라면 무조건하고 의심이 간다고 할 것이 뻔하다. Muratorian 문서[35]를 누가 썼는지도 모르고 오리겐은 더더군다나 성경적 권위문제에 있어서 신뢰할 수 없는 고로[36] "반대경(Antilegomena) 문제"는 헤겔이 개체발생에 관해 지껄인 헛소리만큼이나 근거없는 논쟁에 불과한 것이다. 즉 완전한 허풍에 불과하다는 말이다.

"위경"(Pseudepigrapha)이란 신약 정경 속에 결코 받아들여지지 않았던 책들을 말한다. 이 위경은 <성경의 잃어버린 책들>[37]이란 제목으로 출판되었는데 "안드레행전", "바울계시록", "도마복음", "타대우스행전" 등이 담겨 있다. 신약 외경은 "열두 사도의 가르침", "디다케"(A.D.100), "클레멘트 서신"(?), "허마의 목자", "마리아 탄생복음", "니코데모복음", "폴리캅이 빌립보인들에게 보낸 서신" 등을 말한다. 그런데 이상한 일은(깨어 있는 사람들에게는 그렇게 이상할 것도 없지만) 이러한 희한한 책들 중 두 권이 티쉔돌프가 <킹제임스성경>의 신약을 약 5,000군데 수정하기 위해 사용한 시내사본(Sinaiticus manuscript)에서 발견된다는 사실이다. 바티칸사본(B)은 구약 외경을 구약성경의 일부[38]로서 가지고 있고 시내사본은 신약 외경[39]을 가지고 있다. 그러나 홀트, 알란드, 메쯔거, 네슬, 사우터 혹은 그 밖의 그 어떤 "편집자"들도 이 두 헬라어 사본을 가지고 <킹제임스성경>을 수정해 놓고서도 이들 사본 전체를 감히 출판을 못했다. 이처럼 두 얼굴을 가진 "비겁함"이야말로 20세기 정통 보수주의자들의 특징인 것이다.

"호몰로구메나"(Homologoumena, 신약 정경)란 역사가들이 신약성경 27권이 하나님의 영감을 받은 것으로 인정받은 '정경'이라는 뜻으로 만들어 낸 발음하기 어려운 용어이다. 아타나시우스(Athanasius, A.D.296-372)는 이 27권의 책을 자신의 목회서신에 열거하였고 나지안젠의 그레고리(A.D.330-390)도 카르타고 공회가 열리기 전에 이미 26권을 인정하였다(계시록은 뺐다).[40] 카르타고 공회(The Council of Carthage, A.D. 397)는 그저 하나님께서 이미 설정하신 27권의 영감받은 책들을 인정(추인)하는 모임, 아니 인정할 수밖에 없었던 회의였을 뿐이다.

샤프는 자기 동료 학자(그리고 그 후대의 학자들)들 사이에 신약성경의 정경은 "구약의 방식"[41]을 따라 형성되었다는 치명적 이론을 심어 놓았다. 이 맹독성 이론은 구약성경이 한 지파에서 나온 한 공식 제사장 계급[42]에 의해 정경으로 형성되어 보존되어 왔다는 사실을 알고서 의도적으로 삽입된 것이다. 그러나 신약성경은 제사장 제도가 따로 있는 것이 아니라 믿는 자는 모두 제사장임을(벧전 2:5) 가르치고 있다. 따라서 이들에 의해 쓰여지고 보존된 책은 어떤 종교적 공회나 심판소와는 관계없이[44] 공식문서[43]요 그리스도의 몸된 교회가 보편적으로 받아들였던 것이다. 그래서 샤프는 진실된 역사 속에 로마 카톨릭이 만들어 낸 픽션인 "공식 정경 수호자" 계급이라는 것을 삽입시켰고 이로써 신약 교회사의 성격과 흐름을 잘못 대변하게 되는 가짜 "역사"를 만들어 낸 것이다(행 2장 주석 참조).[45] 1611년 권위역본이 그 자체가 가지고 있는 본래적인 가치로 인해 살아 있는 하나님의 무오한 말씀임을 스스로 입증하였듯이(물론 성령께서 이 성경을 역사에서 사용하심으로 더더욱 입증되었음) 신약성경 27권도 그 자체가 갖고 있는 가치와 그 저자이신 성령의 증거로(요 15:20) 살아계신 하나님의 말씀(영감받은)임을 입증하고 있는 것이다. 성령께서 그 외의 것들을 절대 인정하시지 않는 것은 물론이다(계 22:19).

살아계신 말씀의 능력과 권위에 관한 논쟁이 18,19세기에 일어나게 된 것은 모든 불신의 근원인 의심(창 3:1)에서부터 나오게 된 것으로 "교회 시대"에서 이 불신의 근원을 제공해 주는 것은 기독교 교육과 이집트 알렉산드리아에 있는 최초의 기독교 대학교였다. 이 기독교 교육은 오리겐, 유세비우스, 제롬, 콘스탄틴, 클레멘트, 어거스틴 등의 형편없이 파괴적인 "사역"을 통해 발전되어 갔다.

폴리캅(Polycarp, A.D.69-155)은 마태복음, 누가복음, 요한복음과, 사도행전 그리고 바울서신 10개를 인용했다. 익명의 카톨릭 제2클레멘트라는 위조품도[46] 마태복음, 마가복음, 누가복음, 요한복음을 인용하고 있으며 사도행전, 계시록 및 6개의 바울 서신에 상당히[47] 익숙해 있음을 보여준다. 이레내우스(A.D.125-192)는 4개의 복음서, 사도행전, 13개의 바울 서신을 인용하고 있으며 알렉산드리아의 클레멘트(A.D.150-217)는 4개의 복음서, 사도행전, 바울서신들, 베드로전서, 요한일서, 히브리서, 유다서, 야고보서 그리고 계시록을 인용하고 있다. 이러한 인용문을 종합해 보면(여기에 터툴리안의 글을 포함시켜서, A.D.150-200) A.D.200년 전에 신약성경 27권이 전부 사용되고 있었음을 알 수 있다. A.D.150-180년 사이에 구라틴 역본과 구시리아 역본이 인용되고 있음을 볼 때[48] 그 당시 신약성경이 지역교회에 존재하고 있었음은 분명하다고 하겠다. 당시의 신약 교회들이 성경을 갖고 있었음은 명약관화한 일이다.[49] 당시에는 성경을 손으로 일일이 베껴야 했기에(수천 개의 필사본들로) 최초의 원본(Original manuscript)은 닳고 닳아서(수없이 필사하고 운반되었으므로) 아주 질긴 인도종이(India paper)로 되어 있었다 할지라도 50년 이상은 가지 못했을 것이다. 최근에 나온 우화(밥 존스 대학교나 로크만 재단과 관련된 사람들의 20세기 이론을 점검해 볼 것)에 따르면, 이 신약성경이 이집트 알렉산드리아에 "순수하고" "중립적"인 상태로 보존되어 있었다고 하는데 너무도 말도 안되는 소리여서 어처구니가 없을 따름이다.[50] 성경에서 이집트는 이 세상의 예표(유형)이며 하나님께서는 자신의 아들이나(마 2장), 그의 민족이나(출 12-15장), 그의 성도들이나(창 50:5) 심지어는 그의 성도들의 뼈들조차(출 13:19) 그곳에 남아 있는 것을 용납치 않으셨다. 신약성경 기자 중 그 누구도 알렉산드리아에 가서 스핑크스에게 문안했다는 기록이 없다. 만약 "알렉산드리아 계열" 사본이라는 것이 한 번이라도 존재했더라면 그것은 합법적인 것이 아니라 불법적인 것이었음에 틀림없고 그 사본이 믿음과 실행의 순수성과 관련이 있다는 말은 호머의 닳아 빠진 작품들이 믿음과 실행의 순수성과 관련이 있다는 말만큼 엉터리인 것이다.[51]

신약성경의 여러 가지 책들이 언제 쓰여졌는가에 대해서는 학자들의 의견이 분분하다. 야고보서와 히브리서는 대부분의 학자들이 추정하는 것보다도 훨씬 일찍 기록된 것이 분명하다. 왜냐하면 사도행전 12장 이후로 이 책들의 연대를 잡는 것은 적절치 않기 때문이다. 히브리서의 경우 A.D.35-40년경이면 그리 이르지 않은 연대이다. 소위 말하는 "공관 복음의 문제들"은 문제의 구절들(Problem Texts)이라는 책에서 다룰 것이나 한 마디로 말하자면 이 문제에 관해 "최고의 권위"로 자처하는 사람들이 만들어 내는 수많은 솜사탕같은 이론은(예를 들면 샤프는 이 문제에 관해 33페이지를 할애하여 빙글빙글 어지럽게 돌고 있다.[52]) 교회사를 공부하는 학생들에게는 바람빠진 풍선밖에는 안된다. 그 풍선을 좇다 보면 어떻게 될 것인가는 뻔한 일이다.

신약성경은 "파피루스"(papyrus)라고 하는 값싼 종이 위에 기록되었다. 따라서 이 성경은 바티칸사본이나 시내사본이 쓰여지기 오래 전에 현대의 책 형태(코덱스, codex)를 갖추었다. 원본들을 손으로 베껴 쓴 사람은 전문적 서기관[53]들이 아니라 보통 사람들이었으며 이들은 거리에서나 시장 등지에서 복된 소식(Good News)을 공개적으로 선포했다. 4개가 넘는 두루마리를 들고 다니면서 청중 앞에서 마태복음, 이사야서, 바울서신, 야고보서를 펼쳐 찾아 보이면서 말씀을 전하는 모습은 무언가 우스꽝스럽지 않겠는가? 따라서 구령자들은 학자들보다 훨씬 더 상식을 갖춘 사람들이었다. 그래서 구령자들은 오늘날도 신약성경의 분명한 절 표시를 지워 버린 새로운 역본(ASV, NASV, NIV)은 가지고 다니지를 않는 것이다. 이들 역본들은 새로운 방식의 "문단" 성경들로 거리에서 설교하는 그리스도의 군사나 "과격한" 구령자들을 위해 만들어진 것이 아니고 온실 속에 앉아 있는 "성경학자님"들 용으로 만들어진 것이다.

A.D.100-325년 사이에 그리스도인들이 갖고 있었던 것은 "완전히 축자적인 원본들"로부터 나온 "영감받은 원문들"이 아니었다. 왜냐하면 신약 27권 각 책의 원본이란 하나씩밖에 없었기 때문이다. 성도들이 가지고 있었던 것은 자그마한 책(BIBLION)으로 이 책은 그리스도 생존시의 헬라어 철자와 문법으로 된 것이지 로마가 사용한 알렉산드리아 헬라어[54]로 된 것이 아니다. 이 책은 로마가 아닌 소아시아에서 시리아어(Syrian type text)로 번역되었고 팔레스타인의 펠라에서(A.D.80), 안티옥에서(A.D.100) 그리고 시리아에서(A.D.150), 이탈리아의 이탈리아 교회에서(A.D.180), 남부 프랑스의 불란서 교회에서(A.D.200), 영국의 켈트 교회에서(A.D.300)[55] 발칸반도와 독일에서(A.D.400) 증거 되었다. 이 사실은 A.D.400년부터 1980년까지 유아세례를 거부했던 성경대로 믿는 사람들의 역사를 통해 확증되고 있다. 이 성경은 알비겐스(Albigenses), 보도파(Vaudois), 페트로부르시안(Petrobrusians), 불가리안(Bulgarians), 폴리시안(Paulicians),

파테린(Paterines), 보고마일(Bogomiles), 침례교인(Baptists), 위그노(Huguenots)[56] 등이 사용한 표준원문(Received Text, 전수받은 텍스트)이었다. 이 성경은 20세기에 나온 소름끼치는 모조품들과 전혀 닮지 않은 것이었다. 그런 모조품들은 로마 카톨릭 미사전서를 닮았기 때문이다.

따라서 오늘날의 성경대로 믿는 사람들은 오랜 고대 시대까지 거슬러 추적할 수 있는 그러한 역사적 문서를 손에 들고 다니는 사람인 것이다. 즉 그가 <킹제임스성경>을 가지고 있다면 그렇다는 말이다. "헬라어 원본"들에 대한 증거로는 에라스무스판에서 나온 독일어 번역본들, 올리베탄(Olivetan)과 르콜레르(LeClerc)[57]의 불어 번역본들, 디오다티(Diodati)의 이탈리아 번역본[58]들 왈덴스(Waldenses)나 알비겐스들의 구라틴 역본, 울필라스(Ulfilas)의 고딕 역본, 헬라어 대문자 사본들(W와 A), 대부분의 소문자 사본들(98%),[59] 초대 교회의 성구집들[60] 그리고 바티칸사본과 시내사본이 알렉산드리아(혹은 카이사랴)[61]에서 위조품으로 만들어지기 200여년 전에 쓰여진 교부들의 문서들이 있다. 2,3세기의 파피루스들도 이 성경이 옳다는 것을 증거하고 있다.[62] 구시리아 역본(A.D.180) 역시 이 성경이 옳다는 것을 증거하고 있다.[63] 이 성경은 하나님께서 에라스무스(Erasmus), 콜리내우스(Colinaeus), 베자(Beza), 엘지버(Elzevir), 스테파누스(Stephanus) 등을 통해 보존하신 하나님께서 존중하신 헬라어 성경이요, 틴데일(1525), 제네바 성경(1562) 그리고 <킹제임스성경, 1611>에서 찾아 볼 수 있는 하나님께서 존중하신 영어 성경인 것이다. 이 성경의 모조품(물론 부패되어 있다)은 "알렉산드리아" 원문(제5장 참조)을 사용하여 고대 시대에 알려진 가장 부패한 하수구로부터 나온 것이다. 이 부패하고 영지주의적인 "성경"은 근대에 와서는 티쉔돌프, 홀트, 알란드, 메쯔거, 네슬, 라흐만, 그리스바흐, 숄츠 등이 만들어 낸 헬라어 원문으로 대표되고 있다. 또한 이 부패한 성경은 현대 영역본들로 대표되기도 하는데 그것들은 RV, RSV, NASV, ASV, NRSV, NIV, NEB를 포함하여 "시대의 추세에 맞춘" 30여 개의 번역본들이다. 이 성경의 수호신들로 말하자면 오리겐, 유세비우스, 콘스탄틴, 히틀러, 로욜라, 월톤, 펠, 펜사콜라 기독 대학, 피의 메리 여왕, 카스트로, 또르께마다, 제롬, 툴리, 메떼르니히, 스펠만 주교, 밀, 홀트, 테드 케네디, 밥 존스 대학교 교수진,[64] 웰렌슈타인, 나폴레옹, 요한 바오로 2세 등을 들 수 있겠다(이 부패한 성경에 관해 아프리카의 가장 희한한 대학교라는 장에서 좀더 자세히 다루도록 하겠다).

자, 그러면 우리의 관심을 좀더 실제적인 문제들로 돌려보도록 하자. 우리가 마지막으로 지역교회를 보았을 당시(행 28장), 가장 뛰어난 설교자요 복음 전파자였던 바울은 감옥에 있었다(물론 로마의 감옥이었다). 우리는 이 사실을 꼭 기억해야 하는데 그것은 예수 그리스도를 채찍질하고 십자가에(행 4:27) 못박은 자가(마 27장) 로마였으며, 베드로를 감옥에 넣은 자도 로마였고(행 12:3-4), 야고보의 목을 벤 자도 로마였으며(행 12:1-2), 요한을 팟모섬으로 유배시킨 자도 로마였기 때문이다(계 1:9). 이 사실은 고집쟁이의 이론도 아니요 "트러블 메이커"가 만들어 낸 교단 교리는 더더욱 아니다. 이 사실은 역사를 살아간 증인들이 목격한 사실을 영감받은 기자들이 기록한 피의 역사를 구성하는 생생한 사실이다.

따라서 교회사는 우선 지역교회의 성격과 사역과 오류없는 생성 기원을 살피는 것과 아울러 로마로부터 시작되지 않으면 안된다. 아우구스투스(B.C.31-A.D.14), 티베리우스(A.D.12-37), 칼리굴라(A.D.37-41), 네로(A.D.54-68), 갈바(A.D.68-69), 베스 파시안(A.D.69-79) 그리고 도미티안(A.D.81-96) 등은 신약 교회사 첫 머리에 등장하는 인물들이다. 즉 성경대로 믿는 신약 교회는 교회국가[65]와 직접적인 충돌을 처음부터 맞게 된다는 것이다. 이 로마 교회국가는 계시록 17:1-5에서 "음녀"로 명명되어 있다. 이 여자(계 17:3)는 주님께서 마태복음 13:33에서 그 신원을 확인하신 그 여자이다. 그녀는 온 반죽을 부풀게 하려고 적은 누룩(갈 5:9)인 거짓 교리를(마 16:11-12) 심는 장본인이다. 예수 그리스도의 입에서 그러한 말씀들이 나오자마자 필립 샤프, 될린져, 알포드, 페라, 칼빈, 라투렛, 어거스틴, 오리겐, 토마스 아퀴나스 등은 그 말씀들을 주님의 입속으로 꾸겨 넣고서 그 음녀(주님이 신원을 확인해 주신)는 그리스도의 신부요, 부패시키는 누룩은 하나님의 은혜의 복음이라고 주장하는 것이다. 신약성경이 완성도 되기 전에(고후 2:17) 사탄은 이미 그의 "경건하시고" 유능한 일꾼들을 양성하려 작전 개시를 하고 있었던 것이다(창 3:1). 우리는 "아프리카의 가장 희한한 대학교"라는 제목의 제5장에서 사탄이 이미 신약성경이 쓰여지기도 전에 구약성경의 변개와 부패에 참여했다는 사실을 다루게 될 것이다(고후 2:17).

로마와 예루살렘은 A.D.70년 티투스(Titus)[66]에 의해 예루살렘이 함락될 때까지의 교회 역사에 있어 촛점이 되는 곳이다. 모든 역사는 동에서 서로 움직이는 고로(창 4:8-16과 그 주석 참조) 예루살렘은 A.D.70년 이후에는 우리의 시야에서 실질적으로 사라지게 되며 교회사 역시 소아시아로 그 무대를 바꾸게 된다(계 1-3장). 그 후 교회사는 그리스로(행 16,17장), 그 다음은 마지막으로(시작이나 중간이 아니고) 로마로 무대를 옮기게 되는 것이다. 성경은 이미 로마의 신원을 파악해 놓았고 "로마적"인 것들이 어떤 것인가를 분명히 한 바 있다. 교황, AP 통신, BBC 방송, 빙 크로스비,

케네디家, 노틀담, 옥스포드 운동, 페리꼬모, 로욜라 대학교 등이 아무리 로마를 두둔하고 옹호한다 할지라도 하나님께서 기록하신 것은 영원토록 보존되어 있으므로 변경될 수 없다(시 119:89, 마 24:35). 로마는 그 도시가 세워진 이래 성경적 의미에서 볼 때 의롭고 도덕적인 행위로 영적으로나 종교적으로 인정을 받아 본 적이 한 번도 없다[만약 우리가 하나님께서 성령의 손에 의탁하여 우리에게 주신 기록된 말씀을 믿는다면 그렇다(행 12:1-5; 18:2, 마 2장)]. "모든 길이 로마로" 통한다고 한다면 지옥으로 향하는 그 길은 알렉산드리아 사본과 기독교 학문이 포장한 길임에 틀림없다.

로마 제국의 절정은 A.D.46-180년경이었다. 이 시기는 바로 신약 지역교회들이 생겨나는 시기이기도 하다. 즉 침례받은 성도들의 불려 나온 모임이 이때 생겨났던 것이다. 로마는 성경을 받아들일 때 알렉산드리아의 북아프리카 "성경"[67](변개된 것임)을 받아들였다. 로마가 이방인들의 사도(롬 15:16)를 맞이했을 때 로마는 그를 감옥에 넣었고 목베어 죽였다(딤후 4:6). 로마가 예수 그리스도를 재판했을 때에는(요 19장) 살인자를 풀어 주었다(요 18:40). 로마는 한 성도를 보호하고 있을 때에도 그를 죽이고자 했다(행 12:4). 베드로는 A.D.60년 이전에 로마에 발을 들여 놓은 적이 없었기 때문에(롬 15:20-22), 바울은 로마서를 쓸 때(롬 16:1-16) 베드로를 언급하지 않았다. 그는 많은 형제들을 언급하면서 베드로를 뺐던 것이다. 그것은 베드로가 그곳에 없었기 때문이었다. 로마가 잔인한 범죄 앞에 노출되면(계 17:4-7), (이런 기록은 성경 안에도 있고 다른 책에도 있다) 로마는 그런 범죄는 로마 교회가 아니라 로마 제국이 도미티안(A.D.96) 황제 이전에 저지른 것이라고 발뺌한다. 즉 이교도 로마가 저지른 것이지 교황이 지도하는 로마가 저지른 것이 아니라는 것이다. 그러나 팍스의 순교사에 보면 교황이 다스리는 로마 교회가 저지른 범죄가(A.D.400-1800) 고발되어 있고 또한 그들의 변명이 얼마만큼 거짓말인가가 입증되어 있다. 교황의 로마 교회는 로마 제국이 100년 동안 그리스도인들을 죽인 것보다(A.D.70-170) 훨씬 더 많은 그리스도인을 단 50년만에 해치웠다. 따라서 성경이 로마에 대해 말하고 있는 진실을 무시하고 쓴 교회사는 사탄을 위해 거짓말을 옹호하고 있는 셈이다.

"영원한 도시"로서 "로마는 결코 변하지 않는다면", 콜롬비아에서 있었던 살인(1953-1959)과[68] 1940-1944년 2차 대전 중 로마의 교황 사절들이 저지른 살인 행위는 충분히 예측할 수 있었던 것이었다.[69] 아돌프 히틀러(카톨릭 신자)가 허만 괴링(로마 카톨릭 신자)을 시켜 다카우 마을에 로마 카톨릭 신자(Rudolph Diels, 후에는 Eicke로 바뀜)를 책임자로 세워 최초의 대량 학살을 위한 "강제수용소"(Concentration camp)를 세우게 한 것을 보고 놀라서는 안된다. 이들은 역시 로마 카톨릭 신자인 히틀러와 하이드리히의 지휘를 받았다. 트레블링카 수용소의 책임자였던 프란쯔 슈탕겔은 뷰첸발트 수용소의 코크나 아우슈비츠 수용소의 루돌프 회스와 같이 로마 카톨릭 신자였다. 로마는 결코 변하지 않는다. 공산주의 "교황"인 요한 바오로 2세 역시 마찬가지이다. 왜냐하면 공산주의자들은 인간이란 영혼이 없는 동물[70] 중 가장 진화된 존재라고 믿는 변증법적 유물론자들로서 인간이란 뷰첸발트나 아우슈비츠보다 더 큰 수용소에 가둬 놓고 도살해도 좋은 동물이라고 생각하고 있기 때문이다.

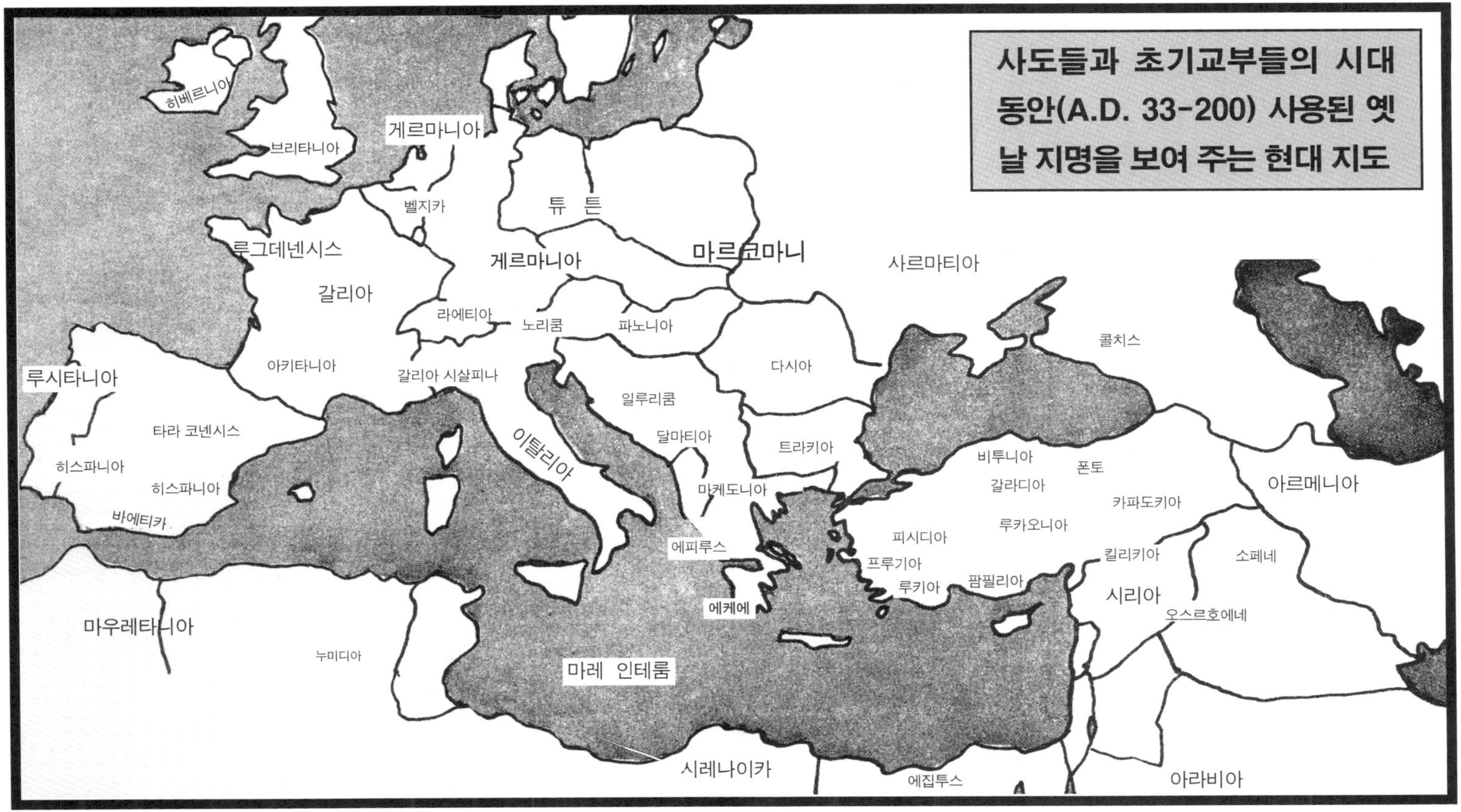
사도들과 초기교부들의 시대 동안(A.D. 33-200) 사용된 옛날 지명을 보여 주는 현대 지도
히베르니아
브리타니아
게르마니아
벨지카
튜 튼
루그데넨시스
게르마니아
마르코마니
사르마티아
갈리아
라에티아
노리쿰
파노니아
콜치스
아키타니아
갈리아 시살피나
다시아
루시타니아
일루리쿰
타라 코넨시스
달마티아
트라키아
비투니아
폰토
이탈리아
히스파니아
히스파니아
마케도니아
갈라디아
카파도키아
아르메니아
바에티카
에피루스
피시디아
루카오니아
길리키아
소페네
프루기아
루키아
팜필리아
시리아
에케에
오스르호에네
마우레타니아
누미디아
마레 인테룸
시레나이카
에집투스
아라비아

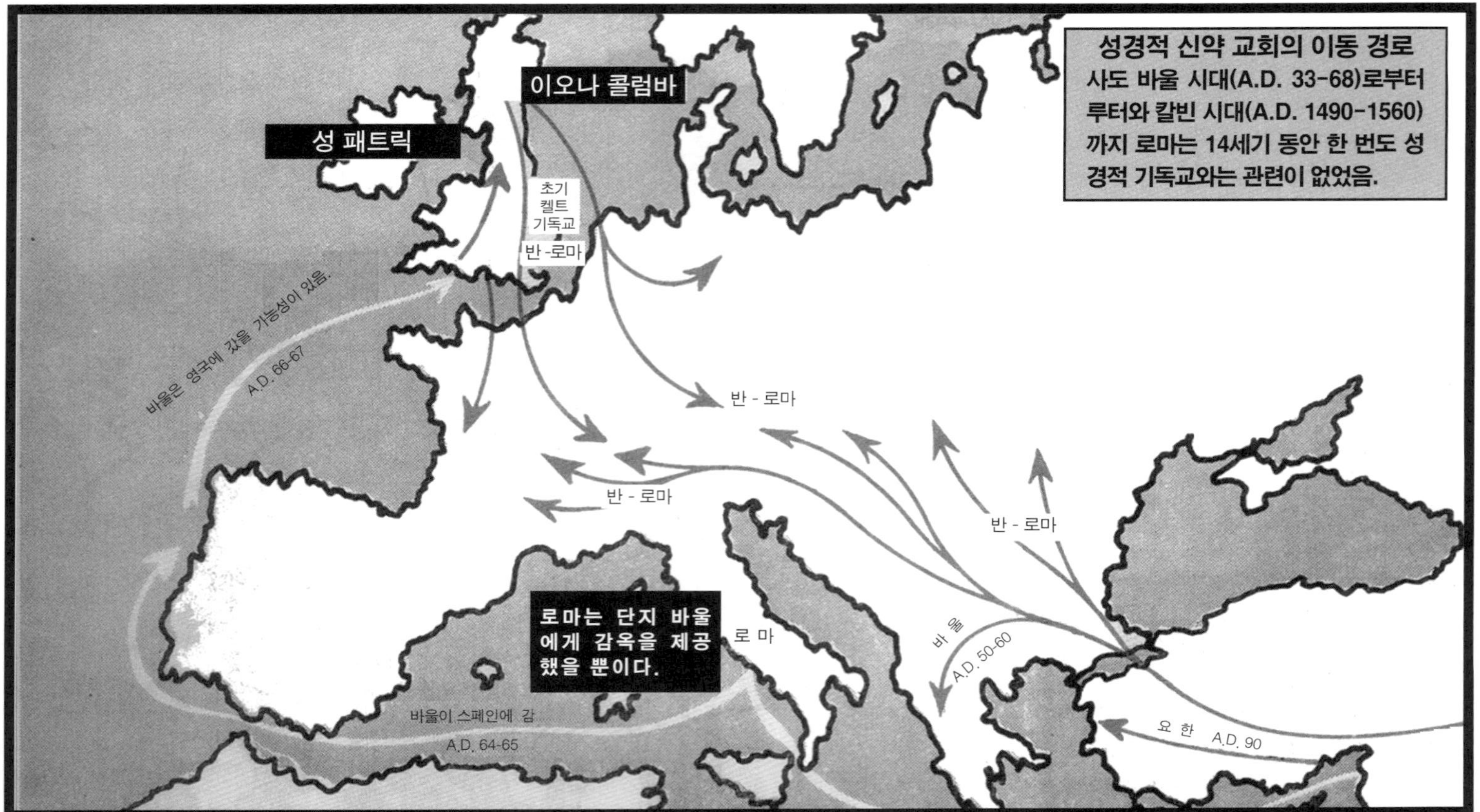
성경적 신약 교회의 이동 경로
사도 바울 시대(A.D. 33-68)로부터 루터와 칼빈 시대(A.D. 1490-1560)까지 로마는 14세기 동안 한 번도 성경적 기독교와는 관련이 없었음.
이오나 콜럼바
성 패트릭
초기 켈트 기독교
반 -로마
바울은 영국에 갔을 가능성이 있음.
A.D. 66-67
반 - 로마
반 - 로마
반 - 로마
로마는 단지 바울에게 감옥을 제공했을 뿐이다.
로 마
바울이 스페인에 감
A.D. 64-65
바 울
A.D. 50-60
요 한 A.D. 90

제 4 장
불타는 용광로

**사랑하는 자들아, 너희를 연단시키려는 불 같은 시련에 관하여
너희에게 어떤 이상한 일이 일어나는 것처럼 이상하게 여기지 말고
도리어 너희가 그리스도의 고난에 참여하는 자들이 되는 것이니
즐거워하라. 이는 그의 영광이 나타나실 때에
너희도 큰 기쁨으로 즐거워하게 하려 함이니라. (벧전 4:12-13)**

시몬 베드로는 고난에 있어 우리의 본이 되신 분은 우리가 "따라"야 할 주 예수 그리스도라고 말한다(벧전 2:21). 이 세상에서 유일하게 죄 없으신 그분은 "슬픔의 사람이요 질고에 익숙한" 분이시다(사 53:3). 그분을 가장 잘 따랐던 사람(딤전 1:16)은 그리스도의 남은 고통을(골 1:24) 채워야 했다. 하나님께서 바울을 구원하셨을 때 하나님께서는 이미 그분의 목적을 보이셨다(행 9:16). 그것은 고난의 사도가 되는 것이었다(고후 11:23-28). 어떤 현대 신학자나 그 어떤 종류의 신앙을 고백하는 학자일지라도 신약성경의 믿음의 강령인 고난을 없애버리거나 축소시킬 수는 없다. 사도들은 고난을 받았다(행 12:1-5). 사도들은 그들을 따르는 자들에게 고난 중에 참으라고 격려하였다(벧전 2:19-24). 군사로서 고난을 견뎌 내라고도 격려하였다(딤후

2:3-4). 수많은 "전투"(불시험)에서 "피 흘리는 고난" 끝에 많은 상처를 몸에 지닌 고참 군인이 신약 성도들이 따라야 할 본이었으며(고전 11:1) 이 고참병은 완전 무장을 하도록 성도들을 권면하고 있다(엡 6:10 주석 참조).

이와 같은 기본적인 사항들은 꼭 주목해야 할 것이다. 왜냐하면 요즘 학자들이나 신학자들이나 교회사가들은 한결같이 바울을 그저 책이나 들여다보고 있는 자기들의 친구인 양 생각하고 그런 이미지에 맞게 바울을 왜곡시키는 것이 유행이기 때문이다. 이들은 바울처럼 거리에서 설교도 하지 않고, 소요나 재판에 연루되지도 않고, 왕들 앞에서 그들의 "죄를 지적하며" 복음을 전하지도 않고 "공개적으로 집집마다 찾아다니며"(행 20:20) 복음을 전파하지도 않는다. 이들은 그저 둘러 모여 앉아 케익이나 먹고 커피나 마신다. 바울이 자기 동시대의 희랍 철학자들을 몹시 꾸짖으면서(행 17:23 주석 참조) 그들을 "미신적" 우상 숭배자라고(행 17:22) 야단친 것을 보아 A.T. 로버트슨, S.E. 앤더슨, 예거, 트렌치, 케네스 웨스트, 스파이로 조다이에트, 홀트(들어가는 말의 바울적 강박관념 참조)와는 전혀 다른 성격의 소유자였음이 분명하다. "증인"(witness)이란 단어는 마르튀레오(μαρτυρέω)를 번역한 것으로 이것을 음역하면 "MARTYR" 즉 순교자인 것이다. 최초의 신약 순교자였던 스테판은 스테파노스[Στέφανος, "면류관"(Crown)을 뜻함]에서 나온 이름이었다. 하나님의 증인은 그들의 삶이 야기시키는 "분란"(행 21:27-32)과 그들의 잔인한 죽음으로(벧후 1:14) 특징지워지는 것이지 "서로 사랑"한다던가 그리스도를 욕되게 하는 성경 번역본들을 용납하는 행위로 특징지워지지 않는다. 이들은 박해하에서도 용기 백배하였다(행 7:59). 이들은 담대하게 외쳤을 뿐 "학자인 체하는 해석"이나 "원어 독해 능력"을 내세우지 않았던 것이다.

초대 교회사가들에 따르면, 초기의 참된 그리스도의 증인들은 정확히 말해[1] 광신자들이었던 것이다. 한 작가는 이들은 성전에서부터 예수 그리스도를 데리고 나와 온 이웃에게 그를 뿌리고 다니는 범죄를 저지른 자들이었다고 기록하고 있다. 그들은 양처럼 살았고, 성도처럼 기도했으며, 사자처럼 설교했고(전파했고), 파리처럼 죽었다. 이그나티우스(Ignatius)는 얼마나 간절히 사자의 입 속에[2] 자기의 머리를 집어 넣고 싶어했는지 자기가 먼저 원형 경기장에 있는 사자 우리로 가서 사자에게 "나오라, 이리 나와라"[3]고 외쳐대었던 것이다. 팍스의 순교사에는(pp.13-33) 상을 얻기 위해(계 2:10) "피의 바다를 항해"했던 증인들로 가득차 있다. 바울의 행동을 자세히 진지하게 살펴 보면(행 14:20 주석 참조) 그가 자살 성향이 있는(빌 1:23) 우울증 환자와 비슷했던 것을 볼 수 있다. 이런 그의 모습이 고린도후서 11:22-28에 잘 나와 있다. 데이빗 넌, 마빈, 지미 스와거트, 케네스 코플란드, 존 R. 라이스 같이 "조심"스럽게 행동하는 사람들에게는 고린도후서에 기록된 일들이 일어날 리 만무하다. 바울은 매우 "부주의"했을 뿐만 아니라 때로는 무모하기까지 했다(행 20:22-23). 오리겐이 "기독교" 교육(제5장 참조)으로 인해 후에 믿음에서 떠나 버리기는 했어도, 그는 한 때 예수 그리스도를 위해 현장에서 죽을 각오를 했던 적이 있었다. 폴리캅(A.D.69-155)은 여러 차례 화형[4]을 당하려고 시도하다가 결국 칼에 찔려 죽고 말았다. 전통에 따라 사도들은 잔인하게 죽었다.[5] 비록 이 사실을 입증할 수는 없어도 충분히 그랬을 것이라고 짐작할 수는 있다. 베드로, 야고보, 바울과 요한은(스테판과 마찬가지로) 오늘날 유네스코가 정한 "인권 선언문"에 걸맞는 대우를 받았을 리 만무하다. 그리스도인들은 신약성경 그 어디에서도 그들의 "권리를 위해 데모"한 적이 없다. 그들은 예수 그리스도의 종이었다(고전 6:20). 그들은 경매에 내놓은 노예였던 것이다. 그들은 "나는 이 부분을 이렇게 읽으면 더 좋겠는데...", "이것이 내가 좋아하는 스타일의 교회다", "이렇게 하면 더 나은 번역이 될 것 같은데..."라든지 "이 동사의 시제가 제대로 전달되지 않은 것은 불행한 일이군..." 하는 따위의 일은 생각조차 해보지 않았다. 그 어떤 그리스도인도 그런 식으로 생각하거나 행동한 적이 없다. 그 따위 표현들은 사도적 기독교에서는 지난 18세기 동안 제거된지 오래이다.

네로, 도미티안, 트라얀, 마르쿠스 아우렐리우스, 세베루스, 막시미누스, 데시우스, 아우렐리안, 디오클레시안 그리고 갈레리우스 황제하에 있었던 10번에 걸친 로마 제국의 박해(A.D.67-313)에 촛점을 맞추어 볼 것 같으면, 우리는 정통 기독교 신학자와 헌신된 성경대로 믿는 사람들 사이의 차이점을 분명히 볼 수 있다. 다른 말로 표현하자면 교육받은 기독교 학자들과 성경대로 믿는 설교자와의 엄청난 차이가 드러난다는 말이다. 만약 이들 두 그룹이 함께 모인다면(사실 이 두 그룹은 제임스 왕 휘하에 구성된 1611년 번역 위원회에서 함께 모였었다) 이들은 단지 정확하고 읽기 쉬운 그러한 번역을 만들어 낼 뿐 아니라 실제적 경험을 근거로 해서 다듬어지고 단련된 영적 걸작품을 만들어 낼 수 있을 것이다. 만약 다른 모든 조건이 동일하다면(예를 들어 학자들의 헬라어, 히브리어 실력 같은 것) 1900-1980년 사이에 구성된 미국의 성경 개정 위원회와 피의 여왕 메리의 통치 기간과 스미스필드의 박해(1553-1558)를 통과한 직후에 구성된 <킹제임스성경> 번역 위원회와의 경쟁이 가능하다고 생각하는가? 어떤 위원회가 참으로 영적인 성경을 만들겠는가? 만약 로마가 성경에 묘사된 그대로라고 한다면 그 사실을 알고, 인정하고 믿고 경험했던 사람들로 구성된 성경 번역 위원회(1611)를 하나님께서 도와 주시는 방법과 1979년까지 로마의 통제를 받아 보지 못한 채 세계에서 가장 생활 수준이 높은 나라에서 에어컨이 돌아가는 방에 앉아 지성인이랍시고 온갖 폼을 잡고 교만하게 펜대나 굴리는 그런 자들로 구성된 자아로 충만한 위원회를 대하시는 하나님의 태도에는 얼마나 큰 차이가 있을까는 짐작이 가고도 남는 일이다. <킹제임스성경>의 번역 위원 중에는 로마교회의 미사가 신성 모독적인 우화일 뿐이요 위험한 속임수에 불과하다는 진실(Anglican Articles of Faith, no.31)을 말했다고 해서 화형에 처해진 자기 친구나, 친구의 친척이 없었던 사람은 한 사람도 없었다. 모든 조건이 동일하다면 - 즉 <킹제임스성경> 번역 위원들이 여러분을 가르치는 기독교 대학 교수만큼 지적으로 뛰어나고 "경건"하다고 한다면 - 하나님께서 명예와 로열티를 얻으려고 장사꾼들이 발행한 미국의 대 "히트상품"보다 KJV 번역 위원들의 성실한 작품을 더 축복하실 것은 당연하지 않은가?

그러나 실상은 앞에서 말했던 그 조건마저도 동일하지 않았던 것이다(제18장 참조). <킹제임스성경> 번역자들은 바티칸사본의 변개된 본문을 다루는데 있어 엉터리 개정위원님들보다 훨씬 더 지적으로 우수했다(이 바티칸사본은 1582년 카톨릭의 예수회 발행 림즈 역본[6]에 담겨 있었고 KJV 번역 위원들은 그들의 책상 위에 이 번역본을 놓고 검토했던 것이다). 오리겐과 그 일당은 KJV 번역 위원을 한 순간도 속일 수가 없었다.[7] 이처럼 모든 조건이 다 "동일"했던 것이 아니었다. 권위역본 번역자들은 콘스탄틴과 제롬의 흔적을 곧 발견해 냈고[8] 그들이 번역해 낸 KJV에 외경을 영감받은 거룩한 본문[9]으로 집어넣는 것을 절대 거부했다. 더 나아가 이들은 누가복음 23:42, 누가복음 2:33, 누가복음 24:51,52, 골로새서 1:14, 사도행전 8:37, 디모데전서 3:16 등 로크만 재단의 미신적 학자들(NASV, Amplified Version)을 감쪽같이 속여 버린 구절들에서 발견되는 알렉산드라 본문들에 한 순간도 미혹된 적이 없다. 이처럼 ASV, NIV 그리고 NASV 등을 만들어 낸 1901-1980년 사이의 배교자들(이들은 배부르게 먹고, 월급 많이 받고, 쓸데없는 허풍이나 떠는 학자님들이시다)과 1607년 살아있는 하나님의 말씀을 영어를 말하는 사람들의 손에 쥐어 주기 위해 둘러앉은 반카톨릭 베테랑(고참 병사)들을 비교해 보면 결코 모든 조건이 동일하지 않았음을 알 수 있게 된다. 이 두 그룹은 번역을 하는 동기가 달랐으니 이는 그들이 책 앞장에 쓴 "바치는 글"(Dedicatory)에서 분명히 드러나고 있다. 번역하는 방법 역시 달랐는데 이는 "독자에게 드리는 서문"[10]을 보면 분명히 알 수 있다. 그들은 자신들에 대한 평가에서도 달랐고 그들이 다루고 있는 자료에 대한 태도도 달랐고 그 무엇보다도 하나님에 대한 그들의 태도가 완전히 달랐던 것이다.

KJBC

킹제임스성경신학교는 피터 럭크만 박사가 미국 플로리다주 펜사콜라시에 설립한 Pensacola Bible Institute (PBI)에 기반을 두고 있습니다. 미국 Pensacola Bible Institute는 1965년 9월 개강한 이래로 지금까지 미국 내 정통 신학 교육의 요람으로서, 미국 내 유수한 근본주의 침례교 신학교들을 압도하고 성경대로 믿는 그리스도인들의 산실이 되고 있습니다. 자유주의와 현대주의를 배격하는 가운데 정통 교리의 수준 높은 신학 교육은 물론이요, 능력 있는 설교자 양성을 위한 강도 높은 훈련으로도 단연 으뜸입니다. 이처럼 본 신학교도 1991년에 세워진 이래로 이 땅에 바른 성경적 지식을 정착하고 신실한 하나님의 일꾼을 양성하는 데 총력을 기울여 오고 있습니다.

기존 신학교는 하나님의 말씀보다는 교단 신학과 학문으로서의 신학에 중점을 두어 가르치고 있습니다. 또한 편협한 교단 교리에 하나님의 말씀을 억지로 끼워 맞춰 가르치고 있기 때문에 이제는 하나님의 말씀에 근거한 신학을 제대로 가르치는 곳이 절대적으로 필요합니다. 이런 절실한 필요에 의해 본 신학교는 모든 교과 과정을 교단 신학이 아닌 하나님의 말씀으로 채움으로써 하나님의 말씀에 대한 올바른 지식을 터득할 수 있도록 구성하고 있습니다. 이렇게 구성된 모든 교과 과정은 성경 각 책에 대한 깊이 있는 수업과 설교의 실전 연습, 제반 목회 생활에 관한 실제적인 수업들로 이루어져 있으며, 무엇보다도 균형 있고 올바른 성경적 지식으로 무장할 수 있는 많은 수업들이 제공되고 있습니다.

킹제임스성경신학교는 설교자와 목회자, 성경 교사, 선교사를 양성하기 위한 곳으로, 3년의 모든 과정을 착실히 이수한 모든 학생들이 각자 하나님의 부르심에 따라 언제 어디서나 전담 사역자로서 사역할 수 있도록 양육받을 수 있는 국내 유일의 온·오프라인 정통 신학교입니다.

입학요강

	신학사(B.D.)	킹제임스성경신학원 신학석사(Th.M.)
수업연한	3년 (6학기)	2년 (4학기)
자　　격	• 거듭난 그리스도인으로서 하나님께 쓰임받기 원하는 사람 • 고등학교 졸업자 및 졸업 예정자 또는 동등 이상의 학력이 인정되는 자(연령 제한 없음)	• 본교를 졸업한 신학사 학위 소지자로서 진리의 지식으로 효과적인 사역을 이루려는 분
선　　발	서류전형(입학원서, 구원간증, 자기 소개서), 면접(서류 전형 합격자에게 개별 통보)	
학사일정	오프라인 봄 학기 매년 3월초 가을 학기 9월초 개강(총 16주) 월,화,목,금(오후 6:30 – 9:20) 온 라 인 수시접수 가능(한 학기 총 16주 / 100% 동영상 강의)	한 학기당 16주 과정 (화요일 오후 6:30 – 9:20)
원서교부	킹제임스성경신학교 교무처 / 인터넷 접수	

우리는 앞서 「들어가는 말」에서 이들 현대의 배교한 근본주의자들이 자신들을 "용감한 증인"이나 "전투에서 단련된 군사"들의 그룹 속에 집어넣고 싶어하는 무의식적 욕망을 '바울적' 강박관념(정확히 말하면 바울이 되고 싶은 강박관념)이라고 정의한 바 있었다(들어가는 말, 주 4,5,6 참조). 간략히 정리하면 이것은 역사가들(특히 교회사가들)과 학자들이 자신들을 참된 십자가 군병 그룹 속에 넣고자 하는 욕망이라고 하겠다(<문제의 구절들, *Problem Texts*>, 1980, "캠프파이어 소녀들"이라는 장 참조). 이 강박관념은 바울과 관련되어 있기 때문에 틸리히, 바르트, 맥라에, 레어드, 해리스, 아프만, 아쳐, 에니거, 왈보드, 올슨, E.S. 잉글리쉬, 브루너, 파노시안, 루이스 스페리 체이퍼 등이 바울과 같다는 말인데 그 이유로는 바울은 많은 중요한 기록을 남겼고, 많은 신약 교리를 제시했고, 교육받은 신학자였기 때문이라는 것이다. 실로 바울은 그러했다. 그러나 이들 학자들이 바울을 닮았다는 말은 어불성설이다. 그들은 우리가 "드라이 크리닝 그룹"으로 명명하는 자들(그레이 터렉스, 모어, 오헤어, 스탬, 베이커, 벌링거, 샤프 등)이 두 가지 신약의 서신(고후 5장, 엡 3:1-4)에서 두 가지 진리를 취하여 설교한다고 하면서 자신들이 "바울과 같은" 사람들이라고 주장하는 것과 똑같은 방식으로 자신들은 "바울"적 사역을 한다고 착각하고 있는 것이다. 이 지구상에서 바울을 가장 닮은 사람들은 아마 레스터 롤로프, 리차드 움브란트, 하랄란 포포프, 혹은 알렉스 던랩(최근 사망했음) 같은 사람들이라고 생각되나 이들마저도 아내와 자식은 가지고 있었다. 바울은 아내도, 아이들도, 집도, 낙타도, 자동차도, 교회도, 학교도, 주식도, 채권도, 보험도, 연금도, 의료보험도, 버스도, 면세 재산도, 심지어는 묻힐 장소도 없었다. 우리가 바울의 생활 "수준"은 "먹을 것과 입을 것"(딤전 6:8)이라는 사실을 알고 있을진대 바울같은 그리스도인을 오늘날 미국이나 영국에 사는 현대의 그리스도인과 비교한다는 것은 실로 착각이 아닐 수 없다. 바울이 밥 존스 3세, 오럴 로버츠, 존 R. 라이스, 지미 스와거트, 빌 고타드, 알린 호튼, 혹은 험바드 등과 나란히 서 있는 모습은 마치 독일의 세파트가 6마리의 치와와 옆에 서 있는 것과 같다.

195개의 채찍 자국을 몸에 지닌 바울(고후 11:24) 같은 사람은 면세 회사(기독교 학교를 지칭함)를 경영하는 배부른 사장님이나 유약한 교수님들과 도저히 같은 자리에 놓을 수가 없다. 누군가가 전기줄을 잘못 뽑아 다른 곳에 꽂아 넣지 않고서는 양자가 연관이 있을 수 없다는 말이다. 어거스틴(Augustine, 제6장 참조)은 바울과 너무도 멀리 떨어져 있어서 망원경이나 있어야 찾아 볼 수 있을 정도다(그런데도 어거스틴을 바울노선에 갖다 놓는 사람이 대부분이다). 우리가 교회사에서 "바울과 같은" 사람들을 언급할 때면 늘 제2, 혹은 제3의 "최적자"를 찾으려 하는데 그러나 바울과

"함께 달려간"(딤후 4:7) 사람들 역시 비쳐, 웨더헤드 틸리히, 마이클 루터 킹 주니어, 애버내씨, 풀톤 쉰, 교황 피오 9,10,11,12세, 바르트, 부르너, 교황 바오로 6세, 교황 바오로 23세 등과 같은 잡종 부대하고는 전혀 닮은 데가 없다. 카톨릭 교황들은 그 어떤 면에서도 닮은 데라고는 없다. 바울은 그 누구도 자기에게 왕관을 씌우도록 허락지 않았으며(행 14:15), 베드로 역시 자기 앞에 절하는 것도 허락지 않았다(행 10:26). 바울이 금관을 쓰고 "평화", "인권" 그리고 "억압받는 대중"들에 관해 입발린 소리를 매스컴에서 말하고 있는 모습은 상상할 수도 없다. 로마서를 쓴 사도가(롬 15:16) 금반지를 끼고 보석이 주렁주렁 달린 성상들에 둘러싸여[11] 정치 지도자들을 모아 놓고 어떻게 해서든지 유엔 기금을 뜯어내서 교구 학교에 보태 보려고[12] 연설을 하고 있는 꼴을 상상이나 하겠는가? 더 이상 말을 말자.

바울은 고난을 받기 위해 부르심을 받았고(행 9장) 베드로는 우리도 그 길을 따라야 한다고 말했다(벧전 2장). 교회 시대 초기 1,2세기 동안은 이 고난의 길을 따르는 그리스도인들이 많았다. 남녀, 노소, 어른, 아이, 부자, 가난한 사람 구별없이 많은 하나님의 자녀들이 주님의 못 박히신 발자취를 따라 겟세마네를 지나 재판정에까지 이르렀고(요 18장), 결국 형장의 이슬로 사라져 갔다(요 19장). 하나님께서는 피가 튀기는 형장에서 불꽃이 이글거리는 화형대 위에서, 야수의 울부짖음 속에서도 그의 자녀들을 관 씌우셨다. 거의 모든 그리스도인들은 "최후의 기도"라고 불리는 유명한 그림에 매우 익숙해 있다. 그곳에 보면 임명받은 양 무리의 장로인(딤전 3:1-8) "감독"이 서 있다. 그를 보라. 그가 자주와 진홍빛 옷을 입고 있는가? 그가 성당의 대리석 보좌에 앉아 계신가? 3중관은 어디 있는가?[13] 염주알은? 팔에 걸치는 수대는? 허리띠는? 견대는? 금반지는? 그런 것들은 전혀 없다. 그는 "먹을 것과 입을 것" 마저 빼앗기고 오히려 사자의 먹이가 되기 위해 서 있으며 그의 피묻은 옷은 모래밭에 조각조각 널려져 노예들이 치워야 하는 것이다. 누가 이 사람을 이곳으로 데리고 왔는가? 바로 로마이다(계 17장).

대부분의 그리스도인들은 팍스의 순교사(폴 부쉬가 편집한 것)에 익숙해 있다(그렇지 않다면 익숙해 있어야만 한다). 그런데 이 책을 로마 카톨릭에서는 "금서 목록"에 집어넣어 버려, 미국의 공립학교에서는 이 책이 더 이상 교회사 교과서로 쓰일 수 없게 되었다. 그들은 그들의 사악함을 들춰내는 역사의 그 어떤 부정적인 진리도 몹시 두려워하는 것이다. 수많은 목격자들의 증언으로 이루어진 팍스의 순교사에 집대성된 자료들은 "평화"와 "단합"(통일)을 위해서는 숨겨져야 한다고 한다. 그런데 이런 일은 역사적 사실들마저 "증오를 퍼뜨리기 위해" 일부 사람들이 쓴 거짓말이라고 선전하든지 아니면 과거는 지난 것이니 앞으로는 다시는 그런 일이 일어날 수 없을 터이니 덮어두자라는 회유책으로 이루어지게 마련이다. 예를 들면 현대 역사가들이 알렉산더 솔제니친(Aleksandr Solzhenitsyn)이 제시한 부정적 사실들에 관한 자료들(목격자들이 일일이 증언한 것임)을 없애 버릴 때, 그런 일들은 "픽션"에[14] 불과하다고 간단히 처리해 버린 사실을 기억하라. 교회사에서도 똑같은 방식이 적용됐다. 바나나 껍질을 벗겨서 알맹이를 먹고 나서는 바나나는 껍질이 없다고 하는 짓과 똑같다. FBI의 후버 국장이 모든 공산주의자들은 "긍정적인, 적극적인" 것(THE POSITIVE)[15]만을 강조한다고 말했을 때 그야말로 그들의 실체의 정곡을 찌른 것이다. 모든 사람을 속일 수 있는 방법은 역사적 사실들은 실제 일어난 것이 아니라고 하거나 그런 일들은 다시는 일어나지 않을 것이라고(전 1:1-10) 주장하는 것이다.

팍스의 순교사에 등장하는 이들은 누구인가?(pp.11-40) 유명한 이들이었는가? 학자들이었던가? 그들이 성경을 36,000군데나 고칠 수 있을 정도로 똑똑하였다고 생각하는가?(RV, ASV, NASV, RSV, NIV, NRSV) 갈고리에 갈기갈기 찢기거나 빨갛게 단 석쇠 위에 놓여지거나, 부서진 유리조각 위에서 굴려지거나, 말에 사지가 묶여 끌리다가 찢어지거나, 야수에게 먹히거나, 매질을 당하거나, 굶어 죽거나 하였던 이들 수천 명의 무명의 인물들은 누구였던가? 이들은 이 지구 상에서 인간의 행위에 대한 최종권위로서의 성경을 거부하였던 교회국가 앞[16]에서 그들이 갖고 있던 성경적 확신들을 지키기 위해 굳건히 서 있던 침례받은 성경대로 믿는 사람들이었다. 이들은 성경이 말하는 것과(행 5:29) 당대 "권력자들"이 말하는 바가 다를 경우, 성경을 고수하고 이를 위해 목숨을 걸었던 그리스도인들이었다. 이들에게는 아무리 황제의 칙령일지라도 그것이 신앙 문제를 다룰 때는 하나님의 말씀에 비해 휴지 조각에 불과하다고 생각했다(롬 3:1-5). 그들과 시저 사이에 있었던 이슈는 창세기 3:1에서 있었던 그 이슈였고 오늘날에도 동일한 이슈이다. 하나님께서 그렇게 말씀하셨는가 아니면 말씀하시지 않았는가, 바로 이것이 문제(이슈)였던 것이다. 만약 그분이 말씀하셨다면 그 말씀은 지구상에서 최고의 권위요 무조건적 복종이 요구되는 것이다(약 4:17; 1:22). 만약 그분이 무엇을 말씀하셨다면 그것이 그런 것이지 어떤 교회가 그것은 이런 의미일 것이라고 아니면 이렇게 해석되어야만 한다고 얘기하는 것은 무의미하다. 어떤 교회가 그분의 특정 말씀에 동의하지 않는다면, 그 교회는 그 점에 있어서는 틀린 것이다. 권위의 문제는 최초의 이슈였다(사 14:10-16, 겔 28:11-17). 최초의 이슈는 결코 "근본적 믿음", "그리스도의 가르침들", "생활 방식", "기독교적 가치"들과 관계가 없다. 성사들과 “예배 의식”은 부수적인 이슈마저 되어 본 적이 없다. 최초의 문제는 권위(사 14:11-15)의 문제였다. 이사야 14:13에서 말해진 그 말들은 이 지구상에 그 어떤 인간이 존재하기도 전에 말해진 것들이다(욥 38:4-8). 로마는 정치적 국가로서 자신이 신성한 정부로서의 종교적 권위[17]를 가져야 한다고 주장한다. 어거스틴이 이러한 거짓 주장을 카톨릭 교회에게 전수하였을 때(제6장 참조) 실은 옛 로마 제국이 하나님을 모독했던 그 모독을 “카톨릭” 용어에 담아 되풀이한 것에 지나지 않는다(<하나님의 나라와 천국>, 말씀보존학회 참조). 카톨릭 교회와 조직을 볼 것 같으면 이교도였던 로마 제국의 조직과 정확히 일치하고 있다.

1. 황제, 교황에 해당됨.
2. 원로원, 추기경단에 해당됨.
3. 제국 총독, 대주교 혹은 총주교
4. 지방 총독, “대도시” 교구 주교 혹은 감독
5. 시비타스(Civitas), 사제(Priests)
6. 이 모든 것 밑에 놓여진 기초는 다름 아닌 인간의 타락한 성품(Humanity)[18]이었던 것이다.

이들 즉 그리스도를 죽였고(행 4:27), 사도들을 투옥했으며(행 12:1-4), 성경을 거부했고(행 24:25), 유대인을 미워한(행 18:2) 배교한 음녀(계 17장)의 지배하에 놓이게 된 그리스도인들은 여러 가지 이유로 인해 박해 대상 제1호였다. 이 음녀가 이들 그리스도인들에게 원한을 품게 된 가장 큰 이유는 이들은 세상 제도에 타협치 않는다는 것이다(롬 12:2). 성경대로 믿는 그리스도인들은 결코 세상 제도 속으로 “빠지지 않았다.”[19] 그들은 타협을 거부하는 자들이었다(히 13:13-14). 제일 먼저 이들 그리스도인들은 오늘날의 유네스코나 노동 안전 위생국(OSHA)의 보건·교육 복지 규정들에 따를 것을 거부하였다. 국가에 충성된 국민들은 시저뿐 아니라[20] 정부 고관이나 관료들의 안녕과 복지를 위해 향을 피우거나 기도를 드릴 것을 강요당했던 것이다(그것도 우상에게). 따라서 이러한 정부의 “지침”에 그리스도인들은 따를 수가 없었다. 그리스도인들은 때로 야간 집회(행 20:7)도 가졌기 때문에 로마의 정보기관들에 의해 반정부 폭동 혐의자로 감시를 받기도 했다.

오늘날도 소련이 로마에 지지 않으려고(1921년 이래로), 후에 반정부 운동으로 발전할 “가능성”이[21] 있는 계획 비슷한 그 무엇이라도 갖고 있다고 “혐의”가 있는 자들은 가차없이 투옥시켜 왔다. 이것은 권력을 잡은 자들이 권력을 유지하기 위해 모든 시민의 사생활까지 완전히 통제하고자 했던 술수였다. 예를 들면 1980년 당시 소련 헌법(1936년 제정)은 모든 여자는 남자들과 동등한 권리를 향유하며, 언론과 표현의 자유와 인종적 평등이 보장된다라고 기록하고 있다.[22] 그러나 실제로 이러한 평등의 보장은 무엇을 의미했는가? 그것은 만약 한 남자가 가족들 앞에서 식사 감사기도를 드릴 경우, 그 부인은 첩보당국(NKVD)에 이 사실을 알려 그를 10년 동안 강제수용소로 보낼 수 있다는 말이다.[23] 이 말은 전혀 과장이나 "왜곡"이 아니다. 그런 짓을 한 사람들은 얼마든지 있었다. 소련 헌법에는 종교의 자유는 없고 "언론과 표현"의 자유만 있는 것이다.

"일요일 저녁의 저녁 예배" 외에도 그리스도인들의 집에는 우상, 형상, 그림, 묵주 따위가 전혀 없었다. 로마인들은 오늘날 TV 시청자들만큼 많은 신들을 갖고 있었다. 어린이가 어떻게 서며, 말하고, 걸을 것인가를 가르쳐 주는 신들, 밤에 집을 지켜 주는 신들, 베란다, 화로, 식탁, 감옥, 말구유, 심지어는 "고양이 집"까지 지켜 주는 수호신들이 즐비했다. 매춘굴들은 이교도 사제들이 성수를 뿌리고 기도해 줌으로써[24] 축복을 받았다. 이와 같이 집집마다 수많은 신들을 보유하고 있던 그런 환경에서 그리스도인들은 자신의 "신"을(요 4:24) 만들어 낼 수 없었기 때문이었다.

당시 우상 제작은 국제적 산업이었기 때문에(행 19:27), 그리스도인들은 장사에 "유익이 되지" 못했다. 이들은 시장 확장에 방해가 되는 인물이었다. 그러나 무엇보다도 그 사회가 그리스도인들을 반대했던 것은, 앞서 말했듯이 이들은 세상 풍속을 따르지 않는다는 점이다. 만약 모든 군인들이(승리를 쟁취하기 위해) 다이아나 여신에게 향불을 피워 바치려 한다면, 성경대로 믿는 사람들은 이를 거부했고 결국 즉석에서 처형당했다. 당시 여인들이 입는 드레스 스타일이 자극적이고 단정치 못하면(딤전 2:9), 그리스도인 여자들은 "유행에" 따르기를 거부했던 것이다. 모든 사람들이 일요일날 검투사와 야수들이 벌이는 "플레이 오프"를 보기 위해 슈퍼볼 경기장(콜로세움, 원형경기장)에 갈 때 그리스도인들은 눈에 띄지 않았다. 그렇게 되면 로마 정부는 참석 숫자를 채우기 위해 그리스도인들로 모래판에 나오도록 요구했던 것이다[검투사 대신 새로운 스타(맨손뿐이니까)가 야수와 겨루는 특집을 시민들에게 제공했다는 말이다]. 로마가 그리스도인들에게 가졌던 반감은 바리새인과 사두개인들이 그리스도께 가졌던 그것이었다. 예수 그리스도께서는 그들 중 하나가 아니었으며(요 5:18), 그들과 교제하지 않으셨다. 사탄은 만약 그리스도인이 세상 제도에 순응하기만 한다면 모든 것을 용서할 것이다(요 17:14). 사탄은 세상에의 "순응"(CONFORMITY)을 요구한다. 순응이 없이는 자신의 왕국(단 11:21)을 가져와서 그 보좌(계 13:1-6)에 자기의 "그리스도"를 세울 수 없기 때문이다. 사탄의 제도에는 강제적인 순응이 요구된다(계 13:14-18). 왜냐하면 독보리는 "단에 묶어"(마 13:30) 태워져야 하기 때문이다. 로마는 자기의 정치적 종교적 제도에 모두가 순응하도록 강요했다. 그런데 이 제도는 사탄에게 속해 있다고 신약성경은 말하고 있는 것이다(눅 4:6, 고후 4:4).

최초의 조직적이고 공식적인 박해는 비두니아(Bithynia)에서 젊은 플리니(Pliny the Younger, A.D.112)가 총독으로 있던 때에 일어났다. 플리니는 그리스도인들을 자신의 재판정에 끌고 와서 그들이 그리스도인인가 세 번 물었다. 그들은 이 세 번의 심문에서 언제든지 "꽁무니를 뺄 수 있었다." 만약 세 번에 걸쳐 대답이 "그렇다"라고 나오면 그들에게는 즉시 사형이 언도되었다.[25] 물론 이 시기 이전에도 로마 황제들에 의한 돌발적인 박해들이 있었다(네로와 도미티안 A.D.51-96). 바울은 네로의 치리하에서 참수형을 당했다(A.D.90-96). 성경대로 믿는 그리스도인들에 대한 비난은 거의 매번 똑같았다. 그것은 "Odio humani generis"[26]라고 하는 라틴어로 뜻은 "인류를 증오한다."는 것이다. 즉 성경대로 믿는 그리스도인들의 현저한 특징은 "서로 사랑하라는 계명을 고수"하는 것이었다기보다는 "증오 문서"를 손에 들고 "증오를 전파하고" "그리스도의 부드러운 영"은 결여된 채 부정적인 메시지만 전한다는 것이었다(죄를 지적하고 회개를 외치면 그렇게 매도당할 수밖에 없었다). 결국 이들은 지옥을 가르치는 반사회적 문제아로 낙인이 찍히게 되었다. 이들은 민중(THE people)에 반대했기 때문이었다(행 21:28과 그 주석 참조). 네로 시대의 박해에 관해서는 타키투스, 수에코티우스, 디온 케시우스, 케쿨리안, 세베루스, 로마의 클레멘트 등의 작품에 잘 나와 있다. 그 박해가 얼마나 사악한 것이었던지 배교자들(제롬과 어거스틴)은 후에 계시록 13장을 과거사로 묻어 버리고 적그리스도는 이미 왔다가 갔다(네로)라고 주장하면서 따라서 계시록 17장의 음녀는 로마 카톨릭이라는 교회국가가 될 수 없다고 발뺌을 한다. 즉 이 음녀는 과거[27]에 있었던 이교도 로마 제국이었다는 왜곡된 주장을 펴는 것이다. ASV 개정 위원회(1901) 책임자였던 필립 샤프는 이러한 배교자들의 입장을 전적으로 수용한다.[28] 동시에 RV 위원회(1881-1884)의 타이트루트, 홀트, 웨스트코트 등과 독일 고등비평을 만들어 낸 구원받지 못한 독일의 관념론자들(1700-1900) 역시 동일한 입장을 취한다. 드웨트(1780-1849)와 에발트(1840)도 동일한 입장을 취했다. 그런데 샤프는 드웨트를 회의적인 비평가[29]라고 평했다. 이제껏 열거한 사람들(이들 모두는 종교개혁 원문을 철저히 반대하는 자들임) 옆에 모든 교황, 추기경, 예수회(Jesuit), 아이크혼, 클레리커스, 베트슈타인,

데이빗슨 그리고 구약성경에 대해(창 16:7-10 주석 참조) 엉터리 이론을 펼친(Graf-Wellhausen) 장본인들이 나란히 서서 엉터리 주장에 목소리를 더하고 있다. 더군다나 (글쎄 대단한 우연의 일치일지 모르지만) B.B. 와필드, A.T. 로버트슨 그리고 J.G. 메이첸 등도 이에 동조하고 있는 것이다.

디오클레티안 황제는 모든 교황들처럼 "주"(lord)나 "신"(god)[30]으로 불리고 싶어했다. 그는 교황들처럼 자신을 지상에서의 하나님의 대리자[31]로 착각했으며 따라서 그는 모든 비판과 판단 위에[32] 군림해야 했다. 도미티안은 그리스도인들을 귀양 보내어 죽게 했다. 마가와 안드레는 도미티안의 치하에서 순교당한 것으로 추정된다. 이그나티우스는 A.D.115년 12월 20일 사자에게 던져졌는데 이 정도는 트라얀 황제 시절로 치면 커다란 자비에 해당됐다. 트라얀은 18세 이하의 여자들을 고문에 처했다고 알려져 있다.[33]

이그나티우스(Ignatius, A.D.50-115)는 안티옥(Antioch)의 감독이었다(행 11:26; 13:1-2). 따라서 그는 성경적 교회사에서 특별한 관심을 받아야만 한다. 왜냐하면 우리가 살펴보았듯이 안티옥(로마와 알렉산드리아가 아니다)은 성경을 믿는 이방인 교회의 중심이었다.[34] 이 지역에서 나온 것이 시리아 타입의 헬라어 신약성경 시리아 원문[35]으로 후에 <킹제임스성경>의 표준원문이 되었다. 이그나티우스는 트라얀 황제 치리 제9년 째 되는 해 안티옥에서 로마의 "거룩한 아버지" 트라얀 앞에 불려 나왔다. 자신에게 내려진 형에 관해 이그나티우스는 짐승들이 자신을 잡아먹을 준비를 하도록 기도하겠으며 짐승들이 자기에게 달려들지 않으면 짐승에게 가서 쓰다듬어 달래겠다고 말했다. 만약 짐승이 그래도 덤벼들지 않는다면 자기가 강제로 짐승을 끌어내겠다고 말했다.[36] 샤프는 순교에 대한 이러한 열망을 "병적인 광신주의"라고 불렀다.[37]

칼빈(Calvin)은 이그나티우스 서신들을(에베소인, 마그네시아인, 트랄리아인, 로마인, 필라델피아인, 스머나인 그리고 스머나의 폴리캅에게 보낸 서신들) "가증스러운 쓰레기"[38]라고 불렀다. 그런데 칼빈은 어째서 그렇게 불렀는가? 그것은 "이그나티우스 서신들"이라고 불린 것들이 전부 진짜 "이그나티우스"의 것이 아니었기 때문이다. 샤프의 교회사에 보면[39] 이그나티우스의 서신들에 관해 자그마한 글자로 5페이지에 걸쳐 기술하고 있다. 샤프는 그리스어로 기록된 7개의 짧은 서신을 "진짜"로 받아들이고 시리아어로 기록된 세 개의 짧은 서신들은 진짜가 아니라고 거부한다. 그런데 칼빈이 쓰레기로 분류한 것은 그리스어로 기록된 일곱 개의 서신들이었다. 시리아의 안티옥이 어디에 있는지를(행 11:26) 잘 알고 있는 성경대로 믿는 사람들에게는 이러한 사실은 매우 교훈적이 아닐 수 없다. 안티옥은 시리아에 있지 그리스에 있는 것이 아니다. 샤프는 "짧은 본문이 긴 본문보다 더 선호되어야 한다."[40]는 웨스트코트와 홀트의 지침에 따라 긴 그리스어 본문보다는 짧은 그리스어 사본을 받아들인 것이다. 그런데도 샤프는 가장 짧은 사본이 시리아어로 기록되어 있다는 이유로 거부한다. 이그나티우스가 시리아에 있는 안티옥의 감독이었다면 어째서 이 사본이 "가장 원본에 가까운" 것이 될 수 없단 말인가? 그것은 로마 카톨릭 성경들(ASV, NASV 등)을 추천하고 보급하고 있는 밥 존스 대학교에서 사용하는 전형적인 알리바이를 빌어 말하자면 시리아 사본에는 "카톨릭"이라는 마술적인 용어가 들어 있지 않다는 간단한 이유 때문이다. 그런데 이 "카톨릭"(Catholic)이란 단어는 이그나티우스의 서신들[41]을 위조해서 만든 그리스어(희랍어, 헬라어) 사본에 교회 역사상 최초로 등장하고 있다. 이처럼 위대하고 고명한 역사가(Phlip Schaff)께서 사실이 아닌 것을 옹호하기 위해 자신이 세워놓은 원문비평학과 필사본 증거의 원칙마저 저버리고 있는 것이다.

감독들의 직위에 대해서 찬사를 보내지 않는 사본은 시리아 사본이요 성경 역시 이를 거부하고 있다. "카톨릭"이라는 용어는 희랍 철학에서(<피터 럭크만의 주석서 골로새서> 2:8 주석 참조) 빌어 온 것이다. 시리아 사본(이그나티우스의 서신들의)에는 사망과 지옥과 파괴를 이끌어 온 이 치명적 단어가 빠져 있으며 "성체"가 "부활하신" 예수 그리스도의 죽은 육체라는 말도 빠져 있다. 성경에도 이 두 가지는 없다. 간단히 말하자면 시리아의 안티옥은(행 11:26) 로마인들에게는 적절한 곳이 되지 못한다. 로마와 시리아와의 관계라고 해야 그저 시리아어를 그리스어로 바꾸고 나서 자신들의 뜻을 관철하기 위해 그리스 철학에 호소(골 2:8)할 때 뿐이다. 결국 로마 교회는(A.D.325-1980) 위조된 문서에서 발견된 그리스 철학 용어를 따라 불리게 되었다. 그러나 성경 그 어디에서도 "카톨릭" 교회란 말은 나오지 않는다. 더군다나 이 용어(Catholic)는 "CAT에게 완전히 드려진"이란 뜻이요 "CAT"은 "어머니"(Mother)라는 뜻이다. 헬라어 어원을 추적하여 산스크리트어까지 거슬러 올라가 보면 "CAT"의 원래 의미는 어머니이다. 그래서 "거룩한 어머니 교회"(Holy Mother Church, 제14장 참조)는 신구약성경 그 어디에도 나와 있지 않는 동물의 이름을 따서 불리게 되었는데 "CAT"이란 단어(고양이)는 신구약 어디에서도 나오지 않는다(<짐승의 표>, 말씀보존학회, 1997 참조).

그 다음 황제였던 하드리안(A.D.117-138)은 쥬피터와 비너스를 위한 성전들을(행 14:12 주석 참조) 예루살렘의 성전이 있던 곳과 십자가 처형이 있었던 것으로 추정되는 바로 그 장소에 세웠다.

폴리캅(Polycarp, A.D.69-155)은 안토니우스 피오(Antoninus Pius, A.D.137-161) 치리 때에 순교당했다. 이 피오라는 이름은 후에 수많은 교황들이 자기 이름으로 채택했다. 폴리캅의 죽음에 대한 기록은 웨딩턴, 비셀러, 카임 등의 저작들에 나와 있다. 그는 86세에 화형을 당했는데 전해지는 말에 따르면 불이 몸에 붙기 전에 칼로 죽음에 처해졌다.[42)]

폴리캅은 이그나티우스와 마찬가지로 위대한 어머니 고양이(Great Mother Cat)에 의해 재판을 받았다. 후일 교황들은 여러 가지 "서신들"(어떤 것들은 가짜이고 몇몇은 진짜임)을 샅샅이 뒤지다가 "우리 모두의 어머니 되신 분께 대한 믿음"이란 표현을 드디어 찾아내고 말았다.[43)]

이 표현은 성경 말씀과(갈 4:26) 정면으로 배치되는 "고로", 즉시 채택되었다. 후일 이 반성경적 이단 교리는 다음과 같은 형태로 "발전"되었다.

1. 하나님은 당신의 아버지이시다. 교회(카톨릭)는 당신의 어머니이다.

2. "믿음"(신앙)이 당신의 어머니이기에, 오직 카톨릭 신앙만이 어머니이다.

3. 어머니는 아이를 낳으므로, 중생도 "우리 모두의 어머니", 즉 로마 카톨릭 교회의 신앙을 가질 때만 일어나게 된다.

4. 거룩한 어머니 교회(고양이)만이 죄인에게 새로운 출생(거듭남)을 줄 수 있다.[44)]

만약 이 사실이 "편견"을 갖고 있는 자의 오해라고 생각되거든, 로마 카톨릭 교리서("NIHIL OBSTAT"이라는 표지가 붙어 있음 : 반박이 불가한 절대 진리란 뜻)를 얻어서 읽어 보기 바란다(16,17,18,19,20세기 그 어느 때 발행된 것이든, 로마 카톨릭 출판사에서 발행된 모든 교리서에 나와 있다). 사람들은 성경에서 읽은 것들을 믿지 않으면서 신문에서 읽는 것은 철석같이 믿어 버리는 경향이 있는 것 같다. 우리더러 "편견"을 갖고 있다고 하지 말고 직접 확인하라. 이러한 입장은 시프리안(Cyprian, A.D.195-258)의 입장이기도 하다. 시프리안은 F.F. 브루스나 노만 빈센트 필[45)]이 성경대로 믿는 사람이 아닌 것처럼 전혀 성경대로 믿는 사람이 아니었다.

역사의 이 시점(A.D.100-200)에서는 순교자들의 시체가 종교적 숭앙물로(물신 숭배 사상) 숭배되기 시작했고 순교가 참된 "성도"인가를 시험하는 기준이 되었다. 바로 이 시점에서 위험한 이단들은 그들의 씨앗을 뿌릴 비옥한 옥토를 만난 셈이다. 하나님을 위해 순교할 만큼 그 분을 사랑한 그 순교자의 신학 사상을 그 누군들 거부할 수 있겠는가? 이보다 더 "경건한" 사람이 있겠는가? 이런 사람이 한 마디하는 그것은 거짓 교리일 리가 없을 것이라고 단정하는 경향이 나타난 것이다. 따라서 목숨을 내어놓기까지 주님을 사랑한 "선하고 경건한" 그 사람이야말로 거짓 교리를 잘 퍼뜨릴 수 있는 도구가 될 수 있었던 것이다. 말시온과 같은 이단이 가르친 거짓 교리보다 "경건한" 순교자가 가르친 거짓 교리는 훨씬 더 빠른 속도로(그 누룩이) 번져 나갔던 것이다(마 13:33). 오늘날도 자유주의자(1900)나 신복음주의자(Neo-Evangelical, 1970)같은 이단보다는 근본주의자, 보수주의자, 복음주의자들이 거짓 교리를 훨씬 더 효과적으로 퍼뜨린다. 이처럼 교회(그리스도의 몸)는 콘스탄틴이 칙령으로 기독교에 관용을 베풀기도 전에(A.D.313) 성경을 거부하는 노선을 택하기 위한 준비 과정을 통과하고 있었던 것이다. 이 배교에 이르는 길은 "니케아 이전 교부들"이 포장해 놓았다. 땅에 있는 사람을 너희 아버지라 부르지 말라고 하셨는데(마 23:9) 어째서 교부(Ante-Nicene Fathers) 즉 아버지라 불리게 되었는가? 우리는 이들 "교부"들의 경건하고 영적인 생활과 그들의 개인적 성별 및 용기를 잘못되었다고 하지 않는다. 그러나 만약 우리가 그들의 의견이나 "선호"(취향)들이 전능하신 하나님의 말씀(요 17;17, 히 4:12, 잠 30:6)에 분명히 어긋나는 경우 이를 용납한다면 우리는 하나님의 말씀과 하나님의 진리를(요 17:17) 배반하는 셈이 되는 것이다. 그 어떤 성경대로 믿는 사람도 아무리 "인간들"이 "경건"하다고 해도 하나님을 믿는 대신에 현대인의 종교, 즉 휴머니즘(1980)을 택할 수는 없다. 휴머니즘은 공산주의자와 카톨릭(1980-1990)의 종교로 이들은 이 지구상에서 성경대로 믿는 모든 사람들의 씨를 말려 버리려고 애쓰는 자들이다.

우리의 충성에는 분리가 없다. 하나님께 대한 충성이 제2계명(마 22:39)으로 대치될 수는 없다. 비록 이 "이웃"이 순교자라고 할지라도 하나님을 사랑하는 것이 우선이다(마 22:37). 충성이 분리되면 두 가지 권위가 세워지게 되는데 바로 이것이 트렌트 공회(1546)가 모든 카톨릭 신자들에게 진리라고 가르치면서 이것을 받아들이지 않으면 하나님의 저주를 받는다고 위협하는 그것이다. 모든 교황, 추기경, 주교, 수사, 수녀, 사제 등 카톨릭 조직[47]에 가담한 "성직" 그룹에 따르면 카톨릭 교회의 공회가 정한 모든 규례는 하나님의 영감받은 말씀과 동일한 구속력을 갖고 있다고 한다. 이 사실을 모르는 카톨릭 신자는 매우 무지한 사람이거나 아니면 자기 교회가 표방하고 믿고 있는 그것을 공개적으로 알리기를 두려워하는 거짓말쟁이일 것이다(이 사실은 전세계 모든 공산당원에게도 동일하게 적용된다).[48]

향후 1500년 간의 지역교회의 흐름을 결정짓는 세 가지의 성경 이슈가 떠오르는 것이 바로 이 10차례의 박해시기였다(A.D.81-313). 박해는 아주 특이한 상황을 야기시킨 바 순교당한(주 36) 영적 지도자들에 대한 지나친 숭앙을 불러일으키게 되었던 것이다. 이러한 지나친 숭앙은 결국 우상숭배와 유사한 지경에까지 이르게 되었다. 결국 이러한 순교자들을 "사도적으로 계승"했다던가 "안수를" 받았다던가 함으로써 순교자와 관련이 되는 것처럼 주장하는 사람이면 그가 아무리 엉터리일지라도 존경과 경배를 받을 수 있게 되어 버린 것이다. 따라서 로마의 교황들은 자신들이 교회국가에 저항하기 위해 고난받고, 피흘리고, 죽은 순교자들(바울처럼)과 닮았다고 주장함으로써 역사상 최초로 바울적 강박관념을 내보였던 것이다. 그러나 이들 배교한 교황들은 합스부르크나 튜더 왕가가 순교자를 닮지 않은 만큼이나 순교자를 닮은 구석이라고는 없다. 감독이나 장로들은 곧이어(이들은 후에 시프리안에 의해 제사장(사제)이라고 불렸다.[49]) 작은 "신들"로[50] 추앙받게 되었다. 이와 같은 경향과 더불어 제2의 문제가 발생하였으니 그것은 박해시 "신앙"을 부인한 영적 지도자들은 어떻게 할 것인가? 혹은 비도덕적이고 세상적인 영적 지도자들은 어떻게 할 것인가 하는 것이었다. 이 세가지 문제로 성경대로 믿는 몇 그룹은 위조된 헬라어 "이그나티우스 서신"(이미 앞에서 언급됨)에 따라 스스로를 "카톨릭"이라고 불렀던 모임에서 떨어져 나오게 되었다. 이 그룹은 몬타니스트(Montanists), 노바티안(Novatians), 도나티스트(Donatists)라고 불렸는데 이들에 대해서는 차후 더 언급하도록 하겠다. 이그나티우스가 무심코 사용했던 한 단어 "카톨릭"이 - 실은 이 용어를 그가 사용했는지조차도 의심스럽다. 위조된 서신에만 그 말이 나오기 때문이다 - 폴리캅이 순교하기 전에 폴리캅에 의해 "카톨릭적 교회"라는 표현으로 변형되었다(스머나 제1서신). 그러나 이 사실도 로마 카톨릭 교회가 300년이 지난 후에 내세운 "약간은 전설적인 이야기"[51]에 나와 있는 것이라고 하는데 "약간"[52]이란 단어는 이런데다 쓰는 것이 아니다. 그것은 "순전히" 전설이기 때문이다.

마르쿠스 아우렐리우스(Marcus Aurelius)는 A.D.161년 보좌에 올라 A.D.180년까지 통치했다. 그는 잔인한 전제 군주였으며 그리스도인을 박해했던 사악한 자였다. 그런데도 어떤 역사가들은 그를 "의롭고, 친절하고, 온후한" 성품의[53] 황제였다고 평가하고 있다. 이 "온후"한 황제는 그럼에도 불구하고 그리스도인에게 관용을 베풀라는 그의 측근들의 충고나 요구를 거절하고 심판과 지옥을 전파하고 설교하는 모든 사람을 유배시켰다. 이는 그 자신이 그리스 스토아 철학자로(행 17:18) 언젠가 하나님 앞에 서서 자신의 모든 행위를 직고하리라는 것을(행 17:32 주석 참조) 믿지 않았기 때문이다. 이 "친절하고 온후하신 황제"가 저지른 잔인한 행위를 기록하려면 책 한 권이 필요할 정도이다. 그의 관한 책들은 아놀드 보덱, 트르낭, 유세비우스 등이 썼다. 폰티누스(90세), 블란디나, 폰티쿠스(15세), 심프리누스 및 헝가리에 있던 "천둥 군단" 등은 모두 이 황제 치하와 관련되어 있다. 그리스도인들은 이 당시 군사적 패배, 지진, 홍수 등에 책임이 있다고 음해를 받았고 리용(Lyons, 남부 프랑스)과 비엥(Vienne, 남부 프랑스)에 있던 지역교회는 분노한 민중들에 의해 심한 박해를 받았다. 이 사실은 역사로부터 무엇인가를 배우고자 하는 사람에게는 매우 시사하는 바가 크다고 하겠다(제13,14장 참조).

마르쿠스 아우렐리우스(A.D.121-180) 치리 동안에는 그들의 지도자 이름을 따서 "몬타니스트"(Montanists)라고 불리우는 "거룩한 떠돌이" 그룹이 등장하였다. 이들은 주로 남부 프랑스와 북아프리카에서 활약하였다. 이들은 확고한 전천년주의자였으며[54] 오리겐(A.D.184-254)과 동시대 사람들이었는데 오리겐이 전천년주의를[55] 증오하였던 고로 알렉산드리아 학파의 추종자들과 알렉산드리라 이단 회원들에 의해 이단으로 낙인찍혔다.[56] 교회사가인 유세비우스는 이들 그룹을 다루는데 있어서는 신뢰할 수가 없는데 그것은 그가 오리겐과 어거스틴(그리고 메이첸, 와필드, 로버트슨)처럼 전천년주의를 반대하였기 때문이다.[57] 우리는 이 유명한 교회사가 유세비우스가 니케아 공회(A.D.325) 당시 콘스탄틴의 오른팔이었다는 사실을 결코 잊어서는 안된다. 유세비우스 종교 정치사에 있어(제17장) 가장 아첨 잘하고 알랑거리는 모사꾼 중의 한 사람이었다. 유세비우스와 콘스탄틴 황제 두 사람의 정치 철학은 후천년주의였기 때문에[천년왕국 문제는 항상 정치적 이슈였다. 왜냐하면 이 이슈는 지구상에 세워질 통치권을 다루고 있기 때문이다(눅 3:1-20, 마 19:28; 25:31, 계 11:15, 요 18:36 등)] 몬타니스트들이 유세비우스로부터 호의는커녕 객관적 평가라도 받아낸다는 것은 매우 어려운 일이 아닐 수 없다. 전천년주의는 지구상의 모든 인간 정부는 실패로 끝날 것이며 결국 사탄과 연합해서 "평화를 이 땅에" 가져오려고 시도할 것이라고 가르친다(계 13장). 이미 서문에서 밝혔듯이 만약 교회사가가 종교적 정치적 사건들에 사탄이 연루되어 있다는 사실을 무시하면 스스로가 교회사가의 자격을 박탈한 셈이다. 그 어떤 교회사가도 그가 성경을 거부하는 "그리스도"인이 아니라면 누가복음 4:5-8이나 고린도후서 4:4을 무시하지는 못할 것이다.

코모더스 황제는 A.D.180년에서 A.D.192년까지 통치했다. 그는 그리스도인을 적극적으로 나서서 박해하지는 않았는데 그것은 자신의 확신 때문이라기보다는 그에게 교회를 내버려두도록 설득한 그의 첩들 중 한 여인의 영향을 받아서였다. 그럼에도 불구하고 아폴로니우스라고 하는 로마의 한 원로원 의원이 그리스도를 고백하였다는 이유로 코모더스 치리 기간 중 처형당했다. 셉티무스 세베루스는 사탄의 의자(눅 4:5-6)에 A.D.193-211년까지 앉아 다스렸다. 그 자신은 박해에 적극 나서지는 않았으나 박해자들을 내버려두고 막지 않았다. 그가 A.D.202년 기독교 전파를 막기 위해 제정한 법이 A.D.211년경 아프리카에서 발생한 피비린내 나는 박해와 많은 관련이 있는 것은 분명하다(알렉산드리아와 모리타니아에서 있었던 대박해). 이때 오리겐의 아버지 레오니데스는 목베임을 당했고 수많은 순교자들이 등장하게 된다(노예였던 펠리시터스, 귀족부인이었던 페르페투아, 처녀였던 폰타미아에나, 그녀의 사형 집행인이었던 바실리데스 그리고 수십 명의 몬타니스트). 알렉산드리아의 클레멘트는 말하기를 "많은 순교자들이 매일 타 죽었고, 십자가에 못 박혔으며, 목베임을 당했다"고 했다.[58]

그 다음에 있었던 로마의 두 통치자는 카라칼라(Caracalla, A.D.211-217)와 헬리오가발루스(Heliogabalus, A.D.218-222)였는데 둘 다 나약하고 변변찮은 통치자에 불과했다. 그러나 이들은 기독교 교리에 대한 무관심으로 인해 기독교를 용납했다(행 18:17과 그 주석 참조). 카라칼라는 동양의 신비술[59]에 심취했던 여자 마술사들과 철학자들에 둘러 싸여 지냈다. 로마의 시민권이 모든 지역에까지 확산되어 사회적 구분(신분의)이 사실상 무의미해져 가던 시절이므로 그리스도인들은 과거처럼 그렇게 냉냉한 대접을 받지 않게 되었고 거의 모든 사회 계층에 파고들게 되었다. 그 당시까지 약 200년 간은 기독교로 개종한 대부분의 사람들이 노예이거나, 하녀(가정부)이거나, 군인, 선원, 부두 노동자, 종 혹은 몸종들이었다. 카라칼라는 마크리누스[60]에 의해 암살당했으며 마크리누스는 14개월 간 황제로 있다가 줄리아 모에사가 공격해 왔을 때 보좌에서 물러났다. 줄리아 모에사는 그의 뒤를 이어 헬리오가발루스를 내세웠는데 이 자는 유약하고 방탕했던 인물로 철저한 바알신앙 전통에 따른[61] 태양 숭배자였다. 그래서 이 자는 퍼가모를 거쳐(주 13) 바빌론으로부터 유입된 고대 로마의 신비 종교와 기독교 그리고 유대교까지를 통합하려는 에큐메니칼 운동을 펼쳤다. 그는 에데사로부터 로마로 검은 돌을 가져와 사람들로 거기에 입맞추도록 했는데(시 2:12, 호 13:2, 마 26:48, 삼하 15:5), 얼마 후 로마군이 그를 축출하고 알렉산더 세베루스(Severus, A.D.222-235)를 사탄의 의자에 앉혔다.

세베루스는 아브라함과 그리스도의 동상을 가발루스의 견치 둥지 있는 곳에 티야나의 오르데우스와 아폴로니우스 그리고 몇몇 다른 로마 황제들 동상 옆에 세웠다. 이것은 일종의 로마 리버사이드 침례교회 같은 것으로 해리 에머슨 포스딕

(1878-1969)[62]대신 세베루스가 목사로 시무하는 교회였던 것이다. 람프리디우스에 따르면 세베루스는 로마에 그리스도를 위해 성전을 세우고자 했다고 한다. 그가 이 일을 완수하지 못했기 때문에 후일 로마 카톨릭 교회가 그 임무를 완수하게 된다. 세베루스의 어머니 줄리아 마마에아는 오리겐 밑에서 공부했다. 그러나 그녀가 참으로 그리스도께 개종했는지 혹은 그녀의 아들을 그리스도께로 인도했는지에[63] 대해서는 아무런 증거가 없다. 이 당시 오리겐은 알렉산드리아에서 표준원문 사본들을 변개시키는 데 열중하고 있었는데 주목할 것은 그의 최초의 인생 "분기점"이 바로 에큐메니칼 운동으로 모든 "종교들"을 하나로 묶으려는 통합주의자 치리하에 있었다는 사실이다 [오리겐은 이 일을 하기 11년 전 세베루스(알렉산더가 아닌 셉티무스 세베루스) 치리하에 있을 당시 목숨을 잃어버릴 뻔했었다]. 세베루스의 치리 당시 알렉산드리아 이단이 알렉산드리아에서(제5장 참조) 번성했는데 이는 이 학파가 구원받지 못한 로마 황제와 같은 사상을 지녔었기 때문이다(제5장 주 59, 60 참조). 이 당시에는 또한 최초의 "교회 건물들"이 나타나서 가정집에서 비좁은 가운데서 모임을 갖던 불편을 덜게 되었다.[64] 그러나 이런 건물들은 단순히 모이기 위한 장소였을 뿐이다. 트라키아 출신의 막시미누스(Maximinus, A.D.235-238)가 세베루스를 암살하고 황제가 되었다.

막시미누스는 아프리카, 팔레스타인 그리고 소아시아에 있는 장로들과 목사들만을 죽일 것을 명령했다. 그는 폰티아누스와 히폴리투스(로마 교회 소속 장교들)를 사르디니아로 추방했다. 이 당시(A.D.235-238) 오리겐은 목숨을 건지기 위해 피신했고 숨어 있는 동안 "순교"(Martyrdom)[65]에 관한 책을 썼다. 그는 어쩌면 "무슨 영의 인도"를 받은 것 같은데 이는 그가 카이사랴로 피신하여 그의 "필생의 역작"인 카이사랴 계열 필사본의 변개를 완성시켰기 때문이다(A.D.234, 그는 이미 알렉산드리아에서 표준원문을 변개시킨 바 있었다). 암브로스는 오리겐이 시내사본과 바티칸사본의[66] 원본이 된 원문을 만들도록 돕기 위해 자신의 개인 장서는 물론 오리겐이 그 일을 하는데 필요한 모든 것을(속기사 및 기타 필요한 것) 제공하였다. 이 사악한 학자들의 "학문 탐구"의 결과 생긴 것이 라틴 사본(알렉산드리아에서 변개됨)[67]과 시리아 사본(카이사랴에서 변개됨)으로 표준원문에서 이탈된 것들이다.[68] 성경대로 믿는 학자들(아프만, 예거, 웨스트, 커스터, 포터, 맥래, 마틴, 뉴만, 앤더슨, 올슨 등과 같은 사람들 말고)에 따르면 콘스탄틴에게 복사되어 헌납된 알렉산드리아 성경 50부 중 시내사본과 바티칸사본만이 지금껏 살아 남아 있다고 한다.[69] 이 두 사본에는 신구약의 외경이 포함되어 있다. 밥 존스 대학교는 신약에서만 "5,888"군데의 개정을 정당화시키기 위해 이 두 사본을 사용하고 있다(1950-1980).

고르디아누스 황제(A.D.238-244)는 교회를 내버려두었으며 아라비아 출신의 필립 황제 치하에서도(A.D.244-249) 눈에 띄는 박해는 없었다.

이러한 역사가 진행 중이던 당시, 로마 제국의 동쪽 끝 부분에 살던 성경대로 믿는 사람들의 움직임이 활발히 전개되고 있었는데 필립 샤프는 이 운동을 "극단적" 광신주의[70]라고 무시해 버린다(뉴만도 이에 관해 몇 마디 언급할 뿐이다). 신약성경 사본의 원본이 기록되었던 바로 이 지역에서는 "메살린"(Messalines) 혹은 "유카이트"(Euchites)라고 불리는 그룹이 생겨났는데 이들은 세상적인 것들을 용납하는 지역모임들[71]과 충돌하기 시작했다. "유카이트"란 용어는 "기도하는 사람"(praying people)이란 뜻을 가진 그리스인들 가운데서는 친숙한 이름으로 영어의 "nonconformist"(비순응자)와 같이 무엇에 반대하는 사람들에게 주로 붙여진 이름이었다. 유카이트들은 어떤 사람이 구원받기 전에 침례를 받았을지라도 그가 구원받았을 때 그 사람을 다시 침례 주려고 했다. 이 실행은 몬타니스트 그룹의 실행과도 일치하였던 것이다. 유카이트의 반대자들의 하나는 말하기를 "그놈들은 물 속에 잠기는 대신 지옥에나 떨어져야 마땅한 놈들이다"[72]라고 하기도 했다. 실제 그 당시에는 사람들이 분명한 믿음의 고백 없이도, 혹은 분명한 개종의 증거가 없이 입으로만 고백하더라도 마구 침례를 주었던 것이다. 그렇기에 유카이트들은 침례가 구원이나 개종인 것으로 간주하고 마귀처럼 세상에서 살아가던 구원받지 못한 교회 회원들에게는 엄청난 골칫거리였을 것이다. 이들 초기 그리스 "퓨리탄"(청교도)들은 포블리칸(Poblicans), 포플리칸(Poplican), 필로포폴리탄(Philopopolitans)이라고 불리기도 했고 때로는 그들이 이주해 갔던 지방의 이름을 따라 불리기도 하였다[프리지안(Phrygians), 불가리안(Bulgarians), 아르메니안(Armenians) 등].[73] 역사에서 볼 때 이들 그룹은 사모사타의 바울이라고 하는 안티옥(로마나 알렉산드리아가 아닌)의 감독과 불가분의 관계를 맺고 있다. 이들은 "양자주의"(Adoptionism)에 대한 그들의 비정통적 태도로 인해 이단이나 광신자라고 불렸다. 그러나 사실은 이것보다 더 이들 그룹을 특징지워 주는 몇 가지 사항들이 있다.

첫째, 이들은 "히브리 크리스챤" 서신들(Hebrew-Christian epistles) 대신 바울 서신을 강조[74]한다고 해서 폴리시안(Paulicians)이라고 불렸다. A.D.325년 이후 이들은 로마 카톨릭 교회와 그리스 정교회를 사탄적이라고 간주했으며 예배시 그 어떤 형상도 용납치 않았다. 그러나 그것보다도 더 중요한 것은 이들은 알렉산드리아 학파의 학자님들과 "가장 희한한 대학교"(알렉산드리아 대학교)에서 가르치는 신학 이론들을 완전히 거부했다는 사실이다. 이들 유카이트(혹은 메살린)들이 트라키아와 불가리아로 이주하였으며, 이들 이민자들로부터 폴리시안, 카타리(Cathari) 그리고 보고마일(Bogomiles) 등이 6세기 간에 걸쳐 계승되었다는 사실은 시사하는 바가 매우 크다고 하겠다.[75] 카타리는 카톨릭 교회 내의 복음적 "청교도"들로 이들은 로마 교회가 계시록 17장의 음란한 창녀이며 교황이 적그리스도라고 하는데 있어서 보고마일과 의견을 같이하였다(제14장 주 70 참조). 보고마일은 니케아 이전과 이후의 모든 "교부"들이 거짓 선지자였다고[76] 공공연하게 선언하였다.

데시우스 트라얀 황제(A.D.249)가 즉위할 무렵부터 지역교회들은 분리를 요구하는 여러 그룹들로 나뉘게 되는데 이들은 오직 침례받은 믿는 자들로만 회중을 구성하자고 요구하였고, 아무나 마구잡이로 침례를 주고 "세상에 완전히 동화"하기 위해, 이 세상에 "천국을 가져오기 위해" 그리고 "정의롭고 영구적인 평화를 정착시키기 위해" (인간의 비인간적인 성품을 끝장내고) 세상과 연합해야 한다는 주장을 거부하였다(<하나님의 나라와 천국>, 말씀보존학회 참조).

데시우스 트라얀은 15, 16세기의 로마 카톨릭 교황들에 필적할 만한 가장 잔인했던 살인마였다. A.D.250년 그는 15, 16세기의 로마 카톨릭 교황들이 했던 것과 똑같이 모든 지방 총독들에게 모든 주민들을 고문, 처형, 재산압류, 추방 등으로 철저히 위협하여 국가종교를 숭배하도록 명령했다. 데시우스 트라얀은 고트족과의 전투에서 살해되었으나 그 이전에 이미 그는 수천 명의 그리스도인과 지역교회 목사 수십 명을 죽였던 것이다. 살해된 사람들 중에는 시프리안(키프리아누스, A.D.200-258)이 있었는데 이 사람은 그리스도에 대한 그의 열정에도 불구하고 오리겐을 제외하고는[77] 신약 기독교의 파괴에 아마도 가장 커다란 책임이 있는 사람일 것이다. 아프리카의 카르타고(알렉산드리아 이단 바로 가까이에 위치하고 있음) 감독이었던 시프리안(키프리아누스)은 오리겐과 동시대 사람으로 교회가 베드로 위에 세워졌으며 베드로는 로마에 갔었고 로마 교회는 사탄의 의자가 아니라 "베드로의 의자"(THE CHAIR OF PETER)라고 말했다.[78] 시프리안의 거듭나지 못한 성품에 자리잡은 육신적 생각으로는 로마 교회가 "단합(통일)의 원천이요 카톨릭 교회의 어머니"[79]였던 것이다.

이 사람, 시프리안은 주님을 죽기까지 사랑했으나 성경적 진리를 완전히 왜곡시킨 그러한 사람들의 전형적인 모습이라고 하겠다. 이와 같은 "경건한" 배교자의 신학에 누가 감히 저항한단 말인가? 이러한 상황에서는 그의 동료 배교자는 그의 도덕적 용기와 경건함뿐만 아니라 성경을 변개시키는 그 능력마저도 신뢰해 버리는 것이다. 그 사람을 좋아한다는 그 근거로 그의 모든 의견을 오류없는 진리로 받아들여 버리는 것이다. 결국 이때 이래로 1800여 년 간을 카톨릭 교회는 시프리안의 그 왜곡된 말들을 축자적으로 영감[80]받은 것으로 간주해 버리는 것이다. 베드로는 결코 로마에 간 적이 없으며(롬 15:20-22) 그는 이방인이 아니었고(갈 2:15), 결혼도 하였고(마 8:14), 동쪽에서 전파했지 서쪽에서 하지 않았고(벧전 5:13), 자기에게 아무도 절하지 못하도록 했으며(행 10:26), 물침례 받기 전에(행 10장) 은혜로 받는 구원을 가르쳤는데도(행 15:11) 카톨릭 교회는 시프리안의 거짓말을 진리로 받아들였다. 그러나 시프리안은 "자신이 믿는 바 때문에 죽었기에", 그를 거짓말쟁이라고 할 수 없다고 한다. 그렇다면 시프리안이 옳고 하나님께서 거짓말쟁이시란 말인가?(당신은 동정녀 탄생과 예수 그리스도의 신성에 대해 올바로 믿을 수 있지만 동시에 거듭남에 대해 잘못 알고 있기 때문에 동정녀 탄생과 그리스도의 신성을 믿지 않았던 자들과 영원토록 지옥에서 함께 지낼 수도 있다는 사실을 잊지 말라).

이렇게 해서 바로 이 시점에서(A.D.200) "경건한 근본주의자들"에 의해 수립된 이교적 전통이 시작되었으며 꼬리에 꼬리를 물고 지금까지 이어져 내려오게 된 것이다. 시프리안은 오리겐과 마찬가지로 카톨릭이 주장하는 모든 근본적인 것들을 다 믿었다. 그러나 그는 성경의 권위에 관한 문제에 있어서는 거짓말쟁이였다. 역사이래 권위야말로 항상 핵심적인 문제였으며 지금도 그러하고 앞으로도 그럴 것이다(창 3:1, 사 14:13-14). 시프리안의 순교는 그의 사탄적 가르침이 전파되도록 도왔던 것이다. 그가 거짓말을 했을 때도 그가 순교자라는 이유로 그 거짓말이 진리로 둔갑해 버린 것이다. 역사에 이러한 예가 무수히 많다(잭 케네디, 마틴 루터 킹, 체게바라 등). 사람들은 "이러한 고귀한 인물들의 죽음은 헛되지 않았다. 그들의 정신이 우리에게 남아 있기 때문이다"라고 말을 한다. 이처럼 "순교"가 거짓을 운반하는 기가 막힌 도구가 된 셈이다. 옛 화란의 속담대로 "마귀는 사람들 가운데 자신의 순교자를 갖고 있다." 시프리안의 "정신"(spirit)은 일곱 언덕 위에 서 있는(그런데 바로 이 도시가 그를 죽였다) 그 로마의 음녀 위에 여전히 살아 있다[이런 일은 전혀 새로운 것이 못된다. 수천 명의 러시아 군인들이 히틀러와 "짜르"로부터 스탈린과 러시아를 구하고자 싸운 후에 "모국 러시아"(Mother Russia)로 돌아간 즉시 평생을 감옥에서 지내야만 했다는 사실을 기억하라].[81]

이교적 교황 제도가 콘스탄틴이 소집한 공회 당시에는(A.D.325) 아직 세워지지 않았던 것 같지만 실상은 이미 그 씨앗이 싹이 터서 잘 자라나고 있었다. 교황 제도의 씨앗은 시프리안의 글들과 시내사본의 신약 외경을 담고 있는 "클레멘트의 서신"(A Letter from Clement)이란 자료에 뿌려져 있었다. 이 클레멘트의 서신은 A.D.98년경 위조된 것으로 제1서신에 보면 "하나님께서는 스스로를 칭송하는 자들을 미워하신다"라고 되어 있다. 자신이 하나님을 이 땅에서 대신하고 있다(주 30-32를 볼 것)고 생각하는 사람에게는 실로 "오류 없는 원천"임에 틀림없다. 한 익명의 작가가 창작해 낸 이 위조 문서에 보면 로마에 있는 한 종교 지도자가 800마일이나 떨어져 있는 다른 교회의 잘못을 바로 잡는 임무를 갖고 있다고 한다. 그는 고위 관리(종교적)[82]로서 훌륭한 충고를 하게 되는데 자신이 동방에 있는 교회를 바로 잡기 위한 서방에 있는 로마 주교라고 고백하고 있다. 이 사실은 매우 의미심장한데(제3장 참조) 왜냐하면 동방이야말로 바울의 서신들이 기록된 곳이기 때문이다(물론 로마에 있는 감옥에서 기록한 서신을 제외한다면 말이다). 이 로마는 "클레멘트"가 자신의 서신을 썼다고 고백하는 그곳임을 잊지 말라.

교황제도라는 세균이 발견되는 또 다른 문서는 이레내우스(Irenaeus, A.D.120-192)의 글들로 여기에서 그는 로마야말로 바울과 베드로가 세운[83] "모든 사람에게 인정받는" 가장 "위대하고" 가장 오래된 교회였다고 말하고 있다. 베드로가 로마 교회를 세우도록 도왔다고 이레내우스가 말할 수 있는 성경적 권위가 무엇인가? 전혀 없다. 베드로가 로마에 갔었다는 것은 누군가가 상상으로 꾸며낸 허구에 지나지 않는다. 신약성경 그 어디에서도 베드로가 로마에 갔다던가, 근처에 있었다던가 아니면 그곳에 있는 사람과 접촉을 가졌다고 시사하는 한 구절이라도 찾아낼 수 있겠는가? 반대로 바울이(베드로가 아니고) 쓴 로마서에 보면 로마에 살던 그리스도인들은(롬 16장) 베드로를 자신들의 교회의 회원으로조차 간주하지 않았음을 알게 된다(베드로가 그 교회의 창시자며 주교였다는 것은 고사하고).

A.D.190년경 "교황 빅토르"라고 하는 자가(이 명칭은 지어낸 것이다) 소아시아(이 지역은 성경 원본의 대부분이 쓰여진 곳임)의 교회들과 교제를 단절하였는데 그 이유는 "근본주의자"[84]들 사이에 큰 문제로 등장한 소위 부활절이라고 알려져 있는 이스터의 날짜 때문이었다. 이 문제는 A.D.597년 영국에서도 다시 발생했던 것으로 전자의 경우나 후자의 경우나 카톨릭(A.D.325년경부터는 로마 카톨릭)은 성경대로 믿는 그리스도인들과는 반대되는 입장을 취했다. 그도 그럴 것이 이들은 카톨릭이 채택한(제3장 참조)[85]것과는 다른 성경을 택하였기 때문이다. 히폴리투스(A.D.235) 치하에서는 로마의 주교들은 자신의 교구에서 절대 권력을 주장했을 뿐만 아니라 심지어는

주교는 그 어떤 죄를 짓더라도[86] 지위를 박탈하거나 사임할 수 없다는 주장까지 하기에 이르렀다(칼리투스). 바로 이 주장이 후일 로마 카톨릭의 공식 입장이 되어 무려 15세기가 넘는 동안 지속되어 온 것이다.[87]

갈루스(Gallus, A.D.251-253)는 계속해서 그리스도인들을 핍박했다. 그 후 발레리안(Valerian, A.D.253-260)이 로마의 태양신의 보좌 위에 등극했다. 그는 처음에는 그리스도인들에 대해 "온유하고 친절하게" 대하는 것처럼 위장하였으나 로마 제국이 지나친 세금과, 군사비 과다 지출, 지나친 향락, 부도덕 그리고 인플레이션(기본의 로마 제국의 쇠퇴와 멸망사, History of the Decline and Fall of the Roman Empire, 1788)으로 인해 분열되자 발레리안은 속죄 염소를 찾기 시작했다. 여느 때나 마찬가지로 그리스도인들이 뽑혔다. A.D.257년 발레리안은 모든 그리스도인들은 로마의 교회 국가에 순응하지 않으면 추방될 것이라고 선언했다(이 칙령은 1572년 교황 그레고리 13세가 내린 교서나 1685년 프랑스의 로마 카톨릭 왕이었던 루이 14세가 행했던 일과 똑같은 것이다). 발레리안 황제는 지역교회의 목사들로 그들의 회중들과 분리할 것을 명하였고 어떤 형태의 그리스도인 모임이든 간에 금지시켰다. A.D.258년 모든 감독과 집사들을 사형에 처하고 모든 기독교 개종자들의 재산을 압류하라는 칙령을 내렸다.[88] 이때 순교당한 사람의 명단을 어찌 다 열거할 수 있겠는가?

갈리에누스(Gallienus, A.D.260-268)가 보좌에 올랐을 때 로마 제국은 쇠퇴의 길을 재촉하고 있었다. 하나님을 미워하고, 성경을 거부하며, 그리스도를 거부하는 "인간 숭배자"(humanists)들 위에 하나님의 진노가 임하자 제국은 갈기갈기 찢겨나가기 시작했다. 사람들은 그 원인을 고트족의 침략에서부터 그리스도인들이 비너스와 쥬피터에 대항했기 때문이라는 이유에 이르기까지 다양하게 설명하려고 하나 그 원인은 간단하다(시 9:17). 만약 우리가 하나님의 말씀의 권위를 믿는다면 로마의 멸망은 간단히 설명된다(잠 14:34). 그러나 인간의 권위(과학적 혹은 종교적)가 하나님의 권위를 무시해 버릴 때면 이 "사악"한 인간은 무엇(벧전 2:7)에 걸려 넘어졌는지조차(잠 4:19) 모르게 된다. 갈리에누스는 유화 정책을 쓰려고 애썼다(그것은 발레리안이 박해를 통해 아무것도 해 놓은 것이 없다는 것을 알았기 때문이었다). 이로써 이때부터 디오클레시안(A.D.284)에 이르기까지 그리스도인들은 약간의 휴식 기간을 얻게 된다. 그리스도인들이 수가 늘고, 경제적인 부를 쌓게 되어 "세상적"인 요소들이 점점 늘게 되자 "지옥만 떠드는 문제아들"(즉 성경대로 믿는 사람들)이 그리스도인들의 모임으로부터 분리해 나가는 현상이 다시 일어나기 시작했다. 세상적인 그리스도인들은(롬

16:18, 빌 3:19) 지상의 "임시 거처"보다는 하늘의 영원한 처소를 더 실제적으로 느끼고 있던 그리스도인들 때문에 늘 성가심을 당하는 법이다. 이교도들이 교회로 물밀듯 밀려 들어오면서 그들의 우상을 교회 내로 가지고 왔다. 이때쯤이면 알렉산드리아 학파도 이미 필로, 판테누스, 클레멘트, 오리겐 등에 의해 시도된 추악한 작업을 완료하였고 헬라어 개역, 시리아 개역, 라틴 개역 필사본들이 북아프리카, 팔레스타인 그리고 소아시아 일대를 풍미하고 있었다(로크만 재단과 케네스 테일러가 만든 "성경들"과 "의역 성경"들은 전부 바로 이 알렉산드리아 원문에서 번역된 것이다). 교황 다마수스와 제롬이 후일(제11장 주 45-48 참조) "표준"역본을 만들어 냈다고 선전하는 것은 이러한 부패한 원문들이 야기시킨 혼돈의 결과일 뿐이다.

A.D.281년경 노바티안(Novatians)이라고 불리는 그룹이 등장한다. 이들은 믿는 어른들만의 침수를 주장하였으며 지역교회에서의 순수성의 유지를 위한 징계를 주장했다. 이들은 부도덕한 감독(예를 들면 칼리투스)에 의한 그 누구의 침례도 거부했으며 박해시 주 예수 그리스도를 부인하고 믿음에서 이탈한 사람이 주는 침례도 거부했다. 필립 샤프는 이 노바티안들이 후일의(1000-1200) "카타리"라는 사실을 무시하고 넘어가 버리기 때문에 우리는 이들에 대해 특별한 관심을 기울일 것이다.[89)]

마귀적인 콘스탄틴이 나오기 전, 마지막 황제는 디오클레시안(A.D.284-313)이었다. 그는 "마니키안"(Manichaeans, 이들에 대해서도 차후 살펴볼 것임)이라고 불리는 그룹에 대한 은근한 위협으로 그의 통치를 시작했다. 그러더니 자기 군사 모두에게 국가 종교가 섬기는 신들에게 제사지낼 것을 명하는 칙령을 내리는 데까지 나아갔다. 이 명령은 A.D.303년 모든 지역교회 목사들을 투옥하고, 모든 교회 건물들을 쓸어버리며, 모든 성경 필사본을 다 태우라는 칙령 직후에 내려졌다. 이때 성경을 이 파시스트 같은 괴물(황제)에게 넘겨준 자들은 "배반자"로 불리게 되었고, 이 일로 지역교회에서는 또다른 분리가 일어나게 되었다. 이때 분리한 그룹은 역사가들에 의해 "도나티스트"(Donatists)[90)]라고 불린다. 우리는 이들에 관해 더 살펴볼 터인데 이는 이들이 교회사에서 볼 때 폴리시안, 알비겐스 그리고 왈덴스와 관련이 있기 때문이다. 도나티스트에 관해 두드러진 사항은 이들이 로마 카톨릭 교회가 유아세례를 받아들였을 때 그 어떤 형태의 유아세례도 거부했다는 것이다. 이들은 로마 카톨릭 교회가 아프리카, 아시아, 유럽에서 어린아이를 물에 담그거나(혹은 물을 뿌리거나)하여 세례를 주고 심지어는 군인들의 머리 위에 젖은 나뭇가지를 흔드는 식으로 세례[91)]를 주고 있던 그 당시 이를 거부하고 어른이 된 믿는 자들에게만 침례를 주었다.

디오클레시안 치리 시에는 스페인(성 빈센티우스, 에우랄리아)과 영국(성 알반)에서 그리스도인들이 자신들의 믿음 때문에 순교를 당하기도 했다. 디오클레시안은 A.D.303년의 사악한 칙령에 만족치 않고 A.D.308년 칙령을 내려 국가가 섬기는 신들에게 제사 드린 자들은 그 제물이 드려지거나 죽은 후에 그것을 먹어야 하며(고전 10:25-33) 모든 도시의 시장에 나오는 물건들은 이교 제단에서 떠온 "거룩한 포도주"를 뿌린 후에 팔 수 있다고 선언했다. 이것은 어떤 그리스도인이 무엇을 먹을 경우 그 위에 뿌려진 "거룩한 성체성수"를 마셔야만 한다는 것을 뜻했다. 이때 순교한 그리스도인은 줄잡아 1만 명, 고문, 투옥, 망명한 그리스도인은 약 2만 명에 달한다. 비록 로마 카톨릭 교황 그레고리 13세나 바울 3세가(제14장 참조) 자행한 살인에 비하면 아무것도 아니지만 그래도 디오클레시안은 "박해자" 대열에 들어선 셈이다. 유세비우스에 따르면 곳곳에 성경을 태우는 모닥불이 있었고, 이때 아마도 원본에서 한 두 곳 정도만 부족한 상당히 정확한 필사본 수천 개가 불타 없어졌을 것이다. 이때 알렉산드리아 계열 사본(로마 카톨릭의 예수회 원본)은 불태우지 않았다. 반대로 1979년 한 젊은 침례교 설교자가(Gray Ginsky, Kaneohe, Hawaii) 미 재무성 국세국에 면세자격을 신청하였는데 지방 국장이었던 W.A. 쿠벨트(Couvelt)에 의해 거부당했다. 결국 그는 왜 예수회의 림즈성경(1582)을 받아들이지 않는가를 연방 정부에 설명해야 했다. 그런데 이 림즈성경은 알렉산드리아 이단의 원문인 것이다(제5장 참조). 바로 이 사건이 있은 1979년이 미국 헌법이 무너져 내리기 시작하는 기점이라고 할 수 있다. 왜냐하면 아직 공식선언은 하지 않았지만 미국 교회들은 로마 카톨릭 교회의 공식 성경인 예수회 성경을 인정하지 않으면 면세 혜택을 받을 수 없다[92]는 것을 의미하기 때문이다.

오리겐의 필사본에서 나온 그 어떤 로마 카톨릭 "성경들"도 사라센 제국이 알렉산드리아에 있는 도서관을 불태웠을 때 소실 당한 것 몇 개를 제외하고는 교회사에서 불태워진 예가 없다. 오리겐의 필사본들은 "안전"했다. 왜냐하면 성령께서 증거하시는 사본이 아니었기 때문이다. 이들 사본은 4세기로부터 지금까지(하나는 바티칸에서 또 하나는 수도원 쓰레기통에서 발견됨) "완벽한 상태"로 보존되어 온 것으로 양피지에 잘 쓰여져 "아름답게" 제본되어 있었다. 16,17,18,19 혹은 20세기에 "잘 보존된 상태로" 발견되는 성경은 사용되지 않고 선반에 얹혀 있었던 것들이다. 이것들이 왜 사용되지 못하고 선반에 얹혀 있었는지를 모르는 사람이 과연 있을까?

"불타는 용광로"라는 제목의 이번 장에서 우리는 초대 교회들이 통과해 온 시련의 터널을 간략히 살펴보았다. 드디어 그 유명한 "콘스탄틴 대제"께서 보좌에 오르게 된다. 이 사람은 화형과 엄지손가락을 죄는 고문기구와, 족집게와 도르래와 고문대와 채찍과 못과 칼과 감옥을 가지고도 막지 못했던 지역교회들을 멈추게 하는데 성공했던 것이다. 콘스탄틴은 1200년 동안 성경적 기독교를 "거의" 전멸시키는 데 성공했다. 살아남은 그룹이래야 몇 안되는 "과격분자"와 극소수인 내부의 "반대자" 그룹이었을 뿐이다. 이 지구상의 교회는 어찌나 철저하게 안면을 싹 바꾸었는지 성경 대신 믿음과 실행의 모든 문제에 있어 자신이 최종권위가 되겠다고 나서고 말았다. 최종권위로서의 성경은 내던져지고 말았으며 교회의 성직 계급이 세상 제도를 관장하는 위치를 고수하기 위해 분열의 조짐이 보일 때 가끔 참조문서 정도로 사용되는 것이 고작이었다.

콘스탄틴의 등장으로(Constantine, A.D.313) 지역교회의 성경적 권위도 대부분의 교회사가들의 주요한 작품에서 사라지고 만다. 이와 동시에 교회와 국가의 분리도 없어지게 되었고 교회가 생겨난 그 목적도 슬그머니 사라져 버렸다. 드디어 교회사가들은 A.D.313년부터 반교회사(ANTI-CHURCH HISTORY)를 쓰기 시작하는 것이다. 교회의 회원이던 "그리스도인"들은 "먹을 것과 입을 것"(딤전 6:8) 대신 금, 은, 다이아몬드로 치장하기 시작했고 만물의 찌꺼기(고전 4:13)가 되는 대신 수백만불 짜리 성당에서 예배를 드리게 되었으며, 영문 밖에서 "그의 수치를 지고 가는" 대신(히 13:13) 그분을 채찍질하고 못박고, 장사지낸(마 27:29-30,35,66) 자들과 영문 안에서 사귀게 되었다. 우리는 이 시대를 교회사의 퍼가모 시대라고(계 2:12) 부르는데 이는 "퍼가모"가 세상과 교회의 결혼을 시사하기 때문이다. 성경적으로 말하자면 남편과 하나이던 결혼한 여인이(엡 5:24) 갑자기 남편을 뒤로하고 호의를 얻어내고자 자신을 고관에게 상납한 셈이다(겔 16:30-33; 23:30-38). 한마디로, 음녀가 된 것이다(계 17:1-9). 이러한 상황에 처한 남자의 행위가 그리스식으로 표현된 것이 마태복음 19:7이다. 남편은 자기 "부인"에게 배교한 성경(APOSTATE BIBLE)을 주는 것이다. 마태복음 19:7의 이혼 증서의 희랍어 표현은 "βιβλίον ἀποστασίου"(biblion apostasiou)이다.

알렉산드리아 이단에 소속된 모든 헬라어 학자들은 하나님께서 영감으로 기록하신 말씀에서 하나님의 권위를 제거하는데 헌신하고 있는 것으로 보아(1880-1990) 당시 혼잡케 되어 가고 있던 바로 그 헬라어 원문은 헬라어 학자와 그 뒤를 이은 성경 개정 자들이 나아갈 길을 이미 제시했던 것 같다. 이들이 아무리 "절충"(ecletic) 원문을 만들어 내도 결국은 배교한 성경을 만들어 낼뿐이었다. 이 배교한 "책"이야말로 하나님께서 함께 하실 수 없는 교회가 물려준 유산인 것이다. 콘스탄틴에게 헌납된 이 배교한 성서(50권의 사본)는 팜필루스(Pamphilus)와 유세비우스가 만들어낸 것이며[94] 팜필루스는 순교를 당한 사람이었으므로 그 누구도 감히 그처럼 "경건하고, 선하고, 헌신된 사람"에 의해 만들어진 역본이나 번역본을 의심하려고 들 수 없었을 것이다. "축자적으로 완전히 영감받은 원본"(verbal, plenary, inspired originals)에 "의심할 나위 없는 충성"을 죽기까지 바쳤을 사람이니까 의심할 수 없다는 논리다. 과연 그러한가?

불같은 시련은 밀라노 칙령(A.D.313)으로 끝을 맺게 되었으나 그전에 이미 수천 명의 성경대로 믿는 사람들은 그 믿음의 댓가로 목숨을 내 놓았던 것이다. 이들 순교자들의 피는 조그마한 마을들의 하수구를 흘러 내렸으며 원형경기장(Coliseum)을 흥건히 적셨고 창문과 대문에서 흘러내리면서 "원수를 갚아 달라고 외치고" 있었다(히 11:4, 민 35:33). 주님께서는 교회가 피로 산 그 유산을 로마의 태양 숭배자에게 팔아치운지 150년도 채 되기 전에 이 외침에 응답하셔서 일곱 언덕 위에 앉은 음녀를(계 17장) 쓸어버리시기 위해 이방인들을(렘 52장) 보내셨던 것이다.

콘스탄틴(A.D.272-337)과 니케아 종교회의(공회)에 관해서는 다른 장에서 자세히 언급할 것이나 우선 지적해 두고 싶은 것은 콘스탄틴의 "개종"과 "그의 종교적 확신들"에 대해 적절한 평가를 내리려면 우리는 A.D.313년부터 A.D.100년까지 거슬러 올라가면서 과연 10차례의 대박해 기간 동안 이집트에서는 어떤 일이 일어나고 있었는지를 유의해야 할 필요가 있다. 이곳 이집트(이 세상의 예표 임을 잊지 말라)는 로마제국의 멸시를 받았던 곳으로 기독교 역사상 가장 사탄적인 세력이 발전해 나가고 있었다. 이 세력은 콘스탄틴, 로마 제국, 신성 로마 제국, 나폴레옹 전쟁, 스페인과 프랑스의 지배, 대영 제국, 제3제국(히틀러의 독일), 소련 등의 지배에도 아무런 어려움 없이 살아 남았다. 기독교 세계의 모든 사탄적인 세력들이 그러하듯이, 이 사탄의 세력도 "정통"을 고백하며 최고의 도덕 수준을 고수하고(바리새인들이 A.D.1세기 중 가장 도덕적으로 뛰어난 종교 그룹이었음을 잊지 말라), "성경"을 사용하고 인용도 하며, "성경 강해"[95]에 종사한다고 고백하기도 하며, 성경을 "더 알기 쉽도록" 해석해 준다고 자랑한다. 이런 일을 위해서 이들 그룹이 "과학적 방법론과 해석 방법", 철학적 성격의 "원문비평학"[96](딤전 6:20, 골 2:8)을 동원하게 된다는 것은 지극히 당연한 일이 아닐 수 없다. 또한 이러한 사역을 하시는 분들은 매우 지적이고(겔 28:12) 고등교육을(고전 1-2장, 사 28-29장, 눅 10:21) 받으신 분들이시다. 더군다나 자신의 타고난 지혜와 지능(여기에 높은 수준의 교육을 더하여)은 자신들이 믿고 있다고 고백하는 하나님의 권위인 성경을 판단할 수 있을 정도로 출중하다는 사실을 당연시 하지 않는 사람은 감히 이 그룹에 들어갈 수가 없다. 이 이단 그룹은 이집트의 알렉산드리아라는 영지주의 온상에서 발흥한 것으로 그 배후에는 태양신 숭배(이집트), 두뇌 숭배(그리스), 표적 숭배(유태)의 전통이 깔려 있는 것이다.[97] 이 그룹은 그리스도의 몸된 교회와 "교부"들에게 지역교회가 접하게 된 교리 중 가장 교활하고 저주받을 교리를 제시하기 위해 나타났다. 그 교리는 첫째 어린아이들은 물뿌림을 통해 거듭나야 할 필요가 있으며 이 물뿌림은 "원죄"[98]를 제거한다는 것이며 둘째는 신약 교회의 감독은 예수 그리스도께서 다시 돌아오시기 전까지 이 세계의 정치, 경제, 사회적인 통치 임무를 부여받은 조직체에 소속된 제사장(사제)이라는 것이다. 위에 열거한 4가지의 비성경적이고 비기독교적 가르침(각 교리마다 두 가지 가르침이 들어 있음)이 바로 알렉산드리아에 세워진 학교에서 나온 것이다.

이러한 가르침 때문에 이에 반대하는 그룹이 교회로부터 분리되었는데 이들이 도나티스트, 노바티안, 폴리시안, 보고마일, 헨리시안, 페트로부르시안, 왈덴스, 아나뱁티스트(재침례파), 알비겐스, 보도파, 파테린 그리고 많은 카타리[99] 그룹들이다. 이와 같은 엉터리 가르침 때문에 1800만 명의 교회 회원들이 죽으면 어디로 가는지도 모르는 채 기독교로 개종한 것이다. 카톨릭 교회에 따르면 100% 모두 그래야 하겠지만, 조금 양보해서 이들 중 90%가 그들이 받은 유아세례가 그들을 하늘나라로 데려다 줄 것이라고 믿었다고 한다면 A.D.1000년 이전 유럽에는 "인간"을 제물로 바쳤던 최악의 이방인들과 하나도 다름없이 죄와 허물로 죽은 채 지옥을 향해 행진하고 있었던 1700만 명의 "그리스도인"이 있었다는 결론이 나온다. A.D.1500년경에는 성경이 "진노의 자식"과 "불순종의 아들"이라고 부르는(엡 2:1-4) 거듭나지 못한 회원으로 구성된 교회에 소속된 사람이 유럽에 1800만 명이나 있었다는 말이 된다(만약 이들이 그 "교회"가 가르치는 바를 정말 믿었다고 가정하면). 이러한 "놀라운" 교회를 있게 한 장본인들은 플라토(B.C.427-347, 구원받지 못한 희랍 철학자), 필로(B.C.20- A.D.50, 성경을 거부한 유태인 학자), 판태누스(A.D.145-200, 이방 철학자), 알렉산드리아의 클레멘트(A.D.150-215) 그리고 아다만티우스 오리겐(A.D.185-254) 등이다. 우리는 이들 엘리트 집단을 "알렉산드리아 이단"(THE ALEXANDRIAN CULT)라고 부르며 이들에게서 여호와의 증인,[100] 로마 카톨릭,[101] 그리스도의 교회,[102] 유니테리안,[103] 자유주의자들[104]의 기본 교리들이 나오는 것이다. 이외에도 이들의 원문비평학과 성경 개정본은 유세비우스, 제롬, 어거스틴에게 너무도 큰 영향을 미치게 되어 이들 똑똑하신 신사양반들이 NASV(1960), NIV(1978), RSV(1952) 그리고 "리빙 바이블"(1966)에 쓰인 원문을 확정지으신 분들이다. 이들 세 신사는 밥 존스 대학교, 리버티 뱁티스트 세미너리, 펜사콜라 기독 대학, 휘튼 대학, 기독교회협의회(NCCC,

1900-1980) 그리고 재무성 국세국(주 92 참조)이 그 훌륭한 모조품을 추천하기 1500년 전에 "작품"을 완성시켜 놓은 것이다.

이처럼 알렉산드리아 이단은 최초의 "기독교 교육"에 연루되었고 성경대로 믿는 기독교가 좀더 "존경받는"[105] 기독교가 되도록 "고등 교육"을 위한 최초의 대학교를 세웠던 것이다. 이 대학교의 설립 근거는 창세기 3:1이요, 원칙은 요한복음 5:44이며, 교과 과정은 골로새서 2:8절과 디모데전서 6:20은 성경에 없는 것이라는 전제하에 세워졌던 것이다. 이들은 두 가지 상충하는 "최종" 권위들 사이에서 "재판관" 노릇을 함으로써 지난 15세기 동안 "순수성"을 유지할 수 있었다. 바로 이 방법이 로마 카톨릭 교회가 똑같은 기간 동안[106] 그 "순수성"을 유지해 올 수 있었던 것이었으므로 우리는 자연히 로마 카톨릭 교회의 뿌리는 북아프리카라고(시프리안은 북아프리카 카르타고 출신이고, 어거스틴도 북아프리카 히포 출신이며, 오리겐은 북아프리카 알렉산드리아 출신임을 잊지 말라) 의심할 수밖에 없으며 이 알렉산드리아 이단의 원칙들이 1500년 동안 카톨릭 지도층에 의해 채택되고 실행되어 왔음을 확인하게 되는 것이다. 현대에 와서 "정글로 돌아가자", "아프리카에서 뿌리를 찾자"(1976-1980)는 구호가 난무하는 이 와중에서 누가 감히 한 흑인이[107] 곧 교황이 될 것이라는 예언을 하고픈 유혹을 거부할 수 있을 것인가?(<짐승의 표>, 말씀보존학회, 1997 참조)

제 5 장
아프리카의 희한한 대학교

그들은 스스로 현명하다고 말하나 우둔하게 되었고 (롬 1:22)

밀라노 칙령(A.D.313)을 맞게 되는 역사의 이 시점까지 우리는 역사의 영적 "순환"(cycle)의 세 단계를 경험하게 되었다. 첫째 최초의 신약 교회가 등장하는 것은 이교도가 지배하는 세상이었다. 역사상 인류가 경험한 것 중 가장 세상적인 로마 제국이 지배하고 있던 그때 신약의 그리스도인들이 이 세상의 신(고후 4:4)과 싸우기 위해 역사의 무대에 들어선 것이다(행 1-28장). 확장일로에 있던 거대한 로마 제국은 자신들의 어머니, 형제, 자매, 조카 그리고 삼촌[1] 등을 살해하였고, 쥬피터, 제우스, 아폴로 등의 이름을 가장한 사탄에게 제사를 드렸으며, 비너스, 다이아나, 아스타르테, 아르테이스 등의 이름으로 가장했던 음녀들의 어미(계 17장, 슥 5:7,8)에게 기도를 올렸던 그러한 통치자들을 자랑스러워했다. 로마가 등장하기 이전의 헬라(그리스, 희랍) 시대(B.C.500-149) 역시 도덕 수준이나 영적인 수준은 로마와 마찬가지였다.

역사가들은 예수 그리스도의 탄생에 관해 역사를 기록할 때면(윌리스톤 워커, F.F. 브루스, 케언즈, 듀란트, 베이커, 라투렛, 웨지너 및 많은 역사가들) 모든 수단을 강구해서라도 그리스도의 탄생 시점이 역사의 클라이막스 시점이었음을 강조하려고 한다. 즉 역사가 차차 발전해 오다가 "진리의 정점"에 이르게 되었다는 적극적이고 긍정적인 기술을 하는 것이다(제4장 주 15 참조). 이것은 역사가들이 그리스 시대가 종식되었을 때 그 시대가 계속 발전된 것이 아니라 새로운 시대가 열렸었다는 사실을 뒤늦게나마 깨달았기 때문이었다. 그러나 아무리 이들이 크세르크세스(Xerxes, B.C.519-465, 옛 페르시아왕)로부터 시저에 이르기까지의 역사의 후퇴를 부드럽게 묘사하고자 애써도, 찰스 다윈과 영국의 페이비언 협회(19세기, 영국)의 철학을 읽어본 사람이라면 그것이 부질없는 일임을 인정할 것이다(다윈의 진화론이나 페이비언 협회의 점진적 사회주의가 엉터리인 것처럼 그런 노력도 마찬가지란 말이다). 역사가들은 침례인 요한 이전 시대에 사탄이 주관하는 세상 제도에서는 "모든 것들이 합력하여 선을 이루었다."고 독자들에게 알리기 위해 그 시대의 긍정적인 요소는 모조리 동원하려고 애를 쓴다. 이들의 목표는 역사의 발전(진화)에 따라 메시야가 등장하는 시점이 역사의 절정이였다는 엉터리 생각을 독자들에게 심어 주는 것이다. 그러나 대중의 무지와 미신, 잔인성 등으로 가득차 있던 거룩하지 않고 불경건한 세상에 하나님의 개입이 점진적으로 이루어졌다는 것은 옳지 않다. 왜냐하면 교회가 생명의 양식으로 삼고 있고 그것으로 인해 존재하게 된 그 성경이 적어도 일곱 번에 걸쳐(창 3장, 6장, 11장, 출 15장, 판 21장, 렘 52장, 마 24장) 인류 역사의 매시대는 배교(APOSTASY)로 끝나고 있음을 명백히 보여주고 있기 때문이다. 인류 역사에 있어 좋은 시대의 도래를 위해 점진적으로 발전되거나 그 시대를 맞이하기 위해 점진적으로 "예비"되어 온 경우는 한 번도 없다. 하나님께서 축복하시고 인도하셨던 그러한 시대가 펼쳐지기보다는 하나님께서 허락하셨던 시대(즉 긍정적인 시대보다는 부정적인 시대)가 늘 한 시대를 마무리하였던 것이다(행 20:23 주석 참조).

에덴의 동산을 "예비"했던 것은 에덴의 동산 근처에서 하나님의 아들들이 "섭리적"으로 역사하던 시대나 짐승들의 창조가 아니라 사탄에 의해 인도되고 사탄에게 영감을 받은 "신들"(gods, 시 82편, 욥 38장, 벧후 3:3-8, 창 1:2-3)이 물로 심판 받은 사건이었다. 인간의 타락 이후에 맞이하게 된 두 번째 홍수(창 6-7장)를 "예비"한 것은 하나님의 선하심에 따라 그의 무궁하신 지혜로 인간을 인도하심이 아니라 이 세상에 살던 사람들이 이 세상을 좋아하고 내세를 무시했던 그러한 삶의 방식이었던 것이다. 이들은 그의 조상들과 더불어 도시에 거주했고(창 4:16-17), 살인자였으며(창 4:23), 관능적 쾌락을 위해 "예술"을 즐기던(욥 21:12-15, <피터 럭크만의 주석서 창세기 I>, 말씀보존학회, 1995, 4:20-22 참조) 일부다처주의자(창 4:23)였던 것이다. 아브라함의 등장을 "예비하던" 문명의 "절정" 역시 긍정적(창 11장)이 아니었다. 바벨탑 사건과 이에 따른 민족들의 심판이 한 시대를 마무리 지었고 뒤이어 아브라함이 등장한 것이다. 따라서 왕중의 왕이요 만주의 주이신 분께서 재림하시는 길을 예비하는 문명의 "절정"도 보건, 교육, 복지 정책이나 유네스코의 문화 정책, 통신망 구축 혹은 유엔을 통한 인류의 하나됨(습 3:8)과는 전혀 관계가 없다. 이 모든 것들은 묶여서(마 13:40) 불태워질 것이기 때문이다(마 13장, 말 4:1-3).

이처럼 성경이 분명한 어조로 인류 역사의 악순환이라는 진리를 제시하고 있는데도, 역사가들은(윌 듀란트, H.G. 웰즈 등) 이러한 원칙을 무시해 버린다. 교회사가들 역시 이 원칙을 무시한 채 메시야의 초림을 위한 "준비" 단계는 하나님께서 인도하셨으므로 너무도 완벽했다고 평가해 버린다. 이들이 이러한 거짓 해석을 하게 된 근본 동기는 재림 시에도 하나님께서는 완벽한 준비 단계를 예비하실 것이요 따라서 역사는 발전해 나가다가 그 절정에서 재림을 맞이하게 될 것(후천년설)이라는 사실을 은근히 암시하고자 하는 것이다. 그러나 성경은 재림을 준비하는 것은 사탄이 육신을 입고 나타나 로마의 능력을 가지고 UN의 총수로 지구를 지배하는 상황일 것임을 명백히 제시하고 있다(계 13-17장).

역사가들의 "장난" 같은 해석은 내버려두고 진실을 추적해 보자. 예수 그리스도께서 초림하셨을 때 그를 맞이한 것은 하나님께서 B.C.890년(단 2장)에 이미 멸망시키기로 결정해 놓으신 세계 제국 로마였다. 하나님께서는 400년 간이나 침묵으로 일관하셨고 한 마디의 계시의 말씀도 주시지 않은 터였다(말 4장). 그리스도께서 오시기 전 이 400년 동안 그리스 철학자들은 솔로몬의 철학서(잠언, 전도서)들을 도덕과는 관계없는 진화론적 입장에서 개정하였고 그들이 태어나기도 전 500여 년 전에 이미 기록되어 있었던 지혜의 체계를 자신들이 발명이나 한 것처럼 행세했다(<피터 럭크만의 주석서 잠언> 참조).

예수 그리스도께서는 외세에 정복당한 피정복국가에서, 파벌과 종교적 암투로 갈기갈기 찢겨진 배교적 분위기(헤롯당원, 사두개인, 바리새인, 에비온파, 에세네파, 젤롯당원 등)에서, 소경이면서도 소경을 인도한다는(마 23:16) 지도자들이 다스리던 그러한 상황에서 태어나신 것이다. 이들 지도자들은 오늘날로 치자면 테네시 템플, 하바드, 펜사콜라 기독 대학, 예일, 리버티 침례 대학, 혹은 콜롬비아 대학교의 교수진들만큼이나 "최종"권위를 갖고 있지 않았다(막 7:6-13). 상충하는 두 가지의 권위(막

7:8)는 그 두 가지를 추천하는 그 사람을 최종권위로 만들어 버리는 것이다.[2] 이 사실을 모르는 사람이 과연 있을까?

예수 그리스도께서 나타나셨을 때 그 분은 이교적 교회국가제도[3]에 예속되어 있었던 타락한 민족(그것도 영적인 배도자들이 다스리고 있던) 가운데서 오신 것이다. 소위 학자들이 "예비"(준비)라고 부르는 것 가운데서 유일하게 긍정적인 것이 있다면 당시 사용되던 공용어(헬라어)가 의사소통을 더 원활하게 해 주었고 로마가 닦아 놓은 도로망과 무역로 등이 교통을 편리하게 해 주었을 뿐이었다. 교통과 통신의 발달은 인류의 물질문명 발전의 표식은 될지언정 사회나 개인의 도덕성의 향상과는 아무런 관계가 없다. 19세기에 와서 구원받지 못한 과학자들과, 학자들과, 교수들과, 설교자들은 물질적인 세상 제도에서 이룩된(고후 4:4) 물질 문명의 발전[4]에 너무도 감격한 나머지 "천국이 도래"하는 것이 아닌가 착각하거나(탈메이지, 비쳐, 테니슨, 에머슨 그리고 이신론자들) 혹은 인간이 신(god)의 경지에 도달하여 하나님 없이도 자신의 운명을 통제할 수 있을지도 모른다는 환상에 빠지게까지 되버렸다(해겔, 헉슬리, 막스, 아인슈타인, 하이데거, 사르트르). 교통(텔스타 통신위성, 스타워즈, 로켓, DC-10 등)과 통신(전보, 전화, T.V, 라디오 등)이라는 물질적 향상 이외에는(그런데 이 두 가지 것은 매시대마다 인간이 하나님을 떠날 때 발전되었던 것들이었다. 신 32:8,17, 창 11:1-8, 사 5:8,20) 주님의 초림을 "예비"하고 있었던 것이라고는 고작해야 소름이 끼칠 정도의 영적, 도덕적 암흑 시대였던 것이다. 그 당시 상황을 이잡듯이 뒤져 "긍정적인 요소"들을 굳이 찾아낸다면 없을 수야 없겠지만 그런 짓이야 긍정적인(적극적인) 사고 방식을 지닌 사람들[5]이 거짓을 진리로 바꾸기 위해[6] 시도하는 엉뚱한 짓일 뿐이다. 메시야에 대한 대우(사 53장), 그의 선두주자(막 6:27)와 그의 교회(행 12장) 그리고 그의 제자들이(행 16,27장) 받았던 대접들을 생각해 볼 때 우리는 주의 초림을 기다리고 예비했던 400년 간의 "준비" 기간의 특성을 단번에 알아차릴 수 있는 것이다. 이런데도 여전히 긍정적인 사고를 고수한다면 우리는 이들을 "미친 사람"(성경적 근거에 의해)으로 밖에는 취급할 수밖에 없다. UN(1945-1989)의 관점에서 본다면 이 400년(B.C.400-4) 간이 발전(Progress)이라고 할지 모르겠다. 왜냐하면 40여 년 간의 "전쟁 방지 노력과 프로그램"에도 불구하고 UN 창설 50년이 채 지나기도 전에 48개의 전쟁[7]이 터졌으니 말이다.

앞서 열거한 사항들을 염두에 두고서 본론을 전개해 보도록 하자. 신약 기독교는 영적인 암흑기에 성경적 진리에 대해 전혀 무지하였던 이교도 제도하에서 시작된다.

드디어 우리의 그 유명한 악순환(이교도, 복음 전파, 가르침, 문화, 배교, 이교도 : 서문 참조)이 시작되는 것이다. 복음 전파는 분명히 이교도하에서 사도행전 기간 동안 이루어졌다. 이에 관해서는 성경이 분명히 말하고 있기 때문에(행 2,3,7,8,9장) 더 이상의 언급이 필요 없을 것이다(행 13,14,15,16,17장). "가르침"은 원래 사도들에게 맡겨진 것으로 성경에 분명히 언급되어 있고(마 28:19-20) 사도행전 13:1-3에 보면 안티옥(알렉산드리아가 아님)에서 실행되었으며 후에 사도행전 18:11에 나와 있는 것처럼 고린도에서(로마가 아님) 실행되었다. 알렉산드리아 출신의 "언변이 뛰어난 웅변가"는 진리에 대한 부분적인 지식만 갖고 있었으며(행 18:25) 그래서 그리스도인 부부였던 아퀼라와 프리스킬라가 그에게 "보충 설명"을 해서 바로잡아 주어야만 했다(행 18:26). 그리스도인들의 복음 전파와 가르침(A.D.33-200)에 뒤이어서 기독교 역사상 가장 암울하고 어려웠던 그 상황 가운데서 드디어 올 것이 오고야 말았다(제3장 참조). 즉 문화가 성경 교육에 침투하기 시작한 것이다. A.D.200-222년(알렉산더 세베루스 통치 기간)에서부터 약 A.D.250년까지의 기간(이 당시 황제는 트라얀이었음)은 그리스도인에게는 휴지기(휴식 기간)였다. 그러나 이 "휴식"(암 6:1)이란 그리스도인에게는 "위험한 시기"임에 틀림없다(삼하 11:1). 바로 이 시점에서 이집트, 알렉산드리아에 있던 오리겐의 학파가 가동을 시작한 것이다. (이때 오리겐의 나이는 27-30세쯤이었을 것이다.) 오리겐의 성경 접근 방식에는 오해가 있을 수 없다. 그는 기독교가(지속적인 성장과 점진적인 진화를 통해) "제사장"(사제)[8]들을 통해 전세계를 다스리게 될 것으로 믿었던 최초의 사람이었다. 이러한 이단사상을 후천년주의라고 부르는데 이 사상은 마태복음 13:33과 계시록 17장에 등장하는 창녀 교회가 그리스도의 몸[9]이라고 착각한 데서 나오게 된 것이다. 이러한 교리적 "확신"에 따라 오리겐은 기독교는 세상으로부터 존경을 받아 가장 우수한 종교로 인정받게 될 것이라고 생각했다. (그리고 결국 이 세상을 다스리기 위해 이 세상제도와 멍에를 같이 매게 될 것이다.) 오리겐의 기본사상은 이 세상에서 기독교가 터를 잡기 위해서는 사탄과 타협을 해야 한다는 것이다(눅 4:6). "유익을 위해서는 아첨"도 불사한다는(유 16절) 정신으로 무장한 오리겐은 "목사"(pastor)란 안수 받은 장로(딤전 5:17)에게 쓰기에는 너무 빈약한 용어라고 생각한 나머지 "제사장"[10]이라고 불러야 한다고 주장했다. 이러한 생각은 로마의 주장과 완벽히 일치한다. [로마 제국이건 로마 교회건 마찬가지다. 왜냐하면 밀라노 칙령이전이나 이후나 로마는 여전히 제사장(사제)제도를 지지했기 때문이다.] 아다만티우스 오리겐은 창세기 1-3장은 실제적인 역사기록이 아니라고 단정했다. 그에게는 창세기 1-3장은 초역사(Urgeschichte)[11]일 뿐이다. 그는 누가복음 4:5이 문자적으로 일어날 수 없다고 믿었으므로 헬라어 표준원문[12]에서 누가복음 4:4의 절반을 제거해도 아무 문제될 것이 없었다(ASV, NASV, RSV, NRSV, IV, NIV 등 참조). 오리겐은 유아세례에 대해 매우 독특한 생각을 갖고 있었는데 이에 관해서는 후에 다루도록 하겠다. 그러나 오리겐의 "근본주의"에서 가장 현저한 것은 그가 혼들의 환생(윤회설, 그는 윤회설을 믿으면서도 동시에 동정녀 탄생도 믿었다)과, 문자적인 지옥이 없다는 것과(십자가 사건을 믿으면서), 육체적 부활이 없다는 것과(그리스도의 부활은 믿는다고 하면서), 연옥[13]에서 얼마간 보낸 후에 모든 사람들이 구원을 받을 것이라는 만인구원론을(그러면서도 "영감받은 원본"은 믿는다고 한다) 믿었다는 것이다. 이에 덧붙여 그는 만약 누군가가 신비로운 "평화의 키스"[14]를 받아들이고, 육체적 쾌락을 끊고, "죽을 때까지 견뎌내면" 선행을 통해 영생을 얻게 될 것이라고 믿었다. 즉 그는 행위 구원을 믿은 것이다. 물론 오리겐도 하나님께서 성경을 쓰셨고, 그리스도께서는 동정녀에게서 탄생하신 하나님의 아들이며, 십자가에서 죽으셨고 장사되었다가 다시 살아나셨으며 그 언젠가 심판을 하러 재림하실 것임을 다 믿었다. 근본주의자 치고 이런 사실을 안 믿는 사람이 어디 있는가?

오리겐이 믿지 않은 것은 하나님께서 하나님의 책[15]에서 말씀하신 그것이었다. 실상은 아다만티우스 오리겐이 전능하신 하나님의 말씀을 변개시킨 최초의 "경건한" 사람은 아니었다. 성령으로 충만하고, 진리를 말하며, 그리스도를 높이는 선지자 발라암(민 23,24장)이 이미 오래 전에 "합성"(conflation)[16]이란 방법으로 하나님의 말씀을 변개시켰었다(민 22:12-13). 다시 말하면 발라암은 원본의 삼분의 이를 잘라내고 말았다. 뒤이어 등장하는 예후디란 인물은 발라암보다 더 나아가 원본을 없애 버렸다(렘 36장). 만약 예후디가 웨스트코트와 홀트(1881-1884) 혹은 밥 존스 대학교 교수진(1945-1980)과 함께 앉아 성경을 개정하였다면 그는 아마도 <킹제임스성경>을 자기 "성경", 즉 아다만티우스 오리겐이 만든 알렉산드리아 성경으로 대치해 버렸을 것이다.[17]

하나님의 말씀에 대한 불신은 너무도 보편적이고, 관행화 되었으며, 일반화되어서(그 어느 시대에나 마찬가지임) 하나님 말씀인 성경 첫 페이지부터 끝 페이지에 이르기까지 그 실례가 무수히 많다. 하나님의 말씀에 최초로 가한 공격에 대한 기록이 창세기 3:1이다. 따라서 이 구절은 후일 세워지는 "그래, 하나님께서 그렇게 말씀하신 게 사실이야?"를 모토로 내세우는 "정말그래학회" 혹은 "학자 동맹"의 기초가 되는 것이다. 이들 그룹에 소속된 일부 회원들은 행위보다 피의 속죄가 더 낫다(창 4장)는 사실을 믿지 않으며 많은 자들이 홍수가 온다는 경고를 듣고도(벧후 2:3, 창 6장) 홍수가 올 것이라고 믿지 않았다. 이들은 주께서 "무수한 성도들과 함께"(유 14절) 오신다는 사실을 여전히 믿지 않는다. 또한 이들은 번개가 그들의 가축을 칠 것을 믿지 않았으며(출 9:20-21) 하나님의 율법은 진지하게 받아들여야 한다는 것도 믿지 않았다(레 24:11). 이들은 주님께서는 사람들이 굶주릴 때 음식을 제공하실 수 있다는 사실을 믿지 않았고(왕하 7:1-2) 하나님께서는 광야에서도 사람을 먹이실 수 있다는 것도 믿지 않았다(시 78:9). 이들은 하나님께서 예수 그리스도를 통해 그의 영광 가운데 풍성함으로 성도들의 필요를 채우신다는 사실(빌 4:19)도 믿지 않으며 이스라엘이 회복될 것(롬 11:25-27)이라는 것도 믿지 않으며 또한 사람이 선하게 살지라도 지옥에 간다는 것(마 7:20-24)과 그리스도께서 다시 오셔서 예루살렘에서 다윗의 보좌에 실제로 앉아 다스리실 것도 믿지 않는다(마 25:31). 이들은 하나님께서는 자신이 쓰신 책을 보존하실 수 있음(시 12:6-7)도 믿지 않고 로마 카톨릭 교회가 사탄의 신부라는 것도 믿지 않는다(계 17:1-6, 판 18:19-28, 왕상 18:22-28, 판 2:13, 렘 44:17, 마 23:9, 요 17:11, 딤전 2:5, 히 10:8-12, 마 13:33). 이들은 자신들이 믿고 싶은 것만 믿는다. 이들은 오렌지 껍질이 싫으면 껍질을 벗겨 내고 속을 먹고 씨를 내뱉고서는 오렌지는 껍질도 없고 씨도 없다고 말하는 자들과 똑같다. 이들이 하는 짓을 이것 말고 달리 더 잘 표현할 수가 없다. 성경대로 믿는 사람을 "성경숭배자"(Bibliotatry)라고 비난하려고 하는 사람들을 그들이 로마서 10:9-10을 믿었다고 고백하였다는 근거로 "믿는 자"로 불러야 한다는 것이 가련할 정도이다. 이들은 자신들이 좋아하지도 않고 믿지도 않는 그 책(성경)에서 경우에 따라 5가지에서 20가지 정도를 뽑아 내서 그것만을 믿는다. 그리고는 자신들이 반대하는 구절이 나오면[18] 언제나 그것을 고쳐 버리는 것이다.

이들이 구성한 "정말그래학회"(Yea Hath God said? Society)는 인류의 역사만큼이나 오래된 것이다. 이것은 죄와 죽음과 지옥만큼이나 오랜 역사를 갖고 있다.

아다만티우스 오리겐이 약 4184년 후에 그의 아버지(요 8:40-44)를 뒤이어 등장했을 때(창 3:1), 그는 교회를 역사적 악순환의 제4사이클에 해당하는 "문화" 단계로 밀어 넣었다. "문화"(Culture)란 웹스터 사전에 따르면 "지적 도덕적 능력을 특히 교육을 통해 발전시키는 행위"이다. 문화란 또한 "과학의 더 넓은 분야에 친숙해지는 것"(딤전 6:20), "지적 훈련을 통해 얻어진 계몽 상태와 고상한 취향"이라고 정의할 수도 있다. 어원을 살펴보면 훨씬 뜻이 분명해진다. 예를 들면 "Culture"(경작)란 생물학에서는 준비된 수단을 통해 무언가를 자라나게 함이란 뜻이다. 그러나 우리가 아프리카의 희한한 대학교에서 가르쳐진 기독교 교육을 다룰 때면 "Culture"란 단어의 훨씬 근본적인 뿌리를 발견할 수 있다. "Culture"란 단어의 어근(뿌리)이 "Cult"(이단)란 사실을 보게 되는 것이다. 이처럼 Culture(문화)는 Cult(이단)을 만들어 내는 것이다. 짐 존스가 세운 과야나 이단(1978년)은 마르크스의 철학(골 2:8)을 믿었으며, 인종 혼합, 평등권, 게이 해방 운동, "사회정의"를 믿었다. 짐 존스 이단들은 그들이 믿고 싶은 것들에 반대되는 성경구절을 진지하게 고려하지 않았다. 이들은 오렌지나 바나나에 껍질이 없다고 믿고 싶었던 것이며 그렇게 믿어 버렸다.

이와 같은 상황에서 우리는 교회사에 있어 가장 심각한 누룩을 자세히 살펴보어야만 한다. 물론 이때 우리가 잊어서는 안될 것은 가루 서말 전체에(마 13:33) 이 누룩을 집어 넣은 자들은 이 "누룩"이 거짓 교리가 아니라(갈 5:9, 마 16:12) 하나님의 은혜에 의한 구원의 복음(갈 1:8-10, 고전 15:1-5)이라고 그럴싸하게 꾸며댐으로써 그들의 흔적을 덮어 버린다는 사실이다(ASV와 NASV의 롬 1:18,21,25을 보라). 성 바돌로매의 날의 대학살이나 앙트빠벨릭[19]의 잔인한 살상 등과 같은 가장 비극적인 사건들을 다 포함한다 할지라도 교회사에서 지금 다루고자 하는 이 누룩보다 더 큰 해악을 끼친 사건은 없었다. 이번 누룩은 1500년 전에 나타난 다윈과 같은 것이었다. 한 손에는 성경을 그리고 또 한 손에는 학위증서를 들고 나타난 다윈 바로 그것이었다. 이 누룩의 가르침은 이러하다. "진리가 길에 쓰러졌다"(사 59:14)는 것과 오리겐 당시의 교회는 자신들이 "유대인"(롬 2:29)이라고 하며 종교적 간음과 우상숭배를 일삼는(계 2:14) 사탄의 회당(계 2:9)이 될 것이라는 말씀을 듣고나서도 이와 같은 인간의 타락상과는 전혀 아랑곳없이(마 7:11, 갈 1:4, 롬 3:10-18, 창 6:5) "진리"(특히 하나님의 진리)는 "행진 중이다"(남북전쟁 당시 북부의 공화국 군가)[20]라고 주장하는 것이다. 오리겐은 신약성경을 자기 책상 앞에 놓고서도 긍정적인 견해를 피력했다. (물론 전혀 근거가 없는 주장이다.) 오리겐은 아마 자신의 "빛나는 증거"와 "광범위한 지식" "뛰어난 지성" 그리고 "하나님의 말씀에 대한 무조건적인 충성"[21] 등을 통해 통치자들을 감동시킬 수 있다고 착각했던 모양이다. 구체적인 예로 그는 알렉산더 세베루스 황제의 어머니 줄리아 마마에아에게 영향을 끼쳤다고 한다. 오리겐은 사역 혹은 잃어버린 영혼의 구령을 위해서 하나님의 말씀은 어떤 곳에서는 문자적으로 받아들여서는 안되며 자신은 어떤 곳에서 그러한 결정을 내려야 하는지를[22] 알 수 있을 만큼 충분히 똑똑하다고 생각했던 것이다. 오리겐(제롬과 어거스틴처럼)은 자기가 살던 시대가 끝날 때쯤에는 "진리"가 어떤 대접을 받게 될 것인가(딤전 4:1-6, 딤후 3:1-6)를 잘 알고 있었다. 왜냐하면 그가 읽고, 가르치고, 설교하고, 개정도 하고, 강론했던 그 책이 그것을 알려주고 있었기 때문이었다. 이 교회사를 읽고 있는 그 어떤 그리스도인도 자기가 살고 있는 시대가 어떻게 끝날지를 모르는 사람은 없다. 오리겐은 하나님께서 자신의 말씀들[23]에 영감을 주셨을 때 무엇을 하고 계신지를 모르고 계셨다고 가르친 것이다. 오리겐과 어거스틴이 그런 말은 "원본"에 없다고(현대의 배교자들이 쓰는 표현)하거나 그런 말들은 문자적으로 받아들여서는 안된다고[알렉산드리아 학파소속 교수들의 성경 해석 방법은 "풍유법"(Allegory)이다[24]] 주장한다 할지라도, "당대 최대의 학자"요 "이 세상이 낳은 최고의 기독교 철학자"며 "지적 능력이 특출한" 천재이고 "성경 해석에 있어 위대한 업적"을 쌓아 "원문 비평의 아버지"[25]라고 불리운 오리겐이 구약과 신약의 외경(바나바서신, 쥬디스, 토빗 등)[26]이 하나님의 영감으로 된 성경이라고 받아들였으며, 침례에 의한 중생을 가르쳤으며, 예수 그리스도께서 그의 "제사장"(사제)들을 통해서 세상을 현재 다스리고 계시기 때문에 온 이교도(이방인)들이 그리스도께로 개종할 것이라고 "형편없이" 가르쳤다는 사실은 지워지지 않고 남아 있는 것이다.

이처럼 하나님을 모독하는 술책이나 기만 앞에서 현대의 배교한 근본주의자들은 "그 당시에는 오늘날처럼 아직 조명을 받지 못했으니까 그 정도 깨달은 것도 다행이다. 무지와 미신의 시대에(진화에 대한 강박관념이 드러나고 있음이 역력하다.) 오리겐 정도로 정통신앙을 갖고 있었던 것에 대해 우리는 감사해야 한다. 얼마 안되는 조명이라는 한계에도 불구하고 최선을 다한 믿음의 선배들을 함부로 판단하지 말고 사랑으로 대하도록 하자."라는 반응을 보이고 있다. 이러한 입장은 사실 오늘날 자유주의자들이 주장하는 것과 정확히 일치한다(1980). 라흐만, 트레겔리스, 티쉔돌프, 네슬, 알포드, 메쯔거, 홀트, 로버트슨, 그린, 샤프, 올슨, 웨니거, 로크만 재단, 앤더슨, 와필드, 예거, 아프만등이 하나님의 말씀을 어마어마하게 변개시킨 것을 바라보는 오늘날의(1980) 기독교 교육가들의 입장 역시 동일하다. 오리겐은 오늘날을 살고 있는 그 어느 누구보다도 원본이 기록된 시대에 18세기나 가까이 접근해 있었으며 본인 자신도 신약성경을 17,900여 번이나 인용했다. 오리겐은 당신이 갖고 있지 못한 속기사, 필사 전문가들을 대동하고 있었으며,[27] 당신이 보지 못한 순교자들이 매년 순교당하는 것을 목도했으며, 자신을 앞서간 "교부"들(이레내우스, 바나바, 허마스, 이그나티우스, 폴리캅, 저스틴 마터)이 전천년주의자였음[28]을 알고 있었으며 신약성경 그 어디에서도 유아세례를 찾아볼 수 없다는 사실도 알고 있었다. 왜냐하면 그 자신의 평생 동안 구약은 물론 신약성경까지[29] "개정"하는데 "헌신"했었기 때문이다. 그러니 성경을 잘 알고 있지 않았겠는가? 건전한 교리에 관한 한 그가 가지고 있지 않던 그 어떤 교리를 당신이 조명 받은 적이 있단 말인가? 전혀 없다. 만약 당신이 오리겐의 죄를 덮어주려고 한다면 그것은 곧 당신의 죄를 덮으려 한다는 것 이외에 아무것도 아니다. 무지는 하나님을 거짓말쟁이로 만드는데 대한 변명이나 구실이 될 수 없다(롬 3:4). 몰랐다고 거짓말해도 된다면 어떻게 되겠는가?

우리가 이 모든 비난을 한 사람에게만 국한시킨다는 것은 정당하지 못할 것이다. 실로 오리겐 역시 "독창적인 사상가"는 못되었다(전 1:10). 성경을 거부하는 모든 상대주의자들(아인슈타인, 막스, 융, 마르크스, 엥겔스, 프로이드 등) 역시 독창적인 자들은 아니었다. 우리는 아프리카의 희한한 대학교를 분석함에 있어 좀더 객관적이고 사실에 입각하여 진실을 가려내기 위해서 과거를 추적하여 그 뿌리가 어디에 있었는가를 밝혀 내고자 한다. 알렉산드리아의 클레멘트(Clement, A.D.150-215)가 이 대학교를 이끌게 되었을 때 이 대학은 자동적으로 "기독교 대학"으로 둔갑해 버렸다. 샤프, 히필, 라가드, 라투렛, 모쉐임, 마인, 될린져, 베텐슨, 뉴만, 피셔, 프롬 등은 물론 유세비우스(Eusebius)조차도 이 대학이 언제 기독교 대학이 됐는지를 밝혀 내지 못했다. 필로(Philo)와 판테누스(Pantaenus, A.D.145-200)가 이 이교도 대학을 주물럭거리기 시작했을 무렵 이 대학은 기독교 기관이 되어 버린 것이다.[30)]

1520년경 누군가가 그린 "페리라이스"(Peri Reis)[31)]라는 지도가 있다. 이 지도는 공중촬영을 한 것처럼 보이며 1950년까지 알려지지 않았던 남극대륙의 지리적 윤곽이 드러나 있다. 그런데 더욱 놀라운 사실은 이 페리라이스 지도를 바둑판 눈금에 맞추어 보았더니(지도에 있는 기준점을 참조해서) 미 공군이 이집트의 카이로를 기준점으로 해서 제작한 "세계 지도"와 일치하더라는 것이다. 카이로는 스핑크스의 땅으로(<짐승의 표>, 말씀보존학회 간, 1997 참조) 알렉산드리아로부터 80마일밖에 떨어져 있지 않은 곳이다.

인간의 지식이 얼마나 부패했던가를 말해 주는 역사는 이미 잘 알려져 있지만 그래도 다시 한번 더듬어 보도록 하자. 알렉산드리아는 뉴욕, 런던, 로마, 시카고, LA와 그 밖의 다른 카인적 문화 중심 도시들(창 4:16-17)과 마찬가지로 고대 세계에서 "위대한 도시"였다. 이 도시는 마귀에게 사로잡혀 간질병을 앓던 알렉산더 대왕(B.C.332)이 세운 도시로 대제국에서 가장 유명한 도서관을 갖고 있었다. 사람들은 바로 이 도시에서 프톨레미 필라델푸스가 72명의 유대인을 불러(그런데 70명밖에 안 왔다) 히브리어 구약성경을 헬라어로 번역하라고 시켰을 것이라고 추정한다. 실은 근거없는 허구에 불과하다. 그런데도 알렉산드리아 이단 학파(이러한 전설을 꾸며낸 장본인)[32)]는 20세기 동안이나 이 허황된 전설을 보존해 오고서는 이 "칠십인역"이 축자적으로 영감을 받았다고[33)] 가르치는 것이다. 알렉산드리아와 "신성한" 역사와의 관계는 여기서 끝나지 않고(창 50:26 주석 참조) 계속 이어져(이 도시는 함의 땅에 있다는 사실을 잊지 말라. 시 105:27; 106:22) 결국 거짓말의 창시자요 지지자인 로마 바로 옆에 우뚝 솟아 있게 된다(계 22:15). 하나님께서는 요셉의 뼈를 이집트 땅에 남겨 두지 않으셨으며(출 13:19), 야곱은 자신이 거기 묻히는 것을 허락지 않았고(창 49:29), 하나님께서는 심지어 말조차도 그곳에서 가져오는 것을 용납치 않으셨으며(신 17:16), 유대인들은 그 땅으로 내려가지 말라고 수차에 걸쳐 경고를 받았다(렘 42,43장). 하나님께서는 이 함의 땅에서 이스라엘 민족을 불러내셨을 뿐만 아니라(출 15장), 자기 아들 역시 그 땅으로부터 불러내셨다(마 2:15).

이 정도의 성경적 사실들만 가지고도 알렉산드리아를 "중립적"인 자세로 대하는 학자들과 역사가들이 어떤 위치에 있는지 충분히 분별할 수 있을 것이다. 성경이 지성에 대해 내리는 판단을 거부하면 당신은 결코 진정한 지성인이 아니다. 지성이라고 하는 것은 헬라어 학자들을 무용지물화해 버렸고(고전 1:23; 3:19), 관용이라고 하는 것도 전함대를 파선시켰으며(왕상 22:48), 왕 자신의 목숨을 앗아갔던 것이다(왕상 20:42). 관용이나 아량을 보이지 않는 태도는 신약의 에베소 지역교회를 구출해 준 은인이었다(계 2:2). 주님께서도 이들 에베소 성도들이 일단의 "그리스도인"들에게 관용을 베풀지 않았기 때문에 이 교회를 인정해 주신 것을 볼 수 있다.

필로(B.C.20-A.D.50)는 알렉산드리아에 있던[34] "대회당"의 랍비였다고 추정된다. 배교한 유대인으로서 전능하신 하나님의 정죄하에 있었던(렘 42,43장, 신 28:68) 필로는 유대인의 경전인 구약성경을 믿지도 않았고 명절을 지키지도 않았으며(신 16:16) 희생제사도 드리지 않았다(레 17장). 그는 플라토(B.C427-347)의 사상을 추종한 자[35]로서 자기가 싫어하는 성경의 모든 부분을 알레고리화(풍유적으로 해석했다는 뜻) 했다. 우리가 필로에게 내린 심판이 너무 가혹하다고 생각될지 모르지만 우리는 알렉산드리아 이단이 변개시킨 책, 즉 성경의 향상된 빛으로 조명 받아 바로 이 알렉산드리아 이단의 뿌리를 평가하고 있다는 사실을 잊지 말아야 한다. 하나님의 기준에 따르면(고전 1,2장, 사 28,29장, 잠 30:6, 눅 10:21) 필로는 하나님께 반항하는 어리석은 자인 것이다(눅 24:25). 그러나 어리석은 자들은 천사도 두려워서 가지 않으려는 그곳을 "과감히"가는 자들이기 때문에 필로와 "한패거리"가 된 어리석은 자들이 여러 명 있다는 사실에 조금도 놀랄 것 없다.

후일 "교부"(Church Fathers)들에게 엄청난 문제를 가져다주었던(A.D.100-300) 사탄의 철학 체계(골 2:8)는 "영지주의"(Gnosticism)라고 불리는 것으로 "똑똑한"이란 뜻이다. 영지주의자(Gnostic)는 "아는 자"(knower)란 뜻으로 "모르는 자"(agnostic)에 반대되는 말이다. 모르는 자는 라틴어로 무지한 자(ignoramus)란 뜻인데 바로 이 알고 모르고 하는 것이 이브가 갖고 있던 원래의 문제였으므로(창 3:1-3), 로마, 그리스, 바빌론, 시리아에 있던 모든 신비 종교에는 "초자연적 선택"을[36] 받은 분들이 계신 고로 그리고 이들 "초선택자"(Super-elect)들은 늘 높은 지식과 아울러 평범한 필부보다는[37] 훨씬 수준이 높은 빛을 받은 자들인 고로, 플라토의 인도를 받은 영지주의는 결국 "고등 교육"을 택할 수밖에 없었고 우리가 살펴보는 알렉산드리아의 경우는 "기독교" 고등 교육이 될 수밖에 없었던 것이다.[38]

샤프에 따르면[39] 영지주의는 역사상 알려진 것들 중에서 가장 위대하고 포괄적인 "종교적, 사상적, 혼합주의"라고 한다. 영지주의는 동양의 신비주의와 희랍의 철학과 알렉산드리아와 필로의 유대주의와 기독교가 혼합된 것이다. 따라서 이 영지주의가 택할 수 있는 교과서는 신비주의(마 12:6), 학문(롬 1:18,21,25), 간통(눅 2:33), 현대주의(눅 23:42), 행위 구원(갈 5:4), 은혜로 받는 구원(엡 2:8), 정통 기독교(요 3:16), 카톨릭(골 1:14), 금욕주의(골 2:23)를 모두 다 혼합해서 담고 있는 NASV가 되어야만 할 것이다(열거한 모든 참조 구절을 1980년 현재 기독교 대학들 추천하고 있는 NASV, ASV, NIV를 읽어 보면 얼마만큼 변개시켰는가를 알 수 있다).

오리겐(A.D.184-254)은 그의 공식적인 성경 해석 방법을 필로에게서 취했다.[40] 필로가 구약적 의미에서 볼 때 구원받은 사람(다윗, 히스키야, 예레미야처럼)이라는 증거는 하나도 없다. 마찬가지로 그는 신약적 의미로 볼 때 역시 구원받은 자가 아니다(요한, 베드로, 바울 등). 오리겐의 스승이요 지도교수였던 알렉산드리아의 클레멘트(A.D.150-215)는 플라토의 책들이 "진리를 포함하고" 있기 때문에 영감을 받은 것이라고 인정했다. 플라토의 <공화국>을 읽어 본 사람은 그 책을 잠언과 이사야서와 비교해 보면 이 엉터리 철학자가 얼마나 "영감"을 받으셨는지를 짐작하고 남을 것이다. 이 두 책은 플라토가 태어나기 300여년 전에 쓰여진 것들이다.

알렉산드리아 학파의 올스타 팀을 연대순으로 나열하자면 다음과 같다. 플라토(Plato, B.C.427-347), 필로(Philo, B.C.20-A.D.50), 판테누스(Pantaenus, A.D.145-200), 클레멘트(Clement, A.D.150-215) 그리고 오리겐(Origen, A.D.184-254)이다. 이들이 바로 알렉산드리아 이단의 창설자들인 것이다. 이들 모두는 교육자였고 교수님들이었다.

이들 모두는 철학적이었고 과학적이었다.[41] 이들은 원본이든 필사본이든 간에 하나님의 말씀을 멋대로 고쳐버린 자들이다. 이들의 후학들은 오늘날도 여전히 "살아서 활동"하고 있다. 이 말을 못 믿겠거든 사도행전 17:22을 NIV나 NASV로 읽어 보라. 그곳에서는 알렉산드리아의 클레멘트가 집어넣은 본문이 1960년, 1978년에 나온 "성경"에도 버젓이 살아 있다(행 17:22 주석 참조). 또 요한복음 1:18을 읽어 보라(NASV). 여기서는 오리겐이 변개한 모독적인 사본이 두 "하나님들"을 제시하면서 한 하나님이 다른 하나님을 "밝히셨다"(declaring)고 하고 있다. 여호와의 증인이 러셀 목사나 러더포드 판사로부터 시작된 것이 아니라는 증거가 바로 이것이다. 여호와의 증인의 선조는 니케아 공회(A.D.325)가 열리기 100여년 전에 이미 활발한 활동을 벌이고 있었다.

희랍의 영지주의 철학자들이 세우고 이끌어 온 알렉산드리아 "학파"는 지난 20세기 동안 서양의 과학, 철학, 종교, 교육분야에 모조리 침투하였으며 이들의 멤버쉽은 완전한 무신론자와 공산주의자(레닌, 셀수스, 마르크스, 포피리, 엥겔스, 잉거솔, 니체 등)에서부터 파시스트와 카톨릭(히틀러, 무솔리니, 샤를마뉴, 피의 메리, 카스트로, 히믈러, 케네디가, 보건 교육과 복지 정책을 편 칼리파조, 왈렌슈타인, 메테르니히 등)을 거쳐 죽은 정통 신학자들(바르트, 브루너, 벌콥, 틸리히, 밀러, 메이첸, 와필드, 라이트푸트 등)을 뚫고 신복음주의자와 배교한 근본주의자(섬너, 오켕가, 로버츠, 스와거트, 로버트슨, 아프만, 커스터, 웨이트, 마틴, 트렌치, 빈센트, 웨스트, 램 등)에까지 이르렀다. 이들 이단 그룹의 신조(신경)를 보면 이들의 정체는 밝혀진다.

1. 이 지구상에는 기록으로 남아 있는 그 어떤 최종권위도 없다. 과거에는 있었을지 모르지만 그것은 없어졌다.

2. 여러 상황에 따라[42], 각자의 생각이나 느낌에 따라, 자신이 증명하고자 하는 것이 무엇인가에 따라, 각자의 선호와 의견을 고려하여 무엇이 옳은가를 판정해 주는 여러 가지 "최종권위들"이 있다.

3. 이 경우 교육을 많이 받은 사람일수록 최종권위를 선정할 자격을 갖추게 되는데 그것은 그가 더 많은 정보를 갖고 있기 때문이다(즉 최종권위를 없애기 위해 더 많은 술책을 부릴 수 있다는 뜻).

바로 이것이 "문화"(Culture)가 의미하는 바이다. 이 단계는 모든 교회 역사가 맞이하게 되는 제4단계로 곧이어 나타날 배교의 단계의 전초 역할을 한다. 이 문화가 교회사에 최초로 등장하게 된 것은 A.D.220-250년경이었다. 이것은 이집트 알렉산드리아에서 나타났는데 그 뿌리는 창 3:1의 뱀에서부터 파라오, 발라암, 사울 솔로몬, 아합, 시드키야, 아라비아인 게쉠, 여선지 노아댜, 플라토, 이세벨, 소크라테스, 데마, 아리스토텔레스, 디오트레페, 헤롯, 빌라도, 펠릭스를 거쳐 배교한 성경 거부자요 "유대인"이었던 알렉산드리아의 필로에까지 내려온다(필로는 알렉산드리아 "대회당"의 "랍비"였다).

그러면 지금부터 이 거대한 나무(단 4장)의 씨앗과 뿌리를 간략히 살펴보자. 이 거대한 나무는 마귀들의 거처가 되어 버려(마 13:32) 하나님께서 잘라버리시기로 정해 놓았다(겔 31장).

플라토(Plato)는 구원받지 못한 그리스 철학자로(골 2:8) 지혜가 지고의 선(고전 1-3장)이라고 생각했다. 그는 이성과 지성을 비대화시켰고 "사회적 지성"(social mind)[43] 이야말로 이상적인 지성이라고 주장했다. 플라토는 그 어떤 형태의 민주주의도 미워했기 때문에 진화가 성장의 보장이 되는 그러한 파시스트 유토피아를 구상해 냈다. 그는 국가가 어린이들을 부모로부터 격리시켜(이 짓은 소련사회에서 지난 50년 간 행해졌다.) 그들을 20년 간 "재교육"시켜서(이 짓도 월남과 캄보디아에서 행해졌다.) 국가에 쓸모 있는 재목으로 키워야 한다고 했다. 이것은 "가치규명프로그램"(values clarifica- tion program)[44]이라고 불리는 것으로 국가만이 쓸모(가치)있고 가치 있는 것을 결정할 권리가 있다는 주장이다(지난 50년 간 소련이 이 프로그램을 시행했다). 선별적 종족번식(아돌프 히틀러가 시행했음)과 아이들 교육을 위한 "보호시설"들이 세워졌다(미국의 IRS와 HEW같은 기관들이 이 프로그램을 도입했다). 결국 인간의 악과 도시 문화의 부정적인 요소들은 하나님이 계신 것을 믿거나, 하나님을 신뢰하거나 혹은 하나님 자신을 믿음으로써(카인은 하나님이 계신 것은 믿었으나 하나님 자신을 믿지는 못하였다.) 해결되는 것이 아니라 인간 통치자를 세움으로써(예를 들면 철학자들 고전 1-3장) 해결될 수 있다고 생각하는 것이다. 결국 모든 사람은 "제사장"들이 주도하는 교회국가의 성전에 참석하여 강제로 "예배"에 참석해야만 될 것이다(로마 제국 당시 황제들이 정확하게 이 제도를 시행하였음을 잊지 말라). 가정에서 "비밀 집회"를 갖는 사람들은 사형에 처해지게 될 것이다(러시아에서는 이런 경우가 여러 번 있었다). 플라토는 하늘도, 지옥도, 심판도, 부활도 믿지 않았기 때문에 육상동물은 인간으로부터 진화했다고 믿었고 하나님(神)은 남성도 여성도 아닌 중성적 "힘"[45]이라고 믿었다. 이와 같이 부패하고, 사이비 과학적이고, 사회주의적인 교리에 대하여 "위대한" 이신론자인 에머슨(1803-1882)이 "도서관을 태워버리라. 그 속에 담긴 모든 가치는 이 한 권의 책에 있다"라고 말했을 때 그가 말한 책은 성경이 아니라 플라토의

"공화국"이었던 것이다. 아마 이보다 더 열광적이고 광신적인 선언은 아마도 나치의 제3제국(1933-1945) 기간 동안 히틀러나 괴벨이 행한 연설이나 배포한 선전물에서도 찾아볼 수 없을 것이다.

그런데 이러한 플라토의 철학이 최초의 "기독교" 대학의 기초가 되었던 것이다. 이러한 대학에서는 그 대학의 철학적 엘리트들이 교수진이 될 것이며(주 36 참조) 학생들은 "재교육"을 위해 국가의 보호하에 놓이게 된 "피보호자"인 셈이다. 따라서 10년 이하의 재교육 과정을 마치지 못한 "그리스도인"은 누구든지 직업어부로 분류되게 될 것이다(행 4:13 주석 참조). 플라토는 20년의 재교육을 주장했는데 6년 간의 문법학교, 3년 간의 중학 과정, 3년 간의 고등학교 과정, 4년 간의 대학 과정 그리고 4년 간의 대학원 과정을 주장했는데 정확하게 미국에서 시행하고 있는 제도인 셈이다. 미국에서(1950-1960) 철학 박사 학위(Ph.D)를 취득하려면 이와 같은 20년이 걸린다. 이처럼 알렉산드리아 이단은 오리겐과 함께 사라져 버린 것이 아니다. 디오클레티안이 성경 몇 권 태워 버렸다고 해서 이들이 가동을 중단한 것도 아니다.

판테누스(Pantaenus, A.D.145-200)는 아무런 저서도 남기지 않았다. 그는 A.D.190년까지 알렉산드리아 대학의 지도급 인물이었으나 그에 대해 우리가 가지고 있는 정보라고는 소크라테스와 플라토, 아리스토텔레스의 글들이 영감을 받았다고[46] 주장했던 클레멘트라고 하는 그의 추종자가 남긴 몇 마디뿐이다. 클레멘트는 판테누스에 대해 매우 높은 평가[47]를 내리고 있다. 그는 판테누스는 성경을 믿는 그리스도인은 아니었다고 솔직히 진술한다. 왜냐하면 판테누스는 "기독교에 대해 완전한 통찰력"[48]을 지닌 "영지주의자"였기 때문이다. 완전한 통찰력을 내세워 우리의 신뢰와 신임을 얻어낸 후 알렉산드리아 교리문답 학교 창설자 판테누스는 진정한 그리스도인이었다고 믿게 만들 속셈인 것이다. 이렇게 해서 알렉산드리아 대학은 은근 슬쩍 "기독교" 교육 기관으로 둔갑을 하게 된다. 그러나 역사상 그 어떤 교회사가 중에도 판테누스가 헤롯이나 빌라도 만큼이라도 예수 그리스도에 관해 알고 있었는가를 집어낼 수 있는 사람은 하나도 없다.

이 희한한 대학의 다음 총장(클레멘트, A.D.150-215)에 따르면 그리스도인들에게 철학을 주신 분은 하나님이셨다고 한다(플라토의 공화국에 관한 윗 글을 읽으신 분은 이 선언이 얼마나 엉터리인가를 금방 눈치채실 수 있다). 클레멘트는 별을 숭배하는 그것은(행 7:42) 하나님께서 "사람들로 더 순수한 종교로 나아가도록 도우시는 방법"[49]이라고 했다. 그러나 신약성경이 이러한 새빨간 거짓말을 완전히 거부하고 있다는 사실은(행 7:42) 클레멘트에게는 별것 아니다. 이들 이단이 가르치는 기독교 교육에서는 성경과 교육가들의 의견이 상충되는 경우 성경이 말하고 있는 바는 전혀 고려의 대상이 되지 않는다. 이들 교수님들은 그저 성경이 "의미"[50]할 것이라고 미리 정해 놓은 교리를 "가르치기" 위해 성경 말씀을 고쳐 버리는 것이다.

클레멘트는 "하나님의 선물은 영생"(롬 6:23)임을 분명히 알고 있었다. 그런데도 그는 성경에 반대하여 죄인은 관능적 욕구를 극복함으로써 하늘나라에 갈 수 있다[51]라고 말했다(골 2:20-23 주석 참조). 클레멘트 역시 구원에 관해 분명한 입장을 갖고 있었다. 즉 교회 밖에서는 구원이 없다는 것이다[52](오늘날 모든 정통 카톨릭 교황들이 말하고 있는 것과 똑같다). 클레멘트의 저서나, 철학이나 가르침이나 교과 과정 그 어디에서도 그가 성령님에 관해 알고 있거나 교제하고 있다는 증거가 하나도 없다. 그가 성령님에 관해서 인용한 구절이라고는 <킹제임스성경>에서만 찾아볼 수 있는 요한일서 5:7인데 이 구절은 200년 후 오리겐이 변개시킨 3세기의 필사본[53]을 추종한 헬라어 대문자 사본인 바티칸사본과 시내사본에서 제거되고 말았다. 그러나 클레멘트가 성령에 대해서 알고 있었던 것은 그분이 삼위일체의 한 분이라는 것일 뿐 신약성경을 그의 저서에서 2,400여 회 이상 인용했던 그가 성령님께서 창조사역에 동참하셨으며(창 1:2-3), 중생(요 1:3), 인치심(엡 4:30), 성도의 보존(행 14:16), 위로하심(요 14:26), 변형(고후 3장), 가르치심(요 16:13) 등의 사역을 수행하고 계심을 전혀 알고 있지 못했다. 어떤 독자는 이것은 클레멘트의 무지 때문이라고 할는지 모르지만 구원과 같은 기본적인 문제에 관해 전능하신 하나님께서 하신 말씀을 고칠 수 있을 만큼 똑똑하다는 것을 스스로 내세우면서 성경을 2,400여 회 이상 인용했던 그라면 더 이상 선생 노릇은 그만두는 것이 낫지 않겠는가?[54] 자신의 우쭐댐과 야망 때문에(고전 8:1) 클레멘트는 자신을 무지한 자 속에 포함시키지 않고 아는 자 그룹에 포함시켰다. 이처럼 성경을 고칠 수 있을 만큼 똑똑하다고 우쭐댔던 성경 변개자를 판단함에 있어 관대해야 할 이유라도 있단 말인가?

오리겐(Origen, A.D.184-254)이 죄에 대하여 갖고 있던 사상은 분명하다. 그는 유전된 죄들을 씻기 위해서는 물을 뿌려야만 한다[55]고 했다(오늘날도 모든 카톨릭 주교들과 교황들은 이렇게 주장한다). 심지어는 우리가 그리스도에 연합된 것은 중생과 고린도전서 12:13에 의해 된 것이 아니라 "신비로운 입맞춤"[56]에 의한 것이라고 주장했다. "성경을 진지하게 공부한 사람"이라면(이 표현은 20세기에 유행하는 것으로 종교적 트릭의 일종이기도 하다) 입맞춤(삼하 15:5)은 위험한 일이 될 수도 있다(마 26:48)

는 사실과 특히 이 입맞춤이 직접적인 것(시 2:12)이 아니라 "신비로운" 것일 경우(호 13:2)는 더욱 위험하다는 것을 알고 있을 것이다. 오리겐의 신약성경에 따르면(그는 이 성경을 무려 17,000여 차례 인용하고 있다) 그리스도인은 "신비로운 종교"(모든 이교도의 종교를 보라)를 완전히 터득할 때까지 공부해야 하며 그리스도인은 죽기 전에 "하나님의 완벽한 모습"으로 바뀌어 아담의 형상을 되찾을 수 있다고 가르쳤다. 오리겐의 구약성경에 따르면 태양은 창조의 제4일째(창 1:15) 만들어진 것이 아니라고 한다. 그 이유는 "어떤 지성인도" 그것을 믿으려 하지 않기 때문이라고 한다.[57] 이것이 스코필드 주석 성경이(20세기임을 잊지 말라) 창세기 1:15에 대해 이해하고 있는 바이다. 알렉산드리아 이단은 A.D.300년에 죽어 없어지지 않았다. 죽기는커녕 멍도 들지 않은 채 생생하게 활약하고 있다.

오리겐에 따르면 아담과 이브는 아무 열매도 따먹지 않았다. 창세기 3장의 사건을 실제적인[58] 사건으로 믿는 것은 너무도 "유치"하다는 이유 때문이다. 웨스트코트와 홀트도(1884) 창세기 3장을 오리겐이 다루는 것처럼 다루고 있다. 그래서 알렉산드리아 이단은 A.D.300년에 죽지 않았으며, 지금도 그렇다고 누차 강조하는 것이다. 오리겐이 제시한 "구원 계획"은 아마 구원받지 못한 로마 황제라면 그 누구에게도 매력적으로 들렸을 것이다. "우리는 영생을 최선을 다해 붙듭시다. 하나님께서 우리에게 영생을 주시는 것이 아니라 다만 제공하실 뿐입니다. 이 영생을 우리의 선행으로 꽉붙들어서 우리의 혼 안으로 잡아 넣는 일은 우리가 해야 하는 것입니다."[59] 만약 오리겐이 자신이 말한 바 그대로를 실천에 옮겼다면 그는 지금쯤 무려 1700년 동안이나 지옥에서 타고 있는 것이다. 즉 오리겐의 말이 틀리고 성경 말씀이 맞다면 그렇다는 것이다(마 23장, 마 13장, 엡 2:1-4, 요 3:36, 요 3:16, 롬 6:23; 10:9-10). 우리는 오리겐이 경솔히 이런 말을 했거나 위에 언급된 선언을 정확하게 믿고 있었던 세르베투스 황제의 어머니 앞에서(제4장 주 63 참조) 너무도 "긴장해서" 그러한 발설을 했을지도 모른다고 생각하고 싶다. 어쨌든 모든 구원받지 못한 로마 황제들은 오리겐 처럼 행위(선행)에 의한 구원을 믿었다. 그들은 그 누구도(오리겐을 포함해서) 육체적인 부활을 믿지 않았다.

오리겐이 누가복음 4:5 같은 것은 단지 "부주의한 독자"만이 있는 그대로 믿을 뿐 "세심한 독자"[60]는 성경에서 그런 구절을 찾아낼 때면(예를 들면 성전 건축 등), 믿을 만하고 또 믿고 싶은 구절은 받아들이지만 그렇지 않은 구절은 배재해 버리면 된다고 말해 주는 것이다. 즉 사과 껍질을 벗기고 씨를 뱉어 버린 후 사과를 먹어 보니

껍질도 씨도 없더라고 하는 것이다. 이것이 오리겐 일당의 그 유명한 "방법론"인 것이다. 오늘날도 <Christianity Today>, <주의 칼, *The Sword of the Lord*>, <Faith Magazine>(BJU), <Moody Monthly> 등과 같은 잡지에서 변개된 성경들을 선전할 때면 오리겐의 방법을 사용하는 것이다(1980). 이 성경은 "세심한 독자"와 "진지하고 의식 있는 독자"들을 위한 것이라고 선전한다. 그런데 이들 학자 군단들은 자신들의 학교에 학생들을 불러모으기 위해서[61] 자신들은 <킹제임스성경>과 "연합"되었다든가 "일치"한다는 거짓말을 늘어놓지만 실상은 <킹제임스성경> 이외의 모든 다른 성경들을 선호하고 있다. 오리겐은 "부주의하고" "진지하지 못한" 학생들을 위협하는 동안 베드로전서 1장에 관련한 언급에서 "카톨릭"이란 용어를 사용하면서 이것이 성경적 표현이라고 생각했던 것이다.[62]

바로 이것이 최초의 "기독교" 대학교가 퍼뜨린 기독교 문화이다. 이 대학교의 커리큘럼이 얼마나 "성경적"이었겠는가는 독자 제위가 스스로 판단해 보시기 바란다. 만약 오리겐과 그의 추종자들이 저지른 짓이 단지 창세기 1-3장을 알레고리화 했으며, 구원에 대해 거짓 교리를 퍼뜨렸고, 성경대로 믿는 사람을 조롱하였고, 성경을 30,000군데 변개시킨 것으로(오리겐의 Hexapla 제5란에서 나온 시내사본과 바티칸사본을 보라.[63]) 그쳤다면 우리는 그 어떤 성경 거부자들과 마찬가지로 이들을 참아 낼 수 있을 것이다. 그러나 문제는 여기서 끝나지 않는다. 이 알렉산드리아 대학교는 그들의 신학적 입장에 있어서 너무도 빗나가 버려 결국 서방 세계에 있어 성경적 기독교의 종식을 고하게 하고 말았다. 플라토의 사사로운 해석은 후일 플라토 학파와 필로를 뒤이어 알렉산드리아 학파를 이끈 판태누스가 세운 알렉산드리아 대학에서 가르쳐졌다. 이 알렉산드리아 학파가 플라토적이었다는 사실은 모든 역사가가 동의하고 있는 바이다. 오리겐이 이 학파에서 가르치려고 했던 그 당시 야기된 문제는 "만약 어린아이나 유아들이 '신비로운 키스'(앞서 언급했음)를 할 수 있을 만큼 자라거나 선행을 통해 영생을 '붙들기'(앞서 언급했음)도 전에 죽는다면 이 혼들은 어떻게 '역사 이전의 타락'의 심연을 거슬러 고향으로 돌아갈 수 있을 것인가?"[64] 하는 것이었다. 아마 이런 문제에 직면하면 "넓은 아량"을 지닌 그리스도인들은 "근본적인" 문제가 아닌 그러한 사항에 있어서는 자신에게 동의하지 않는 사람들을 용납하고 이해하는 것이 괜찮겠다고 생각할 것이다. 미국에서 전개된 근본주의 운동(1920-1950)은 비록 침례교도(노리스, 릴레이, 쉴즈 등)에 의해 주도되기는 했어도 "믿는 어른의 침수"라는 교리를 근본적인 사항에 포함시키는데 있어서는 상당히 "수줍음을 잘 타는" 몇몇 지도자들을 갖고 있었던 것 같다. 이들이 이 주요한 교리를 근본 사항에 넣지 않은 이유는 루터와 웨슬리

같이 경건한 하나님의 사람이 그 교리를 가르치지 않았다는 것이다. 이그나티우스도 시프리안도 칼빈도 밥 존스 시니어도 그것을 가르치지 않았는데, 이레내우스나 폴리캅같이 경건한 순교자도 가르치지 않았는데 괜찮지 않느냐는 것이다. 그러니 성경이 "분명히 가르치지 않고 있는" 그러한 사항을 굳이 고집할 필요가 있느냐는 것이다. 뭐하러 쓸데없는 분쟁을 일으키겠는가 하는 것이 이들의 알리바이이다.

그러나 이 교리는 매우 중요하다. 왜냐하면 후일 이 문제가 중생과 신생(new birth)이라는 근본적인 문제와 연관되기 때문이다. 또한 이 문제가 "선택받지 못한 어린이"는 지옥에 갈 것이라고 가르치는 교리와 관련된다면(칼빈과 어거스틴은 이렇게 가르쳤다), 혹은 이들 어린아이들이 림보(지옥 변방)로 갈 것이라고 가르치는 교리와 관련된다면(모든 교황은 이렇게 가르친다) 성경대로 믿는 사람들이 침례 문제에 관해 성경적인 정확한 답변을 갖고 있어야 하며 구원의 계획과 믿는 자의 영원한 보장이라는 문제와 관련해서도 "완전히 정확한 이해"를 하고 있어야 한다.

알렉산드리아 학파는 이미 여러차례에 걸쳐 성경을 거부하고 성경적 진리 대신 영지주의적 입장을 고수해 왔으므로 판테누스, 클레멘트, 오리겐, 혹은 그들이 가르치거나 영향을 준 사람들(유세비우스, 어거스틴, 콘스탄틴 등)이 30년 동안 성경을 눈앞에 두고서도 플라토가 안고 있던 "문제"를 해결할 수 없었다는 사실은 놀랄 일이 못된다. 유아들(바보와 저능아도 포함해서)은 율법에 대한 지식을 갖게 될 때까지(롬 5:13) 순진(천진난만한)한 상태에 있다(신 1:39). 죄가 율법을 위한 것임을 모를 때는(롬 4:15), 그 죄가 개인에게 전가되지 않는다(롬 5:8). 물론 이들은 "죄와 허물로 죽은 채" 태어났고 죄성을 유전으로 물려받았지만(시 51:5) 율법을 범하는 것이 죄임을 몰랐으므로 죄로 인정되지 않는 것이다. 존 칼빈, 카이퍼, 댑니, 하지, 길, 로스, 핑크, 모로, 와필드, 메이첸 그리고 스펄젼마저도 이 단순하고 기본적인 신약 구원에 대한 진리를 붙잡을 수 없었다. 왜냐하면 이들은 물침례(유아세례)에 관해 이단적 가르침을 배우면서 자라 왔기 때문이다. 만약 어린아이가 아담의 죄로 인해 죽게 된다면 그는 다른 누구의 범법행위 때문에 죽은 것이며 자기자신은 아무런 죄를 지은 것이 아니니다. 다시 말하면 이 어린아이는 아무런 죄의 행위를 저지르지도 않았는데도 죽은 것이다. 따라서 분명한 것은 이 어린아이는 그리스도를 영접하는 행위 없이도 구원받을 수 있다. 그리스도의 의가 아무런 행위 없이(롬 5:8) 이 어린아이에게 전가될 수 있다. 그것은 그가 천진난만(순진)의 상태에 있기 때문이다(창 2장, 신 1:39). 그러나 사람이 율법에 대해 내적인 지식을 갖고 있을 때에는(롬 7:8-10; 3:19), 율법을 범하는 것이

죄임을 알고 있었던 것이므로 그는 의지적 결정으로 하나님의 의를 택해야 한다. 다시 한번 강조해 두지만 물침례는 인간의 생전이나 생후이거나, 이교도 집안에서 태어났거나 구원받은 가정에서 태어났거나 그 어떤 유아의 "선택"이나 "택함 받지 못함"과 아무런 관계가 없다. 물침례는 이 세상 어디에서도, 어떤 상황에서도, 구원과 관계가 없다. 물침례를 중생과 구원에 관련시키려는 것은 중생과 중매가 관계 있다고 하는 것과 같다.

이에 관해 성경은 너무도 분명하기에 쓸데없고 사탄적인 알렉산드리아 학파의 노력(하나님께서 자신들이 사용하는 헬라어로 기록하여 주신 그 성경에 나오는 평범한 진리를 묵살해 버리고자 하는 그 가상한 노력)은 기독교 교육이 과학, 종교, 철학, 원문비평학, 문화 등과 섞여 버리면 하나님의 말씀을 이해하는데 전혀 호용이 없는 완전한 실패임을 잘 입증해 주는 영원한 증거라고 하겠다. 메이첸, 와필드, 윌슨, 모로, 칼빈, 어거스틴 그리고 교황들은 이 문제를 전혀 이해하지 못했다. 그들에게서 이 문제에 대한 답변을 기대한다는 것은 무리이다. 속기사, 전문 서기관을 대동하고 "축자적으로 완전히 영감받은 원본"이 나온 시대로부터 겨우 한 세대밖에 떨어지지 않았던 그러한 필사본을 손안에 놓고서도 오리겐과 클레멘트는 트라얀, 네로, 도미티안, 디오클레티안과 같은 로마 황제들이 신약에서의 구원을 다루지 못한 것만큼이나 하나님의 진리를 풀 수가 없었던 것이다.

이처럼 어처구니 없는 교만과 맹목적 어리석음에 뒤이어 희한한 전설이 세워졌다. "어린아이들은 물뿌림을 받을 때 거듭난다"[65]라는 이 전설은 알렉산드리아 학파가 세워 놓은 전통이다.

침례에 의한 중생의 문제는 다음 장에서 자세히 다루려고 한다. 우리는 이 시점에서 아프리카의 희한한 대학교를 설립한 알렉산드리아 이단들이 서기 2,3세기에 저지른 일들을 요약 정리해 보도록 하자.

1. 이 알렉산드리아 학파에 속한 어떤 "교수"님(혹은 이 학파와 연관있는 사람)도 성경대로 믿는, 거듭난 하나님의 자녀라는 근거가 없다.

2. 비록 오리겐이 헬라어 문법학자요, 원문비평학자요, 헬라어 해석학자요, 헬라어 교수이며, 필사본 교열자이긴 했어도 그가 헬라어(혹은 그 어떤 언어로 된) 구약성경(만약 그것을 보았다면)의 90%이상을 이해하는데 있어 당나귀보다 현명했다는 증거가 하나도 없다.

3. 이 학파의 교수이건 학생이건 이 학파가 가동 중인 기간 동안 그 누구도 죄인을 그리스도께로 인도했다는 증거는 하나도 없다. 다만 그레고리 타우마투르구스 한 사람은 혹시 예외적 인물일 가능성은 있다.

4. 오리겐이 신약성경에 제시된(로마서와 에베소서) 구원에 관해 알고 있었다는 역사적 기록은 하나도 없다.

이와 같은 배교한 "기독교" 교육자를 높이 치켜 세우고 면류관을 씌운 사람은 ASV (1901)의 책임편집위원이었던 필립 샤프박사로 그는(얼굴색 하나 안 변하고) 오리겐은 "날카로운 투시력"과 풍성한 사상 그리고 타오르는 상상력의 소유자로 그의 "참되고 신성한" 빛나는 재능과 광범위한 지성으로 문헌학, 철학, 신학에 있어 두각을 나타내었으며 "당대 가장 위대한 학자"[66](그것도 가장 큰 은사를 소유했고 그 은사를 잘 개발한)라고 평했다. 사도들의 뒤를 이은 그 "시대"가 이교적 무지에 가려진 암흑 시대였기에 "빛나는 재능"의 소유자를 필요로 했다는 실로 대단한 고백이 아닐 수 없다. 오리겐에 대한 이와 같은 지나친 찬사는 1901년 ASV를 만들어 낸 그 위원회 위원장의 입에서나 나옴직한 것임에 틀림없다. ASV는 1960년 NASV를 만들어 낸 로크만 재단에 의해 요셉으로 비유됐다(요셉은 구약에서 예수 그리스도의 가장 위대한 예표임을 잊지 말라). NASV는 오늘날 미국에 있는 알렉산드리아 이단 학교들이 추천하는 성경임을 또한 잊지 말라. 이와 같은 광신적 아첨과 신성 모독적인 자화자찬은 아모스서에 나와 있는 한마디로 대처해 버리겠다. "네 혀를 붙들지니라"(암 6:10). "기독교 학자들" 말고도 아직 그리스도의 몸 안에는 정신이 제대로 박힌 사람이 남아 있느니라.

알렉산드리아 이단들이 만들어 낸 마지막 작품은 네슬의 알렉산드리아 텍스트(홀트, 알란드, 메쯔거의 텍스트와 동일한 것임 : 여러 개의 권위들이 존재한다고 함, 마 6:24)에서 번역되어 나온 35개 정도의 최신 번역본인 것이다. 역사상 존재했던 가장 위대한 배도자 중 2명인 클레멘트와 오리겐의 머리 속에서 발생된 혼란의 산물인 "절충원문"(eclectic texts)들은 지난 17세기 동안 교회사를 통해 살아남아 여전히 활약을 거듭하고 있는 것이다. 이것이야말로 하나님께서 말씀하신 바를 믿는데 있어 인간이 충실하지 못하고 성실하지 못하다는 영원한 증거인 셈이다(창 3:1). 이 아프리카의 희한한 대학교는 1980년 현재 전세계에 분교를 두고 있는 셈이다.

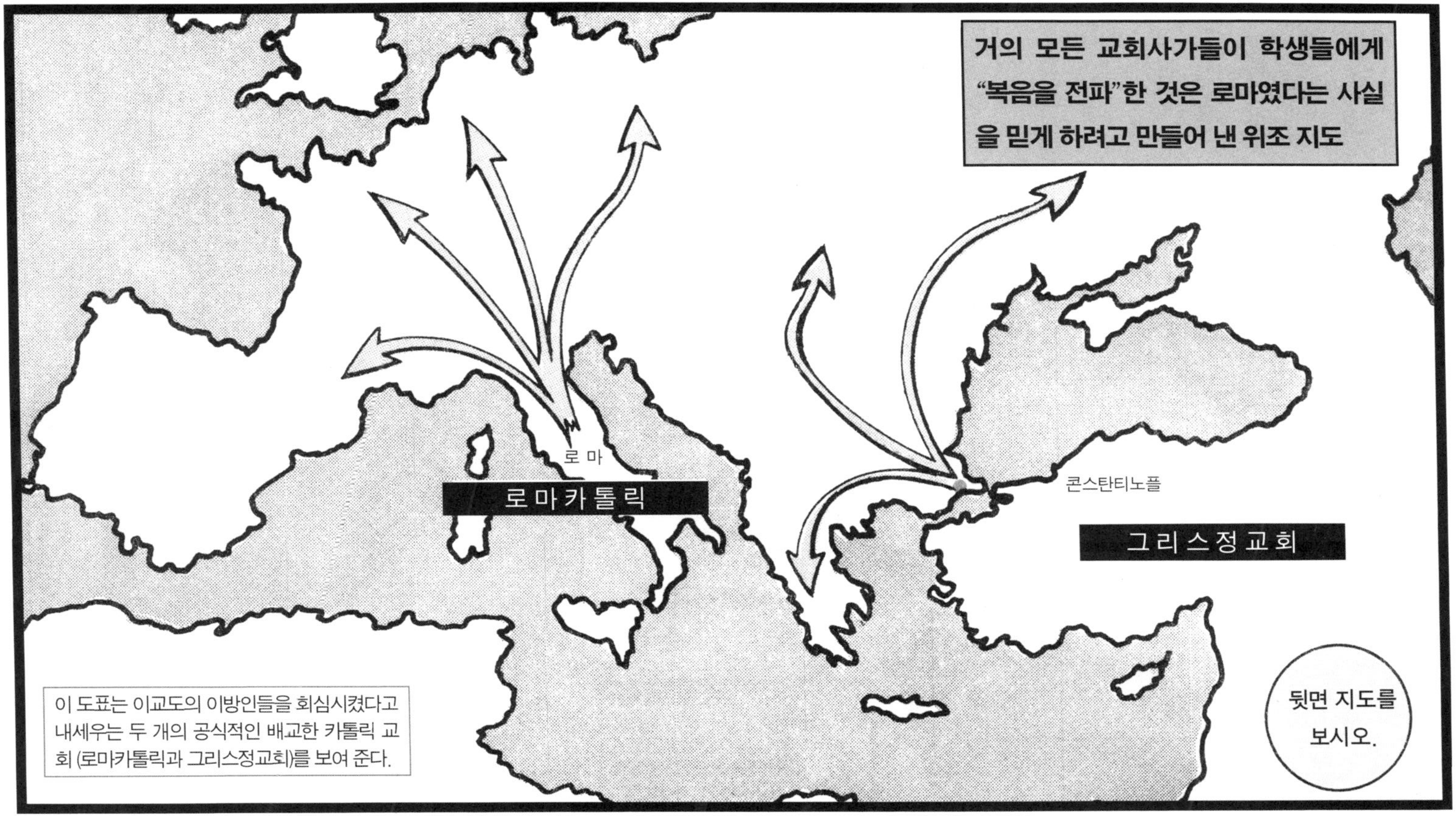

거의 모든 교회사가들이 학생들에게 "복음을 전파"한 것은 로마였다는 사실을 믿게 하려고 만들어 낸 위조 지도
로 마
로마카톨릭
콘스탄티노플
그리스정교회
이 도표는 이교도의 이방인들을 회심시켰다고 내세우는 두 개의 공식적인 배교한 카톨릭 교회 (로마카톨릭과 그리스정교회)를 보여 준다.
뒷면 지도를 보시오.

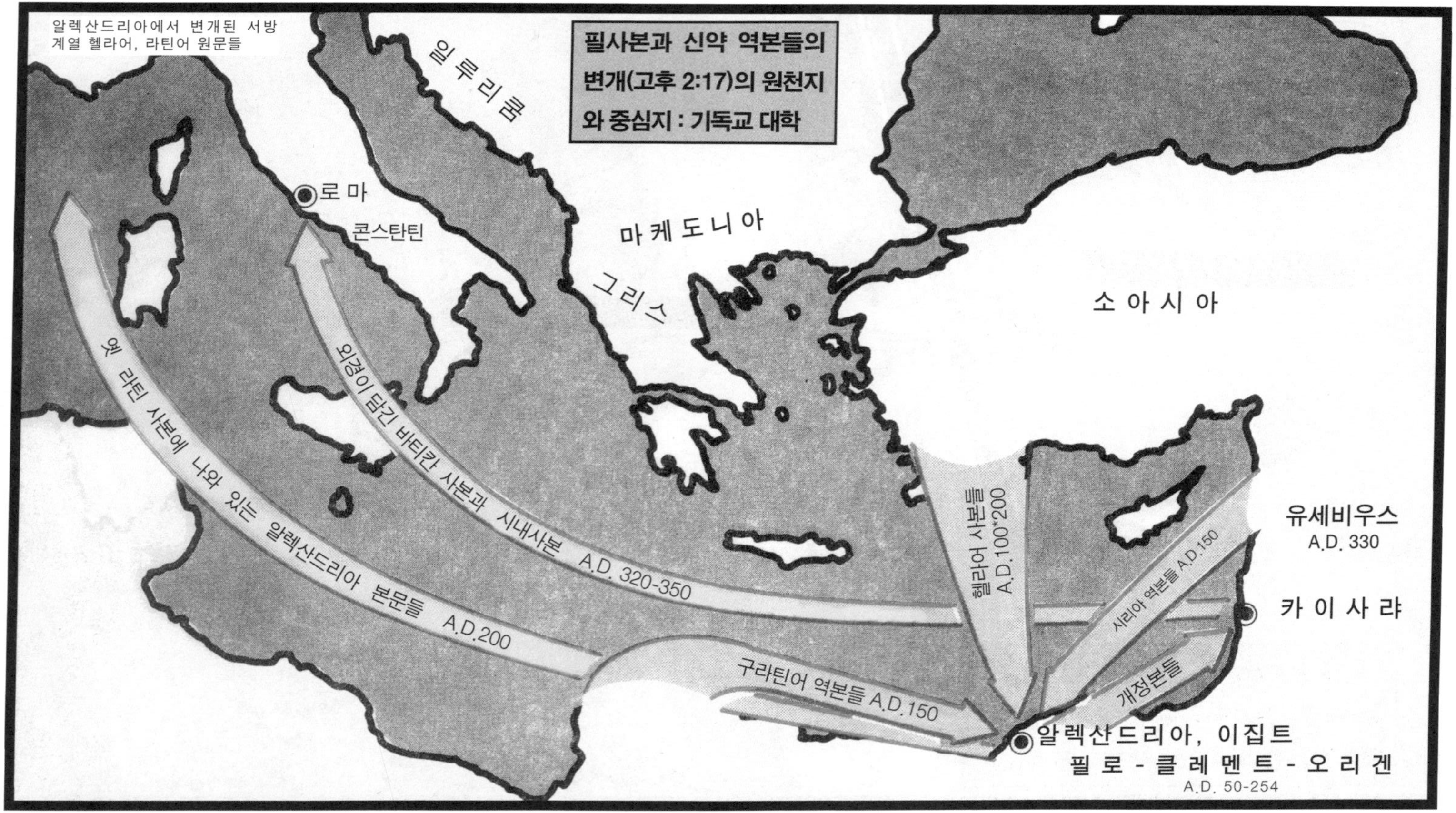
필사본과 신약 역본들의
변개(고후 2:17)의 원천지
와 중심지 : 기독교 대학
알렉산드리아에서 변개된 서방
계열 헬라어, 라틴어 원문들
일루리곰
로마
콘스탄틴
마케도니아
그리스
소아시아
옛 라틴 사본에 나와 있는 알렉산드리아 본문들 A.D.200
외경이 담긴 바티칸 사본과 시내사본 A.D. 320-350
헬라어 사본들 A.D.100*200
시리아 역본들 A.D.150
구라틴어 역본들 A.D.150
개정본들
유세비우스
A.D. 330
카이사랴
알렉산드리아, 이집트
필로 - 클레멘트 - 오리겐
A.D. 50-254

제 6 장
물, 물, 어디든지 물

그 뱀이 여인 뒤에다 자기 입에서 물을 홍수같이 쏟아
그 여인을 홍수에 떠내려가게 하려 하되 (계 12:15)

20세기에 살면서 그리스도를 위해 사역하거나 그분을 증거하고 있는 사람이라면 소위 기독교계라고 하는 연못에 수련화가 얼마나 많이 피어 있는가를 잘 알고 있을 것이다. 비록 기독교계 전부가 "물로 태어난 어린아이"들은 아니지만 이들은 물(H_2O)로 이루어지는 마술이 신약의 구원 계획의 일부인 것처럼 착각하고 있다. 이 교리를 간략히 설명하자면(이 교리를 붙들고 있는 사람으로는 5,000만 명의 카톨릭, 그리스도의 교회 장로들, 감리교인들, 장로교인들, 성공회교인들, 개혁 교회들, 루터교인들이 있다) 물뿌림이나 침수가 어떤 특정한 형식으로 행해지면(마 28:19-20, 행 2:38) 죄인에게 신기한 변형을 일으켜 신격의 제3위이신 그분에 의해 중생된 "그리스도 안의 새로운 피조물"로 만들어 준다는 것이다.

아프리카에서 제정된 이 희한한 교리에 대한 성경적 알리바이는 요한복음 3:5이 첫 번째 출생을 언급하는 것이 아니라는 것이다. 그러나 첫 번째 출생(육체적 출생)은 물에서 기원하였고(창 1:20), 족보는 물의 흐름처럼 묘사되고(사 48:1) 사람의 아내는 그의 "샘"(잠 5:16-17)이요, 요한복음 3:5의 문맥은 육적인 출생(요 3:6)인데도 불구하고 이들 그룹들은 요한복음 3:5이 물침례를 언급하는 것이라고 주장한다(카톨릭 교회의 침례에 관한 교리서, 성공회의 39개 교리문답, 장로교의 웨스트민스터 신앙 고백, 감리교의 핸드북, 캠벨주의자들). 더나아가 이들은 로마서 6:1-3과 에베소서 4:5도 전후 문맥 그 어디에도 "물"이란 단어가 없는데도 불구하고 물침례를 언급하고 있다고 주장한다. 로마서 6장, 요한복음 3장, 갈라디아서 3장, 에베소서 4장, 디도서 3:5 등을 물침례로 해석하려는 근거는 사도행전 2:38이다. 이와 같은 엉터리 해석(로마 카톨릭 해석은 전부 사적인 해석이다)과 성경 왜곡은 예수 그리스도의 탄생 직후인 2세기부터 지금까지 있어 왔고 지속되어 왔다. 알렉산드리아 이단의 성경 변개에 관련된 모든 사람들은 이 거짓 교리를 대환란까지 계속해서 가르칠 것이다. 사도행전 15:9,11은 물침례는 구원과 아무런 관계가 없으며 베드로전서 3:19-21은 물침례는 단지 구원의 모형일 뿐이라고 가르치고 있다(침례는 결코 할례처럼 "표적"이나 "인침"이 아니다. 롬 4:11). 에베소서 4장, 로마서 6장에는 물에 대한 언급이 전혀 없으며 사도행전 10장은 이방인들이 구원받은 후에 침례받고 있음을 보여 주고 있고 교리로서 가르쳐진 복음(고전 15:1-6)에는 물침례는 배제되어 있다(고전 1:14-16). 이 복음에 대한 "순종"(obedience)이란 믿음을 행사하는 것이지(롬 10:9-10; 1:5; 16:26) 침례받는 것이 아니다. 그런데도 아프리카에서 시행되던 "마술"이 교회사 17세기 동안을 거쳐 20세기인 오늘까지도 "기독교" 교리로서 남아 있는 것이다.

대부분의 교회사가들(모쉐임, 로빈슨, 아미티지, 베더, 뉴만, 등)에 따르면 A.D.200년[1]까지만 해도 믿는 어른들만이 침례를 받았다고 한다. A.D.216년 터툴리안(Tertullian)[2]은 말하기를 어른들만이 침례의 대상이라고 했고 후에 가서는 중생의 수단으로서의 물침례를 거부했으며 그것은 마귀의 가르침[3]이라고 단정했다. A.D.96년경 로마의 클레멘트(Clement)는 먼저 교육받은 후 확인을[4] 거치지 않고는 아무도 침례 받을 수 없다고 했고 심히 부패한 바나바서신도 믿는 자는 "침례받기 전에 십자가를 신뢰하여야 한다고 말하고 있다."[5] 저스틴 마터(Justin Martyr, A.D.100-165)는 침례에 의한 중생을 묵인하였는데도 그의 변증론[6]에서 유아교육에 관해 언급하면서 그 어떤 아이도 그리스도인이 되기 위해 침례를 받아야 한다고 말하지 않았다. 비록 저스틴은 물침례가 "믿는 자"를 중생시킨다고 믿었지만(저스틴은 캠벨주의자들처럼 요한복음 3:5을 증거구절로 제시하고 있는데 이것은 필립 샤프와 그의 가족이 평생 믿었던 대로이다.[7]) 그래도 유아침례(유아세례)만큼은 찬성하지 않았다. 비록 알렉산드리아의 클레멘트가 너무도 정신이 이상해져서 하데스에 있는 구약의 성도들이 죽은지 100년 혹은 2000년이 지난 후에 그리스도나 사도들에 의해 침례를 받아야 한다고 주장하긴 했어도[8] 유아에게 침례주려고 까지는 안했다. 이처럼 성경을 거부하고 성경을 변개시켰던 그러한 분위기에서조차 유아들이 침례의 대상이 된다고 생각할 만큼 어리석은 사람은 없었다. 알렉산드리아의 디오니시우스(Dionysius, A.D.254)도 믿음을 고백하기까지는 아무에게도 침례를 주지 않았다.[9] 포이티어즈의 힐러리(Hilary of Poitiers, A.D.360), 아타나시우스(Athanasius, A.D.360), 달마티아의 제롬(Jerome of Dalmatia, A.D.378), 가이사랴의 바실(Basil of Caesarea, A.D.379) 등은 예수 그리스도에 대한 믿음을 공개적으로 고백하기까지는 그 누구도 침례를 받아서는 안된다고 가르쳤다.[10] 크리소스톰(Chrysostom, A.D.400), 나지안젠의 그레고리(Gregory of Nazianzen, A.D.386), 밀라노의 암브로스(Ambrose of Milan, A.D.390) 역시 그렇게 말했다.

A.D.90-300년 사이에 살았던 역사가들 중 그 누구도 유아세례가 그 어느 곳에서든 행해졌다고 말한 적이 없다. 물론 알렉산드리아의 클레멘트와 오리겐이 유아세례로 끝나 버리게 될 그러한 교리들을 가르친 것은 사실이었다. 그러나 이때까지 실행이 있었다는 기록은 없다. 필립 샤프는 오리겐에게 유아세례 제도 시행의 책임이 있다고 말한다. G.H. 오차드에 따르면 "카톨릭" 신앙으로서의 유아세례[11](카톨릭이 "성모 교회" 노선에 따르고 있음을 입증하기 위해)는 아우렐리우스 어거스틴(Aurelius Augustine, A.D.354-430)이라는 아프리카 사람에 의해서 시작되었는데, 이 사람은 오리겐(Origen)처럼(이도 역시 아프리카인이었다) 칠십인역(외경과 함께)이 영감을 받았다고 믿었던 자였다.[12]

비록 클레멘트와 오리겐이 유아에게 침례를 주지는 않았어도 물침례가 유아의 기독교적 교육과 처음으로 연관지어진 것은 알렉산드리아에서였다. "어린이" 침례는 10세-11세 가량의 남자아이들로부터 시작하여 점점 확장되어 6,7,8세의 어린이들에게도 시행되었다.[13] 이때는 물론 부모들이 아이들의 침례여부를 결정했다.[14] 클레멘트는 이런 아이들을 합창대로 조직하여 자신이 작곡한 노래를 부르도록 하며 예배보조원으로 썼다. 클레멘트는 "교육자"[15]라는 책을 썼는데 이 책에서 그는 예수께서 "교육자"였으며 그의 제자들은 어른이 아니고 어린이였다고 하였다. 하기야 어른들에게 죄 때문에 지옥에 갈 것이라고 가르치는 것보다는 아이들을 모아 놓고 돌보는 것이 더 쉬웠을 것이다. 클레멘트가 자신의 "유아"(infants라고 클레멘트가 불렀음) 합창대를 세례 주었을 때 이 아이들은 우유와 꿀을 "보이지 않는 은혜"[16]의 "보이는 표적"으로서 받았는데 이것이 "성사"를 치른 것으로 간주되었다. 분명한 것은 클레멘트가 이와 같은 "혁신"을 이룩했을 때 그 어떤 신약성경도 읽지 않았다는 사실이다. 이와 같이 해서 클레멘트는 알렉산드리아에 이집트의 형상들과, 이교도적 예배 의식, 동양의 과학 등이 침투할 수 있는 문을 활짝 열어 준 셈이다. 이와 같이 위대하고 보편적이고, 범종교적인 운동과 더불어 아모니우스 사카스라는 사람(Ammonius Saccas, A.D.175-242)이 그의 도서들[17]과 동료 교수진을 데리고 등장하게 된다. 이들은 서로 다른 "선호"나 "다른 역본"혹은 "상이한 삶의 방식"을 가진 자들을 "사랑과 인내"로 대해 주는 사람들이었으므로(물론 성경을 다르게 해석하는 사람들도 포함해서) 기독교는 진리를 가르치기 위해 거짓을 사용하는 종교라고 결정지어 버렸다.[18] 사실 이들은 창세기 3장이 이미 거짓이라고 결정지었었다. 그런데도 이들은 창세기 3장이 "위대한 진리를 가르쳐 준다"라고 말한다. 이것을 20세기의 알렉산드리아 이단들(로버트 섬너, 존 R. 라이스, 밥 존스 3세)의 표현을 빌어 말하자면 그리스도의 동정녀 탄생, 신성, 피의 속죄, 구원 계획 등에 있어 10구절 정도 변개되더라도 이것이 "하나님의 말씀"을 더 분명히 할 의도였거나 그 변개한 사람이 축자영감설을 믿는 "경건한" 근본주의자라면 아무런 문제가 되지 않는다는 것이다. 20세기의 사탄을 숭배하는 자들의 또다른 표현을 빌자면(마 13:33, 갈 5:9) 그것이 "시궁창"이건 "쓰레기통"이건 간에 그곳에서 근본적이고 주요한 교리를 찾을 수만 있다면 그 "성경"은 신뢰할 수 있다는 것이다. 위의 두 가지 표현은 1980년 현재 근본주의 신학 대학에서 기독교 교리로서 가르쳐지고 있다.

F.F. 브루스[19]에 따르면 제2세기가 끝날 무렵에 벌써 카톨릭 교회와 카톨릭 정경과 카톨릭 신앙을 발견할 수 있었다고 한다. 비록 이 말이 사실이긴 하지만 F.F. 브루스 자신은(90% 이상의 그의 동료 이단 회원들과 마찬가지로) 그 자신의 말이 무엇을 뜻하고 있는지를 독자들에게 전달하는데 있어 실패했다. 그의 주장이 의미하는 바는 다음과 같다.

1. 제2세기말(A.D.300)에 있어서의 카톨릭 교회는 성경에 모순되는 가르침을 편 철학자들과 교부들을 인정한, 성경을 거부하는 전통주의자들의 모임이었다.

2. A.D.300년경 카톨릭 정경이란 신구약 외경을 담고 있는 알렉산드리아 정경으로 알렉산드리아 이단이 만들어 낸 것이었다(후일 이들은 신약의 외경은 버렸다 : 클레멘트, 허마의 목자, 바나바).[20]

3. 카톨릭 신앙이란 알렉산드리아 영지주의, 배교한 유대교, 죽어 버린 정통 기독교, 철학적 추측 등의 종합으로 한마디로 해서 2세기 말경(A.D.300) 나타난 "큰 나무"인데 이 나무에는 공중의 새들이 둥지를 틀게 된다(이 새들은 신약성경 마가복음

4:15, 마태복음 13:19, 계시록 18:2 등에서 마귀들, 악령들로 나와 있으며, 구약성경 전도서 10:20, 창세기 8:7, 이사야 34:11-15에서도 마찬가지이다). 이것은 더 이상 성도들에게 단번에 전수된 그러한 믿음(신앙)이 아니다(유 3절).

침례에 의한 중생과 유아세례는 배교자들이 "구전에 의한 전통"(oral tradition)이라고 부르는 것과 함께 시작되었는데 이미 카톨릭 "신앙"이 하나님의 말씀을 제거하기 위해 전통을 수립해 놓았으므로 이 두 가지 사항은 세심한 검토가 필요하다(오늘날 기독교 선생들도 하나님 말씀을 없애기 위해 NIV와 NASV를 <킹제임스성경>을 대적하여 만들어 냈다).

도나티스트(Donatists)라고 불리던 그룹은[몬텐스(Montenses)라고도 불렸음] 아우렐리우스 어거스틴이 유아세례를 거부하는 사람은 저주를 받는다고[21] 선언하기 위해 누미디아 공회(Council of Numidia, A.D.415)를 소집하기 전에 어른들을 "재침례" 주었다고 해서 죽임을 당했었다. 도나티스트들이 재침례를 주었다는 것은 첫 번째 침례(유아세례)가 잘못되었다는 것을 온 세계에 선포하는 것이 되기 때문이었다. 어거스틴에 따르면 오직 참된 침례는 카톨릭 교회가 주는 물침례(세례)이며 그 이외의 모든 침례는 이단적이라는 것이다.[22] 따라서 누군가가 재침례를 받는다면 그것은 카톨릭 교회의 물침례(세례)는 사람을 거듭나게 하지도 못하고 새로운 출생을 가져오지 못한다고 선포하는 셈이 된다. 결국 카톨릭 교회는 갓난아기가 태어나자마자 물을 뿌림으로써 후일 아무도 이 아이에게 "재침례"주지 못하도록 하는 수밖에 다른 도리가 없었다. 이 거짓 교리를 확립하기 위해 어거스틴은, 유아세례는 성경적일 뿐아니라 유아세례를 받은 어른을 다시 침례주면 이단이라고 주장하기에 이르렀다.

우리는 어거스틴 같은 "성자"를 따라야 하지 않겠는가? 그의 참회록(고백록)은 그가 천사보다 약간 못할 정도의 위대한 인물임을 입증하고 있지 않은가? 마틴 루터도 은혜와 믿음의 문제에 있어 어거스틴의 신학일부를 채택하지 않았던가? 그렇다면 "하나님께서 위대하게 사용하신" 이 두사람이 우리를 빗나가게 하겠는가? 시프리안과 폴리캅이 그랬고, 저스틴과 이레내우스가 그랬다면 그 어떤 사람일지라도 어떤 압력과 상황에 놓이게 되면(롬 16:18, 계 12:9) 빗나갈 수도 있다는 사실을 믿어서는 왜 안되는 것인가?

기독교회에 누룩을 집어넣어 부패시켜 결국 교황의 교회로 바꾸어 버린 "구전 전통"이라는 것은 "교부"들로부터 나온 것이며 그들 중 하나가 다름 아닌 어거스틴인 것이다.

이들 교부들 중 제일 첫 번째 사람은 파피아스(Papias, A.D.60-130)였다. 이 사람은 계시록이 사도가 기록한 원본이 아니라고 부인함으로서 계시록을 정경에서 제외시키려고 시도하였다.[23] 무명의 "교부" 한 사람은 그리스도가 동굴에서[24] 태어났다고 하는 글을 써서 선전하기도 했다. "경건하고, 자격을 갖춘 권위자"들이 제시한 이러한 "의견"들은 부드럽고 점잖은 방식으로 교회 안으로 유입되었다. "바울행전"이라고 불리는 우화 같은 이야기에 따르면 바울은 대머리에다, 다리는 굽었고, 기다란 코를 가지고 있었는데 은혜로 충만해 있어서 자주 "천사의 얼굴"을 지니곤 했다고 한다.[25] (글쎄 사진예술의 관점에서 볼 때 천사의 얼굴을 어떻게 평가할는지는 쉽지 않은 것 같다) 예수 그리스도의 천년 통치에 관해서는 그 가르침을 세린투스(Cerinthus)[26]라고 하는 이단과 연관시킴으로써 많은 의문이 제기되었다. 그러나 그 당시 성경을 가장 심하게 왜곡시켰던 사람은 리용의 감독 이레내우스(Irenaeus)로 그는 마태복음은 히브리 방언으로 기록되었으며 마가는 베드로의 입을 통해서 마가복음을 받아썼으며 베드로는 로마에서 복음을 전파했다[27]고 말했다. 이 누룩으로부터 나온 것이 바로 웨스트코트와 홀트(1884) 그리고 네슬(1960)의 광신적인 가르침으로 이 가르침에 따르면 신약성경에서 수백 단어가 제거되어야만 하는데 그 이유는 마태가 마가복음을 베꼈거나 마가가 누가복음을 베꼈거나 아니면 누가가 마태복음을 베꼈거나, 마가가 마태복음을 베꼈거나 그것도 아니면 누가와 마태가 마가복음을 베꼈을 것이기 때문이라고 한다. 이러한 "두문서이론"(Two Document Theory)은 켄터키주 루이스빌 대학의 A.T. 로버트슨 박사에 의해 받아들여졌다(이 사람은 1900-1940년 사이 미국에서 헬라어 문법을 가르친 사람이었다).

알렉산드리아의 클레멘트도 베드로가 로마에 갔었으며 마가는 베드로의 말들을 기록하였을 것이라고 했다.[28] 이리하여 이 두 가지 우화 같은 이론이 기독교 대학교의 교과 과정에 정식으로 들어가게 된 것이다. 베드로가 로마에 있었다던가 아니면 로마 주변 400마일 근처에라도 가 보았다는 것은 나폴레옹이 쿠바에 가 보았다는 말과 하나도 다를 바 없다. 제롬(Jerome, 340-420)은 이래내우스의 우화 같은 "학설"을 취하여 끝에 자기 의견을 약간 가미해서 마태가 그의 복음서를 유대에서 히브리어로 썼다[29]고 주장했다. 그는 마가에 관해서도 마가가 알렉산드리아의 초대 감독[30]이었다는 이론을 제시했다. 이와 같이해서 결국 오리겐과 클레멘트의 휘하에 있던 알렉산드리아 학파는 로마를 제외하고는 로마 제국 내에서 제2의 권위를 획득하게 되었으니 이는 그들이 초대 감독이었던 마가로부터 진리를 배웠는데 이 마가는 초대 교황님이셨던 로마의 베드로로부터 마가복음을 기록하였기 때문이라고 한다. 그러나 실상은 마가가 이집트에 있었다든가 베드로가 마가에게 복음서를 진술해 주었다든가 하는 것은 전혀 근거가 없다. 이것은 마치 예수 그리스도께서 말채나무(dog wood)에서 십자가에 달렸다고 하는 것이 아무런 근거가 없는 것과 똑같다. 그런데도 어거스틴은 "성모 교회"의 "신성한 전통"을 잘 보존하여서 마태복음이 히브리어로 기록되었다는 허구적 전통[31]을 옹호하였다. 그는 거짓말에 약간의 거짓 요소를 더해도 별 문제될 것이 없다고 생각했던 모양이다. 그러나 브레이크가 파열된 화물열차가 일단 내리막길에 들어서면 돌이킬 수 없듯이 카톨릭 교회 역시 이러한 우화들을 거대한 "전통"이라는 괴물같은 구조물 속에 집어넣어 결국 A.D.400년경에는 이 구조물에서는 성경적 기독교의 요소라고는 그 어느 한 구석도 발견할 수 없게 되버린 것이다.

요한은 "성모 마리아(Virgin)를 섬기도록 선택받은 동정남(a virgin)"[32]이었다던가 마가는 "침례"에 의해 시몬 베드로의 아들이 되었다던가[33] 하는 유언비어가 "전통" 속에 들어가게 된다. 파피아스와 판테누스는 마태는 히브리어로 복음서를 기록했다고 말했으며[34] 제롬과 케네스 테일러(1987년 리빙 바이블)는 "바빌론"은 "로마"를 뜻한다고 했다. 그러나 이때 로마는 과거의 로마 제국일 뿐 로마 카톨릭은 아니라고 한다. 그 이유는 그리스도인들을 살해했던 황제들과 그리스도인들을 살해했던 로마 교황들을 혼동해서는 안되기 때문이라는 것이다. 참 우습지 않은가? 필로(Philo, B.C. 20-A.D.50)는 마가가 알렉산드리아에서 "베드로가 그에게 가르쳐 준 것"[35]을 전파했으며 따라서 마가복음이 제일 먼저 기록된 복음서가 될 수밖에 없고 알렉산드리아 이단과 잘 지내려면 마가복음이 제일 우수한 복음임을 인정해야 된다고 한다. 결국 오늘날 미국의 모든 기독교 대학의 교수님들은(1980) 마가복음이 제일 먼저 기록된 것이라고 믿고 있으며 그래서 마가복음 첫 두 구절을 모든 부패된 성경(ASV, NASV, RSV, NRSV, IV, NIV)에서는 재빨리 변개시켜버린 것이다. 이들 배교한 근본주의자들이 추천하는 ASV, NIV, NASV의 마가복음 1:1-2은 알렉산드리아 이단들의 사본인 아프리카 사본과 똑같다.

드디어 야간열차는 내리막길을 치닫게 된다. 기관사도 제동수도 소방수도 이미 기관실에서 빠져나와 버렸다. 시프리안(Cyprian)에 따르면 주의 만찬은 더 이상 "기념"이 아니고 "천상의 희생제"[36]이며 알렉산드리아의 클레멘트가 유다서와 히브리서와 계시록은 교육받은 이단들과 불신자들이 어떻게 "느낄지" 모르기 때문에 정경으로 넣기에는 좀 찜찜하다고 하자 이에 대한 논쟁이 일어나기도 했다. 신약 기독교는 유대적이기 때문에(바울이 아니고 베드로가, 요한복음이 아니고 마태복음이 중심이 된다고 하면서) 로마에서의 베드로의 사역(그리고 그후에는 알렉산드리아에서의 마가의 사역)이 신약 기독교가 세워져야 할 가장 중요한 기초가 되어야 한다고 알렉산드리아 학파는 독단적 결정을 내리고만 것이다. 바울은 소아시아 출신이요(행 9:30), 안티옥은 시리아에 있었으며(행 11:26), 로마와 알렉산드리아는 성경에서 사탄과 이 세상제도로 묘사되어 있다는 사실은 "헌신된 카톨릭 성자"들에게는 결코 충격적인 일이 되지못했다. 이들은 하나님께서 주신 신성한 사명과 가르침에 반(反)해서(골 2:8) 성모 전통을 만들어 내는데 바빴다. 그들의 관심사는 온통 정치뿐이었다(골 2:8). 결과적으로 이 광신자들은 그들이 "최초의 복음서"라고 "정해 버린" 마가복음을 읽어가다 마가복음 16:9-20에 다다랐을 때 커다란 문제를 발견하게 되었다. 만약 로마와 알렉산드리아의 신약 기독교가 유대인들이었던 사도들로부터 왔다면 그리고 사도들의 지도자가 베드로였다면 그리고 적어도 복음서들 중 하나가 유대인들의 언어로 기록되었다면(마태), 마가복음에 기록된(고전 1:22) 유대인들의 표적들(막 16:17)은 어떻게 해야만 한단 말인가? 알렉산드리아 학파의 그 어떤 교수도, 로마의 그 어떤 감독도 이런 표적을 행할 수가 없었으니 실로 난감하지 않을 수 없었다(막 16:17-19). 하필이면 알렉산드리아의 사도인 마가가 기록한 그 책에 유대인들의 표적이 기록되어 있을 게 무엇인가? 그러나 이 문제는 간단히(과격하게) 해결을 보게 된다. 알렉산드리아 학파의 교수들은 재빨리 예레미야 36장으로 가서 예후디의 주머니칼을 빼다가 마가복음 16장 끝부분을 잘라 내버렸다. 이후부터 알렉산드리아의 "고등 교육"을 신뢰하는 사람들이 필사한 모든 사본들에는 이 끝부분이 삭제되어 버린 것이다.[37] 알렉산드리아에게는 불행하게도 이 사악한 광신적 행동 때문에 A.D.200년부터 오늘날에 이르기까지 모든 진실된 성경대로 믿는 사람들은 마가복음 끝부분이 삭제된 사본들은 그것이 어디서, 언제 발견되었든지 모두 부패한 사본임을 확인할 수 있게 된 것이다. 밥 존스 대학교가 추천하는 바티칸사본(Vaticanus)과 시내사본(Sinaiticus) 역시 이 끝부분이 삭제되어 있다.

성경의 한 책인 계시록의 저자에 관한 의문에서 시작된 이 논쟁은 결국 살아 계신 하나님의 말씀들을 잘라 버리는 데까지 이르게 된 것이다.[38]

이처럼 적은 누룩이 반죽 전체를 부풀게 하는 것이다.

초대 교회 시대의 지역 모임들에게 그때까지 가해진 가장 심각한 손상은(물론 도미티안, 트라얀, 하드리안, 피오, 아우렐리우스, 세베루스, 막시미누스, 데시우스, 발레리안 그리고 디오클레티안 등에 의한 소름끼치는 박해는 제외하고) 우리가 소위 "물개들"이라고 부르는 캠벨주의자들로부터 나온 것으로 이들 물개들은 개종 "후보자"가 물 속에 들어갈 때[39] 검은 마술의 힘에 의해 중생이 일어난다고 하는 전통을 보존하여야 한다고 주장했다. 그러나 이 전통은 신약성경 전체를 위반하는 구전된 "전통"에 불과하다. 필립 샤프,[40] 역사가 리돈,[41] 케이브 박사, 골번 학장 및 모든 희랍 정교회의 교리집(Pedalion)[42]에 따르면 신약성경의 물침례는 침수에 의해 시행되었다. 영국의 엘리사베스 여왕(1533-1564)도 초기의 침례는 침수에[43] 의해 이루어졌다고 인정했다. 바나바의 서신[44]이라는 문서가 말하는 바에 따르면 A.D.48년에도 물 속에 잠기는 침례를 받았고, 허마스[45]에 따르면 A.D.95년경에도 역시 물 속에 들어가서 침례를 받았다고 한다. 모쉐임, 댄버, 벤슨, 혼, 엘리스, 로빈슨 그리고 G.H. 오차드는 초대 교회의 개종자들은 믿음을 고백한 후[46] 물 속에 잠겨서 침례를 받았다고 역사적 사실들을 증언하고 있다.

H_2O(물)에 문제가 생긴 최초의 기록은 열두 사도들의 가르침이라고 불렸던 디다케(Didache, A.D.120년경 쓰여졌을 것이라고 추정됨)에서 발견된다. 이 조작된 문서에 따르면 죄인들이 침례 받아야 하는 물은 "생수"[47]여야만 했으며 감독이 "충분한" 생수를 발견하지 못한 경우에는 이 물을 개종자 후보의 머리 위에 세 번 부었다고 한다.[48] 그러나 이러한 주장의 신빙성은 전혀 없다. 그저 저자의 의견일 뿐이다. 이 디다케라는 가르침이 과연 신뢰할 만한 것인지 좀 더 살펴보자. 이 문서에 따르면 성경대로 믿는 사람들은 수요일과 금요일에 금식을 해야만 하는데 그것은 위선자들이 월요일과 목요일[49]에 금식을 하기 때문이라는 것이다. 또한 성경대로 믿는 그리스도인은 "주기도문"을 하루에 세 번 해야 한다는 것이다.[50] 침례를 받은 사람만이 "성체성사"(Eucharist)를 받을 수 있는데 이는 마태복음 7:6이 제사장이 침례 받지 않은 사람에게 성체성사를 베풀고 있는 것에 관한 구절이기 때문이라고 한다.[51] 이 문서는 그리스도의 몸이 환란시의 유대인들로(마 24:13) 이루어졌으며 이들은 하늘 이편 끝에서 저편 끝까지 사방에서(마 24:31)[52] 모이게 될 것이라고 가르친다. 디다케는 브라만주의의 부정적 황금률(negative Golden Rule)이 은혜 아래 있는 신약의 기독교인에게 율법이 된다고 말하고 있다.[53] 또한 교회 시대의 주의 만찬은 말라키 1:11에 있는 유대인들의 희생제라고 한다. (이 희생제는 천년왕국시 시행된다. 겔 40-48장[54] 참조.) 이 문서는 또한 예수 그리스도의 피의 속죄로 죄인들의 구속과 의롭게 함이 이루어지는

것이 아니라고 가르친다. 구원은 8가지의 "너희는 하지 말지니라"[55]고 하는 계명을 지켜야 얻을 수 있다는 행위 구원[56]을 이 문서는 가르치고 있다.

이 문서의 가르침이 이 지경인데도, "성모 교회"의 "사도적 권위"로 자기 의를 내세우는 죄인에게 물을 뿌려 중생을 시키겠다니 참으로 기가 막힌 노릇이다. 침례는 구원받은 하나님의 자녀가 물에 잠기는 형태로 받는 것이다.

디다케는 "정통적" 가르침에 있어 허마의 목자들과 바나바의 서신에 어느 정도 동의를 하고 있긴 하지만 디다케와 가장 유사한 문서로는 이집트에서 나온(이집트에서 나오는 것은 지극히 당연하다고 할 것이다) "사도적 교회 규범"(Apostolic Church Order)[57]이라고 하는 것이다. 콥트어(멤피스어)로 된 이 북아프리카 문서의 처음 13장은 디다케의 "정통적" 가르침과 정확하게 일치한다.

역사에서는 이 두 위조 문서를 액면 그대로 받아들이려고 하는 것 같다. 디다케가 "열두 '사도'의 가르침"이라고 주장한다면 그 '사도'를 적어도 성경에서 말하는 예수 그리스도의 열두 사도는(마 10:2-4) 아닌 것이 분명하다. 그리스도의 열두 사도와 디다케와는 전혀 관계가 없다. 디다케의 "열두 사도"는 돼지에서 겨우 빠져나와(막 5:13) 언덕을 내달아 자살해 버린 열두 명의 악한 영과 비슷하다고나 할 것이다.

그 다음으로 우리가 살펴볼 사람은 저스틴 마터(Justin Martyr)라는 사람으로 그는 요한복음 3:5에 따라 물 속에 잠김으로써 죄인이 중생한다고 말했다.[58] 또한 그는 주의 만찬을 "성체성사"라고 불렀으며 텍사스 애빌린에 있는 캠벨주의자들처럼(1980)[59] 사도행전 2:38과 디도서 3:5을 연계해서 설명한다. 이들은 중생이라는 단어를 "성령"(딛 3:5)과 분리시킨 후 "물"에다 연결해서 해석하여(디도서 그 어디에도 물이라는 단어는 한 번도 나오지 않는다) 죄인을 중생시키는 넘치는 "홍수"를 일으키고 만다. "물, 물, 물을 찾아라."고 외쳐대지만 실은 한 방울의 물도 나타나지 않고 있다. 디도서에도, 갈라디아서에도, 로마서에도 물(침례)은 전혀 나타나지 않고 있다. 그 어떤 성경의 사본(헬라어, 콥트어, 시리아어, 라틴어, 및 기타)에도 이들 서신에 물이 들어 있는 것은 없다는 사실을 모르고 있는 모양이다. ASV(1901) 편찬 위원장께서는 이들 캠벨주의자의 입장을 받아들이는 것은 물론[60] 더 나아가 물침례가 영적 할례이며 인치심(롬 4:11)이라고 주장한다. 그러나 물침례가 영적 할례인 적은 과거에도 없었고 현재에도 없으며 앞으로도 영원히 없을 것이다.

물이 죄인을 중생시킨다는 거짓 교리가 일단 자리잡게 되자 이 거짓 교리는 이에 따른 열매를 맺게 되는데 그것은 물침례는 죄인이 침례받기 이전(행 22:15-16)에 지은 과거의 죄들만을(히 9:6-20) 씻을 뿐이라는 교리이다. 그렇다면 미래에 지을 죄들을 위해서는 무엇을 해야 한다는 말인가? 이 교리 체계에 따르면 그리스도의 죽음이 죄인을 구속하여 의롭게 하는데 충분치 않다고 하기 때문에, 이 죄인은 남은 인생 동안 "애를 써서" "침례시 서원했던 바를" "끝까지 견디어"[61] 지켜야만 구원을 받게 되는 것이다. 이 결과 두 가지 종류의 이단 교리가 파생되었는데 첫째는 "구원은 보장되는 것이 아니다"라는 것과 둘째는 카톨릭 교회의 "고해성사" 교리이다.[62]

이처럼 적은 누룩 하나가 전체 빵 반죽을 부풀게 하는 것이다(마 13:33).

계시록의 저자에 대한 시비로 발단된 그 논쟁이 서방 세계 전체를 가장 반성경적이요 하나님을 더럽히는 종교 제도하에 예속시키는 결과를 낳고 만 것이다.[63]

"액체"(물)로 받는 구원 교리를 뒤이어 액체(포도주)로 이루어지는 성체배령(성찬식)에 대한 광신 운동이 벌어진다. 신약성경이 완성된 후 채 100년도 되지 않아서(A.D. 200) 주의 만찬은 오직 "제사장"들만이 수행할 수 있는 아프리카의 검은 마술 의식으로 변질되어 가고 있었다. 목사들과 안수 받은 장로들은 제외되었는데 이는 오직 제사장만이 희생제를 드릴 수 있다는 이유에서였다. 이로서 성만찬을 위한 주님의 상(Holy Table)[64]은 "거룩한 제단"(Holy Altar)[65]으로 둔갑하였고 여기에서 "장로" 대신 "제사장"이 피없이 드리는 "거룩한 제사"를 드리게 된 것이다. 이 "위험스런 망상"[67]에 있어 가장 신성 모독적인 것은 죄인된 자가 빵조각을 "희생제물로 바쳐진 하나님의 어린 양"이라고 부르는 행위이다.[68]

이 히스테리컬한 광신에 대해 이레내우스는 "성체성사야말로 예수 그리스도의 인간적인 몸으로 이것은 그의 살과, 힘줄과, 뼈로 이루어져 있으며 잔은 그의 피요 빵은 그의 몸이다. 이 빵과 피는 우리의 육체와 뼈에 영양을 공급하게 되는데 이는 이것들이 실제적인 살과 피이기 때문이다"[69]라고 외쳐 댔다(이것이 샤프가 시프리안의 충고[71]에 따라 "성체성사"라고 불렀던 "불멸의 명약"[70]인 것이다). 『**네 몸을 해치지 말라. 우리가 다 여기 있노라**』(행 16:28). 시프리안, 샤프, 이레내우스 그 누구도 오리겐이나 클레멘트와 마찬가지로 고린도전서 11:26에 관심을 두지 않았다.

자, 이쯤 되면 교회사를 공부하는 학생이라면 이후의 교회사(A.D.325-600)가 어떻게 "표류"하게 될 것인가를 짐작하고 남을 것이다. 창녀 교회의 기초들은 이미 A.D. 300년 이전에 다놓여졌다. 위에서 언급한 동화 같은 이야기들이 블록을 쌓고, 전통이라는 벽돌을 쌓으며, 미혹과 망상이라는 돌로 건축되어 가고, 누룩 발린 역청으로 잘 연결되더니 결국 20세기에 와서는 로마 카톨릭 교회라는 완성된 빌딩이 세워진 것이다. 이미 세워진 기초 위에 덧붙여진 교리라고 해야 마리아에게 기도하는 것, 촛불 켜는 것, 성직의 독신고수,[72] "연옥" 교리에 몇 가지 추가된 사항들이다. 이들 교리가 덧붙여지자 빌딩은 "훌륭하게" 세워졌다(오리겐과 클레멘트 두사람 다 연옥을 믿었다[73]). "교부"들의 가르침들을(마 23:9) 종합하면 우리는 이미 A.D.300년(콘스탄틴 시대)에 음녀 교회의 틀을 세울 수 있게 되고 이때 사탄이 등장하여 이 교회를 국가에 예속시키기 위해 한 정치가를 일으키게 된다. 사탄은 이로써 성경대로 믿는 그리스도인들을 죽여 버릴 수 있는 완전한 정치 권력을 장악한 반성경적 교회국가를 세웠던 것이다. 이번에는 이전의 로마 제국의 핍박과는 달리 "기독교회"의 승인을 얻어 "고상한 방법"으로 하나님의 자녀들을 죽일 수 있게 된 것이다. 이 일들이 교회사에서 어떻게 자행되었는가는 제9장에서 살펴보겠다. 드디어 예수 그리스도께서(마 16:16-18) 세우신 교회라고 고백하는 위선적인 정치적 독사가 종교적 가면을 쓰고 등장한 것이다. "거룩한" 어머니 교회는 이때까지만 해도 그녀를 지원해 줄 세계적인 정치가를 보유하지도 못했고 따라서 전로마 제국 내에 퍼져 있던 지역교회에 그녀의 거짓 교리들을 강요시킬 권력도 아직은 없었고 진리로부터 아직은(A.D.200) 완전히 이탈할 정도로 타락해 버린 것은 아니었다. 그러나 이집트의 알렉산드리아 학파의 활약에 힘입어 "거룩한" 어머니 교회는 "결승전"에 진출할 만큼 자격을 갖추게 되는 바 이는 그녀가 지적으로나 문화적으로나 황제와 사궐 만큼 수준이 높아졌고 몇몇 로마의 통치자들은 훌륭한 정치적 감각[74]을 지닌 자들이었기에 이 음녀 교회의 "잠재력"을 인정하기에 이른 것이다. 사람들은 로마 제국이 4,5세기에 걸쳐 "개종"한 것으로 알고 있지만 실상은 제2,3세기에 걸쳐 제도화해 가는 교회에 대하여 참다운 그리스도의 증인들로부터 많은 반대와 문제 제기가 나오게 되면서 현명한 이교도 통치자는 이들을 없애 버리면 참다운 승리를 얻게 될 것을 간파했던 것이다. 콘스탄틴은 결코 개종을 생각해 본 적이 없다. 적어도 성경적 의미의 개종은 그의 심중에는 없었다. 콘스탄틴은 물을 뿌리는 "신비로운 의식"을 통해 구원을 얻을 수 있다고 끝까지 믿었던 자이다.[75]

267년 간(A.D.33-300)의 불같은 시험 끝에 드디어 "카톨릭" 교회가 "기독교" 신학의 탈을 쓰고 콘스탄틴 시대에 등장하게 되는데 그 신학의 주요 내용은 다음과 같다.

1. 마가는 베드로의 진술을 받아 적어 마가복음을 기록하였고 마태는 히브리어로 복음서를 기록하였다.

2. 사도 요한은 계시록을 기록하지 않았다. 계시록의 저자는 요한이란 이름을 지닌 어떤 "장로"였다.

3. 구원은 물을 뿌린 후에(스스로 머리 위에 물을 붓거나, 혹은 침수 후에) 선행을 통해 이루어진다.

4. 주의 만찬은 제사장에 의해 드려지는 피없는 희생 제사이다. 그러나 실제로는 이 제사는 "피없는" 피의 제사이다.

5. 철학과 과학은 성경과 동일한 권위를 갖고 있으며 전통 역시 동일한 권위를 보유한다(막 7:1-13).

6. 유아들은 중생을 위해 물로 침례(세례) 받아야한다.

7. 얼마간 연옥에서 지낸 후 결국 모든 사람들이 궁극적으로 구원을 받게 된다.

8. 감독은 최고의 권위자이다. 비록 그가 음란하고, 술에 인박인 망나니라 할지라도 그의 권위는 여전하다.

9. 플라토, 소크라테스, 아리스토텔레스는 하나님의 호흡으로 된 책들을 썼다.

10. 실제적인 하늘과 지옥은 없으며 육체의 부활도 없을 가능성이 많다.

11. 신약의 지역 모임의 이름은 "카톨릭 교회"이다.

12. "성경"은 벨과 용(Bel and Dragon), 토빗(Tobit) 그리고 쥬디스(Judith)를 포함하고 있으며 허마의 목자와 바나바의 서신(시내사본) 역시 성경의 일부일 가능성이 있다.

13. 신약 지역 모임의 목사는 "제사장"이다.

어쩌면 로마 카톨릭 교인들은 3,7,8,9,10은 자신들과 관계 없으며 나머지 것 중 어쩌면 또 한 가지도 자신들과는 무관하다고 주장할지 모르겠다. 그러나 카톨릭 교회의 역사를 살펴보면 이들 그룹은 궤변, 둘러대기, 변장술, 한 입 갖고 두 말 하기에[76] 능통한 자들임이 분명할진대 이들의 주장을 그대로 믿을 수는 없는 것이다. 둘러대는 것은 자유지만 역사의 사실이란 변경될 수 없는 확고부동한 것이기에 둘러댄다고 회피할 수 있는 것이 아니다(제13,14,15장 참조). 전통을 성경의 권위와 동등하게 취급하려는 목적은 전통을 가지고 성경과 정반대 되는 거짓말까지도 얼마든지 입증을 해낼 수가 있기 때문이다. 이처럼 상충되는 권위들을 내세운 후 교회가 최종권위로 나서 이를 중재해 주는 체하는 것이다. 앞서 열거한 13가지의 전통들은 성경과 정면으로 반대되는 것이며 성경적 계시의 요구에 부응하는 것이라고는 하나도 없다(그 누구가 어떤 구절을 택하여 그 어떤 방식으로 해석하더라도 이들을 성경적이라고 입증할 수는 없다. <로마 카톨릭식 성경해석>, 말씀보존학회, 1996 참조). 교부들의 전통과 이와 유사한 기타 전통들은 지역교회들로 하여금 서로 상충되는 권위들을 수용하도록 하는 문을 열어 준 셈이다. 국가는 항상 하나의 권위였으므로(롬 13:1-5), 당시의 지역교회들은 시저 휘하에 운영되었던 교회국가 때와 마찬가지로 폭력적이고 거짓된 "거룩하지 못한" 세력하에 놓이게 되어, 새롭게 탄생한 국가교회에 굴복해야만 하는 입장에 놓이고 만 것이다. 이 새로운 "로마"에 굴복하지 않으면 교리와 실행의 순수성을 지키기 위해[77] "광야"로 도망을 쳐야만 목숨을 부지하게 되는 것이다. 결국 성경대로 믿는 목사들과 그들의 교회들은 이 새로운 로마에 굴복하지 않았고 도망을 택하게 된 것이다.

인간의 전통들 대신 하나님의 말씀인 성경을 따르기를 원했던 지역 모임은(A.D. 100-300) 자신들을 "카톨릭"[78]이라고 부르는 배교자들과 관계를 단절하고 결국 분리할 수밖에 없었다. 이들 그룹(몬타니스트, 노바티안, 도나티스트, 폴리시안, 파테린, 피카즈, 리요니스트, 불가리안, 몬텐스, 메살리안, 유카이트 등)은 "성모 교회"의 찌끼같이 되었으며 카톨릭 역사가들은 물론 프로테스탄트 역사가들에 의해서조차 "이단"이라고 불리게 된다. 종교개혁 이전 시대(A.D.100-600)를 다룬 교회역사가들 99%가 카톨릭이었으므로 이들은 "카톨릭"이 아닌 자들은 이단이었음을 입증하기 위해 달에 가서까지 증거를 찾아내려고 혈안이다. 이들은 교회사 학도들에게 이단들은 "분리주의자"였다는 인상을 심어 주기 위해 여러 가지 이름을 만들어 내서 이들에게 붙였다. 그러나 실상 이들 그룹은 성경대로 믿는 사람들로써 한 가지 이름이면 족하다. 그것은 "BIBLE BELIEVERS"(성경대로 믿는 사람들)이다. 사탄적인 "불법의 신비"의 활동을 증가시킬 목적으로, 카톨릭은 이들 성경대로 믿는 자들에게는 수많은 이름들을 붙여 주고 자신들은 거대한, 단합된, 유일한 "정통 신자"들의 교회로서 "로마 카톨릭"이란 이름 하나만을 내세웠다. 이는 성경대로 믿는 사람들은 수천 개의 종파나 "이단 종파"로 분열된 "이단적 분열주의자"였다고 선전할 목적으로 의도적으로 조작된 것이다. 그러나 역사의 실상은 이렇다. A.D.325년 당시 성경대로 믿는 수천 명의 그리스도인들이 이단적이고, 반성경적이며, 교회국가 조직 뒤에 숨어 이교적 성직 계급을 구성하고 있던 자들에게 박해를 받고 있었던 것이다. 성경대로 믿는 사람들이 이 사탄의 신부(계 17:1-6)를 저버리고 떠나자 이들은 로마 교회의 "정통"으로부터 분리된 자이기 때문에 뭔가 다른 이름으로 불려져야만 했던 것이다. 이들 명칭 중 몇 가지만을 들어보면 다음과 같다. 세대주의자, 근본주의자, 분리주의자, 감리교인, 노리스파, 루터파, 감독교회파, 럭크만파, 왈덴스, 알비겐스, 다비파, 아놀드파, 보도파, 카타리,

페트로부르시안, 파테린, 후스파, 퀘이커교도, 칼빈파 등. 한 가지 더 유의할 것은 여기에 열거한 그룹들 중 성경에 대한 믿음을 저버리고 배도하게 되는 경우 이들은 제2의 "사도적 정통"임을 내세워 모든 다른 성경대로 믿는 사람들을 이단이라고 부르기 시작한다는 사실이다. 오늘날 정통을 내세우는 자들은 다름 아닌 근본주의자들로 이들 배교한 근본주의자들은 성경대로 믿는 사람들을 이단이라고 부른다. 이러한 방법은 로마 카톨릭 교회가 A.D.325년경부터 써먹은 것과 전혀 다를 바가 없다.

우리는 위에 열거한 그룹들이 비교적 교리적으로 순수성을 유지할 수 있었던 것은 제도권 내에 있던 그룹과 두 가지 교리에 있어 두드러진 차이점을 갖고 있었기 때문이라는 사실을 잊지말아야 할 것이다. 이것은 A.D.100-300년 사이에서와 마찬가지로 물에 대한 태도와 교회국가에 대한 입장이다. 성경대로 믿는 "분파주의자"들이 제도화된 "카톨릭" 교회를 버리고 떠나게 된 것은 카톨릭 교회가 예수 그리스도의 신성을 부인해서도 아니고 피의 속죄를 믿지 않아서도 아니며 동정녀 탄생을 부인하거나 육체적 부활을 부인해서도 아니다. 당시 이들 그룹의 성별의 근원은 이들의 교회국가에 대한(A.D.313) 태도와 그 이전부터 문제시되었던 H_2O 문제였다. 전천년주의자와 구원의 영원한 보장에 있어 이들 그룹들 간에 어떤 차이점이 있었을지라도 이들 그룹이 얼마만큼 철저히 카톨릭 교회와 결별하였는가는 유아에게 물을 뿌리는 것에 대한 그들의 입장에 달려 있었다. 알렉산드리아 이단의 멤버쉽을 유지하고 로마에게 가까이 근접해 있었던 자들은 계속해서 유아에게 물을 뿌려 주었다. 카톨릭 교회와 완전히 결별한 그룹일수록 그 어떤 조건하에서도 유아에게 침례(세례)주기를 거부했다(노바티안, 도나티스트, 보고마일, 알비겐스, 폴리시안 등).

세례받지 못한 유아들은 지옥에 간다는 사탄적인 가르침을 전파하는데 그 누구보다도 가장 큰 책임이 있는 자는(교회 역사상 이 자보다 더 큰 책임이 있는 사람은 없을 것이다) 다름 아닌 아우렐리우스 어거스틴(Aurelius Augustine, A.D.354-430)이었다.[79] 그런데 이 가증스럽고, 거짓말쟁이이며, 성경을 심히 왜곡시켰던 이 자에 대해 존 로드(John Lord)는[80] "당시 가장 지적인 사람이며 라틴 교회의 신탁을 맡은 자"로 평가했다. 후일 어거스틴은 "인류에게 너무도 커다란 유익"을 끼치신 불멸의 사도였기에 그에 대한 언급 없이는 그 어떤 공회도 아무런 일도 할 수 없을 정도였다. "말에 능한" 이 사람은 어마어마한 영향력과 권위를 행사하게 된다. 그는 "사랑으로 모든 이의 마음을 사로잡았고" 그의 죽음 후 전세계에는 "암흑과 눈물"만이 남게 되었다.

그는 그의 생애 동안 수백 명의 그리스도인을 살해하는데 원인을 제공했으며 그의 죽음 후에도[81] 수십만 명이 살해되는데 있어서 간접적인 책임을 져야만 한다. 그는 하나님의 나라의 문을 닫아 버린 자로서 거듭남은 로마 카톨릭 교회에서 물뿌림을 받아야 얻을 수 있다고 가르침으로써 수많은 사람들로 하여금 그리스도를 발견하지 못하도록 막았다. 한 마디로 그는 성경을 왜곡시킨 거짓말쟁이였던 것이다.

제5세기의 또르께마다(Torquemoda) 주교(스페인의 초대 종교재판소장으로 구약 맛소라 사본을 6,000권이나 불태운 작자)라고 부를 만한 이 망상가에 대해 필립 샤프는 "오리겐을 제외하고는" 어거스틴만큼 그의 견해가 일관성 있었던 고대 시대의 교사는 없었다고 평가하고 있다. 샤프는 어거스틴을 철학(골 2:8)과 과학(딤전 6:20)의 최고봉이었으며 심리학 향상에 있어서도 커다란 공헌을 한 것으로 평가한다. 이 사람처럼 자기 의를 신뢰한 자가 없었다고 해서(자아에 대해 긍정적인 상을 갖고 있었으니) "심리학"에 크게 공헌한 것으로 평가하는 모양이다. 어거스틴은 오리겐처럼 "시대를 앞서신"[82] 분이다. 여러분은 앞서 인용한 성경구절을 통해 하나님께서 하신 경고를 무시하게 되면 철학, 과학, 심리학을 하나님의 계시보다 더 전진된 계시로 보게 될 것이다. 만약 어거스틴이 "시대를 앞선" 자라면 12세기부터 16세기에 걸쳐 이루어진 카톨릭에 의한 대량 학살은 겨우 어거스틴을 따라잡은 "시대"에 해당되는 것 같다.

어거스틴의 "일관성 있는 견해"[83]란 다음과 같다. 그는 칼빈의 5대 강령을 믿는 칼빈주의자로서 주권적인 하나님에 의해 이루어지는 영원한 선택은 카톨릭 제사장(사제)이 어린아이에게 물을 뿌려주게 될 때에 한해 성취된다고 믿었다. 즉 물뿌림이 "선택"을 결정한다는 것이다.[84] 예수 그리스도의 재림에 대한 그의 "일관된 견해"는 실로 "놀라울" 지경이다. 선택과 물뿌림에 대한 교리보다 재림에 대한 교리를 성경에서 훨씬 많이 다루고 있기 때문에 여기에 관해서는 좀 자세히 다루어야겠다. 어거스틴은 예수 그리스도의 재림을 1000년 동안에 서서히 이루어지는 "과정"으로 보았다. 그에 따르면 로마 카톨릭 제사장이 "희생 제사"[85]를 드릴 때마다 바로 그 "거룩한 상" 위에서 한 단계 한 단계 재림은 이루어지는 것이라고 했다. 실로 위대한 진화론적 발상이 아닐 수 없다. 그러나 "신약 시대 이후 가장 위대한 그리스도인"[86]이라고 평가받은 이 사람이 가장 "일관성" 있게 주장했던 사실은 물로 베푸는 구원[87]에 대한 그의 태도였다. 어거스틴은 대담하게도 다음과 같이 공개적으로 선언했다. "은혜의 성사 즉 침례에 의하여 새롭게 되지도 않았는데도 불구하고 어린아이들이 영생을 받는다고 주장하고 어머니 뱃속에서 갓 태어난 아이들에게 원죄를 제거해 주는 침례를 주지 않으려는 사람들은 저주를 받으리라"(anathematized).[88] 어거스틴이 4,000번 이상이나 인용한 성경과 침례에 관한 성경의 가르침에 동의하는 역사가라면 어거스틴의 "일관성 있는 견해"와 그가 "신약 시대 이후 가장 위대한 크리스챤"이었다는 주장을 어떻게 평가해야 할 것인가 숙고해야만 할 것이다. 어거스틴에 대한 평가가 옳다고 한다면 A.D.70년부터 400년에 이르는 동안 그 어떤 그리스도인도 어떻게 구원받는가를 사람들에게 말해 줄 수 있을 만큼도 성경을 믿지 않았다는 결론이 나오는데 과연 그럴 수가 있는 것인가? 이 시기 동안 교부들은 무려 36,000번에 걸쳐 성경을 인용하고 있는데 어떻게 해서 "가장 위대한 그리스도인"이라는 사람이 이교도나 꿈꿀 만한 허황된 난센스를 하나님의 구원 계획과 방법으로 주장할 수 있느냐는 것이다. 결론은 어거스틴이 자신의 철학을 전개할 당시 그 어떤 성경도 읽지 않았다는 것이다. 성경을 읽었다면 그럴 리가 없다.

누미디아에서 열린 멜라 공회(Council of Mela, A.D.415)에서 어거스틴과 그의 카톨릭 친구들은 어린아이들은 물을 뿌림으로써[89] 지옥으로부터 구원받아 영생을 얻는다고 선언했다. 물론 이 아이들이 후에 마음으로 개종할 것이라는 가정하에 말이다. 어거스틴은 공회가 끝난 후 자신의 일관성을 입증해 보이기 위해 이렇게 결정을 내렸다. "즉 비록 어린아이가 물을 뿌림으로써 중생하고, 죄도 제거되고, 그리스도 안으로 넣어지기는 하지만 모든 아이가 그런 것은 아니다. 오직 택함 받은 어린아이만이[90] 이 은혜를 받는 것이다." 그러나 그 누구도(어린아이를 포함해서) 죽을 때까지는[91] 누가 택함을 받았는지 알 수 없는 고로 결국 그 어떤 성경대로 믿는 그리스도인도 요한복음 5:24, 로마서 8:28,38-39, 고린도전서 1:8, 유다서 24절 등을 하나님의 약속으로 주장할 수 없다는 결론이 나온다. 어거스틴이 한 짓은 성경대로 믿는 모든 하나님의 자녀가 붙들고 있는 하나님의 약속들에 대한 신뢰를 무너뜨리려는 시도 이외에 아무것도 아닌 것이다. 즉 그는 자신의 철학으로 성경을 대치해 버린 것이다. 샤프의 표현대로 "일관성 있게" 어거스틴의 견해를 표현해 보자면 "죄인은 물뿌림으로 지옥에서 구원받고 '중생'하지만 비록 그가 물뿌림을 받았다 할지라도 '택함'(선택)받은 자가 아니라면 버림받아 지옥에 갈 수도 있다"는 것이다. 바로 이것이 칼빈의 "일관된" 입장이었다(1509-1564). 그 이후 이 입장은 미시간에 있는 화란 개혁 교회의 일관된 입장이 되었으며(1980), 이 일관성이 후일 샤프(ASV, 1901), J.G. 메이첸, 벤자민 와필드, 벌콥 등이 그처럼 찬사를 아끼지 않았던 것이다. 로버트 섬너가 와필드와 샤프가 쓴 교회사에 나오는 내용을 가지고 NASV와 NIV 그리고 ASV는 다수필사본을 따른 것이라고 독자들을 오도했을 때 그가 인용한 이 두 사람은 어거스틴과 오리겐[92] 만큼이나 구원과 중생을 다루는데 있어 정직하지도 않고 일관성도 없는 자들이었던 것이다.

어거스틴의 신학이야말로 화물차를 탈선시켜 버린 뒤에 매달린 석탄 화차인 셈이다. 북아프리카의 카르타고(Carthage)에서 열린 제5차 공회(401년)는 어거스틴의 정신 착란성 신학 이론을 "정통" 교리로 확정(멜라 공회, A.D.415)되도록 하기 위해 어거스틴을 지지했다. A.D.789년 샤를마뉴(Charlemagne) 대제는 드디어 유아세례를 국법으로 제정 의무화시켰다. 그러나 이보다 훨씬 앞서 "카톨릭" 교회는 이미 413년에 테오도시우스(Theodosius) 황제와 호노리우스(Honorius) 황제를 통해, 유아에게 세례를 주지 않는 모든 그리스도인이나, 어른에게 재침례를 주는 그리스도인들을 사형에 처하도록 결정한 바 있다. "성자"이신 어거스틴님께서는 유아세례를 믿지 않는 모든 자(즉 프랭크 노리스, 빌리 선데이, 조지 트루에, 디한 박사, 찰스 스펄젼, 잭 하일스, 카터 대통령, 모르드캐 함, 조니 캐시, 돌리 파튼 등)는 불신자(INFIDEL)[93]라고 선언하신다. 성 어거스틴님의 병든 사고로는 유아의 대부나 대모(godfather or godmother)의 믿음이 유아를 구원할 것이라고 생각하는 모양이다(그는 물뿌림이 할례를 대체했다고 믿고 있는 것이다). 베드로전서 3:21이나 로마서 4:11이 버젓이 성경에 기록되어 있고, 분센 자작도 신생아의 세례(대부나 대모의 약속에 근거해서 주게 됨)는 교회의 초기 시대에는 물론 제2세기말 혹은 3세기 중반[94]까지도 알려진 바 없다고 확실한 증거를 제시하고 있지만 그럼에도 불구하고 이 헛된 가르침은 번져 나갔다. 그렇다면 제3세기 중반에 무슨 일이 발생한 것인가? 답은 뻔하다. 아프리카의 희한한 대학교 출신들이 이집트와 카이사랴로부터 오리겐(184-254)에게 교육을 받은 후 지옥문을 열고 퍼져 나가게 될 것이다.

역사가 그로티우스(Grotius)는 이 유아세례 소동은 북아프리카의 카르타고 공회[95](A.D.252)에서 야기되기 시작했다고 설명한다. 네안더(Neander)도 북아프리카가 유아세례의 진원지라고 이를 뒷받침한다. 네안더에 따르면 우리에게 남아 있는 문제는 신생아를 곧바로 세례를 줄 것인가 아니면 할례의 경우처럼[96] 8일을 기다려만 하는가라는 것이다. 결국 적은 누룩이 온 반죽을 부풀게 하고 만 것이다. 로마서 4:11과 베드로전서 3:21에 따르면 물침례는 결코 표적이나 인침이 아니며 "모형"일 뿐이다. 이처럼 침례와 할례를 다루고 있는 모든 성경구절이 카톨릭교회의 주장을 정면으로 반박하고 있는데도 성경을 읽을 수 없는 것처럼 행동하는 카톨릭 교회는 과연 "제정신"인지 묻지 않을 수 없다. 성경에서는 오직 남자아이만 "할례 의식"을 통해 "인침"(표식)을 받을 수 있으니 그렇다면 여자아이들은 세례를 주어서는 안되지 않는가? 어거스틴보다 더 "경건"하다고 자처하는 "경건하고 헌신된" 분들이 하나님께서는 남자아이에게만 할례를 주셨지만 우리는 여자아이도 세례를 주니까 우리는 하나님보다도 더 "온전"하다고 주장하는 모양인데 이 작태를 두고 그들을 온전한 정신의 소유자로 볼 수 있을는지... 이 사건과 더불어 교회사 학도들이 꼭 기억할 것은 최종권위의 문제에 있어서 19, 20세기의 "일관성을 갖춘" 학자들의 주장 역시 그들이 하나님께서 주신 성경을 고칠 수 있다고 자신하는 면에서는 어거스틴보다 하등 나을 것이 없다는 것이다. 그들의 "경건"은 그들의 "광기"에는 하나도 영향을 못 끼치고 있다.

우리는 이 유아세례를 다룰 때 한 가지 심각한 문제점에 직면하게 되는데 그것은 유아세례를 믿고 받아들이는 장로교인과 감독교회 회원(영국 성공회가 미국으로 건너간 후 미국화 된 교회임)을 하나님께서 사용하실 때 우리는 이것을 어떻게 판단해야 하는가 이다. 요한 웨슬리는 어떻게 평가해야 하는가? 조나단 에드워즈는 여러 번에 걸쳐 성령충만을 받지 않았던가? H.C. 모리슨이나 프란시스 에즈버리는 어떠한가? 다 하나님께 쓰임 받지 않았는가?

이와 같은 문제야말로 교회사에 매번 등장하는 타협과 배교의 기본 원인이 되었다. 위와 같은 질문은 실은 휴머니즘적 사고에서 나온 것으로 인간의 외모를 존중하는 데서 비롯된 것이다(벧후 2:18). 위에 언급된 "하나님의 일꾼"들이 가르치는 바와 하나님께서 말씀하시는 바(롬 3:4) 사이에 문제가 생길 경우, 하나님께서 말씀하신 것을 포기해 버리는(창 3:1-5) 그러한 자들은 꼭 있게 마련이다. 예를 들면 A.T. 로버트슨, 로버트 섬너, 존. R. 라이스, 벤자민 와필드, 제임스 그레이, 커티스 헛슨 등은 디모데후서 3:16이 원본을 언급하는 것이라고 가르쳤다. 그러나 그 구절을 한 번이라도 읽어본 사람이라면 그렇지 않다는 것을 금방 알 수 있다(문맥을 보라. 특히 15절).

그런데도 이들 학자들이 살아 있는 경우에는 그들의 감정을 상하게 하지 않으려고 혹은 그들이 죽었을 경우에는 그들의 명예를 실추시키지 않기 위해서 많은 사람들이 하나님의 진노를 초래[97]하고 있는 것이다. 하나님의 진노가 성경을 거부하고 왜곡시키는 자들(롬1:18,21,25)에게 내릴 것이라고는 왜 생각을 못하는 것인지 신비가 아닐 수 없다. 만약 그리스도인이 어떤 사람이 위대한 영적 경험을 갖고 있다는 이유로(어거스틴) 혹은 그가 로마 카톨릭의 오류를 집어냈다고 하는 이유로(루터), 혹은 그가 깊은 기도의 삶을 살았다는 이유로(토마스 아 켐피스), 혹은 현대주의자들에 대항하여 일어선 자들이라는 이유로(와필드, 메이첸) 혹은 그가 근본주의 신앙을 갖고 있다는 이유로(윌버 스미스, A.T. 로버트슨) 혹은 그가 주님을 위해 죽을 만큼 주님을 사랑했다는 이유만으로(폴리캅, 저스틴 마터, 시프리안) 이들 "사람"의 말을 "하나님의 말씀"대신 취한다면 그는 실로 미혹된 어리석은 자라고 아니할 수 없다(민 23:19, 롬 3:4, 사 8:20, 요 8:40-44, 살전 2:13, 벧후 1:16).

"선하고" "경건한" 어거스틴이 생애 동안 아무리 훌륭한 일을 했을지라도(그가 한 일 중 "가치"있는 것으로 간주될 만한 것은 펠라기우스에 대해 반대하여 "은혜"를 강조한 것일 것이다), 하나님께서 말씀하신 것(창 3:1)에 대한 그의 불경건하고 거룩하지 못한 태도와 하나님께서 말씀하신 바를 믿는 사람들에게 취한 비그리스도적이고 짐승같이 잔인한 태도는 가히 이슬람교도에 필적할 만하다.

어거스틴의 성경적 침례에 관한 엉뚱한 거짓말은 어거스틴이 죽은 지 50년도 채 지나지 않아 교황 레오(A.D.440-461)에 의해 찬란한 선언으로 치장되어 공표된다. "침례는 물에게만 변화를 가져오는 것이 아니고 그것을 받아들이는 사람에게도 변화를 가져오는 것이다. 침례를 받는 자는 그리스도를 받는 것이요 그리스도께서는 그를 받아 주는 것이다... 즉 침례는 중생을 가져오는 것이다."[98] 이것이 중생(거듭남)이라면 아돌프 히틀러, 헤르만 괴링, 테드 케네디 등 물뿌림 받은 자들은 모두 거듭났다는 말이 된다. 카르타고 공회는 침례주는 "물"은 제사장이 그 물로 죄를 씻어 내기 전에 기도를 하여 거룩한 성수로 바뀌어야 한다고 결정했다. 즉 거룩한 물[99]을 가지고 아프리카의 검은 마술을 행하겠다고 하는 것이다.

A.D.415년경에 와서는 성경을 믿는 하나님의 자녀는 카톨릭의 검은 마술을 기독교 교리로서 받아들이지 않으면 저주를 받게 된다. 적어도 이것이 로마 카톨릭 교회의 공식 입장이었다.[100] 로마 교회의 공식공회의 결정에 따르면 미국의 모든 침례교인은 14가지의 저주를 받았는데 이 저주는 성경에 비추어 볼 때[101] 합당하다고 주장한다[이 저주는 카톨릭이 "반박할 수 없는"(Nihil Obstat) 문서라고 규정한 출판물에 버젓이 나와 있다].

이렇게 해서 이 물로 가득한 무덤에서 고래보다 더 거대하고 죠스보다 더 잘 삼켜버리는 짐승이 나타나는 것이다(욥 41:31-33). 이 짐승은 머리부터 발끝까지 물을 튀기면서 A.D.415년 수면으로 고개를 내민 것이다. 그 이후(500-1980) 계속된 "수신축제"(waterorgy)에서는 물뿌림이 중생에 관한 성경적 교리로(행 2:38) 수용되었다. 침례교인을 제외한 거의 모든 주요 교단에 의해 죄씻음을 받는 수단으로서의 물뿌림이 인정되고 있다(행 22:16). 그리스 정교회, 로마 카톨릭, 루터 교회, 성공회, 개혁 교회들, 장로 교회 그리고 감리 교회 등의 기원을 설명해 주는 교리서에 보면 이 교리가 들어 있음을 알게 될 것이다.[102] 이 물뿌림은 16세기 동안 교회국가를 유지하는 수단이 되었다(<하나님의 나라와 천국>, 말씀보존학회). 영국은 국가교회(성공회)를 갖고 있고 독일도 루터 교회가 국가교회이고, 프랑스, 이탈리아, 스페인은 카톨릭이 국가교회이며 에디오피아는 콥트교회, 그리스와 러시아(1918년까지)는 정교회가 국가교회이다. 미국은 서방 세계 중 유일하게 이 흉측하고 암적인 질병을 거부하고 세워진 나라였다. 청교도들이 미국에 건너와서는 존 칼빈이 스위스 제네바에서 세운 교회국가의 모형을 따라 교회국가를 "재건"하기도 했으며 "이단"들을 화형에 처하는[103] 카톨릭 종교 의식도 재현했으나 100년이 채 못되어 미국은 종교와 국가를 분리시켰던 것이다.

교회국가에 의해 통제되는 유아세례에 의한 입교 제도는 여러 가지 이득을 보장해 주었다. 첫째, 주민들을 죽음 혹은 파문으로 위협함으로써 대규모의 회원을 확보할 수 있게 된다. 유아를 물을 뿌려 입교시키기를 거부할 경우 정치적 위협을 가하거나 단순히 그 아이는 지옥 혹은 적어도 림보(Limbo, 지옥의 변방이라고 카톨릭이 지어낸 말)에 갈 것이라고 말해 줌으로써 효과를 볼 수 있다. 둘째, 모든 가족이 첫 번째 탄생(영적 탄생이 아닌 육체적 탄생을 말함)을 통해 교인이 될 수 있으므로 시간이 지나 아이들이 자라면 모두가 "크리스찬"이 되어 한꺼번에 지옥을 향해 전진하는 회중을 구성할 수가 있다. 어리석은 대중은 육체적(physical) 죄인이 물리적인(physical) 물을 뿌려 주면 영적인(spritual) 출생을 가져올 수 있다고 속고 있는 것이다. 셋째, 모든 자가 물뿌림을 받았을 때 "개종"한 것으로 생각하기 때문에 이들의 양심을 완전히 장악할 수 있다. 그러나 침례는 그 누구에게도 구원을 보장해 주지 않기 때문에 침례받은 죄인은 자신이 살아 있는 동안에는 구원을 받았는지 못 받았는지를 알지 못한다. 따라서 이런 교회의 회원은 그 누구도 그리스도께 죄인을 인도하려고 하지 않는다. 왜냐하면 이들은 구원이란 예수 그리스도가 이루어 놓으신 일을 의지적으로 받아들임으로써 얻게 된다는 사실을 모르고 있기 때문이다. 그러나 어린아이는 구속이 무엇인지도 모르고 심지어는 누가 자기에게 물을 뿌리고 있는지조차도 모른다. 유아세례는 무려 16세기 동안이나 거듭나지 못한 카톨릭 교회 안에서 그들을 하나로 묶어 주는 가장 핵심적인 요소였던 것이다.

성령과 성경은 구원 계획에서 미미한 요소일 뿐이었다. 이러한 착각이 얼마나 뿌리 깊게 박혀 있었던지 종교개혁가들(칼빈, 쯔빙글리, 루터)마저도 이 알렉산드리아 이단이[104] 쳐 놓은 그물에서 완전히 빠져나가지를 못했다. 따라서 참다운 성경대로 믿는 사람들은 종교개혁 기간 중에도 "분열" 그룹, "분리주의자"[105], "반대 그룹" 등으로 분류되어 카톨릭과 종교개혁자들에게 똑같이 "이단"으로 취급당할 수밖에 없었다.[106]

"물귀신"들은 충분히 다루었으니 이제 콘스탄틴(Constantine, A.D.313)과 니케아 공회(Council of Nicaea, A.D.325)를 살펴보도록 하자. 니케아 공회(공의회)는 교회 역사상 최초의 공식 "공회"였다(사도행전 15장에서 열린 회의는 신약성경 그 어느 곳에서도 "공회"라고 불리지 않았음을 유의하라). 니케아는 이후에 개최되는 모든 공회의 모형이었다. 이 공회는 절대권위(성경), 지역교회의 자치(독립성), 복음 전파와 구령에 관한 성경의 명령(행 1:8; 20:20, 고후 5:20)을 무시한 채 미묘한 신학적 쟁점들을 다룬 후 그것들에 관한 결정을 내리게 된다(예를 들면 축자적 완전 영감설이 무슨 뜻인가? 따위를 가지고 논란을 벌인다는 것이다). 이런 공회에서 결정된 사항들을 따르지 않는 그 누구라도 투옥하거나 처형할 수 있는 권한을 부여받게 되는 교회국가는 그야말로 자신이 절대권위로 떠오르는 것이다. 순교 당하던 교회가 국가교회(A.D.325)로 둔갑하여 퍼가모 시대로 접어들 당시(계 2:12) 교회는 이미 100여년에 걸쳐 그리스도께서 오시기 이전에 존재했던 가장 이교도적이고 비이성적인 가르침들을 그들의 "신조들"로 삼고 있었다. 이런 잡동사니 쓰레기들에도 만족하지 못했던지 교부들은(이번에는 니케아 이후 교부들임) 다른 몇 가지 독소들도 교회에 침투하도록 허락하고 말았으니 그것은 죽은 자들을 위한 기도, 마리아에게 하는 기도, 유품숭배, 및 이스터(부활절) 토끼 등이다. 니케아 공회에서 이교도 로마 제국은 교황 중심의 로마(즉 카톨릭 교회)가 되었고 이 로마는 로마 제국보다 훨씬 더 잔인한 지옥의 사자처럼 행동했다(13,14,15장 참조). "그 열매"로(마 7:20) 나무를 알 수 있다면 우리는 로마 카톨릭 교회야말로 이 지구상에서 자라난 가장 부패하고 독성이 강한 나무임을 고백하지 않을 수 없다. 이 교회는 무정부주의자들이나 허무주의자들조차도 감탄할 만한 그러한 역사를 지닌 종교 조직체인 것이다. A.D.100-325년 사이의 로마 황제들의 역사는 얼마 후 그 자리를 차지했던 로마 교황들의 역사와 비교할 때 그저 어린아이 장난 정도일 뿐이다.[107] 독일의 나치 강제수용소에서(딜스, 괴링, 아이크, 크레머, 프란츠, 히믈러, 코크, 회스, 팔리츠쉬 등과 같은 수용소 책임자들은 모두 로마 카톨릭 신자였다) 자행된 그 어떤 고문도 히틀러가 등장하기 300년 전 카톨릭이 이미 시행해 보지 않은 것은 하나도 없다. 히틀러는 메테르니히, 텔리랜드, 잭 케네디, 카스트로, 바티스

따, 나폴레옹, 프랑코, 테드 케네디, 샤를마뉴, 아옌데, 피의 메리등과 같이 카톨릭 신자로서 나치의 문장인 갈고리 십자장(卐)을 인도에서 빌어 온 것이 아니었다. 이 기장은 그가 자라난 카톨릭 학교 정문에 그려져 있던 것이었다.[108] "수용소군도"(솔제니친, 1977-1980)에서 자행되고 있는 일 중 러시아가 거대한 "수용소"가 되기 300년 전 이미 카톨릭이 시행해 보지 않은 것은 하나도 없다. 갓난아기가 태어나자마자 물을 뿌려 자기교회 회원으로 삼아 버리는 검은 마술과 매 일요일마다 검은 제의를 입은 제사장이 지나가면서 행하는 검은 마술(미사) 등으로 미루어 보아 이 북아프리카의 종교인 카톨릭이 검은 대륙으로부터 그들의 상징색을 가져온 것은 지극히 당연하다고 하겠다. 우리는 이 아프리카 부두교 같은 "어머니" 종교가 다스린 천 년 간을 암흑 시대라고 부른다.

유아에게 물을 뿌리는 것과 "미사"는 로마 카톨릭의 정치적 종교적 단합에 있어 가장 중요한 두 가지 요소였다. 1,000개의 "놋대야"에서 튀기는 물을 가지고 로마 카톨릭 교회는 이방 민족들로 그녀의 명령을 수행하도록 강요했다. 즉 권력 투쟁, 파문, 투옥, 고문, 살인을 "아버지와 아들과 성령의 이름으로" 자행했던 것이다. 경건과 종교의 이름만큼 써먹기 좋은 것도 없기 때문이었다.

제 7 장
부활절 토끼와 크리스마스 트리

너희 자신의 전통을 지키기 위해 너희가 하나님의 **계명은 쉬 버리는도다...**
너희는 너희가 전수한 너희의 전통으로 하나님의 **말씀을 폐기하느니라.**
또 이와 같은 많은 일을 자행하고 있도다. (막 7:9,13)

콘스탄틴 황제의 생애에 관한 대표적인 책은 유세비우스가 그의 "교회사"(Ecclesiastical History)에서 찬사일색으로 기록해 놓은 "콘스탄틴의 생애"(The life of Constantine)라는 것이다. 콘스탄틴이 로마 근처인 밀비안 다리에서 막센티우스를 물리치고 승리한 후 교회들에게 베풀었던 첫 번째 호의는 로마에 자기 자신의 동상을 세운 것이었다.[1] 이 동상이 교회들에게 "호의"를 베푼 행동이라고 주장하는 것은 이 우상의 손에 십자가가 들려있었기 때문이었다. 십자가에는 4가지 종류가 있는데 첫째 철자 "X"에서 온 성·안드레 십자가(<짐승의 표>, 말씀보존학회, 1997 참조), 둘째 대문자 "T"에서 온 이집트 십자가, 셋째 우리가 보통 십자가라고 하는 "†" 모양의 라틴 십자가 그리고 마지막으로 정 사각형 모양("+")의 그리스 십자가가 그것이다.

이 모양은 아주 고대로부터 있었던 것으로 옛 이집트인이나 인도, 멕시코인들[2]에게는 이 십자가 모양이 저주와 축복을 상징했다. 성경에서 이 십자가는 "저주"를 뜻한다고 말하고 있음에도 불구하고(갈 3:13) "카톨릭 신자"들은 한결같이 십자가를 "축복"의 표식으로 받아들인다. 이처럼 성경의 말씀을 거부하는 것은 카톨릭의 교리문답을 제정할 때마다 취해진 첫 번째 조치였던 것이다(<로마 카톨릭식 성경해석> 참조).

그런데 콘스탄틴이 보았다고 하는 그 "십자가"는 매우 특이한 것이었다.[3] 그것은 헬라어 철자 "ρ"(로) 밑에 또다른 철자인 "χ"(키)를 놓은 모양이었다. 그 모양은 "ｘ ' 이며 마치 이집트의 고리달린 T자 십자가 혹은 여성의 상징인 "♀"[4]과 비슷하다. 로마카톨릭 신화에 따르면 로(ρ)와 키(χ)는 예수 그리스도의 헬라어 표기인 Χριστος (Christos : 기름 부음 받은 자를 뜻하는 그리스도의 헬라어 표기)[5]의 첫 두 글자이므로 콘스탄틴은 이 십자가를 보고 "개종"하게 된 것이라고 한다. 그러나 이러한 사적인 해석은 성경을 거부한 후에 주어진 것이 분명하다. 왜냐하면 성경은 4명의 "기름 부음 받은" 자를 언급하고 있는데(겔 28:14, 슥 4:14) 이들 중 한 분만이 "주의 그리스도"(행 2:26,27, 눅 2:26)이시기 때문이다. 따라서 "로와 키"로 시작된다던 그 "그리스도"는 "열두 사도의 가르침들"이란 책처럼 근거가 없고 오늘날(1986) 기독교 학교들에서 말하는 "그 원본" 혹은 "헬라어 원본"이라는 용어를 근거없이 사용하는 것과 똑같다. 사실이 아닌데 마치 사실인 것처럼 주장하는 것이다. 앞서 말한 대로 사과와 오렌지는 씨가 없다거나 껍질이 없다고 말하는 것이다. 성경은 여러 명의 "주"(고전 8:5)와 여러 명의 "신"(고후 4:4) 그리고 여러 명의 예수(고후 11:4)가 있다고 하기 때문에 여러 명의 "그리스도"가 있다는 사실은 명백하다. 이 사실은 마태복음 24:24에 나와 있다.

로마 황제였던 콘스탄틴은 전쟁중 환상(혹은 그와 비슷한 그 무엇)[6]을 통해 이 십자가 표적을 보았으며 그 당시 UFO승무원 비슷한 누구로부터 "이 표적으로 정복하라."(In Hoc Vinces)는 음성을 들었다고 한다. 표적들은 유대인을 위한 것이므로[고전 14:22, 유대인은 표적을 요구하기 때문이다(고전 1:22).] 카톨릭은 콘스탄틴을 "표적"을 지녔던 한 사도에 의해(막 16:17) 표적에 관해 전수받은 유대인으로 만들어 버리는 것이다. 콘스탄틴이 그가 들었다고 하는 소리를 정말 들었다고 한다면 "무엇"을 정복하라는 것인가에 대해 의문이 남게 된다. 콘스탄틴이 그 소리를 들었다는 사실을 최초로 기록한 유세비우스는 이에 대해 아무런 언급도 안한다. 안하기보다는 그것을 감히 물어볼만한 용기도 없었을 것이다. 콘스탄틴은 그 음성은 "막센티우스를 정복하여 로마를 해방하라."는 뜻이라고 해석한다(카스트로, 히틀러, 레닌, "공화국의 군가"

창시자들도 똑같은 수법을 썼음을 기억하라). 유세비우스는 이 표적을 "구원의 상징"[7]으로 부르면서 콘스탄틴은 이 십자가 표적을 창과 방패에 부착했다고 말한다.

콘스탄틴은 성직 계급에게 면세 혜택을 주었고(313년), 기독교인들에게 문제가 될 것같은 몇 가지의 이교적 관행들을 폐지시켰고(315), 모든 구원받지 못한 이교도들에게 일요일을 준수할 것을 명령했고(321), 324년에는 "기독교"로 "개종"하는 모든 자에게 금화 20개와 흰 옷 한 벌씩을 선물로 준다고 약속했다. 이렇게되면 그 다음 해에 주일학교 출석 인원이 기록 갱신을 할 것은 불을 보듯 뻔하며, 로마에 있는 "제일 카톨릭 교회"는 일 년에 무려 12,000명에게 침례를 주는 기록을 세웠다고 하니 이 기록은 잭 하일스 교회와 제리 팔웰 교회를 합친 것보다 두 배 이상이나 되는 기록인 것이다. 그런데 이상하게도 콘스탄틴 자신은 침례를 받지 않았다.

콘스탄틴의 마지막 순간들은 유세비우스(Eusebius)의 책에 잘 묘사되어 있다. 이 교회사가는 콘스탄틴이 로마 궁정에서[8] 사용하기 위해 아프리카 성경을 50부 복사해 줄 것을 요청함으로써 그에게 영원한 호의를 베풀었다는 이유로 콘스탄틴에 대한 기록을 과찬일색으로 채워놓았는데 그 정도가 너무나 심해서 병적일 정도이다. 유세비우스와 그의 친구 팜필루스(Pamphilus)는 황제의 명을 받자마자 곧 북아프리카로 돌아가서(당시 유세비우스는 카이사랴의 감독이었음) 오리겐의 육란성경(Hexapla)[9]과 안티옥으로부터 전수받은 원문을 5,800군데나 변개시킨 신약성경(오늘날로 치면 NASV에 해당됨)을 가지고와 헥사플라에서 제5란을 신약을 변개시켰던 비평적 방법을 사용해서 필사한 후 구약 속에 외경을 남겨둔 채로 콘스탄틴에게 보냈다.[10] 오늘날(1980)까지도 이 오리겐의 "성경"이 로마 카톨릭 교회의 공식 성경으로 남아 있는 것이다. 20세기에 와서 이 성경은 ASV(1901)로 NASV(1960)로 그리고 NIV(1978)로 출판되었다. 이들 성경들은 판매 촉진을 목적으로 구약에서 외경을 빼내는 사기극을 펼쳤다. 그러나 이 "절충"(eclectic)원문들이 채택했던 "소수" 필사본들(카이사랴를 거쳐나온 유세비우스와 오리겐의 텍스트)은 영감받은 구약성경의 일부로서 외경을 담고 있었던 것이다.[11]

황제로부터 대단한 영예를 부여받은 유세비우스는 콘스탄틴의 전기를 기록하면서 어찌나 칭찬과 영광으로 가득 채우고 아첨을 떨었는지 "콘스탄틴의 생애"는 하나님의 전기처럼 되버렸다. 실로 주관적이고 편견에 가득차 있으며, 이교적 선전 문구로 가득찬 최초의 기록이 다름아닌 최초의 교회사가에 의해 기록되었다는 사실은 앞으로 교회사를 읽어나가는데 있어 잊어서는 안될 사실이다. 유세비우스의 예를 통해 모든 미치광이가 전부 정신 병원에 갇혀 있는 것은 아니라는 사실이 입증된다고 할 것이다. 잠시 사탕발림을 맛보도록 하자. "축복받은 콘스탄틴은 죽음 후에도 계속해서 통치를 했던 유일한 인물인 것이다. 콘스탄틴은 자기 전생애 동안 전능하신 하나님과 그리스도를 드높였던 유일한 군주였다. 하나님께서는 지성이(제5장 주58을 볼것) 부족하지 않은 모든 사람들에게 콘스탄틴의 혼이 영원토록 무한한 통치를 계속하도록 하셨음을 분명히 하셨던 것이다."[12)]

과연 콘스탄틴은 예수 그리스도가 완성해 놓으신 그것을 믿음으로써 은혜로 구원을 받는다고 믿었던가? 결코 그렇지 않다. 그는 그의 감독들에게 보낸 그 어떤 편지에서도 예수 그리스도의 이름을 언급한 적이 없다. 심지어는 자신이 죽어가는 순간에도 예수 그리스도를 언급치 않았다. 그는 죽기 일 주일 전까지도 구원을 받았다고 고백하지 않다가 결국 "불멸을 제공해 주는"(물론 자기 착각이다) 물뿌림을 받으면서 구원을 받았다고 한다.[13)] 콘스탄틴은 물침례가 구원을 주는 인침(Seal)인 줄 착각했던 것이다. 그는 물뿌림을 받은 후 기도할 때 예수의 이름을 한 번도 사용하지 않았으며 스스로의 착각 가운데 "불멸의 생명을 받을 자격이 있다"라고 말했던 것이다.

콘스탄틴이 죽자, "목욕탕과 시장"은 문을 닫았고 "전에는 사치 가운데서 생활하던 자들이 매우 침울하게" 거리를 돌아다녔다.[15)] 경호원과 창잡이들은 옷을 찢고 머리를 쥐어박았으며 비명을 크게 지르면서 쓰러졌다.[16)] 백성들은 그들의 수호자이며 "구세주"인 황제의 죽음을 애도하며 울부짖으면서 거리를 쏘다녔다.[17)]

이러한 구역질나고 혐오스러운 장면은 미국 공산주의의 제일인자였던 마이클 루터 킹 쥬니어의 죽음을 애도하던 미국의 이교도들의 모습이나 음란으로 생을 일관했던 마약중독자 엘비스 프레슬리가 죽었을 때의 광란적 장면에서나 볼 수 있는 것이다(김일성이 죽었을 때도 똑같은 현상이 일어났다 - 역자주). 유세비우스는 콘스탄틴의 죽음을 그리스도의 죽음으로 착각했거나 적어도 그러한 인상을 심어 주기 위해 그 장면을 묘사하려고 애쓴 것처럼 보인다. 그는 예수 그리스도를 따랐던 가장 위대한 사도가 [그는 로마에 교회를 세웠었고 로마에 있는 사람들에게 서신(로마서)을 보냈던 사람이었는데] 홀로 외로이 죽었으며 어딘지도 모르는 무덤에 묻혔다는 사실을 잊어버린 것 같다(만약 그 사실을 알고 있었다면 말이다). 이 사도는 마이클 루터 킹 쥬니어, 엘비스 프레슬리 그리고 콘스탄틴에게도 모두 자신을 따르라고(딤전 1:16) 권면했던 것이다. 성경을 거부하는 자들은 실로 이상한 "그리스도인이"이 되어버리고마는 법이다.

어쨌든 콘스탄틴의 시체는 금으로 만든 관에 눕혀져 12사도를 대표한다는[18] 12개의 관 사이에 놓여짐으로써 그를 열 세 번째 사도로 만들어 버렸다. 그러나 성경은 바울이 열 세 번째 사도였다고 말하고 있다. 유세비우스에 따르면(<짐승의 표>, 말씀보존학회, 1997 참조), 13개의 관은 "높은 곳"에 올려져 있었고 콘스탄틴의 관에는 금촛대가 켜져 있어 그것을 바라보는 모든 사람에게 "경이로움" 바로 그것이었다고 한다. 창세 이래[19] 그러한 경이로움은 해 아래 없었다고 하니 유세비우스가 과연 제정신이 있는 자인가. 최초의 교회사가라는 사람의 말을 그대로 믿는다면 성경에서 말하는 솔로몬의 성전(왕상 10:5, 16-27)은 콘스탄틴의 관 밑바닥쯤 된다는 말인가?

콘스탄틴의 제위 24년 동안 그는 "교부"(Church father)라는 직위를 결코 얻지 못했다. 그런데 그가 자신을 "감독 중의 감독"(Bishop of Bishops)[20] 즉 대감독(ARCH-bishop)이라고 부른 것으로 미루어 보아, 또한 모든 카톨릭 감독들이 그를 종교 문제에 있어 최종권위로[21] 인정한 것으로 미루어 보아, "아무도 그를 아버지(father)"라고 부르지 않았다는 것은 다소 이상하다고 하겠다. 그가 신학을[22] 가르칠 수 있을 만큼 영적이며, 종교회의(공회)를 소집하기도 하고 정통 교리에 관한 분쟁시 당사자들간의 중재 역할을 할 수 있을 정도로 영적 수준이 높다고 한다면, 도대체 그는 누구란 말인가? 지위를 박탈당한 천사였단 말인가? 이그나티우스, 시프리안, 폴리캅 등도 콘스탄틴이 가졌던 그러한 영적인 특권을 누려본 적이 없다. 파피아스와 이레내우스의 대열(즉 교부)에 합류할 수준도 못되는 "감독중의 감독"이 있었다니 뭔가 이상하다고 아니할 수 없다.

로마 황제가 과격한 박해 정책을 내던지고 갑작스레 관용적인 태도로 돌변하자 기독교인과 교회들의 성격과 행동에 커다란 변화가 오게 되었다(이 시대에 관한 자료들은 락탄티우스, 소크라테스, 소조메누스, 모쉐임, 기본, 아렌디, 밀만, 하이니켄, 카임, 라투렛 등의 저서에 나와 있다). 검투사들의 격전장이었던 로마의 원형경기장은 장터로 바뀌었고 이교도 신전들은 교회당 건물로 변하게 되었으며 비너스, 아폴로, 쥬피터 그리고 아프로디테 등의 동상들은 베드로, 야고보, 마리아, 요셉, 요한 등의 동상으로 대치되었으며 이교도 사제들의 희생 제사의 연기는 기독교 "제사장"[23]이 태우는 "향"으로 대체되었으며 이교도의 "신비 세계로 입적시키는 유아침례"는 어린 아이에게 물뿌려 교회에 입적시키는 행사로 둔갑했고, 이교도의 촛대들은 기독교 촛대들로 대체되었으며 에베소에서 불태웠던 그런 책들(행 19:19)은 오리겐과 유세비우스의 북아프리카 위조 성경으로 대치되었다. 그런데도 필립 샤프는 이러한 현상을 "이교도의 몰락"이라고 평가하고 있으니 참으로 순진하기 그지없는 사람이 아닐 수 없다.[24] 좀더 정확하고 분명하게 이런 현상을 정의내리자면 "신약 교회의 몰락"이라고 해야만 할 것이다.

이 당시 이교도들이 지역교회들에 몰려든 것은 믿음 때문이 아니라, "시대의 추세에 따르려면" "기독교인이 되어야만" 했기 때문이다. 기독교는 최고의 "인기 종교"가 된 것이다(눅 16:15). 그 전까지는 기독교는 한 번도 인기를 끌어본 적이 없다(행 5:13). 적어도 성경적 기독교는 그러했다. 그리스도께서 십자가에 못박히셨던 그 십자가를 콘스탄틴의 어머니(헬레나)가 손에 쥐게 되었는데[25] 그녀는 병든 자를 치유하기[26] 위해 점을 치다가 그것을 얻게 되었다. 콘스탄틴은 예루살렘에 입성하여 성읍 안에 신전을 짓고서(히 13:12) 그리스도는 "영문 안에서"(히 13:13) 십자가에 못박혔다고 주장하였다(이 신전은 오늘날 "거룩한 무덤 교회"라고 불리운다). 콘스탄틴이 니케아 공회를 소집하였을 때 그는 로마 제국에서는 폰티펙스 막시무스, 즉 황제가 모든 믿음에 관한 사항에 있어 최종판결자요 권위라는 사실에 입각했다고 했다. 콘스탄틴은 313년 10월에도 공회를 소집했었는데 그때도 그는 모든 종교 문제의 최고 판결자로 행세했다. 신약성경은 그 어떤 공회의 소집과도 아무런 관계가 없다. 공회 소집은 이미 B.C.100년 이전에 확립된 관행이었다. 그는 314년 아를레스(Arles)에서 또다른 공회를 소집하였다.[27] 이러한 공회들에서 콘스탄틴은(침례도 받지 않고 다만 미래의 물뿌림이 자신을 후일 구원해 줄 것으로 간주하고 있었는데) 선언하기를 그는 하나님께로 부름받아 성경적 교리를 바로잡으며[28] 성경적 문제를 판결하노니 신약 기독교에 있어서 가장 중요한 것은 단합(Unity)이라고 하였다. 단합은 너무도 중요한 사항이므로 그리스도인들간의 "나뉨"(divisions)(노바티안, 도나티스트, 몬타니스트, 폴리시안 등)은 절대 용납될 수 없었던 것이다. 한마디로 말해 로마교황은 로마 카톨릭 교회가 믿어야한다고 주장하는 그 모든 것을 믿지 않는 그 어떤 성경대로 믿는 자들도 완전히 멸절시켜 버릴 자세와 의지와 능력을 갖추게 된 것이다.

이교도들이 교회에 합류하게 되었을 때 그들은 크리스마스 트리(렘 10:3-6)와 부활절(이스터, 행 12:4) 토끼를 가지고 들어왔다. 이들 두 가지 것들이 어디에 기원을 두고 있는가는 이미 잘 알려져 있다.[29] 베스타 여신에게 바쳐진 처녀들(Vestal virgins), 제의입은 제사장들, 결혼 반지, 종교적 행렬, 동상에 입힌 갑옷, 죽은 자들을 위한 기도 등이 잇달아 교회 안으로 물밀듯 밀려왔다.[30] "기독교"에 대한 신앙 고백에다가 물뿌림을 더하기만 하면 새신자로 입적되고 게다가 20개의 금화와 새 옷을(주 7,8 참조) 미끼로 내세우는데 그 어떤 이교도가 카톨릭을 거부하겠는가? 어차피 일요일날 가게문을 닫아야만 한다면(시저의 명령에 의해 강제적으로 그럴수 밖에 없었다) 교회에 안나갈 이유가 무엇인가? 더군다나 로마 황제가 나가는 바로 그 교회라면 말이다.

카톨릭 교회는 신속하게 유일한 교회의 위치를 선점해 갔으며 콘스탄틴이 자기 이름(콘스탄티노플)을 따라 이스탄불(비잔티움)을 명명하기 위해 그 곳을 향해 떠났을 때 그는 로마의 감독에게(A.D.330) "호화로운 거처"만을 남겨주고 간 것이 아니고 "새로운, 기독교 로마"를 남겨준 것이다.[31] 기독교 로마(Christian Rome)란 표현은 필립 샤프의 것으로 이 교회사가는 교회사를 통해서 가장 이단적인 교리 중의 하나를 전파시킨 죄를 저지른 셈이다. 즉 그에 따르면 어떤 마을이나 도시는 기독교 마을, 혹은 기독교 도시가 될 수 있다는 전혀 성경적 근거가 없는 교리를 전파한 것이다. 이 근거없는 교리에 근거해서 칼빈은 제네바를 기독교 도시로 만들 수 있을 것으로 생각했고 많은 청교도들도(1620-1680) 메사츄세츠를 기독교 주로 그리고 살렘 시를 기독교 시로 만들 수 있을 것으로 생각했었다. 늘 적은 누룩이 반죽 전체를 부풀게 하는 이유로 카톨릭은 어거스틴 이래로 이 엉터리 교리를 극대화시켜 결국 기독교 "국가들"이라는 용어를 진지하게 사용하기에 이르렀다. 결국 이 교리를 클라이막스로 이끌어 간 사람은 마치 제국이 "거룩할" 수 있는 것처럼 착각한 교황으로 그는 "신성 로마 제국"(Holy Roman Empire)을 선포하기에 이른 것이다.

사도행전 이래로 이 지구상에 존재하는 유일한 거룩한 것은 성경(Holy Bible)과 성령(Holy Spirit) 그리고 성령의 전인 성도의 몸이다. 이 사실은 성경대로 믿는 사람들에게 물어보면 금방 확인할 수 있다(롬 1:2, 고전 2:13; 3:17).

그레고리 나지안젠(Gregory Nazianzen, A.D.330-390)은 로마는 보물로 가득찼고 모든 도시 중에서 "여왕"으로 군림하기에 이르렀다고[32] 말했다. 로마의 감독을 위해 거대한 바실리카 공회당이 건축되었고 그는 이곳에 자주색과 주홍색 옷을 입고 앉아(계 17:4) 머리에는 금관을 손에는 홀(눅 4:6)을 들고서 "하늘에서 이루어진 것처럼 이 땅에서도 이루어질" 하나님의 뜻을 이룩하기 위한 천 년 통치(천년왕국)를 시작한 것이다(<하나님의 나라와 천국, *The Sure Word of Prophecy*>, 말씀보존학회). 간음은 처벌되었고, 축첩제도는 폐지되었으며 여자에게는 약간의 권리들이 주어졌고 가까운 친척간의 결혼이 제한되었다.[33] 후일 어거스틴의 저서 <하나님의 도성, *The City of God*>의 도움을 받아 지역교회 회원들과 일반 국민들은 로마가 새예루살렘이라고 믿게 되었고 카톨릭 교회의 감독들과 제사장들(주교들과 사제들)은 예수 그리스도를 위해 세계를 정복하도록 위임받은 지상의 통치자들로서 왕관을 쓰고 보좌에 앉아 다스려야한다고 믿도록 강요받았다(계 6:2, 마 13:33 및 그 주석참조, 계 20:2-4). 시민의 자유와 인권이 신장되고 인문주의적 사회주의가 도입되어 복지가 향상되자 당시의 성경을 거부하던 배교자들은 드디어 왕국이 도래하게 되었다고 믿게 되었고 도래한 왕국은 "진리가 행진해 나가듯이"(His truth is marching on) 신속히 "전파"되고 있다고 확신하기에 이르렀다.

콘스탄틴의 관용이 가져온 가장 치명적인 결정타는 카톨릭 신학자들과 성경교사들이 맞게되는데 이는 북아프리카의 오리겐과 클레멘트 및 디오니시우스를 제외하고는 이 당시까지의 모든 교부들이 오늘날 우리가 "전천년주의자"[34]라고 부르는 사람들이었기때문이었다. 초대 교회 당시에는 이 교리는 "천년지복설"(Chiliasm)이라고 불리웠다. 이 교리는 종말에 관해 다음 사항을 믿음으로 인해 인간의 성품을 부정적으로 평가하는 견해였다.

1. 인간은 자연적인 상태에서는 물론, 성령으로 거듭난 후에도 그의 본성에 있어 여전히 악하므로(눅 11:13, 갈 1:4, 창 6:5) 아무리 많은 시간과 재원이 주어진다 할지라도 하늘에서처럼 이 땅위에(마 6:10) 하나님의 뜻을 이룩할 수 없다.

2. 따라서 신구약성경에서 언급하고 있는(사 11:1-12, 욜 2장, 암 9:14, 슥 14:1-10, 마 19:28; 25:31, 눅 1:30-33, 계 20:1-6) 완전한 평화의 1000년 기간은 왕중의 왕이신 주 예수 그리스도께서 이 땅의 왕으로서 왕국을 세우시기 위해 가시적으로 육체적으로 재림하실 때에야 도래할 것이라는 것이다(계 19:16, 행 1:11). 이를 위해 그분께서는 인간이 이 땅에 세워 놓은(습 3:8) 모든 형태의 종교적 정치적 정부를 모조리 파괴하실 것이요(단 2:44), 이 파괴는 어떤 자비도 베풂이 없이 잔인하게 행하실 것이다(욜 2:1-17). 이 두 가지 내용을 담은 전천년교리는 바나바, 파피아스, 저스틴 마터, 이레내우스, 터툴리안, 락탄티우스, 커모디안, 빅토리누스, 및 메소디우스 등에 의해 확립된 성경적 교리였다. 따라서 전천년을 전파한 증인들은 A.D.120-311년 까지 중단없이 진리를 전파하였다. 그러나 오리겐은 이 중요한 성경의 진리를 "유대인의 꿈"일[35] 뿐이라고 했다(델리취는 1886년 근본주의자들에게 합류하도록 요청받았을 때 전천년주의를 "어리석은 문자주의"라고[36] 불렀다). 오리겐은 A.D.235년 팔레스타인의 카이샤라로 이주했고 따라서 그 도시의 감독이었던 유세비우스가 이 교리를 거부한

것은 당연한 일이었다. 어거스틴, 칼빈, 제롬[37] 역시 전천년주의 교리를 거부했다.

전천년주의(Pre-millennialism)에 대한 가장 분명한 반대는 후천년주의임에 틀림없다. 이 후천년주의(Post-millennialism)는 인간본성이 본질적으로 선하다는 견해인데 이 견해를 가장 강력하게 옹호한 어거스틴은 오히려 인간의 전적 타락(Total Depravity)을 믿는다고 고백했던 사람이었다. 후천년주의는 인간에 대해 긍정적인 평가를(창 3:1) 내리는고로 모든 구원받지 못한 무신론자(atheists), 공산주의자(communists), 자유주의자(liberals), 모든 정치인, 성경을 거부하는 교회사가 및 성경을 변개시키는 종교지도자들은 한결같이 후천년주의를 채택한다.

우리는 <하나님의 나라와 천국, *The Sure Word of Prophecy*>라는 책에서 이 문제를 자세히 다룬 바 있으므로 이 교회사에서는 후천년주의를 지지하는 모든 정치인과 종교지도자들은 인류에게 희망을 갖고 있다는 사실만을 지적해 두고자한다. 이 희망은 뉴딜 정책, 과야나 정착촌(짐 존스가 세웠음), 가난과의 전쟁 프로그램, 황금 시대를 위한 뉴파운데이션 정책, 천년왕국, 유토피아 등의 프로그램에 따라 다양한 양상을 띠고는 있으나 본질상 거짓 소망임에는 차이가 없다. 이는 주님께서 다시 돌아오시기 전에 이 땅위에 평화를 가져올 수 있다는 잘못된 소망이다. 이 소망은 하나님께서 인간에 대해 무슨 말씀을 하시든 간에(렘 17:5, 롬 3:15-25, 창 8:21) 인간이 통치자(사 9:6) 없이 이상적인 사회와 정부를 이 땅위에 건설할 수 있다는 착각에 불과하다. 이 제도를 과두정, 군주제, 공화국, 제국, 소비에트, 민주주의, 바티칸 공화국, 연합(예를 들면 유럽 연합) 혹은 그 무엇이라고 부르든지 그 사상이 사회주의, 공산주의, 파시즘, 민주주의, 카톨릭주의 혹은 그 무엇이든지 결국은 똑같은 얼룩덜룩한 새에 불과한 것이다(렘 12:9). 한 마디로 말해 하나님께서 승인하신 해결책(계 11:15, 시 2:6) 대신 인간이 만들어낸 대체물일 뿐이다.

루터 교회의[38] 아욱스버그(Augsburg) 신앙 고백은 재림에 관한 성경의 교리를 유대인의 "의견"으로 취급했으며 크랜머(Cranmer)가 작성한 영국 성공회 교리문답(Anglican Articles) 제41조(1553) 역시 그리스도께서 지상에서 통치한다는 성경 교리는 "유대인의 우화"라고 선언하다. 어거스틴은 이 재림의 진리를 거부할 훨씬 더 경건한 방법을 찾아냈으니 그것은 그리스도의 천 년 통치(계 20:1-6)는 오순절날 시작되었고 따라서 그리스도는 이미 다스리고 계신다는 주장이다. 그리스도의 교회(캠벨주의자) 역시 어거스틴과 똑같은 이단을 가르친다.[39] 이 가르침은 후천년주의로 불리는데 1차 세계 대전(1914-1918)이 터지자 난처한 입장에 처하게 된다. 모두가 지상에는 평화요 사람들에게는 호의가 오리라고 기대하고 있던 그 무렵 독일군이 들고양이처럼 벨기에를 침공하였기 때문이었다. 이 전쟁으로 무려 1,000만 명이 죽고 2,000만 명이 부상했으며 전쟁당사국들은 1980년 현재까지도 다 갚지 못하고 있는 엄청난 빚더미에 앉게 된 것이다(18,805,919,420달러).

(만약 그리스도의 1000년 통치가 오순절에 시작되었다고 한다면) 1000년 왕국은 온갖 결점으로 가득차 있는 셈이 된다. 언젠가 한 "그리스도인"이란 사람이 한 성경대로 믿는 사람과 천년왕국에 대해 논쟁을 하다가 말하기를 마귀는 이미 1000년 동안 묶여 있었다고 주장했는데 그것은 이들 생각으로는 천년왕국은 사도행전 1장에서 시작되어 벌써 1900년이나 지났으니 마귀는 1900년 이상 묶여 있었던 셈이며, 따라서 마귀가 1000년 동안 묶여 있으리라고 했을 때의 그 1000년은 문자적 1000년이 될 수 없다는 것이다(<피터 럭크만의 주석서 요한계시록>, 말씀보존학회, 1993, 20:1-5 참조). 이에 대해 성경대로 믿는 사람은 "그렇다면 마귀는 참으로 기다란 쇠사슬에 묶여 있군요, 그렇지 않습니까?"라고 대꾸했다.

제1차 세계 대전으로 후천년주의자들은 더 이상 기댈 버팀목이 없어진 셈이다. 제2차 세계 대전 이후에는 기댈 이쑤시개 하나조차도 사라진 셈이되었다. 결국은 진리(전천년 해석 체계)를 받아들이기보다는 진리로부터 어떻게든 떨어져나가기로 작정한 이들 후천년주의자들은 칼빈의 옛 입장 즉 무천년주의로 돌아서고 말았다. 무천년주의란 한마디로 말해 예수 그리스도께서는 이 지상 예루살렘에서 1000년 동안 다스릴 지상왕국은 지금이든 이후든 간에 세우시지 않으실 것이라는 주장이다. 이 주장은 전적 타락설을 믿든 안믿든 상관없이 천년왕국은 없다는 것이다. 이들은 칼빈의 이론을 정당화시키기 위해 계시록 20:5의 "첫 번째 부활"은 에베소서 2:1-4의 영적 부활을 의미한다고 주장한다. 이렇게 되면 계시록 20장을 읽고 있었던 당시 그리스도인들에게는 부활은 미래가 아닌 과거의 사건이 되어버리는 것이다. 결국 J.G. 메이첸이나 벤자민 와필드 같은 사람들은 이와 같은 무천년주의를 건전한 교리(딤후 2:18)라고 인정해줌으로써 바울이 육체의 멸망을 위해(고전 5:5) 사탄에게 내어준(딤전 1:20) 이단들의 대열에 참여하고 만 것이다. 1901년 ASV를 번역한 사람들 중 80%가 무천년주의자였다. 한편 "하나의 거룩한 카톨릭, 사도적, 교회와... 하나의 양우리와 목자"[40]를 믿고 소망하고 있다고 맹세했던 후천년주의자 필립 샤프가 이 ASV의 편집위원장이었다. 메디치가의 캐더린과 피의 메리로부터 HEW(보건 교육복지부)의 칼리파노와 폴란드 출신 교황(요한 바오로 2세)에 이르기까지 그 모든 로마 카톨릭 신자는 위에 인용한 교황의 신조에 동조할 것이다. 샤프의 신조는 곧 모든 교황들의 신조이다. 카톨릭 교회 역사상 단 한 명의 교황도 전천년주의를 받아들인 적이 없다. 이들 모두는 예수 그리스도께서 재림하시기 전에 로마 카톨릭에 의해 전세계가 종교적으로 연합될 것을 "소망"하고 "믿고" 있다.

이것이 바로 20세기 카톨릭 신학자들이 신봉하는 공식 신앙입장이요 그들은 이것이 거부될 수 없다고 한다(Nihil Obstat).[41] 사실 이 "연합"은 계시록 13:1-6에서 "카톨릭" 신자가 지구상에 존재하기 200여년 전에 이미 예언되었으며 이 연합(통합)은 사탄을 "유일한 목자"로(슥 11:15,16) 받든 후에 달성될 것이다.

"인류"와 "모든 판단의 척도로서의 인간"을 신뢰하는 이교도 우상숭배자들이 지역교회 안으로 물밀듯 밀려들어 왔을 때, 특히 로마에 있던 교회들(A.D.313-340)에는 4000년 역사를 자랑하는 이교도의 온갖 우상적 풍습들이 우상숭배자들과 함께 들어오게 되었다. 이 모든 풍습들은 하나로 반죽되어 "사도적" 누룩으로 부풀게 되었고(마 13:33) 결국 제4,5세기의 정통 "카톨릭" 교회는 다음과 같은 처지로 전락하고 말았다.

1. "신성"을 출생시킨 신성한 어머니 숭배. 세미라미스(Semiramis)는 레아(Rhea)로서 신성시되었고 베스타(Vesta) 여신도 비너스(Venus)의 이름으로 신성시되었으며 "하늘의 여왕" 헤스티아(Hestia)는 사카로, 에우로파(Europa)는 미네르바(Minerva)로, 라크쉬미로 불리는 비너스 숭배, 로렐라이로 불리우는 엘레여인 그리고 무엇보다도 "하늘의 여왕, 마리아"(Mary, the Queen of Heaven - 렘 44:19)라고 불리는 "창녀들의 어미"(계 17장)가 숭배의 대상이 되었다.[42]

2. 농신제(Saturnalia)는 율레의 날, 메니, 마네, 혹은 마니로 불렸다. 수퇘지머리에 겨우살이 장식을 놓는 풍습과 크리스마스 거위 등이 도입되었다. "성모수태고지일"(Lady Day)이 바알의 생일인 12월 25일과 더불어 등장한다.

3. 대지의 신 벨을 기념하는 날(Bel Day, Beltaine 축제, 5월 1일) 근방에 아스타르테(Astarte)와 이시타르(Ishtar)로부터 "이스터"(Easter, 부활절)를 설정했다. 힌두, 바빌론, 일본인들의 달걀이 신성한 축제일에 등장했으며 중국의 축제에서 물감들인 형형색색의 달걀도 등장했다. 달걀로부터 부화한다는 비너스(아스타르테)도 등장했다.[43]

4. 십자가 표식, 묵주(rosary), 유물 숭배(relic worship), 우상 행렬(idol processions), 등잔불, 왁스로 만든 초, 죽은 자들을 위한 기도[44] 등이 등장했고 그리고 무엇보다도

하늘과 땅과 지옥의 통치자요, 이 지상에 하나님께서 육신을 입고 오신 분이시며 모든 권력과 권한을 완전히 독점할 수 있게된 최고의 성직자이신 "교황"[45]이 등장해서 성경대로 믿는 "반대자"[47]들을 죽이고,[46] 뿌리 뽑고, 찢어 죽이고, 파멸시키고, 군대를 동원해 몰살시킬 수 있는 모든 권력을 행사할 수 있게 되었다.

양무리들의(요 10:1-28) 작은 떼로(눅 12:32) 시작되었던 교회는 급기야 동물원이 되고 말았다. 물론 이 때는 교황(폰티프)이 4번에 명시된 것과 같은 정도까지는 스스로를 드높이지는 않았지만 그래도 방향은 이미 그쪽으로 잡혀있었다. 로마의 감독은 "목자장"의 역할을 내세우면서 파시스트 독재자의 모습으로 변형되어가고 있었으며 결국은 "모든 인간 피조물은 로마의 교황에게 순종해서 그의 혼을 구원받아야 할 당위적 의무를 진다."[48]는 선언을 함으로써 교황들 스스로가 양의 탈을 쓴 늑대였음을 입증하게 된다. 오늘날의 카톨릭은 이와 같은 엄청난 신성 모독적 발언을 다음과 같이 "온건히" 묘사하고 있다.

1. 모든 구원받지 못한 사람들은 하나님을 그 아버지로 그리고 그리스도를 그 형제[49]로 갖고 있다.

2. 그러나 "교회" 밖에서는 아무도 그리스도와 연합되지 못한다. 그럼에도 실로 교회 "바깥에" 머물고 있는 "이름 없는" 그리스도인들이 있으며 이들은 결코 "교회"에 "연합하지" 않았다.[50]

3. 그러나 물침례를 통해서만 그리스도와 연합이 가능하며 오직 카톨릭 교회만이 물침례에 관한 성경적 진리를 정의내릴 수 있다.[51]

4. 그러나 마가복음 16:16(the "damned" 정죄받다)은 그리스도를 믿지 않는 사람에게 해당되는 말이 아니고 카톨릭 교회에 들어오려다 그만 둔[52] 사람들에게 해당되는 말이다.

교황 보니파스 같은 종교적 과대망상증 환자는 너무 그 증상이 심해 심지어는 다음과 같은 신성 모독적 발언을 일삼기도 했다. "나 예수 그리스도의 대리자는 하나님과 인간 가운데 놓여 있으며 인간을 넘어서 하나님과 상당히 근접해 있고 하나님보다는 약간 모자라지만 인간보다는 훨씬 위대하기에 모든 것을 심판하되 그 누구로부터도 판단받지 않는도다."[53] 따라서 "모든 그리스도인들은 교황을 하나님 자신으로서 존중해야 하느니라."[54] 오늘날 미국에도 비슷한 증상을 보이는 광신자들이 있어 이렇게 주장한다.[55] "로마 카톨릭 교회만이 참된 유일한 교회이므로 참된 자유를 누릴 권리가 있다. 로마 카톨릭 이외의 종교를 받아들일 그 어떤 권리도 그 누구에게도 주어져 있지 않다. 따라서 로마 카톨릭이 명령하고 제정하는 방식 외에는 그 어떤 형태의 예배도 시행되어서는 안된다."[56] 이와 같이 "극단적" 태도를 취하는 자들이 있는 것을 보면 1949년 소련이 헝가리의 추기경 민즈젠티(Mindszenty)를 추방하고는 그들의 비밀 경찰 요원을 헝가리의 주교, 추기경, 사제 및 수도원장 등에 임명한 것에 놀랄 필요는 없는 것 같다.[57] 심는 대로 거두는 법이니 말이다.

뭇솔리니가 1929년 교황과 밀약을 체결한 당시 뭇솔리니는 "국가종교인 카톨릭을 공개적으로 명예 훼손을 시키는 자는 1년의 감옥형에 처한다."[58]고 선언했다(물론 이 경우 "명예 훼손"이 무엇을 의미하는가는 판단하기 나름이다. 예를 들면 팍스의 순교사의 내용, 20세기 바티칸 제국주의 혹은 폴 블랑샤드(Paul Blanshard)와 이언 페이슬리(Ian Paisley)의 모든 책들의 내용도 모두 "명예 훼손"에 걸리게 되어 있다).

카톨릭 교회의 이와 같은 과대망상증은 콘스탄틴이 A.D.330년 로마의 왕좌를 로마 주교(감독)에게 내주고 콘스탄티노플로 떠난 이후 계속 악화 일로를 치닫다가 급기야 20세기에 와서는 앞서 언급한 망언을 일삼을 정도까지 이르렀다. 독자들이 한 가지 주목할 것은 앞서 인용한 것들은 20세기에 행해진 발언들이라는 것이다. 로마는 결코 변하지 않는다는 사실을 잊지 말라.

어거스틴이 쓴 웃기지도 않는 책이 <하나님의 도성, *The city of God*>인데 이 책은 오리겐으로부터 A.T. 로버트슨에 이르는 모든 배교자들의 상황을 적나라하게 보여준다. 이 책은 12년(A.D.413-426)에 걸쳐 기록된 것으로 아마도 그리스도인이라고 고백하는 사람에 의해 그 세기에 쓰여진 책으로는 가장 비성경적이고 반성경적인 신학을 담고 있다고 말할 수 있다. 샤프는 이 책에 대해 "이 책은 이교도를 가장 능력 있고, 깊이 있고, 효과적으로 논박했으며 고대 기독교를 가장 잘 옹호한 책이다."[59]라고 평했다. 그에 따르면 이책은 "이제껏 인간의 천재성이 인류에게 공헌한 것들 중 가장 고귀한 역작"이라고 한다.[60] 그 "고귀한 역작"이 선언하는 바는 다음과 같다.

1. 그리스도의 천 년 통치는 비유적이며 문자적이 아니다(제9장)(이것은 현대의 카톨릭 신학자들이 주장하는 것과 정확히 일치한다).[61]

2. 그리스도인은 성체성사를 행할 때 그리스도의 실제 몸을 삼키는 것이다(계 20장).

3. 외경(에스드라스, 토빗, 쥬디스)은 영감을 받은 것이다.[62]

4. 인간은 순교를 통해[63] 두 번째 사망(계 20:14)에서 구원받는다.

5. 아담의 혼이 죽은 것이지 영이 죽은 것이 아니다.

6. 칠십인역은 그 외경과 더불어 영감을 받은 것이다.[64]

7. 호세아 6:2에 나오는 이스라엘의 부활과 회복은 A.D.33년에 성취되었다.[65]

8. 계시록 20장에서 심판대에 앉아 있는 부활한 성도들은 카톨릭 사제들과 감독(주교)들로 그들은 현재 이교도들을[66] 심판하고 있다.

9. 말라키 4장은 재림에 관한 구절이 아니고 최후의 심판을 가리키는 구절이다.[67]

10. 로마서 8:29은 부활시의 최종 상태가 아닌 현재 은혜 안에서 이루어지는 영적 성장을 지칭하는 것이다.[68]

11. 물을 뿌리지 않은 유아들은 그들이 "택함"받은 유아들이 아니라면 지옥에 간다.[69]

12. 예수 그리스도의 재림은 매주 일요일마다 카톨릭 교회에서 예수 그리스도의 몸 한조각씩으로 나타나다가 결국은 완전한 몸이 나타나게 될 것이다.[70]

이것이 어거스틴이 인류와 카톨릭 교회에 보여준 것으로 이것은 성경을 이교도적으로 제멋대로 해석한 것이다. 그는 실로 카톨릭 교회의 위대한 "박사" 중 하나임에 틀림없다. 이것이 지난 15세기 동안 성경대로 믿는 사람으로서 존중받아온 한 인간의 "풍요하고, 심오하고, 고귀한 천재성"인 것이다. 어거스틴은 홀트와 브루너가 성경대로 믿는 그리스도인이 아닌 것만큼이나 결단코 성경대로 믿는 사람이 아니었다. 그는 성경에서 몇 가지 것만을 뽑아서 믿었으며 성경의 나머지 부분들은(그 내용이 자신의 철학과 정치적 야망에 상충될 경우) 가차없이 내던져 버렸던 것이다. 그렇다면 오늘날의 이단 멤버들(샤프, 뉴만, 밥 존스 3세, 로버트 섬너, 홀트 등)은 이러한 행동을 어떻게 정당화시키는 것인가? 간단하다. 이들은 피고의 무지를 호소하거나, "비본질적인 문제들은" "견해의 폭"이 다를 수 있다고 넘겨버린다. 이단들의 죄가 드러나면 이들은 20세기의 그들 동료에 의해 곧바로 정당화된다. "그 당시에는 오늘날 우리처럼 빛(조명)이 없었으므로 무지했을 수 있다"는 것이다. 이러한 말을 뇌까리는 자들은 이 말을 하는 바로 그 순간 모든 성경대로 믿는 사람으로 하여금 그들이 갖고 있지도 못한 바로 그 빛이 절대적인 권위를 갖고 있다는 사실을 의심하도록 부추기고 있는 것이다.[71] 처음에 빛을 가졌던 그들은 그것을 곧바로 저버렸다. 이로써 현대에 살고 있으면서 진리의 빛을 어둡게 하는 자들은 그들이 누구 "자손"인가를 스스로 입증하고 있는 셈이다(마 23:30-31). 오늘날 알렉산드리아 이단에 소속된 자들의 특징은 그들이 "향상된 빛"(새로운 역본들)을 갖고 있다고 주장한다. 이들은 하나님께서 그 빛을 주셨을 때(1611), 그 빛이 충분하지 못했다고 여기는 것이다. 어거스틴의 추종자들은 하나님이 주신 빛을 꺼버린 것이다.

어거스틴이 역사의 무대에 등장할 무렵(A.D.354-430)에는 이미 니케아 공회가 어거스틴의 활약을 위해 땅을 잘 갈아놓고 있었다. 이 공회는 겉보기에는 삼위일체 교리를 논의하기 위해 모인 것 같지만 실상은 이보다 훨씬 더 실제적인 이유가 있었다. 삼위일체에 관한 여러 논쟁들("heterusios", "homoiousios", "anomoios", "katoousian")[72]을 전면에 내세운 콘스탄틴(공회의 소집자이며 지도자였음)은 실제적인 문제들을 다룰 속셈이었다. 여러분도 아시다시피 A.D.325년경 그리스도의 몸된 교회에 있어 주요 이슈는 "실체" 그리고 "본질" 논쟁과는 아무런 관계가 없었다. 당시 첨예한 논쟁은 물침례 문제였다(제6장 참조). 콘스탄틴이 제정한 부활절 토끼와 크리스마스 트리는 이미 상존해있던 문제들을 악화시켰을 뿐이었다[1978년 제리 팔웰이 <주의 칼, *The Sword of the Lord*>紙를 발행하는 형제들과 의논하고자 모였을 때 그는 그 모임의 최대 이슈가 <주의 칼> 발행인들이 사람들에게 주장했던 것처럼 "분리"(separation)가 아니라 <킹제임스성경>의 권위였다는 사실에 커다란 충격을 받은 적이 있었다. 제리 팔웰은 너무도 화가 나서 모임을 떠나 고향에 가서 자신의 방송망을 통해 권위역본을 하나님의 말씀이라고 믿는 사람들을 비난하는 내용을 발표했다[73]]. 세계 근본주의자 대회가 열렸을 때 이 대회는 근본적인 문제들을 담대하게 다루고 있다[74]고 그리스도인들을 설득하기 위해 여러가지 책략들을 썼지만(1970-1980) 실제 이슈는 분리(성별)나 신복음주의(Neo-evangelism)가 아니었다. 그리스도의 몸된 교회에 관한 한 지난 400년 동안 미국이든 유럽이든 성별이나 신복음주의 같은 문제들이 중요 이슈가 된 적이 없다. 이와 마찬가지로 모든 공회들 역시 핵심적 문제를 다루어 본 적이 없다. A.D.325년 콘스탄틴이 죽어버린 정통 "근본주의자들"을 자처하는 두 그룹 사이에서 중재를 위해 황제의 복장을 입고 앉아 있을 그 당시에도 진짜 핵심적인 문제들은 양탄자 밑에 숨겨버렸던 것이다. 당시 참된 이슈는 다음의 세 가지였다.

1. 그리스도인의 신앙(믿음)과 실행에 있어서의 최종적이고 절대적인 권위는 무엇인가?
2. 이 권위는 천년복지설(예수 그리스도의 재림)에 대해 무어라고 말하는가?
3. 이 최종권위는 물침례[75]에 관해 무어라고 말하는가?

1929년부터 1980년에 이르기까지 근본주의자를 자처하는 밥 존스 대학교의 신조에서는 제2번과 3번에 관해서는 아무런 언급이 없다. 그러나 J. 프랭크 노리스(텍사스의 Ft. Worth의 제일침례교회)의 근본주의 신조에는 분명히 이 두 가지에 대한 언급이 나와있다.[76] 이처럼 근본의주자라고 하는 사람들 사이에도 엄청난 차이가 있다는 사실을 주목해야한다. "근본주의자"에도 두 부류가 있는 것이다. 밥 존스 대학교의 근본주의 신조 제1항은 "최종권위"에 관한 것인데 이들이 말하는 최종권위는 그 어떤 교수도, 학생도, 그 누구도 한 번도 본적이 없고 읽어 본 적도 없는 "원본"인 것이다. 참으로 기가 막힌 방법으로 핵심 이슈를 피해버리는 것이다.

A.D.314년 카톨릭들은 태양숭배자 콘스탄틴으로 하여금 카톨릭과 도나티스트[77]들간의 "중재자" 역할을 하도록 하였다. 이 순간부터 기독교에 베풀었던 콘스탄틴의 "관용"은 급작스레 사라져버렸다(이 관용은 A.D.313-314년 1년 간 그럴싸하게 베풀어졌었다). 문제는 누구에게 권위가 있느냐는 것이었다. 콘스탄틴은 즉시 유아세례를 거부하고 침례에 의한 중생은 마귀의 교리라고[78] 주장하는 도나티스트들에 의해 자신의 권위가 도전받고 있음을 알아차렸다. 도나티스트들은 창세기 1:1 이래 이 지구상에서 가장 중요한 문제였던 바로 그 문제를 즉시 제기하였는데 그 이슈는 누가 다스리느냐?(누가 최종권위냐?)는 것이었다(<하나님의 나라와 천국>, 말씀보존학회). 결국 콘스탄틴은 훌륭하신 여타의 기독교 황제들처럼 유일한 선택을 할 수밖에 없었다. 그는 도나티스트들을 죽이기 시작한 것이다.[79]

도대체 지역교회들 간의 모임을 황제가 주제하다니 있을 수 있는 일인가? 정부 당국이 교회 일에 무슨 상관이란 말인가? 안수받은 목사들과 장로들이 태양을 숭배하는 이교도 정치인의 재판정에서 서로를 비난하는 일이 있을 수 있는 일인가?(고전 6:1-6) 콘스탄틴은 이 재판에서 도나티스트 중 몇 명을 사형에 처했다. 그는 "카톨릭 측"에는 손끝 하나 대지않았다. "지상에 살았던 가장 위대한 도덕가"를 본받아(유세비우스가 '콘스탄틴의 생애'에서 내린 찬사) A.D.441년 공회에서 누미디아 멜라의 주교였던 옵타우스(Optaus)는 도나티스트를 비난하는 책을 썼고 A.D.377년에는 그라티안 황제가 도나티스트들로 공적, 사적 모임을 갖지 못하도록[80] 금하면서 이들의 교회들을 빼앗아버렸다. 카르타고에서 열린 공회(A.D.411)에서는 286명의 카톨릭 대표가 279명의 도나티스트를 물리치고 승리를 거두게 되는데 도나티스트들의 패배의 주요 원인은 어거스틴이 영향력을[81] 행사했기 때문이요 그가 쓴 <하나님의 도성> 등과 같은 책에 나오는 "애매한 용어들" 때문이었다(아마 이 애매한 용어들을 그럴싸하게 나열할 수 있는 능력 때문에 어거스틴은 늘 말 잘하는 지성인으로 나타나는 모양이다). 사실 어거스틴의 교묘한 연막술은 웨스트코트와 홀트(1884) 정도나 되야 알아차릴 정도인 것이다. 로드씨가 어거스틴의 영향력(제6장 주 80)에 관해 평한 것을 기억한다면 이 공회에서 왜 도나티스트들이 패배했는가는 쉽게 추측할 수 있다. 도나티스트들은 만약 어떤 "카톨릭 교도"를[82] 재침례 주다가 발각되면 즉시 사형에 처할 것임을 경고받았다(호노리우스와 테오도시우스 황제시대). 다시 말하면 유아세례 혹은 카톨릭 세례를 거부하는 모든 사람들에게 가해지는 적극적인 박해가 콘스탄틴과 더불어 시작되었고 니케아 공회(A.D.325) 이후 확산되었다는 것이다.

공회가 열렸던 당시 황제 콘스탄틴은 금과 다이아몬드로 치장하고[83)]자주색과 주홍색 옷을 휘날리며 입장했으니 그는 이미 자주색과 주홍색 옷으로 단장한 아내(계 17:4)를 맞이한 셈이요 성경대로 믿는 그리스도인들의 피가 그의 손에 묻혀진 셈이었다(계 17:6). 그가 입장할때 사람들은 말했을 것이다. "황제 만세! 곧 죽게 될 저희들 문안 드리옵니다."

니케아 공회는 퍼가모 교회 시대를 열게 된다. 니케아 공회의 두 주인공들은 아리우스(Arius)와 아타나시우스(Athanasius)였다. 한 때 정통 신자였던 알렉산드리아의 아리우스(A.D.256-336)는 NASV의 요한복음 1:18에 나와 있는 여호와의 증인의 입장을 취할 수 밖에 없는 처지에 놓이게 되었다. 역시 알렉산드리아 출신의 아타나시우스는 (A.D.296-372) 오리겐의 휘하에서 성장하였는데 존 칼빈과 웨스트민스터 신앙 고백서가 추천하는 "정통 입장"을 취하였다. 칼빈은 세르베투스(1511-1553)가 이 알렉산드리아 입장을 동조하지 않는다고 그를 화형시켜버렸다. 주목할 것은 분쟁 당사자 두 사람 다 알렉산드리아 출신이라는 것이다. 공회가 진짜 중요한 문제들은 회피하고 있던 가운데 두 사람의 주장과 핵심 문제가 아닌 것을 가지고 논쟁은 거듭됐다. 오늘날도(1980) 알렉산드리아 이단들은 당시와 똑같은 작태를 그대로 연출하고 있다. 이들에게는 최종권위가 "정통"학자들 대다수의 의견수렴일 뿐이다. 이들의 다수의견이 <킹제임스성경>에 모순되는 경우에는 하나님의 말씀은 여지없이 내동댕이 쳐지는 것이다.

제 8 장
제1차 세계 근본주의 대회

이제, 계명의 목적은 순결한 마음과 선한 양심과 가식 없는 믿음에서 나오는 사랑이거늘 어떤 사람들은 이런 것들에서 벗어나서 헛된 언쟁에 빠져 (딤전 1:5-6)

성경에 나타난 가장 위대한 신비들 가운데 하나인 삼위일체에 관한 교리를 정립하기 위해 그리스도인들이 탁자에 둘러모여 앉았다면, 그것도 태양신을 숭배하는 이교도(콘스탄틴 황제) 앞이라면 당연히 정신 바짝차리고 누가 무슨 말을 하는지 주의할 것은 물론이요 마리아를 삼위의 하나로[1] 생각하는 이집트에서 온 아프리카의 감독들의 발언은 더더욱 잘 감시해야 했음에도 불구하고 로마 제국 여러 지방에서 파견된 전권대사들(감독들)은 소크라테스가 자살한 이래로 가장 공허한 공론에 불과한 논쟁에 말려들고 말았다. 반쯤 구운 빵같은 죽어버린 정통신학자들은 당시 가장 중요한 이슈는 하나도 해결하지 못한 채(최종권위 문제, 구원과 물침례와의 관계, 유아에게 물뿌리는 행위, 지역교회의 독립성, 예수 그리스도의 재림의 임박성), 알렉산드리아학파[2]가 만들어내고 촉진시켜온 오리겐의 철학적 입장들을 헤쳐나가느라 전전긍긍하고 있었던 것이다. 능력있고 고귀한 그리스도인들[3] 몇 명도 그곳에 참석했다고 가정한다면 그 공회는 민주당 전당 대회에서 타락전선택론(Supralapsarianism)과 타락후선택론(Infralapsarianism)을 놓고 논쟁하는 정도의 모임이었음에 틀림없다. 의사 일정, 진행방식, 전체 일정 등이 민주당 전당 대회와 비슷했을 것이다. 누군가가 적절히 평했듯이 "참 잘들 논다, 꼴 좋다!" 이 한마디로 평가할 수 있겠다.

A.D.325년 공회에 있어 가장 중요한 사항은 "사도신경"이었는데 그것이 만들어진 배경은 의심스러운 데가 많다. 최초 신경은 마르셀루스(Marcellus)가 찾아낸 것으로 그리스어로 되어있었으며 마술적 단어였던 "카톨릭"이 빠져 있었다. 그래서 이 신경은 채택되지 못했다.[4] 니케아 공회의 참석자들은 기독교의 계급적 조직을 위한 원칙을 만들었는데 이것은 반기독교적이요 성경 그 어디에서도 찾을 수 없는 그러한 것이었다.[5] 겔라시우스(Gelasius)에 따르면 사도신경외에도 9개의 항목이 덧붙여졌는데 그 중 마지막 것은 천년왕국설에 관한 교리적 선언이었으며 전천년주의를 지지하는 것이었다고 한다.[6] 물론 카톨릭백과사전에 이 항목을 기고한 마이어즈(Myers)[7]는 이 사실을 부인한다. 그도그럴것이 그 어떤 교황, 사제, 수녀, 주교, 대주교도 결코 전천년주의자인 적이 없기 때문이다. 오늘날의 카톨릭 교회는 반박할 수 없는(nihil obstat) 공식문서에서 휴거도 없고, 이스라엘의 회복도 없고, 천년왕국도 없고, 예수 그리스도의 심판석도 없다고[8] 선언하고 있다. 니케아 공회 때까지만 해도 유세비우스는 전천년주의자였으며 그는 복음 전파의 명령을 자기가 만든 "신경"에 집어넣기까지 했었다.[9] 더나아가 저스틴, 파피아스, 이레내우스, 메토디우스, 폴리캅, 이그나티우스, 코모디안, 히폴리투스 등도 모두 전천년주의자였다.[10] 결국 니케아 종교회의는 전천년 교리를 거부하고 종결됨으로써 예수 그리스도에 관한 성경적 교리는 물러나고 대신 어거스틴의 <하나님의 도성>에서 찾아볼 수 있는 가장 왜곡되고 괴물같은 비성경적인 교리인 후천년설(즉 오순절 때 천년왕국이 시작되었다는 것)이 등장하게 될 초석을 쌓은 셈이다.

어거스틴 이후(354-430) 카톨릭 교회는 본성을 드러내기 시작한다. 최초로 마태복음 16장(베드로 위에 교회를 세웠다는 허무맹랑한 헛소리)을 로마 교회에 잘못 적용한 사람은 아프리카의 시프리안(Cyprian)으로 시리아(안티옥)가 아닌 북아프리카[11]에서 이 사상은 발전되었던 것이다. 로마 카톨릭 교회가 베드로 위에 세워졌으며 이 지구상에 "호의를 입은 사람들에게 평화를" 가져오도록 임무를 부여받았다고 믿은 나머지(요한 23세의 "회칙") 하나님께서 구약성경에서 유대인들에게 하신 약속들을 카톨릭 성직 계급에게 해당되는 것으로 단정하였다. 결국 카톨릭 정치제도는 "새 이스라엘"로 불리게 되었고 지상 왕국의 통치자로서 물질주의, 혼합주의, 이교도와의 혼합,

전쟁, 살인, 가혹행위 및 (오늘날 "믿음"이라는 이름으로 알려져 있는) 모든 교황들이 저지른 악행 등을 자행할 타당성을 확보하게 되었던 것이다. 와필드는 어거스틴이야 말로 "진정한 의미에서 로마카톨릭의 창시자"[12]라고 할 수 있다라고 말했다. 어거스틴은 다름아닌 아프리카 출신이다.

인류 역사상 가장 핵심이 되는 이슈는 늘 "최고의 권위를 누가 갖고 있느냐"는 것이었다. 삼국 동맹(1882-1890), 국민 의회(1792-1795), 유엔(1945-1980), 베르사이유 전당(1919년 6월), 국제 연맹(1919-1933), 국민 의회(1789-1791), 베스트팔리아 강화 조약(1648), 한자 동맹(1250-1450), 국제 노동자 연맹(1914), 아담이 살던 지구(창 2장), 아담 이전의 지구(창 1:1, 사 14:13), 신성 로마 제국(800-1806), 제3제국(1933- 1945), 헤이그 국제 회의(1899-1907), 슈말칼딕 연맹(1531), 비엔나 회의(1814), 4국 동맹(1818), 전국 교육 협회(1950-1980), 영국 의회(1630-1980), 미국 상하 양원(1776- 1980), 민병대원, 기상 통보관, 공산당 그 어디에서도 최고의 권위가 누구에게 있는가가 문제였다. 그런데도 니케아 종교회의에 참석한 주교님들은 이 이슈는 제껴놓고 성경대로 믿는 그리스도인은 본질(ousia) 혹은 실체(phusis)를 "숫자에 있어 하나"(unum in numero), 혹은 "여럿 가운데 하나"(ens unum in multis) 등으로 인정할 것인가 아닌가를 논쟁하고 있었다. 한 본질(monoousion) 혹은 두 본질(toutoousion) 혹은 다른 본질(heteroousion)보다는 동일 본질(homoousion)을 믿어야만 더 성경적이 될 수 있다는 주장이 있었으나 그것보다는 실체(hypostatses)와 세 본질(triousian)이 "인격적 속성" (propietas personalis)과 같은 것으로 경륜적 삼위일체(economic trinity) 혹은 "밀접한 삼위일체"(imminent trinity)라는 주장이 주요 쟁점이었다. 다시 말하면 만약 본질의(essence) "동질성"(consubstantiality)이 "물질적인 하나"(unum in specie)라면 모든 문제는 "다양성 가운데서 하나됨"(E Pluribus Unum)으로 해결된다는 것이다. 그러나 이 모든 문제가 해결된다고 해서 무엇 하나 달라진 것은 없다. 만약 당신이 이 공회에서 결정한 사항을 전부 믿는다고 하더라도 당신은 곧장 지옥으로 달려가고 말것이다. 왜냐하면 중생(거듭남)은 신조나 신경을 믿는다고 이루어지는 것이 아니고 살아계신 구세주를 영접하느냐에 달려있기 때문이다(요 1:12-13).

콘스탄틴이 소집한 모임에서 종교적 열심으로 가득찬 궤변가들이 이미 크리스마스를 숭배하는 이교도들로 가득채워진 회중들을 위한다는 명목하에 말놀이를 하는 동안 세상 사람들은 여전히 지옥으로 달려가고 있었고 지역교회들은 제국 국가교회로 "변질"되어버렸다(이 제국 국가교회는 이후 지역교회들을 젤리를 삼키듯 꿀꺽 삼켜 버렸다).

이처럼 혼란된 생각으로 호도된 사람들의 머리에서 도출된 "사도신경"(아타나시우스 신경)에 대해, 필립 샤프는 이 신경에 대해 "논리적 명쾌함, 엄격함 그리고 정확성을 갖춘 걸작으로 그 무엇으로도 능가될 수 없다. 만약 천사들도 살펴보기를 원하는 믿음의 신비의 고갈될 수 없는 깊이들을 설명할 어떤 방도가 있었다면 그것은 다름 아닌 이 예배에서 사용될 수 있는 신학적 신앙 고백(아타나시우스 신경)이야말로 바로 그것이라고 할 수 있을 것이다."[13]라고 말했다. 다시 말하면 필립 샤프는 첫째 성경 구절(벧전 1:12)을 잘못 적용했고(천사들이 살펴보기를 원하는 것은 구원에 관한 복음이었지 사도신경이 아니었으니까), 둘째 그의 주장에 따르면 성경이 인간이 만들어낸 신경보다 진리를 제시하는데 있어 명쾌하지 못하다, 즉 신경이 성경보다 우월하다[14]는 말이 된다. 이렇게 해서 인간이 만들어낸 삼위일체에 대한 철학적 설명이 국가교회 공회에서 공인되어 "믿음과 실행"의 모든 문제에 있어 최고의 권위가 되어버렸다. 그리고 이 권위는 이에 동조하지 않는 그 어떤 성경대로 믿는 사람이라할지라도 불과 칼로 위협을 하여 믿도록 강요하였다.[15] 이것을 과장이라고 생각하는 독자가 있을지 모르지만 전혀 그렇지않다. 이 로마의 에큐메니칼 "한 목자" 신조가 만들어낸 최종 부산물은 인간은 카톨릭 신앙[16]을 붙잡지 않으면 지옥으로부터 구원받을 수 없다는 희한한 교리라고 할 수 있다. 공회에서 내린 결정들을 "전부 그대로" 받아들이지 않으면 그 누구라도 지옥에서 멸망할 것이라는 것이다. 그러니까 콘스탄틴의 공회에서 제정된 삼위일체 교리를 받아들이지 않으면 당신은 하늘나라에 갈 수 없다는 말이 된다.[17] 바로 이 이유때문에 존 칼빈은(1509-1564) 그리스도인을 화형에 처하게까지 했던 것이다.[18] 아타나시우스의 신경에 따르면(아타나시우스는 그 공회에서 "카톨릭 정통" 신앙의 참피온이었는데) 죄인은 선행으로 구원을 붙든다고 한다.[19] 샤프는 아타나시우스의 어깨에서 반성경적 오류의 짐을 덜어주고 싶어서인지 아타나시우스 신경의 기원은 "신비의 베일"에 가려져 있으며 "누구 한 사람의 작품이기보다는 당시 교회 정신의 산물"이라고 주장한다.[20] 샤프가 말한 그대로 이 소위 사도신경이라 불리우는 것은 성경을 거부하는 음녀(계 17:1-8)의 생산품이었던 것이다. 니케아 신조를 그후에 나온 니케아 콘스탄티노플 신조(A.D.381)와 비교해 본다면 아타나시우스 신조와 똑같음을 알 수 있을 것이다. 325년의 니케아 신조는 너무도 짧아서(오늘날 16절지의 1/4 페이지 정도밖에 안된다) 어떻게 다듬을 수 조차 없었던 것 같다. 그러나 이 신경이 발표된 지 20년이 채 안되서 열린 안티옥(A.D.341) 공회에서 "이것은 거룩한 카톨릭, 사도 교회에 의해 제정된 것이다"[21]라는 말을 첨가하여 제1차 사도신경 개정이 있었다. A.D.381년에는 재빨리 "유일하고 거룩한 카톨릭, 사도 교회는... 죄사함을 위한 하나의 침례를 인정하였다."[22]라고 확대 해석되고 말았다.

그러나 이러한 사도신경 속에는 세 가지의 치명적인 교리적 오류가 "의"로 치장한 채 숨겨져 있다.

1. 사도신경이 만들어지던 당시에는 모든 사도들이 죽은 지 이미 200년 이상이 되었으며 그 어떤 사도도 교회국가를 믿지 않았다. 이들은 로마가 "사도적" 교회라고 주장하는 시대에 살고있었다 할지라도 로마라는 교회국가를 인정하지 않았을 것이다. 사도들은 유대인들을 위한 표적을 지니고 있었으며(고후 12:12, 막 16:17, 고전 1:22) 국가와 분리된 지역교회의 회원이었다. 종교적 창녀를 "사도적"이라고 부르는 것은 신성 모독이다.

2. 에베소서 4:5에서 빌어온 "하나의 침례"는 그 어떤 경우에도 물과 관련된 것이 아니다. 만약 하나의 침례가 물침례를 의미했다면 사도행전 4장에서 28장까지에 나오는 모든 사람들은 모두 지옥으로 가버려야 한다. 왜냐하면 이 사람들은 아무도 오순절날 주어진 유대인의 정결례 형식에 맞추어 침례받지 않았기 때문이다(행 2:38).

3. 이그나티우스가 무심코 내뱉은 "카톨릭"(제4장 주 40 참조)이란 단어가 드디어 자칭 그리스도인들 무리에 적용되기에 이르렀다. 그러나 이 단어는 이교 철학에서 기원된 것으로 그 어떤 헬라어 신약 필사본에도, 이 필사본들에서 번역된 그 어떤 고대 번역본에도 나타나지 않는다.

편견으로 가득찬 카톨릭에게는 물침례가 니케아 종교회의(공회)이전, 회의 기간중 그리고 그 이후에 있어 가장 중요한 이슈이기 때문에 물침례의 성경적 정의를 변개시켜 "정통 사도신경들"에 포함시켜서 모든 그리스도인들로 믿도록 강요하지 않을 수 없었을 것이다. 오늘날 "세계 에큐메니칼 공회"나 "세계 근본주의자 공회"에서도 역시 가장 중요한 성경적 이슈들은 뜨거운 감자처럼 아무도 다루려고 집어 들지를 않는다.

니케아 공회 시기의 교부들이 활약하던 무렵에는 로마 제국 전체를 소용돌이에 몰아넣고 있었던 세 가지의 뜨거운 이슈가 있었다. 앞서 언급했던 대로 가장 중요한 이슈는 "성인의 물침례"였다. 도나티스트와 몬타니스트들의 교리적 입장이 이를 지지하고 있었으며 "카톨릭 정통주의"는 이 문제에 관한 한 이단으로 되어버렸다. 두 번째 이슈는 지역교회에서의 징계와 순수성이였다. 이 문제를 중요시했던 노바티안들과 몬타니스트들이 교회를 떠나버린 것으로 보아 "삼위일체" 문제는 "교회분열"에 있어 전혀 이슈가 되지 못했음을 알 수 있다. 세 번째 이슈는 예수 그리스도의 재림이었다. 몬타니스트들과 초기 교부들의 신학적 입장은 전천년주의였기에 "카톨릭 정통주의자"들의 "왕국을 확장"시킨다는 교리에는 이미 바로잡아야만 할 주름들이 들어가 있었던 것이다.

이들 세 이슈 중 니케아 공회에서 바로잡힌 것은 아무것도 없다. 황제(콘스탄틴)는 교회의 분열을 조장하는 요소는 그리스도의 신성에 관해 사람들이 취하였던 다양한 견해였다고 판단했다. 이것은 마치 오늘날 미국의 현대 배교자들이 지역교회의 문제는 성별이나 신복음주의 혹은 현대주의(1900-1980)인 것처럼 호도하고 있는 것과 정확히 똑같다. 오늘날 미국에서 성경대로 믿는 침례교회 중 신복음주의자들이나 신정통주의자들이 제시하는 타협에 굴복할 위험에 처한 교회는 찾아보기 힘들다. 20세기의 실베스터(Sylvester, A.D.325년 당시 "로마의 감독")나 혹은 유세비우스(A.D.325년 당시 카이사랴 감독) 같은 사람들이 순진한 사람들을 속이려는 작태일 뿐이다.

니케아 공회의 논쟁사항들은 이미 우리에게 익숙한 이집트 알렉산드리아의 오리겐(Origen)[23]에 의해서 시발되었다. 그는 이미 A.D.230년에 주 예수께서 창세기 1:1 이전에[24] "태어나셨다"는 주장을 한 바 있다. 이 주장은 곧바로 다음 단계의 철학적 추측으로 이어졌고 이는 창세기 1:1 이전의 어느 때인가에 대한 논쟁이었다. 니케아 공회 후 오리겐은 많은 사람들에 의해 진짜 이단으로 인정되었다. 따라서 당시의 카톨릭교회는 그들의 숭배 목록에서 오리겐을 제외시켰다. 그러나 그는 파문은 당하지 않았던 것이다. 오리겐은 정통 카톨릭 교리인 침례에 의한 중생을 믿었으므로 카톨릭에서 용납되었다. 그는 창세기 3장은 실제 역사가 아니라고 주장한 덕분에 카톨릭 안에 남아있을 수 있었다. 이는 그 어떤 카톨릭 신자도 창세기 3장을 문자적으로 믿지 않기 때문이다.[25] 오리겐은 행위에 의한 구원을 믿었고 성경은 소크라테스와 플라토의 철학에 맞추어 비평적으로 개정되어야만 한다고 믿었기 때문에 카톨릭에서 쫓겨나지 않았다. 그가 결국 카톨릭 학자 동맹에서 내쫓긴 것은 그의 신학이 니케아 공회에서 "탄생한" 삼위일체에 관한 사상에 맞지 않았기 때문이었다. 만약 오리겐의 주장과 니케아 사도신경과 어떤 차이가 있는지 알아보려면 오리겐의 신조[26](A.D.230)를 아타나시우스가 니케아 장로회에 써 보낸 편지 끝 무렵에서 기록한 것을[27] 유세비우스가 카이사랴 교구에 보낸 편지에 인용한 공식 니케아 신조와 비교해 보면 된다.

이 두 신조에는 예수 그리스도께서 창세기 1:1 이전에 탄생하셨다고 되어 있다. 이 주장은 여호와의 증인들이 주장하는 것과 일치하는 것으로 어쩌면 "아리안"(Arian)이 아닌 아타나시우스의 주장일 가능성이 높다. 그런데 이 교리가 밥 존스 대학과 1960년에서 1980년 사이에 이 대학교를 졸업한 사람들에 의해 추천되고 있는 NASV의 요한복음 1:18에 버젓이 나와 있다(<개역한글판성경>도 이 교리를 그대로 수용하고 있다).

오리겐은 걸림돌에 걸려 넘어졌다. 그는 모든 하나님의 명령은 영원한 것이어야 하며(칼빈도 같은 주장을 했다 1509-1564) 따라서 시편 2:7은 창세 이전 시대를 언급하는 것이라고 생각했다. "THIS DAY"(오늘)이라고 분명한 시점이 나와 있는 데도 이 어휘가 오리겐과 칼빈에게는 어떤 의미도 되지 않았던 것 같다. 육체적 탄생을 의미하는 "begotten"이란 단어를 영원과 연관시켜 적용해버리는 신학자는 곧이어 철학적 변증론이란 덫에 걸려 헤겔마저도 곤경에 빠뜨릴 정도로 "철학적"이 되어버리는 것이다. 콘스탄틴은 상충하는 권위들이(아리우스와 아타나시우스) 필요했던 것이다. 그래야 이들의 중재자로서 감독들을 통제할 수 있기 때문이었다. 콘스탄틴이 필요로 했던 것은 자기 휘하에 자신들의 믿음을 관철시키려는 일련의 종교지도자들을 두고, 이들의 종교적 주장을 받아들여주면서 동시에 자신의 정치적 주장을 펴나갈 수 있는 정치적 상황이었다. 너무도 간단한 정치적 술책이었다. 콘스탄틴은 카이사랴의 감독 유세비우스에의해 조장되고 우상화되었던[28] 오리겐 학파의 추상적 신학 논쟁을 보았을 때 종교 계급을 자신의 독재하에 통제할 수 있는 최적의 토양을 발견한 것이다(Sure Word of Prophecy, pp.192-193). 결국 진짜 이슈는 누가 권위를 장악하느냐의 문제였다. 삼위일체 논쟁이라는 베일 속에 가려져 있었던 핵심 이슈는 6000년 인류 역사 이래 변함없이 핵심 이슈였던 권위의 문제였던 것이다.

니케아 논쟁 이후 오리겐의 가르침 중 상당수가 제롬과 기타 학자들에 의해 건전하게 비판되었다. A.D.544년에는 그의 주장 중 15개가 "이단"[29]으로 규정되기에 이르렀다. 오리겐과 그의 가르침에 대해 16세기에 발생한 논쟁(Epiphanius, Palladius, Theodoret, Photius, Hueius, Walch, Neander, Hefele 등의 저술을 참조)과 그의 추종자들의 감소에 대해 샤프는 "오리겐의 정죄는 신학적 과학(딤전 6:20)[30]에 치명타를 입혔다."고 평가했다. 샤프는 또한 가장 유능하고 박식했던 교회의 성인(오리겐)의 가르침이 그 "선구자적 사상"(잠 18:1-2)으로 인해 후학들에 의해 왜곡되고 말았다고 주장했다. 샤프에 따르면 오리겐을 비판한 학자들은 "눈멀고 노예근성이 가득 찬" 자들이요 "위대한 성인"[31]의 사상을 이해할 수 없었던 편협하고 무지한 자들이었다. 샤프는 오리겐의 플라토 사상을 거부했다는 이유로 암흑 시대의 카톨릭 교회의 무지를 비난하면서도 그들이 하나님의 말씀을 거부한 것에 대해서는 입도 벙긋하지 않았다. 샤프의 생각에는 교회사에 있어서 성경보다 오리겐의 신학이 더 중요한 모양이다(샤프는 교회사에 등장하는 인물의 성품이나 가르침을 판단하는데 있어 결코 성경을 사용하지 않는 용의주도함을 보이고 있다). 예를 들면 샤프는 살라미스(Salamis)의 에피파니우스(Epiphanius) 감독(403)이 오리겐[32]의 영향력을 파괴시키려 한다고 그를 "조잡"하고 "과격"하다고 비난하고 그의 고집과 편협성에 심한 분노를 보이고 있다.

알렉산드리아 이단의 모든 멤버들(로버트슨, 메이첸, 데이비스, 홀트, 와필드, 라이스 등, 1840-1980)은 자신들을 신성한 과거와 연결시켜주는 사도적 계승을 누군가가 깨뜨려버릴까 두려워하고 있다. 이것은 만약 그렇게 되는 경우 자신들은 "기독교 학자"들과의 연합이 단절될 것이고 그들이 살고 있는 이 시대에서 자신들의 사악한 사업을 계속 수행할 수 없기 때문이다. 자신들의 죄를 정당화하고, 전래되어 온 거짓말을 거룩하게 만들어 버리고, 하나님의 말씀을 변개하는(마 23:24,30) 행위를 정당화시키기 위해 알렉산드리아 이단들은 "죽은 성자를 비방"[33]해서는 안된다며 진실을 왜곡시키는 것이다. 예를 들면 샤프가 어거스틴을 "그의 사후 오늘에 이르기까지 모든 신학자를 압도하는" 심오하고, 담대하며, 고매한 사상[34]을 지닌 신학적 천재였다고 평가했을 때 그는 성경을 믿지 않았던 교회사의 한 인물을 추켜 세운 것이다. 어거스틴은 침례, 안수, 지역교회, 재림, 이스라엘의 회복, 구원의 영원한 보장, 구령 등에 관해 성경에서 단 하나의 진리도 찾아내지 못했다.

니케아 공회는 실로 대단한 "쇼"에 불과했다. 오늘날 같았으면 아카데미 각본상을 받았을 것이다. 니케아("승리"를 뜻함)는 니코메디아(Nicomedia)로부터 약 20마일 가량 떨어져 있으며 비투니아(Bithynia)에 위치해 있다. 로마 제국 여러 교구에서 장로 각 두 명과 그들의 종 세 명씩이 공회에 참석하기 위해 모여왔다. 모인 감독의 총수는 318명[35]으로 로마 제국 전체 감독들의 1/6에 불과했다. 그러니까 전체 교회 지도자의 16%도 채 안되는 자들이 성경대로 믿는 그리스도인들의 신앙지침을 결정해버린 것이다. 그들은 자신들이 사도행전 15장의 예루살렘회의에 모였던 사도들과 장로들의 역할을 수행하고 있다고 크게 착각하고 있었을 것이다. 이 사실은 니케아 공회가 그들이 조작해낸 사도신경에 나와있는 거룩한 "사도적" 교회를 대표하는 대표자회의라고 주장하고 있는 것으로 미루어보아 분명하다고 하겠다. 이들 신사양반들은 6월 14일부터 8월 25일까지 모여 칼빈과 어거스틴이 러더포드 판사나 러셀 목사만큼도 알아낼 수 없는 것들을 가지고 쓸데없이 시간만 낭비하였다.

6월 14일 "교회의 머리"인 콘스탄틴이 등장했을 때 그는 금과 보석으로 치장한 채 하늘로부터 온 하나님의 사자로서 아름다움과 장엄함으로 영광스러운 모습으로(겔 28장) 등장했다. 그는 그에게 마련된 금보좌로 다가섰고 잠시 멈추고 나서 감독들이 사인(표적)[36]을 보내자 앉았다.

그야말로 대단한 입장식이 아닌가? 바울과 바나바가(행 15:2) 사도들의 모임에(행 15:30) 입장하는 것과 도마의 성치인이 종교회의에 데뷔하는 모습이 어찌 그토록 다르단 말인가? 그런데도 이들은 니케아 공회를 예루살렘 회의와 동등시하려고 하니 어처구니가 없는 노릇이다.

그가 "제왕의 자주빛 옷(계 17:4)을 입고 머리에는 금으로 만든 띠를 두르고 등장할 때 상기된 얼굴과 내리깐 눈빛은 그의 옷에 박혀있는 보석에 반사되고 있었고 민족들의 칼과 목자의 지팡이가 그 옆에 놓여 있었다."[37] 바로 이 사람이 양을 위해 자신의 목숨을 내놓는 선한 목자란 말인가?

일급 자유주의 정치인이었던 콘스탄틴(애칭은 Connie임)은 "부드러운 목소리"[38]로 입을 열고 그 어떤 일급 협잡꾼도 흉내낼 수 없는 그럴싸한 아첨을 늘어놓았다. 그는 (다른 여러말 중에서도) 이렇게 말했다. "본인은 하나님께 감사해야만 할 것입니다. 우리 모두 한마음 한뜻이 되어 이곳에 모일 수 있도록 하나님께서 저에게 계시를 주셨던 것입니다..."[39] (이후 그는 몇몇 형제들을 추방하였고 다수의 결정에 따르지 않는 사람은 모두 처형하라는 칙령을 내렸다.[40]) 이어 건배를 건의하는 사회자의 말이 이어졌다. "사악한 대적이 우리로부터 이 행복을 앗아가지 않기를 바라며... 그리스도의 대적(콘스탄틴을 권좌에서 몰아내기 위해 반역했던 군장교를 지칭함)이 구속주에 의해 제거된 이후... 드디어 우리는..."[41] 콘스탄틴은 이 정치적 반란이 실패로 돌아가자 자신의 생일날 대연회를 베풀고 모든 참석자들에게 황제가 내리는 하사품을[41] 주었다. "우리를... 그 사악한 마귀는..."[42] 이렇게 해서 코니는 교황 레오(440-461), 교황 그레고리(590-604), 교황 우르반(1088-1099), 교황 이노센트(1161-1216), 및 교황 요한 바오로 2세(1978-)가 걷게 될 여정을 준비한 셈이다. 즉 종교적인 주제를 다루면서도 누군가가 자기를 권좌에서 몰아내려고 하면 그 자는 사악한 마귀라고 선포해버리는 것이다. 이로써 교황에게 굽히지 않는 모든 국왕, 군주, 그리스도인들은 교황이 일단 권좌를 차지하고 나면 즉시 "사악한 마귀"가 되는 것이다.

콘스탄틴은 그의 경건한 사기극을 이렇게 종식했다. "교회의 불일치를 짐은 그 어떤 전쟁보다 두렵고 고통스러운 일로 간주하노라. 나의 친구들이여 지체하지 말라, 하나님의 종들이여 지체하지 말라. 모든 논쟁의 원인을 제거하고 평화의 법으로 불일치의 매듭을 풀라."[43] 이것이 바로 은사주의자들의 대회나 혹은 바티칸 공회같은 모습이 아니고 무엇인가? 이러한 성스러운 위선 뒤에는 살인이 뒤따랐다. 문제의 열쇠는 "모든 원인을 제거하라."였다. 이것을 번역하면 "공회의 결정에 따르지 않는 자는 모두 죽이라."는 뜻이다. 이 세상에서 일어나는 모든 전쟁과 독재는 항상 "정중한 말과 그럴듯한 언변으로 순진한 사람의 마음을 미혹함"(롬 16:18)으로써 생기는 것이다. 평범한 사람은 평화와 하나됨을 좋아하기에, 평화와 하나됨을 내세우는 사람들에게 혹하게 마련이다(창 3:1). 따라서 그 어느 시대의 그 어떤 독재자, 정치가, 교회, 종교 사기꾼도 미래에 대해 부정적인 시각으로 말하지 않으며 대규모 학살을 계획하고 있는 동안에도 그럴싸한 평화공세를 펴는 것이다. 콘스탄틴은 성경대로 믿는 사람들(모라비안, 아리안, 폴리시안, 몬타니스트, 도나티스트, 등)을 제거하여 그리스도인의 최종권위가 더 이상 성경이 되지못하도록 만들어버렸다. 이제 최종권위는 로마 황제인 시저 아우구스투스가 앉아 있는 금보좌 아래 겸손히 앉아 있는 감독들의 비밀회합으로 넘어가버렸다.

퍼가모 교회 시대(계 2:12)를 시작하게되는 325년의 니케아 공회로 신약성경에 세워졌던 성경대로 믿는 신약 기독교가 종식을 고하게 되었다. 적어도 성경적 기독교의 영향력과 효력에 관한 한 더 이상 그 역사를 찾아보기 힘들게 되었다. 이후로는 성경적 노선을 취하는 그 어떤 모임도 회중의 순수성과 온전성을 유지하려면 교회국가를 극복해야만 했다. 다음 세기에 지중해 지역에서 폭발적으로 일어난 여러 분파들은 "정통" 카톨릭이 어떻게 되어버렸는가를 보여 주며, 이 배교한 교회에 대해 하나님께서 야만족들을 동원하여 심판하심으로써(A.D.400-600) "기독교 분열의 원인"을 제대로 논의하기를 두려워했던 공회들을 성령께서 어떻게 평가하고 계셨는가가 역사적으로 입증된 것이다. 이들 공회에 참석했던 주교들은 황제 앞에서 너무도 얼어붙어버려 최종권위가 누구에게 있는가에 대한 언급조차 하지 못했던 것이다.

논쟁이나 일삼는 신학자들이(이들은 단지 설교자와 교사를 구성하고 있던 감독들 중 겨우 1/6미만이었다) "정통"을 논하고 있는 동안 그들이 담당하던 지역교회들은 부활절 달걀, 결혼 반지, 종교 축제, 촛불켜기, 제복을 입은 성가대, 죽은 자들을 위한 기도, 옷과 나무에 키스하기, 성수 뿌리기, 등을 받아들였으며, 미사에서 마시는 포도주가 예수님의 진짜 피라고 믿게 되었고, 물침례를 받으면 하늘나라로 간다고 믿게 되었다. 이와 같은 이교적 미신들은 하나같이 성경의 권위를 거부하고 다른 권위를 받아들임으로써 수용된 것들이다. 이당시 하나님의 말씀을 대신해서 권위로 등장한 것들은 성경에 이미 경고되어 있던 것들이었다. 이들 새로운 권위들은 형편없는 결과를 가져왔다.

1. 과학 (딤전 6:20)
2. 전통 (골 2:8)
3. 철학 (골 2:8)

시프리안, 오리겐, 유세비우스, 파피아스, 이레내우스, 어거스틴, 클레멘트, 콘스탄틴, 저스틴 마터, 아리우스 등이 위의 구절들을 간과해버린 덕분에 니케아 공회 및 그 이후 기독교의 모습이 성경적 기독교에서 변질되어 이집트 알렉산드리아에서 교회국가를 위한 공식 성경을 채택했고(제롬의 라틴벌게이트 382-420), 교회국가에 봉사하는 공식 바알의 제사장제도를 도입하였고, 예수 그리스도께서 하나님 아버지께 붙여드린 타이틀(요 17:1)인 "거룩하신 아버지"(Holy Father)라는 호칭을 획득했다고 주장하는 "초인"[44]이 등장하여 성경대로 믿는 지역교회를 군대로써 멸절시켜버렸던 것이다. 하나님 말씀대로 "적은 누룩이 온 반죽을 부풀게" 해버린 것이다(갈 5:9, 마 13:33).

니케아 공회 이후부터 피에 굶주린 음녀들의 어미(계 17:1-8)는 분명히 모습을 드러내게 되었고 비록 그레고리가 나타나기까지는 공식 "교황"은 없었지만 콘스탄틴이 공회의 해산을 명한 이후 나타날 부작용은 이미 다 있었다. 이 공회는 어떻게 구원받는가, 즉 구원의 계획, 지역교회의 성격 및 의무, 이 세상 제도의 미래 그리고 무엇보다도 이 모든 문제를 어떤 권위로 결정지을 것인가에 대해서 아무런 언급도 없이 끝나버렸다. 결국 니케아 공회는 최종권위라고 하는 핵심 이슈는 아예 다루지도 못한 채 끝나버렸던 것이다. 그후(콘스탄티노플 381, 안티옥 341) 최종권위는 공회에게 주어졌고(행 4:15; 5:27; 6:12; 22:30; 23:20) 이로써 작금에 이르기까지 로마 카톨릭 교회는 이들 공회의 신조들(사도신경 따위)을 영감으로 기록된[45] 하나님의 말씀과 동등한 선상에 두고 있는 것이다. 문제는 여기서 멈추지 않는다. 카톨릭은 계시가 신약성경 이후에도 계속 점진적으로 주어지고 있기 때문에[46] 카톨릭 교회의 모든 교리는 영감받은 권위로 받아들여져야한다고 주장한다. 이러한 모든 것 뒤에는 불순한 동기가 숨겨져 있다. 즉 두 개의 상충하는 권위가 존재할 경우 카톨릭 교회는 자신이 최종권위로서 하나님을 좌지우지 할 수 있게 된다. 바로 여기서 사탄적 기독교가 시작되며 바로 이곳이 사탄적 기독교의 종착역이기도 하다(창 3:1). 1960년 이래 기독교 교육에 있어 두 가지의 상충하는 권위는 AV와 ASV(1901)이며, 때로는 AV, ASV, NASV 세 가지 모두가 권위로 받아들여지기도 하고 심지어는 AV, ASV, NASV, NIV 처럼 네 가지가 되는 경우도 있다. 모든 카톨릭 신자들은 성경과 동일한 점진적인 계시를 믿고 있으므로, 모든 현대의 배교한 근본주의자들 역시 하나님의 계시가 1611년(AV) 이래로 점진적으로 발전되어 하나님께서 주신 원문과 비교해 36,000군데가 수정된 원문도 그 원문과 동일한 권위를 갖는다고 믿고 있다. 카톨릭 신자들이 전통을 성경과 동일한 권위로 받아들이듯이 이들 근본주의자들도 수없이 변개된 원문에 성경과 똑같은 권위를 부여하고 있다. 웨스트코트와 홀트의 전통들은 해리 아이언사이드와 W.B. 릴레이에 의해 그 전통이 어떤 것인지 확인도 안해보고 되풀이 되어 왔다. 와필드와 메이첸은 해당 구절을 확인도 하지 않고 그레고리와 네슬의 전통을 수용했다. 케년(Kenyon)과 티쉔돌프의 주장 역시 로버트 섬너와 로날드 워커[47]의 책에 그대로 보존되어 있는데 이들은 인용문이 어디서 왔는지, 무엇을 다루고 있는지도 모르는 채 그대로 수용되었다. 끼리끼리 모인다는 속담이 실로 진실임이 입증된 셈이다.

유세비우스가 콘스탄틴에게 추천하여 바친[48] 로마 카톨릭 교회의 알렉산드리아 원문은 RV, ASV, NASV, RSV, NRSV, IV, NIV 등에 보존되어 있고 기타 현대의 모든 다른 번역본들 역시(New World, Living Bible, Montgomery, Phillips, Weymouth, Moffat, New-English, Goodspeed, 등) 마찬가지이다. 이로써 이번에는 기독교 학자들이 카톨릭 교회 대신 "신"으로 군림하기에 이르렀다.

실로 끼리끼리 둥지를 트는 법이다(마 13:32).

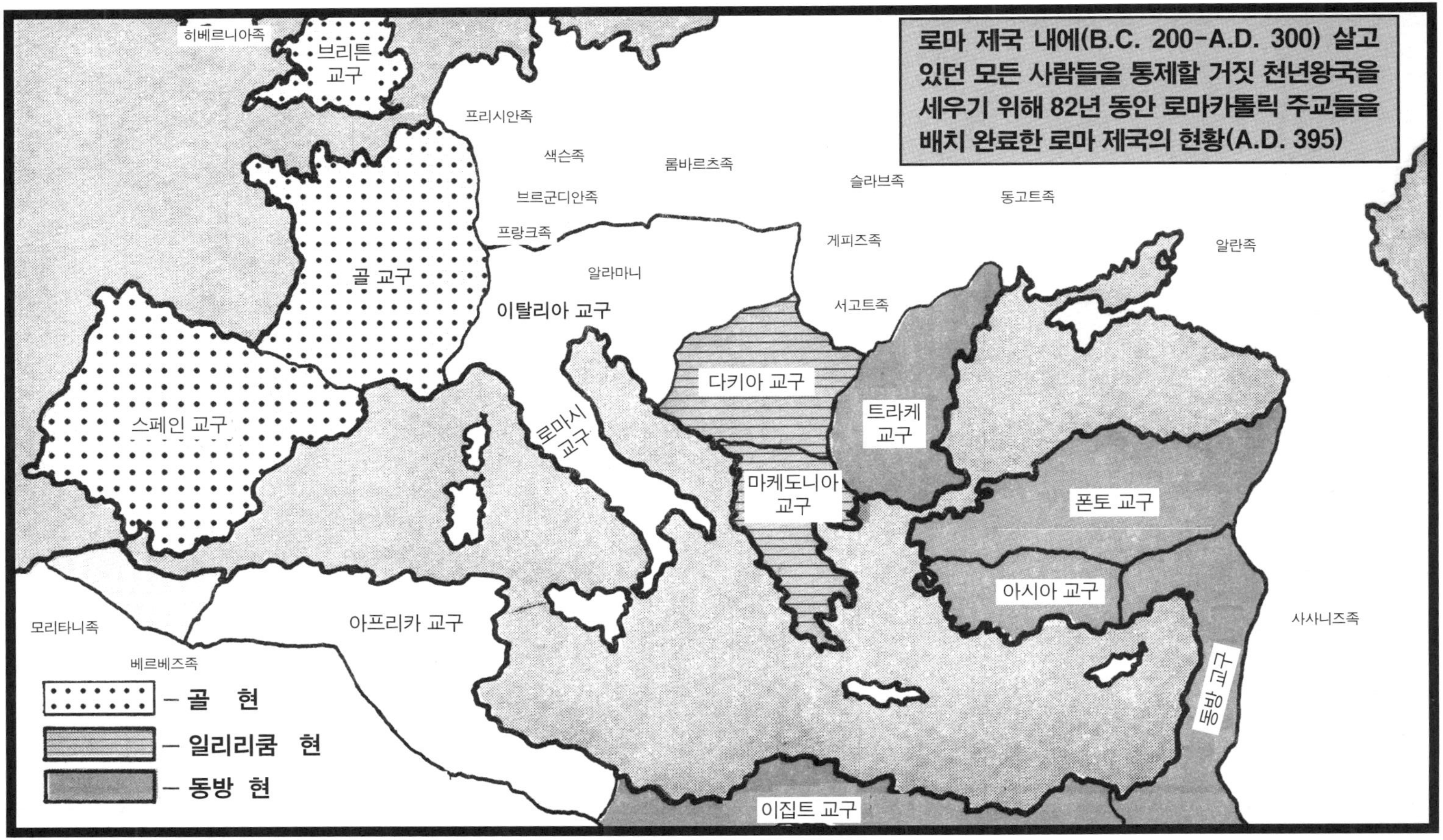
로마 제국 내에(B.C. 200-A.D. 300) 살고 있던 모든 사람들을 통제할 거짓 천년왕국을 세우기 위해 82년 동안 로마카톨릭 주교들을 배치 완료한 로마 제국의 현황(A.D. 395)
히베르니아족
브리튼 교구
프리시안족
색슨족
롬바르츠족
슬라브족
동고트족
브르군디안족
프랑크족
게피즈족
알란족
골 교구
알라마니
서고트족
이탈리아 교구
다키아 교구
트라케 교구
스페인 교구
로마시 교구
마케도니아 교구
폰토 교구
아시아 교구
모리타니족
아프리카 교구
사사니즈족
베르베즈족
동방 교구
이집트 교구
골 현
일리리쿰 현
동방 현

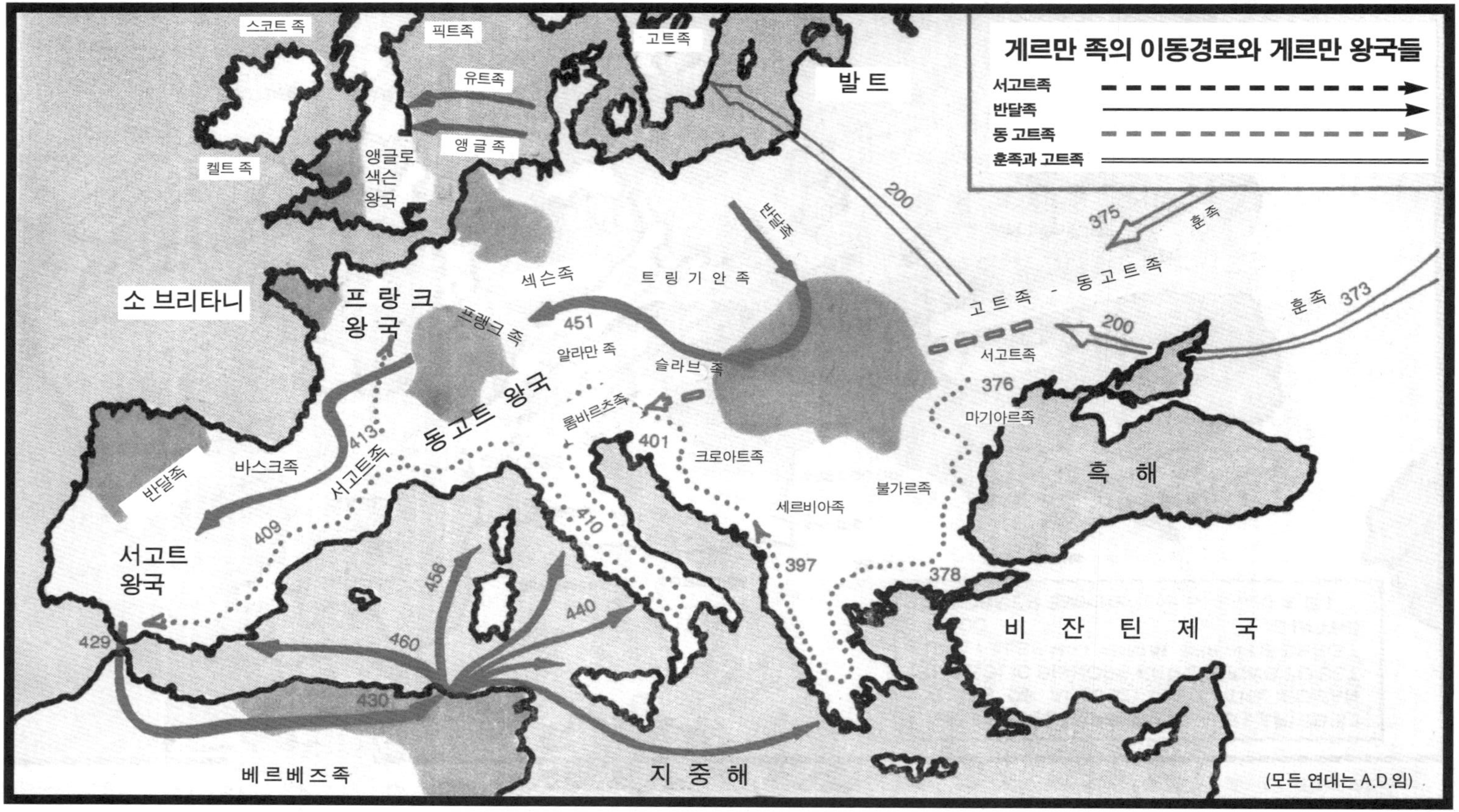
게르만 족의 이동경로와 게르만 왕국들
서고트족
반달족
동 고트족
훈족과 고트족
스코트 족
픽트족
고트족
발 트
유트족
앵 글 족
켈트 족
앵글로 색슨 왕국
200
반달족
375
훈족
섹슨족
트 링 기 안 족
고트족 - 동고트족
소 브리타니
프 랑 크 왕 국
451
프랭크 족
알라만 족
슬라브 족
200
373
훈족
서고트족
376
동고트 왕국
롬바르츠족
마기아르족
413
401
크로아트족
바스크족
서고트족
반달족
흑 해
세르비아족
불가르족
409
410
서고트 왕국
456
397
378
440
460
비 잔 틴 제 국
429
430
베 르 베 즈 족
지 중 해
(모든 연대는 A.D.임)

제 9 장
이단 사냥

너희 가운데는 이단들도 있어야만 하리니, 그래야만이 너희 가운데 인정받는 사람들이 나타나게 되리라. (고전 11:19)

이단이라는 단어는 성경적 용어이며 이 단어는 성경대로 믿는 사람들과 관련되어(행 24:14) 최초로 발견된다. "이단"(heresy)이라는 단어 뒤에는 성경을 믿는다고 말은 하면서도 사실이 아닌 무엇을 입증하거나 가르치기 위해 성경을 사용하는 자들이라는 의미가 숨어 있다(고전 11:19). 예를 들면 디모데후서 3:16의 "영감"(inspiration)이란 단어는 원본에만 해당되는 것이라고 가르치는 것이다. 이단은 불신(infidelity)과는 다르다. 불신자는 성경 전체를 믿지 않는 자들을 지칭한다. 그러나 실상은 이 두 용어 사이에 분명한 선을 긋기란 쉽지 않다. 왜냐하면 "불신자"라는 용어는 교황들이 "유아세례"를 믿지 않는 성경대로 믿는 그리스도인에게 적용시켜 온 반면 "이단"이라는 단어는 말시온(Marcion, A.D.160)과 셀수스(Celsus, A.D.180) 같이 이교철학과 일치하지 않는 성경의 어떤 진리도 믿지 않는 자들에게 적용되었기 때문이다. 사실 모든 사람은 어느 정도 "불신"의 요소를 마음에 갖고 있다. 예를 들면 성경대로 믿는 사람들도 로마서 6:6-7을 믿지 않아 죄에 대해 매우 어려운 지경에 놓이는 경우가 종종 있다(롬 6:11,14). 불신은 메이첸, 와필드 그리고 로버트슨과 같이 오리겐과 어거스틴도 그랬다고 하면서 구약성경에서 500구절 이상을 문자적인 사실로 받아들이지 않는 사람들에게서 발견되기도 한다. "훌륭하신 분"들도 때론 서로 잘못된 본을 보이고 있음을 보여주는 경우라 하겠다.

"불신"(unbelief)은 예수 그리스도에 따르면(요 16:9) 인류가 지니고 있는 저주받을 죄이다. 이 불신의 정도는 성경은 전부 거부하면서도 하나님은 계신다고 믿는 불신(이신론자)에서부터 성경을 전부 믿으면서도 누구든지 읽을 수 있는 성경은 없다고 믿는 불신에 이르기까지 실로 다양하다(밥 존스 3세, 아프만, 맥키, 포터, 마틴, 웸프, 예거, 앤더슨, 라이스, 섬너 등). 따라서 그 누군가가 "이단"이란 말을 할 때는 이 용어가 상대적이요 매우 주관적이 되어 버린다. 만약 이스라엘의 회복(롬 11:25-33)이나 그리스도의 천년 통치(눅 1:30-34)를 거부하는 모든 그리스도인이 이단이라면 A.T. 로버트슨, 메이첸, R.D. 윌슨, 스펄전, 탈마지, 와필드, 카이퍼(칼빈, 벌콥, 마우로, 댑니, 질, 핫지, 래드 등도 포함해서) 같은 사람이 모두 후메네오와 필레토와(딤후 2:17) 똑같은 부류의 사람이 된다.

본 교회사에서 "이단적 가르침"이라고 할 때는 성경 말씀에 더하거나 뺌으로써(ASV, NASV, NIV) 생겨났거나, 문맥을 무시하고 특정 성경 구절만 뽑아내어 만들어 낸 가르침을 뜻한다. 우리는 성경은 항상 옳은 반면 아무리 "경건한" 그리스도인 일지라도 성경과 일치하지 않는 경우에는 항상 그르다는 것을 믿고 있다(피터 럭크만의 주석시리즈 서문 참조). 성경을 믿는다고 하면서도 성경과 일치하지 않는 주장을 하는 경우 그 사람은 성경 구절에서 더하거나 빼거나 문맥에서 그 구절만 끄집어내거나 하게 되는데 이는 그가 그 구절이 말하고 있는 바를 싫어하기 때문이다. 초등학교 학생이라도 이 정도의 논리는 알고도 남을 것이다. 빼거나 더하거나 문맥에서 끄집어 내는 것 이외에 제4의 "전략"이라고 할 수 있는 것은 어떤 구절을 "영적으로 해석"하거나 알레고리화시켜 버리는 것이다(제5장 주 54-57 참조). 이렇게 되면 그 구절은 독자에게 아무런 영향도 끼칠 수 없게 된다(막 7:2-13). 이 네 가지 전략이야말로 모든 불신자나 이단이 들고 나오는 속임수이다. 이들은 자기들끼리 의견이 맞지 않거나 성경대로 믿는 사람들과 어떤 면에서 견해가 틀릴 경우에는 이 네 가지 전략 중 하나를 사용해서 사실이 아닌 그 무엇을 주장한다. 몇 가지 예만 들어도 그 실체는 금방 들어날 것이므로 살펴보도록 하자.

1. 사도행전 2:38이 이방인들을 위한 "구원 계획"이라는 사실을 입증하기 위해서는

이 발언이 누구에게 행하여진 것이라는 사실이 무시되어져야 하며(행 2:5,12,22,36), 그 발언이 주어질 당시까지 계시되었던 모든 진리도 무시되어져야 하며(창세기부터 말라기까지만 기록되어 있었음), 구원 계획이 주어지기 전 누가 어떤 질문을 하였는가도 무시되어져야 하며(행 2:37), 사도행전 2:38이 이방인들을 위한 구원 계획이 아니며 그대로 따르는 사람들을 지옥으로 보내버린다고 입증해 주는 계시들(갈 2:16, 행 15:1-20; 10:44-48)을 전부 무시해 버려야만 한다.

2. 에베소서 4:5과 로마서 6:1-3이 물침례라는 거짓을 입증하기 위해 카톨릭과 캠벨주의자(그리스도의 교회 창시자)들은 에베소서나 로마서에 나와있지 않은 단어를 첨가시킨다. 즉 침례 앞에 물이란 말을 붙이는 것이다. 그러나 로마서 6장에서도 에베소서 4장에서도 갈라디아서 3장에서도 물이라고는 찾아볼 수 없다.

3. 검은 제의를 입고 검은 마술을 행사하는 바알의 제사장들이 "진리의 기둥과 터전"(딤전 3:15)이라는 거짓을 입증하기 위해서는 "지옥의 문들"(ASV 혹은 NASV의 마 16:18)을 영적으로 해석해야 하고 문들(gates)은 실제로는 권세(powers)를 뜻한다고 둘러대야 한다. 그 후 "나의 교회"라는 말이 "로마 카톨릭 교회"이며 반석(Rock, Petra)과 바위(rock, petros)가 똑같은 것이라는 억지를 부려야만 한다. 어린애들 동화책에만 요정이야기가 나오는 것이 아니다.

4. 진화론이 과학적 사실이라는 거짓을 가르치기 위해서는 "과학"(science)을 "지식"(knowledge)으로 고쳐야 한다(NASV, 딤전 6:20). 또한 "태초에"(in the beginning, 창 1:1)를 "하나님께서 창조를 시작하셨을 때"(when God began to create, 케네스 테일러가 의역한 리빙 바이블, 한글성경 <표준새번역>의 각주도 동일함)라고 고쳐야 하고 "종류대로"(after his kind, 창 1:11)를 삭제시켜야 하며 "날"(day, 창 1:5)이 "정해지지 않은 기간"을 뜻한다고 우겨대야 한다. 억지 주장이야말로 새로운 "성경"들을 만들어 낼 때 써먹을 수 있는 유용한 수단인 것이다.

5. <킹제임스성경>(1611)이 하나님의 말씀이 아니라는 사실을 입증하기 위해서 존 R. 라이스, 로버트 섬너, 윌버 스미스, 밥 존스 3세 등은 디모데후서 3:16에 "원본"(the Original Autographs)이란 말을 첨가하지만 그 어떤 계열의 필사본에도 그런 용어는 등장하지 않는다. 이들은 그리고 나서 디모데후서 3:15의 문맥은 팽개치고 디모데후서 3:16의 성경은 "축자적으로 전체가 영감받은 원본"이나 "영감받은 사람"(자신들이 그런 사람이라고 착각하고 있다)을 언급하고 있다고 억지 주장을 하는 것이다. 따라서 섬너, 라이스, 스미스, 와필드, 하이머스, 메이첸 등은 디모데후서 3:16만을 인용할 뿐 3:15은 절대로 인용하지 않는다(3:15에서 디모데가 어려서부터 읽었던 성경은 원본이 아니라 필사본이었다).

이 정도면 독자들은 우리가 사용하는 "이단"이라고 하는 개념을 충분히 파악했을 것이다. 그리스도인이라 할지라도 그가 성경 말씀에 더하거나(잠 30:6), 제하거나(계 22:19) 혹은 믿기를 거부한다면(왕하 7:2, 요 5:44) 그 점에 있어서는 그는 이단인 것이다. 물론 이러한 그리스도인의 삶이 불신자나 이단의 삶과 똑같다고 말하는 것은 아니다. 그러나 그리스도인도 여러 경우에 여러 가지 이유로 불신이나 이단의 범죄를 범하고 있다. 중요한 것은 성경대로 믿는 사람이라면 어떤 그리스도인이 "이단"이라고 해서 그를 박해하려고는 생각지 않는다는 것이다. 베드로, 야고보, 요한, 바울 그 누구도 이단을 죽이려고 노력하는데 시간을 보내거나 그들을 붙잡아서 감옥에 넣는 일에는 결코 관여한 바가 없다. 이 성경적 사실은 아무리 강조해도 지나치지 않다. 그 이유는 노바티안, 후스파, 마니키안, 네스토리안, 럭크만파, 아놀드파, 다비파, 노리스파 및 페트로부르시안(제6장 주 78,79) 등을 찾아내는데 가장 관심이 있었던 사람들은 그들을 체포하고, 투옥시키고, 고문하거나 죽이는 자들이었음이 역사에 입증되었기 때문이다. 교회사에는 성경대로 믿는 그리스도인이 유대인을 적극적으로 박해했다는 기록이 하나도 나와 있지 않다는 사실을 독자 여러분은 결코 잊어서는 안된다. 그러나 로마 카톨릭(히틀러, 하이드리히, 히믈러, 보만, 아이히만, 괴링, 회스, 아이크, 딜스, 코크, 교황들, 로욜라, 또르께마다)은 유대인들을 핍박했고 개신교와 그리스 정교회 사람들도 유대인들을 박해했음은 다 알려져 있는 사실이다. 성경대로 믿는 그리스도인들은 그런 짓은 안한다. 그런데도 성경대로 믿는 사람들이 홀로코스트(1978)의 뒤에 있었다는 인상을 대중들에게 심어주려는 언론의 작태는 진리를 왜곡하는 처사임에 틀림없다. 독일에 있던 강제수용소(1933-1945)와 러시아의 강제수용소(1921- 1985)는 성경을 믿는 그 어떤 누구에 의해 세워지거나 제안된 것들이 아니다. 독일의 히틀러와 히믈러는 로마 카톨릭 교도였고[1] 스탈린 역시 동방 카톨릭이라고 볼 수 있는 러시아 정교회에서 사역을 하려고 했던 자였다.

성경대로 믿는 사람들이 "이단"과 만나게 될 때는 그에게 주어진 명령은 분명하다(딛 1:13). 이단에 대한 그의 무기는 육신적인 것이 아니고 영적인 것이다(고후 10:14, 히 4:12). 만약 당신이 진짜 칼[2]을 가지고 "이단"을 억압하려는 그러한 "그리스도인"을 만난다면 그는 음녀(계 17:5)가 낳은 로마 카톨릭임에 틀림없다. 우리는 로마의 창녀들(계 17:5)과 성경대로 믿는 그리스도인을 결코 혼동해서는 안된다. 이들의 차이는 레바논에서 조차도 뚜렷이 드러난다(1960-1978년 사이의 연합통신 보도 참조). 화려한 행렬 앞에 진짜 칼을 뽑아들고, 무기들을[3] 가지고 여러 나라들을 정복하겠다고 주장하는 로마의 교황들과 성경대로 믿는 사람들은 결코 혼동되어서는 안된다. 그가

"거룩한 아버지"(Holy Father)라고 불리든 말든 잔인한 살인자는 잔인한 살인자일 뿐이다. 우리가 "잔인한 살인자"라고 부르는 것은 절대 과장이 아니다. 교황들이 어떤 자들인가에 대한 정확하고 객관적인 표현은 이것밖에 없다는 확신 가운데서 엄격히 선정된 단어일 뿐이다. 우리가 "잔인한 살인마"라는 용어를 사용한 것은 그 누구의 감정을 자극하고자 하는 것이 아니다(제13,14장 참조). 이 단어가 전혀 감정이 섞이지 않고 객관적으로 선택된 교황의 묘사라는 것은 역사적으로 완벽히 입증된 것이다. 교황은 어떤 나라(스페인, 콜롬비아, 이탈리아, 아르헨티나)에서는 로마 카톨릭 이외의 종교는 모두 억압하라고 그의 부하들[4]에게 명령을 내리고 또 다른 나라(미국과 영국)에서는 끝까지 "냉정"을 유지하면서 "종교를 이유[5]로 다른 사람을 괴롭힐 권리는 아무도 갖고 있지 않다."고 외치면서 인권운동을 펴나가도록 독려한다. 그러나 이들 카톨릭 교회는 한 민족(독일)이 다른 민족(유대인)을 멸절시키려고 하는데(히틀러는 바티칸과 밀약을 체결하였다) 그 어떤 중재 노력도 거부해 버린 자들이다. 1960-1978년 사이 북아일랜드의 프로테스탄트들 역시 그곳의 카톨릭 교회에 의해 심한 박해를 받았지만 바티칸은 나서지 않았다. 이쯤되면 "교황성하"와 그의 종교에 대해 어떤 생각을 해야하는지 그리고 그를 무엇이라고 불러야 하는가는 너무도 분명하다(삼상 20:30).

"거룩한 아버지"(Holy Father)는 결코 두 얼굴을 지닌 종교적 위선자에게 사용될 수 없는 이름임에 틀림없다. 모든 추기경, 주교, 사제, 대주교 등 모든 카톨릭은 교황에게 복종토록 되어 있고, 그의 명령을 죽기까지 복종하도록 정해져 있으므로(만약 명령을 거부하면[6] 죽음에 이르는 죄를 짓는 것이 된다고 규정되어 있다) 북아일랜드에서 20년 동안이나 계속되고 있는 내란을 24시간 만에 종식시키는 것은 그 어떤 교황에게도 간단한 일이다. 교황이 마음만 먹으면 콜롬비아에서 있었던 개신교 살해도(1950-1955) 12시간 만에 막을 수 있었을 것이며 로마나 마드리드에서 야외설교를 허용하는 것은 6시간도 안걸려 해결될 수 있다. 그러나 실제 들려오는 소식들은 무엇인가? 교황은 이런 사건들에 대해 뭐라고 하고 있는가? 위대한 콘스탄틴 대제의 고귀한 후손들은 도대체 무슨 "말"을 하고 있을까? 그들은 입으로는 계속해서 "평화, 사랑 그리고 단결"(단 11:21,24)을 외치고 있다. 콘스탄틴이 동쪽으로 이동하면서 남겨 둔 그 보좌(로마에서 콘스탄티노플로 옮겨 갔음)를 교황들이 여전히 차지하고 있는 것은 이상할 것이 없다. 콘스탄틴은 항상 "평화의 창시자"였던 것이다.

어거스틴의 생애 동안(A.D.354-430), 게르만족들의 공격이 시작되었다. 이 침략으로 인해 200년 동안이나 논쟁이 되어오던 정통과 비정통의 문제는 종식을 고하게 되었다. 어거스틴 시대에 카톨릭 교회에 의해 "이단"으로 규정된 그룹들은 엄청나다. 카포크라테스(Carpocrates), 네스토리안(Nestorians), 아폴리나리안(Apollinarians), 아펠레스(Appeles), 영지주의(Gnostics), 인티키안(Entychians), 모나키안(Monarchians), 모노셀라이트(Monothelites), 사벨리안(Sabellians), 마니키안(Manichaeans), 폴리시안(Paulicians), 노바티안(Novatians), 펠라기안(Pelagians), 도나티스트(Donatists), 모노피지티(Monophysites) 등이다. 그러나 니케아 공회 이후 카톨릭에 의해 진짜 이단을 지칭하기 위해 채택된 단어는 단순히 "아리안"(Arian)이었다.[7] 카톨릭 교회에 반대하는 자가 누구든지(구원을 받았든, 그렇지 않든 간에) "아리안"이라고 불리웠다. 야만족들은 교회를 약탈하고 성직자들을 죽였으므로 당연히 "아리안"이 되어야만 했다.[8] 다른 식으로 말해 보면 어떤 사람이 "아리안"이라면 그는 불태우고, 약탈하고, 훔치는 살인마인 것이다. "카톨릭 교도"라면 감히 그런 일들을 저지를 생각을 못할 것이기 때문이다![9]

현대에 와서는(특히 바티칸과 워싱턴 당국이 동맹 관계에 있던 1945-1960) 공산주의자들이 교회 재산을 빼앗고 민젠티(Mindszenty) 추기경 같은 혁명가들을(1949. 2. 3.) 투옥시키자 그때부터는 모든 "반카톨릭적"인 것(예를 들면 성경대로 믿는 지역교회들)을 "공산주의자"로 이름붙였다. 그러니까 니케아 공회(A.D.325)로부터 제2차 바티칸 공회(1965)에 이르기까지 모든 훌륭한 "카톨릭"의 기본 교리는 만약 당신이 반카톨릭이라면 당신은 하나님을 미워하고, 하나님을 거역하고, 그리스도를 거부하는 "이단"이라는 것이다. 바로 이것이 로마 카톨릭 파시스트 국가[10]의 참된 "교리"인 것이다.

그러나 로마의 고백은 늘 그러하듯이 그녀의 실행만큼이나 신뢰할 수가 없는 것이다. 말로는 자기들이 "아리안주의"의 가장 커다란 원수라고 고백해 놓고는 로마 카톨릭은 오늘날 우리가 갖고 있는 모든 아리안 성경들 중(RV, ASV, NASV) 최초의 진짜 아리안 성경을 번역해낸 것이다. 이들 세 가지 성경들은 다름아닌 로마 카톨릭의 예수회의 림즈 성경(1582)에서 나온 것이다. 이 진짜 아리안 성경은 누가복음 2:33, 디모데전서 3:16, 사도행전 4:26에서 그들의 본색을 드러낸다. 니케아 공회에서 "이단들"을 대변했다는 아리우스는(256-336) 다른 여호와의 증인만큼이나 예수 그리스도의 "신성"을 믿었다. 그는 예수 그리스도가 하나님 아버지보다 작은 신("lesser" deity)이라는 사실을 믿은 것이다(New World Translation, 요1:1-2). 어떤 아리안 성경도 예수 그리스도의 신성에 관한 구절을 나름대로 갖고 있다(요 1:1; 20:28). 그러나 이들 성경들은 그리스도를 작은 신("lesser" god)으로 만들기 위해(<피터 럭크만의 주석서 빌립

보서>, 말씀보존학회, 1977, 2:1-11 참조) 그리스도의 신성을 이곳저곳에서 제거해 버렸다(마 12:6, 딤전 3:16, 롬 9:5, 눅 2:33; 23:42 등 구절을 ASV, NIV, NASV에서 찾아 보라).

니케아에서의 승리가 "정통을 위한 승리"였다고 주장함에도 불구하고 "카톨릭" 교회는 실제로는 콘스탄틴이 죽은 후 아리우스의 견해를 채택하였다. 콘스탄틴의 아들들이 아리우스로 돌아선 것은 분명하다.[11] 여호와의 증인들을 제외하고 가장 아리우스적인 작태는(여호와의 증인 역시 그들의 신세계 역본에 바티칸사본을 저본으로 사용했음을 주목하라) 로마 카톨릭 교회의 성체성사이다. 이들은 주님의 영광을 작은 빵조각, 포도주 한 잔으로 축소시켜 버렸으며 그것을 성당 안의 작은 상자에 "가두어" 버렸다. 우리가 이렇게 평하는 것은 결코 과장이 아니다. 카톨릭 교회의 "성막"(tabernacle)은 주 예수 그리스도를[12] 담고 있다고 가르치고 있다. 사도행전 7:49이 버젓이 기록되어 있는 데도 그렇게 믿을 수 있는 것이 신비스럽기는 하지만, 이교도들의 "신비 종교들"에서는 사제가 "신비들"을 조작해내는데 아무런 어려움도 갖지 않기에 그것은 어쩌면 지극히 당연하다고 하겠다. 이런 신비로운 조작들은 그 자체가 매력이 있는 것이다. 대다수의 사람들은 신비로운 얘기들을 좋아하는 법이다(제5장 주 14).

아에티우스(Aetius)와 유도시우스(Eudoxius) 두 사람은 그리스도께서 아버지 하나님과 다른 실체였다고 믿은 "이단"이었다. 유노미우스(Eunomius)는 그리스도는 아버지와는 "종류가 다른"(dissimilar) 실체라고 믿었다. 유세비우스(Eusebius)는, 누구든지 짐작하다시피, 그의 가장 뛰어난 장기가 타협임을 입증이라도 하듯이 니케아 공회에서도 아타나시우스와 아리우스의 중간 입장을 취했다. 유세비우스는 그리스도는 아버지와 유사한 실체라고 주장했다. 하지만 그의 추종자들은 그리스도는 존재에 있어 아버지와 같은 실체임을 주장하는 이들(아스테리우스와 유도시우스)과 유사할 뿐이라고 주장하는 이들(아카시우스)로 나뉘었다. 사벨리우스는(A.D.260) 삼위일체의 점진적 계시를 가르쳤고 후일 사벨리안주의라고 불리웠다. 아르테몬, 세린티우스, 사모사타의 바울, 포티누스 등은 예수 그리스도의 신성을 전적으로 부인한 자들로 알려졌고 헤르모게네스, 노에투스, 프락세아스, 사벨리우스, 빅토리누스 등은 단지 그리스도의 "인격"을 거부한 것으로 알려져 있다. 예수 그리스도의 참된 인성을 거부한 자들은 아펠레스, 세르돈, 바실리데스, 콜로르바스테스, 네라클레손, 마르쿠스, 말시온, 발렌티우스, 사투르니우스, 세쿤두스 및 기타 영지주의자들이었다. 그의 본질적 신성을 부인했던 자들로는 카포크라테스, 아카시우스, 유노미우스 및 많은 영지주의자들이었다. 엘리판두스는 예수께서 침례시에 하나님에 의해 양자로 입양되었다고 가르쳤고 십자가 사건시 하나님께 버림받았다고 가르쳤다(RV, ASV, NASV, RSV, NRSV, NIV 등 모든 성경의 누가복음 23:42을 찾아 보라. 이들의 주장이 나와 있다). 네스토리안주의자들에 따르면 그리스도는 두 명의 다른 인격이라고 한다(그러나 이 주장은 "카톨릭"이 네스토리안을 규정한 것에 불과하다). 아게노에타에(Agenoetae)는 그리스도의 인성에는 지성이 없다고 주장했다고 한다(물론 이것도 카톨릭에 따르면 그렇다는 말이다). 그러니까 카톨릭이 이단 교리로 정죄한 위에 열거한 모든 사항을 그대로 믿는다는 것은 찰스 다윈이 종의 기원(1859)에서 주장하는 것을 그대로 믿는 것과 같을 것이다.

교회사를 통해 우리는 카톨릭 교회가 해결하고자 노력했던 최초의 두 가지 이슈(혹은 해결하기를 바랬던 가장 핵심적인 이슈)는 그리스도의 신성과 그리스도의 두 성품(신성과 인성)에 관한 것이었음을 포착할 수 있다. 그들은 일단 이 두 가지 이슈가 자기들의 의도대로 해결되자 그들이 공회에서 제정한 그 신학적 교리를 받아들이지 않는 모든 그리스도인을 색출해 내기 시작했다. 카톨릭의 신경을 다시 자세히 들여다보고 있노라면 우리는 매우 독특한 사실을 발견하고 놀라게 된다. 그것은 이 두 이슈가 어떤 책에서 끄집어 내진 것임에도 불구하고 이 주제들을 다루고 있는 그 책에 대해서는 단 한마디도 언급되어 있지 않다는 충격적인 사실이다. 그러니까 케네디의 암살을(1963년 11월) 재검토하면서 달라스를 한 번도 언급 안한 셈이 된다. 그렇다면 그들은 성경이 하나님 말씀이라고 믿었는가? 그들 중 그 누구라도 이 사실을 믿었는가? 그렇다면 그들은 어째서 신약에서만 5천 군데 이상이나 모순되는 두 개의 성경을 갖고 있었는가? 그리스도의 신성이 그처럼 중요하고 뜨거운 이슈였다면 그리고 그 이슈가 니케아에서 "영광스럽게" 해결되었다면 어째서 니케아 공회 이후에(제롬, A.D. 420) 바티칸사본과 시내사본이 홀트의 이름으로 밥 존스, 존 R. 라이스, 윌버 스미스, 필립 샤프, 웨스트코트, 홀트, 네슬, 알란드, 메츠거, 테어드, 해리스, 타이슨, 맥래, 웨스트 및 아프만 등에 의해 "성경 사본"으로 받아들여졌는가? 이 두 사본은 예수 그리스도의 신성을 공격하고 있는데도 말이다.[13)]

니케아 공회 이후 완전한 형태로 나타난 정통 헬라어 원문(Textus Receptus, 표준원문)을 가지고 있는 – 이 원문은 로마 카톨릭에 의해 서방에서[15)] 완전히 거부된 동방[14)]의 헬라어 사용 교회들의 비잔틴원문이었다. – 정통 교회라면 오늘날 그 어떤 교회가 예수 그리스도의 신성을 다루는 "아타나시우스의 정통교리"를 찾기 위해 로마 카톨릭에게로 갈 것인가? 니케아, 콘스탄티노플, 안티옥, 및 카르타고 공회 신조들이 정통성을 위한 대단한 승리였다고 한다면 우리가 린치버그에 있는 팔웰의 리버티 대학교나 플로리다의(1980) 펜사콜라 기독 대학에서 오리겐에 의해 북아프리카로부터 로마[16]로 흘러들어온 아리안적 이단원문이 추천되고 있는 것을 목격하게 되는 것은 어찌된 일인가? 이쯤되면 기독교 학자들의 역사감각이 완전히 둔해졌다고는 못해도 뭔가 잘못되었다고 말하는 것은 지나친 평가일까? 『**의가 불의와 어찌 관계를 맺으며...**』(고후 6:14).

웨스트코트와 홀트의 억측에 따르면 바로 이 시점(330-340)에서 예수 그리스도를 높이는(딤전 3:16, 요일 5:7,8) 정통원문(표준원문)이 안티옥[17]에서 인위적으로 조작되어 만들어졌다고 한다. 이 어리석은 이론은 "루시안 개정본"(Lucian Recension)[18]이란 이름으로 알려져 있는데 이것은 순전한 억측에 의해 만들어진 이론에 불과하다. 이 이론에 따르면 바로 이 시점에서(니케아 공회 이후 어거스틴의 생애 기간중) 루시안이라고 하는 장로가(그는 구약성경의 라틴어 번역본에 대해 약간 알고 있었다고 전해지는데[19]) 갑자기 바티칸사본과 시내사본을 안티옥(혹은 콘스탄티노플)으로 가져와서(이때 부속 파피루스 자료도 가져왔다고 한다) "바티칸사본과 시내사본을 서방사본들(그 중 특히 D사본)[20]과 합성(혼합)해서" "Textus Receputs"(동방원문)를 만들어 냈다고 한다. 이 때 복음서에서만 바티칸사본에 536단어, 시내사본에 839단어가 첨가되었다고 하며 동시에 양 사본에서 1,048단어가 삭제되었다고 한다. 그리고 바티칸(B)사본에서 1,098단어가 바뀌거나 변경되었고 시내사본(Aleph)에서는 2,299단어가 변경되었다고 한다. 이리하여 변개된 사본이 만들어졌고 그 후 1200년 동안 사용되지 못하다가 느닷없이 나타나 유럽을 암흑 시대에서 구출하였다는 것이다(제17,18장 참조).

웨스트코트와 홀트 및 이들을 훌륭한 학자로 생각하는 자들에 따르면 "루시안 개정본"이 만들어지는 동안 순수한 성경 본문은 제롬에 의해 라틴 벌게이트(Vulgate) 성경으로(향후 1080년 동안) 확정되었다고 한다. 그러나 그들이 말하는 순수한 본문은 암흑 시대 이외에 가져다 준 것이 없다는 사실을 잊지 말라. 딘 버간(Dean Burgan)은 1883년 이와 같은 공론에 대해 "구름 속을 헤맨다"고 비판했다. 웨스트코트와 홀트는 밥 존스 대학교(그외 하바드, 콜게이트, 테네시 탬플, 예일, 웨스트민스터, 샌프란시스코 신학교, 휘튼, 콜롬비아, 비올라, 프린스톤, 버클리)의 교수진으로 하여금 두 개의 헬라어 필사본(이 필사본들은 복음서에서만 서로 3,000 군데가 다르다)은 필사되자마자(A.D.330-340) 라틴 벌게이트(신약) 이외 그 어디에도 나타나지 않고 자취를 감추었다가 라오디케아 교회 시대(1880-1990)가 시작되면서 슬며시 고개를 들고 모습을 드러냈다고 믿도록 요구한다. 이 사본들은 웨스트코트, 홀트, 티쉔돌프, 네슬 등의

"업적"에 의해 해 아래에서 명예를 되찾게 되었으나 이 사본들의 명예 회복은 곧이어 두 개의 세계 대전을 가져왔고, 영국과 미국을 파산지경으로 몰고 갔으며 바티칸은 공산주의를 택했고 미국에서의 모든 영적 부흥은 완전히 멈추고 말았던 것이다. 바로 이것이 섬너, 라이스, 존스 및 헛슨 등이 "보수적 학문"(1950-1980)이라고 일컫는 그것이다.

그러고 보면 "이단적"이란 단어는 매우 광범위한 범위를 포괄한다. 사제들을 "아버지"(father, 신부)라고 부르면서 검은 "제의"를 입은 이들이 죽은 남편을 연옥에서 끄집어내준다고 기도해준다고(마 23:14) 믿는 정통 "그리스도인"은 성경대로 믿는 그리스도인들과 성경적 기독교를 "이단"(heretic, heresy)이라고 부를 것이다(행 24:14). 그러나 성경이 언급하고 있는 이단은 그리스도를 찾지 못하도록 방해하는 정통 바리새인들인 것이다(성경의 정의를 무시하는 교회사가들은 필립 샤프, 뉴만, 네안더, 혹은 라투렛 같은 내노라하는 학자들이다). "이단"이란 단어는(고전 11:19) 지역교회 안에서 그리스도인에 의해 가르쳐지는 거짓 교리를 언급하는 것이다. 따라서 우리는 이 교회사를 통해 성경적인 정의만을 사용하고자 한다. 즉 "이단"이란 성경을 믿는다고 하면서도 하나님의 말씀과 양립할 수 없거나 동의하지 않는 그 무엇을 가르치기 위해 하나님의 말씀을 왜곡시키거나, 변개시키거나, 잘못 해석하거나, 잘못 적용하는 사람들을 말한다. 어떤 이단은 구원의 영원한 보장을 입증하기 위해 히브리서 6장과 10장의 본문을 변개시킬 지도 모른다. 또 어떤 이단은 개신교 금욕주의 혹은 개신교 수도원들이 성경적이라는 것을 입증하기 위해 골로새서 2:21-23을 변개시킬지도 모른다. 어떤 이단은 율법(출애굽기-신명기)은 다시는 시행되지 않을 것이라는 것을 입증하기 위해 골로새서 2:17을 변개시킬지도 모른다. 어떤 이단은 예수 그리스도의 천년 통치에 관한 몇 가지 사실들을 제거하기 위해 에스겔 40-48장을 영적으로 해석해 버릴 것이다. 어떤 이단은 이스라엘의 회복을 제거하기 위해 데살로니가전서 2:16을 변개시킬 것이고 어떤 이단은 계시록 22:14을 변개시켜 행위없이 환란 기간 동안 구원받을 수 있음을 가르치려고 할 것이다. 어떤 이단은 모든 성도들이 창세기 1:1 이전에 "그리스도 안에" 있었다고 주장할 것이다. 어떤 이단은 사도행전 8:37을 없애고서는 "그 구절은 성경의 다른 부분"과 조화되지 않는다고 주장할 것이다. 어떤 이단은 에베소서 1:7에 피가 나와 있기 때문에 골로새서 1:14에서는 그리스도의 보혈을 없애도 된다고 한다(실로 대단한 이단임에 틀림없다). 어떤 이단은 그리스도의 몸이 바울과 더불어 시작되었다고 가르친다. 그러나 성경은 바울에게는 구원받기 전에(롬 16:7) "그리스도 안에" 있던 친척이 있었으며 바울이 구원받기 전에 바울은 "그리스도의 몸인 교회"를 핍박했다고 말한다(고전 12:13; 10:32, 갈 1:13). 어떤 이단은 유대인들이 율법하에(출 1-20장) 갖고 있던 표적들은 이 시대의 하나님의 자녀(요일 3:4)들을 위해 갈보리에서 제거된 것이 아니라는(마 5:17) 근거로 그리스도인들도 유대인들의 표적(출 20:10, 느 9:14)을 지켜야 한다고 주장한다(롬 13:9).

역사상 최대 이단 중의 하나는 배교한 근본주의자들로 이들은 1611년 <킹제임스성경>이 1980년에 출간된 성경과 글자 하나하나가 정확히 일치하지 않기 때문에 위에 열거한 모든 항목들이 심각한 것이 아니라고 주장한다. 위에 열거한 내용들은 1611년으로부터 지금까지 출간된 <킹제임스성경> 중 어느 판인가를 변개시켜 이단 교리를 옹호한 것들이기 때문이다.

스테판은 이단이라고 비난받았다(행 6:11). 바울은 이단으로 몰렸다(행 21:28). 이 두 경우 공회가 주도적 역할을 하였음은(행 6:12; 23:1) 의미심장하다.

신약성경에서부터 출발해서(마 26:59, 막 13:9) 살펴보면 공회(혹은 종교회의)라는 것은 진리를 없애 버리려고(행 5:40) "한 마음"으로 뭉쳐 주장을 펴는 이단들의 통합모임(행 23:6)이다. 이들은 모였다하면 "평화, 사랑 그리고 단결"을 외친다. 그들에게는 진리란 저 뒷전에 놓여있는 사항일 뿐이다.

지금까지 교회사를 공부해 오면서 우리는 이미 일련의 거짓 교리들이 파급되었음을 살펴보았고 그런 것들을 가르쳤던 사람들도 확인했다. 그러나 "교부들" 전체를 "거짓 선지자"로 단정해 버림으로써(보고마일들은 그렇게 정죄했다),[21] 그들을 구원받지 못한 죄인들과 동일하게 분류하는 것은 지나친 것이다. 우리는 모든 그리스도인에게는 두 가지 성품이 있음을 인정해야 한다. 즉 모든 그리스도인은 거듭났다고 할지라도 새성품과 옛성품을 갖고 있다. 교육받은 그리스도인들의 옛성품은 성경이 어떤 행실을 요구하면 성경의 권위를 무너뜨려 버릴 유혹을 끊임없이 받게 되며 성령께서 그와 같은 계명들을 가르치려 하면 이를 막으려는 유혹을 받게 되는 것이다. 분명히 구원받은 사람도 거짓 교리를 가르칠 수 있다. 더 나아가 우리는 지난 600-1500년 사이에 음녀 교회가 얼마나 제멋대로 교부들의 글을 문맥과 상관없이 잘라내고 도려내어 거짓 교리들을 만들어냈으며[22] 비유적인 표현을 문자적으로[23] 해석하는가 하면 수십 차례에 걸쳐 잘못 인용[24]해 왔음을 기억해야만 한다. 카톨릭 교회의 "신화"을 공부해 본 학생이라면 이들의 사기극과, 사실 위조와 조작 등을 익히 잘 알고 있을 것이다(콘스탄틴의 기부 증서, 이시도리안의 사이비 교령집, 오렌지 공회 포고문, 밀비스 공회 포고문, 그라티안의 암브로스 인용집, 앤트워프편저 그레고리 1세의 작품집, 파리에서 출간된 카르타고의 시프리안 인용집, 1680년의 보르도 신약성경, 등 위조 문서는 헤아릴 수가 없이 많다).[25] 자신들의 교회가 사탄적이라는 사실을 밝히 계시하는 그 책을(계17:1-8) 어떤 수단을 써서든[26] 자기들의 권위를 유지하려고 총력을 기울이는 그 교회가 정직하게 다룰 수 있다고 믿는 것은 상식적으로 받아들일 수 없다고 하겠다.

그럼에도 불구하고 초기 교부들의 글들에는 성경에서 벗어난 내용들이 더러 있어 그것들이 후일 정통 카톨릭 교회의 공식 교리가 된 것들이 있음은 부인할 수 없다. 그러니까 교회사에 등장하는 최초의 진짜 "이단"은 니케아 공회 이전부터 벌써 로마 카톨릭이 되어버린 카톨릭 교도였던 것이다. 비록 북아프리카 출신의 어거스틴이 진정한 의미에서의 "최초의 로마 카톨릭 신자"라는 것이 일반적 견해이긴 하지만(그는 로마 카톨릭 교리를 확정한 사람이다.[27]) 우리는 로마 교회가 원래부터 북아프리카 교회였음을 잊어서는 안될 것이다. 왜냐하면 로마 교회는 이집트 알렉산드리아로부터 제사장 제도, 마리아 숭배, 유아세례, 연옥교리, 검은 마술, 및 "정통"성을 가져왔기 때문이다. 니케아 공회의 정통 참피온이었던 아타나시우스는 알렉산드리아의 감독이었다.

이와 같은 경로를 통해 알렉산드리아 이단은 "카톨릭" 교회의 지도권을 장악했다. 금욕주의에 관한 아프리카의 사상이 "신앙"으로 유입되었고(제11장 주 3-1), 검은 마술과 성경 필사본에 관한 아프리카의 사상도 유입되었다(주 18-20). 이렇게 해서 콘스탄틴 이후의 로마 교회는 전적으로 첫 번째 로마 아프리카 교회가 되어버린 것이다. 이처럼 이단 중에는 영지주의자와 비정통(heterodox)만 있는 것이 아니라 카톨릭과 정통 교회도 들어 있는 것이다. 아프리카식 카톨릭 교회는 궁극적으로 아프리카 출신 "교황"을 갖게 될 것이지만 교황들도, 아프리카 카톨릭들도(시 16:4, 마 23:15), 신약 기독교와는 아무런 상관이 없으므로 성경적 사실들과는 실로 무관하다고 하겠다. 카톨릭이 "이단들"에 대해 분노하고 있을 즈음에 몇몇 짐승들이 우리문을 통해 우리 안으로 잠입하게 된다.

1. 한 도나티스트(Tychonius)[28]에 의해 쓰여진 <성경을 여는 열쇠, *Key to the Scripture*>가 어거스틴에 의해 채택되었다. 그러나 어거스틴은 도나트스트들이 "이단"[29]이라는 이유로 그들을 죽이는데 찬성하였다.

2. 어거스틴은 오순절부터 시작된 천년왕국이 끝나는 A.D.1000년경에 예수 그리스

도께서 재림하시리라고 생각했다(후천년설). 그러나 그가 이처럼 "날짜를 지정"했는데도[30] 그의 카톨릭 친구들은 눈쌀을 찌푸리지조차 않았다.

3. 첫 번째 부활은 오직 영적일 뿐이다.[31]

4. 로마 교회는 이사야 35장의 성취이다.[32]

5. 어떤 죄들은 죽음에 이르게 하며 어떤 것들은 "용서받을 수" 있다.[33]

6. 물을 뿌려 거듭나는 유아세례 교리는 신약 교리이다.[34]

7. 수산나는 실제 사람이었고 따라서 그녀는 다니엘서에 포함되어야 한다.[35]

8. 감독이 없는 곳에서[37] 침례주는 것은 불법이다.[36]

9. 순결은 구원의 조건이다(이집트의 Hiercas of Leontopolis).[38]

10. 마태복음을 제외한 나머지 복음서는 거부할 수 있다(세린투스[39]).

11. 오리겐이 직접 쓴 헥사플라의 제5란은 기원 전에 "칠십인역"[40]으로 알려진 것이었다.

12. 결혼은 금지되었다(엔크라티테스와 사투르니우스).[41] 이 두 사람은 말시온과 마찬가지로 카톨릭 역사가와 개혁 교회사가들에 의해 "이단" 목록에 포함되어 있음을 주목하라. 결혼을 금지시킨 사람들을 반성경적이며 죽어 마땅한[42] "이단"이라고 가르쳤던 사제들과 감독들이 또다시 채택한 성직자 "독신주의"를 어떻게 성경적인 것이라고 받아들일 수 있는가?

13. 형상들을 교회 안으로 끌어들이려는 노력들과 주님의 만찬을 아프리카의 제사로[43] 만들려는 노력이 가중되었다.

14. 교회 공회의 명령에 반대하는 자는 저주를 받는다.[44]

15. 유아는 "성사"[45]를 통해 그리스도인이 되며 "그리스도와 연합"한다.

이러한 사실들로 미루어 볼 때 우리는 교회사 전체에 걸쳐 분명히 나타나는 한 가지 원칙 혹은 경향을 찾아낼 수 있다. 그것은 교회 지도자들과 신학자들이 공회에서 이단들과 싸우고 "대회"들을 열어 "믿음을 수호"하는 동안에도 자신들은 교회와 신학교에 들어오는 실천적인 이단과 반성경적인 교리들을 수용하고 또한 허용한다는 엄연한 사실이다. 바로 이 상황에서 "바울에 대한 강박관념"이 등장한다(들어가는 말, 주 4-6 참조). 어떤 사람이 자기의 저작이 바울과 같은 주제를 다루거나 비슷한 양의 책을 썼을 경우 그는 곧바로 자기가 바울인 것처럼 간주해 버리는데 이는 바울을 단순한 논쟁가나 교리 옹호론자로 생각하기 때문이다. 신학자 자신은 "거짓 가르침"에 대항하여 싸우는 동안 본인 자신의 임무인 성경을 강론하고 혼을 이겨오는 일(Soul-winning)은 게을리한다. 그 결과 실천적 이단이 교리적 이단으로 나아가고 만다. 그 전개 과정에 주의를 기울여 보자.

1. 정통 카톨릭은 영지주의자와 마니교에서 엿보이는 이단적 금욕주의에 대해 끊임없이 불평했다. 그러나 오리겐은 강력한 금욕주의자였는데도(그는 스스로 거세했다) 니케아 공회 이후 60년이[46] 지날 때까지도 정통 교리의 참피온들에 의해 "인도하는 빛"으로 받아들여 졌다.

2. 오리겐의 주요 가르침들은 제롬 시대까지 받아들여 졌다(340-430). 그후 유스티니안 시대에 와서(483-565) 오리겐은 이단으로 선포되었고 그의 모든 책들이 정죄되었다. 그럼에도 불구하고 재림에 관한 그의 가르침인 무천년주의는 모든 장로교인들과 개혁 교회에 의해 "정통"[47]으로 고수되었다.

3. 노바투스(Novatus)는 태어나지 않은 어린아이를 살해한 혐의로 기소되었는데 노바티안주의라는 이단을 발전시켰다. 그러나 그의 추종자들은 500년 후에 성경대로 믿는 카타리(CATHARI)들로 등장한다. 이들은 암흑 시대[48] 동안 카톨릭 교회에 남아 있던 유일하게 참된 정통 그룹이었다.

4. 티코니우스(Tychonius)는 도나티스트라는 이름으로 불리면서 분리주의자로 낙인이 찍혔는데, 어거스틴은 그의 가르침을 인정하면서도 카르타고 공회에서 도나티스트를 저주했다.[49]

5. 모든 "카톨릭" 그룹에 의해 추방당한 극단적 "몬타니스트"들은 교회 내의 위계제도에 반대했고 "모든 믿는 자들의 제사장직"을 강력히 주장했다.[50] 콘스탄틴은 이들을 보는 즉시 살해하라는[51] 칙령을 내렸다. 과연 콘스탄틴은 "정통" 그리스도인이었는가?

이러한 혼동의 상황은 점점 더 얽혀 간다. 샤프에 따르면 "우리는 그들 중에서는 성경만이 유일하게 모든 교리의 권위가 된다는 사실과, 오직 믿음으로만 의롭게 된다는 사실, 모든 믿는 자들의 만인 제사장직[52] 등은 찾아볼 수 없다"고 한다. 그러나 필립 샤프는 그러한 올바른 교리들을 주장했던 몬타니스트라든가 조비니안(Jovinian)과 비질란티우스(Vigilantius)같은 사람들은 고의적으로 간과해 버린 것이다. 어쩌면 샤프가 참고로 한 제롬의 책들에서 제롬이 이런 사람들을 찾지 못하도록 은폐해 버렸을 것이다. 조비니안(때로는 조비니아)은 얼마나 지독한 "이단"이었는지 그를 몰아내는데 두 번의 공회를 개최해야 했다(로마 A.D.390, 밀라노 A.D.395). 조비니안은 물에 의한 중생이 아니고 성령에 의한 중생을 가르쳤다. 그는 구원의 영원한 보장과 모든 성도들의 만인 제사장직을 가르쳤다. 그는 마리아의 영원한 순결을 거부했고 "수도원에 관련된" 모든 것은 난센스라고 했다.[53] 비질란티우스(때로는 비젤란투스 혹은 비질란투스)는 A.D.395년경 순교자들과 그들의 유품을 숭배하는 자들을 책망했으며 수도원을 호되게 비평했고 독신 서원[54] 및 가난하게 살겠다는 서원 역시 비판했다. 그는 "로마 카톨릭적 정통 수호"를 피흘림과, 고문과, 범죄를 통해 종교를 옹호하는 것이라고 비판하면서 그것은 종교의 옹호가 아니라 종교를 오염시키고 세속화[55]시키는 것뿐이라고 했다. 그러나 제롬은 비질란티우스와 조비니안을 카톨릭 신앙의 최대의 적으로 간주했고 오리겐보다도 더한 이단으로 몰아세웠다. 아에티우스(Aëtius, A.D.355)는 비질란티우스와 조비니안과 동일한 교리를 갖고 있었으며 헬비디우스(Helvidius)는 카톨릭에세는 또다른 "이던"이었다. 헬비디우스는(380) 마리아의 영원한 처녀성(순결)을[56] 부인했다(비록 ASV와 NASV가 마태복음 1:25에서 그 카톨릭 교리를 보존하려고 애를 쓰긴 했지만). 아에리우스(Aerius)는 수녀원 제도와 죽은 자들을 위한 기도를 공격했고 안수 받은 장로만이 감독[57]임을 주장했다.

니케아 공회가 그들의 추악한 임무를 완수하고 난 후 그들은 성경대로 믿는 두 그룹을 제거할 알리바이를 갖추게 되었다. 그 중 하나는 2,3세기의 청교도라고 할 수 있는 노바티안(Novatians)으로 공회의 결정 사항보다는 신격의 세 인격 사이에 더 분명한 구분을 두었다. 두 번째 그룹은 폴리아니스트[Paulianists, 후일 그들의 추종자들은 폴리시안(Paulicians)이라고 불리웠다]로 이들은 "반(半)아리안"(semi-Arian)이라는 죄목으로 정죄되었는데 다시 말해 이들은 세르베투스(1511-1533)와 칼빈(1509-1564)의 중간 입장을 취했던 것이다. 이들은 또 다른 "이단적" 행위를 저질렀다고 정죄를 당했는데 그것은 모든 회중들에게 침례를 주었으며 그것도 사도행전 2:38에[58] 입각해서가 아니라 마태복음 28:19-20에서 발견되는 방식으로 침수에 의한 침례를 주었기 때문이었다. 이러한 반대 그룹들(카톨릭의 기준에 의하면 "이단들") 중에는 아르메니안들(Armenians, A.D.350)이 있는데 아에리우스(앞서 언급된)가 이들 그룹과 연관되어 있었다. 이들 청교도 그룹은 로마의 감독들과 장로들의 도덕적 삶에 잘못이 있음을 알고 카톨릭 교회를 이탈하였었는데(노바투스) 시간이 지남에 따라 카톨릭 성인 침례(도나티스트)에 문제가 있으며 곧이어 카톨릭 유아세례(마니키안)에도 문제가 있고 마지막으로는 가장 타락하고 혐오스런 카톨릭 누룩들인 마리아 경배, 유품 숭배, 구원의 수단으로서의 독신주의, 희생 제사로서의 "성체성사", 침례에 의한 중생, 묵주, 크리스마스 트리, 부활절 토끼, 형상들, 촛불, 죽은 자를 위한 기도, 연옥 등과 같은 수많은 거짓 교리들이 완전히 잘못 되었음을 발견하였다. 이런 상황 속에서 "성도들에게 단번에 전수된 카톨릭 신앙의 통일성"을 유지하려는 그룹은 - 실상은 이들 누룩 교리는 사탄이 전수해 준 것이다. - 로마 교회와 뜻을 같이하고 교회국가 체제하에서 황제로부터 호의를 얻어내려고 하는 "그리스도인"들이었고, 나머지 그룹들은 성경으로 돌아갔다. 이들 성경으로 돌아간 그리스도인들에게는 곧바로 도끼와, 채찍과, 온갖 박해가 닥쳐왔고 결국 망명을 떠날 수밖에 없었다. 결국 콘스탄틴이 거짓으로 회심을 위장하여 교회를 이교도의 태양신과 결혼시켜 버리기 이전(계 2:12)의 상태로 다시 돌아간 셈이다.

이 역사적 사실 앞에서 교회사를 배우는 학생이라면 또다른 위대한 진리를 접하게 된다. 이 진리는 교회사를 계속해서 공부해 나가는데 있어 꼭 붙들고 놓지 말아야할 것으로 참된 그리스도의 증인이나 성경대로 믿는 참된 그리스도인은 장로회나 교단 총회에서가 아니라 길거리에서나 감옥에서 쉽게 발견된다는 사실이다. 교회사가 시작된 이래 이 시점까지만 보더라도 참된 성경대로 믿는 사람들은 공회당과 "궁전"(행 24,26장 딤후 4장)에서보다는 원형경기장이나 고문실에서(두 곳에서는 그리스도인들을 쇠사슬로 묶었다) 더 잘 발견된다는 엄연한 역사적 사실을 누가 부인할 수 있는가? 성경을 믿고 구령하는 그리스도인들은 하나님을 섬기는데 너무도 바빠 과학이나 철학에 사로잡힐 시간도 없었으며 신학 논쟁에 빠져 이단으로 변질될 가능성도 없었다. 그들의 분야는 실천(practical) 신학이었지, 조직(systematic) 신학이나 교의(dogmatic) 신학이 아니었다.

앞서 이미 살펴본 대로 A.D.68년에서 A.D.313년까지 10차례의 대규모 박해가 지중해 연안을 휩쓸었었다. 이 사실은 예루살렘 파괴(A.D.70) 이래로 참된 신약 교회와 참된 "사도적 증인"들을 찾을 때 반드시 기억해 두어야 한다. 그 당시의 박해는 하나님의 자녀들의 가정과 가족과 생명을 실제적으로 위협하는 것이었다. 당시의 박해는 니케아 공회에서와 같은 신학 논쟁이나 반박 정도와는 차원이 달랐다. 박해는 실로 그리스도인들로 하여금 자신들의 신앙이 참으로 오류없고 분명하고 확실한 것인가를 시험해 볼 수 있는 "섬뜩한" 기회였던 것이다.

역사가들은 니케아 이전 시대의 그리스도의 증인들의 특징은 순교를 향한 독특한 열정이었음을 주목하였다. 콘스탄틴의 칙령(A.D.313) 이후 그리스도께서 곧 재림하신다는 기대가 줄어들었다고 해서 니케아 이전 교부들이 당시의 부정적인 세계관에 미혹되었다고 판단하는 것은 잘못이다. 오히려 재림의 열망이 식어버린 것은 "하나님의 도성"(혹은 신국)이라는 어거스틴이 쓴 우화같은 책 때문이었다. 어거스틴의 하나님의 도성이었던 로마는 어거스틴이 그 책을 쓰기 오래 전에 이미 "하나님의 집"으로서의 자격을 상실해 버렸다. A.D.313년 로마는 왕의 예배당(암 7:13)이 되어버린 것이다. 더 나아가 우리는 니케아 이전 시대의 그리스도인들이 갖고 있던 전천년 신앙[59]을 매우 높이 평가해야 한다. 그 이유는 이 신앙이 실제적 박해를 대처하는데 있어 담대함을 제공했고 박해 가운데에서도 본질과 실체와 같은 신학논쟁 대신 담대하게 그리스도를 증거할 수 있도록 디딤돌이 되어 준 성경적 진리였기 때문이다.

A.D.70에서 A.D.440까지(레오 1세) 많은 성경대로 믿는 그리스도인들은 신약성경의 기록자들에 의해 "전수된 그 믿음"을 지켰다. 비록 누룩이 부푸는 과정이 진행되는 중이더라도(복음 전파, 성경교육, 문화, 배교) 항상 "남는 자"가 있어 왔으며 앞으로도 있을 것이다 .

당시 복음은 생활을 통해, 설교를 통해, 개인전도를 통해 전파되어 나갔다. 처음 2세기 동안 기독교가 신속히 확장되어갈 수 있었던 것은 열심, 순수한 도덕, 치밀한 지역교회 조직 그리고 그리스도의 재림에 대한 기대라는 4가지 요인 때문이었다. 드프레상(Depressence)은 당시 많은 그리스도인들은 어떤 특별한 소명이 없이도 항상 "기회를 찾고...도시로...군대로...그 어디에서나 사람들을 불러 모아 '광적인 제스츄어'[60]를 써가면서 열변을 토했다"고 기록하고 있다. 이들 그리스도인들의 모습과 "니케아 공회"에서 점잖을 떨며 미사 어구를 늘어놓는 학자들의 연설 모습과 얼마나 어울리지 않는지 생각해 보라.

A.D.70-325년 사이의 그리스도인들은 그들이 있는 곳이 곧 선교지였다. 그들은 증거했다(행 1장). 포로로 잡혀갔던 군인들은 페르시아의 샤푸르 왕에게 복음을 가져다 주었고 그 결과 니케아 공회에는 페르시아의 감독이 참석할 수 있었다.[61] 폰투스의 아메세아(Amasea) 근처에 살던 "아스테리우스"(Asterius)라고 불리던 감독은 오늘날에도 듣고 싶을 정도의 명설교를 했다(Broadus에 따르면).[62] 마카리우스(Macarius)라는 사람은 50여개의 설교를 한 것으로 알려져 있는데 그는 이집트에 있던 한 수도원의 원장이었다. 그의 설교는 16세기의 경건파 교도들에 의해 높이 평가받았다.[63] "고트족에 보내진 사도"였던 울필라스(Ulfilas)는 표준원문(Textus Receptus)을 최초로 "야만족"의 언어로[64] 번역하였고 따라서 튜톤어로 책을 쓴 최초의 저자가 된 셈이다. 울필라스의 번역본은 거의 안티옥 교회의 시리안 원문에서 나온 것으로(KJV 1611과 마찬가지로), 그는 카톨릭에 의해 즉각적으로 "아리안"(Arian)으로 몰렸다. 카톨릭은 그후 로마를 공격했던 게르만족을 모두 "아리안"이단이라고 불렀다(울필라스가 아리안이라

는 증거는 그가 디모데전서 3:16에서 ASV와 NASV의 본문을 사용했다는 단 하나이다. 그런데 이 본문은 오리겐이 변개시킨 시리아에 있던 필사본들에서 왔던 것이다(제4장의 주 65,66). 게르만족을 "아리안"이라고 부른 것은 실로 "놀랍고도" "재미있는" 일이 아닐 수 없다. 이들이 아리안이었다면 거의 반나체의 기병 10만에서 50만 명이 동정녀 탄생, 십자가 사건, 몸의 부활, 재림, 그리스도의 신성 등을 다 믿었고 다만 시편 2:7의 "낳았다"라는 시점이 영원이라는 의미만을 몰랐을 뿐이라는 말이 아닌가? 자기들을 공격했다고 아무나 그냥 "아리안"이라고 부른 것은 말도 안된다. 이들이 자기 편만 들었다면 로마는 그들을 "그리스도의 용사들"로 간주했을 것이다.

설교는 꼭 일요일 날의 예배에만 한정되지 않았으며 장소도 구애받지 않았다. 그리스도인들이 모인 곳이면 어느 곳에서든지 설교를 했으며 이때 설교자는 앉고 회중은 서서 들었다. 다르간(Dargan)에 따르면 설교는 보통 15분 정도였다고 하며 결코 1시간 이상을 넘기지는 않았다고 한다.[66] 신학 논쟁, 공회(오늘날의 교단총회), 싸움, 폭동, "카톨릭" 이단들에도 불구하고 성경대로 믿는 사람들은 거의 300년 동안 강력하게 그리스도를 증거했다. 순교자들은 그 내용을 전부 다 알지는 못했어도 복음적 교리들을 잘 보존하였다. 그들은 성경을 그들의 목숨보다 더 귀하게 여겼다. 변증가들이 기독교를 반대하는 사람들에게 철학적 신학적으로 올바른 해석을 하도록 촉구한 반면에 그리스도의 증인들은 그들의 반대자들에게 하나님 앞에서 그들의 죄에 대해 직고해야 할 것임을 상기시켜 주었다.[67] 변증가(기독교를 옹호하기 위해 책자를 쓰는 사람들)들이 "그리스도론"에 관해 정확한 정의를 내리고자 했다면 증인의 삶을 살던 사람들은 주 예수 그리스도께서는 살아 계시며 죄인들을 심판하시기 위해 돌아오실 것을 입증하였다(행 17:31).

디오클레티안 황제 치리 시에 살았던 필레아스(Phileas)라고 하는 사람이 쿨시안(Culcian) 앞에서 어떻게 증거했는가를 살펴보면 사도적 증인[68]들의 강력한 복음 증거의 모습을 확인할 수 있다. 테오도터스(Theodotus)의[69] 열정은 니케아 공회의 공론(특히 그리스도론에 관한)과 비교해 볼 때 실천 신학의 실제적 적용이 무엇인가를 확실하게 보여 준다. 상투스(Sanctus), 블란디나(Blandina) 같은 사람들이 하나님에 대해 갖고 있던 지식은 누가 "이단"이고 누가 "정통"인가를 결정지을 수 있는 무언가를 담고 있었다. 비록 교회사가들이 학문적 업적이 없다고 인정을 안해 주는지는 몰라도 A.D.68-313년 사이의 거리 설교자들은 신학자들이었다(올바른 하나님에 관한 지식을 신학이라고 부른다면) 저스틴 마터를 그리스도에게 인도했던 그 그리스도인은 저스틴 마터가 구원받기 전에 이미 그가 누구인지를 알고 있었다. 그는 저스틴에게 말했다. "당신은 소피스트(말쟁이)이다. 당신은 결코 행동을 하려고 하지 않는다."[70] 이 젊은 지식인(저스틴 마터)은 "카톨릭" 신학자가 되어 물침례에 의한 중생을 가르쳤다. 저스틴 마터가 그 말을 듣고 얼마나 놀랐겠는가를 한 번 상상해 보라.

개인 전도는 상당히 위험한 일이었다. 드프레상은 로마 제국에서는 우상 제작이 가장 번성하고 이익이 많이 남는 산업이었다고 말한다. 그 당시 이 우상 제작 작업장에서 일하던 사람이 그리스도인이 되면 그는 오늘날 술공장에 다니는 사람이 그리스도인이 된 후 자기 직업을 버려야 하듯이 자기 직장을 포기하여야만 했다. 당시 작업장에서 노동자 한 사람이 없어진다면 그것은 금방 알려지게 되어 있었다. 그러나 참다운 그리스도인은 그의 언어 생활에서 드러나게 되어 있다. 그는 "신들"에 관해 일상 대화에서 전혀 언급을 안했다. 그는 또한 이교도의 제사에도 참석을 거부함으로써 눈총을 받았다. 진리에 대한 모든 박해 뒤에는 "사제들의 손길"[71]이 있었는데 그것은 신약성경의 기록을 믿는 그리스도인이라면 충분히 납득할 수 있는 일이다(행 14:13, 막 15:31).

타르쿠스(Tarchus), 프로구스(Progus), 및 안드로니쿠스(Andronicus)의 행적은 시몬 베드로[72]의 행적과 하나도 다를 게 없었다. 최초의 영국의 순교자였던 알반(Alban)은 화형대에서 자신을 채찍질하던 사형 집행관을 회심시켰다.[73] 온갖 종류의 박해에도 불구하고 신약 교회의 회중들은 계속해서 그리스도를 증거했고 결국 콘스탄틴은 신학적 주제를 하나 택해(물론 이 주제는 복음이나 영혼 구원과는 관계가 없는 것이어야 했다) 교회를 분열시키는 것만이 자기가 로마 제국을 통제할 수 있는 유일한 길이라고 판단을 내리게 된 것이다. 그는 이 교리 논쟁에서 "승리자"들을 자기 편으로 끌여들여 이교도화시키기 위해 먼저 그들이 믿는 바를 자기도 믿는다고 일시적으로 고백했던 것이다(스 4:2). 이때부터 콘스탄틴의 전략에 말려들지 않고 그의 이교적 교리를 거부한 성경대로 믿는 사람들은 "이단"으로 낙인이 찍히게 된 것이다.

콘스탄틴은 이 성경대로 믿는 사람들을 사탄적인 칭호[74]인 종파(SECT, 행 28:22)라고 불렀다 .이단을 정의내리는 것은 "거의 불가능하거나 적어도 무척 어려운 일"[75]이라고 운을 뗀 뒤에 어거스틴은 유아세례를 반대하는 가르침은 이단이며 이런 것을 가르치는 자들은 죽여야 한다고 결정했다. 어거스틴과 그의 카톨릭 "형제들"에게는 노바티안들과 도나티스트들이 자기들보다 더 많은 은혜를 지니고 있었다는 사실은 좋은 일이다 .샤프는 만약 어거스틴이 시대를 앞서 알비겐스들에 대한 십자군 전쟁과 스페인의 종교 재판(제13,14장 참조)의 잔혹성을 내다볼 수 있었더라면 아마도 이단을 저주하는 그의 위험스러운 선언들은 철회했었을 것[76]이라고 주장하면서 어거스틴을 위한 변명을 늘어놓지만 우리는 그렇게 안 믿는다. 택함받지 못한 아이들은 지옥에 가며 로마 카톨릭 교회에서 물뿌림을 받은 아이만 택함을 받았다고 선언할 수 있는 사람이라면 샤프가 생각하는 것보다는 훨씬 더 "강"심장의 소유자일 것이기 때문이다.[77]

자, 이제부터 진짜 이단들을 좀 살펴보도록 하자. 카톨릭 공회(니케아)가 삼위일체에 관해 결정한 사항에 동조하지 않은 자들을 "이단"으로 규정하는 대신 우리는 그리스도인들의 믿음의 원천이 되는 그 책(성경)을 왜곡시키고 변질시키는 가르침들, 즉 정통이든 비정통이든 카톨릭에 의해 받아들여진 것들을 "이단"이라고 규정하고 이것들을 살펴보고자 한다.

우선 "교황들"의 목록표를 보도록 하자. 1990년 현재에도 이들 교황들의 명단이 마치 사실인 양 연감과 백과 사전에 인쇄되어 있다. 이들 명단은 "리누스"(Linus)부터 시작되는데 그는 시몬 베드로를 추종한 것으로 추정된다. 뒤를 이어 클레투스라고 하는 자와 클레멘스가 있고 계속해서 에바리스투스, 알렉산더 1세, 및 식스투스가 뒤를 이었다. 그 다음에는 "텔레스포루스"라는 자가 등장했다. 그러나 이와 같은 "교황"의 명단은 디즈니랜드에서나 찾아볼 수 있는 우화에 지나지 않는다. 이외에 샤프의 교회사에는[78] 실베스터가 콘스탄틴을 대신해서 로마의 보좌에 앉기까지 무려 25명의 이름이 더 열거되어 있다.

샤프는 야페, 바텐바크, 아르퉁, 립시우스, 홀트, 두체스네, 하르낙, 바이츠 등의 저작들을 훑고 나서는 로마 "감독"들의 기원은 "짙은 어두움"[79] 속에 가리워져 있다고 결론 짓는다(이것은 마치 "지구상의 생명체의 기원"에 관한 현대 생물학 책을 읽는 것 같다). 상황이 어떠하였는지는 필립 샤프의 명단을 읽지 않더라도 충분히 짐작하고도 남는다. 베드로로부터 실베스터에로 나아가는 것은 바울로부터 러시아 수도사였던 라스푸틴으로 연결되는 것과 다를 바 없다. 베드로는 사도였으나 지역교회의 목사인 "감독"은 아니었으므로(딤전 3:1-6) 초기의 교부들은 베드로를(로마 교회의 감독은 커녕) 그 어느 교회의 감독으로도 간주한 적이 없다. 베드로는 "장로"(벧전 5:1-4)였으나 자신의 삶은 순회 전도자로서 보냈다.

그렇다면 도대체 어디에서 이런 비성경적이고, 반기독교적인 교황 명단이 나왔다는 말인가? "리누스"(리노)와 "클레멘트"(클레메)는 디모데후서 4:21과 빌립보서 4:3에서 추출되어 교황 명단으로 들어갔다. 이들은 로마에 갔던 사도 바울의 친구들이었는데 (이들은 바빌론으로 갔던 사도 베드로의 친구들이 아니었다. 벧전 5:13) "오해"로 인해 베드로의 후계자로서 선택된 것이다. 리누스와 클레멘트의 뒤를 이은 몇 사람은 이레내우스(130-202)에 의해 발명된 것으로 그가 쓴 "이단의 척결"[80]이란 책에 나와 있다. 이러한 위조된 사도들의 계승자 명단이 실제 "교황"인 것으로 그때까지 알려져 왔었는데(A.D.177) 이레내우스는 이 "조작"된 교황들에 의해 "사도들로부터의 종교적 전통과 진리의 전파가 이어져 내려왔다고"[81] 주장한다. 만약 골로새서 2:8과 이 억측을 대조해 보면 "누구에게" 그런 것들이 계승되었는가가 판명될 것이다. 이레내우스가 알아야 할 "진리의 전파"와 "사도적 전통"은 그 자신이 무려 1,800여 번에 걸쳐 인용했던 바로 그 성경에서만 찾을 수 있다(살후 3:6). 따라서 이레내우스는 성경 외적 주장과 하나님께서 그에게 주신 빛(시 119:105) 이외의 것들과, 개인적 추측들로 인해 "짙은 암흑" 속으로 침잠했음이 분명하다. 랑게는 로마 교황의 노선을 리누스 (A.D.67-79)에서부터 알렉산더(A.D.109-119)까지로 이끌어 온다. 립시우스와 하르낙 같은 역사가들은 헤게시푸스와 유세비우스에 의해 주어진 리스트를 그대로 추종한다. 그러나 성경적 사실을 몇 가지만 들어보면 위에 언급된 어리석은 주장들을 결코 믿지는 않을 것이다.

1. 신약성경에는 교황이 없다.
2. 사도들이 죽은 후에는 사도들의 표적이 더 이상 없다.
3. 야고보가 목이 잘려 순교했을 때(행 12:1-2) 그를 계승한 어떤 사도도 없었다.
4. 사도들의 사역하에서 회심한 사람들에게만 "표적"이 뒤따랐으며(고후 12:12, 막 16:17) 그들은 자신들의 회심자들에게는 이 표적들을 승계시키지 못했다(행 8:19-24).
5. 베드로는 결코 로마에 간 적이 없었으니 이는 바울이 A.D.62년 그곳에 갔을 때 로마는 복음에 관한 처녀지였기 때문이다(롬 15:20-21).
6. 로마 교회에 서신을 쓴 사람은 바울이었지 베드로가 아니었다.
7. 베드로의 유골은 로마[82]가 아닌 예루살렘에서 발견되었다.
8. "사도적 계승"이 예루살렘에서 로마로 계승되었다는 생각은 마태복음 27장, 요한복음 19장, 사도행전 12장, 디모데후서 4장 및 계시록 17장을 믿는 독자에게는 너무도 우스꽝스러운 생각일 뿐이다. 신실하지 못한 교회사가들이 거짓된 우화를 그토록 고집스럽게 주장함으로써 오늘날에도 교황이 이 지상의 "예수 그리스도의 대리자"라고 믿는 수많은 사람들이 있다. 그러나 교항은 아돌프 히틀러나 호지명이 "예수 그

리스도의 대리자"가 아닌 것만큼이나 결코 예수 그리스도의 대리자가 될 수 없다.

이상한 일은 이단 사냥꾼들이 카톨릭의 교리와 성경의 교리 사이에 일치하지 않는 분명한 경우들이 있다는 사실을 발견하고는 심히 당혹해 한 반면에 반카톨릭 "이단들" 사이에도 너무 애매하고 철학적인 문제에 관해서는 서로 의견이 상충된다는 사실을 발견하고는 누가 정통이고 누가 비정통인지를 가려내는데 애를 먹었다는 사실이다. 현대의 배교한 근본주의자들에게는 "이단"이란 자기들이 그로 인해 구원받은 그 성경이 전능하신 하나님의 최종적이고 무오한 권위라고 믿는 성경대로 믿는 사람들을 말한다(이것은 그들이 원본 이외에는 최종적이고 무오한 권위가 되는 성경이 이 땅에 없다고 믿기 때문이다). 이들은 이러한 "이단"을 "럭크만파"라고 부른다. 그들은 위험스러운 이단이라는 사실을 입증하기 위해 "이상한" 주장들을 만들어 낸다. 즉, "오직 원본만이 영감을 받은 것"이므로(그러나 신구약성경 어디에도 그러한 말은 없다) 몇몇 현대 성경들이 예수 그리스도의 신성(딤전 3:16), 동정녀 탄생(눅 2:33) 등을 공격한다 할지라도 별 문제되지 않으며(다른 구절에서 이런 것들을 배울 수 있다는 핑계로), 은혜로 구원받는 구절들(행 8:37, 눅 23:42) 등이 손상을 입어도 그런 것은 필사본들에 따라 "본문을 선택"(혹은 선호)하는데[83] 따르는 문제일 뿐 별 중요하지 않다는 주장이다. 알렉산드리아 계열 사본에서도 믿음의 "근본 사항들"이 발견되기 때문에 신약에서 약 8,000여 군데 정도를 고친 것 정도는 문제가 안된다는 것이다. 이러한 어리석은 "학문"을 근거로 이들은 하나님께서 주신 종교개혁 원문인 "권위 역본" 본문에서 무려 36,000 군데를 변개시켰다(NIV, NASV).

"이단들을 불태우는 행사"는 중세 1000년 동안 로마 카톨릭 교회의 주요 오락 프로그램이었다. 오늘날에도 이 로마 교회는 모든 성경대로 믿는 침례교인은 이단이라고 공식적으로 믿고 있다(비록 이들이 CBS, NBC, ABC, AP, UPI 등을 통해 자신들은 그렇지 않다고 선전하고 있지만). 뿐만 아니라 카톨릭 교회는 이들 성경대로 믿는 침례교인들은 저주를 받았으며[84] 예수 그리스도께서 "세우신"[85] 유일하고 "참된" 교회에 의해 마땅히 처형되어야 한다고 고백하고 있다. 미국과 영국에서는 모든 종교에 대해 "절대적인 관용"을 베풀어야 한다고 주장하는 그 교황들(1900-1990년 사이의 모든 교황)이 스페인, 아일랜드 및 남미에서는[86] 카톨릭 이외의 모든 종교는 절대적으로 용납해서는 안된다고 주장하고 있다. 미국의 추기경들과 대주교들은 "교회와 국가의 분리"를 지지하는 체 하라고 지시를 받은 반면, 아일랜드와 스페인의 카톨릭 지도자들은 로마 카톨릭 이외의 그 어떤 교회도 그 어느 국가에서든 존재할 권리가 없다고 배웠다.[87] 그러니까 카톨릭 신부들과 주교들은 자기들에게 유리한 쪽으로 행동하는 것이다. 그들이 내세우는 "종교의 자유"를 믿기보다는 차라리 유대의 랍비들이 돼지고기와 선지국을 먹는다고 믿는 편이 나을 것이다.

카톨릭이 남긴 유산인 "이단 사냥"은 개혁 교회 국가들[88]에게도 전수되었다(성공회, 개혁 교회, 루터 교회 등). 결국 유아세례를 믿지 않으면 모두 "이단"이 되어 버리는 것이다.[89] 따라서 신약성경에 명백히 어긋나는 유아세례를 믿는 자들은 정통 그리스도인이 되었고 애매한 삼위일체 선언(사도신경)과 의견을 달리하는 모든 그룹(노비디안, 마니키안, 이리안, 도나티스트, 사벨리안 등)은 "이단" 딱지를 달고 다니게 되었다. 이들 "이단"으로 낙인찍힌 사람들은 모두 유아세례를 거부하였다. 이들은 다음과 같다. 왈덴스,[90] 알비겐스, 파테린, 보도파, 위그노, 피플, 침례교도, 재침례교도, 도나티스트, 보고마일, 불가리안, 페트로브루시안,[91] 펠라기안, 헨리시안, 티세란, 폴리시안 등.

신약의 지역교회들이 유아세례를 실행한 적이 있었는가? 신약성경의 권위를 아직도 믿고 있는 정직한 사람이라면 이 질문이 매우 중요한 의미를 갖고 있음을 인정할 것이다. 예를 들면 유아세례를 실행하는 교회와 관련이 있는 사람(피셔, 드루먼트, 라가드, 될린져, 네안더, 샤프 등)에 의하여 쓰여진 교회사는 결코 객관적인 교회 역사를 담고 있지는 않을 것이다. 자기의 입장이 출발부터 빗나가 있는 사람이 어떻게 교리적 진리를 객관적으로, 중립적으로 다룰 수 있겠는가? 신약성경의 가르침이 자기의 "종교"[92]와 정면으로 어긋나고 있는 이 상황에서 자기 자신을 성경을 거부하는 이단이라고 공개적으로 인정하지 않고서 그의 입술에서 진실이 나오겠는가?

이 한 가지 문제만으로도 필립 샤프의 책같은 교회사에서 발견되는 온갖 난센스들이 왜 생겨났는가를 충분히 설명할 수 있다. 중생의 수단으로서의 유아세례는 교회사에 나오는 거짓 교리와 거짓 해석과 너무도 밀접한 관계가 있는 고로 이 문제는 공개적으로 다루는 것이 좋을 것 같다. 알렉산더 캠벨(1788-1866)을 추종하는 캠벨주의자들은(1800-1940) 비록 유아들을 물 속에 집어 넣지는 않지만 아직도 요한복음 3:5, 로마서 6:1-4, 에베소서 4:1-6이 물침례를 지칭하고 있다고 주장한다. 그러나 로마서에도 에베소서에도 물이란 언급은 전혀 없다. 샤프는 진화론적 신학(후천년주의)을 추종하는 교회사가이므로 A.D.200-400년 사이에 나오는 온갖 부패상과 거짓 교리에 대해 "옛날에는 무지해서..." 혹은 "그 당시에는 아직 사람들이..." 혹은 "당시에는 오늘날처럼...혜택이 없었으므로"라고 핑계를 대고 있다. 성경에서는 무지에 대해 여러 번 경고를 하고 있음에도 불구하고(벧전 1:14; 3:5,8, 살전 4:13), 성경적 진리를 거부하는 사람들은 "궁할 때 친구"로서 "무지"를 들고 나온다(롬 11:25).

성경대로 믿는 사람들은 성경에서 다루고 있지 않거나 구체적으로 언급하지 않고 있는 문제들은 그리스도인들에게 혼돈을 일으킬 수 있음을 이해한다. 이런 일은 어느 시기에도 있었다. 예를 들면 신약성경에는 교회 건물에 대해서는 언급이 없다. 그렇다고 금지된 것도 아니다. 신약성경에는 주일학교가 전혀 없다. 더 정확히 말하자면 그 어떤 종류의 학교도 나오지 않는다. 단 한 가지 예외는 구원받지 못한 이교 철학자가 이끌던 투란노 학교라는 것이 있었을 뿐이다(<피터 럭크만의 주석서 사도행전>, 말씀보존학회, 1997, 19:9 참조). 당시까지 기록된(행 15:19) 성경에서 구체적으로 다루고 있지 않은 문제들은 1세기경에도 조정이 필요했었다(행 6:1-6). 이와 같은 상황으로 미루어 우리는 주일학교 버스 운영이라든가, 마이크 설치라든가, 훈련 센터, 선교 대회, 기타 성경에 직접 언급되지 않은 수많은 일들이 잘못된 것은 아니라고 생각된다. 그러나 이곳에서 이런 것들을 다룰 생각은 없다. 우리는 성경 그 어느 곳에서도 삼위일체라는 단어가 나오지 않지만 하나님께서는 삼위일체 하나님이심을 알고 있다. 우리는 재림은 전천년이라는 사실을 성경에 그 용어가 없더라도 알고 있다. 비록 성경에 휴거(rapture)라는 단어는 나오지는 않지만 모든 성도가 휴거될 것임을 알고 있다. 그러나 우리가 이번 장에서 다루고 있는 것은 성경을 하나님의 말씀이라고 믿는 그 누구에게(딤후 2:2) 배웠거나 인도받았다면 어떤 그리스도인이라도 즉각 찾아낼 수 있는 기본적이고, 근본적이며 공통된 그 진리를 고의적으로 왜곡시키고 변질시키는 "이단"들인 것이다. 물론 초기 3세기 동안 성경 교사들에게 히브리서 6장과 10장, 스카랴 1장 혹은 솔로몬의 노래(오늘날에도 이런 부분은 논쟁이 많지 않은가?) 등에 대해 올바른 해석을 하는데는 어려움이 있었으리라는 것은 인정하지만 삼위일체 교리를 논하고 그리스도인들에게 명령을 내리며 때론 저주도 내릴 정도로 똑똑한 사람들이 전기 의자나 교수형 집행인의 밧줄(사형틀인 십자가를 빗댄 말 - 역자주)을 하나님의 축복의 표식으로 이해했다는 것은 도저히 이해할 수가 없다. "십자가"는 로마 제국의 사형 수단이었으며 하나님에 따르면 그것은 저주를 뜻한다(갈 3:13). 신구약의 해당 구절(갈 3:13, 신 21:23)을 읽은 사람이라면 "나무"가 무엇을 뜻하는 지는 충분히 알 수 있을 것이다. 죽은 나무로부터 오는 생명은 이교도 종교에 나오는 "가지"이다. 이것은 올리브 관, 올리브 가지, 겨우살이, 크리스마스 트리 그리고 이교도들의 거룩한 나무(Holy Wood)와 관련이 있다. 따라서 이교도들은 생명은 살해당한 자기 구세주로부터 나온다는 사실을 알고 있었던 그리스도인에게는 나무 십자가를 도저히 팔 수 없었다.

터툴리안(Tertullian, 160-220), 시프리안(Cyprian, 195-258) 그리고 "사도들의 규례" (3세기 문서)[93]는 모두 "십자가의 표식"이 침례 의식의 일부이며, 묘비에 새겨졌고, 헬멧에도 새겼으며 동전, 인장, 홀, 왕관 등에도 새겨넣었다고 말하고 있다. 무엇보다도 이 십자가 표식은 마귀를 쫓아내는데 쓰였다는 것이다. 엑소시스트라는 영화를 본 사람들은 웃기는 장면들을 기억할 것이다. 바울과 예수 그리스도는 어느 때고 마귀들을 쫓아냈지만(막 1:25; 5:13, 행 13:10; 16:18) 그 누구도 그 어떤 모양의 나무 조각을 사용한 적이 없다. 그렇다면 "십자가 표식"을 처음으로 만들어 낸 그리스도인은 이단이라는 비난을 면할 길이 없지 않겠는가? 만약 그가 "자신을 십자가에 못 박았다면", 그는 공회가 그를 손대기도 전에 이미 자신을 저주 가운데 둔 셈이다(갈 3:13)!

은사주의자들의 "물고기"는 몇몇 독일의 관념론자들(슐츠와 메르츠)[95]이 물고기는 예수 그리스도의 육체[96]를 풍유적으로 대변하는 것이라고 생각했던 것을 본따 온 것으로 추정된다. 그 외에는 달리 설명할 길이 없다. 시벨레의 책(Sibylline Books)에서 첫 글자로 맞추는 "유희시" 하나가 발견되었는데 이 시의 첫 글자를 따오면 물고기(ἰχθύς)[97]가 예수 그리스도를 예표하는 것처럼 된다. 터툴리안은 이 글자를 대문자로 만들고는 예수 그리스도를 "우리의 물고기"라고 불렀다. 샤프는 이에 관해 "경건한 상상"이라고 가볍게 응수하면서 "아마 알렉산드리아에서" 이런 풍습이 생겼을 것으로 추정했다.[98] 오리겐과 클레멘트 역시 이에 관해 언급했다.

그러나 만약 클레멘트와 오리겐이 성경을 읽을 수 있었다면(오리겐은 성경을 17,900여 번이나 인용했으니 성경을 읽었을 것이다), 예수 그리스도 자신이 아닌 예수 그리스도의 죽음과 장사 그리고 부활을 상징하는(마 12:40) "큰 물고기"(욘 1:17)는 사탄으로 신분이 밝혀진(사 27:1, 계 12:9) 바다 괴물(욥 41:1-32)이라는 사실을 어떻게 모를 수가 있었는지 의아스럽다. 물고기들은 구원받지 못한 죄인들을 예표한다는 사실을 서슴없이 인정하던 "존경받는 성경 학자들"께서 어째서 물고기가 예수 그리스도를 풍유적으로 대표한다고 주장하고 나섰는지 모르겠다. 구라틴 역본(알렉산드리아[99]에서 변개시킴)과 구시리아 역본(카이사랴[100]에서 변개시킴)을 무려 5,800 군데나 고친 사람의 주장을 그대로 수용할 정도로 똑똑하다고 생각하는 "학자"들이 자신들의 "전문분야"인 성경에 대해서 왜 그토록 무지한가? 성경을 찾아볼 때 뭔가 진실을 찾아내려고 하는가, 아니면 다만 비평을 하려고 하는가, 아니면 그저 즐기기 위해 그러는가?

이들 "인정받으신 학자들"은 다섯 번째 그룹은 그들이 고치려는 그 책에서 파충류나 수중 동물을 대표하는 자요(겔 1,10장, 계 4:7) 그는 자기가 원래 있던 "보좌 위"에서 사라져(사 14:12, 겔 28:14) 결국 남아 있는 네 그룹은 땅과 공중의 동물만을 대표하고 있다는 사실을 알고 있는지 모르겠다. "물고기"들은 이처럼 주의 보좌 앞에서는 거론되고 있지 않다. 주님께서 자기 보좌 앞에 온갖 피조물을 대표하는 생물들을 두셨을 때 제외시켜 버렸던 그러한 물고기를 예수 그리스도의 예표라고 주장하다니 이 어찌된 일인가? "자격을 갖추신" 학자들로서 성경을 "개정"하실 능력이 있으신 분들이 그토록 어리석은 생각을 하다니 놀라울 뿐이다.

오리겐은 베드로후서 2:17의 "어두움"은 영적 무지를 말한다고 가르쳤다. 이 가르침은 이단이 아닌가? 어거스틴은 죽은 성도들을 위한 기도는 교회의 일반적인 가르침이라고 말했다. 도대체 어느 교회란 말인가? 이레내우스와 저스틴 마터는 악한 자는 그 존재가 완전히 소멸되어 버린다고 가르쳤는데 이것은 오늘날 여호와의 증인의 창설자 러셀 목사와 러더포드 판사가 가르치는 것과 똑같다. 이런 이단적 가르침은 무지 때문인가 아니면 하나님의 계시된 진리를 고의로 거부하기 때문인가? 계시록 22:15, 다니엘 12:2, 및 마태복음 25:41을 염두에 둔다면 저스틴이나, 오리겐이나, 어거스틴이나, 이레내우스가 그처럼 어리석었다고 믿어야 할 것인가? A.D.431년 전통 카톨릭 신자는 마리아를 "하나님의 어머니"라고 부르도록 결정되었으며 그 표현을 사용하지 않는 자는 누구라도(이 경우 에베소 공회에 참석했던 네스토리우스가 해당된다) 이단이라고 불리도록 했다. 그러나 성경 그 어디에서도 마리아를 그 이름으로 부르라고 나와 있지 않고, 사도행전에서도 아무도 그녀에게 기도한 적도 없고, 그리스도께서는 마리아를 "여인"이라고 부르신 것으로 보아(요 2:4) 마리아에게 그런 칭호를 사용한다는 것은 도저히 이해할 수 없는 일이다. 마리아와 함께 기도했던 사도들이(행 1:14) 4,5세기의 배교한 카톨릭 교도보다 마리아에 대해 잘 몰랐다는 것이 말이 되는가? "교회 초기"에는 아직 무지한 상태에 있어서 그랬다고 발뺌하면 모든 것이 다 정당화된다는 태도는 결코 받아들일 수 없다.

만약 마리아가 "하나님으로부터 인간에 이르는 다리"로 "정통의 수호자요, 삼위일체의 거처요, 예수 그리스도의 성전이요, 이새의 뿌리요, 다윗의 홀이요, 아론의 막대기요, 이교도들의 구원"[101]이라고 한다면 어째서 사도행전 시대(A.D.33-62)에 살았던 정통 그리스도인들은 한 번도 그녀에게 기도한 적도 없고, 그녀에게 충고를 요청한 적도 없고, 그녀의 아들의 생일을 기념한 적도 없고, 그 어떤 교리에도 그녀의 이름을 언급한 적도 없고 공적인 장소에서 그녀를 부른 적도 없는지 설명해 보라. 만약 에프라엠 시루스(Ephraem Syrus, A.D.379)가 마리아에게 기도했고 그레고리 나지안젠도 그랬다면(A.D.389) 그들은 무슨 근거에서 그런 짓을 했겠는가? 신약성경의 그 누구도 그런 짓은 하지 않았다. 그들은 누구의 가르침을 따랐기에 그런 짓을 했을까? 베드로, 야고보, 요한, 마태, 마가, 누가, 바울, 실라, 바나바 등은 결코 아닐 것이다.

당시 교부들이 모든 이교도들은 여신을 섬겼으며 그녀를 "하늘의 여왕"이라고 불렀다는 사실을 알고 있었는지 모르겠다. 몰랐더라도 그들은 "하늘의 여왕"을 예레미야 44:18에서 찾아 읽고 추측이라도 할 수 있지 않았을까? 전능하신 하나님의 말씀을 고치는데 주저하지 않는 헬라어 학자들이(특히 자기들의 의견이 하나님의 말씀과 틀릴 경우) 이단 교리를 받아들여 놓고는 그것을 무지탓으로 돌리는 짓은 어떻게 설명해야 좋을지 모르겠다. 교부들은 신약성경을 무려 36,289번이나 인용한 대단한 사람들이다. 그런데 어떻게 해서 오늘날의 교회사가들은 "그들이 무지해서"라고 말할 수 있는가? 만약 어거스틴이 이단을 저주하는데 찬성했다면[102] 그는 자살을 해서라도(다른 이단들도 따르도록 하는 멋진 모범을 보일 수 있기 위해) 자기의 확신을 입증해 보였어야 마땅했다. 어거스틴의 유아세례, 구원 계획, 정치관, 예언에 관한 견해, 형제들에 대한 대우 혹은 지역교회에 대한 그의 관점에서 성경적인 것을 찾아볼 수 있는 가능성은 전혀 없다. 만약 모든 "이단"이 콘스탄틴의 추종자들과 의견을 달리한 그 사람들 대신에 죽임을 당했다면 저스틴 마터, 이레내우스, 오리겐, 알렉산드리아의 클레멘트, 로마의 클레멘트, 에프라엠 시루스, 시프리안, 유세비우스도 그들의 목을 매달아야 했을 것이다. 그리스도의 신성을 믿고 그 입으로 마리아를 "하늘의 여왕"이라고 부르는 사람은 "전복"과 "악어"를 교배해서 "복어"를 만들어 보려는 사람이다. 어떤 그리스도인이 자기 죄를 제거하기 위해 "대부"가 뿌려주는 물뿌림을 의지하면서 하나 혹은 그 이상의 "실체" 안에 존재하는 하나 혹은 그 이상의 "본질"을 믿노라고 담대하고 용감하게 외치는 꼴을 상상해 보라(consubstancial with-without hypostasis란 니케아 공회에서 나온 삼위일체에 관한 논쟁에 쓰인 용어들이다). 세상에는 "이단들"도 있는 동시에 진짜 이단들도 있는 것을 알아야 한다.

제 10 장
불빛이 꺼져간다

때가 낮일 동안에 나는 나를 보내신 분의 일들을 행하여야 하리라. 밤이 오면 그때는 아무도 일할 수 없느니라. (요 9:4)

A.D. 500년경에 시작되는 기간은 종교개혁 때까지 계속되는데(약 1500년경) 이 시기는 "암흑 시대"라고 부르는 것이 마땅한 것 같다. 무오한 하나님의 말씀의 권위에 따르면(레 23,25장, 출 21장, 벧후 3장 등에 나오는 "일곱의 법칙") 이 기간은 밤 9시부터 새벽 3시까지에 해당된다(막 13:35의 밤중과 닭이 울 때에 해당됨). 성경을 거부하는 역사가들은(모든 역사가의 90%에 해당됨) 알렉산드리아 이단 회원들과 함께 이 성경적 사실을 어떻게든 피해보려고 구실을 찾는다. 결국 이 1000년 간을 (혹은 그 일부를) "중세"라고 부르기로 결정했다. 그러나 이들 학자들이 "암흑 시대"란 말 대신 "중세"라는 말을 찾아 썼다고 해도 이들은 성경적, 기독교적 사실을 무의식적으로 받아들이고 만 셈이다. 왜냐하면 성경의 "일곱의 법칙"에 따르면 인류의 역사 A.D.500-1500까지의 1000년을 중세로 부른 것은 학자들이 스스로 함정에 빠졌음을 보여 준다. 교회 시대 2000년 중 바로 이 기간은 정가운데에 해당되기 때문이다. 이처럼 하나님께서는 "이 세상의 지혜를 어리석게" 만들어 버리신 것이다(고전 1:20).

퍼가모 교회 시대는 니케아 공회로부터 시작하여 A.D.500년경에 끝난다. 어거스틴의 시대로부터 A.D.500년 사이에 "교황"(Pope)이니 "교황성하"(Papa)니 하는 말이 서방 감독들에게 쓰이기 시작했다. 결국 이 단어는 A.D.500년경에는 로마의 감독을 의미하게 되었고 A.D.590년경에는 로마의 감독은 "전세계의 감독"이라고 인정받게 되었다.[1] 어거스틴은(A.D.354-430) 참된 의미에서의 로마 카톨릭 교회의 특징을 모두 갖추고 있었고 로마 카톨릭 교회는 그에 의해 정확히 정의내려졌다고 할 수 있다. 그는 독선과 박해의 영을 갖추고 있었고, 영적 무지와 소경의 영, 위선과 자기의의 영, 성체와 종교 의식의 영 그리고 무엇보다도 성경을 변개시키는 거짓 겸손의 영을 두루 갖고 있었던 것이다. 그는 아마 훌륭한 "교황"[2]이 되고도 남았을 것이다.

이 시기 동안(A.D.325-500)의 주목할 인물들은 크리소스톰(Chrysostom, A.D.345-407, <킹제임스성경>의 원문격인 비잔틴 원문을 따르는 안티옥 학파의 대표자)과 그에 비길만한 로마 카톨릭의 제롬(A.D.340-420)이었다(제롬은 미국에서 ASV와 NIV가 출판되기 1500년 전에 이들의 원조격인 신약성경을 라틴어로 번역한 장본인이었다). 제롬의 신약성경은 로마 카톨릭 교회의 공식 "성서"가 되었는데(현재도 그렇다) 이것은 1582년에 출판된 예수회의 림즈성경과 마찬가지로 후일 웨스트코트와 홀트가 만든 헬라어 원문과 동일한 것이었다. 알렉산드리아 사본들[3]로부터 나온 제롬의 라틴 벌게이트가 교회 지도자들에 의해 공식적으로 받아들여지면서부터 지중해를 비추던 불빛들은 사라져 가기 시작하고 유럽에서는 작은 불빛들이 켜지기 시작했다. 그러나 불빛이 켜졌던 그 어느 곳이든 늘 그 불빛을 꺼버리는 일을 담당하는 "카톨릭" 교회가 뒤따랐다는 것은 분명한 역사적 사실이다. 암흑 시대는 성경적 관점에서 보자면 공식 교회국가가 마귀의 성서를 성경대신 채택한 결과이다. 이에 대응하는 시기는 1884년(영국)과 1901년(미국) 이래로 전개되는 교회사를 공부해 보면 더욱 분명해진다. 마태복음 19:7에서 여인에게 건네진 "이혼 증서"는 모든 헬라어 본문에 "biblion apostasiou" 즉 "배교한 성경"이란 단어로 되어 있다. 하나님을 저버린 민족은 하나님께로부터 이혼 증서로 배교한 성경을 받게 되는 것이다.

이 시기 동안 소집된 공회는 아폴리나리우스 문제(A.D.381, 콘스탄티노플), 네스토리우스 문제(A.D.431, 에베소), 유티키안 논쟁(A.D.451, 칼세돈), 단성론 논쟁(A.D.553, 콘스탄티노플) 등을 다루었다고 하나 실상은 공회에 더 많은 권력을 부여해서 모든 "카톨릭 교도"들의 믿음과 실행의 모든 문제에 있어 "공회"가 최종권위로 부상하기 위한 조치였다. 사르디카 공회(Sardica, A.D.343)는 서방 감독만을 위해 소집되었는데 이 공회는 로마의 감독(즉 로마 제국의 서쪽 영토에 해당되는 지역)이 동방 감독들(즉 안티옥, 스머나 등)보다 더 우위에 있어야 한다고 결정해 버렸다. 서방 감독끼리 모여 이것말고 다른 결정을 할 수 있었겠는가? A.D.343년경이면 로마의 감독들은 이미 군사독재자의 지위를 향해 나아가고 있었을 때였다. A.D.154-168년 무렵 로마의 감독 아니세투스(Anicetus)는 소아시아의 시리아 교회들로 이스터(부활절)[4]의 날짜를 변경토록 시도했었는데 후일 콘스탄틴도 노바티안들에게 동일한 것을 시도했었다.[5] 아니세투스는 클레멘트 제1, 제2서신(이것은 시내사본의 신약부분에 첨가된 외경임)을 근거로 했다는 사실을 내세웠을 것이다. "클레멘트"가 누구였든 간에 동방(그리스)에 세워진 바울의 교회(고린도)를 가르치도록 책임을 맡았으므로 아니세투스는 자기도 그렇게 하면 "사도들"의 대열에 낄 수 있을 것으로 생각하였다(바울에 대한 강박관념을 기억하라).

스테판 1세(A.D.253-257)는 로마가 800마일 내에 해당되는 모든 지역에 권한을 행사한다고 생각했기 때문에 북아프리카에 있는 형제들도 바로잡아 주려고 시도했다. 시프리안(Cyprian, A.D.195-258)은 자기 뜻을 관철하기 위해서는 지역 감독[6]의 직무의 한계를 넘을 수밖에 없었지만 그래도 그는 스테판을 감옥에 넣었다. 시프리안의 입장은 모든 감독은 독자적으로 최고의 지위를 갖고 있으므로 그 어떤 다른 감독도(아무리 그가 높은 지위를 갖고 있더라도) 그에게 명령을 내릴 수는 없다는 것이었다.[7] 시프리안이 어렸을 때 빅토르 1세(A.D.190-202)는 시리아와 동방 교회들이 매년 일요일 대신 성경에 나와있는 니산월 14일에 부활절을 지켰다고해서 파문시키겠다고 위협했었다(성경에 정해진 대로 "부활절"을 지키면 "부활절"은 매년 달라지게 되어 있고 따라서 매년 일요일이 되지는 않는다). 이 문제는 성경대로 믿는 옛 영국의 켈트족(Celtic) 그리스도인들과 카톨릭이었던 어거스틴 사이의 논쟁의 씨앗이 되기도 했다. 어거스틴은 로마를 따랐던 카톨릭 "선교사"였다(제12장 참조).

4세기 말엽에는 서로 알력이 있던 감독들이 로마 제국을 5개의 지역으로 나누었고 각 지역의 지도자들은 5명의 "총대주교"(patriarchs)로 알려지게 되었다. 이들 다섯 명은 로마, 콘스탄티노플, 예루살렘, 안티옥, 알렉산드리아에서 "양무리를 먹였다"고 전해진다. 알렉산드리아, 안티옥, 예루살렘은 로마보다 지역적으로 더 가까운 콘스탄티노플쪽으로 기울게 되었고 로마의 감독들은 독립적인 입장을 취했다. 로마의 감독들은 두 가지 이유에서 능히 그리할 수 있었다. 첫 번째 이유는 콘스탄틴은 실제적인 목적에서 이들에게 왕좌를 내주었고 비록 콘스탄틴의 아들들이 통치하기는 했지만(후에 이에 관해 다루겠다.) 로마의 감독은 이탈리아, 프랑스, 스페인, 스위스, 카르타고, 사르디니아, 시실리, 및 오늘날의 서부 오스트리아 및 남부 독일과 영국의 일부지역을 관장하는 종교 지도자였기 때문이다. 두 번째 이유는 오리겐과 클레멘트는 동방 기독교에 치명적 분열을 가져다 주었고 이 상처는 결코 아물지 못했다. 이 분열은 오리겐과 유세비우스를 추종했다가 후일 어거스틴과 제롬을 추종했던 알렉산드리아의 이단들과 철학, 과학 및 전통을 성경과 동일한 권위로 받아들이지 않는 성경대로 믿는 그리스도인들 사이에 존재했던 믿음과 성경 해석에 있어서의 차이점이었다. 그러니까 로마의 감독이 하늘과 땅과 시옥[8]을 관할하는 세계 통치자의 자리를 서서히 차지할 수 있었던 것은 게르만족의 공격 때문이 아니었으며 동방에서 일어났던 터키족의 공격도 아니었다. 그것은 알렉산드리아의 이단들이 동서 교회를 모두 오염시켜 버렸고 교황들은 보좌에 앉은 첫 번째 교황으로부터(어떤 사람에 의하면 레오 1세 : A.D.440-461, 또 다른 사람에 의하면 그레고리 : 590-604) 소련에게 굴복했던 마지막 교황에 이르기까지 하나 같이 알렉산드리아의 이단에 동조했기 때문이었다. 이들 교황들은 철학, 과학 및 전통보다 성경을 선호하지 않았다. 이단은 항상 두 개의 권위들을 내세우고 나서 자기가 세 번째 권위로 등장하면서 "신"[9]의 역할을 수행한다.

로마 카톨릭 이단의 이중 권위는 공회, 교황의 가르침 및 "교부들"로 구성된 교회 전통이며 이 경우 이를 해석해 주는 교황[10]이 하나님 노릇을 하게 된다. 1990년 현재 보수 혹은 복음적 그리스도인들(이들은 모두 알렉산드리아의 이단[11] 회원이다)에게 있어 최종권위는 <킹제임스성경>과 NASV[12] 혹은 ASV와 NIV 혹은 <킹제임스성경>과 NIV와 RV와 NASV로 이를 해석해 주는 자는 "인정받은 기독교 학자들"이다. 즉 학자들이 "신"으로 군림하는 것이다.[13]

콘스탄틴은 로마로 돌아가고 싶었는지 A.D.337년 5월 22일에 그의 "합당한 보상"을 받기 위해 돌아가시고 말았다. 그리고 "그의 행위(그것이 무엇이었든 간에)가 그를 따랐다"(계 14:13). 그의 아들들은 콘스탄틴 2세, 콘스탄스, 콘스탄티우스 였는데(콘스탄틴은 자손들의 이름을 모두 자기 자신의 이름을 따서 짓고 싶었던 모양이다) 그들 가족들 중 다른 친척들을 즉시 살해했고 곧이어 그들끼리도 서로 살인극을 벌였다. 콘스탄틴 2세는 340년에 콘스탄스에 의해 살해됐고 콘스탄스는 350년 마그넨티우스에 의해 살해되었다. 콘스탄티우스는 A.D.353년 유일하게 황제에 즉위했다. 그는 광신적인 "아리안주의자"로 "감독들 중의 감독"(대감독)으로 불리기를 원했고 이는 그의 아버지가 니케아 공회에서 모든 감독들 위에 군림할 정도로 드높임을 받은 것을 보면 하나도 지나친 것이 아니었다. 그 다음에 등장하는 배교자는 "배교자"로 불리던 "배교자 줄리안"(Julian the Apostate)으로 그는 콘스탄틴의 조카였다.

니케아에서의 "대승"으로 "카톨릭 정통 교리"가 완전히 확립된 이래로 콘스탄티우스는 이를 거부했고 줄리안은 더 나아가, 유세비우스에게서 교육을 받고 침례와 안수[14]를 받은 후 이교도 철학에 탐닉하였고, 모든 이방 종교(B.C.3000-50)에서 온 마술과 미신들을 받아들였으며 "엘레우시스 의식"(Persephone의 유괴와 귀환을 기념하고, Demetes와 Bacchus를 찬양하며, 고대 엘레우시스와 아테네에서 매년 거행된 신비적 의식임)을 전수했으며 꿈들과, 환상과, 신탁과, 온갖 마술[15]을 믿었다. 그는 자기의 이교도 조상들처럼 태양신(헬리오)을 숭배했고 쥬피터에게 희생제를 드렸다. 그는 자기의 종교를 "기독교"로 보이도록 하기 위해 이교도 제사장들을 카톨릭 성직자처럼 보이도록 개혁을 주도했다. 이리하여 아폴로, 제우스, 쥬피터 등의 제사장들은 성별을 믿어야 했고 실행해야만 했다. 그들은 기부금을 내야 했고, 순결한 삶을 살아야 했으며, 머리를 기르지 못하게 되었고, 록 음악도 금지되었으며, 검소한 옷을 입고, 극장이나[16] 선술집에서 멀리 떨어져 있어야만 했다. 그들은 카톨릭 "제사장"들 및 감독들과 비슷하게 옷을 입어야 했고 카톨릭의 종교 의식인 파문, 사죄, 회복을 주관했으며, 잘 차려입은 "성가대"가 음악과 더불어 "성사들"을 거행했다(제5장 주 14-16의 알렉산드리아 참조).

줄리안은 콘스탄틴의 사탄적 방법을 채택하여 감독들을 신학적 논쟁[17]에 말려들도록 함으로써 기독교의 품위를 크게 떨어뜨렸다. 이것은 반면 성경대로 믿는 지역교회에게는 축복이 되었는데 이는 모든 로마의 통치자와 마찬가지로 줄리안은 논쟁을 할 "자격"을 갖춘 "인정받은 학자들"(성경을 믿지 않고 자기 두뇌를 믿는 자들)을 괴롭혔기 때문이다. 결과적으로 대부분의 "반대자들"(로마 카톨릭 제도교회에 반대하는 사람들을 지칭함)은 로마 제국 당시와 같은 박해의 공포없이 복음을 전파할 수 있게 되었다(제4장 참조).

줄리안이 죽자 조비니안이 권력을 잡았다(A.D.363-364). 그는 카톨릭의 아타나시우스 정통 교리를(니케아, 325) 믿는다고 고백한지 1년 만에 죽고 말았다. 이후 발렌티니안 1세가 즉위하여 A.D.375년까지 통치했다. 그는 니케아 "정통" 교리를 거부했다. 그 다음은 그의 아들 그라티안(Gratian, A.D.375-383)으로 그는 밀라노의 감독 암브로스(Ambrose, 어거스틴의 친구)에게로 기울었고 카톨릭 교회에 무릎꿇지 않았던 많은 지역교회[18]의 권리와 자유를 착취하는 "즐거운" 시간을 보냈다. 그의 동생 발렌티니안 2세(A.D.383-392)는 형을 대신해 황제가 되었지만 형과 똑같은 식으로 행했다. 테오도시우스(Theodosius) 대왕은 A.D.392-395년까지 통치했다. 그는 당시의 근본주의였던 니케아 카톨릭 교리를 믿었고 카톨릭 교회를 로마 제국과 완전히 밀착시켜 국가종교로서의 모든 권리와 특권을 주었다. 이로써 카톨릭은 성경대로 믿는 "반대자들"[19]을 무장 군인을 동원해 죽일 수 있는 권리까지 부여받게 되었다. 그래서 그런지 역사가들은 테오도시우스를 "대왕"[20]이라고 부른다. 그의 사후 네 아들(아르카디우스, 호노리우스, 테오도시우스 2세, 빌렌티니안 3세)이 조각난 제국을 상속 받았으나 이 제국은 동방의 성경대로 믿는 반대자들과 서방의 로마 카톨릭 사이의 논쟁으로 말미암아 둘로 쪼개지고 말았다. 이번에는 로마 제국은 다시 회복되지 못했다(적어도 제국의 형태를 갖춘 모습으로는 그렇다). 주 하나님께서는 태양 숭배자들로 이루어진 세상 속으로 가라앉아버린 "카톨릭"에 의해 그리스도인들이 겪은 살상, 방화, 투옥, 약탈 등 온갖 박해가 충분하다고 판단하셨고 로마를 쓸어버리기로 결정하셨다.

A.D.378년 로마의 황제 발렌스는 아드리아노플에서 벌어진 전투에서 목숨을 잃었다. 서고트족(Visigoths)은 서남아시아로부터 유럽을 침입한 훈족(Huns)에 떠밀려 서쪽으로 이동하여 발칸 반도를 넘어왔다. 테오도시우스가 죽음에 따라 알라리크(Alaric) 왕과 서고트족은 콘스탄티노플 성벽 외곽 지역을 약탈한 후 그리스를 침략하여 스파르타 지역까지 진출하였다. A.D.401년에는(이때 제롬은 61세요, 어거스틴은 47세였다) 서고트족이 이탈리아 북부를 위협하고 있었다. 알라리크는 408년 로마로 진군했으나 410년까지는 침략하지 않았다(이때 제롬은 70세, 어거스틴은 56세였다). 알라리크는 죽었고(410), 서고트의 아타울프(Ataulf)가 총수가 되어 남부 프랑스(골)로 이주하였다. 이리하여 서고트 왕국은(419) 오늘날의 프랑스 절반을 차지한 채 세워졌던 것이다.

이러한 사건의 와중에 반달족[Vandals, 이들은 모든 역사가들에 의해 "아리안"(Arian)이라고 불렸는데 그렇다면 이들은 니케아 신경과 다른 견해를 갖고 있던 그리스도인이었다는 말인데 너무 심하지 않은가!][21], 알란족(Alans), 스웨브족(Suevi)은 골(Gaul)을 침략한 후 스페인으로 건너갔다. 프랑크 족은 프랑스 북부를 압박하고 있었고 게르만족의 정복이 진전되어감에 따라 이들은 켈트족을 서쪽으로 밀어붙여 영국, 아일랜드, 프랑스로 몰아냈다. 반달족은 스페인을 가로질러 아프리카로 건너갔고(A.D.425) 그후 로마를 약탈했다(A.D.455). 이 당시 레오 1세는 15년 간 "교황"을 지냈다. 451년에는 아틸라가 지휘하는(A.D.435-453년 통치했음) 훈족에 의해 프랑스가 크게 침략

당했는데 이들은 452년 로마를 약탈하기 위해 이탈리아를 가로질렀다. 그러나 그들은 마지막 순간에 교황 레오 1세(A.D.440-461)에 의해 용병으로 매수되었다.

이단적 "아리안"으로부터 갑작스럽게 구원을 이루어낸 이 로마의 감독은 너무도 존경을 받은 나머지 "로마의 왕"이라고 불렸으며 그는 로마를 "우주의 여왕"이라고 불렀다. 카톨릭 역사가들은 레오 1세를 수수하게 "구원의 교황"[22]이라고 부른다. 반카톨릭 신앙을 갖고 있던 국민[23]을 살해하는데 찬동했던 성경을 거부하는 배교자가 갑작스레 "위대한 성군"으로 부상했으니 그가 훈족 왕 아틸라를 만났을 때 무슨 일이 벌어졌겠는가? 어떤 사가에 의하면 아틸라는 레오 1세 뒤에 제사장처럼 칼을 빼들고, 흰 옷을 입은 형상을 보고 겁에 질려 바지가 벗겨졌다고 하나 꾸며낸 이야기일 뿐이다. 어떤 정신 나간 카톨릭 신자들은 결정적인 순간에 성 베드로 혹은 성 바울이 나타났다고도 한다. 어쨌든간에 레오 1세는 아틸라를 제거하기 위해 "보호세"를 지불하였다. 그는 아틸라를 만나기 위해 민시오 강을 건너갈 때 금 십자가, 금으로 만든 성체 현시대[24], 왕국 깃발 그리고 마피아에게 지불할 충분한 현금을 갖고 갔다. 그러나 그 두 사람의 만남은 신학적으로 너무도 중요하다. 왜냐하면 교황 레오 1세는 훈족(비록 그들이 아리안이었음에도 불구하고)을 죽이는 것은 믿지 않았지만 성경대로 믿는 "이단들"[25]은 죽여도 된다고 믿었기 때문이다. 어떤 "아리안"을 죽일 것인가를 결정하는 판단 기준은 그 아리안이 얼마만큼의 군대를 소유하고 있느냐였다. 만약 교황의 군대가 이단들보다 숫자가 많으면 죽이는 것이 "정통" 신앙이 된다(제14장 주 111 참조). 레오에게 있어서 "이단"이란 모든 다른 교황들에게와 마찬가지로 인간의 전통을 거부하고 성경만을 받아들이는 모든 사람이다(제9장 참조). 예를 들면 레오는 암브로스와 같이 그리스도인들은 기도를 하기 위해서는 베드로와 바울을 통해야 한다고 은연중 믿었다(그러나 두 사도는 이미 300년 이상 죽어 있었다[26]).

이와 같은 불경스럽고 타락된 이교 종교들을 받아들인 것 외에도 교황 레오는 훈족을 돈으로 매수하고 베드로와 바울에게 기도하지 않는 사람을 죽이는 것보다 더 중요한 일들을 해야만 했다. 즉 일단 교황자리에 오른 레오는 그 어떤 정치가와도 마찬가지로 그 직위를 고수하여야 했다. 거듭나지 못한 사람에게는 자기 보존이야말로 가장 중요한 삶의 법칙이었던 것이다(욥 2:4). 훈족 같은 것은 매수하기에 그리 어렵지 않지만 신약성경의 사본들이 기록된 동방 시리아 근처에 있는 콘스탄티노플 감독을 매수하기란 용이한 일이 아니었다. 레오의 주요 관심은 콘스탄티노플 감독과 종파 경쟁을 벌이는 것이었다.

제4차 에큐메니칼 공회는 A.D.451년 칼세돈(Chalcedon)에서 열렸다. 이 공회에서(어거스틴 사후 21년에 개최됨) 콘스탄티노플 감독은 그 권력과 지위가 로마 감독의 영향력[27)]을 위협할 정도까지 높아졌다. 레오의 사절단은 이 공회에서 그와 같은 조치가 "비성경적"이라고 격렬하게 저항했으나 효과는 별로 없었다. 이렇게 되면 콘스탄티노플은 거의 "새로운 로마"로 부상할 것이고, 그 감독은 존엄성과 존귀에 있어 로마 감독보다 조금 못한 정도까지 격상될 것이다. 물론 레오 1세는 아직도 결정적으로 유리한 상황에 있었다. 그것은 비잔틴 제국의 황궁이 콘스탄티노플에 있었고 이곳에서는 서쪽 로마에 있는 교황에게는 기다린 압력을 가할 수 없기 때문이다. 반면 콘스탄티노플 감독은 늘 그들의 "본거지"에 거주하는 황제의 눈치를 보아야만 했다.

결국 A.D.449년 8월 에베소에서 노회가 열렸고 이곳에서 "위대한 레오"[28)]를 퇴위시키려는 시도가 있었다. 레오가 이것을 "도둑 노회"(Robber Synod)라고 부른 것은 당연한 일이었다. 그는 동방에 있는 모든 사람이 서방의 이탈리아로 올 것을 제안했다. 그곳에서는 그들의 정치 운동[29)]에 관한 한 더 "객관적"이고 "중립적"이 될 수 있다는 주장이었다. 그들은 결국 이탈리아가 아니라 동방의 칼세돈(Chalcedon)에서 만났다. 이곳에서 다른 여러 가지 것들 외에도 사도 베드로는 레오를 통해[30)] 여전히 말을 하고 있으며 레오 1세와 의견을 달리 하는 자는 저주를 받는다고 결정했다. 이와 같은 것들에도 만족하지 못했는지 그들은 마리아를 "하나님의 어머니"라고 부르기를 거절하는 사람은 그리스도를 모독하는 사람이라고 결정해 버렸다.[31)] 1978년 플로리다 주 펜사콜라 시청에 놓여진 팜플렛에도 하나님을 자기의 아버지라고 부르면서 마리아를 자기의 어머니라고 부르지 않는 사람은 지옥으로 향하는 구원받지 못한 죄인이라고 쓰여 있었다. 이 사람들은 거듭난 그리스도인들이 거듭남에 대해 전도하려고 하면 마태복음 7:1을 인용하기를 좋아하는 사람들이다.

칼세돈에서 레오는 콘스탄티노플의 감독을 격상시키는 내용을 다루고 있던 제28번째 계율에 격렬하게 반대했다. 그러나 레오는 "하나님의 어머니"나 베드로가(죽은지 300년이 넘었는데도) "자기를 통해 말을 하고 있다."는 주장에는 반대하지 않았다. 그래서 교회사에는 진짜 이단도 있고 "이단"으로 몰리는 사람도 있는 것이다.

이 시기에 나타난 신학논쟁 가운데 두드러진 것들 중 하나는 교회사가들이 "펠라기안 이단"(Pelagian Heresy)이라고 부르는 것이다. 다른 "이단들"과 마찬가지로 이 이단에 관해서도 많은 논쟁과 토론과 저술과 종교회의가 있었는데 이 모든 것들은 다 교회의 핵심 이슈인 절대 권위 문제를 회피하기 위해 구상되고 조작되었다. 교회가 육신적 생각과 세속적인 생각으로 가득찬 배교자들의 무리로 전락해 감에 따라 종교적 무정부 상태나 종교적 중우정치가 발생할 상황이었기 때문이다. A.D.502년 파비아의 엔노디우스 감독이 교황은 오직 하나님에 의해서만[32] 심판받을 수 있다고 선언했을 때 그는 선한 "카톨릭" 신자들이 믿어야 할 최종권위가 무엇인지를 잘 보여 준 셈이다.

펠라기우스(Pelagius, A.D.400년경)는 시리아의 기독교[33]에서 유래된 옛 켈트족의 기독교를 받아들인 영국의 사제로 왈덴스와 알비겐스가 쓰던 구라틴 역본(즉 <킹제임스성경>의 저본인 표준원문 계열)[34]을 사용하였다. 그는 알렉산드리아 학파의 신학보다는 안티옥(행 11:26) 학파의 신학을 채택하였다. 따라서 그와 동시대에 살았던 도나티스트들의 박해자요, 유아세례주의자였던 아우렐리우스 어거스틴과는 "좋지 못한" 관계를 가질 수밖에 없었다. 제롬은 알렉산드리아 학파의 중견 멤버로서 "펠라기안 논쟁"(Pelagian Controversy)에서 쉽사리 어거스틴 편을 들었다.

스페인 출신 카톨릭 교도였던 폴 오로시우스(Paul Orosius)가 제일 먼저 펠라기우스의 저작들이 이단적이라고 선언하였다. 오로시우스는 카르타고에서 열린 공회(이 공회에서는 도나티스트에 대해 어거스틴이 저주를 내렸다)가 펠라기우스의 저작들을 정죄하였고 어거스틴이 그의 오류를 비판하였다고 말했는데 이에 대해 펠라기우스는 "어거스틴이 나와 무슨 상관이냐?"고 대답했던 것이다[35](펠라기우스는 사람들을 외모로 판단하는 사람이 아니었다. 북아프리카 출신의 카톨릭 교도가 그에게 문제될 것은 하나도 없었다). 이에 대해 전 북아프리카 교회는 어거스틴에 의해[36] "도나티스트들의 오류로부터(도나티스트들은 교회와 국가의 분리를 믿었고, 유아세례를 거절했고, 침례에 의한 중생을 거부했다) 구원받았기 때문에" 펠라기우스는 비난받아 마땅하며 파문되어야만 한다는 주장이 등장했다. 그러나 펠라기우스는 팔레스타인(동방)에서 카이사랴 감독 율로기우스(Eulogius)하에 개최된 공회에서 면죄를 받았다. 곧이어 두 번의 북아프리카 노회(카르타고와 멜라)가 펠라기우스의 "오류들"을 비난했고 로마에 도움을 요청했다. 이에 대해 교황 이노센트는(Innocent, 402-417) 자기를 믿음과 실행에 있어[37] 최종적이고 절대적인 권위로 인정하여 준 데 대해 그들의 지혜를 칭찬하고서는 그들의 불평에(삼하 15:4) 동의해 주었다. 결과적으로 알렉산드리아 이단들은 북아프리카 공회에 모여 유아세례가 "원죄"를 제거하지 못한다고 말하는 그리스도인은 그가 누구라도 저주를 받는다고 선언하였으며, 아담은 생명나무를 먹지 않았더라면 자연사했을 것이라고 말하는 모든 그리스도인도 저주를 받을 것이라고 선포했다.[38]

더 나아가 성경대로 믿는 그리스도인이 어린아이들은 유아세례(즉 카톨릭의 물뿌림)를 받지 않아도 천국에 들어갈 수 있다고 말하면 그는 저주를 받는다. 이번에는 알렉산드리아 이단들은 그들의 "전통" 신앙을 지지해 주는 황제를 그들편에 넣을 수 있었다. 황제 호노리우스는 "펠라기안주의자"에 반대하는 칙령을 선포했다. 펠라기우스의 추종자들은 마리아를 "하나님의 어머니"[39]라고 부르기를 거절했던 "네스토리안"(Nestorians)과 같은 부류로 분류되었다. 그들은 1930년대와 40년대의 노리스파와 70년대와 80년대의 럭크만파처럼 저주를 선포받았다.

도대체 펠라기우스는 어떤 저주를 받을 만한 이단을 가르쳤단 말인가?

정확하게 말하자면 펠라기우스의 가르침에 대한 주요 반론은 원죄, 자유의지 혹은 "자유의 형태" 혹은 "자유의 최초 단계" 등을 다루고 있는 그의 신학 체계에 대한 것이 아니었다. 그것은 "충만 혹은 자유의 영원한 백지 상태"도 아니었고 선에 관한 사상의 세 가지 요소(능력, 의지 그리고 행동)도 아니었고 펠라기우스가 "자연적인 의"(justitia per naturam) 혹은 "복종에 의한 의"(justitia sublege) 혹은 "거저 얻은 의"(justitia gratiae)에 관해 갖고 있던 견해도 아니었다. 샤프의 교회사에 나와있는 펠라기우스의 주장[40]은 별로 중요하지 않다. 샤프는 어거스틴을 정당화하기로 "창세 전에 예정되어 있는" 자이기 때문이다. 그 두 사람은 유아세례를 믿는 칼빈의 5대 강령 신봉자들로 "거룩한 카톨릭 교회"[41]를 믿으며 유아세례를 통해 거듭난다고 믿는 자들이다. 펠라기우스를 정죄한 교황 레오와 황제 호노리우스도 동일한 신앙을 갖고 있었다. 그러나 실상은 이렇다. 펠라기우스의 주장대로 아담으로부터 유전된 원죄가 없다면, 유아세례는 그 어떤 원죄도 제거할 수 없게 되기 때문에 펠라기우스는 제도교회의 반대에 부딪쳤던 것이다. 어린아이에게 물을 뿌려 회원 확보를 노리는 교회국가에게는 펠라기우스의 주장은 커다란 위협이 아닐 수 없었다(제14장 주 137,173 참조). 어거스틴의 반(反)펠라기안주의는 겉보기와는 달리 검은 속셈이 담겨 있었던 것이다.[42]

A.D.529년 오렌지 노회에서 카톨릭 교도들은 준 어거스틴체계를 채택했다(이 때는 펠라기안주의자들을 죽이기 시작한 지 50년 쯤 되었을 때였다). 준(準)어거스틴 교리는 사람의 혼은 창세기 3장에서 손상을 입었으며(그러나 이에 대해 성경에는 한 마디의 언급도 없다.) 자유의지로 로마 카톨릭 교회의 유아세례를 통해서만 회복된다고[43] 가르친다(그러나 이에 대해 성경은 새벽 3시의 야구장처럼 침묵을 지키고 있다). 그

럼에도 불구하고 교황 보니파스 2세는 A.D.530년 이 교리를 다시 한 번 확인했다.

이렇게 해서 물뿌림을 통해 유아가 중생한다는 교리는 카톨릭의 공식 "정통" 교리로 둔갑했다. 이 거짓 교리가 비잔틴 황제들과 로마 감독들의 지원을 받아 "그리스도의 교회"의 "정통" 교리가 된 것이다. 이 파렴치하고 하나님을 모독하는 교리는 신약성경의 구원 계획(요 1:12-13, 롬 10:9-10; 4:1-6; 5:1-10)을 완전히 부인하는 것으로 사탄과 거듭나지 못한 교회의 회원들인 그의 자녀들이(요 8:44, 엡 2:1-3) 성경대로 믿는 유럽의 모든 그리스도인들을 장악하기 위해 고안된 것이었다. 이들은 "위에 있는 권세에 순복하라"(롬 13:1-6)는 성경 말씀을 따르도록 명령받고 있기 때문에 교회 국가에 순복해야 할 운명에 놓이게 된 것이다.

요약해 보자면 다른 어떤 이단보다 암흑 시대의 잔인한 살인 행위와 밀접하게 관련되어 있는 가장 저주받아야 할 이단은 제롬, 어거스틴 및 교황들에 의해 정통 성경 교리라고 받아들여진 교리였던 것이다. 물 속에 잠그거나 물을 뿌려 중생시키는 이단과 비교해 보면 아리안 이단, 네스토리안 이단, 유티키안 이단, 도나티스트 이단, 펠라기안 이단, 사벨리안 이단, 몬타니스트 이단, 마니키안 이단 그리고 노바티안 이단 등은 영감받은 성경 교리라고 할 수 있다. 어린아이에게 물을 뿌려 주면(유아세례) 중생한다는 교리는 겉만 번지르르 한 종교적 위선자들로 가득찬 거듭나지 못한 교회로 끝나버린다. 이 카톨릭 "근본주의"가 정착함과 동시에(보니파스 2세, 530-532) 중세에 남아있던 마지막 빛은 사라져 갔으며 성경을 믿던 지역교회들은 이들 근본주의자들의 사냥감이 되어버렸다. 교회사는 A.D.590년경 두아티라 교회 시대로 접어든다(계 2:18). 이 네 번째 교회는 십자군 시대(A.D.1090)까지 계속되었다.

우리는 지금까지 초기 교회 시대 400년 간에 있었던 이단 논쟁과 이단 사냥을 훑어 보았고 동시에 "카톨릭"의 정치적 소용돌이도 살펴보았다(노회 입법 및 에큐메니칼 공회 등). 이제 다시 우리의 본래의 목적으로 돌아가서 예수 그리스도의 임박한 재림의 선포와 복음 전파의 명령이야말로 철학과 신학 논쟁보다 훨씬 더 중요하다고 생각하고 있었던 성경대로 믿는 증인들을 추적해 보도록 하자. 우리가 마지막으로 살펴 보았던 실천 신학자들(성경대로 믿는 그리스도인)은 스머나 교회 시대를 거치면서(계 2:8-10) 환란을 통과하고 있었다. 이들은 셋째 하늘에 그들의 피를 적신 채 모습을 드러냈었다(계 12:11). 그들의 배도한 형제들이 성경에서 멀어져가자, 이들은 그들을 떠나갔다(롬 16:17). 니케아 공회 이전부터 계속되고 있던 성경적 분리는 니케아 공회 이후에도 계속되었다. 한 가지 차이점이라고 한다면 니케아 이후(즉 카톨릭이 본색을 드러낸 이후) 국가교회로부터의 분리는 가속화되었다는 것이다. 로마 카톨릭 교회가 신약성경을 버렸다고 저항하고 나선 그룹이 있었으니 이들은 종교개혁 시대의 퓨리탄(청교도)과 프로테스탄트(개신교)들이라고 할 수 있었다. 몬타니스트(Montanists)는 (다른 여러 이유 중에서도) "교부"들의 글들에 영지주의적 관념론이 침투해 들어온 것을 반대해서 국가교회를 떠났다. 그들은 당시 카톨릭 교도들의 도덕적인 해이를 싫어했다. 성경대로 믿는 그리스도인이라면 짐작할 수 있듯이 몬타니스트는 동방의 소아시아로부터 왔다(소아시아는 요한이 일곱 교회에 편지를 보낸 곳이고 바울이 안티옥에서 파송받아 세 차례의 선교 여행을 통해 복음화한 지역이었다). 몬타니스트들은 프리실리아니스트(Priscillianists)와 카타프리지안스(Cataphrygians)라고 불리기도 했다. 그들이 가르친 교리(이 교리는 모든 정통주의 감독들을 뒤집어 놓았다) 중 가장 반카톨릭적인 것은 그리스도인 중에는 어떤 특별한 "제사장직"도 없고 모든 믿는 자들이 제사장(벧전 2:9)이라는 교리였다. 이 "이단" 교리는 아프리카에 있던 가장 희한한 대학교 교수진들의 가르침에 정면으로 모순되는 것이었다(제5장 참조). 몬타니스트들은 무시무시한 이단이었다고 가르치는 모든 교회사가들이나 반대자들의 의견은 A.D.500-1900년 사이의 교회사를 공부해 본 사람이라면 무시해도 좋다는 것을 알 수 있을 것이다. 성경대로 믿으면서 당시의 교권에 무릎꿇지 않은 모든 분리 그룹은 A.D.100-1990년까지 항상 "이단"이라고 불리워 왔기 때문이다. 신약성경에서도 참다운 그리스도인은 "이단"이라는 소리를 들었음을 기억하라(행 24:14).

노바티안들(Novatians)이 그들의 지도자 노바티안을 따라 "어머니" 교회에서 빠져나온 것은 코르넬리우스, 칼리스터스, 제프리누스 치하에서 교회의 징계가 느슨해진 때문이었다. 이들 중 많은 사람은 국가교회에서 나온 후 몬타니스트와 연합했다.[44] 이들 두 그룹은 "카톨릭"에 의해 결코 용서를 받지 못했다. 그들이 고수하는 도덕적 순수성과 죄에 대한 엄격한 징계를 이유로는 몬타니스트와 노바티안들을 목매달지 못할지라도 이들이 삼위일체에 대해 갖고 있는 견해가 "비정통적"이란 이유로는 얼마든지 처형할 수 있었다. 그러나 카톨릭 교도들은 실질적으로는 마리아를 삼위일체 안으로 집어넣고 그리스도를 십자가 위에 그대로 남겨 두었기 때문에(제9장 주 93 참조) 이 경우는 스컹크가 다른 짐승에게 냄새난다고 꾸짖는 격이다.

도나티스트(Donatists)는 만약 그리스도인이 로마 황제나 그의 친위대에게 발각되면 "죽기까지 믿음을 지켜야 하며" 어디에다 성경을 숨겨 놓았는지를 발설해서는 안된다고[45] 주장했기 때문에 "어머니 교회"로부터 분리해 나갔다. 그들은 다른 그리스도인들이 어디에 성경을 숨겼는가도 고발해서는 안된다고 가르쳤다. 성경에 대한 이와 같은 태도를 샤프는 "죽음을 멸시하는 광신적 태도"[46]이며 "순교자의 면류관을 타려고 돌진"하는 자들이라고 비웃었다. 어째서 이런 결론이 나왔는지에 대해서는 이 유명하신 교회사가는 전혀 언급이 없다. 샤프는 어쩌면 이그나티우스의 발언[47]과 같은 것들을 염두에 두고 그런 결론을 내린 것 같으나, 그럴 경우에도, 그는 그 발언들을 열거하지는 않을 것이다. 그러나 역사적 사실은 냉혹한 것이다. 그 후에 전개된 역사적 증거는 샤프 씨가 "자격을 갖춘 학자의 의견"으로 위장하였던 도나티스트들에 대한 무시는 잘못되었음을 입증해 준다. 샤프와 그의 동료들의 주장이 터무니 없는 억측이라는 가장 분명한 증거는 로마 제국에 의한 박해가 끝나 순교에 대한 필요성이 거의 없어졌을 바로 그때도 카톨릭에 의한 도나티스트들의 박해는 그들이 멸절될 때까지 계속되었으며, 적어도 그 유명하고, 선하고, 물뿌림을 구원이라고 주장했던 어거스틴이[48] 통제하고 있던 북아프리카 교구에서는 이 박해가 끝나지 않았다는 사실이다.

도나티스트 문제는 "반역자들" 혹은 "비겁자들"을 받아들이는 것을 거부하는 정도의 작은 문제가 아니었음을 잊지 말아야 한다. 문제의 뿌리는 이보다 훨씬 더 깊다. 문제의 핵심은 다음과 같다. 어거스틴과 오리겐은 "교회"란 조직화된 기구로서 이교도들이 들어와 "그리스도인이 되는 방법"을 배우거나 적어도 그리스도인처럼 사는 법을 배우는 곳이 되어야 한다는 생각을 갖고 있었다. 반면 도나티스트들은 "교회"는 분리된 삶[49]을 사는 거듭난 사람들의 모임이라고 생각했던 것이다. 다시 말해 도나티스트들은 신약성경적 입장(행 1-13장)을 취했고 이는 알렉산드리아 이단들의 생각과는 반대되는 것이었다. 도나티스트들은 공개적으로 죄를 지은 사람들에게 관용을 베풀게 되면(고전 5-6장) 교회는 그 거룩한 특성과 부르심을 잃게 되고 신약 교회로서의 모습을 잃게 된다(갈 5:9)고 가르쳤다. 정확히 말해보면 도나티스트들은 신약성경에 기록되어 있는(고전 5-6장) 교회에 대한 바울의 입장을 택했던 것이다. 즉 신약 교회에서 가장 중요한 것은 거듭난 자들이 회원이 되어야 한다는 기본 원칙(행위에 있어서의 거룩함은 놔두고서라도)[50]임에도 불구하고 두 교부들은 콘스탄틴처럼 교회에서 가장 중요한 요소는 단합과 권력이라는 입장을 취했다. 그러니까 어거스틴과 콘스탄틴에게 있어서는 그리스도인 각각의 인격적 특성은 교회에서 두 번째 문제이고 첫 번째 문제는 교회의 위계질서의 타당성과 교회 지도자들의 권위[51]라는 것이다. 그렇다면 어거스틴과 콘스탄틴은 이 문제에 있어서 사탄의 견해를 대변하고 있는 셈이다.

사탄은 마태복음 13:36을 해석함에 있어 "밭"이 그리스도의 몸이라는 입장을 취하고 있다(모든 후천년주의자들의 주석을 보라). 그러나 그리스도의 몸의 머리되신 그분께서는 "밭"은 "세상"(마 13:38)이라고 명백히 정의를 내리고 계신다. 모든 카톨릭 교도들은 마태복음 13:33의 "누룩"은 복음이며(성경은 누룩을 거짓 교리라고 정의내리고 있는데도, 갈 5:9, 마 16:12), "여인"은 "교회"라고 생각하고 있기 때문에(그러나 이 여인은 계시록 17장에서 직업 창녀로 정의 내려져 있다) 이 시점(A.D.313-450)에서 성경을 거부하는 위대하신 "성자" 어거스틴이 자기는 마태복음 13:47의 "그물"을 "그리스도의 몸"이라고 생각한다는 이유로 그리스도 안에[52] 있는 형제들과 자매들을 죽이도록 승인하는 것쯤에 아무도 놀랄 필요가 없는 것이다. 어거스틴은 구원받지 못한 이교도는 "그물" 안으로 끌어들이는 반면 거듭난 도나티스트들은 그물 안으로 들어오지 못하도록 막았다. 마태복음 13장은 카톨릭에게는 마치 맹독성 흥분제 역할을 한 것 같다. 알렉산드리아 이단이 제공하는 "알레고리적 해석"을 성경 해석 방법론으로 채택한 학자들은 한결같이 카톨릭과 동일한 입장을 취한다. 마태복음 13장은 플라토적 알레고리를 사용해서 해석되는 것이 아니다. 그런데도 알렉산드리아 이단들은 최초의 로마 아프리카 교회 안에 성경을 해석하는 데는 두 개의 권위가 사용되어야 한다는 가르침을 확립시켜 놓았다. 이 경우 어거스틴은 하나님을 "가지고 놀고" 있는 것이다. 어거스틴은 잠언 26:9의 술취한 사람처럼 자기 발 밑에 비유를 베풀고 있는 셈인데(잠 26:7) 이 보다 더 성경에 대한 자신의 무지와 불성실을 입증해 주는 것은 없을 것이다. 우리가 마태복음 13:1-13의 문맥에서 우리 주님의 말씀을 있는 그대로 받아들인다면 우리는 어거스틴이야말로 구원받지 못한 바리새인이라고 추정할 수밖에 없을 것이다. 어거스틴은 마태복음 13장의 비유를 형편없이 다루었다(칼빈 역시 어거스틴을 답습했다).

성경대로 믿는 그리스도인은 초기 "교부"들(파피아스 혹은 이그나티우스)로부터 제롬의 죽음에 이르기까지 "성경 공부" 분야에서 벌어진 엉터리 같은 일들을 결코 용납할 수 없었다. 성경대로 믿는 사람들 중 어떤 그룹은 부활절이 매년 일요일에 맞아떨어지는 것[53]이 아님을 알았기 때문에 "교부"들을 떠났으며 어떤 그룹은 오리겐의 알렉산드리아 필사본들(바티칸사본과 시내사본)은 호머의 오딧세이[54]가 성경이 아닌 것처럼 성경이 아니라는 사실을 알았기 때문에 "교부들"에게서 떠나갔다. 또 다른 그룹은 마리아는 바울의 어머니가 아닌 것만큼이나 "하나님의 어머니"가 아니라는[55] 사실을 분명히 알고 있었으므로 그런 엉터리 주장을 하는 "교부"들을 떠나갔다. 또 다른 그룹은 공회를 개최해서 그리스도인들을 살해하는 국가교회는 더 이상 기독교가 아님을 자신들이 읽던 구라틴 성경(Old Latin Bible)으로부터 알았기 때문에 그들에게서 분리했다. 이렇게 해서 지중해 연안에서는 진리의 불빛은 하나 둘씩 꺼져갔고 참된 그리스도인들은 믿음을 지키다가 살해당하거나 아니면 북서쪽으로 어둠의 지역을 밝히기 위해 떠나가게 되었다. 이들은 모두 성경에서는 그 어떤 어린아이도 침례를 받거나 물을 뿌린 적이 없다는 사실을 알고 있었다. 많은 사람들이 성 어거스틴이 그의 커다란 입으로 거짓말을 할 때마다[56] 귀를 막았다. 황제에게 아첨을 일삼던 유세비우스 같은 인물이나 교황 레오와 같은 교활한 약탈자들은 참다운 그리스도인들에게는 전혀 영적인 유익을 가져다 주지 못했다.

제롬이 토빗, 벨과 용, 마카비 등이 포함된 구약 성서와 알렉산드리아 이단들이 변개시킨 신약성서를 라틴어로 번역하여 제시하자(A.D.420), 이탈리아 북부와 프랑스 남서부[57]에 거주하던 수천 명의 그리스도인들은 썩은 달걀이라도 만난 듯이 코를 틀어쥐었다.

니케아 공회 이후, 대부분의 성경대로 믿는 사람들은 그 그룹의 지도자의 이름을 따거나 그렇지 못한 경우는 "아리안" 혹은 "마니키안"이라고 불리게 된다. A.D.500년경에는 제국 교회가 로마의 감독하에 확고히 기틀을 마련하게 되는데 이를 두고 필립 샤프는 "적들을 친구와 동맹자로 변화시킨 완전한 기독교의 승리"[58]라고 해석한다. 만약 샤프가 살아서(1819-1893) 교황이 유엔을 장악하여 전세계 정부를 세우게 되는 것을 목격한다면 동일한 평가를 내릴 것은 뻔하다.

카톨릭 사람들이 성경대로 믿는 "이단들"의 교회를 무너뜨리고 그들의 성경을 빼앗기 위해 눈에 불을 켜고 사방을 수색하고 다니는 동안 이 "이단들"은 복음을 전파하고 있었다(막 10:29). 이들은 상황이 급박함을 깨달았다. 그들은 지중해 연안에서 진리의 빛이 꺼져가고 있음을 목도하고 있었다. 그들은 주님께서 아직 재림하시지도 않았다는 것과 어거스틴의 "하나님의 도성"의 억지 주장에도 불구하고 주님께서 "다스리고" 계시지 않다는 사실도 알고 있었다. 이들 "이단들"은 거실의 샹들리에가 꺼져간다면 횃불이나 등불이라도 켜서 죄인들로 어둠 가운데서 넘어지지 않도록 해야 한다는 각오에 차 있었다. 그렇지 않다면 사람들은 로마 카톨릭 "정통"에 걸려 넘어지고 말 것이기 때문이었다.

성경적 기독교는 각국에서 모여든 유대인들이 명절을 지키기 위해 예루살렘에 모여든 사도행전 2장에서부터 시작된다. 그 당시에는 그리스도의 속죄역사에 관해서는 아직은 완전한 계시가 없었고(행 8:38과 그 주석 참조), 그리스도께서 장사지낸 바 되었다가 죽은 자들로부터 부활하셔서 다윗의 보좌(행 2:34-35 주석 참조)에 앉아 통치하시기 위해 다시 오실 것이라는 복음이 유대인과 유대교로 개종한 사람들에게 전파되었다. 이곳에서 회심한 유대인들은 의심할 나위없이 바울의 회심(행 9장) 이전에 로마 제국의 주요 지역으로 그 복음을 들고 돌아갔을 것이다.

그 다음 사건은 에디오피아 내시가 구원받은 것이다(행 8:35 주석 참조). 그는 이 복음을 아프리카의 에디오피아로 가지고 갔다. 이 때는 오리겐과 파피아스는 태어나기도 전이었다. 게다가 이 내시는 하나님의 은혜의 복음을 가지고 갔던 것이다. 즉 구세주가 완성하신 피의 속죄를 통해 개인이 구원을 받는다는 복음이 전파되기 시작한 것이다.

그 다음으로 복음은 사도행전 10장에서 이방인들에게도 전파되었다. "땅 끝까지" 복음을 전파할 사도로 바울이 부름받은 때부터(행 9:5-12)는 본격적으로 이방인들에게 복음이 증거되었다. 바울은 로마와 스페인(롬 15:24)뿐 아니라 영국에 까지 갔을 가능성이 높다. 저스틴 마터같은 미신적인 철학자들(행 17:22)이 물침례에 의한 중생을 주장하기 오래 전부터 수십만 명의 그리스도인들은 죄인은 물 한 방울 없이도 믿음을 통해 은혜로 구원받는다는 사실을 알고 있었다. 이런 사실은 로마 제국내에 있던 어떤 지역교회에도 다 알려져 있던 분명한 진리였다. 이들 지역교회는 바울서신을 접했거나, 그 서신의 사본을 접했거나 그의 설교를 전달한 증인들에게서 들었거나, 그가 훈련시킨(딤후 2:2) 제자들의 글이나 설교를 들었기 때문이었다. 그리스도의 몸된 교회가 신약 지역교회, 그리스도의 재림, 물침례, 중생 등에 관한 진리에 관해 오리겐과 이레내우스 같은 사람들이 나타날 때까지 무지한 가운데 있었다고 추측하는 것은 실로 해괴망측한 일이 아닐 수 없다. 교부들이 성경을 직접 읽지 않았다면 어떻게 36,289번이나 성경을 인용할 수 있겠는가? 그런데도 이들 교부들은 오늘날의 우리만큼 신구약성경을 읽지 못했기 때문에 다시 말해 무지때문에 신약성경의 분명한 계시들을 거부했을 것이라고 이들을 정당화시켜 주려고 노력하는 교회사가들은 도대체 정신이 제대로 박혀있는 사람인지 모르겠다. 교부들은 신구약성경을 분명히 읽었다. 문제는 그들이 자기들의 권위(철학, 과학 및 전통)가 성경과 일치하지 않는 곳에서는 성경을 믿기를 거부하였던 것이다. 오늘날의 모든 보수주의 학자들과 정확히 똑같지 않은가?

A.D.90년경쯤이면 A.D.70년에 있었던 사건(티투스의 예루살렘 공격)을 겪었던 모든 믿지 않는 유대인들은 그리스도인들이 예수 그리스도의 신성과 동정녀 탄생을 믿고 있다는 사실을 다 알고 있었다. 동시에 이들 유대인들은 그리스도께서 마태복음 24장 및 누가복음 21장에서 선포하신 내용이 무엇인지도 알고 있었다. 열두 사도들에 의해 35년 간 이상이나 증거를 받은 유대에 살고 있던 유대인들이 위와 같은 성경적 사실들을 기억하지 못했을 것이라고 생각하는 것은 난센스 중의 난센스일 뿐이다. 그 어떤 일도 은밀히 행해진 것은 없다(행 26:26). 그런데도 교회사가들은 A.D.90년경 갑자기 어둠의 그림자가 드리워졌고 결국 가리워진 신약의 진리들은 "교부"들에 의해 "밝혀"질 수밖에 없었다는 "사기극"을 연출한다. 이런 교회사가는 A.D.90년에서 600년 사이에 자기 동료들이 저지른 죄들을 덮어주기 위해 애를 쓴 것처럼 A.D.500-1980년 사이에 등장한 거짓 교사들의 오류를 덮어주려는 같은 이단의 회원일 뿐이다.

시리아의 안티옥(Antioch of Syria, 행 11:26)은 신약 기독교(행 13:1-4)의 본부였으며 초대 교회의 선교본부(행 16:1-6)였으므로 신약성경이 완성되기 전[59] 시리아와 메소포타미아에서 성경대로 믿는 수천 명의 그리스도인들을 발견하게 되는 것은 놀랄 일이 못된다. 유대인들의 사도였던 시몬 베드로도 이 지역(바빌론, 벧전 5:13)에서 복음을 전파했으므로, 성경대로 믿는 그리스도인은 성경적 기독교에 관한 한 로마나 알렉산드리아가 "정통"을 계승했다고는 결코 생각하지 않는다. 시리아는 오리겐이 알렉산드리아에서[60] 태어나기도 전에 자국어로 성경을 갖고 있었으며 이들의 성경은 후일 등장한 오리겐의 성서와는 일치하지 않는다. 시리아에 그리스도인들이 많았다는 증거는 니케아 공회에 시리아로부터 온 20여 명의 감독이 있었다는 사실이다.[61]

"경이의 사역자"로 불리운 그레고리 타우마투르구스는(Gregory Thaumaturgus, A.D. 210-270) A.D.240년 아시아에 있는 폰토(Pontus)의 감독이 되었다. 그가 그 지역교회의 목사로 부임했을 당시 그 도시에는 17명의 그리스도인이 있었는데 그가 죽었을 때에는 그 지역에 그리스도를 믿는 신앙[62]을 고백하지 않는 사람이 17명도 채 되지 않았다고 전해지고 있다. 물론 이것이 그대로 사실인지는 확실하지 않지만 적어도 회심을 입으로 고백하는 사람이 시민의 압도적 다수였음은 분명한 것 같다. 따라서 이들이 진리를 들어본 적이 없고 여전히 영적인 암흑 상태에 있었다고 말하는 것은 사실을 왜곡하는 것 외에 아무것도 아니다. 하르낙, 두체스네, 레클레크, 유세비우스 등에 따르면 알렉산드리아에는 아폴로의 회심에 이어(행 18:26) 그리스도인들이 존재하고 있었다고 한다. 클레멘트와 오리겐의 등장은 마귀가 이집트에서 자신의 계획에 대치되는 무엇을(복음 전파와 성경적 기독교의 보급) 저지하려는 작전을 개시했음을 보여준다. 아프리카는 니케아 공회 훨씬 전부터 라틴 기독교의 최초의 주요 기지가 되었으며 이전에 벌써 구라틴 성경의 영향과 이 성경을 사용하는 사람들의 복음 전파가 너무도 강력해서 북아프리카 지역에서는 헬라어가 더 이상 사용되지 않았고 로마에서도 헬라어 대신 라틴어가[63] 기독교 언어로 정착하게 되었다. 하르낙은 A.D.250년경에는 로마 지역교회의 회원이 3만 명에 달했을 것으로 추정한다. 이탈리아 북부 지역의 기독교는 로마의 기독교보다 훨씬 순수하고 성경적 이었는데 이는 동방의 달마티아(Dalmatia), 즉 <킹제임스성경>의 원문으로 쓰인 표준원문의 출처인 시리아와 소아시아로부터 포(Po) 계곡을 경유하여 복음이 전달되었기 때문이다. 시프리안(Cyprian, A.D.258) 시대 이후 알렉산드리아와 로마에는 순수하고 성경적인 기독교는 더 이상 존재하지 못하게 되었다.

시리아의 상인들은 골(Gaul, 현 프랑스) 지방과 라인 강 계곡으로 복음을 들고 갔다. 골 남부 지역에 있던 기독교 공동체들은 원래 그리스의 이오니아로부터 이주해 온 사람들이 세운 것이었다. 라투렛은 론(Rhone) 계곡에 있던 그리스도인들은 에베소에서부터 복음을 전달받았을 것으로 추정한다. 프랑스 남부 리용의 감독 이레내우스(Irenaeus)는 스머나(Smyrna)[64]에서 폴리캅(Polycarp)의 제자였을 것으로 추정된다. 리용, 툴루즈, 비엔나, 트리어, 림즈, 메츠, 부르기즈, 콜로뉴, 파리, 마인츠, 보르도 지방에는 니케아 공회(325)[65] 이전에 지역교회들이 여기저기서 생겨났다. 한편 브리튼 지역에서부터 세 명의 감독들이 아를레스 공회(Arles, A.D.314)에 참석했으며 콘스탄틴이 보좌에 오르기 전 영국에는 18명의 감독들이 있었다. 이는 그 어떤 카톨릭 선교사들이 영국 땅을 밟기(제12장 참조) 271년 전의 일이었다.

우리가 지적한 대로 신약 기독교의 가장 중요한 본부 역할을 한 것은 로마와 알렉산드리아가 아니라 시리아에 있는 안티옥이었다. 따라서 에데사(Edessa)에 있는 도시는 니케아 공회 시기에 압도적으로 "기독교"화 되어 있었다. 이 지역 출신의 선교사들은 [주로 멸시당하거나 미움을 받았던 네스토리안(Nestorians)들과 아르메니안(Armenians)들이었다] 복음을 페르시아, 중앙아시아 그리고는 중국에까지 전파했다.[66] 2세기 말에는[67] 기독교가 아르메니아 지역으로 들어갔다. 그 당시 복음이 얼마나 넓게 그리고 멀리 전파되었던지 구원받지 못한 이교 철학자였던 판테누스(Pantaenus, 알렉산드리아 학파의 창시자)가 알렉산드리아에서 인도로 갔을 때(180) 그는 인도에서 "마태복음의 히브리어 역본"을 갖고 있던 사람을 만나게 된다.[68] 바로 이 사건이 그 유명한 "아람어 Q문서" 이론의 원천 중의 하나가 되었다. 이 "공론"은 파피아스(Papias)를 비롯한 일부 교부들이 끊임없이 들먹거리는 것이었다.

로마, 알렉산드리아, 콘스탄티노플 및 카르타고 지역에서 어거스틴과 콘스탄틴의 정책에 의해 이교도들을 회원으로 맞아 교회들이 부풀어 가고 있던 동안에 신약성경의 몇 가지 기본적 진리들은 이 진리를 들었던 사람들의 영적인 상황과는 관계없이 점점 더 넓게 전파되어 가고 있었다. 어거스틴이 도나티스트들에게 저주를 선언하기도 이전에 흑해의 북서쪽 지역에 살던 고트족(Goths)들이 그들의 언어로 된 성경을 이미(A.D.350) 갖고 있었다는 사실은 실로 놀라운 일이 아닐 수 없었다. 또한 제롬이 그의 알렉산드리아 이단 성경인 라틴 벌게이트 성서를 내놓는 동안(A.D.400), 영국에서는 한 선교사(패트리시우스, Patricius)가 여기저기서 구령하고 침례를 주고 있었다.[69] 수많은 게르만 전사들이 예수 그리스도를 믿는다고 고백하였고 이에 라투렛 같은 역사가도 "그리스도인"(Christian)은 "카톨릭 교도"(Catholic)와 같은 단어가 아니라는 사실을 인정하고 있다. 라투렛(Latourette)은[70] 말하기를 "프랑스 동남부 지역에 살던 부르군디안(Burgundians)들은 서코트족(Visigoths)이 그들의 땅을 침입하였을 때 '그리스도인'들이 되었다. 그들은 이전에는 '카톨릭'이었었다"라고 했다(필자 역시 이와 같은 고백을 들어본 적이 있다. 1976년 캘리포니아 주 포모나 시 근처에 살던 스페인계 여인은 "나는 그리스도인이 아니고 카톨릭이예요"라고 말했다. 이는 정확한 말이다. 그런데도 바티칸 공회나 AP통신은 카톨릭을 기독교라고 주장한다. 성경적으로 보자면 라투렛과 이 여인이 맞고 바티칸과 AP통신은 틀렸다. 성경은 카톨릭을 기독교로 보지 않는다).

프랑크 족의 통치자 클로비스(Clovis, A.D.466-511)가 예수 그리스도에 대한 신앙을 고백했을 때(A.D.496.12.25) 그의 부하들 중 많은 사람들이 그를 따랐다. 그는 의심할 바 없이 골(프랑스) 지방에 있던 수백 명의 그리스도인들로부터 복음을 들은 것이다.

주님께서는 "땅 끝까지" 복음을 전하라고 명령하셨고 이에 복음은 땅 끝까지 이르렀다. 골과 이탈리아 북부지역에 대한 야만인(게르만족)의 침입은 반로마적 특성을 지닌 반카톨릭적 그리스도인들[71]을 양산해 내는데 기여했다. 많은 야만인들이 그 지역에 정착했고 이들은 후일 "알비겐스"(Albigenses)와 왈덴스(Waldenses) 혹은 카타리(Cathari)와 "폴리시안"(Paulicians)이라고 불리면서 저주를 선포받았다.[72] 카톨릭에 의한 박해로 도나티스트, 노바티안, 몬타니스트, 메살린(Messalines) 및 파테린(Paterines)

역시 아프리카의 지중해 연안을 따라 이동하여 스페인을 통해 프랑스로, 소아시아로부터 스위스로 그리고 다뉴브 강을 거쳐 발칸반도로 이주해 갔고 궁극적으로는 수천 명이 실레시아, 보헤미아, 및 모라비아(독일)[73] 지방에 정착했다. 이들 "침례교"(Baptist) 그룹은 신앙과 행실의 순수성을 유지하고 믿는 어른들에게만 침례를 주었는데, 이들은 어거스틴의 픽션 <하나님의 도성>에 예언된 것처럼 "왕국이 도래"하고 있다고는 결코 믿지 않았다. 왕이 없이 왕국을 세우겠다는 어거스틴은 이미 이교도가 되어버렸던 것이다. 어거스틴은 콘스탄틴과 동일한 정책을 폈다. 즉 이교도들의 성전을 부수지 말고 그것들을 교황의 성전[74]으로 만들자는 것이었다. 콘스탄틴은 "밀라노 칙령"(Edict of Milan)[75]이 발표된지 오랜 후에도 원로원에 의해 신들 중의 하나로 분류되어 콘스탄틴의 "회심" 이후에도 오랫 동안 "승리의 제단"에서 그에게 제사가 드려졌다.

"거룩한 카톨릭 교회"는 교회의 헌법(성경)을 잘못 해석했을 뿐 아니라 교회의 사명 역시 곡해하고 말았다. 오리겐과 클레멘트의 맹목적인 어리석음은 플라토의 사상에서 유래되었고 이를 답습한 카톨릭 교회는 왕국이 임하고 있다고 착각하였다. 그들은 성경대로 믿는 사람들을 죽임으로써 왕국을 가져올 수 없다면 이교도 군사령관들에게 뇌물을 주어서라도 그것을 수행해야 한다고 생각했다. 다시 말하면 이길 수 없는 자들은 회유하는 전략을 폈던 것이다. 결국 계시록 17장에 나오는 추악한 도시는 세상으로부터 호의를 얻기 위해(계 18:3) 자신의 호의를 세상에게 베풀었던 것이다. 카톨릭 교회는 교회의 사명을 이렇게 이해했던 것 같다. "가라. 그리고 세상의 여주인이 되라" (요 17:9에도 불구하고). "세상을 사랑하고 세상을 섬기라"(요 17:6과 요일 2:15에도 불구하고). "너의 지배하에 들어온다고만 하면 무엇이든지 그들에게 주라"(계 3:8에도 불구하고). "그리하면 너는 세상의 여왕이 될 뿐만 아니라 우주의 여왕이 되리니[76], 이는 네가 믿는 것을 모두가 믿을 것이며 이 땅에 평화가 올 것이고, 한 목자 아래 모두가 한 우리 안으로 들어올 것이기 때문이다. 그러면 너는 예수께서 하실 수 있었지만 하시지 않은 그 일을 한 것으로 인해 인정을 받게 될 것이라"(요 18:36).

지금 열거한 것들은 카톨릭 교회가 이 사실을 받아들이든 아니든 현재 그들이 수행하고 있는 바로 그것이다.

반면 성경대로 믿는 증인들과 지역교회들은 땅 끝까지 가서 죄인들을 예수 그리스도께로 돌이키게 하려고 애를 썼고 그들에게 주님의 재림을 알려 주었다(성경에는 주의 만찬, 물침례, 교회 회원 제도, 마리아 등을 다 합한 것보다 재림에 대한 구절이 더 많이 들어 있다). 성경대로 믿는 사람들은 믿음을 통한 은혜로 성령께서 중생케 하시는 능력으로 개개인의 영혼이 구원을 받는데 관심이 있었다. 카톨릭은 정치적 조작과 반대자들을 저주함으로써 종교지도자들의 권력과 교회의 단합을 이루는데 관심이 있었다. 그리스도인들은 잃어버린 하나님의 형상을(초자연적인 은혜로) 회복하지 않고는 그 어떤 방법으로도 구원받을 수 없음을 알고 있었으며(골 3:10), 이것으로 구원은 영원토록 보장된다는 사실도(롬 8:2) 알고 있었다.[78] 카톨릭은 회개, 고백, 참회, 고행, 침례, 성사, 회원, 견진 등을 총 동원해도 구원에는 이를 수 없고 죽을 때까지는 자기가 "선택받은" 자에 포함되는 지를 알 수 없다고 믿었다. 성경대로 믿는 사람들은 지금과 마찬가지로 지역교회는 국가로부터 아무런 간섭을 받지 않는 자치권을 갖고 있다고 믿었으나 카톨릭은 그때나 지금이나 모든 지역교회는 국가의 완전한 지배와 통제하에 있어야 하며 이 국가는 카톨릭 교회 이외의 다른 교회는 살아남을 수 없도록 보장[79]해 주는 교회국가이어야 한다고 믿고 있다. 성경대로 믿는 사람들은 늘 헬라어 표준원문(Greek Receptus)이나 라틴어 표준원문(Latin Receptus) 혹은 시리아어 표준원문(Syrian Receptus)[80]을 갖고 다닌 반면 카톨릭은 항상 한 번도 본 적이 없는 "원본"을 가끔씩 언급하면서 알렉산드리아의 클레멘트와 오리겐이 편집한 제롬의 라틴어 신약성경을 언급하곤 했다. 성경대로 믿는 사람들은 어른들 이외에는 침례를 주지 않는 반면(이때는 침례 전에 분명한 믿음의 고백이 있어야 했다). 카톨릭은 아이들의 어머니를 죽인 후에[81] 그 아이들에게 물을 뿌려서 자기 교회의 회원으로 입적시켰다.

이쯤되면 카톨릭과 그리스도인들은 전혀 같은 양무리가 아니라는 사실은 분명하고도 남을 것이다.

신앙, 실행, 성경, 성경에 대한 태도 등 모든 면에서 두 그룹은 완전히 다르며 결코 같은 양무리가 될 수 없었다. 이리들이 양의 탈을 쓰고 있었을 뿐이었다.

A.D.325년 이래로 모든 카톨릭의 의무는 하나님께서 켜놓으신 모든 불빛을 신속히 꺼버리는 것이었으며 반대로 모든 그리스도인들의 의무는 빛이 완전히 꺼져 사라지기 전에 새로운 빛을 계속 켜나가는 것이었다. A.D.500-1000년 사이에 벌어진 일들을 감안해 볼 때 어거스틴의 예언적 견해(하나님의 도성[82])는 플라토의 <공화국>이래 가장 우스꽝스러운 망발이 되고 말았다.

"하나님의 도성"은 종, 촛불, 묵주, 목걸이, 부활절 토끼, 크리스마스 트리, 빙고카드, 죽은 자들을 위한 기도, 맥주회사, 유품숭배, 물고기 표시, 십자가 표시, 검은색 제의, 비너스와 쥬피터에 대한 희생제, 검은 마술에 대한 책들을 그대로 간직하고 있었다. 어떤 "아리안"이 "카톨릭"이 되면, 그는 단순히 니케아 신경(아리우스가 아타나시우스를 반대했던 내용이 들어있는)을 믿는다고 고백하고 나서 "카톨릭"이 아닌[83] 모든 그리스도인을 죽이라는 의무를 부여받게 되는 것이었다. 그러니까 아리안주의에서 카톨릭주의로의 회심이란 "카톨릭 마을"과 "카톨릭 교회"를 약탈하는 데서부터 돌아서서 성경을 거부하는 카톨릭 "교황"을 위해 칼과 방패를 들고 살육하며 "그리스도인"들의 교회와 마을을 약탈하는 것을 의미했다. 바로 이와 같은 전략으로 교황 심플리시우스(468-483), 펠릭스(483-492), 겔라시우스(492-496), 아나스타시우스 2세(496-498), 및 심마쿠스(498-514) 등은 모든 게르만족의 침략을 딛고 살아남을 수 있게 되었다. 교황들은 게르만 여러 부족들을 이간질 시키는 방법을 사용했다. 교황은 "카톨릭"으로 개종한 게르만 족의 통치자에게 로마를 위협하고 있는 부족은 "아리안"[84]이라고 귀뜸해 주면 모든 것이 잘 돌아가게 되었다.

니케아 공회(Council of Nicaea, A.D.325)가 드디어 위력을 발휘하기 시작한 것이다.

두아티라 교회 시대에도 구원받은 개개인은 여전히 진리를 전파하고 있었다. 그러나 그들의 설교의 내용을 검토해 보면(성 패트릭, 크리소스톰, 콜럼바 등) 어두움이 점점 다가오고 있음을 확인할 수 있다. 패트리시우스(Patrisius, 성 패트릭, 389-465)는 비록 로마에 가 본적도 없고 교황을 인정한 적도 없으며 믿는 어른들만 침례를 주고 있었지만 그의 유작을 살펴보면[85] 신약 교리에 대한 확실한 인식이 결여되어 있는 것을 보게 된다. 크리소스톰(Chrysostom)은 열정적이고 복음적인 신약적 복음 증거[86]와 카톨릭의 성사들[87] 사이에서 왔다갔다 줄다리기를 하고 있었다. 제롬(Jerome)은 구약성경은 히브리어로 된 맛소라 원본을 택할 만큼 성경적이었으나 신약성경은 시리아의 안티옥에서 온 헬라어 표준원문을 택할 만큼 복음적이지 못했고 교황 다마수스(Damasus)가 외경을 구약성경에 다시 집어넣는 것을 막을 수 있을 만큼 충분한 능력을 갖고 있지 못했다. 이 외경은 유세비우스가 콘스탄틴에게[88] 변개된 성서들을 바칠 때 들어있던 그것이었다. 퍼가모 시대에서 두아티라 시대로 넘어가는 것은 늪지대에서 어그적 거리다가 갑자기 롤러스케이트를 타고 달리는 것에 비유할 수 있겠다. 늪지대의 진흙이건 스케이트장이든 모두 비성경적인 것은 말할 것도 없다. 다만 차이가 있다면 배교의 속도에 변화가 있었을 뿐이었다.

두아티라 시대에 들어서면 하나님의 진리는 더 이상 로마[89] 근처에서 머물지 않고 소아시아에서 발칸을 경유 독일로 들어가거나 스페인을 거쳐 아일랜드로 그리고 다시 영국을 통해 독일로[프리스란트(Friesland) : 벨기에와 화란][90] 돌아오게 된다. 하나님께서 로마를 통과해서 보내신 것은 오직 부패뿐이었고 진리와 관련된 것은 하나도 없었다. 이탈리아에 보존된 성경의 순수한 진리들은 이탈리아 북부지역에[91] 한정되었다. 뿐만 아니라 이들 진리 역시 로마로부터 북쪽으로 올라 온 것이 아니라 소아시아와 안티옥[92]으로부터 서쪽을 향해 흘러들어온 것이었다. 암흑 시대에 골(프랑스) 지방에서 발견된 하나님의 말씀의 진리들은 로마 근처에서 온 것은 하나도 없고 피에드몽 계곡, 포 계곡, 및 이탈리아에 있는 알프스 산맥[93]을 경유하여 동쪽에서 서쪽으로 건너온 것이었다. 더군다나 후일 존 후스(John Huss)에 의해 보헤미아에서 모습을 드러낸 성경적 진리들은 이탈리아로부터 북쪽으로 전수된 것이 아니라 발칸반도[94]에 있던 보고마일과 폴리시안으로부터 북서쪽으로 온 것이었다. 북아일랜드가 오늘날 보유하고 있는 순수한 기독교는 결코 로마로부터 온 것이 아니었다.[95] 북아일랜드의 성경적 기독교는 시리아에서 기원된 구라틴 역본에서 전수되었으며 한 결혼한 집사의 아들[96]에 의해 전수되었다. 그런데 이 집사는 리들리와 라티머보다 훨씬 덜 "카톨릭적"이었다(리들리와 라티머는 1554년 피의 메리에 의해 화형을 당했다).

유럽이 암흑 시대로 침잠해가는 동안 그나마 빛을 밝히고 있던 반딧불은 결코 로마 카톨릭의 횃불과는 같지 않았다. 로마의 횃불은 그리스도인들을 태우기 위한[97] 것이거나 화형을 기념하는 축제용[98]이었을 뿐이었다. 다음에 전개될 1000년 간을 밝혀줄 희미한 불빛들은 하나님께서 기록하신 성경 앞에서 힘을 얻고 에너지를 공급받았다. 이 성경들은 구라틴 역본(old Latin version), 구시리아 역본(old Syrian version), 코이네 헬라어 역본(Koine Greek version) 그리고 구고딕 역본(old Gothic version)들이었다.[99] 따라서 성경은 로마 제국 전체에 걸쳐 누구나 읽을 수 있도록 준비되어 있었다고 말할 수 있다. 성경의 필사본을 손에 넣는 축복을 받은 사람들은 기도하는 마음으로 경건하게 성경들을 필사했고 하나님의 은혜로 잘 보존하여(시 12:6-7) 결국 이 성경이 카톨릭 교회를 분열시킬만큼 강력한 능력을 발휘하는 "핵폭탄"이 되었던 것이다(제14,15장의 종교개혁 참조).

추악한 성모 교회는 향후 1000년 동안 어거스틴과 콘스탄틴으로부터 물려받은 지상명령인 단합과 권력(Unity and Power)에 탐닉해 있었다. 이 사실은 과연 카톨릭 교회가 마태복음 16:18에서 "예수 그리스도가 세우신" 유일한 그 교회인가를 증명하는

데 중요한 증거로 사용될 것이다. 카톨릭 교회는 자신들의 주장을 옹호하기 위해 문맥에 상관없이[100] 이 구절을 뽑아냈다. 이때부터 카톨릭 교회는 살아남기 위한 모든 수단을 강구하기 시작했다(욥 2:4). 왜냐하면 만약 "지옥의 문들"이 카톨릭 교회를 이길 경우에는 자기들이 선택한 마태복음 16:18에 의해 카톨릭 교회는 더 이상 예수 그리스도께서 세우신 그 교회가 아니라는 것이 증명될 것이기 때문이다. 따라서 카톨릭 교회의 자기보존이 구령, 성경 교리, 관용, 진리에 대한 신앙, 진리의 실행, 혹은 진리의 보존보다 항상 우위에 놓여있게 되는 것이다.[101] 그 어떤 종도 두 주인을 섬길 수는 없다(마 6:24). 결국 서로 다른 두 가지 권위를 갖게 되면 배교로 끝나게 되는 것이 역사의 교훈이다.

이렇게 해서 지중해 연안의 횃불들은 사라져 버리고 뒤이어 1000년 동안은 프랑켄슈타인의 신부가 등장하게 된다. 이 괴물 교회는 콘스탄틴, 오리겐, 제롬 그리고 어거스틴이 창조해낸 거대한 조직체로 본격적으로 정치 파워게임에 개입하기 시작한다. 그 교회의 종교적 취미라고 해야 이 세상에 들어오는 모든 빛(요 1:1-6; 3:19-20)을 꺼버리는 것이었다. 그녀는 결국 사탄의 신부가 되었으나 겉으로는 그리스도의 신부로 행세할 수 있을 만큼의 "신앙 고백"을 유지하면서 적당한 양의 구원받은 회원을 보유하고 있었다. 하나님의 원래 계획을 감안한다면(고후 11:1-3) 실로 "엄청난" 성취를 이룩한 셈이다(순결한 처녀 → 사탄의 신부).

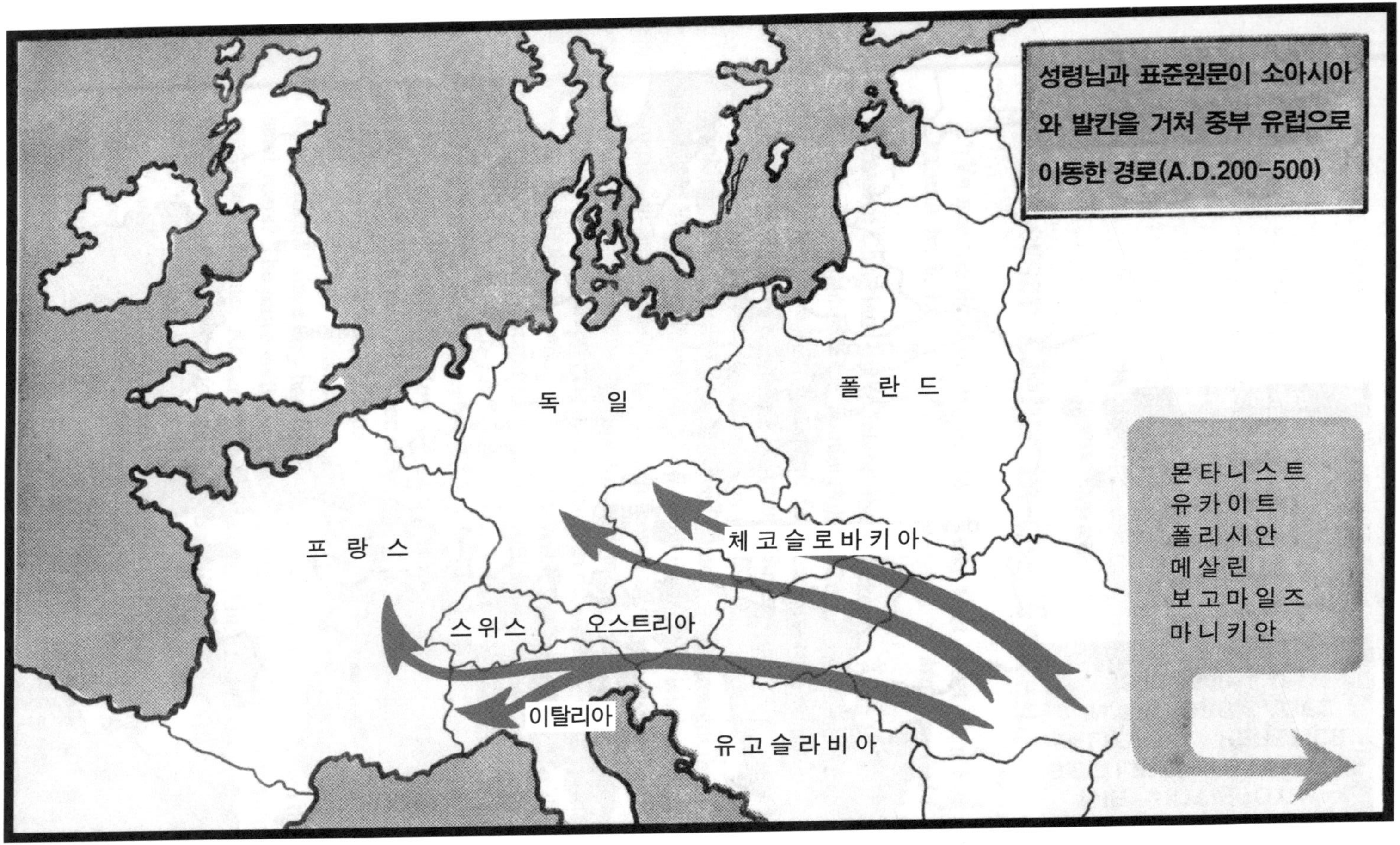
성령님과 표준원문이 소아시아
와 발칸을 거쳐 중부 유럽으로
이동한 경로(A.D.200-500)
독 일
폴 란 드
프 랑 스
체 코 슬 로 바 키 아
스 위 스
오스트리아
이탈리아
유 고 슬 라 비 아
몬 타 니 스 트
유 카 이 트
폴 리 시 안
메 살 린
보 고 마 일 즈
마 니 키 안

암흑시대 동안 (A.D.500-1600) 활약했던 성경대로 믿는 "이단"들의 거점 지역
주요 도시들
브레멘
라이프치히
델 센
독 일
폴란드
실레시아
앤트워프
퀼른
본
마인쯔
보 룸
림즈
보헤미아
후스파
베가즈
바바리아
체코슬로바키아
아욱스부르크
왈덴스
피카즈
카타리
베기네스
파 테 린
보고마일
모라비아
프 랑 스
클루니
헝 가 리
스위스
오스트리아
메 살 린
티 롤
페트로부르시안
폴리시안
클레르몽
헨리시안
피에드몽
아놀드파
사보이
미니키안
프라트라셀리
트리에스테
알비겐스
왈덴스
보도
노바티안
도나티스트
보 고 밀
아비뇽
카타리
카타리
밀라노
유고슬라비아
이탈리아
불가리안

제 11 장
황혼을 비추는 작은 불빛들

너희는 세상의 빛이라. 산 위에 있는 성읍이 숨겨질 수 없느니라. (마 5:14)

콘스탄틴은 A.D.314년에 이교도들에게 교회문을 활짝 열었고 이들은 "서신"으로, 믿음의 고백에 의해, 혹은 물뿌림을 받고 교회 안으로 합류하였다. 이렇게 되자 지역교회 안에 있던 수동적인 그리스도인들(멜랑히톤, 오켕가, 알린 호톤, 빌 고타드, 버논 멕기, 다니엘 폴링, 코르넬리우스 스탬, J.R. 못트 등)은 아주 실제적인 문제에 부딪히게 되었다. 구원받지 못한 죄인들이 그들의 록앤롤 음악(당시에는 우상들을 다이아나에게 바치는 찬송가였을 것이다)과, T.V. 셋트(당시에는 우상들을 담은 금속 혹은 나무로 된 성막들이었을 것이다)와, 그들의 도덕("건축 헌금"을 내고 난 후에 베스타 여신의 처녀들과 음행하는 관습을 지닌)을 들고 교회 안으로 들어오게 되자 그리스도를 섬기되 성경에서 말씀하시는 성별과 교리(고후 6:16-17, 막 4:17)를 지키기 위해 담대하게 나설 용기를 갖고 있지 못했던 지역교회의 일부 "그룹"은 깊은 시름과 슬픔에 잠기게 되었다. A.D.313-590년 기간 지역교회들의 회원 중 소극적이고 용기가 없는 사람들은 자신들이 처한 상황을 아주 "현실적으로" 바라보았다. 즉 황제의 명령에 의해 형상과 우상들을 "예배보조기구"로 사용하며 하나님의 말씀을 설교하는 예배를 “희생 제사”라고 부르는 이교도들과 교제할 수밖에 없게 된 마당에 어떻게 하나님을 위해 살 것이며 주 예수님을 기쁘시게(요일 2:15) 해드릴 수 있겠느냐는 자조섞인 체념을 하고 만 것이다. 그들 중 더 경건한 무리들은 로마 제국내의 어떤 지역 교회에 속해 있든(로마, 알렉산드리아, 예루살렘, 안티옥, 콘스탄티노플, 카이사랴, 리옹) 성경적 분리에 직면하게 된 것이다(고후 6:17). 그러나 그들은 이 문제를 정면으로 직시할 용기가 없었다. 만약 이들이 카톨릭 교회 내에서 엄격한 징계의 시행을 주장한다면 그들은 즉시 “노바티안”(Novatians)[1]이라고 불리워 이단시 될 것이고 거듭난 사람들만 교회회원으로 받아들이자고 주장하면, 카톨릭 사제들과 주교들은 그들을 “도나티스트”(Donatists)[2]라고 불러 이단시 했을 것이다. 그리고 만약 이들이 주교들에게 그들의 교회들이 타락하고 있으며 이로 인해 하나님의 나라가 전파되지 못하고 있다고 지적한다면 카톨릭 교리인 후천년주의를 거부하는 것이요 부정적인 사고 방식이라고 거부당할 것이고 즉각 “몬타니스트”(Montanists)[3]라는 이단 딱지가 붙을 것이다.

이처럼 “이단”으로 불리지 않고는 최종권위인 하나님의 말씀에 충실할 수가 없게 되었다. 만약 어떤 사람이 로마의 감독은 교회의 머리가 아니고, 교회는 로마 황제와는 아무런 관계도 없고 더 이상의 정치놀음에 끼어들어서는 안된다고 주장하면 그들은 곧바로 “파테린”(Paterines) 혹은 “메살린”(Messalines)[4]이라고 낙인찍힐 것이다. 네스토리안(Nestorians)에서부터 유티키안(Eutychians)에 이르기까지(A.D.500) 모든 그룹들이 이단으로 정죄되었고 사형이나 추방에 처해지도록 되어 있었기 때문에(물론 카톨릭 교회에 의해서) 하나님을 섬기기를 원하지만 카톨릭 교회에 대항할 만큼 충분한 용기를 갖고 있지 못했던 그리스도인들은 어떻게든 빠져나갈 구멍을 찾게 되었다. 그것은 절반만 분리하는 방법이었다.

이 방법을 교회사가들은 수도원 제도(monasticism)라는 용어를 사용해서 설명한다.

수도원이라고 하는 피난처는 거룩하게 살 만큼 하나님을 두려워하면서도 카톨릭 감독들에게 복종할 만큼 용기가 없는 자들에게 두 주인을 동시에 섬길 수 있도록 해주었다. 카톨릭 감독과 우리 혼들의 감독을(벧전 2:25) 동시에 섬길 수 있는 길이 열린 셈이었다. 이 제도는 공회에서 결정한 사항에는 고분고분 순복하고(그리함으로써 이단으로 낙인찍히지 않을 수 있게 되었다) 동시에 “카톨릭들로부터는 분리되어”(고후 6:17) 하나님을 기쁘시게 할 수 있는 훌륭한 전략이었던 것이다. 이들은 당대의 모든 세상과 단절하고 수도원에 파묻혀 “분리되어”[5] 살았다. 그들은 물론 당대의 신정통주의자들이나 신복음주의자들과의 교제를 거부하였다. 그러나 그들은 복음을 전파하고 있던 성경대로 믿는 그리스도인들과의 교제도 거절하였던 것이다.

시대로 보자면 수도원 제도는 어거스틴과 제롬의 시대로부터 시작되었다. 이 "중간타협"은 모든 형태의 타협과 누룩을 만들어낸 바로 그곳 즉 북아프리카의 오리겐의 학교근처[6]에서 시작되었다. 물론 이교도들의 수도원은 전혀 새로운 것이 아니었다. 이 제도는 이미 베다(B.C.1200), 불교(B.C.600), 및 기타 여러 종교에서 채택된 바 있었다. 힌두교와 불교의 핵심은 "내적 명상"과 더불어 금욕의 실행이었다. 이후에 나타났던 희랍인들 역시 그들의 수도원을 갖고 있었다(Pythagoreans). 영적 명상, 자학, 혹은 육체를 스스로 괴롭게 하는 것들은 오리겐이 알렉산드리아에서 가르친 주요 항목들이다. 이런 것들은 연옥, 혼의 윤회 그리고 육체는 부활되지 않는다는 교리들과 더불어 가르쳐졌었다. 팔레스타인의 에세네파(Essenes)와 이집트의 테라페우태파(Therapeutae) 등은 유대교 수도원 제도라고 말할 수 있다. 수도원 제도(monasticism)란 단어는 분명 "홀로"(mono, monoplane, monologue, monopoly 등)라는 의미를 갖고 있다. 이 제도는 여러 가지 형태를 갖고 있으나 결국에는 수도회를 조직하고, 수녀원을 운영하며 수도자들의 거처인 수도원을 지어 운영하게 된다. 이곳에 처음으로 입교하는 자는 일정 기간 세상과 완전히 접촉을 끊고 명상, 경배, 기도와 더불어 여러 가지 형태의 자학과 고행을 수행하게 된다. 조지아 주의 메디슨에 있는 트래피스트 수도원은(1970) 최초의 수도원의 모습을 전형적으로 보존하고 있는 예라고 할 수 있다. 몬테카시노(529), 클루니(910), 시토(1098), 테베이드(348), 시내 산 및 마르세유(432)에 유명한 수도원들이 세워져 있다.

수도원 제도를 적극 지원했던 4명의 "교부"들은 아타나시우스(알렉산드리아, 아프리카), 제롬(로마), 크리소스톰(콘스탄티노플) 그리고 히포의 어거스틴(아프리카 카르타고)이었다. 이 제도를 보급하는데 가장 비옥한 토양은 아프리카의 가장 희한한 대학교였으며 동양의 초월명상, 영지주의적 영성, 성경 변개, 입으로만 고백하는 기독교, 헬라철학이 하나로 뭉쳐져 누룩 덩이를 형성했고 금욕주의(asceticism)가 곧 영적인 수준을 가늠하는 기준이라고 믿었던 배교자 오리겐은 이 누룩덩이를 교재로 삼아 가르쳤다. 그는 마태복음 5:29-30을 근거로 해서 스스로 거세함으로써 자신의 교리를 실행으로 입증해 보였다.

최초의 금욕주의 "승려"는 이집트(아프리카) 출신 테베의 바울이었다. 두 번째로는 이집트(아프리카)의 "성" 안토니("Saint" Anthony)를 들 수 있다. 그러나 분리와 고립을 쟁취하기 위한 노력에 있어 이 두 사람보다 더욱 일관성있고 훨씬 극단적으로 행동했던 사람은 시므온 스틸라이트(Simeon Stylites)로 그는 "기둥 성자들"(pillar saints)의 아버지로 알려져 있다. 이 사람에 대해서는 후에 좀 더 살펴보도록 하겠다 .이 시므온은 시리아의 안티옥 출신이었다. 군인 출신이었던 파코미우스(Pachomius)는 나일강(아프리카)[7]변의 태타베니시(Tae Tabennisi)에 은둔자들을 위해 수도원을 세웠다. 소아시아의 캅파도키아(Cappadocia)에 수도원 제도를 들여온 "교부"는(캅파도키아의 바질) 소아시아에[8] 있는 지역교회들에 이 제도를 채택하기 전에 북이프리카의 수도원 제도를 조심스럽게 공부해야만 했다. 인간의 부패한 심성 그대로 바질은 폰토에 자기 자신의 수도원을 세우고서는 그가 가장 좋아하는 작가의 선집을 편집하면서 생애를 보냈다. 그 작가는 다름 아닌 아프리카의 가장 희한한 대학교 총장 아다만티우스 오리겐(Adamantius Origen)이었다.[9]

서방에 수도원 제도를 도입한 사람은 아타나시우스(Athanasius)였다. 그는 북아프리카 출신으로 알렉산드리안 "정통"의 챔피온이었다(니케아, A.D.325).

수도원 제도는 분명히 독신주의(celibacy)를 포함하고 있었는데 이 독신주의는 모든 남자들은 수도원에 들어오기 전에 결혼한 경우를 제외하고는 영원한 동정을 지켜야 한다는 것이다(이 수도원은 몇몇 역사가들에 의해 "결혼하지 않은 아버지들의 집"이라고 불리기도 했다). A.D.325년경에는 성직자는 그가 서품(안수)을 받을 때[10] 독신이었으면 그 후에는 결혼하지 않는 것이 일반적인 관례였다. 이와 같은 신 플라토주의적인 순결에 관해서는 마리아가 하나님의 어머니라든가 유아들에게는 물을 뿌려야 한다는 주장이 성경 그 어디에서도 찾아볼 수 없는 것처럼 성경적인 근거를 찾아볼 수가 없다.

가장 충격적인 사실은 수도원 제도의 근거는 신약성경 그 어디에서도 찾아볼 수 없다는 것이다. 카톨릭 교회는 신약성경을 32,000군데[11] 인용한 교부들을 참조했고 <킹제임스성경>대로 신약성경 27권만을 정경으로 인정한다고 하더니만 느닷없이 비성경적 제도를 만드는 것이 좋겠다고 결정을 내려버린 것이다. 그들은 자신들의 더러운 세마포를 공개적 회개를 통해 씻고 자신들이 돼지우리로 만들어버린 지역교회를 (제1장 참조) 깨끗하게 만드는 작업보다는 신앙의 초보자들이 숨어버리기에 좋은 수도원을 만드는 것이 더 낫겠다고 판단해 버린 것이다. 수도원 생활은 좋은 점들도 분명히 있는 고로, 성경을 순종하는 것보다 선호될 수 있다는 것이다. 창세기 3:6에 보면 선과 악의 자식의 나무 열매는 모든점이 다 "좋았다." 다른 사람을 위해 "옳은" 일을 할 수 있는데(삼상 15:21) 뭐하러 하나님께 순종할 것인가? 그러나 성경은 순종이 "제사"보다 낫다(시 51:16-17, 삼상 15:22)고 말씀하고 계시므로, 카톨릭 "교부"들은 신구약성경 전체의 목적과 핵심을 놓쳐버리고 만 것이다. 결국 물뿌림을 받은 이 교도들에게 주어진 "성체성사의 희생 제사"가 예배의 중심으로 되어 버렸고 하나님께서 직접 주신 계명들과 명령(행 1:8, 마 28:29-20, 고후 5:20)에서 벗어나 "숨어"버리는 것이 "좋은 일"로 둔갑해 버렸다. 왜냐하면 수도원 생활에도 "좋은"점이 있기 때문이라는 것이다(롬 3:8).

이와 같은 예수회식 논리가 적용되면서 결국 피할 수 없는 일이 발생하고 말았다. 그것은 다름 아닌 성경을 거부하는 그리스도인들을 위한 "성경"이 수도원에 기거하던 승려들에 의해 생산된 것이다.

구라틴 표준원문(old Latin Receptus, 당시는 라틴어가 세계어였다)을 제거해 버리고 그것을 오리겐의 알렉산드리아 신약성경으로[12] 대체시킨 사람은 수도원 "승려"였다. 그의 이름은 소프로니우스 유세비우스 히에로니무스(Sophronius Eusebius Hieronymus, 영어로는 제롬)였다. 제롬(340-420)은 구원받지 못한 이교도(도나투스)로부터 교육을 받았고 구원에 관한 교리는 전통으로부터 수용했다. 마리아와 수도원 제도에 관한 그의 사상은 시프리안, 어거스틴, 클레멘트, 오리겐 혹은 콘스탄틴 대제가 만들어낸 이단 교리 만큼이나 비성경적이었다. 제롬은 하나님과 성경에 대한 순종에 있어 지역교회를 정화시키는 것이나(노바티안주의), 거듭난 성도들만 교회회원으로 하자는 요구(도나티즘) 혹은 주 예수 그리스도의 재림을 앞당기려는 열정(몬타니즘)과는 아무런 관계도 없는 사상들을 갖고 있었다. 그는 그리스도와 사도들이 가난했고, 마리아는 식사준비보다는 말씀 듣기에 더 많은 시간을 보냈으며, 사도행전 첫 부분에 등장하는 유대 교회가 공산주의적[13]이었다는 것을 이유로 수도원 제도는 고귀한 제도라는 생각을 갖고 있었다.

샤프는 19세기 영국의 옥스포드 운동의 핵심 멤버요, 20세기 미국에서의 "로마로 돌아가자"운동[14]의 선구자였는데 수도원에 대해서는 아주 온건한 어투로 비판하고 있다. "수도원 제도는 어떤 경우든 기독교 경건에 있어 정상적인 형태는 아니었다."[15] 그러나 수도원 제도는 정상적이 아닌 것에 그치지 않고 더나아가 불경건한 사기에 불과하다. 골로새서 2:20-23은 수도원에서 자행되고 있는 짓들에 대해 경고하고 있고 밥 존스 대학이 추천하고 있는 NASV는 이 구절들을 변개시켜 버렸다. 그러나 경건한 사람들 중에도 사기극[16]에 연루되거나 알게 모르게[17] 그런 짓을 지지하고 후원하는 사람들은 있게 마련이고 따라서 수도원 제도 역시 적어도 몬타니즘, 유티키아니즘, 펠라기아니즘, 사벨리아니즘, 마니키아니즘, 혹은 바울 서신들 만큼은 "이단"이 아니라는 근거로 정당화되고 말았다.

이 수도원 제도가 "로마 제국과 야만족 가운데서 이교도들의 몰락과 기독교의 승리를 촉진하였으므로", 비록 사기극이긴 하지만 그래도 "더 높은 목적을 이루기 위한 수단"은 될 수 있다고들 생각하는 모양이다. 샤프는 수도원 제도는 "대도시에서 발견되는 세속화, 천박함 및 부도덕에 대한 경고"의 기능을 다했으며 또한 "회개와 회심에 이르도록 하는"[18] 강력한 촉구였다고 말한다. 그러고 보니 샤프는 말씀의 전파와 수도원 제도를 착각했나 보다. 샤프가 지적한 기능을 수행한 것은 말씀전파였지(살전 2:13, 사 50:10-11) "수도원 제도"가 아니었기 때문이다. 19세기의 가장 "뛰어난" 로마 카톨릭 배교자인 필립 샤프는 잠재의식 속에 자신의 표현이 심각한 오류라는 사실을 깨달았는지 자신의 주장을 뒷받침하기 위해 재빨리 마태복음 13:33을 들이댄다. 그가 택한 구절은 교회사에서 등장했던 성경을 거부하는 모든 배교자들이 즐겨 사용하는 구절이다. 샤프는 하나님께서 수도원 제도를 비난하고(골 2:20-23) 계신데도 불구하고 눈하나 깜짝하지 않고 그것을 정당화시키면서 그 이유로 수도원 제도는 세상을 기독교로 개종시키는 "기독교의 누룩"[19]의 일부라는 사실을 들고 있다. 오리겐과 어거스틴 역시 이 누룩 비유를 똑같이 사용했다. 그러나 이런 해석은 성령님에 따르면(잠 26:7,9) 저는 자와 술취한 자들에 있는 비유담에 불과하다. [누룩은 거짓 교리라고 주님께서 해석해 주셨는데도(마 16:12) 누룩을 복음이라고 주장하다니...]

어떤 승려들은 무거운 쇠로 된 고리를 목에 두르고 다녔다. 어떤 수도사들은 고환에 무거운 쇠사슬을 묶어 끌고 다녔다. 어떤 자들은 주먹을 쥐고 손톱이 자라나 손바닥을 뚫고 나올 때까지 펴지 않았다. 어떤 자들은 1주일 동안 한쪽 다리로 서 있었다. 어떤 자들은 어깨 너머로 뒤를 돌아보되 목이 굳어 머리를 들 수 없을 때까지 하였고 어떤 자들은 대못 위에 누웠다. 어떤 자들은 뜨거운 불 위에 갈고리에 매달려 있었고 어떤 자들은 5-30년 동안[20] 나무에 자신을 묶어 놓았다. 누군가가 아돌프 히틀러의 부라우하우스 푸취연설을(1923년 11월) 듣고 "필요한 것은 정신과 의사일 뿐이다."[21]라고 적절히 지적했듯이 이들 수도사들 역시 정신과 의사가 필요할 뿐이다. 수도 승려들은 이처럼 소름끼치고 터무니 없는 기독교의 모습을 제시하고 만 것이다. 이들이 제시한 기독교는 어거스틴의 하나님의 도성에서 묘사된 조잡한 만화같은 이야기보다 더 왜곡되어 있다. 이들 수도사들은 출발부터 성경을 거부하고 오리겐의 아프리카 대학교를 추종했기 때문에 정해진 길로 가고 말았다. 다시 말해 바알 숭배자들이 되고 만 것이다. 바알 숭배자들은 "아버지들"을 모시고(판 18:19), 일요일 정오에(왕상 18:27) 하늘의 여왕에게 제사를 드리면서(렘 44:17) 스스로를 자해하였던 것이다(왕상 18:28).

"단순한 바울"(Paul the Simple)이라고 불리웠던 수도사는 하루에 300여 개의 기도문을 "외웠다."고 한다(그가 하나님께 기도드렸다는 기록은 없다). 알렉산드리아의 이시도르(Isidore)는 고기를 먹지 않았다. 프톨레미(Ptolemy)는 사막에서 이슬만 마시면서 3년을 지내다가 돌아버렸다.[22] 마크리누스(Macrinus)는 사막에서 6개월 동안 누워있으면서 모기에게 뜯겼다. 바태우스(Batthaeus)라고 하는 사람은 이빨에서 벌레가 기어나왔고 시므온 스틸라이트라는 사람은 벌레가 가득찬 고름을 씻지않고 지냈다. 사이프러스의 아켑시스마스라는 사람은 골방에서 60년 간 살았다. 그가 밖으로 나오자 그의 모습이 어찌나 괴기했든지 그를 늑대[23]로 오해한 목동들이 그에게 돌을 던졌다고 한다(그야말로 늑대의 탈을 쓴 양인 셈이다). 닐루스(Nilus)는 자기 수도원의 승려들에게 모든 혈연관계를 완전히 단절할 것을 요구했다. 다시 말하면 누가복음 14:26과 마태복음 10:37을 예수 그리스도께 대한 충성 대신 카톨릭 기구인 수도원에 충성토록 한 셈이다. 성 안토니는 선을 위해 자기 여동생을 버렸다. 포이티어즈의 힐러리는 자기 딸이 결혼하는 것을 허락[24]하는 것보다 하나님께서 그녀를 죽이시는 것이 낫겠다고 하였다. 파코미우스는 "승려(수도사)는 여자와 감독들을 반드시 회피해야 한다. 왜냐하면 그들은 모두 승려의 화평을[25] 앗아갈 것이기 때문이다"라고 말했다. 이것은 파코미우스(Pachomius)의 입에서 나오긴 했지만 놀라운 격언이라고 할 수 있다. 왜냐하면 이미 우리가 말한 대로 그리스도인이 하나님을 기쁘시게 하려하면 그는 성경에 순종해야만 한다. 그가 성경에 순종하고 나면 그의 감독은 그를 "이단"으로 낙인찍을 것이다(주 1-3). 따라서 "수도사"는 지역교회에서 나와 그 교회를 담임하고 있는 안수받은 장로인 감독(목사)으로부터 피해나와야 했다. 일단 "교회에서 나오면" 이 세상에 처하게 되고 그리하면 "세상과, 육체와, 마귀가" 덤벼들게 된다. 결국 이 그리스도인은 "중도"의 길을 택할 수밖에 없다. 즉 성경적이지는 않지만 그래도 세상적이지는 않고 영적일 수 있는 그곳을 찾게 된다. 바로 그곳이 수도원인 것이다. 수도원은 의무적으로 예배에 참석해야 하고, 높은 담으로 세상과 차단되어 있고 항상 엄격한 감시하에서 여자들과는 완전히 단절되어야 하는 곳이다.

그러나 인간의 본성은 타락되었음을 어찌하랴. 수도원은 곧이어 담대히 현실을 대처하지 못하고 피해버린 "연약한 무릎"을 지닌 그리스도인들 뿐만 아니라 스스로 십자가를 지고 감으로써(골 2:20-23) 하늘나라에 이르려는 구원받지 못한 금욕주의자들로 가득차게 되었다. 당연한 결과라고 할 수 있다. 수도원들은 수시로 새디스트적(sadistic) 악몽의 장소로 탈바꿈하게 되었고 육신적 수도사들[26]은 세상에 있을 때 만큼 혹은 세상에 있을 때 보다도 훨씬 더 못되게 굴었다. 정상적인 신진대사를 하고 있는 정상적인 인간이라면 방 하나와, 침대 하나, 책상 하나, 촛불 하나, 걸상 하나 그리고 성모 마리아의 사진 하나(조지아 주 메디슨에 있는 트래피스트 수도원, 1970)에 만족할 수는 없을 것이다.

이방인 교회들에게 쓰여진 신약성경의 서신들의 계시(골 2:20-23)를 정면으로 위배한 파코미우스는 세상과 결별하라는 지시를 천사로부터 받았고(갈 1:8) 이에 "수녀"들을 위한 수도원을 세웠다. 그리고 나서 그는 15년 간을 돌 위에 똑바로 앉아서[27] 잠을 잤다. 파코미우스의 "경건한 기독교적 모범"을 따라 50여 개의 수도원들이 세워졌다. 이들이 모두 아프리카에 세워졌다는 사실은 지극히 당연하다. 메소포타미아에 수도원 제도를 보급시킨 사람은 에프라엠이었고 아르메니아에는 유스타티우스가, 폰토와 캅파도키아에는 바질이 수도원 제도를 보급하였다. 이렇게 해서 타협자들은 궁지에서 빠져나올 수 있었고 신약성경을 거부하면서도 "경건한" 그리스도인으로 행세할 수 있게 된 것이다. 이들 수도원주의자들은 골로새서 2:20-23을 변개시킨 NASV에 번역된 대로 그 구절들을 받아들일 것이다(금욕주의를 옹호하는 식으로 변개되어 있으니까 말이다). 이처럼 "성경학자들"은 죄인들이 마귀처럼 살면서도 죄책감을 벗을 수 있는 알리바이를 훌륭하게 제공해 주고 있는 것이다. 수도사들의 "경건"은 자기부인(self-denial)과 자학(self-mortification)을 동반한 제2차 분리에 근거하고 있으며 일단 이러한 "성별"로 유명하게 되면 그들은 하나님의 말씀을 고치거나 거부하면서도 여전히 "경건한" 삶을 살 수 있다고 많은 성경대로 믿는 사람들을 설득할 수 있게 된다. 제2차 분리와 "높은 학문 수준"은 성경을 거부하고 성경에 불순종하는데 대한 속죄역할을 하는 셈이다.

동방에 세워진 광신적인 수도원은 유스타티안(Eustathians)과 아우디안(Audians)이라고 불리웠다. 역사가들은 메살린(Messalines)과 유카이트(Euchites)들을 이들 그룹과 연관시킨다. 이로써 동방에서는 "카톨릭"이 아닌 모든 성경대로 믿는 사람들은(메살린, 유카이트 등) 광신자[28]로 비난을 받았다.

골(프랑스) 지방의 수도원 제도는 투르의 마틴(Martin)에 의해 도입되었다(340-397). 뒤이어 존 카시안(John Cassian, 432)과 아를레스의 감독인 호노라티우스(Honoratius, 426)의 지휘하에 프랑스 남부지역에 수도원들이 세워졌다. 누르시아의 베네딕트(Benedict, 480-550)는 이탈리아에 있는 아폴로 신전을 몬테 카시노 수도원(Mount Cassino Abbey, A.D.529)으로 만들어 베네딕트 수도회를 창설했다. 베네딕트(Benedict)는 오리겐처럼 행위에 의한 구원을 믿었다. 그가 말하는 행위는 주로 자기 학대, 자기 부인, 자기 스스로 십자가지기[29]였다. 베네딕트가 세운 수도원들의 지도자들에게는 "수도원장"(abbot)이라는 이름이 주어졌다. 따라서 수도사들이 아닌 수도원장이 하나님과 그리스도의 대리자가 된 것이다. 그러나 이것은 "교부"들을 믿는다고 떠벌리는 사람들에 의해 저질러진 하나님의 말씀의 거부일 뿐이다(고전 4:6, 고후 3:17, 빌 2:3-8). "교부"들은 신약성경을 읽었을 뿐 아니라 무려 32,000번 이상이나 인용하였다. 그렇다면 신약성경에는 그리스도 안에서 거듭난 모든 믿는 자들은 평등하다는 구절이 100구절이나 있음을 몰랐단 말인가?(고전 12장, 엡 3장, 갈 2장, 롬 12장 등)

베네딕트 수도사들은 아프리카 복장을 하였다. 즉 두건이 달린 검은 색 외투를 입었던 것이다. 여기서 "검은 사제들"(Black Friars)[30]이란 용어가 생겨났다. 아돌프 히틀러는 어려서 베네딕트 수도원 학교에서 교육을 받았다.[31] 베네딕트 수도회의 "규칙"에는 수도사들은 세상과의 모든 접촉은 혼을 위태롭게 하는 것으로 여기고 이를 회피해야만 한다고 되어 있다. "모든 접촉"이란 사고, 팔고, 이야기하고, 거래하는 것은 물론 수도원 바깥에서 다른 사람의 말을 듣는 것을 포함한다. 그러나 이것은 베네딕트가 섬기고 있다고 생각했던 주 예수 그리스도께서 주신 명령(마 28:19-20, 행 1:8; 20:20)에 정면으로 위배된다. 수도원 운동의 출처와 특성을 극명하게 제시하기 위해 가장 뛰어난 수도사 두 사람의 생애를 살펴보도록 하겠다(성 안토니와 성 시므온). 이 "작은 불빛들"은 밝은 빛이 꺼져가고 있던 상황에서(10장 참조) 준(準)교회사(Semi-church history)에 어느 정도 기여를 했다고 볼 수 있다. 이들은 크리소스톰, 성 패트릭, 제롬 등과 더불어 교회가 퍼가모 시대(325-500)에서 두아티라 시대(500-1000)로 넘어가는 과도기의 특징을 잘 보여주는 인물들이다.

성 안토니 (St. Anthony, A.D.251 356)

이 신사 양반은 북 아프리카 코마에서 251년경 태어났다. 그는 한 때 "성경은 모든 행위에 대한 지침을 우리 모두에게 충분히 제공한다"라고 말했다.[32] 270년 그는 율법하의 유대인들에게 주어진 십자가 이전 구절(마 19:21)을 뽑아 역시 유대인에게 주어진 산상설교에 접목을 시켰다(이 산상설교는 부활이 있기 이전에 율법하에서 주어진 것이었다. 마 6:34). 그리고 나서 그 구절들을 붙들고 무덤에 가서 살았다. 그 이후 그는 황폐한 성에 가서 20년을 살았다.[33] 그는 다른 "선한 카톨릭 신자"와는 달리 포도주를 입에 대지 않았고 성체성사 때에도 이를 거부했다.[34] 그는 하루에 한끼를 먹었다. 그가 고립을 탈피한 것은 311년 이집트 알렉산드리아를 방문했던 것이 유일한 것이었다. 그는 아리안주의에 대해[35] 아타나시우스를 옹호하기 위해 알렉산드리아를 다시 방문했는데 이것이 그가 모습을 드러낸 마지막이었다.

그의 생애 105년 동안 그가 신약성경에 계시되어 있는 대로 거듭남과 구원에 대해 그 누구에게 이야기를 했다는 기록은 하나도 없다. 그의 초기 고백(앞서 말한 성경에 대한 그의 고백을 기억하라)는 달리, 그의 최종권위는 성경이 아니라 "모든 창조물"[36]이라고 고백했다. 우리는 성 안토니를 너무 심하게 다루어서는 안될 것 같다. 왜냐하면 오늘날에도 카톨릭 다이제스트지의 편집장마저도 20세기에 살고 있는 그 누구에게도 어떻게 거듭나는지를 말해 줄 수 없기 때문이다. 이 잡지의 편집장 케네스 라이안은 어떻게 거듭나서 하늘나라에 갈 수 있느냐는 질문에 로마 카톨릭 교회의 유아세례가 곧 거듭남이요, 요한복음 3:1-5을 성취하는 것이라고 대답했다(그러나 요한복음 3:1-12 그 어디에도 물뿌림이나, 침수나, 침례라는 말이 전혀 나오지 않고 있음을 누구나 다 안다). 그러나 A.D.350년경에 살았던 성 안토니를 우리가 괴롭혀야 할 이유는 하나도 없다. 안토니가 죽은 지 16세기가 지난 지금 그의 후계자들은 성 안토니와 하나도 다르게 없다. 그들은 그대로 반 성경적이요, 그대로 벙어리로 남아 있는 것이다.

그럼에도 불구하고 안토니는 구원에 대해 일반적인 용어를 사용하여 말을 했다. 그는 지상의 권력과 지혜에 대해 하나님께 영광을 돌리기를 잊지 않았다. 그는 그리스도께서 "왕"이시라는 사실을 잊지 않고 선언하였고 사람은 그리스도인이 되어야 한다는 충고도 잊지 않았다. 그는 결국 105세를 일기로 타계했다.[37]

성 안토니의 기괴한 행동과, 신약 교리에 대한 무지와, 증인으로 나아가야 할 세상에서 자원하여 분리한 것 등에도 불구하고 그는 적어도 순수하고, 참신하며, 헌신되어 있었고 다른 사람을 핍박하는 일에 가담하지 않은 사실 등은 인정해야 할 것 같다. 그는 적어도 성경의 일반적 진리들(하나님은 창조주이시다[38], 그리스도는 구세주이시다, 기도는 창조주와 구세주를 찾는 방법이다, 그리스도는 마땅히 섬김을 받아야 한다)을 전파한 교육받지 못한 원시적 증인으로서의 모범을 보인 셈이다. 성 안토니의 성경지식은 위에 열거한 기초지식에서 끝나버린다. 그는 기도의 역군이었고 "그리스도를 사랑하는" 사람이었다. 그러나 그는 신약 지역교회에는 전혀 어울리지 않은 사람이었다.

시므온 스틸라이트 (Simeon Stylites, A.D.390-459)

시므온은 "기둥 위에 앉아 있는 성도들"이라는 수도회를 창설한 사람으로 자신이 기거할 첫 번째 기둥을 스스로 지었다. 이 기둥은 약 3m 높이이며 위는 평평하게 되어 있다. 그는 그 위에서 약 4년 간 살았다.[39] 두 번째 기둥은 약 7m 정도였고 세 번째 기둥은 11m정도였다. 그가 완전히 정착한(약 20년 간) 마지막 기둥은 13m 높이로 윗면의 지름은 겨우 1m밖에 안되는 것이었다.[40] 기둥의 높이가 점점 높아진 것은 시므온의 점진적 "완전성"을 보여 주는 것으로 생각되었다(사실 이 기둥은 남근숭배사상과 관련이 있다. 이 기둥 자체가 곧 남근의 상징이었던 것이다). 이는 또한 그가 은혜 안에서 자라나서 하늘에까지 이르게 됨을 뜻하기도 했다(창 11:1-4, 사 14:13). 그는 서서 혹은 앉아서 잠을 잤다. 그는 그의 머리를 숙여 발끝에까지 닿을 수 있었다고 한다. 어떤 사람은 그가 하루에 이 "운동"을[41] 1,244번이나 하는 것을 목격했다고 한다. 비, 서리, 태양빛, 눈 등에 완전히 노출되어 있던 늙은 시므온은 신음하면서, 부르짖으면서, 울면서 그리고 기도하면서 죄를 없애려고 노력하였다. 그러나 그는 죽기까지 구원의 확신을 얻을 수 없었다. 그럼에도 불구하고 시므온은 하루에 두 번씩 선행할 것을 설교하였다. 그는 병자를 고쳐 주었다고 알려져 있고, 신학적 논쟁을 해결하였으며, 자기 둥지 꼭대기[42]에서 기적을 베풀었다고 한다. 그를 보기 위해 군중들이 몰려들곤 했는데 그는 기둥 받침대 주변에 세워진 담 안으로 여자가 들어오는 것을 허락하지 않았다. 그는 69세에 죽었는데 어떤 용감한 사람이 도대체 기둥 위에서 무슨 일이 벌어지는지 보려고 올라갔다가 그의 시체를 발견했다. 그의 시체는 이와 벌레들로 뒤덮혀 썩어 있었다. 시므온은 너무도 검소하게 살았으며 에너지 보존에 크게 기여하였다. 그는 소나기가 내릴 때만 샤워를 하였던 것이다.

제롬 (Jerome, A.D.340-420)

이 당시의 최고의 알렉산드리아 학파 회원은 제롬이었다. 그는 교황 다마수스(Damasus, 382)로부터 성경대로 믿는 지역교회들이 사용하던[43] 구라틴 성경을 개정하라는 임무를 부여받았다. 이 개정의 목적은 로마에게 표준 성경을 만들어줌으로써 그 성경을 가지고 라틴어 표준원문이 "후기필사본"에서 온 것이며 많은 "부주의한 필사상의 실수들"[44]이 있음을 증명하려는 것이었다.

제롬은 로마 카톨릭이 드높이는 "박사님"들 중의 한 분으로 그는 성자로 추앙되었다. 제롬은 수도원 생활에 참여하였으며 다른 사람들에게도 적극 추천하였고 전 생애 동안 생활비를 벌기 위해 일을 해본 적이 없다(행 18:3). 그는 교회 혹은 수도원이 제공하는 것으로 먹고 살리라고 처음부터 예정되어 있는 사람같았다. 아니면 그가 교제하던[45] 귀부인들로부터 생활비를 보조받았다. 그는 파울라(Paula)라고 하는 수녀를 "하나님의 장모"[46]라고 불렀다. 파울라는 예루살렘에서 한 천사가 그리스도의 무덤으로부터 굴려낸 것으로 알려진 돌에다 입을 맞추었다. 그녀는 자신을 낮추기 위해 얼굴을 찡그렸고 몸을 괴롭게 했으며 "웃음의 죄"[47]를 지은 것에 대한 속죄로 몇 시간을 울었다(제롬에 따르면 만약 하나님께서 "장모"를 갖고 계신다면 파울라처럼 행동하거나 그와 비슷하게 행동해야 된다고 한다). 제롬은 수년 동안 로마, 알렉산드리아, 팔레스타인, 베들레헴 등지에서 번역자로서 일했으며 말년에는 수도원을 운영하면서 보냈다.[48]

제롬은 열정적으로 카이사랴 도서관을 이용하면서 자료를 찾았고 거기서 그는 팜필루스[49]와 오리겐[50](제5장 참조)의 작품들을 발견할 수 있었다. 이것들은 그곳의 감독이었던 유세비우스가[51] 잘 보관해 놓은 것들이었다. 그는 오리겐의 작품들을[52] 사고 싶은 욕심에 모든 돈을 다 소비했다. 제롬은 자기 스스로 철학자[53]로 여기던 터라 오리겐을 오리가 물을 좋아하듯이 붙들었다. 오리겐의 성경 원문 비평법을 채택한 제롬은 로마에 두 번째로 거주하는 동안(328-385) "교황" 다마수스의 제안에 의해 번역을 시도한다. 그는 처음에는 구라틴 성경(라틴어로 된 Textus Receptus이며 "이탈리아 성경"이라고 불리웠음)을 단지 개정하려고 했었다. 그러나 그는 그의 후배 웨스트코트와 홀트처럼 약 3,000여 군데에서 구라틴 표준원문을 버리고 대신 유세비우스와 오리겐[54]의 알렉산드리아 원문을 채택해 버렸다(이 알렉산드리아 원문은 오늘날 RV, ASV, NIV, 및 NASV에 보존되어 있다). 웨스트코트와 홀트가 교황들을 위해[55]

(1870-1884) 그들의 추악한 작업을 시작했을 때는 자신들과 개정 위원회는 표준원문에서 "가능한한 적은 부분만을 바꿀 것"이라고 고백했었다. 그러나 결과는 신약에서만 5,788군데를 변개시켰고 구약에서는 무려 2만 군데를 고쳐버렸다.[56)]

제롬은 "원본의 본문"을 회복시켜 "당시의 언어"로 번역하려는 "경건하고 선한" 학자로서 20년 간을 신약성경을 변개시킨 끝에 드디어 작업을 완성했다(A.D.405). 이 성경에 대해 필립 샤프는(1901년 ASV위원회 책임자였던 친카톨릭 인사) 이렇게 말한다. "이 성경은 서유럽에서 1000년 동안이나 비잔틴 제국의 교회들이 사용하던 것보다 훨씬 더 순수하게 성경 본문을 보존해 왔다."[57)] 필립 샤프가 하고 싶은 이야기는 (와필드, 메이첸, A.T. 로버트슨, 밥 존스 3세 등과 마찬가지로) 로마의 한 수도승(제롬)의 알렉산드리아에서 나온 개정된 라틴어 본문이 비잔틴 원문보다 "훨씬 더 순수한 원문"이라는 것이다[그러나 비잔티움은 시리아의 안티옥에서 가까운(행 11:26; 13:1-3) 소아시아에 있고 그 지역에는 비잔틴 헬라어로 기록된 헬라어 성경이 있었으며 이 비잔틴 계열의 필사본들은 시리아로부터 왔으며(행 11:26), 신약성경 원본이 그 지역에서 헬라어로 쓰여졌다는 사실을 샤프는 전혀 무시한 채 억측을 하고 만 것이다]. 1884년 영국의 RV를 만들어낸 웨스트코트와 홀트의 헬라어 원문은 1901년(ASV)[59)] 미국에서 동일한 성경을 만들어 내는데 필립 샤프[58)]가 지명되었을 때도 그대로 "순수한" 원문으로 오해되고 말았다. 이들이 사용한 더 순수하다는 말은 수돗물이 이 샘물보다 더 순수하다는 의미로 사용했을 것이다.

비록 제롬은 후일 오리겐의 신학을 신랄히 비판하기는 했지만 성경을 알레고리로 해석하고 영적으로 해석하는데 있어서는 유세비우스와 오리겐을 따랐다. 이들에 따르면 열왕기하 4장에 나오는 수넴 여인은 사람이 아니라 "하나님의 항상 순결한 지혜"라고 한다. 그들은 베드로와 바울 사이의 논쟁(갈 2장)은 실제로 발생한 것이 아니고 그것은 다만 안티옥의 그리스도인들[60)]을 가르치기 위한 예화였을 뿐이라고 주장한다. 마태복음 24장은 - 제롬에 따르면 - 제롬이 태어나기 300년 전에 이미 성취되었다. 제롬은 오리겐, 유세비우스 그리고 어거스틴과 마찬가지로 종교적 진화론자였다. 그는 카톨릭 교회가 유아세례[61)]를 가지고 세계를 정복하도록 예정된 하나님의 나라라고 믿었다. 제롬은 시몬 베드로가 순교당했을 때 "결혼생활로 얼룩진 부분"을 깨끗이 씻어냈다고 가르쳤다. 제롬이 베드로의 결혼생활이 죄라고 생각한 이유는 교황이 시몬 베드로로부터 "사도적 계승"을 이어받았다면 그 갈릴리 어부는 결혼해서는 안되었을 것이기 때문이다. 그러니까 베드로의 결혼은 비합법적인 결혼일 수밖에 없다고 제롬은 생각했던 것이다. 제롬에 의하면 베드로는 결혼해서는 안되었다. 그러나 그는 결혼했었던 것이다(마 8:14, 고전 9:5).

제롬의 라틴 벌게이트 성경의 구약은 신약보다는 훨씬 낫다. 그 이유는 시내사본과 바티칸사본(당시 제롬은 이 둘을 갖고 있었다)[62]에서 구약을 번역하라는 어거스틴의 충고를 제롬이 무시하였기 때문이다. 시내사본과 바티칸사본은 신구약을 모두 담고 있으므로 "70인역"(Septuagint)이라고 알려졌었고 오늘날도 그렇게 알려져 있다.[63] 제롬은 "70인역" 대신 히브리어 원문을 택하여 번역에 임했다. 그러나 그는 유세비우스와 오리겐[64]의 열렬한 추앙자였으므로 헬라어 외경과 히브리어 외경(클레멘트, 필로, 오리겐이 세운 알렉산드리아 정경[65]에 포함되어 있음)을 번역할 수밖에 없었다.[66] 비록 그가 벨(Bel)과 용(Dragon), 토빗(Tobit), 쥬디스(Judith)와 같은 책들이 영감을 받았다[67]고 믿지는 않았지만 결과적으로 그는 그것들을 번역하였고 교황 다마수스는(이들 외경에는 죽은 자들을 위한 기도와 술을 마시는 것이 성경적임을 증거해 주는 구절이 들어있음을 알고) 구약정경 속에 외경을 하나님의 영감받은 말씀의[68] 일부로서 집어 넣고 말았다.

이와 같이 누룩이 첨가된 성경은 어거스틴과 필립 샤프의 누룩과 완전히 섞여버렸다. 이 두 사람은 마태복음 13:33의 "누룩"이 복음이고 따라서 기독교는 전세계를 순수한 교리와 순수한 행실로 부풀게 하여야 한다고 가르친 자들이다. 제롬의 벌게이트 성경은 카톨릭에게는 완전한 성경이었다. 왜냐하면 이 성경에는 죄사함(remission)과 구속(redemption)이 똑같다고 되어 있기 때문이다(NASV 골로새서 1:14에서 그의 피를 통하여를 삭제시켰음을 보라). 그러나 이 둘은 결코 같은 것이 아니다(출 34:7, 히 10:4). 제롬의 벌게이트는 마리아의 영원한 순결을 지지한다(NASV 마 1:25을 보라). 그러나 라틴어 표준원문은 그렇지 않다. 또 여자들도 사역자로 안수받을 수 있다는 주장이 제롬의 벌게이트 로마서 16:1에 버젓이 나와 있다(Amplified New Testament를 보라). 제롬의 벌게이트는 전천년 재림을 반대하는 자들에게는 완벽한 성경이다. 왜냐하면 마태복음 6:13의 끝부분이 삭제되어 버렸기 때문이다(NASV를 보라). 이렇게 되면 유대인들은 "왕국을 가져올 수" 있게 해달라는 기도를 드릴 수가 없게 된다. 무엇보다도 제롬의 성경은 카톨릭 사제들에게는 이상적인 성경이다. 왜냐하면 그들에게 해당되는 구절들을 없애버려 죄책감을 덜어주기 때문이다(마 23:14 이 구절에는 카톨릭 사제들의 호칭과 연옥에서 드릴 기도문 내용이 고발되어 있다). 반면 이 제롬의 성경은 아리안주의자들과 에비온주의자들에게는 훌륭한 "성서"가 된다. 왜냐하면 그리스도는 한 순간에 한 장소 이상에는 있으실 수 없기 때문이다(요 3:13 모든 신학교 교수들과 근본주의, 보수주의자들이 추천하는 성서를 보라). 또한 도세티스트들(Docetists)과 양자주의자(adoptionists)들 역시 제롬의 성경을 받아들일 수 있다. 왜냐하면 십자가 상에서 "주"께서 "예수"를 떠나버렸기 때문이다(눅 23:42, ASV, NASV, NIV). 더나아가 제롬의 벌게이트는 후천년주의자들과 무천년주의자들에게는 안성맞춤이다. 왜냐하면 이 세상의 실제적 왕국들(계 11:15)이 그리스도의 왕국이 되지 않을 것이기 때문이다(복수를 단수로 변개시켜 놓았기 때문이다). 이들은 그리스도께서 재림하셔도 이 땅 위에는 참 평화가 없을 것이고 다만 "마음의 평화"만이 있게 될 것이라고 주장한다. 이들 소크라테스의 추종자들에게 지고의 선은 "호의"일 뿐이다(눅 2:14 모든 신학교의 보수주의자 및 근본주의자들이 추천하는 성경들을 찾아 보라). 마지막으로 제롬의 벌게이트는 마귀에 사로잡힌 기독교 교육자들에게도 역시 완벽한 성경이 되고 만다. 이들은 제롬이 벌게이트에 "믿음의 근본사항들"에 관한 "주요 교리"에 관한 한 표준원문의 본문을 그대로 남겨두었기 때문에 "좋은 번역 성경"이라고 학생들을 우롱하고 있다.

요약해 보자면 제롬의 라틴 벌게이트는 1901년의 ASV, 1884년의 RV, 1960년의 NASV, 1978년의 NIV와 똑같은 형편없는 "성서"(Bible이 아니고 bible)에 불과하다. 제롬의 라틴어 성경의 저본으로 사용된 헬라어 원문은 오늘날 홀트, 알란드, 메쯔거, 네슬, 소우터 등에 의해 출판되었고 파노시안(Panosian, 밥 존스 대학의 역사 교수)은 이 원문이 너무도 정확해서 "하나님의 말씀의 모든 단어를"[69] 다 지니고 있다고 말할 수 있다고 주장하였다.

제롬의 "절충"(eclectic) 신약 성서는 오늘날 기독교 고등 교육자들에게는 이상적인 본문이 아닐 수 없다. 왜냐하면 이 성서를 가지고는 다양한 의견들이 가능하고 "인정받는 권위자들"의 "학자적 선호"도 포용할 수 있기 때문이다. 또한 이 성서를 가지고 학자들끼리 서로 논쟁을 벌일 때 중재자 역할을 하게 되는 "신학교"[70]가 최종 권위로 떠오를 수 있게 된다. 니케아 공회 이후 자리잡은 카톨릭 교회의 최고 목표가 단합과 권력이었으므로 그들은 이 목적의 달성에 필요한 성경이 필요하였고 제롬은 이들에게 참으로 이상적인 성경을 제공해 준 셈이다. 이것은 하나님께서 영감을 주신 그 책이 아니었고 그 책에서 나온 번역본도 못되었다. 결국 성경을 교회들의 최종권위로서 받아들이는 대신 기독교 교육을 최종권위로 올려 놓은 사람들은 오리겐, 클레멘트, 필로였고 이들의 후계자 제롬이 만들어낸 "걸작품"과 더불어 암흑 시대는 시작되었던 것이다.

요한 크리소스톰 (John Chrysostom, A.D.347-407)

"황금의 입"을 가졌다고 알려진 크리소스톰은 1611년 <킹제임스성경>의 저본인 헬라어 표준원문을 수호했던 시리아 비잔틴 교회의 위대한 설교자요 성경 강해자였다. 그는 이방인의 신약 기독교의 요람이었던 안티옥에서 출생하였으며 그곳에서 회심하여 침례를 받았다(행 11:26). 그는 디오도루스(Diodorus, 394) 수도원장과 몹수에스티아의 테오도르(Theodore, 네스토리안 신학의 아버지[71]) 밑에서 6년 간 공부하였고 함께 기도생활을 하였다. 그는 397년 콘스탄티노플의 총주교로 피택되었다(이때 어거스틴은 53세였고 제롬은 67세였다). 크리소스톰은 당시의 통치자들의 죄를 지적하는 설교를 했다고 해서 추방되었다. 당시의 종교 지도자는 알렉산드리아의 테오필루스(Theophilus)였고 정치 지도자는 유독시아 황녀(Empress Eudoxia)였다. 크리소스톰은 무장호위병에 의해 자기 고장에서 쫓겨났고 A.D.407년경 흑해 근처에서 망명 중 사망했다. 전설에 따르면 그는 무릎을 꿇고 기도하던 중 죽었다고 한다.[72]

비록 크리소스톰이 아리안과 노바티안에 반대하긴 했어도 그들을 박해하거나 그들과 성을 내며 논쟁하지는 않았다. 하지만 그는 오리겐의 알렉산드리아 학파가[73] 가르쳤던 자의적인 알레고리 해석을 격렬하게 반대하였다. 그와 동시대의 카톨릭의 대표격인 제롬과 어거스틴과 달리 그는 네스토리안주의(Nestorianism)를 이단으로 간주하지 않았다. 그가 정확한 성경 해석에 있어서는 실수를 한 적이 있긴 하지만 그는 성경을 문자 그대로 받아들이는 건전한 태도를 갖고 있었다. 그는 당시 많은 사람들처럼 안수받은 장로는 "제사장"[74]이라는 이단 사상을 받아들였다. 하지만 그가 말한 "제사장"은 수도승도 아니었고 성체성사를 주관하는 자도 아니었다. 크리소스톰이 말하는 "제사장"(요즘은 사제라는 말을 사용함)은 실천 신학을 적극적으로[75] 적용하는 성경대로 믿는 설교자였다. 비록 크리소스톰은 시몬 베드로가 욥파보다 더 멀리 서쪽으로 간 적이 없다는 사실은 모르고 있었지만 적어도 베드로의 뒤를 이어 "교회의 다스림"을 떠 맡은 사람은 안티옥의 이그나티우스[Ignatius, 로마의 "리누스"(Linus)가 아니라 : 리누스는 카톨릭이 억지로 만들어낸 제2대 교황임 - 역자주]였다는 사실을 알만큼 지각을 갖추고 있었다. 그는 베드로가 로마에 앞서[76] 안티옥에서 설교했음을 인정했다. 그는 몇몇 지역에서 주의 만찬(Lord's Supper)[77]에 대한 아프리카의 검은 마술(빵은 살로 변하고 포도주는 피로 변한다고 믿는 것을 빈정대는 표현임 - 역자주)에 동조하긴 했어도 성만찬은 희생 제사가 아니고 "갈보리에서의 희생을 기념"[78] 하는 것이라고 선언할 만큼 담대하였다.

그럼에도 불구하고 크리소스톰은 성인들을 숭배하는 것과 그들의 유품을[79] 숭배하는데 있어서는 "시대의 정신"(spirit of the times)에 따르고 말았다.

크리소스톰은 당시에 발견할 수 있는 가장 뛰어난 성경대로 믿는 설교자의 모범이었다. 적어도 교회사에서 잘 알려진 "유명한" 그리스도인들 중에서는 그렇다고 할 수 있다. 그는 그 어떤 로마 카톨릭 지도자들(어거스틴과 제롬을 포함해서)보다도 훨씬 뛰어난 설교자였다. 그는 그 어떤 로마 카톨릭 학자들(오리겐, 제롬, 클레멘트를 포함하여)보다 더 성경적인 강론을 하였으며 당시의 그 어떤 수도승, 수녀, 은둔수도자, 기둥에 앉은 성자들보다 영적인 헌신에 있어 균형잡히고 건전한 실행을 하였다. 그의 삶은 사보나롤라와 에라스무스의 삶과 같이 오늘날의 빌리 그래함과 해롤드 오켕가 같은 사람에 의해 채택된 반은 바깥을 향하고 반은 안쪽을 향하는 독특한 입장을 표명했다. 그의 입장은 하나님의 말씀을 완전히는 포기하지 않은 채 그러나 하나님의 모든 말씀을 선포할 때는 "온건하고 절제된" 태도를 보이는 헌신되고 기도하는 복음적 입장인 것이다. "배교한 형제들과 화평"을 누리기 위해서 발언 수위를 적절히 조절하면서 대응하는 태도이다. 그러나 필요한 때에는(언제든 그런 상항이 오게 마련이다) 성경대로 믿는 설교자는 죄를 지적하는 설교를 해야만 한다. 크리소스톰도 그런 설교를 했다. 그는 하나님께서는 외모를 존중하지 않으신다는 사실(행 10:34, 롬 2:11)을 알 만큼은 성경적이었다. 그래서 크리소스톰은 황후의 죄를 지적했고 결국 목이 매달려 죽임을 당했다.

성 패트릭 (패트리시우스, Patricius, A.D.389-465)

두아티라 교회(계 2:18) 시대가 시작되기 약 7년 전에 아일랜드에서 한 사람이 죽었고 그는 한 개신 교회(아일랜드의 다운패트릭 시)의 교회 뜰에 묻혔다. 이 무덤에는 "패트릭"이라고만 쓰여 있다. 바로 이 사람이 교회사가들이 "아일랜드의 사도"라고 부르는 그 사람이다.

성 패트릭은 집사의 아들이었고 사제의 손자였다.[80] 그는 오늘날 스코틀랜드의 덤바튼(Dumbarton)이라고 불리는(당시에는 반나벰 태버니에라고 불리웠음) 마을 근처에서 태어났다. 이 마을은 클라이드 강과 레븐 강[81]이 만나는 곳에 위치해 있었다. 패트릭의 아버지는 칼 푸르니우스라는 사람으로 브리튼 교회의 집사였다. 당시(380-400) 브리튼 교회는 <킹제임스성경>과 같은 구라틴어 표준원문만을 갖고 있었다(이 원문에는 요한일서 5:7,8이 들어 있었고 "조작"된 것으로 알려진 계시록 22장의 에라스무스 구절이 들어 있었다). 이 사실은 왜 브리튼의 켈트 교회가 파피아스, 시프리안, 클레멘트, 오리겐으로[82] 이어지는 로마의 반열 대신 이그나티우스, 폴리캅, 크리소스톰의 비잔틴 반열을 오랫 동안 따르게 된 이유를 설명해 준다. 이들 초기의 켈트(Celts) 교회와 픽드(Picts) 교회들이 제롬이나 로마 카톨릭 교회와 연합하지 않았기 때문에 로마 카톨릭 작가들은 그들을 "유해한 이단들"[83]로 항상 비난하고 나서는 것이다.

성 패트릭의 서신들에서(고백록 : 25장으로 되어 있음, 코록티쿠스(Corocticus)에게 보내는 편지 : 10장으로 되어 있음, 고대 아일랜드어로 쓰여진 찬송시) 그는 몇 가지 사실을 분명히 밝혀 놓고 있다. : 그는 아일랜드 사람이 아니고, 그는 성경과 기독교와 관련해서는 로마나 교황을 결코 언급하지 않았으며 그는 3월 17일에 태어난 것이 아니다. 더 나아가 패트리시우스는 죽은 지 4세기가 지날 때까지는 성자의 반열에 끼지 못했다. 그는 더블린을 방문한 적조차 없다.[84] 패트릭은 믿음과 실행에 있어서의 최종권위로서 오직 성경만을 인정하였다.[85] 그는 결코 감독, 공회, 교황 및 왕들에게 영적 문제에 관한 종교적 충고를 요청한 적이 없다. 그는 오리겐, 클레멘트, 어거스틴 및 유세비우스와는 달리 철학, 과학 및 영지주의를 쓸데없는 것으로 무시해 버렸다.

그는 스코틀랜드에서 아일랜드 벨파스트(Belfast)로 픽트(혹은 켈트)의 해적들에 의해 16세 때 강제 이주되었다가 6년 후 도망쳐서 영국으로 돌아왔으나 다시 체포되어 한 동안 노예로 지냈다. 환상을 통해 아일랜드를 복음화 해야한다는 사명을 받은 그는 아일랜드로 돌아가 약 53년 간 사역했다. 성 패트릭의 사역에 관해서는 온갖 전설들이 많이 있으나 이런 것들은 8세기 혹은 11세기에 카톨릭 교회에 의해 성 패트릭의 로마 카톨릭화 작업이 있기까지는 사실로서 수집되거나 출판되지 못했다.

패트릭 자신은 성인 수천 명[86]을 침례 주었다고 말했다. 그는 300여 개 이상의 지역교회를 세운 것으로 알려져 있다(그의 열렬한 추종자들에 따르면 700개의 교회를 세웠다고 한다). 흥미로운 사실은 성 패트릭의 사망 후(6,7세기경) 아일랜드는 "성도들의 섬"이라고 불리우기에 이르렀다는 것이다. 성 패트릭은 반 로마적 입장을 지닌 성경을 믿는 "카톨릭" 이상의 인물이었다. 그는 선교사의 성정을 지닌 전도자(복음 전파자)였던 것이다. 그의 사역을 뒤이어 세워진 모든 수도원들은 선교 단체들이었으며(아르마, 반쵸, 클로나르, 클로마노, 데리, 클렌도르프 등지에 위치해 있음) 선교사들을 12-13명 단위로 훈련시켜서 스코틀랜드, 브리튼 북부, 프랑스, 독일, 스위스, 이탈리아 북부[87] 등지로 파송시키는 일을 수행하였다. 이들 전도자들의 사역을 통해 회심한 수천 명의 사람들은 후일 세워진 신성 로마 제국에서는 결코 적응할 수 없는 인물들이 되었다. 왜냐하면 A.D.600년 이전에 성자를 숭배한다든가, 마리아를 찬양한다든가, 주의 만찬을 희생 제사[88]로 믿었던 그 어떤 켈트교회가 있었다는 증거가 하나도 없기 때문이다. 더나아가 이들 선교 수도원들이 보존하였던 거룩한 책은 제롬의 라틴 벌게이트가 아니었고 지중해 지역에서부터 유래한 구라틴 성경이었다. 하나님께서 주시고, 하나님께서 존중하셨으며 하나님께서 보존하신 성경은 디오클레티안의 폭거(성경을 불태우는 행위), 오리겐의 변개, 제롬의 개정, 교황 레오의 저주[89]를 극복하고 살아 남았던 것이다. "경건한" 보수주의자들과 "존경받는 성경 학자들"이 아무리 성경은 존재하지 않는다고 주장한다 해도, 하나님의 말씀은 글을 읽을 수 있는 유럽의 모든 사람들이 찾아읽을 수 있도록 보존되어 있었던 것이다.

이렇게 해서 드디어 암흑 시대의 서막인 두아티라(Thyatira) 시대는 시작되었다. 이때 상황은 심마쿠스(Symmachus)가 교황의 자리에 올랐고(498-514), 게르만족의 말굽소리가 온 유럽을 진동하고 있었으며, 프랑크 왕국의 초대 왕이었던 클로비스(Clovis)는 교황들과 "성모 교회"를 이용해서 게르만족을 로마화(죄인들을 회심시키는 대신)시키는데 애를 쓰고 있었고, 성경대로 믿는 그리스도인들인 신약 지역교회는 향후 1000년 간 최소의 규모로 축소되고 말았던 것이다. 이들 성경대로 믿는 사람들의 이름과, 사역과, 수고와, 고통 등은 오직 하나님께서만 알고 계실 것이다.

이교도 시대(Paganism, B.C.300-A.D.33)에 뒤이어 복음 전파(Evangelism, A.D.33-90)가 이루어졌고, 뒤이어 성경 교육(Teaching, A.D.90-200)이 있었으며, 곧이어 문화 운동(Culture, A.D.200-325)이 뒤를 이었고, 결국에는 배교(Apostasy, A.D.325-500)가 밀려왔다. A.D.590년경에는 거대한 교회 일치(Ecumenical) 운동이 일어나 교회와 국가가 하나가 되었고 따라서 이교도(Paganism)로 돌아가버렸다(590-1500). 성경적 복음 전파는 죄인들을 그리스도께로 인도하려는 개개의 그리스도인들의 간헐적이고 단발적인 수준으로 축소되고 말았다. 성경 교육은 거리에서 설교하는 "이단"들의 몫이 되었고 신약 지역교회들의 설립과 행정은 죽은 자들을 위해 기도하기를 거부하는 순간 이단으로 낙인이 찍혔던 지역교회 목사들이 감당해야만 했다. 결국 암흑 시대의 성경적 기독교의 역사는 그것이 참된 것일 경우 지하 운동의 성격을 띨 수밖에 없었다. 가끔 사도들에 필적하는 그리스도의 증인들이 등장하긴 하지만 사탄의 신부가 완전 통제하고 있는 상황하에서는 그처럼 뛰어난 인물들을 찾아보기란 쉽지 않다. 그런 인물이 등장하면 "사탄의 신부"는 곧바로 화형에 처해 버렸기 때문이다.

역사가들에 따라 조금씩 차이가 있긴 하지만 대부분은 1450-1480 사이를 암흑 시대(Dark Ages)의 끝으로 보고 있다. 어떤 역사가들은 르네상스(1200-1400)를 암흑 시대와는 구분하려고 한다. 우리는 두아티라 시대를 500-1000 그리고 사데(Sardis) 시대를 1000-1500년으로 잡을 것이다.

해는 지고 말았다. 일꾼들은 들에서 돌아왔다. 많은 사람들은 잠을 잘 준비를 하고 있었고(마 13:25), 다른 사람들은 어두움을 이용해서 그들의 "생활 방식"을 표현해 보려고 했다(롬 1:29-32). 왜냐하면 그들은 빛보다 어두움을 더 좋아했기 때문이었다(살전 5:1-8). 아무도 멀리 내다볼 수 없을 만큼 캄캄했다. 이 시대는 구름에 가린 달과 몇 개의 별들을 제외하면 모든 불빛이라고는 인위적으로 만든 불빛 뿐이었다(마 4:14-16). 달은 그리스도의 신부를 예표하므로(솔 6:10), 우리는 이 교회 시대 동안 세상에 의해 달이 가리워지는(월식) 현상을 목격하게 될 것이다. 남은 빛이라고는 별빛 밖에 없다. 즉 개별 성도들이 불빛을 밝히고 있는 시대가 바로 두아티라 시대인 것이다. 세상에 심겨진(마 13:38) "믿음"(마 13:31)은 나무를 생산해 냈고(마 13:32), 이 나무에 마귀들이 둥지를 틀었다(마 13:32, 계 18:2-5). 세상이 그리스도인과 그의 태양(말 4:2, 시 19:4-5) 사이에 끼이면 불빛은 사라져 버린다. 따라서 이 시대를 암흑 시대라고 부르는 것은 당연하다. 이 시대는 하나님의 말씀에 의문을 제기함으로써(창 3:1 - 알렉산드리아 학파의 "반대경", antilegomena), 하나님의 말씀에 대항하는 권위를 세움으로써(창 3:2-4, 알렉산드리아 학파의 철학, 과학 및 전통) 그리고 하나님의 말씀을 거부함으로써(창 3:3-5) 등장하게 된 것이다.

제롬의 라틴 벌게이트는 (오늘날의 ASV, RV, NASV, NIV, RSV, NRSV) 암흑 시대를 알리는 신호탄이었다. 이것은 배교한 교회에게 주어진 배교한 성경이었고 이 교회의 회원들은 300년 동안이나 성경을 거부하는 배교자들의 "영도력"을 추종했던 것이다.

제 12 장
왕국이 임하옵시며 뜻이 이루어지이다

보소서...우리에게 왕을 세워 우리를 다스리게 하소서...
주께서 사무엘에게 말씀하시기를 "백성이 네게 말하는 모든 일에 있어서
그들의 음성에 경청하라. 그들이 너를 거역함이 아니요,
나를 거역하여 나로 그들을 다스리지 못하게 하려는 것이라. (삼상 8:5,7)

우리 모두는 암병동에서도 선한 일들이 이루어진다는 사실을 알고 있다. 교도소에서도 회심은 일어날 수 있고 성경을 비판하는 일도 성경공부를 하도록 자극제가 되기도 한다. 고문도 그리스도인에게 하나님께 영광을 돌릴 수 있는 기회를 줄 수 있다. 새로운 "성서"들에서도 "믿음의 기본 사항들"을 발견할 수 있고 살인도ㅋ 긍정적인 면이 있기도 하다. 예를 들면 경찰력이 강화된다던가, 탐정의 생각을 날카롭게 만든다던가, 더 유용하게 쓸 수 있는 사람에게 유산이 넘어가도록 해 줄 수도 있다. 다시 말해서 가장 비관적이고 부정적으로 역사를 바라보는 사람도 엄청난 파괴가 진행되고 있는 동안 "선"한 일들이 생길 수도 있다는 사실을 알고 있다는 것이다. 그러나 신약 지역교회들을 추적하는 데 있어서 우리의 목표는 자유사상가, 논리실증주의자, 철학자 및 교회사가들이 채택하는 인간적 기준에서의 "선"이

아니고 성경적인 "선"이 어떠한 것인가를 분별해 내는 것이다. 따라서 우리가 암흑 시대에 이루어진 "선"과 "발전"을 추적해감에 있어서는 이교도들의 두 우상인 "평화"와 "번영"(신 23:6)이 어떻게 이루어졌는지를 추적하는 것이 결코 아님을 밝혀둔다. 더 나아가 우리는 단합(하나됨)에 대해 거의 취급하지 않을 것이다. 이는 성경적 단합이란(요 17:21) 그리스도 안에서 항상 연합되어 있는(고전 12장, 엡 3장) 영적인 유기체(고전 12:12)에 관한 것이며 하나님께서 말씀하신 것(고전 1:10)에 동의하는 성경대로 믿는 사람들의 단합만이 바람직한 것으로 성경은 말씀하고 있기 때문이다(행 4:32, 살전 2:13). "단합"에 대해 성경이 말씀하고 계실 때는(벧전 5:1-5, 갈 6:1) 결코 종교적 독재에 의한 정치적 단합을 의미하고 있지 않다. 성경에는 먹을 것과 입을 것(딤전 6:8) 이외에는 그리스도인들에게 약속된 번영은 없고 그리스도인들의 평안은 내적인 것이지(요 14:27, 빌 4:7) 정치적 평화와 사회적 평화가 아니며 외적인 평화에 대해서는 몇몇 경우에 누릴 수도 있다고 되어 있다(딤전 2:1-2, 벧전 2:19, 약 2:6).

검은색 수도복을 입은 수도승, 검은 제의를 입은 신부들, 흑사병(Black Death, A.D. 1300년대) 그리고 암흑 시대의 어두움을 뒤지다 보면 인문주의, 사회주의 혹은 문화적 관점에서 볼 때 약간의 긍정적인 요소들이 있음을 발견하게 된다.

1. 게르만족의 침입은 카톨릭의 단합을 가져왔고 교회 조직도 더욱 치밀하게 구성되었다. 그리하여 "서너 개 정도"의 성경적 진리들이 보존될 수 있었다.

2. 게르만족의 침입으로 인해 수많은 이교도들이 복음을 전파하는 "이단"들을 접할 수 있는 기회를 얻게 되었고 전 유럽이 로마 카톨릭화 되어 가는 와중에서도 참으로 구원받는 사람들이 생겨나게 되었다.

3. 게르만족의 침입으로 복음은 동에서 서쪽으로 "강제적으로" 이동하게 되었고 이는 하나님의 계획에 부합된 것이었다(행 16:1-8).

4. 수도원 생활로 몇몇 영적인 사람들은 어떤 역본이든 성경을 읽고 공부할 기회를 갖게 되었다.

5. 기독교적 분위기가 이교도들에게도(클로비스, 페핀, 마르텔, 샤를마뉴) 파급 효과를 가져와 유럽 문화가 덜 "야만적"이 될 수 있었다.

6. 봉건 제도(feudal system)가 일어나 기사도 같은 명예를 존중하는 문화가 형성되었다. 이는 성모 마리아에 대한 가르침을 통해 카톨릭 문화가 파급된 덕분이며 또한 연옥(purgatory)에서 나오기 위해서는 선행을 해야 한다는 카톨릭 가르침에 기인한 것이었다.

쓰레기통에서 끄집어낸 이와 같은 향신료 몇 가지를 가지고 "긍정적 사고 방식"을 지닌 사람들은 "하나님의 영원하신 목적"이 모든 것을 합력하여 선을 이루면서 암흑시대에도 여전히 "신비로운 방법으로" 이루어져가고 있었다고 생각한다. 이와 같은 점진적인 하나님의 역사로 결국 "인간의 비인간적인 성품은 사라지게 될 것이고, 이 땅에는, 왕국이 이루어지게 될 것이다."[1]라고 주장한다. 이처럼 긍정적 사고 방식을 갖고 있는 사람은(구원을 받았든 아니든 간에) 역사의 교훈을 배우는데 있어[2] 매우 비이성적인 사람들이다. 그들은 성경이 계시하고 있는 인간의 본성(마 7:11)과, 인간 사고의 특징(창 6:5), 이 세상 제도(갈 1:4), 그 안에 살고 있는 인간의 도덕성을 무시한 채 어떻게 역사로부터 교훈을 얻을 수 있는지 모르겠다. 이들은 겉보기에 그럴싸한 행동들의 숨은 동기와 의도(렘 17:9)에 대한 성경의 계시를 거부할 뿐만 아니라 이 계시를 믿고 있는 사람들도 거부한다. 한 가지 이상한 것은 그리스도인들 가운데 가장 긍정적인 사고 방식을 갖고 있는 사람들(샤프와 어거스틴)이 인간의 전적인 타락을 믿는다고 고백하는 것이다. 자신들의 신앙 고백과 기독교 역사를 긍정적으로 해석[3]하는 그들의 사고 체계를 어떻게 조화시킬지는 미지수다. 이들은 어린아이가 유아세례를 받을 때 얻게 되는 거듭난 성품이 여전히 "원죄" 가운데 남아 있는 거듭나지 못한 유아들을 압도하게[4] 될 것이고 그러면 결국 "주의 왕국이 임하고 주의 뜻이 하늘에서와 같이 이 땅에서도 이루어질 것"(마 6:10)이라고 믿을 만큼 어리석은 자들이라는 결론 이외에 무슨 말을 할 수 있겠는가? 위에 열거한 두 사람은(메이첸, 테드 케네디, 풀톤 쉰, 와필드 등과 같이) 이와 같은 생각을 갖고 있음이 분명하다. 왜냐하면 이들이 추천하는 오리겐이 만든 알렉산드리아의 원문에는(RV, RSV, ASV, NASV, NIV) 유대인들의 기도문 중 마태복음 6:13에 나와 있는 부분이 삭제되어 있기 때문이다. "왕국과, 권세와, 영광"(마 6:13)은 민족적으로(출 12:51과 그 주석 참조) 하나님을 아버지로 모시고 있는 이스라엘 민족의 기도문 끝부분에 해당되는 것이다. 그런데도 로마의 콘스탄틴은 교회들을 이교도들과 섞어버리고 나서 "왕국과, 권세와, 영광"은 로마의 것임을 선포해 버렸다. 따라서 로마의 감독(500년 후부터는 교황이라고 불리게 되었다)은 "왕국과, 권세와, 영광이" 자기[5]에게 속했다고 주저없이 주장하고 나서는 것이다[그 이유는 "교회의 유익"을 위한 것이라고 하니 위선자들은 항상 선한 동기를 갖고 있는 모양이다(요 11:50).[6] 과야나 인민사원 대학살(Guyana Massacre)의 주인공 짐 존스(Jim Jones, 1978)도 인권과, 자유와, 게이 해방과, 사회적 인종적 평등을 믿었던 사람이었다]. 교회사는 결코 로마 종교 조직을 장악한 자들에 대해 연구하는 것이 아니다. 어떤 역사가가 역사에 접근할 때 성경적 태도를 갖고 있다면 - 즉 역사의 하나님께서 주시는 계시들에 비추어 역사적 사실들을 해석한다면 - 그는 로마 카톨릭의 역사는 "반교회사"(Anti-church history)임을 인정할 것이다. 마찬가지로 종교개혁자들도 때로는 "준교회사"(Semi-church history)의 범주로 떨어져 버렸음도 인정할 것이다. 종교개혁자들은 당시의 도나티스트에 해당되는 재침례파(Anabaptists)들을 5세기에 테오도시우스와 어거스틴이 살해한 것과 똑같이 죽였다. 참된 교회사는 지역교회에 몸담은 침례받은 사람들이 모여 교제하는, 거듭나고 성경을 믿는 그리스도의 몸의 지체들을 다루어야 한다(제2장 참조). 우리는 암흑 시대의 전반부(A.D. 500-1000)를 살펴보면서 "교회"의 역사적 자료들을 제시할 때마다 이 사실을 염두에 두어야 한다.

"기독교화"(Christianization)란 용어는 필립 샤프와 기타 역사가들이 게르만족을 로마 카톨릭화 시키는 작업을 묘사하기 위해 사용한 것이다. A.D.500-1000년 사이 로마 카톨릭 교회가 유럽에서 행한 일을 묘사할 때 "죄인들의 복음화"라는 용어는 결코 적합한 것이 못된다. "기독교화"에도 불구하고 게르만족들은 그들의 목걸이, 우상, 신(gods) 등과 같은 여러 가지 미신적인 것들을 여전히 간직하고 있었으며 그들이 충성된 "카톨릭 교도"가[7] 된 후에도 마찬가지였다는 사실을 카톨릭 사가들은 인정한다. 오늘날도 필리핀, 멕시코, 남미 등을 여행하는 사람들은 동일한 현상을 보게 될 것이다. 그 어느 민족이 "카톨릭"이 되어도 마찬가지이다. 이에 대해 카톨릭 역사가들은 그들의 "오직 참된 교회"와 "성체성사"가 "이교도"[8]에게 효과가 없었다는 사실에 매우 당혹해 하면서 "충격"으로 받아들이고 있다. 그들은 로마화된 이교도가 이교도일 경우 그는 자기를 "개종"시킨 이교도(원래 카톨릭)보다 두 배나 더 지옥의 자식이 된다는(마 23:15) 사실을 전혀 모르고 있는 것 같다.

우리는 앞장에서 성 패트릭에 대해 언급한 바 있다. 그가 훈련시킨 선교사들은 틀림없이 스코틀랜드와 브리튼으로 갔다. 이들 선교사들 중에서 가장 효과적으로[9] 사역한 사람은 콜럼바(Columba, A.D.521년경 태어났으며 콜룸킬이라고도 한다)였다. 콜럼바는 스코틀랜드 해안에서 떨어져 있는 이오나[Iona, 헤브리즈 군도(Hebrides Islands)]라고 불리는 짙은 안개로 덮여 있는 섬에 수도원을 세웠다. 이곳에서부터 콜럼바는 스코틀랜드를 복음화 했고 선교팀(12-13명 단위로)을 잉글랜드 남부 그리고 도버해협을 건너 노르망디, 프리스란트(Friesland, 벨기에), 독일 및 덴마크로 보냈다. 비록 콜럼바는 성 패트릭과 마찬가지로 카톨릭적 요소 몇 가지를 받아들이긴 했으나 그를 회심시킨 사람들은 A.D.168년경에 처음으로 등장했던 반카톨릭적 표식을 지니고 있었다. 그것은 콜럼바와 그의 선교사들 그리고 그들에 의해 복음화된 사람들은 시리아의 안티옥 전통[10]에 따라 비잔틴 방식으로 부활절을 지켰다는 것이다. 이들은 매년 일요일날 토끼그림 달걀을 동원해서 부활절을 지키는 카톨릭 방식을 따르지 않았다 (제10장 주 4 참조).

콜럼바의 9대 계승자였던 아담난(Adamnan, A.D.700) 이란 사람은 픽트와 켈트족 그리스도인들을 로마 카톨릭 방식으로 부활절을 지키도록 회유했으나 그의 교회 회중들은 그것을 거부했다. 그가 죽은 후(704) 복음을 전파하는 모든 선교 수도승들은 카톨릭이 정한 부활절 날에 색칠한 토끼그림 달걀을 사용하지 않을 경우 왕명에 의해 추방당하였다(715). 그러니까 A.D.715년경에는 카톨릭 교회의 세력이 어찌나 강성했든지 거룩한 날을 지키지 않았다고(골 2:16) 그리스도인을 이단으로 낙인찍을 수 있을 정도였다. 아마 카톨릭의 모든 교황, 추기경, 주교, 수녀, 사제 그 누구도 골로새서 2:16을 한번도 읽어 보지 못했거나 읽어 보았더라도 그것을 무시해 버린 것 같다. 로마서 14:5도 마찬가지다. 카톨릭 교회사는 한마디로 반 교회사인 데 이는 로마 카톨릭 교회가 반성경적 기독교를 표방하기 때문이다.

초창기의 브리튼과 아일랜드의 기독교는 후일 교황에 의해 칼과 화형으로 위협 당해 강제적으로 변질된 후기의 기독교와는 세 가지 면에서 분명히 차이점을 보이고 있다. 첫째, 화체설(transubstantiation)을 거부했고 죽은 성도들에게 기도하지 않았다.[11] 둘째, 독신서원이나 마리아 숭배를 하지 않았다. 셋째 감독들은 단지 목사였을 뿐 교구를 담당하는 책임은 없었고 "사도적 계승"을 주장하지도 않았다.[12] 성 패트릭과 콜럼바는 결코 훌륭한 "카톨릭 신자"가 못되었다.

기독교가 어떻게 영국 땅으로 들어갔는지는 카톨릭 교회가 제시하는 교황들의 목록만큼이나 애매모호하다(제9장 주 77-79 참조). 어떤 사람들은 바울 자신이 복음을 전했다고 하고 다른 사람들은 베드로, 야고보 혹은 빌립이라고 한다. 노르만족의 전설에 따르면 아리마대 요셉이 최초로 복음을 전했다고 한다[13] 어쨌든 A.D.200년 이전에[14] 성경적 기독교가 영국 땅에 확립된 것은 분명하다. 터툴리안(Tertullian, 208)은 영국에는 로마인들이 근처 100마일에 접근하기도 전에[15] 이미 많은 개종자들이 있었다고 말한다. 앞서 살펴보았듯이 아를레스 공회(314)에는 영국에서 온 세 명의 감독이 참가했다. 어거스틴에게 많은 어려움을 주었던 반어거스틴적 입장을 취한 영국 출신 펠라기우스에 대해 샤프는 "현저한 이단"[16]이라고 말했다. 그런데 친카톨릭적인 샤프는 바로 다음 구절에서 "최초의 기독교도 황제였던 콘스탄틴" 역시 브리튼(영국)

출신[17]이었다라고 말하고 있다. 만약 1890년에 추기경들이 샤프를 교황으로 옹립했었다면 그보다 더 훌륭한 선택은 없었을 것이다.

로마 교황들이 외국 여러 나라를 독재적으로 통제할 수 있었던 것은 다음과 같은 방법 때문이었다. 교황은 "개종한" 게르만족으로 이루어진 군대에 의해 보호를 받았으며 로마에 안전하게 머물면서 자기 친구들이나 자기 추종자에게 멀리 떨어져 있는 어떤 나라를 분배해 준다. 그때 그 주민들이 "개종"하지 않는 경우에는 약속된 군대의 지원과 함께 폭도들을 파견하여 강탈한다(1964년과 1980년 사이 미국의 공립 학교가 인종 통합을 할 때도 동일한 방식으로 이루어졌고 루즈벨트가 폴란드, 리투아니아, 라트비아, 에스토니아를 스탈린에게 헌납할 때도 동일한 방식으로 된 것이다. 더군다나 이 일은 이들 영토로부터 500마일이나 떨어진 곳에서 열린 비밀회의에서 결정되어 버린 것이다).

아일랜드, 스코틀랜드, 잉글랜드가 어른에게만 침례를 주는(즉 유아세례를 반대하는) 성경대로 믿는 설교가들에 의해 완전히 장악되었다는 소식이 교황 그레고리 1세(540-604)에게 로마로 전달되자 그는 "억압받는 소수시민들은 평등한 권리를 가질 수 있도록 해방받아야만 한다"라고 생각했다(오늘날 미국의 사법당국이 다수를 무시한 채 소수를 보호한다고 나서는 것과 정확히 일치한다). 그레고리는 영국의 상황을 탐지하기 위해 사람을 보냈다. 이때 정탐꾼으로 선택된 사람은 베네딕트 수도원의 원장으로(주 33-36 참조), 행위에 의한 구원을 믿었던 어거스틴(Augustine)이라는 사람이었다. 그는 로마 카톨릭 성경과 이집트, 알렉산드리아[18]에서 나온 로마 카톨릭 주석서를 들고 영국으로 떠났다. 그의 앞길은 이미 예비되어 있었다. 영국 왕(에델버트)은 파리출신 로마 카톨릭 교도인 베르타(Bertha)와 결혼했는데 그녀는 영국에 있는 성경대로 믿는 사람들을 제거할 계획을 이미 세워놓은 바 있었다. 그녀는 결혼을 하고 나서[19] 프랑스로부터 영국으로 가면서 로마 카톨릭 주교를 데리고 갔다. 따라서 어거스틴은 이미 잘 갈아서 쟁기질 된 밭에 말씀의 참된 씨앗 대신 잘못된 씨앗을 뿌렸던 것이다(마 13:31). 이를 두고 필립 샤프와 당사자인 어거스틴은 "참된 기독교 신앙"을 전수해 주었다고 말했다.

에델버트(Ethelbert)는 순진한 생각에서 어거스틴에게 "전도지"를 뿌리고[20] "전도"도 할 수 있는 허가를 내주었다. 그는 어거스틴이 이끌고 온 선교단체가 그리스도를 증거하는 사람들을 화형에 처하고[21] 전도지를 뿌리는 사람들을 감옥에 넣어도 된다고 믿는 사악한 무리라고는 꿈에도 상상을 못했던 것이다. 영국왕은 그 베네딕트 수도승을 캔터베리(Canterbury)에 거주하게 허락해 주었고 그때부터 카톨릭의 전권대사들은 캔터베리 대감독 혹은 대주교(Archbishop)를 영국에서 가장 위대한 그리스도인으로 간주하기 시작했다. 예수 그리스도조차도 그처럼 높은 지위를 받아 본 적이 없다. 베드로전서 2:25에 의하면 예수님은 다만 감독(Bishop)이셨을 뿐이다.

어거스틴과 그의 수도승들은 그들의 "빛나는 기독교적 증거", 지옥과 심판에 대한 설교의 배제, 교묘한 외교술 등을 동원해서 "회심자"들을 얻었다. 그들은 겉으로의 유순한 행동으로 그들의 맹독성 이빨을 감추었다.[22] 에델버트 국왕은 침례를 받았고(혹은 물뿌림), 교황 그레고리는 그의 정탐군으로부터 이 보고를 받자마자 어거스틴을 대주교로 임명했다. 영국이 아닌 프랑스의 아를레스에서 성대한 의식을 거행함으로써 교황은 전 영국을 베네딕트 수도승에게 은혜스럽게도 하사하셨던 것이다(제15장 주 26 참조). A.D.597년 크리스마스 시즌에 어거스틴은 항상 반카톨릭적 입장을 견지했던(주 80-87 참조) 성 패트릭과 콜럼바의 성경적 기독교를 분명한 태도로 반대하는 10,000명의 영국인들에게 물을 뿌려 세례를 주었다. A.D.601년 교황 그레고리는 에델버트 왕에게 어거스틴이 하라는 대로 하고 모든 선한 국왕들이 하듯이[23] 대주교의 지침을 따를 것을 지시했다. 이 충고를 더욱 인상깊게 하려고 했는지 교황은 "거룩한" 기물 몇 개와 더불어 성도들과 순교자들의 유품을 몇 개 영국으로 보냈고 바티칸 사본과 시내사본의 필사본과 함께 제롬의 라틴 벌게이트 성경을 보내 주었다(이렇게 해서 마 13:33에서 말씀하고 있는 누룩이 영국에도 침투하게 되었던 것이다).

A.D.602년 어거스틴은 교황과 국왕의 지원과 함께 클로비스의 네 아들이 이끄는 프랑크 군대의 도움으로 여전히 반카톨릭 교리 즉 성경적 교리들을 가르치고 있었던 영국의 감독들(주교들)과 "우호관계"(요즘 말하는 데탕트)를 유지할 수 있었다. 어거스틴과 영국의 감독들 사이의 이슈는 니케아 공회가 논의하기를 거부했었던 바로 그 뜨거운 감자였다. 그것은 최종권위와 유아세례로 이 두 이슈는 결국 서섹스(Sussex) 회의에서 다루어졌다. 어거스틴은 이 문제에 관해 꽤 정직했다. 그는 자기의 최종권위는 영국에서 500마일 떨어진 곳(로마)에 있는 감독들 중의 감독인 교황이며 어른들에게 주는 침례는[24] 유아에게 물을 뿌려주는 유아세례로 대체되어야 한다고 말했다. 로마 카톨릭 대주교보다 성경적 교리에 관해 훨씬 더 많이 알고 있었던 영국인들은 [영국인들은 피라누스(Piranus, 325-430), 세르바누스(Servanus, 450-543), 드로스탄(Drostan, 470-540), 핀 바르(Finbar, 490-578) 등에 의해 어거스틴이 서품을 받

기도 전에 성경훈련을 받은 바 있었다][25] 어거스틴의 교리를 거부했다. 어거스틴은 은사주의자를 동원해서 묘기를 보여 주면서 장님을 고쳐서 눈을 뜨게 해 주었다.[26] 그러나 이런 "증거"에도 불구하고 영국 사람들은 "교황"을 최종권위로 받아들이기를 거부했다. 두 번째 열린 회의에서 어거스틴은 많은 사람이 자신을 반대하고 있음을 보고 "경건하고 영적인" 카톨릭 대주교라면 누구라도 당연히 사용할 유일한 수단을 동원했다. 즉 그는 영국의 그리스도인들이 신약 기독교를 포기하고 그 대신 로마 카톨릭이라는 팥죽을[27] 살 것을 요구하고 그렇지 않으면 색슨 군대를 동원해서 하나님의 복수를 집행하겠다고 위협했다. 그의 공갈은 실패로 끝났고 영국인들은 어거스틴을 강도로 간주했다. 그러나 10년 후 색슨족이 영국을 드디어 침략하게 되자, 로마 카톨릭 교회는 이것이야말로 "하나님"과 그의 지상 대리자들에게 복종하기를 거부하였던 이교도들을 하나님께서 심판하시는 것이라고 생각하도록 가르쳤다. 어거스틴이 캔터베리 성당에 묻히자 어떤 정신나간 카톨릭 신자들이 그의 비문에 이렇게 적어 놓았다. "이곳에 에델버트 국왕과 그 백성을 우상들로부터 그리스도의 신앙으로 되돌려 놓은 주 어거스틴이 잠들고 계시도다."[28] 이처럼 교회사에는 배교자들이 참된 "회심자"들로 종종 오해되고 있는 것이다. 성경을 숭배하는 것을 걱정하는 우상숭배자들은 어거스틴 같은 타락한 자를 "주"라고 부르는 것이다. 이런 비슷한 일들은 종종 있다. 거짓 교리를 "그리스도의 신앙"이라고 오해하는 일도 종종 일어난다. 아마 유럽 전체에 어거스틴의 무덤에 쓰여 있는 그 거짓말보다 더 커다란 거짓말을 담고 있는 무덤은 하나도 없을 것이다.

영국의 4대 교구는 캔터베리, 런던, 로체스터, 요크였다. 필립 샤프는 로마의 "이름뿐인 형식적 기독교"가 영국 국민을 단합시키는 원동력이었고 "영국 문명에 있어 최고의 요소"[29]라고 주장했다. 내용은 엉터리인데 형식적 조직을 잘 갖춘 것이 샤프에게는 대단한 것으로 비추었는가 보다. 그렇다면 성경대로 믿는 설교자들, 성경 교사들, 선교사들 그리고 거듭남과 같은 것은 영국의 영적 유산이나 영국이 받은 영적 축복과는 아무런 관계가 없다는 뜻이 된다(라투렛의 교회사 역시 복음 전파, 성경 교육, 회심, 구령, 증거, 설교, 교회 세우기[30] 등에 관한 성경적 가르침에 대한 이해를 전혀 갖추지 못하고 있다).

아리안주의자였던 고트족의 로마 카톨릭으로의 회심에 대해 샤프는 게르만족인 고트족은 그들의 성경[울필라스(Ulfilas)의 고트어 성경(Gothic Bible), A.D.350]을 "우발적으로 믿었으므로" 로마 카톨릭의 가르침[31]에 접하자 그들은 곧바로 "정통" 신자가 될 수 있었다는 유치한 추측을 하고 있다. 이 아리안주의자들[특히 반달족(Vandals)]이 아프리카로 진격해 갔을 때 그곳에 있던 도나티스트들은 이들이 로마에 있는 "카톨릭" 형제들보다[32] 성경적 기독교에 대해 훨씬 더 관용적이라는 사실을 발견하였다. 반달족은 클레멘트, 오리겐, 어거스틴, 및 필로의 본거지를 파괴해 버렸다. 그러자 이번에는 필립 샤프 같은 역사가는 이 사건을 반역자들에 대한 하나님의 심판이었다고 해석하는 대신에(색슨족의 영국 침입 때는 그렇게 해석했었다) "비극"이었다고 해석한다. 이는 성 어거스틴의 불후의 역작을 망가뜨렸기 때문이라고 한다(제6장 주 79-89 참조).[33]

살리계 프랑크족(Salian Franks)은 메로빅(Merovig)의 손자인 클로비스(Clovis, 슐로드빅)의 영도하에 로마화되었다. 메로빙거 왕조라는 이름은 클로비스의 조부에서 유래된 것이다("Merovingian" dynasty) 클로비스는(466-511) A.D.496년 크리스마스에 림즈의 감독 레미기우스(Remigius)에 의해 물에 잠김으로써 침례를 받았다. 그를 따라 약 3,000명의 군인들이 또한 침례를 받았다. 이들이 카톨릭으로 개종한 후의 열매는 다음 14년 동안 발생한, 잔인한 행위들, 분노에 의한 폭거, 살해, 대량 학살, 사악한 행위들, 조잡한 미신 행위, 형제 살해, 일부다처제, 허위 진술[34] 등과 같은 실로 믿기 어려운 것들이었다. 이를 두고 그들이 훌륭한 카톨릭 신자가 되었다고 말할 수 있을지는 모르겠으나 아무리 양보를 해도 성경대로 믿는 그리스도인이 되었다고는 말할 수 없을 것이다. 이와 같이 "이상한 자식"들(호 5:7 주석 참조)이 태어나게 된 것에 대해 카톨릭은 이들 야만인들을 유품, 촛불, 향불, 성수, 목걸이, 십자가, 성도의 유골 등을 사용하여 부드럽고 거룩하게 달래 진정시켜야 한다고 처방을 내렸다. 1200년경 독일, 영국, 이탈리아, 프랑스, 스페인에는 어찌나 십자가가 많았는지 그것으로 목장[35]을 짓고도 남는다고 하는 농담이 있었으며 포이티어, 로마, 트리어, 제네바 그리고 존 라테란[36] 등지에는 베드로의 두개골과 유골이 두개 내지 세 개가 있다는 농담도 유행하였다. 중세에 잘 알려진 농담 중에는 침례 요한의 두개골 한 개가 다른 것보다 더 작다고 하니까 그 작은 것은 요한이 소년이었을 때의 것이라고 했다는 농담이 있었다. 참으로 어거스틴의 묘비문만큼이나 기가막힌 일이다(주 28 참조).

독일의 경우 라인강 상류와 하류 지방에는 이레내우스(120-192) 시대에서부터 벌써 지역교회들이 있었다. 만약 이들이 성경을 접할 수 있었다면 그것은 틀림없이 알비겐스와 왈덴스들이 사용하던 구라틴 성경이었다. 제롬은 이때 아직 태어나지도 않았으니 라틴 벌게이트는 없었다. 독일의 기독교 역사 역시 유럽의 모든 나라들과 같은 과정을 겪었다(A.D.100-1000년 사이) 그 유명한 교회사의 악순환이 동일하게 적용된 것이다. 복음 전파(Evangelism, Discovery), 가르침(Teaching, Colonization), 문화(Culture, Civilization) 그리고 배교(Apostasy, Deterioration). 첫 단계부터 살펴보자면 독일은 스코틀랜드와 아일랜드에서 온 선교사들이(혹은 비잔틴 지역에서 온 선교사들이) 들어와 복음을 전파했다.[37] 그 다음 단계로 그들은 하나님의 말씀을 배워 그것을 가르쳐 주기 시작했다. 셋째 단계로 보니파스(Boniface)라고 하는 관료주의자가 등장하여 다른 사람들의 사역을 "공고히" 했고 곧이어 로마의 교황청이 추천하는 "자격을 갖춘" 분들의 "문화수준"에 접근하도록 했나. 그리고 나서 마지막 단계로는 군대를 동원하여 강제적으로 로마 카톨릭으로의 개종이 시도되었다. "반혁명분자"가 될 가능성이 있고 로마 카톨릭 독재에 복종하지 않는 "비협력자"들은 강제적으로 개종시켰다. 이렇게 해서 악순환의 마지막 단계인 배교가 이루어진 것이다.

라인 지방에서 아를레스 공회(A.D.313)에 참석한 감독은 두 명이었다. 도나티스트들의 침례에 대한 논쟁은 지중해 지역 이외의 감독들의 마음을 사로잡았었다(제7장 주 27,77 참조). 이 논쟁은 니케아 이전(제7장) 로마 제국내의 가장 뜨거운 교리적 이슈였다. 이 사실은 콘스탄틴이 관용의 "칙령"을 선포하기 이전에 성경적 증인이 독일 지역으로 들어갔었다는 것을 보여준다. 독일 역시 영국의 경우처럼 교황청 "대사"였던 보니파스(718)가 이미 이루어진 사역을 "공고히" 한답시고 파송되기 훨씬 전에 성경대로 믿는 반카톨릭적 그리스도인들에 의해 복음화되었다. 세베리누스(Severinus)는 5세기경 다뉴브 강 지역에서 바바리아 지방으로 또한 소아시아 지방으로 오르내리면서 복음을 전했다. 이오나 섬에서 훈련받은 아일랜드와 스코틀랜드의 선교사들이 남부 독일과 스위스 동부지방으로 침투해서 복음을 전했다. 이때는 보니파스가 태어나기도 전이었다[38]. 성령님께서는 이처럼 유럽에서의 "진리와 의의 길"은 로마와는 관계없이 안티옥과 콘스탄티노플에서 동쪽으로 이어지는 루트이며 또한 로마와 관계없이 이오나(스코틀랜드 앞바다의 섬)와 영국에서부터 서쪽으로 이어지는 루트임을 명백히 하고 계신다. 진리와 의는 로마를 거쳐 전파된 적이 결코 없다(제10장의 주 59, 90-96 참조). 윌리브로드(Willibrord, 658-739)는 아일랜드의 수도원에서 자라났다. 그는 벨기에와 화란으로 갔다(A.D.690). 그는 그곳에서 유트레히트(Utrecht) 지방의 최초의 감독이 되었다. 클레멘스(Clemens)라고 하는 아일랜드인은 프랑코니아라고 하는 곳에서 복음을 전파했고 아델버트(Adelbert)라고 하는 골 지방 사람은 라인 지역에서 사역을 했는데 이 두 사람 모두 보니파스가 "성모 교회"의 이름을 들고 독일에 도착했을 때 보니파스에게는 "골칫거리였다." 보니파스는 아델버트를 마술사 시몬(행 8장)

같은 사람이고 부도덕한 협잡꾼이라고 했다. 아델버트 선교사는 결국 "이단"으로 몰려 클레멘스와 같이 파문당했고, 투옥되었다가 죽임을 당했다.[40] 클레멘스는 실종되고 말았다.

이쯤 되면 교회사 학도 여러분은 카톨릭이 "이단"이라고 부르는 것이 무엇을 뜻하는 지를 충분히 합리적으로 판단할 수 있는 충분한 역사적 사실들을 갖추게 되었다고 생각된다. 클레멘스와 아델버트의 죄목은 노회에 의해 (소이송 노회 744, 로마 노회 745) 제시되었고 교황 사가라(Zacharias)에 의해 선포되었다(이 교황은 741-752 사이에 재임했고 존 후스[41]를 재판했던 로마 카톨릭 교도들에 따르면 우연히 여자로 드러났다고 알려져 있다). 위의 두 사람은 심문도 거치지 않고 파문을 당했다. 이들은 재판정에 참석도 못했고 바울처럼 변명할 기회(행 25:16)도 부여받지 못했다. 이런 면에서 보자면 바울에게 변명할 기회라도 준(행 25:11,16) 이교도 로마 제국이 로마 카톨릭보다 그들의 반대자들을 다루는데 있어서는 훨씬 "기독교적"이었다고 할 수 있다.

로마의 "성부"(papa, 이 경우는 mama겠지!)가 제시한 두 사람의 죄목은 이들이 기적을 행하고, 사도들과 동일한 지위를 주장하고, 여인들을 혼란스럽게 하고, 로마 당국보다 더 가치있는 유품[42]들을 갖고 있다고 주장하는 "사기꾼"(여자가 남자인 체 꾸미고 재판장 노릇하는 사람이 내린 판결치고는 너무도 역설적인 것 같다)이라는 것이었다. 예수 그리스도의 대리자를 자처하는 자들의 도덕 수준과, 정치적 술수와, 윤리 기준과, 권모술수를 조금이라도 알고 있는 사람이라면 위와 같은 판결을 절반도 믿지 않을 것이다. 펠라기우스가 어거스틴과의 논쟁(제10장 주 32-43 참조)에서 제거된 것과 똑같은 이유가 이들 두 사람의 경우에도 해당된다. 즉 아델버트와 클레멘스는 성직자의 독신주의(로마 카톨릭 교리)를 반대했고 성경보다 전통을 우위에 두는 것(로마 카톨릭 교리)을 반대했다. 이들은 또한 그리스도는 실제로 지옥으로 내려 가셨었다(행 2:27,31)고 가르쳤다. 성경대로 믿는 사람들(엡 4:8-12)은 늘 "이단"으로 낙인찍히게 되어 있다.

보니파스(윈프레드)가 A.D.715년경 유트레히트 근처의 프리스란드 사람들을 "복음화"시키려다 실패하자 그는 영국으로 돌아갔다가 718년 로마로 순례여행을 떠났다. 그곳에서 그는 이교도를 개종시키는데 필요한 정치적, 군사적 도움을 얻어보려고 시도하였다. 교황 그레고리 2세는 중부 유럽에 살던 성경대로 믿는 고트족(아리안)을 로마화시키라는 사명을 부여하였다. 그러나 이미 콜롬바가[43] 키워낸 반 카톨릭적 선교사들에 의해 복음화 되어 있었던 튜린기아(Thuringia)와 바바리아(Bavaria) 지역의 사람들은 보니파스를 냉대했다. "복음을 전파하기 전에"(즉 게르만족에게서 로마에 순복하겠다는 다짐을 얻어내기 위해서) 정부군을 붙잡아야 하겠다고 판단한 그는 A.D.722년 튜린기아로부터 찰스 마르텔의 군대의 호위[44]를 받으면서 철수했다. 그는 수도원을 하나 세우고 로마로 돌아갔다. 그는 선교여행은 군대를 대동할 때 훨씬 "효과적이고" "영적으로 강력하다."는 생각을 하고 찰스 마르텔(Charles Martel)의 군대[45]에 접근했다. 샤프가 "선교 정책의 최고 방책"이라고 불렀던 그 방식을 동원한 보니파스는 가이스마르에 있는 천둥신의 성스러운 오크나무를 대중들 앞에서 직접 베어내고 그곳에다가 유대인들의 사도였던 베드로를 위해 교회를 세웠다. 보니파스는 교황의 군대의 지원이 있을 때까지는 이 치명타(master stroke)를 가하지 않았다. 게르만 민족의 성스러운 오크나무를 군대의 지원 없이 게르만족 앞에서 잘라내는 것은 좋은 선교 정책이 될 수 없었기 때문이다.

이때부터 영국의 공식 교회는(이미 확고히 로마 카톨릭이 되어 있었다.) 보니파스에게 수녀, 수도승, 및 제롬의 라틴 벌게이트 성서들을 보내 주었다. 보니파스는 에어푸르트(Erfurt), 프리츠라르(Fritzlar), 오르드루프(Ohrdruf), 비쇼프샤임(Bischofsheim) 및 홈브루크(Homburg, 오늘날의 함부르크) 등지에 수도원들을 세웠다. 보니파스는 점점 지위가 승격되더니만 (영국의 어거스틴의 경우를 볼 것. 주 21-22) 결국 예수 그리스도보다 더 높은 지위를 차지했다. 그는 대감독(대주교, ARCHbishop)이 된 것이다(벧전 2:25). 그는 A.D.743년 살츠부르크, 프레싱, 파사우, 라티스본에 소교구를 그리고 부르츠부르크, 부라브라크, 에어푸르트, 아이히슈타트 등에 주교구를 설치한 후 마인츠의 대주교가 되었다.

보니파스는 소이송 공회(Council of Soissons, 744)에서 성경대로 믿는 두 정적 아델버트와 클레멘스를 완전히 제거하였고 그후 풀다(Fulda)에 수도원을 세웠다(이것은 독일의 "몬테 카지노"[46]라고 할 수 있다). 그는 무장한 이교도들에 의해 죽었고 ("칼로 죽이는 자는 그도 칼에 죽게 될 것이라." 계 13:10). "그리스도의 복음"을 위해 순교한 사람이라는 명성을 얻었다. 반면 성경대로 믿은 두 사람은 죽어 마땅한 이단이라는 소리를 듣게 되었다.

영국의 카톨릭들은 교황 그레고리, 보니파스, 및 어거스틴을 영국 카톨릭의 "수호성자"으로 택했다. 1875년 교황 피오(Pius) 9세는 독일과 영국의 모든 카톨릭은 두 나라가 100% 모두 로마 카톨릭이 되게 해달라고[47] 보니파스에게 기도하라고 지시했다. 다른 지방 출신의 인기있고 중요한 인물들을 성자반열에 올려 놓는 일(예를 들면 성 패트릭은 스코틀랜드 출신인데 그를 아일랜드의 성자로 임명했다)은 여러 다른 민족을 로마의 독재하에[48] 통제하는데 효과적이고 강력한 수단이었던 것이다.

보니파스는 독일 사람들에게 카톨릭 "구원 계획"을 줌으로써 반 교회사의 중요한 인물로 부상한 것이다. 그의 구원 계획은 이러하다.

1. 당신은 마귀와 마귀의 일을 포기하라. 만약 그런 것들 중 그 어느 것이라도 행하면 (거짓말, 증오, 도둑질, 악한 일) 당신은 "천국"을 "유업"[49]으로 받지 못하기 때문이다.

2. 당신은 니케아 공회 규정대로 삼위일체를 믿어야 한다. 아니면 적어도 그런 식으로 믿는다고 고백은 해야 한다.

3. 안식일을 지키고 교회에 가라. 유아들이 물뿌림을 받을 때 스폰서가 되어 주라. 자선 기부금을 내라. 이는 그것이 죄를 제거해 주기[50] 때문이다.

4. 크리스마스 시즌에는 외설적이거나 불순한 것들을 모두 금하라. 이 거룩한 시즌[51]에는 당신의 아내와의 부부관계마저 금하라.

보니파스의 "개종자들" 중 10%가 그리스도인이 되었다고 하면 그것은 "공식 채널" 이외의 방식으로 성령께서 역사하신 하나님의 "비공식적" 기적일 뿐이다. 위에 열거한 보니파스의 가르침들은 그 어떤 기독교회사와도 아무런 관계가 없다. 이것은 카인과 유대주의자들의 교리 선언 이외에 아무것도 아니다. 로마서부터 빌레몬서까지를 읽어본 사람이라면 보니파스의 교리는 전혀 기독교 교리가 아님을 알고도 남는다.

콜럼바의 선교 센터는 이오나 섬에서 훈련시킨 선교사들을 독일뿐 아니라 스칸디나비아에도 보냈다. A.D.690년 덴마크 사람들은 화란의 루어스테드(Luersted)라는 곳에서 처음으로 기독교를 접하게 된다 그들을 방문했던 최초의 선교사는 윌리브로드(Willibrord)였다. 그는 A.D.691년경 프리스란드에서 쫓겨나서 700년 덴마크로 와 교회를 구성하고 젊은이들에게 성경을 가르쳤다. 해롤드 클라크 왕(King Herold Klak, 826)은 복음 전도자들과 선교사들을 초청했다. 윌리브로드에 뒤이어 안스가르(Ansgar, 800-865)가 829년까지 해롤드 왕과 함께 사역하였고 그는 뒤이어 스웨덴을 방문 그곳에 831년까지 머물렀다. 공격, 약탈, 화형 및 교황의 정책들 속에서 강력하게 사역을 한 후 안스가르는 독일의 브레멘에 정착하여 그곳에서 덴마크 왕(호리히)을 카톨릭 신앙으로 이끌어 냈다.

이오나에서 온 선교사들의 복음 전파에 뒤이어 색슨족(작센)을 로마화하려고 찾아온 에발트(Ewald)와 수드버트(Suidbert)의 첫 번째 노력은 실패였다. 독일 중부지역(하노버, 올덴부르크, 베스트팔리아, 및 브룬스빅)에 살던 색슨족(Saxons)은 산림에 거주하는 자들로 매우 독립적이고 강력한 전사들로서 A.D.9세기 튜토부르크에서 로마인들을 어찌나 강력히 혼내 주었는지 로마는 그들을 결코 이기지 못했다. 색슨족은 프랑크족마저 라인 강을 뒤로 한 채 베제르(Weser) 강 저편에 머물러 있도록 전진을 허락지 않았다. 결국 찰스 마르텔, 페핀 및 샤를마뉴(Charlemagne)까지 그들의 영토에 들어가도록 만들었다. 색슨족은 프랑크족의 멍에를 증오했다. 그들은 억압받는 일에 관한 한 그 누구도 증오했다. 색슨족은 로마 교회나 로마 교황을 거들떠보지도 않았다. 샤를마뉴(칼 대제)가 프랑크 군대를 장악하자 그는 교황을 위해 색슨족을 치러갔다. 그는 게르만 종족들을 통일시켜 범게르만 국가를 만들고자 했던 것이다(이 꿈은 후일 히틀러나 다른 사람들에 의해 여러 번 시도되었다). 샤를마뉴는 물을 뿌리거나 물 속에 집어넣으면(제11장 주 36-39 참조) 죄인들이 "그리스도인"이 된다고 믿었으므로 (모든 교황들도 그렇게 믿었다), 그는 그러한 난센스를 믿는 사람이라면 당연히 도달할 결론을 내렸다. 그는 칼을 들고 "물뿌림을 받아라 아니면 죽이겠다"라고 위협하여 강제로 세례를 주었던 것이다.

"성도들에게 단번에 전수된 믿음을 지키기 위한" 고귀한 동기를 가지고서 많은 게르만인들이 "침례를 받았다."[52] 이미 여러 차례 지적한 것같이(주 3-7 참조) 어거스틴의 하나님의 도성에 묘사된 대로 왕국을 퍼뜨리려면 "드라이 크리닝"보다는 "물을 뿌려" 적셔 주는 것이 더 낫기 때문이다.

색슨족도 몇 가지 확신을 갖고 있었다. "그리스도인"(샤프와 라투렛은 그들을 그리스도인이라고 불렀다)[53]들이 베르됭(Verdun)에서 4,000여 명의 포로를 살해하자 색슨족은 곧 십여 개의 교회들을 불살랐고 사제들을 죽였다. 결국 83년이 걸린 끝에 (722-805) 색슨족은 "기독교화"되고 말았다. A.D.792년경에는 만여 명의 색슨족이 로마 카톨릭에 의해 집에서 쫓겨나 여러 지방으로[54] 흩어졌다. 이를 두고 "하나님의 진리는 전진하도다. 영광, 영광, 할렐루야", "왕국은 전파되도다" 하고 노래를 불렀으니 실로 낯뜨거운 일이 아닐 수 없다. 샤를마뉴가 색슨족을 상대로 벌인 전쟁은 교회의 확립을 위해 교회가 승인한 최초의 대학살극이었다. 이후 10여 차례의 전쟁이 이어졌다. 이처럼 단합과 권력은 가장 우선순위를 두는 두 가지 요소였던 것이다(제10장 주 25-30 참조). 단합과 권력이 진리에 대해 대립하면 항상 진리와 의는 버려지는 것이다. 결국 이 두 가지는 로마 카톨릭 교회를 떠나 버렸다.[55)]

샤를마뉴(Charlemagne) 대제가 색슨족을 로마 카톨릭으로 "개종"시킨 지 700년 후 성경대로 믿는 색슨족 출신 수도승(마틴 루터)이 등장해서 색슨족을 다시 원래의 게르만 기독교로 되돌려 놓았다. 게르만족(독일)은 실로 오래도록 기억을 간직하고 있었던 것이다[56)]

샤를마뉴는 모든 로마 카톨릭 독재자들의 전형이라고 할 수 있다(탤리란드, 프랑코, 히틀러, 케네디, 카스트로, 바티스타, 아옌데, 교황 레오, 레닌, 무솔리니, 교황 보니파스, 메테르니히, 나폴레옹 등) 샤를마뉴는 나폴레옹, 교황 우르반, 교황 그레고리 1세, 헨리 8세 등과 같이 반 교회사의 영역에 속하는 인물이다. 찰리(샤를마뉴의 애칭)는 성경적 기독교의 표식을 갖고 있지 않다. 그에 관한 책을 쓴 사람들은 아인하르트, 듀란트, 마이네, 쟈프, 왈치, 디플롯, 엘렌도르프, 바르, 바이츠, 될린져, 가스톤, 레트베르크, 스탁케 등이다.

샤를마뉴의 평생(768-814)의 야망은 천국을 이 땅에 가져오는 것이었다. 그러니까 그의 평생의 목적은 성경의 예언들(계 11,12,13,19장)을 뒤엎는 것이 된 셈이다. 그는 기독교 신정 국가를(존 칼빈 참조. 제16장) 예수 그리스도께서 임재하시지 않는데도[57)] 이 지구상에 세우고자 했다. 그는 8세기의 콘스탄틴인 셈이었다. 그는 종종 "중세의 모세"라고 잘못 불려지기도 했다. 그가 모세라면 피의 메리 여왕이 룻이라고 할 수 있겠다.

그는 평생 동안 50여 차례의 전쟁을 했는데(그러나 그의 전쟁은 출애굽기와 신명기에 나타난 것처럼 하나님께서 명령하신 것은 하나도 없었다). 그는 롬바즈, 아키타니안, 튜린기안, 바바리안, 아바르, 덴마크족, 슬라브족, 사라센, 그리스족, 색슨족(출애굽기와 신명기에 나타난 것처럼 아멜렉족, 여부스족, 아모리족, 모압족, 암몬족 등과 싸운 것이 아니다) 등과 싸웠다. 이 싸움들은 유럽의 모든 튜톤족과 라틴족을 하나로 통일시켜 자신과 로마 교황의 통치하에 놓기 위한 거대한 시도였다(오늘날의 UN을 염두에 두라). 이 싸움은 출애굽기와 여호수아에 나온 것처럼 약속된 땅으로 들어가기 전에 함족을 정복하는 것과는 아무런 관계도 없다. 그런데도 샤를마뉴를 모세와 견준다는 것은 어불성설이다. 샤를마뉴의 야망은 계시록 13장에서 사탄이 성취하고자 했던 바로 그것이었다(샤를마뉴가 태어나기 700년 전에 벌써 성경은 "천국"에 관한 문제를 다루는 데 있어 성경만이 최종권위임을 확정해 놓았다. "긍정적인 사고 방식"을 갖고 있는 사람들은 역사적 사실들을 다루는데 있어 진리에 복종을 하려 않는다).

찰리는 2미터 10센치를 넘는 키에 "당당하고 기세 등등한 외모"[58]를 갖고 있었다. 그는 사냥과 수영을 좋아했고 식사 시간에 요한계시록 대신[59] 하나님의 도성을 읽어주도록 시켰다(찰리는 항상 긍정적 사고 방식을 갖고 있었다. 그는 미술, 음악, 과학, 철학, 전통, 문화, 문학 등의 결과가 사탄이 주도하는 대환란이라는 것을 결코 믿으려 하지 않았다. (당신이 정치 혹은 종교 지도자라면 그 사실을 믿겠는가?) 그는 문화를 즐겼다. 그는 라틴어에 익숙해 있었고, 자기 모국어인 독일어를 매우 높이 평가했다. 그는 학교들을 세웠으며 카톨릭을 확고히 믿었다. 찰리는 아침, 저녁으로 미사에 참석하고 정기적으로 교회 예배에 참석하는 "헌신된" 사람이었다. 그는 교회를 지어 바쳤고, 에익스 라 샤펠(Aix-la-Chapelle)에 성당을 지었으며 로마 은행에 금, 은, 보석들을 가득 채웠고 "셀 수 없는 선물들"을 교황에게 보냈다. 그의 사생활로 보자면 가장 눈에 띄는 것이 그는 다섯 번째 부인이 죽은 후에는[60] 첩을 4명만 두었다는 사실이다. 그는 제롬의 라틴 벌게이트에 일치하지 않는 유럽의 모든 구라틴 성경을 고치기 위해 조치를 취했다.[61] 그 어떤 교황도 그가 싫어하는[62] 부인 4명을 쫓아낸 일에 대해서는 입 하나 뻥긋한 적이 없다. 야전 사령관이 샤를마뉴가 갖고 있는 군대만큼 많은 군대를 동원할 때는 "이혼에 관한 확신들"이 매우 융통성 있게 되기도 하며 때로는 헨리 8세 같은 사람이 나타날 때까지 이 문제를 덮어버리기도 한다. 교황들은 단순히 거짓말쟁이나 이기주의자인 것을 넘어서서 비겁자이기도 한 것이다(주 67 참조).

헨리 할람(Henry Hallam)은 "지적 탁월함에 대한 강한 애정"이 샤를마뉴의 두드러진 성품이라고 말했다. 또한 "그는 망막한 벌판 위에 세워진 횃불과 같은 존재요 대양에 솟아 있는 바위와 같은 존재였다. 그의 홀은 율리시즈의 화살이었다."[63] 라고 평하기도 했다. 성경대로 믿는 사람들은 이 횃불은 성경이나 성경적 진리를 밝히기 위한 것이 전혀 아니며 그 바위 또한 성경의 권위를 위해 그리스도인으로서의 담대한 증거를 뜻하지 않는다는 사실을 알아야만 한다. 누차 강조하지만 대부분의 교회사가들은 성경적 문맥 안에서 그들의 역사를 기록하지 않는다. G.P.R. 제임스는 "아마 이제껏 존재했던 인물 치고 샤를마뉴만큼 백성으로부터 신임과 사랑을 받고, 생애에 걸쳐 존경을 받으며, 그의 서거시 애도를 받은 인물은 없었을 것이다"라고[64] 말했다.

이 역사가는 색슨족 사람을 전혀 만나본 적이 없으니 이런 망발을 했을 것이다. 그의 말이 맞으려면 "그의 백성" 중에서 색슨족, 바바리안, 폴리시안, 도나티스트, 노바티안, 마니키안, 아리안 혹은 그 어떤 성경대로 믿는 교회의 회중은 모두 제외시켜야 한다. 찰리는 카톨릭 유아세례를 받아들이지 않는 사람은 죽였던 것이다. 제임스는 유세비우스가 쓴 <콘스탄틴의 죽음>이라는 책을 읽어 보지 못했음에 틀림없다(제7장 주 12-19 참조). 만약 읽어 보았더라면 그는 황제마저 쓰레기통에 던져 버렸어야 했기 때문이다.

찰리의 생애 중 가장 위대한 사건은 색슨족의 일시적 정복이라든가 학교나 수도원의 설립이 아니었다. 그의 생애 최대의 사건은 A.D.800년에 크리스마스에 있었던 "아카데미상" 수상식이었다.

로마에서 열렸던 이 아카데미상 수상식에서는 금 면류관이 수여됐다. 찰리는 수년 동안(774-799) 로마 당국이 유럽에 남아 있던 불빛들을 꺼가는 사역을 계속해서 돕고 있었다. 예를 들면 A.D.774년에는 교황 하드리안(Hadrian)이 이탈리아 북부지역의 롬바르드인(Lombards) 가운데 있었던 성경대로 믿는 그리스도인들과 트러블이 생겼는데 이때 찰리가 알프스를 넘어 그를 구출해 냈다. A.D.781년에 찰리는 그의 아들 페핀을 데리고 로마를 방문했다. 그때 교황은 페핀(Pepin)을 "이탈리아의 왕"[65]으로 기름부었다. A.D.796년 로마를 세 번째 방문하였을 때 교황은 찰리에게 성 베드로의 무덤의 열쇠들을 생일 선물로 주었다. 그러나 그 열쇠들은 실제로는 예루살렘에 있었다.[66] 몇년 후 로마에서 엄청난 폭동이 발생하여 교황 레오는 피습당했고 거의 죽게 되었다(A.D.799). 교황은 베드로, 야고보, 바울처럼 하나님께 기도하고 하나님을 신뢰하는 대신에(그래야 "사도적 계승"이란 소리를 들을 텐데도) "그리스도의 대리자"로서 할 수 있는 유일한 일을 하고 말았다. 그는 독일 베스트팔리아(Westphalia)의 파데르본으로 도망가서 찰리에게(독일어로는 칼 대제) 그를 도와 달라고 요청했고 칼은 그를 도와 주었다.[67]

이와 같은 업적들이 A.D.800년 크리스마스 때 칼 대제(Karl Der Grosse)가 "아카데미" 상을 수상하게 된 배경들이다. 칼 대제는 로마의 성 베드로 제단 앞에 무릎을 꿇고 기도하고 있었다. 그때 갑자기 교황 레오가 뒤에서 등장하여 찰리의 머리 위에(고후 4:4) 금 면류관(계 5:10)을 올려놓은 것이다. 이 순간 "로마의 아프리카 제일 교회"는 "하나님에 의해 면류관을 받은 찰스 황제 만세"[68]를 세 번 외쳤다. 황제("Augustus")라는 칭호가 주어졌으므로 찰스는 프랑스로 돌아오자 자기 지배하에 있던 모든 유럽의 지도자들에게 자신을 "시저"[69]로서 인정하고 충성을 맹세할 것을 강요했다(1939년 히틀러도 동일하게 행동했다).

로마 제국이 "부활"한 것이다. 북아프리카 카톨릭 교황에 의해 면류관을 수여받은 물뿌림받은 바바리아족 출신에게 로마 제국이라는 이름 말고 그 무엇이 더 어울리겠는가? 한 가지 다른 점이 있다면 이번에는 신성(Holy) 로마 제국이라는 타이들이 부여된 것이다. 네로(Nero)와 디오클레티안(Diocletian, 1-3세기)의 로마제국은 "거룩하지 못한"(Unholy) 것이었고 따라서 이와 구별되는 거룩한 로마 제국이 탄생된 것이다. 모든 선한 "그리스도인들"은 찰리와 교황 두 사람이 물뿌림을 받았으므로 거룩하게 되었고 따라서 신성 로마 제국은 거룩하다는 것을 믿어야만 했다(물뿌림을 받지 못한 네로와 디오클레티안은 거룩하지 못했다는 말이 된다).

드디어 천국은 도래했다. 어거스틴은 영감을 받은 성인이었음에 틀림없다. 드디어 "하나님의 뜻"이 하늘에서와 같이 땅에서도 이루어진 것이다. 그의 "하나님의 도성"의 예언이 이루어진 것이다.

그러나 모든 긍정적 사고주의자들의 꿈들이 대부분 그러하듯이, 그 꿈에는 향기름 속의 파리가 들어있었던 것이다(전 10:1). 샤를마뉴를 황제로 관 씌운 자는 죽을 수밖에 없는 죄인이었다. 그런데 그는 교회에 의해 하나님[70]으로(행 10:26) 인정받게 된 것이다. 이때부터 국가(천국)와 교회(하나님의 나라)는 함께 공동보조를 취하게 되었다. 로마교회의 수장인 교황이 국가를 통치하는 황제에게 관을 씌워줌으로써 하나님으로 격상된[71] 상황하에서는 교회(하나님의 나라)가 분명한 승리자라고 말할 수 있다. 시저는 하나님 아래에서(마 22:20) 정치적 왕국의 수반으로서 하나님의 나라인 교회의 영도하에 놓이게 된 것이다.

역사의 진행이 얼마나 놀랍게 이루어졌는가를 주목하라. 콘스탄틴 치하에서는 교황은 감독 중의 감독 혹은 로마의 통치자에 불과했다(물론 이때도 교황은 반카톨릭을 죽이는데 군대의 도움을 받을 수 있었다). 그러나 샤를마뉴 치리 때에는 교황은 전 유럽의 모든 반 카톨릭 신자 위에 군사력을 행사할 수 있게 되었고 대주교(감독)의 지위에서 하나님으로 격상된 것이다.

이후 교황들은 어느 왕국을 어느 왕이 다스려야 할 것인가를 결정하는 권리를 갖게 되었을 뿐만 아니라 자기 맘에 들지 않는 어느 왕이든지 쫓아내거나 파문시킬 수 있는 권리도 갖게 되었다. 다시 말하면 A.D.800년 유럽 여러 민족들의 최고의 정치가로 로마 카톨릭 교황이 등정하게 된 것이다. 교황은 북반부와 남반부[72]에 거주하는 모든 남녀노소의 최고 통치자가 될 의도를 분명히 보였던 것이다. 신약성경의 결정적 선언에 의하면(계 13:1-10) 바로 이것이야말로 지구 상에 나타날 적그리스도의 신원을 확인하는데 결정적 단서가 되는 것이다(살후 2:1-9). 하나님 아버지에게만 해당되는 칭호(요 17:11)를 거머쥐고 교황은 자신의 신하들이 자신을 하나님 아버지(단 11:37)로 찬양하는 것을 용납하였고 자기가 정치 지도자들을 임명할 권세를 갖고 있다고 주장하기에 이르렀다.[73] 이때부터는 로마의 교황에게 복종하고 자기 백성을 로마 카톨릭 교회에 순응하도록 다스리는 모든 왕은 선한 통치자로 불리게 되었고 로마 교회의 교리, 가르침, 법, 성사, 사제, 공회 등에 대한 반역을 묵인하는 그 어떤 통치자도 나쁜 통치자가 되어버렸다. 선과 악이 성경에 의해 결정되지 못하게 된 것이다. A.D.800년경에는 로마는 성경적 "선과 악"의 기준을 로마 교회의 기준으로 대체시켜 버렸다. 로마를 지지하면 당신은 선한 사람이 될 것이고 그렇지 않으면 당신은 "나쁜" 사람이 되는 것이다.

헨리 8세가 나쁜 것은 그가 이혼을 해서가 아니다(샤를마뉴는 여러 번 이혼했어도 "선한" 왕이었다). 헨리 8세는 로마의 베드로 제단에서 교황으로부터 왕으로 임명받기를 거부했기 때문에 나쁜 왕이었던 것이다. 히틀러가 나쁜 것은 유대인 600만 명을 학살해서가 아니고 그가 바티칸 당국보다 조국에의 충성이 더 중요하다고 가르치는 나찌당에 독일 청년들을 (1936-1945) 가입시키도록 발더 폰 시라크를 임명했기 때문이었던 것이다. 토마스 홉스가 "교황은 멸망한 로마 제국의 유령이다. 그는 로마 제국의 무덤 위에 왕관을 쓰고 앉아 있는 것이다"[74]라고 말한 것은 아주 적절한 평가라고 할 수 있다. 그럼에도 불구하고 로마의 교황들은 샤를마뉴가 죽을 때까지는 그들의 계획대로 모든 것을 강요하지는 못했다. 찰리가 군대를 장악하고 있었기 때문이었다. 794년 프랑크푸르트 공회는 교황 대신 찰리가 주도했다. 그는 교황의 허가 없이 자기의 주교들과 수도원장들을 임명했다. 만약 교황 레오가 찰리의 생애 동안에 죽었더라면 찰리는 자기의 주교들 중 한 사람을 교황으로 임명했을 것이다.[75] 더나아가 샤를마뉴는 로마 교황이 프랑스의 왕을 임명하도록 기다리지 않았다. 그는 다섯 번이나 결혼한 끝에 자기 아들을(Louis the pious :경건왕 루이) A.D.812년 에익스 라 샤펠에서 왕으로 임명하였다. 후일 황제의 권위는 프랑스에서 독일로 넘어갔는데 이것은 두 나라가 샤를마뉴 사후 분리되었기 때문이다. 칼 대제 자신은 튜톤족이었으며 살아있는 동안에는 두 민족을 다 다스렸다.

비겁한 주교가 하나님의 권세를 찬탈하고 그리스도인을 죽이는 것이 옳다고 믿은 사람이 "시저" 타이틀을 수락한 사실을 염두에 두고 필립 샤프는 "교황 제도"와 "제국"은 "질서와 단합"을 보장하며 "국가들의 연합체를 실현시키는 제도로 인류의 동포애를 촉진하고"[76] "성도들의 교제"를 돈독히 해주는 훌륭한 것이었다고 주장했다. 그러니까 샤프의 사고 방식으로는 신성 로마 제국은 "사람들을 복음으로 이끄는 율법"인 셈이었다(그는 갈라디아서 3:23,24을 잘못 인용하여 적용시켜 버렸다).

그럼에도 불구하고 우리는 이 제국의 건설을 앞으로 "거룩하지 못한 음녀들의 어미"(Unholy Mother Whore)라고 부를 것이다. 우리는 성령의 영감하에 계시록을 기록한 요한이 보여준(계 17:1-6) 부드럽고 사랑스러운 마음을 가지고 사실 그대로를 말하고 있는 것이지 이 제국에 대해 사적인 유감이 있어서 그러는 것이 결코 아니다 교황 제도와 신성 로마 제국을 구약성경의 율법하에(율법은 로마서 7:12에 따르면 거룩하고, 의롭고, 선하다) 비유하는 것은 1901년에 나온 ASV를 요셉에게 비유하는 것과 같다(1960년에 나온 NASV의 서문을 읽어 보라). 그런 논리로 하면 RSV는 바울의 예표가 될 것이고 자본론(칼 막스)은 예수 그리스도의 예표가 될 것이다.

잠시 뒤로 돌아가 프랑크 왕국을 살펴 보자. 클로비스는 A.D.511년 죽었다. 그의 네 아들은 영토를 분배했고 558년 클로타르(Chlotar I)가 전체 왕국을 장악했다. 그가 죽자(561?) 그의 아들들이 왕국을 나누어 가졌다. 다고버트(628-638)는 메로빙거 왕조의 가장 나약한 왕이었다. 그의 뒤를 이어 명목상의 군주들이 몇 명 들어섰다가 드디어 찰스 마르텔(Charles Martel, 688-741)이 등장한다. 마르텔은 A.D.732년 투르 전투에서 승리하였다. 그는 프리시안, 뉴스트리안, 튜린기안, 바바리안 그리고 알레만니 족속을 물리쳤으나 색슨족은 다루지 못했다. 찰스 마르텔의 뒤를 이어 페핀(Pepin the Short)이 등장했다(714-768). 그는 교황을 위해 몇 개의 롬바르드 도시들을 점령했고 그 도시들의 열쇠들을 로마로 가져와 성 베드로의 무덤 위에 놓았다(베드로의 진짜 무덤은 예루살렘에 있다. 주 66 참조). 샤를마뉴는 800-814년까지 신성 로마 제국을 통치했고 그의 뒤를 이어 경건왕 루이(Louis the Pious)가 왕이 되었다. 이 자는 거의 평생 동안 교황에게 아첨을 하였던 자였다. 그후 루이의 세 아들이 왕국을 분배했다: 로테르, 루이 그리고 찰스(Charles the Bald). 로테르는 아버지가 죽자 "황제"의 타이틀을 거머쥐었다. 세 형제는 서로 싸우다가 843년 베르됭 조약(Treaty of Verdun)을 체결했다. 그 결과는 다음과 같다.

1. 루이(Louis the German)가 독일을 물려받았다.

2. 찰스(Charles the Bald)는 프랑스를 차지했다.

3. 두 나라 사이의 라인 지방(Rhineland)은 로테르에게로 돌아갔고 그는 이탈리아도 차지했다.

이들은 카롤링거 왕조(Carolingian dynasty)로 불렸고, 독일의 오토(Otto, 936-973)가 신성 로마 제국의 황제로 선출되고, 위그 카페(Hugh Capet)가 프랑스 왕이 되면서, A.D.987년 역사의 무대에서 자취를 감추었다.

샤를마뉴대제의 후계자들의 치리하에 신성 로마 제국이 분열된 원인들은 북쪽으로부터의 바이킹족(Vikings)의 침입, 동쪽으로부터의 헝가리족(Hungarians)의 침입 그리고 남쪽에서부터의 사라센족(Saracens)의 침입이었다. 이러한 일련의 사건은 교회사 학도들에게는 A.D.400-500년의 사건을 상기시켜 주기에 충분하다(제10,11장 참조). 성경을 믿고 교회사를 공부한 사람이라면 그 유명한 악순환이 늘 반복된다는 사실을 어찌 간과할 수 있겠는가?

교회사의 악순환은 열역학 법칙들처럼 확고부동하다. 따라서 문화를 뒤따르는 배교는 필연적인 것이다. 배교는 곧이어 이교도로의 귀환을 촉진하는 것이다. 샤를마뉴의 문화 부흥 정책은 곧이어 루엔(Rouen)의 약탈(841), 낭트(Nantes) 포위(843), 파리 점령(845)으로 그 결과가 나타났다. 이번에는 북쪽에서 야만족들이 침입해 온 것이다. 이들 북방 민족들은 수도원을 약탈하고 주교들을 살상하고, 수도승들을 노예로 삼았으며 한마디로 불경건하고 거룩하지 못한, 성경을 거부하던 교회에 대한 하나님의 심판을 집행하는 도구 역할을 하였다고 할 수 있다. 이 배교한 교회는 주 예수 그리스도를 대신해서 이 땅에 천국을 세우고자 했고(제10장, 주 76 참조). 교황을 "땅 위의 권세들"(롬 13:1-4)을 임명하는 하나님 아버지로 만들어 버렸으니 심판받아 마땅하였다. 샤프, 될린저, 듀란트, 네안더, 라가르드, 휘징가, 피셔, 뉴만, 워커 등은 이와 같은 성경적 사실들이 어떻게 관련이 되어 있는가에 대해서 전혀 감을 못잡고 있다.

두아티라 교회 시대는(A.D.500-1000) 교회사 그 어느 시대보다도 "성도들에게 단번에 전수된 믿음"으로부터 가장 멀리 떠나 버린 시대이다. 카톨릭 교회의 행위와 신조는 어찌나 성경과 동떨어진 마귀적 모습을 보이고 있었던지 흑사병이 A.D.1300년까지 연기된 것이 이상할 정도이다(신 32:23-27).

도미니칸(Dominican) 수도회와 로마에 있는 소수 그룹에 따르면 한 때 여자가 교황 노릇을 했으며 그녀의 흉상이 다른 교황들의 흉상들과 함께 시엔나(Sienna)에서 발견되었다고 한다(주 41 참조). 카톨릭 역사가들은 여자 교황의 존재를 부인한 후 그 교황을 요한 8세라고 불렀다. 그러나 이 사건으로 "요한"의 이름을 갖고 있는 교황들의 리스트가 너무도 혼란스럽세 되어버려서 요한 20세는 자기를 또한 21세[77]라고 불렀고 요한 24세(1960)는 자기를 요한 23세라고 불러야 했다(요한 23세는 1410년에 살았었다). 클레멘트 7세는(여자 교황이 죽은 지 840년이 지난 후) 그녀를 "사카랴"(Zacherias)[78]라고 불렀다. 그녀는 바티칸에서 라테란 성당으로 가는 행렬 속에서 갑자기 아이를 낳아버렸고 "교황의 법복"[79] 아래 한 사람이 더 있다는 사실이 드러나고 말았다. 여자 교황 요안나(Joan, 스카랴, 사카랴, 요한 8세, 그밖에 어떻게 불렸든간에)는 아버지 옷을 입은 유일한 어머니로 거룩한 아버지(Holy FATHER) 직분을 수행하는 도중 아기를 낳아 진짜 어머니가 되었던 것이다(기네스북에 오를 일이 아닐 수 없다). 모쉐임(Mosheim)은 이 모든 사실을 증언하고 있다. 그러나 프랑스의 카톨릭 역사가인 다비 블론데(David Blondel)는 샤프와 함께[80] 이 사실을 신화로 취급한다.

카톨릭 교회의 욕망을 정당화시켜주기 위해 이시도리안 교령집(The Pseudo-Isidorian Decretals)이 등장했다. 이 문서는 시내사본이나 바티칸사본처럼 위조된 것으로 세 가지로 되어 있다. 첫 번째 책은 세 부분으로 되어 있는데 첫부분은 "정경들"[81]과 시내사본에서 발견된[82] 「클레멘트 서신」을 위작한 클레멘트로부터 온 60개의 위조된 교령을 포함하고 있다. 두 번째 부분은 몇 가지 문서와 정경을 포함하고 있는 「콘스탄틴의 헌납」이라고 부르는 위조 문서를 포함하고 있다. 세 번째 부분은 "교황들"의 교령들을 묶어 놓았다. 이중 약 35개는 위조된 것이다.

이들 교령집은 교황 레오와 찰리가 A.D.800년에 주장한 대로 교황에 의한 신정 정치가 이루어져야한다고 주장한다. 이 문서들에 따르면 교회의 정회원은 "평신도"(laity)라고 부르는 육신적 죄인들로 구성된다고 한다. 반면 목사들은 알렉산드리아의 오리겐과 영지주의자들이 말하는 "영적인 제사장"들이라고 한다. 또한 믿음과 실행에 있어서의 최종적이고 절대적인 권위는 로마 카톨릭 교황이어야만 한다고 되어 있다.[83] 더나아가 이들 위조 문서는 콘스탄틴이 324년 실베스터(Sylverster)에 의해 침례받았을 때 - 콘스탄틴은 324년 침례받은 것도 아니고 정통 감독으로부터 침례받지도 않았다. - 콘스탄틴은 라테란궁과 모든 로마 제국의 기장(記章)을 로마와 모든 이탈리아 영토와 더불어 실베스터(즉 로마 교황에게)에게 바쳤다고[84] 주장한다.

이 위조 문서는 프랑스에서 만들어졌고 이 문서들은 829년 파리 공회와 857년 치어시에서 열린 프랑스 노회에서 그리고 859년 림즈의 힝크마르(Hincmar)에 의해 신약성경의 진리로서 인용되었다.

우리가 이미 말했듯이 이 모든 난센스들은 모두 반교회사에 속하는 것들이다. 이런 것들은 가능한 한 짧게 다루는 것이 좋다. 왜냐하면 이런 것들은 신약 교회사나 신약교회의 발전과 아무런 관계도 없기 때문이다. 이런 것들은 사기극과 살인극을 동원한 종교 조직의 확장을 촉진시켰을 뿐이다. 이런 것들을 "교회사"의 범주에서 다루는 것은 혼돈에 혼돈을 가중시킬 뿐이다.

두아티라 교회 시대의 일련의 교황들은 교황 레오와 오토 3세(1002년 죽었음) 사이의 교량 역할을 한다. 이들 중 단 한 사람도 성경대로 믿는 사람들이 아니었고 반대로 모두 알렉산드리아 이단의 회원이었으며 한 사람도 구령자나 주 예수 그리스도를 위한 충실한 증인이 아니었으므로 간략하게 짚고 넘어가는 것이 좋겠다(사실 이들에 대해서는 적게 말할 수록 더 낫다고 생각한다).

1. 니콜라스 1세(Nicolas, 858-867)는 로마 공회에서(863) 콘스탄티노플의 총주교인 포티우스(Photius)를 반대했고 이에 포티우스는 교황을 파문시켜 버렸다. 이 사건으로 그리스 카톨릭과 로마 카톨릭은 영원히 결별한다. 그럼에도 불구하고 니콜라스는 프랑스왕 찰스의 친구였던 림즈(Rheims) 대주교를 굴욕을 주는데 성공했다(교황은 감옥에 있던 림즈 대주교의 원수인 소이송의 주교를 재임명함으로써 목적을 달성했다). 이 논쟁에서 니콜라스는 어떤 국왕도 카톨릭 주교를 재판할 권리가 없다는(15장 주 12-16) 이단을 만들어냈다.

2. 하드리안(867-882)

3. 요한 8세(872-882)

이 두 사람은 고집쟁이들로 왕을 세우고 폐위하는 권리를 교황이 갖고 있다고 주장했다. 한 가지 특기할 것은 요한 8세는 한때 하마터면 저주를 받을지도 모르는 행동을 했다는 사실이다. 그는 "불가리안"(Bulgarians, 제6장 주 7,8, 제4장 주 73 참조)이라고 불렸던 콘스탄티노플 근방지역의 성경대로 믿는 "이단"들인 복음 증거자들의 편을 들었고 하나님께서는 예배를 위해 헬라어, 히브리어, 라틴어, 이외에도 다른 언어들도 창조하셨다고 말했던 것이다. 그래서 그는 성경을 번역하는 일이나 다른 언어로 설교하는 것을 허락하였다. 그러나 만약 불가리안들이 서방의 자기교구에서 복음을 전파했더라면 요한 8세는 그처럼 관용을 베풀지는 않았을 것이다. 그들은 동방에서 복음을 전하고 있었으므로(포티우스와 니콜라스의 대립을 염두에 두라) 동방 지역에서 활동하는 분리자들과 반대자들을 고무시켜 주는 것이 그의 상대자인 콘스탄티노플 측을 괴롭힐 수 있음을 요한은 알고 있었던 것이다(오늘날 미국에서는 각주의 자치정부를 무시하고 연방 판사들이 독재를 휘두르고 있다. 이런 것은 어디선가 배운 것임에 틀림없다). 이처럼 교황들은 단순히 거짓말장이나 겁장이에 머물지 않고 문제를 일으키는 정치가이기도 했던 것이다. 샤를마뉴가 성경 대신 알렉산드리아 문화로 유럽을 소경이 소경을 인도하듯이 이끌고 간 후, 배교는 유럽의 여러 나라들을 이교도로 만들어버렸다. 문제는 교황도 이 시대의 조류에 따랐다는 것이다. 세 명의 직업 매춘부들이(테오도라와 그녀의 두딸 마로지아와 테오도라) 정부들과 사생아들로[85] 교황의 "보좌"를 채웠다. 세르기우스 3세는 "베드로의 석좌를 온갖 악으로 물들였다."[86] 테오도라의 정부는 "그리스도의 대리자"가(요한 10세) 되어 914-928년까지 "사도들의 통치자"가 되었다. 그후 한 여인이 그를 감옥에 넣었고 그는 그곳에서 질식사했다. 반면 그녀는 자기의 아들 3명을 "축복된 시몬 베드로의 계승자"들로서 교황이 되게 했다(레오 6세, 스테판 7세, 요한 11세).

4. 요한 12세(955-963)는 "거룩한 아버지"로서 그 어떤 교황보다도 가장 부도덕한 면모로 8년 동안 카톨릭의 명예를 실추시켰다. 그는 살인과 간음을 저질렀고 자기 아버지의 정부와 살았으며 마귀의 이름으로 건배했고, 바티칸을 매춘굴로 만들었다. 그는 또한 쥬피터와 비너스[87]에게 기도를 했다.

오토 대제는(936-973) 카톨릭 제국을 회복시켰고 그때부터 독일의 왕들이 신성 로마제국의 왕관을 차지하게 되었다. 뒤를 이어 교황 레오 8세, 베네딕트 5세, 요한 13세, 베네딕트 6세, 베네딕트 7세, 보니파스 7세, 요한 14세, 오토 3세(그레고리 5세로 독일 피를 지닌 최초의 교황임) 그리고 요한 16세와 실베스터 2세 등이 등장했다.

교회사의 관점에서 본다면 - 반교회사나 준교회사가 아니라 - 그들의 삶과, 행적과, 가르침과, 업적과, 사역은 나일 강에 아이들을 빠뜨려 죽인 가장 형편없는 이교도보다 신약적 의미에서 볼 때 영적으로 하나도 나은 것이 없다. 이들 종교적 위선자들을 신약성경에서 말하는 교회의 역사의 일부로 다룬다는 것은 가장 수치스러운 위선이 되고 말 것이다.

이들 교황들은 보고마일, 폴리시안, 아리안, 불가리안, 파테린 그리고 그들과 동시대에 살았던 모든 성경대로 믿는 그룹들을 죽이도록 승인하고 인정했던 자들이다.

우리는 대분열(Great Schism, A.D.1054)을 공부할 때 동방(콘스탄틴노플) 지역의 총주교(로마의 교황에 해당됨)에 관한 것들을 좀 더 설명하도록 할 것이다. 대분열은 그리스 정교회측(이들은 자신들이 예수 그리스도께서 세우신 유일한 교회임을 "겸손히" 고백한다)과 동일한 "겸손"으로 동일한 사실을 고백하는 로마 카톨릭 교회가 분열된 사건이었다.

우리는 "하나님"에 의해 "시저"가 된 자들이 "왕국"을 세우려고 애쓰는 작태보다 훨씬 더 중요한 사실들에 관심을 돌리고자 한다. 하나님의 나라는 먹고 마시는 것이 아니고(롬 14:17) 이 세상에서 보이거나 잡히는 것(고전 2:4-14)과는 아무런 관계가 없기 때문에 농노[88]들로부터 "베드로의 동전"을 착취하여 짓는 수백만 달러 짜리 성당이 있는 곳과는 다른 곳에다 진짜 "왕국을 세우는" 진짜 그리스도인들을 찾아보고자 한다. 성경적 의미에서 하나님의 나라를 건설하고 있던 두아티라 시대에 살던 그리스도인들은 부활절 날을 확정시키려고 애를 쓴다던가 국왕들에게 선물을 보내는 따위의 일은 하지 않았다. 유아에게 물을 뿌리거나 보니파스에게 기도하는 것도 찾아볼 수가 없다. 거듭나야만 "하나님의 나라"(요 3:3)에 들어갈 수 있고 - 역사가들에 의해 "천국"이라고 잘못 인용되고 있다. - 거듭남은 성령님의 사역 즉 죄인에게 믿지 않는 죄를(요 16:9) 확신시켜 준 후 그의 영을 살리시는 역사(요 3:5-9)로만 가능하기 때문에, "교회 시대"의 "왕국건설자"들은 살아계신 하나님의 살아계신 말씀(요 17:17)을 전파하는데 전념하였던 것이다[이 살아있는 말씀은 새로운 출생을 가져오고(벧전 1:23) 그 말씀을 듣고(약 1:21) 믿는(요 5:24) 사람들의 혼을 구원해 준다]. 성경에서 말씀하고 있는 "믿음"과 "믿지 못함"은 그 어떤 교회의 종교지도자들, 교회 조직, 전통, 주장 등과는 하등의 관계가 없음을 유의해야 한다. 따라서 암흑 시대에 그 어떤 "선한" 일이 일어났다면 그것은 모든 것을 합력하여 선을 이루시는 그분께서(롬 8:28) 은혜를 공급하는 수단(벧전 2:2)인 그분의 말씀들(잠 8:6-10)을 통해 이룩하신 것일 뿐임을 잊지 말라. 그분의 말씀들에 따르면 "은혜의 수단"은 "성체성사"나 그와 유사한 것과는 전혀 관계가 없다.

샤를마뉴, 마르텔, 페핀, 클로비스 및 그들의 동료들(레오, 요한, 그레고리, 오토)은 우리로서는 정치 파워게임이나 여흥과 관련해서 관심이 있을 뿐 교회사와는 전혀 무관하다. 두아티라를 "교황의 정치 역정"으로 해석할 수는 없다. 그 누군가가 "어두운 곳에서 비추는 불빛들"을 찾아내려고 한다면(샤프에 따르면 10세기와 11세기는 암흑 시대 중에서도 가장 어두웠던 시대라고 한다)[89] 그는 그 불빛을 성 베드로 제단 위에 켜 있는 촛불이나, 캔터베리 성당의 촛대에서나, 만성절(Halloween)날의 행렬 속에 있는 "성직자 계급"들 중에서는 찾지 못할 것이다. 암흑 시대를 밝힌 불빛들은 그 어떤 시대와 마찬가지로 빛을 전달하는 사람들이 비추는 것이다. 이 세상의 빛인 그 말씀(시 119:105) 이외에서는 그 어떤 빛도(잠 4:18) 찾아볼 수 없다. 스팽글러, 다윈, 웰즈, 기본, 될린져, 듀란트, 하르낙, 처칠, 헉슬리, 샤프 등은 어두움 속에서 읽고 글을 쓰는 대표적인 사람들이다. 그들이 말하는 "왕국"은 결코 도래하지 않는다(그들이 어떠한 정치적, 경제적 혹은 사회적 "희망"을 붙들고 있더라도 마찬가지다). 왜냐하면 첫째 그들은 왕국이 무엇인지를 모른다. 둘째 그들은 그 왕국을 누가 세웠는지를 모른다. 셋째 그들은 왕국이 어떻게 나타날는지를 모른다. 넷째 그들은 왕국의 백성들이 누가 될 것인지도 모른다. 다섯째 그들은 그 왕국의 왕을 밝은 대낮에 만나게 될지라도 알아보지 못할 것이기 때문이다. 그들에게는 모르는 게 약인 셈이다(요 7:17).

이 시대(A.D.500-1000)에 하나님의 말씀을 전파하고 가르친 사람들은 "카톨릭" 혹은 로마 카톨릭 혹은 그리스 정교회라고 불려본 적이 없다. 이들은 폴리시안, 불가리안, 파테린, 부르군디안, 보고마일, 아르메니안, 카타리 등등으로 불렸다. 이들의 신학적인 지식의 부족이 무엇이었든지 간에 그리고 신약성경의 모든 교리들을 다루는데 있어 얼마나 서툴렀든지 간에 이들은 두 가지 사항은 결코 실행하지 않았다. 즉 그들은 유아에게 물을 뿌리지 않았으며 성인의 경우 거듭남을 체험했다는 고백이 있을 때까지 침례를 주지 않았다. 그들은 "침례교도"로 불릴 수도 있었는데 이는 바로 이 두 가지 사항이 침례교도들이 물침례에 관해서 믿고 있는 독특한 요소이기 때문이다. 사실 교회사가들이 이들 그룹을 침례교도가 아니라고 애써 증명하려들지만 그러나 너무도 분명한 증거들[90] 앞에 그들은 고개를 숙일 수밖에 없을 것이다. 만약 "침례교도"(Baptist)가 어린아이는 침례주지 않고 어른의 경우 구원받을 때까지는 침례주지 않는 성경대로 믿는 사람들을 뜻한다고 한다면 암흑 시대의 가장 유명한 복음적 그룹인(카톨릭의 반대자였다.) 왈덴스(WALDENSES)는 침례교도들이었다. 왜냐하면 바로 이 두 가지 사항이 그들이 믿고 실행했던[91] 바였기 때문이다.

폴리시안(Paulicians)은 처음부터 모든 선한 카톨릭에 의해 이단 종파로 분류되었다. 이들을 금지시킬 목적으로 이들은 유명한 이단이었던 "마니키안"(Manichaeans)과 연관된 것으로 꾸며졌다. 마니키안은 마네스[Manes, 혹은 마니(Mani)]라고 하는 페르시아인이 A.D.270년경 페르시아에 세운 "이단 종파"로 알려져 있다. 실상은 마니(Manes)의 가르침에 대한 반대는 마니가 영지주의자들보다(혹은 오리겐과 클레멘트 같은 카톨릭보다) 창세기 1:2에 대해 더 정확한 해석을 하였기 때문에 나온 것이었다. 마니는 하나님의 나라를 전파하는 모든 사람들에 대적하는 사탄적 세력이 이 세상에 존재한다고 인정했다. 신학에서 카톨릭 역사가들은 이 주장이 "이원론"(dualism)을 믿는 영지주의라고 몰아붙였다. 모든 카톨릭 교황, 대주교, 사제, 수도승, 수녀, 추기경 및 대통령들은 사탄이 이 땅 위에 왕국을 세울 것이라는 사상(계 13-17장)을 거부한다. 만약 당신이 이 사실을 믿으면 당신은 "이원론자"로 몰리는 것이다. 몬타누스(Montanus)의 경우와 마찬가지로 마니는 자신이 요한복음 14-16장에 그리스도께서 약속하신 "위로자"라고 주장했다고 비난을 받았다. 그러나 그의 작품들을 면밀히 검토해보면 그는 결코 그러한 주장을 한 적이 없음을 알게 된다. 그럼에도 불구하고 카톨릭 역사가들은 성령께서는 오직 자신들의 교회를 통해서만 말씀하신다고 믿고 있다. 따라서 카톨릭 교회의 회원이 아닌 그 누구가 성경적 계시(고전 12장)를 받았다고 말하면 그는 "자기가 성령이라고 말한" 셈이 된다(이를 확인하려면 제7장 주 41,49,50,52 참조). 마니는 자신 안에 계신 위로자께서 자기를 통해 말씀하셨다고(마 10:20) 말했을 뿐이다. 마니의 적들이 쓴 글들을 받아들인다면 마니가 구약성경에 대해 취한 태도는 결정적으로 불신자의 자세라고 말할 수 있을지도 모른다. 몬타니스트, 폴리시안, 파테린, 보고마일, 카타리, 노바티안, 도나티스트들의 경우처럼 마니키안이 "믿었다"라고 알려진 것들은 실상은 자신들의 전통과 어긋나는 그 어떤 것을 믿는 것을 미워하는, 성경을 거부하는 유아세례주의자들이 제공한 정보일 뿐이다. 예를 들면 마니와의 논쟁은 알려지지 않은 저자에 의해 라틴어로 쓰여진 반면(원래 이 논쟁은 시리아어로 진행되었었다)[92], 마니키안 자체에 대한 자료는 알렉산드리아에 있는 오리겐의 철학 학파를 우상화시킨 북아프리카 출신 이집트인이 쓴 것이 전부이다. 그의 이름은 리코폴리스의 감독(주교) 알렉산더로 그가 마니에 관해 입수한 정보도 직접 얻은 것이 아니고 한 단계 거쳐[93] 얻은 것이었다.

보소브르(Beausobre)라고 하는 역사가에 따르면 이 "알렉산더"는 이교도 철학자일 뿐이었다. 틸몽(Tillemont)이라는 학자도 같은 의견이다.[94] 따라서 <마니키안에 대하여>라는 책을 읽는 독자들은 이 두 사람과 같은 결론에 도달할 것이다. 이 근거가 빈약한 문서는 「아리스테아스의 편지」(The Letter of Aristeas, 학자들이 "칠십인역"이 B.C.250년에 존재했다는 증거로 제시하는 위조 문서)만큼이나 신뢰성이 없는 것이다.

<마니와의 논쟁>이란 책도 캠벨주의자가 자신과 감독교회 회원[95]과의 논쟁에 관해 주관적으로 작성한 보고서 정도라고 할 수 있다. 마니는 275년 교수형에 처해졌다. 죄목은 선과 악에 대해 갖고 있는 견해와 아담 이전의 역사에 대해 갖고 있던 철학적 주장이 이단이라는 것이었다. 그럼에도 불구하고 그와 그의 추종자들은 신구약성경이 영감을 받았고, 그리스도는 처녀에게서 태어났으며, 그리스도는 인간의 육신의 모양을 입은(롬 8:3) 하나님이시며, 죽었다가 장사되었고 다시 사셨다[96]라는 사실을 믿었다. 마니의 반대자는[신원이 알려지지 않은 "아르켈라우스"(Archelaus)] 마니가 물질에 관해 선악의 특성을 신학적으로 잘못 이해하고 있나는 이유로 갈라디아서 1:9의 저주를 퍼부었던 것이다. 그러나 이 문제에 관한 철학적 논쟁은 - 영지주의자들의 (B.C.300-A.D.300) 철학이론의 기본이 되는 사상임 - 갈라디아서 1:9과 아무런 관계도 없는 고로 우리는 "아르켈라우스" 자신이 영지주의 이단이었을 것이라는 생각을 할 수밖에 없다. "전통"주의자들이 마니의 가르침에 반대한 진짜 이유는 훨씬 간단하다. 그의 추종자들은 4세기나 5세기 동안 카톨릭 신앙을 조롱하고 "카톨릭 교도"들의 반성경적 실행들을[97] 조롱한 사람들로 명성을 얻었다. 따라서 카톨릭은 폴리시안 역시 "반카톨릭"이었으므로 이들을 약탈하고 살해할 목적으로 마니키안과 연관이 있다고 몰아붙였던 것이다. 필립 샤프는 마니키안을 "과격하고 이단적인 종파"[98]로 분류한다.

폴리시안을 마니키안과 연관시켰던 두 권의 책은 포티우스(Photius)[99]와 시쿨루스(Siculus, A.D.868년경)에 의해 쓰여졌다. 이 두 사람에 따르면(이들은 폴리시안의 적이었다) 폴리시안은 사모사타에 있는 두 가지 이단들로부터 그 이름을 받았다고 한다. 그러나 이것은 옳지 않다. 왜냐하면 이들은 로마 카톨릭과는 반대로 바울 서신을 강조한다고 해서 "폴리시안"(바울파)이라고 불렸기 때문이다. 카톨릭 교회는 한 번도 바울 서신을 강조하지 않았다(마 16:16,18, 요 20:23, 히 6:1-7, 약 2:24). 폴리시안은 한마디로 오리겐, 시프리안, 클레멘트, 파피아스, 유세비우스, 제롬, 혹은 어거스틴보다 신약성경의 핵심을 훨씬 잘 파악한 성경대로 믿는 그리스도인들이었다. 샤프가 "이단 종파"라고 부르는 이 그룹의 창시자는 A.D.684년 그리스 황제 콘스탄틴 포고나우츠(668-685)의 명령에 의해 돌에 맞아 죽었다. 이 "이단 종파"는 성경대로 믿는 사람이라면 쉽게 그 출처를 찾아낼 수 있는 시리아에서 유래되었고(안티옥, 행 11:26), 소아시아를 거쳐 퍼져나갔다(제10장 주4,5,8,59,93,94 참조). 테오도라(Theodora, 선하고, 정통이고, 니케아 신경을 믿는)는 십여 만 명의 폴리시안을 칼과 밧줄과 화형으로[100] 죽였다. 폴리시안 회중들은 콘스탄티노플을 떠나 정치적으로 사라센과 동맹을 맺었다(종

교적으로는 아니었다). 이들 중 적극적인 자들은 비잔틴 제국을 공격하는 모슬렘에 가담했다. 비잔틴 제국은 이 당시(A.D.867) 우상을 섬기는 배교자였던(제13장 주 46-47 참조) 그리스 카톨릭에 의해 지배되고 있었다.

필립 샤프는(카톨릭사가들과 동일하게) 이들 "극단적인 이단들"은 "이원론"을 가르쳤고, 동정녀 마리아는 "하나님의 어머니"가 아니라고 가르쳤으며(제11장 주 71 참조), 기독교보다는 유대교를 가르쳤고, 시몬 베드로를 거짓 선지자[101]라고 여겼다고 그의 교회사에 기록했다. 그러나 필립 샤프보다(잠 14:15) 신중하고 조심스러운 연구가들은 발걸음을 살피는 법이다. 카톨릭은 자신들의 교회를 사탄 위에(마 16:23, 시몬 베드로) 세웠다고 주장했고, 따라서 "축복받은 시몬 베드로" 즉 "사도들의 통치자"에 대해 반대하는 말을 한다면(마 16:23에서 그리스도께서는 그렇게 하셨다) 그 사람은 베드로가 기록한 모든 것을 거부하는 것으로 보고가 된다. 바로 이런 사정 때문에 폴리시안은 두 가지 이유로 "이단"으로 분류된 것이다.

1. 카톨릭 교회의 수장을 거짓 선지자(사탄)라고 불렀다. 왜냐하면 카톨릭 교회의 수장은 "사도들의 통치자"요(제10장 주 29-31 참조) "시몬 베드로의 계승자"였기 때문이다.
2. 성경의 일부를 부인했다.

폴리시안에 대한 공격은 성경대로 믿는 그리스도인들에 대한 15세기에 걸친 중상모략을 전형적으로 보여주는 것이다(제13-14장 참조). 그럼에도 불구하고 펠라기우스의 경우처럼(제10장 주 34-41 참조) 그 누구도 무엇이 실제의 이슈였는가에 대해 확인해 보기 위해서 "선악의 특성" 혹은 "이원론" 등에 관해 논의를 해보려고 하지 않았다. 실제의 이슈는 폴리시안들은 카톨릭 교회의 성직제도를 거부했고, 성체성사도 거부했고, 유품과 십자가 숭배도 거부했고, 에베소서 4:5의 "하나의 침례"는 성령께서 믿는 자를 그리스도 안으로 넣는 것이라고 생각했던 것이다. 그러니까 그들은 당시의 스템주의자(Stamites)요 벌링거주의자(Bullingerites)였던 셈이다. 폴리시안의 최악의 상태마저도 당시를 지배하던 교회의 그 어떤 주교나 대주교 보다 최소한 다섯 배 이상은 성경적이었다. 심한 박해를 받게 된 폴리시안들은 불가리아와 발칸 지역의 산악지대로[102] 이주했고 그곳에서 이탈리아 북부와 유고슬라비아로 가서 왈덴스와 알비겐스로 불리우는 그리스도인들을 낳게 된다(이 두 그룹은 나중에 살펴보겠다).

"마니키안"으로 몰린 사람들은 로마의 "기독교 정책"에도 불구하고 완전히 뿌리뽑

히지 않았다. 그들은 이탈리아 북부(파테린과 왈덴스의 본고장)와 프랑스 남부(보도파와 알비겐스의 본고장)[103]에서 비밀리에 성경을 가르쳤고 복음을 전파했다. 폴리시안은 한 때(A.D.560) 마니키안이었던 콘스탄틴이라고 불리우는 어떤 사람의 회심과 더불어 시작되었다고 알려져 있다. 구령하는 어떤 전도자가 그에게 복음서와 사도 바울의 서신을 담고 있는 신약성경의 필사본을 하나 건네주었다. 물론 이 필사본은 제롬이 사용한 알렉산드리아 계열이 아니고 시리아의 비잔틴 계열 필사본이었다(제3장을 참조). 이 사건이 있기 겨우 60년 전에 시리아어로 된 신약이(Philoxenian Version) 히에라폴리스(Hierapolice)의 감독에 의해 이 지역에서 재생되었다는 사실은 매우 의미심장하다고 하겠다. 이 성경의 출판으로 이 감독은 황제 저스틴(483-565)에 의해 "마니키안"으로 몰려 트라키아로 추방되었다가 그곳에서 그리스 정교회 교도들에 의해 살해되었다.[104] 다른 여러 가지 중에서 히에라폴리스의 감독이 저지른 "용서받을 수 없는 죄"는 그가 만든 시리아 성경에서 밥티조(baptizo)를 아마드(amad)로 바르게 번역한 것이었다. 아마드는 시리아 페쉬타어로 "물에 잠기다"(TO IMMERSE)라는 뜻이었기 때문이다.

폴리시안은 콘스탄틴("콘스탄틴 대제"가 아님) 시대 이래로 마니키안의 철학적 추론을 공개적으로 비난했으며 자신들은 성경대로 믿는 사람들로 마니의 가르침 전부를[105] 받아들인 것으로 간주하는 것은 부당하다고 주장했다. 또한 샤프의 주장과는 달리(샤프에 따르면 폴리시안은 아무도 물로 침례주지 않았다고 한다. 그러나 이것은 중상모략에 지나지 않는다.) 로빈슨에 따르면[106] 폴리시안들은 물에 잠기는 침례를 주었고 주 예수 그리스도를[107] 믿는다는 고백을 한 어른들에게 침례를 주었다고 한다. 폴리시안에게 붙여진 또 다른 이름은 "아세팔리"(Acephali)로 이는 "머리가 없는 자"란 뜻이다. 카톨릭들은 자기들처럼 교회의 보이는 "머리"로서 베드로와 그의 "대리자"들을 인정하지 않는다고 해서 폴리시안을 그렇게 조롱했던 것이다. 그러나 그들은 성경을 거부하는 교황들과는 달리 바울이 "교회의 머리"(엡 1:22, 골 1:18)에 관해 말한 것을 믿었던 것이다. 카톨릭 교도들은 폴리시안들이 베드로에게서 "머리" 직분을 도둑질(마 16:16-18)해서 바울에게다 바친 것으로 간주하고 폴리시안들은 베드로전후서가 영감받지 않았다고 주장한다고 비난했다. 그러나 이런 억지주장은 지어낸 이야기일 뿐이다.

이탈리아에서 폴리시안들은 파테리니(Paterini) 혹은 카타리(Cathari)라고 불렸고 프랑스에서는 불가리안(Bulgarians), 퍼블리칸(Publicans), 알비겐스(Albigenses)라고 불렸다(제10장 주 72, 89-95 참조).

롬바르드족(Lombards)이 살고 있었던 이탈리아 북부에 있던 밀라노(Milan)와 튜린(Turin)은 이들 "반대자들"이 "분리주의자들"과 계속해서 갈등을 빚고 있었다. 이는 노바티안들(Novatians, 4세기의 카타리라고 할 수 있음)이 니케아 공회 이후 다른 곳으로부터 그곳으로 이주해 왔기 때문이다. 이탈리아 북부지역에서는 이들도(폴리시안처럼) 파테린(Paterines)과 프라트라셀리(Fratracelli)라고 불렸다. 이들은 교황 스테판 II세(725-757)치리 기간 동안 강력하게 부상했다. 그들은 모든 사람은 침례받기 전에 믿음에 의해 은혜로 구원받는다고 가르쳤고 구약의 율법은 신약 교회의 실행을 위한 교리가 아니라고 가르쳤다. 교회는 오직 지역교회만을 인정했고 (카톨릭처럼 교단을 형성하는 것을 거부했다) 유아세례는 이단[108]이라고 가르쳤다. 한 마디로 이들은 가장 "사악한" 반 카톨릭 침례교도였던 것이다. 따라서 그들의 글들은 모두 "증오 문학"(hate literature)으로 분류되어 금서가 되어야 마땅했다.

베르실리아의 감독(주교) 아토(Atto)는 946년 이들에 대해 불만을 갖고 있었다.[109] 당시 이들 그룹은 밀라노에서 수가 상당히 늘어났고 200년 간 번성해왔기 때문에 어디서나 눈에 띄게 되었다. 이들 "파테린"들은 니케아 이전 교부들과 이후 교부들을 "기독교를 부패시킨 자들"[110]로 간주했다. 이들은 십자가를 "멸망의 가증한 것"으로 불렀고 짐승의 표[111]라고 말했다. 이들은 카톨릭이 "아리안"[112]으로 분류한 고트족과 롬바르드족의 통치 기간 중 가장 많은 종교적 자유를 누렸다. 그들은 샤를마뉴와 클로비스가 고트족과 롬바르드족을 공격하여 "이단"을 척결하는데 있어 교황을 도와주기까지는 재산을 빼앗기지 않았다.

유럽에 있어서 당시 성경대로 믿는 기독교의 중추 지역은 엎어 놓은 초승달 모양을 지니고 있었다. 즉 오른쪽 끝이 모라비아(Moravia, 체코의 서쪽 끝)와 실레시아(Silesia, 폴란드의 남쪽 국경) 그리고 왼쪽 끝이 남부 프랑스의 라인 강의 서쪽 뚝인 엎어놓은 초승달 모양이었다. 지도를 살펴본 사람이라면 이 지대는 나무가 많고 산이 많은 지대임을 금방 알 수 있을 것이다. 그러니까 로마에게 그처럼 괴로움을 주었던 사람들은 산 사람이었던 셈이다. 성경대로 믿는 기독교는 로마의 북쪽과 뮌헨(독일)의 남쪽 그리고 프랑스의 리옹에 걸쳐 있었다.[113] 이탈리아 북부는 프랑스 남부와 독일 남부(오스트리아)에 인접해 있었으므로 이단에 쉽게 "오염"되었던 것이다(카톨릭이 보기에 그렇다). 이들을 오염시킨 이단들은 비엔나와 리옹[114]에 정착하기 위해서 독일에서 이주했던 부르군디안(Burgundians), 이탈리아와 아프리카에서 온 노바티안(Novatians), 아프리카에서 온 도나티스트(Donatists), 소아시아에서 온 폴리시안(Paulicians)과 보고마일(Bogomiles) 그리고 알비(프랑스 툴루즈 북동쪽 42마일 지점에 있는 도시)에서 온 알비겐스(Albigenses)였다.

이에 덧붙여 스페인 북부(피레네 산맥 지대)에 있던 성경대로 믿는 사람들이 나타났는데 이들은 후일 왈덴스(Waldenses)로 신원이 밝혀졌다. 스페인을 떠나 피레네 산맥을 넘었던 그리스도인들은 프랑스 남부에 정착했을 때[115] "보도파"(Vaudois)라고 불렸다. 배교한 카톨릭 교회는(A.D.500-1000) 할 수 있는 한 많은 이름들을 만들어 그리스도인들에게 붙여 주었다. 그러나 이들 모두는 다 서로 연관이 있었다. 예를 들면 옛 "유카이트"(Euchites, 제6장에서 언급했음)는 유럽 전역에 걸쳐 번져나가면서 "보가드"(Bogards, 화란어), "베긴"(Beguine), "피카드"(Picards, 독일과 보헤미아에서 나온 용어) 그리고 "베가드"(라인란트의 용어) 등으로 불렸다. 그러나 이 모든 이름들은 기본적으로 "기도의 사람" 혹은 "기도의 사람들"[116]이란 의미이다. 이탈리아 북부의 파테린들은 불가리아로부터 왔다. 즉 그들은 4,5세기의 "불가리안"들이었던 것이다(제9장 주 91).

니콜라스 1세("그레고리 1세 이래로 가장 위대한 교황"[117])의 시절로 되돌아가 보면 우리는 그가 프랑스 림즈 지방의 힝크마르(Hincmar)라고 불리던 민족주의 성향의 감독(주교)과 갈등을 빚고 있었음을 기억한다. 겉보기에는 "충분하지 못한 이유들"[118]로 인해 감옥에 갇혀 있던 그의 라이벌(소이송의 감독)과의 갈등이었다. 그러나 교황 니콜라스가 그가 좋아하는 투옥된 감독을 돕기 위해 원정을 갔을 때는 "충분치 못한" 이유로 체포되었으니 풀어주겠다는 것 이상의 속셈이 있었던 것이다. 그 지역에서 감옥에 갇혀 있던 감독의 대적은 힝크마르였는데 그는 "선한" 카톨릭 신자가 못되었다. 그는 유아세례를 중지시켰었던 것이다.[119] 이런 행위는 그를 거의 "알비겐스"파로 불릴 수도 있게 만들었다. 교회사가 모쉐임은 "알비겐스는 엄격한 의미에서 마니키안주의에 동조했던 이단들과 카타리스트, 퍼블리칸, 폴리시안 그리고 불가리안이라는 이름으로 처음부터 그리고 추후에 알려진 사람들을 지칭하기 위해 사용되었다는 사실만큼 더 확고부동한 사실은 없다. 이 사실은 많은 권위있는 교회사가들의 자료가 분명히 증거하고 있는 바이다."[120]라고 말했다. 폴리시안에 대해 어셔 대주교는 "이 훌륭한 성직자들은 성체성사 혹은 침례에는 혼을 거룩케 할 수 있는 능력이 없음을 확인하였다"[121]라고 말하고 있다.

이들 성경대로 믿는 그리스도인 그룹에게 붙여진 또다른 이름은 - 이들은 사실상 성경대로 믿는 사람들의 총 연합체를 구성하고 있었다. - 발덴스(Valdenses)였다. 프랑스 남부지방 리용의 피터는 그들의 가르침을 채택했고 그후부터 "발더스"(Valdus)[122] 라고 불렸다. 리용에 있던 그들의 추종자들은 때로 "리요니스트"(Lionists)라고 불렸으며 라이너 사코와 테오도르 벨베드르는 이들의 정통신앙은 아주 오래된 것으로 어쩌면 사도들의 시대로[123]까지 그 기원을 추적할 수 있다고 인정한다. 베자(Beza)는 왈덴스들은 순수하고 때묻지 않은 초기 기독교회들의 유품이라고 지적하면서 리용주의자들을 성경적 기독교와 연계시킨다. 그들 중 일부는 "리용의 가난한 사람들"(The Poor Men of Lyons)이라고 불렸다.

우리는 이들 침례교 그룹(혹은 퓨리탄들)에 대해 나중에 더 자세히 살펴볼 것이다. 특히 왈덴스, 카타리, 및 알비겐스에 대해 집중적으로 살펴보게 될 것이다. 현재로서는 이들 그룹들에 관해 성경적 계시가 우리에게 제공하는 기본 진리들을 검토하고 이들 그룹이 어째서 박해를 받고 잘못 알려지게 되었는가를 성경으로 조명하는 것으로 충분할 것이다.

1. 유아세례를 거부하는 어떤 지역교회와 연계된 그 어떤 그리스도인 그룹도 로마 카톨릭 교회의 제거 대상이 되었다. 필라델피아 교회 시대에 자행된 대량 학살은 (15-16장) 이 교리적 이슈 때문이었다.

2. 예수 그리스도에 대한 믿음의 고백이 있을 때까지는 어른에게도 침례를 주지 않는 그 어떤 지역교회와 연계된 그 어떤 그리스도인 그룹도 제거대상이었다. 왜냐하면 그런 실행은 로마 카톨릭의 유아세례가 아무런 효험이 없다는 것을 공개적으로 선포하는 것이기 때문이었다.

3. A.D.325년 이후의 공회의 법령과 포고문에 (순종할 것을) 공개적으로 선언하지 않는 지역교회는 모두 국가의 제재를 받게 되었다.

4. A.D.500년경에는 유아에게 물뿌리기를 거부하는 지역교회나 목사는 그 누구라도 사형에 처해졌다(테오도시우스, 413). 이 규례는 샤를마뉴하에서 A.D.789년 전체 제국의 공식 법령이 되었다.

5. A.D.800년경에는 믿음과 실행의 모든 문제에 있어 로마 교황 혹은 대주교의 권위에 순복하기를 거부하는 지역교회나 목사는 그 누구라도 "신성 로마 제국"의 군대에 의해 공격당할 위험에 놓이게 되었다(이 경우에는 "샤를마뉴 대제").

6. A.D.1000년경에는 유럽에 있던 모든 성경대로 믿는 사람들은 그 어떤 종교적 논쟁에서 성경의 편에 서서 카톨릭 주교를 한 번이라도 반대한 경우에는 투옥, 추방,

혹은 사형에 처할 위험에 놓이게 되었다.

성경을 거부하는 교황주의자들과 종교 개혁자들은 (특히 학문에 종사하는 사람들) 자신들만이 "유일하고, 거룩하고, 사도적인 성모교회"로서 지옥의 권세(지옥의 문을 지옥의 권세로 변개시켰음. NASV를 보라)를 이기고 우뚝 서 있고 그들의 적들은 이단적 분열주의자들이라는 인상을 심어주기 위해서 성경대로 믿는 재침례교도(Anabaptists)에게 온갖 이름들을 갖다 붙였다 : 퓨리탄(Puritans), 보고마일(Bogomiles), 리요니스트(Lionists), 보도파(Vaudois), 폴리시안(Paulicians), 마니키안(Manichaeans), 프리실리안(Priscillians), 사벨리안(Sabellians), 아리안(Arians), 노바티안(Novatians), 도나티스트(Donatists), 부르군디안(Burgundians), 불가리안(Bulgarians), 알비겐스(Albigenses), 왈덴스(Waldenses), 파테린(Paterines), 카타리(Cathari), 퀘이커(Quakers), 재침례파(Anabaptists), 경건파(Pietists), 침례파(Baptists), 세대주의자(Dispensationalists), 근본주의자(Fundamentalists)... 다시 말해 성경대로 믿는 그룹은 늘 교회사가들에 의해 소수 그룹으로 분리되어 다루어지는 고로, 그 누구도 진정으로 정통적인 "그리스도"인은 성경이 하나님의 말씀이요 믿음과 실행에 있어 최종권위라는 사실을 믿는다고는 생각 못하게 하는 것이다. 그러니까 그들의 최종 공격목표는 늘상대로 성경의 절대적 권위였던 것이다(창 3:1).[124)]

다음 장에서 우리는 암흑 시대 동안 주님을 증거한 사람들의 삶을 살펴보겠다. 우리는 이와 더불어 세계 최대의 종교의 하나로 떠오르게 된 모하멧교에 대해 살펴보고 이들 그룹이 우상에 빠져버린 카톨릭에게 어떤 시련을 안겨다 주었는지도 살펴볼 것이다. 계속해서 진행되는 카톨릭의 배교 역시 다룰 것이다. 이 두 그룹은(그리스정교회도 포함해서) 신약성경이 완성되었을 당시에는 신약 기독교가 아직 완전히 발전되지 못했고 따라서 신약성경을 거부하는 종교인 행세를 하는 정치가들에 의해 "발전"되고 "성장"해야 될 필요가 있다는 이론에 근거해서 온갖 이교도들의 관습을 그들의 교회 안으로 받아들이고 용납했었던 것이다.

독재자의 뜻이 강할수록 효율적인 집행이 이루어지는 법이므로(히틀러 : 1933-1945, 루즈벨트 : 1933-1945), 독재자였던 교황에 의한 유럽의 통합은 기독교 파시스트 정부를 만들어 내는데 성공했다. 바로 이 사실은 어째서 서구의 모든 독재자들이 카톨릭 배경에서 나왔는가를 설명해 준다(히틀러, 무솔리니, 레닌, 케네디, 나폴레옹, 스탈린, 프랑코, 카스트로, 드골, 바티스타 등). 교회를 장악한 철권독재자에 의해 종교 의식의 규례와 평신도 규례가 제정되자 성경을 배격하는 배교는 신속히 진행되었다. 통합된 교회, 통합된 종교 조직, 통합된 군대 조직을 완전히 장악하게 된 사탄은 입으로만 예수 그리스도를 고백하는 종교 조직 속에 충분한 누룩(마 13:33)을 집어 넣어 전체 반죽을 부풀게 하는데 아무 문제가 없었다. 성경의 하나님은 역사의 하나님이시므로 이 모든 부패를 지켜보셨던 하나님께서 아무런 조치를 취하지 않으셨으리라고는 생각할 수 없다.

하나님께서는 거의 모든 유럽의 해안지방에 바이킹족을 보내신 후 마귀에 사로잡힌 간질병자였던[125](롬 9:17) 마호멧을 일으켜 그리스 정교회와 로마 카톨릭에게 때로는 이교도들이 "성경의 수호자"[126]를 자처하는 자들보다 더 성경적이라는 교훈을 가르쳐 주셨다. 마호멧 교도들은 "예배보조기구"로 동상들을 사용하지 않았으며 발효된 음료를 마시지 않았다. 하나님께서 일으킨(롬 9:17) 마귀적이고 광신적인 독일인은 1923-1945년 사이에 예레미야 52장과 신명기 32장을 수행하기 위해 "성경의 수호자"를 자처하는 교회와 동맹을 맺고서[127] 잘 살다가 독일에서 죽었던 것이다.

이탈리아 북부 지역과 프랑스 남부 지역에 퍼져 있던 반카톨릭 "카타리" 들의 중심지 (A.D.1000-1400)
영국
색소니
노르만디
브리타니
로렌
프랑스
스와비아
바바리아
프랑코니아
리용
로잔
베르셀리
코모
비엔나
밀라노
브레시아
발렌스
튜린
파비아
비센차
페라라
알비
론카글리아
브르군디
툴루즈
피아센차
베지어즈
아를레스
파르마
라벤나
레기오
아라곤

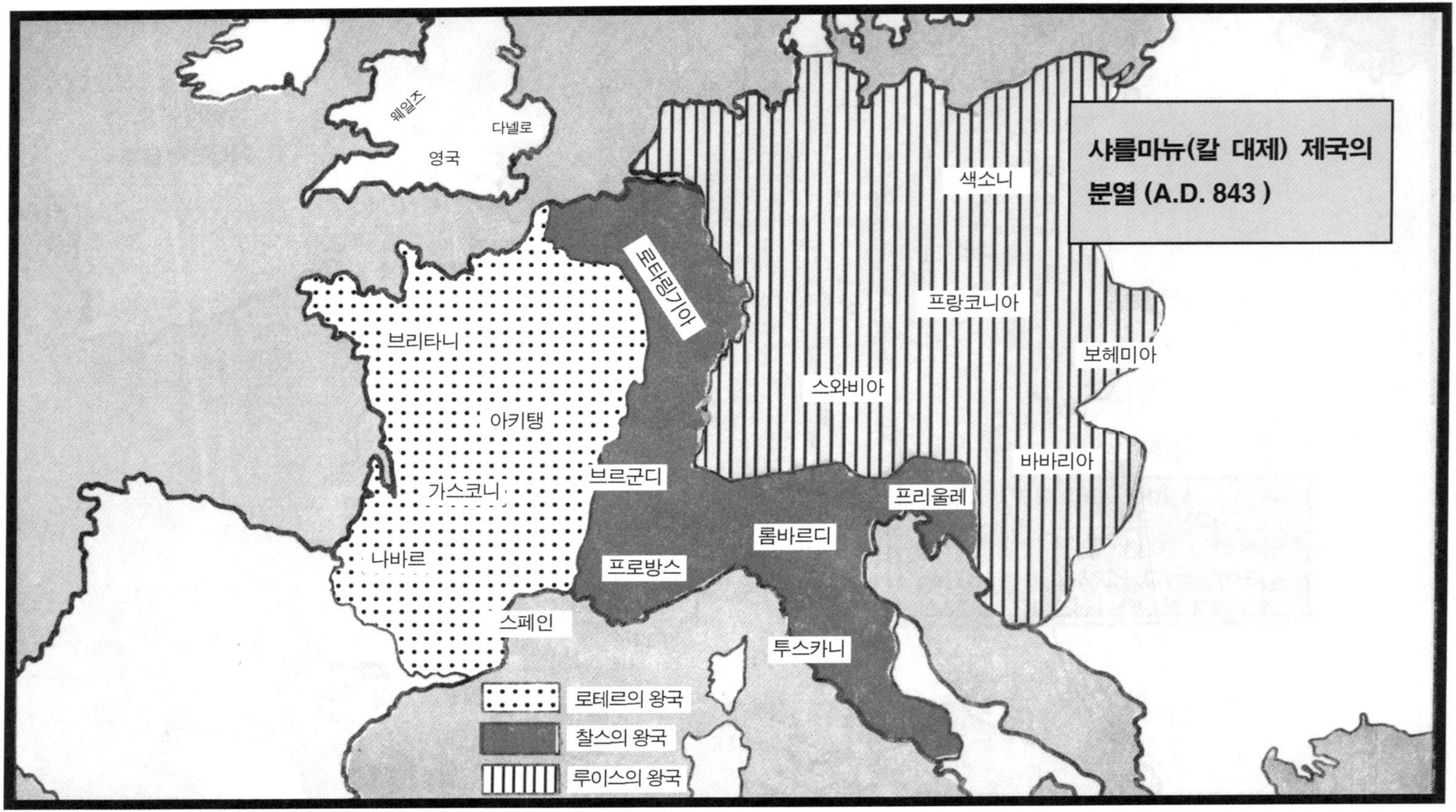
샤를마뉴(칼 대제) 제국의
분열 (A.D. 843)
웨일즈
다넬로
영국
색소니
프랑코니아
보헤미아
스와비아
바바리아
로타링기아
브리타니
아키탱
브르군디
가스코니
나바르
프로방스
롬바르디
프리울레
스페인
투스카니
로테르의 왕국
찰스의 왕국
루이스의 왕국

제 13 장
그러는 동안 양무리는 어찌 되었나

네가 어느 지역에서 가난한 자들을 압제함과 공의와 정의를
심하게 왜곡시키는 것을 볼지라도 그 일을 이상히 여기지 말라.
가장 높은 자보다 더 높은 이가 지켜보시며 그들보다 더 높은 이가 있음이라. (전 5:8)

A.D. 200-1000년 사이에 존재했던 모든 로마 카톨릭의 실행과 믿음을 하나의 누룩으로 뭉쳐 보면 엄청난 덩어리가 된다. 이들 중 교회의 공식 승인을 받기 1세기 전에 시행되던 것들도 상당수 있다. 성경적 문제들을 다루는데 있어 로마 카톨릭 교회가 고집하는 무오한 법칙은 "어떻게 하면 권력과 단합(power and unity)을 유지할 수 있느냐"는 것(제10장 주 50-51 참조)이다. 이것을 기억한다면 "거룩한 성모 교회"의 정치적·종교적 구조를 해체하거나 무기력하게 만들지 않는 한 그 어떤 반성경적 요소도 용납될 수 있으며, 심지어는 권장되었다는 사실에 당황할 필요는 없을 것이다. 이와 같은 이유로 야만인들은 개종 이후에도 이교적 관행을 간직하도록 허락되었다(주 6,33,52 참조). 뿐만 아니라 그들이 이제껏 알지 못했던 이교적 관습을 추가적으로 받아들이도록 권장받기조차 했다(제12장 주 28, 캔터베리 대주교의 무덤 위에 쓰여진 묘비문을 기억하라).

A.D.312년경에는 죽은 자들을 위한 기도와 "십자가의 표적"을 긋는 것이 "선한" 카톨릭 교도들이 지켜야 할 정통적 관행이라고 공식적으로 규정되었다. A.D.320년경에는 촛불이 예배에 사용되기 시작했고 375년경에는 천사들과 성도들의 숭배가 시작되었다. 394년경에는 미사가 기념 대신(고전 11:26) 그리스도의 죽음을 "축하"(celebration은 "기뻐함"이란 뜻임)하는 행사가 되어버렸다. 431년경에는 마리아 경배가 성경적 기독교로 간주되었다(에베소 공회). 596년에는 성직자들은 평신도들과 다른 복장을 하고 다녔다. "전세계 감독"(Universal Bishop) 혹은 "교황"이라는 칭호는 A.D.611년 이후부터 교황에게 주어졌고, 709년경에는 교황의 발에 키스하는 것이 "그리스도인"의 관행이 되었다. "예배보조기구"로서 한때 사용되었던 십자가와 형상들은(오늘날 카톨릭의 선전 문구를 보라) A.D.788년경 경배의 대상이 되었고, 850년경에는 북아프리카의 검은 마술을 다양한 형태로 행하기 위해 사제들은 물에 소금을 섞었다. A.D.956년에는 종(bell)을 물에 담궈 침례를 주었고, 1000년경에는 카톨릭 교도들은 금요일에 금식하고 사순절(Lent)을 지켰다. 미사는 이때부터 의무적인 "희생 제사"[1]로 되었다(미사에 가든지 목숨을 버리든지 둘 중 하나를 택해야 했다).

창녀 교회에 받아들여진 반성경적 명칭, 칭호, 의식, 요소, 물건은 셀 수 없이 많다. 어떻게 이런 것들이 들어왔는지 실로 이해하기 어렵다. 독자들에게 반교회사의 주인공인 로마 카톨릭 교회의 참모습과 이 교회의 반성경적 특성이 어떤 것인지를 보여드리기 위해 로마 카톨릭이 "참된 믿음"이라고 사용하는 용어들을 간략히 제시해 드리도록 하겠다. 카톨릭은 이들 용어가 성령에 의해 신약 교회가 "발전"해 가는 가운데 나타난 영적인 산물이라고 주장한다. clergy(성직자), laity(평신도), pope, pontiff(교황), vicar of God(하나님의 대리자), cardinal(추기경), abbot(수도원장), superior(상급자), nuncio(교황청대사), canon(교령), nun(수녀), monk(수도승), requiem mass(추도미사), pretate, legate, dean, cleric, licentiate, rector, holy orders, mendicant, curia, curator, archdeacon, confessor, stole, cincture, red hat, pectoral cross, acolyte, friar, zucchetto, tonsure, habit, purificator, host, maniple, surplice, amice, soutane, rochet, flabellum, cencer, viaticum, ciborium, canon law, bull, novena, offertory, rubric, introit, litany, 등 이 전부는 전체 목록의 약 반에 해당한다. 로마가 진리를 떠난 후 10세기 동안 조작된 위조 문서는 너무 많아서 일일이 열거할 수가 없다. 2세기에 카톨릭은 이미 클레멘트, 디오니시우스, 리누스 그리고 바나바의 이름을 문서에 도용하였다. 3세기에는 시프리안, 제프리누스, 히폴리투스, 파비안, 오리겐 및 마르셀리누스 등의 이름이 위조 문서[2]에 도용되었고, 5세기에는 실베스터, 아타나시우스, 콘스탄틴, 크리소스톰,

유세비우스, 다마스커스, 리베리우스, 힐러리, 어거스틴, 제롬[3] 등의 이름을 도용해서 위조 문서를 만들었다. 카톨릭은 잘 알려진 사람(특히 "헌신되고" "경건한" 사람)의 이름을 거짓 교리에 갖다 붙여 "성자"가 가르친 것이므로 그것이 진리라고 인정하도록 유도하는 방법이었다. (오늘날의 근본주의자들도 같은 수법을 쓴다.)[4] 이밖에도 여러 가지 많은 위조 문서들이 카톨릭 백과사전에 열거되어 있다.

"사도들의 통치자"로부터 유래했나고 주장하는 "교회의 통치자들"이 저지른 부도덕과 계략들은 유럽의 지식인들의 눈에 너무도 잘 알려졌고 너무도 경멸적인 것이었다(그 지식인이 그리스도인이든 이교도이든 카톨릭이든 간에). 그렇기 때문에 10세기경에는 유럽의 학자들은 누가 교황이고 그가 무슨 신앙 고백을 했는지에 대해서는 전혀 관심이 없었다. 후일 마틴 루터가 말한 것처럼 기독교를 위장한 카톨릭 교회의 영향과 행실로 인해 "평범한 유대인이라면 '그리스도인'이 되기보다는 차라리 돼지가 되겠다."[5]는 생각을 할 판이었다.

교황 바오로 1세(757-767)는 페핀(Pepin the Short)에게 (제12장) 이렇게 편지했다. "가장 행복한 군주여, 기뻐하시오. 당신의 군사력으로 인해 당신의 영적 '어머니' 카톨릭 교회는 그녀의 적들을 물리치고 승리하였소."[6] 물론 여기서 말하는 "적들"은 (제9장 참조) 교회를 불태우고 수도원을 약탈했던 "야만족"(특히 반달족)은 물론이고 성경대로 믿는 모든 그리스도인을 포함하고 있다. 찰스(Charles the Fat, 884-887)에 의해 프랑크 왕조가 멸망한 후 주변 왕국들의 군주들은 자신들의 개인적 유익과 야망[7]에 호의적인 사람들을 교황의 보좌에 올려 놓았다. 스테판 6세(896-897)는 그의 정적이었던 포르모수스(Formosus)의 시체를 파내 의자에 올려놓고 모의 재판을 실시해서 그를 "이단"으로 정죄했다. 그리고 그는 시체에서 손가락을 몇개 잘라내서 티베강에다 던져버렸다.[8] 그러나 그는 자신이 심은 것을 거두고 말았다. 그는 897년 감옥에서 목이 졸려 죽었던 것이다. 얼마후 레오 5세(903)는 교황 자리에서 쫓겨나 감옥에서 죽었다.[9] 세르기우스 3세는 가장 높은 보좌(베드로의 보좌는 세계에서 가장 높은 보좌라고 여겨졌다.)에 오르자 감옥에서 쇠약해져가고 있던 두 명의 "그리스도의 대리자들"을 불쌍히 여겨 그들을 처형해 주었다.[10] 요한 13세(965-972)는 그의 적들을 목매달았다.[11] 1003-1009년 사이 "거룩한 아버지" 노릇을 하였던 요한 18세는 카톨릭 역사가들에 의해서 베드로의 보좌에 불명예를 안긴 사람이라고 평가받는다. 그는 무절제한 삶을[12] 살았던 "젊은 방탕자"였던 것이다.

헌신된 카톨릭 신자들은 지상에서의 하나님의 대리자들[13]로서 "사도적 계승"을 내세우던 육신적이고 위선적인 불한당들에게 시달리는 이외에도 1세기 이래 "성자들의 반열에 오른" 1천명 이상이나 되는 성자들의 이름을 외우느라 시달리게 되었다. 이들 성자들은 신화에서 발견되는 로마와 그리스의 신들을 슬며시 대체시킨 것이다(제7장, 주 23 참조).[14] 콜로세움에서(제4장) 그리스도인들을 죽였던 이교도 로마제국을 본받아 A.D.500-1000년경의 로마 카톨릭 교회는 벽난로 수호성자, 목욕탕 수호성자, 낙타 수호성자, 개 수호성자, 여행 수호성자, 가난 수호성자 등을 갖게 되었다. 그래서 결국 그들의 집은 힌두교 성전의 우상들의 진열대처럼 "신들"로 가득차게 된 것이다. "수호성자"들은 조브, 제우스, 쥬피터, 다이아나만큼 혹은 그 이상으로 유명하게 되었던 것이다(출 20:3과 그 주석 참조).

그러나 이러한 것들은 "단합"과 "권력"에 해가 되지 않았으므로(사실 오히려 도움을 주었다) 그 어떤 교황도 이런 작태에 반대하는 입장을 취하지 않았다. 만약 이런 것들을 교황이 금지시켰더라면 그의 군사 동맹자들인 게르만족들에 의해 목숨이 위태롭게 될지도 모를 지경이었다. 왜냐하면 이들은 많은 신들을 모시고 있었기 때문이었다(제우스, 새턴, 토르, 보탄, 프리카, 엘레 여인 등). 샤를마뉴의 4번의 결혼에 대해 공개적으로 한마디라도 언급한 교황은 없었다. 마찬가지로 "거룩한 성모 교회"의 충성된 아들 10명(아이크, 크래머, 팔리츠쉬, 회스, 스탕글, 코크, 히틀러, 히믈러, 하이드리히, 디엘스)[15]에 의해 자행된 독일과 폴란드 집단수용소에서의 유대인 살상에 대해서도 그 어떤 교황도(1940-45) 입하나 벙긋하지 않았다. 침묵은 묵인이다. 최우선 순위를 정치적인 것(단합과 권력)에 두는 곳에서 진리와 의가 실행될 수가 있겠는가?

20세기에 들어와 밥 존스 대학교가 자신들의 권력과 단합을 유지하기 원했을 때 이들은 번역자들이 사용하는 '헬라어 원문들 사이에는 옳고 그름이라는 문제는 배제된다'[16]라고 공개적으로 (프린트해서) 선언하였다. 진리 혹은 의에 입각해서 이들 필사본들의 진위를 가려서는 안된다는 것이다. 결국 밥 존스 대학교는 진짜 본문(에라스무스, 베자, 스테파누스, 엘지버)과 가짜 본문(웨스트코트, 홀트, 알란드, 메쯔거, 티쉔돌프, 바이스, 라크만, 그리스바흐)을 뒤섞어 하나의 그룹으로 만들어버렸다. 그러나 이 두 종류의 본문이 서로 같다는 것은 옳지 않을 뿐 아니라 사실이 아니다.[17]

예수회의 신학에서는 목적이 수단을 정당화 한다.[18] 왜냐하면 마태복음 16:16-18에 따르면 (이 구절은 실로 심하게 왜곡 해석 되었음은 주지의 사실이다.) 카톨릭 교회는 무슨 수를 쓰든 (주로 힘을 바탕으로) 존재해야 하기 때문이다. 그렇지 않다면 위 구절이 카톨릭 교회에 해당한다는 주장을 철회해야 되기 때문이다. 카톨릭 교회는 믿음으로 혹은 기도에 의해 혹은 하나님의 말씀으로 그 존재를 유지해 나갈 수가 없기 때문이다. 따라서 창녀들의 어미는 "단합"과 "권력"을 모든 종교, 사회, 정치, 영적인 이슈를 다루는데 있어 최우선적으로 고려해야만 되는 것이다.

이에 덧붙여 두 가지 이슈가 더 일어났다. 두 가지 모두 이 세상이 존재해 온 이래 가장 중요한 이슈 중의 이슈인 "무엇이 최종권위인가?"라는 문제와 관련이 있는 것들이다.

이 문제는 믿음과 실행의 모든 문제에 있어 코란(Koran)을 최종권위로 받아들이는 모슬렘과 사라센에 의해 제기되었다. 이들은 유대인을 미워하는 아라비아인을 추종했다. 모하메드(Mohammed, 570-632)라고 불렸던 이 사람은 53세때 9살짜리 소녀와 결혼했다. 그는 죽으면서 "주여, 유대인들과 그리스도인들을 파멸해 주소서...가브리엘이 나에게 다가왔도다..."[19]라고 했다. 그는 (자살하기 위해 히라 산에 갔다가) 가브리엘로부터 "부르심"을 받았다. 샤프는 가브리엘이 "천사장"[20]이라고 부름으로써 자신의 무지를 드러내었다.

모하메드는 천사들로부터 규칙적인 방문을 받았다고 한다(고후 11:10-14). 그는 간질에 의한 발작시[21] 낙타처럼 자주 흥흥거렸고, 입에 거품을 품었으며 땀을 비오듯 흘렸다. 그는 코란을 쓸 준비를 하고 사람을 시켜 받아적게 하였다. 이 코란은 동양에서 성경의 가장 강력한 라이벌이 되었다. 그러나 코란에는 모든 영감받은 책이 반드시 갖추어야만 할 네 가지 특징이 분명히 결여 되어 있다.

1. 코란은 구약성경에서 이미 언급된 것 이외에는 그 어떤 예언도 조심스럽게 회피하고 있다. 코란의 저자는 스스로를 "선지자"(prophet, "예언자")라고 불렀으며 "자기 외에는 선지자가 없다"고 주장했으면서도(Shehada : "그리고 모하메드는 그의 선지자였다" 참조) 다니엘, 이사야 그리고 구약의 선지자들이 언급한 것 이외에는 자기가 살던 시대를 넘어 진행됐던 역사적 사건에 대해 단 한 마디의 예언도 할 수 없었다. 모하메드는 "빛의 천사들"(고후 11:14)을 전공한 자이며 선지자로서는 완전한 실패자였다고 할 수 있다.

2. 성경은 세 대륙에서 2000년 동안 24명 이상의 기록자들이 기록한 반면 코란은 단 한 명의 기록자가 30년 동안도 안 걸려서 완성해 낸 것이다. 성경의 여러 저자들

사이에는 모순이 하나도 없는데 반해 모하메드와 자기 자신 사이에는 모순되는 것이 들어있을 가능성이 분명히 있다.

3. 코란에서는 유대인들과 그리스도인들을[22] 전쟁에서 죽이지 않는다면 그 누구에게도 절대적인 구원의 확신을 보장해 주지 않는다.

4. 코란에 따르면 아무도 죄의 속죄를 위해 그리스도의 희생을 필요로 하지 않으며 그리스도의 피로는 구속을 받을 수 없다고 한다. 사실 코란의 교리에 따르면 그리스도께서는 십자가에서 죽지도 않았다고 한다(코란 수라4). 그리스도는 그의 로마 카톨릭 어머니와 함께 휴거되었다고 되어 있다("마리아의 승천").

모하메드교도들에게는(모든 카톨릭 신자들과 마찬가지로) 구원이 행위에 의해 이루어진다(금식, 기도, 구제). 일부다처제와 노예제도는 이슬람교에서 용납된다. 그럼에도 불구하고 "하나님의 모든 인간의 아버지 되심과 모든 인간은 형제임"을 믿는 20세기의 모든 로마 카톨릭 교황에 따르면 모슬렘 역시 "하나님의 자녀들"인 것이다. 1980-1990에 일어난 미혹은 성경대로 믿는 그리스도인들을 어떻게 하면 그러한 "형제들"(요 1:12)과 사귈 수 있도록 유혹하느냐는 것이다. 암흑 시대에도 게르만족, 바이킹 그리고 구원받지 못한 로마 카톨릭과 같은 이교적 회중들과 어떻게 하면 성경대로 믿는 그리스도인들이 사귈 수 있을까 하는 것이 바로 교황들이 당면했던 문제였던 것이다. 교황에게는 성경적 교리 혹은 건전한 교리[23]보다 단합이 훨씬 더 중요한 것이었다.

모하메드는 메카[Mecca, 알 카아바(Al Kaaba)]에 묻혔다. 그곳에는 현재 남부 아일랜드에 있는 아라비아의 블라니석(Blarney stone)이 있었는데 이 돌은 검은색으로 "하늘의 돌"(Hajerael-Assouad)이라고 불렸다. 그러니까 "목성에서 떨어져 나온 형상"(행 19:35과 그 주석 참조) 같은 것이었던 것 같다. 이 돌은 블라니석처럼 수많은 순례자들이 찾아와 입을 맞추었는데 로마에 있는[24] 검은색 베드로 동상에 수없이 입을 맞추어 발이 닳아없어진 것과 정확히 똑같다고 하겠다. 성경을 문자적으로 해석하는 마틴 루터는 모하메드를 "사탄의 장자"라고 불렀다. 그러나 루터는 모하메드와 교황 중 누가 더 형편 없느냐고 묻자 성경적 답변을 제시했다. "교황이 더 악하다"(마 24:5, 살후 2:4, 요 17:11).

모하메드 사후(A.D.632) 그의 종교는 피뿌림에 의해 확립되었다. 교황들에게 지지 않기 위해 모하메드는 114,000명의 모슬렘 군대를 키웠고 이들은 그의 계승자인 아부

바크르(Abu Bakr)의 지휘하에 싸웠다. 이들은 사사니드 제국을 멸망시켰고 15년만에 시리아, 팔레스타인, 크레테, 사이프러스, 로데스, 아르메니아 그리고 이집트를 점령했다. 모슬렘 칼잡이들은 도저히 길들일 수 없을 정도로 사나왔다. 이는 이들이 "전쟁 중에 죽으면" 술정원에 안내되어 처녀[25] 배꼽댄서 수십 명을 제공받을 것이라는 생각을 하도록 마귀가 속였기 때문이었다. 이런 미혹으로 인해 모슬렘 칼잡이들은 모든 군대 중에서 "높은 사기"를 유지했던 것이다. 이들은 A.D.679년 카르타고를 멸망시켰고 북아프리카의 베르베르족(Berbers)은 모하메드교로 "개종"하였다. 바그다드, 카이로, 코르도바(스페인) 세 곳에 칼리프(제국)가 건설되었다. 모슬렘들은 아프리카로부터 스페인으로 건너가서 그곳에 정착해 있던 서코트(Visigoths) 왕국을 정복했다. 이슬람 장군 타리크는 지브랄탈해협을 건너 상륙하였고 그곳에서 유대인들의 도움을 받았다. 유대인들은 이미 500년 동안 로마 카톨릭의 박해를 받아왔었기 때문에 아랍인들을 도울 준비가 되어 있었던 것이다. 모슬렘은 스페인 거의 전역을 정복했으나 결정적인 투르(Tours) 전투(A.D.732)에서 교황의 심부름꾼이었던 찰스 마르텔에 의해 패배당했다(제10장, 주 84 참조).

모슬렘은 시실리와 이탈리아를 공격했고 그 다음 로마를(A.D.846) 공격했다. 이들은 915년에 영원히 추방되었으나 자기들의 거처로 귀환한 후 교황의 "거룩한" 도성과, 유품과, 그와 관련된 것들을(안티옥, 예루살렘, 자파, 투로, 시돈, 등) 지배하기 시작했다. 그리고 나서 그들은 교황에게 "와서 싸우고 싶으면 오라"고 유혹했다. 결국 교황 우르반 2세는 모험을 시도했다. 그는 자신의 에고를 만족시키려 유럽의 청년 50만 명의 목숨을 앗아간 전쟁을 일으켰다. 이것을 소위 "십자군 전쟁"이라고 부른다. 이 말은(Crusades) 라틴어 crux(crus), 혹은 "십자가"(cross)에서 따온 것이다(제7장 주 1-4 참조). 다시 말하면 저주의 표적을 갖고 전쟁을 벌인 것이다. "까닭없이 오지않는 저주"(잠 26:2)가 임한 것이다. 십자군 운동에는 신약 교회와 관련된 것은 하나도 없었다. 그것은 "이 세상의 신"(고후 4:4)에 의해 자행된 사악한 짓이었다. 이 세상 신은 하나님의 허락하시는 뜻(permissive will, 마 28:18) 아래에서 이 세상의 왕국들(눅 4:6)을 소유하고 있으며 하나님께서는 사탄이 "성육신한 하나님"으로서(살후 2:1-13) 로마에서 자기 의자에 앉아 유엔을 통제할 때까지 이 세상 제도를 점점 타락해 가도록(딤후 4:1-6) 허락하시는 것이다. 이것이 바로 반(反)교회사인 것이다.

로마의 권위에 대한 두 번째 도전은(모하메드 말고) 콘스탄티노플의 총주교로부터였다. 총주교와 로마의 교황은 오랜 동안 "위치를 선점" 하려고 서로 견제해 왔었다.

A.D.800년경에는 그리스 정교회나 로마 카톨릭이나 모두 이교화되어 버렸으므로 싸움은 종교적이라기보다는(두 그룹 모두 누가 성경적인가를 내기할 필요가 없었다. 둘 다 성경적인 그리스도인들을 박해하는 자들이었기 때문이다.) 누가 더 많은 사람들을 지배할 수 있는가 하는 정치적 투쟁이었다(오늘날의 교회 성장론자들을 이들과 비교해 보라). 물론 동방 교회는 몇 가지 점에서 로마보다는 더 성경적이었다. 첫 번째는 그 위치 때문이었고(시리아의 안티옥 근처였으므로 성경적 기독교의 영향을 직접 받을 수 있었다. 제2장), 두 번째는 사용한 필사본이 우수하였기 때문이고(제3장), 훌륭한 몇몇 설교자들이 있었기 때문이었으며(제11장, 크리소스톰), 로마 교황에 비해 정치 권력이 작았기때문에 덜 부패하였던(제12장 주 84-85 참조) 것이다. 그러나 로마와 콘스탄티노플은 다음 사항에 대해서는 서로 동의하고 있었다.

1. 형상들을 숭배하는 것은 괜찮다(A.D.787) - 이것은 형상들이 "예배보조기구"로 사용될 수 있으며 그 형상으로 대표되는 인물을 존경할 수 있기 때문이라는 핑계를 갖다 붙였다.

2. 두 개의 상충하는 권위를 인정하였다. - 성경과 전통

3. 죽은 성도들과 그들의 그림을 숭배해도 좋다. - 이것 역시 "훌륭한 성도"들을 "존경"하기 때문이라고 구실을 댔다.

4. 구원은 믿음과 행위로 얻는다.

5. 침례에 의한 중생과 신적인 권위에 의한 사제의 사죄권

그러고 보니 A.D.800년경에는 그리스 정교회나 로마 카톨릭이나 신약성경의 기준에 따르면 일류 이교도 우상숭배자에 해당된다. 두 그룹은 다음의 사항에서는 서로 의견을 달리했다.

1. 화체설(알콜음료와 빵이 그리스도의 "피없는" 피와 살로 변화된다는 억지)은 이때까지는(800) 동방에서는 서방에서 만큼 널리 받아들여지지 않았고 연옥 역시 그러하였다.

2. 그리스인들은 성경의 자유로운 번역과 보급을 허락했으나 로마인들은 결코 그런 적이 없다.

3. 그 어떤 그리스 정교회 회원도 로마 교황의 보편적 권위와 무오성을 받아들이지 않았다. 그들의 눈에는 로마, 콘스탄티노플, 안티옥, 알렉산드리아, 예루살렘의 총주교는 동일한 권위를 갖고 있다.

4. 동방에서는 성체성사시 모든 회원이 조금씩 알코올 음료를 마셨지만 로마에서는 사제가 그것을 모두 차지하였다.

5. 동방에서는 마리아가 죄없이 잉태(무염시태) 되었다는 사실을 아무도 믿지 않았다.

이외에도 이 두 그룹은 부활절 날짜에 대해 견해를 달리했고 콘스탄티노플에 있던 교회는 성경대로 믿는 참된 "분리주의자"들과 끊임없이 접촉할 기회가 있었기 때문에 로마만큼 진리에서 완전히 멀어지지는 않았다. 앞서 언급한 대로 복음의 진리는 불가리아와 발칸반도를 통해 로마북부로 전파되었다. 암흑 시대 동안이나 그 이전이나 그 이후에도 진리가 로마를 거쳐간 적은 없었다(제10장, 주 89 참조). 두 배교한 교회 사이에 최초로 심각한 갈등이 발생한 것은 포티우스와 니콜라스가 충돌했을 때이다. 기억하시겠지만 니콜라스는 힝크마르가 유아세례(제12장, 주 119 참조)에 대해 갖고 있던 견해를 용납할 수 없었다. 로마의 주교인 니콜라스가 콘스탄티노플의 총주교인 포티우스를 쫓아내려고 시도한 것은 잠자는 사자를 건드린 꼴이었다(A.D.863, 로마 교회). 포티우스는 회칙서신에서(Encyclical letter) 로마와 니콜라스의 감독하에 있는 서방교회 전체가 이단이라고 선언해 버렸다. 그리스 총주교는 자기교구 내에 있던 "이단들"의 본을 받은 셈이었다. 왜냐하면 그 지역에 있던 유카이트, 불가리안, 폴리시안 등은 오랫 동안 로마 카톨릭을 이단이라고 불러왔기 때문이다.

포티우스(Photius)는 그 지역에 있던 친카톨릭 정치 세력들에 의해 투옥되었지만(A.D.867) 얼마후 출감했다(A.D.877). 그는 출감하자마자 879년 11월 공회를 소집하였다(제8차 공회로 880년 3월까지 계속되었음). 이 공회에서 그는 로마 교황은 이단이고 니케아 신경[26]에 "filioque"(그리고 아들)라는 단어를 삽입한 것으로 인해 저주받아 마땅하다고 선포했다. 이에 대해 로마의 교황 요한 8세는 포티우스를 엄숙하게 저주했다.

뒤를 이어 이혼과 결혼에 관련된 일련의 음모와 황제와 교황 간의 권력 암투가 이어졌으며(제13-14장 참조), 저주선언이 난무했다. 이들 역사는 너무도 장황하고 거추장스러운 일들로 반교회사의 영역에 속하기 때문에 깊이 다루지 않겠다(관심있는 사람들은 듀란트의 책을 보라). 니콜라스, 미스티쿠스, 교황 세르기우스, 미카엘, 세룰라리우스, 교황 레오 9세, 교황 이노센트 3세, 미카엘 팔라에오로구스, 보나벤투라, 요한 7세, 사르디스의 디오니시우스 및 여러 차례에 걸친 공회들(페라라 1439, 리옹 1274, 등) 등이 이 시대의 주요인물들과 사건을 구성하고 있다. 어쨌거나 두 배교한 집단은 1054년에 가서는 화해의 가능성을 완전히 상실해 버리고 말았다.

결국 십자군들이 콘스탄티노플을 통과해서(소아시아의 그 어느 곳을 지나 갔든 간에) 항해를 시작했을 때는 이들은 무죄한 "하늘의 여왕"(마리아)과 무오한 "교황"을 대표해서 물뿌림을 받은 서방인들로서 원정을 왔던 것이다. 콘스탄티노플과 소아시아에 있던 그리스 정교회는 과거 모슬렘으로부터의 공격시 그들의 도움을 받았던 터라 외국에서 온 원치 않는 폭군들을 용납할 수밖에 없었다. 그리스 정교회와 로마 교회는 그후 9세기 동안이나 갈등을 빚어왔다. 로마 당국이 제2차 세계 대전 후 카톨릭의 합스부르크 왕가를 옛 오스트리아 헝가리 제국에 다시 복귀시키는데 실패하자 로마는 그리스 정교회가 지배해 온 발칸 지역과 동유럽의 주도권을 포기하였다. 그러나 로마의 추기경들은 공산주의 사고를 갖고 있는 두 명의 교황(쥬세뻬 론칼리와 지오반니 몬티니[27])을 옹립했다. 그들은 소련과 협력하여 교황을 유엔총회의 연설대에 세우려고 시도했다. 공산주의자들이 용납하는 교회는 폴란드, 루마니아 혹은 불가리아 교회 중 (움브란트와 포포프는 루마니아와 불가리아 출신이다) 소련 정보요원들을 사제와 주교로 임명하도록 허락하는 교회일 것이다. 1960-1980년 사이에 바로 이 작업이 별 탈없이 수행되었다. 로마는 "단합"과 "권력"(제10장 주 51 참조)을 거머쥐기 위해서라면 무슨 일이라도 해왔던 것이다. 결국 교황 바울 6세는 1977년 1월 로마에 있는 시스틴 성당에서 그리스 정교회의 대교정(칼세돈의 멜리톤)의 발 앞에 엎드렸고 그리스 정교회 지도자는 그를 "성자"[28]로 인정하였다.

동방과 서방의 종교 싸움이 계속되는 동안 사라센(Saracens)은 유럽의 남서부와 남동부를 휩쓸고 있었고 바이킹은 북서쪽을 쑥밭으로 만들었다. A.D.500-1000년 사이에 신성 로마 제국 영토 내에서 유일하게 안전하게 거할 수 있는 곳이라고는 스피츠베르겐(Spitsbergen) 혹은 마다가스카르(Madagascar)였을 것이다.

이 시대에는 파문 제도(Excommunication)가 시행되었다(파문이란 "성사들"을 받지 못하도록 쫓아내는 것[29])을 말한다). 주교들(감독들)은 교황을 제외한 모든 사람을 파문할 수 있었고 교황만이 감독을 파문할 수 있었다. 이처럼 교황은 그 누구에 의해서도 파문될 수 없는 무죄한 사람으로 간주되었다(적어도 그것이 교회의 법이었다). 물론 교황 가운데는 동료 교황들에 의해 투옥되거나 목이 졸려 죽은 자들이 있었다(제9장). 그 당시 파문이란 매우 무서운 것이었다. 왜냐하면 모든 카톨릭은 물침례(유아세례)와 성체성사에 끊임없이 참석하는 것만이 하늘나라에 갈 수 있는 길이라는 두려운 미신을 철썩같이 믿고 있었으므로, 만약 그 어느 누가 영원히 "파문"당하면 그것은 곧 지옥으로 가게되는 저주를 의미했기 때문이다. 이러한 믿음은 오늘날에도 그대로이다(케네디 가문은 아직도 그것을 믿고 있다). 교황들은 누군가를 저주하고 싶을 때는 자기가 원하는 방식대로 마음껏 저주했다. 교황 베네딕트(1012-1024)는 수도원에 침입한 도둑들에게 저주를 선포했는데 어찌나 지독했든지 신명기 28-32장에 나오는 저주는 충고 정도로 밖에 보이지 않을 정도였다. 그 저주를 한번 들어보자. "그들의 몸은 저주를 받고 혼은 고문에 넘겨질지어다...그들은 저주받은 자들과 함께 저주받을 것이요...그들은 지옥에서 저주받고 있는 자들과 함께 저주를 받을 것이며 낮에도 저주를 받고 밤에도 저주를 받으리라." 이와 같은 저주에 뒤이어 그들의 음식, 옷, 음료수, 행동(잠잘 때나 깨어 있을 때) 모두에 모조리 저주를 퍼부었다.[30] 교황들은 "저주와 독설"(롬 3:14)로 가득차 있는 그 입으로 자기 신원을 입증하려는 듯하다. 그러나 오늘날에는 전략이 바뀌어(1920-1990) "정중한 말과 그럴듯한 언변"(롬 16:18)이 교황의 특징이 되었다. 위에 언급한 저주는 단순히 교회 안에 들어오지 못하게 하는 것보다 훨씬 중대한 파문인 셈이다. 니케아 공회(325)는 아리안들을 저주한 반면, 트렌트 공회(1564)는 전세계의 침례교인, 감리교인, 장로교인, 루터교인 및 감독교인들은 물론 불교도, 마호메드교도, 힌두교도들에게 124가지의 저주를 선포하였다.

성무금지령(INTERDICT)은 국왕이 정치적 혹은 경제적 문제들에 있어 로마 교황에게 순종하지 않을 경우 그를 왕좌에서 몰아내기 위해 사용하는 정치적 도구로 쓰였다. 이 명령은 교구사제에 의해 집행되었다. 이들은 자기가 어느 나라에 소속되어 있든지 간에 외국 정부인 바티칸에 충성을 맹세한 스파이였었다(지금도 마찬가지이다).

성무금지령은 지휘계통을 밟아 집행되는 것으로 모든 사제는 주어진 지역 내에서는 (때로는 마을, 어떤 때는 대도시, 어떤 경우에는 국가가 될 수도 있음) 성당문을 닫고 모든 사람들의 성사를 중단할 수 있다. 이렇게 되면 그 지역의 모든 사람들은 일시적으로 저주를 받게 되는 것이다. 왜냐하면 성사는 (모든 카톨릭 교리집에 따르면) "은혜의 수단"이며 혼의 구원[31]에 가장 중요한 것이라고 되어 있기 때문이다. 성무금지령이 내려지면 세례와 병자성사(extreme unction) 만이 허락되고 그 나머지는 금지된다(어떤 작가들은 병자성사 역시 금지되었다고 한다). 예를 들면 미사, 혼배성사 등이 집행되지 않으며 매장도 집행되지 않는다. 모든 카톨릭 신자들은 "카톨릭" 묘지에 매장되지 못할까봐 매우 두려워 하는데 이는 그 지역 사람들에게 절반은 완성된 구원을 베풀기 때문이며(half-completed salvation) 매일 짓는 죄와 매주 짓는 죄를 씻어줄 미사는 참석 못하더라도 원죄를 씻어버릴 수 있기 때문이다. 성무금지령은 때때로 필요에 따라 완화되기도 했다. 임종시 회개를 하려는 사람에게는 사제가 죽기 전에 도착할 경우에 한해서 허락되었다.

프랑스의 라온(Laon)지방 출신 힝크마르는 869년 자기 교구에 성무금지령을 내렸다. 그런데 림즈의 힝크마르(제12장 주 119, 그는 교황 니콜라스에게 어려움을 안겨주었던 감독으로 성인에게만 침례를 주었다) 그 명령을 취소하고 그런 것은 "기독교적"이 못된다고 해버렸다. 그레고리 7세는 1180년 스코틀랜드 전역에 성무금지령을 내렸는데 그것은 스코틀랜드 사람들이 교황청 대사를 쫓아냈기[32] 때문이었다. 이노센트 3세는 프랑스 전역(1211)에 이 명령을 선포했는데 그것은 필립 왕이 첩과 살고 있었기 때문이라고 했다(제12장 주 5 참조). 적어도 교황이 내세우는 핑계는 그것이었다.

교황들이 결혼, 낙태, 이혼 등에 민감하게 반응하는 경우는 주로 어떤 사람이 자기가 원하는 사람과 결혼하지 않음으로써 정치적으로 잘못된 결혼이거나 정치적으로 잘못된 이혼의 경우이다. 이런 결혼과 이혼은 잘못하면 자기 지역내에서 교회 회원수의 감소를 (낙태도 마찬가지) 야기시키거나 혹은 교회의 권력을 (권력과 단합, 어디서 많이 들어보던 이야기다) 약화시킬 수도 있기 때문이다. 성문제에 대한 도덕적인 기준은 정치적 야망을 위해 자기 지역 내의 많은 회원을 확보하는 것이 최대의 관심사인 총각 교황에게는 아무런 문제도 아니었다. 교황 우르반 4세[33]에 따르면 카톨릭 사제들은 빚을 안 갚아도 되며 도둑질[34] 역시 알리바이를 갖다대면 괜찮다. 교황 세르기우스 3세, 요한 10세, 요한 11세, 요한 12세, 요한 17세, 요한 18세[35]에 따르면 사제들은 때로 간음을 해도 괜찮다. 사제에게는 간음이 그의 순결의 서약을 깨뜨릴 수 없다는 것이다.[36] 권력과 단합이 필요할 때는[37] 카톨릭 교회는 세 번째 혹은 네 번째 결혼도 인정해 준다. 이처럼 목적이 수단을 정당화할 수 있는[38] 경우는 음행도 정당화 될 수 있는 것이다.

성경적 기독교의 관점에서 보면 성무금지령은 정치 지도자들로 하여금(귀족들과 국왕들) 경찰력과 군사력을 동원하여 자기 지배하에 있는 성경대로 믿는 그리스도인들을 죽이거나 투옥하도록 압력을 가하는 가장 효과적인 수단이 되었다. 유럽의 통치자들은 자기 백성들이 자기에게 반역하도록 내버려두거나(성당문이 닫히고 "성사"가 금지되면 카톨릭 교도들이 통치자를 비난하게 될 것은 뻔하다.) 아니면 교황의 명령에 따라 교황이 죽이라고 하는 사람을 죽이든가 둘 중 하나를 선택하지 않을 수 없게 되었다. 교황들은 종종 백성들이 국왕들에게 반역을 일으키도록[39] 선동한 적이 있었다. 때로는 카톨릭 교황을 위해 백성에게 세금을 물리지 않거나 그리스도인들[40]을 죽이지 않는 국왕을 쫓아내기 위해서 그를 암살하도록 선동한 적도 있다(물론 이 모든 것은 "하나님의 영광"을 위해서였다).

교회가 최종권위의 위치에 앉아 있는(제10장, 주 51 참조) 교회국가체제(단 2-3장 참조)에서는 백작도, 군주도, 제후도 모두 교황이 죽이고 싶어하는 사람들을 죽이기 위해서는 혁명도, 암살도, 저주도 불사해야만 되는 것이다. 다시 말해 A.D.900년경에는 로마 카톨릭은 살인 전문가들로 이루어진 종교 마피아가 되어버렸던 것이다. 우리가 성경을 기준으로 살펴본다면 교황, 추기경, 바티칸, 등은 교회사와는 전혀 무관하다는 사실을 알 수 있다.

파스칼 1세와 요한 8세는 범죄자라 할지라도 교황을 위해 싸우다가[41] 죽을 경우 가벼운 죄들은 용서해 주는 "아량"을 보였다. 속죄는 행위 구원의 요소로서 가르쳐졌다. 이는 참회자가 요구된 선행을 완수할 때까지는 작은 죄들의 사죄를 받을 수 없었기 때문이다. 어떤 것이 선행인가는 카톨릭의 선행의 최고 기준인 교회의 단합과 권력의 증강이 그 표준이 되었다. 피터 다미아니(Peter Damiani)는 죄값을 지불하는 방법으로 스스로 채찍질하기를[42] 권장했다(왕상 18장을 보라. 바알의 선지자들도 그리하였다).

피터는 시편 한 편을 읽을 때마다 100대씩 등에 채찍을 맞으면 시편을 더 잘 배울 수 있다는 "사상"을 유행시켰다. 어떤 주일학교 교사는 시편을 통독함으로써 채찍질을 15,000번 당했다고 한다.[43] 피터는 "절제"를 믿었던 사람이었므로 (다른 선한 카톨릭 처럼), 스스로 채찍질하는 것을 제한하고 하루에 적절한 "성경공부"로 다른 사람에 의해 4,000대를 맞는 것까지만 허용했다. 이 "복음적 실행"은 도미니칸 수도승과 프란시스칸 수도승들에 의해 채택되어 "정통 카톨릭"을 신봉하는 사람들에게 전수되었다. 이 속죄의 방법이 독일, 이탈리아, 영국으로 13,14세기에 퍼져가서 서로 허리를 채찍질하거나 가죽끈으로 꽉죄는 풍습이 생겨났다고 한다.[44]

"속죄를 위한 행위"(순례, 묵주굴리기, 촛불켜기, 헌금액수 올리기) 대신으로 더러운 돈놀이가 "속죄제물"로서 등장했다. 면죄부를 사고파는 행위가 이때부터 등장하게 된 것이다. 면죄부란 처음에는 시간이 없어서 무릎을 꿇고 루르드(Lourdes) 성당까지(프랑스 서남부에 있는 카톨릭 순례지) 순례할 수 없을 경우, 몸이 나약해서 몸에 채찍질을 못하게 된 경우에 헌금통에 돈을 내는 것으로 "속죄행위"를 대신하는 것이었다. 그러나 이 면죄부는 점점 사업화되어 마틴 루터 시대에 와서는 너무도 부패해져서 마틴 루터는 마침내 텟젤(Tetzel) 주교를 비판하기에(1517) 이르렀다. 왜냐하면 죄인들은 술판매나 빙고장운영으로 돈을 벌어 카톨릭 수도승이나 사제들의 비용을 부담할 만큼 충분한 돈이 있는 한 마음놓고 계속해서 죄를 지을 수 있었기 때문이었다.

우르반 2세는 클레르몽 공회(Council of Clermont, 1095)에서 십자군에 참가해 팔레스타인 땅을 "불신자"들로부터 되찾기 위해 싸우는 사람에게는 무슨 죄든지 모조리 용서해 주었다. 이렇게 해서 유럽의 십자군과 동방의 사라센들은 둘 다 자신들의 지도자들에게(두 그룹의 지도자들 모두는 성경을 거부한 자들이었다) 반대하는 사람들을 죽이면 지옥으로부터 구원받을 수 있다는 사탄적 발상을 가지고 전쟁터에서 맞붙었던 것이다. (사탄은 한번도 이 지상에서 자신의 입지를 잃어버린 적이 없고 계시록 19:19에 이르기까지는 여전히 적극적인 활동을 벌일 것이고 계시록 20:10까지는 완전히 무기력하게 되지는 않을 것이다.)

요한 13세에 이르러서는 종에다 물을 뿌리고 그것을 요한[45]이라고까지 불렀다.

가능한한 신약성경에서부터 멀어지기 위해(잠 30:6) 카톨릭은 축제들을 만들어 냈다(벧전 4:3). 교황 보니파스 4세에 의해 만성절이라는 축제가 서방 세계에 도입되었는데 이 희한한 "기독교" 축제는 아그립파가 건축해서 쥬피터에게 바친[46] 로마의 신전 봉헌을 기념하기 위해 5월 13일날 열렸다. 5월 13일 이 신전은 "정결케 되고 회복되어", "영원한 동정녀 마리아"에게 봉헌되었다. 그러니까 이 축제는 이교도 신에게서 이교도 여신에게로 이관된 것뿐이었다. 후일 이 축제는 11월 1일로 옮겨졌다. 그 다음에는 만령절(All Soul's Day)이 만성절의 부록인양 바로 그 다음날(11월 2일) 등장하게 되었다. 이 날은 살아 있는 성도들이 아직도 연옥에 있는 죽은 성도들을 위해 애도하도록 일깨울 목적으로 제정된 것 같다. 대천사 미카엘의 축제는 9월 29일로 결정되었고 이 세 가지 축제는 부활절, 만성절(할로윈데이), 크리스마스(골 2:16) 등과 같은 축제 대열에 끼게 되었고 곧이어 어머니의 날, 아버지의 날, 참회 화요일, 재향군인의 날, 재의 수요일, 성촉절, 성 금요일, 나쁜 토요일, 초콜렛 일요일, 등이 등장했다.

이들 축제들과 더불어 인형들이 등장했다. 황녀 이레내(Irene)와 테오도라(Theodora)는 787년 동방지역에서 형상들과 우상들의 사용을 재가했다(제7차 에큐메니칼 공회) 교황 그레고리 2세와 그레고리 3세, 하드리안 1세는 그리스도와, 마리아와 모든 성자들의 형상을 경배하는 것은 그리스도인들의 의무라고 말하며 "성경을 읽을 수 없는 사람들에게는 이 형상(인형)들은 특별한 가치가 있다."라는 등의 이유를 갖다 댔다. 이러한 우상 숭배에 대한 반응은 성상 파괴 운동(Iconoclasts)으로 나타났다. 이것은 카톨릭 교회의 동방 지역(소아시아) 사람들이 주도한 것으로 주로 그리스 황제들이 앞장섰다(레오 3세와 그의 아들). 753년 성상파괴를 결정한 노회는 형상숭배는 마귀가 교회 안으로 침투시킨 이교도 우상숭배로의 복귀이므로 이를 정죄한다고 결정했다. 그러나 모든 시대는 배교로 끝나게 되어 있고 두아티라 시대는 바로 이 배교의 시대였으므로 형상숭배는 결국 배교한 두 종교 조직(로마 카톨릭과 그리스 정교회)에서 승리를 거두게 된다. A.D.842년 2월 콘스탄티노플에 있는 교회에도 "성상"들이 회복되었다. 이들이 다시 세워지던 날을 그리스 정교회는 "정교회의 일요일"이라고 부르고 형상숭배 교리를 공식적으로 재가하기에 이르렀다. 더나아가, 재가에 그치지 않고 교회 안에 형상과 우상을 설치하지 않는 교회는 이단이라고 선포해 버렸다[이들이 사용한 용어는 형상 대신 성상(icons)이었는데 이는 사람들을 현혹시키려는 획책이었다]. 도나티스트들은 자신들의 교회 안에 형상들을 용납하지 않았다.[47]

이처럼 조직화된 기독교계의 역사는 더 이상 교회사라고 부를 수가 없다. 이것은 반 교회사 혹은 "종교의 역사"라고나 부를 수 있을 것이다. 이와 같은 카톨릭의 음모와 작태에 대해 카톨릭 역사가들이 들이대는 알리바이는 다음과 같다. "당시에는 그리스도인들이 하나님의 말씀을 몰랐고 인쇄술이 발명되지 않아서 성경을 갖고 있는 사람들이라야 고작 수도승들 뿐이었기 때문이다." 에디오피아, 시리아, 라틴, 고딕 그리고 어쩌면 켈트어와 페르시아어로 된 성경이 제롬이 성경을 변개시키기 이전에 이미 존재했었다는 사실은 이러한 알리바이가 근거없는 것임을 보여 준다. 더나아가 모든 교황들과 모든 대주교(감독)들은 무엇이 "기독교 신앙"이고 무엇이 아닌가를 정확히 구분할 수 있을 만큼 성경을 알고 있었다고 고백했고 자신들을 지지하도록 하기 위해 사람들을 죽이기까지 했던 것이다.

만약 콘스탄틴이 성경 50부를[48] 받았다면 누가 그것들을 읽었겠는가? 그 성경이 로마에 도착했을 때 누가 그 성경들을 가졌겠는가? 그것들이 너무도 쓸모없어서 그들 중에서 10번 이상 복사한 사람은 아무도 없다고 믿어야겠는가? 교회국가의 엄호하에 이 50부의 성경은 천여 개 혹은 10만여 개의 필사본으로 복사되지 않았겠는가? 독립적이고 교육받지 못한 그리스도인[49]들이 만들어낸 복사본들을 불태웠던 교회국가가 자기들이 진품이라고 생각하는 성경을 복사하지도 않고 내버려 두었단 말인가? A.D.500년경에 삼위일체와 예수 그리스도의 두 가지 본성(신성과 인성)에 관해 정확한 정의가 내려졌다면, 그래서 카톨릭이 내린 그 정의에 동의하지 않는 그리스도인은 죽임을 당해야 할 정도로 엄격했다면, 누군가가 성경을 연구하는데 상당한 시간을 투자했음이 분명한 것 아닌가? 신약성경을 적어도 일곱 번 이상 읽지 않고 어떻게 예수 그리스도의 두 본성과 그 본성이 어떻게 드러나고 있는지를 확정할 수 있는가? 오늘날에도 신약성경을 10번 이상 읽고도 그런 문제를 분명히 설명 못하는 사람이 많이 있다.

오만한 카톨릭 주교와 대주교들의 왜곡된 성경 해석과 그들의 사악한 삶 그리고 그들의 반대자들에 대한 광신적인 박해는 그들이 성경의 내용에 대해 어떤 느낌을 갖고 있었는지를 잘 보여 준다. 그들에게는 성경은 부록에 불과했다. 그들의 단합과 권력을 유지하는데 유익하다면(마 16:16-18, 요 20:23) 그런 구절은 성경에서 뽑아 "신성하고, 축자적으로 완전히 영감받은 원본"이라고 이용하고 교회의 단합과 그 교회의 정치적 권력을 약화시키는 구절은 교부들의 글을 찾아내서 그것으로 대체해 버리거나, 그 구절을 대체할만한 교부들의 글이 없는 경우에는 위조 문서를 만들어서 해결하였다. 만약 누가 바티칸 회원들이 "최종권위"에 대해 어떻게 느끼고 있는가를 알기 원한다면 이들이 하나님의 책에 대해 갖고 있는 증오심을 폭로해 주는 "증오문학" 몇 권만 읽어 보면 충분하다.

"교황의 서신은 교회에서 가장 무게 있는 권위이다"[50](당신이 카톨릭 교회의 회원이라면 교황의 서신이 성경보다 더 권위있음을 인정할 것이다). "백성들의 언어로(라틴어가 아니고) 성경을 읽는 것은 유익보다는 해가 된다."[51] 피오 4세는 평신도들은 그들의 고해 신부나 교구 사제가 유익하다고 판단내린[52] 경우가 아니면 카톨릭 성경이라도 읽지 못하도록 주교에게 지시했다. "모든 그리스도인들이 성경을 읽는 것은 필요하지 않다"[53](보아서는 안되는 내용을 읽을까봐 걱정되서 그런가?) 사제는 "구세주"요 따라서 당신은 사제를 인간이 아닌 하나님[54]으로서 순종해야만 한다.

"성경에 대한 무지는 그리스도에 대한 무지이다"(이 말은 제롬의 발언으로 로마 당국이 출판한 어메리칸, 듀이, 샬로너, 림즈 성경 같은 알렉산드리아 성경의 서문에서 가끔 발견되는 표현이다)와 같은 "그럴싸한" 포장에도 불구하고 카톨릭 교회에는 위대한 성경학자는 없다(현재뿐 아니라 이제껏도 없었다). 20세기에도 친카톨릭 경향의 프로테스탄트 성경학자들은 죽어버린 정통주의 배교자들이며 반카톨릭 프로테스탄트 학자들은 전천년주의적 보수주의자들이다. 1500년 간의 기록된 교회사를 들춰봐도 로마는 단 한 명의 능숙한 성경학자도 배출해 내지 못했다.

제롬(Jerome)은 "하나님의 장모"라는 용어를 인해 오리겐에 의해 조롱당하고 말 것이다(제11장, 주 46 참조). 마틴 루터는 성경에 익숙해지면서 카톨릭 교회를 떠나버렸다. 로마 교회에 남아 있던 지식인들은 예수회 신학자들, 예수회 정치가들, 예수회 교육자들 그리고 예수회 철학자들뿐이었다(드루고, 벨라르민, 톨로, 수아레스, 레시우스 등) 이들 중 그 누구도 다니엘, 계시록, 로마서, 갈라디아서, 골로새서를 그 어떤 필사본(어떤 언어로 되어 있든)을 가지고 가르칠 수 있을 만큼 충분히 성경을 알고 있던 사람은 없었다. 로마 카톨릭은 그 자체가 너무도 비성경적이어서 성경학자를 한 사람도 배출해내지 못한 것이다. 성경의 능력과 권위를 낮게 평가하는 자들은 결코 성경학자를 배출해 낼 수 없다. 그들은 어원학자, 철학자, 문법학자, 신학자, 성경개정자(혹은 20세기 용어로 "성경전문가", Biblicist) 혹은 원문 비평학자는 배출할지 몰라도 하나님의 말씀의 내용(고전 1-2장, 사 28-29장, 눅 10:21)을 이해하고 믿고 아는 사람은 배출해 낼 수 없다. 바로 이것이 하나님께서 정해 놓으신 원칙인 것이다.

성경대로 믿는 사람들이 어떤 환경하에서 주님을 위한 증인으로서 부르심을 받았는가를 좀더 잘 이해하기 위해 A.D.500-1000년 사이의 사회적 상황을 잠시 살펴보는 것이 필요할 것 같다. 당시 사회는 봉건 제도하에 놓여 있었고 다음과 같은 방식으로 운영되었다.

봉건 제도에서는 백성과 "국왕"과의 관계는 상당히 멀었다고 말할 수 있다. 이로인해 강력한 군주제도는 발전되기 힘들었다. 이와 같은 정치 권력의 지방 분권화는 당시의 시대상황이 북, 동, 서쪽에서 어느 때고 들이닥치는 침략자들로 인해 매우 불안정하였고 그의 백성들의 재산과 생명을 보호해 줄 수 있을 만큼 국왕들의 권력이 크지 못했기 때문이었다. 생존을 위해 사람들은 귀족들(영주라고 함) 밑에 무리를 지어 몰려들었고 전쟁을 잘하는 용사가 지도자로 부상하였다. 독일 지방의 게르만족들 사이에서는 더더군다나 전쟁을 잘하는 사람이 지도자가 되었다. 이들 백성들은 그들의 영주로부터 경작할 땅을 임대받는 농업 경제하에 살았다. 대영주들이 소영주를 거느리고 있는 요새화된 마을들이 곳곳에 세워졌다. 주군(lord) 밑에 있는 사람은 봉신(vassal)이라고 불렸고 그는 그 지역의 직계 주인에게 충성을 맹세해야만 했다. 이 맹세는 "충성의 맹세"라고 부른다(봉신에게 경작하도록 빌려주는 땅을 봉토 혹은 영지라고 했다). 이 충성의 맹세 댓가로 봉신은 주당 40시간의 노동, 초과 노동에 대한 수당, 사회보장 및 "부가 급여"(당시 사회에서는 음식, 옷, 및 적으로부터의 보호 등) 등을 보장받았다. 이것은 게르만족 사회의 기본 구조였다. "성직급"(Beneficium)이란 교회에게 기부된 땅을 말하는 것으로 이 땅은 세금이 면죄되었다. 이리하여 A.D.1000년경에는 카톨릭 교회는 유럽에 수십 만 에이커의 땅(그것도 전부 면세되는)을 소유하기에 이르렀다. 마치 양키스타디움과 그들이 소유하고 있는 밀러 양조회사(맥주)의 주식이 면세 혜택을 받는 것과 같다.[55] 봉토를 부여받은 사람은 자기 땅의 일부를 다른 봉신에게 경작하도록 함으로써(봉토재수여) "영주"가 될 수도 있었다. 봉토를 재하청받은 그는 일종의 소작인이라고 할 수 있다. 이 소작인은 "농노"(serf)라고 하는데 그는 자유인과 노예의 중간 정도의 지위를 갖고 있는 자로 땅에 예속되어 있었다.

봉건 제도의 가장 중요한 특징은 군사의무이다. 일주일 내내 누가 어디서 침입해 올지 알지 못하는 상황이었기 때문이다. 각 봉건국가는 자체 군대를 보유해야 했다. 모든 봉신은 일년 중 일정 기간은 군인으로 복무해야만 했다. 성령님께서 주신 성경적 지침에 어긋나게도 카톨릭 봉신들은 자신들이 스스로 무장하고 스스로 경비를 부담해야만 되었다. 이러한 군대에서는 명령이 통일 될 수 없었고 징병을 당한 어떤 군대는 어느 왕이 다른 왕을 공격할 경우는 전투를 "포기"할 수도 있었다. 아니면 적어도 징병되어 온 사람은 사태가 나쁘게 돌아가면 탈영을 해버릴 수 있었다. 평범한 봉신들은 이런 일이 벌어지면 줄행랑을 놓기 마련이었다. 그 경우 그들은 자기 임무는 단지 "영주"나 왕이 공격을 당할 경우 그를 보호해 주는 방어 임무일 뿐이었다고 발뺌을 할 수 있었다.

봉건 제도의 재판은 시죄법이었다. 원고가 고소를 하면 피고는 무죄가 입증될 때까지는 유죄였다(이 예수회식 방법론은 <킹제임스성경>에 대한 신학자들의 태도와 정확히 일치한다. 밥 존스와 팔웰의 리버티 대학 교수들은 직업 거짓말쟁이들에[56] 의해 세뇌를 당해 <킹제임스성경>에 오류가 있음에 틀림없다고 판정해 버린다). 피고에게 "시련"을 가하고 그 시련에도 피고가 해를 입지 않을 경우 그는 무죄로 인정된다. 다시 말하면 하나님께서 그의 편을 들어주셨다는 것이다. 시련을 견디지 못하고 죽으면 그는 유죄인 것이다. 어떤 "시련"들은 "피상소인"을 죽이도록 고안되기도 했고 어떤 경우는 팔을 끓는 물에 넣거나 숯불 위를 맨발로 걷게 하거나 아니면 전쟁에서 부상당하도록 하였다. 살인과 신체 상해는 "피고"가 살아남지 못하는 경우는 언제든지 그의 친구나 친척이 원고를 고소해서 그 역시 동일한 운명에 처해지도록 할 수 있었기 때문에 최소한으로 시행되었다.

귀족들과 성직 계급은 실로 사치스럽게 살았다. 귀족들은 성에서 살았고(혹은 영주관에서) 전쟁을 하지 않는 경우에는 사냥, 파티, 혹은 마상 시합(기사들의 경기 대회)

에 참가했다. 영화나 TV를 본 사람이라면 자세한 설명이 필요없다. 아더 왕의 이야기, 카멜롯, 갈라하드 경, 롤랑, 로빈 훗, 흑기사, 아이반호, 원탁의 기사... 등은 모두 중세 귀족 혹은 기사들의 삶을 다루고 있다. 이들 다음 계급으로는 봉신, 농노 등을 들 수 있다. 이것은 로마 카톨릭 계급제도와 모택동의 계급제도, 즉 상급 통치 계급(성직자와 공산당원)과 하급 계급(평신도와 인민) 두 계급으로 된 사회구조를 전형적으로 보여 주고 있다. 파시스트 사회(1933-1945)와 공산주의 사회(1917-1980)도 마찬가지 구조를 갖고 있다. 파시즘, 공산주의, 카톨릭, 사회주의, 나치즘 그리고 인문주의는 모두 동일한 체계이다. 모든 전체주의 체계는 동일한 구조를 갖고 있다. 봉건 제도는 일반 백성(인민)들을 대적하는 귀족과 영주와 왕들 편을 들어주는 로마 카톨릭적 독재제도였다.[57] 오늘날에도 여전히 바티칸 당국은 이 제도를 채택하고 있다. 조금 달라진 것이 있다면 교황들(요한 23세, 바울 5세, 요한 바오로 2세)이 카톨릭 교회를 위장하기 위해 "평민"의 결혼식을 주재한다든가(1979년 2월 요한 바오로), 삼중관을 쓰고 하는 대관식을 거부한다든가(요한 23세), "가난에 찌든 대중들의 복지"와 "백성들의 유익"을 겨냥한 연설을 한다는 것이 전부이다. 1960년 이래 모든 교황들은 그들의 정책이나 목표에 있어 공산주의적 경향을 갖고 있다. 이 두 체계는 둘 다 전체주의적이기 때문에 카톨릭 국가에서는 그 어떤 공산주의자도 카톨릭 신자이기만 하면 살아남을 수 있다.

봉건 제도하에서의 농부의 지위는 비천한 것이었다. 농부에게서는 애국심이나 민족정신을 찾아볼 수가 없었다. 따라서 종교적 알리바이를 제공해야 그를 전쟁에 내보낼 수 있었다. 따라서 십자군을 모집할 때는(제14장 주 22-23 참조) 종교적 동기를 부여하였다. 결국 미신적인 영주들과 봉신들에게 십자군 원정은 "하나님의 뜻"이라고 확신시키기 위해 기독교적 동기를 부여해 주었다. 그것은 사람을 죽이는 그럴싸한 이유가 될 수 있었다. 사소한 이해득실과 상충하는 권위들로 조각나 있는 봉건 제도 같은 제도하에서 카톨릭 독재는 잘 먹혀 들어갔다. "분열시킨 다음 정복하라."는 전략이 바로 그것이었다. 강력한 민족국가들이 세워지지 않는 한 카톨릭은 "왕국"을 유지할 수 있었다. 영주들끼리 툭탁거리도록 부추기면 그 누구도 교황의 권위에 도전할 만한 힘을 갖추지 못하게 되고 서로 대립하던 국왕들은 교황의 권위를 무너뜨릴 세력을 키울 수가 없었다. 더군다나 성무금지령(주 31 참조)과 파문이라는 무기를 손에 쥐고 있던 로마의 파시스트 독재자는 어떤 영주들로부터 강제로 돈을 강탈해서 자신들의 명령을 수행하도록 다른 영주들에게 강요할 수도 있었다. 사실 A.D.600년부터 교황들은 얼마나 막강한 권력을 휘둘렀든지 영주나 제후들로 하여금 언제는 싸우고 언제는

"휴전"할 것인가를 정해주기조차 했다. 전쟁을 수행하는데 정해진 두 가지 "규범"은 "하나님의 휴전"과 "하나님의 평화"였다(물론 이 두 가지는 성경에 나와 있는 것과는 관계없는 것이다. 롬 5:1, 엡 2:15-16). "하나님의 휴전"이란 카톨릭 축제인 부활절, 크리스마스, 만성절, 만령절, 성촉절 등을 위해 하는 휴전을 말한다. "하나님의 평화"란 어떤 지역은 전쟁에서 제외된다는 말이다(오늘날로 치면 "비무장지대"라고 할 수 있다). 이들 비무장지대는 "우연히도" 부유한 성직자들의 거주지, 화려한 성당들, 부유한 수도원 그리고 그 안에 보관되어 있는 카톨릭 유품들을 포함한다. 예를 들면 몬테 카지노 수도원(1944)은 독일군이 야포사격을 위한 감시탑으로 사용하고 있을지라도 연합군의 폭격에서 제외되어야 하는 것이다.

영국은 A.D.1000년경 "하나님의 휴전"과 "하나님의 평화"라는 규칙을 지키다가 많은 침략을 당했다. 그런데 이런 침략은 때로는 마귀로부터 온 것이었다. 4세기에는 영국이 로마 점령군에 의해 보호받았었다. 그러나 호노리우스 황제가 410년 국내에서의 어려움으로 영국을 돕기 위해 군대를 보낼 수 없게 되자 영국인들은 로마 제국에서 이탈하였다. 로마 제국은 게르만족의 침입과 성경대로 믿는 그리스도인들의 박해로부터 영국인들을 보호할 수 없었던 것이다. 영국을 침입한 사람들은 앵글족, 색슨족, 유트족 및 프리시안족으로 그들은 덴마크, 독일, 벨기에로부터 왔다. A.D.600년경 잉글랜드의 절반이 대륙에서 건너온 게르만족들에 의해 점령되었다. 색슨족은 영국을 7개의 왕국으로 나누었다(움부리아북부, 메르시아, 앙글리아동부, 켄트, 에섹스, 서섹스, 웨섹스). A.D.859년경 덴마크인들은 영국을 침략하기 시작했고 이때 색슨족이 정복했던 옛 켈트족 중에서 이들에게 동조하는 세력을 발견하였다. 이와 비슷한 경우는 1938년 독일군이 오스트리아와 체코를 점령했을 때 그들 중에 히틀러의 편을 들어준 사람들이 있었던 사건이었다.

색슨족과 덴마크족은 결국 휴전을 하고 알프레드 대왕 때까지(Alfred of Wessex) 영국을 분리통치했다. 그러다가 알프레드 대왕이 A.D.878년 덴마크족을 대륙으로 몰아내는데 성공했다. 알프레드의 뒤를 이어 에델레드, 에드문드, 에드가 왕(Edgar the Peaceful)이 등장했다. 그때 덴마크 왕 카누트가 영국 왕이 되었고 뒤이어 에드워드(Edward the Confessor)와 노르만 정복자 윌리암이 등장했다(1066).

프랑스의 국가로서의 모습은 베르됭 조약(Treaty of Verdun, 제12장 주 76-80 참조)과 더불어 843년 시작되었다. 983년 카롤링 왕조가 끝나고 위그 카페가 왕으로 선출되었다. 프랑스내의 공작령은 노르망디, 부르군디, 브리타니, 아키탱, 가스코니였고 백작령은 플란더즈, 브와스, 샹빠뉴, 앙쥬, 툴루즈, 및 바르셀로나였다. 카페 왕조의 왕은 위그(987-996), 로베르트(996-1031), 헨리(앙리, 1031-1060) 그리고 필립(1060-1108)이었다.

독일은 9세기가 끝날 무렵까지 국가의 모습을 갖추지 못했다. 독일 지역에는 다섯 개의 민족들이 거주했는데 이들은 민족의 이름, 역사 그리고 제도로 구분된다. 알라마니(혹은 스와비안족)는 보스그 산맥과 레크 강 사이에 거주했고 바바리안족은 레크 강 양쪽에, 프랑코니안들은 라인란트의 동프랑크들이며, 색슨족은 중부와 북부 독일에 거주했고 다섯번째는 라인란트의 알사스 로렌에 거주하던 자들이었다. 독일 왕국은 헨리 1세(사냥꾼 헨리로 불렸음)에 의해 A.D.919년에 세워졌다. 오토 1세(936)는 신성로마제국(962년 2월)의 황제로 선출되었고 이때로부터 40년 동안 로마의 교황들은 독일 왕들에 의해 임명되었다. 오토 2세(973-983)는 그의 아버지의 정복 사업을 계속하여 나폴리와 타렌툼을 정복했고 이탈리아를 통제하에 두었다. 그러나 그는 A.D.982년 사라센에 의해 패배했고 983년 죽었다. 오토 2세에 뒤이어 오토 3세, 바바리아 공작 헨리(1014), 콘라드 2세(1024-1039) 등이 등장했다.

이 모든 역사는 사탄이 관장하는(눅 4:6-7) 이 세상 제도(요일 2:15-16)의 역사인 세속사의 영역에 속한다. 이러한 국가들의 "기독교화"(제10장 주 69-84 참조)와 국왕들의 "회심"(개종)은 성경적 기독교의 확산과는 전혀 관계가 없다는 사실을 잊어서는 안된다. 샤프(Schaff)처럼 부주의하거나 라투렛(Latourette)처럼 대담한 사람들은 이것을 복음의 확장으로 착각하기 때문이다. 성경적 기독교 안에는 "권력있는 자나", "좋은 가문에서 태어난 자"는 거의 없다(고전 1:25-29). 이들 대부분의 황제들은 교황의 라이벌이었고 자신들의 왕국을 계속 통치하기 위해 최대한 능력을 발휘해서 교황과 싸웠던 자들이다. 교황은 이들 국왕들과 똑같은 세속 정치가로서(한 가지 다른 점은 이들 국왕들의 모든 영토를 자기 영토라고 주장하고 있는 점이다) 그들과 똑같은 방식으로 싸웠다. 스탈린이 헝가리의 추기경 민젠티를 "독재자"라고 부른 것이나 교황 피오 12세가 무솔리니를 독재자라고 부른 것과 같다고 하겠다. 이들은 모두 끼리끼리 모인 족속들이 아닐 수 없다.

이 기간 동안 기사도가 제도로서 정착되어 갔다. 이 제도는 서구에서는 카우보이와 인디안 만큼이나 잘 알려져 있고 너무도 많은 자료들이 이에 관해 쓰여졌기 때문에 여기서는 간략하게 지적하고 넘어가겠다. 갈라하드(Galahad) 경은 그리스도가 마셨던 컵을 찾는데 노력을 기울였다. 마술사 메를린, 란셀롯 경, 트리스탄과 이졸데, 발할라, 로빈 훗, 턱 사제, 윌리암 텔, 가와인 경, 호수의 숙녀 등은 영국과 유럽인들의 문화에는 너무도 잘 알려져 있다. 이 기사도의 절정(500-1000)은 사라센을 죽이기 위한 교황의 부르심이었다. "불신자"(모하메드교도)를 처단하기 위해서 조직된 십자군은 "거룩한 성읍(예루살렘)을 거룩한 교회(카톨릭)에게 회복시켜 성모께서 거룩한 십자가로 영광을 받으시도록 하는..." 카톨릭 세계를 단합시키는데 결정적인 요소가 되었다. 이 십자군이야말로 카톨릭 교황들이 "제국"을 유지하기 위해 고안해낸 기가 막힌 "영적" 전략이었던 것이다. 이것은 콘스탄틴의 외교술을 훨씬 능가하고도 남는다(제8장, 주 38-43 참조).

1. 모든 귀족과 영주와 왕들은 교황의 명령하에 있다.

2. 모든 농노, 봉신과 농부들은 보화를 약탈해서 고향으로 가져오기 위해 때때로 전세계적 규모의 원정에 나서야 한다(십자군).

3. 전쟁에 참가한 사람은 "하나님의 영광을 위하여" 죽음으로써 교회를 위한 순교자가 될 기회를 얻을 수 있고 그 행위로 하늘나라에도 갈 수 있다.

4. 십자군이 많은 전리품을 가지고 귀환하면 교황은 그 일부를 헌납받는다.

5. 십자군이 예루살렘을 정복하면 교황은 그곳으로 옮겨가서(살후 2:1-14)(콘스탄틴이 서에서 동으로 옮겨갔듯이) 그리스도께서도 하실 수 없었던 천년왕국을 이 땅에 세웠다는 영예를 얻을 수 있게 된다. 그래서 자신을 그리스도라 칭할 것이다(마 24:5,23).

교황 우르반 2세(Urban II)의 십자군 원정은 기가 막힌 정치전략이었던 것이다. 십자군 운동으로 교회 시대는 두아티라에서 사데 시대(Sardis period)로 넘어간다(계 3:1). 사데는 "붉은 자들"이란 뜻을 갖고 있는데 이들은 콘스탄티노플과 카이로 사이의 천마일에 걸치는 영토에 널려있는 십자군들의 피묻은 시체와, 카톨릭 사제, 주교 그리고 그들의 회중[58]에 의해 난도질당한 남녀노소의 시체와 그리고 흑사병[59]으로 죽어간 5백만 명에 달하는 시체를 언급하는 것이다. 사데 시대는 한 마디로 "거룩하지 못한 어머니 교회" 혹은 더 영적으로 말해 "지옥같은 창녀들의 어미"(계 17:1-9)가 주도한 시대라고 할 수 있다. 카톨릭 교회는 이 시대에 관한 분명한 역사적 영적 사실들을 "증오" 문학[60]이라고 무시해 버린다.

잔인한 살인마들이 서구사회에 당시까지 알려진 최대의 살인극을 벌였던 사데 시대를 공부하기 이전에 두아티라 시대(Thyatiran period, 500-1000)에서 두드러진 인물 몇을 골라 그들의 삶과 행위를 무오한 기준인 성경에 비추어 살펴봄으로써 이들이 교회사의 신실하고 참된 증인이었던가 아니면 반교회사적 "어정쩡한" 증인이었던가를 판별해 보도록 하자.

"대교황" 그레고리 (Gregory "the Great", A.D.540-604)

교회사가들이 어떤 인물을 "위대"하다고 할 때는(대교황 레오, 칼 대제, 피터 대제, 카누트 대제 등) 이는 그 사람이 세상적으로 명성을 얻었기 때문이다. 따라서 "위대하다"(great)는 용어는 (제14장 주 122-128 참조) 베드로, 야고보, 요한, 바울과 같은 사람들에게 붙여진 것이 아니었다. 사도들은 자신들을 종(벧전 5:1-6)이라고 불렀고 모든 성도들 가운데서 가장 작은 자보다도 더 작은 자(엡 3:8) 그리고 죄인들 중의 우두머리(딤전 1:15)라고 했다. 그들은 죽기 전이나 후에도 "위대"하다고 불려진 적이 없다. "예수 그리스도의 노예"였던 사도들을 위조하기 위해 교황들은 자신들이 "종들의 종"[61](servant of servants)이라고 위선적인 고백을 하기도 한다. 그러나 이것은 천부당 만부당한 말이다. 양이라고 고백하는 이리(마 7:15)는 위선의 죄로부터 벗어날 길이 없다. 그레고리 대제(대교황)는 교활한 정치가요, 위대한 조직가요, 종교적 창녀를 위해 많은 추종자를 끌어 모은 공로로 "위대하게" 된 것이다. 그런 짓을 하는 사람을 흔히 "뚜쟁이"라고 부른다. 그가 영국에 대해 갖고 있던 "관심"은(제12장 주 17-22 참조) 잃어버린 영혼을 위한 부담이나 고린도후서 5:20, 혹은 사도행전 1:8에 순종하고자 하는 열망과는 아무런 관계가 없다. 그레고리는 모든 교황들과 마찬가지로 유럽의 모든 나라를 전체주의적 교회국가로 통합하여 자신이 그 교회의 수장이 되고자 했다. 특히나 하나님의 섭리로 올바른 성경을 소유하고 있었고(제11장 주 86-89 참조) 부활절과 유아세례에 대해 로마의 전통들을 반대하고 있었던 나라라면 더더군다나 그의 "관심"의 대상이었다(제12장 주 17-22 참조). 아일랜드에서의 패트릭의 사역과 스코틀랜드와 잉글랜드에서의 콜럼바의 사역으로 인해 잉글랜드에 있는 "불쌍하고 우상을 숭배하는 이교도들"을 개종시키기 위한 "선교 노력"이 절실했노라고, 아마도 그레고리 같은 위선자는 카톨릭에 의한 영국정복을 그렇게 정당화할 것이다. 보니파스가 남부독일과 스위스의 (제12장 주 17-29 참조) 초기 기독교를 부패시키라는 교황의 위임을 받았을 때 그가 교황으로부터 제공받은 무기들은(제롬의 라틴벌게이트 이외에) "이교도들"이 숭배하는 유골과 유품들이었다. 일련의 우상들을 또다른 우상으로 대체시키는 것은 신약성경이 말하는 복음 전파와는 하등의 관계가 없다.

로마의 가장 위대한 교황[62] 그레고리는 부유한 직업적 정치가 집안(원로원)에서 태어났으며 교황이 되기 전에 로마 총독이었다. 그는 자기 아버지가 죽자 수도승이 되었고 시실리에 6개의 수도원을 세울 만큼 충분한 "십일조"를 거두어 들였다. 그의 어머니는 과부가 되자 수도원으로 들어갔고 카톨릭 교회에 의해 성자로 추앙되었다. 그레고리는 580년 교황청 대사로서 콘스탄티노플에 가서 동방 교회의 주교들의 권위를 깎아 내려 로마의 권위에 순복시키려는 시도를 했다. 그는 그곳에서 590년까지 근무했다. 그가 교황이 되어 최초로 행한 것은 군대를 일으켜 롬바르드족[63]을 살해한 것이다. 그는 전통(골 2:8)을 성경만큼 권위 있는 것으로 간주했기 때문에(막 7:6-13), 연옥을 성경적 교리로 전파했고 목사들(사제들)은 결혼해서는 안된다고 가르쳤다(딤전 4:3). 한마디로 그는 성경을 왜곡시킨 배교자였다. 그레고리는 어거스틴을 영국으로 보내(제12장, 주 17-29를 볼 것) 성경대로 믿는 그리스도인들을 로마화시켰다. 카톨릭 백과사전에는 "그레고리는 무엇보다도 영혼들의 의사"[64](연옥에서 그렇단 말인가 연옥 밖에서 그렇단 말인가)라고 되어 있다. 필립 샤프는 그레고리에 대한 어떤 평가를 할 때 성경은 저쪽으로 치워버렸다. 그는 "위대함"의 가장 높은 특성은 "선함"이므로 "교회가 그레고리에게 '대교황'이라는 칭호를 붙여준 것은 옳은 일"[65]이라고 했다. 샤프는 하나님께 대한 신실함(마 22:37)과 하나님의 말씀에 대한 순종(삼상 15:22)이 그리스도인들을 단지 "선"할 뿐만 아니라 "위대"하게 만든다는 사실을 전혀 고려하지 않은 것 같다. 존 R. 라이스 역시 이점에 있어서는 샤프를 추종하고 있다.

『**선을 행하는 자가 없으니**』(롬 3:12), 『하나님 **한 분 외에는 선한 이가 없느니라**』(눅 18:19). 제롬의 NASV와 라이스의 NIV를 추천했던 "선하신" 분들께서는 누가복음 18:19을 뜯어 고쳐 "아무도(하나님까지) 선하지 않다"라고 만들어 버렸다. "선하신" 분들(혹은 자신을 "선하다"고 착각하는 사람)의 특징은 자신들과 의견을 달리하는 성경 구절은 모조리 고쳐버리려 한다는 것이다. 그들은 성경이 기록되어 있는 대로 내버려 두지를 못한다.

"선함"이 하나님 보시기에 위대함이라고 한다면, 이 땅에 사는 사람은 그 누구도 위대하지 못하다. 하나님의 말씀(롬 3장)은 이 문제에 대해 매우 분명하다. 바나바는 그의 안에 내주하신 성령의 능력으로 "선한" 사람으로 불렸고(행 11:24) 성령의 열매를(갈 5:22) 맺을 수 있었던 사람(갈 5:16)이었다. 롬바르드족을 죽이기 위해 군대를 고용하는 것은 교회사가들의 비뚤어진 견해로 볼 때 "선한" 행위일 것이나 그리스도께로 회심한 이교도들의 성경적 믿음을 파괴시키는 것은 "선함"의 특징이 될 수 없다. 이러한 행위들에 대해 샤프와 라투렛 같은 역사가들은 그들은 무지해서 무슨 일을 하고 있는지를 몰랐었다고 변명을 늘어 놓는다. 그러나 그런 변명은 너무도 무책임하고 지적으로 모자란 궁색한 변명일 뿐이다. 그레고리는 그 문제를 다른 방식으로 다루었다. 롬바르드족을 살해하고 "니케아 정통신앙"에 동조하지 않는 모든 그리스도인들은 "이단"이라고 부르는 것에 대해 그레고리는 "할 수 있는 한 우리는 경건한 분들의 사역을 본받도록 하자"라고 말했다. 그러니까 그레고리에 따르면 경건한 성도들은 "이단"을 죽여야 한다는 것이다. 필립 샤프는 이미 어떤 사람이 아리안이면 그는 이단이다[66]라고 동의했다. 그런데 모든 롬바르드족은 아리안[67]이었고 따라서 만약 필립 샤프가 당신을 "아리안"으로 생각했다면 그는 당신을 살해할지도 모른다는 등식이 성립될 수도 있다. 롬바르드족은 북이탈리아의 독립 종족들이며 그 지역은 성경적 설교와 교육이 진행되고 있었으므로(제10장, 주 89-99 참조) 샤프가 그 당시 살았더라면 그레고리와 함께 그들을 공격했을지도 모른다.

마지막 성경대로 믿는 그리스도인이 스페인에서 도망쳐 피레네 산맥으로 숨어들자(589년 5월 8일, 톨레도 공회) "대교황" 그레고리는 기쁨을[68] 감추지 못했다. 이는 샤를마뉴가(785) 수천 명의 색슨족을 기독교로 "개종"시켰다는 것과 매우 유사하다고 하겠다. 수천 명의 개종자를 얻게 된 강력한 "부흥"의 증거는 수천 명의 색슨족들이 카톨릭 사제에 의해 물뿌림을 받은 것이었다. 그러나 찰리나 교황이나 언급을 회피하려하는 내용이 찰리가 보낸 전문의 각주에 감추어져 있는데 그것은 카톨릭의 물뿌림을 거부하는 모든 색슨족은 사형에 처해질 것[69]을 알고 색슨족이 개종했다는 사실이다. 성 바돌로매 대학살(St. Bartholomew's Day Massacre) 때[70] 프랑스에서 성경대로 믿는 그리스도인 5만 명 이상이 살해된 사실을 알고 교황 그레고리 13세가 축하연을 열고, 미사를 개최하고, 기념 매달을 주조하는 것과도 유사하다고 하겠다.

로마 카톨릭 교도에게 "위대한"이란 칭호가 붙게 되면 그 안에는 불길한 무엇이 담겨 있다(제14장 주 122-128 참조).

교회사가들은 사악한 살인자 그레고리를 칭찬하느라 열을 올린다. 몬탈렘버트(Montalembert)의 인용에 따르면 부셋주교는 "이 위대한 교황은...로마와 이탈리아를 구하셨고...활력과 겸손으로 다스렸으며...전세계에 그리스도인으로서의 완전한 모범을 보이셨다..."[71] 라고 평가했다고 한다. 몬탈렘버트 백작은 "그 누구도 그 분을 가장 위대한 교황이라고 부르는데 주저하지 않을 것이며...그의 미덕...그의 솔직함...그의 순수함...그의 따스한 마음..."[72]이라고 평했다. 기본(Gibbon)은 "분명하고 실제적인 이해력과...친절하고 유순한 마음씨...참회자에게 관대하고 따스한 친구이며...신중함과...현명함...그리고 겸손이야말로 그의 가장 숭고한 미덕이요...따스한 애국심, 위대한 성품... 그는 가장 빛나는 별로서 찬란히 빛나고 있다."[73]라고 찬사를 늘어 놓았다. 제임스 밤비는 "그의 목표는 지고했고, 그의 목적은 열정으로 이룩됐으며, 그의 헌신은 뜨거웠고 그의 인격은 순수했다."[74]라고 평가했다. 이와 비슷한 "아첨"은 허다하다.

사람을 따르고, 사람을 기쁘게 하며, 사람을 경배하는 휴머니스트들이 말하고 싶은 것은 구원받지 못한 정치가가 "그리스도인"인 것처럼 행동하려고 애쓸 때 어떤 모습으로 보일 것인가를 여실히 보여주는 자가 곧 그레고리란 말이다. 그가 성경에 대해 얼마만큼 충실했는가는 한 마디 언급도 없다. 만약 그레고리의 삶 옆에 성경을 세워 놓고 판단한다면 그의 위대함은 아침 이슬처럼 사라져 버릴 것이다. 그의 동기, 마음자세, 믿음, 실행, 설교 혹은 리더쉽에 대해서는 성경적으로 부합되는 것이라고는 하나도 없다고 말할 수있다. 그러나 교회사가들이 이런 종류의 사람에 대해 평가할 때는 그가 다스린 부하들 사이에서 회자되는 명성과 그 명성이 더 알려지는 것을 바라는 자들의 증언에 근거하여 평가를 내리는 것이다. 성경적 진리는 이들의 고려 대상이 못된다. 죄인들을 다룰 때 갖게 되는 휴머니즘과 감정에 입각한 평가로 인해 그레고리는 "대교황"이 되어버린 것이다(제14장, 주 121-139 참조).

그레고리의 신학은 4번의 공회, 교부들의 전통 그리고 4복음서에 근거한 것이다[75](그러니까 고린도전서 15:1-6에 나오는 복음은 제외되었고, 로마서 15:6-16에 나와 있는 로마 교회에 보내진 로마서의 교리적 계시 등이 모조리 배제되었다). 한 마디로 교황 그레고리는 성경을 왜곡시킨 무뢰한이었다. 그런데도 필립 샤프는 그레고리를 "위대한 성경박사 중 한 분이며 교회의 권위있는 교부들 중 한 분이다"라고 평했다. 그렇다면 샤프가 말한 교회는 신약성경에 나와 있는 그 어떤 교회도 아님이 분명하다. 그레고리는 성경을 완전히 알렉산드리아 방식으로 다루었다(알레고리화). 그의 이름을 클레멘트(제5장 참조)로 바꾸어도 하나도 손색이 없을 것 같다. 그는 욥은 그리스도이고, 욥의 아내는 욥의 육신적 성품이고, 일곱 아들들(욥 1:1-2)은 사도들과 성직자들이며 욥의 세 딸들은 세 종류의 충성된 평신도를 가리킨다라고 말했다. 그는 또한 욥의 친구들은 이단들이며 7천 마리의 양(욥 1:3)은 "완전한 그리스도인들이다"[76]라고 말했다. 이정도 되면 몰몬경을 만들어낸 조셉 스미스를 추종하는 편이 더 나을 것 같다. 그레고리는 성경 강론에 관한 한 완전히 먹통에 불과했다. 그레고리가 쓴 4권의 "대화"(Dialogues)는 연옥[77]에 관한 중세의 미신들의 중요 원천이었다. 만약 그레고리가 성경에 입각한 근거에서 "위대한" 사람이라면, 그리스도인들은 코란이나 공자의 어록집에 맞추어 자신들의 행동 규범을 조정해야만 될 판이다.

고트샬크 (Gottschalk, A.D.805-868)

이 사람은 독일의 베네딕트 수도승이며 독일의 마인쯔 근처에서 활동한 신학자였다. 그는 림즈의 힝크마르와(제12장 주 118-119 참조) 마인쯔 대주교인 라바누스 마우루스(Rabanus Maurus, 848-849)에 의해 잘못된 것들을 전파하고 가르친다는 이유로 비난을 받았다. 그는 생애 마지막 20년 동안 수도원에서 감옥생활을 했다. 고트샬크는 절대적인 예정론에 있어 라바누스 마우루스와 충돌하였다. 고트샬크는(칼빈처럼) "선택받지 못한 자"는 지옥으로 가고 선택받은 자는 하늘나라로 간다는 절대적 이중 예정론을 개진했다. 그는 북아프리카 출신의 배교자 어거스틴을 절대적으로 추종한 것이다.[78] 라바누스 마우루스는 로마서 8:29과 베드로전서 1:2을 고트샬크에게 지적하면서 선택과 예정은 모두 미리아심(예지)에 조건지워지는 것임을 설득하려 했다(모로, 메이첸, 어거스틴, 밥 로스, 카이퍼, 댑니, 밀, 핫지, 길핀, 핑크, 쉘톤 등은 이 모두가 "무조건적"이라고 억지를 부린다).

유아에게 세례를 주지 않았던(제6장 주 57,93 참조) 힝크마르(Hincmar)는 필립 샤프에 의해 교만하고, 아량없는 성직자라고 매도되었다. 이유는 "가난한 수도승"(고트샬크)에게 자비를[79] 베풀지 않았다는 것이다. 고트샬크는 치어시 노회(849)에서 징계를 받고 투옥되었다. 샤프는 이러한 "전대미문의 불경건과 잔인함"에 대해 호되게 비판한 리용의 대주교 성 레미기우스를 칭찬하고 있다. 레기미우스나 샤프는 칼빈에 관한 교회사는 공부해 보지 못한 것 같다. 칼빈은 자기와 의견이 다른 사람을 화형에 처했다(제17장). 어거스틴 역시 유아세례[80]를 반대하는 사람은 누구라도 죽이라고 승인했다. 고트샬크의 투옥과 교황 니콜라스의 구출 노력과 아울러(제12장, 주 84 참조) 또 다른 이슈가 터져나와 교회사의 진짜 이슈인 절대권위를 가리워 버렸다. 펠라기우스와 준 펠라기우스주의 논쟁, 어거스틴과 준 어거스틴주의 논쟁 등이 또다시 터져나와 중세의 암흑을 더욱 짙게 만들어버렸다. 그러나 문제의 핵심은 간단하다. 힝크마르는 유아에게 세례를 주지 않았고 이것이 모든 문제의 발단이 된 것이다.

절대예정론(absolute predestination)에 대한 온건한 입장이 트로예스 주교인 프루덴티우스에 의해 채택되었다. 코르비의 수도승 라트람누스, 페리에레의 수도원장 세르바투스 루프스, 리용의 대주교 레미기우스 역시 온건한 입장을 취했다(절대예정론의 온건한 교리란 말이 어떤 것인지는 여러분이 상상해 보라). 이 교리는 노회에서 확인되었다(발렌스 855, 랑그레 859). 자유의지와 조건적 예정론(conditional predestination)은 마인쯔의 대주교 마우루스, 림즈의 대주교 힝크마르, 라온의 주교 파르둘루스 등이 주장했다. 이 교리는 치어시(853), 사보니에레(859) 노회에서 확인되었다.

고트샬크(805-868)에 의해 개진된 이론은 지옥에 가는 죄인들은 세상이 창조되기 전에 이미 그곳에 가기로 미리 정해져 있었으며 태어나기도 전에 불못[81]으로 가기로 예정되어 있었다는 것이었다. 이 불경한 난센스와 더불어 온갖 희한한 논쟁들이 전개되었다. 예정의 두 측면(gemina and bipartita) 논쟁; 두 종류의 죄인들에 대한 그리스도의 죽음(efficient and sufficient); 선한 생각과 악한 생각에 대한 하나님의 입장(ordinator and acrutor : ruler and author); "proedestinatio gemina" 논쟁(하나님은 선택된 자는 선행과 구원으로 예정하시지만 버림받은 자는 심판으로만 예정하셨을 뿐 죄를 짓도록 예정된 것은 아니다.)

교황 니콜라스는 힝크마르에 대항해서 고트샬크의 편을 들었는데 이는 고트샬크는 아이들을 선택받도록 하기 위해 물을 뿌리려 했지만 힝크마르는 그렇지 않을 것이기 때문이었다. 이와 같은 신학 논쟁은 결국 "창세 전에"라는 표현을 없애는 쪽으로 결정되기로 "예정"되어 있었다. 이는 그 어떤 로마 카톨릭 신자도 물로부터 분리된 구원은 생각해 본 적이 없기 때문이다(그들에게는 물뿌림이 곧 선택받는 것을 뜻했다). 유럽의 그 어떤 로마 카톨릭도 구원을 선택 혹은 택함받지 못함과 연관시키지 않았고, 특별한 부르심 혹은 일반적인 부르심과도 연관시키지 않았으며, 일반적 은혜 혹은 구원에 이르는 은혜와도 연관시켜 본 적이 없다. 모든 참된 카톨릭은 그의 사제들의 가르침에 따라 구원이란 주교와 사제가 하라고 시킨[82] 그 행위를 함으로써 하늘에 이르는 그 길에 도달하는 것이라고 믿고 있었다. 그 어느 때처럼 공식 공회(이 경우는 노회)는 성경적 교리와는 아무런 관계가 없었다. 이들의 논쟁은 정치적 조작에 의한 정치 투쟁일 뿐이었다.

파스카시우스 라드베르투스 (Paschasius Radbertus, A.D.800-865)

이 사람은 "화체설"(transubstantiation)이라고 불리우는 검은 마술을 이론화시킨 장본인이다. 그는 프랑스 소이송 근처에서 태어나 베네딕트 수녀들에 의해 교육을 받았다. 그는 사제는 아니었지만 수도원장을 지냈다(844-851). 화체설은 검은색 제의를 입은 바알의 제사장인 카톨릭 신부가 "카톨릭" 제단에서 제사를 집전할 때 주문과 기도의 능력으로 빵조각과 알콜음료를 예수 그리스도의 실제 살과 피로[83] 만들 수 있다는 것이다. - 그러나 이것은 "피없는" 제사일 뿐이다.[84] 그렇다면 그가 마시는 술은 "밀주"가 되는 것인데 이는 그 자신이 그것을 직접 예수 그리스도의 피로[85] 만들었다고 하기 때문이다. 그러나 이 술은 여전히 "피가 없는" 술일 뿐이다.[86] 그들은 주문에 의해 최면에 걸린 그 물질들에서 그리스도의 바로 그 살과 바로 그 피가 발견된다고 말하며 피가 없는 방식으로 그렇게 된다고 주장한다.[87]

이런 이론을 접하는 현대인들은 카톨릭 신자들이 "제정신이 아니거나" 아니면 누군가가 그들을 모함하고 있다고 생각하려고 하는데 이는 현대인들의 고집과 무지 때문이다. 미사에 관해 카톨릭 단체인 콜럼버스의 기사단(Knights of Columbus)이 발간한 책자들은 위에 언급한 내용이 로마 카톨릭 교회의 공식 교리를 묘사한 것임을 보여줄 것이다. 더나아가 이 화체설을 믿지 않는 사람은 하나님의 저주[88]를 받은 자라는 것이 카톨릭의 공식 입장임을 알게 될 것이다(Rome - Great Private Interpreter, 1969). 이러한 것들은 분명한 역사적 사실들로서 카톨릭 교회에 대한 사적 견해나 감정적 대응이 결코 아니다. 카톨릭 미사는 피없이 드리는 제사로 빵과 포도주가 예수 그리스도의 몸과 피로 변하게 됨으로 드려진다고 한다. 이 사실은 이 주제에 관해 카톨릭이 카톨릭 당국의 출판허가를 받아 출간한 "반대할 수 없는"(nihil obstat) 공식 책자들에 버젓이 나와 있는 카톨릭 진리이다.[89] 카톨릭 교도는 일요일날 집행되는 카톨릭 교회의 미사가 다락방에서[90] 있었던 주의 만찬과 동일한 것이라고 믿어야만 한다. 더나아가 이 둘은 갈보리 산에서 치루어진 예수 그리스도의 피흘리신 희생(히 10:8-12)과 동일하다고 믿어야 한다. 그러나 앞의 두 가지는 "피흘림이 없었고" 십자가에서는 피흘림이 있었던 것이다.[91] 당신은 이 사실을 믿어야 하고 그것이 건전한 사람의 마땅한 의무라고 믿어야 한다.

라드베르투스(Radbertus)에 따르면 성체성사에는 예수 그리스도의 살과 피 외에는 아무것도 없다고 한다. 그러나 "빵과 포도주의 모형들은 남아 있게 된다."[92] 즉 실제적인 것은 모형일 뿐이라고(마 15:17) 주장하면서 동시에 모형은 실제적이라고 주장하는 셈이 된다(벧전 3:21). 이러한 희한한 것들을 카톨릭 교도라면 그대로 받아들여야만 한다. 상식과 성경적 진리를 절묘하게 왜곡시키기 위해 라드베르투스는 요한복음 6:52-54을 문맥에서 끄집어내고는 그 구절을 해석하는 열쇠 구절인 6:63은 제거시켜 버린다. 그리고서 그 구절들을 마태복음 26:27에 갖다 놓고 바로 이것이 일요일 아침 로마 카톨릭 사제(제사장)들이 드리는 "희생 제사"[93]에 관한 구절이라고 둘러댄다. 분명코 이 사람은 제 정신이 아니었다.

라드베르투스를 가장 반대한 사람은 라트람누스(Ratramnus, 800-868)로 그는 라드베르투스가 제거한 요한복음 6:63을 문맥 안으로(요 6:54) 되돌려 놓았다. 라트람누스는 미사란 그리스도의 죽음을 기념하는 것이라고 생각했다. 교황 니콜라스의 오랜 적수인 힝크마르(제6장, 주 57 참조) 역시(그는 유아세례를 반대했다) 카톨릭 제사장이 일요일 아침마다 예수 그리스도를 먹을 수 있도록 재생시킬 수 있다는 사실을 믿기를 거부했다(제6장 주 85에 어거스틴의 광기가 설명되어 있다). 베렌게르(Berenger, 1000-1088)라고 하는 차르트레의 풀버트의 제자가 드디어 이 문제를 결말로 이끌었다. 베렌게르(혹은 베렌가르)는 로마의 권위를 비판할 용기를 지닌 성경학도였다. 그는 라드베르투스는 정신 나간 친구라는 결론에 도달했다. 베렌게르는 독일과 프랑스에서 그의 학생들을 가르치기 시작했는데 라드베르투스는 자기가 무엇을 말하고 있는지도 모르는 친구라고 비판했다.[94] 1046년 대주교는 그에게 두 통의 경고 서한을 발송했고 그 서신에는 피고의 말도 들어보지 않은 채 그가 정죄되어 있었다(교황이 이 희한한 이단을 지지하게 된 것은 그가 이 이단이 카톨릭의 단합과 권력에 유효하다는 사실을 깨달았기 때문이다). 베렌게르는 후일 라테란 공회(1059)에 출두했고 교황 니콜라스 2세는 카톨릭 신자가 "제사장"이 축복한 빵조각을 먹는 것은 곧 그리스도의 실제적인 몸[95]을 삼키는 것이라고 주장했다.

베렌게르는 프랑스에 돌아오자 그와 같이 조잡하고 속된 가르침은(레 17:10, 창 9:4, 행 15:29) 진리가 아니라고 곧바로 주장했고 이어 교황 레오 9세와 니콜라스 2세의 신성 모독적 발언을 공격했다. 결국 교황은 "이단의 군대"를 불러 일으켰고 베렌게르는 포이티에르 노회(Poitier Synod, 1075)에서 거의 죽을 지경이 되었다. 힐데브란트(교황 그레고리 7세)는 그를 보호하려고 했으나 베렌게르에 반대하는[96] 사제들과 주교들이 너무 많다는 사실을 알고 꽁무니를 빼고 말았다. 그 결과 라드베르투스의 불경스러운 교리가 모든 카톨릭 신자들에 의해 "기독교" 교리로서 받아들여지게 되었고 그 후 500년 간에 걸쳐 미혹당한 교황들과 그의 들러리들은 이에 반대하는 그리스도인들을 죽였다. 베렌게르의 추종자들은 그 당시에 벌써[97] 300만 명에 육박했던 것이다.

트렌트 공회(Council of Trent, 1546)는 라드베르투스가 주장한 아프리카의 부두교

(Voodooism) 교리를 재확인했다. 빵이 그리스도의 몸으로 바뀌고 포도주는 그리스도의 피로 바뀐다는 사실을 믿지 않는 사람은 모두 다 저주를 받으리라는 것이다. 물론 용어 문제로 시끌벅석한 소동이 있게 되었다. 왜냐하면 "평신도"는 피는 받지 않고 빵만 받았기 때문이다(트렌트 공회에 의해 결정된 사항이었다). 그러나 이런 정도는 이미 미사에 대한 성경적 진리를 거부하고 이단 교리를 움켜쥔 비이성적인 사람들에게는 아무런 문제될 것이 없었다. "당신이 빵(그리스도의 몸)을 받으면 그 안에 피가 들어 있는 것이다. 왜냐하면 몸 안에는 피가 있는 법이니까 그렇다"[98]라고 사제가 평신도에게 말해주면 만사 O.K.였다.

혹자는 우리가 카톨릭을 조롱하는 것으로 생각할지 모르지만 결코 그렇지 않다. 우리는 사실을 말할 뿐이다. 토마스 아퀴나스(Thomas Aquinas, "스콜라 철학자들의 최고봉"[99]으로 알려진)는 화체설에 대해 소위 "기독교적" 해설로 알려진 주장을 이렇게 제공한다 : "이해되지 않는 사실들에 접근"하는 방법은 "보이는 것을 초월하는 믿음의 법칙"인 것이다. 그러니까 하나님의 말씀을 부인하고 그 말씀을 들음으로 오는(롬 10:17) 성경적 믿음을 부인하기 위한 영적인 알리바이(히 11:1-2)가 훌륭하신 신학자님에 의해 제공된 셈이다. 이 치가 떨리는 고의적 성경 진리의 변개에 대한 알리바이는 다름아닌 "믿음"이었던 것이다. 그러니까 하나님께서는 거짓말쟁이(요 6:63)라는 것을 믿는 "믿음"이 필요하며 로마 카톨릭 우화가 하나님의 말씀(막 7:13)이라는 "믿음"이 필요하다는 말인가?

이 불경스럽고 혐오스러운 가르침이 도입됨에 따라 수많은 문제가 발생하게 되었다. 누가 포도주에 독을 타면 어떻게 되는가?(실제 그런 사건이 일어났다.) 빵을 누가 밟으면 어떻게 되는가?(이 일도 일어났다.) 쥐가 예수 그리스도의 몸을 물고 도망쳐서 잡히기 전에 구멍 안으로 들어가 버리면 어떻게 되는 것인가?[100] 가장 곤란한 문제는 예수 그리스도의 몸이 틀니에 달라붙으면 어떻게 할 것인가였다. 이에 대한 해결책은 뉴욕시 "주교"에 의해[101] 주어졌다(1906, 1910). 예수 그리스도의 몸을 칼이나 손으로 틀니에서 긁어낸 다음 물에다 넣고 마시면 된다고 한다.[102] 주 예수 그리스도를 구세주와 우주의 주로 알고 있는 그리스도인은 자신들의 하나님을 칼과 손으로 긁어낸다음 마셔버릴 수 있는 그런 "신"(a god)으로 생각할리 만무이다. 그런 짓을 하기 전에 당신의 "신"은 당신의 배가 되어야 할 것이다(롬 16:18, 빌 3:19). 만약 어떤 사제가 "그리스도의 몸"을 토하면, 그는 가능하다면 그것을 도로 집어 먹어야만 한다는[103] 결론이 나온다. 이 "위험스러운 미혹"(영국 교회의 규칙 31조)은 여기서 그치지 않는다. 그리스도인이 매주 일요일 "주 예수를 받아서" 삼킨다면 주 중에는 "주님"은 어떻게 되는 것인가라는 문제가 대두되는 것이다.

케네디 가문은 오늘날까지도 이 검은 마술을 실행하고 믿고 있으며 기독교 예배에 있어 중요한 요소라고 여기고 있다. 피의 메리 여왕 통치하에 자행된 영국에서의 잔인한 살상행위는 성경대로 믿는 그리스도인들이 라드베르투스와 란프랑(그는 라드베르투스의 가장 열렬한 지지자였다)의 "광기"에 동조하지 않았기 때문에 야기된 것이었다. 란프랑(Lanfranc)은 1070-1089년 사이에 캔터베리 대주교였다(제12장 주 21-22 참조).

그레고리 대제는 위에 제시된 그대로 카니발(사육제)을 지켰다(창 9:4, 레 17:12,14, 행 15:29). 그는 "하늘의 여왕"[104]을 위해(렘 44장) 참회의 고행(왕상 18장)을 했던 바알의 제사장(판 18장)들과 같이 종교적이었던 것이다. 이교도들이 피로 술제물을 바치는 풍습(시 16:4)은 전혀 새로운 것이 아니다. 그리스도 시대에 살던 어떤 유대인들도 이 사실을 알고 있었으며 요한복음 6장에 기록된 말씀은 문자적으로 해석해서는 안 된다(요 6:63)는 것을 알고 있었다. 만약 문자적으로 해석해서 살과 피를 먹고 마신다면 그것은 불경스러운 짓으로 간주되었을 것이다. 카톨릭 사제들과 주교들은 문자적인 구절들과(마 15:16) 영적인 구절들(마 16:12)을 구분할 수 없는 자들이다. 구원받지 못한 사람은 누구도 이 둘을 구분하지 못한다(고전 2:14).

다마스커스의 요한 (John of Damascus, A.D.675-749)

요한은 니케아 이후 교부들 중 마지막 사람이다. 그는 "예배보조기구"로[105] 형상들을 사용하도록 추천함으로써 이교적 우상숭배를 옹호한 사람으로 유명하다. 그는 "스콜라 철학의 아버지"[106]라고 불린다. 이 사람에 따르면 동정녀 마리아가 자기에게 여러 번 나타났다고 한다.[107] 형상숭배와 우상숭배를 옹호하는 그의 "역작"으로 인해 그는 제2차 니케아 공회(A.D.787)에서 열광적인 찬사를 받았다.[108] 요한은 클레멘트와 오리겐처럼 포피리(무신론자)와 아리스토텔레스(진화론적 사회주의자)의 가르침을 기독교 교리에 정열적으로 적용시켰다. 그에게 향한 하나님의 경고(골 2:8, 딤전 6:20)에 주의를 기울이기를 거부한 그는 책을 하나 썼는데 그는 그것을 "정통신앙의 정확한 요약"[109]이라고 주장했다. 그러나 그것은 아리스토텔레스 철학의 요약일 뿐 성경적 교리와는 하등의 관계가 없는 것이다. 그는 마리아의 영원한 순결(만약 이것이 사실이라면 그녀는 하나님께 죄를 지은 셈이요 그녀의 남편에게는 불순종한 것이다. 고전 7:5)을 믿었고 클레멘트 제1, 제2 서신이 신약성경의 일부분이라고 믿었으며 계시록 11장의 두 증인이 에녹과 엘리야라고 믿었다(계 11:3과 그 주석 참조). 요한은 그의 저서 그 어디에서도 죄인이 어떻게 구원받는가에 대해서 언급한 적이 없고 피의 속죄가 완성된 구원과 필수적 관계에 있음도 언급한 적이 없다. 따라서 요한은 웨스트코트, 홀트, 네슬 정도의 "그리스도인"이었을 것이라고 추정할 수 있겠다.

배다 (Baeda, 혹은 베드, A.D.673-735)

베드는 영국에서 태어났다. 그의 고향은 스코틀랜드와 접경지역이었다. 그는 7살 때 성 패트릭의 선교사들 중 한 사람이 세운 수도원에 들어갔다. 그곳에서 그는 제롬의 라틴 벌게이트와는 다른 구라틴 필사본(제11장 주 87-89 참조)을 접할 수 있었다. 또한 반로마적이고 반교황적인 카톨릭 신앙 즉 켈트 기독교를 어느 정도 접할 수 있었다. 이 켈트 기독교는 교황의 스파이였던 캔터베리의 어거스틴의 치명적 "사역"에 의해(제12장 주 17-29 참조) 당시에는 거의 자취를 감추었었다. 베드는 베네딕트 주교였던 사람에게 교육을 받았는데 그는 지독한 교황주의자로[110] 온갖 그림과 유품을 담은 상자를 가져오기 위해 로마를 다섯 번이나 방문했던 자였다. 베드는 수도원에서 라틴어, 헬라어 그리고 히브리어와 성경을[111] 공부하면서 평생을 보냈다. 그는 30세에 "사제"로 서품을 받았으나 수도원장에 더 마음이 끌렸다. "존경받는 베드"는 모세오경, 사무엘, 열왕기, 에스라, 느헤미야, 잠언, 전도서, 마태복음, 마가복음, 누가복음, 요한복음 일반서신들 그리고 계시록의 일부 혹은 전체를 필사했다. 베드의 저작 중 가장 뛰어난 것은 그가 라틴어 성경에 대한 주석을 달면서 제롬의 부패한 라틴어 필사본들을(제12장 주 17-29 참조) 계속해서 수정해 나간 것이었다. 필립 샤프에 따르면[112] 베드는 "원본"을 갖고 있었던 것처럼 보인다. 제롬의 라틴어 성경은 베드의 눈에는 "호락호락" 넘어갈 수가 없었다. 대문자 코덱스 E(라우디아누스)는 6세기 것인데 사도행전의 거의 완전한 헬라어-라틴어 본문을 포함하고 있다. 이 필사본은 당연히 <킹제임스성경>과 일치한다(행 8:37; 9:5; 20:28을 밥 존스 대학이 추천하는 NASV와 휘튼 대학이 추천하는 NIV와 비교해 보라). 베드의 가장 유명한 작품은 「교회사」로 영국의 역사를 731년까지 기록한 다섯 권의 책이다.

"대교황" 레오 (Leo the Great, A.D.440-461)

레오는 최초로 교황 제도를 시작한 장본인이며 이 제도는 "대교황" 그레고리와 같은 인물에서 절정을 이루게 되었다. 레오 1세는 그의 직분(롬 11:13)을 로마서 15:16을 잘못 적용함으로써 위대하게 만들 수 있었다. 레오의 최고 목표는 콘스탄틴처럼 교회의 단합을 유지하고 하나님과 성경 대신 교회에 영광과 권력(그리고 돈)을 가져오는 것이었다. 레오는 베드로의 우월성을 매우 강조했고 베드로의 사도적 권력이 로마의 감독들과 로마의 교황들에게만 전수되었다고 주장했다(이 모두가 자기 자신을 위한 것이었다). 성경적으로 보자면 레오는 자기도취에 빠진 미치광이였던 것이다. 교회사 학도라면 로마 카톨릭 교회가 이러한 가르침을 만들어내기 위해 문맥과 상관없이 끄집어낸 세 가지 성경 구절을 잘 알고 있을 것이다(마 16:16-18, 요 20:23, 눅 22:38). 레오가 왜곡시킨 성경은 12명의 사도들이 죄를 "그대로 있게 하거나 사할 수" 있는 능력을 받았음을 보여준다(요 20:23, 눅 22:47). 성경에 의하면 바울은 다락방에 없었지만(행 1:13) 능력을 받았다(고후 2:10). 그리고 베드로는 결코 로마에 가지 않았다.[113)]

레오 1세는 당시의 몬타니스트(Montanists)에 해당되었던[114)] "프리실리아니스트"(Priscillianists)들을 멸절시키는데 찬성하였다. 레오는 자신은 모든 사람이 존경하고, 인정하고, 복종해야할[115)] 전세계의 영적 지도자라고 "겸손하게" 말했다. 그 말은 레오가 성경을 거부하는 파시스트 독재자[116)]라는 말이다.

메토디우스 (Methodius, A.D.815-885)와 콘스탄티우스 (Constantius, A.D.827-869)

이 두 사람은 당시의 두 교회(로마 카톨릭과 그리스 정교회)의 종교적인 선동정치에 있어 목에 가시와 같은 존재였다. 메토디우스는 그리스의 데살로니가에서 태어나 콘스탄티노플에서 교육을 받고 비잔틴 계열의 필사본으로 성경을 공부했다.[117)] 그와 그의 형제 콘스탄티우스[키릴(Cyril) 형제들이라고도 함]는 흑해의 북동연안에서 타르타르족(845)에게 선교를 시작했다. 그후 그들은 불가리안들에게로 갔다.

라티스로(Ratislaw) 공작의 초청으로 그들은 모라비안(Moravians)들에게로, 보내졌고 그곳에서 몇 년 동안 성경적인 사역을 수행한 후 그들의 사역에 관해 교황 아드리안 2세와 협정[118)]을 맺기 위해 로마를 방문하는 실수를 저지르고 말았다. 이때문에 아드리안 2세는 (그레고리 1세가 영국에 대해 그리했듯이, 제12장 참조) 성경적 기독교가(카톨릭 용어로는 "아리안주의") 발칸에 자리잡았다는 사실을 접하게 된 것이다. 그는 콘스탄티우스와 메토디우스가 돌아가자마자 그들의 진의를 파악하였고 곧이어 교황의 첩자를 그 지역으로 보낼 준비를 하였다. 이것은 만약 발칸, 모라비아 그리고 변경 지방에서 그 누군가가 구원을 받았다면 그들이 하나님을 경배하는[119] 성경대로 믿는 그리스도인이 아니라 교황을 경배하고 유아세례를 베푸는 성사주의자가 되도록 유도하기 위한 것이었다. 라티스로의 죽음 후 메토디우스는 로마로 소환되어 교황에 의해 극진한 대우를 받았다. 교황은 자기는 드디어 "슬라브 교회의 독립성을 인정한다"라고 선언했다. 이로써 슬라브 교회 안으로 로마 교회의 수도승과 주교들이 물밀 듯 밀려들었고 곧이어 슬라브 교회는 이교도로 되돌아가고 말았다.[120] 이 배교와 더불어 슬라브어는(메토디우스와 시릴은 표준원문을 슬라브어로 번역했었다) 로마의 라틴어로 대체되었다.[121] 이것은 슬라브족에게서 슬라브어 성경을 제거할 목적에서 자행된 폭거였다. 슬라브어 성경은 시리아 비잔틴 계열[122] 필사본에서 시릴과 메토디우스가 만들어낸 것이었다. 시릴은 번역을 위해 슬라브어 알파벳을 만들어내야 했었다. 이 성경대로 믿는 복음증거자가 이룩해 놓은 사역은 그의 사후 100년도 채 안되서[123] 로마 카톨릭 교황들에 의해 다 사라진듯했다. 그러나 그 다음 세기에 그의 사역의 열매가 느닷없이 등장했고 계속해서 수백 년 동안 불가리안, 왈덴스, 피카드[Picards, 후일에는 후스파(Hussites)도 포함됨] 그리고 다른 "이단" 그룹들에 의해 계승되었다.

메토디우스와 시릴이 복음을 전파했고(Evangelism) 성경을 가르친 후(Education), 교황주의자들이 그들의 문화(Culture)[124]를 가지고 침투했고 이와 더불어 배교(Apostasy)가 도래했던 것이다. 이 악순환은 없어지지 않는다. 복음 전파(사람), 교육(운동), 문화(기계), 배교(기념비)의 악순환은 교회사의 가장 큰 특징인 것이다.

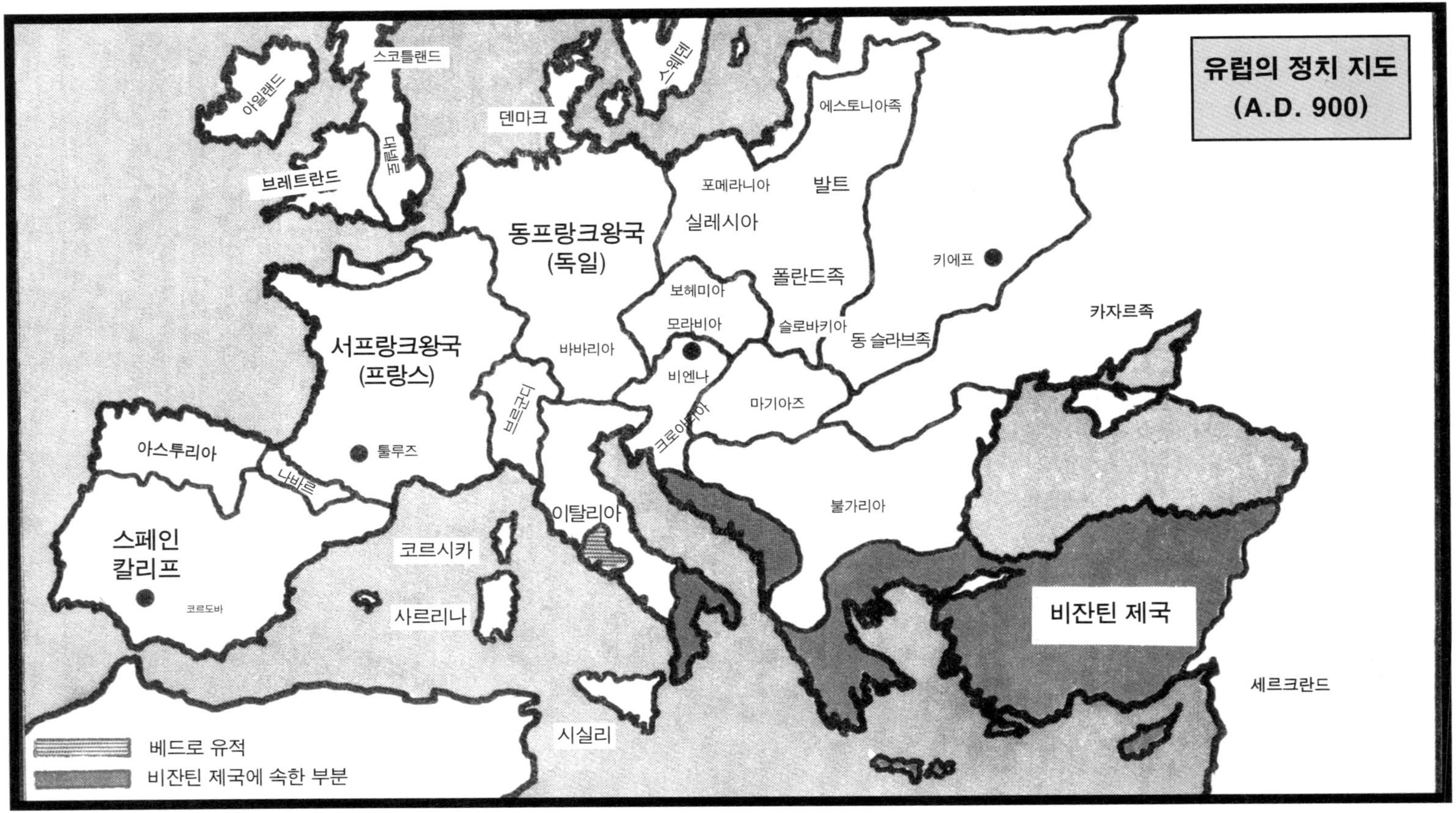

유럽의 정치 지도
(A.D. 900)
스코틀랜드
아일랜드
스웨덴
덴마크
에스토니아족
대넬로
브레트란드
포메라니아
발트
동프랑크왕국
(독일)
실레시아
키에프
폴란드족
보헤미아
카자르족
모라비아
슬로바키아
동 슬라브족
서프랑크왕국
(프랑스)
바바리아
비엔나
부르군디
마기아즈
크로아티아
아스투리아
툴루즈
나바르
불가리아
이탈리아
스페인
칼리프
코르시카
코르도바
사르리나
비잔틴 제국
세르크란드
시실리
베드로 유적
비잔틴 제국에 속한 부분

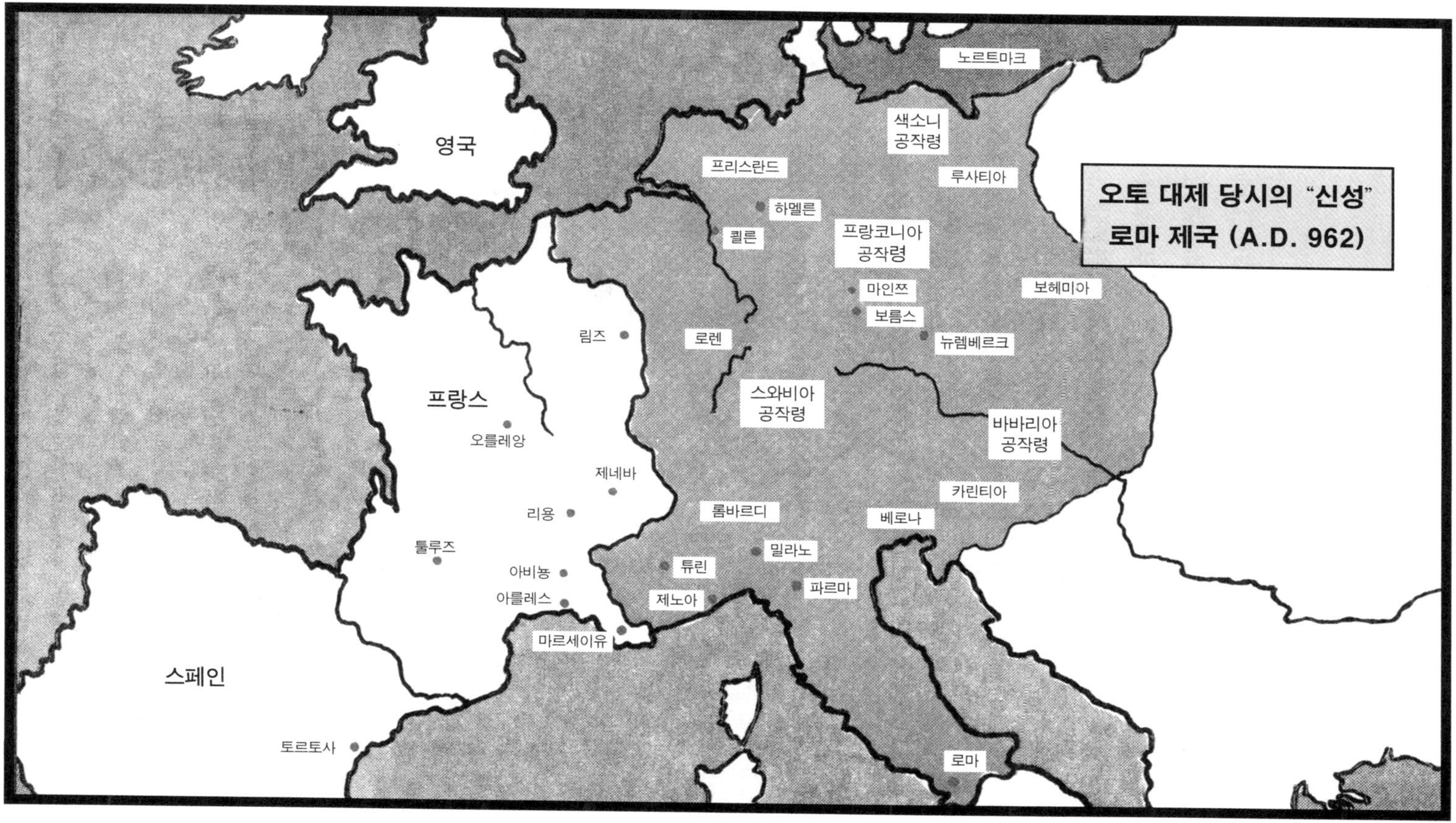
오토 대제 당시의 "신성" 로마 제국 (A.D. 962)
노르트마크
색소니 공작령
루사티아
프리스란드
하멜른
쾰른
프랑코니아 공작령
마인쯔
보름스
보헤미아
뉴렘베르크
영국
림즈
로렌
스와비아 공작령
바바리아 공작령
프랑스
오를레앙
제네바
카린티아
리용
롬바르디
베로나
툴루즈
밀라노
튜린
아비뇽
파르마
아를레스
제노아
마르세이유
스페인
토르토사
로마

제 14 장
지옥 같은 성모 교회

또 땅에 있는 사람을 너희 아버지라 부르지 말라...너희 뱀들아, 독사들의 세대야, 어떻게 너희가 지옥의 저주에서 피할 수 있겠느냐? (마 23:9,33)

교회시대 첫 번째 천년은(A.D.1000) 두아티라 시대로 막을 내리게 된다. 우리는 지금까지 천 년 간의 특징과 그 전개 과정을 살펴 보았다. 그레고리 대제 시대(540-604)에는 두아티라 시대가 꽃피고 있었고 헨리 3세(1046) 때에는 두아티라로부터 사데 시대로의 전환이 이루어졌다(계 3:1). 사데 시대는 A.D.1500년경의 종교개혁과 더불어 끝난다. 세속사가들은 르네상스라든가 스콜라 시대 같은 시대를 추가로 집어 넣으려 하지만 우리는 교회사의 기간을 성경이 정해준 대로 따를 것이다. 이는 오직 성경만이 이 세상에 교회가 시작되었다는 사실을 알려 주고 있으며 이 우주와 인간의 역사가 언제 어떻게 시작되었으며(창 1장) 어떻게 마무리 될 것인가(계 22장)를 분명히 밝혀 주는 유일한 책이기 때문이다. 성경을 놔두고 학자들의 의견을 따를 이유가 없다.

이 시대는 로마 카톨릭 교회가 절정을 이룬 시대이다. 로마 교회는 권력과 권위를 장악했고 이 두 가지를 최대한 활용했다. 따라서 우리는 이 시대를 로마 카톨릭의 참모습을 보여주는 가장 좋은 예로서 설명할 것이다(『**너희는 그 열매들을 보고 나무들을 알게 되리라**.』 마 7:20). A.D.1400년경에는 이 마귀적 음녀는 온갖 무절제한 행위로 유럽을 피와 부패(계 17:1-6)로 얼룩지게 하였고 너무도 많은 비성경적이고 비기독교적인 가르침을 흡수해 버려서 그녀를 "기독교회" 혹은 "기독교"라고 부르는 것은 성령님을 모독하는 것이 되어버렸다. A.D.1400년경 이 혼합된 괴물(마 13장)은 마귀들의 거처가 되었고(마 13:32), "평신도"들은 "잔"에 참여하지 못하게 했으며 그 어느 언어로도 성경을 읽지 못하도록 금지시켰다. 이 괴물은 "빵"(성병)을 숭배하게 만들었고, 면죄부를 팔았으며,[1] 묵주를 굴리도록 했고, "사제들"에게 죄를 고백하도록 만들었으며, 미사에 가지 않거나 아이들에게 물뿌리기를 거부하는[2] 성경대로 믿는 그리스도인들과 유대인들을 고문했다. 이와 같은 불경스러운 가르침과 실행을 "정통신앙"이라고 부르는 것은 말도 안된다. 교회사는(적어도 기독교회사라면) 이와 같은 것들을 다루는 것이 아니다. 사데 시대는 하나님과 성경을 팔아 이 세상에서 권력과 단합을 얻어낸 종교 창녀의 행적을 주로 다루게 될 것이다. 이들의 행위는 교회에게 주어진 명령들(고후 6:14-17, 히 13:10-14, 요 17:9,14, 요일 2:15,16)을 정면으로 위배하는 것이다. "성모" 교회는 이미 거룩하지 못한 음녀들의 어미가 되었고(계 17:1-9), 그녀의 "대리자"들과 "통치자"들은 - 이들은 자신들은 "사도들의 통치자"이신 그 분으로부터 왔다고 착각했다. - 그들의 믿음, 행위, 신학, 목표, 목적, 동기, 계획 그 어느 것에서도 사도들의 모습을 닮은 구석이라고는 하나도 없었다. "양들을 먹이도록" 위임받았다고(눅 22:32, 요 21:16) 주장하는 로마에 거주하는 자아도취자는 교회와 국가의 분리는 어리석은 것이며,[3] 사람들은 자기에게 하나님처럼 복종해야 하며,[4] 자기는 이 땅에서 전능하신 하나님의 지위를 갖고 있으며,[5] 자기는 "가장 거룩한 주"[6]이며 자기는 그 어떤 권위에도[7] 순복할 필요가 없다고 주장했다(이는 자기가 믿음과 실행에 있어 지구상의 모든 인간[8]들에게 절대적이고 최종적인 권위이기 때문이라는 것이다). 그와 그의 지지자들은 어떤 문제에 있어 "교황"에게 불순종하는 것은 범죄라고 가르쳤고 만약 누가 불순종했다면 그는 화형에 처해져야 한다고[9] 가르쳤다.

이 정도의 과대망상으로도 부족했는지, 타락한 로마의 주교들은 그들의 사제들은 그들이 살고 있는 그 땅의 법(롬 13:1-4)[10]에 꼭 순복할 필요가 없다고 했으며 성경을 믿는 "평신도"는 그가 어디에 살든지 그곳의 국법과 로마 교회의 종교법에 순복해야만 한다고 주장했다.

교황 피오 4세의 신조(1559-1565)에 따르면 카톨릭 신자는 알렉산드리아 이단 성경에 손을 얹고 "미사"는 죽은 자들과 산 자들을 위한 화목 제사(요일 2:1-2)라고 맹세해야 한다. 또한 연옥에 가 있는 혼들은 "충실한 자의 고행"으로 도움을 받게 되고, 하나님의 "어머니"의 형상에는 마땅한 존경과 영예를 바쳐야 하며, 이러한 사실들을 믿지 않는 죄인들은 지옥으로 가야한다고 맹세해야 한다("본인은 ... 이 사실들을 자유로이 고백하는 바이며 그것이 없이는 아무도 구원받을 수 없는 참된 카톨릭 믿음을 진실된 마음으로 붙드는 바입니다"[11]). 이와 같은 신조에서 발견되고 "믿음"의 이름으로 정당화 되어버린 비이성적인 주장은 이 신조를 받아들이는 사람을 "신앙"의 이름으로 멸망시킬 뿐만 아니라 무신론자들이 등장하게 되는 빌미를 가져다 주었다. 카톨릭은 무신론(러시아, 중국, 쿠바, 프랑스, 독일 등)을 키워낸다. 이는 구원받지 못한 지식인들(공산주의는 늘 언론 운동을 하는 학생 운동에서부터 발아되었다)은 로마 카톨릭 교회를 성경적 기독교의 정확한 모습이라고 단정짓기 때문이다. 그러나 카톨릭의 모습을 보고 누가 무신론자가 되고 싶은 유혹을 떨칠 수 있겠는가? (실례로 버트랜드 러셀은 <왜 나는 그리스도인이 아닌가>라는 책에서 카톨릭의 만행을 낱낱이 들어 자신을 옹호했다.) 이 지옥같은 교회는 어거스틴의 유아세례와 라드베르투스의 화체설(제13장 참조)을 결합시켰다. A.D.600년 이래로 모든 카톨릭 신자들에게 있어 예배와 교제의 핵심은 "예수 그리스도"라고 불리는 빵 조각과 포도주 한 잔으로 된 피흘림이 없는 희생 제사였다. 카톨릭 미사집에 보면 이것은 정확히 "나의 주 나의 하나님"이라고 불린다. 이 미사가 없으면 카톨릭 교도는 자기는 구원에서 끊어졌다고 생각하며 적어도 임종시에 사제를 불러 "종유성사"라도 해야 구원의 문에 발을 들일 수 있다고 생각한다. 지난 1500년 동안 카톨릭 "제사장들"은 신구약성경에 나와 있는 하나님의 말씀(마 26:26 주석 참조)에 정면으로 위배되는 검은 마술을 카니발 의식으로 거행해 왔다.

1. 성경에는 주 예수께서 제자들이 알아들을 수 있는 언어로 주의 만찬을 거행했지만 카톨릭은 방언(라틴어)으로 하며 A.D.1950-1960[12]년경 유럽에서 카톨릭 교회가 분열되고 나서야 알아들을 수 있는 말을 사용하기 시작했다.

2. 우리 주님은 크고 분명한 목소리로 말씀하셨고 이에 제자들은 그 음성을 들을 수 있었다. 카톨릭 제사장들은 "제자들"에게 등을 돌리고 중얼댄다(사 8:19). 지난 1500년 간 그렇게 했다.

3. 예수님께서는 이 잔은 "나의 새 언약의 피"(마 26:27-28)라고 말씀하셨다. 그러나 카톨릭 바알의 제사장들은 "이것은 믿음의 신비인 새롭고 영원한 언약을 위한 나의 피의 성배로다"라고 잘못 인용하고 있다. 신약성경에는 그리스도의 몸된 교회에

주어진 일곱 가지 신비가 있지만(제1장 참조) 그 중 어느 하나도 주의 만찬과 직접 또는 간접적으로 연관된 것은 없다.

4. 주님은 『**이것은 나의 몸이니라**』고 말씀하신 후에 빵을 쪼갰다. 그런데 바알의 제사장들은 빵을 쪼개기 전에 말을 한다. 이것은 그들이 읊조리는 주문이 빵에 무엇인가 신비를 일으키는 것처럼 보이게 하려는 수작이다

5. 주 예수 그리스도는 쪼개진 빵을 제자들의 손에 놓아주셨다. 카톨릭 제사장들은 얇은 빵 조각을 입에다가 넣어준다.

6. 주 예수께서는 주의 만찬시 그 무엇도 "높이 들지" 않았다.

7. 주 예수께서는 하나님께 바치는 빵이나 "포도주"(새포도주는 술이 아니라 즙이었음)를 희생제물로 언급하신 적이 없다. 카톨릭 제사장들은 미사 때에 예수 그리스도의 몸을 "산 자와 죽은 자의 죄들을 위한 희생제물"로서 바친다고 고백한다.

8. 주 예수께서는 『**이것을 행하여 너희가 마실 때마다 나를 기억하라**』(고전 11:25)고 하셨는데 카톨릭 제사장들은 "우선적으로 영원한 동정녀 영광스러운 마리아를 엄숙하게 기억하면서..."라고 말한다.

이 두 가지 것을 동일하다고 본다면 – 카톨릭 사제들은 저주를 맹세하며[13] 이 두 가지가 같다고 믿어야 한다. – 그 사람은 "사시"이거나 제정신이 아니거나 둘 중의 하나일 것이다. 두 가지는 동일하기는 커녕 "비슷"하지도 않다. 그런데도 토마스 아퀴나스는 "믿음"으로[14] 이 두 가지가 같다고 본다(종교재판을 지지했던 그 사람의 "믿음"이 제대로 된 믿음일리 만무하다). 사데 시대를 주도했던 그 교회는 이러한 미사를 "성도들에게 단번에 전수된 믿음"(유다서 3절)이라고 주장한다.

이들 정신병자들의 대표자들은 교황 이노센트 4세(1245)의 독재 기간 동안에 도미니칸 수도승들을 카타이(Cathay, 중국)에 교황청 대사로 파견하였다. 니콜라스 안셀름(Nicolas Anselm)[15]이라는 자가 이 대표단을 이끌고 있었는데 그는 오랜 여행 끝에 중앙아시아에 도착했고(1247) 로마의 "거룩한 아버지"의 무오한 말씀을 몽고군의 지도자에게 전달했다. 위대한 칸(Khan)께서는 서둘러 수도승들을 불렀고 그들의 메시지를 듣고 나서 그들을 타타르족 경비병의 호위하에 거룩한 교황에게 되돌려 보냈다. 교황과 몽고족의 칸의 간접적인 만남은 실로 기가 막힌 코미디가 아닐 수 없었다. 멍청한 카톨릭 수도승들은 교황 이노센트 4세가 보내는 서신을 칸에게 전달했는데 그 서신에는 칸에게 이탈리아로 와서 교황 앞에 무릎을 꿇고 교황을 중국 대륙을 포함한 전세계의 통치자로 인정하라는 내용이 들어 있었다. 칸은 그 호의를 정중히 거절

하고 자기가 전세계의 통치자[16]이므로 교황이 엎드리는 것이 좋을 것이라고 답했다(두 사람 다 "자신들의 믿음의 분량"에 따라 그렇게들 믿고 있었을 것이다).

동료 독재자를 겁내지 않는 교황 이노센트는 두 명의 도미니크 수도승을 다시 전권대사로 파견하였다. 이번에는 베드로의 "열쇠들"의 모든 능력을 동원해서 타타르족의 지도자를 포도주를 즐기는 이탈리아인의 부하로 만들 속셈이었다. 두 사람 중 한 명은 보헤미아를 거쳐 몽골 제국으로 들어갔고 또 한 사람은 폴란드를 통과했다. 그들이 몽고에 도착했을 때는 때마침 새로운 칸이 등극할 시점이었다. 대관식에 참석한 "정통 카톨릭 신자" 두 사람(프란시스코 수도회 소속)은 성경대로 믿는 전도자들(러시아와 헝가리의 사제들)이 그리스도인으로 개종한 궁정 관리들과 함께 도열해 있는 것을 보고 크게 충격을 받았다(교황 아드리안 제13장 주 13, 교황 그레고리 제12장 주 22-32 참조). 그들은 카톨릭 신자가 아니였기 때문이었다.[17] 칸과 그의 대신들은 "그리스도의 대리자"로부터 도착한 메시지를 읽다가 폭소를 터뜨렸다. 교황이 자기가 전세계의 주교라고 선언하고 있었기 때문이었다(교황의 입장에서 보면 이들 야만족들이 방자한 짓을 저지른 셈이었다). 교황들은 포기하지 않았다. 1250년 5월 프랑스의 루이 9세는 또 다른 사절단을 파견하였다(이 때는 윌리암 D. 루브루끄가 단장이었다)[18]. 그는 칸에게 교황의 메시지를 전했고 칸은 교황이 보낸 터무니없는 난센스에 매우 커다란 흥미를 표시했다. 윌리암의 말이 끝나자 칸은 자신은 오랫 동안 프랑스와 유럽이 자신의 것이라고 생각했었기 때문에 교황의 메시지가 무엇인지 궁금했었노라고 말했다.

그 다음 50년 동안 교황들은 마르코 폴로(Marco Polo)와 그의 가족(1271)을 파견했고 다섯 명의 수도승(1278)을 파견했으며, 한 명의 프란시스코 수도승이 이끄는 사절단도 파견하였다(1289). 이 프란시스코 수사(몬테코르비노의 요한)는 중국 중부지역(북경, 1292)에 성경대로 믿는 그리스도인들이 있음을 발견하고 그들을 로마 카톨릭으로 개종시키도록 도울 수 있는 몇 사람을 포섭했다. 교황 클레멘트 5세는 드디어 불빛을 꺼버릴(제10장 주 3-4) 때가 무르익었음을 보고(아드리안과 그레고리가 그 때를 포착했듯이) 요한을 북경의 대주교로[19] 임명해 버렸다. 물론 교황의 목적은 중국을 정치적으로 정복하는 것이었다. "복음을 듣지 못한 수백 만의 잃어버린 혼들을 복음화시킨다."든가 "수확을 위해 일꾼들을 보낸다."는 것은 교황의 정교 정치에 있어 한 번도 고려의 대상이 된 적이 없다.

셈족에서 유래된 중국 사람들은 야펫의 "전도자들"(창 9:6)에 의해 "속아 넘어간"

유럽 사람들보다 영적인 안목이 더 높았다. 1346년 중국 주재 교황의 전권 대사들은 깜깜 무소식이었고 이에 우르반 5세(1370)는 8명의 사제와 한 명의 대주교를 보내 극동 지역의 "성모 교회"가 어떻게 되었는지 알아보고자 했으나 그들로부터는 아무런 답변이 없었다. 이들 종교적 정치가들은 완전히 사라져 버렸고 북경은 성경대로 믿는 선교사들이 <킹제임스성경>을 들고[20] 중국에 다시 들어가기까지는 더 이상 기독교를 목격할 수 없게 되었다. 마찬가지로 일본인들이 바티칸 당국의 본성과 그들의 정치적 음모를 분별했을 때 - 바티칸은 항상 "사도적 교회"의 가면을 쓰고 침투한다. - 카톨릭 수도승과 사제들은 일본 정부에 의해 활동이 금지되었다.[21] 셈족에 따르면 목자에 의해 인도되는 양무리라고 하는 사람들은 이리에 의해 인도되던 개무리였다는 것이다.

사데 시대에서 유일하게 어둠을 계속해서 비추고 있던 성경적 불빛들은 노바티안(Novatians), 프리실리안(Priscillians), 폴리시안(Paulicians), 파테린(Paterines), 메살린(Messalines), 유카이트(Euchites), 네스토리안(Nestorians), 사벨리안(Sabellians) 그리고 마니키안(Manichaeans)의 영적 후손들과 성경적 자손들 뿐이었다. 사데 시대에는 이들 그룹은 보도파(Vaudois), 형제회(Bretheren), 보고마일(Bogomiles), 알비겐스(Albigenses), 왈덴스(Waldenses), 헨리시안(Henricians), 불가리안(Bulgarians), 페트로부르시안(Petrobrusians), 베렌게리안(Berengerians), 아놀디스트(Arnoldists), 카타리(Cathari)라고 불렸다. 물론 이들 그룹 간에는 카톨릭과 교리적으로의 차별에 있어 약간의 차이가 있고(신학의 세부적인 면에서도 약간씩은 다른 입장을 보이긴 했지만), 그들 모두는 다섯 가지 점에 있어서는 공통점을 갖고 있었다.

1. 그들은 성경만이 모든 이슈에 있어서 최종권위임을 믿는다고 고백했다.
2. 그들은 유아에게 침례나 혹은 물을 뿌려주지 않았다.
3. 그들은 국가는 종교적 실행과 믿음의 문제에 있어 지역교회와 아무런 관련이 없다고 믿었다.
4. 그들은 성도들에게나 죽은 자들에게 기도하지 않았다.
5. 그들은 로마 카톨릭의 미사를 거부했다. 한 마디로 그들은 훌륭한 카톨릭 신자가 되지 못한 것이다.

우리는 이번 장에서 이들 그룹들의 사역을 어느 정도 살펴볼 것이다. 그 전에 우리는 교회사 학도들이 참된 복음적 "이단들"이 예수 그리스도를 위해 증인의 삶을 살았던 역사의 현장이 어떠했는가를 짚고 넘어가야 할 것 같다.

이 당시 상황은 한 마디로 두 개의 상충하는 권위들이 충돌을 벌이고 있었다. "하나님의 뜻이다."를 외치는 자들과 "알라의 뜻이다."를 외치는 자들이 중동 지역에서 200여 년에 걸쳐 전쟁을 벌였던 것이다. 이 전쟁을 야기한 사람은 다름 아닌 성경을 왜곡시킨 "교황"이었다.

오토(Otto, 교황 우르반의 본명, "라제리의 오도"라고도 불림)는 1088-1099년까지 "교황"으로서 콘스탄틴의 이교도 보좌에서 통치했다. 그는 프랑스인으로 수도승이 되었다가 부주교가 되었다. 그후 클루니의 수도원 부원장이 되었고 그레고리 7세의 수석 참모로 일했다. 그가 교황으로 선출되었을 때 그는 또 다른 "그리스도의 대리자"(클레멘트 3세)와 황제 헨리 4세를 파문시켰다. 강력한 군대만 확보하면 다른 교황을 파문시키거나 폐위시키는 것쯤은 간단하다. 그를 "반교황"이라고 선언하면 그만이다. 한때 베드로의 보좌를[22] 차지하기 위해 세 명의 반교황들(anti-popes)이 서로 싸운 적도 있었다. 그들 셋은 서로를 적그리스도라고 불렀다(세 사람 모두 적그리스도들이라고 믿어도 하등의 잘못이 없을 것 같다). 어쨌든 오토는 1095년 클레르몽 공회를 소집해서 팔레스타인으로 순례를 가는 사람들이 모슬렘으로부터 학대받는 것(제12장, 주 17-18 참조)으로부터 보호하겠다는 결심을 하게 된다. 이 공회에서 교황 우르반(오토의 별명)은 "불신자"들에 대한 거룩한 경고 메시지를 선포했다(아돌프 히틀러의 비어홀 푸쉬 연설과 유사하였다). 오토(우르반)는 순례자들을 돕겠다고 약속을 하였을 뿐만 아니라 콘스탄티노플의 황제(알렉시스)에게 자기가(유럽 제국들의 군대의 도움으로) "팔레스타인을 불신자들로부터" 해방시키겠다고 약속했다. 그는(자기 스스로 군대를 일으킬 수고를 덜기 위해) 이 "해방 전쟁" 동안 전투에서 사망하는 모든 사람들에게 영생을 보상으로(롬 6:23) 주겠다고 관용을 베풀었다. 수십만 명의 "카톨릭 신자"들은 이것은 교황을 위해(그는 싸우지도 않았다) 죽어 지옥(죄의 삯은 사망이요, 롬 6:23)으로 가는 것이지 예수 그리스도를 위해 죽어 하늘에서 상을 받기 위해 죽는 것이 아니라는 사실을 전혀 생각지 못했던 것 같다. 그러나 당시의 카톨릭 교회가 처한 영적 상황으로 미루어 보건데 지극히 당연한 일이었다. 카톨릭의 성경 변개와 잔인한 범죄들(A.D.325-800)이 무지 때문이었다고 변명한다면 이번 십자군 사건도 무지 탓으로 돌릴 수 있을 것이다. 왜냐하면 이 당시는 지난 600여 년 간의 영적인 암흑 기간이 절정에 달해 그야말로 캄캄하던 시대였기 때문이다. 희미하게나마 이 암흑 시대를 비추고 있던 작은 불빛이라고는(제11장에서 언급된 성경적 복음 전파자들) 카톨릭에 동조하지 않았으며 카톨릭 지도자를 인정하지도 않고, 카톨릭 신자들과 함께 예배도 드리지 않았음을 물론이요, 카톨릭의 "목자" 소위 "그리스도의 대리자"라고 불리는 교황을 거부했던 (제10장 주 43-47 참조) 소수 그룹들 뿐이었다.

교황 우르반은 도를 지나친 행동을 했다. 랑케(Ranke)에 따르면 클레르몽에서 행한 우르반의 연설은 실로 역사적인 연설이었으며 샤를마뉴 대제의 대관식과 비교할 만큼 역사적 사건이었다고 한다(A.D.800년 크리스마스 날에 거행됨, 12장, 주 68 참조). 우르반에 따르면 클레르몽에 모여 있던 모든 사람은 "하나님의 택함받은 자"인 반면 모든 터키족은 "저주받은 인종"[23]이라고 한다. 따라서 이 저주받은 자들을 죽이는 모든 사람들에게 예수 그리스도께서 "썩지 않을 면류관"을 줄 것이라고 말했다(고전 9:25의 왜곡임). 우르반은 이미 자기의 면류관을 머리에 쓰고 있었으므로 군대를 이끌고 전쟁에 나가지 않아도 되었다. 이 허황된 선전 앞에 미혹된 교황의 추종자들은 물불을 가리지 않고 날뛰었다. "하나님의 뜻이다"를 외치면서 십자군의 대열에 참가했던 것이다.

이때부터 시작된 십자군 전쟁은 티투스에 의해 예루살렘이 불타버린 이래로(A.D. 70) 가장 비기독교적인 작태라고 할 수 있다.

거지, 농부, 군인, 모험가, 사제 및 귀족들로 뒤엉킨 무리들이 예루살렘을 향해 행진을 시작했다. 제1차 십자군 원정은 무일푼의 월터(Walter the Penniless)의 지휘하에 시작되었다. 이들은 헝가리를 통과했으나 벨그라드를 정복하려다가 패배당하고 말았다. 살아남은 자들은 불가리아의 숲속에서 굶어 죽었으며 일부는 콘스탄티노플까지 도달했다.[24] 두 번째 원정대는 은둔자 피터(Peter the Hermit)가 이끄는 약 40,000여 명으로 이루어졌다. 이들은 불가리아를 통과해서 행진했는데 1차 원정 때 불타버린 건물들, 탈취당한 수도원 그리고 길에 널려진 시체들로 인해 금방 그 길을 확인할 수 있었다. 피터의 병정들이 콘스탄티노플에 도착했을 때는 비참한 상황이었다. 그들은 그곳에서 교황이 보낼 또 다른 원정대를 기다리면서 살아남기 위해(혹은 부자가 되기 위해) 약탈과 강탈을 일삼았다. 결국 그들은 터키의 기병대에 의해 포위되어 살해당하고 말았다. 그들의 뼈는 피라미드를 쌓은 것처럼 보일 정도였다.[25] 하나님의 뜻이라고?

제3차 원정대는 헝가리 사람들에 의해 살해당했다. 얼마 후 또 다른 원정대가 마인쯔(독일)에 있던 유대인들을 살상하고 약탈함으로써 조직되기 시작했다. 그러나 이 원정대 역시 헝가리 정규군과 맞붙어 싸워 패주했다. 15,000명 중 만 명 이상이 죽고 말았다.[26] 이것도 "하나님의 뜻"인가?

약 30,000명의 군대가 실제 전투에 참가하기 위해 조직되었다. 이들을 이끈 대장들은 부일롱의 고드프레이, 베르망도의 휴, 보헤문드, 툴르즈의 라이문드, 노르만디의 로베르트 공작, 블로이의 스테반 그리고 보헤문드의 사촌인 탄크리드였다. 이 귀족들은 프랑스, 노르만디, 이탈리아 영주들 중 가장 중심되는 인물들이었다. 이들 무장한 기사들은 니케아를 정복했고(1097년 6월 19일) 1년 후에는 안티옥을 탈환했다. 그러나 병사들은 기아, 전염병 및 탈영 등으로 대폭 줄어들었다. 그들은 말고기, 낙타, 개, 생쥐 등을 먹어야만 했고 그 중 많은 사람이 오줌을 마신 이유로 죽었다.[27] 어떤 신부 한 사람이 "우연히" "롱기누스(Longinus)의 창"(교황들에 따르면 이 창이 주님의 옆구리를 찔렀던 그 창이라고 한다)[28]을 발견하지 않았더라면 그들은 모두 도망치고 말았을지 모른다. 주님을 찔렀던 그 창의 발견으로 기운을 얻은 십자군은 계속 전진해서 결국 1099년 7월 15일 예루살렘을 정복했다. 그 전투에는 UFO가 나타났다(성 조지가 올리브 산 위에서 갑옷을 입고 나타났다고 한다[29]). 그런데 이것을 본 사람(아주 치밀한 관찰력의 소유자인 것 같다)에 따르면 조지는 주님께서 죽으신 시각(마 27:45), 즉 오후 세 시에 나타났다고 한다. 이 "성서"에 입각한 기적적인 "기독교적" 환상이 전해지자, 십자가 군병들은 너무도 감동을 받아 말로 다할 수 없는 학살극을 벌였다고 한다. 예루살렘에 있던 유대인들은 터키인들과 더불어 회당에서 타죽었다(창 12:1-4, 롬 11:28-33). 항복하면 자비를 베풀겠다는 약속을 믿고 투항한 300명의 터키 포로는 잔인하게 살해 당했다. 이들은 사라센족 여인과 아이들의 목을 잘랐고 내장을 끄집어 냈으며 성읍 바깥으로 내던졌다. 피가 말고삐까지 차 올랐다. 이것이 "하나님의 뜻"이라니!

우르반 2세(일명 오토)는 예루살렘이 함락되기 2주 전에 죽었다. 그래서 그는 하나님의 성전으로 이주해서(살후 2장) 천년왕국의 보좌에 앉아(계 20:4-6) 자기가 하나님이라는 사실(살후 2장)을 보일만한 시간이 없었다.

이렇게 해서 로마의 라틴 왕국(제12장, 주 68 참조)이 예루살렘에 세워졌고 고드프레이가 "왕"이 되었다(마 5:35). 그의 뒤를 이어 볼드윈(Baldwin, 1100-1188)이 왕이 되었다. 이 기간 동안 십자군들은 전 팔레스타인 지역에 성을 높이 쌓아 "왕국"이 임하도록 애썼다. 그들은 카이사랴, 프톨레마이스, 베이루트, 시돈, 페트라를 정복했다. 뒤이어 여러 "왕"들이 들어섰고 유럽으로부터는 새로운 점령군이 들어와서 옛 점령군을 대체했다.[30]

그러나 살라딘(Saladin)이 일어나(1138-1193) 전 모슬렘 세계를 통합시켰고 세력을 규합하여 점령군에게 대항했다. 살라딘은 티베랴 바닷가 근처 언덕에 있는 하틴(Hattin)에서 루지그난(Lusignan)의 거이(Guy)와 싸웠다. 바로 그곳에서(이곳은 그리스도께서 "화평케 하는 자는 복이 있나니"라는 산상설교를 했던 곳이라고 추정되는 곳이다) 살라딘은 십자군을 결정적으로 격파했다. 이 패배는 실로 굴욕적인 것이었다. 왜냐하면 템플라즈(Templars)와 호스피텔러즈(Hopitalers)라는 기사들이 십자군들을 지휘하면서 "참된 십자가"[31] 나무를 지고 갔기 때문이다. 십자가는 이번에는 저주의 표적이 되고 말았다(제7장 주 2-4 참조). 예루살렘은 곧이어 모슬렘에 의해 탈환되었다(1187). 다만 차이가 있다면 모슬렘들은 십자군들과 달리 주민들을 살상하거나 살해하지 않았다는 사실이다.[32] 그러니까 살라딘의 신인 알라가 카톨릭 교황들의 잔인한 "신"보다 더 스스로를 잘 통제한 셈이 된다.

두 번째 십자군 원정은 콘라드 3세와 루이 7세(둘 다 프랑스 왕임)에 의해 이루어졌다. 클레르보의 베르나르(Bernard)가 원정대 선발 책임을 맡았다. 그는 프랑스와 독일의 수천 명의 카톨릭 교도들을 선동해서 "성전"에 참여하도록 독려했다. 이번에는 십자군들은 하나도 그 목적을 달성하지 못했다. 기근, 열병 그리고 적군의 공격으로 인해 많은 사상자를 낸 원정대는 아크레(Acre) 혹은 예루살렘(Jerusalem)을 공격하는 대신 다마스커스(Damascus)와 에데사(Edessa)를 공격했으나 그 어떤 성읍도 차지할 수 없었다. "하나님의 뜻"이라!

원정대 선발 책임자였던 베르나르(Bernard)는 그의 텐트 앞에서 다음과 같은 "경건한" 변명을 해댔다. "모세가 광야에서 이스라엘 백성을 약속의 땅으로 인도하려고 할 때 백성들의 죄로 인해 그들이 카나안으로 입성할 수 없지 않았는가? 모세가 잘못한 게 아니다."[33] 베르나르드는 자기 부하들에게 책임을 전가했다. 당시에도 오늘날처럼 젖먹이 신자들이 많이 있었던 것 같다. 베르나르는 모세가 아니었다. 이방인들은 유대인이 아니었고 그 누구도 교황들과 카톨릭 교도들에게 그 어떤 땅도 약속한 적이 없다. 무엇보다도 베르나르는 자신을 모세에 비교했을 때 성경 내용을 착각했던 것이다. 모세는 약속의 땅에 들어간 적이 없기 때문이다(이처럼 카톨릭 교도들은 성경에 대해서는 무지몽매하다).

제3차 십자군 원정은 살라딘으로부터 예루살렘을 탈환할 목적으로 시도되었다(1187). 지난 10세기 간 온갖 문학과 미술품들이 이 원정을 그럴싸하게 꾸며댔지만 실상은 거의 실패한 셈이었다. 그 때의 지도자들로는 프레데릭 바르바로싸, 프랑스의 필립 아우구스투스, 영국의 사자 왕 리차드 1세 등이 있었다. 2년 간에 걸친 포위 끝에 아크레가 1191년 7월 함락되었고 십자군들은 성읍이 항복한 후[34] "참된 십자가"를 되돌려 받았다. 리챠드는 27명의 포로를 태연하게 살해했고, 살라딘은 자신이 직접 몇 사람을 죽임으로써 이에 보복을 했다.[35]

자파(Jaffa)와 아스칼론(Ascalon)이 함락되기는 했어도 예루살렘은 결코 탈환하지 못했다. 대신 십자군들은 순례자들을 보호한다는 협정을 살라딘과 체결했다. 반역을 일으킨 동생 존을 평정하기 위해 영국으로 돌아가던 중 리차드 1세는 오스트리아 공작 레오폴드에게 포위되어 인질로 잡혔다. 이것도 "하나님의 뜻"인 셈이다.

어린이 십자군 원정(1212)은 실로 비극적 악몽이 아닐 수 없다. 프랑스의 사르트르(주 162-164 참조) 근처에 살던 목동 하나가 유럽의 모든 어린이를 모아서 지중해로 데리고 가면 하나님께서 지중해를 마르게 하실 것이며(모세가 홍해를 갈랐듯이, 베르나르도 모세를 이용해 먹었음을 잊지 말라) 어린아이들로 "거룩한 십자가를 찾도록" 해 주실 것이라고 그리스도께서 말씀하시는[36]는 환상을 보았다고 한다. 실로 이번 원정대는 끔찍한 사건이었는지 카톨릭 작가들은 그 소년 목동이 성경대로 믿는 그리스도인들(즉 "이단적"인 알비겐스들)에게서 그러한 명령을 받았다고 주장한다.[37] 만약 지중해가 말랐더라면 그들은 그 환상이 카톨릭 수호신 베르나데트에게서 나왔다고 주장할 것이 틀림없다. 어쨌든 8살에서 17세에 이르는 1만 3천 명의 어린 부랑아들은 피레네 산맥, 브리타니, 독일 등지로부터 마르세이유에 도착했다. 그러나 "홍해"는 갈라지지 않았다. 이 불쌍한 어린이 원정대는 알프스를 거쳐 이탈리아의 제노아(Genoa)로 갔다. 그곳에 도착했을 때에는 수가 13,000명에서 7,000명으로 줄었다. 결국 이들은 두 명의 파렴치한 자들에 의해 속아서 북아프리카로 가는 배에 실렸다(북아프리카는 카톨릭 교회의 출생지이다. 5장과 9장을 참조). 이들을 태운 배 중 두 척은 산 피에트로(San Pietro) 섬에서 좌초했고 다섯 척이 북아프리카에 도착했지만 어린아이들은 이슬람 교도들에게 노예로 팔리고 말았다.

교황 그레고리 9세는 죄책감에서인지 이들 어린이 "순교자"[38]를 위해 산 피에트로 위에 조그마한 예배당을 하나 지어 줌으로써 속죄를 했다. 이노센트 3세가 또 다른 십자군 원정대를 모집하고자 했을 때 그는 어린이들을 자기 목적에 이용하였다. "이들 아이들이 성지를 회복하러 달려가는 동안, 우리는 잠을 자고 있었습니다. 우리는 마땅히 부끄러워 해야 합니다."[39] 그는 이렇게 선동을 했다. 이런 주장은 지난 15세기 동안 종교적 위선자의 입에서 나온 발언 중 교황의 이중성을 가장 잘 보여주는 발언이라고 하겠다. 소위 "바티칸의 외교적 전략"[40]이라고 불리는 수천 가지의 예들 중 하나인 이 주장은 교황이 자신의 죄와 거룩하지 못하고 경건하지 못한 목적들을 위한 의미없는 살인을 막지 못한 경우 어떻게 이를 잘 합리화 하고 이용하는가를 가장 전형적으로 보여주는 좋은 예라고 할 수 있다.

오늘날에는 역사를 공부하는 사람이라면 요한 바오로 2세의 "어록들"을 잘 연구해야 한다. 그는 1979-1980년 사이 소련 공산주의자들을 국제 사회주의의 깃발 아래 규합시킬 목적으로 공산 국가들을 순방한 바 있다. 그의 발언은 한결같이 꿀에 부은 당밀처럼 부드럽고, 달콤하고, 매끄럽고, 기름진 것 뿐이었다. 만약 교황 이노센트가 1970년 아일랜드 출신의 교황이었다면 그는 아마 이렇게 말했을 것이다. "오늘날 에머랄드 섬이라 불리던 이 섬에 어찌 이런 흉악한 일이 일어날 수 있는지! 우리 모두 평화의 도구가 되어 어두움을 저주하기보다 어두움을 밝히는 촛불이 됩시다. 우리 모두 아일랜드의 모든 하나님의 자녀가 하나가 되도록 기도합시다." 이 세상의 신의 편에 서지 않으면(눅 4:6) 그 누구도 카톨릭 교황으로 선출될 수 없으며 자기 아버지처럼(롬 16:17,18,20, 요 8:40-44) 혀를 갈고 닦지 않고서는(잠 26:23) 카톨릭 교황이 될 수 없다.

네 번째 십자군 원정 때(1200-1204) 콘스탄티노플이 함락되었고 이번에는 예루살렘에 신성 라틴 제국을 세우는 대신 로마의 교황들은 그리스 정교회와 제국에서 남은 것들을 싹쓸어 버리기로 작정했다. 그리하여 콘스탄티노플이 로마의 라틴 위성도시[41]가 되어버렸다. 비록 콘스탄티노플이 예루살렘 다음가는 최고의 도시이긴 했지만 여전히 많은 유품들이 있었다. 교황의 추종자들은 콘스탄티노플에서 스테판의 머리, 가시 면류관에 붙어 있던 가시 한 개, 마리아의 속옷, 요한복음 13장의 세족식 때 사용한 주님의 수건, 침례인 요한의 팔 한 짝, 그리스도의 옆구리에 찔러 넣었던(요 20:27) 도마의 손가락을 유럽으로 가지고 돌아왔으며 이와 더불어 의인 야고보의 머리, 예수님이 흘리신 눈물방울 그리고 예수님께서 십자가에서 흘리신[42] 실제의 피 몇 방울을 가지고 왔다고 한다. 이것 역시 "하나님의 뜻"인가?

프레데릭 2세(Frederick II, 그는 세계의 경이 즉 Stupor Mundi라고 불렸다)는 제6차 십자군 원정(1229)을 지휘했다. 그는 몇 명의 독일, 덴마크 귀족 및 헝가리의 안드레아스와 화란의 윌리암과 연합했다. 프레데릭은 신중한 행동이야말로 진정한 용기라고 생각했는지 예루살렘을 모슬렘과 분할하였고 자신이 직접 그 곳의 왕위에 올랐다 (1229. 3. 19). 교황 그레고리 9세는 자기 자신이 예루살렘의 보좌 위에 앉지 않는 한 그 누구도 인정하지 않았다. 결국 그는 프레데릭을 파문시켜 버렸다.[43)]

마지막 십자군 원정은 1248-1270년 사이 세인트 루이(프랑스의 루이 9세)에 의해 이루어졌다. 이번 원정은 기념비적인 실패작이었다. 그레고리 10세는 또 다른 십자군을 조직하려 했지만 허사였다. 유럽인들은 지칠대로 지쳐버린 것이다. A.D.1289년 트리폴리를 상실했고 1291년에는 아크레가 모하멧 교도들에게 항복했다. 템플라즈와 호스피텔러즈 기사단이 안티옥에서 벌인 용맹한 모습들이 <철인과 성도들, *Iron Men and Saints*>이라는 해롤드 램의 저서에 자세히 그리고 정확히 잘 묘사되어 있다. 1291년에 있었던 아크레의 포위와 파괴는 이 책의 마지막 장인 이슬람의 불꽃(the Flame of Islam)에 잘 나와 있다. 카톨릭 십자군들은 바이바르즈(Baibars)라고 불리는 "애꾸눈 펜더"(<짐승의 표> 참조)가 보낸 메시지가 전달되자 더 이상 싸울 용기를 잃고 말았다. 이 자는 교황의 추종자들에게 자기 부하들(흑인과 혼혈된 이집트족)이 프랑스, 독일, 이탈리아 여자들을 카톨릭 교회의 제단을 약탈하면서 현장에서 강간했으며 그들의 희생자들의 몸 위에서 성경을 불태우고 십자가를 부숴뜨렸다는 사실을 전해주었다. 바이바르즈는 팔레스타인에 있던 그 누구도 그 어떤 교황의 능력에 관해 전혀 생각할 수 없도록 치명타를 가한 것이다. 이것도 "하나님의 뜻"인가?

교황 우르반이 샤를마뉴("이교도들과 불신자들"을 파멸시켰다는 그 자, 주 23)의 업적을 흉내내려고 시도했던 어처구니 없는 십자군 원정에서는 광신적인 교황들이 모든 것을 "하나님의 뜻"이라고 둘러대었다. 이에 대해 이슬람 세력도 "알라의 뜻"을 들고 전쟁에 임했다. 200년에 걸친 "광란" 끝에 드디어 "알라"는 샤를마뉴와 교황들이 떠받들던 허황된 신(god)을 무력화시켜 버렸다.

카톨릭 십자군 운동의 산물 중의 하나는 세 개의 대형 종파가 군대 조직을 갖추게 된 것이다. 성 요한(St. John)의 기사단, 템플라즈(Templars) 기사단 그리고 튜톤(Teutonic) 기사단이 그것이다. 이들의 이름을 본 따서 오늘날 미국에서는(1900-1990) "콜럼버스의 기사단"이라고 하는 지하 음모 세력이 규합되어 카톨릭을 이끌고 있다. 이 세 기사단은 교황에 의해 궁정 안으로 초청되었고, 왕들에 의해 부유하게 되었으며, 민중들에 의해 우상화 되었다. 그들은 교황의 게슈타포 요원들이라고 할 수 있다 (하이드리히, 괴링, 히믈러, 보어만, 히틀러 등과 같은 나찌의 지도자들은 모두 교황의 추종자들이었고 로마 카톨릭 교회로부터 파문당한 적이 없다). 성 요한의 기사단은 프랑스 기사단이고, 튜톤 기사단은 독일 그리고 템플라즈는 라인 강 유역 혹은 알사스 – 로렌 지방에서 조직된 기사단이었다. 성 요한 기사단은 호스피텔러즈(Hospitalers)라고 불렀는데 이들은 교황에 의해 엄청난 특권을 누린[44] 호화 부르조아 집단이었다(후일 이들은 교황에 의해 살해되고 재산을 다 빼앗겼다. 주 46 참조). 이들은 아크레에서 패배한 후 키프로스 섬으로 가서 1500년 쯤에는 소멸되고 말았다. 템플라즈 기사단은 1312년 비극적 종말을 맞게 되었는데 그들은 한 때 9,000명의 회원을 확보할 정도로 성황을 이루기도 했었다. 이 기사단의 회원들은 모두 부유한 자들이었고 이 기사단은 면세 혜택을 받았다. 이 종파의 최고 책임자는 프리메이슨 조직과 마찬가지로 “대스승”(Grand Master)이라고 불렀다. 그러나 이 조직체가 본래의 설립 목적을 벗어나자 프랑스의 필립 왕(Philip the Fair)은 이 조직을 해체하기로 결정했다. 당시 종교적 세력을 장악한 교황 클레멘트 5세가 협력을 거부하자 필립은 이 기사단원 중 프랑스에 거주하고 있던 자들을 체포해서 투옥시켰다.[45] 1308년 여름 결국 교황은 “시세에 합류” 하였다(세상 권세에 대항할 용기가 없을 때는 모든 교황들이 이와 같은 타협을 모색한다). 결국 교황은 기사들이 발견되는 대로 박해를 하도록 명령을 내렸다. 템플라즈 기사들의 죄목은 십자가에 침을 뱉은 것과, 우상을 숭배했으며(이는 교황의 입에서 나온 가장 희한한 죄목이 아닐 수 없다. 제13장 참조) 동시에 동성연애 같은 도덕적 부패 행위를 했다는 것이었다. 이들은 “검은 미사”를 드리면서 검은 고양이 형태의 마귀와 접촉했다는 혐의를 받았으며 (검은 고양이에 대해서는 <짐승의 표> 참조) 또한 여자 마귀들과 성교를 했다는 혐의도 받았다.

국왕, 교황, 도미니크 수도승들 그리고 파리 대학교 모두가 이 십자군의 용사들을 반대하고 정죄하였다. 파리에서는 그들 중 36명이 고문으로 죽었고 54명은 화형에 처해졌으며, 수백 명이 감옥에서 죽었다. 이 잔인한 살상 명령은 교황 클레멘트 5세에 의해 내려졌다. 1312년 3월 22일 클레멘트는 이 종파를 폐지하는 칙령을 내렸다. 이로써 이 기사단은 해체되었고 모든 재산과 부동산은 교회와 국가에 의해 차압당했다. 이것도 “하나님의 뜻”인가?

지금쯤이면 독자 여러분들은 고문, 화형, 참수형 등은 “축복받은 시몬 베드로”의 계승자들이며 “성모” 마리아의 아들들을 자처하는 자들에게는 일상적인 형벌에 불과하다는 것을 알게 되었으리라 생각된다. 사람을 고문해서 죽이고 그의 재산을 빼앗기 위해 붙이는 핑계 가운데 가장 효과적인 것은 그 사람을 마술을 행하는 자로 고발하는 것이었다. 영국의 비국교도 재판과는 달리(살렘 재판사건) 거룩한 성모교회는 이 죄목으로 무려 5만 명의 목숨을 앗아갔다.[46] "마술"이란 카톨릭 교회에서는 정치적 경제적 문제에 있어 당국에 동조하지 않는 모든 행위를 지칭한다(제15장 주 47-48). 처음에는 자기들의 종교와 관련된 일련의 교리를 믿는다고 고백하지 않는 자를 이단이라고 선언하면서 시작된 것이 돈을 내지 않거나 정부 내에 스파이[47]를 잠입시켜 주지 않는 그런 사람을 이단이라고 선포하기까지 이르렀다. 요한 22세, 어거스틴, 레오 13세, 베르나르 거이의 "심문"(1320), 볼로냐와 아비뇽의 교수(1325)인 오를라두, 알렉산더 4세(1258-1260) 그리고 파리 대학교(1378) 모두가 모든 사제들과 주교들이 누구든 원하기만 하면 반-카톨릭으로 몰아 가장 단 시일 내에 처형하도록 도와주었다.[48] 바티칸에 순응하지 않는 모든 사람을 화형시키고 고문하는 것은 로마 카톨릭 교황들이 스스로 제정한 바티칸의 공식 외교 정책인 것이다.[49]

도미니크 수도승으로 종교 재판관이었던 두 명의 대학 출신자[이들은 알렉산드리아 이단의 기독교 고등 교육을 받은 하인리히 인스티토리스(Heinrich Institoris)와 제이콥 스프랭거(Jacob Sprenger)였다]가 <마녀의 망치>(1486)란 책을 썼다. 이 책은 마귀를 쫓아내려면 성수와 소금을 쓰라고 권고하며 마녀를 없애려면 주기도문과 십자가를 쓰라고 권면하고 있다.[50] 카톨릭 코브라의 꼬리에 감겨 고난을 당했던 왈덴스, 카타리, 알비겐스, "뉴마니키안", 보도파, 불가리안들은 마귀와 동침했다는 고발과, 마귀의 엉덩이에 키스를 했다는 혐의와, 마녀의 빗자루를 탔다는 죄목과, 섹스 파티에 참여했으며, 십자가를 발로 밟았고, "성체"에 오줌을 쌌으며, 어린아이를 잡아 먹었고, 사람들에게 주문을 걸었다는 죄목을 씌워 처형했다. 이태리 북부에서만 150년 동안 3만 명의 "마술사"들[51]이 처형되었다(제10장, 주 91-95 참조). 또한 25년 동안 100명 이상의 여자들이 화형에 처해졌다.[52]

카톨릭 역사가들은 이러한 잔인한 살상극에 대해 언급할 때면 꼭 1649-1658년 사이에 있었던 크롬웰(Cromwell)의 전투와 비국교도들을 마술사로 몰아 재판한 살렘 재판사건(1600년대)을 들먹거리며 개신교도 그런 짓을 했다고 발뺌을 한다. 그러나 이러한 왜곡된 비교는 이들 카톨릭 역사가들이 비뚤어진 마음을 갖고 있음을 보여 준다. 전쟁 이외에 지난 15세기 동안 반카톨릭으로 몰려 처단된 사람의 수는 최소한 2백 5십만에 달한다. 다울링(Dowling)은 스코트(Scott)의 교회사를 인용하면서 프랑스에서 백만 명의 왈덴스가, 화란에서 36,000명의 그리스도인이 죽었고, 스페인의 종교 재판으로 5만 명이 살해되었고, 예수회에 의해 90만 명의 성경대로 믿는 사람들이 살해되었고, 이외에도 A.D.325-1870년[53]까지 5천만 명이 살상되었다고 말하고 있다. 이러한 것을 대 여섯 명의 카톨릭 교도를 마술을 한 혐의로 태워 죽인 퓨리탄(Puritan : 청교도)들의 죄와 비교한다는 것은 실로 어처구니 없는 일이 아닐 수 없다. 이것은 독일의 강제수용소(1939-1945)가 보어(Boer) 전쟁 중(1899-1902) 영국이 아프리카에 세운 강제수용소와 비슷하다고 주장하는 것과 같다.

이와 같은 가증스러운 권력다툼은 황제들과 교황 사이에서 점점 더 심해졌다. 그럴 수밖에 없었던 것은 황제나 교황이나 둘 다 이 세상의 지정학적, 경제적 모든 분야에서 서로 통치자가 되겠다고 나섰기 때문이다. 십자군 전쟁 이후 유럽의 통치자들은 귀족과 평민들을 더 잘 통제할 수 있게 되었다(제13장, 주 55 참조). 전쟁으로 인해 "영웅"이 된 왕들이 나타나 "교황"들이 면죄부나 팔면서 집에 앉아 쉬고 있을 때 자신들은 군대를 모아 싸울 수 있는 능력이 있다는 사실을 입증해 보였던 것이다. 이로써 교황의 권위는 급속히 실추되기 시작했다. A.D.1200년 이후 등장한 국왕들은 A.D.800-1000년 사이의 "영주"나 "귀족"처럼 다루기가 쉽지 않았다. 헨리 4세의 카놋사(Canossa) 굴욕사건(1077), 토마스 아 베켓(Thomas à Becket)의 죽음(1170) 그리고 1215년에 있었던 존 왕의 마그나 카르타(Magna Charta) 제정 그리고 필립 왕(Philip the Fair)의 보니파스와의 서신 교환(1301) 등은 "신"으로 자처하던 교황들이 "시저"를 임명하는데 상당히 어려움을 겪고 있음을 보여주는 사건들이다(제12장, 주 68 참조). "성령의 인도하심"을 받는다고 말은 했지만 이론만큼 실제가 따라주지 못했다(그는 필립 왕에게 왕관을 수여할 때 술의 힘을 빌릴 수밖에 없었다). 교회의 "바빌론 포로" 사건(1309-1379 혹은 1305-1377)에서는 두 개의 "성읍"에 두 명의 "거룩한 아버지"가 서로를 적그리스도라고 비난하기에 이르렀다.

십가군 전쟁은 그것을 조직하고 일으켰던 자들에게는 커다란 상처를 안겨다 주었다. 수많은 유럽인들이 중동 지방으로부터 완전히 좌절해서 돌아왔으며 교황의 목표와 목적들을 안중에 두지 않게 되었다. 수천 명의 유럽인들은 "불신자들"[54]이 지혜, 지식, 예술, 문화, 부를 갖추고 있다는 사실을 두 눈으로 직접 목격하기도 했다. 결국 그 어떤 교황의 추종자도 그리스도인의 하나님이 살라딘의 신보다 더 멋지거나 능력이 많다는 사실을 그 누구에게도 확신있게 말할 수 없게 되고 말았던 것이다.

A.D.1230년을 전후해서[55] 유럽에서는 헬라어 문법학자들에 의해 헬라어 문법책들이 여기저기서 등장했고 여기저기서 헬라의 문화와 비잔틴 문화에 대한 관심이 부흥

하기에 이르렀다(반대로 로마의 라틴 문화는 위축되고 말았다). 이 모든 조짐은 로마에서 통치하고 있던 독재자들에게는 불길한 것이었다. 하나님께서 조금만 불꽃을 일으키시면 필사본, 책, 문법책, 어휘집 등이 소아시아에서 이미 도입되어 있으므로 <킹제임스성경>의 저본이 될 헬라어 표준원문이 언제든지 만들어질 수 있는 상황이 되었다(제3장 참조). 이 기간 동안 위클리프(Wycliffe, 1320-1384, "종교개혁의 샛별"이라고 불림)는 모습을 드러냈고 그와 더불어 성경(교황이 아니고)만이 믿음과 실행에 있어 최종권위가 된다[56]고 가르치고 설교하는 "거짓 설교자들"이 나타나기 시작했다. 이들 형편없는 "이단"들과 더불어 이미 준비되어 있던 대중들이 있었으니 이들은 유럽 대륙에서 성경대로 믿는 설교자들에 의해 양육된 자들이며 그들 중 많은 사람이 교황은 "그리스도의 대사"가 아닐 뿐만 아니라 바로 그 666 자신, 즉 적그리스도(계 13:18)라고 선언하였던 것이다.[57]

십자군 운동은 동방으로의 무역로를 열어 놓았고 이 무역로들은 콜럼버스로 하여금 중국에 이르는 "최단코스"를 찾도록 영감을 주었다. 콜럼버스의 신대륙 발견으로 유럽에서 박해에 시달리던 그리스도인들이 터키인들의 품으로 도망치지 않고도 피할 수 있는 길이 열렸던 것이다(결국 복음은 서쪽에서 동쪽이 아니고 동에서 서로 전수되게 되었다). 더나아가 십자군 운동은 조그마한 소도시, 중간 상인, 교역 증진 등을 활성화시켜 귀족과 노예의 중간 계급인 중산층(Third Estate)을 낳게 되었다. 이들이 레닌과 막스가 그렇게도 적대시했던 부르조아와 계급인 것이다. 또한 십자군 운동은 동양의 문화가 서양으로 유입되게 함으로써 <킹제임스성경>에 나와 있는 대로 성경적 기독교가 동에서 서쪽으로 전파되는 계기가 되었다(행 16:1-6과 창세기 4:16과 그 주석 참조). 이와 같은 몇 가지 "부수적인 효과"들로 인해 대다수의 교회사가들은 "땅에는 평화요, 사람들에게는 호의"가 이루어지는 것으로 해석했고 모든 무천년, 후천년 사가들(바네스 베더, 피셔, 드루먼트, 워커, 샤프 등)은 십자군 운동을 점진적으로 "이 땅에 왕국을 가져올" 진화 과정의 성경적 성취라고 간주하기에 이르렀다.[58] 그러나 이러한 비이성적인 사사로운 해석들은 역사의 사실이나 성경과는 전혀 닮지 않은 궤변일 뿐이다. 십자군 운동은 또한 교황들(우르반 2세 이후의 교황들)에게 "교회를 분열"시키는 "문제아들"과 "지옥을 외치는 자들" 즉 성경대로 믿는 유럽의 그리스도인들을 어떻게 다루어야 하는지를 보여준 셈이다. 즉 어떤 왕이나 공작에게 군대를 일으켜 성경대로 믿는 사람들을 죽이되 "하나님의 영광"을 위하여 "성모 마리아"의 이름으로 죽이게 하면 되는 것이다. 그리고는 하나님의 뜻이었다고 둘러대면 만사는 해결된다.

사데 시대의 문제아들(반카톨릭 그리스도인)은 1200년까지 살던 그리스도인들보다 교회 역사에 있어 그 어느 때보다도 수도 많았고 더 강력했다. 가장 중요한 그룹으로는 보고마일(때로는 보고밀)로 이들은 샤프와 라투렛(Latourette, 두 친카톨릭 역사가는 자신들이 자칭 그리스도인이다)에 의해 "이단 종파"라고 불렸다. 보고마일들은 폴리시안과 알비겐스처럼 샤프, 교황 레오, 라투렛, 교황 이노센트 등과 같은 자들에 의해 늘상 마니교(마니키안주의라고 함, 제12장, 주 92-98)와 연관지어졌다. 이들 마니교의 주된 죄목은 창세기 1:1과 창세기 1:2 사이에 일어난 사건에 대한 그들의 이론이었다. 마니키안들을 영지주의자들과 연관시키기 위해 카톨릭 학자들은 "이원론"(dualism)은 이단의 한 형태라고 주장한다. 그러나 성경은 하나님과 마귀, 하늘과 지옥, 의와 불의(잠언 주석 참조), 위와 아래, 앞과 뒤, 흰색과 검은색으로 나뉘어지는 이원론적 입장을 고수하고 있다는 사실은 누구도 부인할 수 없다. 어쩌면 교회사가들 자신들이 역사의 배후에 숨어 있는 사탄의 역할을 전혀 감지하지 못하고 있는 것이야말로(교회사 서문 참조) 그들이 성경의 이원론을 거부하고 있다는 명백한 증거일 것이다. 이원론은 신약성경 그 어디에서도 찾아볼 수 있는 성경적 진리이다(마 6:24, 계 3:15, 갈 6:8 등).

어쨌든 보고마일들은 소아시아에서부터 불가리아로 들어 왔다. 우리가 이들 그룹에 대해 갖고 있는 정보들은 소위 "정통" 카톨릭이라고 부르는 이들 그룹의 가장 지독한 대적들로부터 얻은 것들이다. 필립 샤프는 보고마일들의 기원을 10세기 이후로 보는데 그는 보고마일의 선조들인 폴리시안들이 6,7세기에 동일한 곳에 살고 있었다는 사실을 간과하고 있다. 이 두 그룹은 소아시아에서 시작되어 콘스탄티노플을 통해 발칸반도로 들어왔다.[59] 그들의 가장 잘 알려진 목사 중의 하나는 바질(Basil)이라고 부르는 의사였다. 그는 그리스 정교회 황제인 알렉시스 콤네누스 1세에 의해 화형을 당했다.

정통을 주장하는 종교 정치가들이 "이원론"을 운운하는 것과는 달리 그들이 보고마일을 증오했던 실제적이고 직접적인 원인은 보고마일들이 카톨릭의 미사는 마귀들에게[60] 드리는 제사라고 했으며 성경과 다른 발언을 한 "교부"들은 거짓 선지자들이라고 했고, 로마 카톨릭 교회는 사탄의 교회라고 했으며 무엇보다도 유아에게는 결코 침례를 베풀지 않음으로써[61] 카톨릭 교회의 유아세례가 가짜임을 보여 주었기 때문이었다(이처럼 실제적인 문제는 놔두고 무엇하러 "이원론"을 들먹거리는 것인가?). 보고마일은 반카톨릭이다. 교회사에서 반카톨릭인 사람들은 이교도로 취급되거나 아니면 이단시 되었는데 이는 거의 대부분의 교회사들이 반교회사(제12장 주 5-7 참조)를 전공한 자들에 의해 쓰여졌기 때문이다. 모든 반교회사에서는 보고마일들이 믿었던 것을 믿은 모든 그룹은 아리안 혹은 마니키안[62]으로 몰렸다. 그들은 주로 이태리 북부와 프랑스 남부에서 거주했고 이때 그들의 이름은 바뀌게 되었는데 그것은 신약성경과 연관된 성경적인 계승을 없애버리려는 음모 때문이다. 프랑스와 이탈리아에서는 이들은 "카타리"(Cathari)[63]라고 불렸다. "카타리"란 그들의 대적들의 머리에서는[64] 검은 고양이와 관련된다(주 45-47 참조). 처음 첫 세 글자 "CAThari"를 끄집어 내서 "이단"(cult)의 표식으로 사용했다[이것은 IX(헬라어 철자 이오타와 키) 표식이 "그리스도를 대표하는 물고기"를 뜻한다고 카톨릭이 만들어낸 것과 비슷하다. 제9장 참조]. 그러나 그들은 스스로 무덤을 판 셈이었다. 자기들의 첫 세 글자 CATholic 역시 동일한 알파벳을 갖고 있다는 생각은 전혀 못했던 것 같다. 자기들 스스로 이단임을 입증한 셈이 아닌가?(<짐승의 표> 말씀보존학회간, 1997 참조) 게다가 "Cathari"라는 단어는 헬라어 카타리조(Καθαρίζω)에서 나온 것으로 "정결케 하다" 혹은 "깨끗케 하다"라는 뜻인 반면 "Catholic"이란 "온전히 고양이(CAT)에게 바쳐진"이란 뜻을 갖고 있다. 위선자들은 남을 공격할 때 자기 자신을 스스로 드러내는 법이다.

카톨릭 역사가들은 노바티안들을 "카타리"[65]라고 불렀던 사람이 유세비우스(Eusebius, A.D.330)였다는 사실을 잊은 채 보고마일과 폴리시안들이 "카타리" 즉 "새로운 마니키안"이 되었다고 주장한다. 즉 교황의 눈에 "이단들"이라는 것이다. 프랑스 남부에서는 이들 카타리를 "알비겐스"라고 불렀고 발칸반도에서는 불가리안(불가리, 부가레스, 부그레스)이라고 불렀다. 이밖에도 이들은 테세란츠, 텍스토레스, 퍼블리카니라고 불렸다[후일에는 보가드(Bogards), 피카드(Picards) 등이라고 불렸다]. 이처럼 수많은 명칭이 만들어진 것은 신약성경의 성경적 기독교의 정통을 계승한 자들은 카톨릭이며 다른 그룹들은 수없이 이름이 바뀐 것으로 봐서 정통을 계승할 수 없었다는 인상을 조작해 내기 위해 그야말로 조작된 것이다. 성경대로 믿는 사람들을 끊임없이 바꾸어 부름으로써 카톨릭만이 "하나의 참된 교회"로 남을 수 있게 된 셈이다.

마리아를 경배하지 않고, 아이에게 물을 뿌려 유아세례를 주지 않으며, 십자가를 숭배하지 않고, 죽은 자에게 기도하지 않는 자들, 즉 진짜 이단을 실행하지 않은 자들을 다루는 교황들의 방법은 매우 간단하고 또한 효과적이었다. 그것은 산 채로 태워 죽이는 것이었다. 1022년 15명이 재판을 받고 13명이 화형에 처해졌다.[66] 리게(Liège) 지방에서는(1025) 그들에게 십자가를 숭배하라고 하기도 했고 성체성사를 받으라고도 했다. 그러나 이들은 거부했고 그로 인해 화형에 처해졌다. A.D.1145년 8명의 남자와 세 명의 여자가 쾰른 지방에서 화형당했다. 림즈 지방(힝크마르의 교구였다. 제12장 주 119 참조)에서는 1157년 교황의 추종자들이 더 많은 사람들을 태워 죽였다. 1161년에는 "믿음의 참된 아들"을 자처하는 황제 헨리 2세의[67] 치리 동안 몇 명이 더 채찍질 당하고 인두로 낙인이 찍혔다.

십자군 운동을 즈음해서 얼마나 많은 카타리들이 유럽에 늘어났던지 도미니크파의 라이너리우스는 최소한 4백만 명[68]은 됐을 것이라고 추측한다. 노바티안, 도나티스트(Donatists 그리고 파테린들이 프랑스 남부지방에서 이들 그룹의 선조 노릇을 했다. 이곳에서는 카톨릭 사제들이 조롱의 대상(마 23:24)이 될 정도로 카타리의 세력이 강력했다. 모든 카타리들은 로마 카톨릭 교회는 참된 교회가 아니라고 가르쳤다. 이 말이 사실이라면 프란시스코, 도미니크, 어거스틴, 예수회 등이 중국, 일본, 및 인도에서 펼친 선교 사업은 전혀 가치가 없다는 말이 된다. 왜냐하면 이들 그룹은 "참된 믿음"과는 아무 관계가 없었기 때문이다. 그런데도 라투렛은 이들의 선교가 "참된 믿음"을 전파하기 위한 것이라고 둘러댄다.[69] 암흑 시대에 살았던 카타리들은 두 가지 간단한 사실을 가르쳤다. ① 교황은 적그리스도이다(마 24장, 요일 4장, 요 5:43). ② 로마 카톨릭 교회는 계시록 17장의 창녀이다.[70] 그들이 비록 구약성경을 해석하는 데 있어 오류를 범했을 수도 있고 "믿는 자들의 종류"를 나누는데 있어서도 문제가 있을 수도 있겠지만 그들은 가장 중요한 문제를 놓친 적이 없다. 그것은 사데 교회 시대에서는 기독론, 인간론, 구원론, 신론, 교회론 등에 있어 성경적 기독교, 성경적 설교, 성경적 구원, 성경적 실행에 있어 사탄적인 교회는 다름 아닌 스스로를 정통이라고 주장했던 로마 카톨릭이라는 사실이었다. 카타리들은 사제들의 제의, 제단, 십자가들을 없애버렸고 십자가 표식을 짐승의 표라고 불렀다.[71] 그들 모두는 성경대로 믿는 사람들이었으므로 그 누구도 면죄부를 받아들인 사람도 없고 중간 지대로서의 "연옥"도 인정한 적이 없다. 카타리들은 그 어떤 그룹보다 그들의 믿음이 확고해서 많은 순교자를 내었다고[72] 카톨릭 종교 재판에 정통한 리아(Lea) 박사는 말하고 있다.

성경대로 믿는 그리스도인들로 거리에서 설교했던 그룹들 중 두 번째로 유명한 그룹은 왈덴스였다. 이들은 카톨릭 교회로부터 완전히 분리되어 살았다. 이들은 소아시아에서부터(제3장 참조) 프랑스 남부로 넘어온 그리스도인들로 중세에 있어 정확하게 성경적인 기독교를 실행한 그룹이었다. 그곳으로부터 이들 그룹은 피드몽, 오스트리아 그리고 독일로 퍼져나갔다. 이들의 호칭은 피터 왈더스[Peter Waldus, 혹은 발데스(Valdez)][73]로부터 유래된 것으로 알려져 있으며 "산달라티"(Sandalati) 혹은 "리용의 가난한 사람들"이라고 불렸다(다른 학자들은 왈덴스 – 골짜기에 거주하는 자들 – 란 명칭은 이탈리아어, 프랑스어 그리고 스페인어로[74] 골짜기라는 단어로부터 유래한 것이라고 말하기도 한다). 왈덴스들은 제3차 라테란 공회(Third Lateran Council of 1179)에 느닷없이 나타나서 교황 알렉산더 3세에게 거리에서 설교하도록 허락할 것을 요구했고 그들이 구라틴 역본에서 번역한 성경을 교황에게 하나 주기도 했다[75](이 구라틴 역본의 맥을 이은 성경이 곧 <킹제임스성경>이다). 그러나 이들은 거리에서 설교하는 것이 금지당했고 공회에서 쫓겨나고 말았다.[76] 후일 그들의 성경들은 불태워졌고 80여 명의 설교자들이 스트라스부르그(1212)에서 화형에 처해졌다. 이들은 오스트리아, 스와비아, 쾨닉스버그, 폴란드, 바바리아, 보헤미아 그리고 파소 등으로 퍼져나갔다. 그들은 성경을 믿음과 실행의 모든 문제에 있어 최종권위로 생각했기 때문에 성경의 배포에 매우 적극적이었다. 교황, 추기경, 주교, 사제들이 성경의 가르침을 거부하면 이들은 이들 종교인들을 무시해 버렸다.[77] 왈덴스의 믿음에 따르면 평신도도 성경을 설교할 수 있으며 그 어떤 평신도도 믿음을 고백하는 어른에게 침례를 줄 수 있다. 그러나 유아에게는[78] 침례(세례)를 주지 않았다. 이외에도 이들은 믿는 자의 구원의 영원한 보장을 믿었고 예수 그리스도의 완성된 속죄를 믿음으로 의롭게 됨을 믿었다.[79] 한 마디로 이들은 루터와 칼빈이 태어나기 300여 년 이전에 유럽 전역에 걸쳐 역사하고 있던 성경대로 믿는 침례교인이었던 것이다. 한 장로교 신자인 밀러 박사는(Sketches of Church History라는 책에서) 침례교 교회사가인 존스가 왈덴스들이 침례교 교리를 강력하게 주창했다는 사실을 거짓으로 조작했다고 비난했다.[80] 라이스라고 하는 또 다른 박사님도 동일한 주장을 했다. 그는 폴 페이와 존스가 프랑스의 루이 12세가 왈덴스들을 심문하기 위해 보낸 사신들의 보고서에 관해 논쟁한 것을 예로 들었다. 그러나 이 두 박사(라이스와 밀러)의 비판은 고의적인 중상모략[81]이었음이 밝혀졌다. 왈덴스들은 그 어떤 유아도 심지어는 어린아이들도 침례를 주장하지 않았다. 왈덴스들은 모든 카타리와 마찬가지로 로마 카톨릭 교회가 계시록 17장에 나오는 바빌론의 창녀[82]라고 선포했다. 성 프란시스와 도미니크 그리고 베르나르가 가르쳤거나(혹은 모방했던) 실제적인 기독교 진리들은 전부 왈덴스로부터 배운 것이지 자신들이 속했던 카톨릭 지도자들에게서 배운 것이 아니었다. 일례로 이들 수도승들은 왈덴스들의 기독교적 실행을 - 즉 가난하게 사는 것과 가난을 선택하는 것 - 모방함으로써 많은 방랑자들을 다시 바빌론의 창녀의 품 안으로[83] 되돌릴 수 있었다.

알비겐스들은 노바티안, 아리안, 도나티스트 및 기타 관련 "이단들"이 로마 북부로부터 롬바르디를 거쳐 프랑스 남부로 건너간 후 이들의 후계자로 등장한 그룹이다. 툴루즈 공회(1119)부터 시작해서 이들을 이단으로 정죄하는 선언들이 뒤따랐고 군경을 동원해서 이들을 박해하기 시작했다. 이노센트 3세는 성경대로 믿는 "이단"들이 불신자들(사라센, 모슬렘 그리고 터키족)보다 더 나쁘다고 믿었다. 왜냐하면 이들은 카톨릭의 본토인 유럽에서 창녀의 단합을 위협하고 있었기 때문이었다. 그래서 이노센트 3세는 네 번에 걸쳐 "십자군"을 조직하여 알비겐스를 멸절시키려 했다. 이름은 이노센트(순진하다는 뜻)인데도 그는 루이 7세를 동원해 살상을 대행시켰고 레이몬드 6세를 끌어들여 그를 돕도록 했다. 레이몬드는 외국인 독재자를 위해 자신의 충실한 백성들을 죽이는데 반대했고 이에 교황은 그를 파문시켰다.[84] 필요한 마피아 조직을 일으키기 위해 카톨릭의 시스테르시안 수도회는 전 프랑스, 플란더즈, 독일을 다니면서 성경대로 믿는 자들을 죽이기에 충분한 군대를 모집하러 다녔다. 이 살상에 참여하는 자원자들에게는 모슬렘을 죽이러 항해했던 자들에게 약속된 동일한 보상이 약속되었다(즉 죄들의 용서와 영생이 그것이었다). 교황 이노센트의 일요일 강론에서는 알비겐스는 "옛 뱀의 종들"[85]이라고 불렸다. 이노센트는 비무장한 사람들을 칼을 들고 살상하는 살인자들에게 하늘나라를 약속했다.

결국 개인적으로는 이러한 살상에 반대하였던 레이몬드 4세도 이 일을 지지하지 않을 수 없었다. 당시 분위기가 "고조"되고 있었기 때문이다. 그는 결국 마음을 바꿔 "대다수의 학자들"과 "유명한 성경학자"들의 편을 들어줌으로써 자신의 지위를[86] 고수할 수 있었던 것이다. 1209년 7월 정통 카톨릭 군대가 베지어즈(혹은 베지에레스)를 공격했고 6만여 명의 무고한 비무장 시민을 남녀노소를 가리지 않고 살상했다. 전 도시가 포위를 당했고 어떤 사람이 카톨릭 교도 역시 "이단"들과 더불어 살해당하고 있다고 불평을 하자 교황의 특사(교황 피오 12세[87]처럼)는 걱정말고 계속 죽이라고 하면서 "주님께서는 자신의 양을 알고 계시니" 염려말라고 했다. 프랑스의 카르카숑에서는 모든 주민이 마을에서 쫓겨났는데 가진 것이라고는 몸에 걸친 옷 뿐이었다. 미네르바에서는 140,000명의 그리스도인들이 화형당해 죽었고 이들의 코, 귀, 입술 등은 "신실한" 사람들에 의해 잘려졌다.[88] 이것도 그들에게는 하나님의 뜻이었던 것이다. 1229년에는 종교재판은 절정에 달했고 1233, 1234년에는 교황 그레고리 4세가 독일군을 동원해서 브레멘과 올렌부르크[89] 근처에 살던 수십만 명의 알비겐스들을 살해했다.

왈덴스들은 36차례의 박해를 통과해야 했다. 그 중 가장 극심했던 것은 1208년에 있었던 시몬 드 몽포르[90]의 십자군 원정 때였다. 교황 이노센트 3세는 왈덴스들을 "삼손의 여우들"이라고 불렀다. 그래서 그들은 여러 다른 곳에서 나타났지만 모두 함께 묶어 태워죽였다[91](이 사실은 잔인한 살인자 집단인 카톨릭이 "이단들"에게 30여 개가 넘는 이름을 붙여 성경적 신약 교회들의 성경적 계승을 없애버리려 했음을 솔직히 시인하는 것이다. 그들은 이들이 모두 한 가지 믿음을 갖고 있음을 알았기에 한데 묶어 태워죽인 것이다). 왈덴스들은 겨울에 집에서 쫓겨나 산꼭대기로 내몰렸고 황량한 숲 속으로 내몰려 그곳에서 굶어 죽거나 얼어죽었다. "경건한" 도니미칸(Dominicans)들은 자신들의 멸망을 스스로 자초했는데 "도미니 칸네스"(라틴어로 주님의 개들 - 빌 3:2)[92]라고 불렀다. 이들 그리스도인들은 높은 절벽에서 내던져져 산산조각이 났으며 어떤 이들은 동굴로 쫓겨갔고 이 동굴의 입구에 장작불을 피워 연기에 질식시켜 죽였다. 비틀거리는 노인들과 어린이, 유아들은 목매달아 죽였고, 찢어 죽였으며 창자를 꺼내기도 했고, 쇠스랑으로 찔러 죽였고, 물에 빠뜨려 죽였으며, 갈기갈기 찢어 죽였고 칼로 찔러 죽였고, 개가 물어 뜯게 하여 죽였으며, 거꾸로 십자가에 못박아 죽였다. 이것은 어거스틴이 로마 카톨릭 교회에 대하여 갖고 있던 긍정적인 견해(제7장 주 33-39 참조)가 낳은 당연하고도 예견된 결과라고 할 수 있다. 만약 제도 교회에 반대하는 사람들이 저주받은 사람들(제6장 주 79-88 참조)이라고 한다면 당연히 하나님께서는 그들을 죽이시기를 원하실 것이고 정통 카톨릭 신자라면 자신의 신앙 고백대로 그것을 행동에 옮길 것이 아닌가? 이들 사악한 카톨릭 배교자들이 왈덴스, 카타리, 보고마일 등에게 품었던 불타는 증오심은 이들 성경대로 믿는 그룹들이 외친 부정적인 설교 때문이었다. 모든 성경적 설교는 로마 카톨릭에 관한한 100% 부정적일 수밖에 없다(제2장 참조). 성경에서 이집트나 로마에 대해 긍정적으로 말한 곳은 한 군데도 없다. 만약 카톨릭 교회가 로마 카톨릭이라면 참된 그리스도인이 이들에 대해 취해야 할 태도는 하나 뿐이다. 그 성경적 태도는 다음 구절들에 나와 있다(행 12,28장, 단 2장, 계 17장, 요 18-19장).

종교 재판은 교황에 의해 직접 세워졌고 교황은 도미니크 교단에 최초의 종교 재판권을 주었을 뿐 아니라 수백 년을 거쳐 교황의 교서를 통해 이 사탄적 제도를 지속시켰다. 교황 알렉산더 4세(1254)는 이탈리아에 종교재판소를 세우고 자신의 신하들을 시켜 그들을 돕도록 권고했다.[93] 교황 우르반 4세(1262)는 종교재판소 관리들에게 "주님의 포도나무"가 "순수한 카톨릭 열매"를 맺도록 하기 위해 교서를 통해 이단들을 멸절시키도록 명령을 내렸다.[94] 우르반 4세는 자기의 포도나무가 참포도나무(요 15장)가 아니고 소돔의 포도나무(신 32:32)인 줄을 몰랐던 것 같다. 집단 학살은 - 전 민중을 멸절시키는 행위 - 히틀러나 나치가 발명해 낸 것이 아니다. 이것은 카톨릭 교도인 히틀러가 태어나기도 600여 년 전에 이미 로마 카톨릭 교회에 의해 실행되던 교황의 공식 교리였다.

클레멘트 4세(1311)는 주교(감독)는 이단들을 고문[95]에 처하기 위해 늘 종교 재판관을 대동하고 있어야 한다고 말했다. 성 리구리(Liguori)는 한 사람의 증인만 있다면 그리스도인도 고문에 처해질 수 있다고[96] 말했다고 전해진다(물론 이 때 리구리가 말한 것은 알비겐스, 카타리 혹은 왈덴스를 언급하는 것이 아니다. 그가 그리스도인이라고 말한 것은 카톨릭 주교들, 수도승들 및 고문을 담당하는 종교 재판관을 언급하는 것이다. 당시에는 진짜 그리스도인들을 그리스도인이라고 부르지 않았음을 잊지 말라).

성 도미니크("Saint" Dominic)는 사탄적이고 반교회적인 이 조식의 창시자로 알려져 있다. 50만 명의 군대를 동원해도 유럽에 있는 성경대로 믿는 사람들을 다 처형할 수 없음을 알게 된 도미니크는 그 임무를 완수할 책임자로 교황에 의해 선발되었다. 그는 1170년에 태어난 스페인 사람으로 도미니크 수도회의 창시자였다. 종교재판소는 공회를 주도했던 시글노리 파텐타티, 콘술토리, 파밀가리 등에 의해 조직되었고 아보카토 데레이가 이에 가담했다. 이들의 수하에서 칸셀리에레, 만다타리오스, 바리젤로스 등이 이들을 보필했다. 이들 종교 재판의 제 조직은 오늘날로 치면 와펜 SS, 게슈타포, 벙커 코만도스, 카포스, 블럭리더즈, NKVD 등과 같은 비밀 경찰 조직이었다. 종교재판소는 전적으로 순전히 카톨릭적 발상에서 나온 조직체였다. 이 재판소는 유럽에서 로마 카톨릭 신앙과 반대하는 모든 사람을 멸절시킬 분명한 목적을 가지고 창설된 것이다. 이 사악한 조직은 프랑스, 밀라노, 제네바, 아라곤, 사르디니아를 거쳐 폴란드(14세기)와 보헤미아 그리고 로마(1543)로 확산되어 나갔다. 특히 스페인에서는 1820년까지 폐지되지 않고 유지되었다.

지상의 모든 침례교도, 감리교도, 루터교도, 성공회원 및 감리교도들의 머리 위에 125가지의 저주를 퍼부은(1546년 트렌트 공회) 로마 카톨릭 교회는 여전히 "순수한 양심"과 "참된 믿음"을 가지고 성경대로 믿는 사람들을 죽이고 있다.[97] 거룩하지 못한 창녀들의 어미(계 17장)는 자신의 사명과 부르심에 늘 신실했다. 이 종교 조직은 살인자(계 17장)로서 역사가 어떻게 그녀를 기록하든 거짓말을 둘러댈 것이다. 그녀의 실제적이고 본래적인 모습을 가장 적나라하게 드러내 보인 시기가 바로 우리가 살펴보고 있는 사데 교회 시대인 것이다(이 시기는 "붉은 자들"의 시기로 실로 유혈이 낭자한 시기였다). 이 시대에는 로마 카톨릭은 어떤 제한도 받지 않고 마음껏 권력을 휘두르며 자신의 "믿음"을 실행에 옮길 수 있었다. 종교재판소는 오리겐, 파피아스, 시프리안, 클레멘트, 유세비우스, 어거스틴 및 교황들이 만들어 온 반교회사의 전개 과정에서 나온 당연한 귀결이었다. 종교재판소야 말로 A.D.500-1400 동안에 있어서의 "기독교의 성장과 팽창"이 타락과 사악함의 팽창과 발전이었음을 입증해 주는 증거라고 할 수 있다. 『**너희는 그 열매들을 보고 나무들을 알게 되리라**』(마 7:20). 이들 카톨릭 백정들은 고문과 약탈 그리고 살인을 일삼기를 13,14세기 말까지 계속했다. 물론 15,16세기에 가서도 살인행위는 멈추지 않았다. 예를 들면 1641년에 가서도 아일랜드의 카톨릭들은 10월 23일(예수회 창시자인 로욜라의 축일)을 살인의 날로 정해 하루에 15만 명의 프로테스탄트들을 죽였다. 이 숫자는 올리버 크롬웰과 1년 동안 싸우다가[98] 전쟁중에 죽은 로마 카톨릭 교도보다 2배나 많은 숫자이다. 성경대로 믿는 사람들은 목까지만 매장당한 채 굶어 죽었다. 어떤 그리스도인은 강제로 미사에 끌려가 찢긴 후 피를 흘리며 죽어갔다. 어떤 그리스도인은 톱으로 잘려졌고 그의 아내는 목을 베었으며 아이는 머리를 쪼개서 돼지들에게 먹이로 던져졌다.[99] 여러 명의 그리스도인들이 벌거벗겨졌고 말에 밧줄로 묶여 늪지대를 끌려 다니며 찢겨 죽었다. 수천 명이 팔과 손과 다리를 잘린 채 피를 흘리며 죽어가도록 방치됐다. 티론 지방에서는 단 하루에 300명을 물에 빠뜨려 죽였고 50-60명을 불이 붙은 집안으로 몰아 넣어 태워 죽였다. 이 "거룩한 성모교회"(이들이 기독교의 팽창을 주도했다고 역사가들은 주장한다)의 "충성된 아들들이" 아이들과 여자들을 죽이는 동안 그들은 "너희 혼을 마귀에게!"[100]라고 외쳐댔다. 베버와 화이트[101] 같은 카톨릭 교회사가들은 이 모든 사건들이 전혀 발생하지 않은 것처럼 태연하다. 그들에게는 크롬웰에게 죽은 카톨릭 교도만이 눈에 띄이는가 보다. 뻔뻔스러운 위선자들은 가끔 박해 컴플렉스를 갖고 있는 법이다(요 11:47-51).

1655년 1월 25일 교황 클레멘트 8세의 주도하에 무장한 폭도들이 피에드몽 지역에 사는 성경대로 믿는 사람들을 추적하고 있었다. 이 "선교 프로그램"은 카톨릭 교도였던 사보이 공작의 지원으로 진행되고 있었다. 라토레에 살고 있던 지오반니 안드레아 미치알린(Giovanni Andrea Michialin)이라는 사람은 세 자녀가 자기 앞에서 난도질을 당했으며, 네째 아들의 다리를 붙들고 머리를 벽에다 쳐박아 죽이는 것을 볼 수밖에 없었다.[102] 카톨릭 교도들은 10살 짜리 소녀를 불 위에 구운 다음 숲속의 동굴에까지 그녀의 어머니를 추적하여 갓난아기와 함께 죽였다.[103] 8살 짜리 지오반니 로스타그날(Giovanni Rostagnal)이라는 아이는 코와 귀가 잘렸고 몸통은 잘게 잘려 죽었다. 학교 선생이었던 제이콥 비로네(Jacob Birone)는 발가벗겨진 후 그의 발톱과 손톱이 뜨거운 집게로 뽑혔다. 그리고 몸통이 밧줄로 묶여 거리를 끌려 다니며 양쪽 옆에서 카톨릭 교도가 계속 칼로 살을 베어내어 거의 죽게 되었다. 끌려다닐 때 몇 분 간격으로 "미사에 가겠느냐?"(제13장 주 83-95 참조)는 질문이 던져졌다. 그러나 그는 모든 폴리시안과 보고마일처럼 미사는 마귀에게 속한 것이라고[104] 믿었기 때문에 이를 거부했고 그들은 마침내 그의 머리를 베어내고 몸통은 강물에 던져버렸다. 제이콥 로세노(Jacob Roseno)는 성자들에게 기도하라는 요청을 받았으나 그 어떤 마니키안, 불가리안 및 기타 다른 "이단들"은 그런 신성 모독적인 일(딤전 2:5)은 할 수 없었기 때문에 군인들은 그를 심히 때리고 그에게 총을 서너방 쏘았다. 그가 고통 가운데 죽어가는 동안 그들은 "성자들에게 기도하겠느냐?"는 질문을 던졌고 그는("문제만 일으키는 광신자"에 걸맞게) "No"(아니다)로 응수했다. 그들은 그를 목베어 죽였다.[105] 카톨릭 교도들은 로비오의 야코포 미챨리노라는 사람의 종의 성기를 잘라내면서 피를 멈추게 하기 위해 촛불로 살을 지져댔다. 그리고는 집게로 손톱을 빼내고 머리를 밧줄로 세게 묶어서 눈알과 뇌수가 터져 나왔다.[106]

이런 사실들을 보고 혹자는 이런 일들이야 못된 지도자들 휘하에 있던 카톨릭 평신도들이 저지른 예외적인 사건들이거나 "극단적"인 경우일 것이라고 생각할지 모르지만 전혀 그렇지 않다. 모든 왈덴스들을 멸절시키라는 최초의 명령은 교황의 칙서에서 비롯된 것이다(1487년에 공포된 라틴어 교서, 교황 이노센트).[107]

빌라로의 다니엘 람보트(Daniel Rambaut)는 대가족의 아버지였는데 체포되어 그를 교황의 추종자로 만들어 생명을 구해 주려고 했던 여러 "사제"들의 방문을 받게 되었다. 그에게 제시된 문제는 삼위일체나, "이원론"(제12장 주 92-98 참조) 혹은 그리스도의 본성(제8장 주 3-16 참조) 혹은 예정설(제13장 주 78 참조) 등과는 아무런 관계가 없었다. 그들의 제안은 그가 살고 싶으면 연옥, 화체설, 교황의 무오성 그리고 죽은 성자들에게 기도하면 죄사함을 받을 수 있다는 것을 믿으라는 것이었다. 그에게서 무슨 대답이 나왔겠는가? 구원받은 성경대로 믿는 사람이 마귀에게 사로잡힌 거룩하지 못한 자들의 요구에 직면한다면 한 가지 밖에는 할 일이 없다. 이에 대해 무장한 카톨릭도 한 가지 밖에는 할 일이 없다. 사제들은 매일 그의 손가락 마디 하나 하나를 끊어 완전히 손가락이 없어질 때까지 고문한 다음 발가락도 그렇게 했고 손과 발도 그렇게 해서 결국 심한 출혈로 죽게 하였다.[108] 성경대로 믿는 사람의 믿음을 빼앗을 수 있는 길은 그를 죽이는 것 뿐이다. 촛불을 훔친다거나 염주를 빼앗는다거나, 사제를 죽인다거나 성경을 불태운다거나, 성수를 쏟아버린다거나(판 18:24) 한다고 해서 믿음을 빼앗을 수는 없다.

콘스탄티아 벨리오네(Constantia Bellione)라고 하는 한 그리스도인 여인이 체포되었다. 그들은 그녀에게 마귀를 포기하고 "미사"(제13장 주 98-105 참조)에 가겠느냐고 묻고 그렇게 한다면 살려주겠다는 제안을 하였다. 그녀는 이렇게 답변했다. "내가 당신들의 뜻대로 미사에 가면 거기서 나는 여러 가지 종류의 마귀들을 만나게 될 것이다." 그들은 그녀의 몸을 여러 조각으로 자르도록 명령했다. 그녀는 이렇게 말했다. "내가 지금 견디는 잠시 잠깐 동안의 자그마한 고통에 비해 너희들은 두렵고 영원토록 지속되는 고통을 받게 될 것이다." 이때 그들은 그녀를 쏴 죽였다.[109]

이와 같은 사탄적인 로마 카톨릭의 잔인한 역사를 숨겨보려는 시도를 돕기 위해 영국의 BBC 방송은 교황 바오로 6세와 더불어 보니 프린스 챨리와 로드 컴버랜드의 날들에 관한 영화를 제작해 내보냈다(1970). 이 영화의 내용은 영국인의 손에 의해 불쌍한 카톨릭 교도들이 스코틀랜드에서 1년 동안 당한 불의를 염두에 둔다면 12세기 동안 카톨릭이 저지른 온갖 잔인한 살인 행위를 자꾸 들추어 내서는 안된다는 것이다. BBC 방송은 유럽인들을 더 세뇌시키려고 했는지 아브로 맨하탄이 쓴 <아일랜드에서 벌어진 종교적 공포, *Religious Terror in Ireland*>라는 책을 BBC나 T.V. 채널을[110] 통해 알려지지 못하도록 막았다(미국이나 영국이나 성경과 카톨릭의 관계에 관한 부분에 대해서는 언론 매체들은 늘 기피하고 숨어버린다).

16,17세기는 필라델피아 교회 시대에 해당되지만 몇 가지 예를 들었던 것은 반교회사의 장본인인 로마는 "결코 변하지 않는다."는 사실을 독자 여러분에게 상기시키고자 했기 때문이다. "시대 정신"과 카톨릭의 "박해 정신"과는 아무런 관계도 없다. 히틀러, 피오 12세, 프랑코, 뭇솔리니, 요한 바오로, 테드 케네디, 등이 자행한 수많은 살상과 "미친 짓"들은 시대가 그래서 그런 것이 전혀 아니다. 보복을 받지 않고[111] 안전하게 죽일 수 있는 방법만 있다면 언제든지 살해할 수 있는 카톨릭 정신이 이 모든 것의 뒷 배경임은 말할 것도 없다.

투르 노회(The Synod of Tours, 1163)는 주교들과 성직자들에게 카톨릭 교도들을 알비겐스와 함께하지 못하도록 하고 그들과 상거래도 하지 못하게 하라고 결정했다(히틀러의 뉴렘베르그법 참조). 로마는 항상 그들의 회원들이 일 대 일로 성경대로 믿는 사람과[112] 대화를 나누면 위험하다는 생각을 품어왔다. 제3차 라테란 공회(1179)에서는 국왕들과 군주들에게 성경대로 믿는 사람들을 노예로 부릴 수 있는 권한을 주었다. 툴르즈에서는(1222) 교황이 주교들에게 명하여 매 교구에서 사제 1명과 평신도 1명을 선정해서 "이단"을 색출하라고 지시했다. 아라곤의 피터(1197)는 자기 구역에서 성경대로 믿는 사람들을 추방했고 돌아오는 사람은 화형에 처하겠다고 위협했다.[113] 돈 하이메 1세(1226)는 자국 언어로 성경을 읽는 것을 금했다.[114] 프레데릭 2세는 즉위식에서 카톨릭의 가르침 중 그 어떤 것이라도 무시하는 모든 성경대로 믿는 사람들의 혀를 뽑거나 불에 태울 것을 명령했다.[115]

종교 재판에 의해 저질러진 온갖 고문과 만행을 더 자세히 일일이 기록할 필요는 없을 것 같다. <팍스의 순교자노트>와 <교황제도와 그 사회적 영향, R.P.G. Blakeney 목사 저>이라는 책에는 목격자들의 생생한 증언과 함께[116] 수많은 예들이 수록되어 있다. 쿠리어 프랜카이스(Courier Francais)라는 책을 보면 리스본(포르투갈)에 있는 종교재판 시설들이 확인되었을 때 고문실을 비롯한 모든 고문기구들이 알렉산더 솔제니친이 쓴 <수용소군도>나 공산 불가리아에서 13년 동안 옥살이를 한 하랄란 포포프가 쓴 자서전 <믿음을 위해 고문당한 자>에 나오는 것들과 정확히 일치한다는 것을 알 수 있다. 실로 해 아래는 새 것이 없는 법이다.

모든 끔찍한 고문은 그리스도를 거부하는 죄인들의 타락한 본성에 의해 발명되었는데 이를 실행하고 권고한 자들은 "거룩한 미사라는 희생 제사"에 참여하는 메스꺼운 자들이었다. 그들은 다름 아닌 수도승, 사제, 주교, 대주교, 부주교들이었다. 사람에게 타는 기름과 타르를 붓고, 관절에서 뼈를 잡아빼고, 발바닥을 몽둥이로 때리고, 창자를 끄집어내며, 그들의 내장을 붙잡고 빙빙 돌리고, 여인의 가랑이로부터 목까지 창으로 찔러대고,[117] 이마를 쇠사슬로 꽉 조여서 눈알이 튀어나오게 하며, 불붙은 나무로 여인들의 가슴과 남자들의 성기를 지져대고, 가위로 유방을 도려내며, 살을 갈고리로 긁어내고, 철판에 생사람을 구워 먹고,[118] 나사로 엄지 손가락을 죄고, 혀를 잘라내며, 입술, 코, 귀, 손가락 및 발가락을 잘라 내며, 뼈를 동시에 부러뜨리고, 입에다 화약을 넣고 불을 붙였으며, 산 채로 관에다 넣고 생매장을 시키며, 생살을 실과 바늘로 꿰메는 등 이루 말할 수 없는 짓들이 "거룩한" 이들에 의해 자행되었다. 아마 소련 공산주의자(1920-1970)들이나 독일의 나찌(1933-1945)들도 이런 짓은 하지 못했을 것이다. 바빌론 창녀(계 17:1-6)는 성경대로 믿는 사람들 혹은 카톨릭에 반대하는 모든 사람들을 어떻게 다루어야 하는 지를 자기 자녀들에게 철저히 가르쳤던 것이다. 역사가 로렌트(Lorent)에 따르면 1480-1489년 사이 스페인에서는 8,000명 이상의 사람이 산 채로 불태워졌고 9만 명 이상이 기타 방법으로 처벌받았다고 한다. 1499-1506년 사이에는 1,600명이 산 채로 화형을 당했고 1507-1515년에는 2,536명이 동일하게 처형됐다. 1524년까지 2만여 명의 "이단"들이 처벌을 받았고 그 중 1,000명은 트리아나 세빌이라고 하는 도시에서 화형에 처해졌다.[119] 이와 같은 잔인하고 사탄적인 만행을 열거하고 난 후 필립 샤프는 스페인이 이와 같은 잔인무도한 짓을 저지른 후 세계 열강대열에서 탈락한 것을 기뻐해서는 안된다고 말하면서 이후 프로테스탄트들이 세계사의 주역으로 떠오른 사실 역시 기뻐해서는 안된다고 말했다. 샤프에 따르면 우리는 스페인에 대해 "동정심"을 가져야 하며 스페인을 고발하기보다는 스페인의 위대함이 다시 재건되기를[120] 희망해야 한다고 한다.

성경적 진리에 관한 한 필립 샤프는 욕조에서 볼링공도 찾을 수 없는 장님인 것이다.

필립은 성경대로 믿는 사람들을 "이단"이라고 불렀으며 림즈의 힝크마르(제13장 주 79 참조)를 악당이라고 고발했다.

이와 같이 역사가들이 역사, 인물, 교리, 행동, 및 사건들이 맺은 열매(마 7:20)에 대해 성경적인 해석을 하지 못하는 근본적인 이유는 무지와 비겁함이다. 이들 학자들은 <u>객관적</u>이고 "중립적"[121]인 자세를 견지한다는 핑계하에 판단이 요구되는 상황(고전 6:2-3)에서 전혀 합당한 판단을 내리지 않는다(요 18:39). 판단을 내리는데 있어 최종적이고 무오한 권위를 내팽개친 이들은 (사 8:20) "상대적 진리", "상대적 의견", "믿을 만한 번역본들", "신뢰할 만한 역본들" 및 "상대적인 선호" 등을 내세우고 있기 때문에 자신들의 사회적 지위나 수입이 위협받는 그러한 분야에 대해서는 아무런 판단을 내리지 않고 회피한다. 이 두 가지, 즉 사회적 지위와 수입과 관련되는 일이 생기면 그들은 자기 방어 본능을 즉시 드러내고는 자기보존에 어긋나는 모든 판단의 기준들을 포기해 버린다.

케네디가 위대한가 아니면 빌리 선데이가 위대한가? 20세기에 산 사람들 중 만약 이 질문에 확고한 대답을 못한다면 그는 상대적인 기준들만을[122] 내세우는 엉터리 "그리스도인"임에 틀림없다.

누가 가장 위대하냐고 했을 때 우리는 둘 중 하나를 골라야 한다. 생각하기 나름이라고 둘러대는 사람은 열왕기하 4:8, 사도행전 10:34, 열왕기상 10:23, 창세기 49:8, 창세기 22:16을 거부하는 사람이다 우리가 교회사에서 가장 위대한 인물들을 찾으려 할 때 대교황 레오, 대교황 그레고리, 찰스 대제, 프레데릭 대제, 피터 대제 등과 같이 대제(GREAT)란 말이 붙은 사람들을 골라낸다면 그것은 신구약성경에서 말하고 있는 위대함에 대한 기준을 전혀 간과하고 있는 것이다. 조지 워싱턴과 요한 웨슬리 중 18세기에서 누가 가장 위대한 사람인가? 19세기에는 어떠한가? 나폴레옹인가 아니면 찰스 피니인가? 베토벤인가 조지 뮬러인가?

만약 위와 같은 비교가 핵심을 찌르지 못한다면 이런 식으로 생각해 보자. 누가 가장 성경적인가? 다시 말해 하나님께서 자신의 책에 “위대함”(greatness)에 대해 계시한 기준에 따르면 누가 가장 위대한 지를 살펴보자. 대교황 레오가 브레시아의 아놀드(Arnold of Brescia)보다 더 위대한가? 샤프와 라투렛은 이 질문에 대답을 않는다. 샤를마뉴가 부루이즈의 피터(Peter of Bruys)보다 더 위대한가? 하르낙과 모쉐임은 이 질문에 답을 하지 않는다. 하비에르가 진젠돌프(Zinzendorf)보다 위대한가? 피셔와 뉴만은 대답을 않는다. 메노 시몬이 헨리 8세보다 위대한가? 될린져와 다우방은 아무런 언급이 없다. 밥 존스 시니어와 그의 아들 중 누가 위대한가? 디한 박사(Dr. M. R. DeHaan)와 그의 아들은 누가 위대한가? 잭 하일스와 그의 아들은 누가 위대한가? 찰스 풀러와 그의 아들은 누가 더 위대한가?

성경대로 믿는 사람들은 이 질문에 답하는데 아무런 어려움이 없는 반면 학자들은 이 질문을 교묘히 빠져 나간다. 빌라도는 그리스도와 바라바를 놓고 네 가지의 방식을 써서 교묘히 빠져나갔다. 그것은 타협, 비겁함, 부주의 그리고 영리함이었다. 빌라도는 바라바가 유죄임을 알고 있었고(마 27:16), 그리스도는 무죄임을 알고 있었다(요 19:4). 그가 아무리 상대적으로 달리 생각해봐도 이 두 가지 사실은 너무도 자명하였다. 빌라도가 진리가 무엇이냐고 말했을 때(그는 이 말을 묻기 위해 한 것이 아니었다) 그는 자신이 옳다고 알고 있었던 그 판단에 따라 행동할 수 없었다. 바로 이것이 오늘날 모든 성경을 거부하는 사람들의 판단 기준이다. 당신의 지위, 소득, 사회적 입장 및 권위에 손상이 간다면 진리를 언제든지 뒤바꿀 수 있는 것이다(미국의 근본주의자들, 유럽과 남미의 모든 교황 추종자, 아시아와 러시아의 모든 공산주의자, 불가지론자, 무신론자 그리고 무정부주의자들의 가치관이 바로 이것이다). 빌라도는 판단할 수 있는 절대 진리를 갖고 있지 못했다(요 18:38; 19:4). 그는 골치 아픈 문제에서 손을 씻고 말았다. 진리대로 판단하는 것은 그와는 거리가 멀었다(마 27:24). 샤프, 될린져, 피셔 등과 같은 모든 역사가들이 바로 이러한 방식으로 사고하고 책을 쓰며 살고 있다.

교회사를 공부하면서 무엇이 성경적이고 무엇이 비성경적인가를 결정할 수 없다면 도대체 무엇하러 공부하는 것인가? 만약 하나님께서 갑자기 나타나셔서 심판을 내리신다면 하나님께서는 교황 요한 23세를 사보나롤라(Savonarola)보다 더 훌륭한 그리스도인이라고 말씀하시겠는가? 마틴 루터와 프랑스의 필립 왕(Philip the Fair) 중 하나님께서는 누구의 손을 들어 주시겠는가? (그 분은 이미 기록된 법전을 갖고 있음을 잊지 말라.) 하나님께서는 자신이 갖고 계신 절대 기준을 인간에게도 기록으로 남겨 주셨는가? 당신은 그것을 읽어 보았는가? 당신은 그 기준들을 세상 일을 판단하는데 사용해 본 적이 있는가?

샤프, 라투렛, 듀란트, 웰즈 및 기타 유명 역사가들에게는 이런 문제들을 판단할 절대 기준이 없다. 결국 그들은 교묘한 계략을 꾸며 자신들의 몸을 사리고 만다.

1. 그 두 사람은 서로 다른 방식으로 "위대"하기 때문에 한 가지 기준(성경적 기준)으로 비교할 수는 없다.

2. 그 두 사람은 서로 다른 시기에 살았고 일했으므로 비교할 수 없다(그렇다면 성경적 기준이 모든 시대에 적용되지 않는다는 말인가?).

3. 두 사람은 각자 자기 분야에서 위대하기 때문에 비교할 수 없다(그렇다면 성경은 어떤 분야에는 적용될 수 없다는 말인가?).

4. 그러므로 우리는 누가 "위대"한 지를 판단해서는 안된다(마 7:1)[그런데도 이들은 여전히 어떤 인물에게는 대왕, 대제 등과 같이 "GREAT"(위대하다)라고 평가해 주고 있다]. 결론적으로 무엇이 진리이고 무엇이 오류[123]인지는 말할 수 없다. 왜냐하면 그런 판단은 주관적 편견이 되기 때문이다.

바로 이것이 헬라어 신약성경에[124] 대한 웨스트코트와 홀트(1884)의 접근 방식이었다. 바로 이와 같은 상대주의적 사고 방식이 오늘날 모든 신학교와 대학교의 교수진들의 머리 속에 꽉 들어차 있다. 파노시안(BJU), 로버트 섬너(성경적 복음주의자), 커티스 헛슨(<주의 칼, *The Sword of the Lord*> 편집장), 프레드 아프만(테네시 템플 신학교), 등은 <킹제임스성경>에 대해 이런 식으로 접근한다. 예일, 콜롬비아, 하바드, 버클리, 뉴욕 시립 대학 및 시카고 대학 등과 같은 모든 대학들이 모두 진리에 관한한 상대주의자들이다.

주님의 눈에 침례인 요한이 "위대"했다면 교회사가들에게도 마땅히 위대한 인물이어야 되는 것 아닌가? 그렇다면 아브라함 링컨 혹은 샤를마뉴에 대한 글보다 침례인 요한에 대한 글이 더 많아야 되는 것이 아닌가? 그런데 그 반대인 것은 어찌된 일인가? 샤를마뉴와 링컨은 세상에서, 세상에 의해, 세상을 위해, 세상에 속해 살았던 반

교회사 영역에 속하는 세상적인 영웅이었기 때문이 아닌가? 침례인 요한의 당시보다 샤를마뉴 시대의 정보가 더 많기 때문이라는 주장은 변명에 지나지 않는다. 왜냐하면 요한의 시대 이전에도 세상에 대해서는 엄청난 정보가 있었기 때문이다(소크라테스, 시저, 플라토, 아리스토텔레스, 사이러스, 알렉산더 대왕 등). 바울은 우르반 2세나 그레고리 1세(대교황 그레고리)보다 더 영적이었는가 아닌가? 왜 교회사가들은 이 두 사람의 생애를 바울의 생애와 비교하지 않는 것인가? 그것은 교회사가들이 써놓은 교회사를 망쳐 놓을 것이기 때문이 아닌가? 바울에 비하면 우르반 2세나 그레고리 1세 등은 쓰레기 더미에 던져버릴 두 명의 히피에 불과하다.[125)]

수넴 여인(왕하 4:8)이 위대하다면 어째서인가? 그것은 그녀가 아들의 죽음에도 두려워하지 않고 하나님의 선지자를 통해(왕하 4:12-28) 하나님의 약속을 끝까지 붙들었기 때문이 아닌가? 교황이나 주교들(예를 들면 토마스 아 베켓)이나 자신이 갖고 있던 하나님의 말씀을 믿지 않았을 뿐 아니라 그 말씀을 읽은 후 하나님께서 정하신 "위대함"의 기준이 무엇인지에 대해 전혀 무지했는데도 어째서 교회사가들은 그들을 위대하다고 평가하는가? 베케트, 우르반, 그레고리 등은 당시 원하기만 하면 모든 필사본과 자료들을 읽을 수 있는 여건과 권력을 갖고 있었다. 교회사에서 영적인 "지도자"나 "목자"들을 열거하는 그 기준이 어째서 그렇게 세속적이고 반성경적인지 속이 메스꺼울 지경이다.

그 이유는 간단하다. 샤프, 피셔, 르낭, 플래시우스, 하우슨, 하르낙, 및 기타 교회사가들은 인간의 행위를 판단하는 절대적 기준이 있다는 사실을 결코 믿지 않았으며 모든 인간의 행위를 세속적 명성과 당시의 "세태"에 따라 판단했기 때문이다. 만약 이들이 바라바와 그리스도께서 빌라도에게 심판받을 그 당시에 살았다면 그래서 그들이 배심원이 되어 달라는 요청을 받았다면 그들은 비록 바라바가 살인자(교황 이노센트 3세처럼)이며, 반란죄를 저질렀고(보니파스 8세처럼), 도둑이었지만(요한복음 17:11에 나오는 하나님의 칭호인 거룩한 아버지를 도둑질한 모든 교황처럼), 그는 당시 상황이 만들어낸 "부산물"이며 "분명한 핸디캡과 불리한 여건"에 처해있었던 사람이므로 그처럼 가혹하게 그를 판단할 수는 없으며 "그 당시" 상황하에서 그런 생활은 불가피했을 것이라고 두둔하고 나섰을 것이다. 실로 끼리끼리 모이는 법이다(마 13:32). 인간이 역사로부터 배우는 유일한 것은 인간은 역사로부터 아무것도 배우지 못하는 것이라는 분명한 사실 뒤에는 그 이유가 있다. 그것은 주요 교회사가들은 아예 처음부터 무언가를 확실히 배울 수 있는 것이 없다는 생각을 갖고 있기 때문이다. 그들의 입장은 이렇다(40여 명의 저명한 교회사가들의 책을 다 읽어 보면 이런 결론이 나온다는 말이다). 어느 정도는 선하며 어느 정도는 악한 것이 인간이니 속단하지 말고 우리 모두 위를 보자. 밝은 미래가 있지 않은가? 그러니 현재 상황은 구름이 가리워 있는 상황이므로 우리 모두 힘을 합쳐야 한다. 항상 이런 저런 일이 있어온 것이 역사이다. 누구를 심판하고 정죄할 필요는 없다. 우리 모두 하나가 되는 것이 필요하다.[126)]

그러나 이들이 내린 결론이야말로 정직한 교회사 학도들로서 교회사를 조금이라도 아는 사람이라면 결코 받아들일 수 없는 바로 그것이다. 이들이 내린 결론은 성경적 진리에 너무나도 역행한다. 뉴에이지 운동가들이 역사(교회사) 책을 쓰기 전에는 이들의 결론이 가장 최악의 역사 해석이 될 것이다.

교회의 헌법인 성경으로 교회 역사를 판단하는 것을 포기하고 반대로 칼 막스의 철학이나(하나가 되자!) 다윈의 철학으로 그 기준을 삼는 것은 그 교회사를 완성하기도 전에 그 책은 무효이며, 완성된 후에는 역사가 아닌 소설 코너에나 꽂혀야 할 것이다. 성경을 교회사의 판단 기준으로 사용하기를 거부하게 되면 필연적으로 반교회사(로마 카톨릭과 배교한 개신교가 세계를 통치하기 위해 정치적 통합과 교회일치운동을 펼치는 세속사)가 생산되고 만다. 성경에서 말씀하는 "위대함"이란 하나님의 시각에서 결정된다. 사악한 죄인들의 타락한 성품에서 나오는 그 무엇도(엡 2:1-4, 마 23:33, 요 8:40, 사 64:6) 올바른 가치 판단의 기준이 될 수는 없다. 이들은 구원받는 것과 버림받는 것의 차이도 모르기 때문이다(엡 2:1-4). 이들이 하나님의 말씀에 주의를 기울이는데 전혀 관심이 없는, 말로만 "그리스도인"(professing Christian)이라고 하는 사람과 말씀을 붙들고 서 있는 그리스도인과의 차이점을 모르는 것은 두 말할 나위도 없다. 비겁함 바로 그것이 그들의 판단 뒤에 숨어있는 동기요, 성경에 대한 무지는 그들이 가치판단의 기준으로 성경을 인정하지 않는 "핑계"가 된다(요 7:17). 따라서 이들이 "위대함"에 대해서 내놓는 의견들은 무시해도 좋다. 그것은 그들의 의견들이 성경적 진리대신 휴머니즘에 입각한 자유주의와 인간에 대한 두려움에 근거하기 때문이다.

후천년주의와 무천년주의 역사가들이 카톨릭의 관행에 대해 평가해 주도록 요청을 받으면 그들은 늘 이런저런 핑계를 갖다 댄다. "그 시대는 암흑 시대여서 그렇다." "그들은 아직 참된 기독교에 대해 무지했다." 그러나 이 정도의 변명으로는 범법자들을 풀어주기가 민망했는지 더 강력한 전술을 개발해 냈다.

진실을 왜곡시키고 덮어버리기 위해 새로 개발된 방법은 한 가지 이상의 권위를 만들어 내서 그 어떤 권위에 입각해서 단호한 판단을 내리지 못하도록 하는 것이다. 즉 문제의 핵심을 흐려 혼동을 가져오는 방법이 모든 교육받은 자들(변호사, 학자, 교수, 과학자, 의사, 작가)이 채택한 방법이다. 한 마디로 절대권위와 절대 기준은 없으니 모든 것이 괜찮다는 논리다. 재판에서와 같이 최종권위가 있는 경우에는 (이 경우 판사가 최종권위이다) 문제를 뒤섞어 놓아 핵심을 가려버린다.[127] 결국 가상적인 상황 제시에 최종권위인 판사마저도 모든 것이 알쏭달쏭 해져서 확고한 판단을 내릴 수 없게 만드는 것이다. 이러한 상황에서는 아인슈타인의 상대성 이론이 써먹기 좋은 도구가 된다. 가정적인 상황, 상식에 의한 논리 전개, 반대되는 가상의 경우들이 동원되어 모든 것이 생각하기 나름이라는 상대주의가 최종권위가 되면 그 어떤 것을 판단할 최종권위는 사라져 버린다. 심지어는 시간도, 운동도, 공간도 모두 상대화되고 마는 것이다. 이것이 도덕 분야에 적용되면 그야말로 무정부상태를 빚는다. 모든 인간의 행위는 개인의 "선호"[128] 문제일 뿐 선악의 기준은 있을 수 없게 되어버리기 때문이다.

실로 가증스럽고 역겨운 사실은 우리가 이 장에서 열거했던 살인마들이 자신들은 예수 그리스도의 신부이며 그 분이 세우신 유일하고 참된 교회에 속한다고 고백하고 있다는 것이다. 오늘날에도 그 살인마들의 후계자들은 동일한 거짓말을 늘어놓고 있다. 그 당시 상황에서는 그렇게 하는 것이 최선이었다고 주장할 셈인가? 종교 재판의 "정신"은 "시대 정신"과는 아무런 관계가 없다. 그것은 오직 로마 카톨릭 교회의 정신이요, 로마 카톨릭 제국의 정신일 뿐이다. 상황만 주어지면 언제든지 그들의 계획들을[129] 집행하려는 자들이 바로 이 집단인 것이다. 20세기의 로마 카톨릭 역시 동일한 정신으로 무장되어 있다.[130] 그들을 장악하고 있는 영은 에베소서 2:1-2과 요한복음 8:40에 나와있는 바로 그 영이요, 역사가들이 말하는 "시대 정신"과는 아무런 관계가 없다. 샤프와 라투렛은 사탄이 교회사에는 전혀 관계하고 있지 않은 것처럼 위장하고 있을 뿐이다. 이 두 저명하신 교회사가들은 2,000권이 넘는 자료들을 연구했다고 알려지는데 그런데도 교회사를 통해 하나님께서 하신 일과 마귀가 자행한 일을 구분하지 못할 뿐 아니라 무엇이 교회인지도 전혀 모르고 계신다. 하나님께서 성령을 통하여 이룩하신 역사를 이 두 사람은 "기독교적 자극"이니 "이단 종파들"니, "분열주의자"니 "기독교 의식"이니 "도덕적 각성"이니 "선교 열정"이니 따위로 부르는 반면 사탄이 그의 악한 영으로 자행한 만행을(눅 4:6, 고후 4:4, 엡 2:2) "실수, 잘못, 비기독교적 태도, 혹은 행실" "박해정신" "비그리스도적 정신" 따위로 해석하여 이 모든 것이 한갖 인간의 실수이며 사탄과는 무관한 것으로 돌린다. 카톨릭 교회의 중세

사는 너무도 분명하다. 마귀의 성경과, 마귀의 구원 계획, 마귀의 세계지배 야망 등이 절정에 달한 그 모습을 보고 도대체 어떻게 교회사라고 부를 수 있는가? 도대체 그것은 어떤 교회인가? "그리스도의 대리인"(지상에서 하나님을 대표하는 가시적 인물)[131]이 머리에 있고, 무오한 인도함을 받고 있으며(딤전 3:15), "성모"와 죄 없으신 구주(히 4:15)께서 돌보시고 하나님께서 모두 인정해 주시는 완전한 규례들(마 16:19)을 갖춘 그 교회가 어째서 그리스도인을 죽일 수 있는가?

로마 카톨릭의 역사는 결코 교회사가 아니며 "기독교의 확장"도 아니고 오히려 살인마의 잔인무도한 학살 기록일 뿐이다. 200년 동안 90만 명을 살해한 (15세기 동안 4천만 명을 살해했다는 주장도 있음)[132] 집단이 어떻게 진리의 기둥과 터(딤전 3:15)가 될 수 있으며 그리스도의 신부가 될 수 있는가?(고후 11:2)

하나님께서는 성경대로 믿는 그리스도인들과 하나님이 택하신 유대인들을 잔인하게 학대한 스페인을 정치, 사회, 경제적으로 심히 치셨다. 그후로 스페인은 (특히 무적 함대의 몰락 이후) 한 번도 세계 열강 속에 끼어본 적이 없다. 1800년 이후에는 아예 저 밑바닥 국가로 전락해 버렸다. 또르께마다(Torquemada)가 히브리어 구약성경 6천 부를 1490년 세비야에서 불태웠을 때[133] 콜럼버스, 마젤란, 꼬르테스, 코로나도, 폰세 데 레온, 발보아 등의 업적을 등에 업고 세계 강국으로 떠올랐던 스페인의 운명은 이미 결정된 것이다(시 138:2을 잘 읽어 보라).

샤프와 다른 역사가들은 교회사와 성경과의 필연적인 상관관계를 전혀 이해하지 못하고 있다. 샤프는 마틴 루터 이전까지의 교회사에 나타나는 크고 작은 사건과 운동들을 해석할 때 성경을 완전히 제쳐놓고 있다. 실상은 성경에 대해 어떤 태도를 갖고 있느냐에 따라 모든 사건이 전개되었는 데도 말이다. 스페인, 프랑스, 이탈리아가 성경대로 믿는 "이단들"에 대한 학대를 강화시키자 하나님께서도 몇 가지 조치를 취하셨다.

1. 주님께서는 창녀 교회를 둘로 찢어 놓으셨다. 결국 프랑스의 아비뇽에서 한 명의 적그리스도가 통치했고 또 한 명은 로마에다 앉혀 놓으심으로 해서 로마는 항상 "유일하고 거룩하고 사도적인 하나의 교회"라는 카톨릭 거짓말쟁이들의 주장을 뒤엎어 버리셨다. .

2. 하나님께서는 영국에서 한 명의 "이단"을 일으키셨다(위클리프). 이 이단은 어찌나 강력하게 런던과 로마 사이에다 쐐기를 박았는지 교황은 그후 영국을 완전히 회

복할 수가 없었다.

3. 하나님께서는 유럽에 흑사병을 보내셔서 무려 5백만 명의 사람들을 몰살시키셨다. 그 중 90%가 거룩한 성모 교회 회원이었다.

이 문제들에 관해서는 다시 자세히 언급할 것이다. 먼저 우리는 9명의 사데 교회 시대의 "이단들"을 살펴보도록 하자. 이들은 브레시아의 아놀드, 존 위클리프, 존 후스, 지롤라모 사보나롤라, 로잔의 헨리, 플란더즈의 류타르드와 탄첼름, 루마니아의 베르트홀드 그리고 마이스터 에카르트이다.

브레시아의 아놀드 (Arnold of Brescia, 1110-1155)

아놀드는 왈덴스, 폴리시안 그리고 "뉴마니키안"이 모여 살던[134] 이탈리아 북부의 롬바르디 출신이었다. 그는 라테란 노회(1139)에서 분열주의자로 정죄받았고 센즈 공회(1140)에서도 정죄받았다. 그는 이탈리아에서 추방당했고 이어 프랑스에서도 추방당했다. 그는 프랑스에서 보헤미아로 가서 이오나에서 온 선교사들에 의해[135] 복음화된 지역에 정착했다. 그곳에서 불가리안, 아리안 "고트족" 그리고 폴리시안들이 그를 맞이했다. 아놀드는 로마로 돌아갈 수 있는 허가를 받아 그곳에 갔으나 그곳에서 소요[136]를 주도했고 그 결과 "이단"으로 다시 추방되었다. 교황 아드리안 4세는 프레데릭 1세에게 아놀드를 체포하도록 했다. 그는 교수형에 처해졌고 그후 그의 시체는 불태워졌으며 그 재는 티베르 강에 뿌려졌다. 어째서 "그리스도의 대리인"을 자처하는 사람이 자기 교회의 회원을 그렇게 다룰 수 있는가? 이유는 간단하다. 아놀드는 제단에서 드리는 희생 제사(미사)에 관해 "건전하지 못한 생각"을 갖고 있었으며(제13장 주 83-93 참조) 유아세례에 대해서도 반대 입장을 갖고 있었다.[137] 성 베르나르는 아놀드의 성경적 확신들을 "독"[138]이라고 불렀다. 바로니우스는 아놀드를 "정치적 이단의 아버지"[139]라고 불렀다. 아놀드의 "정치적 이단"이란 그가 갖고 있던 교회와 국가에 대한 입장을 말한다. 아놀드는 교회는 세속 정부와는 아무런 관계가 없으므로 그 어떤 성직자도 국가 및 정치적인 문제에는 관여해서는 안된다는 것이었다. 그러니까 아놀드는 물침례와 교회와 국가의 분리(정경 분리 원칙)에 있어서 침례교적 입장을 취한 셈이다. 다시 말해 아놀드는 로저 윌리암스(Roger Williams, 미국에 최초의 침례교회를 세운 사람)보다 500년이나 앞선 선구자였다. 교회와 국가의 분리는 모든 교황들에 따르면 분명한 "이단"이다(요한 23세, 바울 6세, 요한 바울 2세). 이 원칙을 믿는 모든 미국인들은 모두 이단이 되는 셈이다. 적어도 카톨릭 교회가 공식문서에서 주장하는 공식 입장은 그렇다.[140] 아놀드는 왈덴스와 알비겐스가 "유아세례"와 "성체성사"에 대해 믿고 있었던 바와 정확히 같은 믿음을 갖고 있었기에 그에게는 한 가지 길밖에 없었다. 즉 처형당하는 것이었다.

존 위클리프 (John Wycliffe, 1320-1384)

위클리프는 "종교개혁의 새벽별"이라고 불리운다. 그는 영국의 색슨족 출신으로 1366년 왕궁의 궁전 목사가 되었으며 1374년에는 신학박사 학위를 받았다. 그는 곧이어 로마 카톨릭을 기탄없이 비난하였고 이에 런던의 성 바오로 성당의 주교 앞에 소환되어 재판을 받았다. 교황은 위클리프의 모든 저작을 정죄했고 최초의 영어로 된 성경을 금지시켰다. 위클리프는 라틴어에서 영어로 성경을 이미 번역했었다. 사람들은 위클리프가 사용한 라틴어 성경은 제롬의 벌게이트였다고 주장하지만 사실은 요한 퍼베이[141]라고 하는 사람이 위클리프의 번역을 제롬의 벌게이트에 갖다 맞추기 위해 "개정"을 했었다. 위클리프는 분명 구라틴 성경들을 갖고 있었고 몇몇 군데에서 제롬의 벌게이트와 일치하지 않는[142] 구라틴 필사본들도 갖고 있었다. 위클리프는 살아 있는 동안 영국의 강력한 귀족들에 의해 보호를 받았다. 또한 그의 설교를 "기꺼이" 받아들였던 일반인들 역시 그를 지지했다.

위클리프는 옥스포드 출신자들로 "가난한 사제"단을 조직해서 영국 전역에 걸쳐 성경을 설교하도록 했다. 이들은 후일 "롤라드"(Lolards)로 알려진 사람들이다. 비록 이들의 기원을 추적하는 것이 쉽지는 않지만 "리용의 가난한 사람들"(프랑스의 리요니스트로 "휴밀리타이"와 "프라트리셀리"로 불렸음)이 롤라드들처럼 자진해서 가난을 택하였고(주 74, 83 참조) 거리에서 설교하였다는 사실은 주목할만 하다. D.B.레이[143]가 월터 롤라드라고 하는 피드몽 출신의 왈덴스 목사에서부터 롤라드라는 이름이 유래했다고 하는 주장은 믿을만하다. 위클리프는 1384년 교회에서 예배도중 죽었다. 그의 저작들은 엄격히 금지되었고 1415년 콘스탄스 공회는 그의 책들을 불태우도록 명했다. 후일 그의 유해는 무덤에서 파헤쳐져서 태워졌는데 이 일은 1413년 라테란 공회에서 의결되었었다. 존 후스는 "위클리프주의자"라는 비난을 받았다.

위클리프의 시체를 그처럼 잔인하게 파헤쳐 불태운 이유는 간단하다. 그것은 위클리프가 "아리안" 혹은 "마니키안"이었기 때문이 아니었다. 그렇다면 지난 A.D.300-1000년 사이에는 그 죄목으로 많은 사람들을 죽일 수 있었지만 이번에는 반대자들을 합법적으로 죽이기 위해서는 뭔가 다른 이름들이 발명되어야만 했다는 말인가? 그렇지 않다. 위클리프의 시체가 불태워졌던 이유는 그가 아리안, 마니키안, 도나티스트, 폴리시안, 파테린, 보도파, 불가리안, 알비겐스, 왈덴스, 카타리들과 마찬가지로 교황은 적그리스도[144]라고 가르쳤기 때문이며 교황을 따르는 세속 정치가들은 마귀의 종들이라고 말했기 때문이었다. 더 나아가 위클리프는 라드베르투스가 지어낸 "화체설"이라고 하는 아프리카의 검은 마술을 받아들이지 않았기 때문이었다(제13장 주 83-93 참조).

위클리프는 모든 안티옥의 그리스도인들처럼 성경을 믿음과 실행의 모든 문제에 있어 절대적이고 최종적인 권위로 믿었던 성경대로 믿는 사람이었다. 성경이야말로 모든 그리스도인들(교회 지도자 뿐만 아니라)이 반드시 공부해야 할 "모든 진리"이다. 성경에 일치하는 것은 그것이 무엇이든 간에 옳으며, 성경과 상치되는 것은 그것이 무엇이든 간에 거짓된다.[145] 이와 같은 견해를 갖고 있는 사람을 오늘날 신학교(휘튼, 달라스, 마란아다, 테네시 탬플 등)에서는 "성경숭배자"(Bibliolater)라고 부른다. 왜냐하면 위클리프는 성경의 모든 어휘가 참되며 성경에 근거하지 않는 것은 그 어떤 것도 믿을 필요가 없다고 믿었기 때문이다.[146] 위클리프는 로마 카톨릭의 평신도들이 자기들의 언어로 성경을 갖고 읽어야 된다는 사실을 부인하는 그것이 이단이라고 비난했다. 또한 그는 유아세례를 거부했으며(앞에서 언급된 아놀드를 볼 것), 마리아숭배, 연옥, 죽은 자를 위한 기도, 묵주, 유품숭배 그리고 외경을 거부했다. 한 마디로 그는 성경대로 믿는 침례교인이었다. 오늘날 요한 바오로 2세와 케네디가 위클리프를 종교재판한다면 그는 틀림없이 이 두 사람이 속해 있는 그 교회의 도그마에 의해 "이단"으로 정죄받을 것이다.

니콜라스 헤리포드는 위클리프의 번역본에다 외경을 번역해서 집어넣어 위클리프가 북아프리카에서 나온(제5장 참조) 로마 카톨릭의 공식 성경만을 사용했다는 인상을 주려고 했다. 후일[147] 존 퍼베이는 이 번역을 개정해서 좀 더 제롬의 벌게이트에 접근하도록 만들었다. 퍼베이는 롤라드였는데도 불구하고 1400년경 변절하여(투옥된 이후) 카톨릭 주교에 의해 히드의 부주교(Vicarage)에까지 올랐다.[148] 위클리프와 그의 성경에 대해 아룬델 주교는 "그 놈은 적그리스도의 선두주자요, 제자이다... 그 성경은 저주받은 사악한 마귀의 자식이 만든 것이다."[149]라고 말했다.

위클리프가 조직한 순회전도단인 롤라드는 그가 번역한 그 성경을 가지고 영국과 유럽을 누비고 다녔다. 그 중 일부는 화형을 당하기도 했다 : 윌리암 소트르(1401), 존 배들리, 리차드 터밍, 존 클레이돈, 윌리암 테일러(사제), 윌리암 화이트, 리차드 호브덴, 리차드 위치, 토마스 뱅글레이(사제), 존 오울드캐슬 경. 영국에서 최초로 화형을 당한 여자는 롤라드 출신의 조안 브로프톤(Joane Broughton)으로 1494년 스미스 필드에서 화형당했고 그녀의 딸도 같이 화형당했다. 1511년 존 브로이스터와 윌리암 스위팅이 스미스 필드에서 산 채로 화형당했고 1407년에는 스코틀랜드 퍼스에서 제임스 레스비가 화형당했다. 이처럼 창녀 교회는 "기독교의 확장"에 앞장서고 있었던 것이다(케네스 스코트 라투렛이라는 교회사가에게는 카톨릭 교회의 활동이 기독교의 확장으로 보였던 것 같다).

보헤미아의 존 후스 (John Huss of Bohemia, 1369-1415)

후스는 보헤미아의 호시네츠에서 농부의 아들로 태어났다. 그는 1398년 프라하 대학교에서 신학 강사가 되었으며 1401년 사제로 서품을 받았다. 그는 존 위클리프의 저작들을 모국어로 번역했으며 곧이어 카톨릭 교회에 의해 "이단"으로 분류되었다. 그의 추종자들은 "후스파"(Hussites)로 불렸고(제10장 주 39-40 참조) 한 때 전민족이(체코슬로바키아) 그를 따랐다. 후스는 교황에 의해 파문을 당했으나 그는 계속해서 설교하고 책을 썼다. 1414년 그는 콘스탄스 공회에 소환을 당했다. 자유로운 활동과 안전을 보장받고 그곳에 간 후스는 (이를 보장한 자는 황제 시기스문드와 교황 요한 23세였다) 체포되어 투옥되었고 신속한 재판을 통해 화형에 처해졌다(1415). 살인마 카톨릭 교회는 아리안, 보고마일, 파테린, 알비겐스, 마니키안과 같은(제12장 주 96-105 참조) 그 어떤 죄목으로도 그를 처형한 것이 아니었다(후스는 보헤미아에 있을 때 이단 그룹으로부터 성경적 진리들을 배운 것이다. 이는 보헤미아가 왈덴스들의 핵심 본부 중의 하나였기 때문이다[150]). 후스의 죄목은 그가 아프리카의 검은 마술인 "미사"(제12장)를 거부했다는 것이고 성당과 예배당이 아닌 곳에서 언제든지 설교를 했으며 교황의 무오성을 부인했고 "참되고, 거룩하고, 사도적인 교회"는 추기경, 교황, 대주교들이 없이 존재할 수 있다고 설교했기 때문이었다. 그는 카톨릭과는 달리 교회는 베드로가 아닌(마 16:23, 사탄) 예수 그리스도 위에 (반석, 신 32:4, 벧전 2:8) 세워졌다고 생각했다. 따라서 후스는 당시 제도 교회의 모든 교리와 그 영도자에 대항했다는 죄를 뒤집어 쓰게 된 것이다.

음녀의 어미는 그들의 임무를 수행했다. 다시 말해 존 후스를 화형에 처했던 것이다. 교황이 후스에게 자유로운 행동과 안전 귀가를 약속하는 거짓말로 후스를 공회로 소환한 것은 카톨릭의 기본 원칙에 어긋나지 않는다. 그것은 "이단"에게는 약속을 지킬 필요가 없다는 원칙이다.[151] (물론 이단이란 교황이 믿는 바를 믿지 않는 모든 자를 말한다). 이 "원칙"은 후일 예수회에 의해 매우 효과적으로 사용되었다.[152] 그들은 이 간단한 실천 원칙에 입각해서 아브라함 링컨을 암살할 수 있었다. 카톨릭 교회에 영광(단합과 권력)을 가져올 수만 있다면 훌륭한 카톨릭 신자는 법정 안에서든 밖에서든 맹세와 서약을 한 후에도 얼마든지 거짓말을 할 수 있다는 놀라운 원칙이다. 1450년[153]이나 1995년이나 훌륭한 카톨릭 신자에게는 이 정통 교리가 도덕 판단의 기준인 것이다.

지롤라모 사보나롤라 (Girolamo Savonarola, 1452-1498)

사보나롤라는 이탈리아의 페라라에서 태어난 개혁자였다. 그는 1474년 고향을 떠나 도미니크 수도회에 입교했다. 그는 그곳에서 성경과 어거스틴의 책들을 공부했다. 서로 상치되는 이 두 가지 권위에서 성장한 사보나롤라는 그의 동시대 그리스도인들(왈덴스, 롤라드, 후스파 등) 만큼 복음을 열심히 전파하거나 성경적이지는 못했다. 그러나 그는 크리소스톰처럼 의로움에 대해 매우 강력한 설교를 했고 로마 카톨릭 사제들과 주교들의 악한 행실에 대해 담대하게 외쳤다. 결국 이로 인해 이탈리아에서는 소동이 일어났다. 파테린, 왈덴스 및 프라테리셀리등의 고향이라고 할 수 있는 북부 이탈리아의 플로렌스에서는 사보나롤라의 설교에 입각해 칼빈의 제네바 신정과 같은 정부가 세워졌다(16장). 그의 입을 막기 위해 온갖 시도를 다 해보았으나 실패한 교황 알렉산더 6세는 추기경 자리를 그에게 제안했다. 그러나 사보나롤라는 순교자가 될지언정 그럴 수는 없다고 대답했다(그는 추기경의 붉은 모자보다는 차라리 피로 얼룩진 모자를 택하겠다고 말했다[154]). 사데 교회 시대 동안 (사데는 "붉은 자들" 즉 순교자들이란 뜻이다) 사보나롤라는 로마의 죄들을 지적하는 성경대로 믿는 설교자들과 동일한 입장을 취했던 것이다.

사보나롤라의 순교는 "어째서" 카톨릭 교회가 15세기 동안이나 계속해서 그리스도인들을 죽여왔는가에 대한 핵심 동기를 보여주는 확실한 예라고 할 수 있다. 제도 교회를 장악한 교회 지도자들의 전제군주적 성격이 확연히 드러나는 곳이 바로 이곳이다.

사보나롤라는 위클리프와 후스와는 달리 카톨릭의 7성사를 믿었고 죽을 때까지 헌신된 카톨릭 신자였다. 그는 브레시아의 아놀드와 달리 어거스틴과 아타나시우스처럼 정통 카톨릭이었다. 그러나 그는 세 가지의 무서운 “실수”를 저질렀던 것이다.

첫째, 그는 보헤미아 형제단[155]과 심정을 같이 했는데 그들은 불가리안과 폴리시안의 후예들이었다(주 65,69 참조). 보헤미아는 “종교개혁의 요람”[156]이라고 불렸다. 이들 성경대로 믿는 사람들은 보헤미아 출신의 군인 지즈카의 시대(1420)에 상당히 세력이 커져 있었고 왕도 이들을 보호했으며 이 왕의 추종자들은 “타보라이츠”(Taborites)라고 알려졌다. 타보라이츠들의 신학은 유아세례를 거부하며 그들이 갖고 있던 성경에[157] 어긋나는 모든 교부들의 가르침을 하나도 받아들이지 않았다. 위클리프 성경이 인쇄되기 50년전에 보헤미아에는 보헤미안 성경이 4판까지 나왔었다. 1498년 보헤미안 형제단은 그들의 성경을 출판했다.

둘째로, 사보나롤라는 종교의 자유와 성경을 사랑함으로 인해 “이단”으로 불렸다. 이는 교황이 두 가지를 다 사랑하지 않았기 때문이었다.[158]

세째로, 사보나롤라는 교황 보니파스 8세는(UNAM SANCTAM 칙령을 발표한 장본인) 여우처럼 통치를 시작하여 개처럼 통치를 마친[159] 사악한 자였다고 말했다. 이 발언은 상당한 파문을 일으키기에 충분했다. 게다가 그는 하나님의 임재가 교황을 떠나면 교황은 “부서진 도구”에 불과하다고 말했다.[160] 이에 대해 “그리스도의 대리인”이신 교황은 훌륭한 카톨릭 신자가 할 수 있는 유일한 행동을 취했다. 교황은 이 설교자를 두 달 동안 고문한 끝에 화형에 처했던 것이다.

교황의 사자는 화형대에 묶여 있는 그에게 “나는 너를 교회의 회원에서 분리하고 승리하는 교회로부터 영원히 분리시키노라.”고 말했다. 자기가 그럴 능력이라도 있는 것으로 생각했을 것이다. 이에 담대한 전도자였던 사보나롤라는 “승리하는 교회로부터는 분리시키지 못하노라. 그 일은 자네가 할 수 있는 일이 아니다.”[161]고 응수했다. 그의 마지막 말은 “예수여, 예수여”였다. 그를 동정하는 시민들이 그의 죽음을 기독교 순교자의 죽음으로 생각해서 그의 유골을 간직하려고 할지 모른다고 생각했는지 사보나롤라의 유골은 재로 만들어져 아르노 강에 뿌려졌다.

루터는 후일 사보나롤라를 성자로 만드신 분은 하나님이셨다라고 말했다. 종교재판소의 책임자 도미니크는 성자의 반열에 올려놓고 사보나롤라는 제외시킨 것만 봐도 카톨릭 교회의 도덕적 영적 수준은 충분히 짐작이 간다.

성자 반열에 올려 놓는 그 일에 관해서는 잔 다크의 일화가 흥미롭다. 잔 다크(1412-1431)는 로레인에서 태어났다. 그녀는 13세 때 하늘에서 나는 소리를 듣기 시작했다. 1429년 영국이 백년 전쟁 도중 오를레앙시를 함락시키려 하자 그녀는 조국 프랑스를 도우라는 하늘의 음성을 들었다고 한다. 로마 당국은 사제를 시켜 그녀의 신학을 짐김한 후 "성경적"이고 "사도적"이란 판정을 내렸고 군대를 지휘할 수 있도록 허락했다. 그러나 프랑스의 샤를 7세는 그녀를 미친 사람으로 여겼다.[162] 그녀는 영국군에 의해 체포되었다(실상은 프랑스 카톨릭 교도들이 그녀를 잡아서 영국의 카톨릭들에게 팔아 넘겼다). 이 때는 교황이 캔터베리 대주교와 더불어 영국의 로마 카톨릭 국왕과 사제들을 통제하고 있었던 때이므로[163], 교황은 "거룩한 아버지"가 할 수 있는 유일한 행동을 취했다. 즉 그녀를 마녀로 몰아 화형에 처했던 것이다. 25년 후 교황 베네딕트 15세는 카톨릭 교회가 엄청난 실수를 범한 것을 알고서 그녀의 무덤을 잘 장식하고(마 23:29), 잔 다크의 마술과 "이단"에[164] 대한 종교재판소의 판결을 뒤엎었다. 그녀는 성자 반열에 올라선 것이다. 늙은 여우는 그의 발자취를 없애는 법이다.

로잔의 헨리 (Henry of Lausanne, 1090-1145)

헨리시안(Henricians)들의 원래 목사였던 헨리는 이탈리아에서 태어났다. 그는 한때 클루니 수도원에서 베네딕트 수도사를 지냈다. 그는 카톨릭 성직자들 가운데 만연된 타락과 부패에 대해 설교했다는 이유로 체포되어 투옥되었다. 그는 풀려났으나 주교에 의해 추방되었다. 헨리는 "이단"들의 거점인 프랑스 남부지역으로 갔다.[165] 그리고 그는 브루이즈의 피터[166]를 추종하는 거리 설교단에 합류했다. 그러나 교황은 헨리시안 이단을 몰아내기 위해 프랑스 남부 지역으로 교회의 고위 관리들을 파송했다. 헨리는 다시 체포되어 감옥에 갇혔다. 이번에는 종신형이었고 그는 결국 감옥에서 죽었다.[167] 그의 추종자들은 왈덴스와 합류했다. 브루이즈의 피터와 헨리는 모두 유아세례, 미사 그리고 형상들을 사용하는 것을 비난했다.[168] 피터(1080-1126)는 교회 빌딩을 세워서는 안되며 십자가는 숭배대상이 아니고 죽은 자들을 위한 기도는 아무 쓸모 없는 것이라고 말했다.[169]

브루이즈의 피터는 분명히 엄청난 "이단"이었으므로 교황은 훌륭하고 경건한 카톨릭 지도자가 할 수 있는 최선의 행동을 취했다. 교황은 피터를 화형에 처했던 것이다.[170]

플란더즈의 류타르드와 탄첼름 (Leuthard and Tanchelm of Flanders)

이 두 신사는 전 유럽을 돌면서 거리에서 설교를 했다. 뉴만, 샤프, 라투렛에 따르면 이들은 "다크 호스"(Dark Horses)들이었다. 류타르드는 로잔의 헨리처럼 카타리스트(Catharist)였다. 탄첼름은 플란더즈에서 설교했으며 성직자들의 악한 짓을 고발하였다.[171] 그는 부패한 카톨릭 사제들이 집전하는 성체성사는 아무짝에도 가치가 없는 것[172]이라고 말했다. 아마 그는 그것이 노바투스와 그의 추종자인 노바티안들(제4,5장 참조)의 기본 입장이었다는 사실을 모른 채 그렇게 설교했는지 모른다. 그의 성체성사에 대한 설교에 뒤이어 툴루즈 공회(1119)에서 성체성사 받기를 거부하는 이단들은 그들이 거주하는 지역의[173] 통치자에 의해 처형되어야 한다고 결의하였다.

탄첼름은 노르베트에 따르면 "과격"하였다고 하나 다르간에 따르면 "드물게 설득력 있는 설교의 은사를 지닌" 사람이라고 한다.[174] 라가르드에 따르면 평범한 시민들(막 12:37)은 탄첼름을 존경했고 우상숭배에 관한 그의 설교를[175] 받아들였다. 카톨릭 교회의 지도자들은 8세기에 걸쳐 우상숭배에 몰입해 있었으므로 이 설교를 가만 둘 리가 없었다. 결국 훌륭하신 카톨릭 지도부는 카톨릭 사제를 시켜 탄첼름을 암살했다.[176]

세그니의 브루노(Bruno of Segni, 1049)는 잘 알려진 카타리였다. 그는 몇몇 교황의 고문을 지낸 사람으로 바티칸의 그늘에 숨어 고대의 전천년 교리(Chiliasm)를 전파했다. 이 교리를 없애려고 오리겐, 클레멘트, 유세비우스 그리고 어거스틴이 그토록 처절하게 투쟁(제7장 주 33-45 참조)한 이래 아마 교황의 측근에서 이 이단 교리가 등장한 것은 니케아 공회 이래 처음일 것이다.

로베르트 그로세테츠(Robert Grosseteste, 1175)는 교황을 적그리스도로 고발했다. 그는 공개적으로 교황의 직권 남용을 비판했고 헨리 3세 통치[177]하에서 교황이 성직자들의 십일조를 걷지 못하도록 했다.

요크의 제랄드(Gerald of York, 1108)는 안셀름과 그의 "제자들"(주로 학자층)에 대해 강력하게 비판하였다. 또한 그는 만인 제사장직을 주장하였고 로마의 감독이 우월하다는 주장도 반박했다.[178] 레톨릴의 에온과 브레시아의 아놀드는 카타리스트 운동에 동참했고 에온은 가는 곳마다 수도원을 약탈했다.[179]

소요는 더해갔고 이곳저곳에서 압력이 가중되었다. 대중 설교자들은 성경을 신뢰하고 성경에 입각해서만 설교했다. 그들 중에는 티론의 베르나르, 아브리세의 로베르트, 사비그니의 비탈리스[180] 등이 있었다. 카타리들은 오스트리아, 독일, 스위스, 프랑스 그리고 발칸을 거쳐 번져나갔다.

빌라노바의 아놀드는 적그리스도가 파리(약 1300년)에 올 것이라고 예언한 죄로 투옥되었다.[181] 그는 약 9년의 차이만 났을 뿐 정확히 예측한 셈이다(제15장 참조). 다만 나라(프랑스)는 맞춘 반면 도시(아비뇽)만이 틀렸을 뿐이다.

플로리스의 조아킴(Joachim of Floris)은 프란시스코파의 분열에 책임이 있는 자라고 알려져 있으며 이 그룹에서 영적인 사람들만 빼내갔다고 한다. 조아킴은 로마를 "바빌론"(계 17장)이라고 불렀으며 교황을 적그리스도라고 확인했다.[182] 그는 오리겐과 클레멘트의 지도력을 추종했던 사람들을 제외한 모든 초기 교부들과 마찬가지로 전천년주의자였다(Chiliast).

공격적이고 열정적인 설교자들이 이탈리아 전역과 프랑스 남부를 휩쓸었다. 스콜라학파의 학자들이 유명론(Nominalists)과 실재론(Realists) 사이에서 논쟁을 일삼으며 신플라토주의, 아리스토텔레스주의, 변증법 등에 얽매여 있는 동안 하나님의 말씀은 계속해서 전파되었다.

로저 베이컨(Roger Bacon, 1219-1294)이 로마 카톨릭 교회가 신약성경 본문[183]을 부패시켰다고 비난하면서 모든 지식의 근거로서 성경을 무시한 처사를 비판하자 카톨릭 교회는 그를 수도원에 감금시켰다.[184]

로마 카톨릭 교회의 울타리 안에 남아 있는 풋나기들 가운데 (제11장 참조. 게르손, 시에나의 캐더린, 페레르, 쿠사의 니콜라스 등) 아시시의 성 프란시스(1182-1226)는 성경적 기독교에 약간의 기여를 하는 동시에 아무런 박해없이 살아 남았다. 라가르드에 따르면[185] 프란시스가 가는 곳에서는 자그마하고 소박한 규모의 복음운동이 펼쳐졌다고 한다. 프란시스는 집집을 방문하며 복음을 전파했고, 건초더미에서 잠을 잤으며, 문둥병자를 위한 병원에서 복음을 전했고, 언덕에서 설교했다. 그는 이탈리아, 시리아, 이집트를 순회했으며 여러 날을 맨발로 다니기도 했다. 그가 가르친 내용 중 왈덴스와 리요니스트(Lyonist)들에게서 가져온 것이 있었는데 그는 이것으로 어느 정도의 선을 행한 셈이다. 그러나 투옥되지 않고 살아남기 위해 그는 전형적인 로마 카톨릭의 누룩 또한 전파했다. 사실 순회전도자들의 삶을 산 사람들은 알비겐스와 리요니스트였고 프란시스는 그들을 모방했을 뿐이다. 프란시스의 업적이라고 한다면 그가 마호멧 교도들을 회심시키려고 노력한 것으로 이 일로 그는 교황의 측근에 의해 경멸적으로 시련을 당했다. 교황의 게슈타포에게 경멸받는 일은 곧 그 사람이 올바른 노선에 놓여 있음을 말한다.

레이몬드 룰리(Raymond Lully, 1236-1315)는 모하멧 교도들에 대해 부담을 갖고 교황의 바리새적 측근들에게 대항하였다. 그는 자비로 북아프리카에 두 번이나 갔고 그곳에서 길에서 설교하다가 돌에 맞아 죽었다. 룰리(때로는 룰)는 항상 교황의 반대편에 섰고 따라서 냉대를 받았다.[186)]

프란시스코파 수도승들은 북경과 모로코로 갔으며 콜럼버스의 제2차 항해 때는 그와 동행하여 신대륙에도 갔다. 그들은 1600년경 5대호 부근과 세인트 로렌스 강가에서도 활약했다. 프란시스코파가 갖고 있던 약간의 성경적 지식과 약간의 성경적 복음증거는 "이단"들로부터 배운 것이었다.[187)] 성 패트릭의 경우와 같이 성 프란시스의 죽음 몇 개월 후 그의 가르침의 대부분은 수정되었고 카톨릭 교회와 일치하도록 개정되었다. 이 일은 학자들에 의해 자행되었고 교황의 게슈타포[188)]에 의해 수도원에서 강제적으로 시행되었다. 교황 그레고리 9세는 1229년 프란시스를 성자로 추대했고 40년도 채 못되어 교황 알렉산더는 그를 성자로 추앙하는 동시에(패트릭, 콜럼바 등의 경우를 참조) 그의 사역을 파괴하기 시작했다. 오캄의 윌리암만이 순수한 프란시스코파의 유산을 지킨 유일한 학자였다.[189)]

힐데가르트(Hildegard, 1148)는 카톨릭 신비주의자로 친카타리적 입장을 보였다. 그녀는 성직자들의 낮은 도덕 수준을 한탄했으며 구원을 받으려면 카톨릭 사제들 대신 예수 그리스도를 쳐다보라고 말했다.[190)]

잘츠부르크의 대주교 에버하르트 2세(1200-1246)는 교황제도는 다니엘 8:9-13에 나오는 "작은 뿔"이라고 말했다. 그는 교황 제도가 이교도 로마로부터 발전되어 나왔다는[191)] 사실을 최초로 제시한 사람이었다. 이 대주교가 이런 생각을 갖게 된 것은 그가 A.D.300-800년 사이에 성경대로 믿는 사람들로 가득 차 있던 보헤미아와 바바리아 지역에 거처하고 있었기 때문이었다.

루마니아의 베르트홀드 (Berthold of Rumania, 1210-1272)

라티스본의 베르트홀드(Berthold Von Regaensburg)는 프란스시코파 소속의 순회전도자였다. 그는 18,19세기에 설교했던 휫필드나 무디보다 더 많은 청중을 모아 놓고 설교를 했다(6만여 명 이상이 되는 경우도 있었다). 베르트홀드는 영원한 지옥으로부터 우리를 구원하시는 유일하신 구주로 예수 그리스도를 높였으며 속임수, 고행, 도박꾼, 춤쟁이, 게으름, 탐식가 등을 꼬집었다. 다르간에 따르면 그의 설교는 "신선하고... 생동감이 넘치며 ... 때로는 거칠기도" 했다.[192] 그는 세 가지 언어를 사용했다(독일어, 슬라브어, 라틴어). 그는 진짜 "이단"이나 "제도권에 반대하는 자"에 속할 정도는 아니었지만 - 그러니까 배교자들의 마음을 상하게 할 만큼 충분히 성경적이지는 않았다 - 그는 여전히 면죄부에 대해 반대하는 설교를 했고 성자들에게 기도하는 것과 마리아로부터 도움을 받으려는 것을 시간 낭비라고 말했다.[193]

시에나의 베르나르디노(Bernardino of Siena, 1380-1444)는 설교할 때 센세이션을 일으키는 수법을 사용했다고 한다.[194] 그것은 그가 그림을 그려가면서 설교했기 때문이다.

요한 루이스 브로크는 네덜란드에서 설교했다. 장 샤를리어와 요한 베그는 파리에서 복음을 전파했다.[195] 그루트는 순회전도자였다.

1200-1500년 사이에는 유럽 전역에 걸쳐 왈덴스가 퍼져나갔다. 이들은 주로 독일 남동부 출신이었다(모라비아, 보헤미아, 바바리아). 이들은 두 개의 복음서를 암송하도록 훈련받았고 목사 안수를 받기 전 2개국어로 설교할 수 있어야 했다.[196] 교황의 권력도 이들을 막을 수는 없었다. 그들은 이탈리아, 오스트리아, 프랑스의 피드몽 지역을 누볐으며 후일 위그노(Huguenots)로 불리게 되었다.[197] 유럽은 드디어 이 시기에 화약고가 된 것이다. 정치가, 교황들, 공회들 그리고 "르네상스" 등의 회오리가 불고 있었다. 왈덴스들은 "평신도 전도자들"이었다. 그들은 가는 곳마다 사람들에게 성경을 배포했다. 그들의 사역이 얼마나 강력했는지 강단에서도 라틴어 대신 각국의 언어로 설교가 이루어지게 되었다. 학자들의 온갖 방해에도 불구하고, "기독교 대학교" 구내에 모여 "제2차 성별"을 외치던 그룹의 존재에도 불구하고, 또한 로마 당국의 모든 속임수에도 불구하고 전 유럽에 걸쳐 성경이 전파되었고 이것은 로마 교회의 운명을 예고하는 전조였다.

로마에 의해 성 프란시스의 사역이 파괴된 후 역사적으로 전무후무한 사건들이 발생했다. 그것은 흑사병(1340-1355)과 교회의 바빌론 포로(제15장 주 57-58 참조) 사건이었다. 이 때 두 명의 교황들은 서로를 "적그리스도"[198]라고 비방하였다. 적그리스도는 스콜라 신학의 주제가 아니었으며 학문과 예술의 르네상스와도 아무 관계가 없었고 십자군 운동과도 아무런 관계가 없었으며 "경건한 수도승들"이 권하는 "신뢰할만한 번역본들"과도 상관이 없었다. 적그리스도는 계시록을 들고 거리에서 설교하는 성경대로 믿는 사람들의 주된 설교 주제였던 것이다. 왈덴스들은 이미 로마 교회에 복종하는 모든 죄인들은 저주[199]를 받은 것이라고 가르쳐 왔었다. 그러니까 교황들만 "저주받은 자들"을 선정할 줄 아는 것이 아니었다. 십자군들이 귀환한 후 중세를 지배하고 있던 진짜 이슈는 성경과 거리에서의 설교와 관련되어 있었다. 그것은 르네상스도, 길드 상인 조직도, 민족주의도, 스콜라 철학과도 관계가 없었다. 심지어는 기독론(Christology)이나 "마니키안주의"와도 관련이 없었다. 진짜 이슈는 하나님께서 성경에서 주신 계명들, 즉 온 세상에 가서 복음을 전파하라는 지상명령과 관련된 것이었다. 그런데 바로 그 절대적이고 최종적인 권위인 그 책에서 로마 카톨릭 교회를 창녀(계 17장)라고 부르고 있는 것이다.

마이스터 에카르트 (Meister Eckhart, 1260-1327)

에카르트는 우리가 "신비주의자"라고 부르는 그런 종류의 그리스도인으로 자기 자신을 늘 성찰하는 사람이었다. 즉 성도들의 내적인 영적 삶을 주로 묵상하고 사색하는 사람이었다(워치만 니, 루스 팩스톤, 앤드류 머레이, 케스윅 컨벤션 등과 같은 사람). 그는 독일어로 책을 쓴 최초의 신학자였다. 그는 1325년 쾰른의 대주교 비르네부르크의 헨리에 의해 이단이라고 비난을 받았다. 1329년 3월 17일 교황 요한 22세는 에카르트의 가르침 중 15개는 이단이며 열한 개는 적어도 "이단의 냄새"가 난다고 선언하였다[200](아마 독자들은 지금쯤이면 로마 카톨릭에 의해 이단으로 정죄된 교리들은 한 마디로 성경에 나와 있는 반카톨릭적 진리들이라는 사실을 알고 있을 것이다). 에카르트의 이단 교리란 그가 성체성사나 교회의 권위를 인정하지 않고 선행은 그 무엇도 거룩하게 할 수 없으며 거룩한 생활은 거룩한 분에게서 나오며 의로운 행위는 그 누구도 의롭게 할 수 없다[201](롬 3-10장)는 가르침이었다. 그와 같은 가르침은 로마 카톨릭의 성사제도에 전적으로 위반되는 것이었다. 후일 트렌트 공회에 따르면 (1545-1546) 에카르트는 하나님께 저주를 받은 셈이다. 에카르트의 가르침의 내용이 카톨릭 성직제도의 권위와 성사라는 종교의식주의로부터 성령님께로 돌이키고 있는 당시의 경향을 보여 주고 있다는 것을 우리는 주목해야 한다. 이런 움직임이 당시 제도권 인사들에게는 당연히 "이단시" 되었을 것이다.

사태가 이렇게 돌아가고 있는 데도 교황들은 노아의 방주 조각, 겟세마네에서 그리스도께서 흘리신 눈물방울, 마리아의 우유병, 아담을 만드실 때 사용했던 흙, 마리아의 거들, 구유에 있던 짚, 예수께서 예루살렘을 향해서 우실 때 앉아 계셨던 돌의 일부조각[202] 등을 자랑하고 있었다. 바로 이런 병정이 교황들이 존 콜렛(John Colet), 울리히 폰 허튼(Ulrich Von Hutten), 헤기우스(Hegius), 윔펠링(Wimpheling), 트리테미우스(Trithemius), 후이스만(Huisman), 토마스 모어 경(Sir Thomas More) 등과 같은 인문주의자들을 "이단"이라고 정죄했던 것이다. 실로 "이단"들도 있고 진짜 이단도 있는 법이다.

화형에 처해져야 할 만한 "이단들"이 A.D.1200-1500년 사이에 끊임없이 창궐했다는 사실은 이 기간 중 반교회사(로마 카톨릭)와는 관계없는 지하 운동이 강력하게 전개되고 있었음을 입증해 준다. 이 운동은 카타리, 왈덴스, 알비겐스 및 보헤미안 형제단들의 순회전도의 결과로 나타났다. 이들 그룹들은 교황을 적그리스도라고 불렀을 뿐 아니라 성경들과 쪽 복음들을 전 유럽에 배포하였다. 이제는 그 어떤 교황도 로마의 보좌에 편안히 앉아 있을 수가 없었다. 너무도 많은 "빛"이 비추고 있었기 때문이다.

1520년 이전에 벌써 쿠텐베르크의 성경이 199판이나 유통되고 있었다(라틴어 156, 독일어 17, 이탈리아어 11, 보헤미아어 2, 러시아어 1). 15세기를 지나면서 203개의 필사본들이 발견되었는데 그 중 독일어로 된 신구약성경 전체를 담고 있는 것[203]이 10개나 되었다. 1477년에는 프랑스 남동부의 리용(주 166 참조)에서 알비겐스들이 사용하던 완전한 프랑스어 성경이 나왔다. 1525-1526년에는 틴데일이 번역한 "이단" 역본(제16장)이 6000부나 인쇄되어 판매되고 있었다. 어떻게든 이 사태를 잠재우지 않고는 교황들의 권위는 실추될 것이 뻔했다. 틴데일은 필라델피아 교회 시대(1500-1900, 계 3:8)에 속했는데도 불구하고 사보나롤라나 존 후스가 당했던 것과 같은 화형을 당했다는 사실은 교황주의자들의 속성을 잘 보여 준다.

화형 제도를 정식으로 도입한 영국의 군주는 헨리 4세였다(1399). 1401년 그는 로마 교황과 조금이라도 일치하지 않는 주장을 내세우는 이단을 극형에 처하도록 하는 부도덕한 법을 통과시켰다. 영국의 모든 보안관들은 성경대로 믿는 모든 사람들을 괴롭히고 박해하겠다는 선서를 하지 않으면 안되었다.[204] 이 당시 영국의 법을 선포하는 자는 교황이었다. 1416년 칙켈레이(Chickeley) 대주교는 이단을 죽이는 것이 "교회의 주된 관심"이라고 공개적으로 선언했다. 영적인 개종이 아니라 살인이 카톨릭 교도들의 임무라는 것이다.

존 배들리(John Badly)라고 하는 롤라드가 1409년 3월 1일 아룬델 대주교 앞에 소환되었을 때 그는 만약 성체성사에서 쓰이는 둥근 빵(wafer)이 그리스도의 실제 몸이라면 영국에는 2만 여명의 신들이 있는 셈이라고 말했다. 이 건전한 성경적 논리에 대해 카톨릭 주교는 그를 붙잡아 태워죽였다.[205]

요한 플로렌스는 이단으로 정죄되자 자신의 "위클리프주의"를 포기했는데도 노르위치 성당의 회중 앞에서 세 번에 걸쳐 채찍으로 맞았다.[206]

14,15세기라는 지독한 시대 동안 영국인들은 로마의 독재자의 통치하의 농노와 노예에 지나지 않았다. 한 "이단"이 정죄될 때면 교회 종소리가 울리고 사제는 제단에서 켜진 촛불을 가리면서 이렇게 외쳤다. "이 촛불이 빛을 잃듯이 그 자도 지옥에서 혼을 빼앗길지니라."[207] 중세 시대 로마 카톨릭 교회의 주요 임무는 복음의 빛이 켜지는 순간 곧바로 그 불을 꺼버리는 것이었다(제10장 주 97-101 참조).

헨리 8세와 그의 주교들이 "6개항의 강령"(Six Article Acts)을 만들었을 때 그들은 자기들의 스승인 교황들과 동일하게 신성 모독적인 선언을 하고 말았다. 즉 미사가 예수 그리스도의 실제 육체가 다시 성육신된 것이라는 사실을 부인하는 모든 크리스챤은 화형에 처해져야 한다는 것이다.[208]

1506년 타일즈워스(Tylesworth)라는 사람이 화형을 당할 때 카톨릭 교회는 그의 어린 딸에게 불을 붙이도록 함으로써 극적인 장면을 연출시켰다.[209] 1940년 다카우에서 독일 비밀경찰이 저지른 짓이나 1930-1960년 사이 굴락 군도에서 공산주의자들이 저지른 일도 이것만은 못했을 것이다.

카톨릭 교회가 중세 기간 중 켜놓은 "빛"이라고 해야 성경대로 믿는 사람들을 화형시킬 때 피운 모닥불이 전부였다. 계시록 17:4,6에 따르면 이 창녀 교회는 자신의 음행의 더러움만 마신 것이 아니고 성도들의 피에 그리고 예수 그리스도의 순교자들의 피에 취했음을 알 수 있다. 그녀는 로마 교회가 주장하는 것처럼 그리스도의 신부가 아니라 사탄의 신부이며, 모독하는 이름을 갖고 있는 짐승 위에 올라타 있다(계 17:3). 그리스도인을 살해하는데 있어 로마 제국은 로마 카톨릭 교회에 비교도 안된다.

이 시대에 "기독교가 확장"되었다면 그것은 세계를 장악하려는 음모였을 뿐이다. 이 "기독교 확장" 음모에서 사용된 방법은 모략, 살인, 성무금지, 파문 등이었고(제13장 주 29-33 참조) 사용된 무기는 불과 칼이었다. 그리고 "선교사"들은 주 예수 그리스도 대신 외국 정부(로마)에 복종하는 교회국가 관리들이었다.

이처럼 인간을 잔인하게 대했으니 전 유럽에 재앙이 오지 않을 리가 있겠는가? 역사에서 살상을 일삼았던 모든 자들 가운데 징키스칸과 타멀레인이 이끄는 몽고인들의 만행을 제외하고는 A.D.1000-1500년 사이 로마 카톨릭 만큼 인간을 살상한 집단은 없을 것이다. 절대 권력은 반드시 부패하고만다는 역사의 교훈은 불변이다. 우리가 교회사를 통해 한 가지만이라도 반드시 배워야 할 것이 있다면 그것은 공산주의, 카톨릭, 파시스트, 혹은 사회주의를 등에 업고 열리는 "데탕트"니, "인류를 돕자"느니, "인간의 인간성을 회복" 하자느니 하는 회담들은 완전한 사기극에 불과하다는 것이다. 왜냐하면 이 네 가지 시스템들은 전제독재나 과두독재이기 때문에 반드시 부패하게 되어 있기 때문이다.[210)]

이밖에도 이 시대에는 유명한 인물들이 더 있다. 존 타울러(John Tauler), 존 콜렛(John Colet), 존 로치린(John Reuchlin). 스트라스부르그의 가일러(Geiler) 등에 관해서는 다음 장에서 간략하게 다루도록 하겠다. 우리는 또한 사데 교회 시대의 정치적, 문화적 분위기를 살펴볼 필요가 있다. 이 시대의 바로 중간쯤에 중세의 가장 큰 스캔들인 로마 카톨릭의 분열이 있었다. 이 사건을 이해하기 위해서는 서구 세계의 최고 실력자로 군림하기 위해 교황들이 전개해 온 파워 정치게임이 얼마나 마키아벨리적인 방법에 의해 자행되었는가를 알아야 한다. 교황이 자기는 하나님의 율법과 인간의 법으로부터 면제된다고 주장했을 때,[211)] 그는 이미 2천만이 넘는 미신숭배자들의 "거룩한 아버지"로 추앙받고 있었다. 히틀러가 자신을 "거룩한 아버지"라고 부르도록 요구하지 않은 채 사람들의 무조건적인 복종을 요구했을 때도[212)] 그는 미친 사람으로 간주되었었다.

유럽의 왕들은 모두 멍청이가 아니었다. 그들은 교황이 그들의 권력 다툼의 대상임을 알아차렸다. 교황의 권력이 너무 막강하기에 결국 그들은 때가 될 때까지는 교황과 "잘 지내는 수"밖에 없었다. 스탈린과 모로토프 역시 리벤트롭과 아돌프 히틀러와 "우호" 조약을 맺을 수밖에 없었다(1939). 평화 조약이란 이처럼 상호 신뢰나 "평화 공존"에 입각해서 체결되는 것이 아니라 "상호 공포"에 의해 체결된다. 어떤 교황도 어떤 국왕이 군대를 이끌고 로마로 와서 자신을 감옥에 넣는 것을 원치 않았다(제15장 참조). 반대로 어떤 왕도 암살범의 비수에 살해당하기를 원치 않았다. 이는 어떤 교황은 살인을 하고자 하는 범법자에게 "죄사함"을 약속해 주었기 때문이다. 이 시대에 유럽 곳곳에서 왕들이 할거하게 되자 카톨릭 교회가 마음대로 활동할 수 있도록 보장하는 왕에게는 무엇이든지 양보하려는 전략을 썼다. 교황은 어떻게 사태를 대처해야하는 줄을 알고 있었던 것이다(1979년 공산 폴란드에서의 요한 바오로 2세의 활약과 모스크바, 로마 구축 1978-1990 참조).

"호의"에 대해 하나님과 성경을 팔아먹는 일이 종교 창녀(계 17:5)에게는 기본 상식이었다. 마귀에 사로잡힌 교황들의 영도하에 로마 카톨릭 교회는 그들의 장자권을 팥죽 한 그릇에 팔아 먹었다(히 12:16). 사도 요한이 말한 대로 "세상과 그 정욕은 사라지는 법"이다(요일 2:17). 만약 당신이 대부분의 카톨릭 신자들처럼 이 세상을 사랑한다면 당신은 그것을 지키기 위해 하늘나라를 팔아 먹어야 한다(딤후 4:10).

이러한 매도 행위는 콘스탄틴 시대로부터 시작되어 클로비스와 샤를마뉴로 이어졌다. 이 세상에 속한 자로 이 세상에 의해 이 세상을 위해 그리고 이 세상 사람들이 따르는(요일 4:5) 그러한 세상 통치자들 사이에서 벌어지는 권력 투쟁은 이제 모든 사람이 지켜보는 공연물이 되어 버렸다. 이것을 우리는 반교회사라고 부르는 것이다. 이는 교황, 추기경, 대주교, 수도승, 수녀, 사제들은 처음부터 신약 교회와는 아무런 상관이 없었기 때문이다 그들은 한결같이 세상 제도하에서 "파워게임"을 벌이던 사람들이기에 세상 사람들이 그들의 말을 들었던 것이다(요한일서). 수도승과 수녀들은 이미 살펴본 대로(제11장 참조) 겉으로 더욱 "경건하고" "비세속적"으로 보이기 위해 깊은 곳으로 숨어들어 갔지만 실제로는 가장 타락하고, 불경스럽고, 육신적인 세상 조직체인 로마 카톨릭 음녀 교회와 계속 교제를 나누던 자들이었다.

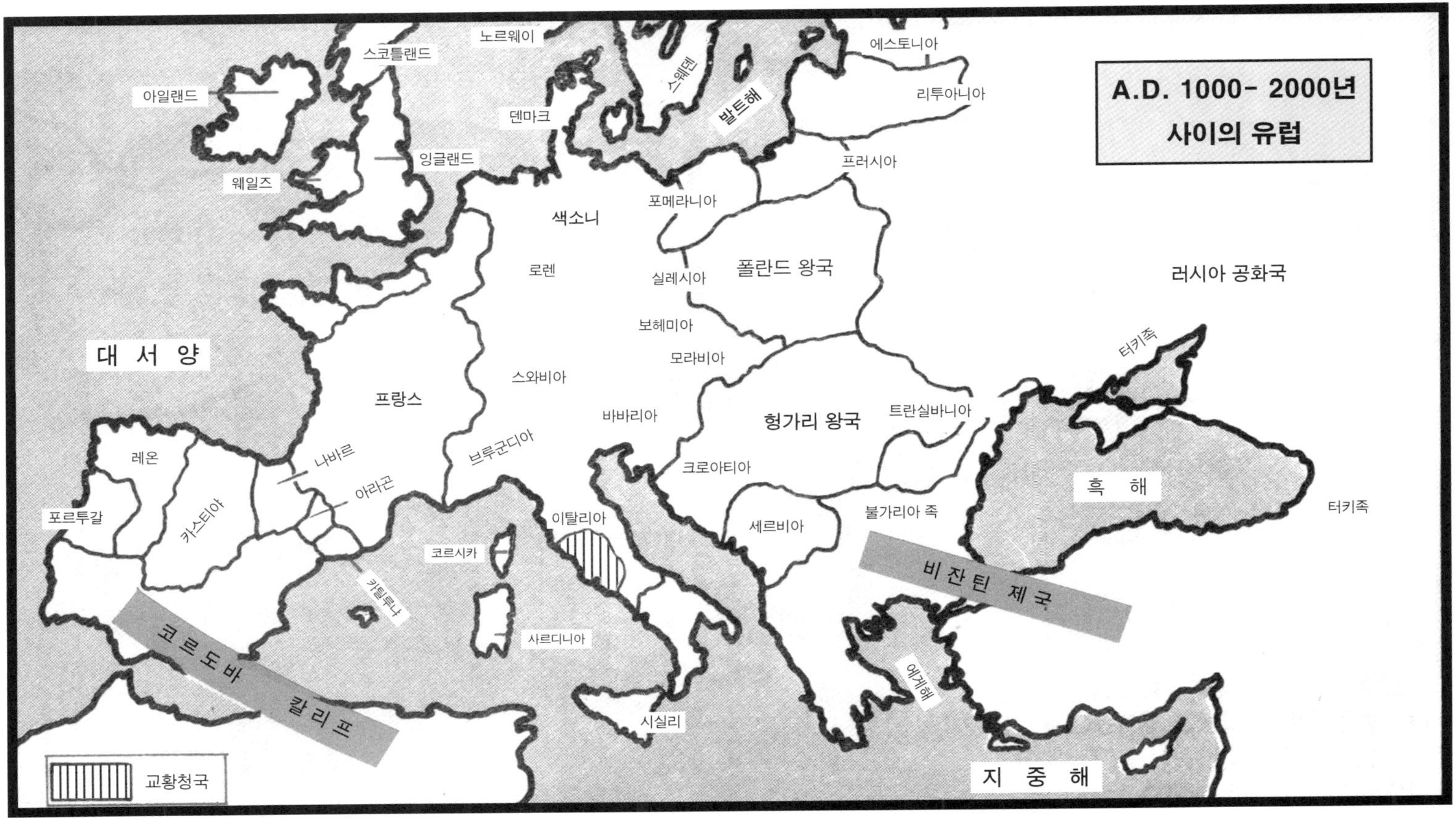
A.D. 1000- 2000년
사이의 유럽
노르웨이
스코틀랜드
아일랜드
스웨덴
발트해
에스토니아
리투아니아
덴마크
잉글랜드
웨일즈
프러시아
포메라니아
색소니
로렌
실레시아
폴란드 왕국
러시아 공화국
보헤미아
모라비아
대 서 양
스와비아
프랑스
터키족
바바리아
트란실바니아
헝가리 왕국
브루군디아
레온
나바르
크로아티아
아라곤
흑 해
포르투갈
카스티아
이탈리아
불가리아 족
터키족
세르비아
코르시카
카탈루나
비 잔 틴 제 국
사르디니아
코 르 도 바
칼 리 프
에게해
시실리
교황청국
지 중 해

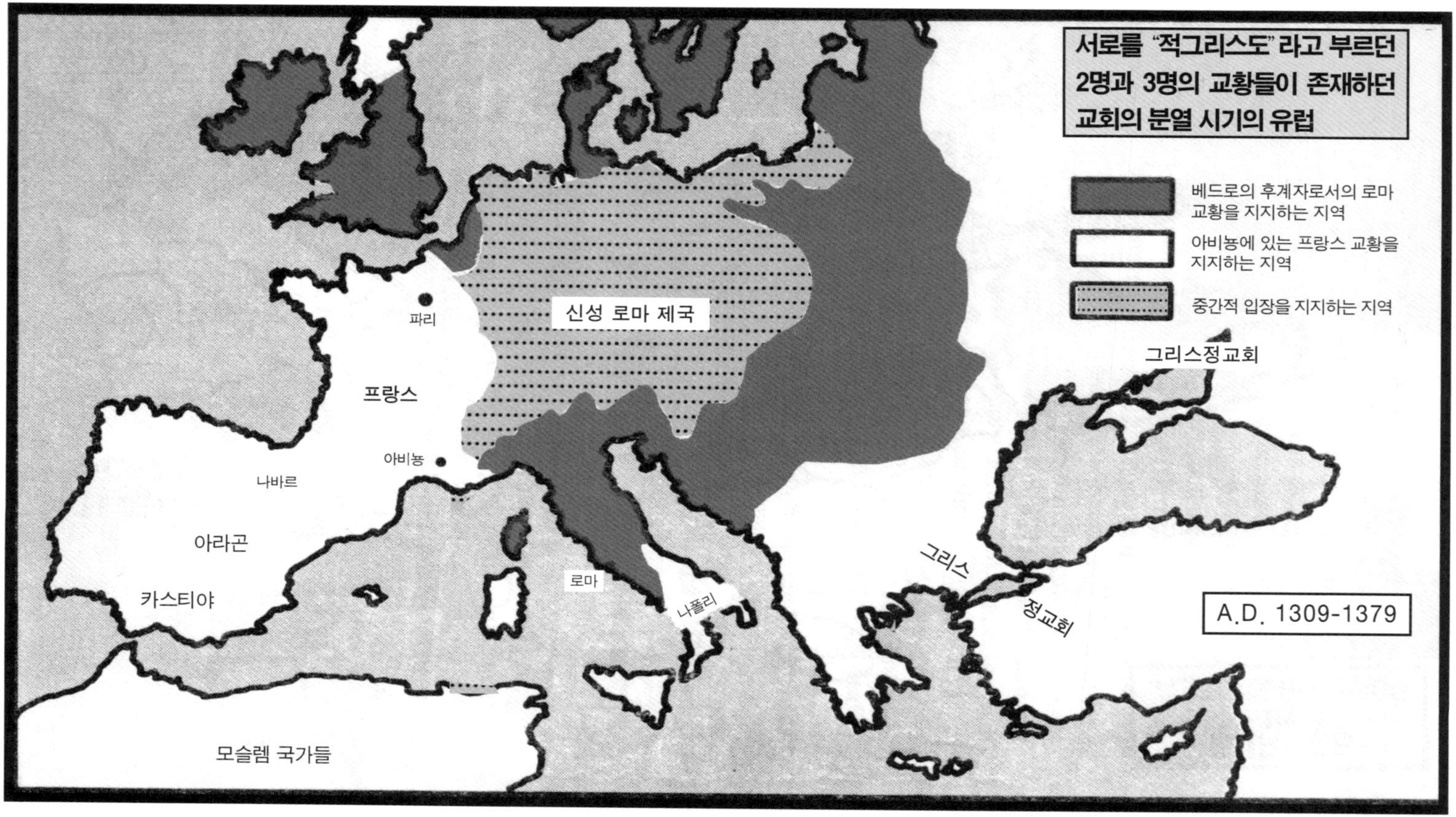
서로를 "적그리스도" 라고 부르던
2명과 3명의 교황들이 존재하던
교회의 분열 시기의 유럽
베드로의 후계자로서의 로마 교황을 지지하는 지역
아비뇽에 있는 프랑스 교황을 지지하는 지역
중간적 입장을 지지하는 지역
그리스정교회
신성 로마 제국
파리
프랑스
아비뇽
나바르
아라곤
카스티야
로마
나폴리
그리스
정교회
모슬렘 국가들
A.D. 1309-1379

제 15 장
반교회사

능력과 지혜가 그에게 있으며, 속는 자와 속이는 자가 그의 것이라. 그는 의논자들이 약탈당하도록 이끄시며 재판관들도 어리석은 자가 되게 하시는도다. 그는 왕들의 속박을 풀어서, 끈으로 그들의 허리를 묶으시는도다…그는 통치자들에게 멸시를 쏟으시며 권세자의 권세를 약하게 하시는도다. (욥 12:16-18,21).

독일의 왕 헨리 3세(1039-1056)는 1046-1056년까지 신성 로마 제국의 황제였다. 그는 1046년 로마로 가서 공회를 소집하여 세 명의 "그리스도의 대리인"들의 문제를 종식시켰다(실베스터 3세, 베네딕트 9세, 그레고리 6세). "축복받은 베드로"로부터 내려오는 "사도적 계승"은 누가 가장 강력한 군대를 갖고 있느냐에 따라 달라질 수 있기 때문에 이들 세 사람 외에 네 번째 교황이 등장하고 있었다. 헨리는 클레멘트 2세를 교황의 보좌에 앉혔다. 이와 같은 호의에 감복한 클레멘트는 헨리를 "하나님에 의해 관 씌워진 황제"로서 임명했다(제12장 주 68 참조). 이와 같은 "약진" 작전이 모든 사람에게 만족스러웠는지 헨리는 그 후 네 명의 교황을 임명하였다.

헨리의 후계자는 헨리 4세(1050-1106)로 프러시아에서 태어난 독일 왕이었다. 그는

1075년 색슨족을 정복한 이후 자신이 주교, 수도원장, 대주교 등을 임명할 수 있다고 생각했다. 헨리 3세는 "교황들"도 임명하지 않았던가? 그러나 이번에는 교황이 이를 용납하지 않았다. 교황은 행크(헨리의 애칭)를 파문시키겠다고 위협했고 이에 행크는 보름스 공회(Council at Worms, 1076)를 소집해서 교황 그레고리를 마술, 배반, 불순, 및 마귀와의 접촉 등의 이유로 파문시켰다(이 사건은 교황들의 과거 행적과 미래에 전개될 역사에 비추어 볼 때 어쩌면 픽션 이상의 사건이었다[1]). 그 다음날 교황 그레고리(Gregory, 힐데브란트 : Hildebrand)는 신성 로마 제국의 황제를 성 베드로의 이름으로[2] 파문시켰다. 그레고리는 마치 성경대로 믿는 사람이나 되는 듯이 마태복음 16:18을 경건하게 인용하였다. 헨리를 파문시킨 것과 아울러 그레고리는 보름스에서 헨리를 만났던 독일과 이탈리아의 주교들을 교회에서 추방시켰다.[3]

이 당시 민중들의 마음은 독일 황제로부터 돌아서 있었다. 일반인들은 교황이 황제에게 관을 수여했다면 그것은 교황이 "하나님"이란 뜻이요, 따라서 황제는 하나님께 대항해서는 안된다는 것이었다. A.D.800년 당시 교황이 샤를마뉴에게 황제의 관을 수여할 때 교황은 이미 "하나님"으로 군림하고 있었다(제12장 주 68,69 참조). 결국 헨리의 백성들은 황제가 죄를 자백하고 교황에게 복종해야 된다고 결정했다(물론 이들의 결정은 성경적 권위와 가르침과는 아무런 상관이 없는 것이다). 황제는 12개월 이내에 "사면"을 구하든지 아니면 황제 자리에서 물러나야 할 처지에 놓였다(A.D.1076). 헨리는 진노했으나 다른 도리가 없었다. 1077년 겨울 헨리는 그의 아내와 아들 그리고 신하 한 명을 거느리고 알프스를 건너 이탈리아 북부에 있는 카놋사라는 곳으로 가서 교황이 자신을 "성무금지"(제13장 주 30-31 참조)에서 풀어준다면 교황에게 굴복하겠노라고 공개적으로 선언했다. 이것은 후일 모든 국왕들이 로마의 파시스트 독재자에게 어떻게 행동해야 하는가를 본으로 보여준 셈이다. 그레고리(일반 역사에서는 힐데브란트로 알려져 있음)는 자기의 유리한 상황을 이용해서 헨리가 모든 왕들은 교황이 원하는 사람에게 왕관을 수여할 수 있도록 왕위를 교황에게 내맡겨야 한다고 고백할 때까지 "사면"을 할 수 없노라고 말했다. 헨리는 땅에 엎드려 교황청 문 앞에서 삼 일을 맨발과 맨 머리로 눈발 속에 참회했다. 삼일 후 문이 열리고 행크는 그의 "은인"에게 "거룩한 아버지여! 용서하소서"라고 울며 용서를 빌었다. 거룩한 아버지(요 17:11)는 헨리를 사면했고 "사도적 축복과 바알의 미사를 베풀었다. 헨리는 거룩한 아버지의 경고를 품에 안고 고향으로 돌아갔다.

이 가증스러운 사건으로 독일과 이탈리아[4]에서는 내란이 발생했다. 헨리와 루돌프(스와비아 공작) 사이의 삼 년 간의 피비린내 나는 전쟁이 끝나자 그레고리는 독일을 루돌프에게 하사하고(루돌프의 군대가 그 당시 우위에 있었음은 물론이다) 이탈리아를 자기 몫으로 챙겼다.[5] 이 소식이 전해지자 독일과 이탈리아의 주교 30명이 티롤의 브릭슨에서 모여(1080) 그레고리를 교황 자리에서 내쫓았다(27명이 축출 성명에 서명했다).

결국 헨리는 원대복귀할 수 있게 된 셈이다.

이번에는 행크는 바보짓은 하지 않았다. 그는 이번에는 한 명의 부하 대신 군대를 이끌고 알프스를 넘어 로마에 있는 늙은 말썽쟁이를 체포해서 감옥에 집어 넣었다(1084). 그러나 교도소 생활은 그레고리를 바로잡는데는 아무런 도움을 주지 못했다. 이 늙은 위선자는 어거스틴 만큼이나 "경건"하고 "성스러웠던" 것이다. 그는 "나는 악한 자들의 위협을 무서워하지 않는다. 악에게 굴복하느니 죽음을 택하겠다."고 선언했던 것이다.[6] 로마 카톨릭 교회의 선과 악의 기준이 무엇인지 교회사를 통해 알고 있는 독자들은 그레고리의 선언을 심각하게 생각하지 않을 것이다.

헨리는 로마를 점령한 후(1083. 6. 28) 위비트(Wibert)를 교황 자리에 앉혔다. 그러자 늙은 그레고리는 저주를 퍼부어 댔다. 얼마후 그레고리는 그 누구의 이름으로 저주해도 아무런 소용이 없는 줄을 알고 무력을 동원하기로 작정했다. 그는 위스카드(로버트 기스카드)라고 하는 노르만 두목에게 자기를 도와달라고 요청했다. 위스카드는 약 삼만 명의 보병과 육천 명의 기병을 대동하고 로마로 왔는데 그 중에는 사라센(Saracens)과 롬바드족(Lombards)도 있었다. 그는 1084년 5월 교황을 해방시켰다. 그러나 그레고리의 책략은 자신의 발꿈치를 물고 말았다. 위스카드와 그의 군대들은 로마를 약탈하였고, 교황의 적들뿐만 아니라 교황의 지지자들까지 강간과 살해를 일삼았다. 게다가 수천 명의 카톨릭 교도들까지 노예로 팔아버렸다.[7]

살레르노에 망명 중이었던 교황 그레고리는 여전히 헨리에 대해 저주를 퍼부었다. 그레고리는 로마에 있는 자기의 신하들 수백 명이 강간, 강도, 살인을 당하도록 했으며 이탈리아 밖에서 수천 명의 독일인들을 죽음과 파멸로 몰아넣고서도 "나는 의로움을 사랑했고 죄악을 미워했노라. 그러므로 나는 망명지에서 죽노라."[8]라고 말했다. 이에 대해 그의 심복 중의 하나는 이렇게 대답했다고 한다. "그렇지 않습니다. 성하. 교황 성하께서는 그리스도와 사도들의 대리인으로서 전세계 모든 민족들을 유업으로 받으셨으므로 망명지가 아니라 성하의 영토에서 죽으시는 겁니다."[9] 이리하여 하나님께서 버리신 날강도가 하나님 아버지께서 아들이신 예수 그리스도께 주신 약속인 시편 2:8을 도둑질하였다. 시편 2:8의 이 약속은 천년왕국 때 이루어질 약속이다.

토마스 아 베켓(Tomas à Becket)과 영국의 헨리 2세는 디즈니랜드 교회사에나 등장할 만한 인물이다. 교회와 국가간의 끊임없는 갈등의 결과로서 영국에서는 영국의 왕이 통치자가 되든지 아니면 교황이 통치자가 되어야 하는 상황이 벌어졌다. 이 이야기는 이미 잘 알려져 있으며 한 카톨릭 신자의 죽음에 대해 많은 사람들의 관심을 불러일으킬 "경건한" 목적으로 널리 유포되었다. 그럼에도 불구하고 수천 명의 순교당한 그리스도인들은 매스컴의 관심을 받지 못했다. 토마스 아 베켓이라고 하는 카톨릭 신자는 언론 매체를 통해 "위대한" 순교자(제14장 주 120-131 참조)로 부각되었다. 이는 그가 영국에서 로마 카톨릭의 정책을 옹호하고 나섰기 때문이다. 카톨릭에게는 아일랜드에서 영국의 정책을 옹호하는 것은 죄이고(아브로맨하탄이 쓴 Religious Terror in Ireland, 1972) 스페인에서(1936, 스페인 내란) 공산주의 정책을 옹호하는 것은 사망에 이를 죄에 해당된다. 그렇지만 멕시코, 남미, 스페인, 아일랜드, 영국, 스코틀랜드, 독일, 혹은 미국에서 이중적인 기준(제5장 주 42 참조)을 가지고 자신에게 유리한 쪽으로 외교 정책을 조절하는 것은 아주 간단한 일이다.

토마스 아 베켓(1118-1170)은 런던에서 태어났다. 그는 후일 영국의 모든 내란, 교회 분열, 롤라드 살상(제14장 참조), 엉터리 성서들, 사회 혼란의 주요 원인이었던 캔터베리의 대주교가 되었다(제12장 주 21-22 참조). 1155년 헨리 2세는 그를 대법관의 지위에 올렸고 대주교가 되기까지 그는 국왕의 측근이었다. 베켓은 군대를 이끌었고(툴루즈), 성을 공격했으며, 도시를 파괴했고, 집을 불태웠으며, 국왕을 위해 학살을 일삼았다.[10] 일부 역사가들에 따르면 그는 부도덕한 행위, 음주, 파티 혹은 음담패설 등도 어느 정도 하였다고 한다.[11] 물론 친카톨릭 작가들은 이 사실을 강력히 부인하며(필립 샤프), 그가 군대를 지휘하여 보여준 잔인성은 "중세적인 경건과 자비심이라는 관점에서 볼 때 크게 문제될 것이 없다"라고 한다.[12] 한 마디로 이 사람에 관한 이야기는 참된 교회사에서는 전혀 언급할 가치도 없는 비성경적이고, 비기독교적이며, 이교도적인 것에 불과하다.

헨리가 토마스를 대주교로 높이자 토미(토마스의 애칭)는 국왕에게 그런 일을 하면 친구를 잃을 것이라고 경고했다. 토마스는 서품을 받고 나서 즉시 알렉산더 3세를 교황으로 인정했다(알렉산더는 성경대로 믿는 그리스도인들을 죽인 사람들에게는 흥청거리는 파티를 허용했다[13]). 그리고 나서 토마스는 급격한 변화를 겪었다. 그는 매일 열 세 명의 거지들의 맨발을 씻었고 자신의 죄값을 갚기 위해 스스로 채찍질을 했으며 이로 오염된 거친 베옷을 입고, 나무 뿌리를 먹었으며, 성직자로서의 수완을 발휘하기 시작했다.[14] 이와 같은 "개선"에 대해 샤프는 이것은 "자연스럽지 못하고 인위적인" 행위였다고 말한다. 더 정직한 사람이라면 그런 행위는 비성경적이고, 비기독교적이며, 신약성경에 나와있는 모든 내용(골 2:20-23, 엡 2:8,9)에 완전히 반대되는 것임을 인정할 것이다. 토마스는 성직자의 바리새적인 인격에 관한 한 교황을 능가하고도 남는 자였다. 그러나 그는 자기의 옛 친구인 헨리가 하나님과 성경에 대해 지은 죄는 결코 나무라지 않을 만큼 용의주도했다. 그는 다만 헨리가 로마 당국의 정책에 반대하는데 대해서만 언급했을 뿐이다.[15]

세금문제로 국왕과 대주교는 최초의 갈등을 빚게 되었다. 두 사람 다 전제 체제(절대 군주 대(對) 절대 교황제)를 대표하는 사람들이었으므로 서로 권력 투쟁을 전개할 수밖에 없었다. 헨리는 자기 백성들이 세금을 낸다면 그것은 카톨릭 교회(교황)가 아닌 영국 정부(자기 자신)에게로 귀속되어야 한다고 결정을 내렸다. 토마스는 교황에 의해 고용된 자이기 때문에 세금은 교회에게 돌아가야 한다고 생각했다. 토마스의 사고 방식은 세금은 카톨릭 학교들, 카톨릭 버스들, 공립 학교의 카톨릭 수녀들 그리고 카톨릭 교도들에게 복지금으로 쓰여져야 한다는 것이다(오늘날의 미국을 염두에 둘 것). 따라서 토마스는 영국은 왕의 땅이 아니고[16] 토마스의 땅이라고 선포했다. 이 사실은 헨리에게는 매우 큰 충격이었다. 왕족의 피라고는 한 방울도 갖고 있지 않은 자에게 왕국 전체가 속해 있다는 생각은 헨리로서는 도저히 받아들일 수가 없었다.

그 다음 사건은 필립이라고 하는 한 카톨릭 사제가 살인을 저질렀는데도 불구하고, 주교들을 위해서 일하고 있다는 이유로 주교 법정에서 죄를 면제받은 사건이었다. 민간인을 살해한 신부가 민간인 법정이 아닌 주교들의 법정에서 무죄선고를 받은 것이다. 이것은 카톨릭 사제는 카톨릭 교회만이 재판할 수 있다는 카톨릭의 관행이었다. 그러니까 카톨릭 교회는 후일 써 먹을 수 있는 자라면 살인자도 봐주고, 롤라드와 보헤미아 형제단들처럼 "이단적" 사상을 갖게 될 위험이 있는 자들은 없애 버릴 수 있는 것이다. 사실 카톨릭의 주교 법정은 "이단"[17]죄를 제외하고는 그 어떤 죄를 지어도 카톨릭 사제들을 사형에 처한 적이 없다. 살인, 간음, 강간, 음행, 유괴, 거짓말, 도둑질, 사기, 술취함 등은 성경을 가르치는 이단적 행위에 비하면 충분히 용서받을 수 있는 죄목들인 것이다. 카톨릭 신부들이 저지르는 다른 죄들에 대해서는 매질, 투옥, 혹은 직위 강등 정도의 처벌이 가해졌다. 헨리 국왕이 그 살인자 신부를 민간 법정에서 재판받도록 요구하자 토마스는 마피아에게 도움을 청하는 한편 나훔 1:9과 사무엘상 1,2,3장을 들어 성직자들은 예외를 인정받아야 한다고 주장했다. 이때 토마스가 인용한 것은 오리겐의 헥사플라의 제5란으로[18] 이것은 오늘날 대다수의 신학생들에게 "칠십인역"으로 알려져 있다.

토마스의 도전에 화가 난 헨리는 "클라렌던 법"(The Clarendon Constitution, 1164)이라고 불리는 16개 조항의 규례를 제시했다. 이에 따르면 성직자는 모든 사람과 마찬가지로 거주지 국법에 따르도록 하며(롬 13:1) 교회는 국법을 거부할 권리를 갖는 독립적인 외국 단체가 아니고 국왕이 자국의 주교들을 임명할 권세를 갖고 있다고 한다. 토마스 아 베켓은 자신이 시민법을 어겼기 때문에 그는 공회 앞에 소환을 당했다. 그는 무죄로 풀려나도록 도와 달라고 청원했다.[19] 그러나 도움이 늦어지자 토마스는 밤에 영국을 빠져나가 프랑스로 도망해서 6년 간 망명 생활을 했다.

토마스가 도망을 치자 헨리는 그의 모든 재산을 몰수했다(당시 모든 대주교들은 "가난"과 "세족"을 서원한 후에도 지극히 부유하게 지냈다. 토마스의 재산도 엄청나게 많은 것은 물론이다). 프랑스의 국왕 루이는 알비겐스와 왈덴스의 열렬한 박해자였는데 토마스를 높이 평가하고는 영국에서 소요를 일으키고 카톨릭 세력을 확장할 수 있는 신뢰할 만한 인물이라고 토마스를 교황에게 추천했다. 그러자 교황은 (당시 교황은 로마에 없고 프랑스에 있었다) 토마스에게 영국에 있는 그의 모든 재산과 토지를 되돌려 주었다(이때 토마스는 프랑스에 있었다). 토마스는 영국이 아닌 프랑스에서 Clarendon Constitution에 동의하는 모든 영국인들을 파문시키고자 했으며 모든 로마 카톨릭 사제들은 국왕들의 스승(MASTERS)[20]이라고 주장했다. 이에 헨리는 그에게 "물에 빠져 뒈져버리라."고 응수했다.

교황청과 국왕과의 오랜 협상 끝에 베켓은 영국으로 돌아오게 되었다. 그 때에는 교황청이 지역 사제들, 수녀원, 수도원 등을 동원해서 선전공세를 펼친 후여서 베켓은 나폴레옹이 엘바 섬에서 혹은 맥아더가 호주에서, 더 정확히 말하면 히틀러가 비엔나로(1938) 돌아오듯이 금의환향을 할 수 있었다. 일단 영국에 돌아온 베켓은 그가 프랑스에서 파문시킨 영국의 사제들과 주교들을 다루어야 했다. 토마스만큼이나 책략가들인 이들 성직자들은 당시 노르만디의 바육스에 있는 성으로 국왕을 알현했다. 왕의 성질과 태도를 직감한 이들은 아무런 지시없이 영국의 살트우드로 가서 무장한 장정 10여 명을 사들였다. 그들은 2월 29일 캔터베리 성당 벽 바깥쪽에 위치한(제12장 주 21-22 참조) 성 어거스틴 수도원으로 갔다. 그들은 토마스에게 그가 프랑스에서 교황과 함께 지냈을 당시 파문시켰던 모든 영국인들에게 파문을 철회하도록 요구했다. 베켓은 교황은 자기의 주이며(하나님이 아니고) 그는 영국의 국법(롬 13:1)을 거부함으로써 "하나님"(즉 교황)께 복종하고 있다고 말했다. 다시 말해 그가 교황 대신 하나님의 말씀(롬 13:1)에 순종했더라면 목숨을 구할 수 있었다는 말이다. 그러나 토마스는 신성 모독을 택했다. 그는 하나님의 직접적인 계명을 어겼고(롬 13:1-4) 결국 목숨을 잃고 말았다.

새벽 다섯 시 직전 미사 종소리가 울렸고 베켓은 제단으로 향하고 있었다. 그의 뒤를 칼을 숨긴 몇 명의 기사가 갑옷을 입고 뒤따랐다. 기사들은 그를 성소에서 끄집어 내려 했으나 그는 "성모의 제단"과 "성 베네딕트" 제단 사이에 있는 기둥을 움켜쥐고 버텼다. 칼과 도끼로 내려침을 당하는 동안 토마스는 "주여, 나의 영을 받으소서"[21]라고 외쳤다고 한다. 그러나 이 마지막 말이 있기 직전 그는 세 가지의 거짓말을 했는데 첫째, 그는 로마 카톨릭 교회를 "하나님의 교회"라고 불렀고(한 번도 그런 적이 없고 앞으로도 결코 없을 것이다) 둘째, 자신이 영국의 법을 불복하는 것은 평화와 자유를 쟁취하기 위한 수단이라고 했으며(오늘날의 카톨릭 당국자들과 동일하다), 셋째, 자신의 목숨을 바치는 카톨릭 왕국을 그리스도의 교회라고 불렀다(역사상 그런적은 한 번도 없었고 앞으로도 그럴 것이다).

그럼에도 불구하고 성경을 거부하는 이 카톨릭 신자 한 사람의 죽음은 프랑스와 화란에서 순교당한(제14,17장 참조) 10만여 명의 성경대로 믿는 사람들보다 더 많은 관심과 동정을 받았다. 베켓이 죽은 후 그의 방에서는 기적들이 일어났다고 전해지는데 그의 열렬한 지지자들은 마태복음 11장 5절(?)을 그 증거 구절로 들이댄다.[22] 물론 이들은 하반절 끝에 나와 있는 복음 전파에 관한 구절은 삭제시키고 인용한다(제7장 주 75 참조).

베켓은 알렉산더 3세(당시 그는 그리스도인들을 죽이고 있었다)에 의해 성자의 반열에 올려졌다. 당시 상황은 알렉산더 3세 쪽으로 기울고 있었고 이에 헨리는 굵은 베옷을 입고 재를 뒤집어 쓴 채 며칠 간을 회개하며 채찍질을 하면서 자신은 암살에 가담하지 않았음을 입증해야 했다. 결국 헨리는 자신의 혼을 제외한 모든 것을 교황에게 바칠 것을 약속해야 했다. 그것은 자기가 "충실한 믿음의 자녀"임을 입증할 수 있는 유일한 방법이었다. 그래서 헨리는 양모셔츠를 입고 피흘리는 발로 성스러운 돌에 입을 맞추고 지하 매장소[23](토마스의 무덤)에서 울면서 회개함으로써 자신의 왕국을 유지할 수 있었다. .

이와 같은 대중적인 쇼를 통해 캔터베리는 로마와 예루살렘을 제외한 모든 도시들 중 가장 성스러운 곳이 되었다. 부랑자로부터 평민 그리고 귀족, 사제에 이르기까지 이곳은 순례지가 되었으며 순례자들에게는 완전한 면죄가 제공되었다. 결국 성 토마스에게 바쳐진 제물은 그 어떤 성자, 심지어는 성모에게 바쳐진 것[24]을 능가하기에 이르렀다.

한 마디로 빅 쇼는 성공을 거둔 셈이다. 교황 알렉산더는 프랑스에 앉아 영국에서 자신을 위해 싸워 줄 훌륭한 "멍청이"를 찾는데 성공한 셈이다. 왜냐하면 그는 하나님을 섬기는 줄로 믿고 최선을 다할 것이기 때문이다. 프랑스 국왕들 역시 이와 동일한 마음을 품고(요 16:2) 성경대로 믿는 사람들을 죽였던 것이다. 영국 왕은 영국 국법을 어기면서 목숨을 바쳐서까지 교황을 섬길 것이고 이로써 교황은 유럽의 인민들을 완전히 통제할 수 있게 된 셈이다. 글리그니 제독이 1572년 8월 18일 성 바돌로매의 축일에 카톨릭 암살자들에 의해 살해되었을 때는 아무런 묘도 세워지지 않았고 순례자의 행렬도 없었고, 그의 살해자들 외에는 아무런 면죄도 제공되지 않았으며 "예물"들은 물론 바쳐지지 않았다. 글리그니 제독은 교황을 숭배하는 정치가 대신 성경대로 믿는 위그노가 된 실수를 저질렀기 때문이다. 결론은 만약 당신이 프랑스에서 카톨릭에 의해 살해되면 전혀 취재대상이 될 수 없지만 영국에서 반카톨릭 사람에게 살해되면 향후 500년 간 1면 톱으로 보도된다는 사실이다.

역사의 무대에 뛰어든 그 다음 멍청이는 영국의 국왕 존이었다. 그러나 이번에는 교황이(알비겐스의 살해자 이노센트 3세) 승리자를 선택하는데 실패했다. 교황 이노센트는 캔터베리 대주교 허버트(제12장 주 21-22 참조)의 후계자를 선택하는 데 있어 국왕 존과 갈등을 빚었다. 스티븐 랑톤이 대주교가 되었지만 존은 그를 싫어했다. 그래서 그는 캔터베리 채플의 모든 재산을 몰수하고 승려들을 축출했다. 이노센트 3세는 성무금지령을 내리겠다고 협박하고는 영국 전체에 성무금지령을 내렸을 뿐 아니라 국왕 존에게도 작은 저주를 덧붙였다.[25] 1212년 교황은 영국의 왕위가 공석임을 선포했다. 자기가 곧 하나님이며 위에 있는 권세를 세우는 자이므로 그에게는 당연한 조치였다(제14장 주 211 참조). 1213년 5월 15일 존은 전 영국을 교황에게 바치는 서약을 했다. "우리는 우리의 어머니 되신 신성 로마 교회와 교황 그리고 그의 계승자들에게 영국 전체를 자원해서 바치는 바입니다."[26] 오늘날의 교황도 크리스마스 선물로 이런 것을 받고 싶을 것이다. 이보다 더 효과있는 외교가 어디 있겠는가? 교황은 매우 기뻐했고 1년 후 성무금지령을 해제했다. 1215년 6월 15일 존 국왕의 귀족들과 여러 명의 주교들이 국왕에 대항해서 영국인들에게는 최초의 독립선언서인 대헌장[마그나 카르타(Magna Charta)]을 제시하고 이에 서명하도록 했다. 여러 가지 규례 중 가장 두드러진 것을 보자면 사람은 배심원에 의해 재판을 받을 것이며 재판을 기다리는 동안은 투옥할 수 없다는 것이요 또 한 가지는 국왕은 왕국의 의회에 의해 통과되기 전에는 그 누구에게도 세금을 거둘 수 없다는 것이었다.[27]

국왕 존은 옛 동료 이노센트 3세에게 연락을 취했다. 이노센트는 그 어떤 자유도 로마 카톨릭에게는 해가 된다는 사실을 알고 국왕이 대헌장에 서명할 때 한 맹세는[28] 효력이 없음을 선언했다. 이는 대헌장이 국왕 뿐 아니라 교황의 죽음을 의미한다는 것을 분명히 인식했기 때문이었다. 국왕이든 교황이든 전제군주라면 백성의 자유를 신장시키는 그 어떤 법률도 원할 리가 없다. 결국 교황은 자기가 저주를 내리고 성무를 금지시킨 사람의 편을 들어준 것이다. 이처럼 두 가지 기준을 갖고 있으면 아무 때고 편리하게 행동을 바꿀 수가 있는 것이다. 두 가지 "권위들"이 모두 상대적이라면 그 중 하나를 선택할 권리가 있는 그 사람이 최종권위가 될 수 있기 때문이다(제5장 주 42 참조). 교황 이노센트는 대헌장은 "무효이며 영원토록 효력을 정지한다."고 선포했고[29] 국왕의 맹세의 언약을 해제시켰으며 대헌장에 동조한 모든 성직자들을 저주했으며 영국을 저주하에 가두었으나 곧 죽고 말았다.

헨리, 토마스, 존, 이노센트, 알렉산더와 같은 자들의 행위는 신약 그리스도인들의 행동과는 아무런 관계가 없음은 물론이다. 우리가 지금 다루고 있는 것은 신약 교회사가 아니라 교황의 정치적 야망과 군주들의 민족주의와 같은 반교회사인 것이다.

반교회사에는 십자군 운동을 뒤이어 유럽에 등장한 대학 제도(university system, 스콜라학파)들도 포함되어 있다. 대학제도는 알비겐스, 왈덴스, 리용의 가난한 사람들, 롤라드 등에 의해 복음이 전파되고 성경이 가르쳐진 후에 밀려들어온 "문화"운동이라고 할 수 있다. 사람을 거듭나게 하기 위해 유아에게 물을 뿌리는 행위를 일삼던 구원받지 못한 철학자들의 철학적 억측이 문화라는 옷을 입고 역사의 무대에 등장한 것이 스콜라 철학 혹은 학파이다.

물론 우리는 "악"으로부터 나오는 "선"을 이미 목격한 바 있다(제5장). 그러나 여러분은 우리가 암흑 시대 동안 신약적 증인들을 찾으려고 애쓸 때 참된 교회사에 해당되는 그룹을 찾기가 무척이나 힘들었던 사실을 기억할 것이다. 안셀름(Anselm), 아벨라르트(Abelard), 둔스 스코투스(Duns Scotus), 아퀴나스(Aquinas) 혹은 보나벤투라(Bonaventura) 등과 같은 학자들의 믿음과 가르침이 신약적 기독교와는 거의 무관하다는 것은 성경에 조금이라도 익숙한 사람이라면 다 인정할 것이다.

대학교들은 성경을 거부하는 카톨릭 지성들이 만들어 낸 문화유산이다. 샤를마뉴가 부흥시킨 문화처럼 이들 대학교수들 역시 성경을 믿고 그 믿음대로 행하는 삶을 대체하기 위해 자신들이 만들어 낸 문화(철학, 전통, 과학)를 제공한다. 첫 번째 대학은 이탈리아(살레르노와 볼로냐)에서 생겨났고 뒤를 이어 파리, 프라하, 비엔나, 에어푸르트, 하이델베르크, 쾰른, 글라스고우 등에도 대학이 세워졌다. 툴르즈와 로마에 세워진 대학들은 교황의 교서에 의해 세워진 것들이며 파두아, 옥스포드 및 캠브리지에 세워진 것들은 교황이나 국왕에 의해 세워진 것들이 아니다. 스페인의 대학교들(살라망까, 세비야, 발렌시아)은 까스띠야 왕국의 제왕들에 의해 설립되었다. 대학교(universitas vestra)라는 뜻은 "당신의 몸" 혹은 "너희 모두"라는 뜻이다. 다시 말해 "몸을 구성하는 너희 모두"라는 카톨릭식 표현이라고 할 수 있다. 당시 대학은 철학(골 2:8), 법률(눅 11:46), 의학 및 신학을 가르쳤다. 학위는 유대인들이 오리겐의 북아프리카 체계에서 배워 온 3단계로(제5장 주 45-46 참조, Rab, Rabbi, Rabbak), 학사(bachelor), 석사(licentiate) 및 박사(doctor)로 되어 있어 상인조합인 길드의 3단계 직급과 상응하도록 했다[견습생(apprentice), 조수(assistant, journey man), 명인(master)]. 강의는 라틴어로 이루어졌고 파리, 볼로냐 그리고 옥스포드는 가장 중요한 3개의 대학교로 손꼽혔다.

알렉산드리아 학파가 A.D.100-400년 당시 세상 철학과 기독교를 뒤섞었듯이 이 당시 카톨릭 대학교들에서도 핵심 논제는 플라토와 아리스토텔레스였다(<피터 럭크만의 주석서 골로새서> 2:8 참조). 실재론(Realism)과 유명론(Nominalism)이 당대의 지식인들 사이의 유행이었다. 그러나 그동안 그들이 속해 있는 교회는 성경대로 믿는 사람들을 불태우고, 채찍질하고, 투옥하고, 목조르고, 물에 빠뜨리고, 고문하고, 살해하고 있었던 것이다(A.D.1000-1400). 안셀름(Anselm, 1033-1109)는 알렉산드리아 이단이 보존해 온 그들의 문화의 정수라고 할 수 있다. 그는 지식에는 두 가지 과정이 있으며 이들은 제3의 요소에 일치해야 한다고 말했다. 다시 말해 두 가지의 상충하는 권위들이 있으므로(제4장 주 5 참조) 제3의 권위가 최종적 권위로서 "신"(god)의 역할을 해야한다는 것이다. 안셀름에게 이 세 번째의 권위는 철학이었다(골 2:8). 우리가 역사에서 무언가를 배운 사람이라면 안셀름은 일고의 가치가 없음을 인정할 것이다.

피터 아벨라르트(Peter Abelard, 1079-1142)는 성경에는 아무런 오류가 없다[30]고 담대하게 말했으며 일부 교부들은 실수를 저질렀다고 말했다. 따라서 그는 곧바로 "사벨리안주의"(Sabellanism, 제9장 주 12-13 참조)를 옹호한다고 비난을 받았다. 그러나 그는 당시 최대의 핵심 문제였던 유아세례, 미사 등을 굳건히 붙듦으로써 책임을 면할 수 있었다. 카톨릭 교회에 있어서는 사벨리안주의도, 아리안주의도 혹은 "단성론"(Monophysitism)도 결코 주요 관심의 대상이 되지 못하였다(제14장 주 144-146 참조).

롬바르드인 피터(Peter the Lombard, 1100-1160)는 로마 카톨릭 교회의 조직신학의 아버지였다. 동시에 그는 스콜라 학파의 "위대한"(제14장 주 121-131 참조) 선생이요 대표자였다. 그는 아기에게 물을 뿌림으로써 중생이 이루어진다고 믿었으며, 미사에서 마시는 포도주가 그리스도의 실제 피라고 믿었고 죽을 때까지는 구원의 여부를 알 수 없다고 했으며 연옥을 믿었다. 그는 성경대로 믿는 사람이 자기를 쳐다보는 순간 그를 죽일 사람이었다.

토마스 아퀴나스(Thomas Aquinas, 1227-1274)는 나폴리 출신의 이탈리아계 카톨릭 신자였다. 그는 잘 알려진 몬테 카지노의 베네딕트 수도원에서 교육을 받고 이 종파의 수도승이 되었다. 그는 알베르투스 마그누스(1200-1280) 밑에서 수학하였는데 이 사람은 1932년 교황 피오 11세에 의해 성자 반열에 오른 독일 철학자로 라티스본의 주교였다. 토마스는 신학 대전(Summa Theologia)을 집필했는데 이 책은 성경을 변개시키고, 교리를 왜곡시켰고, 편파적인 논리 전개로 일관된 이교도 철학으로 가득 차 있는 알렉산드리아 이단의 전형이다. 엘진 모여는[31] 그의 "근면함"과 "논리적 분별력"을 찬양하고 있으나 사실 아퀴나스는 찰스 다윈이나 리차드 닉슨만큼이나 논리적이지 못하다. 그러나 카톨릭이 훌륭하다고 "유명"하게 만들어 놓은 사람은 어떤 식으로든 칭찬을 받아야 되기에 종교적 광신자들은 토마스 아퀴나스를 "천사급 박사"(Doctor Angelicus) 혹은 "학문의 제왕"이라고 부르며 샤프는 그를 어거스틴과 오리겐[32]과 동급으로 놓는다(실로 잘 어울리는 세 쌍이다). 샤프는 토마스 아퀴나스는

"드문 천재"이며 "지혜와 생명의 순수성을 갖춘 인간"이라고 부풀린다. 아퀴나스 역시 종교재판을 통해 "이단들"을 고문하고[33] 살해하는데 전적으로 지지를 보냈던 또 하나의 성경을 거부하는 배교자였다. 그는 말로는(밥 존스 3세, 파노시안, 커스터, 섬너, 라이스 그리고 닐과 같이) 성경은 최종권위이며 교부들의 증거는 다만 "진리일 가능성"만[34] 있을 뿐이라고 선언했지만 실상은 다음에 열거한 난센스들을 꾸며내 전파하는데 앞장섰다.

1. 유아들은 아담의 죄로 인해 지옥에 억류되어 있다. 만약 유아세례의 성사가 주어지지 않으면 아기들은 영원토록 구원받지 못한다. 이는 로마 카톨릭 유아세례 없이는 그 어떤 구원도 없기 때문이다.[35]

2. 카톨릭 교회는 유아에게 물세례를 주거나 거절함으로써 그들을 구원할 수도 있고 저주할 수도 있다.[36]

3. 그리스도의 육체는 매주 일요일 아침 전시되는 15만 개의 둥근 빵과 15만 개의 잔 안에서 온전해진다. 이때 이 모든 것이 하나의 육체가 되는 것이다.[37]

4. 천년왕국은 없으며, 이스라엘의 회복도 없고, 그리스도의 심판석도 없으며, 휴거도 없고, 환란도 없다.

5. 교황은 "이단들"을 죽일 수 있는 권리가 있으며[38] 모든 국왕들은 로마 카톨릭 교황에게 복종해야 한다.

성경을 최종권위로 삼는다고 고백한 사람(메이첸, 와필드, 로버트슨, 홀트, 호튼, 헛슨, 섬너, 레어드 해리스 등도 그렇다고 주장한다)치고는 미국의 외교 정책 만큼이나 일관성이 없는 것 같다. 루터는 신학대전을 "모든 오류와 복음변개의 원천이요 온상"이라고 간주했다.[39] 그런데 1901년 ASV 편찬위원회는 이 독일의 개혁자의 평가를 완전히 수정했다. 이 편찬위원회에게는 토마스 아퀴나스는 "그의 솔직함과 명쾌함" 그리고 윤리사상가로서의 "진지함과 순수함"으로 인해 모두의 찬사를 받아 마땅한 인물이었던 것이다.

그의 윤리는[40] (종교재판을 지지할 정도인데) 세균만큼이나 순수하며 성경적 진리에 관해서는 오리겐과 콘스탄틴 만큼이나 "명쾌"하다고 말할 수 있다. ASV 편찬 위원장이었던 샤프는 진실을 진실대로 말할 수 없을 만큼 비겁했거나(루터는 그렇지 않았다) 아니면 무지했거나 둘 중 하나이다(제14장 주 121-131 참조).

윌리암 오캄(William Ockham, 1300-1349)은 그래도 성경적 신학에 근접했던 유일한 학자였다. 그는 마지막 스콜라 철학자라고 알려진 인물로 영국의 서레이에서 태어났다. 그는 옥스포드에서 공부했다. 이것은 그가 영국의 반로마 카톨릭 기독교에 순응하였음을 보여 준다(제12장 주 10-16 참조). 그후 그는 파리 대학에서 교수생활을 하였다. 오캄은 성경만이 무오하며 따라서 그리스도인은 성경에 나와 있지 않은 것은 그것을 누가 승인하고 추천하든 간에 믿어서는 안된다고 가르쳤다.[41] 그러니까 배교한 현대의 근본주의자들(1940-1995)에게는 오캄은 "성경숭배자"라는 "이단"을 창설할 가능성이 높은 요주의 인물인 셈이나. 인간의 본성은 변하지 않는 법이다. 더나아가 오캄은 신약 교회는 로마 카톨릭 계급체계가 아니며 "신실한 자들의 공동체"가 교회라고 가르쳤다. 오캄은 그 어떤 교황의 무오성도 단호히 거부했다. 결국 교황 요한 22세는 그를 재판에 회부해서 이단이라고 판결하고 그를 투옥했다.[42] 그는 베네딕트 12세에 의해 파문을 당했다.[43]

오캄이 성경적 진리들을 가르치고 있는 동안 둔스 스코투스(Duns Scotus, 1265-1308)의 가르침이 유럽 전역에 퍼지고 있었다. 둔스 스코투스는 마리아는 죄없이 잉태되었고(무염시태설), 화체설이 <u>사실</u>이 될 수 없을지라도 교리로서 받아들여져야만 한다고 가르쳤다.[44]

"개들의 싸움"인 교황들과 군주들의 투쟁을 잠시 살펴본다면 교황 보니파스(Boniface, 1294-1303)가 프랑스의 필립(Philip "the Fair", 1268-1314)과 싸우고 있었다. 이 모두가 반교회사에 속하는 것은 물론이다. 신곡을 쓴 단테는 보니파스를 "근대 바리새인의 군주"라고 불렀고 바티칸 시를 "부패의 온상"이라고 불렀다. 이처럼 단테는 교황을 점잖치 못한 어조로 꼬집을 것이다. 단테는 또한 교황 니콜라스 3세와 클레멘트 5세와 더불어 보니파스 역시 지옥의 가장 낮은 장소에 가 있는 것으로 묘사했다.[45] 보니파스와 프랑스의 필립은 잘 어울리는 한 쌍이었다. 이들은 라반과 야곱 같거나(창 30:27-29), 아니면 프랑코와 히틀러가 지브롤터 협정을 이끌어 낼 때의 관계 같았다(1940년 10월). 필립은 카톨릭 교황들처럼 배신을 잘하고, 두 입을 갖고 있으며, 오만하며 목적을 달성하는 수단을 사용하는데 있어 파렴치한 사람이었다. 한 가지 나은 점이 있다면 자기를 "거룩한 아버지"라고 부르도록 요구하지 않았다는 것이다. 필립은 교황 리스트에 올라 있지는 않았지만 거의 교황처럼 행세했다고 할 수 있다. 보니파스는 적그리스도가 갖고 있는 모든 겸손함으로 로마의 교황은 "온 세상에 알려져 있으며 교황만이 홀로 모든 군주들 위에 군림하는 지극히 높은 분"이라고 선포했다.[46] 보니파스 이전의 교황들이 예수 그리스도께서 하나님 아버지께 드린 칭호(요

17:11)를 500년 동안 사용해 온 것에 비하면 그의 선언은 상당히 겸손한 것이다. 필립은 프랑스의 성직자들에게 세금을 거두어 영국과 전쟁을 벌이려고 생각했다. 이것은 "지극히 높으신 분"과의 관계에 있어 갈등을 의미하는 것이었다. 카톨릭 사제들에게 세금을 부과한다는 것은 있을 수 없는 일이었다. 미국에서(1980-1990) 침례교, 감리교, 장로교 및 루터교 목사들에게 세금을 부과하는 것은 괜찮지만 로마의 에이전트들에게는 어림도 없다. 그들은 모두 면세자들이다.[47)]

보니파스는 만약 필립이 올바로 처신하여 이를 바로잡지 않으면 성무금지령을 내리겠다고 위협했다. 교황은 공회를 소집하여 교서를 통해(1301년 12월 5일) 교황의 명령은 프랑스의 국왕을 비롯한 그 누구의 명령보다 우선한다고 선언하였다. 그러니까 프랑스의 모든 국민들은 프랑스에 있는 자기들의 왕 대신에 이탈리아에 있는 교황에게 순복하라는 것이다. 교황은 카놋사에서의 헨리처럼(주 2,3) 필립을 자기 앞에 무릎 꿇게 하고자 아니면 적어도 캔터베리에서의 헨리처럼 사제의 무덤에 부복이라도 시키고자 필립에게 서신을 띄웠다.

"하나님의 종들의 종인 보니파스 주교는 프랑스의 필립 왕에게 편지하노라. 하나님을 두려워하고 그의 계명들을 지키라. 우리는 당신이 로마 카톨릭 지도부에 영적인 문제는 물론 일상적인 문제에 있어서도 순복해야 한다는 것을 주의하기 바라노라. 그렇게 생각하지 않는 자를 우리는 이단으로 간주하노라."[48)]

여기에서 주목할 것은 카톨릭에게는 이단이란 성경을 변개시키고, 거짓 교리를 가르치고, 교리적 오류를 만들고, 종교적인 편견을 주장하는 것이 아니고 자기 교회가 돈을 요구할 때 그 돈을 기부하기를 거부하는 것이다. 이것은 노골적인 협박이고 만약 필립이 돈을 건네주지 않을 경우 그는 화형에 처해질 것이다. 교황들은 "이단들"을 늘 그런 식으로 처리해왔다(제14장 참조).

그러나 프랑스의 필립 왕은 역사상 기이한 인물 중의 하나였다(그는 Gallio나 사자왕 리챠드처럼 두려움을 모르는 사람이었다). 자아도취에 빠진 교황으로부터 불쾌한 서신을 받은 필립은 다음과 같이 답변을 했다. "프랑스의 왕 나 필립은 하나님의 은혜로 교황 역할을 수행하는 보니파스에게 아무런 문안도 보내지 않노라. 우리는 일상적인 문제에 관해서는 아무에게도 순복하지 않는다는 사실을 어리석은 그대는 유의하기 바라노라. 그렇게 생각하지 않는 사람은 어리석고 미친 놈이라고 우리는 간주하노라."[49)]

그러니까 필립은 오늘날 미국의 그 어떤 근본주의 대회에서도(1970-1990) 감히 다루려 하지 않는 그 이슈 즉 최종권위에 대해 언급했던 것이다. 필립은 거룩하고 사도적인 로마 카톨릭 교회의 최고 권위자를 미친 바보라고 불렀던 것이다.

어쨌든 보니파스는 프랑스에 성무금지령을 내렸고, 필립을 저주했으며, <Unum Sanctum>이라는 교서를 발표했는데 이것은 카톨릭 정통주의의 고전이 되었다. 이 교서는 20세기의 그 어떤 교황에 의해서도 변경되거나 무효화된 적이 없다. 이 교서는 "로마 카톨릭 교회만이 참된 교회이며 이 교회 밖에서는 아무런 구원이 없고 교황은 그리스도의 대리인이며 교황에게 동조하지 않는 사람을 죽이기 위해서는 무기를 사용할 수 있으며 지상의 모든 인간은 이탈리아에 있는 교황에게 복종해야 한다(전제군주제), 아니면 그는 지옥에 간다."고 말한다.[50] 이 적나라하고 노골적인 "믿음의 고백"에는 교황에게 저항하는 모든 자는 "마니키안"이라고 되어 있다(제14장 주 58-62 참조). 이렇게 해서 필립은 물론 이 세상의 그 누구도 교리적 관점이 아닌 이유로 얼마든지 "이단"이 될 수 있는 것이다(제14장 주 152-157 참조). 결국 니케아 공회(제8장 참조)에서의 원래 의도와 참된 목적이 무엇이었는지가 900년 간의 가장된 경건 속에 숨어있다가 튀쳐나오고 말았다. 모든 공회의 목적은 사탄의 신부에게 복종하지 않는다면 모든 성경대로 믿는 사람들은 없애버려야 한다는 것이었다.

필립은 사보나롤라와 잔다크의 입장에 자신이 처했음을 알게 되었다. 즉 돈 문제에 있어 교황에게 순종하지 않았기 때문에 그는 신학적 이단이 된 것이다. 실로 교황의 "신"은 그의 배였던 것이다(롬 16:18). 일상적인 것과 영적인 것을 혼동하고, 비유적인 것과 실재적인 것을 혼동하고, 하나님의 나라와 천국을 혼동한 교황은 수입이 줄어드는 것이 곧 "비정통적인 신앙"의 증거라고 결정해 버렸던 것이다.

보니파스는 필립을 보좌에서 쫓아내고 왕위를 공석으로 만들었다(물론 실제로 그러지는 못하고 말로만 선언해 버렸다). 그는 독일의 프레데릭 2세에게 프랑스의 왕위를 가져도 좋다고 말했다. 이처럼 교황들은 오늘날 미국의 보건복지부처럼 다른 사람의 돈과 땅에 관한 한 대단한 관용을 베푸는 것이다. 교황 보니파스는 9월 8일 필립에게 파문을 선고하고 그의 신하들에게는 왕에게의 복종의 의무에서 풀어주기로 결정을 내렸으나 그의 계획을 실행에 옮길 수는 없었다. 프랑스의 몽펠레에 사는 한 법학 교수(노가레의 윌리암 : William of Nogaret)가 - 그의 부모들은 카타리였기 때문에 남부 프랑스에서 화형에 처해진 사람이었는데(제14장 주 63 참조) - 300명의 프랑스 사람을 데리고 교황을 알현하러 갔다. 그들은 교황의 관저로 들어가 "지극히 높으신 분"이 머리에 왕관을 쓰고 보좌에 앉아 한 손에는 십자가를 들고 다른 손에는 야누스의 열쇠들을[51] 들고 있는 것을 발견하였다. "자신은 그리스도와 그의 교회를 위해 죽노라"고 경건한 허풍을 떤 후에(주 21-22에서 베켓을 볼 것) – 물론 이 말은 자기의 권력과 자기 자신의 권위 즉 "배"를 의미하지만 – 보니파스는 노가레에 의해 체포되었고 왕궁에서 쫓겨나 투옥되었다. 이 와중에 불행히도 "마리아의 젖가슴에서 나온 젖"[52]을 담고 있던 단지가 넘어져 깨졌다. 그렇지만 1200년이나 지난 젖은 굳어 있었을 테니까 쏟아지지는 않았을 것이다.

보니파스는 우울증과 절망 가운데서 죽었다. 어떤 사람들에 따르면 필립이 붙여 준 별명대로 미쳐서[53] 죽었다고 한다. 필립과 보니파스는 같은 사람이 헨리와 이노센트(주 25-28 참조) 혹은 헨리와 알렉산더(주 20-23 참조)를 뒤이어 쇼를 벌이고 있는 동안 주님께서는 지하 운동을 통해 성경적 진리들을 전파하고 계셨다. 우리는 이 사역을 "팜플렛 사역"이라고 부른다. 이 사역은 12,13,14세기를 거쳐 유럽에 홍수처럼 번져나갔다. 단테, 아에기디우스 콜로나, 카살로치의 헨리, 파리의 존, 피에르 듀보이스 등은 모두 교황의 카톨릭주의에 강하게 반대하는 글을 썼고 이들의 글들은 롤라드, 왈덴스, 보헤미안 형제단, 아놀드파, 헨리시안, 보도파 등이 지속적으로 거리에서 설교하도록 지원했다. 이 사역으로 교황은 궁지에 몰렸다.[54] 이 팜플렛은 여러 가지 내용 중 특히 다음 세 가지를 강조했다.

1. 교황은 사형, 투옥, 벌금, 망명 등과 같은 형벌을 그 누구에게도 부과할 권리가 없다. 그리고 교회는 어떤 교황이라도 자신의 죄에 대해 설명하도록 소환할 수 있다.

2. 사제들이 결혼하도록 허락해야 한다. 교황은 국가의 일(영적인 일이 아니고 일상적인 일)에 관여할 이유가 없다.

3. "교회"는 그리스도의 몸이지 로마 카톨릭 체계가 아니다. "교회"의 머리(고전 12:1-13)는 예수 그리스도이지 그 어떤 "교황"이 아니다(엡 1:22, 골 1:18).

이 엄청난 "이단들"이 전 유럽에 번지고 특히 프랑스 남부와 이탈리아 북부에 번져나가자(제14장 주 52,68,73 참조) 교황들은 자신들의 세상적인 영향이 줄어들고 있으며 자신들의 영성에 대해서조차 여기저기서 의문이 제기되고 있다는 사실을 발견하게 되었다. 그 결과 교황들은 절망적인 조치를 취하고 더 잔인한 방법을 동원해서(제14장) "지옥의 문들"이 자신들을 이기지 못하도록 애를 썼다. 그들은 자신들이 마태복음 16:18에 언급된 "교회의 머리"라고 착각하고 있었기 때문이다.

이 문서 사역의 가장 성경적인 예는 파두아의 마르실리우스(Marsilius, 1270-1343)가 쓴 것으로 그 내용은 보고마일, 폴리시안, 왈덴스, 파테린 등이 이미 500여 년 전에 주장했던 것과 같은 입장을 담고 있었다.

얀둔의 존(John of Jandun)이라는 사람의 도움을 받아 마르실리우스는 <Defensor pacis>라는 글을 썼는데 여기에는 다음과 같이 선언되어 있다.

1. 성 베드로의 정치적인 후계자는 없다. 다만 그의 겸손함과 헌신의 삶을 본받는 자들이 있을 뿐이다.

2. 어떤 카톨릭 신자도 죄들을 용서하거나 처벌할 수 없다. 그가 사제이건 교황일지라도 그런 권한은 없다.

3. 어떤 주교나 사제도 자기가 속한 나라의 정부의 허가없이 성무를 금지시키거나 파문을 할 권리가 없다.

4. 베드로는 다른 사도들보다 더 큰 능력과 권위를 갖지 않았다. 그는 다만 로마가 아닌 안티옥(제11장 주 76 참조)의 감독이었을 뿐이다.

5. 교회에 있어 최종적이고 궁극적인 권위는 성경이며 성경이 교회로부터 권위를 얻는 것이 아니고 그 반대로 교회가 성경으로부터 권위를 얻는다.

카톨릭 교회사가들은 마르실리우스가 칼빈과 루터의 선두주자라고[55] 말하는데 이는 이들이 마르실리우스가 태어나기 100년 전에[56] 왈덴스들이 이렇게 가르쳤다는 사실을 일부러 잊고 있기 때문이다.

교황 클레멘트 6세는 이 글에서 무려 240여 개의 "이단적 조항"들을 찾아냈다. 마르실리우스 자신은 교황 요한 12세(1327)를 계시록 12:9에 나오는 "큰 용", "그 옛 뱀"이라고 말했다.

사태는 무르익고 있었다.

보니파스의 후계자는 (우리는 다시 반교회사로 돌아간다) 베네딕트 9세(1303-1304)였는데 그는 필립에게 굴복함으로 그들의 분쟁을 종식시켰다. 베네딕트는 무화과 요리[57] 안에 집어넣은 독으로 인해 죽었다고 한다. 페루기아에서 새 "교황"을 뽑기 위한 선거위원회가 소집되었다. 그러나 이 위원회는 파당으로 분열되었는데 그 핵심은 간단했다. 프랑스의 왕이 너무도 강력한 군대를 보유하고 있으므로 프랑스는 바티칸 당국을 위협할 수 있는 그 입장으로 인해 특별 대우를 받아야만 한다는 것이었다(당신의 신이 당신의 배인 경우 항상 당신은 누군가가 당신의 배를 가르지 못하도록 주의해야만 하는 것이다). 결국 프랑스가 선거에서 승리하였고 비트란드 드고(보르도의 대주교)라는 인물을 선출했다. 그는 클레멘트 5세라고 불린다. 그러나 비트란드는 "거룩한 성읍" 로마로 가기 위해 알프스를 결코 넘지 못했다. 프랑스 왕은 새 한 마리가 손아귀에 놓여 있는 것이 숲 속에 놓인 것보다 낫다는 생각을 한 것이다. 교황이 로마 대신 프랑스에 있다면 국왕은 파리에서 교황을 더 잘 통제할 수 있지 않겠는가? 결국 클레멘트 5세는 1309년 프랑스의 아비뇽에 머물렀다. 또한 그는 보르도, 포이티어(때론 포익티어) 그리고 툴르즈에 궁궐을 두고 있었다.

이렇게 해서 축복받은 시몬 베드로의 거룩하고 영원한 성읍은 내팽개쳐졌다. 로마는 더 이상 정치적 중요성을 갖지 못하게 되었다. 이때부터 소위 "교회의 바빌론 포로"라고 불리는 사건이 시작된 것이다(1309-1379 혹은 1305-1377). 이 표현은 베드로전서 5:13에 나와 있는 바빌론은 로마라고 생각하고자 하는 로마 카톨릭들이 사람들을 속이려고 만든 것이다(그래서 Taylor의 <리빙 바이블>에는 베드로전서 5:13에서 베드로가 바빌론이 아닌 로마에 있었다고 주장한다). 그런데 이번에는 로마가 아닌 아비뇽이 바빌론이 된 셈이다. 이처럼 하나 이상의 권위를 갖고 있다면 (밥 존스 대학교를 비롯한 미국의 대다수의 신학교 교수들은 하나 이상의 권위를 갖고 있다) 상황에 따라 진리가 얼마든지 바뀔 수 있다.

결국 그 이후의 일곱 명의 교황들이 프랑스 출신들로 채워졌다. 클레멘트, 존, 베네딕트, 이노센트, 우르반, 그레고리가 이들이다. 이들 거짓말쟁이들의 삶을 자세히 살펴본다는 것은 시간 낭비일 뿐이다. 교황이 다시 로마로 돌아갔을 때 로마든 아비뇽이든 성경적 진리에 관한 한 변한 것은 하나도 없었다. 비록 사탄이 자신의 뜻에 반해 얼마 동안 분열되어 있기는 했지만 그는 1379년에도 여전히 그리스도인들을 죽이는 사업을 전개하고 있었다. 사실 이때쯤이면 르네상스가 본격적으로 무르익을 때였는데도 말이다(제14장 참조).

하나님의 말씀의 전파는 항상 교육의 부흥, 자유의 신장, 도덕의 고취 그리고 생활수준의 향상 등을 가져오기 때문에 이 시기 동안(1100-1300) "이단들"의 끊임없는 말씀전파는 파워정치만을 주관심사로 하는 성경을 거부하는 집단이 만들어 낸 것보다 훨씬 더 나은 문화적 열매들을 맺게 되었다. 현대의 공산주의자들과 무신론자들

(1900-1990)은 암흑 시대의 잔혹성과 미신들을 성경의 전파와 가르침 탓으로 돌리는데 이것은 그들의 판단력 부족을 여실히 보여주는 것이 아닐 수 없다. 교회사를 배운 사람이라면(비록 카톨릭 역사가에 의해 기록된 책을 읽었다손 치더라도) 당시의 종교적 광기와 도덕적 타락은 성경을 읽는 것과 전파하는 것 및 가르치는 일들과는 아무런 상관이 없었음을 믿을 것이다.

신성 로마 제국이 제국의 신민들 중 많은 "이단"과 "반정부 인사들"을 다 통제할 수 없는 지경에 이르자 - 아마 카타리, 롤러드, 왈덴스, 알비겐스, 보헤미안 형제단 그리고 기타 "마니키안들"(주 50-51 참조)을 합하면 8백 만에 이를 것으로 추정된다 - 무슨 조치가 취해지지 않으면 안되게 되었다. 은둔 수도사들과 기둥 성자들이(제11장 참조) 당시 취한 중간노선이 어느 정도 먹혀들어 갔던 것을 알고 있었던 카톨릭 교회의 지식인 계급은 자신들이 처해 있는 어려운 처지를 벗어나기 위해 중간 노선을 채택했다. 상식을 갖춘 사람이라면 회심하지 않은 사람일지라도 지상의 모든 사람이 자기에게 복종해야 한다고 주장하는 그런 고집쟁이(보니파스, Unum Sanctum)를 용납할 리가 없었다. 더나아가 구원을 받았든 받지 않았든지 간에 조금이라도 지성을 갖춘 사람이라면 여인들과 아이들(그 중에는 5세 미만도 있었음)의 몸뚱이가 타면서 내뿜는 살 냄새를 더 이상 견뎌 낼 수 없었던 것이다. 결국 교회 내에 있던 타협자들과 사람을 기쁘게 하는 자들은 자신들도 그러한 잔인한 집단의 맹종자처럼 "오해"받지 않기 위해서 도피처를 찾아냈다(제11장 참조). 그러나 그들은 성경으로 돌아갈 수는 없었다. 이는 그들이 용기가 없었기 때문이다(요 12:42-43). 살아 있는 하나님의 영원한 말씀에 의존하는 것보다는 뭔가 다른 것을 찾는 것이 그들에게는 더 안전하다고 생각이 들었다. 결국 당연한 결론이 내려졌다. 그들은 성경대신 미술, 문학, 음악 등으로 눈을 돌렸다. 복음 전파와 성경 교육에 뒤이어 따라오게 마련인 문화가 그들의 도피처가 된 것이다(제5장 주 18-19 참조).

역사가들은 이러한 학문의 "부흥"(rebirth)을 르네상스(Renaissance)라고 부른다. 어떤 학자들은 이 부흥의 시작을 단테(Dante, 1264-1321)로부터 시작되었다고 생각하는 반면 어떤 이들은 아비뇽 사건을 시점(1309)으로 본다. 남부 유럽의 르네상스는 그리스와 로마시대의 고전주의로 돌아가 조각과 미술에 있어 나체에 관심을 기울였다. 북유럽에서는 인간의 존엄성(인문주의)과 그리스 로마의 고전주의 문학에 강조를 두었는데 특히 교부들과 신약성경의 필사본들이 주관심의 대상이었다. 단테, 미켈란젤로, 다빈치, 라파엘, 티티안, 페루기노, 페트라르카, 보카치오 그리고 팔레스트리나 등은 결코 교회사에 속하는 인물들이 아니다. 이들이 교황 및 카톨릭 지도자들과 연관되어 있다는 것은 교회사와는 아무런 관계가 없다. 다만 이들은 교황들과는 달리 성경적 기독교를 뿌리 뽑는 일에 있어 전면에 나서지는 않았기 때문에 이들은 반교회사의 대상이 될 수도 없다(결국 이들은 준교회사에서 다룰 수밖에 없다). 우리의 주관심사는 신약 교회사이므로 이들에 대한 언급은 최소한으로 하는 것이 마땅하다. 예를 들면 초서의 캔터베리 이야기와 보카치오의 데카메론은 플레이보이와 에스콰이어 잡지에서 발췌한 내용과 다를 게 없다. 그 책들은 외설 포르노에 불과했다. 문제는 이것을 "예술"이라는 이름으로 포장해서 사람들을 현혹시킨다는 점이다(오늘날도 마찬가지이다). 단테는 베아트리체라는 인물을 내세워 하늘나라, 연옥 그리고 지옥을 여행하는 이야기를 지어냈다. 그가 지옥에 도달하자 그는 그곳에서 몇 명의 "거룩한 아버지들"(아타나시우스 2세, 니콜라스 3세, 보니파스 8세 등)을 발견했다고 말한다. 우티카의 카토와 트라얀은 연옥에서 발견되었는데 이것은 교황 그레고리 1세가 그를 지옥에서 나오도록 기도했기 때문이라고 한다. 단테는 지상에서 우는 사자처럼 돌아다니는 사탄대신(벧전 5:8) 지옥에서 통치하고 있는 사탄을 발견했다. 따라서 아무도 그를 "이원론자"라고 비난할 수 없게 되었다(마니키안은 사탄이 지상에서 다스린다고 주장했기 때문에 "이원론자"라는 낙인이 찍혔었다).

페트라르카(Petrarca, 1304-1374)는 이탈리아어로 소넷트와 시가들을 지었다. 그는 항상 어거스틴의 고백록을 손에 들고 다녔다고 한다. 그는 또한 키케로와 버질이라는 두 명의 이교도 시인을 우상화시켰다. 페트라르카는 플라토를 좋아했다(골 2:8). 그는 교황만큼이나 성경을 믿지 않았다. 보카치오(1313-1375)는 기독교 문학이라고 부를 수 있는 책은 하나도 쓰지 않았다. 고전 연구에 관해서는 여러 사람들의 인물들이 거명된다. : 레오나르도 브루니, 고시모 데메다치, 로렌조 데메디치, 람디노, 피코 델라 미란돌라,. 페데리고 다 몬테플레트로, 나폴리의 알폰소, 니콜라스 5세(1447-1455), 베사리온, 엠마누엘 크리솔라루스, 카를로 마르수피니, 프란체스코 필렐포, 피에트로 벰보, 비아코포 사돌레토, 알레안더 등. 이들 무리는 사보나롤라가 반대하여 설교했던(제14장 주 154-157 참조) 그들이었다(그들의 부도덕성을 염두에 둘 것). 사보나롤라가 "금과 은으로 치장한" 부자들에게 심판을 외쳤을 때 그는 당시 교황 니콜라스를 주로 염두에 두었던 것이다. 사보나롤라의 설교의 대상자들 중 주요한 무리는 다름 아닌, 예술, 문학, 음악 등을 즐기며 지옥으로 달려가는 세상을 방관만 하고 있었던[58] "인문주의 박사님들"이었다(오늘날 신학교 및 대학교와 뭔가 유사한 점이 있는 것 같지 않은가?)

복음 전파, 성경 교육, 문화, 배교 그리고 이교화라고 하는 악순환은 교회사의 원칙이다. 결국 르네상스 시기 동안 세상은 "예술과 과학의 회복자들"의 손과 "잃어버린 문화를 재발견한 천재들"의 손아귀에 떨어지고 말았다. 이렇게 해서 1400-1500년 당시 유럽은 이교도 로마 시대로 회귀하고 말았던 것이다. 성경적 기독교 대신 문화가 주역으로 떠오르자 로마 카톨릭보다는 약간 온화한 성격의 이교도 문화가 이룩되었다(로마 카톨릭은 성경대신 전통을 내세웠었다). 인문주의자들은 로마 카톨릭의 "신"인 교황보다는 그리스와 로마 시대의 신들에게 비밀리에 희생제를 드렸다. 그러나 둘 다 사탄의 작품이기는 마찬가지다(고후 4:4).

미술, 음악, 문학 및 인문주의 철학의 가장 잘못된 점은 이 모두가 지성인들이 성경적 진리를 회피하고자 창출해 낸 또 다른 대체물이라는 점이다. 이교도의 인문주의자, 사회주의자, 불가지론자, 작가, 무신론자, 예술가, 과학자, 혹은 공산주의자들은 시대에 상관없이 늘 소경이 빠지는 구덩이로 빠진다(거짓으로부터 탈피하여 새로운 곳을 찾아 떠났지만 도착한 곳은 늘 똑같다). 르네상스 시절 인문주의나 카톨릭 종교인들이 늘 구덩이에 빠지기는 마찬가지이다. 1490년경 로마에는 6,800여 명의 공창이 있었다. 물론 교황과 사제들의 정부[59]들은 제외된 숫자이다. 남부 유럽의 르네상스가 어떤 식으로 전개될 것인지는 너무도 뻔했다. 레오 10세는 로마의 극장에 앉아서 수포시티(Suppositi)라는 코메디를 즐겼다. 배경은 라파엘이 그린 것이며 내용은 아버지의 종이 딸을 유혹하는 내용이었다.[60] 이런 희곡은 카톨릭이 내놓은 "금서목록"(Index)에는 들어있지 않다. 금서목록에는 성경대로 믿는 사람들의 저작만이 있을 뿐이다.

성과 포르노가 판을 칠 때면 늘 "그것은 예술 아닌가?"라는 질문이 대두되었다. 나체를 미화시키던 그리스는 결국 민족분열과 갈등을 겪게 되었다(B.C.400-100). 부부들의 침실이 처음에는 연극에서 그 다음에는 안방극장으로 침투함으로써 미국은 1970년 국가로서의 체계가 허물어져 버렸다. 물론 우리는 모든 타락, 배교, 쇠퇴의 근본 원인이 인간이 하나님의 말씀을 거부하는 것임을 확신한다. 문제는 이러한 거부는 곧이어 겉보기에 그럴듯한 문화를 가져온다는 것이다. 인간의 천재성, 예술적 창조력의 역동적 발흥, 인간 정신의 고귀함, 인간의 열망이 맺은 열매들은 대개 간음, 살인 등으로 얼룩져 있다(맥베드, 일트로 바토레, 오델로). 결국 세련된 간음자들과 살인자들은 이런 것들을 즐겨 찾게 되는 것이다(지그프리트, 나비부인, 라보엠, 카르멘 등). 성경대로 믿는 사람들은 이런 것들이 얼마만한 선을 달성하느냐에 관심을 갖지 않는다. 허리케인이나 태풍도 보는 각도에 따라 어느 정도 "선"을 달성한다고 말하면 만사 오케이가 아닌가? "이런 것들이 없이 우리는 무엇을 해야한단 말인가?"라는 질문이 중요한 것이다. 주요 역사가, 철학자, 교육자들에 따르면 하나님께서는 이런 것들에 대해서는 아무 말씀도 하지 않으셨다고 한다. 자신들의 "선호"에 맞추어 써 놓은 책들을 판매하는 데 있어 신약성경의 그 어떤 구절도 간섭하지 못하도록 하는 것이 이들 지성인들의 강박관념이다.

인간 역사의 그 어느 시대를 돌아보아도 인간은 항상 다음과 같은 문제에 직면하게 된다. "미술, 문학, 음악, 철학, 과학, 교육, 정치, 역사를 판단할 수 있는 최종권위는 무엇인가?" 하나님의 자녀들에게는 최종권위는 물론 성경이다. 그러나 교황, 추기경, 교수, 과학자들은 성경대신 자신들의 의견들을 갖고 있다. 이들이 하는 일이라고는 하나님의 말씀에 이미 확정되어 있는 그 기준에 모순되거나 찬성하는 의견들을 제시할 뿐이다. 한 가지 기준만이 지켜진다면 혼돈도, 무정부 상태도, 의심도, 배교의 가능성도 없다. 적어도 성경을 사랑하고 성경에 순종하는 사람들 사이에는 아무런 문제도 없다. 그러나 종교를 사랑하고 교황을 사랑하는 것은 별개 문제이다. 두 가지의 권위는 항상 혼돈을 야기시키며 이때 제3의 권위가 혼돈을 일소하고 권력을 장악하게 되는 것이다. 만약 우리가 역사에서 배울 것이 있다면 바로 이것이다.

인간이 미술, 음악, 문학(르네상스)에 나타난 인간 정신에 의해 아무리 크게 매혹되고 매료되었을지라도 (성경은 인간의 미술, 문학, 음악, 철학을 결코 자랑하지 않는다) 그것은 여전히 아담의 거듭나지 못한 성품과 영의 산물임을 결코 잊어서는 안된다(엡 2:1-4). 이 영은 공중 권세의 통치자에 의해 통제되고 있음도 잊어서는 안된다. 아무리 인간 정신이 사랑스럽고, 예술적이며, 친절하고, 인간적이고, 세련되었다 할지라도 그 인간의 영은 거짓말의 아비(요 8:40-46)인 불순종의 영(엡 2:2)에 의해 통제되고 있는 것이다. 인간 중심 사상은 사람을 속인다(마 10:17). 그것은 악어의 미소인 것이다. 첫 번째 계명을 두 번째 계명으로 대신하는 것이다(마 22:34-40). 인간의 노력으로 하나님을 믿는 것과 하나님께 복종하는 것을 대체시켜 버리는 것이다.

이 시대의 문화가 맺은 열매가 무엇인지 의심나는 분들은 1400-1500년 사이에 벌어진 잔인한 일들을 확인해 보시기 바란다. 르네상스가 한창 꽃피는 와중에서도 유럽은 로마 카톨릭 교회의 철권 통치의 노예로 남아 있었다. 마귀적인 그 교회의 지도자를 따라 유럽의 백성들은 (물론 이 지도자를 따르지 않는다고 화형에 처해진 사람들은 예외이다) 다음과 같은 "기독교"를 실행하고 있었다.

1. 이교도는 주교들의 권력과 카톨릭 교회의 단합을 해치지 않는 한 용납되고 권고되어져야 한다. 레오 13세는 "모든 민족의 토속적 전통과 풍습들을 보존하는데 있어 옳고 선한 모든 일에 대해 바티칸 당국은 늘 관용을 베푸는 것을 전통으로 삼아왔으며 앞으로도 그러할 것이다."[61]라고 말했다. 이 말은 이교도들의 풍습들은 그것이 "좋은" 것이면 보존되어야 한다는 것이다. 로마 교황이 "좋은" 것 혹은 "선"이라고 말할 때 그는 그 어떤 성경 구절과도 관계없는 개념을 갖고 있었다. 카톨릭 교회에 있어서 "선"이란 "교황에게 유익한"이란 뜻이다. 이 한 가지는 이제껏 교회사를 공부한 사람들이라면 부인할 수 없는 사실일 것이다.

카톨릭 교회의 "순수성" 안으로 이교도의 미신적인 사상과 사기극이 들어오는 것 정도는 "오랜 전통과 민중의 사랑을 받아 온 합리적이고 위안을 주는 제도들"[62]을 폐지시켜야 할 이유가 될 수 없다는 것이다. "합리적이고 위안을 가져온다"는 것은 그 어떤 성경적인 것을 언급하는 것이 아님은 물론이다. 그것은 상황에 맞게 카톨릭 당국이 선정한 그 기준에 입각해서 "합리적이고 위안을 주는"이란 뜻이다(어떤 때는 ASV를 그 다음에는 NIV를 필요하면 AV를 사용해서 자신의 주장만 관철하면 되는 것이다). 이 사실은 어거스틴, 예수회, 도미니크, 프란스시코 등과 같은 카톨릭 종파에 의해 "복음화"된 그 어떤 민족도 자신들의 이방종교를 제거하지 않는다는 사실에서 입증된다(제12장 주 5-8,34 참조). 이는 또한 어째서 이탈리아, 스페인, 쿠바 그리고 중남미 국가들이 공산주의가 쉽게 침투할 수 있는 지역인가를 설명해 주고 있다. 이들 회심하지 않은 이교도들은 그들을 위로해 주거나 필요를 채워 줄 그 어떤 주님도 하나님도 갖고 있지 않다. 그들은 카톨릭 소비에트 독재자들에게 순복해야만 하는 것이다. 유아세례나 강제적인 세례(제12장 주 52 참조)에 근거한 "복음 전파"나 "기독교의 확장"은 "회심자들"로 하여금 로마 카톨릭의 지배에 복종하는 한 자신들의 비성경적 이교도의 풍습과 제도를 그대로 유지하도록 허락함으로써 두 배나 악한 지옥의 자식을 만들어 버리는 것이다(마 23:15). 그것이 과연 사실인지 확인해 보도록 하자. 르네상스를 뒤이어 로마 카톨릭 회원들은 열이 나거나 티푸스에 걸리면 죽은 아달라르트라는 사람에게 기도하기 시작했고 두통에 걸리면 성 데니스에게, 치통에는 성 아폴로니스에게, 고기를 잘 낚기 위해서는 성 안드레에게, 금세공들은 성 아나스타수스에게, 심장 고동이 잘 뛰기 위해서는 성 스타니스라스 코츠카에게, 벙어리를 위해서는 성 우엔에게, 쇠약해질 때는 성 판텔레온에게, 신경쇠약에는 성 비투스에게, 뱀에게 물린 경우는 성 힐러리에게, 요통에는 성 로렌스에게 그리고 홍수를 당하면 네오가이사랴의 성 그레고리에게 직접 기도하게 되었다.[63] 지금 열거한 것은 수호신들 중

20%에 지나지 않는다. 로마 당국은 원래의 토속신들 대신 카톨릭 수호신들로 대체되기만 하면 그 어떤 이교도 신들에게도 기도하도록 "그리스도인"들에게 허용했다.[64] 바티칸 당국이 발행한 카톨릭 사전에는 60여 명이 넘는 카톨릭 성자들이 기도를 받기 위해 열거되어 있다.[65] 또 한 가지 잊지 말 것은 트렌트 공회(1546)는 르네상스에 뒤이어 이루어졌다는 사실이다. 트렌트 공회는 (200년 동안 미술, 문화, 문학, 음악이 융성한 후에 열렸는데도) 이렇게 선언하고 있다(Canon X) : "만약 누가 모든 그리스도인들은 하나님의 말씀을 사용할 수 있다고 말하면 그 사람은 저주를 받을 것이다."[66]

바로 이것이 "학문의 부흥"이 카톨릭 교회 지도자들을 위해 기여한 것이다. 이들은 "예술가"들이 그리거나 조각한 나체를 즐겼던 자들이다.

2. 우상숭배의 핵심은 여전히 카톨릭 미사의 희생제단 위에 머물러 있었다. 그리스도인들은 예수 그리스도를 결코 씹어서는 안되며[67] 단지 그 분을 삼켜야만 한다고 배웠다. 또한 "예수 그리스도"를 삼킨 후에는[68] 하루 종일 침을 뱉지 않는 것이 현명한 일이라고도 배웠다. 이러한 신성 모독적인 사기극은 저미사, 고미사, 혼배미사, 황금미사, 개인미사, 서원미사, 저녁미사, 새벽미사, 장례미사 등으로 확장되었고 "세례"받지 않고 죽은 아이는 죽은 사람에게 베푸는 종부성사의 "이익"을 받을 수 없다고 했다.[69] 하나님의 말씀에 모순되는 모든 권위에 입각하면 이런 식으로 행동하게 된다.[70]

우리는 현재 반교회사를 다루고 있다.

아마 카톨릭 지도자들 보다 더 신성 모독적이고 불경건한 자들은 그 어떤 공산주의자들 중에서도 찾기 힘들 것이다. 이들 카톨릭 지도층은 그들의 사제는 "십자가에 달린 그리스도"보다 우위에 있으며 그 사제는 "단순히 십자가가 아닌 <u>그리스도 자신</u>"이라고 말한다.[71] 이 발언은 20세기의 카톨릭 신자인 텍사스 주 출신 브리겐트 "신부"가 한 것이다.

교황들에 따르면 마법은 종교개혁이 터지기 직전부터 갑자기 심화되기 시작했다고 한다. 그런데 실상은 이 마법은 로마에서 시작되어 스페인을 거쳐 독일, 프랑스, 스코틀랜드로 번져갔다.[72] 그레고리 9세는 마인츠와 힐데샤임 주교들(1233)에게 열왕기상 18장에 근거해서 마녀들을 처형하라고 명령했다. 모든 교황들은 (어거스틴처럼) 후천년주의자이며 "신정 왕국의 지지자들"(칼빈처럼)이기 때문에 그들은 그들이 육신적인 전쟁을 벌일 때면(이것은 신약성경과 정면으로 배치된다. 고후 10:4) 구약성경을 사용하곤 한다.

마녀들은 당연히 "카톨릭 신앙을 버린" 사람들이며 마귀들과 접촉하는 자들이다(교황 이노센트 8세에 따르면 그러하다. 1484). 이때 교황이 말하는 마귀들은 알비겐스, 페트로부르시안(Petrobrusian), 왈덴스 그리고 카타리에 속하는 성경대로 믿는 설교자들을 뜻한다. 바티칸의 공식 정책은 마녀들은 화형에 처해져야 한다는 것이다.[73] 그 어떤 이노센트의 후계자들도 (20세기의 모든 교황들을 포함해서 - 바울 6세, 요한 바오로 2세 등) 수천 명의 남녀를 화형시키도록 명령한 교황 이노센트의 교서에 대해 유감을 표시한 적이 없다. 또한 어떻게 반카톨릭 악당들을 고문하고 태울 수 있는가를 설명하고 있는 카톨릭 종교재판소의 공식 교범(Malleus Maleficarium) 역시 "금서목록"에는 들어있지 않다. 반대로 팍스의 순교사 노트는 금서목록에 들어 있다. 이 사실은 교황들의 진정한 도덕적 윤리적 입장과 수준을 잘 보여 준다. 말로는 평화와 축복을 외치고 카메라 앞에서는 미소를 짖지만 속은 실로 썩어 있는 것이다.

쾰른 대학교의 알렉산드리아 이단적 입장에서 집필된 <마녀들의 망치, *The Witches' Hammer*, 1486>는 토마스 아퀴나스와 어거스틴의 신학을 바탕으로 쓰여진 것으로 이 책에서는 마녀는 존재하며 이들은 화형에 처해야 한다고 결론 짓고 있다. 카톨릭 미사와 유아세례에 반대하는 모든 그리스도인들에게는 온갖 마법 행위들의 혐의를 씌워서 처형했는데 그것들은 다음과 같다. 마법집회, 기마폭력, 검은 고양이들, 악몽, 섹스 파티, "성사" 모독, 십자가 밟기, 침례받지 않은 아이 죽이기 등등.

보도파(Vaudois, 발덴스 : Valdenses 등)들은 "마귀에게 경의를" 표했다고 고백할 때까지 고문을 당해야만 했다. 카타리(Cathari)들은 모두 마법에 연루되었다고 간주되었다(이들은 매주 일요일 아침마다 시체를 삼키는 것을 거부했기 때문이다)[74]. 프랑스의 브링콘에서는 110명의 여인들과 57명의 남자가 "마법"을 행했다고 화형당하거나 물에 내던져졌다. 1481년과 1486년 사이에 45명 이상이 독일에서 화형을 당했고 1545년에는 34명의 여인들이 제네바에서 화형당하거나 사지가 찢겼다. 팔레르모의 루이의 책 <종교재판소의 기원과 발전>이라는 책에 보면 1447년과 1597년 사이 3만여 명이 살해되었다고 한다. 마귀와 교접을 했다고 즉시 고백하지 않는 모든 성경대로 믿는 사람들은 그렇다고 고백할 때까지 고문을 당했다. 1628년에까지도 (독일, 밤베르크) 사람들이 강제로 거짓말을 할 때까지[75] 고문을 당해야 했다.

마귀에 사로잡힌 교황들과 대주교 및 사제들과 수도승들의 사고 방식으로는 "마법", "마귀", "이단", "이교도", "마술" 등은 로마 카톨릭 교회를 반대하거나 비판하거나 혹은 정체를 폭로하거나 조롱하는 사람을 묘사하는데 필요한 용어인 것이다. 성경대로 믿는 사람들은 "마녀" 혹은 이단으로 취급되었고 동일한 형벌을 받았다.

로마는 르네상스 이후에도 그들의 원칙, 목표, 목적, 태도 등에 있어 전혀 변한 것이 없다. 교황들이 미국과 영국에 있는 성경대로 믿는 사람들을 살해하지 않는 것은 폭풍 전야의 일시적인 고요에 불과하다. 정치적 책략에 있어 1500년 동안 정치 감각을 익힌 사람이라면 어느 나라에서 다수를 차지하여 그의 지시가 안전하게 수행될 수 있을 때까지는 (제13장 주 58 참조, 제18장 주 61 참조) 전국적인 규모의 살해명령은 내리지 않는다. 러시아, 루마니아 그리고 불가리아에 있는 성경대로 믿는 목사와 교회를 멸절시키기 시작했을 당시의 그 어떤 공산주의자들도 그처럼 멍청이는 아니었다. 카톨릭 교황들은 보기만큼 멍청이는 아니다. 히틀러, 카스트로 그리고 나폴레옹 등과 같은 카톨릭 신자들이 반카톨릭 분자들을 모조리 잡아죽이려고 열심히 뛰고 있는데 뭐하러 교황이 전면에 나서겠는가? 성 리구리(St. Liguori)[76]라고 하는 정신병자는 "주 예수께서 개인적으로 나타나 명령을 하셨다 할지라도 예수 그리스도께 복종하는 것보다는 카톨릭 직급의 윗사람에게 복종하는 것"이 하나님의 뜻을 확실히 이행하는 것이라고 말했다. 이것이 바로 이중권위인 것이다. 이 광신적 "성자"께서는 그 어떤 카톨릭 신자라 할지라도 자기 상급자[77]에게 복종한다면 결코 지옥에 가지 않을 것이라고 말하기도 했다. 이 논조의 핵심은 만약 "상급자"가 카톨릭 신자에게 누구를 죽일 것을 명령한다면 그것은 절대로 옳은 것이다. 그 이유는 "사제의 능력은 하나님의 어머니의 말로 할 수 없는 고귀함[78] 다음으로 하늘과 땅의 모든 권세를 능가할 수 있기" 때문이라는 것이다. 그러니까 사제가 예수 그리스도보다 더 권세가 강한 셈이요(마 28:18) 사탄보다도 더 큰 권세를 갖고 있는 셈이다(눅 4:5,6). 이 정신나간 이교도 광신자는 자신의 주장의 근거를 성경 대신 그레고리 나지안젠과 알렉산드리아의 클레멘트(제5장)에게 두고 있다. 클레멘트는 사제들이 "구속자"의 역할을 한다고 말했으며 카톨릭 신자인 존 유데스는 사제들은 "이 세상에 존재하는 보이는 신들"(GODS)이며, 사제는 "신들(GODS)을 만드는 하나님(a God)이다"라고 말했다.[79]

성경은 이러한 신성 모독적 작태에 대하여 흥미 있는 논평을 하고 있다(고후 4:4, 시 82:1,6, 창 6:1-6, 행 14:11). 성경이 없거나 아니면 갖고 있는 성경을 무시한 채 읽어도 이해할 수가 없어서 그랬는지, 카톨릭 사제들은 알렉산드리아의 클레멘트를 따르며 그가 세운 이단 학파의 추종자들을 추종한다(이것은 자기 나라 말도 이해할 수 없는 젊은 목사가 A.T. 로버트슨이나 케네스 웨스트를 추종하는 것과 똑같다).

카톨릭 사가들에 따르면 가장 형편없는 교황은 르네상스를 뒤이어 등장했다. 그는 알렉산더 6세(Alexander VI, 1492-1503)로 여러 여인들로부터 많은 사생아들을 생산해 냈고 교황이 된 후[80] 2주만에 자기의 18세 된 아들(시저)을 대주교로 임명했다. 문화 역시 성경을 거부하는 학사들에게는 치료책이 될 수 없었다. 물론 르네상스의 결과 북 유럽에서는 긍정적인 결과들이 없는 것은 아니었다. 그러나 그것은 문화가 "세련됐거나" 음악가들이 대단히 "음악적"이었다거나 예술가들이 대단히 "예술적"이어서라기보다는 북유럽의 르네상스는 로마 카톨릭을 반대하는 사람들 가운데에서 하나님의 말씀의 권위에 대한 관심을 불러일으켰기 때문이다(제16장 주 164-166 참조). 1500년 간의 로마 카톨릭 역사상 단 한 명의 성경학도나 교사도 나온 적이 없다. 어떤 카톨릭 신자가 신약성경에 익숙해지면 그는 카톨릭을 떠나던가 아니면 파문을 당하고 말았다. 신약성경에는 분명히 "반카톨릭"적 요소가 내재해 있었으므로(동시에 반교황적 "이단"으로 가득차 있다) 신약성경을 권위로 받아들이는 사람은 로마 카톨릭에 충실할 수가 없었다. 두 가지 권위가 충돌하면 하나는 포기해야 하기 때문이다. 한 회심한 사제는 이렇게 고백했다. "로마 카톨릭 교회에 반대하는 가장 위대한 책은 회심한 사제(루터, 베르나르디노, 몬타노, 카레라, 자켈로 등)에 의해 쓰여진 것이 아니라 바로 하나님에 의해 쓰여졌다." 성경을 거부하는 자들이 갖다 대는 알리바이는 "카톨릭 중에도 훌륭한 그리스도인들이 많이 있다."는 것이거나 "주님을 사랑하는 훌륭한 수녀들도 여럿 있다." 혹은 "진지하게 믿는 훌륭한 카톨릭이 많이 있다는 사실을 어떻게 부인할 수 있는가?" 등이다.

인간이 인간을 경배하면 인문주의가 제일 계명을 대체하게 된다. "인류"에 대한 감정적이고 정서적인 느낌은 (제2 계명을 왜곡시키게 되어) 하나님께 죄를 짓는 알리바이로 사용될 수 있으며 늘상 인류를 살인, 투옥, 고문하는 체제로 결말이 난다(파시즘, 공산주의, 사회주의, 인문주의, 카톨릭; <하나님의 나라와 천국>, 말씀보존학회 참조). 아시시의 프란시스, 시에나의 캐더린 및 기타 부드러운 혼들은 성경대로 믿는 그리스도인들을 멸절시키는데 헌신되어 있던 그러한 자들과 한 교제권을 이루고 있음으로써 자신들의 시간과 주님의 시간을 낭비한 셈이다. 주님의 계명은 분명하다(롬 16:17, 고후 4:4). 선함과 달콤함(창 3:6)은 악함과 거칠음만큼이나 치명적이다. 때로는 더 치명적일 수 있는데(롬 16:18) 이는 그들이 속임수로 위장하기 때문이다. 성경을 뜯어

고치는 선하고 달콤한 "그리스도인"(커스터, 닐, 파노시안, 홀트, 아프만, 해리스, 맥라에, 로버트슨, 메이첸, 밀러, 와필드)은 성경을 거부하는 거친 불신자보다 10배나 더 치명적이다.

르네상스는 유럽을 그리스와 로마의 이교도로 이끌었다. 유럽의 공식적인 종교는 물론, 미술, 종교, 문학, 음악, 정치, 및 행위에 있어서의 최종권위는 여전히 더러운 창녀들의 어미인 것이다(계 17장). 로마는 결코 변하지 않음을 잊지 말라.

제 16 장

<킹제임스성경>으로 NASV를 대체하다

그들이 주의 전으로 가져온 돈을 꺼낼 때, 제사장 힐키야가 모세가 준 주의 율법책을 발견하였더라. 힐키야가 서기관 사판에게 대답하여 말하기를 "내가 주의 전에서 율법책을 발견하였노라." 하고 힐키야가 그 책을 사판에게 건네주니... 사판이 왕에게 고하여 말하기를 "제사장 힐키야가 내게 책 한 권을 주었나이다." 하고 사판이 그 책을 왕 앞에서 읽더라. (대하 34:14-18)

A.D. 1500년에 갑자기 NASV 이야기가 나온 것에 뭔가 잘못된 것이 아닌가 의아해하는 독자 여러분들은 본 장의 내용을 읽어 가시면서 제3장(교회의 헌법)에서 다룬 역사적 사실들과 비교해 보시면 어째서 이번 장의 제목에 NASV가 들어가게 되었는지를 이해할 수 있을 것이다. NASV(1901년의 ASV와 1978년의 NIV와 더불어)는 오리겐의 알렉산드리아 본문이 미국에서 출간되어진 것으로 이 본문은 제롬(A.D.400)과 미국의 교회협의회(NCC)가 사용한 본문이다(RSV와 NRSV). 오리겐-유세비우스-콘스탄틴에 의해 공인된 이 본문[1]은 암흑 시대 교황들이 카톨릭의 공식 성경으로 선정한 바로 그것이다. 이것은 A.D.500-1500년 사이에 벌어진 역사적 비극들을 야기시킨 그 "성서"였다. 암흑 시대는 하나님께서 주신 성경 대신 이 아프리카

본문을 공식성서로 채택함으로써 시작되었다. 될린져, 뉴만, 샤프, 라가르드, 라투렛, 모쉐임 그리고 기타 학자들이 서구 역사에서 진리가 갑자기 퇴조하고 암흑 시대가 도래한 사실을 "게르만 침입" "제국의 분열" 그리고 "봉건 제도" 등에서 그 원인을 찾으려는 시도는 모두가 허사이다. 이는 오리겐 - 유세비우스 - 콘스탄틴에 의해 공인된 제롬의 본문[2]이 안티옥 - 왈덴스 - 시리아 본문(이 본문은 성 패트릭, 콜롬바, 크리소스톰, 알비겐스[3] 등이 사용하였음)에 의해 대체될 때 유럽 대륙은 암흑 시대에서 벗어날 수 있었기 때문이다. 게르만족의 침입이 멈추었을 때도 암흑 시대는 지속되었고 십자군 전쟁으로 온 유럽이 단합되었지만 암흑 시대는 지속되었다. 성경적 진리가 사라지고 영적인 암흑 시대가 도래한 책임을 "시대상황"이나 "제도"에다 돌릴 수는 없다. 문제의 핵심은 그 누군가가 성경을 사람들의 손에서 빼앗아 버린 것이다. 1960- 1980년 사이에 일어난 영적 암흑기는 NASV의 헬라어 신약 원문으로 비롯된 반면 전세계적인 영적 부흥(A.D.1500-1900)은 <킹제임스성경>의 헬라어 원문으로 비롯되었다는 사실은 우연으로 돌리기에는 너무도 분명한 역사적 사실인 것이다.

진리의 보급에 있어 인쇄술이 크게 도움이 된 것은 사실이지만 영적 부흥의 결정적인 원인이 인쇄술 때문이었다는 것은 잘못된 생각이다. 왜냐하면 오늘날은 인쇄술이 더 발달했지만 중세 때보다도 더 많은 거짓 교리와 더 많은 오류와 더 많은 진리의 왜곡이 자행되고 있기 때문이다. 인쇄술이란 오늘날의 라디오나 T.V.처럼 두 개의 머리를 가진 야누스라고 할 수 있다. 누가 무엇을 이들 매체들을 통해서 전파하느냐가 중요하다. 우리 앞에 전개될 필라델피아 교회 시대(1500-1900)에는 말씀을 지킨 교회(계 3:8)에 의해 유포되고 전파된 순수하고 왜곡되지 않은 하나님의 말씀이 있다(계 3:8). 성경을 교회사의 기준으로 삼지 않는 필립 샤프는 하나님의 참된 성경을 오리겐-유세비우스의 본문[4]으로 변개시킨 콘스탄틴과 똑같은 일을 저지르고 말았다(그는 ASV 편집위원장이었다). 이 일은 교황들이 자행한 것과 동일한 것이었다.[5] 에라스무스의 헬라어 원문(1522)은 카톨릭 교회가 결코 승인하지 않은 본문이며 앞으로도 승인하지 않을 헬라어 원문이다(스테파누스, 엘지버, 콜리네우스, 베자 등의 원문과 약간의 차이점을 보임). 카톨릭은 밥 존스 대학교와 펜사콜라 기독 대학이 카톨릭 성서를 용납한다는 이유로 이들 대학을 추천한다. 이는 모든 카톨릭은 네슬(알란드 및 메쯔거)의 헬라어 원문을 진심으로 추천하고 있기 때문이다(이 원문은 ASV, NASV, NIV 및 카톨릭의 예루살렘 성서, 아메리칸 성서 등에 사용되었다[6]). 이 사실은 꾸며낸 이야기가 아닌 분명한 증거가 있는 역사적 사실들이다. 그 어떤 교황도 이집트의 알렉산드리아에서 유래되어 암흑 시대에 사용된 "성서"를 존중하는 모든 프로테스탄트들을 인정해 주는데 인색하지 않는다. 교황들은 이 성서로 중세 동안 서구 세계를 통제할 수 있었다.

밥 존스 대학교의 교수진이 추천하는 알렉산드리아 헬라어 본문들은 바티칸 도서관에 열쇠로 채워진 서고에 잠들어 있는 카톨릭의 공식 신약사본에 다 들어 있다. "바티칸사본"(Vaticanus)은 암흑 시대가 끝난 후 무엇이 성경적이고 무엇이 성경적이지 않은가를 결정하기 위한 본문들을 담고 있었다. 지역교회들과 대부분의 기독교 학자들이 이 바티칸사본의 본문들을 버리자 곤이어 영적인 부흥이 도래했다(1500-1900). 이 알렉산드리아 원문은 이 원문을 거부했던 1500만 명의 성경대로 믿는 사람들이 흘린 피(제14장 주 132 참조)가 입증하듯이 하나님의 저주와 심판을 담고 있었다. 이 알렉산드리아 원문은 성경에 대한 이해와 참된 지식을 혼동시키는 결과를 야기시킨 바 이 사실은 역사적으로 충분히 입증된다. 오리겐이 추천한 이래[7] 이 알렉산드리아 원문과 관련되어 일어난 참된 부흥은 하나도 없었다(구령, 복음화, 교회설립, 선교 등).

필리델피아 시대의 도래와 더불어 하나님의 말씀을 "지킨"(계 3:8) 교회가 역사의 수면 위로 떠올랐다. 이 교회는 아프리카의 희한한 대학교(제5장 참조)에서 가르치던 신 플라토주의라고 하는 철학(골 2:8)과는 아무런 관련이 없었다. 또한 영혼수면설, 영혼의 이주설, 물에 의한 중생 등을 가르치고 천국과 지옥이나 육체의 부활 등을 믿지 않으며 창세기 3:1-3은 문자적인 사건이 아니며(제5장 주 11 참조) 유아는 물뿌림을 통해 구원받을 수 있다고 가르친(카르타고의 시프리안)[8] 배교자 오리겐과도 아무런 관계가 없었다.

전유럽에 걸쳐 성경대로 믿는 거리 설교자들의 사역으로 인해(1330-1500) 빛은 점점 더 밝게 비추이기 시작했다. 자신들을 왈덴스라고 불렀던 박해당하던 고귀한 그리스도인들은 "Lux Lucet in Tenebris"(어둠을 밝히는 빛)[9]이란 슬로건을 내세우고 일했다. 그들은 성경으로 입증될 수 없는 모든 교리를 거부했으며 그 결과 수세기에 걸친 "이단적 가르침"이 인정받기에 이르렀다. 적그리스도(the Antichrist)가 오기 전에 많은 적그리스도들(many Antichrists)[10]이 올 것을 가르치면서 왈덴스들은 계속해서 진리의 빛을 전파했다.

프란체스코 페트라르카(Francesco Petrarch, 1304-1374)는 아비뇽을 적그리스도[11]의 자리(seat)로 간주했으며 빈센트 페레(Vincent Ferrer, 1350-1415)는 교황들에 반대하여 설교했고 그 설교에는 많은 폭력이 뒤따랐다.[12] 영국의 작가들은 교황을 "죄의 사람"(살후 2:3)이라고 말하기 시작했다. 이들 중에는 존 오울드캐슬 경(Sir John Oldcastle, 그는 화형당했다), 월터 브루트(Walter Brute), 존 퍼베이(John Purvey)[13] 등이 있다. 롤라드(Lollard)는 "적그리스도"라는 용어를 모든 교황에게 집단적으로 또한 개인적으로 적용했다. 존 후스(John Huss)에 앞서 세 명의 열정적인 설교자들이 등장했는데 그들은 발드하우젠의 콘라드(Konrad of Waldhausen)와 밀리츠(Militz) 그리고 야노우의 마티아스(Matthias of Janow)였다. 밀리츠는 계시록을 설교했다.[14] 밀리츠는 독일에 있는 성당 문에 반박문을 붙이는데 만족하지 않고 로마로 직접 가서 성 베드로 성당 문에다 그의 주장을 써서 못박았다(루터에게 좋은 본보기를 보여 준 셈이다). 그는 로마 카톨릭 교회가 회개하지 않는다면 적그리스도가 와서 교회를 인수할 것이라고[15] 했다. 이것도 부족했는지 밀리츠는 성 베드로의 제단에 올라가 설교했다. 그는 투옥되었으나 하나님의 기적으로 도망을 쳐서 프라하로 돌아갔다. 그는 그곳에 설교자 양성학교를 세웠다.[16] 그는 죽을 때까지 추잡한 창녀들의 어미 교회에 대해 계속해서 비판을 가했다.

이때 쯤이면 신성 로마 제국에서는 내부 출혈이 생겨나고 있었다. 쿠사의 니콜라스(Nicolas, 1400-1464)는 법학 박사로 자국어(라틴어가 아닌)로 설교를 했으며 "교육받은 무지"에 대해 논문을 써서 근엄하고 교만한 "학자"들을 조롱했다.[17] 존 콜렛(John Colet, 1466-1519)은 둔스 스코투스의 추종자들을 "멍청한 돌대가리"[18]라고 말했다. 존 타울러(John Tauler, 1300-1361)[19]의 설교 때는 청중들은 울고, 신음도 하고, 기절하기도 했다. 한 성경적 증인이 이탈리아의 플로렌스에서 등장해 "초기의 교회에서는 성찬식의 잔은 나무로 되어 있어도 성직자들은 금처럼 고귀했는데... 오늘날은 금잔을 만찬에서 사용하지만 상직자들은 쓸모없는 나무가 되었도다."[20]라고 울부짖었다. 이것은 영국, 발칸반도, 프랑스 남부, 독일 등지에서 반교황의 물결이 일고 있던 당시에 일어났던 일이다. 이것은 15장에서(주 56,57 참조) 우리가 살펴보았던 이탈리아의 카톨릭 "이단"이었다.

종교개혁의 주역들은 교회사 학도들에게는 너무도 잘 알려져 있기 때문에 이 책에서는 그들의 생애나 업적에 대해 많은 분량을 할애하지는 않겠다. 마틴 루터, 존 낙스, 존 칼빈 등의 자서전들은 나폴레옹과 아브라함 혹은 아돌프 히틀러에 관한 책들만큼이나 광범위하다. 우리는 그들의 생애에서 가장 중요한 부분들을 다룰 것이며 특히 그들이 믿는다고 고백했던 그 책에 관련된 부분을 다룰 것이다. 그들은 이 책이 그들의 길의 "빛"이요 발의 "등불"이라고 고백했기 때문이다. 루터나 칼빈 모두 교회 국가에서 베푸는 유아세례 제도에서 완전히 탈피하지 못했으며 따라서 그들이 "형제들"을 대할 때(주 148-166 참조) 전적으로 성경적이었다고 말하는 것은 정직하지 못한 일이다. 또한 이들은 신약성경이 말하는 지역 모임에 관한 이해에 있어(제3장) 예수회 회원들 만큼이나 교리적으로 빗나갔다. 많은 사람들이 지적한 대로 종교개혁은 아무것도 개혁하지 못했다. 종교개혁은 레일을 벗어나 혁명으로 변질되고 말았기 때문이다(Reformation → Revolution). 로마 카톨릭 교회는 하나님이나 성경에 의해서도 개혁되지 못했고(개혁되지 않을 것이다) 성경대로 믿는 그리스도인들의 노력도 허사였음은 물론이다(계 2:21).

종교개혁에 있어 중요한 사실은 성령 하나님께서 (성경을 기록하시고 보존하실 것을 약속하신 분 - 시 12:6-7) 한 원문을 회복시켜 그 성경을 사용하셔서 전세계에 영적 부흥을 가져오셨다는 것이다. 이 본문(혹은 원문)은 다음의 일곱 가지 반대에도 불구하고 하나님께 쓰임을 받았다.

1. 이 본문은 19,20세기에 웨스트코트와 홀트에 의해 "악"하다고 불렸고 필립 샤프와 라잇풋 주교[21)]에 의해서는 "부패"했다고 평가받았다.

2. "후기 사본들"에서 나왔기 때문에 많은 오류들이 들어 있다는 평가를 받았다(이런 주장을 한 사람들은 무디 성서 신학원, 달라스 신학교, 하바드, 밥 존스 대학교[22)], 예일, 프린스톤, 테네시 템플, 유니온 신학교, 펜사콜라 기독 대학 그리고 콜롬비아 대학교의 교수진들이다).

3. 이 본문은 "가장 좋은 필사본들"에 근거하지 않았다. 이는 대학교에서 전문 교육을 받은 서기관들(제5장 참조)이 거리에서 설교하다가 죽어간 평신도들(제14장 주 76 참조)보다 필사작업을 더 잘했을 것이기 때문이다.

4. 이 본문은 어거스틴 시대로부터 빌 클린턴 대통령시절에 이르기까지(A.D.400-1995) 모든 교황들에 의해 정죄되었다.

5. 이 본문은 "가장 훌륭하고 오래된 필사본들"과 7,000군데 이상 차이가 난다. 따라서 이 본문이 ASV, RV, NASV, RSV, NRSV, IV, NIV 등[23)]의 저본이 될만큼 "순수한 본문"이 되려면 신약성경에서만 적어도 5,800군데를 수정해야만 한다.

6. 이 원문에서 번역된 성경들은 그것이 어디에서 발견되든 즉시 교황의 명령에 의해 불태워졌다.[24)]

7. 18세기 혹은 19세기의 그 어떤 인정받고 자격을 갖춘 "학자"도 이 본문을 추천한 적이 없다.

이와 같은 온갖 반대에도 불구하고 이 헬라어 표준원문은 1600여 개의 언어로 번역되었고 영어 번역본인 AV 1611은 9억부 이상이 판매되었다. 이 <킹제임스성경>은 대영제국과 미합중국을 건설했고 미국의 건국 조상들이 헌법을 제정할 때 미국인의 정신적인 초석이 되었다. 이 성경은 또한 약 4천만 명의 죄인들을 예수 그리스도께로 인도했다(어떤 "교회"로 인도한 것이 아니다). 이때 사용된 일꾼들은 루터, 칼빈, 낙스, 베자, 웨슬리, 에드워즈, 휫필드, 토레이, 무디, 선데이, 피니, 스펄젼, 노리스, 존스, 디한, 브레이너드, 무어하우스, 함, 스코필드, 맥체인, 할레인 등등이다. 이 성경은 5,800-7,000군데의 "오류"에도 불구하고 성경대로 믿는 그리스도인들에 의해 받아들여졌고 그 결과 필라델피아 교회 시대(1500-1900)를 가져왔다. 반면 성경대로 믿는 그리스도인들이 이 성경을 거부하자 교회의 배교 시대인 라오디케아 시대(1900-1995)가 도래했다. 이 배교를 주도한 사람들은 1900-1980년 사이에 활약한 보수주의 및 근본주의 신학교 및 대학교 교수진들이었다.

마틴 루터 (Martin Luther, 1483-1546)

루터의 성장배경은 잘 알려져 있다. 루터는 평범한 시골 출신으로 독일, 아이제나크의 거리에서 노래를 부르면서[25] 학창시절을 보냈다. 루터에 대한 저작은 너무도 많아서 그리스도의 인격과 가르침에 대해 세속 작가들이 쓴 책만큼이나 광범위하다. 교황 레오 10세는 그를 "술취한 독일놈"[26]이라고 불렀고 피터 모셀라누스는 루터를 "예의 바르고, 현명하고, 활달하며, 신선하고, 침착한 인물..."[27]이라고 평했다. 제롬 알레안더는 루터를 "바보", "개", "쌍놈"이라고[28] 불렀고 교황의 특사였던 카제탄은 루터를 "눈이 쏙 들어간 독일 짐승"[29]이라고 불렀다.

루터는 교회와 국가에 의해 불법자로 낙인찍혔고 교황과 황제 및 대학 당국에 의해 정죄되었으며, 폭력적인 죽음에 처해지도록 인간사회에서 축출되었다. 샤프는 루터의 유명한 95개 조항이 스콜라 신학과 전통 정통주의자들[30]에 의해 강력한 반박을 받았다고 말한다. 이들은 다름 아닌 카톨릭의 종교 지도자들이었다. 루터에게는 "민중의 설교자"라는 별명이 붙었다. 독일계 유태 작가인 하인리히 하이네는 루터에 대해 이렇게 말하고 있다. "그는 환상적이고 신비적인 인물로, 실천하는 행동파였고... 어휘에 있어 엄격한 사람이요 하나님에 의해 영감받고 도취한 선지자였으며, 전적으로 하나님을 두려워하는 사람이었으며, 성령께 온전히 바쳐진 사람으로... 완전한 사람이며 '절대적'인 사람이라고 하겠다."[31]

그의 뒤를 이어 발생한 소요의 원인을 찾으려는 사람들에게 루터는 이렇게 답변한다. "나는 단지 하나님의 말씀을 가르쳤고, 설교했고, 번역했을 뿐이다. 그 외에 나는 아무일도 하지 않았다. 모든 역사는 그 말씀이 이루신 것이다." 그는 한 때 이렇게 말하기도 했다. "복음이 소요와 고난과 소란 없이 전파된다고 생각하지 말라."[32] "오 교황이여, 이 말을 들으라! 가장 거룩한 자가 아니고 가장 죄많은 자여! 하나님께서 네 의자를 하늘로부터 내던져 지옥의 심연으로 던져버리시기를 원하노라. 누가 너에게 하나님보다 자신을 더 높이도록 하는 권세를 주었단 말이냐? 오 주 그리스도시여! 이 땅을 굽어보소서. 속히 심판의 날이 임하여 로마에 있는 마귀의 거짓말쟁이를 파멸시키소서! 이 자가 적그리스도가 아니면 어떤 자가 적그리스도인지 나는 알지 못하겠노라."[33]

적그리스도(이 주제는 종교개혁 이전 시대에 있어 종말론의 주제였다)에 관한 루터의 견해에 관해서는 의심의 여지가 없다. 루터는 다니엘서 2장의 주석에 있어 심지어 전천년주의자였다.[34] 그러나 루터는 실제적으로는 일반적인 부활과 재림 때의 최종적인 심판을 믿는 무천년주의자였다.[35]

실천 신학자로서의 루터는 동시대의 모든 인물보다 뛰어났다. 그는 당시 사용되던 모든 어휘들을 섭렵하고 있었다. 그는 상식적 표현, 아이러니, 악담, 욕설 등을 사용했으며 때로는 거칠고 속된 표현들을 사용해서 당시 교양 있고 세련된 사람들의 마음을 상하게 하였고 "그를 흠모하는 자들에게 나쁜 본"을 보였다.[36] 루터는 청중 앞에서 직접 신학을 전개했다. 샤프는 루터는 활달한 마음을 가졌으나 과격한 기질[37]을 갖고 있었다고 말한다. 그는 깊은 내용의 메시지를 분명하고 강력한 언어로 표현할 줄 알았고 끊임없이 재미있고 설득력 있는 특질 형용사를 사용해서 인물들을 명쾌히 묘사하곤 했다. 그는 설교의 대부분을 성경으로 자신의 주장을 입증하는 방법을 사용했다.[38] 그의 독일어 성경 번역본은 독일의 신학, 교육 및 언어에 있어 이정표가 되었다.

루터는 알레고리적인 입장이 아닌 "문법적, 역사적" 입장에서 번역의 문제에 접근했다. 즉 그는 이집트의 알렉산드리아 학파의 원칙 대신(제5장 참조)[39] 시리아의 안티옥 학파의 원칙을 고수했다. 루터에 따르면[40] "성경 자체가 가장 훌륭한 해석자"인 것이다. 그는 오직 성경만이 권위가 있다고 생각했으며 성경을 "성령 자신의 독특한 책"으로 "매 음절마다" 하나님이 들어 있다라고 말했다.[41] 런던의 한 대학교수인 슈바르츠 씨는 루터가 번역에 접근한 방식은 "영감적"이라고 불리우는 것이 좋을 것이라고 했다.[42] 이 말은 루터의 번역이 축자영감을 받았다는 뜻이 아니고 루터는 번역 작업에 임할 때 모든 어휘를 다루는데 있어 성령의 임재하심과 능력을 인식하고 있었다는 뜻이다. 바로 이것이 <킹제임스성경>의 번역에 관해 우리가 믿고 있는 바이다. <킹제임스성경>과 루터의 성경은 모두 안티옥의 표준원문에서 번역된 것이다.

루터는 제롬과 오리겐과는 달리 성경을 대할 때 비평적으로 대하지 않았으며 참된 기독교 순례는 로마와 예루살렘으로 갈 것이 아니라 선지서들과 시편들과 복음서[43]로 가야할 것이라고 말했다. 루터는 고대의 "이단"들(폴리시안, 제12장 주 89-97 참조)과 마찬가지로 신약성경을 읽을 때 바울서신의 조명을 받아 읽었다.[44] 루터의 번역과 NASV, ASV, NIV, RSV, NRSV 혹은 NEB 등과 같은 쓰레기를 구분해 주는 특징은 영감[45]에 관한 것이다. 루터는 번역에 있어 성령님을 의지했고 그가 다루는 모든 절과 구절에 있어 예수 그리스도를 중심에 놓으려 했다. 로이만은 번역자로서의 루터의 솜씨를 논하는데 있어 너무도 몰두한 나머지 바울적 강박관념(서문 참조)에 젖어 루터를 필로와 어거스틴[46]과 같은 부류로 취급한다. 루터는 모하메드 교도에게 교리를 물어보지 않는 만큼 카톨릭 교회에게 성경 교리에 대해 묻지 않는 반면에 어거스틴은 "카톨릭 교회"가 지시하지 않는 한 그리스도조차 믿지 않을 사람이다(제7장, 주 59-70 참조). 더 나아가 루터는 칠십인역의 번역자들은 진리를 오도하는 자들로 간주했고 70인역이 "영감" 받았다고는 단 한 순간도 생각해 본 적이 없다.[47]

루터의 독일어 성경은 원어에서 유럽의 한 민족어로 번역된 최초의 완전한 성경 번역본이었다. 그 이후의 모든 독일어 번역본들은 루터 성경에서 나온 것이다. 1523년 루터 성경에서 화란의 신약성경이 번역되어 나왔고 1524년에 나온 덴마크어 신약성경 역시 루터의 성경에 기초한 것이다. 올라우스 페트리는 비텐베르크[48]에서 루터의 강의를 들었던 사람으로 스웨덴어 신약을 루터 성경에서 번역하였다. 1540년 아이슬랜드어 신약이 나왔는데 루터의 성경에서 많은 것을 참조했다. 선교사들이 사용하던 히브리어 신약성경과 슬로베니아어 성경(1584, 유고슬라비아)도 루터 성경에서 나온 것이며 1562년의 크로아티아어 신약성경과 1541년의 헝가리어 신약도 루터 성경에서 나온 것이다.

롤랑 베잉톤에 따르면 거의 모든 독일인들은 루터의 독일어 성경 번역은 훌륭한 독일어라고 생각하는데 그 이유는 "독일 사람들이 말하는 방식 그대로"이기 때문이다. 사실 독일 사람은 모두 - 카톨릭 교도들까지 포함해서 - 루터의 독일어 역본으로 교육을 받았다.[49] 그들이 말하는 그대로 말을 하는 것은 그들의 언어가 마틴 루터에 의해 주어진 것이기 때문이다 "Hoch Deutsch"는 마틴 루터의 독일어이며 그는 그 독일어를 성경 안에다 사용했다. 그 언어는 부두에서, 시장에서, 거리에서, 가게에서, 독일인들이 일상 사용하는 그 독일어였다. 그의 성경 언어가 다소 거칠고 평범한데 대해 비판을 받자 루터의 추종자 한 사람은 카톨릭 교도들에게 말하기를 일반 독일인들(가정 주부, 하녀, 학생, 노동자...)이 파리나 쾰른 대학교 교수들이나 교황의 추종자들보다[50] 더 성경을 잘 알게 되었다는 사실을 모르고 있는 카톨릭 교도들은 실로 멍청이임에 틀림없다라고 했다. 사실 이것은 역사의 진실 가운데 하나이다. 미국에서도 텍사스에 있는 포트워스 제일침례교회(1920-1940)의 주일학교 학생들(10-14세) 중에는 메이첸, 와필드, 로버트슨, 모로, 윌슨 등과 같은 학자들보다 더 성경을 잘 아는 아이들도 있었다.

하나님의 섭리에 의해 루터의 과격한 기질은 이미 오래전에 시작된 교황제도에 대한 투쟁이 완결되는데 있어 잘 사용되었다. 루터는 교황 바울 3세를 "지옥 성하"(Your Hellishness) 그리고 "가장 지옥 같은 아버지"(Most Hellish Father)라고 불렀다.[51] 성경이 로마에 대해 단호했기 때문에[52] 루터 역시 성경의 본을 따른 것이다. 루터는 이렇게 말했다. "로마 교황청은 바빌론이나 소돔보다 더 많이 부패했다... 교황청은 도둑들의 불법천지가 되었고, 가장 수치스러운 매음굴이 되었으며, 죄와 사망과 지옥의 왕국이 되었다. 따라서 적그리스도가 온다할지라도 그 역시 교황청의 사악함에 덧붙일 것이 전혀 없을 것이다.[53]

루터의 강력한 무기는 그의 신학이 아니라 그의 설교였다. 그가 보름스 회의에 가는 길에 에어푸르트에서 행한 설교는 "태양이 눈을 녹이듯이 사람들의 마음을 녹였다... 아마 대 변론가인 데모스테네스나 키케로 혹은 바울마저도 루터의 설교보다 더 청중의 마음을 뒤흔들지는 못했을 것이다."[54] 루터는 두 가지 언어로 설교했고 자신의 신앙의 정통성을 심판받고 있던 와중에서 재판관이던 황제에게도 공개적으로 경고할 정도의 담대함을 갖고 있었다. 루터는 모든 정치적, 종교적 반대자들 앞에서 전혀 두려워하지 않았다. 그는 헨리 8세에 대해서도 강력한 어조로 비판했다. "그는 공개적으로 그리고 고의적으로 거짓말을 한다. 이 저주받은 자는 심히 부패한 자로 하늘에 계신 나의 왕에게 고의적으로 또한 의식적으로 거짓말을 꾸며대는도다. 만약 그가 교회의 수호자라고 한다면 그 교회는 진홍빛 옷을 입은 피에 취한 가증한 것들의 어미일 것이다.[55]

"교황 제도는 이 세상에 존재했던 또한 앞으로 존재하게 될 모든 것 중에서 사탄의 가장 해악스러운 가증스러움이요... 불과 어리석은 자의 분노와 토마스 아퀴나스의 포도주에 취한 자로... 그 돼지들이 원한다면 와서 나를 불태우라고 하라. 여기서 내가 그들을 기다리겠노라. 내 육체의 재는 수천 개의 바닷 가운데 던져진 후에라도 다시 돌아와 홀로 이 가증스러운 무리들을 괴롭히고 박해하리라."[56] 루터는 카톨릭 교도들의 도덕적 성품을 과소평가하지 않았다.

샤프는 루터와 멜랑히톤을 비교하면서 말하기를 루터는 전쟁의 사람인 반면 멜랑히톤은 평화의 사람이라고 했다. 루터의 글에서는 화약 냄새가 난다. "그의 어휘들은 전쟁과 같다." 그리고 그는 "논쟁, 웅변, 열정, 때로는 지나친 언사 등으로 구성되는 포격을 퍼부어 적들을 압도한다."[57] 루터의 마귀론은 더더욱 강력하다. 성경의 영감에 대한 그의 입장은 오늘날까지도 개혁 신학자들과 신정통주의자들 사이에서 신학적 논쟁을 불러 일으키고 있다. 그러나 마틴 루터는 실제적인 면에서 보자면 신구약 성경에다 그의 인생을 건 사람이었다. 예를 들면 "하나님께서 말씀하시는 바는 나의 지각이 그것을 수용하든 못하든 간에 사실이다. 때로는 내가 온전히 그것을 이해하지 못할지라도 오는 세상에서는 나는 그것을 모두 알게 될 것이다."[58]

루터는 실로 카톨릭이 아니라 성경대로 믿는 사람이었던 것이다. "나는 내가 인용한 성경 구절에 의해 압도된다. 나의 양심은 하나님의 말씀에 묶여 있으므로 나는 그 어느 것도 취소할 수 없고 취소하지도 않을 것이다. 이는 양심에 어긋나는 일을 하는 것은 안전하지도 못하고 위험한 일이기 때문이다."[59] 루터의 양심은 시리아-안티옥 헬라어 원문에 순복한 반면 그의 모든 대적들은 아프리카에서 나온 알렉산드리아 본문을 소유한 것을 자랑하는 타락한 자아에 양심을 내맡겨버린 것이다.

루터가 신실하지 못한 설교자들에게 한 설교는 마치 어제 아침에 쓰여진 것처럼 생동감이 있다.[60] 그는 그의 설교에서 성경을 강론할 뿐 아니라 어떻게 적용할 것인지도 덧붙였다. 그는 자기의 영향력이 미치는 곳에서는 면죄부 제도를 폐지했고 다섯 차례에 걸쳐 성체성사를 거부했으며(기타 다른 종교 의식과 더불어), 미사에 불참했고 일요일에는 세 번의 예배를 드렸다. (모임은 일주일에 한 번씩 모였다. 그는 성경 안에서 살았고 움직였다. 그는 설교할 때에 "정곡을 찔렀고... 담대하고 용감해서 마귀도 교황도 용서하지 않았다. 그는 결코 지루하거나 장황한 설교는 하지 않았다."[61] 사실 루터의 설교를 듣고는 중립노선에 남아있을 수가 없었다.)

루터가 설교자들에게 전하는 바는 "신선하게 시작하고, 외쳐대고, 짧게 그치라"였다. 그는 자기 청중 가운데서 학자들을 무시했고 일반 사람들을 대상으로 설교했다.

루터의 신학에 영향을 끼친 사람들은 여럿이다. 실천신학적인 측면에서 보자면 역사가들이 그에 대해 내린 다음의 평가들은 주목할만 한다. ① "바울의 교리들이 그에게 영감을 주었다."[62] ② "스타우피츠는 카톨릭 경건과 학교출신이며 실천적 신비주의자로 루터에게 영향을 주었다."[63] ③ "루터는 오캄(Ockham)을 '나의 스승 오캄'이라고 말했다."[64] 어거스틴의 의롭게 됨과 은혜의 교리가 루터의 신학에 영향을 준 것은 사실이나 그것은 매우 추상적인 의미에서 그렇다고 할 수 있다. 사실 루터는 "성체성사"와 <하나님의 도성>에 관한 한 어거스틴과는 멀리 떨어져 있다.

필립 멜랑히톤 (Philipp Melanchthon, 1497-1560)

멜랑히톤은 루터와 함께 사역했다. 루터와 칼빈 사이에 어떤 연관이 있었는지에 대해서는 의심스럽다. 적어도 개인적이고 실제적인 교제가 있었을 가능성은 희박하다. 신약 기독교회사에서는 바로 이 개인적이고 친밀한 교제가 주요 논의 대상이 되어야 한다. 루터는 어쩌면 생애 동안 칼빈의 책 한 두 권 정도를 읽었을 것이다. 그는 이 책을 아주 흥미롭게 읽었고 그 사실은 그가 한 친구에게 보낸 편지에 드러나 있다. 이 두 권의 책은 칼빈의 「사돌렛에게 보낸 답변」과 주의 만찬에 관한 칼빈의 논문이었다.[65] 비록 멜랑히톤이 쓴 조직신학(Loci Theologia)이 칼빈의 기독교강요(Institute)보다 더 앞서 나왔지만 종교개혁에 있어 "신학의 지도자요 기준을 세운 사람"은 칼빈이라고 알려져 있다.[66] 루터의 신학은 학문적인 관점에서 보자면 체계적이지 못하다(바울도 마찬가지였다). 물론 이러한 평가는 일반적인 역사가들에 의한 것이다. 마틴 루터는 멜랑히톤을 동료 개혁자로 여긴다고 말했다. 이는 그가 자기 자신은 그 어떤 것도 체계화시킬 수 없는 사람임을 알았기 때문이다.[67]

필립 멜랑히톤은 종교개혁을 글로써 체계화 하고 알린 사람으로 유명하며 이로써 그는 마틴 루터의 복음 전파와 가르침을 문서화 한 업적을 남겼다. 문제는 멜랑히톤이 복음 전파와 성경 교육을 넘어서 문화에로의 문을 열어 놓았다는 점이다. 멜랑히톤은 루터와는 달리[68] 과격한 변화와 투쟁없이 "조용하고 자연스럽게" 그의 신학적 입장들을 전파했다(이와 같은 성격의 사역자들로는 리차드 디한, 데이빗 하일즈, 밥 존스 주니어, 댄 풀러 등과 같은 사람들이 있다).

한 가지 주목할 것은 멜랑히톤이 체계화한 최초의 조직신학은 실제적인 목적에서 쓰여졌다는 점이다. 신학 연구 자체를 목적으로 한 것이 결코 아니었다. 복음 전파가 먼저 있고 나서 그 다음에 교육과 문화가 뒤따르게 된다. 아우스부르크 고백(Augsburg Confession, 1530) 이후에 발생한 신학 논쟁은 멜랑히톤의 몫이었다. 루터는 자신의 사명을 신학논쟁을 통해 완수할 생각은 추호도 없었다. 그는 분명히 이렇게 말했다. "내 이름은 내버려두라. 결코 너희들을 루터교도라고 부르지 말라. 오직 그리스도인이라고만 부르라."[69]

불가지론자들과 루터의 지지자 간에 중재자로서의 멜랑히톤의 평생의 노력들은 기독교적 사랑 정신(빌리 그래함, 오켕가, 존 R. 라이스 등)을 보여주긴 했지만 동시에 육신적 기독교의 타협 정신도 보여 주고 말았다. 멜랑히톤은 에라스무스와 유세비우스의 중간에 서 있었던 것이다. "그는 분열을 안타까와 했고 항상 상처를 치료해 보려고 노력했다."[70] 에밀 부르너는 <하나님의 기독교 교리>(제1권)의 서문을 쓸 때 자신의 신학적 배경을 피터 롬바르드, 칼빈 그리고 멜랑히톤의 <Loci Theologia>[71]라고 고백한 바 있다. 어떤 면에서는 정확한 분류인 것 같지만 실상은 칼빈의 영향력을 루터의 영향력에 비해 과대 평가한 것이다. 이에 대해서는 곧 살펴보도록 하겠다.[72]

루터 시대 독일에서 일어났던 부흥의 쇠퇴 조짐은 사도들의 시대에 발견되었던 동일한 장소에서 찾아볼 수 있다. 즉 성경 말씀을 전파하는 대신 신학적 논쟁에 가담한 문화 전문가들이 배교의 온상이 된 것이다. 문화는 항상 복음 전파와 성경 교육에 이어 등장한다.

존 칼빈 (John Calvin, 1509-1561)

칼빈은 실천 신학적인 면에서 보자면 신약 지역 모임의 역사에 있어 매우 작은 비중을 차지한다. "칼빈은 이제껏 살았던 그 어떤 인물보다도 프로테스탄티즘의 교황이라고 불릴 자격이 있다."[73] 리차드 후커는 그를 피터 롬바르드[74]와 비교한다. "칼빈은 예언 전반에 관한 한 모든 프로테스탄트 지도자들 중 가장 하위에 속한다고 할 수 있다."[75] 루터는 재림을 사모했고 백년 이내에 이루어질 것을 소망했다.[76] 그러나 칼빈의 규범적인 설교에서는 이러한 마음 자세(재림의 사모)를 전혀 찾아볼 수 없으며 따라서 그의 추종자들인 메이첸, 와필드, 스펄젼, 에드워즈, 윌슨, 혼트, 로버트슨 등의 강단에서도 이런 마음은 엿볼 수가 없다.

칼빈의 5대 강령(TULIP)은 교회 안에 네 개의 비성경적 교리가 창궐할 수 있도록 근거를 마련해 주었다(제5장 참조). 이 교리는 기독교 교육철학자들에게 흡수되었다. 첫 번째 비성경적 교리는 "전적 타락"(Total Depravity)으로 칼빈이 발명해낸 것이다. 에스라 7:13, 출애굽기 35장에는 인간의 의지는 "자유롭다"라고 말하고 있다. "자유의지"(free will)는 성경적 용어이다. 따라서 전적인 타락 교리는 어거스틴(엄격한 의미에서의 최초의 카톨릭 교도, 제8장 주 10-18 참조)에게서 빌어 온 비성경적인 철학개념이나. 두 번째 거짓 교리는 "무조건적인 선택"(Unconditional Election)으로 이 교리는 베드로전서 1:2과 로마서 8:29을 정면으로 부인하고 있다. 이 두 구절에 따르면 선택과 예정은 조건적임을 알 수 있다. 선택과 예정의 조건이 무엇인지는 이 두 구절에 잘 나와 있다. 세 번째 누룩은 "제한된 속죄"(Limited Atonement)로 하나님께서는 이 사탄의 교리를 디모데전서 2:1-6과 베드로후서 2:1, 히브리서 10장 등에서 반박하고 계신다. 네 번째 칼빈의 발명품은 "저항할 수 없는 은혜"(Irresistible Grace)로 한 죄인이 죄 가운데 영적으로 죽어 있다면(엡 2장) 그는 스스로의 의지로는 복음에 반응할 수 없다(빌 2:13)는 비성경적 사상에 기초하고 있다. 따라서 이 죄인은 예수 그리스도를 믿기 전에 먼저 거듭나야 한다는 것이다. 칼빈과 스탬(1980)에 따르면 믿기 전에 먼저 중생이 있게 되는데 이는 죽은 자에 대한 성령의 역사에 의해 이 두 가지가 이루어지기 때문이라고 한다. 칼빈은 성경을 매우 피상적으로 공부한 자로서(스탬, 베이커, 오헤어 등과 같이) 구약 전체에서는 단 한 명의 성도도 그 어떤 것에 의해서도 "살림"을 받은 자는 없다는 사실(창 5:1-4)을 몰랐다. 구약의 사람들은 비록 그 중 많은 사람들이 낙원으로 가기는 했지만(다윗, 모세, 히스키야, 야곱 등) 모두 "죄와 허물로 죽어 있었다"(엡 2:1, 성령으로 거듭난 적이 없다). 칼빈은 출애굽기 35장의 모든 예배 행위가 "창세 이전에 그리스도 안에서 택함받은"(엡 1:4) 거듭난 성도들에 의해 수행되는 것으로 착각했다. 그러나 실상은 그들 중 그 누구도 거듭난 적이 없고 그들 중 그 누구도 그 때나 지금이나 그리스도 안에 있었던 사람은 없다. 그 어떤 칼빈주의자도 이 간단하고 기초적이고 기본적인 구약성경의 진리를 이해하지 못한다. 칼빈의 5대 강령 중 네 가지가 신학적 망상일 뿐이다. 로마서 8:29과 에베소서 1:4 말씀들을 왜곡시켜 잘못 적용시킨 칼빈의 신학 교리에 대해 찰스 웨슬리는 "오 사악한 교리여, 네가 나온 곳으로 돌아갈지라! 그 교리가 어린 양에게서 나왔다고 주장하는 사악한 신성 모독을 용서하소서"[77]라고 말했다.

칼빈(1533-1536)은 도피하는 전도자로서 파리를 떠났고 제네바가 완전히 자신의 "통제"하에 들어가기 전에 제네바로부터 한 번 축출당한 적이 있다. 그의 설교는 조직신학으로 특징지워진다. 피셔(Fisher)에 따르면 그 점에 있어서는 칼빈은 토마스 아퀴나스에 비교될 수 있다고 했다. "그는 종교개혁을 아리스토텔레스의 스타일로 이끌어냈다고 할 수 있다."[78] 다시 말해 칼빈은(오리겐, 아퀴나스, 플라토, 유세비우스 그리고 어거스틴과 같이) 철학자였던 것이다(골 2:8). 그의 신학의 기반은 주로 어거스틴이었다. 이에 반해 샤프는 칼빈주의가 어거스틴에 의해 시작된[79] 신학의 완성이라는 사실을 부인한다.

윌리암 커닝햄(William Cunningham) 박사는 기독교 강요는 신학의 역사[80]에 있어 가장 중요한 저작이며 대부분의 학자들이 이에 동의한다고 말했다. 물론 칼빈의 신학이 향후 기독교계에 엄청난 영향을 끼친 사실을 부인할 수는 없다. 그러나 잊지 말 것은 칼빈이 자신의 신학을 받아들이지 않는 사람을 화형에 처한 그 모범 역시 기독교계에 "영향"을 주었다는 것이다. 미국의 뉴잉글랜드 지방에서는 그의 추종자들이 그의 "스승"의 흉내를 내고 말았다(1664-1692년에 있었던 칼빈주의자들이 주도한 살렘 마녀 재판).

제네바에서 칼빈은 그의 죽음을 외치는 폭도들에 의해 밤에 박해를 받았고 거리를 걷다가 침뱉음을 당하기도 했으며 그를 비방하는 문서들이 도시에서 유포되고 있었다. 그러나 이런 박해는 구령하는 노력 때문에 야기된 것이 아니다. 그것은 자기 스스로 종교적 독재자가 되어 시 전체를 통치하려는 야망 때문이었다.

세르베투스(Servetus)는 칼빈, 멜랑히톤 그리고 교황을 공격했으나 그는 루터의 교리에는 논쟁을 걸지 않았다. 멜랑히톤은 "세르베투스 사건"[81]을 다루는데 있어 칼빈에게 동의하였다. 그러니까 거칠고, 기질이 악하고, 포악하고, 무례한 루터는 그의 대적들을 화형에 처하지 않는 반면에 부드럽고, 온화하고, 교양 있는 외교관인 멜랑히톤은 화형에 동의한 셈이다. 한 마디로 멜랑히톤은 자기 자신 안에(어거스틴과 칼빈처럼) 불에 타는 시체를 즐길 만큼 카톨릭적 기질을 갖고 있었던 것이다.

칼빈에 대해 어떤 평가를 내리든 간에 그의 저작들은 루터보다는 멜랑히톤에 더 가깝다는 사실을 부인할 수는 없을 것 같다. 칼빈은 실제 사역에 있어 많은 논쟁을 야기시켰고 세간의 주목을 받았다. 그러나 그는 루터, 웨슬리 혹은 다른 사역자들[82]과는 달리 하나님과의 개인적인 교제에 관한 사상에 있어 성숙함과 활력을 보이지 못했다.

1540년경 스트라스브르그에서 시도된 회중예배 방식은 오늘날까지 발전되어온 예배형식의 배경을 엿볼 수 있게 한다.

1. 주의 이름을 부름(Invocation)
2. 죄의 고백과 용서
3. 찬송에 뒤이은 성경낭독
4. 자유기도
5. 설교
6. 주기도문에 뒤이은 긴 기도
7. 축도에 이은 회중의 합창[83)]

실제적인 면에서 보자면 칼빈의 "업적"은 제네바 시를 구약적인 신정 정치의 본으로 삼았다는 것이다. 이 신정 정치에 대해서는 수많은 자료들이 있다. 제네바 시에서 실시된 신정 정치에서 내려진 징계의 실례 몇 가지를 살펴보자.

1. 나귀가 우는 것을 보고 "그녀석, 멋진 시를 읊으면서 기도하는구만"이라고 농담을 했다는 이유로 한 시민은 삼 개월 간 추방당했다.

2. 설교시간에 웃었다는 이유로 세 사람이 삼 일간 감옥에 갇혔다.

3. 세 명의 아이가 교회 밖에 남아 케익을 먹었다고 해서 처벌받았다.

4. 자기 어머니를 도둑이라고 말했다고 해서 한 어린아이가 공중 앞에서 채찍질 당했다.

5. 자기 부모를 때린 한 소녀는 실추된 제5계명의 명예를 회복하기 위해 참수형을 당했다.

6. 한 사람은 자기 아이를 아브라함 대신 카톨릭 성자인 클로드라고 부르고 싶다는 이유로 사일간 투옥되었다.[84)]

이러한 사실로 미루어보아 칼빈이 받았던 많은 박해들 중 상당수가 선을 행하다가(벧전 2:20) 받은 것이라고 볼 수 없다. 그는 예수 그리스도 대신 자기가 왕노릇하면서 "왕국을 세우려다가", 다시 말해서 어리석은 짓 때문에 고난을 당한 것이었다.

다른 여러 가지 업적 중에서 칼빈은 "문법적-역사적" 성경 주석[85)]의 창설자라고 불린다.

윌리암 파렐(William Farel, 1489-1565)은 스위스에서 칼빈에 앞서 개혁을 주도한 사람으로 칼빈보다는 바울적인 실행에 더 접근해 있었다. 그는 순회 전도자로, 투사로 태어난 사람이었다. 그는 옷 속에 총과 몽둥이를 숨기고 다니는 사제들을 다루어야 했다. 한 번은 누가 그에게 총을 쏘았는데 총이 폭발하고 말았다. 그때 파렐은 그 사제에게 "나는 당신들의 총을 겁내지 않소"라고 말했다.[86] 윌리암 파렐은 몽둥이로 맞았고, 욕설을 들었고, 총에 맞았으며, 침뱉음을 당했고, 상처를 입었다. 이 모두는 순회 전도사역 때에 일어난 것이었다(파렐을 뒤이어 피터 비레와 안토니 프로멩이 스위스에서 설교했다).

칼빈의 5대 강령 중 다섯 번째 것은 "성도의 견인"(Perseverance of the saints)으로 다섯 가지 중 유일하게 성경적 교리라고 할 수 있다(나머지 네 가지는 하나님의 말씀에 정면으로 어긋나는 것임을 이미 살펴보았다). 우리는 어떤 사람이 하나님의 말씀을 변개시킨다면 그는 철학적인 근거(골 2:8)로 자신과 동의하지 않는 사람을 화형시키는데 주저하지 않는다는 사실을 이미 살펴본 바 있다. 세르베투스(1511-1533)는 칼빈의 동의하에 불에 태워졌다. 칼빈이 원했던 바는 그를 칼로 죽이자는 것이었을 뿐 그를 죽이는데는 아무런 이의가 없었다. 제네바에서 벌어진 이러한 형벌들은 "인쇄된 성경들의 부족" 때문이거나 "인쇄술이 아직 발달하지 않아서"이거나 혹은 "당시의 시대 정신" 때문이 아니었다. 문제의 핵심은 칼빈이 의지적으로 스스로 무지해서 하나님의 말씀을 거부하고 자기 고집대로 행동했기 때문이다. 칼빈은 어거스틴의 고향과 경쟁하기 위해(제12장 참조) 제네바에 "하나님의 도성"을 세우고자 했는데 이것은 로마적 하나님의 도성 대신 개혁적 하나님의 도성을 세우자는 것이었다. 칼빈의 생각에는 로마(혹은 아비뇽)보다는 제네바가 천 년 통치에 더 적합한 곳이라는 결정을 내린 것이다. 예수 그리스도의 전천년 재림을 거부하고 신정 국가를 세우고자 한다면(모든 칼빈주의자들은 지금껏 무천년주의자들이다) 칼빈은 구약성경을 모델로 삼아야 했고 결국 그는 구약의 성도들이 하나님의 영에 의해 중생한 "그리스도인들"이라고 주장할 수밖에 없었던 것이다. 상상력은 실로 대단한 것이라고 할 수 있다.

칼빈의 영향력은 스코틀랜드, 화란 그리고 독일의 개혁 그룹의 신학에 대해 큰 역할을 하였고 그들의 높은 도덕 수준과 정통 신앙 고백 역시 칼빈의 영향을 받았음을 인정한다 할지라도 칼빈의 가르침은 지역교회와 침례 형식에 관한 한 신약성경의 개념과는 너무도 거리가 멀다고 하겠다. 물침례의 "방식"과 "형식"에 대해 그것은 비본질적 교리에 해당한다고 감히 주장하는 사람들에게는 다음과 같은 사실을 상기시키고자 한다. 모든 칼빈주의 그룹은 모든 카톨릭 그룹과 마찬가지로 물침례를 중생과 혼동하고 있다(제6장 참조). 아시다시피 중생에 관해 불분명하다면 당신은 버림받은 것이다(고전 1-2장, 요 3:12). 우리는 칼빈이 완전히 변개된 알렉산드리아 원문 대신 (ASV 1901, NASV 1960, RSV 1952, NRSV 1970, NIV 1978, 카톨릭의 Jesuit Rheims 1582, 등) 에라스무스의 표준원문을 사용할 만큼(틴데일과 마틴 루터처럼) 지각을 갖추고 있었다는 사실에 대해 하나님께 감사드릴 수 있다.

울리히 쯔빙글리 (Ulrich Zwingli, 1484-1531)

쯔빙글리는 스위스의 제네바 반대쪽에 있는 쮸리히에서 복음의 빛을 비추고 있었다. 그는 1506년 교구사제가 되었고 1519년에는 쮸리히에 있는 교회(Great Minister Church)의 수석 목사가 되었다. 그는 성경을 읽다가 프로테스탄트 성경대로 믿는 사람이 되었으며 사제의 독신주의와 면죄부 판매를 공격했다. 쯔빙글리는 "개혁주의자들 중에서 가장 분명한 사람이었다... 그는 명쾌한 성경 주석으로 루터와 칼빈에게 충격을 주기도 했다."[87] 쯔빙글리는 성경으로 증명할 수 없는 것은 결코 설교하지 않았다. 그에게는 이것만이(적어도 그렇게 고백했다) 기독교 신앙과 실행에 있어 유일한 원칙이었다. 그럼에도 불구하고 그는 유아침례(세례)에 있어서는 로마 카톨릭의 전통으로 미끄러지고 말았다. 종교개혁 기간 중 그가 과거를 청산하는 과정은 잘 알려져 있다. 그러나 쯔빙글리가 농민들의 과격한 소요나 반란에 대해서는 반대의 입장을 보였다는 사실은 잘 알려져 있지 않다(이것은 루터의 입장과 비슷했다). 샤프는 이렇게 말했다. "루터는 쯔빙글리를 칼슈타트와 뮌쩌 그리고 과격 분자들과 혼동했다."[88]

쯔빙글리는 인문주의자로 남아 있었고 마틴 루터의 저작들을 공부한 후(1522) 로마와의 관계를 단절했다. 그는(그 어떤 성경대로 믿는 사람과 마찬가지로) 성경만이 무오한 권위이며 이중권위들(성경과 전통, 성경과 학문, 등)은 있을 수 없다는 입장을 견지했다. 쯔빙글리는 성경을 스위스 독일어로 번역하는 일을 도왔고 모든 건전한 성경학자들과 같이 NIV와 NRSV의 저본인 알렉산드리아 원본을 거부하고 시리아의 안티옥의 헬라어 표준원문을 선택했다. 쯔빙글리는 카톨릭과 프로테스탄트 간의 전쟁에서 사망했다. 그의 사역은 하인리히 벌링거에 의해 계승되었다.

쯔빙글리 역시 존 칼빈의 추종자로서 사탄의 유물인 로마 카톨릭의 그늘을 완전히 벗어나지 못했다. 그는 성경대로 믿는 침례교도들과 재침례교도들에게 가해진 가혹 행위들을 승인하는 죄를 범하기도 했다. 이들에게 가해진 가혹 행위들은 독일의 침례교도들이 왈덴스로서 뮌쩌나 마티스 혹은 다른 과격 재침례파에[89] 의해 일어난 지나친 소요와는 아무런 연관이 없었다는 사실로 미루어 볼 때 더욱 가증스런 것이었다.

주의 만찬에 관한 쯔빙글리의 입장은 루터보다(양체공존설, 공재설) 침례교적 입장에 더 가까웠다. 그러나 쯔빙글리는 교회국가의 지원을 받는 유아세례라는 어거스틴의 이단 교리를 고수했다. 교회국가와 유아세례라는 이 두 가지 사악한 교리는 시프리안과 어거스틴이 심어놓은 것으로 성경과 일치하지 않는 로마 카톨릭의 교리를 완전히 내버리지 못한 성도들의 삶에 늘상 썩은 열매를 맺어오고 있다. 종교개혁 시의 침례교도들은 로마와의 청산에 아무런 어려움이 없었다. 이는 그들의 선조들인 노바티안, 도나티스트, 네스토리안, 유카이트, 폴리시안, 보고마일, 페트로부르시안들이 13세기에 걸쳐 카톨릭 교회와의 "단절"을 고수해 왔기 때문이었다. 알비겐스와 왈덴스들은 종교개혁이 있기 500년 전에 이미 유아세례를 거부했으며 종교개혁 200년 전에도 월터 롤라드(Walter Lollard)는 영국을 침례교도들로 채우고 있었다(위클리프를 통해).

영국의 개혁자들 (The English Reformers)

영국에서는 튜도 왕조의 메리 여왕이 카톨릭 교회가 그녀에게 내려 준 명령을 그대로 수행하고 있었다. 그녀는 그리스도인들을 화형에 처하고 있었던 것이다. 라티머, 리들리, 크랜머 및 기타 여러 사람들이 스미스 필드 광장에서 불타 올랐다. 피의 메리 여왕(1516-1558)은 영국을 "참된 진리에로 돌이키고" "흩어진 양들"을 "한 목자가 이끄는 한 우리" 안에 돌이키려고 최선을 다하고 있었다. 그러나 메리는 이번 경우에는 불리한 처지에 놓이게 되었다. 이는 영국에서 발간된 성경들이 제롬의 예수회 성경(ASV, NASV, NIV)이 아니었기 때문이다. 피의 메리 여왕이 최초로 화형에 처한 사람은 매튜 성경(1537)을 발간한 사람이었다. 그는 존 로저스(John Rogers)로 <틴데일성경>의 최초의 개정본(진정한 의미에서)을 만들었다. <틴데일성경>은 에라스무스가 편수한 헬라어 표준원문에서 나온 것이었다(학자들은 이 원문을 후기 사본, 부패된 사본, 필사가 엉망인 사본 등으로 부르면서 조롱하지만 하나님께서는 이 원문으로 종교 개혁을 주도하셨다).

그레이트 성경(Great Bible, 1539)과 타버너스 성경(Taverner's Bible, 1539)에 뒤이어 제네바 성경(Geneva Bible, 1560)과 비숍 성경(Bishop's Bible, 1568)이 나왔다. 이 모든 성경들은 암흑 시대 로마 카톨릭의 공식 원문에서 벗어나 있었으므로 프랑스에 있던 예수회 신부들은 과거의 모든 "확신들"[90]에도 불구하고 자신들을 낮추어서 라틴어가 아닌 언어(이 경우는 영어)로 성경을 번역해야한다는 압력에 굴복하게 되었다. 이 번역본은 듀웨이 림즈 역본(Douay Rheims)[91]이라고 불린다. 당연히 예수회 사제들은 스테파누스, 에라스무스, 베자 및 콜리네우스 원문에서 발견되는 표준원문의 본문을 빼내고 오리겐의 알렉산드리아 원문(이 성서가 유럽을 암흑 시대로 몰고 간 장본인이었다)을 다시 주입시켰다. 이 헬라어 원문(제롬이 교황 다마수스의 명령에 의해 사용한 것으로, 제11장 참조)은 1881년 웨스트코트와 홀트가 채택했으며 미국의 모든 배교자들에 의해 추천되고 있다(1901-1995).

제네바 성경은 틴데일(Tyndale) 성경을 휘팅톤(Whittington)이 개정해서 만든 것으로 외경을 완전히 없애버렸다. 이 성경은 "후기 필사본들"을 이용해서 바티칸사본을 수정했으며 대신 알비겐스들이 사용하던 옛 프랑스어 번역본들과 보헤미아에서 유래된[92] 옛 독일어 번역본들을 사용했다. 당시 틴데일 성경은 영어 번역본들의 주요 원천으로 사용되었다. 카톨릭 학자들은 권위역본(<킹제임스성경>)이 비숍 성경[93]에 근거한 것이라고 주장하지만 사실은 그렇지 않다. 만약 <킹제임스성경> 번역 위원회가 "비숍 성경을 기준으로 하라"는 명령에 따르지 않았을지라도 그 어떤 근본주의자들도 너무 화를 낼 필요는 없다. 웨스트코트와 홀트는 <킹제임스성경>의 본문을 가능한 한 조금만 손을 댈 것이라고 고백해 놓고서는 "천 단어에 한 단어 정도 고치면 별 차이 없을 것"[94]이라고 거짓말을 하면서 결국은 35,000군데나 변개시켜 아예 카톨릭의 마귀 성서를 만들어내고 말지 않았는가?[95] 진실 그대로, 있는 그대로 말하자면 비숍 성경은 제네바 성경을 상쇄시켜 표준원문을 영국의 군주들에게 약간 더 입맛에 맞게 만든 것이다. 피의 메리 시대(1516-1557) 혹은 그 직후에는 유럽에 쯔빙글리가 번역한 스위스 독일어 성경이 널리 유포되어 있었고 독일에는 루터의 독일어 성경, 파리에는 프랑스어 성경[레페브르(Lefevre), 1523-1530], 이탈리아에는 이탈리아어 성경[브루시올리(Brucioli), 1530], 스페인어 성경[데레이나(Del Reina), 1569], 이외에도 덴마크어, 포르투갈어, 노르웨이어, 스웨덴어, 폴란드어, 헝가리어, 보헤미아어 등의 성경들이 있었으며 슬로베니아어(1581) 및 러시아어(1554)의 신약성경 역시 출간되어 있었다.

그러나 이 "이단적" 상황(필립 샤프와 카톨릭 교황의 입장에서 보자면) 가운데서 가장 등골이 오싹한 일은 유럽의 모든 백성과 더 나아가 전세계의 모든 사람들이 하나님의 말씀을 공부할 수 있고 읽을 수 있게 되었다는 사실보다는 이들이 사용하는 성경이 "잘못된 성경"(카톨릭 입장에서)이라는 사실이었다. 실로 끔찍한 일이 아닐 수 없었다. 카톨릭 교회가 애써 보존해 온, "가장 훌륭하고 가장 오래된"(RSV, NRSV, NIV) 사본들에서 나온 "순수한 하나님의 말씀"(ASV, RV, NASV) 대신 이들 이단적인 프로테스탄트들은 암흑 시대 동안 폴리시안, 보고마일, 왈덴스, 노바티안, 도나티스트, 헨리시안, 페트로부르시안, 보도파, 알비겐스, 마니키안 그리고 현학적이지 못한 "사벨리안" 그룹들에 의해 보존되어 온 부패한 표준원문(Textus Receptus)을 사용하게 되었던 것이다. 카톨릭 편에서 보자면 이들 그룹들은 "인정받는 학자들" 혹은 "자격을 갖춘 권위자들"도 없는 "원본[96]을 회복하는 학문적 수준이 결여된" 자들이었다.

새로이 일어난 이단들의 신세대들에게는 새로운 이름들이 붙여져야 했다. "그리스도인" 혹은 "성경대로 믿는 사람들"(Bible Believer)이란 이름이 이들에게 붙여질 리 만무했다. 이러한 이름은 너무 정통적인 냄새가 나기 때문이다. 결국 카톨릭 교회는 다음과 같은 이름들을 재빨리 지어냈다(카톨릭이 아닌 다른 이름을 갖고 있는 자들은 분열주의자라는 인상을 심어주기 위한 것임은 이미 밝힌 바 있다). 분리주의자(Separatist), 프로테스탄트(Protestant), 루터교도(Lutheran), 퓨리탄(Puritan), 아르미니안(Arminian), 경건파(Pietist) 등. 그런데 이번에는 단순히 분열주의자라는 인상만 준 것이 아니고 실제로 역사가 나타났다. 즉 "분열자"들은 영국의 마지막 카톨릭 국왕을 폐위시켰고 프랑스의 보좌에서도 카톨릭 국왕이 폐위되었으며(1793년 루이 16세) 독일을 두 부분으로 나누었고 스페인과 이탈리아를 4류 내지 5류 국가로 전락시켰으며 미국에 너무도 강력한 성경적 기독교를 심어 교황이 400년 동안이나 워싱톤 D.C.를 장악할 수 없도록 만들었다.

종교개혁의 지도자들은 로마 카톨릭 유산을 완전히 극복할 수는 없었다(유아세례와 교회국가). 그럼에도 그들은 하나님의 은혜로 네 가지 놀라운 일들을 성취하였다.

1. 그들은 전세계적인 조직을 갖고 있는 외국 독재자(교황)가 더 이상 각 나라의 그리스도인들을 통제하지 못하도록 하였다.

2. 그들은 로마 당국의 권위(교황들과 사제들)에 치명적인 상처를 입혔다. 이것은 성경의 권위에 대한 강조와 성도들의 제사장직에 대한 강조로 이루어졌다.

3. 그들은 자본주의 제도를 시도하여 제3의 계급(중산층)으로 하여금 또 다른 전체주의 체제를 세우고자 하는 선동가에 대해 완충 역할을 담당하도록 하였다.

4. 마지막으로 그들은 설교를 부흥시켜 성경대로 믿는 설교자들을 통해 그 설교가 행해지는 곳에서 도덕적 개혁을 이룩했다.

성경을 아는 사람이라면 바로 이 네 가지 사실이 사도행전에 나오는 신약 지역 교회들의 행적을 묘사한 것임을 단번에 인식할 수 있을 것이다(행 2:41-47과 그 주석 참조).

그러나 마귀는 이러한 역사를 그대로 감수하고 있지만은 않는다.

대영 제국을 카톨릭 교회에 돌이키는데 실패한 교황은(헨리 8세의 교활함 때문이라고 카톨릭은 말한다) 헨리의 딸인 메리 튜더(Mary Tudor, 영국이 아닌 스페인 출신의 까딸리나에게서 낳은 딸임)를 왕좌에 앉혔다. 메리는 스페인 출신의 카톨릭 신자(1554년 필립 2세)와 결혼하여 종교재판소의 수법들을 영국으로 들여와[당시 스페인에서는 또르께마다(Torquemada) 주교의 사역 이후 종교 재판이 절정에 달해 있었다] 일요일 아침 카니발(카톨릭 미사)에 참여하지 않는 "이단"들을 색출 처단했다(제14장 참조). 라티머(Latimer), 크랜머(Cranmer), 리들리(Ridley) 등이 교황의 추종자인 링컨의 주교 존, 글로세스터의 제임스, 브리스톨의 존[97]에 의해 재판을 받은 후 화형당했다. 라티머와 리들리에게 부과된 죄목은 "마니키안주의"(Manichaeanism) 혹은 "아리안주의" (Arianism, 제9장 참조) 혹은 기타 어떤 다른 거짓 고소와도 관련이 없었다. 그들의 죄목은 ① 리들리, 라티머, 크랜머는 카톨릭 미사가 "죽은 자를 위한 화목제사"라는 사실을 믿지 않았다는 것과 ② 그들이 일요일 아침 교회 건물 안에서 그리스도의 실제적인 몸이 재생될 수 있다고 믿지 않았다는 것이었다. 이러한 카톨릭 신화를 믿지 않았다는 이유로 이 훌륭한 그리스도인들은 화형에 처해졌다.

로렌스 손더스(Laurence Saunders) 목사는 1555년 2월 8일 카벤트리에서 불태워졌다. 롤링즈 화이트(Rawlings White)는 교황의 주교에게 성경을 가르쳐 달라고 부탁한 후 화형에 처해졌다(그는 "그리스도인이라면 마땅히 해야할 바 즉 하나님의 말씀으로 개혁되고자"[98] 원했다는 이유로 불태워진 것이다). 주교는 카르디프에서 그를 태워죽였는데 이는 그 어떤 카톨릭 주교도 그 어떤 성경대로 믿는 사람을 개혁시킬 만큼 성경을 잘 알고 있지 못했기 때문이다. 카톨릭 주교들은 마태복음 16장, 요한복음 20장, 누가복음 22장, 마태복음 26장, 요한복음 3장, 요한복음 2장, 고린도전서 3장, 요한복음 6장, 디모데전서 3장에 나와있는 10여 구절을 알고 있을 뿐이다. 이것이 그들이 신약 지역교회와 성경적 실행에 대해 알고 있는 지식의 전부이다.

조지 마치(George March) 목사는 1555년 4월 24일 웨스트체스터에서 화형에 처해졌다. 윌리암 플라우어가 같은 날 웨스트민스터에 있는 성 마가렛의 교회뜰에서 그와 동행했다. 존 카드마커와 존 원은 1555년 5월 30일 화형당했다. 토마스 홀크스는 6월 10일 불에 태워졌다. 토마스는 먼저 런던의 주교인 보너 주교에 의해 심문을 받은 후 정죄되었다. 주교가 홀크스가 주의 만찬을 "성체성사"라고 믿지 않는다는 이유로 장작에 불을 붙여 태워 죽이려하자 홀크스는 이렇게 대답했다. "나는 당신의 장작불에 타 죽으려고 옷입고 나왔다! 하나님께서 합당하다고 생각하시는 그 일을 당신들도 할 수 있을 것이요 그 이상은 할 수 없을 것이다."[99] 보너가 어거스틴의 "발전적 편재" (evolutionary ubiquity) 교리(제6장 주 85 참조, 제7장 주 70 참조)를 입증하기 위해 예수회의 궤변법에서 배운 온갖 속임수를 늘어놓으면서 그를 설득시키려 하자 홀크스는 이렇게 대답했다 : "당신이 하나님의 말씀으로 나를 가르치기 전에는 나는 결코 당신을 신뢰하거나 믿을 수 없소."[100] 보너 주교는 무오한 교회(딤전 3:15)의 회원이요 주교(감독)의 직분에 요구되는 모든 조건들(딤전 3:1-7)을 갖추었음에도 불구하고 그는 성경을 가르칠 수 없었다. 결국 주교는 "외부 사람들로부터 좋은 평"(딤전 3:7)을 듣기 위해 사역자가 할 수 있는 유일한 일을 감행했다(딤전 3:7). 그는 성경대로 믿는 사람을 불에 태워 죽인 것이다.

존 프랭키쉬, 험프리 미들톤, 니콜라스 쉬터든 등도 1555년 6월 25일 캔터베리에서(제15장 주 24 참조) 화형당했다. 창녀교회는 계속해서 디릭 카버, 브라이트섬스톰의 브로이어, 존 론더, 토마스 입슨, 존 앨리워스, 제임스 앱스, 존 덴리, 존 뉴먼, 패트릭 패킹엄, 크리스토퍼 웨이드, 로머 스미스, 로버트 사무엘 및 기타 300여 명의 "이단"들을 처형했다.[101]

우리는 <킹제임스성경> 번역자들이 그들의 작업을 시작할 1604년, 그들의 부모들이 우리가 앞서 묘사한 엄청난 사건들을 직접 목격한 당사자들임을 잊어서는 안된다. 변개된 ASV, NIV(듀웨이 림즈, 1582, 예수회 벌게이트)와 순교자들의 성경인 표준원문(Textus Receptus) 사이에서 어떤 것을 선택할 것인가에 있어 <킹제임스성경> 번역자들이 "더 오래되고 훌륭한 필사본"으로 유혹될 수 있었다고 결코 생각하지 말라. AV 번역자들은 카톨릭 성서들, 카톨릭 교리들, 카톨릭 군주들 그리고 "훌륭하고, 헌신되고, 경건한 카톨릭 교도들"(성 프란시스 같은)이 맺은 열매가 무엇인지 잘 알고 있었으며 그들보다 훨씬 더 정확하고 과학적인 기준과 자료들을 갖고 있었다.

피의 메리 여왕이 결국 죽자 카톨릭 지도자들은 스페인의 왕 필립을 영국의 보좌

위에 앉히려고 했다. 그들 생각에는 아직도 화형당한 그리스도인들이 충분치 못했다고 생각했던 것 같다. 만약 그들의 계략이 성공했더라면 알라스카부터 리오그란데 강까지의 북미는 남미와 동일한 운명에 처했을 것이다. 그러나 엘리자베스 여왕이 왕 위에 오르게 되었고(1533-1603) 교황(1570년, 피오 5세)은 여왕이 교황에게 순복하지 않는다는 이유로 여왕을 파문시키고 스페인 정부로 하여금 영국을 공격하여 원하는 대로 죽일 수 있는 허락을 해 주었다. 스페인의 통치자를 영국의 통치자로 세우는 데는 여러 가지 방법이 있었던 것이다. 이외에도 교황 피오 5세는 프랑스 해안에 있는 듀웨이에다 학교를 세워 예수회 회원을 양성시켜 영국 교회 안에 침투시켰다.[102] 이것은 캔터베리[103]를 내부에서 공략해 영국 교회를 다시 장악함으로써 영국을 교황의 수중에 넣으려는 목적이었다. 이러한 고도의 수법은 스페인의 무적함대가 격침되자 동원되었다(수 6:4-15). 예수회의 작전은 1884년 중세 암흑 시대의 카톨릭 성서가 캔터베리와 런던에(1884, RV) 회복됨으로써 완결되었다. 이 작업을 완수한 두 사람은 가장 사악하고 비열한 인간들로 말시온(제3장 주 31 참조)과 줄리안(제10장 주 17 참조) 조차도 부끄러워할 정도의 배교자들이었다. 이 두 사람은 그 유명한 웨스트코트와 홀트였다.[104]

스페인 국왕 필립은 이제 양심에 꺼리낌 없이 그리고 교황에 의해 "죄사함"이라는 부과된 축복을 받으면서 영국을 공격할 수 있게 되었다(제14장 주 23 참조). 드디어 스페인의 무적 함대는 영국을 침략하기 위해 출항했다.

이때 모든 훌륭한 카톨릭 신자들처럼 우리도 죽은 성도들의 기도를 신뢰한다고 하면 존 위클리프의 흩어진 재와 틴데일의 불타버린 육체가 땅에서부터 복수를 부르짖기 시작하였다고 표현할 수 있을 것 같다(히 11:4).

성경의 하나님, 역사의 하나님, 순교자들의 하나님, 믿는 자들의 하나님, 우리 주 예수 그리스도의 아버지이신 하나님께서는 - 동시에 복수의 하나님이시기도 함(히 12:29) - 이렇게 스스로 다짐하셨을 것이다. "좋다. 만약 영국 사람들이 나의 말을 지키고(계 3:8) 스페인 사람들은 내 말을 지키지 않을 것이라면 나는 합당한 조치를 취하도록 하겠다. 두 민족 다 해양 민족이요 내 말씀은 전세계에 퍼져나가야 하므로 둘 중 하나를 택할 수밖에..."

스페인 함대는 영국, 아일랜드, 스코틀랜드 해안에서 떨어진 해저에 묻히고 말았다

(1588). 그리고 나서 스페인은 세계 열강대열에서 탈락하여 아직껏 회복되지 못하고 있다.

이제 진리와 의에 반대하던 한 해양 종족이 몰락하고(제14장 주 120 참조) 마지막 때의 전세계 공용어로 사용될 영어로 성경이 출간되기에 이르렀다. 진리를 위해 일어나 자신들의 땅에서 순교를 통해 그 사실을 입증한 또다른 해양 민족의 손에 의해 성경이 나온 것이다. 이 성경은 왕의 명령에 의해(전 8:4) 번역된 것으로 "땅 끝까지" 뻗어나갔다. 필라델피아의 문(계 3:7)은 열리기 시작했고 사도행전 1:8과 고린도후서 5:20에서 주어진 원래의 사명을 감당하기 위해 성경대로 믿는 사람들은 분연히 일어섰다. 주님께서 이 부흥 역사에서 필요로 했던 것은 주님께서 쓰시고 보존하신 성경과 일치하는 성경이었다. 하나님께서는 이미(B.C.1000) 어떤 말씀에 영적인 "능력"이 주어지기 전에(롬 13:1-4) 왕의 말이 있어야 함을 정하셨다(전 8:4). 하나님께서 세우실 왕은 유대인이므로(요 18:33) - 하나님의 말씀은 유대인들에게 맡겨졌으므로(롬 3:2) 교황들이 될 수 없다. - 하나님께서는 유대인 이름을 갖고 있는 왕이 필요하셨다. 결국 에드워드, 알프레드, 리차드, 에델버트, 헨리, 필립, 혹은 조지가 아닌 제임스(우리말로 야고보) 왕을 택하셨다. 제임스는 JACOB의 영어에 해당되는 말이다(헬라어, Ιακωβος, Iacabos).[105]

20세기의 배교한 근본주의자들보다 훨씬 더 성경을 잘 알고 있는 사탄은 하나님께서 주신 이 책을 없애버릴 준비를 이미 해왔었다. 퓨리탄들의 청원에 대해(영국 성공회가 아님을 유의할 것)[106] 국왕이 성경을 번역할 것을 명령하자마자 교황의 추종자들은 의회를 폭파하려고 시도했고[107] 이 책의 출간을 막으려고 했다. 1605년 <킹제임스성경> 번역자들이 작업을 시작하자마자 폭발물이 장착되었다. 그 음모는 발각되었고 하원 의사당 건물 지하에서 36배럴의 폭약이 수거되었다. 그곳에서는 의회가 10일 후에 열리기로 되어 있었다. 카톨릭 암살자들은 체포되어 처형되었다(당신이 카톨릭 역사가라면 박해를 받았고 "불의하게 처벌되었다"고 말할 것이다).

30년 전쟁 (The Thirty Years War, 1618-1648)

사탄의 신부는 독일에서도 바쁘게 움직였다. 종교개혁의 와중에서 발생한 농민 전쟁에 뒤이어 30년 동안 지속된 전쟁이 발생했다. 이 전쟁은 카톨릭들이 독일 내에 있는[108] 모든 프로테스탄트들을 멸절시키기 위해 일어난 것이다. 모든 로마 카톨릭 전쟁과 마찬가지로 30년 전쟁은 카톨릭 교회는 전세계를 통치하도록 하나님께 위임을 받았으며 지상의 모든 인간을 카톨릭 교회에 복종시키는 임무(계 17:18)를 부여받았다는 기본 가정에 의해 야기되었다.

1963년 6월 사이공에서 발생한 티히쾅덕의 자해소동과 이에 따른 베트남 대학살 역시 동일한 이유에서 야기되었다. 베트남의 불교도들은 소수의 파시스트들[109]을 매수해 조국을 멸망시키려고 하는 카톨릭 교회 국가의 작태에 대해 진력이 났고 결국 반란을 일으킨 것이다. 1966-1980년 사이의 울스터(북아일랜드) 사태[110] 역시 동일한 설명이 주어진다. 이처럼 카톨릭 교회는 역사상 가장 전제주의적이고 파시스트적인 정치 집단으로 지상에서 모든 성경대로 믿는 기독교를 제거할 임무를 마귀로부터 부여받은 자들이다. "교회"로 가장한 이 지옥 같은 정치 집단에서 벗어나려고 하는 그 어떤 시도도 즉각 보복을 당하게 된다.[111] 카톨릭 교도들은 벨파스트 시에서 자신들의 축제를 거행할 수 있지만, 울스터 사람들(프로테스탄트임)은 자기가 살고 있는 도시에서 자기들의 축제 페레이드를 벌일 수도 없다.[112] 카톨릭 교회는 자신들이 믿는다고 고백하는 모든 시민의 권리와 인권을 오직 카톨릭 교도들에게만 배타적으로 부여하고 있다.[113]

독일에서 교황이나 카톨릭 "성자들"을 더 이상 믿지 않는 귀족들과 학자 수십명이 갑작스럽게 일어나자 교황은 경제적인 문제[114]에 봉착하게 되었다. 만약 제후들과 군주들이 자기 교회를 떠나 버린다면 교황은 어떻게 독일에 있는 1억 5천만 달러 상당의 재산과 토지를 유지할 수 있단 말인가?(사우스 캐롤라이나에서 링컨도 동일한 문제로 Ft. Sumter와 어려움을 겪었다.) 1861년 남북 전쟁 당시 남부가 성공적으로 독립하였다면 북부의 뉴잉글랜드는 어떻게 되었을까 생각해 보라. 남의 나라의 노예 문제는 자기 나라의 파산에 비하면 아무것도 아니었다(남북 전쟁은 노예문제가 핵심이 아니라 북부의 재정 문제가 핵심이었다. 딤전 6:10). 교황들, 주교들, 추기경들이 높은 생활 수준을 유지할 수 있었던 것은 "평신도"들에게서 거두는 세금 덕분이었다. 결국 이들은 자기들의 배를 위해 모든 카톨릭 제후와 귀족들을 규합해 군대를 조직하여 "카톨릭"이 아닌 제후와 귀족들을 공격했다. 교황들은 이러한 살육을 벌이고서도 장미처럼 향기를 뿜으면서 나타났다. (아이젠하워 역시 연합군측의 신뢰를 배반한 후에 그랬고,[115] 아브람즈 장군 역시 전쟁에 패하고서도 그랬고[116] 알거히스 역시 발칸반도를 팔아먹고서도 그랬고[117] 마틴 루터 킹 주니어도 미국 역사상 가장 공산주의적이고 비헌법적인 법을 강제로 통과시키고서도 그랬고,[118] 아브라함 링컨 역시 "국민의, 국민에 의한, 국민을 위한" 정부 운운하면서도 국민의 동의없이 강제 징집과 강제 징수를 집행하고서도 미소를 지었던 것이다.)

실로 해 아래는 새 것이 없는 법이다.

30년 전쟁의 발발 동기는 20세기의 "울스터" 사건의 발발과 동일하였다. 주민의 90%가 프로테스탄트였던 한 도시[도나우워스(Donauworth)]에서 카톨릭들은 여전히 수도원을 운영하는 자유를 누리고 있었다.[119] 카톨릭 교도들은 이러한 자유를 이용해서 시위를 벌이기도 했다. 시위 도중 몇몇 사람들(독일인들 중 수도원이 무엇하는 곳이고 교황들이 민간 정부에 대해 간섭하기 위해 수도원을 어떻게 이용할 것인지를 잘 알고 있었던 사람들)이 그들에게 돌을 던졌다. 이에 바바리아의 카톨릭 공작(막시밀리안, 1597-1651)은 군대를 동원하여 카톨릭 군대[120]로 프로테스탄트 마을의 읍내를 장악해 버렸다. 주민의 15%도 채 안되는 카톨릭들은 그 결과 자신들의 요구를 내세우기 위해 군대의 지지를 받을 수 있게 된 것이다. 그들은 즉시 모든 카톨릭 교회의 재산(건물 및 토지)을 교황에게 환원시킬 것을 요구했다. 이에 대해 칼빈주의자였던[121] 팔레티네이트의 제후 프레데릭 4세(Frederick Ⅳ)에 의해 반군이 조직되었다.

보헤미아의 왕 루돌프 2세(1576-1612)가 죽고 난 후 페르디난트라고 하는 카톨릭 광신자에 의해 종교에 관한 관용법(the Majestatsbrief)이 폐기되었다. 이 자는 루돌프 2세의 후손이 아니었는데도 불구하고 예수회의 계략[122]을 통해 보좌에 오를 수 있었다. 그러나 그 지역의 주민들은 페르디난트가 아닌 프레데릭을 제후로 선택했었다.[123] 페르디난트는(메리 튜더, 잭 케네디, 스테피넥 대주교 등과 마찬가지로) 프로테스탄트 주민들에게 로마 카톨릭을 강요하기 시작했다(디엠, 코르테즈, 틸리, 발렌슈타인, 또르께마다 등).

종교의 자유를 믿고 있으며, 로마야말로 이 지상에서 이 자유에 대한 가장 커다란 원수임을 알고 있었던 몇몇 프로테스탄트들은 페르디난트의 부대의 사병 두 사람을 창문 밖으로 내던져 버렸다. 이는 그들 병사들이 보니파스가 프랑스 왕 필립에게 요구한 것 같은 지나친 요구를 해왔기 때문이었다. 이로써 전쟁은 시작되었다. 두 명의 카톨릭 장군들(틸리와 발렌슈타인)이 오스트리아, 보헤미아 그리고 모라비아에서 성경대로 믿는 프로테스탄트들을 제거하는데 성공했다. 결국 이 지역은 군대의 지원을 받는 카톨릭의 철권통치가 이루어졌고 교황의 지시에 전적으로 따르게 되었다. 회복령(The Edict of Restoration, 1629)에 따라 100여 개의 수도원과 200여 개의 교구들이 A.D.500-1500년 당시의 중세 암흑 시대의 체계로 전환되었다. 바로 이 지역에서 제1차 세계 대전을 촉발시킨 정치적 음모들이 진행되었고 제2차 세계 대전을 주도한 오스트리아 출신 로마 카톨릭 아돌프 히틀러가 등장한 것은 역사적 필연이라고 할 수 있다.

이러한 사건들은 당연히 반교회사에 해당된다. 스웨덴의 구스타브 아돌푸스(Gustavus Adolphus, 1594-1632)가 대륙으로 건너와 독일의 프로테스탄트 군대를 지휘했고 베스트팔리아 강화조약 후(1648) 독일은 북부와 남부로 분열되었다(나중에는 히틀러가 독일을 동·서로 분열시켰다). 라인란트, 바바리아, 보헤미아, 모라비아, 오스트리아 등은 암흑 시대로 돌아갔고 그 결과 그 곳은 수많은 사건들의 온상이 되었다(1600-1960). 이곳에서 진행된 음모들에 의해 프랑스 혁명, 미국 혁명, 스페인의 왕위 계승 전쟁, 두 차례의 세계 대전 등이 일어났다. 독일의 북부 지방들은 주로 루터교를 택했다. 루터교와 카톨릭교 모두 유아세례와 교회국가 체계였으므로 백년 정도 지난 후에는 둘 사이의 차이점은 거의 찾아보기 힘들게 되었다. 루터의 추종자들이 갖고 있었던 건전한 교리와 성경적 진리는 1800년쯤에는 완전히 사라졌다.

진젠돌프(Zinzendorf, 1700-1760)에 의한 경건파들, 제이콥 스페너(Jacob Spener, 1635-1705), 어거스트 프랑케(August Francke, 1663-1727), 어거스트 슈팡켄베르크(August Spangenberg, 1704-1792), 피터 뵐러(Peter Bohler, 1712-1775) 및 기타 몇몇 그룹들이 루터 사후 루터의 가르침을 왜곡시키고 변질시키는 죽어버린 정통주의자들에 대항해 성경적 기독교를 고수하고 나섰다.

역사를 알고난 사람이라면 A.D.400-1980년에 이르기까지 프랑스, 오스트리아, 스페인, 영국, 이탈리아, 독일 및 보헤미아에서 발생한 모든 전쟁은 예수 그리스도의 천년왕국[124]을 대신해 유럽에 전제군주적 교회국가를 세우려고 애썼던 종교 정치인들의 야망에 의해 직·간접적으로 발생했다는 판단을 인정할 것이다(<하나님의 나라와 천국, *The Sure Word of Prophecy*> 참조). 400-1980년 사이에 유럽에서 흘려진 피는 종교적인 이유에서 흘려졌다. 다시 말해 지상에 완전한 사회를 가져오겠다는 자들에 의해 흘려진 것이다. 이러한 종교적 이유로 벌어진 모든 전쟁은 양당사자들이 종교와 정치적 문제에 있어 성경을 최종권위로 받아들이지 않았기 때문에 벌어진 것이다. 성도가 성경을 따라 행하면(벧전 2-3장) 종교적 갈등이나 경제적 갈등에 피를 흘려야 할 이유가 없다. 신실한 성경대로 믿는 사람들은 그 누구에게 어떤 믿음을 강요하기 위해(심지어는 성경을 믿는 점에 있어서도) 그 누구도 죽이거나 투옥시키지 않는다. 그런 전쟁은 짐 존스(1978, 과야나 살상극), 교황청 대사, 은사주의 지도자, 추기경, 사제, 인권 목사, 및 감리교 감독들과 같은 성경을 거부하는 종교 정치인에 의해 야기되는 것이다.

성경은 어떤 사람(삼하 21장), 어떤 민족(겔 16,23장), 어떤 성읍(계 11:8)에 대해 피를 흘리게 한 죄를 정할 때 매우 심각하게 다룬다. 성경이 "지상에서 살해된 자들의 모든 피를"(계 18:24) 한 도시(계 17:6)와 연관지을 때 성경대로 믿는 사람들은 성경의 선언을 그대로 받아들인다. 이 피가 로마에 의해 흘려진 "예수의 증인들"(계 17:6)의 피이든 아니면 이 피가 로마에 의해 흘려진 구원받지 못한 십자군들의 피이든(제14장), 사실은 사실이다. 모든 성도들이 "창세 전에 그리스도 안에서 택함" 받았다면 예수 그리스도를 죽인 자는 모든 그리스도인들의 살상에 대해 간접적으로 책임이 있는 것이다. 그러나 계시록 17:6의 말씀은 이보다 더한 것들을 포함하고 있다. 지난 1500년 동안 유럽을 휩쓴 주요 전쟁의 원인과 뿌리를 조사해 보면 모든 전쟁의 뒤에는 로마 카톨릭 지도자들이 연루되어 있음이 드러난다.

1. 프랑크 왕들의 전쟁(600-1000)들은 교황을 보호하고 교황의 영토를 공고히 하며, 교황을 위해 새로운 영토를 확보하고, 교황과 "교제가 끊어진" 나라에서 전리품을 얻어내기 위해 치루어진 것들이다. 클로비스, 마르텔, 페핀, 샤를마뉴 등이 그 주인공들이었다.

2. 십자군 원정(1090-1291). 이 전쟁은 100만 명 이상의 모슬렘과 카톨릭 교도의 죽음을 야기시켰다. 이 전쟁은 팔레스타인과 예루살렘은 카톨릭 교회에 속한다는(실상은 그렇지 않은데도) 추악하고 불경한 이론하에 교황의 이익을 확보하기 위해 치루어졌다.

3. 100년 전쟁(1337-1453)은 모든 교황들이 적극 주선했는데 이는 영국과 프랑스의 국력을 약화시켜 로마의 교황들의 통제하에 놓기 위함이었다. 교황은 그 어떤 나라에게도 전쟁을 중지하라고 제안한 적이 없다. 로마 카톨릭 교황의 인도와 중재에 의하지 않는한 그 어떤 교황도 전쟁의 중지를 제안한 바 없다(베트남전과 세계 2차 대전을 보라).

4. 신대륙의 모든 이단들은 세례를 거부하거나 자신들의 신을 포기하지 않는다는 이유로 살해되었다(1492-1700). 이들은 다시 말해 카톨릭 교회에 순종하지 않는다는 이유로 피를 흘린 것이다.

5. 합스부르크(Hapsburgs) 왕가와 부르봉(Bourbons) 왕가의 싸움(오스트리아 vs. 프

랑스). 이 두 왕가는 로마 카톨릭이었고 따라서 이 전쟁은 카톨릭끼리의 유혈사태였다. 그 어떤 교황도 카톨릭이 카톨릭을 죽이는데 반대하지 않았다(제15장, 주 8 참조). 제2차 세계 대전 중 몬테카지노에서 이탈리아에 있는 라피도 강을 건너려고 하다가 수백 명에서 천여 명의 카톨릭 교도들이 죽게 되었을 때도 교황은 그 강에 주둔한 연합군을 잘 내려다 볼 수 있는 높은 곳에 위치한 수도원을 보존하는 데만 관심을 보였을 뿐이다. 사실 독일군은 그 수도원을 군사목적으로 사용하고 있었는데도 교황은 수도원을 보호한답시고 폭격을 거부했다.

6. 아욱스부르크(Augsburg) 조약(1555)은 10년 동안의 전쟁 끝에 카톨릭들이 독일 사람들을 죽이지 못하도록 맺어진 것이다. 독일의 카톨릭들은 독일 농민들이 마틴 루터의 표준원문 성경[125)]을 읽는 것보다는 차라리 죽는 것이 더 낫다고 주장했다.

7. 스페인의 필립 2세(카톨릭)와 알바의 공작(카톨릭)은 화란에다 카톨릭 교회국가를 세우고자 6년(1567–1573) 동안 5만여 명의 화란인들을 살해했다.

8. 세 명의 헨리의 전쟁(1589-1598)은 프랑스에서 로마 카톨릭 사이에서 벌어진 전쟁으로 결국 48,000명의 성경대로 믿는 사람들이 학살된 성 바돌로매 날(St. Bartholomew's Day)의 대학살로 종결되었다. 이후 루이 14세가 왕위에 올라 프랑스를 로마 카톨릭으로 회귀시켰다.

9. 영국에서의 내란은 철저한 카톨릭이었던 찰스 1세의 친카톨릭 주교인 로드 대주교에 의해 시작되었다. 피비린내 나는 전쟁을 겪은 후 영국에서는 무혈혁명이 이룩되었다(1688–1689). 제임스 2세는 친카톨릭으로 토마스 아 베켓처럼 프랑스로 도망을 쳤다.

10. 흔들리지 않는 교황주의자였던 리첼류 추기경은 30년 전쟁 동안 자기자신의 백성인 카톨릭 교도들과 싸우기 위해 군대를 조직했다. 이것은 독일을 강제로 중세시대로 돌이키려는 로마 카톨릭 교회의 "선교적 복음 전파 노력"이었다고 한다.

11. 프랑스를 중세 봉건사회로 환원시켜 몰락시킨 것은 루이 14세의 작품이며 (그는 1급 교황추종자였다) 그의 사역자는 마자린 추기경으로 역시 교황 추종자였다. 루이 14세는 두 명의 카톨릭 장군인 돈 꼰드(Don Conde)와 투렌(Turenne)을 통해 프랑스를 유럽에서 최강의 국가로 키웠다. 루이의 군사주의(군국주의)는 징세를 유발시켰고 지나친 영토 확장을 기한 나머지 프랑스를 재정 파탄 직전까지 몰고 갔다.[126)]

12. 30년 전쟁(1618–1649)으로 독일의 3분의 2가 파괴되었고 주민 9백만 명[127)]이상이 살해되었다. 카톨릭 교도들이 "기독교의 팽창"을 위해 격분하고 있는 동안 리첼류(프랑스 카톨릭)는 오스트리아와 스페인 영토에서 패잔병 소탕 작전을 벌이고 있었다. 그는 그의 영적 지도자인 교황이 독일을 완전한 살상극으로 몰고가서 그 어느 곳에

서도 프랑스와 싸울 수 없도록 만든 그 상황을 이용하고 있었다.

13. 스페인 왕위계승 전쟁(1702-1713)은 루이 14세(카톨릭)와 그의 손자(교회국가 스페인의 왕위를 차지하였음)와 의도적인 동맹을 체결함으로써 발생했다. 루이는 알바 공작이 실패한 후 화란을 다시 탈환할 생각을 하였던 것이다.

14. 오스트리아 왕위계승 전쟁(1740-1748)에도 13번에서와 같이 카톨릭 교황들의 손길이 엿보인다. 신성 로마 제국의 황제(찰스 6세)가 죽자 프로테스탄트 국가인 프러시아가 카톨릭 국가인 오스트리아를 공격했다. 프랑스와 스페인 두 카톨릭 국가가 이 전쟁에 가담했다.

[우리 역시 다른 역사가들이 역사를 간략히 기술할 목적으로 표현하듯이 "영국이 이렇게 했고 또 저렇게 했다" 혹은 "프랑스는 이것 혹은 저것을 원했다" 혹은 "스페인은 오스트리아를 공격했다"라고 말한다. 그러나 실상은 영국, 스페인 같은 것은 존재하지 않는다. 이들 전쟁은 어떤 나라 안에 있는 몇몇 개인들이 정치, 경제, 종교 등에 관해 생각하는 바에 따라 개인들이 내린 명령을 수행하는 개인들에 의해 수행되는 것이다. 교황들과 대주교들과, 카톨릭 군주들과 추기경들은 이 모든 전쟁(1400-1900)의 책임을 개개인이 아닌 국가들의 야망 탓으로 돌려왔다. 그러나 국가는 야망을 가질 수 없다(약 4:1-4). 야망은 개개인에게 속한 것이다.]

15. 7년 전쟁(1756-1763). 오스트리아의 마리아 테레사는 훌륭한 로마 카톨릭으로 프랑스(로마 카톨릭)와 연합하여 프러시아의 프레데릭 대왕을 공격했다. 프레데릭은 이 두 나라를 혼내주었다(1757).

16. 나폴레옹은 프랑스의 국가교회[128]로서 로마 카톨릭 교회를 재정립했다. 이는 그가 히틀러와 마찬가지로 로마 카톨릭 독재자였기 때문이다. 그는 카톨릭이었던 히틀러와 마찬가지로 교황과 밀약을 체결하였다(1801, 뭇솔리니도 마찬가지였다). 이후 대량 살륙이 전개되었다. 교황은 어떤 상황하에서든지 그 어떤 살인도 용납할 것이다. 이는 교황에게는 살인, 고문과 같은 행위가 자신의 권력을 위협하는 자에 의해 자행되지 않는 한 "죄"가 될 수 없기 때문이다.

17. 메테르니히(오스트리아 출신의 훌륭한 카톨릭)는 1823년 스페인 정부에 개입했고 그리스와 터키에도 개입하려 했다.[129] 교황이나 전체주의 조직이나 결코 포기하는 법이 없다.

18. 프랑스 혁명이 있은 후에도 찰스 10세는 언론과 표현의 자유를 통제하기 위해 프랑스에 독재적인 교회국가(로마 카톨릭)를 세우려고 했다. 이 결과 무장 봉기가 발생했다. 사태는 여기서 끝나지 않고 프랑스의 로마 카톨릭 교도들은 특히 성직자들은 1889년 프랑스의 군주론자들과 함께 군사 독재 국가를 세우고자 했다. 드리푸스 대위

는 유태인이었는데 로마 카톨릭에 의해 배반죄로 재판을 받았다. 후일 그의 혐의는 로마 카톨릭 교도들에 의해 조작된 것임이 밝혀졌다. 이들 카톨릭은 프랑스 공화국을 제거하고 봉건적 로마 카톨릭 교회국가인 군주제로 회귀하고자 했다. 모든 군주들은 당연히 교황과 연합한다.[130)]

이외에도 끊임없는 사건들이 전개된다. 로마 카톨릭 교황, 추기경, 대주교들이 A.D. 500-1980년까지 추구했던 유일한 목표는 이 지구상의 모든 개인[131)]의 사직, 공적, 종교적인 생활을 완선히 장악할 수 있는 절대 독재를 실시하는 것이다. 이들은 이것을 "하나님의 이름으로", "마리아의 영광을 위하여", "하나님의 뜻"이므로 이루려고 한다고 떠벌린다. 덴마크 전쟁(1864), 오스트리아-프러시아 전쟁(1886), 프랑스-프러시아 전쟁(1870), 미국 혁명(1776), 1812년 전쟁 등의 배후에는 로마 카톨릭 정치인들의 능글맞은 얼굴들이 늘어서 있다. 이들은 한결같이 로마에 의한 평화(Pax Romana)를 이 땅에 실현하려고 한다. 중세 때(A.D.500-1000) 귀족들 간의 상호 분쟁이 중세 유럽을 통제하고자 하는 로마 카톨릭의 희망 사항이었듯이 오늘날도 로마 카톨릭은 종교개혁으로 인해 잃어버린 통제권을 되찾기 위해 민족들간에 분쟁이 발생하기를 기대하고 있다.

이러한 전쟁들의 부작용과 여파는 실제 전쟁에 참여하지 않은 사람들의 삶에도 커다란 영향을 끼치게 마련이다. 전쟁으로 야기된 가정파괴, 기아, 피폐된 농촌, 실업, 절도, 지하 경제... 등의 비참한 실상은 실로 소름끼치는 일이 아닐 수 없다.

전쟁뿐만 아니라 전쟁의 부작용들이 상승 작용을 일으켜 교황들과 주교들의 가증스러운 사역을 주도했다. 이들이 천년 동안 저질러온 범죄의 책임을 사면해 줄 수는 없다. 이 교회는 오늘날에도 상원 의원과 하원 의원들에게 자신들에게 복종하도록 강요할 수 있는 유일한 "기독교" 세력으로 수천 군데에서 수천 번에 걸쳐 수천 가지 방법으로 전쟁을 막을 수 있는 권세와 권위를 갖고 있으면서도 이를 거부한 사악한 범죄 집단이었다. 이 교회의 가장 큰 관심은 전쟁을 중지시키는 것이 아니고 평화가 없는 곳(사 48:22)에서 평화를 외쳐대는 것이다(욥 2:4). 말로는 "평화의 도구로 써주소서"라고 하지만 실상은 국가들로 서로 공격하도록 부추기고(살전 5:1-6) "호의를 입은 사람에게 이 땅에서 평화를"이라고 외쳐대면서 실상은 자신들이 지배하는 평화만을 고집한다.

루터의 설교와 가르침(즉 복음 전파와 교육)에 뒤이어 필연적인 요소인 "문화"가 뒤따랐다. 이를 선도한 사람은 앞서도 지적했듯이 멜랑히톤이었다. 그와 더불어 온갖 신학 논쟁들이 봇물 터지듯이 밀려왔다. 안티노미안 논쟁(율법불요론), 머조리스틱 논쟁, 플래시안 논쟁, 오시안드리안 논쟁, 스탄카리스트 논쟁, 아디아포리스틱 논쟁, 유카리스틱 논쟁, 인터미스틱 논쟁. "성경에 분명히 묘사되어 있지 않은 하나님에 대한 모든 사상을 가차없이 배제"[132)]하라는 마틴 루터의 신학자를 향한 경고에도 불구하고, 루터교도들은 니케아 공회[133)] 당시의 삼위일체 논쟁과 같은 애매하고 비실제적인 논쟁에 휘말렸다. 이와 같은 철학 논쟁과 신학적 논의 끝에 배교가 이루어졌고 루터교는 카톨릭 교회와 하나도 다를 바 없게 되었다. "성공회는 라틴어를 쓰지 않는 것을 빼고는 카톨릭과 똑같다"라고 누군가가 적절히 말했듯이 루터교 역시 카톨릭과 차이가 없게 되었다.

독일 사람들의 특성은 한 번 시작한 것은 끝까지 밀어붙이는 것이다. 때로 이런 기질 때문에 죄를 짓기도 한다(히틀러). 루터의 교회국가를 거부하고 분리를 위해 "끝장"을 보려고 했던 성경대로 믿는 독일의 그룹들은 과격한 행동을 취하기 시작했다. 이 당시에는 소요, 반역, 박해, 전쟁 등이 성경의 설교와 밀접하게 연관되어 있어서 어떤 사람들을 신약 지역교회로 분류해야 할지 매우 어렵다.

독일의 재침례파는 전천년주의자들이었고 그래서 헨리 베더는 그들은 "참된 침례교 노선"과 연관될 수 없다고 주장하기도 한다.[134)] (그렇다면 빌리 그래함과 R.G. Lee도 침례교인이 아니란 말인가?) 그러나 뮌스터 소동에 연루된 사람들은 단지 전천년주의를 받아들인 침례교도들만은 아니었다. 왜냐하면 진정한 전천년주의자들이라면 뮌스터든 그 어디든간에 "왕국을 수립하려는" 시도를 결코 하지 않을 것이기 때문이다. 왕국의 수립은 후천년주의자들과 로마 카톨릭의 사업이다.[135)] 실로 성경적 침례교도도 있고, 신비적 침례교도도 있으며, 범신론적 침례교도도 있고, 단순한 침례교도도 있는 것이다.[136)] 이들 소요는 결국 슈말칼트 전쟁(Schmalkald Wars, 1546-1552)으로 이어졌다. 위대한 설교자들(스토치, 스터브너, 휩마이어, 뮬러, 타울러, 그로스, 슈뱅크펠트 등)도 이들 운동에 가담한 과격분자들과 연관이 있었다. 슈뱅크펠트는 후일 영국의 퀘이커교도(Quakers)들[137)](Society of Friends)의 형성 과정과도 많은 관련이 있다.

교회국가에 대한 모든 저항 운동이 지나친 행동들을 수반했듯이 "성경대로 돌아가자는 운동" 역시 수도원을 불태우고, 성당을 파괴하며, 수도승과 수녀들을 살해하려는 시도들을 야기시켰다. 칼슈타트, 로트만, 스토치, 호프만, 마티스 그리고 뮌쩌 등은 루터가 로마로부터 충분히 멀리 분리되지 못했다고 결정하고 "끝장"을 보고자 했다. 그들은 스트라스부르그와 뮌스터 시에 재림을 대비한 성읍을 세우기로 결정했다. 이 일이 실패로 돌아간 후[138] 독일에서는 그 어떤 침례교도들도 올바른 간증을 지닐 수가 없게 되었다. 그래서 독일에서는 오늘날까지도 카톨릭과 복음주의 두 단체만이 "기독교" 그룹으로 인정받고 있다. 독일에서 침례교도들(1900-1980)은 여호와의 증인들과 동일한 처지에 있을 뿐이다.

종교개혁의 열매로 메노파(Mennonites), 둔커파(Dunkers), 모라비안(Moravians) 그리고 아미파(Amish) 등이 등장했다. 메노 시몬즈(Menno Simons, 1492-1559)는 1536년 카톨릭 교회의 사제직을 포기하고 폴리시안, 도나티스트, 몬타니스트, 알비겐스, 파테린, 왈덴스 등의 입장을 받아들였다. 그는 성경을 믿음과 실행에 있어 절대적이고 무오한 최종권위로 받아들였고 순수한 교회는 세상과 구별된 마귀들로[139] 가득찬 국가교회가 아니라 거듭난 성도들의 연합체라고 가르쳤다.

메노 시몬즈(Menno Simons)는 1492년 프리스탄트에서 태어났다.[140] 한 평범한 재단사가 한 카톨릭 신자에게 재침례를[141] 주었다는 이유로 참수형을 당하는 끔찍한 모습을 지켜봐야 했던 메노 시몬즈는 성경을 상고하기로 결정했다. 그는 성경에서 재침례의 실례를 찾을 수 있다고 확신했다. 그는 사도행전 19:1-5에서 그 예를 찾아냈다. 그런데 그가 깜짝 놀란 것은 성경에는 유아세례나 그와 유사한 것은 없었다는 사실이었다. 그는 루터의 책들을 읽고 벌링거와 부서[142]를 찾아가 이에 대해 문의했다. 그는 그들 역시 죽은 성도에게 기도하는 것을 정당화시키지 못하는 만큼이나 유아세례를 정당화시키지 못한다는 사실을 알게 되었다. 결국 그는 죽기까지(1559) 침례교의 진리를 전파하는 사도가 되어 전 유럽에 독립 지역 침례교회들을 세웠다(베스트팔리아, 프리스란트, 홀란드, 브라반트, 발트해 연안의 독일 지방)[143] 리투아니아에 살던 메노의 추종자들은 러시아로 이민하여 크리미아 반도[144]에 수십 개의 교회들을 세웠다. 찰스 5세(1535)는 메노의 추종자들은 모두 화형당해야 한다고 말했다.

프리스란트의 총독(1542)은 메노에게 음식이나, 은신처나, 도움을 주는 자는 그 누구라도 이단으로[145] 처형될 것이라고 말했다. 그의 추종자 중 14명이 1534년 영국에서 화형당했고 1538년 4명이 더 화형을 당했다. 메노는 몇 권의 책을 저술하기도 했다(로마의 포기, 얀반레이든에 대한 증언, 기초서).[146]

발타사르 휩마이어(Balthasar Hubmaier, 1480-1528)는 사제직을 버리고 담대하게 성경대로 믿는 침례 교인의 입장을 취했다. 그는 화형을 당했고 비엔나에 있던 교황의 추종자들은 그의 아내를 다뉴브 강에다 내던졌다.[147]

화란의 성경대로 믿는 프로테스탄트들이 카톨릭 교회의 형상들을 부숴버리자(1566), 스페인의 필립 왕은 만 명의 스페인 카톨릭 군대를 알바 공작의 지휘하에 화란으로 보내 1567-1573년 동안[148] 성경대로 믿는 사람들 9천 명을 살해했다. 이 살인마 알바 공작의 만행으로 인해 - 그는 대량 학살에 있어 레닌, 보너, 틸리, 스탈린, 피의 메리, 히틀러, 또르께마다 등과 필적할만한 인물이다. - 오렌지의 윌리암이 반역을 일으켰고(1568) 처음에는 실패했으나 나중에는 스페인군을 화란에서 몰아낼 수 있게 되었다. 알바 공작은 1576년 앤트워프에서 또다른 7,000명의 성경대로 믿는 사람들을 살해했다. 이 잔인한 만행에 분노한 전 국민이 들고 일어나 화란과 벨기에는 프랑스와 독일과 연합해서 스페인을 몰아냈다. 이 사건이 있은 지 12년 후 스페인의 무적함대는 벨기에와 화란의 해안에서 그리 멀지 않은 곳에서 침몰하고 말았다(주 104-105 참조).

당시는 에라스무스가 편수한 "후기 필사본들"에서 "조잡스럽게 필사된" 헬라어 원문이 전유럽 대륙을 소용돌이에 몰아넣고 있었다. 이 원문의 출간과 이 원문을 20여개의 유럽어로 설교하기 시작하자 창녀 교회는 유럽의 모든 성경대로 믿는 사람들을 없애버리려고 모든 세력을 규합했다. 안타깝게도 이 만행에 쯔빙글리와 칼빈도 일부 동조하고 말았다. 유아세례와 교회국가라고 하는 카톨릭의 "정통 교리"에 관한 한 이 두 개혁자들은 뜻을 함께 했던 것이다.

이 대규모 종교적 난동에서 가장 피해를 당한 사람들은 재침례교도였다. 그것은 재침례교도(Anabaptists)들은 결코 유아세례나 국가교회를 인정하지 않는 사람들의 후손이었기 때문이다. 더군다나 이들의 조상들은 "교부들의 전통들"에도 미혹되었다는 증거가 전혀 없었다. 이 사실은 교황의 추종자들은 물론 칼빈주의자들, 쯔빙글리의 추종자들 그리고 루터의 추종자들에게까지 공격의 대상이 되도록 만들었다. 이들 개혁그룹들은 재침례파들 만큼 하나님의 말씀에 완전히 따르고자 하지 않았던 것이다. 카톨릭이 프로테스탄트들을 계속해서 살해하는 동안 - 때로는 일주일에 5,000명이 살해되기도 했고 성 바돌로매 학살 때는 10,000명이 죽었다. - 종교 개혁자들을 광신적으로 추종하던 자들은 자신들 안에 교황의 피를 여전히 지니고 있었는지 재침례교파를 무자비하게 공격했다. 전세계가 참된 성경(종교개혁 원문)으로 돌아가는 마당에 사탄이 침묵을 지키고 있을 리가 없었던 것이다.

펠릭스 마인쯔(Felix Mainz, 1498-1527)는 쯔빙글리와 쥬리히 시의 원로들로부터 갈라섰다. 그들은 1527년 1월 5일 그를 처형했다. 그들은 그의 손과 발을 묶고 배에 태워 쥬리히 호수로 데리고 가서 배밖으로 내던졌다. 펠릭스는 배를 타고가는 동안 호수가에 있는 사람들에게 설교를 했다. 개혁 교회 목사가 그를 조용히 시키려고 하였으나 그는 계속해서 설교를 했다. 그들은 그를 보트에서 내던지기 전에 검은 모자를 그의 머리에 씌웠다.[149)]

조지 블라우록(Georgy Blaurock, 1529년 사망)은 또 다른 스위스의 침례교도였다. 그는 유아세례에 관해 쯔빙글리와 논쟁할 때 쯔빙글리에게 망신을 주었다. 조지는 쯔빙글리가 로마로부터 분리할 권리가 있는 것처럼 자신도 쯔빙글리로부터 분리할 권리가 있다고 말했다(이것은 뉴잉글랜드가 1776년 영국에서 분리할 권리가 있는 것처럼 사우스 캐롤라이나 역시 1861년 워싱톤으로부터 분리할 권리가 있다는 말이다). 블라우록은 쇠사슬에 채워져 쥬리히 거리를 끌려다녔고 피가 흘러내릴 때까지 시의회 의원들에게 맞았다.[150)] 그는 그후 투옥되었다가 풀려났다. 그는 쥬리히로부터 망명하였는데 결국 교황의 추종자들과 종교 개혁자들에게 쫓기다가 인스부르크에서 1529년 카톨릭에 의해 화형당했다.

루드빅 헷쩌(Ludwig Hetzer)는 물과 구원과는 아무런 상관이 없다[151)]고 가르쳤다는 이유로 콘스탄스에서 1529년 2월 참수형을 당했다. 스위스의 바젤에서는 다섯 명의 침례교도들이 물에 내던져졌다. 가스티우스의 보고서에 따르면 쯔빙글리와 칼빈의 추종자들에 의해 고문을 당하던 한 침례교도는 이렇게 외쳤다고 한다. "왜 너희는 나를 죽이지 않느냐 너희들이 나를 찢어 죽여도 나는 나의 형제들을 배반하지 않을 것이다. 내 몸은 너희 것이니 태워 죽이라. 원한다면 때리든지, 부수든지, 찢든지 맘대로 하라. 잔인하게 해보라. 너희들에게는 아무런 소용이 없을 것이다!"[152)] 그리고 나서 그는 자기를 고문하고 있던 "그리스도인들"에게 침을 뱉었다. 이 사람의 죄는 그리스도께 회심한 후 물에 잠겨 침례를 받았다는 것 뿐이었다. 이 사람의 행동은 "언약신학"은 아무런 능력이 없으며 "언약의 인침"이라고 여겨졌던 유아세례는 (제7장 콘스탄틴 참조) 아이를 물에 적시는 것 이외에 아무것도 아니라는 사실을 주장하는 것이었기에 개혁자들은 이를 용납할 수가 없었던 것이다.

과거 카톨릭의 성사주의자들(sacramentalists)이 도나티스트들과 노바티안들을 마니키안들과 연관시켰듯이(제9장), 이번에는 독일에 있는 성경대로 믿는 침례교도들을 뮨스터의 과격분자들과 연관시켰다. 이상한 것은 뮨스터 시에 있었던 재침례파의 폭력과 순수하지 못한 행동에 대해 가장 크게 불평했던 그 사람들이 자가당착에 빠졌다는 것이다. 루터는 여러 명의 아내를 두는 것에 대해 크게 반대하지 않았으며[153] 교황 요한 12세, 이노센트 8세, 식스투스 4세 등은 여자 문제에 관해 깨끗하지 못했다. 그들 중 한 사람은 창녀들을 집에다 두고 포주 노릇을 하여 "콜걸"들로부터[154] 매년 2만 다카트(금화)를 거두어 들였다. 뮨스터 시에 살던 사람들 중 어떤 이들은 벌거벗고 돌아다녔다. 그러나 A.D.347-1500년 사이 카톨릭 교회는 성인으로 침례를 받고자 하는 자들은 옷을 벗었다는[155] 사실은 왜들 잊어버리려 하는가? 뮨스터 사람들이 자학과 기타 지나친 행위들에 대해 책임이 있다고 한다면 카톨릭의 채찍질 고행파들은 바바리아, 프랑스, 스페인, 오스트리아, 이탈리아, 등지에서 이보다 500년 전에(제13장 주 44 참조) 자신들을 채찍질했으며 오늘날(1980) 필리핀에서도 동일한 일이 벌어지고 있음을 상기해야 할 것이다. 이런 풍습을 카톨릭 교회는 "합리적이고 위안을 가져오는" "이교도의 전통"이라고 용납했던 것이다(제12장 주 7 참조). 만약 독일의 재침례파들이 "격렬한 광신자들"이었다면(어떤 이들이 주장하듯이), 그것은 무엇을 의미하는가? 그들은 그들의 어머니에게서 1000년 동안이나 이런 것들을 배워온 것이 아니라면 어디서 배웠겠는가? 추악한 어머니 교회가 언제 건전한 교리와 건전한 실행을 믿었단 말인가? 2천만 명의 사람들을 살해한 교회가 "격렬한 광신자들"에 의해 인도되지 않고 누구에 의해 인도되었단 말인가? 이들에 비하면 과야나 학살극의 장본인 짐 존스는 그야말로 아무것도 아니다.

휩마이어(Hubmaier)가 쥬리히를 떠났을 때(1526) 그는 모라비아로 갔다. 그곳의 지역교회들은 매우 빠르게 증가하고 있었다. 몇몇 회중들은 아우스터리츠로 이주했다. 이들 침례교 그룹들은 한결같이 그들의 "이단" 형제들인 후터파[156]로부터 환영을 받았다. 1576년경에는 이들 침례교 모임이 60여 개가 있었고 그 중 여러 개는 헝가리와 트란실바니아에 있었다. 휩마이어의 화형에도 불구하고 침례 교회들은 흔들리지 않았다. 그들은 성경적 논쟁에 관한 한 휩마이어와 쯔빙글리는 일치할 수 없음을 알고 있었다. 두 사람의 논쟁 시 쯔빙글리는 구원받은 부모들의 자녀들은 구원받아야만 된다는 것을 증명하기 위해 고린도전서 7:14을 제시했다. 휩마이어는 요한복음 3:3로 응수했다. 쯔빙글리가 침례인 요한도 몇 명의 유아에게는 침례를 주었음에 틀림없으며 "스테판의 집안"에는(고전 1:16) 몇 명의 어린이들[157]이 있었을 것이고 그들도 바울에게 침례를 받았을 것이라고 주장하자 휩마이어는 고린도전서 1:14-15을 들어 바울은 어린아이는 커녕 그 누구의 침례에도 관심이 없었다고 응수했다. “당신은 입다물고 있는 편이 나을 것이다”라고 휩마이어는 쯔빙글리에게 말했다. 쯔빙글리가 옛 캠벨주의자들처럼 “성경에는 명백히 언급되지 않은 하나님께 반대되지 않는 것들이 있을 수 있다”라고 하자 휩마이어는 바로 그러한 변명은 카톨릭이 쯔빙글리 자신과 성경에 대해 논쟁할 때[158] 늘어놓은 변명과 동일한 것이니 입다물고 가만히 있는 것이 좋을 것이라고 대답했다. 이처럼 쯔빙글리나 칼빈은 “개혁”주의자임에도 불구하고 로마 카톨릭이 유산을 완전히 정산하지 못했던 것이다.

파브리(Fabri) 주교는 프라하에 있는 침례교도들(1528)에 대해 반대하는 6편의 설교를 출간했다. 레오폴드 딕 박사는 이들을 공격하는 소책자를 1531년 출판했다. 쯔빙글리의 후계자인 벌링거는 이들 침례교도들을 비난하는 글을 장황하게 썼다. 윌리암 5세는 침례교도들을 체포하면 상을 주었다. 이 결과 많은 침례교도들이 교수형을 당했고 어떤 이들은 혀가 잘리기도 했다.[159] 오스트리아, 독일, 스위스의 감옥들은 침례교도들로 가득차기에 이르렀고 이들은 “그리스도인들”에 의해 강물에 던져졌고, 화형당했으며, 누명을 쓰기도 했다.

조지 와그너(George Wagner)라고 하는 사람은 뮌헨에서 체포되어 감옥에 갇혔다가 화형에 처해졌다.[160] 레겐스 베르크에서는 17명의 침례교도들이 산 채로 불에 태워졌다. 반면 침례교교리를 부인하는 자들은 참수형을 당한 후에 화형을 당하는 특권을 누렸다. 로텐버그의 네카에서는(1527), 마이클 새틀러라는 회심한 수도승이 대중 앞에 끌려 나가 혀를 뽑히고 뜨거운 집게로 살이 찢겼으며 불에 태워져 재가 되고 말았다. 반면 그 지방의 카톨릭 보안대는 그의 아내와 그의 친구들 몇 명을 강물에 빠뜨려 죽였다. 킷츠부헬에서는 65명의 침례교도들이 살해됐고, 래튼버그에서는 66명, 쿠프슈타인에서는 22명이 죽었다. 카톨릭 교도들이 루터교도들보다 더 열심히 살상에 가담한 것은 물론이다. 결국 1500-1531년 사이[161] 티롤에서만 약 1,000여 명의 침례교도들이 살해당했다. 뮌스터의 켈러 박사는 엔지샤임에서 600여 명이 살해되었고 린쯔에서는 73명 그리고 팔라티네이트에서 200여 명이 살해되었다고 말한다. 1530년에 내려진 칙령으로 독일 남동부 지방에서는 모든 가택이 수색되었고 미사에 오지 않는다거나 유아에게 물을 뿌리지 않은 가정은 고발되었다. 침례교 지도자였던 제이콥 후터는 이들을 돕기 위해 모리비아에 왔다. 그러나 국왕 페르디난트는 그를 체포했다. 그는 재갈이 물린채 끓는 물과 찬물에 번갈아서 던져졌다. 그들은 갈고리로 그의 살을

찢어 상처 사이에다 브랜디를 집어넣고 불을 붙였다.[162]

쯔빙글리와 칼빈 그리고 루터의 추종자들 중 일부가 이러한 만행을 저지르는 카톨릭 교회에 때때로 가담하고 있는 동안 그들의 지도자들은 때때로 교리적으로 침례교적 입장을 표현할 수밖에 없었다.[163] 켈러에 따르면 대부분의 개혁자들은 성경에 대한 단호한 입장 때문에 비록 교회국가의 군대와 제후들의 보호를 벗어나 하나님만을 신뢰할만큼 담대하지는 못했을지라도 때로 준·침례교적 입장을 지지하였다. 윌리암 파렐(1528), 루터(1526) 그리고 쯔빙글리는 모두 침례교적 입장으로 기울었다. 이는 그들이 유일한 최종권위로 성경을 택했기 때문이다. 그들은 성경을 근거로 볼 때 지역교회와 유아세례에 관한 그들의 입장이 매우 "수준이 낮은"[164] 것임을 분명히 알게 되었던 것이다. 루터의 가까운 친구였던 레오나르드 카이저는 오스트리아의 파소에서 처형당했다. 그가 순교당했을 때 루터는 카이저가 얼마나 잘 죽었는지에 대해 과도하게 찬사를 늘어놓았다. 카이저는 쉐르딩의 침례교회 장로였다.[165]

교회사를 통해 볼 때 루터, 쯔빙글리, 칼빈 등은 정치적 종교적 대적들을 다루는데 있어 특히 그들이 자리를 잡은 이후에는 더욱 더 믿음으로 살려고 하지 않았다(롬 1:17). 그들 모두는 정부의 주도하에 군대의 보호를 받음으로써 "징세"를 면할 필요를 느끼고 있었다. 이것은 물론 신약성경의 가르침에 정면으로 위배되는 것이다. 그러니까 이들 개혁자들의 "업적"은 신약 교회를 초대 시대의 원래 모습으로 회복시켰다든가 이 교회로 영적 기능을 다하도록 했다고 보기는 어렵다. 이들이 잘한 일은 공적이든 사적이든 성경을 계속 사용하고 인용함으로써 교황의 추종자들을 포함해서 많은 사람들을 성경 공부로 이끌었다는 것이다. 종교개혁의 결과 일어난 영적 부흥 운동들은 낙스, 베자, 멜랑히톤, 루터 등의 전통 교리 덕분이었다기보다 오히려 성경 읽기와 성경 읽기에 대한 신뢰에 있어 그들이 보여 준 태도 덕분이었다고 할 수 있겠다. 영국에서는 성공회 교도들이 성경을 읽고서 고 교회(High)와 하 교회(Low, 퓨리탄)로 분리되었고, 퓨리탄들 중 일부는 계속해서 성경을 읽고 공부하다가 장로 교회와 회중 교회로 분열되었다. 이중 계속해서 성경을 공부하고 읽어가던 회중 교인들은 분리주의자들과 비분리주의자들로 분리되었고 계속해서 성경을 읽어가던 분리주의자들은 브라운주의자와 침례교도들로 분리되었다. 하나님께서는 침례교도들 역시 그들의 종교적 단합을 유지하도록 허락지 않으셨다. 침례교도들은 일반 침례교와 특수 침례교로 나뉘었고 특수 침례교는 후일 원시침례교, 보수침례교, 비타협침례교, 자유의지침례교, 독립침례교, 남침례교, 경계표지침례교, 미국침례교, 북침례교, 성경대로 믿는 침례교로 나뉘었다.

성경은 이 땅에 정치적 사회적 왕국을 세울 수 있는 에큐메니칼적 조화를 결코 허용하지 않는다. 또한 성경은 "한 우리에 한 목자"가 있는 교회를 로마를 중심으로 세워야 한다는 그런 그리스도인들을 만들어내지 않는다. 성경이 만들어내는 것은 죄인들을 구원에 이르도록 하여 인간이 지상에 세우려는 정치적 사회적 유토피아에서 구해내는데 관심이 있는 그런 개인적인 그리스도인들이다(갈 1:4, 요 18:36). 루터와 교황, 쯔빙글리, 샤프, 추기경, 칼빈, AP 통신(1980) 및 수녀들에게 "분열적"이고 "사고뭉치덩이인 광신자들"이며 그들의 "이단적 교리" 때문에 교회의 단합이 망가지게 되는 그러한 그리스도인들은 실상은 성령의 권고로 하나님의 말씀으로 돌아가 이 세상에 천국을 세우려는 자들과 결별한 참된 성경대로 믿는 사람들이었다. 누가복음 16:15은 이 모든 것을 판단하는 기준이다. 매끄러운 말들을 내뱉는 "경건한" 자들(롬 16:18)이 "한 우리에 한 목자"를 부르짖을 때면 여러분은 그 자의 뒤를 따르고 있는 것은 사망과 지옥(계 6:1-8)이라는 것을 기억하라. 왕국의 건설자들은 이 지상에서 가장 잔인한 살인마들이었다. 사회주의자, 휴머니스트, 파시스트, 공산주의자, 독재자, 카톨릭, 진화론자들이 곧 이들이다. 자신을 "아버지"라고 부른 짐 죤스(1979)는 인종 통합, 시민의 권리, 사회적 평등 및 계급없는 사회를 부르짖었다. 현대의 모든 지도자들 중 이것말고 다른 무엇을 내세우는 사람이 있는가 찾아 보라.

종교개혁이 이루어낸 가장 중요한 업적은 로마 교회를 분열시켜 국가교회들로 만든 것도 아니요, 성도들의 제사장 직분을 강조한 것도 아니며 "그리스도의 대리자들"이 얼마나 비열하고 악랄했는가를 지적한 것도 아니며 공공 교육과 자본주의를 고무시킨 것도 아니다(물론 이것들은 모두 종교개혁이 이루어낸 성과이기는 하다). 종교개혁의 가장 중요한 성과는 신약 지역교회들이 전세계적으로 표준원문을 성경으로 사용하도록 만든 계기가 되었다는 것이다. 신약 교회의 회원들이었던 베드로, 야고보, 요한, 유다, 바울 등이 바로 이 신약성경의 서신서들을 썼던 장본인이었다.

인쇄술의 등장과 더불어 진리는 거짓 교리와 마찬가지로 보급될 수 있게 되었다. 이제 언론은 더 이상 지역교회의 대적들의 전유물이 될 수는 없었다. 이 당시까지는 신약의 지역 모임에 관해 역사가들이 접할 수 있었던 모든 자료들은 신약 교회의 대적들에 의하여 쓰여진 것들이었다. 즉 사탄의 신부 교회의 회원들이 모든 문서(계 17

장)를 독점하였던 것이다. 그러나 종교개혁과 더불어 이 사탄의 신부가 쓰던 성서는 전세계적으로 내팽개쳐지고 말았다. 이 부패한 성서가 버려지자 암흑 시대는 끝났고 참된 그리스도의 신부(솔 6:9)가 강렬하게 빛나기 시작했다(창 1:18). 이제는 더 이상 개똥벌레나 별똥별의 빛을 보고 걸을 필요가 없게 되었다. 보름달이 떴기 때문이다(솔 6:10). 이제는 밤에 신문을 읽을 수 있을 만큼 밝게 된 것이다(벧후 1:19).

<킹제임스성경>과 마틴 루터의 성경은 안티옥 그리스도인들로부터 나온 비잔틴 시리아 원문에서 번역된 영어와 독일어 권위역본이다. 오늘날(1900-2000) 영어의 <킹제임스성경>은 그 어떤 헬라어 원문이나 그 어떤 절충원문보다 우수하다. 그 이유는 다음과 같다.

1. 이 성경은 세계 언어인 영어로 되어 있다. 헬라어는 세계어가 아니다.

2. 이 성경은 "원본"이 갖고 있지 못한 문단과 장의 구분이 있고 절 표시가 되어 있어 그리스도인들이 다른 거짓 성서들과 쉽게 비교할 수 있게 되어 있다. 원본(학자들이 있었다고 주장하는)은 그렇지 못하다.

3. 이 성경은 암기하기에 좋도록 시적 율동적 흐름에 맞추어져 있다. 1,2세기의 헬라어와 라틴어를 아는 사람이라면 이들 언어들이 딱딱한 문체로 되어 있음을 알 수 있을 것이다.

4.. 이 성경은 번역자들이 전천년주의자들이 아니었는데도 불구하고 전천년적인 순서로 배열되어 있다. 원본은 그렇지 못하다.

5. 이 성경은 1억 5천만 명의 혼을 구원에 이르게 하였다. 헬라어 원문은 아마 이 숫자의 1,000분의 1에도 미치지 못할 것이다.

6. 이 성경은 그 어떤 책 두 권을 합친 것보다도 많은 800여 개의 언어로 번역되어 많은 지역의 많은 사람들에게 전파되었다. 이 성경은 모든 원문과 헬라어 사본들을 다 합친 것보다 훨씬 더 많이 훨씬 더 넓게 300여 년 동안이나 보급되었다.

이 성경은 종교개혁을 널리 알린 장본인이며 루터와 칼빈이 시작한 종교개혁을 완성시켰다. 이 성경을 채택하고 믿은 나라(미국)는 두 차례에 걸쳐 이 성경을 만들어 낸 나라(영국)를 이길 수 있었고(독립 전쟁) 뒤이어 두 번에 걸쳐(1,2차 세계 대전) 이 나라를 구해낼 수 있었다. 미국이 없었다면 오늘날의 영국은 존재할 수 없었을 것이다. 왜 그랬을까? 그것은 영국은 1611년 이후에도 교회국가 제도를 버리지 않았으나 미국은 성경대로 그 제도를 버렸기 때문이다.

역사는 우리에게 한 명의 성경대로 믿는 그리스도인(웨슬리)이 영국을 혁명으로부터 구해냈음을 역력히 보여 준다. 에라스무스의 헬라어 성경(Erasmus's Greek text, 1516-1555)은 스테파누스(Stephanus, 1546-1555), 콜리네우스(Colinaeus, 1534), 베자(Beza, 1559-1598), 엘지버(Elzevir, 1624-1641) 등의 표준원문과 더불어 "절충원문" (eclectic text)을 형성했고 이것에서 지구 상에서 가장 위대한 책이 탄생했다. 이 책은 종교개혁의 직접적인 산물이었고 이 책은 지상의 그 어떤 교황, 사제, 수녀, 수도승, 주교, 추기경도 그 누구에게도 읽으라고 권하지 않는 그 책이 되었다. 미국에서 나온 그 어떤 카톨릭 성서(샬로너, 림즈 듀웨이, 예루살렘, 아메리칸, 커먼 바이블 등)도 에라스무스, 스테파누스 등의 절충원문에서 나온 것이 아니다. 유럽, 남미 그리고 미국의 모든 카톨릭 성서는 NIV, NASV, ASV, RSV, NRSV[166] 등의 "절충원문"에서 나온 것이다. 이와 다른 주장을 하는 사람은 역사적 증거를 완전히 무시하는 사람일 것이다.

제 17 장
사탄의 신부

간음하는 여인의 길도 그러하니라. 그녀가 먹고서 입을 씻으며 말하기를 "내가 악을 행하지 않았다" 하느니라... 그녀의 마지막은 쑥같이 쓰고 양날 가진 칼처럼 날카로우니라. 그녀의 발은 죽음으로 내려가고, 그녀의 걸음은 지옥으로 접어드는도다. (잠 30:20; 5:4-5)

종교개혁에 관한 카톨릭의 평가는 매우 다양하다. 어떤 이들은 "당신들이 우리에게 괴로움을 주었지만 그것은 당시의 시대적 상황이었으니 어쩔 수 없었다", "이제는 우리도 계몽되었으니 이해하고 지내자"[1](롬 16:18)라는 입장을 가지고 "길 잃은 형제들을" 한 우리 안으로 모으려고 모색하는 반면에(이런 것을 우리는 현대의 소비에트 카톨릭이라고 부른다) 어떤 이들은 매우 솔직하게 성경적 기독교의 부흥은 배교자 줄리안(Julian, 332-363)[2] 이래 인류 문명에 일어난 가장 무시무시한 재앙이었다고 평가한다. 이들에 따르면 미국과 유럽은 아직도 종교개혁의 돌이킬 수 없는 후유증에 시달리고 있는 셈이다. "만약 우리가 로마에 밀착하여 침례교도들과 마니키안들을 계속해서 불태웠더라면 왕국은 이미 임했을 것이고 하나님의 뜻이 이 땅 위에 이루어졌을 수도 있을 것이다."[3] 이 견해에 따르면 우리 성경대로 믿는 사람들은 우리가 심은 "반역"의 유해한 열매들을 거두게 될 것이며 "성모 교회"가 우리를 도와 원래의 상태로(화형을 당하는 것) 우리를 회복하도록 기다려야 한다.

이 세상(갈 1:4)의 모든 악의 근원은 교황주의자들에 따르면 분열(DISUNITY)이다. 이 문제는 전세계가 "교황" 아래서 하나로 뭉칠 때까지는 결코 해결될 수 없다고 한다(이 교황은 스카랴 11:17에 나와 있는 우상 목자인데도 불구하고 요한복음 10:16의 참된 목자로 자주 오해되고 있다). 카톨릭과 유엔의 생각에 따르면 이 세상에 있어 가장 이상적인 일은 흑인 교황[4]이 유엔을 이끌고 "안전", "시민의 자유", "억압받는 소수의 해방" 등을 보장하여 정의 사회를 구현하기 위해 소련과 독일의 군대를 지휘하여야 한다는 것이다. 그러나 이러한 전제 군주 체제가 들어서면 이디 아민이 아프리카에서 취했던 대량 학살과 대량 투옥이 벌어질 것이 뻔하다.

루터, 칼빈, 베자, 낙스, 쯔빙글리 및 기타 개혁자들이 역사의 흐름을 바꾸어 놓기 시작하자 성모 교회는 이 반역을 "참되고 유일한 거룩한 사도 교회"를 전복시키려는 "지옥의 권세들"이라고 간주했다(지옥 문들이라고 되어 있는 성경을 NIV, NASV, 개역한글판 등은 카톨릭의 해석에 맞추기 위해 음부의 권세라고 변개시켰다). 그러나 카톨릭 교회는 살아남았고 지옥의 권세를 이겨냈으니 그리스도께서 성경에 그렇게 약속했기 때문이라는 것이다. 이런 믿음을 실행에 옮기기 위해 카톨릭 교회는 성경적 기독교의 전파를 저지하기 위한 조치를 취했다. 이래저래 성모 교회의 주요 사업은 불빛을 꺼버리는 것이었다(15세기 동안).

16세기와 17세기 기간에 로마 교회는 "반-종교개혁"(Counter-Reformation)이라고 부르는(실로 적반하장격인 이름이 아닐 수 없다) 일곱 가지 조치를 취하여 시리아 안티옥에서 유래된 표준원문을 제거하고자 시도했다.

1. 교황들은 모든 카톨릭 국왕들에게 가능한 한 많은 성경대로 믿는 사람들을 가능한 한 신속하게 죽일 것을 명령했다. 피의 메리, 찰스 5세, 페르디난트 등은 루이 14세[5]와 더불어 교황의 손꼽히는 심복들이었다고 할 수 있다.

2. 로마는 모든 종교재판소를 풀가동시켜 성경대로 믿는 사람들은 "마녀" 혹은 "검은 미사"와 "마귀의 안식일"을 지킨 혐의로 고발하도록 했다(제15장, 주 72 참조).

3. 트렌트(Trent)에 모인 교황주의자들은 "금서목록"을 공식으로 작성하여 로마에 있는 독재자의 허락과 승인 없이는 인쇄되어 나온 그 어떤 자료도 읽지 못하도록 했다.

4. 로마는 이그나티우스 로욜라((Ignatius Loyola, 1491-1556)에게 "예수회"(Society of Jesus)를 창설하여 (카톨릭의 엘리트 군사 조직으로서) 성경대로 믿는 사람들에 대해 지적인 분야에서 (그 어떤 카톨릭도 성경적 분야에서는 그들을 당해 낼 수 없었다.) 그들을 궤변과 "학문"(Jesuitry,[6] 예수회의 독특한 방법론임)을 통해 로마 카톨릭으로 돌이킬 수 있도록 시도하였다. 성경을 읽을 수 있게 된 유럽의 죄인들은 노예, 종, 요리사, 상인 등을 포함하고 있었으며 이로 인해 이들 무지한 자들은 교육의 혜택을 받게 되었다. 교황은 역사상 최초로 교육받은 사람들이 반카톨릭 그룹에 가담하게 된 "참혹"한 현실에 직면하게 되었다. 성경적 지식(잠 1:1-6)으로 제대로 교육을 받으면 로마 카톨릭을 절대 용납할 수가 없다.

5. 로마는 트렌트 공회(1545-1564)를 소집하여 니케아 공회에서와 마찬가지로 "정통 신앙들"을 명확히 하고, 정의 내리고, 확립하고자 했으나 실제로는 존. F. 케네디를 제외한 모든 미국의 대통령들에게 125가지의 저주를 선포하는 결정을 내리고 말았다. 적법하게 소집된 카톨릭 공회에서 정해진 규례들은 모든 카톨릭 신자들의 양심을 구속하기 때문에[7] (이것이 무오한 "교회"의 무오한 가르침이다)[8] 미주 대륙에 살고 있는 모든 카톨릭 신자들은 워싱톤, 프랭클린, 아담스, 제퍼슨, 빅토리아 여왕, 그랜트 장군, 루즈벨트, 트루만, 메디슨, 잭슨, 윌슨, 후버, 링컨 등의 모든 사람들이 지옥에 갔다고 믿어야만 하는 것이다. 그러나 미국의 카톨릭 신자들 중 95%는 이 사실을 부인하고 있다. 이것은 그들이 얼마나 위선자인가를 보여 준다. 그들은 한 교회에 속해 있고 위와 같은 입장을 공식적으로 밝혀 공식 문서화한[9] 그 교회로부터 모든 지시를 받고 있다. 그런데도 그 교회의 공식 입장을 믿고 있지 않다니 실로 그 어미의 그 자손이 아닐 수 없다.

6. 종교개혁의 확장으로 당황해진 카톨릭 교회는 자기들도 기독교의 확장에 나서야 할 "선교적 부담"을 갖게 되었고(고후 11:6-14) 이에 프란시스코파, 도미니크파, 어거스틴파, 예수회 등을 총동원해 중남미, 중국, 인도, 일본, 필리핀 및 리오그란데 강으로 보내 물세례를 난발함으로써(제6장 참조) "이교도들을 참된 믿음으로 회심"시키고자 하였다.

7. 5만여 명의 성경대로 믿는 위그노를 살해한 후 프랑스에는 카톨릭 비밀요원이 배치되었다. 이들 첩보원들은 캔터베리 대주교와 옥스포드와 캠브리지 대학[10] 교수들을 통해 영국 교회로 침투하였다. "발각되면 총살당한다"는 것을 잘 알고 있었던 이들은 (영국인들은 외국 군대를 고용해서 영국을 공격하려고 하던 찰스 1세를 이미 처단한 바 있었다) 합리주의와 이신론이 등장해 많은 영국의 고위 성직자 계급과 학자들이 하나님의 최종적이고 무오한 권위[11]에 대해 신뢰를 잃게 된 후에야 이들 스파

이들은 암약을 할 수가 있었다. 외국 정부(바티칸)를 대표하는 이들 첩자들은 1880년에 가서야 모습을 드러냈다. 그들은 영어 개역본 위원회에 모습을 드러냈는데 그 대표적 인물이 웨스트코트와 홀트였다. 이 두 명의 배반자의 도움으로 카톨릭 첩자들은 영국의 성직자들을 북아프리카에서 유래한[12] 알렉산드리아의 암흑 시대 성서인 로마 카톨릭 성서로 돌이키는데 성공하였다. 이미 우리가 살펴보았듯이 바로 이 "성서"가 존 R. 라이스, 로버트 섬너, 밥 존스 3세 및 린치버그에 있는 팔웰의 리버티 신학교 교수진들이 옹호하고 추천하기도 하는 그 "성서"인 것이다. 알렉산드리아 이단은 A.D.245년에 사라진 것이 아니고 오늘날에도 버젓이 살아 있다.

트렌트 공회는 바오로 3세에 의해 소집되었다. 당시 영국은 세계사의 주역으로 부각되고 있었으므로 이탈리아 출신의 교황들은 바오로(Paul), 요한(John) 등과 같은 영어 이름을 채택해야만 했다. 만약 당시 러시아가 최고 국가였다면 교황의 이름은 보리스, 이반, 블라디미르라고 불렸을 것이다. 공회는 한 이탈리아의 도시에서 열려 1545년 겨울부터 시작하여(피의 메리가 그리스도인들을 불태우기 10년 전) 1564년까지 지속되었다. 참석자의 75%가 이탈리아인이었고 교황과 예수회가 공회를 완전히 장악하고 있었다.[13] 예수회 회원들은 교황에게 자신들의 "신념들"을 "교서"(bull)로 발표할 것인지를 물었고 교황은 승낙하였다(1564). 이 공회는 중세의 신학을 권위적인 도그마 형태로 변형시켰는데 이 도그마는 케네디 가문, 빙 크로스비, 메리 튜더, 클레어부스 루스, 테드 칼리파노, 페리 꼬모, 에디 아놀드, 뭇솔리니, 카스트로, 풀톤 쉰, 히틀러 및 미국의 모든 카톨릭 상원 의원과 주지사들의 양심을 구속하고 있다.[14]

1940년 이래 미국 국민들은 카톨릭 신자 외에는 전 미국인들이 125가지의 저주하에 놓여 있다는 사실을 거의 모르고 있다(이것은 매스컴의 세뇌 기능 때문이다). 트렌트 공회는 실로 로마서 3:15-23에 기록된 이방인들의 타락상을 그대로 입증한 셈이다. 그들은 함께 모여 저주와 독설로 가득찬 입을 열었고 이에 믿음으로 의롭게 된다는 진리를 믿는 모든 사람들(모든 침례교인들과 모든 장로교인들)에게 33가지의 저주가 퍼부어졌고, 물침례에 의한 중생을 믿지 않는 사람들에게는 14개의 저주가 그리고 교황과 추기경들이 믿어야 한다고 말하는 것을 믿지 않는 모든 자들에게는 (모든 감리교인들과 유대인들은 교황이나 추기경을 완전히 무시한다) 65개의 저주가 내려졌다. 무오한 로마 카톨릭의 문서화된 공식적인 도그마에 따르면 미국의 모든 대통령들 중 단 한 사람만이 저주를 피할 수 있었다고 하는데 그는 교황에게 "십자가의 표적"으로(제7장, 주 1-6 참조) "축복"을 받은 후에 암살당했다.

금서목록(Index)은 "이단적"이라고 간주되는 "베스트셀러들"의 목록으로 이 목록에 첫 번째로 올려진 것들은 루터, 쯔빙글리, 칼빈, 휩마이어, 슈뱅크펠트 등의 책으로 세 명의 개혁자와 두 명의 침례교도[15]의 책들이었다. 트렌트 공회는 하나님의 말씀인 성경에 대해 적어도 합법적인지 금지 대상인지를 선언해야 할 입장에 빠졌으나 입을 다물고 말았다. 금서 목록의 제4 규정은 다음과 같은 결정을 내림으로써 실수를 범하고 말았다. : "성경이 통속어(라틴어 이외의 민족어)로 번역되어 차별없이 누구에게나 읽히게 되면 선보다는 악이 발생할 우려가 높다는 사실(다시 말해 카톨릭 교회의 더럽고 부패한 죄들에 대해 사람들이 깨닫고 이에 반역하리라는 것)이 경험으로 미루어 볼 때 분명하기 때문에 다음의 규정을 정하노라." 결국 이들은 사제나 주교가 허락하지 않으면(그것도 문서로써) 자국어로 성경을 읽을 수 없으며 읽을 수 있도록 허락된 경우도 북아프리카의 알렉산드리아 원문[16]에서 번역된 것만 허용한다는 것이다. 이 규정은 다음과 같이 용의주도하게 표현되어 있다. "이 승인은 반드시 문서로 해야 되며 사제는 카톨릭 작가에 의해 번역된 성서에 한해 성경 읽기를 허락할 수 있다."[17] 그 어떤 "카톨릭 작가"도 안티옥의 표준원문(베자, 에라스무스, 콜리네우스, 스테파누스, 및 엘지버)을 손대지 않는다. 그들은 밥 존스 대학교, 샌프란시스코 신학교 및 풀러 신학교[18]가 추천하는 헬라어 원문만을 사용한다.

<킹제임스성경>이나 마틴 루터의 성경을 읽는 카톨릭 신자는 발견되면 즉시 파문이 된다.[19] 그리고 그가 저지른 그 어떤 죄도 면죄되지 않는다. ASV, NIV, 리빙 바이블, NASV, RSV 등을 읽은 자들은 교구 사제로부터 허가만 받았으면 아무런 처벌 대상이 안된다. 이들 "성서들"은 로마 카톨릭 성서와 동일하기 때문이다.

예수회에 관해(이 세상에서 예수님의 이름을 가장 모독하는 단체에 예수님의 이름이 들어간 가장 비통스런 경우이다) 모쉐임은 하나님을 향한 봉사는 이루어지기만 한다면[20] 그 동기는 아무런 문제가 되지 않는 것이 이 단체의 원칙이라고 밝히고 있다(그가 쓴 역사책 34장, 35장). 예수회는 어떤 죄인도 하나님의 율법을 잘 이해하지 못하고 지은 죄는 죄가 아니며 죄를 지을 때[21] 율법을 잊어 먹고 있었다면 그것도 죄가 아니라고 가르친다. 이런 교리는 모든 비도덕적 그리고 도덕과 상관없는 "봉사들"을 조장하며 - 이것은 죄의 본성에 대한 성경적 정의(롬 3:8, 요일 5:17)를 고려해 볼 때 분명해진다. - 결국 목적은 수단을 정당화한다[22]라는 쪽으로 결론이 나고 만다.

아브라함 링컨의 암살에 혐의가 있는 사람들을 재판할 당시 로마 카톨릭 교회가 증인들을 세웠을 때 이들은 존 후스를 콘스탄스 공회에 출두시키기 위해 교황 레오가 거짓말을 했을 때와 마찬가지로 진실만을 증언할 의무가 전혀 없었다.[23)]

이러한 교활한 기회주의자들이 "선교 사업"을 한답시고 파송되어 갔으니 그 결말은 불을 보듯 뻔하다. 이들 "선교사들"은 너무도 사탄적인 이 두 가지 사상을 확고히 간직한 채 선교지로 떠나갔으므로 그들의 회심자들은 그들보다 두 배나 더 지옥 자식들이 될 것은 너무도 뻔한 일이었다(마 23:15). 이 두 가지 사상이란 하나님과 그의 "교회"를 영광스럽게 하기 위해서는 어떤 수단을 사용해도 괜찮다는 것과 교황들은 로마 카톨릭 이외의[24)] 다른 종교들을 용납하는 그 어떤 정치 조직이라도 무력을 사용해서 전복시킬 수 있다는 것이었다.

인도에서는 예수회 지도자(Nobili)가 "사람들을 그리스도께 이겨오기 위해"[25)] 자신이 브라만인 체 행동했다. 이 사실을 증명하기 위해 그는 로마로부터 로마의 브라만은 인도의 브라만보다 더 오래된 것이라는 위조 문서를 만들었다.[26)] 이 문서의 출처에 대해 인도 관리들로부터 맹세로 서약할 것을 요구받자 이 지도자는 그는 이교도의 신 "브라마"로부터 혈통을 이어받았다고 맹세했다. 어쩌면 그는 진실을 말했을지도 모른다.[27)] 그러나 그것은 아무런 문제가 되지 않는다. 예수회 회원들에게는 맹세와 진실을 말하는 것이 아무 상관이 없기 때문이다.

중국에서의 예수회는 "회심자들"을 더 빨리 얻어내기 위해 이교도 의식과 풍습을 따라갔다. 이에 대해 몇 명의 도미니크 종파와 프란시스코 종파의 사람들이 반대를 했다. 그러나 그들은 무오하신 교황(이노센트 10세, 1645)의 지지를 받고 있었는데 곧이어 또다른 무오하신 교황(알렉산더 7세, 1656)에 의해 배척당했다(무오하신 교황님은 때로 무엇이 무오하고 무엇이 무오하지 않은 것인지[28)]에 관해 동의하는데 있어 어려움을 겪는 모양이다). 중국에서의 예수회의 선교 방법은[29)] 또 다른 무오하신 교황에 의해 결국 정죄를 받았다(1693). 그러나 이 때는 셈의 자손들인 중국인들이 카톨릭 교회의 본색을 다 파악하고 난 후였다.[30)] 셈족은 어떤 일이 벌어지고 있는지 이미 간파하고 있었다. "존귀한 교회가 종교적인 최종권위에 관해 서로 분열되어 있었던 것이다." 따라서 중국인들은 교황주의자들이 궁극적인 목표로 삼는 것은 종교가 아니라 정치적인 권위라는 사실을 알게 되었다. 교황이 마조레스 제도의 서쪽 땅을 남극에서부터 북극에 이르기까지 카톨릭 왕이었던 스페인의 페르디난트에게 기꺼이 하사한 사실로 미루어 볼 때 중국인들이 그와 같은 정치적 행위의 "고귀한 의도"[31)]를 의심했다는 것은 충분히 있을 수 있는 일이었다. 하비에르(Xavier, 1506-1552)는 꼬사 노스트라(Cosa Nostra)를 동원해 동양의 "이교도들"에게 좋은 인상을 주고자 애를 썼다. 이것은 마치 성 프란시스가 교황들과 추기경들을 배경으로(제14장 참조) 대중들을 복음화하는 꼴이다. 프란시스와 하비에르는 "배후에 검은 손"을 뻗치고 있는 정치 조직체의 "전위대"에 해당되는 자들로 이들은 로마 카톨릭 교회의 "들러리들"이었던 것이다.

반교회사 영역에서는 1500-1900년 사이 동양과 기타 지역에서 이들 카톨릭 선교사들이 벌인 "선교 사업"을 자세히 살펴보아야 하지만 우리로서는 카톨릭 "선교 사업"에는 항상 다음의 세 가지 사실이 동반되었다는 것만을 지적하고 넘어가고자 한다.

1. 이들은 이교도들의 형상, 우상, 향, 기도, 예배 의식, 음악, 상징, 미술, 풍습 등을 그대로 인정해 주었다.

2. 로마로부터 선교지의 정부 관리들을 통제하고자 하는 정치적인 시도가 끊임없이 지속되었고 그 결과 쿠바, 멕시코, 중남미에서는 성공을 거두게 되었다.

3. 수도승, 사제, 및 성직자들에 의해 복음화 된 모든 나라에서는 성경적 지식의 절대적인 결핍 현상이 일어났다. 1500-1900년 사이에 일어난 "기독교의 팽창"(카톨릭의 방식에 따른)은 한 마디로 A.D.300-900년 사이의 유럽의 로마화의 재판이라고 할 수 있다. 더 정확히 말하자면 히틀러의 나의 투쟁(Mein Kampf)에 기록된 투쟁사라고 할 수 있다.

이 투쟁사를 교회사가들은 "반-종교개혁"(Counter-Reformation)이라고 부른다. 이 반-종교개혁은 40만 명이 넘는 성경대로 믿는 프로테스탄트들을 살해함으로써 가장 커다란 "부흥"을 이루어냈다. 이런 살상은 항상 민간인 통치자들(왕, 황제, 공작, 남작 등)에 의해 수행되도록 함으로써 아무도 교황을 살인자로 의심하지 못하도록 하는 수법을 사용하였다. 우리는 교황들이 항상 카톨릭적 관점 대신 성경적 관점을 유지하는 사람들에 대해 "칼을 휘두를" 권력을 갖고 있다고 주장한 사실을 잊어서는 안될 것이다. 말보다는 행동이 이 사실을 더 입증할 것이므로 이 기간 동안(1500-1900) 어떤 일들이 벌어졌는지 살펴보도록 하자. 사탄의 신부는 드디어 그녀의 피로 얼룩진 마음, 손, 옷, 입(잠 30:20)을 포함하여 모든 보석으로 옷입고 치장하게 되었다(계 17:1-8).

찰스 5세(1500-1558)는 스파이어즈 칙령(Edict of Spires, 1529)을 발표하여 모든 신성 로마 제국의 신자들이 침례교도들에 대항하여[32] 십자군 운동을 벌이도록 명령했다. 그가 "침례교도"라고 하는 것은 유아세례를 거부하는 모든 사람을 말한다. 찰스의 치리하에서 화란(네덜란드)의 그리스도인들이 목매임을 당했고, 참수 당했으며, 화형 당했고, 산 채로 매장 당했다. 1535년 6월 10일 그는 화란에 살고 있는 모든 성경대로 믿는 사람들을 처형하도록 명령했다. 만약 이들이 자신들의 믿음을 포기하면 불에 타 죽는 대신[33] 칼에 의해 죽을 수 있는 특권을 받게 되었다.

여자들은 산 채로 불태워졌다. 여자들은 꽉끼는 관에 놓여져서 목에 밧줄을 대고 관의 바닥으로 난 두 구멍으로 밧줄을 끄집어내 묶고 세 개의 쇠막대기로 관 옆을 가로질러 화형시 괴로움에 발버둥치지 못하도록 하였고 관을 덮은 다음 그 위에 흙을 뿌렸다.[34] 룰 박사는 류워드에서(1548) 한 무고한 여인이 그녀의 집에 갖고 있던 라틴어 성경을 교황주의자들에게 발각당한 경우를 이렇게 증언한다. 그녀는 이 성경을 읽을 수 있는 문서화된 허가장을 갖고 있지 않았으므로 고문을 당한 후에 참수되었다고 한다.[35] 사형이 선고된 한 침례교도는 얼어붙은 호수 위로 도망을 칠 수 있었다(그는 더크 빌렘준이라고 하는 사람이었다). 그를 추적하던 교황의 군대 중 한 사람이 물에 빠져 살려달라고 외쳐대기 시작하자 그의 두 동료들은 도망을 쳤다. 그러자 더크가 돌아와서 그를 살려주었다. 그때 그 병사의 동료 두 사람이 나타나 더크를 체포하여 감옥으로 데려갔고 더크는 다음날 화형을 당했다.[36]

침례교도들은 성경을 배우기 위해 모였다. 그들은 어둠 속에서, 헛간에서 그리고 숲 속에서 모였는데[스툰디스트(Stundists)] 교황의 기병들이 달빛과 별빛 속에서 이들을 추적하고 체포했다. 찰스 5세의 치리하에서는 프리스란트와 화란에서만 3만 명 이상의 침례교도들이 살해당했다. 룰 박사에 따르면 "전국은 공포로 가득찼고 고문당하는 울부짖음이 계속해서 들려왔다... 길거리의 교수대와 나무들에는 시체들이 즐비하게 걸려 있었고... 공기는 악취로 오염되었고 죽음을 알리는 종소리가 전국에 울려퍼졌다." 바로 이것이 시프리안, 어거스틴 그리고 콘스탄틴이 만들어 낸 걸작품인 것이다. 알바 공작은 이 모든 잔악 무도한 행위를 보고 흐뭇한 미소를 지었다.[37] 그는 새로운 종류의 고문을 발명했다. 사람의 혀에다 죄는 기구를 물려놓고 혀끝을 불로 태워 떨어뜨릴 때까지 지지는 것이었다. 희생자가 비명을 지르면 병사들은 "그의 멋진 노래"에 대해 찬사를 바치곤 했다. 침례교 희생자는 "지옥의 문들"이요 혀를 뽑아내는 카톨릭은 지옥의 문들을 이겨내는 "그리스도의 교회의 충성된 아들"임이 사실로 입증된다고 믿어지지 않는가?(마 16:16-18) 적어도 당신이 훌륭한 카톨릭 신자라면 이 사실을 믿어야만 한다.

스페인의 필립 2세와 알바 공작 치리 하의 화란의 성도들만큼 피로 얼룩진 성도들은 적어도 이 당시에는 없었던 것 같다. 그러나 프랑스를 장악하고 있던 교황의 세력은 그곳에서도 다른 곳에 못지 않은 살상극을 벌였다. 그 중에도 성 바돌로매의 대학살은 잘 알려져 있다.

프란시스 1세는 어느 날 어머니에게 이끌려 교황을 알현하려고 왔다. 그들은 그리스도의 대리인이 가장 관심을 갖고 있는 이슈 즉 프랑스에 있는 모든 프로테스탄트들을 어떻게 죽일 것인가를 논의하였다. 프랑스는 파테린(Paterines), 프라트리셀리(Fratricelli), 마니키안(Manichaeans), 알비겐스(Albigenses) 및 리용의 가난한 사람들(Poor Men of Lyons)이 이주해 온 이래 항상 교황에게는 커다란 골칫거리였다. 몇 년 간 수 차례의 시도가 있었지만 실패로 돌아갔다. 그러다가 프란시스가 죽고 헨리 2세(불어로는 앙리 2세)가 왕위를 계승했는데 그의 부인은 메디치가의 캐더린이었다. 왕 위에 오른지 1년이 된 후 헨리 2세와 그의 아내는 노틀담 사원으로(1549) 행렬을 벌였고 그곳에서 열린 카톨릭 축제에 참가했다. 그 축제는 플레이스드 그레베에서 프로테스탄트를 불에 태워 죽이는 장면으로 절정에 달했다. 이동 기중기[38]에 프로테스탄트를 실어 화형대로 서서히 끌어내리는 방법이 동원되었다.

몇 년이 지난 후 헨리 4세인 나바로의 헨리와 발로이의 마르가렛의 혼인식이 거행되었다. 헨리의 어머니는 장 달브레로 건실한 위그노였다. 이 때 유명한 성경대로 믿는 위그노였던 드 콜리그니 제독과 다른 유명한 손님들이 프랑스 왕의 왕궁에 초대되었다. 이 중에는 나바로의 황후 장 달브레도 포함되어 있었다.

이들이 모두 함께 모였을 때(아마 이 때가 가장 호기였을 것이다. 나바로의 헨리는 콜리그니 제독과 데 꼰데 왕자와 함께 프로테스탄트들 편에서 싸웠었다.) 한 카톨릭 암살범이 콜리그니 제독을 칼로 찔렀다. 이 사건이 카톨릭의 "부흥"을 일으킨 사건이었다. 성 제르망 드 옥세로이(St. Germain le Auxerrois)의 대성당의 종소리가 새벽 2시에 울렸다(1527년 8월 24일). 이것은 모든 카톨릭 교도들이 "지옥의 문"을 이겨내고자 사전에 계획된 신호탄이었다. 메제레이는 이렇게 말했다. "민중은 피 냄새로 뜨거워져 약 6만 명의 남자들이 제각기 무기를 들고 복수와 광란의 도가니가 벌어지는 곳으로 달려갔고 약탈하고픈 욕망이 온 도시를 휩쓸었다. 살인자들은 온갖 모독하는 발언과 저주의 맹세를 외쳐대었고 총성과 화약냄새가 진동했다. 죽어가는 자들의 애절한 외침과, 머리채를 붙잡힌 채 끌려가는 여인들의 탄식소리, '죽여라, 찔러라, 창

밖으로 던져버려'와 같은 분에 찬 외침들이 천지를 진동하는 듯했다. 어떤 이들은 지붕 위에서 총을 맞았고 다른 사람들은 창 밖으로 내던져졌다. 어떤 이들은 물에 내던져졌으며, 쇠몽둥이나 곤봉으로 머리를 맞기도 했다. 어떤 이들은 침대에서 살해되었고 다락방에서 살해되거나 지하실에서 살해당한 사람들도 있었다. 남편의 품에서 죽어 간 여인들, 아내의 품에서 죽어 간 남편들 그리고 부모들의 발 밑에서 죽어 간 아이들도 있었다. 노인이든, 부녀자든, 어린이든 심지어는 갓난아이들도 가리지 않고 죽였다. 어떤 사람이 살인자의 수염을 가지고 놀고 있는 아이를 찌르는 장면도 목격되었다. 거리는 시체와 죽어가는 사람들로 뒤덮였다. 광장에도 시체들이 쌓였고 냇물은 피로 가득찼다."

삼 일 동안 6천여 가구가 반복해서 약탈을 당했고 파리 시내에서만 4천 명이 살해되었다.[39] 다른 도시들에서도 6천여 명이[40] 살해되었고 40일이 채 안되는 기간 동안 5만여 명이 살해되었다.

자, 그러면 이러한 놀라운 사건의 소식을 접한 베드로의 후계자이며 "그리스도의 대리인"을 자처하는 거룩한 아버지는 어떤 입장을 보였는가를 확인해 보자. 교황 성하(그레고리 12세)께서 어떻게 그 소식을 접했다고 생각되는가? 성 베드로 성당으로 가서 자기 교회 회원들의 광란적인 살상 행위에 대해 하나님께 용서를 빌었다고 생각되는가? 아니다. 그는 그러지 않았다. 그렇다면 살해당한 이후에 피해자들이 갔을지도 모를 "연옥"의 불쌍한 혼들을 위해 제단에 무릎꿇고 기도했으리라고 생각하는가? 물론 아니다. 그는 모든 교회사 학도들이 "거룩한" 교황이 하리라고 예측하는 그대로 행했다. 교황은 성 마가의 교회로 곧장 걸어가서(그는 추기경들을 대동했다) "기독교 세계"에 내려진[41] 위대한 축복에 대해 하나님께 엄숙하게 감사를 드렸다. 그는 "교회의 전사들의 승리"로서 이 사건을 기념하고자 불꽃 놀이를 하도록 지시했다. 교황에게는 교회의 전사(militant, 군대 조직의 회원)란 비무장 한 민간인들을 무자비하게 공격하는 "무장군인"들을 의미하는 것이었다. 영적인 전사가 아니다. 총을 맨 진짜 전사가 교황에게는 "기독교 전사"인 것이다. 횃불과 불꽃 놀이와 미사들에도 만족하지 못했는지 그레고리는 위대한 "축복"을 기념하기 위해 기념 메달을 찍어내도록 했다. 한 면에는 (당연히) 그의 얼굴을 새겼고 반대 면에는 천사가 십자가와 칼을[42] 들고 있는 장면을 새겼다(제7장, 주 1-6 참조).

이러한 광란적 작태를 20세기의 카톨릭 신자들은 어떻게 설명하는가? 간단하다. 그들은 이렇게 말한다. "위그노들의 고통은 유감스러운 일이지만, 카톨릭 신자들도 몇몇 프로테스탄트 국가에서 더 극심한 박해를 받았다."[43] 더 극심한 박해?(제8장 주 21 참조) 어떤 나라에서 그런 일이 있었는가? 더 우스꽝스러운 답변을 들어보자. "교황은 먼저 그에게 도달한 보고를 받고 나서 왕족과 카톨릭 지도자들이 반역자들의 형벌로부터 아슬아슬하게 구출되었다고 믿었다."[44] 무슨 음모요, 누구의 보고란 말인가? 20세기의 카톨릭 살해자들에 따르면 그 모든 사건은 실로 사고였으며 교회는 그 일과 아무런 관계가 없다는 것이다. 그것은 단순히 한 야망에 찬 여인이 저지른 "개인적, 정치적, 범죄"에 지나지 않는다고 한다. 실로 로마는 결코 변하지 않고 스스로를 모든 상황에 "적응"시키는 집단이다.

1576년 프로테스탄트로서 행동해도 위험하지 않게 되자 나바로의 헨리는 카톨릭 신앙을 버렸다. 그러나 그 행동이 왕좌를 위협한다고 판단되자 그는 즉시 다시 카톨릭 신앙을 고백하였고 프로테스탄트 신앙을 버리고서(1593) 두 번째로[45] 카톨릭 신자가 되었음을 선포하였다. 왕좌를 획득하자 그는 다시 프로테스탄트가 되어 낭트 칙령(Edict of Nantes, 1598)을 선포하였고 이로써 프로테스탄트들이 용납될 수 있게 되었다. 그러나 헨리는 교황과 너무도 오랫 동안 시소 게임을 벌이다가 결국 한 카톨릭 신자에 의해 살해당하고 말았다.[46] 이로써 "참된 믿음"의 충성된 아들인 루이 14세에게 왕위가 주어졌고 이 자에 의해 낭트 칙령은 무효화되었다(1685). 이에 성경대로 믿는 수천 명의 개혁주의 위그노 그리스도인들이 프랑스를 떠나 화란, 미국, 영국, 독일로 이주했다. 그들은 그들의 돈, 책, 미술품, 제조 기술, 가내 공업 등과 함께 이주해 버렸기 때문에 프랑스는 다시 암흑 시대로 돌아가고 말았다. 이번에는 프랑스는 남자다운 당당함을 잃었고(로마 카톨릭 루이 14세의 치세 동안 여성화되었음) 높은 도덕 수준과 윤리적 기강 그리고 성경적 지식을 박탈당하고 말았다. 결국 프랑스는 전형적인 파시스트 독재자(1638-1715, 루이 14세)의 치리하에서 신음하다가 무신론으로 흘러갔고 결국은 혁명(1789-1793)[47]의 소용돌이에 휘말리게 되었다. 루이 14세는 경찰력을 동원하여(기병) 자기의 믿음을 강제로 집행했다. 그는 프로테스탄트들의 아이들을 빼앗아 카톨릭 가정에서 키우도록 명령하였다.[48]

지옥의 성모 교회는 "지옥의 문들"이 그녀를 따른다고 해서 몰락하는 것이 아니다. 그녀는 음행을 회개할 기회를 받았지만(계 2:21) 그 누구에 의해서도 개혁되기를 거부했다(하나님의 개혁을 거부한 것은 물론이고). 성경적 진리가 점점 더 전파되고 성경대로 믿는 사람들이 대서양을 건너 피신할 기회가 주어지자 성모 교회는 점점 더 절망 상태가 되어버렸다. 1524년 프랑스의 멜든에서는 존 클러크(John Clerk)라고 하는 사람이 교회 문에 전단을 붙이고 거기에다 교황은 적그리스도라고 써 놓았다. 이로 인해 그는 여러 번 채찍질 당했고 이마에는 낙인이 찍혔다. 이 모습을 보고 있던 그의 어머니는 이렇게 외쳤다. “그리스도를 송축하리로다. 그분을 위해 내 아들이 표를 받는도다.” 이 난관을 극복해낸 존 클락은 로레인 지방의 메츠로 가서 카톨릭 형상들을 몇 개 부수어 버렸다. 이로 인해 그는 오른팔과 코를 잘렸다. 또한 그의 팔들과 그의 가슴은 집게로 찢겼다. 그후 그는 화형에 처해졌다.[49] 1562년 2월 프랑스 조인빌 지방에서 기즈 공작이 200여 명의 군대를 바시 계곡으로 보내 60여 명의 그리스도인들이 살해되었고 250여 명이 부상을 당했다. 기즈 공작은 예배를 드리고 있는 위그노들을 그곳에서 보았고(약 1,200명 정도) 무장 군인들은 칼을 빼어 들고 교회 안으로 난입하여 남녀노소를 죽였다. 밖으로 나오려는 자들은 밖에서 군대에게 살해되었다. 다른 사람들은 총으로 지붕을 부수고 성읍의 성벽을 넘어 숲 속으로 달아나는 사람들을 향해 총을 쏘았다. 어떤 이들은 총상을 입었고 어떤 이들은 칼에 찔렸다. 이 사건을 두고도 카톨릭 교회는 그들은 “음모”에 가담했으며(주 44 참조) 한 두 명의 실수가 빚은 사고일 뿐이라고 한다. 모렐 목사는 끝까지 강대상에 남아 있다가 체포되었고 카톨릭 교도들은 그의 강대상에 있던 성경을 “위그노의 책”[50]이라고 부른 후에 그에게 저주를 퍼붓고 침을 뱉었다.

영국에서는 카톨릭 교도들이 앤 애스큐(Anne Askew)와 조안 보우처(Joan Boucher)를 화형시켰다. 앤은 체포되어 “미사”에 참석하지 않았다는 이유로 “런던탑”에 투옥되었다. 그후 그녀는 고문을 당했다. 가디너 주교와 리오즐리 법관은 고문에도 불구하고 그 어떤 거짓 고백도 얻어낼 수 없었다. 그들이 고문관에게(런던탑의 관리였던 앤토니 네베트) 고문을 늘리라고 명령했으나 그는 이 명령을 거부했다. “그리스도께서 세우신 참된 교회의 충성된 아들”인 리오즐리 법관은 옷을 벗고 직접 나서서 고문대를 어찌나 세게 비틀었는지 앤의 몸은 찢어지고 말았다. 그럼에도 불구하고 앤은 거짓말하기를 거부했다. 미사가 식인 제사냐는 질문을 받자 그녀는 이렇게 대답했다. “나는 하나님께서 사람을 만드셨다고 성경에서 읽었다. 인간이 하나님을 만들 수 있다(빵과 포도주로 그리스도의 실제 살과 몸을)고는 한 번도 읽어 보지 못했다.”[51] 그녀는 고문대에서 너무도 심하게 부상을 당해 의자에 앉혀진 채 화형대로 옮겨질 수밖에 없었다(1546). 그녀의 나이 25세였다.[52]

조안 보우처는 틴데일의 “이단” 번역본을 열심히 보급하다가 체포되었다(1549년 5

월). 그녀는 곧바로 무시무시한 이단으로 정죄되었는데 죄목은 마리아의 무죄하심을 부인했다는 것이었다. 많은 종교적 유명 인사들(존 로저스, 리들리, 크랜머, 에드워드 국왕 등)이 그녀를 살려보려고 애썼지만 결국 그녀는 1550년 5월 2일 화형에 처해졌다. 그녀가 불타고 있는 동안 한 스코리 주교라는 사람이 그녀에게 설교하면서 그녀가 고통당하는 동안 욕을 해댔다. 오늘날 주교의 말을 기억하는 사람은 없지만 불타오르면서 죠안이 그에게 남긴 한 마디는 오래도록 기억될 것이다. 그것은 10초 동안[53] 배교자에게 선포된 가장 강력한 설교였기 때문이다. 조안은 불타오르면서 카톨릭 악당을 뚫어지게 쳐다보며 "당신은 사기꾼처럼 거짓말을 하고 계시군요. 가서 성경을 읽어 보세요"라고 말했다.

사탄의 신부는 성경에 기록된 진리로 인해 조금도 위협당하는 법이 없다. 그들은 세 가지 권위를 갖고서 필요한 때면 가장 적당한 한 개의 권위를 사용하며 자신을 정당화시킨다. 예를 들면 미국의 경우 남부군이 전쟁에서 패할 때까지는 노예 제도를 찬성하다가(1865) 그 후에는 "우리는 항상 노예 제도를 반대해 왔다"고 발뺌을 한다.[54] 카톨릭은 반공주의를 견지해 왔다. 얼마만큼 강력한 반공주의자였는지 교황 피오 12세는 나치의 제3제국[55]을 전심을 다해 지지하였다. 그는 필리핀에서의 죽음의 행진(1942)이 있은 후에도 일본과 외교 관계를 열었고 히틀러가 노르웨이를 침공했을 때(1939)[56]도 아무런 비난을 하지 않았다. 그러다가 파시스트들이 전쟁에 패하자(1939-1945) 곧바로 승리자인 미국 편을 들면서 교황들의 이름도 미국식으로 바꾸었다(요한 3세, 바오로 6세 등). 그러다가 미국이 베트남 전쟁에서 패하자 바오로와 요한을 하나로 합쳐 요한 바오로라고 부르더니 이제는 러시아의 이름을 택하려고 하는 것 같다. 폴란드는 이 방향으로 나아가는 훌륭한 선택이다.[57]

로마 카톨릭은 베를린-로마 주축에서 워싱톤-로마 연맹에서 다시 모스코바-로마 동맹으로 그 전략을 바꾸어 가고 있다. 카톨릭의 모든 전략은 단합(Unity)과 권력(Power)에 초점이 맞추어져 있으므로 여인들을 불태우는 것이 도덕적이나 윤리적으로 전혀 문제가 될 것이 없다. 로마 카톨릭의 첫 번째 법칙은 정치적 편의주의이다. 그들에게는 성경적 진리는 전혀 문제가 되지 않으며 지난 1600년 동안 "바티칸 외교 정책"에 있어 제2의 고려 대상도 되어 본 적이 없다.

여기에 주어진 자료들은 사실 역사적인 무수한 사실들에 비하면 지극히 일부일 뿐이다. 우리는 여기서 카톨릭 교회가 "수도승들에게 더 엄격한 규율을 정하고" "성직자들의 생애를 정결케 하며" "사제들에게 어떻게 읽을 것인지를 가르치는 데 있어"[58] 기여한 여러 가지 "선"이 과연 무엇인가를 판단해야만 한다. 이들 카톨릭 종교인들은 "무지한 살인자들 대신 교육받은 살인자들"이 되었을 뿐이다. 거칠고 사나운 살인자가 아닌 부드럽고 깔끔한 살인자들이 카톨릭 종교인들인 것이다. 이들은 "반-종교개혁" 기간 중에 "왕국 건설자"(Kingdom Builder)로서 완전히 무장하였다. 모든 왕국 건설자들은 히틀러와 같은 독일 사람에 의해 저질러지지 않는 한 대량 학살을 긍정적인 관점에서 바라다본다. 그러나 이것은 매우 중요한 역사적 사실을 간과하는 것이다. 히틀러는 카톨릭으로 태어나 카톨릭 유아세례를 받았고 카톨릭으로 성장했다. 그는 단순히 이렇게 고백했다. "나는 전과 마찬가지로(1939) 현재(1943) 카톨릭 신자이며 앞으로도 항상 카톨릭으로 남아 있을 것이다."[59]

그는 그 어떤 교황에 의해서도 결코 파문 당하거나 성무를 금지 당한 적이 없다. 파문과 성무금지령은 제임스 1세나 엘리자베스 여왕과 같이 반카톨릭적 인물에게만 내려지는 것이다. 메디치의 캐더린, 페르디난트, 히믈러, 헨리 4세, 회스, 찰스 5세, 메리 튜더, 히틀러, 루이 14세 등과 같은 사람들이면 대량 학살을 저질렀어도 결코 파문당하는 법이 없다. 로마 카톨릭 신화에서는 전문 살인범들이 여전히 "거룩한 성모 교회의 충실한 아들들과 딸들"로서 불려지고 있는 것이다.

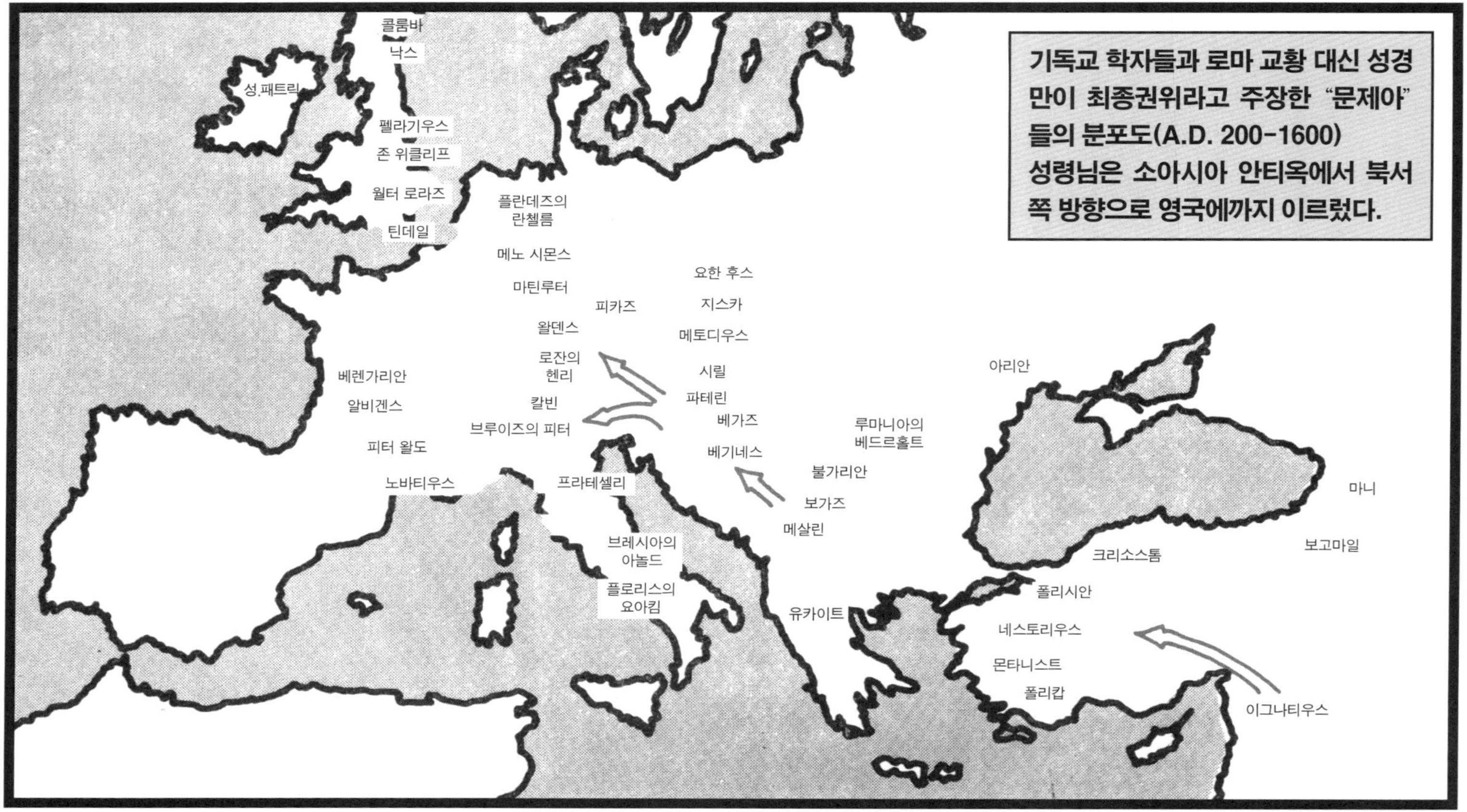

기독교 학자들과 로마 교황 대신 성경만이 최종권위라고 주장한 "문제아"들의 분포도(A.D. 200-1600)
성령님은 소아시아 안티옥에서 북서쪽 방향으로 영국에까지 이르렀다.

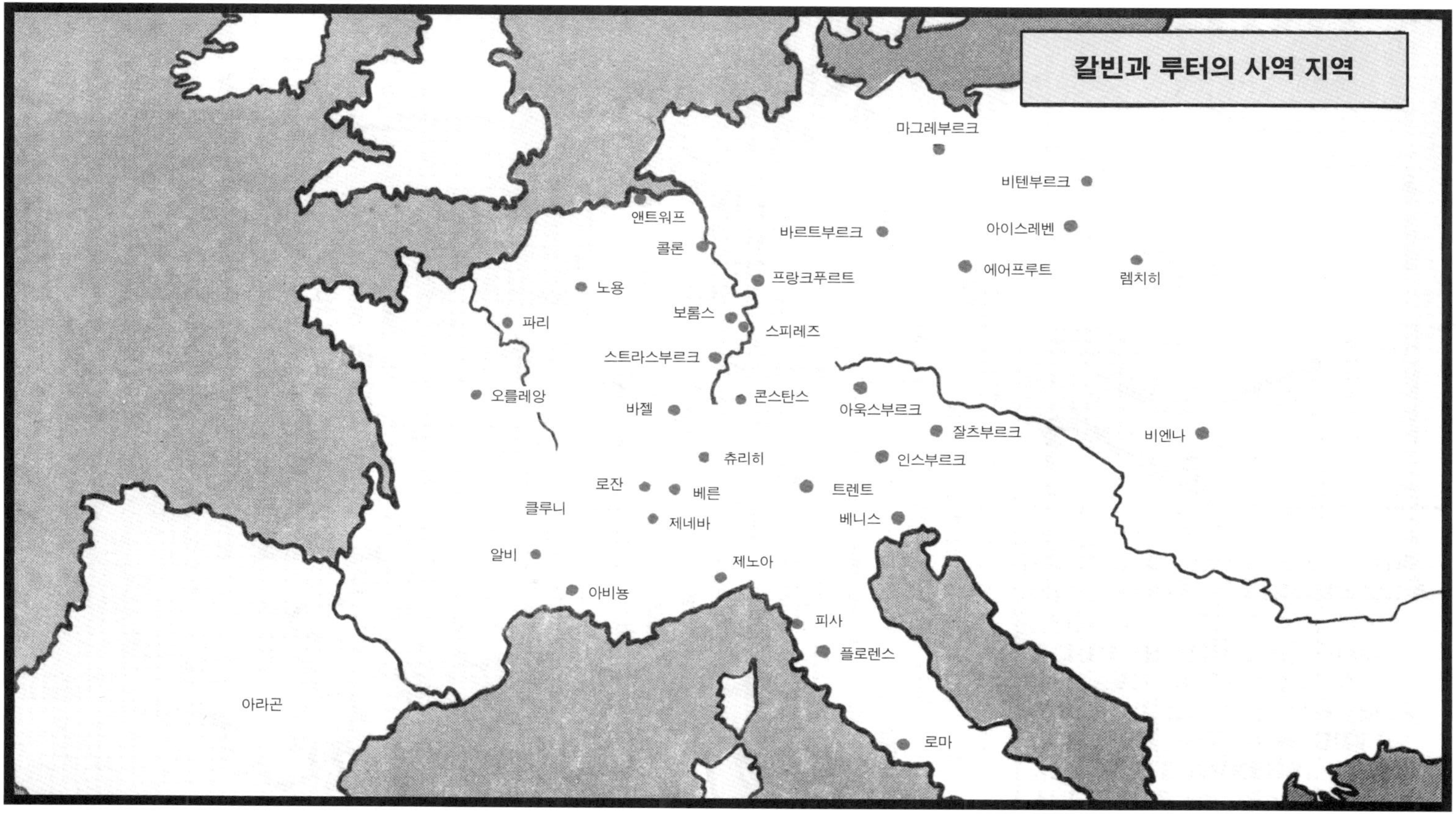
칼빈과 루터의 사역 지역
마그레부르크
비텐부르크
바르트부르크
아이스레벤
앤트워프
콜론
에어프르트
렘치히
노용
프랑크푸르트
보롬스
파리
스피레즈
스트라스부르크
오를레앙
콘스탄스
아욱스부르크
바젤
잘츠부르크
비엔나
츄리히
인스부르크
로잔
베른
트렌트
클루니
제네바
베니스
알비
제노아
아비뇽
피사
플로렌스
아라곤
로마

제 18 장

시대의 표적들

너희 위선자들아, 너희가 하늘과 땅의 현상은 분별할 줄 알면서
어찌하여 이 때는 분별하지 못하느냐? (눅 12:56)
시대의 표적들은 분별할 줄 모르느냐? (마 16:3)

호레이스 그릴리(Horace Greely, 1811-1872)가 말한 것으로 알려진 "서쪽으로 가라, 젊은이여 서쪽으로 가라"는 표어는 실은 호레이스 그릴리가 태어나기 1800년 전에 성령께서 하신 충고의 말씀이었다(<피터 럭크만의 주석서 창세기 I>, 말씀보존학회, 1995, 3:24 참조). 종교 전쟁의 틈바구니 속에서 사회, 경제, 정치적 좌절감과 아울러 종교적 홍역을 치른 유럽인들은 이제 대서양을 건너가기로 했다. 하나님께서는 "피할 길을 내사 그들로 시련을 이기게 하셨으니" 훈족, 반달족, 서고트족, 동고트족 등이 유럽 문명을 비잔틴 제국과 소아시아로부터 독일과 영국으로 밀쳐냈듯이 이번에는 모든 음녀들의 어미인 카톨릭이 "가난하고 헐벗은 대중"을 미대륙으로 몰아 부치고 있었던 것이다. 이러한 역사의 움직임들은 앞으로 계속될 교회사에서 다루게 될 것이다.

이제 우리는 유럽에서의 필라델피아 교회(계 3:8) 시대의 전반부(1500-1700)를 요약해 줄 수 있는 몇 사람의 생애를 간단하게 살펴보고자 한다. 이 사람들의 생애는 마틴 루터, 베자, 쯔빙글리 및 칼빈의 생애와 일부 겹치며 헨델, 바하, 진젠돌프 및 존 록크의 시대까지 이른다. 이들의 생애를 언급하고자 하는 것은 복음이 전파된 후 그 복음이 변질되어 다시 이교도화 되버리는 악순환이 교회사에 있어서 거듭되는 가운데 유럽에 네 번째로 붙어닥친 영적 사망이 지배했던 종교개혁 이후의 상황이 이들의 생애에 잘 반영되어 있기 때문이다. 성령의 움직임은 이제 동쪽에서 서쪽으로 옮겨가셨으므로(사도행전 16장 주석 참조), 유럽대륙에 발생한 영적 진공은 곧이어 문화(1700-1800), 그 뒤를 이은 배교(1800-1900) 그리고 급기야는 이교도화(1900-1980)로 메꿔지게 되었다.

존 낙스 (John Knox, 1513-1572)

스코틀랜드의 존 낙스는 성경을 믿는 프로테스탄트였던 조지 위샤트(George Wishart)에 의해 영적으로 양육되었다. 조지 위샤트는 1546년[1] 화형당했다. 그 후 존 낙스는 체포되어 19개월 동안 갤리선 노예로 일했다. 영국으로 돌아온 그는 5년 간 독일 종교개혁자들이 가르친 교리[2]를 설교하였다. 피의 메리가 왕좌에 오르자 그는 도망하여 독일 프랑크푸르트로 갔고, 그 후 제네바로 가서 칼빈과 대화하기도 했다. 그는 주로 프랑스나 독일에서 설교했다. 낙스는 1559년 스코틀랜드로 돌아와 카톨릭 여왕(로레인의 메리) 앞에서 카톨릭 미사는 난잡한 짓이고 로마 카톨릭 교회는 음녀[3]라고 담대하게 선언했다. 위기일발에 기적적으로 몸을 피한 그는 메리 스튜어트(1560)가 왕위에 오를 때까지 살아 남았으나 이 여왕은 낙스를 반역죄로 체포했다(즉 낙스가 일요일 아침 드리는 죽은 자를 위한 식인종 제사 - 성체 - 를 믿지 않았다는 이유 때문에). 그러나 의회는 낙스를 무죄 방면하였고 이에 그는 1572년 죽을 때까지 성경을 강론했다. 스코틀랜드의 기독교가 강한 프로테스탄트적인 성향을 갖게 된 것은, 특히 북아일랜드 지방에서 그리 된 것은 존 낙스의 사역에 힘입은 바가 크다고 하겠다.

올리버 크롬웰 (Oliver Cromwell, 1599-1658)

크롬웰은 군인이요 정치가로 잉글랜드 공화국, 스코틀랜드, 아일랜드의 호국경이었다. 교회사에 있어 헨리 8세, 마틴 루터, 아브로 맨하탄 그리고 어쩌면 폴 블랑샤드를 제외하고는 크롬웰보다 카톨릭 지도자들에게 더 미움을 받은 사람은 없을 것이다. 그는 1628년 국가 회의의 의원으로 당선되었고, 청교도들을 반대하는 자들과의 기나긴 투쟁을 시작하였다. 그는 독립파들의 성향을 지녔고 그 누구의 종교에도 관용적 입장을 보였으며 침례교의 관점을 갖고 있었다. 카톨릭은 그들이 권력을 쟁취할 때까지는 종교적 관용이라는 입장을 취하다가도 일단 그들이 권력을 장악하고 나면 카톨릭 이외의 모든 종교에 전혀 관용을 베풀지 않고 박해[4]를 가한다. 크롬웰은 제1차 내란(1642-1646) 기간 동안 모든 싸움에서 승리했다. 크롬웰과 의회는 카톨릭 반역자였던 찰스 1세와 마찰을 빚었는데 이 왕은 관용과 종교적 자유를 허용하다가 카톨릭이 충분한 권력을 보유하자 태도가 돌변하였다. 찰스 1세는 영국의회가 그의 위협에도 불구하고 해산할 기미를 보이지 않자 교황의 특사를 통해 프랑스와 스페인 국왕들과 접촉하여 카톨릭 교도인 외국 군대를 동원하여 조국인 영국을 침략케 하고 청교도로 이루어진 의회[5]를 없애려는 시도를 했다. 결국 영국 의회는 찰스 1세를 재판에 회부, 반정부 선동 혐의로 유죄 판결을 내리고 그의 목을 베어버렸다. - 찰스의 반정부 음모는 콜리그니 제독이 헨리(제17장 주 43-44 참조)를 권좌에서 몰아내려고 시도했다는 날조된 것과는 달리 실제로 있었던 반역 사건이었다(Webber and White, *Civilization for Mordern Times*, pp.29,77를 참조). 드디어 1649년 잉글랜드 공화국이 수립되었다. 이때 크롬웰이 "대통령"으로 임명되었는데 이를 두고 모든 카톨릭 역사가들은 "크롬웰의 절대 독재 정권"이라고 부르는데 그것은 사실 카톨릭 교황들에게나 어울리는 칭호일 뿐이다. 크롬웰은 그의 머리에는 물론 그의 무릎에도 왕관을 쓰지 않은 반면에 모든 교황(교회사에 있어 그 당시에 이르기까지의 모든 교황)들은 왕관을 쓰고 싶어했고 실제로 왕관을 쓰기도 했다.[6]

카톨릭은 크롬웰이 아일랜드의 가난한 카톨릭 교도들을 학대하였다고 해서 그를 헐뜯지만, 그것은 성 바돌로매 학살을 주도한 교황 그레고리 13세가 칼빈이 세르베투스를 화형시켰다고 비난하는 것과 마찬가지이다. 정말로 뻔뻔스러운 일이 아닐 수 없다. 찰스 2세(1630-1685)는 크롬웰이 아일랜드의 교황 추종자들을 학대했다는 이유로 크롬웰의 시신을 파내어 목매달고는 교수대 밑에다 매장하였다.[7] 그러나 카톨릭 역사가들은 왜 크롬웰이 아일랜드인들의 카톨릭 축제인 "초록빛 옷 입는 날"(wearing o' the green)을 그처럼 심하게 다루었는가? 그 이유를 따져볼 때면, 입을 다물고 만다. 사실 1641년의 아일랜드 대학살(Irish massacres) 사건은 카톨릭 역사가들이 즐겨 다루는 사건이 아니다. 그 해 10월 22일 펠림 오닐경은 샤를몽트 경을 방문한다는 구실하에 한 프로테스탄트를 체포하고 그 앞에서 그의 종들을 살해한 후 그마저 죽이고 말았다. 이날은 예수회의 창시자 로욜라(Loyola)의 기념일이었는데 오닐경의 행동을 시발로

15만 명의 프로테스탄트들이 살해당했다. 이것은 크롬웰이 아일랜드군과 싸우기 위해 아일랜드로 건너오기 3년 전의 사건으로 그들 프로테스탄트들은 군인이 아니라 민간인[8]이었던 것이다.

만약 아일랜드에 대한 "잔인한 학대"(거의 모든 역사가들이 그렇게 평하고 있음)가 올리버 크롬웰의 생애에 있어서 "어두운 얼룩"이 된다 할지라도 이것은 그와 동시대에 살았던 아일랜드, 프랑스, 스페인의 군주들이 비무장한 그리스도인들을 그들의 죄악이 아니라 그들의 성경적 신념 때문에 무차별 학살한 "피냄새로 가득한 얼룩"에 비한다면 타일바닥에 떨어진 우유 한 방울 정도에 지나지 않는 미미한 사건일 뿐이다. 예를 들면 크롬웰을 교황 우르반 2세(혹은 그레고리 12세, 이노센트 1세, 그레고리 1세, 피오 12세)와 나란히 놓아보면 크롬웰은 살인 청부업자들 곁에 우뚝솟은 거룩한 성자인 셈이다. 카톨릭은 하나님의 나라와 천국을 같은 것으로 믿고서 종교와 정치를 또는 정치와 종교를 혼동해 온 자들이다.

데시데리우스 에라스무스 (Desiderius Erasmus, 1466-1536)

데시데리우스 에라스무스(1466-1536)는 로텔담 출신이며, 종교개혁에 있어 가장 논란이 많은 인물 중의 하나이다. 카톨릭이든 프로테스탄트든 양쪽이 그의 지지가 필요할 때면 손을 내밀다가도 때가 되면 그의 지나친 용기를 증오하기도 하고(카톨릭 측), 그의 중립적 입장을 저주하기도 한다(개신교측). 에라스무스는 진정한 인문주의자요, 진정한 학자로[그는 아벨라드(Abelard), 안셀름(Anselm), 아퀴나스(Aquinas), 스코투스(Scotus) 등과 같은 사이비 학자와는 다르다] 교회의 분열을 미워할 만큼 충분히 카톨릭적이였던 반면 제롬의 알렉산드리아 신약성경이[미국표준역본(ASV), 새미국표준역본(NASV), 새국제역본(NIV), 개역표준역본(RSV), 새개역표준역본(NRSV), 개역한글판, 표준새번역 등이 채택한 변개된 성경임] 보헤미아 형제단과 공동생활 형제단들이 사용하던 구라틴어 성경과 차이를 보이는 곳에서는 전혀 무가치한 것임을 깨달을 수 있을 정도로 충분히 프로테스탄트적이었다. 그가 화란에서 자랄 때 이들 형제단들은 그곳에 함께 있었다.[9]

에라스무스는 단연코 당대 최대, 최고의 학자였음을 많은 사람들이 인정하고 있다. 한 때는 그를 교황으로 만들 것이라는 소문[10]도 있었다. 그는 교황 율리우스 2세, 레오 10세, 아드리안 6세, 클레멘트 7세 및 바오로 3세 등에 의해 높은 평가를 받았으며 바오로 3세는 그에게 추기경을 제안했으나 그는 사보나롤라처럼 그 제안을 거부하였다. 에라스무스는 고전 지식과 학문을 두루 갖춘 헬라어 학자였다. 그는 교회를 중세적 형식주의 및 전통으로 부터 해방시키고자 하였으나 교회를 떠나려 하지 않았다. 그는 내부로부터의 개혁을 추구하였던 것이다. 비록 후에 루터와 신학 논쟁[11)]을 벌이긴 했어도 일반적으로 보아 "에라스무스가 품은 알을 루터가 부화하였다"는 말은 정당한 평가라 할 수 있다.

밥 존스 대학교, 성서 침례 대학, 리버티 침례 대학교(1960-80) 교수들이 방송을 통해 선전했던 로마 카톨릭적 주장과는 반대로 에라스무스는 그의 적들이 우리로 짐작케 하는 것보다는 훨씬 많은 자료를 가지고 그의 헬라어 성경을 편수하였다. ASV, NASV, NIV, RSV, 개역한글판, 표준새번역 등이 그대로 유지하고 있는[12)] 시내사본과 바티칸사본에서 발견되는 거의 모든 변개된 구절들을 이미 전부 알고 있었던 <킹제임스성경, *KJV*>의 번역자들 역시 에라스무스와 마찬가지로 충분한 자료를 갖고 있었다. 위에 열거한 현대 역본들에 쓰인 "절충"(eclectic) 원문은 사실 네슬(Nestle), 알란드(Aland), 메츠거(Metzger), 바이스(Weiss), 티쉔돌프(Tischendorf), 홀트(Hort) 그리고 헬라어 사본들(이 사본들은 프로테스탄들의 종교개혁 원문과는 전혀 다른 것들이다)을 숭배하는 "신사 양반"들이 이렇게 저렇게 골라서 뽑아 엮은 것에 불과하다. 그들은 이들 사본들로 하나님께서 높이신 성경을 5,800군데 이상이나 변개시켜 버렸다. 시내사본(Aleph)과 바티칸사본(B)에서 발견되는 변개된 구절의 80%가 NIV와 NASV에서 발견되며, 림즈(Rheims)에서 출판된 1582년 판 예수회 성경에서도 발견된다. (<킹제임스성경>의 번역자들이 번역 작업을 할 당시 이 변개된 성경도 그들의 탁자 위에 놓여 있었음은 물론이다.) 나머지 20%는 1881년 영어 개역본(RV) 위원회가 라틴어, 시리아어, 헬라어 성경에 입각해 잘못 추정한 것 때문에 생긴 것이다. (<킹제임스성경>의 번역자들은 이러한 성경들 역시 참조하였다.)[13)]

에라스무스는 바티칸 도서관을 포함해 유럽 어느 도서관이라도 자유롭게 들어갈 수 있었고 따라서 그는 1884년 개역본(RV) 위원회의 지도급 학자들보다도 훨씬 더 광범위한 자료를 열람할 수 있었다. 왜냐하면 이들 퓨지주의자(Puseyite)들은 모든 자료들이 하나 혹은 두 개의 필사본으로 판단되어져야 한다는[14)] 편견을 갖고 개정에 임했기 때문이다. 이는 그들이 <킹제임스성경> 번역자들이 참조한 자료의 겨우 10분의 1도 채 안되는 자료만 갖고 있었음을 의미한다. 현대의 기독교 대학교들의 교수진들은 더 많은 자료를 갖고만 있으면 더 정확한 것이며 그 자료 중 얼마만큼을 마음 속으로 지워 버리고 있는가는 전혀 문제가 되지 않는다고 믿을 만큼 어리석은 자들이다.

에라스무스는 1505년 옥스포드에서 자신이 직접 신약성경을 라틴어로 번역했는데 이는 그가 1515년 바젤에서 5개의 희랍어 신약 사본을 가지고[15] 그의 성경 편수 작업을 시작하기 훨씬 전이었다. 그는 이들 라틴어 사본들을 존 콜렛(John colet)으로부터 얻었는데, 콜렛이 그에게 넘겨준 라틴어 원문의 특징에 관해서는 아무런 의심을 할 필요가 없는 것은 모든 에라스무스의 작품들(헬라어 신약성경 5개의 판본들)이 알비겐스와 왈덴스들의 성경이 갖고 있는 반카톨릭 원문이기 때문이다. 제롬의 라틴어 성경이 미국에서 나온 NIV, NASV 등과 일치하며, 한국의 개역한글판, 표준새번역 등이 바티칸사본의 본문과 일치하는 반면, 에라스무스의 헬라어 본문은 1611년 <킹제임스성경>과 <한글킹제임스성경>의 본문에서 발견되는 것과 일치하며,[16] 성 패트릭과 콜럼바 등이 사용하던 구라틴 성경과도 일치하고 있다. 즉 에라스무스는 그의 신약성경(헬라어)을 편수하기 이전에도 벌써 제롬의 라틴 벌게이트가 어느 때는 옳고 (행 8:37; 9:5-6; 20:28) 또 어느 때는 잘못되었는가(계 22:19)를 이미 판단할 수 있는 기준을 갖고 있었다는 말이다.

1978년 NIV 개정 위원들이(1969년 NASV번역자들, 1901년의 ASV 번역자들, 개역한글판, 표준새번역의 번역자들 역시) 채택한 모든 변개된 주요 구절들은 이미 450년 전에 다 알려져 있던 것들이었다. "새로운" 자동차, 비누, 성경, 도덕 등등을 외쳐대며 뭔가 새로운 것을 부추기는 자들은 실상은 장사꾼들로 어리석은 사람들을 속여 RV, ASV, NASV, NIV, 또 표준새번역 등이 뭔가 "새로운" 것을 갖고 있는 것처럼 착각하게 만드는 자들이다. 왜냐하면 이미 450여년 전에 에라스무스는 1960년에 나온 NASV와 개역한글판과 표준새번역에 반대되는 입장을 취했기 때문이다(막 2:14 참조). 그는 ASV(1901)와 개역한글판에 대해 350-400여년 전에 이미 반대 입장을 취했고(딤전 3:16 참조), NIV(1978)와 표준새번역에 대해서도 이미 450-460여 년 전에 반대 입장을 취했다(마태복음 6:13 참조). 에라스무스는 이 모든 현대 번역본들에 대해 이미 강평을 마친 셈인데, 이는 그가 이미 1515년에 현대의 배교자들이 "새로운 빛을 더 오래된 사본들에서"라고 외치는 구호가 거짓된 것임을 이미 입증해 놓고 있었기 때문이다. 에라스무스는 이 모든 현대어 번역본들을 거부하였다. 그것은 그가 "원본"(originals) 타령만[17] 일삼는 모든 현대의 예수회 사람들보다 성경 변개의 역사에 관해 더 잘 알고 있었기 때문이다. 희랍어 필사본들이 대부분 발견되었을 때, 이들 중 무려 1,800여 개의 사본들이 에라스무스가 사용한 "다섯 개의 후 기사본들"을 지지하였지 ASV, NASV, NIV, 개역한글판, 표준새번역 및 기타 변개된 가짜 성경들의 지지자들이 추천하는 "하나" 혹은 "두 개"의 필사본 - 바티칸사본과 시내사본 - 을 지지하지 않았다. 어리석은 사람은 이것을 "우연"으로 돌릴지 모르지만 에라스무스는 오리겐이 파놓은 '문화'라는 함정(제5장 참조)으로부터 출토된 "더 오래되고 나은 사본들"보다 훨씬 더 성경적인 그 무엇을 갖추고 성경 편수 작업을 했다. 즉 그는 성경 보존에 관해 올바른 견해를 갖고 있었던 것이다.[18]

에드워드 힐즈 박사(Dr. Edward Hills)는 에라스무스 시대에는 신약성경의 보존에 관해 세 가지 견해가 있었다고 하는데, 이것은 오늘날도 마찬가지다. 그것은 웨스트코트와 홀트의 인문주의적 견해(the humanistic view)와 학자적인 견해 그리고 주님의 몸된 교회가 취한 공통 견해(the common view)이다. 이 마지막 견해는 믿음의 견해(view of faith)로 인문주의와 학자적 견해의 중간적 입장을 취한다. 이 견해는 신약성경은 헬라어로 기록되었기에 로마 교회보다는 그리스 정교회를 통해 더 잘 보존되었을 것[19]이라는 상식에 입각한 것으로 매우 합당한 주장이라 할 수 있다. 제롬에게 성경 번역을 위임했던 교황마저도 헬라어 "칠십인역" 대신에 히브리어 구약성경을 더 선호했었으며, 루터의 철천지 원수였던 레오 10세(1513-1521)마저도 라틴어 성경보다는 "헬라어" 신약성경을 선호하였다.[20] 1546년 트렌트 공회는 오리겐에게서 유래된 제롬의 알렉산드리아 계열 라틴어 성경을 카톨릭 공식 성경으로 선호하였으니 차라리 레오 10세가 더 분별력이 나았던 셈이다.

에라스무스 판에 뒤이어 스테파누스의 4개 판본(1546, 1549, 1550, 1551)이 나왔고 뒤이어 베자의 10개 판본이 나왔으며(1560-1598), 마지막으로 엘지버판이 나왔다(1624, 1633). 이 판본들은 모두 표준원문(Textus Receptus)이며 시리아의 안티옥과 소아시아에서 나온 것들로 이 두 지역에서 가장 많은 "원본"들이 쓰여졌었다. 이 헬라어 성경들과 더불어 천여 개의 언어로 번역본들이 나오게 되었는데, 그 중 대부분은 루터의 독일어 성경이나 영어의 <킹제임스성경>에서 번역된 것들이다. 이들 두 성경은 다른 모든 성경들과 마찬가지로 배교한 현대 근본주의자들의 용어를 빌리면 "절충원문"(eclectic texts)에서 나온 것이다. 열매를 보면 뿌리를 알수 있듯이 트렌트 공회(1546) 이래 그 어떤 로마 카톨릭 주의자도 이 두 성경이나 여기서 번역된 성경들을 추천한 적이 없다. 반면에 ASV, NASV, NIV, 개역한글판, 표준새번역 등 이 사용한 웨스트코트와 홀트의 원문과 네슬판과 연합성서공회 원문은 카톨릭에 의해 격찬을 받고 있는 것이다.[21] 왜 그런 것인가? 교회사와 반교회사라는 관점에서 볼 때, 이 사실은 무엇을 뜻하는 것인가? 그것은 교회사에 등장하는 여러 사실들을 공부하고 그것을 마음에 새긴 성경대로 믿는 그리스도인들이라면 그 누구라도 ASV(1901), NASV (1960), NIV(1978), 개역한글판, 표준새번역 등을 추천하는 범죄를 범하지 않을 것이라는 뜻이 된다. 그런 행위야 말로 신약 교회사에 있어서 사탄과 잔인한 음녀(계 17장)의 음모일 뿐이다.

메노 시몬즈 (Menno Simons, 1496-1559)

메노 시몬즈(때론 시몬이라고도 함, 제6장 주 140-146 참조)는 화란의 비투마루스(Witmarus)에서 태어나 1524년 카톨릭 사제로 서품을 받았다. 그는 1531년 화형당하는 한 사람을 보게 되었고, 그의 집 근처에 있는 수도원 복도에서 수백 명의 침례교도들이 살해 당하는 것을 보게 되었으며, 그 중에는 메노의 친형제도 끼어 있었다.[22] 결국 메노는 사제직을 포기하고 1536년 40세의 나이에 카톨릭 교회를 떠났다. 그는 곧바로 성경을 공부하기 시작했고 수개월 후에는 칼빈이나 쯔빙글리마저도 신약성경의 진리에 관한 한 로마 교회로부터 분리되지 못했다는 결론을 내리게 되었다. 그는 1537년에 재침례파에 합류하여 지도자의 한 사람으로 활동하였고, 이로써 그는 로마 카톨릭의 체포 대상이 되었다. 결국 그는 카톨릭 게슈타포와 암살자들을 피해 일생을 이곳 저곳으로 떠돌아 다녀야 했으며, 그 가운데서 많은 책을 저술했다.

모쉐임(Mosheim)은 메노와 함께 했던 화란의 침례교도들에 대해 언급하면서 "그 기원이 분명치 않다"고 했으나 더몬트(Dermont) 박사와 이페이(Ypeig) 박사는 이 문제에 관해 화란의 국왕에게 보고하기를 "침례교도들은 전에는 재침례파로 불리던 자들이요, 후에는 메노파로 불렸던 자들로 그 기원은 왈덴스입니다"라고[23] 했다. 켈러(Keller), 텐 케이트 림볼크(Ten Kate Limborch), 밴 브랙트(Van Bracht), 더몬트(Dermont) 및 디훕(DeHoop) 등의 연구에 따르면 종교개혁 기간 중 개혁자들에 의해 "재침례파"라고 불리운 사람들은 11,12세기경 오스트리아, 독일, 프랑스 그리고 화란으로 도피해 갔던[24] 그 옛날의 왈덴스였다고 한다. 이들은 노바티안, 도나티스트, 유카이트, 폴리시안 등의 특징을 그대로 간직하고 있었는데, 그것은 유아세례 거부, 교회와 국가의 분리 그리고 예수 그리스도에 대한 믿음을 고백한 후에 침수에 의해 어른에게만 침례를 주는 것 등이다. 그들은 또한 14세기 동안이나 소위 불경건하다고 알려진 "마니교"의 '이단' 요소를 간직하고 있었는데, 그것은 이 우주에는 선과 악이라는 두 세력이 서로 반목하고 있으며 마귀도 예수 그리스도와 마찬가지로 자기의 교회, 성경, 설교자,

사역자, 사도 및 회중들을(고후 11:1-4) 가지고 있다는 사실이다. 미신적인 카톨릭 교도들은 이 주장을 "이원론"이라고 비난했으나 참된 그리스도인들은 그것을 "성경적"이라고 평가한다(살후 2:1-13, 겔 14: 1-12, 고후 11:11-14)

제임스 1세 (King James, 1566-1625)

로마 카톨릭 역사가들의 주 공격 대상이 마틴 루터, 헨리 8세 및 올리버 크롬웰이라면 개신교(특히 현대의 근본주의자들)의 헬라어와 히브리어 학자들이 가장 미워하는 영국 역사의 인물은 다름아닌 스코틀랜드의 왕(1567-1603)이었다가 잉글랜드의 왕으로 오게 된(1603-1625) 제임스 왕이다. 제임스 왕은 "호전적인 근본주의자"들로부터 폭군이라는 칭호를 시작으로 호모(동성연애자)[25]라는 칭호에 이르기까지 온갖 비난을 받아왔다. 그러나 이 "가장 높으시고 능력이 많으신 군주"(most high and mighty character)가 - 이 칭호는 <킹제임스성경> 번역자들이 서문에서 제임스 왕을 불렀던 칭호였다 : 역자주 - 이와 같이 모욕적인 칭호들을 얻게 된 것은 그의 성격이나 인품, 혹은 청교도에 대한 학대 때문이라기보다는, 그가 세계에서 가장 위대한 책인 <킹제임스성경>과 관련되어 있기 때문이다. 이 성경이야말로 출간된 이후로부터 지금까지 히브리어, 헬라어 학자들이 없애 버리려고 애쓰고 있는 바로 그 책이다. <킹제임스성경>이 얼마나 강력하고 권위가 있는지 이 성경이 가르쳐지거나 설교되는 곳에서는 신약 지역교회들이 우후죽순처럼 생겨났으며,[26] 복지와 사회개혁이 단행되었고, 과학, 기술, 예술, 음악 등의 발전이 뒤따랐으며, <킹제임스성경>을 거부한 지역과는 비교도 안될 만큼 생활 수준이 향상되었다. 많은 히브리어, 헬라어 근본주의 학자들이 이 권위 있는 성경과 제임스 왕이 관련되어 있는 것으로 인해 그를 용서하지 못하고 있다. 왜냐하면 <킹제임스성경>은 소위 "개신교의 교황들"(카톨릭 교황은 물론)이라고 자처하는 그들, 즉 스스로를 성령보다 더 똑똑하다고 자처하는 자들에게는 늘 두려움과 사망을 가져다 주기 때문이다.

제임스 왕이 청교도들의 "1,000가지 청원"에 대해 취한 반응에 대해서는 의견이 분분하다. 제임스 왕이 "장로교는 하나님과 마귀에게 뿐만 아니라 군주제에도 동의한다"[27]라고 말했다고 전해지는데, 그를 비방하는 외골수 고집쟁이들은(어떻게든 흠을 찾아내기 위해) 그와 같은 선언을 제임스 왕이 신약에 나타난 지역교회를 거부하는 것이라고 간주해 버린다. 그러나 제임스 왕이 말한 장로교란 제네바에서 칼빈이 실시한 신정 정치 같은 개혁 교회를 지칭하였던 것이다. 그와 같은 것은 그 자체가 이미

"군주제"로 로마에 있는 교황 제도가 한 나라에 치명적인 타격을 가하는 것[28]과 마찬가지 해악을 끼친다. 따라서 제임스 왕은 교황보다 영적으로 앞서 있었던 셈이다. 그가 올바른 통치자로서 어떤 실수가 있었다 할지라도 적어도 그는 그 당시의 어떤 교황보다도 더 겸손했으며, 오늘날의 그 어떤 보수주의 성경학자들 보다도 지적으로 우수했다. 다음의 예를 통해 이를 입증해 보자.

1. 제임스 왕은 청교도들의 집회를 허용했고, 반 기톨릭 성경 번역본을 내놓았는데 그 서문에는 교황을 "죄의 사람"이라고 선언했다. 이후에 나온 그 어떤 개정본이나 "로크만 재단"(Lockman Foundation)이 만들어 낸 성경에도 그와 같은 지적은 없다.

2. 제임스 왕은 뉴스코필드 성경 편찬 위원회나(1950-1980) 로크만 재단(1960-1980)만큼 어리석진 않았다. 그는 가짜 성경 원문이 무엇인지를 알아보았다. 따라서 새국제역본(NIV), 미국표준역본(ASV), 새미국표준역본(NASV), 개역한글판, 표준새번역 및 이들과 유사한 그 어떤 번역본에도 그의 이름은 관련되지 않았다. 제임스 왕은 이 20세기의 번역본들이 로마 카톨릭 교회의 예수회 림즈 역본이라는 것을 이미 알고 있었던 것이다.

3. 그가 "교만"하다는 온갖 풍문에도 불구하고 그는 로마의 교황들처럼 자신을 "거룩한 아버지"나 "그리스도의 대리자"(혹은 거룩한 주)[29]라고 부르라고 할 정도로 미친 것은 아니었다. 즉 제임스 왕은 그가 최악의 상태에 있을 때에도 로마 교황이 최선의 상태에 있을 때보다(레오 1세부터 10세까지) 두 배 이상 겸손했다.

4. 영국을 30년 전쟁에 개입시켰다고 하면서 그의 "어리석은 국가 경영"[30]을 비난하지만 그는 미국을 제2차 세계 대전에 개입시킨 루즈벨트나, 미국을 한국 전쟁에 개입시킨 트루만이나, 독일을 세계 대전에 개입시킨 히틀러나, 미국을 피그만 사건에 개입시킨 케네디나, 미국을 베트남 전쟁에 개입시킨 교황 피오 12세보다 훨씬 국가를 잘 다스렸다고 할 수 있다. 약간의 유머 감각을 갖고 역사를 살펴보면, 우리는 "위대한" 인물이라는 사람들의 참된 모습이 어떠했는지 그 진실을 파악할 수 있다. 17세기에 살았던 제임스 1세는 그가 최악의 상태에 있을 때라도 20세기에 살고 있는 많은 기독교 학자들이나 정치 지도자들보다 훨씬 낫다고 할 수 있다.

철학자 무리들 (The Philosophers, 1500-1900)

우리는 허튼 소리를 일삼는 철학자 무리들을 한꺼번에 다루고자 한다. 이는 이들 중 그 누구도 교회사와 아무런 관계도 없기 때문이다. 골로새서 2:8은 이미 성도들에게 "허튼 소리의 전문가"에 대해 어떤 태도를 취할 것인가를 보여주었고 고린도전서

1,2장도 그 사실을 재확인해 주고 있다(행 17:18 주석 참조). 철학자들에 관해서 우리가 주목해야 할 사실은 근대 서양 철학은 <킹제임스성경>이 출판될 때까지는 등장하지 않았다는 사실이다.

안셀름(Anselm), 아벨라드(Abelard), 스코투스(Scotus), 아퀴나스(Aquinas) 등과 같은 철학자들은 플라토와 아리스토텔레스의 재탕에 불과한 반면, 1611년 <킹제임스성경>이 출판되자 철학계에는 이변이 발생하게 된다. 즉 유럽과 영국의 곳곳에서 그 성경을 도저히 용납하지 못하는 일련의 지식인 무리들이 우후죽순처럼 쏟아져나온 것이다. 그 중 일부는 고고학자들이요, 일부는 불가지론자, 일부는 이신론자, 또 일부는 합리론자, 혹은 심리학자였으나 이들 모두는 철학을 전공한 자들이다(골 2:8 주석 참조). 이들은 1611년 <킹제임스성경>의 출판이 마치 달리기 시합의 출발 신호인 양 쏟아져 나왔던 것이다. 현대 사학자들은 왜 그들이 1611년 이전에는 숲속에 숨어 있었던가를 의아하게 생각할런지 몰라도 성경대로 믿는 그리스도인들에게는 매우 의미심장한 일이 아닐 수 없다. 이제 이들을 간단히 열거해 보고자 한다.

1. 르네 데카르트 (René Descartes, 1596-1650)

데카르트는 <킹제임스성경> 초판이 나왔을 때 15세였다. 그는 실제의 하늘나라와 지옥, 동정녀 탄생, 그리스도의 신격, 거듭남, 육체의 부활[31] 등을 거부했다. 그는 로마 카톨릭에 헌신했음에도 불구하고 "근대 합리주의의 아버지"라고 알려져 있다. 그는 그의 철학 체계를 꿈에서[32] 힌트를 얻어 세웠다. 성경을 거부하는 불신자들의 아버지로 300년 동안이나 군림해 온 그가 실은 <킹제임스성경>을 갖고 있었던 로마 카톨릭 신자라니 이상하지 않은가?

2. 토마스 홉스 (Thomas Hobbes, 1588-1679)

홉스는 <킹제임스성경>이 나오기 23년 전에 태어났다. 이 성경은 그의 일생 내내 영국과 미국의 성경이었다. 그런데도 그는 열을 내며 이 성경을 미워했다. 그도 그럴 것이 그는 무신론적 유물론자였으며 막스와 레닌의 선구자였다.[33] 그는 성경에 관한 모든 초자연적인 것을 거부했으며, 성경에 기록된 모든 초자연적인 것도 거부했다. 즉 그는 인간 기계에 불과했다.

3. 고트프리트 라이프니쯔 (Gottfried Leibnitz, 1646-1716)

라이프니쯔는 이신론적 진화론자로 그리스 철학자들을 우상시했던 자이다. 그는 동정녀 탄생, 그리스도의 신성, 중생, 육체의 부활과 미래의 상태를 (그것이 하늘나라든 지옥이든 간에) 믿지 않고 거부했다.

4. 조지 버클리 (George Berkeley, 1685-1753)

버클리는 이신론자로 물뿌림에 의한 중생을 믿었던 자로 이스라엘의 회복, 그리스도의 심판석, 휴거, 그리스도의 천 년 통치 등을 기부하였고, 그 누구도 실제로 지옥에 간다고 믿지 않았다.

5. 프란시스 베이컨 (Francis Bacon, 1561-1626)

베이컨은 "귀납적 과학 방법론"을 창시한 자들 중 하나로 알려져 있다(골 2:8 주석 참조). 그는 참된 철학의 시금석은 철학이 하고자 하는 바 그것(즉 그처럼 사람을 감옥에 쳐넣는 것)이라고[34] 말한 후 뇌물 및 부정 혐의로 벌금형과 징역형을 선고받았다. 그는 공리주의자로 과학적 실용주의를 내세웠고 후에 듀이, 러셀 그리고 제임스 등에 의해 신격화 되었다.

이들을 뒤이어 등장하는 "허튼 소리 당원들"(진 라마르크, 꽁뜨, 볼테르, 루소, 데이비드 흄, 제레미 벤담, 존 밀, 허버트 스펜서, 헉슬리, 쉴러, 스트라우스, 레싱, 슐라이어마허, 괴테, 쇼펜하우어, 피히테, 볼프, 칸트, 니체, 쉘링, 포이에르바하, 헤겔 등)은 앞으로 1700-1900년의 시대를 다룰 때 살펴보고자 한다. 이들은 때로는 "이신론자" 때로는 "합리주의자"로 불리웠으나 모두 다 한 가지 공통점을 갖고 있으니, 그것은 로마 카톨릭 사제, 주교 및 대주교 등과 매우 유사한 태도를 취한 것으로, 자신들의 나라든 남의 나라든 표준원문 성경은 그 어떤 번역이라도 철저히 거부해 버린 점이다. 이들은 그들의 아비(창 3:1)에 의해 양육된 엘리트 그룹으로 옥스포드, 캠브리지, 하이델베르크, 소르본느, 슈트트가르트, 할레, 로마 및 파리 대학에서 알렉산드리아 이단의 가르침을 촉진시킨 장본인들이다. 그들은 종교개혁 이후 시대에 있어 "문화"를 추종한 배교자들이다. 이들과 더불어 복음 전파 - 교육 - 문화 - 배교라고 하는 교회사의 악순환은 여지없이 되풀이 된 것이다.

모든 철학사라고 하는 것은(페리클레스, 고르기아스, 아리스티푸스, 제논, 크리시푸스, 카르네아데스, 플루타크, 호머, 피타고라스, 헤라클리투스, 아낙시메네스, 크세노파네스, 알카메온, 파르메니데스로부터 소크라테스에 이르기까지) 반교회사인고로, 우리는 철학사에 더 이상 개입하고 싶지 않다. 페리클레스로부터 20세기의 사르트르에 이르기까지 그 누구도 신약 지역교회의 성경대로 믿는 사람들과는 아무런 관계도 없으며 고르기아스로부터 틸리히에 이르기까지 그 누구도 신약 지역교회의 구성원이 아니었음은 자명한 사실이라고 하겠다. 그들은 “사교 단체”나 “정신 건강 증진 협회”의 회원이었다고나(골 2:8 주석 참조) 할 수 있을까. 이러한 철학자들의 “위대성”에 대해 성령께서는 그들은 무지를 얻기 위한 수단으로써(고전 1,2장) 그들의 “지혜”를 사용했을 뿐이며, 특히 하나님에 대해서 전혀 무지했음을 간단히 지적하실 뿐이다(고전 1:21; 3:19). 교회사 관점에서 볼 때 중요한 것은 이 경건한 불신자들의 무리가 A.D.325년부터 1611년까지는 등장하지 않았다는 사실을 주목하는 것이다.

이 위대하고도 교육수준이 높은 배교자들의 길을 예비한 사람들은 바로 1500년과 1700년 사이에 “문화”(文化)에 종사했던 그리스도인들이었다. 안드레아스 마시우스가 쓴 여호수아에 관한 작품(1574)과 칼슈타트가 정경에 관하여 쓴 책(1521)을 시발로 하여 1611년 이후 두 작품이 나왔는데, 하나는 페레리우스(Pererius) 신부가 쓴 조직신학이요, 또 하나는 디프 출신의 리차드 시몬(Richard Simon) 신부가 “신약 저자들의 문체”에 관하여 오리겐적 입장에서 쓴 책이다. 이 두 로마 카톨릭 학자들은 1611년 <킹제임스성경>을 몹시 증오했다. 그리고 이 때부터 펠(Fell)의 성경 변개 시도(1675), 왈톤의 변개(1657), 밀스의 변개(1707)[35] 등이 이어졌다. 이 세 사람은 모두 <킹제임스성경>에 사용된 헬라어 표준원문을 대체하기 위한 꿈을 품고 헬라어 성경을 출판해 냈다. 비록 그들은 실패했으나 그들의 추종자들을 위한 발판을 마련한 셈이니 이들을 뒤이어 토이나드(Toinard, 1807), 벤틀리(Bentley, 1720), 매이스(Mace, 1729), 벵겔(Bengel, 1734), 세믈러(Semler, 1765) 등이 나왔고, 라흐만(Lachmann, 1850), 그리스바흐(Griesbach, 1805), 하우드(Harwood, 1776), 숄츠(Scholtz, 1830), 알터(Alter, 1878) 등을 위해 멋진 드라마를 연출해 냈다. 이 올스타팀 멤버들은 오늘날 바이스(Weiss), 메이첸(Machen), 티쉔돌프(Tischendorf), 와필드(Warfield), 밀러(Miller), 로버트슨(Robertson), 웨스트(Wuest), 웨스트코트(Westcott), 홀트(Hort), 렌달(Rendall), 조디아츠(Zodhiates), 예거(Yaeger), 앤더슨(Anderson) 그리고 샤프(Schaff) 등의 이름하에 전 미국의 신학교와 대학교 강단에서[36] 각광받고 있다. 이 사실은 지난 3세기 동안의 비합리적인 망상이 어떻게 축적되어 왔는가를 여실히 보여주고 있는 셈이다.

지금부터 살펴볼 사람들은 허튼 소리를 일삼는 철학자 무리들과는 다른 길을 걸었던 이들이다.

존 번연 (John Bunyan, 1628-1688)

천로역정(Pilgrim's Progress)의 저자는 영국의 침례교도로 친카톨릭 역사가들은 그를 "청교도"라고 잘못 부르고 있으나[37] 이는 사실과 다르다. 그는 어린 시절 분별없이 살다가 16, 17세쯤에 군에 입대하였으나 경건치 못하고 세속적인 삶을 살기는 마찬가지였다. 제대 후 그는 땜쟁이가 되었고 세련된 그리스도인 아가씨와 결혼했는데 그녀가 결국 그를 그리스도에게 인도하였다. 1655년 침수에 의해 침례를 받은 그는 벧포드침례교회(청교도가 아님)[38]에 합류했다. 그의 아내는 네 명의 아이를 남기고 죽었으며 그는 4년 후 재혼하였다. 번연은 1660년 허가장 없이 그리고 감독의 허락 없이 설교했다는 이유로 체포되어 13년 간 옥살이를 하였다. 1672년 사면령에 의해 풀려난 그는 다시 설교하기 시작하였으며 1675년[39] 몇 개월 간 감옥에 갇힌 것을 제외하고는 줄곧 설교하였다. 그의 가장 유명한 작품인 천로역정은 지금도 여전히 읽히고 있으며 한때는 가장 유명한 책 10권 중 3위를 차지하기도 했다. 즉 성경과 팍스의 "순교사"를 빼고는 번연의 이 알레고리 작품이 영어를 사용하는 모든 이들에게 가장 중요한 책이었던 것이다.

요한 하인리히 벌링거 (Johann Heinrich Bullinger, 1504-1575)

벌링거는 그의 기독교적 태도에 있어 모든 개혁자들 중 가장 합당한 인물이다. 그는 루터처럼 너무 과격하지도 않았고 쯔빙글리보다는 복수심이 덜했고 칼빈보다는 더 성경적이었다고 할 수 있다. 그는 스위스의 매우 존경받는 결혼한 사제의 아들이었다. 쯔빙글리가 전투에서 사망하자 벌링거는 그를 이어 쥬리히에서 "위대한 사역자 교회"(Great Minister Church)의 목사가 되었다(1531). 1536년 그는 "스위스 신앙고백"(Helvidic Confession)의 작성을 도왔는데 이는 스위스의 프로테스탄트들간에 교리적 논쟁으로 끝나고 말았다. 벌링거는 확고한 개혁가로 칼빈과 쯔빙글리와 손잡고 카톨릭과 재침례파를 반대했으나 칼빈이나 쯔빙글리와는 달리 그들에 대해 관용적이었다. 양 그룹에 반대하긴 했어도 벌링거는(모든 침례교도와 마찬가지로) 그 누구도 자신의 종교적 신념을 이유로 감옥에 가거나 살해당하는 데에는 찬성하지 않았다.

블레즈 파스칼 (Blaise Pascal, 1623-1662)

파스칼은 우리가 소위 "신비주의자"(토마스 아 켐피스, 시엔나의 캐더린 등)라고 부르는 뜨겁지도 차겁지도 아니한 카톨릭에 속했던 자로 "얀센주의자"(Jansenists)라고 불리우는 카톨릭 교회 내의 복음적 그룹과 관련을 맺고 있었다. 얀센주의자들은 아퀴나스적 해석 방법 대신에 어거스틴의 성경 해석법에 더 치우친 자들이었다. 사실 어거스틴이나 아퀴나스나 둘 다 그리스도인을 죽인 이단들로 성경 해석에 있어서는 별반 차이가 없는고로 얀센주의자들 역시 올바른 성경 해석과는 아무런 관계가 없다고 하겠다. 이 운동은 코넬리우스 얀센(Cornelius Jansen, 1585-1638)이라는 프랑스의 루뱅 출신의 교수로부터 시작되었다. 그가 쓴 <어거스틴>이란 책은 그저 칼빈의 저항할 수 없는 은혜를[40] 가르칠 뿐으로 당연히 예수회가 나서서 그들의 신학을 반대하였다.

파스칼은 1654년 깊은 종교적 체험을 한 후 성경 공부에 많은 시간을 쏟았다 그는 <Provincial Letters, 1657>란 책을 썼는데, 이 책에서 그는 예수회를 공격했다. 이에 교황이 곧바로 이 책을 비난하고 나서 파리에서 발견된 그의 책 모두를 불태워 버렸다. 루이 14세는 "모든 얀센주의자"를 완전히 제거하려고 시도했다. 그들의 지도자였던 파스키엘 케스넬은 교황 클레멘트 11세가 교황칙서로(1713) 그의 모든 책을 금지시키자 화란으로 도주하였다. 파스칼은 죽기 전 "팡세"[41]로 알려진 몇 편의 경건 수상집을 썼으며 그의 사후에 출간되었다. 그는 생애의 마지막 3년 간을 은퇴하여 신비로운 베일 속에서 보내었는데 그것은 프랑스의 카톨릭 세력이 그가 화형당하지 않은 채 공개적으로 성경을 설교하고 나서기에는 너무도 강력했기 때문이었다. 루이 14세는 여러분이 기억하듯이(제17장 주 48 참조) "태양왕"으로 프랑스에서 위그노를 모조리 몰아낸 자요 프로테스탄트 교도들의 자녀들을 "참된 신앙 안에서" 키워야 한다는 구실하에 카톨릭 교도에게 넘겨준 자였다.[42]

캐스퍼 슈뱅크펠트 (Caspar Schwenkfeld, 1489-1561)

슈뱅크펠트는 실레지아(Silesia)에서 태어났다. 그는 루터의 절친한 친구였으나 개혁자들이 받아들이기에는 너무도 침례교 입장에 가까운 성경적 신학을 전개했다. 그는 국가는 그 어떤 시민에게도 자기의 종교적 양심에 반하는 행위를 하도록 강요하는 법을 만들 권리가 없다고 주장하였다. 슈뱅크펠트는 점점 더 신약성경적 기독교에 다가갔고 "루터교도"들로부터는 점점 더 멀어져 갔다. 그는 사람들은 믿음을 통하여 은혜에 의해 구원받으며 성령께서 물침례 없이 사람을 중생시킨다고 가르쳤다. 그는 더 나아가 주의 만찬은 실제의 제사가 아니며 유아세례는 이단[43]이라고 가르쳤다. 그는 또한 만약 사람이 중생했다고 고백한다면 그는 그가 "새로운 피조물"이라는 증거를 그의 삶에서 마땅히 보여 주어야 한다고 믿었다. 로마 카톨릭에게는 슈뱅크펠트는 제1등급의 이단이요, 진리의 철천지 원수요, 사탄의 자식이요, "지옥문과 연계한 자" 이며 "거룩한 어머니 교회"를 감히 전복시키려는 못된 녀석이었던 것이다.

제이콥 아르미니우스 (Jacob Arminius, 1560-1609)

제이콥(혹은 제임스) 아르미니우스는 칼빈과 그의 추종자들의 육체의 가시였다. 화란의 우데워터(Oudewates)에서 태어난 그는 유트레히트와 마르부르크에서 교육을 받았고 제네바와 바젤에서는 테오도르 베자 문하에서 공부하였다. 1603년 레이든 대학교의 교수가 되었으며, 1609년 죽기 전에 개혁 교회 신학자들을 노회로 소집하여 칼빈이 뒤범벅으로 만들어 놓은 반성경적 추측들을 분명히 바로 잡고자 하였다. 그의 사후 아르미니우스의 추종자들은(휴고 그로티우스와 "그의 항변"에 동조한 자들) 칼빈의 5대 강령(TULIP)에 대해 다섯 항목의 답변을 제시하였다. 극단적 칼빈주의자들의 중상 비방을 받기도 했던 아르미니우스가 실제로 가르친 것들은 빌리 선데이, 드와이트 무디, 조지 휫필드, 조지 W. 뜨루에, 디한 박사, 찰스 풀러, 잭 반 임프, 잭 하일스, 리 로버슨, 존 R. 라이스 그리고 빌리 그래함이 유용하게 사용했던 것들이었다. 19,20세기의 구령하는 근본주의자들과 아르미니우스의 유일한 차이점은 그가 비록 하나님께서 성도들에게 은혜를 주심으로 성도들은 "떨어져 나갈 필요"가 없지만, 그래도 몇몇 성경 구절은 "사람"이 구원으로부터 떨어져나갈 가능성도 있다[44]고 가르치고 있는 것 같다고 가르쳤다. 이것은 요한 웨슬리와 샘 존스의 입장이었다.

이 교리로 인해 아르미니우스는 곧 박해받기 시작했다. 그런데 이상한 것은 아르미니우스의 반대파였던 영원한 보장과 선택을 그렇게 잘 믿는 칼빈주의자들이, 거의 동시에 어린아이에게 물을 뿌려주면 구원받는다는 교리를 믿게 됐다는 사실이다. 이들이야말로 진짜 이단들이라고 아니할 수 없다(제9장 참조). 소위 "이단들"이고 불리웠던 사람들은 우리가 앞서 살펴보았듯이 참된 성경대로 믿는 사람들이었다. 감독 교회, 감리 교회, 루터 교회, 카톨릭 교회 및 오순절 그룹 등은 모두 그리스도인이 구원을 잃어 버릴 수 있다고 했는데("사람"이 구원으로부터 떨어져나갈 수 있다고 한 아르미니우스의 주장과 비교해 보라) 그것은 성경에서 이를 뒷받침하는 것 같은 구절을 발견했기 때문이 아니겠는가. 이들은 히브리서 3:14; 6:1-6; 10:26-30, 야고보서 2:24, 갈라디아서 5:4, 마태복음 25:30; 24:50-51, 계시록 3:5; 22:14, 사도행전 13:43; 10:35 등을 아주 훌륭한 캠벨주의자들 처럼 찾아 냈던 것이다(1980). 그런데 문제는 그들이 무천년주의자이거나 혹은 후천년주의자라면 이 구절을 어떻게 설명할 수 있겠는가이다. 이에 대한 답변은 "전혀" 설명할 수 없다는 것이다. 왜냐하면 오직 전천년체계만이 열거한 구절 중 8개의 구절을 설명할 수 있기 때문이다. 칼빈도 아르미니우스도 전천년주의자가 아니었으므로 로마의 알렉산드리아 이단이 1200년 간이나 세뇌시킨 것을 어찌 완전히 떨쳐버릴 수 있었겠는가?[45] 사실 오늘날 전천년주의자들 중 90%가량이 히브리서 4,6,10장, 혹은 마태복음 24,25장을 아르미니우스 보다 더 잘 다루지 못하고 있는 실정이다. 그들은 결국 체면치레를 위해 칼빈에게 동조할 수밖에 없다. 이 모든 문제는 성경 해석의 문제인고로 더 이상 교회사에서는 다루지 않겠다(계시록 22:14, 마태복음 24:13 주석 참조).

현대의 비타협 침례교(Hard shell Baptist)나 원시 침례교(Pimitive Baptist, 핑크, 쉘톤, 바나드, 길핀, 로스, "Sovereign Book Club", "Old Puritan Press" 및 "The Baptist Examiner" 등)들은 칼빈의 5대 강령(TULIP)을 받아들이지 않는 어떤 침례교라도 "아르미니안주의자"라고 부르기를 좋아한다. "The Baptist Examiner"[46]가 중상모략한 바에 의하면 미국에 있는 구령하는 모든 침례교도는 칼빈의 "제한된 속죄"와 "저항할 수 없는 은혜"를 가르치지 않는다면 그는 "아르미니안"이라는 것이다. 그가 비록 "성도의 견인"(믿는 자의 영원한 보장에 대한 교리)을 가르치더라도 완고한 숙명론자들에게는 그래도 "아르미니안"이라고 밖에는 생각이 안드는 모양이다. 내가(피터 럭크만) 석사학위 논문 심사 때 심사위원으로부터 칼빈주의자인지 아르미니안주의자인지에 대해 질문을 받았을 때 답변하기를 "내가 갈보리에 가기 전에는 아르미니안이었으나 그 후에는 칼빈주의자가 되었다"라고 했다. 그러자 그들은 "훌륭한 답변이 못된다"고 했다. 나는 다시 답하기를 "훌륭한 질문이 아니었다"라고 해 주었다.

아르미니우스는 인간은 완전히 부패하였으나 의지는 부패하지 않았다고 믿었다. 그는 그리스도께서는 모든 죄인들을 위하여 죽으셨으며 심지어는 그분의 피를 발로 밟은 자들과(히 10:29) 그분의 속죄를 거절하는 자들(벧후 2:1)을 위해서도 죽으셨다고 가르쳤다. 그는 또한 하나님의 선택은 미리아심(벧전 1:2)에 조건 지워져 있다고 믿었는데, 그것은 성경이 그렇게 말하고 있기 때문이다.[47] 그는 어떤 죄인이라도 성령과 하나님의 은혜를 저항할 수 있다고 가르쳤는데 이것 역시 성경과 정확하게 일치한다(창 6:3, 행 7:51). 비록 아르미니우스가 히브리서 4,6,10장과 야고보서 2장, 마태복음 24,25장에서는 잘못된 해석을 했다 할지라도 그는 구원에 관한 한 아무런 오류가 없다(즉 인간이 어떻게 구원받는가에 관한 교리).[48] 어거스틴과 칼빈은 인간은 물뿌림을 받을 때(소위 세례) 선택됨으로 인해 구원 받는다고 생각했으니 만약 사전에 "선택"되어 있지 않았다면 물 뿌리는 세례는 아무짝에도 소용이 없게 되는 셈이다.[49] 칼빈과 쯔빙글리의 많은 추종자들이 유아세례를 너무도 중요하다고 생각한 나머지 그렇게 행하지 않은 그리스도인들을 죽이려고까지 한 것으로 보아 그들이 비록 "선택"이나 "무조건적인 선택"에 관해 뜨거운 신앙 고백을 했음에도 불구하고 실은 주권적 선택마저도 그들의 지도자들이 물을 뿌려 베푸는 세례에 조건 지워진다고 믿은 셈이다. 오늘날 개혁 교회나 카톨릭 교회의 실상도 마찬가지이다. 신앙을 고백한다고 해서 그것이 곧 그들이 거룩하다거나 진지하다거나 심지어는 분별이 있다는 것을 보장하지는 않는 것이다.

1618년 돌트(Dort)에서 열린 노회에서는 117명의 칼빈주의자들에 의해 13명의 아르미니안주의자들이 심판을 받았고 유죄를 선고받아(그밖의 다른 선고는 없었을 것이 뻔하다) 그들의 "성직"을 박탈당했다.[50]

주님께서는 한 아르미니안주의자였던 요한 웨슬리의 사역을 통해 영국 최대의 부흥을 일으킴으로써(1740-1790) 앞선 칼빈주의자들의 횡포에 일침을 놓으셨다. 이 기간 동안 영국과 화란의 장로 교회와 개혁 교회는 쇠퇴일로에 놓여있었던 것이다. 샘 존스(1847-1906), 밥 존스 1세(1882-1968), 밥 슐러(1800-1970), 피터 카트라이트(1785- 1872) 등은 다 "아르미니안"이었다. 한편 20세기의 배교자 중 가장 극악한 자들 두사람인 필립 샤프와 루이스 벌콥은 "칼빈주의자"였다.

온건한 칼빈주의야말로 가장 정확한 교리라고 믿었던 가장 위대했던 전도자[51] 중의 하나였던(비록 최고의 전도자는 아니라 하더라도) 휫필드의 말처럼 찰스 스펄젼도 칼빈의 5대 강령에 대해서는 1년에 한 번의 설교도 하지 않았던 것이다. 비록 스펄젼이 자신을 순수한 칼빈주의자라고 하긴 했지만, 그 자신은 칼빈이 구원에 관해 믿는다고 고백했던 그 내용을 공개적으로 강조할 만큼 분별력이 없지는 않았다. 찰스 스펄젼의 설교집 <Metropolitan Tabernacle>(권당 50개 이상의 설교가 들어 있는 10권의 전집>을 읽어본 사람이라면 그 누구라도 스펄젼의 설교에서 강조한 것이 무었이었던 가를 알 수 있을 것이다. 그는 1,000개가 넘는 설교 중에서 칼빈의 5대 강령에 관해서는 10개도 채 배당하지 않았다.

"주권적 하나님"(성경 용어가 아님)이나 "주권적 은혜"(성경 용어가 아님)를 입을 열 때마다 언급하는 사람들이 조나단 에드워즈, 스펄젼, 이안 페이슬리, 조지 휫필드 등을 그들의 모델로 삼고 있다고 떠들어봐야 실제로 이들과는 전혀 닮은 데가 없다.[52]

렐리오 소찌니 (Lelio Sozzini, 혹은 소시누스, 1525-1562)

소시누스는 이탈리아 시엔나 출신의 배교한 로마 카톨릭으로 칼빈이 세르베투스를 화형에 처할 때 세르베투스를 옹호했던 사람이다. 소시누스는 아리우스파로서 칼빈이나 세르베투스 둘다 옳지 않다고 보고 유세비우스의 입장을 취했다(제8장 참조). 이러한 입장 때문에 그의 뒤를 이은 그의 조카 파우스토 소찌니(Fausto Sozzini, 1539- 1604)는 후에 폴란드에서(1605) "소시니안(Socinian) 운동"을 일으키고 전파했다. 현대의 유니테리안(Unitarian) 교회는 오늘날 유럽을 장악할 목적으로[53] 공산당을 이끌고 있는 "정통" 카톨릭 교황(1979)으로 대표되고 있는 폴란드에서 유래한 소시니안주의자들의 직계 후손들이라고 할 수 있다.

소시니안주의(Socinianism)는 1978년 과야나 대학살을 일으켰던 짐 존스가 가르쳤던 것과 동일한 것을 가르친다. 즉 그리스도께서는 죽기까지 순종하셨고 선행을 통해 영생을 얻으심[54]으로 우리로 그를 따르게 하시는 모범을 보이셨다는 것이다. 이로써 우리는 "선행"(즉 이웃에게 착한 일을 함으로써)으로 영생을 얻게 된다는 것이다. 짐 존스에게 있어서의 선행이란 인종적 평등, 시민의 권리, 사회 정의, 통합 및 그밖의 의회나 T.V. 혹은 연합 통신 등이 추진하는 그런 형태의 선행 등이었다. 개혁주의자들과 예수회는 즉각 침례교와 재침례파가 소시니안주의와 연루되었다고 비방하였는데 이는 너무도 당연한 것으로 교회사적으로 보아 그 불순한 동기는 논쟁의 여지가 없이 분명한 것이다. 위선자들은 성경을 거부하기 위해서는 그 어떤 알리바이도 갖다대기 마련이다.

미국이 한 국가로 등장하고(1700-1900) 대영 제국이 부상하면서(1700-1900) 전세계에 <킹제임스성경>이 전파되기 시작했다. 이 성경이 거두어들인 열매에 대해서는 아무리 변명을 늘어놓고 다른 해석을 가하려고 시도해도 의심할 여지가 없다. 역사의 현실은 엄연히 존재하기 때문이다.

<킹제임스성경>이 나온 이후 300여 년 간 영어를 사용하는 위대한 구령자나 성경교사들 중에서 이 <킹제임스성경>을 가르치거나 강론하지 않은 사람은 한 명도 없

었다. 때로 그들 가운데 똑똑하다고들 하는 사람들(로버트슨, 스코필드, 벌링거, 토레이, 메이첸 등)이나 혹은 학자인 척하고 싶은 사람들(라이스, 릴리, 밥 존스 3세, 스펄젼, 테오도르 엡 등)이 이단 노선을 택하여 그런 사고 - 즉 나는 성경을 "고칠"만큼 "똑똑하다" - 를 지닌 채 하나님의 말씀 가운데 몇 단어를 고치거나 "더 나은 번역본"을 인급한 적이 없진 않았으나, 거의 대부분(99%)의 경우 열매를 거둔 사람들(노리스, 피니, 카트라이트, 휫필드, 웨슬리, 스펄젼, 무디, 선데이, 페이튼, 리빙스톤, 카레이, 고포스, 에드워즈, 테넨트 등)은 그들이 열매를 거두려면 그 책, 즉 <킹제임스성경>을 사용해야만 한다는 사실을 알고 있었다. 가끔 있었던 몇몇 경우(앞서 말한 성경을 고치거나 더 나은 번역을 언급하는 따위)는 그들의 육신적인 옛 성품 때문으로(롬 6,7장), 이는 모든 그리스도인들에게 있는 성향이며 가끔 훌륭한 "학자"로서 인정받고 싶을 때 불쑥 튀어나오기 마련이다.

우리는 위에 열거한 사람들이 <킹제임스성경>을 치켜들고 그것을 전능하신 하나님의 최종적이요, 무오하며, 절대적인 권위로 취급했을 때에는 그들이 올바른 정신상태였으나, 알렉산드리아로부터 물려받은 아담의 성품을 보이고자 애쓸 때에는 하나님과의 올바른 교제에서 잠시 이탈해 있었다고 생각한다.

드디어 신약성경의 지역교회는 새로운 땅에 발을 딛게 된다. 서구의 몰락(스팽글러의 작품)과 더불어 성령님께서는 그가 예정해 놓으신 방향으로 옮겨 가셨으니(창 4:16 주석 참조), 드디어 신약 교회가 유럽으로부터 미국으로 건너갔기 때문이다. 모든 시대가 배교(제5장 주 1-6 참조)로 끝나는 것이 역사의 사실인고로, 유럽에서의 기독교의 확장도 A.D.100-200년에 출발했던 바로 그 상태로, 즉 이교도(paganism)로 끝나버리고 말았다. 이 악순환을 따라 유럽에서는, 먼저 복음이 전파되었고, 자연스럽게 교육 운동이 뒤따랐으며, 이 교육에 알렉산드리아 이단이 문화적 권위(과학, 철학, 전통 등)를 집어넣어 결국 성경의 권위를 뒤엎고 배교에 이르게 된다. 배교가 이교화를 이룩하든, 이교도들이 배교자를 심판하도록 부름을 받든 간에(렘 52장, 예를 들면 A.D.400-600년 사이의 야만족의 침입과 700-1000년 사이의 이슬람교 확장 등) 결과는 마찬가지다. 결국 상황은 이교적 미신과 이교적 관행 및 아프리카의 의식과 정글의 도덕만이 살아남게 되는 것이다. 다윈과 헉슬리가 가르쳤던 적자 생존(1840-1890년 사이)의 원리는 그들 스스로의 타락한 성품을 재료로 해서 스스로의 모습을 실험에 의해 만들어 놓은 꼴이니, 다름 아닌 이교도들을 위한 정글의 법칙인 것이다. 이번에 유럽에서 종교개혁 이후(1800-1900)에 들어선 배교자들은 교육받은 이교도들이다. 그들은 분명히 "이교도"(heathen)였으니 그것은 "그 열매로 그들을 알 수 있기 때문이다." 그들은 자신들 스스로가 법이요, 군사국가의 교육받은 자들이 내놓은 의견만을 그들의 유일한 '신'(god)으로 삼았다. 그들의 문화야말로 그들의 본모습을 위장하는 수단으로 쓰인다. 우리는 어떤 사람이 정신신체학(psychosomatics), 치료법, 절충본문, 범주적 절대 명령, 존경받는 성경 학자, 변증법, 반복설, 실존주의, 계통 발생, 반응적 개정 등을 논하고, 바하, 차이코프스키, 베토벤, 바그너, 라흐마니노프, 브람스 등을 감상하면 그가 문명화된 자라고 단정짓는 경향이 있는 것 같다. 그러나 이리가 양의 탈을 쓴다는 사실을 우리는 너무도 쉽게 잊어버린다.

마샬 킬더프(Marshal Kilduff), 허브 카엔(Herb Caen) 그리고 론 제이비즈(Ron Javers)가 "자살 이단"(Suicide cult, 1978년 11월 25일)이라는 책을 짐 존스의 과야나 집단에 관해 썼을 때 이 세 사람은 그들이 수집한 자료의 해석을 놓고 좌절감에 빠졌다. 이는 그들이 이 사건에 대해 대단한 충격을 받은 것은 물론이요, 더 나아가 그와 같은 일이 20세기에 일어날 수 있었던 원인 규명을 할 수 없었기 때문이다. 짐 존스는 맹세를 통해 막스-레닌주의자가 되었고, 음행을 일삼는 동성연애자였으며, 가정 문제는 물론 돈 문제에 있어서도 정직하지 못했으며 자기 회중에게 성경 대신 자기 말을 들으라고 하면서도 성경을 인용(물론 잘못된 인용)하곤 했었다. 그런데도 이들 샌프란시스코 크로니클지의 기자들은 이 사건의 해석을 두고 미궁에 빠진 것이다. 이들 역시 짐 존스가 믿고 있는 그대로를 믿는 자들이 아닌가? 즉 사회 정의, 민족적 평등, 통합, 세금 분배, 여성 해방, 게이 해방, 계급 없는 사회를 믿으면서 성경은 심각하게 고려할 필요 없다고 하는 이들 기자들은 이 사건의 원인에 대해 그저 "왜?"라는 의문부호만 남긴 채 그들의 책을 마무리짓고 말았다.

답은 간단하다. 로마서 1-3장에 그 답이 나와 있다. 이들 기자들은 이 구절들은 읽어 보지 않았거나 아니면 이 구절들이 인간의 본성을 정확히 묘사하고 있다는 사실을 믿지 않았을 것이다. 언론 기관에 종사하는 긍정적 사고의 왕국 건설자들이 어떻게 이 내용을 그대로 받아들일 수 있었겠는가? 언론은 짐 존스와 마찬가지로[55] 인류의 미래에 대해 긍정적인 희망을 갖고 있다. 지난 50년 동안 언론이 해 온 것이라고는 인간들의 죄악들(롬 1-3장)을 미화시킨 것 이외에 무엇이 있었는가? 신문 방송은 음행을 "혼전 성교"로, 창녀를 "직업 여성"으로, 마약 중독자를 "마약 문화자"로, 공산주의를 "인권 운동"으로, 성도착자를 "동성연애"로, 간음을 "성인끼리의 동의"으로 해석해 왔으니 짐 존스의 집단 자살 사건을 어떻게 똑바로 해석할 수 있었겠는가?

짐 존스는 간디나 킹 목사만큼이나 폭력을 신뢰하지 않았다.[56] 그는 다만 폭력을 실행에 옮겼을 뿐이다. 그는 간디의 추종자들처럼 자기 자신을 "아버지"라고 불렀으며 목적은 수단을 정당화한다고 믿었다. 이것이 지금까지 우리가 살펴 본 모든 카톨릭 지도자들이 주장하던 그것이다. 차이점이 있다면 그들은 교묘히 "법망"을 빠져나갈 수 있었던 반면 짐 존스는 잡히고 만 것뿐이다.

종교개혁을 뒤이어 쏟아져 나온 지성적 이리들이 18,19세기 기간 중에 유럽에 있던 성경적 기독교를 말살했으며, 교황들은 벌써 1200년 전에 스스로 성경적 기독교를 거부했으니, 어찌 이 이리들을 막을 수 있었겠는가? 이에 관해서는 앞으로 다루도록 하겠다.

교회사 전반부를 마무리 지으면서 교회사가 우리에게 무엇을 가르쳐 주었는가를 요약하고 넘어가야 할 것 같다. 왜냐하면 "역사의 교훈으로부터 아무것도 배우지 않는 사람은 그 역사를 되풀이할 것이기 때문이다."

A.D.33-1611년 사이에 발생한 여러 사건들을 교회사적 입장에서 정리해 보면 다음 일곱 가지 사항이 뚜렷이 부각된다.

1. 신약성경에 나타난 성경적 기독교의 가장 커다란 적은 그 어떤 형태를 취하든간에 로마이다(그리스도께서 마태복음 24:5에서 하신 말씀을 참조). 러시아가 죽인 구원받은 사람들은 로마가 A.D.1700년까지 죽인 수에도 미치지 못한다.

2. 서양 문명에 있어 가장 뛰어난 신성 모독자들과 미혹자들은 로마와 관련된 종교적, 정치적 지도자들로 밝혀졌다(주교들, 사제들, 수도원장들, 수사들, 국왕들, 수상들, 교황청 대사들, 대주교들, 군주들, 공작들, 대통령들 등).

3. 역사는 변함없이 동에서 서로 움직이며 신약성경적 증거들은 당시의 사람들에 의해 역사의 중요한 사건이나 "절정"의 순간에 한번도 증거로서 그 효용성이 신뢰받지 못했다.

4. 하나님의 말씀인 성경을 붙들고서 끝까지 신앙을 지켰던 회중들의 무리는 사도 요한으로부터 킹 제임스 시대의 청교도들에 이르기까지 끊임없이 이어져 내려왔다. 이들은 물침례만 받고 거듭나지 않은 채 교회 구성원이 된 자들과 말씀을 믿고 거듭나 하나님의 교회의 일원이 된 사람들과의 그 어떠한 타협도 인정하지 않았다. 이 노선을 따르는 교회들(혹은 개개인 성도들)은 박해받았고, 모욕당했고, 오해받았으며, 감옥에 갇혔고, 고문당했고, 살해당하기도 했다. 이 끊기지 않고 이어진 노선은 다음과 같다.

- 성경대로 믿은 순교자들(Bible Believing Martyrs) : A.D.70-313
- 몬타니스트(Montanists) : A.D.250-600 (프리실리아니스트 등)
- 노바티안(Novatians) : A.D.250-600 (왈덴스와 프라트리셀리가 됨)
- 네스토리안(Nestorians) : A.D.490-1000
- 유카이트 및 메살린(Euchites, Messalines) : A.D.300-800 (불가리안, 마니키안)
- 도나티스트(Donatists) : A.D.300-800 (신마니키안, 보도파, 왈덴스)
- 폴리시안(Paulicians) : A.D.600-1200 (불가리안, 마니키안, 네스토리안, 리용이스트, 베렌게리안)
- 보고마일(Bogomiles) : A.D.800-1200 (왈덴스, 알비겐스, 카타리, 피카즈, 베가즈, 보도파, 산달라티)
- 카타리(Cathari) : A.D.1200-1500 (알비겐스, 왈덴스, 신마니키안, 헨리시안, 페트로부르시안, 롤라드, 후스파 등)
- 왈덴스(Waldenses) : A.D.1200-1994 (침례교, 재침례파, 카타리 등)
- 재침례파(Anabaptists) : A.D.1400-1700 (침례교, 프로테스탄트, 극단주의자, 후스파, 형제회, 메노파 등)
- 프로테스탄트(Protestants) : A.D.1520-1994 (루터교, 칼빈주의, 청교도, 복음주의)
- 침례교(Baptists) : A.D.1500-1994 (분리주의자, 세대주의자, 근본주의자, 노리스파, 럭크만파)
- 성경대로 믿는 그리스도인들(Bible Believing Christians) : A.D.33-1994

5. 근본주의자들은 기본 교리 다섯 개를 믿는 사람에서 열 개를 믿는 사람까지 차이를 보이고 있다(동정녀 탄생, 그리스도의 신성, 원본의 영감설, 육체적 부활, 피의 속죄, 전천년 재림, 교회와 국가의 분리, 지역교회의 자치, 구원의 영원한 보장 등). 그러나 근본주의 그 자체는 성경을 믿지 않고 신뢰하지 않는다면 아무짝에도 쓸모없는 것이 되고 만다.

6. 어떤 기독교 그룹도 성경을 믿고 가르치는 것 이상으로는 개선되거나 발전될 수 없다. 하나님께서는 "성경을 상고하라"(요 5:39)고 명령하신 것과 "진리의 말씀을 공부하라"(딤후 2:15)고 명령하신 것 이상으로 말씀에 대해 명령하신 것은 없다. 그 누구라도, 그 어떤 대학에서도 성경에 어긋나는 것은 가르칠 수 없다. 즉 성경에 어긋나거나 성도가 실행하도록 명령받은 것에 상치되는 것을 가르친다면 그것은, 적어도 성경에 따르면, 교육이 될 수 없다. 성경적 교육의 단계에서 한 걸음이라도 더 나간다면 곧바로 알렉산드리아 이단의 품안에 안기게 될 것이며[CULT(이단)는 "culture"(문화)에서 나왔음을 기억할 것], 일단 한 걸음을 내딛는다면 곧장 미끄러져 버릴 것

은 뻔한 일이다.

복음 전파와 성경 지식은 기독교 교육의 한계로 이 두 가지만이 성경에서 지시하는 사항이다. 그 이외의 어떤 교육내용도 성경 말씀에 일치해야지 그렇지 않으면 그것이 말씀을 대치해 버릴 것이다. 이 비극적이고 절망적인 교훈이야말로 매세기마다 한 번도 거르지 않고 수없이 되풀이되었던 역사의 교훈인 것이다. 신약성경에서 언급된 유일한 "학교"는 이교도 철학자 투란노의 학교였다(행 19:8-9 주석 참조).

성경적 관점을 고수하는 것(A.D.150-1994)은 모든 알렉산드리아 이단들에게는 공포의 대상이 된다. 그것은 그들(아퀴나스, 오리겐, 어거스틴, 로버트슨, 메이첸 등)이 성경을 고치거나 영적으로 해석하거나 은유화해 버림으로써 그들의 입에 풀칠을 하고 있기 때문이다.

7. 마지막으로 우리는 자그마한 도토리가 커다란 떡갈나무가 되었다는 사실, 즉(바울식 표현을 쓰자면) "적은 누룩이 온 반죽을 부풀게" 한다는 사실을 배운 것이다. "카톨릭" "유명론자" "영지주의" 디다케, 사도들의 헌법, 토빗, 마카비 등과 같은, 철학용어 몇 개를 은연 중에 집어 넣어 사용했던 자그마한 부주의와 성경에서 "조금" 벗어난 "훌륭하고" "경건한" 사람들(유세비우스, 파피아스, 시프리안, 폴리캅 등)을 존경의 대상으로 삼았던 실수가 후에는 어린아이를 고문하고 여자들을 화형에 처하는 거대한 오류로 발전해 버린 것이다(1400-1700).

긍정적 사고 방식을 갖고 있는 사람들은 이런 일의 전모를 결코 이해하지 못한다. 자신들의 지성과 동료들의 의견을 은근히 신뢰하는 그들의 태도(잠 17:16)는 실로 기가막힌 일이 아닐 수 없다(<하나님의 나라와 천국, *The Sure Word of Prophecy*> 참조). 로빈슨의 <역사적 관점, *Historical Point of View*>[57]이라는 책은 이러한 종류에 속한 모든 역사가들의 입장을 잘 대변해 주고 있다. 제임스 하베이 로빈슨(James Harvey Robinson)은 말하기를 "역사를 공부해 보면 판단을 내리는 데 있어 동정심과 공평함과 신중함을 개발할 수 있게 되는데, 그것은 한 사실에 관한 두 개의 상충되는 견해는 대체로 공평할 수 없고 각 견해를 상호 배척하기 마련이므로, 어떤 견해가 옳고 어떤 견해가 그르다는 근거란 있을 수 없다"[58]고 했다. "그 시대의 정신"이 역사 기록을 심히 변경시킬 수 있기에 그 누구든 모든 역사가들의 기록에 부분적으로 동의할 수밖에 없으며, 이때 성경으로 그 어떤 기록을 판단한다는 것은 있을 수 없다는 이야기다. 이러한 주장을 편 로빈슨은 눈 하나 깜짝하지 않고 베드로전서 5장에서 베드로가 사역하던 바빌론에 그리스도인들이 있었다고 생각할 만한 아무런 이유도 없으니 그것은 베드로가 바빌론이 아닌 로마에[59] 있었기 때문이라고 주장한다. 로빈슨은 "가치 판단"에 있어 너무도 동정심이 많고 너무도 공정한 태도를 취하며 하나님을 거짓말쟁이로 만들어 버린 채 로마 카톨릭적 입장을 취했으니 가히 "전형적"인 배교자라 할 수 있다.

드디어 진리의 행로는 대서양을 건너 미대륙에 성경적 진리를 수놓을 즈음에 이르렀다. 미국은 하나님의 은혜로, 그리스도 탄생 이래 서구 문명국가 중 유일하게 교회와 국가의 분리라는 원칙에 기초하여 세워진 나라이다. 뉴 잉글랜드에 도착한 청교도들(Pilgrim fathers), 그 밖의 정착민들은 "가난"과 인종적 불평등 때문에 그곳에 찾아온 자들이 아니었다. 반면 현대의 대부분의 아프리카인들은 바로 그런 이유로 미국으로 이민을 오고 있다. 퓨리탄들은 주로 본국의 "사회복지부" 관리들이 채택한 지나친 세금과 종교적 제한 때문에 이민을 갔던 것이다. 역사의 교훈을 잊지 않고 있었던 이들은 대서양을 건너온 후 국가교회(성공회, 개혁 교회, 카톨릭, 루터교, 그리스 정교회)의 간섭과 박해를 제거하는 데 관심을 쏟았다. 비록 그들 중 일부(성공회와 청교도)가 얼마 동안 미대륙에서도 소규모의 "교회국가"의 형태를 유지하고자 했으나 곧 그것이 그들의 국가에 치명적 요소임을 깨닫게 되었다. 그들은 즉시 교회국가를 포기하고 그 어떤 침례교도도 성공회나 개혁 교회의 "성직자"들을 지원하는 데 쓰이는 세금을 바칠 필요가 없는 그런 헌법을 제정하였던 것이다. 그들은 주교를 왕과 동등시하는 카톨릭적 관습이 채택되는 한 그 어떤 유럽국가도 평화와 안전을 이룩할 수 없었다는 역사적 교훈을 배웠던 것이다. 유럽은 1600-1946년까지 끊임없는 전쟁터였다.

초기의 정착자들이 그 어떤 동기를 가지고(자유, 토지, 먹을 것, 금, 모험, 변화 등) 미대륙에 왔든지 간에 독립선언문을 작성했던 그들은, 하나님께서 높임을 받으셔야만 하지만 그렇다고 하더라도 그 어떤 형태의 국가교회도 존재해서는 안된다[60]는 사실을 인정하였던 것이다. 비록 이것이 미국 전국민에 대한 로마 카톨릭 교회의 공식적 저주를 의미한다 할지라도(왜냐하면 모든 교황은 교회와 국가의 분리를 승인할 수 없기 때문이다) 미국은 계속 그대로 전진해 갔다. 그러나 얼마 안있어(1900-1994) 로마는 프로테스탄트들의 세금을 사용해서 "가증한 음녀들의 어미"를 미국정치를[61] 인도하는 빛으로 재등장시키는 데 성공하고 말았다.

실로 인간이 역사로부터 배우는 유일한 진리는 인간은 역사로부터 아무것도 배우지 못한다는 사실뿐이다.

제 19 장

1600년 교회사를 되짚어보며

또 내가 그녀에게 자기의 음행을 회개할 기회를 주었으나,
그녀가 회개하지 아니하였도다. 보라, 내가 그녀를 침상에 던질 것이며,
그녀와 더불어 간음하는 자들도 자기들의 행위를 회개하지 아니하면
대환란에 던지리라. 또 내가 그녀의 자녀들을 사망으로 죽이리라.
그러면 모든 교회들은 내가 사람들의 속과 마음을 살피는 자임을 알게 되리라.
또 내가 너희의 행위에 따라 너희 각자에게 주겠노라. (계 2:21-23)

역사를 올바로 연구해 보면(특히 교회사를), 역사는 성경과 마찬가지로 반카톨릭적이었음을 알 수 있다. 즉 성경은 물론이고 교회사에서 찾아볼 수 있는 역사적 사실들 역시 사탄이 자신의 "신부"인 종교적인 몸을 갖고 있으며(그리스도처럼), 이 몸은 "교회"(엡 5:24-29 참조)라고 불린다는 사실을 보여 주고 있다. 이러한 사실은 마태복음 7:16-17에서 말하고 있는 영원한 그 원칙, 즉 어떤 사물의 옳고 그름은 그 열매로서 알 수 있다는 그 기준으로 판단해 볼 때 너무나도 명백하다고 하겠다. 1500년 동안 로마 카톨릭 교회가 맺은 열매를 살펴보면 이 종교 조직이 입으로 뭐라고 고백하든 간에 그들의 본성이 무엇인가를 곧바로 식별할 수 있다. 물론 로마

카톨릭이라는 과일 바구니에 먹음직한 "과일들"이 없는 것은 아니다. 고아원, 억압받는 계층들을 위해 베푸는 구호물품(베트남, 보트 피플, 쿠바 난민, 원조 프로그램 등), 병원 건립(물론 이 경우 대부분은 국민의 세금으로 이루어짐), 친절한 수녀와 겸손한 "수도사"들, 가끔씩 행하는 구제 사업, 원조 물자 등이 매우 그럴싸하게 보이는 품목들이다. 그러나 아무리 형편없는 것에도 좋은 면이 있게 마련이다.[1] 모든 성도착자들(게이 해방 운동가들 같은 사람들)과 미치광이 살인마들도 평생 동안 한 두 번은 착한 일을 한다. 히틀러 역시 아우토반(유명한 독일의 고속도로)을 건설하지 않았던가?[2]

이에 우리는 17,18세기의 교회사의 흐름을 본격적으로 살펴보기 이전에, (역사의 흐름을 왜곡시키는 오류를 범하지 않기 위해) 이제껏 1600여 년의 역사를 통해 얻어낸 교훈들을 다시 한 번 점검하고자 한다. 특히 지난 17세기 기간의 교회사를 공부해 온 우리는 이 시점에서 참된 교회와 거짓 교회를 구분할 수 있는 증거, 즉 화인으로 찍어 지워 버릴 수 없는 분명한 표식 열 가지를 짚고 넘어갈 필요가 있다.

1. 참된 교회는 시리아의 안티옥으로부터 온 시리아 타입의 헬라어 원문을 가지고 있는 반면에, 거짓 교회는 알렉산드리아로부터 온 북 아프리카 타입의 헬라어 원문을 갖고 있다는 사실이다. 따라서 이 두 교회는 최종권위에 대한 그 기원을 달리하고 있는 것이다.

2. 참된 교회는 영감받은 구약 정경의 일부로 외경을 포함시키지 않는 반면, 거짓 교회는 이것을 인정하고 있다는 것이다. 따라서 거짓 교회는 거짓말쟁이다(잠 30:6).

3. 참된 교회는 예수 그리스도의 완성된 사역을 믿는 믿음에 근거한 중생을 가르치는 반면, 거짓 교회는 유아에게 물을 뿌리는 유아세례를 통한 중생을 가르친다. 따라서 그들의 "구원 계획"이 다르다.

4. 참된 교회는 구원의 확신을 가르치는 반면, 거짓 교회는 죽기까지 구원 여부를 알 수 없다고 가르친다. 따라서 두 교회는 교리적으로 다르다.

5. 참된 교회는 모든 것을 판단하는 기준으로 성경을 사용하는 반면, 거짓 교회는 전통과("역사적 근본주의 입장"등), 교부들과("선하고 경건하고 헌신된 사람들"), 공의회와 철학과 헬라어 학자, 혹은 기타 다른 것들을 그 기준으로 삼는다. 따라서 두 교회는 도덕과 행위의 기준에 있어서 다르다.

6. 참된 교회는 남녀노소를 불문하고 분명히 회심을 고백하는 경우에만 물침례를 주지만, 거짓 교회는 구원받았든 안 받았든 상관없이 물침례를 주거나, 물 뿌리는 "세례"를 준다.

7. 참된 교회의 주요 사역은 구령하는 전도자, 목사 그리고 성경 교사들에 의해 수

행되지만, 거짓 교회의 주요 사업은 정치 활동으로 여러 종파, 교황청 대사, 예수회 등의 단체와 그들의 로비를 통해 이루어진다. 20세기의 모든 교회들은 언론을 지지한다. TV에 등장한 그 어떤 교황도 구원계획을 성경에 계시된 대로 제시했거나, 심지어는 카톨릭 교회의 구원계획마저도 설명한 적이 없다. 현대의 교황들은 설교자가 아니라 정치가인 것이다.

8. 참된 교회는 하나님께만 기도하며 성령을 통해 주 예수 그리스도의 이름으로만 기도하는 반면, 거짓 교회는 죽은 성자에게 기도하며 때로는 "마리아"의 이름으로 기도한다.

9. 참된 교회는 그 어느 때에도 이 세상으로부터 환대를 받아 본 적이 없으며, 앞으로도 결코 없을 것이다. 거짓 교회는 모든 역사책에서, 모든 정치적 모임에서, 모든 기자 회견장에서, 그리고 모든 에큐메니칼 모임에서 "기독교"계 전체를 대표하는 지위를 누려왔다.

10. 참된 교회는 부흥과 구령과 거리에서의 전파와 도덕적 수준과 복음 증거, 성경지식, 그리고 선교 노력 등과 관련되어 있는 반면, 거짓 교회는 A.D.300년 이후 한 번도 성경을 강론하고 배우는 그 어떤 부흥과도 직접적으로 연관된 적이 없다.

이것은 지난 17세기의 교회사 가운데서 발견되는 두 교회의 두드러지는 차이점들이므로 참된 교회를 판단하는 실제적인 지침이 될 수 있다. 따라서 성경을 읽는 사람이라면 어떤 교회가 "그리스도께서 세우신" 교회인지를 분별하는 데 있어 더 이상 속지 않을 것이다. 이와 같은 사실에 대해 속아 넘어간 사람들은 개인적 이유로(겔 14장) 성경을 거부하는 사람들이거나, 자의적 무지(벧후 3:5)로 저주를 부르는 사람들일 것이다(살후 2:9-11).

또한 우리는 주의 깊은 검토와 치밀한 조사를 통해서 성경적인 참된 교회는 교회 역사상 한 번도 "하나의 이름"으로 알려진 적이 없다는 사실을 알고 있다. 이는 참된 교회들은 "이단"이며, "사이비 종파", 혹은 "이교도파"에 불과하고, 거짓 교회야말로 참된 역사적 입장들에 충실한 정통 교회라는 거짓 인상을 심기 위해 거짓 교회가 전력투구 했기 때문이다. 거짓 교회는 그들이 정통이라는 근거를 "베드로"로부터 "요한 바오로 2세"에 이르는 소위 교황들의 승계가 끊임없이 연속되어 왔다는 사실에 두고 있다. 따라서 이 "하나의 보편적 교회"는 전역사를 통해 "카톨릭"이라는 단일 이름을 유지한 채 내려왔기 때문에 여전히 존재하고 있는 것이다. 이미 살펴본 바와 같이 성경은 신·구약 그 어디에서도 그런 교회가 있었다는 사실을 인정하지 않고 있다. 오히려 그런 교회는 우상을 섬기는 "아버지들"(재판관기 18장)이 긴 옷을 입고(눅 20:46) 하늘의 여왕을 숭배하는(렘 44장) 집단임을 밝혀 놓고 있다. "카톨릭"이라는 용어는 성경적 어휘가 아니라, 그리스 철학(골 2:8)에서 빌려온 어휘이다. 신약 성경 그 어느 곳에도 그리스도께서 죽으시기 전이나 그 이후에 한 번도 "카톨릭"이란 용어가 나온 적이 없다.

A.D.1600년이 된 시점에 새들이 울기 위해 보금자리로 돌아오고 있었다(마 13:32). 이들은 머리가 셋 달린 새들로 두 갈래의 혀를 지니고 있으며, 그 누구의 "양우리"에도(요 10:16) 소속되지 않은 자들이다. 이들의 모임은 신약 성경의 지역교회와는 전혀 닮은 데가 없었으니, 외형이나, 구조나, 실행, 그 어떤 면에서도 닮은 점이라고는 하나도 없었다. 신약교회사를 자세히 검토하면 참된 교회들은 모두 몬타누스(Montanus, A.D.200)와 노바티우스(Novatius, A.D.251)에게까지 그 기원이 거슬러 올라가며, 이들이야말로 타락된 배교자들의 무리로부터 참된 "청교도"(Puritans) 지역 모임으로 최초의 이탈자들을 인도해 낸 자들이었다. [청교도란 명칭은 "퀘이커"(Quakers)란 명칭과 마찬가지로 거짓 교회가 성경대로 믿는 사람들에게 붙인 수많은 이름 중의 하나이다.] 그러나 참된 "계승"이 무엇이었는가를 입증하기 위해 그 어떤 시간도 낭비할 필요가 없다. 이는 그 누구라도 "하나의, 참된, 카톨릭 어머니 교회"와 신약 성경에 기록된 내용을 비교해 보면 다음과 같은 사실을 발견할 수 있기 때문이다.

1. 신약 성경의 회중들은 믿지 않은 유대인에게 주는 표적으로서 고린도전서 14:22을 제외하고는 그 누구도 외국어(소위 방언)를 말한 적이 없다. 그렇지 않은 경우에 외국어를 말한 사람은 그에 대해 꾸지람을 들었다(고전 14:19).

2. 신약 성경에 있는 그 어떤 지역교회도 거듭난 성도 이외에는 침례를 주지 않았으며, 마리아에게 기도하거나, 그녀를 높이거나 기념하거나, 그 누구에게 그녀에 관한 이야기를 한 적이 없다. 게다가 그 누구도 그녀의 아들의 생일을 기념한 적이 없다(소위 "크리스마스").

3. 모든 지역교회들은 자치, 자급, 자족, 자가번식을 원칙으로 삼았으며, 그 어떤 교회도 "지역 사회의 문제"에 개입하거나 "억압받는 소수 민족"을 돕거나 "시민의 권리", "인권" 등에 관여한 적이 없고, 다만 하나님의 말씀을 가르치고 전파하는 것에만 전념하였다(행 6:4)

4. 모든 교회는 선교에 열심이었고, 신약 성경에 나오는 그 어떤 사도도 "더 나은 번역은 이렇고..."라든가, "이 어휘가 이렇게 번역된 것은 불행한 일"이라든가, "이렇게 하면 더 나은 번역이 될 것 같다"든가 하는 따위의 말을 했던 적이 없다. 이런 스

타일의 언행과 표현은 신약 성경에서 계시된 그리스도인의 모습이 전혀 아니다.

5. 신약성경의 그리스도인은 그 누구도 대주교, 사제, 수도사 혹은 교황에게 충고를 요청한 적이 없다. 그 누구도 예배 보조 기구로 동상이나 그림을 사용한 적도 없고, 그 누구도 부활절(Easter)을 지킨 적도 없고, 억지로 공산주의를(행 4:34-35) 믿었던 사람도 없었으며, 재산의 공동 소유를 법으로 정하는 따위를 믿은 그리스도인도 없었다. "가난에 찌든 대중"들이나 "자본주의적 제국주의"가 저지른 "사회적 불평등과 불의"에 관해 단 5분이라도 시간을 낭비한 그리스도인은 한 명도 없었다.

따라서 우리가 "계승 노선"을 따라 A.D.1600년경에 도달하게 되면, 우리는 한편으로 머리 셋 달린 새, 머리 둘 달린 코브라, 인간 늑대, 독수리, 불을 내뿜는 도마뱀, 뿔 넷 달린 수염소, 붉은 눈을 가진 곰, 그리고 병든 양들로 가득 찬 동물원을 보게 된다. 그런데 이런 동물원이 자기가 바로 A.D.33년(혹은 70년)에 시작된 "주님의 양떼"라고 감히 주장하고 있는 것이다. 이들은 자신들이야 말로 "선한 목자"의 인도 아래 있으며, "하나의, 참되고 거룩하고, 사도적인 믿음"의 표식을 지녔다고 자랑하기까지 한다. 그러나 그들은 신약 성경이 말하는 양무리와는 닮은 데라고는 전혀 없는 동물들의 혼합된 집단이다. 그들이 살상한 양무리들은 여전히 로마서 8:36의 양무리 같았고, 이들 살해당한 양들은 "카톨릭"이라고 주장해 본 적이 없다. 그들은 성경대로 믿는 그리스도인임을 주장했다.

또한 우리는 교회사를 통해 성경대로 믿는 사람들은 늘 누군가의 저주하에 놓여 있음을 보았다. 이런 고난을 받게 되는 것은 하나님의 말씀 때문으로(창 3:1-6) 이러한 저주가 근본주의자들에게서 나오든, 아니면 19세기의 교만한 보수주의자들(샤프, 메이첸, 와필드)에게서 나오든, 혹은 죽은 정통주의 배교자(홀트, 로버트슨, 네슬, 알란드, 메쯔거 등)로부터 나오든 간에 이 같은 저주는 아직도 건재해 있으며, 때로는 직접적인 박해로 돌변하기까지 한다. 20세기에 있어 미국의 경우에는 이러한 비난의 정도가 온건한 형태를 띄고 있는 셈인데, 예를 들면 성경대로 믿는 자들은 "바보", "정신 이상", "잘못하고 있는 사람", "비지성인", 아니면 "럭크만 추종자"들 그 중 하나일 것이라는 주장이다. 그러나 중세 암흑 시대에는 그 정도가 훨씬 심했다. 그들은 위험한 이단으로, 하나님의 권위에 대한 반역자로, 영적인 독약을 몰래 집어넣는 사람들로 비난받았다. 그리고 그들은 이 사악한 카톨릭 불신자들(혹은 성경을 거부하는 "그리스도인"들)에 의해 늘 이단 종파나, 사이비 종파라는 딱지가 붙어 다녔다(행 24:5). 성경대로 믿는 사람들에게 붙여진 이름들을 보면, 카타피지안스(Cataphyrgians), 후스파(Hussites), 파테린(Paterines), 보도파(Vadois), 노리스파(Norrisites), 페트로부르시안

(Petrobrusians), 헨리시안(Henricians), 왈덴스(Waldensians), 불가리안(Bulgarians), 위그노(Huguenots), 프라테셀리(Fraticelli), 롤라드(Lollards), 아놀디스트(Arnoldists), 럭크만파(Ruckmanites), 다비파(Darbyites), 루터파(Lutherans), 베렌게리안(Berangerians), 노바티안(Novatians), 도나티스트(Donatists), 폴리시안(Paulicians) 등이다. 사소한 점에 있어서는 이들 성경대로 믿는 사람들이 차이가 없는 것은 아니나, 최종권위가 무엇이냐에 관해서는 전혀 차이를 보이지 않는다. 그들에게는 성경만이 최종권위였으며, 이 책이 입을 열면 모든 종교 지도자들은 입을 다물어야 했다. 역사가들에게 둘러싸인 배교자들이 소위 "사도적 계승"을 주장하고 있을 때, 성경대로 믿는 사람들은 믿음의 실행이라는 계승 외에는 그 어떤 "계승"도 입증하려고 하지 않았다.

붉은 눈을 가진 곰이 살고 있는 동물원 안에는 박쥐만큼이나 앞을 못 보는 병든 양들이 있고, 두 세 사람의 병든 남녀가 잠들어 있다. 이 형편없는 모임이 이미 언급한 대로 자기가 예수 그리스도께서 세우신(마 16:16-18) 신약 교회라고 주장하고 있는 것이다. (너무나 어처구니 없어 할 말이 없다.) 그들은 앞에 열거한 "이단"들의 피로 무릎까지 물든 채 있으니, 이 피는 다름아닌 성경대로 믿는 사람들이 흘린 피로서 그들은 동물원에 거하기를 거부했다는 이유로 피를 흘렸던 것이다.

1600년경 참된 신약 교회는 각종 구색을 갖춘 커다란 양우리의 모습을 갖고 있었으니, 그들 중 어떤 양은 다리를 절고, 어떤 양은 앞을 못 보고, 어떤 양은 건강했으며, 어떤 양은 나약했으며, 어떤 양은 잠들었고, 어떤 양은 피를 흘리고 있었으며, 어떤 양은 되새김질을 하고 있었다. 그들은 그 어떤 것으로부터 "발전"해 왔다고 주장하지 않았다. 그들은 단순히 성경대로 믿는 그리스도인이라고 주장했다. 그들이 비록 17세기 간의 교회 역사를 추적해 볼 때 우리 모두에게 내세울 만한 "한 가지" 이름을 갖고 있지 않았다고 할지라도, 그들의 주장은 카톨릭교도들의 주장보다는 훨씬 더 신뢰할 만하다고 하겠다.

따라서 17세기 초에 도달해 보면 우리는 우리 스스로의 "표식"을 갖게 된다. 우리는 "근본주의자"니, "침례교도"니, "전천년주의자"니 그러한 이름을 찾으려 하지 않고, 다만 성경을 따라 살아가는 성경대로 믿는 자들을 찾아보려는 것이다. 소위 "역사적 입장"을 주장하는 자들이 항상 성경을 따라간 것은 아니었다. 20세기를 볼 것 같으면 "역사적 근본주의 입장"을 추종하는 배교자들이 성령의 권위를 무너뜨리는데 앞장서고 있는 것을 알 수 있다.

따라서 우리가 간과하고 있는 중요한 사실은 "역사적 입장"이라는 것도 때로는 죄만큼이나 잘못된 것이라는 사실이다. 왜냐하면 이 입장들이란 그리스도의 몸된 교회가 무엇을 믿어야 될 것인가를 몇 명의 성직자들이 사적으로 모인 회합에서 결정한 것들에 불과하기 때문이다. 이러한 방법은 구약 성경의 레위 지파에 의한 제사장직(B.C.1400-400)을 카톨릭으로 대체함으로써 그들이 사용해 온 것이었다. 이들은 제사장 대신 학자 혹은 주교들을 제사장 직무를 대신하는 자들로 내세웠다(A.D.200-500). 그러나 우리가 알다시피 신약 성경에는 제사장 계급이 없다. 예를 들면 루터가 등장할 때까지의 모든 "근본주의자"들의 "역사적 입장"이란, 사람은 믿음과 행위에 의해서 구원받는다는 것이었다. 루터로부터 1840년까지 예언에 관한 "근본주의" 입장은 무천년주의 혹은 후천년주의였다. 그러나 우리는 이 두 체계가 틀린 것임을 알고 있다. 니케아 공의회에서는(이 회합은 전체가 보수주의자와 근본주의자들로 구성되어 있었다.) 기독교의 가장 중요한 주제 세 가지가 논의되지 않았는데, 그것은 "예수 그리스도의 재림"과 "죄인을 구원하라는 복음 명령", 그리고 "절대 권위에 대한 정의"였다. 따라서 니케아 공의회의 "역사적 입장"(A.D.325)은 농담에 불과한 것이다. 오늘날 현대의 배교한 근본주의자들이 "축자영감설"(즉 성경의 이중 특성 : 인간성과 신성)에 관해 논쟁을 벌이고 있는 것과 마찬가지로 고대의 배교자들도 "성육신의 신비"(그리스도의 이중 특성 : 인간성, 신성)에 관해 논쟁을 벌이느라고 시간만 낭비했던 것이다. 그러나 자신이 가지고 있는 최종권위를 받아들이지도 않고, 이 성경이 그들의 교육과 비평 능력보다도 못하다고 믿고 있는 사람들에게, 이 모든 논쟁이 무슨 열매를 가져다 줄 수 있었겠는가 한 번 생각해 보라. "역사적 입장"은 전능하신 하나님의 권위를 쓰러뜨리려는 데 사용된 핑계에 불과한 셈이었다.

제임스 왕과 올리버 크롬웰에 관련된 사항은 이미 검토했으므로, 이제는 루터 이후 유럽대륙의 상황을 살펴보고자 한다. 이는 이러한 사건들이 신약 교회사와 관련이 있기 때문이다.

종교 개혁과 더불어 성도들은 퀘이커교도, 프로테스탄트(Protestants), 퓨리탄(청교도), 루터교도, 장로교인(Presbyterians), 감리교인(Methodists), 모라비안주의자(Moravians), 슈툰트파(Stundists), 메노파(Mennonites), 아미파(Amish), 둔커파(Dunkers) 등으로 불리웠는데, 이는 이전 시대의 그리스도인들이 카톨릭에 의해 다른 여러 이름으로 불린 것과 맥을 같이한다. 그들은 결코 "카톨릭"이라고 불린 적이 없었다. 이는 거듭나지 않은 카톨릭 교도들은(무지해서 그랬건 혹은 다른 이유 때문이건) 사탄의 신부를 구성하고 있었기 때문이며, 고의든 아니든 간에 성경적 기독교를 파괴하는 데 있어 세계에서 가장 강력한 정치세력을 형성하고 있었기 때문이었다. 공산주의라고 하는 것은 로마 교회가 A.D.325년 이래 가르치고 실행해 온 무오한 계급인 대중들의 계급 타파 운동을 사회적으로 적용시킨 것에 불과하다. 스탈린은 레닌과 마찬가지로 카톨릭 사제가 되기 위해 공부했던 자였다. 따라서 우리는 오늘날 왜 가장 으뜸가는 공산주의 지도자가 교황이며, 가장 거물급 공산주의 혁명가들이 라틴 아메리카의 카톨릭 교도들인가를 이해할 수 있게 된다.

카톨릭 교황은(1979) 그가 폴란드 국민의 인권과 교회를 위해 "대담한 십자군"이 되었노라는 언론의 찬사를 받아들이고 인정한 바 있는데, 이야말로 폭소거리가 아닐 수 없다(폴란드 교회란 성경대로 믿는 그리스도인들의 교회가 아니고 로마 카톨릭 교회를 뜻한다). 얼마 후 폴란드 노동 조합은 레닌과 마르크스의 정신을 본받아 반란을 일으켰다. 그러나 불행하게도 러시아 공산주의자들은 1950년 이래 이미 자본주의적 제국주의자들이 되어 버린 지 오래여서 "기존 질서에 대한 봉기"는 더 이상 용납하려고 하지 않았다. 결국 자본주의 러시아(1980)에 대해 공산주의 봉기를 이끈 사람은 폴란드 출신의 교황이 되고 만 셈이다. 그는 얼마 후 암살기도에 걸려들었다(1981년 5월).

모든 교황들은 항상 그들의 교회만이 자유를 갖고 있다고 믿었다. 이들에게 있어 인권이란 그들의 교회에 복종할 때에만 허락되어 있었다. 카톨릭 출판물에는 "nihil obstat"(반대 불가)라는 표식이 찍혀 있는데, 그것은 카톨릭 교회만이 자유의 권리를 갖고 있으며, 궁극적으로 모든 국가들은 세금으로 이 교회를 지원해야만 한다고 주장하는 것이다. 교황이 "인권과 교회의 권리"를 위해 십자군 원정을 떠나는 것은 히틀러가(그도 카톨릭 신자였다.) 오스트리아(1938)에 살고 있는 "억압받는 소수"를 "해방"시키기 위해 십자군 원정을 떠난 것과 너무도 유사하다. 히틀러는 모든 교황과 마찬가지로 카톨릭 교회 소속이었으며, 사실 그는 젊었을 때 카톨릭 사제가 되는 것을 진지하게 고려한 적이 있었다. 루돌프 헤스(아우슈비츠 가스실 총 사령관이었음.) 역시 마찬가지였다. 이 아우슈비츠(Auschwitz)는 폴란드에 있었다.

우리는 17세기에도 있었던 그 악순환이 이때도 재현되는 것을 보게 된다(복음전파, 교육, 문화, 배교). 마틴 루터(Martin Luther)의 사역을 뒤이어 멜랑히톤(Melanchthon)과 더불어 문화가 침투하였으며, 낮에 뒤이어 밤이 찾아오듯이 배교가 그 뒤를 이었던 것이다. 칼빈을 뒤이은 "칼빈의 5대 강령 추종자"들이 나타났고, 이어 기관차에 뒤이어 객실이 달려 있듯이 배교가 줄을 이었다. 이후 부흥의 물결은 대륙으로부터 영국으로 건너가게 되었으니, 웨슬리와 휫필드가 그 주인공이었으며, 뒤이어 복음의 물결은 에드워드(Edwards)와 테넌트(Tennant) 등을 통해 미 대륙으로 건너갔다. 그러나 이 복음운동의 뒤를 이어 교수들이 나타났고(옥스포드, 캠브리지, 에딘버러, 다트마우스, 프린스, 콜롬비아, 예일 등에서), 뒤이어 눈보라 뒤에 진창길이 되듯이 문화와 배교가 다가왔다. 앞서 지적한 대로 유럽과 미국 등 각 나라의 모든 대학은 전부 이 네 단계 중 하나에 놓여 있으며, 교회사 20세기 동안 단 하나의 예외도 없었음은 주지의 사실이다. 이 네 단계 중 처음 두 단계는 안전한 것으로(사람과 운동, 혹은 복음전파와 가르침) 성경적인 것이다(마 28장, 행 13장). 그러나 만약 어떤 사람이 성경 그 자체를 가르치는 것을 넘어 버리거나, 성경보다 더 권위 있고 교훈적인 무엇을 다른 출처에서 얻어 냈다면, 당신은 이미 위험선을 넘어버린 셈이다. 그 위험선 너머에는 곧바로 끝없는 구렁으로 이끄는 낭떠러지가 있을 뿐이다. 역사의 교훈을 배우지 못하는 사람은 그것을 반복해야 하며, 사람이 역사로부터 배우는 단 한 가지는 사람이 역사로부터 아무것도 배우지 못한다는 사실이 분명하기 때문에 독자들은 앞으로 주님이 재림하실 때까지가 교회사에 있어 가장 커다란 배교가 일어나는 시기가 될 것임을 정확히 예측할 수 있다. 이 배교는 "축자적으로 영감받은 원본"을 믿는다는 신학교 교수 요원들이 주도할 것이 분명하다. 이미 창세기 3:1에서 모든 배교가 그렇게 일어 났음을 보여주고 있다.

카톨릭 역사가들이 세워 놓은 원칙은 이것이다. "긍정적인 면을 강조하라. 5,000만 명 이상을 죽인 살인 행위에 대해서는 조사하지 말라." 1980년 캘리포니아 치노에서 칙(Chick)이라는 사람이 카톨릭 지도층의 사악한 본성을 폭로하는 팜플렛을 제작 배포했을 때 그의 책들은 미국 전역의 상당수의 서점에서 판매 금지를 당했다. 과연 칙이라는 사람이 진실을 말하고 있는 것인지 알아보기 위해 로마에 관해 조사해 보려는 사람은 아무도 없었다. 카톨릭 주간지인 <Our Sunday Visitor>는 칙의 모든 정보는 거짓이라고 하며 이를 부인함으로써 무지한 독자들이 그들의 편을 들도록 만들었다. 카톨릭 작가들은 일반 사람들이 교회사에 대해 무지하다는 사실을 십분 활용하는 것이다. 카톨릭 신자로서 대학 교육을 받았다 하더라도 초등학교도 졸업하지 못한 사람들처럼 교회 역사에 대해서는 무지하다. 바로 이 무지가 카톨릭 지도부를 그처럼 "담대"하게 만드는 것이다. 5천만 명이 넘는 성경대로 믿는 그리스도인 이외에도 사라센, 모슬렘, "이단들" 및 카톨릭에 반대하는 정적들 100여 만 명을 죽였는데도 카톨릭의 공식 입장은 간단하다. "그것은 과거지사일 뿐이며, 모두가 중상 모략이다."

(어떤 자료에 의하면 A.D.325년부터 1980년까지 카톨릭이 죽인 사람이 5,000만 명에 이른다고 한다.)

이에 우리는 17,18세기의 교회사의 흐름을 본격적으로 살펴보기 이전에(역사의 흐름을 왜곡시키는 오류를 범하지 않기 위해), 이제껏 1600여 년의 역사를 통해 얻어낸 교훈들을 다시 한 번 점검하고자 한다. 모든 역사가들은 역사가 위대한 스승임을 인정한다. 그러나 모든 주요한 역사가들은 후천년적 관점을 갖고 있으며[4](그가 성경을 믿든 안 믿든 상관없이), 실존주의 철학자들만이 유일하게 역사는 뒤가 아닌 앞으로 그리고 아래가 아닌 위쪽을 향해[5] "자동적으로 발전"해 나간다는 견해에 회의적이라는 현시대의 상황 때문에, 우리는 앞에서 살펴 본 교훈들을 다시 한 번 확인할 필요가 있다.

Ⅰ. 최상의 상태에서의 로마 카톨릭 교회

로마 카톨릭 교회는 신약성경에서 추출해 낸 7,8개의 교리를 "믿음의 근본 사항"이라고 받아들였다(동정녀 탄생, 그리스도의 신성, 육체적 부활 등). 이와 같은 신앙 고백을 가지고 로마 카톨릭은 자신들이 유일하고도 참된 기독교 교회(딤전 3:15)임을 내세울 준비를 갖추었고, 뒤이어 이 성경 속의 "근본 사항들"을 믿는 사람 모두에게 카톨릭에 충성할 것을 요구하기에 이르렀다. 이로 인해 카톨릭 교회는 거듭나서 구원은 받았으나 거짓 종교 조직과 교리에 관해 성경이 무엇이라고 말하고 있는지를 모르고 있던 수많은 구원받은 죄인들을 흡수할 수 있었다. 이 어리석은 죄인들은 "근본 사항"들이 그리스도인이 숙지해야 할 유일한 교리일 뿐, 더 나아가 하나님의 말씀인 성경을 공부하는 것은 위험한 일이라고 생각했다.[6] 카톨릭 지도자들은 이런 사실을 강력히 부인하겠지만 자신들의 죄와 신성 모독적 행위가 연루된 그 어떤 것에 대해서라도 카톨릭 지도자들이 진실을 말한 적이 한 번이라도 있었던가? 로마 카톨릭 교회의 최상의 상태라고 해봐야 수백만 명의 평범한 사람들을(대부분은 구원받지 못했으나 개중에는 구원받은 사람들도 들어 있었다) 데리고 장난을 친 것 뿐이다. 이들은 대부분 착하게 살면서 남에게 피해 주지 않고 이웃을 도와주곤 했는데 그것은 선행이 그들의 구원에 좋은 영향을 끼칠 것이라고 믿었기 때문이다(즉 행위 구원을 믿었다[7]).

Ⅱ. 최악의 상태에서의 로마 카톨릭 교회

로마 카톨릭 교회는 최악의 상태에서는 거듭나지 못한 정치인들의 국제적인 조직으로 전제주의적 체제를 가지고 이 지구상에 존재하는 모든 기구와 정부를 그 어떤 방법(사기[8], 살인[9], 고문[10], 망명[11], 투옥[12], 공갈[13], 전쟁[14] 등)을 써서라도 무너뜨리고자 최선을 다하는 종교적, 정치적 조직체였다. 이 조직은 비록 입으로 고백하는 것은 공산주의자들 및 파시스트들과 다를지 모르지만 그 본질은 똑같다. 이들 바리새인적 카톨릭 지도층들이 전세계를 지배하기 위해 취한 전략은 다음과 같다.

1. 행보가 어려우면, 템포를 늦추고 기다리라(1600-1800년에서의 미국).

2. 활동의 여지가 엿보이면, 종교적 관용에 호소하라(1800-1900 미국).

3. 일단 활동 허가를 얻으면(영국 1829, 미국 1900), 즉시 정치 활동에 참여하라(영국, 아일랜드 1960-1980, 미국의 경우 알 스미스, 케네디 가(家), 및 테드 칼리파노 등).

4. (개신교도들의 세금을 차지할 수 있을 만큼 세력을 확보할 때까지는) 늘 평화, 사랑, 겸손 및 단합을 외치라.[15]

5. 카톨릭으로 태어났거나 자라난 시장, 주지사, 상원 의원 등을 장악하여 교회의 사적인 이익을 위해 이들을 이용하라.

6. 결혼 및 산아 제한 운동이 커다란 압력 단체가 될 때까지는 기다리라. 교회 안에서 태어난 자들은 한 명도 개종하지 못하도록 하고 다른 사람들의 개종 권유를 차단하라. 카톨릭이 다수가 되면 카톨릭 교회의 전체주의적 전략에 해가 되는 발언을 하는 언론인은 그 누구든지 핍박을 가하라. 카톨릭 지도자들에게 해가 되는 라디오 및 T.V.에 방송된 모든 진실을 "편협된 주장"으로 몰아 붙이라.[16]

7. 일단 다수를 확보하면, 세금을 사용해서 독점권을 확보하고 단합과 교회 일치를 위해 시위를 벌이라(1940-1960년의 미국).

8. 일단 모든 정치 지도자들이 카톨릭이 되고 나면(독일의 경우 히틀러, 헤스, 괴링, 히믈러, 괴벨, 하이드리히, 보만, 팔리츠쉬, 크래머 등), 경찰 국가로 전환시켜 단합을 꾀하라. 저항하는 자들을 비판하고 괴롭히며(아일랜드 1960-1990), 반대자들은 감옥에 보내든지 벌금을 물리고, 안되면 고문과 사형을 동원하라(무엘러, 괴링, 아이크, 회스, 히믈러 등).

1500년 동안의 교회사를 살펴보면 지구상에서 가장 커다란 종교적 위선자는 교황(어떤 교황이든지 간에)이며, 이 지구의 표면 위에 존재하는 가장 "위대한" 거짓말쟁이 종교 조직은 로마 카톨릭 교회임이 명백하다는 사실을 아무도 부인하지 못할 것이다. 이 종교 조직은 종교적 자유[17]에 대해 거짓말을 할 것이며, 최종권위[18]에 대해서도 거짓말을 할 것이고, 성경과 관련된 필사본 증거들에 대해서도 거짓말을 할 것이다.[19] 카톨릭 교회는 자신들의 전략과 목표와 목적에 대해 거짓말을 할 것이며[20],

자신들의 정치적 동맹자 및 동조자들에 관해서도 거짓말을 할 것이다.[21] 이 조직은 자신들의 경직된 태도와 편협함에 대해 거짓말을 할 것이며[22], 조직체의 회원들의 활동에 대해서도 거짓말을 할 것이다.[23] 그리고 그 무엇보다도 이 종교 조직은 필요하다면 그 누구와도(공산주의자이건 파시스트이건 상관없다. 1933년과 1928년 히틀러와 뭇솔리니는 교황과 협약을 맺고 서명했다) 타협할 것이다. 이들은 그들의 최고의 목표인 세계 지배[24]를 달성하기 위해서라면 무신론자, 유대인, 모슬렘을 가리지 않고 자기편으로 끌어들이려고 한다. 카톨릭 교회는 전쟁을 부추기고 선동하였을 뿐만 아니라[25], 사제들과 주교들은 직접 군대를 이끌고 성경대로 믿는 그리스도인들을 죽였던 것이다.[26] 나치와 공산주의자들도 종교적인 위선과 속임수를 통해서는 그처럼 많은 희생자를 낸 적이 없다. 왜냐하면 이들은 자신이 교회임을 내세우지도 않았고 그 지도자들 역시 예수 그리스도를 대표한다고 나선 적이 없기 때문이다. 오늘날 현대의 근본주의자들에 의해 많은 미움을 받고 비방을 당하는 영국의 제임스 왕(King James)도 이제껏 나타났던 그 어떤 교황이 한 것처럼 그러한 권세를 갖고 있다고 주장한 적이 없다.[27] 제임스 1세가 살았던 당시의 교황들(클레멘트 8세, 레오 11세, 바오로 5세, 그레고리 15세)과 비교하면 그는 성자였다. 과거는 미래를 바라보는 창문임을 잊지 말라.

영국의 찰스 1세는 외국 군대를 동원해서 자기 백성을 살해했다.[28] 만약 영국 사람들이 그에게 관용을 베풀었다면 아마 그는 자기를 쳐다보는 성경대로 믿는 사람들을 "끄집어내 네 동강이"를 냈을 것이다.[29] 자신들이 한 행위를 사실 그대로 기록한 문서를 왜 그렇게 고집스럽게 부인하려드는지 모르겠다. 스코틀랜드의 여왕 메리(사촌인 잉글랜드의 엘리자베스 1세를 암살하려다 체포되어 처형되었음)는 1979년 방영된 한 T.V. 다큐멘터리 프로그램에서 소개되기를 자신은 종교에 관한 한 "양심의 자유"를 믿는다고 존 낙스(John Knox)에게 말했다는 것이다.[30] 이것보다 더한 사기극이 있다고 생각하는가? 1980년에도 펜사콜라에는 실제로는 초교파를 지향하면서도 말로는 침례 교회라고 선전을 하는 기독교 교육자들이 있었다. 이들은 자기 학생 중 학장의 부인의 의견을 거슬러 스스로 택한 교회를 다니려는 학생을 축출하겠다고 위협도 했다. 스코틀랜드의 메리는 스페인이 낳은 가장 잔인한 살인마였던 알바 공작(Duke of Alva)을 고용해서 영국으로 데려와 그가 화란에서 메노나이트(Mennonites)와 칼빈주의자들에게 저질렀던 만행을 자기 백성인 영국 국민들에게 자행하도록 계획하였었다.[31] 그녀가 영국 국민들에 의해 "편협"한 대우를 받지 않고(영국 국민들은 그녀를 처형해 버렸다.) 살아 있었더라면 그 계획이 실현되어 알바 공작은 카톨릭 군대를 이

끌고 와서 10만 명이 넘는 그리스도인들의 목을 베었을 것이다.[32)]

글을 읽을 줄도 쓸 줄도 몰랐던 징기스칸(Genghis Khan, A.D.1200)도 그리스도인들에게 종교적 자유를 베풀었는데, 당시 카톨릭 교황들은 그리스도인들을 화형에 처했으니 실로 어처구니가 없는 일이다.[33)] 카톨릭 지도자들에 따르면 당신은 이러한 역사적 사실을 믿어서는 안되며, 역사책을 찾아 확인해도 안되고, 다만 누군가가 교황을 "모함"하기 위해 그런 사실들을 만들어 낸 것이라고 믿어야만 한다. 아일랜드에서의 개신교도에 대한 가장 커다란 학살은 제임스 1세가 죽은 즉시로 발생했다. 이 학살극은 1641년 카톨릭 국왕이었던 찰스 1세의 통치하에서 발생하였다.[34)] 그런데 당신이 카톨릭 교도라면 이것도 사실로 믿어서는 안된다. 당신은 이것도 카톨릭 국왕에 대한 "고집쟁이"들의 모함일 뿐이라고 일축하라고 권고받고 있다. 역사의 사실들을 무시해 버리고 이것들에 대해 관심을 갖는 사람들은 모조리 "편협한" 자들로 몰아 붙이는 것이 그들의 전술이다. 아일랜드와 스코틀랜드의 그리스도인들이 다음과 같은 노래를 불렀다고 해서 불경건한 것처럼 보인다면 이런 류의 노래는 15만 명의 그리스도인들이 카톨릭에 의해 살해당했을 때도 불렀다는 사실을 기억하라.[35)] "위로는 긴 사다리, 아래에는 짧은 밧줄, 윌리암 왕을 위해, 교황과 함께 지옥에 가라고, 응원을 하세. 그렇게 안되면 그들을 두 조각 내 묻어 버리세." 언뜻 보기에 조잡하고 꾸밈없는 반카톨릭적인 이 시구는 실상은 훨씬 더 잔인한 카톨릭 "원본"을 그저 슬쩍 모방한 것뿐이다. 원본을 보면 다음과 같다.

1. 영국과 아일랜드의 모든 개신교도들은 화형에 처해져야 한다.[36)] 왜냐하면 이들은 이단으로서 지옥에 가야만 하기 때문이다.[37)]

2. 영국과 아일랜드의 모든 개신교도들은 사라센, 유대인, 모슬렘 그리고 재침례파와 더불어 두 조각으로 동강내야만 한다.[38)]

3. 15만 명의 그리스도인들이 카톨릭 살인마들에 의해 마구 살해당했다(1641).[39)]

카톨릭 교회의 역사는 교회사가 아니다. 카톨릭 신문 기자들은 정직한 사람들이 아니다(아무리 말로는 그렇다고 고백해도 본성을 속일 수는 없다). 전형적인 카톨릭 "역사" 기록이나 <Our Sunday Visitor>지에 실리는 전형적인 카톨릭 기사는 다음과 같다. "1870년 많은 편견에 사로잡힌 고집쟁이들이 예수회가 공립학교 제도를 장악하려고 했다고 비난했다." 이 한 마디로 끝이다. 더 이상 설명도 없고 아무것도 없다. 단 한 줄의 증거 문서도 없고 검토된 문서에 대한 아무런 논쟁도 없다. 무조건 그대로 믿으라는 것이다. 따라서 당신이 만약 예수회가 공립 학교 제도를 장악하려고 시도했을 지도 모른다고 생각하면 당신은 "정신 이상"이나 "편협한 자"로 취급을 받게 될 것이다. 이와 같은 사기극이 통할 수 있는 것은, 카톨릭 신자들이 교회사에 관한 한 완전히 무지하기 때문에 거짓 결론으로 이끌어 가도 맹목적인 추종을 할 수밖에 없기 때문이다.[40] 잭 칙이 만화로 된 책자 <알베르토>(Chick Publications, Chino, California, 1980)를 펴내 수세기에 걸친 로마 카톨릭의 전체주의적 체제를 폭로하자 카톨릭은 아무런 반증도 보여 주지 않은 채, 잭 칙의 팜플렛은 사실이 아니라고 한 마디로 일축했다. 결국 사람들은 그 담고 있는 내용이 너무도 충격적이라는 이유 하나만으로 진리를 오히려 거짓이라고 결론을 내린 것이다. 그러나 이 팜플렛에도 살해된 유아들, 고문당한 그리스도인, 마리아의 신격화 및 카톨릭 지도층에 의한 은사주의 유입 등과 같은 역사적 사실들은 하나도 제시되지 않았다. 카톨릭의 <Our Sunday Visitor>지를 만드는 자들은 카톨릭 교도들의 심리 상태를 잘 파악하고 있기 때문에 아무런 설명없이 대처해야 한다는 사실을 잘 알고 있었다. 카톨릭 교도들은 역사적 사실에 대한 무지로 인해 반카톨릭적 진리는 거짓이라고 여기게끔 세뇌되어 있는 것이다. 또 다른 예를 들어 보자.

"오늘날(A.D.1800) 미국에서 유행하는 편견은 너무도 심해서 어떤 사람들은 로마 교황이 미국의 카톨릭 교도를 통해 미국 정부를 인수하려고 하고 있다고 정말로 걱정하고 있는 것 같다."[41]

이 한 마디로 모든 논쟁은 끝장이다. 로마 카톨릭 교도들은 다만 교황청에서 하는 말을 무조건 믿기만 하면 된다는 것이다. 카톨릭 지도층이 교도들에게 기대하는 것은 그들이 "오, 저런, 세상에, 누가 다른 사람의 믿음에 대해 그처럼 편견에 가득 찬 태도를 취할 수 있단 말인가?"라고 외치는 것이다. 이들은 폴부쉬(Forbush), 로빈슨(Robinson), 아미티지(Armitage), 헤펠(Hefele), 베더(Vedder), 팍스(Fox), 샤프(Schaff), 뉴만(Newman), 라가르데(La Garde), 커츠(Kurtz), 도비네(D'Aubigne), 하르낙(Harnack), 모쉐임(Mosheim), 새틀러(Sattler) 같은 사람의 책을 읽어보지 않았기 때문에 역사적 사실에는 전혀 무지한 것이다. 카톨릭 역사가들은 어떤 선언을 하고 나서는 순전히 무지한 카톨릭 교도들이 전형적인 로마 카톨릭 스타일의 반응을 보일 것을 기대한다. 즉 역사적 사실을 주관적 편견에 입각해서 일방적이고 편협한 자세로 거부해 버리는 것이다. A.D.800년 이래 모든 교황과 주교, 대주교, 사제, 추기경들이(이단으로 처형당할 각오를 하고) 다음의 사항들을 믿어야 했다는 사실을 보여 주는 역사적 증거는 카톨릭 역사가들에 의해서는 단 한 번도 수집되어 제시된 적이 없다.

1. 지구상의 모든 인간은 로마 카톨릭이 되어야만 한다.[42]

2. 천국은 유아에게 물을 뿌려 로마 카톨릭 교회로 입교시킴으로써 지구상에 세워지도록 되어 있다.[43]

3. 이 과정을 거부하는 자는 매질을 당하거나, 목베임을 당하거나, 투옥되거나, 유배를 가거나, 교수형 당하거나, 화형에 처해져야 한다.[44]

4. 모든 국가들은 오직 한 교회, 즉 로마 카톨릭 교회와만 동맹을 맺어야 한다.

더군다나 1564년 이래로 모든 사제들(이탈리아와 스페인은 물론이고 미국에서도)과 모든 추기경 및 주교들(멕시코와 아르헨티나는 물론이고 미국에서도) 그리고 모든 교황들은 저주의 위협하에 이 세상에 있는 모든 나라와 땅과 정부는 카톨릭 교회의 소유이며 따라서 이런 것들을 장악하기 위해서는 어떤 수단도 합법적 수단이 될 수 있다고 믿었고 또 가르쳤다. (합법적 수단에는 거짓 맹세를 한다든가[45], 조약을 파기한다든가[46], 혁명을 부추긴다든가[47], 종교적 목적을 위해 세금을 탈취한다든가[48]를 포함한 모든 수단이 가능하다.)

이러한 카톨릭의 "종교적" 신념에 대해 잘 모르고 있는 사람들은 교회 역사를 공부하지 않았기 때문이다. 따라서 교회 역사는 초, 중, 고등학교에서는 찾아볼 수가 없다. 인격이 형성되어 가는 교육받는 시기 동안 사람들은(무신론자, 불가지론자, 그리스도인 혹은 그 어떤 주의자이건 간에) 과거의 종교 역사에 관한 한 아무런 역사의 교훈을 배울 수 없도록 되어 있다. 미국인들은 역사의 교훈들과 단절되어 모든 나라에서 전개되고 있는 현대의 정치적, 종교적 상황들이 과거 역사와 아무런 관련이 없는 것처럼, 즉 과거와 현재는 완전히 단절되어 있는 것처럼 믿도록 강요당하고 있는 것이다. 따라서 누군가가 역사적 사실에 입각해 현실을 판단하게 되면 그는 곧바로 편견에 사로잡힌 자로 낙인이 찍히게 된다. 사실 이 땅의 95%의 사람들은 역사로부터 아무것도 배우지 못하고 있다. 왜냐하면 서양 정치사의 핵심 요소는 A.D.325년부터 현재에 이르기까지 로마 카톨릭 교회였기 때문이다. 따라서 이 사악한 종교 조직의 사상, 전략, 음모, 전쟁, 박해, 목표 및 사악한 행동 등에 대해 무지하다면 그 어떤 사람도 미래 역사에 대해 건전한 판단을 내릴 수 없을 것이다.

1860년 이후의 모든 미국인들은 카톨릭 교회에 대한 그 어떤 역사적 사실도 감히 보도하려 하지 않는 "자유 언론"에 의해 진실로부터 완전히 고립되어 있다. "언론과 표현의 자유"가 있다고 해서 우리가 역사의 교훈으로부터 배울 수 있을 만큼의 충분한 진리를 얻을 수 있다는 보장은 없다. 결국 카톨릭 교회가 국제 사회주의자들과 연합하게 될 때(계 12,13,17,18장) 사람들은 "두 반대파"가 서로 화해한 것이라고 생각하게 될 것이다. 사람들은 드디어 이 땅에 평화가 임했다고 착각할 것이다. 오스트리아의 합스부르크(Hapsburgs) 왕가는 처음부터 예수회와 동맹 관계에 있었다.[49] 독일의 홀렌조레른즈(Hollenzolerns) 왕가는 비스마르크(Bismark)가 "반카톨릭적"이라고 해서 그를 사장시켜 버렸다.[50] 이들 두 왕가는(그리스 정교회의 러시아에 대항하여) 카톨릭 동맹을 맺고(삼국 동맹) 곧이어 제1차 세계 대전을 일으켰다.[51] 프랑스의 부르봉(Bourbons) 왕조 역시 줄곧 예수회와 로마와 동맹관계를 유지했으며, 나폴레옹은 뭇솔리니와 히틀러와 마찬가지로 로마 교황과 협약을 맺었다.[52]

이러한 사실들에 무지한 신문 기자나 뉴스 캐스터들은(혹은 상원 의원이든 대통령이든 간에) 20세기의 국내외 정치에 대해서 건전한 정치적 판단을 내릴 수 없을 것이다. 국내외 정치 및 외교라고 하는 것은 로마 카톨릭의 정치적 제국주의[53]와 너무도 깊게 관련되어 있기 때문에 이 제국주의의 성격과 목표에 대한 무지는 치명적이다. 카톨릭은 독일, 러시아, 아일랜드에 대해 갖고 있던 똑같은 계획을 미국에 대해서도 수립해 놓고 있다. 이 계획은 중국, 일본, 프랑스는 물론 스페인, 이탈리아 및 영국에 대해서도 수립되었었다.[54] 케네디 대통령[55]의 짧은 재임 기간 중 통과된 "비상 조치"들은 히틀러나 스탈린이 독일과 러시아에서 수행했던 계획과 정확히 일치하는 것이었다. 즉 물품, 재산, 토지 및 인적 자원 등을 로마 카톨릭 독재자의 손에 넘겨주어 완전한 통제를 달성하고, 절대적 연방 권력을 동원해서 대중을 강제 이주시키고, 개인들을 체포, 투옥하며, 시민들을 강제노동에 처하도록 하는 것이다. 서방 세계의 모든 독재자들은 로마 카톨릭이었다(샤를마뉴, 나폴레옹, 교황 보니파스, 히틀러, 카스트로, 바티스트, 프랑코, 뭇솔리니 등). 따라서 A.D.600-1600년 사이의 역사를 되돌아보면 양과 마귀들이 함께 거하는(단 4:12) 거목(마 13:32)이 세워져 있음을 보게 된다. 이 거목은 세 부류로(로마 카톨릭, 프로테스탄트, 그리스 정교회) 형성되어 있던 기독교계를 완전히 부패시켜 버렸다. 이 일은 거짓 교리와(마 13:35) 세계 통치자들과의 연합으로(계 17:1-5) 달성되었다. 따라서 반카톨릭적 입장을 취하지 않는 그리스도인은 철저히 편협한 사람이다. 왜냐하면 그는 반기독교적이고, 반성경적이며, 사악하고, 사탄적인 세력을 증거들로 확인해 보지 않은 채 무조건 편들어 주기로 작정을 한 사람들이기 때문이다. 교회사를 다시 한 번 되돌아보면 로마 카톨릭 교회가 "편견"과 "선입견"이라고 부르는 것들이 실상은 냉정하고, 정확하고, 객관적인 역사적 사실들임을 알 수 있다. 카톨릭이 "이단"이라고 부르면 그것은 성경적 기독교였던 것이다.

따라서 20세기에 살고 있으면서 로마 카톨릭에 연루되어 있거나 관용적 태도를 취하는 사람은 알고 했건 모르고 했건 간에 인류와 "인권"에 대한 가장 사악한 범죄 집단의 편을 들고 있는 셈이다.

"카톨릭"이란 말이 니케아 공회에서 위조되어 유통되기 시작한 이래 카톨릭 통치자들이 한 번도 인권을 존중했다거나 평등의 원칙에 입각해서 통치했다는 기록은 없다. 콘스탄틴은 그리스도인들을 죽였다.[56] 샤를마뉴 대제도 그리스도인들을 죽였다.[57] 교황들도 그리스도인들을 죽였다.[58] 영국의 카톨릭 통치자들도 그리스도인들을 죽였고[59], 프랑스의 카톨릭 통치자들도 그리스도인들을 죽였다.[60] 스페인의 카톨릭 통치자들도 그리스도인들을 죽였고[61], 독일의 카톨릭 통치자들도 그리스도인들을 죽였으며[62], 콜롬비아의 카톨릭 통치자들도 그리스도인들을 죽였다.[63] 그런데 유독 미국에 있는 카톨릭 통치자들이 아직까지 그리스도인들을 죽이지 못하고 있는 것은 미국에서는 아직까지 충분한 정치적 권력과 그런 짓을 행할 권세를 확보하지 못했기 때문이다. 그러나 충분한 권력과 권세를 일단 확보하면 이들 역시 그리스도인들을 죽이도록 강요받을 것이다.[64]

카톨릭에 의한 살인 만행은 아일랜드의 카톨릭 교도들이 15만 명의 프로테스탄트 교도를 살해한 후 크롬웰(1649)이 영국 군대를 동원해 아일랜드군을 격파한 것과는 비교가 안된다. 우리가 말하는 살인 만행은 영국이 자기가 다스려야 한다고 믿고 있던 교회(카톨릭)에 영국인들이 "관용적" 태도를 보이지 않았다고 하는 정도와는 비교가 안된다.[65] 우리가 말하는 살인 만행은 5백만에서 천만에 이르는 잔인무도한 살상극으로(어떤 사람은 5천만 명에 달한다고도 한다) 이 살상극은 "예수의 이름으로", 혹은 "하나님의 영광을 위하여", 혹은 "거룩한 성모 마리아를 위하여" 저질러졌던 것이다.[66] 시몬 드 몽포르(Simon de Montfort)이 5천 명의 성경대로 믿는 그리스도인들(즉 반카톨릭 입장을 취하는 그리스도인)을 살해하기 전 불러댔던 그 "마리아"[67]는 교황 요한 23세(1950-1959)가 이렇게 기도했던 그 마리아였다. "오, 어머니여, 오 모든 땅들과 바다들의 여왕이시여, 우리를 잊지 마소서."[68] 그는 또한 이렇게 말했다. "마리아는 로마 백성의 구원이시라."[69] 마리아의 동상들은 1555년 피의 메리 여왕에게 거룩했던 것과 똑같이 1964년 교황 요한 23세에게도 거룩했다. [마리아는 모든 땅들의 여왕이므로 매릴랜드 주(MARYland)는 당연히 미국의 수도인 워싱턴을 포함하는 주가 된 것이다.]

이제껏 살펴본 사실들을 염두에 두고 그리스도인들이 로마 카톨릭에 대해 어떠한 태도를 취해야 할 것인가에 대해 건전하고 꼭 필요한 결론을 몇 가지 내려보도록 하자.

1. 러시아, 쿠바, 아프리카(1981) 등을 다루는데 있어 바티칸의 정치적 음모를 두려워하지 않는 사람은 의도적으로 무지를 택했거나 정신적으로 모자라는 사람이다.

2. 예수회가 각국에서 의도하는 바가 점진적으로 그 나라의 헌법을 무너뜨리려는 것이라고 생각하지 않는 어떤 언론 종사자(신문, 잡지, T.V., 라디오)도 맹목적 편견을 갖춘 비합리적인 사람임에 틀림없다.

3. 로마 카톨릭 교회가 "예수 그리스도께서 세우신 유일하고 참된 교회"라고 생각하는 사람은 사탄의 하수인들과 추종자들에 의해 세뇌당하여 반성경적 입장을 고수하게 된 사람들로 하나님의 말씀에 도전하여 하나님의 진리를 모독하는 자이다.

4. 위에 언급한 세 가지 사항을 "편견"이나 "중상모략"이라고 생각하는 사람은 정신과 치료가 필요한 사람이다. 성경대로 믿는 어떤 사람도(200-1980, 종교적 신념이나, 발언이나, 저술이나 그 어떤 신성 모독적 행위를 했다는 이유로) 카톨릭 교도를 투옥하거나, 고문하거나, 축출하거나, 죽일 만큼 미워한 적이 없다.[70] 종교적인 이유로 인한 투옥, 고문, 살해, 축출은 바티칸 혹은 로마 카톨릭 국가교회의 전유물이었다. 교회사(100-1990)를 아무리 살펴봐도 성경대로 믿는 카타리(약 800만)나 왈덴스, 혹은 알비겐스(100만이 넘었음)나 롤라드(약 천만)나 침례교도(약 2천만)든지 간에 신앙을 이유로 혹은 신앙에 관해 어떤 견해를 피력했다고 해서 그 누구를 죽이거나 고문하거나 투옥한 적이 없다. 편협한 사람을 찾아내는 방법은 간단하다. 자기와 의견을 달리하는 사람을 살해하는 그 자가 바로 편협한 인간인 것이다.[71] 이런 사람들은 목적 달성을 위해서는 수단과 방법을 가리지 않는다. 납치도 예외는 아니다.[72] 영국과 독일의 종교개혁이 끝나갈 무렵 영국인들과 독일인들은 로마 카톨릭 교리에 관해 오늘날 사람들이 모르고 있는 그 무엇을 배웠다. 이들은 경험에 의하여 일단 어떤 카톨릭 신자가 어느 정부건, 학교이건, 이사회건, 그 어떤 조직이건 간에 발판을 마련하게 되면 자기의 종교적 배경과 연합에 따라 곧바로 자기 교회의 정치적 지도층을 그 조직체에 끌어들인다는 사실을 배웠다. 카톨릭 자체의 이중 기준에 의하면 자기 교회의 정치적 종교적 야망(즉 가르침, 지침, 희망 사항)을 자기가 소속된 지방, 나라의 이익보다 앞세우지 않는 카톨릭 신자는 "좋은 카톨릭 신자"가 못된다.[73] 이러한 의무는 그 어떤 조약이나 헌법 규정에도 제한받지 않는다.[74] 미국에는 자기들의 교회의 지침과 명령을 따르지 않는 많은 카톨릭 교도들이 있다. 이들 중 상당수가 너무도 "이단적"이어서 카톨릭 지도층의 가르침에도 불구하고 그리스도를 발견하여 구원을 체험하기도 한다.[75] 플로리다 북부 지역에서는 구원받게 된 "전직 카톨릭

교도"들이 너무도 많아지자 그라시다 주교를 필두로 한 카톨릭 지도부가 <가네트 신문>에다(1980, 11,12월) 전면 광고를 내기에 이르렀다. 이들에 따르면 어떤 카톨릭 교도라 할지라도 "전(前)카톨릭 교도"는 될 수 없다는 것이다. 비록 그가 성경대로 믿는 사람이 되어 카톨릭 교회를 떠나 침례교인이 되었다 할지라도 그는 "전카톨릭 교도"는 아니라는 것이다. 이처럼 생떼를 쓰는 자들이 바로 "거룩한 성모 교회"를 자처하는 자들이다.

이제부터는 필라델피아 교회 시대(1500-1900)의 커튼을 열어 보도록 하자. 이 시대는 건전한 교리 위에 온전히 세워졌으며, 역사적 진실에 근거하고 뿌리박고 있다. 따라서 살인을 일삼으면서도 입으로는 "기독교, 마리아, 예수"를 외쳐대는 미래의 종교적 위선자들을 포착해 낼 수 있는 능력을 그리스도인에게 제공해 준다. 향후(16-20세기)의 모든 사기꾼들과 협잡꾼들은 그들의 선배들이 달고 다니던 표식을 갖고 있다. 우리는 이 표식이 무엇인지를 안다. 왜냐하면 이 표식은 도장보다도 선명히 찍혀 있기 때문이다. 이 표식은 다음과 같다.

1. "왕국을 가져올 것이라는" 진화 과정이나 종교 교육을 통해 지구를 정복하게 될 오리겐의 "기독교" 철학.[70)]

2. 긴 옷을 입은 사제가 "또 다른 그리스도"이며, 구원은 오직 주교와 그의 신부들에 의해서만 받을 수 있다는 시프리안의 신성 모독적 가르침.[77)]

3. 거듭남은 어린아이에게 물을 뿌림으로써 이루어지며[78)] 이 사실을 믿지 않는 사람은 박해를 받아야만 한다는 어거스틴의 가르침.

4. 두 개 혹은 그 이상의 권위를 세워놓고 어느 것이 참 권위인가를 자기가 판정함으로써 스스로 하나님이 되어 버린 알렉산드리아 이단 학파.

5. 천국(정치적, 문자적, 경제적인 왕국)과 하나님의 나라(영적, 도덕적 나라)의 혼동. 이러한 혼동이 있게 되면 "더 나은 생활 방식을 가져오기 위한", "더 살기 좋은 세계를 만들기 위한" 수단으로써 종교의 이름으로 군대를 동원하거나 정치적 수단을 강구하게 될 것이다.

6. 그리고 무엇보다도 샤를마뉴 대제가 유아에게 물 뿌리는 것[79)]을 믿지 않는 수천 명의 색슨족을 살해, 추방, 강제 이주시키기 전에[80)] 취했던 전략대로 "백성, 민중, 국민"을 강조하는 모든 형태의 선언들. "백성"이란 말은 성경이 내린 정의와는 아무런 상관도 없이 향후 수세기에 걸쳐 성경을 거부하는 종교 위선자들(루소, 볼테르, 마르크스, 엥겔스, 레닌, 카스트로, 스탈린, 링컨 등)을 특징 지울 수 있는 분명한 표식이 될 것이다. 왜냐하면 백성(the people)이란 이 단어는(헬라어로는 "라오스") 라오

디케아 교회 시대를 특징짓기 위해 성령님께서 계시록 3:15에서 사용하신 용어이기 때문이다. 미지근해서 토해냄을 받으리라고 경고를 받은 마지막 시대의 배교한 교회는 라오디케아, 즉 백성들의 권리(the people's rights), 혹은 현대식으로 표현하면 시민의 권리(civil rights)라는 의미를 갖고 있다. "백성의 소리"(민중의 소리, Vox Pop)라는 표어는 20세기 배교한 교회들의 표식이 될 것이다. 이들 교회들의 종교는 인본주의(Humanism)이며, 정확히 말하자면 로마와 러시아가 결합된 인본주의, 즉 바티칸 공산주의인 것이다(계 13:1-3).

우리가 진정으로 객관적이고 중립적인 입장을 취하려면 우리는 성경이 취하고 있는 반카톨릭적 역사관을 받아들여야 한다. 이것이 역사에 대한 참된 교회사적 입장이다. 로마 카톨릭 교회의 울타리 안에서는 어떤 객관적 관찰도 불가능하다. 특히 역사적 사실들에 있어서는 더욱 그러하다. 역사적 사실들을 다루는 로마 카톨릭 출판물들은 역사적 객관성이 완벽하게 결여되어 있다. 카톨릭 역사상 객관적이고 사심없이 성경을 다루었던 사상가는 단 한 사람도 없었다. 예수회가 키워 낸 가장 위대하다고 알려진 철학자들마저도(라이프니쯔, 흄, 데카르트) 성경을 다루는데 있어서는 객관적이지 못했다. 에라스무스와 루터마저도 유아세례라고 하는 치명적 이단을 벗어나지 못했고, 결국 이 이단 교리는 두 개의 교회국가의 종교를 형성하고 말았다. 우리가 역사에 대해 객관적이고 중립적이 되려면 우리는 로마 카톨릭에 대해 하나님의 견해를 채택해야만 한다(계 17장). 하나님의 견해는 전적으로 "중립적"이다. 우리는 신격의 제3위 되시는 분께서 카톨릭 사제, 주교, 교황 및 추기경들보다 훨씬 더 진리에 대해 "객관적"이심을(요 16:13) 믿어야 한다. 이들 카톨릭 지도층은 예수 그리스도께서 구약 정경에 외경을 포함시키지 않았다는 이유로 예수 그리스도를 저주해 버린(트렌트 공회 내용 참조) 자들이었다.[81)]

<킹제임스성경, 1611>의 역자 서문에서 "교황의 사람들"(Popish persons)이라고 불린 사람들은 카톨릭 교회의 정식 회원들만을 지칭한 것이 아니다. "교황의 사람들"이란 앞서 열거한 여섯 개의 사항을 받아들이는 자들이다. <킹제임스성경> 번역자들은 19,20세기의 그 어느 성경 개정 위원회보다 "교황의 사람들"에 대해 잘 알고 있었다. 그들은 개신교의 우파 사람들(칼빈주의적 청교도들)이 여전히 교황주의자들의 특징을 가지고 있었다는 것을 알고 있었다. 즉 그들 청교도들은 로마 카톨릭과 같이 자기들과 교리적으로 의견이 다른 사람들[82)]을 화형에 처하고자 했던 것이다(1692년 살렘에서 있었던 마술에 관한 재판).

루터는 "나는 폭력과 살인을 통한 복음 전파를 위해서는 투쟁하고 싶지 않다"라고 말했다.[83] 이에 비하면 루터를 이단이라고 불렀던 사람들은 루터의 신념과는 상당히 다른 신념을 가지고 있었던 것 같다. 쾰른의 대주교는 알바 공작과 함께 그리스도인들을 죽이고자 전투에 말을 타고 참전했으며, 교황 식스투스 5세는 자진해서 교황의 군대를 프랑스로 파견해서 스페인 사람들이 성경대로 믿는 사람들을 죽이도록 도왔다.[84] 시토의 수도원장은 베지에르에 주둔한 "십자군"에게 3,000명의 성경대로 믿는 사람들을 살해하도록 명령했다.[85] 프랑스에 있던 그리스도인들을 살해했던(1200-1300) 무상 군인들을 지휘했던 것도 수도사들이었다.[86] 아브로 맨하탄(Avro Manhattan)은 피델 카스트로(Fidel Castro)의 행적들에 관한 매우 객관적이고 중립적인 자료들을 우리에게 제공해 줌으로써 미래의 교회사 연구가들에게 크게 기여하였다. 맨하탄은 미국의 신문들이 감히 보도하려고 하지 않는 카스트로의 발언들을 수집 출판하였다. 카스트로는 말하기를 라틴 아메리카의 로마 카톨릭 사제들(러시아의 소비에트주의자가 아니라)은 20세기말의 무장 혁명 투사들이라고 말했다.[87] 카톨릭 사제들과 수녀들은 "백성"(인민, 국민)[88]을 위해 싸울 것이며, 교황은 자기 교회가 정부를 통제하고 있는 한은 카톨릭 성직자 수십 명쯤의 희생에는 눈 하나 깜짝하지 않을 것이다. "거룩한 아버지"가 사용하는 속임수(이제껏 모든 교황들이 써먹었듯이)는 정부편과 반정부편의 양쪽에 발붙이고 서서 양쪽과 "좋은 관계를 유지"하는 것이다. 이런 일은 정치 세력 대신 종교를 내세워 정치적 망명을 요구함으로써 수행되고 있다.

역사의 교훈을 배우기를 거절하는 사람은 그 교훈을 다시 배워야만 한다.

제 20 장
독일의 용사들

- 경건파와 모라비안 교도 -

이제 형제들아, 내가 너희에게 권고하노니 너희가 배운 교리에 역행하여 분열을 일으키고 공박하는 자들을 주의하고 그들에게서 떠나라. 그러한 자들은 우리 주 예수 그리스도를 섬기는 것이 아니라 자기들의 배를 섬기는 것이니 정중한 말과 그럴듯한 언변으로 순진한 사람들의 마음을 미혹하느니라. (롬 16:17,18)

신약성경이 완성된 이후 마틴 루터와 존 낙스에 이르기까지 성령께서 이끄신 복음 전파를 추적해 보면 성령의 움직임은 복음의 근원지에서 서북쪽을 따라 북아일랜드와 아이오나섬(영국 스코틀랜드 서해안 앞바다의 섬으로 켈트족의 초기 기독교 중심지)으로 가서 정착되었고[1], 한편으로는 발칸을 거쳐 독일 남동부, 북이태리 및 오스트리아 북부로 성령의 움직임이 이어졌음을 알게 된다. 물론 이 경우 로마는 철저히 배제되었다. 이 성령의 움직임은 결국은 대서양을 건너 북미 대륙으로 이어져 "대부흥"(The Great Awakening, 1720-1750)을 일으키는 원동력이 되었다.

정직한 역사가라면 복음의 대서양 횡단은 요한 웨슬리(John Wesley)와 조지 휫필드

(Georgy Whitefield)의 사역을 언급하지 않고는 설명할 수 없음을 인정할 것이다. 웨슬리와 휫필드는 1611년 <킹제임스성경>을 믿고 사용하였던 영국인이었으므로[2] 둘 다 유럽의 그 어떤 카톨릭 교회와도 아무런 연관이 없음은 물론이다. 동시에 이들은 영국 혹은 독일의 국가교회와도 아무런 연관이 없었다. 두 사람 다 루터교와 아무런 관계가 없었을 뿐 아니라 자기 나라의 성공회에 의해서도 반대를 받았다.[3] 따라서 우리는 신약 교회의 역사를 추적하는 데 있어 유럽 대륙의 종교개혁과 웨슬리와 휫필드의 사역 사이의 관계를 알아보기 위해서 성공회나 루터교를 제외한 다른 그룹을 찾아 보아야 할 것이다. 다행이 이 두 사람과 종교개혁과의 관계는 투명하게 입증된다. 먼저 웨슬리는 루터가 원래부터 가르쳤던 은혜의 교리를 강조하는 모라비안 경건파의 사역 하에서 그리스도께 개종하였다.[4] 이 사실은 마틴 루터의 직계 후손들에 해당되는 사람들(후일 루터교도라 불리움)이 "약속의 땅"(민 13,14장) 앞에서 등을 돌려 더이상 나아가기를 거부했음을 보여 준다.[5] 멜랑히톤에 의해 교육, 문화, 세련미 등이 침투된 루터교회 대신[6] 하나님께서는 성경적 진리를 전파할 다른 그룹을 찾으셨다. 루터의 개혁 이후 얼마가 지나자 문화와 배교의 물결이 루터교를 뒤따랐고(A.D. 1600-1700), 결국은 "고등 비평"으로 유명한 독일 관념론의 물결이(1800-1900) 복음의 불씨를 완전히 꺼버렸다. 이 와중에서 살아 남은 자들이라고 해야 몇몇 성경적 목사들과 복음 전도자들 뿐이었다.[7]

프랑스, 스페인, 이탈리아의 그 누구도 웨슬리에 의해 주도된(1740-1790) 영국의 부흥과 휫필드, 테넌트(Tennant), 프릴링휴이센(Frelinghuysen, 1720-1750) 등에 의해 주도된 미국의 부흥과는 아무런 관련도 없다. 루터의 종교개혁과 영국에서의 종교부흥 사이의 유일한 연관은 요한 웨슬리가 앨더스게이트 선교지에서(1738년 5월 24일) 루터가 쓴 로마서 주석 서문을 읽었다는 사실과 휫필드가 옥스퍼드 시절에 참여했던 "Holy Club"운동 뿐이다.[8] 웨슬리는 피터 뵐러(Peter Boehler)와 슈팡겐베르크(Spangenberg)라고 하는 성경대로 믿는 루터교도들의 노선을 따르던(이들은 멜랑히톤의 죽음 후 기존 루터 교회로부터 분리하였다.) 독일의 모라비안 교도들에 의해 성경적 기독교(유아에게 물 뿌리는 성공회가 아니라)로 인도되었다. 따라서 영적 의미에서 "사도적 계승"이라는 것이 있다고 한다면 그것은 분명히 시리아 안티옥(행 11,13,16장)에서 시작되어 발칸 반도(불가리아, 유고슬라비아, 루마니아)를 거쳐 유럽의 핵심부인 독일 남동부를 거쳐 영국 그리고 마지막으로 미국으로 이어져 내려간 것이다. 로마와 로마 카톨릭은 성경적인 의미에서 이 영적인 노선을 계승해 본 적이 없다. 1611년 이래 영국과 미국에서 구원받은 약 4000만 명 중 교황, 추기경, 주교, 사제, 수사, 수녀

등 그 어떤 카톨릭에 의해 구원으로 인도된 사람은 15명이 채 안될 것이다. 오히려 카톨릭은 이들의 회심을 막을 수 있었더라면 서슴치 않고 그 일을 감행하였을 것이다.[9]

결국 과업을 완수한 사람들은 독일의 "용사"들이었다. 이 복음의 용사들은 경건파(Pietists)라고 불리웠으며 이들로부터 모라비안이 나왔다. 모라비안들은 메노파(Mennonites), 아미파(Amish), 둔커파(Dunkers), 슈툰트파(Studist) 등에 의해 보살핌을 받았다. 독일 사람들보다 더 지도자에게 의존하는 사람도 드물다.[10] 한 사람의 항의자(a PROTESTANT), 즉 마틴 루터 같은 훌륭한 지도자는 세 나라(독일, 영국, 미국)를 하나님께로 돌이킬 수 있었다. 그 반대로 한 사람의 카톨릭 신자(a ROMAN CATHOLIC) 아돌프 히틀러는 약 500만 명의 독일 사람들을 파멸로 몰아 넣었고, 다른 15개 국의 사람들 1500만 명을 죽음으로 몰고 갔다.

경건 운동은 독일의 국가교회였던 루터교라는 죽은 정통주의에 대항하여 나온 영적 저항 운동이었다. 경건파들의 확신은 간단한 것이었다. 첫째, 성경은 하나님의 말씀이며[11], 믿음과 실행에 있어 그 어떤 것도 성경의 권위를 대치할 수 없다. 둘째, 그리스도인은 죄인들을 이겨와(구령) 그리스도를 믿는 신앙으로 이끌어 구원에 이르도록 해야 한다. 셋째, 사람은 성사, 규례 혹은 행위와 관계없이 오직 그리스도께서 완성하신 사역을 믿음으로써 은혜로 구원받는다. 넷째, 그리스도께서는 천년왕국을 세우시기 위해 돌아오실 것이며 그가 돌아오실 때까지는 어떤 천국도 세워지지 않는다. 그 어떤 경건파교도도 물 뿌리는 것이 죄인에게 효과가 있다고 생각하지 않았으며 요셉이나 마리아에게 드리는 기도가 하나님께 상달된다고 믿지 않았다.[12] 이들은 모두 로마 카톨릭의 미사, 연옥, 죽은 자를 위한 기도, 국가교회, "제사장직"의 안수를 거부했다. 간단히 말하면 경건파들은 가장 위험한 부류에 속하는 "후스파"(Hussites)요 "왈덴스"(Waldenses)였으며[13], 만약 그들이 20세기 미국에 살고 있다면 "위에 있는 권세"에 의해 "럭크만파"(Ruckmanites) 혹은 "노리스파"(Norrisites)로 불렸을 것이다. 그들의 영적 아비였던 루터의 추종자들은 한때 이런 것들을 믿었었다. 그러나 교회사의 악순환에 따라(복음 전파, 교육, 문화, 배교) 독일의 기독교는 심지어 카톨릭마저도 용납해 줄 수 있을 정도로 형식주의적이요, 의식주의적이 되어 버렸다. 1700년대에 이르면 독일의 루터교는 음녀들의 어미인 로마 카톨릭 교회와 겨우 한 발자국 밖에 떨어져 있지 않을 지경에 이른다.[14]

30년 전쟁(1618-1648)으로 인한 종교적 논쟁에 국민들은 지쳐 버렸고 북쪽 지방에 있던 국가교회가 오스트리아(나중에는 바바리아 지방)의 국가종교와 같은 형태로 되돌아 가게 되자, 성경대로 믿는 참된 그리스도인들은 복음 전파 대신 냉랭한 종교 의식과 형식적 설교를, 성경 강론 대신 신학 논쟁을, "하나님께 대한 회개와 주 예수 그리스도에 대한 믿음"(행 20:21) 대신 유아에게 물을 뿌리는 "짓"들에 직면하게 되었다.

경건파와 모라비안들은 메노파와 둔커파처럼 회심은 예수 그리스도의 완성된 사역에 대한 개인적인 신앙 문제이며, 회심을 결정하는 사람은 자신이 하고 있는 그것이 무엇을 의미하는지를 알 수 있을 만큼 충분한 나이에 이르러 있어야 한다고 믿었다.

따라서 이들은 윌리암 캐리가 인도에서 선교를 하기 이전에 이미, 대영 선교부가 세워지기 훨씬 전부터, 세계 교회 협의회가 "선교사들을 돕겠다고" 나서기 훨씬 이전부터 복음을 전파하였고 심지어 그린랜드, 북미, 아시아 및 서인도 제도에서 선교를 수행하였다.[15] 모라비안 교도들과 함께 했던 경건파 운동은 필연적으로 세계적인 선교 운동으로 이어질 수밖에 없었다. 스페너와 프랑케가 할레에서 그들의 사역을 시작하기 이전에도 이미 또 다른 독일계(오스트리아인) 그리스도인이 선교회 조직을 요청하였고 교회의 선교 의무를 지적하였다. 이 사람은 저스티니안 폰 벨츠(Justinian Von Weltz, 1621-1688)라고 하는 남작으로 당시 죽어 버린 정통주의자들이 된 루터교도들을 각성시키려다 실패한 후 직접 선교에 뛰어들었던 사람이다. 그는 1688년 화란령 기아나에서 죽었다. [멜랑히톤 식의 느슨한 기독교를 추종했던 "교양있는" 신학자들은 폰 벨츠를 광신적이며, 이단적이고, 위선적이며, 신성 모독적인 인물이라고 혹평한다.[16] 이들은 마태복음 7:6의 "진주들"이 복음이고 "개"와 "돼지들"은 구원받지 못한 아프리카, 아메리카, 아시아인들이라고 주장한다. 전형적인 카톨릭적 해석이 아닐 수 없다.[17]] 그러나 폰 벨츠 남작이 화란영 기아나로 자원해서 선교사로 가기 이전에 또 다른 "용사" 피터 헤일링(Peter Heyling)이 이집트와 아비시니아(1660)로 복음을 전파하러 갔으며 그는 그곳 아프리카에서 순교자의 죽음을 맞이했다.[18]

경건주의 운동의 지도자들은 필립 제이콥 스페너(Philip Jacob Spener, 1635-1705)와 어거스트 헤르만 프랑케(August Hermann Francke, 1663-1727)였다. 모라비안 형제단의 지도자들은 진젠돌프(Zinzendorf, 1700-1760) 백작과 어거스트 슈팡겐베르크(1704-1792)였다. 웨슬리와 루터의 경우처럼 스페너나 프랑케도 처음에는 루터 교회로부터 분리할 의사가 없었다. 스페너는 루터 교회의 신앙에서 떠났다고 비난받기는 했지만 그래도 분리 의사는 없었다.[19] 진젠돌프는 국가 권력에 의해 색소니 지역에서 추방 당했다(1736). [그들은 존 R. 라이스와 R.G. 리가 후일(1930-1970) 배우게 된 사실을 그 당시 배웠던 것이다.[20] 그것은 배교한 교회나 학교는 그 누구에 의해서도 "개혁"되지 않는다는 사실이다. 주님과 교제 안에 머물기 원하는 그리스도인이라면 이들을 떠나야만 하는 것이다. 학교나 교회의 수입이 성경을 고칠 수 있을 만큼 똑똑하다고 스스로 생각하는 선생들이나 회원들에게 의존하고 있는 교회나 학교는 단 한 가지 방향으로 달려가게 된다. 즉 끝없는 구렁인 것이다.]

프랑케는 독일 최초의 기독교 대학을 세웠는데 이것이 후일 밥 존스 시니어의 밥 존스 대학교, 하일스 앤더슨 대학교, 린치버그에 있는 팔웰의 학교들의 본이 되었다. 뿐만 아니라 미국의 기독 대학 운동(1930-1980)을 주도하는 펜사콜라의 홀튼 대학 및 기타 다른 대학들에게도 표본이 된 셈이다. 프랑케는 조지 뮬러처럼 고아원을 세웠으며 그의 고아들을 성경대로 믿는 선교사와 복음 전도자로 키워냈다. 고아원과 학교는 독일의 라이프찌히 근처 할레(Halle)에 세워졌다. 이 학교는 향후 200년 간에 걸쳐 등장한 모든 철학자들에게 성경적인 영향을 주었다. 과학과 철학(딤전 6:20, 골 2:8)은 교육 분야에서 발견되는 성경적 기독교의 가장 커다란 적이라는 사실을 결코 잊어서는 안된다.[21] 향후 200년 동안 사람들이 "과학 이론"과 "철학 체계"라고 불렀던 것은 실은 성경대로 믿는 그리스도인들이 전파하고 저술했던 것들에 대한 반응이었을 뿐이다. 오늘날에도 교육을 받은 죄인들은 자신들이 하나님의 말씀인 성경(엡 4:18)에 대해 사악하고 비과학적인 편견을 지니고 있음을 모르고 있는 것 같다. 그러나 이 편견은 깊이 뿌리박혀 있으며, 무의식적이며, 지속적이며(사 29:11), 절대적으로 비합리적이다.[22] 이들 교육받은 그룹은 그리스도의 증인이 전하는 몇 마디의 말만으로도 심한 분노를 일으킨다. 1984년 현재 미국에는 자기들이 어렸을 때 지옥에 갈 것이라는 말을 듣고 받았던 불쾌한 느낌을 없애고자 전생애를 들여 공부에 열중하고 있는 외과 및 내과 의사들이 많이 있다. 보헤미안 형제단(Bohemian Brethren)과 모라비안 형제단들은 할레에 있는 프랑케의 학교 졸업생들에 의해 훈련받았다. 이들이 갖고 있던 영향력은 유럽의 지성인들을 어찌나 괴롭혔든지 얼마간은 정신 착란에 이르기까지 했을 정도였다.[23]

필립 제이콥 스페너는 알사스 지방의 라펠바일러에서 태어나 스트라스부르크에서 교육을 받았다. 그는 바젤과 제네바에 있을 동안 영국의 청교도 작가들과(특히 리차드 박스터) 메노 시몬의 침례교적 가르침에 동조하던 화란의 경건파에 의해 커다란 영향을 받았다.[24] 스페너는 1670년 프랑크푸르트의 자기 집에서 기도 모임과 성경 공부 모임을 갖기 시작했다. 그는 이미 1666년부터 이곳에서 목회를 하고 있었다. 결과적으로 이 모임들은 분리, 구령, 복음 전파 및 중생에 있어 독일 그리스도인들에게 전국적인 부흥을 가져왔다.[25] 당연히 스페너는 "이단"으로 몰렸고[26] 경찰에게 괴롭힘을 당했다. 이 모임들에 참가했던 사람들은 개인적으로 복음을 증거했고, 이 운동은 입에서 입으로 전파되어 결국 프랑크푸르트 전역과 심지어는 라이프찌히 대학교에까지도 "경건파"들이 생겨나게 되었다. 그러자 라이프찌히와 비텐베르크 대학교 교수진은 1970년대 테네시 탬플과 밥 존스 대학교의 교수진들과 똑같이 '악한' 의도로 색소니 선거후에게 스페너를 고소했다. 어거스트 프랑케 역시 라이프찌히에서 그 대학교수진들로부터 미움을 받고 있었다.[27] 이들 교수진들은 프랑케의 사역을 방해하였고, 그리스도인이 되기 위해서는 새로운 출생(New Birth)이 필요하다는 그의 가르침에 맹렬히 반대하였다. 이 대학교의 "근본주의자들"은(오늘날의 커스터, 포크너, 힌슨, 위즈덤처럼) 프랑케의 경건 운동은 학생들에게 공부(성경에 대한 파괴적 비평)를 게을리 하게 할 뿐 아니라, 학생들에게 "비판적 태도"(물론 교수진들이 내세우는 파괴적 비평에 대해서)를 취하도록 이끈다고 주장하였다.

이 당시(1694) 브란덴부르크 선거후는 자기 자신의 대학을 갖기로 결정하였고 이를 위해 크리스챤 토마시우스(Christian Thomasius, 1655-1728)라는 사람을 시켜 할레에 대학을 세우도록 하였다. 토마시우스 역시 루터교회의 신학자들에 의해 라이프찌히 교수진에서 쫓겨난 사람이었다. 그는 비록 경건파는 아니었지만, 그 어떤 이유로든 고문을 해서는 안된다는 것과 종교적 관용을 지지하는 것 그리고 독일 대학교에서 라틴어 대신 독일어를 공식 언어로 사용해야 한다는 점에 있어서는 프랑케와 스페너의 입장에 동조하였다.[28] 프랑케는 결국 할레에 있는 이 대학교로 와서 고아원을 세웠고, 1727년까지 2,000명의 어린아이를 키워 냈다. 할레에 있는 이 학교는 6,000명의 경건파를 길러 냈고 이들은 모두 훈련된 목사와 전도자가 되었다. 이를 뒤이어 모라비안들은(같은 학교에서 훈련을 받았음) 향후 200년에 걸쳐 또 다른 3,000여 명의 선교사를 배출하게 된다. 이 외에도 프랑케는 칼 힐데브란트 폰 칸슈타인(Karl Hildebrand Von Canstein, 1667-1719)의 도움으로 성경 연구원을 세웠다. 이 연구원은 20세기에도 팜플렛 형태로 성경을 출판, 보급하고 있다.[29] 미국에 들어 온 루터교회는 독일의 할레 출신들인 목사들과 교사들에 의해 복음화 되었다.

우리가 알고 있는 참된 의미에서의 최초의 개신교 선교는 할레 대학교에서 시작되었다. 이것은 덴마크-할레 선교회로 알려져 있으며 1705년 프란츠 루트겐(Franz

Lutkens) 박사에 의해 세워졌다.

루트겐 박사는 코펜하겐에 있는 왕궁 목사로 프랑케와 스페너에게 동인도로 갈 선교사를 보내 줄 것을 요청하였다. 이때 자원한 두 선교사는 바돌로매 지겐발크(Bartholomew Ziegenbalg, 1683-1719)와 하인리히 플루트샤우(Heinrich Plutchau, 1678- 1747)였다.[30] 대부분의 루터 교회는 이들을 지원하는 것과는 아무런 관계도 없었고, 따라서 할레 대학교의 학생들과 교수진이 이를 떠맡았다. 루터가 95개조 반박문을 못박았던 비텐베르크의 교수진들은 플루트샤우와 지겐발크를 "거짓 선지자들"이라고 불렀다.[31] (이와 같은 짓은 교수 휴게실에 모여 앉아 "번역의 오류"와 "축자영감받은 원문"을 "더 잘 표현"해 보겠다고 논쟁을 일삼는 20세기의 배교한 근본주의자들이 취하는 태도와 정확히 똑같다고 할 수 있다.) 인도에서 48년 간 사역했던 크리스챤 프리드리히 슈바르츠(Christian Friederich Schwartz, 1726-1798) 역시 할레 출신이었다. 지겐발크는 인도의 타밀어로 신구약 전체를 번역하였고, 350명의 이슬람교도와 힌두교도를 그리스도께로 인도하였다.[32] 슈바르츠, 플루트샤우, 지겐발크는 아일랜드나 영국인이 아니라 용감한 독일인들이었다.

경건파 운동은 독일 그리스도인들의 선교에 대한 태도에 영향을 주었을 뿐만 아니라, 목회 사역에도 자극을 주었다. 테오도르 운터레이크(Theodore Untereyck, 1653-1693)와 조아킴 네안더(Joachim Neander, 1650-1680) 같은 사람들은 루터교 예배당과 성당에서 열리는 죽어 있는 예배에 활력을 불어넣고, 회중들에게 그들이 이해할 수 있는 평이한 언어로 하나님의 말씀을 선포하기 시작했다. 또 다른 경건파였던 고트프리트 아놀드(Gottfried Arnold, 1666-1714)는 교회사에 등장하는 "이단" 집단들의 이름이 잘못 붙여졌을 뿐만 아니라, 오히려 이들이 "역사적 입장들"만 고수한다는 기존 정통주의자들보다 훨씬 더 단단한 성경적 진리에 기반을 두고 있었다는 사실을 보여줌으로써 교회사에 있어 새로운 사상을 도입하였다. 진짜 이단들은 성경대로 믿는 사람들을 이단이라고 이름 붙였던 죽어 버린 정통주의 배교자들이었다.[33]

니콜라우스 루드비크 폰 진젠돌프(Nicolaus Ludwig Von Zinzendorf) 백작은 1700년 드레스덴에서 태어났다. 그는 루터처럼 변호사가 되기 위해 공부했으나 할레에서 프랑케로부터 받은 영향으로 인해 전심으로 자기 직업에 충실할 수 없었다. 독일어를 사용하는 보헤미안들과 모라비안들이 색소니 지방에서 피난처를 찾고 있을 때(1722), 진젠돌프는 자기 영토에 마을을 건설하도록 허락하였다. 후일 이 마을은 "주님의 망대"(Hernnhut)라고 불리웠다. 모라비안 교회의 탄생은 일반적으로 이때쯤으로 알려져 있으나, 실은 1467년 자신들을 보헤미아의 "형제 연합체"(Unitas Fratrum)이라고 불렀던 한 그룹이 그 전신이라고 할 수 있다. 이 마을이 세워진 후에는 장로회에서 나온 4명으로 된 집행 위원회가 구성되었는데, 진젠돌프 백작 휘하의 레오나르트 도버(1706- 1766)라고 하는 사람이 그 책임자였다. 모라비안 형제단은 선교 사역을 시작한 지 20년만에 성공회와 루터교도들이 200년 간 수행한 선교 사역을 능가하는 열정을 보였다.[34] 도버와 니추슈만(1696-1772)은 서인도 제도에 선교사로 갔다. 크리스천 데이비드(1690-1751)는 그린랜드로 갔으며, 1735년에는 어거스트 고트리프 슈팡켄베르크(1704-1792)의 지휘 아래 대규모 선교단이 조지아 주로 건너갔다. 요한 웨슬리가 슈팡겐베르크를 만나 "당신은 예수 그리스도를 아십니까?"라는 당혹스러운 질문을 받게 된 것도 바로 조지아로 가는 여행 길에서였다.[35] 요한 웨슬리가 영국을 부흥으로 이끌기 전 그는 두 명의 모라비안 형제를 만나게 된다. 이들은 둘 다 독일인들로 피터 뵐러와 진젠돌프 백작이었다.[36]

그리스도의 용사들은 계속 전진하였다. 데이비드 짜이스버거(1721-1808)는 조지아에 있는 크리크족 인디안들에게 복음을 전파했고 후일(1743) 이로쿼이족에게로 갔다. 한 모라비안 선교회가 라브라도르에 설립되었으며 뒤이어 수리남(1735), 남아프리카의 황금 해안(1737), 자메이카(1754), 안티구아(1756) 지역에 선교단이 세워졌다. 독일인들은 "선한 일을 하도록 도전을 받아" 계속해서 선교를 하기 위해 다섯 개의 선교회를 세웠다.[37] 모라비안들이 당시의 "교양있는" 그리스도인들에게 조롱거리가 된 것은 이미 짐작하고도 남는 일이다.[38] 이들이 처음으로 그린랜드에 보낸 두 명의 선교사는 무덤파는 일을 했고, 서인도 제도에 파송된 선교사는 토기장이와 목수였다. 당시 "세련된" 그리스도인들은 이러한 사실로 모라비안교도들을 조롱하였다.

모라비안들은 그들의 선교지에서 살다가 죽었으며, "나에게는 오직 그분을 전파하는 임무만이 있다"라는 그들 지도자의 신조를 실행에 옮겼다. 그들의 겉옷에는 제단 옆에 놓여 있는 쟁기를 들고 그 옆에 서 있는 황소가 그려져 있었다. 독일어로 쓰여진 표어는 "무엇이든 하리라"(READY FOR EITHER)고 되어 있다. 다시 말하면 하나님께서 자신들을 쟁기에 매어 일하도록 하시든지, 제단 위에 자신들의 삶을 하나님의 영광을 위한 번제물로 바치라고 하시든지, 무엇에든 순종할 각오가 되어 있다는 말이다.

이들은 "역사적 근본주의 입장들"이라든가, "축자적으로 영감받은 원본" 같은 논쟁과는 아무런 관계가 없었다. 모라비안 중 몇 사람은 푸에르토리코와 자메이카에 들어온 아프리카 노예들에게 더 잘 접근하기 위해 스스로 노예로 팔렸다. 이들은 조지아의 사반나에서 온 모라비안들로 1741년 펜실베니아주 베들레헴에 독일인 거주자들을 위해 복음 기지를 세웠던 사람들이었다.[39)]

그들은 리틀 티벳으로 나아갔고, 예루살렘에 문둥병자를 위한 병원을 세웠다. 짜이스버거는 뉴욕, 펜실베니아, 오하이오, 미시간에서 인디안들에게 복음을 전파하였고 마틴 루터의 독일어 성경을 몇 개의 인디안 방언으로 번역했다.[40)] 요하네스 메가올렌시즈(Johannes Megaolenses)는 미국에서 모혹크족들을 위해 사역하였다.[41)] 바로 이것이 독일과 전세계에서 신약 교회들이 수행한 사역이었다. 반면 유럽의 국가교회들(성공회, 카톨릭, 개혁파, 루터파)은 흄, 아이히혼, 라이프니츠, 크리스챤 볼프, 레싱, 밀, 벵겔, 베트슈타인, 아스트룩, 세믈러, 에르네스티, 칸트, 루소, 데카르트, 스피노자 등의 식상한 이론들을 다루느라 시간만 낭비하고 있었다.

이보다 더 비참한 일이 있을까? 이 경건파 교도들과 모라비안들은 17,18세기 철학자들의 "경건하고", "세련된" 시냇물 밑에서 생명의 샘에서 터져 나오는 지하의 폭포수처럼 전유럽에 걸쳐 강력하게 울부짖고 있었다. 뒤이어 등장하는 영국과 미국의 모든 복음주의 단체들은 이들과 이들에 의해 회심한 사람들의 영향을 받게 된다. 뿐만 아니라 이들과 동시대에 살았던 성경을 거부하는 모든 자유주의적 철학자들 역시 이들의 사역과 가르침에 영향을 받았다.

칸트는 경건주의적 배경을 갖고 있었으며[42)], 성경을 거부했던 위대한 사회주의자 프리드리히 슐라이어마허 역시 경건주의적 배경을 갖고 있었다.[43)] 독일이 낳은 가장 지독한 자유주의자 중 하나였던 알브레히트 리첼 역시 할레 대학에서 공부했다. 물론 그 당시에 이 대학은 성경 교육 단계를 벗어나 문화의 단계(1840)로 넘어가 있었다.[44)]

이제까지의 사실들로 미루어 우리는 성경적 의미에서의 "사도적 계승"은 마틴 루터의 독일 종교개혁(1500-1560)에서 영국의 부흥(1740-1780) 그리고 미국의 부흥(1720-1750)으로 이어졌음을 부인할 수 없을 것이다. 이들은 "인정받는 학자들"이나 "제도권의 종교 기관"들과는 전혀 관계가 없었다. 이들은 "정통"을 내세우는 "자격을 갖춘 당국자들"과도 전혀 상관이 없었다. 그 어떤 철학자도, 성경 개정자도, 신학자도 1600-1800년 사이의 성령의 사역과는 아무런 관계가 없다. 이 성령의 부흥 운동에는 그 어떤 헬라어 교수나 히브리어 교수도 참여한 바가 없다. 이 운동은 보수주의 교수들과 근본주의 학자들에 의해 "이단"이라고 불렸던 "평범한 사람들"에 의해 수행된 것이다.

1738년 5월 24일 런던의 앨더스 게이트 거리에서 가정 기도 모임에 참석하고 있던 중 요한 웨슬리는 거듭나게 되었다. 이 회심은 한 유명한 "이단" 이 쓴 유명한 책을 읽는 것을 듣고 있다가 발생했다. 이 책은 성경에 관한 책으로 지옥을 강조하고, 교회를 분열시키며, 문제만을 일으키는 광신자로 "선하고 경건하고, 헌신된 인정받는 종교지도자들"을 대할 때면 "거칠고 상스러운" 언어를 구사했던 어떤 사람이 쓴 책이었다. 그 사람은 마틴 루터였고 그 책은 그가 쓴 로마서 주석 서문이었다. 당시 이 책은 기도 집회 중 한 모라비안교도에 의해 낭독되고 있었다.

친카톨릭 교회사가인 라투렛에 따르면 모라비안교도들은 옛 왈덴스의 후예들을 포함하고 있었다.[45] 왈덴스들은 종교개혁이 있기 이미 400년 전에 로마에게 완패를 안겨다 준 장본인들이었다. 성경적이고 실천적인 기독교가 루터파 국가교회 바깥에서 느닷없이 재등장하였으며(1788), 도버 해협을 건너 비텐베르크, 할레, 라이프찌히, 슈트트가르트, 베를린, 하이델베르크 등으로부터 런던, 옥스포드, 캠브리지 및 브리스톨로 이동해 갔다. 성령의 움직임은 동에서 서로 계속되고 있었던 것이다.

독립 이전의 미국 (1700년대)

영토의 85%가 카톨릭 국왕들(프랑스, 스페인)을 통해 교황에게 귀속될 형편이었다.

독립 선언 초기의 미국(1783년)
13개 주에서 먼저 독립 선언을 하였다.
뉴햄프셔
매사추세츠
뉴욕
로드아일랜드
펜실베이니아
코네티컷
뉴저지
델라웨어
메릴랜드
버지니아
노스캐롤라이나
사우스캐롤라이나
조지아
이 영토가 모두
로마카톨릭 영토가
될 뻔했으나
하나님의 은혜로...
스페인
영토
1783년 조약 이후
영국에 의해 양도됨

제21장
서쪽을 향하여! 서쪽으로! 서쪽으로!

그러나 성령께서 너희에게 임하시면, 너희가 능력을 받으리니, 그러면 예루살렘과, 온 유대와, 사마리아와, 땅 끝까지 이르러 내게 증인이 되리라."고 하시니라. (행 1:8)

휫필드(Whitefield)와 웨슬리(Wesley)의 자서전은(이들은 둘 다 "저널"형식의 자서전적인 기록들을 남겼다.) 사도들의 행전같이 보일 정도이다. 유대인들에게 주어진 유대적 표적을 제외한다면(고린도전서 1:22에는 유대인들이 표적을 구한다고 하기 때문이다.)[1], 휫필드와 웨슬리의 사역은 바울이 감옥에 갇힌 것만을 제외하고는 거의 사도 바울의 사역에 필적할 정도이다. 두 사람 다 돌로 맞았고, 채찍과 몽둥이로 공격을 당했으며, 그들이 설교하는 곳에서는 폭동이 일어났고, 두 사람 다 "하나님께 대한 회개와 우리 주 예수 그리스도에 대한 믿음"을 설교했다. 복음 전파에 너무 열중한 나머지 한 사람은 목에서 피가 나올 때까지 했고, 또 한 사람은 무려 50년 간 일주일에 20번이나 설교를 했다.[2] 두 사람 다 거리에서, 야외에서 설교했다. 한 사람은 알미니안주의자였고, 또 한 사람은 온건한 칼빈주의자였다.

휫필드는 웨슬리보다 훨씬 유창하고 감정적이긴 했지만 제스츄어는 별로 사용하지 않았다.[3] 조지 휫필드(Georgy Whitefield, 1714-1770)는 1757년 더블린에서 교황 추종자들에게 복음을 전파하다가 온몸에 피를 흘릴 정도로 돌에 맞아 거의 실신 상태가 되었다. 요한 웨슬리(John Wesley, 1703-1791)가 코크시에서 복음을 전할 때 그의 적들은 그의 인형을 만들어 불태웠다.[4] 웨슬리는 때로는 두 시간 이상 복음을 전했고, 군중들로부터 공격을 당하거나 돌에 맞았다. 그는 1년에 말을 타고 72,000km 이상을 여행하면서 18,000명 이상의 사람들에게 20,000번의 설교를 했다. 그는 때때로 아침 다섯 시 이전에 하루의 일과를 시작했다.[5]

조지 휫필드는 한 성공회 감독에 의해 15명의 사람을 미치게 했다는 비난을 받았다.[6] 웨슬리의 '사랑하는 아내'는 그의 개인 서신을 훔쳤으며, 그의 서류에 그의 사인을 위조하였을 뿐만 아니라, 그의 머리를 붙잡고 집 주위를 끌고 다니기도 했다. 그녀는 몇 번에 걸쳐 그가 설교하고 있는 도중 일어나 "그는 위선자이며 지난 밤 술에 취해 있는 것을 보았다"고 소리를 질러댔다.[7] 마침내 그녀가 웨슬리를 버리고 떠나자, 웨슬리는 "나는 그녀를 쫓아내지 않았다. 그러나 나는 그녀를 다시 부르지는 않을 것이다"라고 말했다.

영국 성공회는 웨슬리의 설교로 회심한 사람들에게는 성찬식에 참여하지 못하도록 하였다. 그럼에도 불구하고 그의 사역의 영향은 너무도 큰 것이어서 1791년 그가 죽을 무렵에는 77,000여 명의 "감리교도"들이 생겨났고, 그는 이들에게 성찬을 직접 베풀 수 있었다.[8] 그 무엇보다도 요한 웨슬리는 주일학교 운동에 활력을 부어넣었고, 이 운동은 후일 1930-1980년 사이 근본주의자들이 가장 주안점을 두고 추진하였던 것이었다. [1783년 감리교도였던 로버트 레이크스(Robert Raikes)는 조직적인 주일학교 운동이 시작되기 수년 전에 주일학교를 시작하였다.[9]]

감리교 부흥 운동은 1776년 요한 웨슬리가 미국을 떠나 영국으로 돌아간 후 시작되었다. 웨슬리에 의해 회심한 나다니엘 길버트(Nathaniel Gilbert)는 서인도 제도에 감리교 연합회를 구성하였고, 이 기구는 토마스 코크(Thomas Coke)와 조지 리엘(Georgy Liele)의 지휘 하에 강력한 선교 기구로 발전하였다.[10] 실로 웨슬리의 교구는 "전세상"이었던 것이다.[11]

거의 모든 역사가들은 웨슬리가 위대한 설교자였으며, 카톨릭 국가인 프랑스가 겪었던 참혹한 재앙(1789-1790)과 비슷한 유혈 혁명으로부터 영국을 건져낸 주요한 인물이었음을 인정한다. 그럼에도 불구하고 이들 역사가들은 요한 웨슬리가 "어떻게" 그 일을 수행할 수 있었는가에 대해서는 침묵을 지키고 있다. 이들은 갑자기 타이프 치던 손에 마비가 온 것인지, 아니면 느닷없이 실명이라도 했는지 전혀 앞뒤를 분간하지 못하고 있다. 웨슬리가 평생 하던 그 일이 무엇인지를 모르다니 말이 되는가? 웨슬리는 1611년에 나온 <킹제임스성경>을 거리에서 거리로 다니면서 설교하고 전파함으로써 영국을 혁명의 돌풍에서 건져내었던 것이다. 이 성경은 그 때에도 이미 나온 지 120년이나 지난 "구식" 성경이었다.

이 사실은 현대의 배교한 근본주의자들에게는 상당히 충격적일 것이다. 왜냐하면 이들(커스터, 돕슨, 힌슨, 카슨, 썸너, 프라이스, 마틴, 아프만, 밥 존스 3세 등)은 <킹제임스성경>이 너무도 "구식"이기 때문에 구식 표현을 긴급히 현대적 표현으로 수정해야 한다는 핑계를 대며, 완전히 변개된 성서들인 ASV(1901), NASV(1960), NIV(1979) 등을 용납하고 있기 때문이다. 그러나 현명한 사람이라면 "모든 일을 시험하여 볼 것이며"(살전 5:21), "자기의 걸음을 살펴야만 할 것이다"(잠 14:15). 1960-1980년 사이 이들 배교자들은(그리고 그들의 추종자들도) <킹제임스성경>의 영어는 매5년마다 현대화 되어야 한다고 주장했다. 19,20세기에 나온 모든 성경 번역본은 번역을 새로이 시도할 때마다 1611년 당시의 "구식 표현"을 현대에 맞추어야 한다고 주장했었던 것이다.

1878년 로더함이 그렇게 주장했고, 1895년 펜톤이 나타나 아직은 더 현대화 해야 된다고 주장했다. 그러다가 20세기에 들어서는 새로운 번역이 등장해서 로더함과 펜톤의 작업은 불충분했다고 주장했다. 이 세 번의 거짓말에도 부족했던지 1901년에는 ASV위원회가 똑같은 주장을 되풀이했고 웨이마우스가 2년 뒤(1903) 똑같은 헛소리를 했다. 영어가 3년만에 구식이 되어 버렸다니...! 1927년 미국 번역 위원회(American Translation Committe)가 다시 한 번 "구식" 영어를 현대화시키더니만 그후부터는 줄줄이 그런 작태가 계속되었다. <윌리암스 역본>, <버클리 역본>, <필립스 역본>, <모팻 역본>, <확대역본>, <리빙 바이블> 그리고 NEB(1960)가 등장했다.

그러고 보니 1884년 이래 "구식" <킹제임스성경>의 영어를 바로잡기 위해 무려 45번의 구출 작전이 펼쳐진 셈이다. 그것도 부족한 지 1982년에는 토마스 넬슨 출판사가 자기들의 성경이 "현대화된 언어" 때문에 1611년 <킹제임스성경>보다 더 훌륭한 성경이라는 증거를 제시하는 광고를 "근본주의 잡지"들에 게재하기에 이르렀다. 이런 짓들이 주님의 몸된 교회가 버젓이 지켜보는 가운데 뻔뻔이 자행되었으며, 그 주요 목적은 로열티에서 나오는 수입 때문이었다.[12)]

웨슬리는 200년 간 거의 바뀌지 않은 헬라어 성경과 120년 간 거의 바뀌지 않은 영어 성경을 가지고 전 영국을 부흥으로 이끌었으며, 그는 바로 이 성경을 가지고 미국에서 설교했던 것이다. 밥 존스 대학, 린치버그 대학 등의 교수진들은 120년 간 무려 36번이나 "현대화"된 책을 들고서도 한 번도 전국적 부흥을 일으켜 본 적이 없다. 누군가가 그리스도의 몸 안에 잘못된 책이 통용되도록 속임수를 쓰고 있는 것이다(피터 럭크만의 <필사본 증거>를 참조하라). 그러나 성령님께서는 그러한 "성서"들에는 아무런 관심도 보이시지 않는다.

웨슬리의 청중은 성경이 하나님의 말씀임을 믿는 구원받지 못한 죄인들이었지만, 현대의 청중들은 성경을 하나님의 말씀이라고 믿지 않는 "기독교인"들인 것이다. 이들은 기독교 대학의 교수들을 통해 그 사실을 믿지 못하도록 교육받았던 것이다.

웨슬리의 생애와 설교는 오직 한 가지 책(성경)에 의해 지배되었다. 물론 그가 성경을 번역한 적이 있기는 하다. 그럼에도 오직 그 책(King James Bible)만이 믿음, 설교, 교리 및 실행에 있어 그에게 최종권위가 되었다. 그를 비평하던 사람들의 최종권위는 학교에서 배운 몇 가지 의견들로써 편의와 자신들의 사회적 이미지에 기초한 개인적 취향들이었다. 이러한 상황은 이제껏 그래왔고 앞으로도 그러할 것이다.[13)] 자유주의자들과 현대주의자들이 빌리 그래함(1918-)에 대해 가장 높이 평가하는 것은 그가 개개인의 감정을 상하게 할 만한 방법을 사용하지 않는다는 것이다.[14)]

"현대인"은 TV 코미디, 외설 영화, 정글 음악(록앤롤), 스포츠 등 여러 가지 개인적 죄들을 지적당함으로써 감정이 상하는 것을 원치 않는다. 일주일에 한 두번 정도만 생각을 하나님께 빌려드림으로써 자신의 생각이 하나님의 말씀인 성경의 능력과 권위에 자리잡지 못하도록 하는 것이다. 웨슬리는 이러한 위선자들의 죄를 들춰내는 설교를 했던 것이다. 들어보자. "당신은 날마다 죄와 싸우고 계십니까? 매일 승리하고 있습니까? 나는 당신을 하나님의 자녀로 인정합니다만, 당신은 싸우기만 하고 승리는 못하십니까? 그렇다면 당신은 아직 그리스도를 믿는 것이 아닙니다. 그러나 계속하십시오 그리하면 주님을 알게 되실 것입니다. 느슨하고 풀어진 그런 삶을 사시면서 전혀 투쟁하고 있지 못합니까? 당신은 잠꾸러기입니다. 심연이 당신을 삼키기 전에 당신의 하나님을 부르십시오!"[15]

웨슬리는 분명 알미니안주의자였다. 그러나 성경을 주의깊게 공부하는 사람이라면 위에 나와있는 설교 형식은 모든 극단적 칼빈주의자들이 하나님께서는 택함받은 자에게 "회개를 허락"하셨다는 사실을 증명하기 위해서 사용하는 것과 똑같다는 사실을 파악할 수 있다. 하나님께서 "회개를 허락하셨다"(그리고는 믿는 자의 의지와는 상관없이 중생을 이루셨다)는 증거는 이들이 담배도 안피우고, 술도 안마시고, 춤도 안추고, 단정한 복장을 하고, 머리도 단정히 하고, 수요일 저녁에 기도 모임에 나오고, 십일조도 하는 등 여러 가지다. 이와 같은 방법으로 극단적 칼빈주의자들(쉘톤, 버나드, 핑크, 가레트, 스탬, 파일즈 등)은 결국 극단적 알미니안주의를 설교하고 있는 셈이다.

조지 휫필드는 그 당시의 온건한 칼빈주의자였다.[16] 그는 이제까지의 모든 설교자들 중 가장 위대한 웅변가로 알려져 있다. 그는 "메소포타미아"라는 단어를 어찌나 감정을 넣어서 발음했던지 그것을 듣고 사람들이 눈물을 흘릴 정도였다고 한다.[17] 벤자민 프랭클린(Benjamin Franklin, 1706-1790)은 어느날 저녁 휫필드가 보스톤에서 설교하고 있을 때 그 설교를 듣게 되었는데, 후일 말하기를 휫필드의 설교는 1마일 이상 떨어진 곳에서도 분명하게 들을 수 있었다고 했다.[18]

휫필드의 야외 집회에서 사람들이 찰스 웨슬리의 찬송가를 얼마나 힘차게 불렀는지 맑은 날에는 3km 떨어진 곳에까지 들렸다고 한다.[19] 뉴만에 따르면 여러 종류의 회중들의 마음을 사로잡는 능력에 있어 휫필드를 당할 전도자는 일찌기 없었을 것이라고 한다.[20] "집회의 선생"(전 12:11)이었던 휫필드가 오직 한 가지 성경(즉 1611년 <킹제임스성경>)을 믿고 설교한 것은 지극히 당연한 일이었다.

휫필드는 1738년 미국에 왔으며 조지아주 연안을 산불처럼 휩쓸었다. "아멘"이라는 소리가 미국의 회중 가운데서 들려나오게 된 것은 이 때가 처음이었다.[21] 모라비안(Moravians)들은 1732년부터 1734년까지 그들의 사역을 수행하였다. 아프리카에서 실려와 조지아주와 사우스 캐롤라이나주 농장에서 일하고 있던 흑인 노예들은 드디어 그 유명한 1611년 <킹제임스성경>을 맞이할 준비가 된 것이다. 사실 이 유명한 성경은 오리겐의 "엉뚱한" 사역하에 A.D.250년경 아프리카에서 사라져 버렸던 그것이었다.[22] 휫필드의 복음 전파에 흑인 노예들은 "아멘.", "백인 양반, 그 성경 말씀을 전파하십시오.", "하나님께 영광!", "예! 예! 옳습니다" 등으로 화답하였다. 그가 보스톤에 오자, 그 지역의 "자격을 갖추신" 교계 지도자들은 그에게 "휫필드씨, 여기서 뵙게 되다니 유감입니다"라고 빈정댔다. 이에 대해 휫필드는 "마귀도 역시 유감스럽겠지요"라고 대꾸하고는 설교를 시작했다.[23] 그가 필라델피아에서 설교하자, 결국 그곳의 댄스 교습소, 극장, 음악당 등이 "복음에 일치하지 않는 것들"로 간주되어 폐쇄되기에 이르렀다.[24]

휫필드는 보스톤에서 15,000명에게 복음을 전파했고, 이 중 단 한 번의 집회에서 10,000명의 사람이 주 예수 그리스도를 믿겠다고 고백하였다.[25] 이것은 오순절날에 있었던 것보다 4배 이상의 열매라고 할 수 있다. 그런데 주목할 것은 휫필드의 부흥 집회시 그 누구도 방언을 말한 적이 없었으며, 방언을 했다고 고백하는 사람도 없었다는 점이다.

휫필드를 가장 강력히 반대하고 나온 사람들은 다름아닌 소위 "정통의 지팡이", 혹은 "믿음의 요새"를 자처하고 세워졌다는 예일 대학의 신학교수들이었다. 예일 대학생들은 조지 휫필드의 설교를 듣지 못하도록 경고받았는데, 그 이유는 그의 행동과 열정이 지나치다(?)는 것이었다.[26]

복음 전파(사람), 교육(운동), 문화(기계), 배교(기념비)가 또 다시 되풀이되고 있었던 것이다. 예일 대학은 오늘날 밥 존스 대학교(1983)처럼 기념비가 되어버렸다. 죽은 자들이 죽은 자들을 묻어버린 셈이다.

비록 휫필드의 설교가 지나치게 드라마틱한 것은 사실이었지만, 그는 "성품이 단순하고, 눈물과 제스츄어와 감탄사와 탄식"에 있어 지극히 자연스러운 평범한 사람이었다.[27] 그는 오직 한 가지 책만을 설교한 설교가였다. 그는 한 책으로 인해 살고, 전파하고, 충고하고, 암송하고, 권고했으며, 자신의 평생을 바쳤던 바로 그 책으로 인해 죽었다. 이 책은 "더 오래되고 더 좋은 필사본"들을 찾아냈다고 하는 "훌륭하시고, 경건하시며, 헌신되신 분"(?)들이 붙든 책과는 전혀 상관이 없다.

이 책은 워싱턴, 제퍼슨, 프랭클린, 아담스 등이 평생 동안 전파되는 것을 들었던 바로 그 책이었다. 1776년 7월 4일 대륙 회의가 열리고 8월 2일 독립 선언문이 서명되었을 당시, 이 서명자들 중에는 단 한 명의 로마카톨릭 교도가 있었을 뿐이었다. 나머지 사람들 모두는 1611년 <킹제임스성경>이 하나님의 말씀이라고 믿으면서 자라났던 사람들이었다(물론 그들 중에는 그 성경에 순종하지 않은 사람들도 있었다). 제퍼슨, 아담스 등과 같은 사람들은 그들이 읽었던 성경을 알고 있었다. 그들 중 누구도 최초의 두루마리 조각들만 성경이라고 여길 만큼 어리석지 않았다.[28] 이런 것들을 성경이라고 부르게 된 것은 기독교 교육자들의 사적인 주장에서 나온 "현대적 광기"라고나 할 것이다. 더욱 정확히 말하자면, 파스타드(Farstad)의 <뉴킹제임스성경, New "King James Version", 1982>을 펴낸 "학자"들로 이루어진 위원회가 그 장본인이라고 할 수 있다.

조지 휫필드는 그가 살았던 모습 그대로 죽었다. 그는 온 힘을 다해 설교하다가 죽었던 것이다. 자료에 따르면 그가 병들어 죽어갈 때도 그는 그에게 문병온 사람들에게 설교했으며, 그가 설교를 마쳤을 때에는 그가 붙들고 있던 양초가 반이나 타들어가고 있었다고 한다. 그가 자기 방으로 돌아갔을 때에는 심지가 거의 다탔고, 마지막 불빛이 꺼졌을 때 휫필드는 숨을 거두었다고 한다.

그가 남긴 마지막 말은 다음과 같다. "주 예수님, 저는 주님의 일을 하다가 몸이 지쳐 있습니다. 저는 결코 주님의 일에 싫증난 것이 아닙니다. 제가 아직 저의 달려갈 길을 끝맺지 못했다면, 저로 가서 다시 한 번 주님을 위해 말을 하고, 진리를 인치고 그리고 돌아와 죽게 하소서."[29]

그의 동료 용사였던 알미니안주의자 웨슬리의 마지막 말은 "가장 기쁜 사실은 하나님께서 우리와 함께하신다는 것입니다! 나는 찬양하겠소! 나는 찬양하겠소! 안녕히 계시오!"였다.[30]

웨슬리와 휫필드의 사역은 교회사가들이 "대각성"(The Great Awakening, 1720-1750)이라고 부르는 성령의 움직임과 분리될 수 없다. 이 부흥에 관련된 모든 설교자들과 회심자들은 (웨슬리의 부흥 때와 마찬가지로) <킹제임스성경>을 믿었고, 그 성경으로 설교했다.

미국의 대각성 운동이 일어날 당시의 상황을 이해하려면 오순절파(Pentecostals), 몬타니스트(Montanists), 성공회(Anglicans), 제7일 안식교(Seventh Day Adventists), 프란시스 수도회(Franciscan monks) 등이 뒤엉켜 있는 칼빈 당시의 제네바를 상상해 보면 될 것이다. 칼빈과 낙스(Knox)로 이어지는 실천 신학의 줄기는 장로 교회(Presbyterian)와 회중 교회(Congregational)로 집약되고 루터, 슈팽크벨트(Schwenckfeldt), 스페너

(Spener), 진젠돌프(Zinzendorf) 등으로 이어져서 퀘이커(Quakers), 메노파(Mennonites), 모라비안(Moravians), 아미파(Amish), 둔커파(Dunkers) 등에게서 절정을 이루었다.

잘 알려진 메이플라워 그룹(1620)인 브루이스터(Brewster), 브래드포드(Bradford) 및 존 로빈슨(John Robinson) 등은 당시 분리주의자(Separatists) 혹은 비순응주의자(Nonconformists) 등으로 간주되고 있었다. 이 명칭들은 영국에서 침례교도들에게 붙여진 이름이었다.[31] 물론 교회사적으로 분류해 보자면 그들은 오히려 청교도(Puritan)에 가까웠지만 그들의 신앙은 청교도들만큼 "보수적"으로 경직되지는 않았다.[32] 로빈슨 목사의 임종시 발언은 1600년경의 유럽의 종교적 상황에 대해 가장 명확하고 정곡을 찌르는 강령인 셈이다.

"나는 개혁 교회들의 상황에 비탄을 금할 수가 없다... 루터파들은 루터가 깨달은 것 이상으로 나아가질 못하고 있다."[33] (1994년 현재 "근본주의자들" 역시 1909년 스코필드가 깨달은 것 이상으로 나아가질 못하고 있다.) "칼빈주의자들 역시 칼빈이 남겨놓은 그것을 붙들기에 급급하고 있다... 물론 루터와 칼빈은 그들 시대에서는 반짝이는 귀중한 별들이었다"(스코필드와 스펄젼도 그들의 시대에 그랬었다). "그러나 하나님께서는 그들에게 모든 뜻을 다 보여 주신 것은 아니었다. 주님께는 그분의 거룩한 말씀으로 비춰 주실 훨씬 많은 진리와 빛이 남아 있다."[34]

로빈슨의 임종시 발언은 "이중 영감설"(Double Inspiration) 혹은 "점진적 계시"(Pro- gressive Revelation)라는 용어로 불리면서 밥 존스 대학교 교수진들에 의해 이단시되었다.[35] 로빈슨 목사가 "전체가 축자적으로 영감 받은 원본"대신 번역본들을 통해 더 많은 계시를 얻게 될 것이라고 주장했다는 이유로 밥 존스 2세와 트루먼 달라는(1979년 현재) 그를 이단 두목으로 간주했다.

하지만 A.D.300년부터 1994년까지 어떤 그리스도인이 하나님의 말씀으로부터 배운 모든 진리들은 번역본들을 통해 계시되었으며, 1611년에 나온 영어 <킹제임스성경>이 RV(1881), ASV(1901), RSV(1952), NASV(1960), NRSV(1970) 및 모든 원어 필사본들을 다 합친 것보다 더 많은 영혼들을 구원하였다는 사실은 역사적 사실임을 잊지 말아야 한다.

1629년부터 1640년 사이에 거의 2만여 명의 청교도들이 성공회 기도집을 사용하라는 지시에 항거하여 메이플라워 그룹을 따라 미국으로 건너갔다.[36] 청교도였던 헨리 제이콥(Henry Jacob)은 1616년 런던에 침례 교회를 세웠으며, 미국의 여러 도시에 회중 교회를 세웠다. 청교도였던 후퍼 감독(Bishop Hooper)과 로버트 브라운(Robert Browne)도 미국에 회중 교회들을 세웠다.[37] 필립 샤프는 루터 역시 죽기 전에 회중 교회를 세워보려는 생각을 갖고 있었던 것 같다고 말했다. 다시 말해 루터는 어떤 종류의 교회국가에도 강한 의혹을 품고 있었다는 말이다. 독일의 루터 교회는 루터마저 원치 않았다는 말이다.[38] 루터는 좀더 살았더라면 루터파 대신 침례교도가 되었을지도 모른다. 왜냐하면 침례교도들은 회중에 의한 자치를 믿으며, 그들에게는 지역교회만이 모든 일에 있어 결정 기구이며, 로빈스 목사의 말대로 오직 "하나님의 거룩한 말씀"에만 복종했기 때문이다.

미국에서 가장 오래된 청교도 마을은 윌리암 코딩튼(William Coddington)이 세운 포트마우스(Portmouth)와 뉴 포트(New Port), 사무엘 고튼(Samuel Gorton)이 세운 워윅(Warwick)과 로저 윌리암스(Roger Williams)가 세운 프로비던스(Providence)이다.[39] 미국 최초의 침례 교회는 로저 윌리암스가 세운 것이 아니고, 존 클라크(John Clarke)가 1639년 뉴포트에 세웠다.[40] 이 교회는 로저 윌리암스가 침례를 받기도 전에 세워졌는데도 친카톨릭 역사가들은 로저 윌리암스를 미국 최초의 침례교도라고 주장한다. 그러나 이것은 역사를 왜곡하는 것일 뿐이다. 우리가 존 클라크의 배경을 조사해 보면 왜 교회사가들이 로저 윌리암스를 굳이 최초의 침례교도라고 주장하는가를 알게 될 것이다.

존 클라크는 런던의 한 교회에서(스틸웰 목사가 담임목사였다) 침례를 받았는데, 그 교회는 영국의 침례교도들이 세운 것이 아니라 화란에서 온 화란의 메노파(Mennonites)가 세운 교회였다. 화란의 메노파들은 왈덴스로부터 왔으며 이 사실은 매우 의미심장하다.[41] 이것은 영국의 침례교도들마저도 역사가들이 주장하는 것과는 달리 "존 스미스"로부터 온 것이 아니라 독일 침례교도들로부터 왔다는 것을 의미한다.

옛 독일의 찬송가였던 아우스분트(Ausbund)는 영국과 독일에서 메노파와 침례교도들에 의해 사용되었다. 이렇게 해서 유럽으로부터 건너온 우리의 옛 "이단" 친구들 중 세 그룹이 미국의 로드아일랜드 지방에 갑자기 출현하게 되는 것이다. 이들 이단 그룹을 추적해 보면 그들은 처음에 "도나티스트"(Donatists)와 "노바티안"(Novatians)으로 불렸고, 도나티스트란 명칭은 후일 독일의 재침례파(Anabaptists)와 화란의 메노파

교도들에게 사용되었다.

모라비안들은 오래 전부터 왈덴스와 동일시되었으며, 1315년경에는 월터 롤라드(Walter Lollard, 독일 출신의 왈덴스였다)의 추종자들이 "롤라드"(Lollards)라고 불렸음을 상기해 볼 때[42] 우리는 미국에 세워진 최초의 침례 교회의 배경을 어렵지 않게 밝혀낼 수 있는 것이다. 미국 최초의 침례 교회 창설자는 유럽 교회에서 안수받은 사람으로 그가 속해 있던 교회는 전적으로 도나티스트(4세기), 노바티안(3세기), 몬타니스트(2세기), 및 존 위클리프의 추종자들을 본받은 교회였다. 이것이 미국 최초의 침례 교회를 세웠던 존 클라크의 배경이라고 할 수 있다.

이들 침례교도들은 로마 카톨릭 교회로부터 왈덴스(Waldenses)로 불렸다.[43] 따라서 로저 윌리암스는 교회와 국가의 분리라고 하는 그의 사상을 영국의 침례교도들로부터 배웠는데, 이들은 그 사상을 영국 성공회나, 장로 교회나 혹은 청교도들로부터가 아니라 왈덴스로부터 얻은 것이었다.[44] 뉴욕에 있는 롱 아일랜드와 스테이튼 아일랜드에는 자신들을 "왈덴스"와 "재침례파"로 부르는 그룹이 실제로 있었다.[45]

당시 칼빈주의적 청교도들 안에는(존 코튼, 토마스 후커, 코튼 마더 및 존 윈스롭 등이 메사츄세츠 안에서 한 그룹을 형성하고 있었음) 4, 5세기의 도나티스트들처럼 성인만을 침례주며 교황은 적그리스도라는 가르침을 유지하고(위클리프 휘하의 모든 롤라드 그룹도 이렇게 가르쳤다) 그 어떤 국가교회도 지역교회의 행정에 관여해서는 안된다고 주장하는 그룹이 있었다. 이처럼 미국의 기독교는 이미 엄청난 폭발의 불씨를 안고 있었다.

한 가지 이상한 점은 종교 자유의 모퉁이 돌로서 로드 아일랜드의 프로비던스 식민촌 건설을 허락한 사람은 교황의 추종자였던 찰스 1세였다는 것이다. 이것은 찰스 1세가 카톨릭 교도들이 박해받지 않고 미국에 침투해 들어갈 수 있도록 짜낸 묘안이었다. 그는(교황을 포함해서) 모든 다른 훌륭한 카톨릭적 군주들과 마찬가지로 미국 안에서 그의 추종자들이 뿌리를 내릴 때까지는 미국인들에게 "관용"과 "종교의 자유"와 "예배의 자유"를 베풀 것을 부탁했다.[46] 로마의 전략은 결코 변하지 않는다.

둔커파, 메노파 및 스위스 형제단은 펜실베니아에 정착했다. 이들과 함께한 그룹 중에는 아미파도 있었으며 이들은 오늘날에도 여전히 활약하고 있다. 이 그룹은 17세기 스위스에서 제이콥 아메른(Jacob Amern)에 의해 시작되었다.[47] 뉴저지에 정착한 한 퀘이커 교도였던 존 울만(John Woolman)은 젊은이들을 회심시키기 위해 뉴저지 동부로 선교사들을 보냈다(1701).[48] 뮬렌베르크(Muhlenberg)는 1742년 펜실베니아에 루터 교회를 조직했다. 그는 이전에 독일의 경건파교도들에게 가르침을 받았다.[49] 1700년쯤에는 스코틀랜드와 영국의 장로교인들 상당수가 미대륙에 정착했다. 1710년경에는 미국에 12개의 장로 교회가 세워졌고, 1729년경에는 27명의 사역자가 이들 교회를 이끌었다. 영국에서 성공회에 의해 아일랜드에서는 카톨릭에 의해 박해받았던 장로교인 수백 명이 대서양을 건너갔다.[50] 로마 카톨릭 교도들은 매릴랜드("마리아의 땅")로 이주했으며[51], 그들은 손에 맥주와 위스키를 들고 나타났다. 장로교인들과 청교도들은 "술"을 좋아하지 않았다.

이들 모든 그룹들 중 가장 박해를 받았던 그룹은 침례교도였다. 카톨릭 역사가들은 미국에서는 "깊이 자리잡은 편견" 때문에(이것은 편견이 아니라 카톨릭이 중세 1000년 동안 자행한 악에 대한 올바른 판단이었다) 카톨릭은 늘 "관용"적인 대우를 받지 못했다고 주장한다. 그러나 침례교도들은 이들 카톨릭보다 더 비관용적인 대우를 받았다.

로드 아일랜드에는 2개의 침례 교회가 세워졌고(1638, 1656), 메사츄세츠에 2개(1663, 1665), 뉴저지에 4개(1707), 그후 로드 아일랜드에 9개가 더 세워졌으며(1750), 코네티컷에 7개가 세워졌다(1750).[52] 이들 침례교도들은 체포당하고, 감옥에 갇혔고, 벌금형에 처해졌고, 처벌을 받기도 했다.[53] 이들은 저주받았고, 재판에서 추방령을 받고 쫓겨났으며, 회중 교회, 장로 교회, 청교도 및 개혁 교회들에 의해 위협당했다. 이들은 그 어떤 형태의 유아세례도 사람을 거듭나게 할 수 없다는 단순하고도 "치명적"인 진리를 가르쳤다는 이유로 모든 "형제"들로부터 핍박을 받은 것이다.

토마스 페인터(Thomas Painter)는 한 아이에게 침례주기를 거부했다고 해서 채찍질을 당했다. 토마스는 유아에게 물을 뿌리는 행위는 반기독교적 의식이라고 주장했다.[54] 하바드 대학교의 총장이었던 헨리 던스터(Henry Dunster)는 4명의 어린아이의 이마에 물을 축이지 못하도록 했다는 이유로 총장직을 사임해야만 했다.[55] 오바댜 홈즈(Obadiah Holmes)와 존 클라크는 유아에게 물을 뿌리는 것을 부인했다고 해서 20파운드 벌금과 채찍형을 당했다. 다른 이들도 유아에게 물을 뿌리는 행위는 아무 "효용"이 없다고 주장한다고 해서 여러 차례 감옥에 가야 했다(1665년 보스톤에서).[56]

존 코튼과 뉴잉글랜드 지방의 모든 회중교인들은 로저 윌리암스의 사역에 반대했다. 조지 폭스(George Foxe, 1624-1691)가 세운 퀘이커 그룹이 유아세례를 주지 않는다고 하자, 이들 역시 주권적 은혜와 무조건적 선택은 물뿌림에 의해 조건지워진다고 믿었던 "극단적" 칼빈주의자들의 분노를 샀다. 코튼 마더(Cotton Mather)는 첫 번째 부활은 오직 영적일 뿐이라고 주장했는데, 그는 실로 미트라(교황이 쓰는 모자)를 쓰지 않은 교황으로 군림했다.[57] 사실 청교도 제국주의는 바티칸 제국주의와 일맥상통한다.

<킹제임스성경>의 번역자들은 이 사실을 알고 있었고, 그래서 그들은 왕께 바치는 헌사에서 이 사실을 언급했던 것이다. 반면 카톨릭 역사가들은 바티칸 궁에 살고 있는 왕관 쓴 통치자가 있는데도 불구하고 바티칸이 제국주의적 경향이 있다는 사실을 결코 수긍하려고 하지 않는다. 참으로 희한한 이들 역사가들은 미국에 있었던 "청교도 제국주의"는 끊임없이 언급하면서도 바티칸 얘기는 전혀 무시해 버린다.[58] 그러나 실상은 어떠한가? 청교도들이 거리에서 설교하는 사람을 화형에 처하거나, 채찍질하거나, 감옥에 집어넣은 것이 사실인 것처럼 로마 카톨릭 교도 역시 마찬가지다. 한 가지 다른 점이라면 카톨릭 교회는 청교도보다 30만 배 이상이나 되는 사람을 죽였다는 것이다.

카톨릭 교회사가들이 제임스 1세와 찰스 2세 치리하에 있었던 아일랜드 사람들에 대한 처우를 비판하는 것은 짐 존스가 미국 의회의 조사를 불평하는 것과 별다를 게 없다(1979). 제임스 1세와 찰스 2세 시대 이전에는 피의 메리 여왕의 잔인한 살상이 있었으며, 메노파, 재침례파, 왈덴스, 불가리안, 위그노, 보도, 롤라드 및 "마니키안" 같은 성경대로 믿는 사람들 5백만 명이 살상당했다는 사실을 잊지 말아야 한다.[59]

그 유명한 코네티컷주의 "안식령"(blue laws)은 초기 미국 정착지들에 선포되었고, 곧이어 퀘이커 교도들에 대한 박해가 일어났다. 이들은 채찍에 맞았고, 목매달렸으며, 투옥되었고, 영국을 떠나 미국에 도착하자마자 추방되었다.[60] 퀘이커의 창시자 조지 폭스는 도나티스트처럼 전천년주의자였으며 유아세례를 반대하였다. 그는 한 사람의 추종자도 없이 영국과 유럽과 미국에서 설교하였다. 성직자들이 계시록은 닫혀진 책이라고 말했다면 그는 그리스도께서 그들을 위해 봉인을 열어 주실 것이라고 말했을 것이다.[61] 폭스는 극단적 문자주의자였다. 그는 요일들을 "월, 화, 수, 목, 금, 토, 일"로 부르는 것을 거부했다. 왜냐하면 이들 요일들이 이교도들의 신들(gods)의 이름을 따온 것이기 때문이다. 그리고 그는 교회 건물을 "첨탑 건물"이라고 불렀는데, 이것은 신약

성경이 교회란 "불러냄을 받은 무리들의 모임"(called-out assembly)라고 가르치고 있으므로 이 교리를 왜곡시키고 싶지 않아서였다. 그의 설교로 수천 명이 주 예수께로 돌이켰다. 그는 참된 사도들의 본을 따라 박해받았고, 매 맞았으며, 돌로 맞았고, 체포되었으며, 투옥되었다.[62] 지극히 당연하게도 그는 오직 한 가지 책만을 믿었다. 그는 그 책을 "성경"이라고 불렀는데, 그것은 바로 1611년에 나온 <킹제임스성경>이었다.

이러한 토양 위에 웨슬리와 휫필드의 메시지가 떨어졌으며, 수많은 열매가 거혔던 것이다. 종교적 배타주의의 표적은 실로 미국 땅에도 있었다. 왜냐하면 거룩하지 못한 음녀들의 어미(계 17:1-6)에게서 자라난 음란한 자녀들로부터는 그 어떤 다른 것을 기대할 수 없기 때문이다. 이들은 자신들의 유산을 하루 아침에 말끔히 청산할 수 없었다.

그러나 미국 땅에는 로마 카톨릭 교회와 전혀 무관했던 성경대로 믿는 사람들과 로마 카톨릭의 후예들이 함께 있었다. 사실 미국은 대국이며 모든 가능성이 있었던 것이다. 미국에는 국가교회 주창자들의 제거가 가능한 곳이 있는가 하면 그렇지 않은 곳도 있고, 유아세례를 원하지 않는 마을이 있는가 하면 그것을 원하는 마을이 함께 있었다. 유럽에서는 로마 카톨릭이 그들의 잘 훈련된 "갱"들을 통하여 24시간 이내에 사태를 장악할 수 있는 상황이었으므로 로마 카톨릭이라는 동물원에 모든 사람이 갇혀 있을 수밖에 없었다.

그러나 미국은 달랐다. 침례교도들은 여기 저기 퍼져나갔고 노스캐롤라이나(1727), 버지니아(1780), 인디아나(1802) 등지에 교회들을 세워나갔다. 1790년경에는 조지아에 42개의 독립 침례 교회들이 세워졌고, 테네시에 18개, 켄터키에 10개가 세워졌다. 1838년까지는 알라바마, 아이오아, 텍사스, 알칸사스, 루이지애나, 위스콘신, 오하이오 및 미주리에도 독립 침례 교회들이 세워졌다.[63]

웨슬리와 휫필드가 미국에 왔을 때(1738-1739)에는 소위 "유동적 상황"이 전개되고 있었다. 그 어떤 그룹도 기독교계를 완전히 장악하고 있지 못했던 것이다. 카톨릭은 발티모어 경에게 주어진(1632) 허가장을 근거로 교황의 세력을 메릴랜드로 침투시키고자 했다. 그러나 그들이 미국에 국가교회를 세우기 전에(그들은 스페인, 이탈리아, 오스트리아, 아일랜드, 프랑스, 멕시코 등에 이미 국가교회를 세운 바 있다) 메릴랜드는 영국 성공회에 의해 왕실 식민지로 되었으며(1691), 이 사건으로 그 그룹은 분산되고 말았다.[64] 반대로 성공회는 남부 식민지에서 법으로 규정되었다(1706-1717).

그러나 그 지역 주민들 중에는 위그노, 장로교인, 침례교도, 퀘이커교도 등이 포함되어 있었기 때문에 영국 성공회에 의한 교회국가는 명목상에 그칠 뿐이었다. 미국은 영국 국교회(성공회)가 굳건히 확립되었던 영국과는 상황이 달랐다. 청교도들이 <메사츄세츠 만 식민헌장, 1684>을 무효화하고 성공회가 보스톤에 확고한 기틀을 잡게 되었을 무렵(1687), 그들은 칼빈이 제네바에서 세운 신정 국가(1600)에 걸맞는 신정 국가를 뉴잉글랜드에 거의 세울 수 있을 정도까지 되었다.

펜실베니아는 가장 유동적인 지역으로 이곳에는 독일 경건파, 루터파, 모라비안, 둔커파, 아미파, 웨일즈 침례교도, 퀘이거교도, 스위스 메노파, 스웨덴 루터파 및 화란과 독일의 개혁 그룹 등이 섞여 있었다. 아일랜드와 스코틀랜드로부터 온 성경대로 믿는 스코틀랜드인들은 1710-1750년 사이 대서양을 건너와 거의 모든 식민지에 그들의 존재가 알려지게 되었다. 성경대로 믿는 사람들 중 상당수가 대도시에서 벗어나 남북 캐롤라이나, 서부 버지니아, 켄터키 및 테네시 등으로 이주했다. 이들은 한결같이 국가교회들이 그들에게 보여 주었던 잔인한 행위들을 잘 기억하고 있었다. 특히 기독교 교리에 대해 성경적인 관점을 취하는 자들이면 그 누구든 화형시켰던 로마 카톨릭이라는 국가교회의 횡포를 잊지 않고 있었다.

웨슬리와 휫필드가 제이콥 프릴링휴이센(Jacob Frelinghuysen : 모라비안교도)[65], 길버트 테넌트(1703-1764) 그리고 조나단 에드워즈(1745-1801)와 힘을 합치기 위해 미국 해안 지방에서 복음을 전파하기 시작했을 때, 미국은 콘스탄틴(A.D.300) 이래 어느 한 종파가 다른 종파들에 대해 절대적인 통제권을 행사하지 못하는 최초의 나라가 되었다. 미국의 기독교계는 너무도 다양하고 여러 분파로 나뉘어져 있어서 그 누구도 "모두의 유익을 위해 뭉칠" 수 없었고, "한 우리에 한 양떼"를 만들 수 없었으며, 그리스도의 몸을 분열시키는 행위라고 요즘 학자들이 주장하는 그러한 것도 당시의 다원화된 상황 하에서는 결코 문제가 될 수 없었다.[66]

미국이 스페인이나 멕시코 같은 국가교회가 되지 않았던 것은 여러 종파가 나뉘어져 서로 다투고, 분열을 일삼고, 분파로 쪼개져 "종교적 불일치"를 이루고 있었던 데 기인한다.[67] 우리는 하나님의 섭리적인 "불일치"에 깊이 감사해야 한다. 언론이 미국을 형편없는 "한 덩어리"로 만들어 버리기 전까지(1860-1960) 미국에서는 많은 자유를 누릴 수 있었다. 1750년만 해도 언론은 별 커다란 역할을 하지 못했는데 대중적 의사 형성, 대량 선전, 대중적 외설, 연방에 의한 대중의 통제(1933)와는 거리가 멀었다.

대부흥 운동의 심지에 불을 붙인 사람들 중 한 사람은 길버트 테넌트(Gilbert Tennent)라고 하는 장로교인(1743)으로 그는 휫필드의 설교와 모라비안 교도들에 의해 크게 영향을 받았다. 그는 조나단 에드워즈가 이 운동에 참여하기도 이전인 1726년 이미 수십 명을 회심시켰다. 테넌트는 "지옥과 저주를 외치는" 구식 설교자 중 하나였다. 그의 설교는 위선자들에게 찔림을 주어 회심케 하거나, 아니면 이들로 분노케 하거나 둘 중의 하나였다.[68] 그는 그가 속한 장로회의 박해를 받았다.[69] 그는 휫필드와 웨슬리처럼 오직 한 가지 책, 즉 1611년 <킹제임스성경>만을 믿었던 사람이었다.

그러나 대부흥 운동과 관련해서 가장 유명한 사람은 조나단 에드워드(Jonathan Edwards, 1745-1801)로 이는 그의 설교 "진노하시는 하나님의 손 안에 놓인 죄인들"이 미국 역사(혹은 문학)책에 거의 100여 년 동안 수록되어 있었기 때문이다. 그러나 이 설교는 오늘날 하나님께서 그 누구에게 "화를 내신다"는 사실을 믿지 않는 자들만이 인용하고 있다. 그것도 성경대로 믿었던 당대의 미국인들이 얼마나 비이성적이고 비합리적이었는가를 보여 주기 위해 이 설교를 들먹거리는 것이다. 이 설교는 성경을 거부하는 죄인들에게 하나님에 대한 두려움을 심어 주게 될까 봐 미국의 고등학교나 대학교에서는 배포되고 있지 않다. 오히려 이 설교는 "부정적 사고 방식의 기독교"가 최악의 상태에서 어떤 모습을 갖고 있었는가를 알리고 그 "위험성"을 지적하기 위해 미국의 교육자들이 제시하는 증거 자료가 되어 버렸다. 실로 안타까운 일이다.

최초의 부흥의 열기는 1730년경 메사츄세츠주의 노스햄톤(Northampton, Messachusetts)에서 일어났다고 알려져 있다. 당시 그곳에서는 "알미니안주의의 위험성"에 대한 열띤 논쟁이 있은 후 갑자기 몇 사람이 죽는 사건이 발생했었다.[70] 이 사건 직전인 1720년경에는 스토다드라는 목사가 조나단 에드워즈가 후일 설교했던 그 교회에서 목회하고 있었다. 스토다드(Stoddard) 목사의 신학적 견해가 무엇이었는지는 분명했다. 왜냐하면 그는 조나단 에드워드가 알미니안주의자였던 요한 웨슬리를 자기 교회에 4번이나 초청할 정도로 그에게 영향력을 행사했기 때문이다.[71] 그러니까 거리에서의 설교를 주무기로 삼았던 성경대로 믿는 알미니안주의자의 실천신학적 태도가 미국의 대부흥의 시위를 당겼던 것이다. 미국의 부흥은 "버림받은 자들"에 관한 신학적 논쟁을 일삼고 있던 극단적 칼빈주의자들과는 아무런 관계가 없다.

이 부흥의 열기를 타고 주일학교(1790), 전도 협회(1804), 런던 선교회(1795), 필라델피아 대학(후에 펜실베니아 대학교가 되었음), 프린스톤, 콜롬비아, 다트마우스 대학교 등이 생겨났다.[72] 복음 전파에 뒤이어 성경 교육이 일어났던 것이다. 드럼몬드라고 하는 역사가는 "교육받지 못한 사람들에게 전례없이 복음을 전파하게 되었던 부흥 운동이 미국의 교육에 자극을 주었다는 사실은 매우 역설적인 일이다"라고 말했지만 이것은 전혀 역설적이 아니다.[73] 왜냐하면 성경 교육은 항상 그 나라의 교육을 일으키는 계기가 되었기 때문이다. 역사상 일어난 모든 교육 운동 중 성경의 공개적인 설교에 찬성하거나, 반대하거나, 아니면 조화를 이루기 위해 생겨나지 않은 것은 하나도 없다. 지식인들은 지옥과 재림과 지식인들의 타락에 대한 설교를 듣기만 하면 핏대를 올리면서 대항해 왔다.

길버트 테넌트를 사역에 임하도록 훈련시킨 사람은 그의 아버지 윌리암 테넌트(William Tennent, 1673-1760)였다. 이 용감한 비순응주의자는 그 어떤 "정통주의자"도 자기 아들들이 사역자가 되기에 합당한 교육을 시킬 수 없음을 알고 자기가 지은 통나무 집에서 세 아들을 가르쳤다. 그는 그들에게 히브리어, 헬라어, 복음 증거, 개인 사역 및 성경을 가르쳤다. 그는 1611년 <킹제임스성경>이 "성경"임을 믿었다. 이 인가받지 못한 "통나무 신학교"가 프린스턴 대학교의 전신이었던 것이다.[74] 다행히 이 당시까지만 해도 언론은 윌리암 테넌트가 세운 비인가 신학교를 무너뜨릴 만큼의 능력은 갖지 못했다. 오늘날 같으면 언론은 자기들의 기준(사회주의적이고 인종 통합적 범세계주의)에 미달하는 대학을 여지없이 무너뜨리려 할 것이다.

이와 같은 배경하에 성령께서는 당시 가장 유명했던 종교 단체들을 둘로 나누셨다.

첫 번째는 장로교 노회가 구파(Old Side)와 신파(New Side)로 분열되었다. 이들은 뉴욕 노회(청교도주의, 성별 및 부흥을 내세우는 신파)와 필라델피아 노회(극단적 칼빈주의와 형식적 예배, 죽어 버린 정통주의를 주장하고 그리스도께 회심한 분명한 외적 증거를 요구하지 않는 구파)로 분열되었던 것이다.

두 번째 분열은 회중 교회가 "구광"주의(Old Lights, 부흥과 복음 전파에 반대했음)와 "신광"주의(New Lights, 이들은 이 두 요소에 모두 찬성하였음)로 나뉜 것이다.[75]

세 번째 분열은 침례교도들이 "분리주의자"(Separates)와 "형식주의자"(Regulars)로 나뉜 것이다. "형식주의자"란 그룹은 옛 형식주의에 머물렀고, "분리주의자"는 대부흥운동기간 동안 성령과 동행했다.

침례교도는 이미 "특수 침례교도"(극단적 칼빈주의자)들과 "일반 침례교도"(온건 칼빈주의자)들로 나뉘어 있었으므로 대부흥 운동 기간 동안 다른 어느 교파보다 두 배 이상 많은 새로운 교회들을 세워 나갔다. 대부흥은 감리교와 루터교에는 이 정도까지 영향을 주지 못했으며, 카톨릭에게는 전혀 긍정적인 영향을 주지 못했다. (카톨릭 교회 역사상 성령 하나님께서 그 어느 곳에서, 카톨릭에 속한 그 어떤 그룹에게 부흥을 주셨다는 기록은 없다. 굳이 예외를 들자면 아시시의 프랜시스와 사보나롤라에 의한 일시적 도덕 개혁을 들 수 있겠다.)

웨슬리, 테넌트, 에드워즈, 휫필드 및 프릴링휴이센 등의 사역에 뒤이어 "자격을 갖춘 학자들"과 "인정받는 성경 학자"들이 온갖 논쟁 거리를 들고 등장했다. 이들은 트래트크 논쟁, 고함 논쟁, 햄던 논쟁, 에세이와 리뷰 논쟁 그리고 종교 의식의 재등장[76] 등을 가져왔다. 그 결과로 영혼의 열매를 기대할 수는 없었다.

그러나 사도들의 증거들과 신약 교회 정치가 대부흥 운동 기간 동안 확립되었고, 모든 식민도시에 이식되기에 이르렀다. 데이비드 브레이너드(David Brainerd, 1718-1747), 다니엘 마샬(Daniel Marshall), 윌리암 캐리(William Carey, 1761-1834), 로버트 홀(Robert Hall, 1764-1831), 제이콥 냅(Jacob Knapp, 1799), 롤렌드 힐(Rowland Hill, 1744-1833), 챨스 피니(Charles G. Finney, 1792-1875) 등이 대부흥 운동을 뒤이어 기독교계를 장악해 버린 둔감한 "교육받은 계층"들 속을 뚫고 나타났다.

비록 부흥은 30여년 간을 지속했을 뿐이지만, 그 영향은 1756년을 훨씬 넘어서까지 나타났다. 윌리암 캐리, 헨리 던스터, 다니엘 테일러, 제이콥 냅 같은 위대한 설교자, 교사 그리고 선교사들은 모두 대부흥의 열매들이었다. 이 운동은 너무도 강력해서 기독교 대학들이 관념론, 이신론, 회의주의, 원문비평학의 함정으로 지역교회들을 유혹하기까지는 수십 년이나 걸릴 수밖에 없었다.

미국은 1700년에서 1800년 사이에 교회 역사상 최초의 참된 교훈을 배웠다. 성령께서 움직이심으로 죄인들이 구원받고, 대규모의 복음 전파와 부흥이 있고 나면 성경 공부와 교육이 뒤따른다. 그러나 이 단계에서 한 발자국이라도 더 나가면(성경이 정해 놓은 데드라인은 마태복음 28:19,20이다) 이미 "잘못"되어 가는 것이다.

<킹제임스성경>이 서점에서 인기를 끌자마자 이 성경의 모국격인 영국에서는 이신

론자들이 나와서 하나님의 말씀들을 "원칙들", "교훈들", "메시지들"의 수준으로 격하시키기 시작했다(에드워드 로드 허버트 : 1583-1648, 토마스 브라운 경 : 1605-1682). 결국 "근본적인 사항"들과 "주요 원칙"들만이 남게 되고 이러한 것들을 제공했던 원천이 되는 성경 그 자체는 공격당하기 시작한 것이다(토마스 홉스 : 1588-1679, 존 톨랜드 : 1670-1722). 일단 이 원천이 되는 책이 무효화되자 영국에는 그 누구에게도 자기 두뇌 외에는 더이상 최종권위가 존재하지 않게 되었다(안토니 쿠퍼 : 1671-1713, 토마스 울스톤 : 1669-1731 , 데이비드 흄 : 1711-1776).

이 모든 이신론자들은 영국 국민들로부터 이 지구상에서 기록되고 인쇄된 책들 중 가장 위대한 책에 대한 기억을 제거해 버리려는 특정한 목적을 위해 일어났던 것이다. 이들은 한결같이 "교육받은 계층"이었고, 그들 중 세 명은 오늘날 미국의 메이첸, 와필드, 밥 존스 3세 및 스튜어트 커스터가 믿는 "믿음의 기본 사항들"을 믿는다고 고백했었다.

성령께서 성경대로 믿는 야외 설교자들을 동원하셔서 양대륙을 휩쓸고 계신 동안 영국, 프랑스, 독일의 이신론은 "교육받은 계층"들에 의해 번져 나갔다. 교회사를 공부하는 자들은 이 교훈을 결코 잊어서는 안될 것이다.

<표준원문>과 이 원문에서 번역된 성경에 대한 공격은 1574년경부터 안드레아스 마시우스(Andreas Masius)라고 하는 카톨릭 학자와 페베리우스(Peverius) 신부 그리고 상,하권으로 되어 전체 1,149페이지에 달하는 책인 <성경의 지식과 비평학에 대한 입문>의 저자 호네(Horne)에 의해 자행되었다. 이와 같은 "과학적 연구"는 <킹제임스성경>을 사용하시는 성령의 능력과 권위에 대한 인간의 도전이었다. 하버드, 예일, 프린스톤, 다트 마우스, 콜롬비아 대학 등도 결국은 이러한 "자격을 갖춘 권위자들"에 의한 공인받은 학문의 유혹을 저항하지 못하고 빠져 들어가고 말았다. 이로써 학문은 죄에 대해 그 어떤 알리바이도 제공할 수 있게 된 셈이다. 결국 20세기에 들어와서도 웨스트민스터(1930)와 밥 존스 대학교(1950)는 케네스 웨스트와 로버트슨의 학문 앞에 무릎을 꿇고 배교하고 마는 것이다. 죄에 대한 알리바이를 찾는 사람에게는 자갈도 황금덩이로 보이는 것이다.

성령께서는 독일(1850)의 영적 황폐를 뒤로 하고 떠나 버리셨다. 할레 대학 출신의 몇몇 목사들과 성경 교사들만이 배교를 이겨내고 살아 남았으니[77] 국가적 부흥은 루

터 이후 한 번도 일어나지 못했다.[78] 성령께서는 마찬가지로 웨슬리와 휫필드의 사역을 끝으로 영국을 영적 암흑에 남겨 둔 채 떠나셨다. 웨일즈는 아직 부흥에 이를 만큼 성숙하지 못했고 윌리암 부스(William Booth)는 아직 태어나지 않았던 때였다.

웨슬리와 휫필드의 사역은 사상가들에 의해 대체되었고, 성령께서는 늘 그러하시듯이 이번에도 서쪽을 향해 미국으로 건너가셨던 것이다. 그는 미국의 동부인 뉴잉글랜드를 강타한 후 교육의 열풍 속에서(하버드, 프린스톤, 예일, 콜롬비아, 다트마우스) 그의 표준 비행 계획을 재개하실 준비를 하셨다. 즉 복음은 미 대륙에서도 서쪽으로 움직여 가게 된다.

제 22 장
성경과 더불어 시작된 나라 - 미국

이는 왕국이 주의 것이요,
주께서 민족들 가운데 통치자시기 때문이니이다. (시 22:28)
자기들의 하나님이 주이신 민족은 복이 있으며,
주께서 자기 유업으로 택하신 백성은 복이 있도다. (시 33:12)

미국의 헌법과 독립선언서와 권리선언에 대한 논의를 신약 교회사의 항목에 포함시키는 것은 적합하지 않다. 이 세 문서 중 그 어떤 것도 인간들의 "자유"와 "권리"는 커녕, 성경을 하나님의 말씀으로 인정하지도 않고, 그 어떤 것도 예수 그리스도를 높이거나 그 분을 인정하고 있지 않기 때문이다.[1]

이외에도 이들 문서의 기본 전제는 공산주의적 요소로 되어 있고(행 4:32 주석 참조), 아브라함 링컨은 20만 명이 넘는 미국인들의 죽음을 이것으로 정당화시키려 한다. 리버티 홀에 모였던 많은 사람들은 교회 회원이기는 했지만 그들의 교회는 신약 교회를 전혀 닮지 않은 그러한 교회였다(프리메이슨이나 콜럼버스 기사단이 교회와 관계없는 것과 비슷하다고 할 것이다). 그럼에도 불구하고 존 로크(John Locke,

1632-1704), 벤자민 프랭클린(Benjamin Franklin, 1706-1790), 존 핸콕(John Hancock, 1737-1793), 토마스 제퍼슨(Thomas Jefferson, 1743-1826), 알렉산더 해밀톤(Alexander Hamilton, 1757-1804) 등에게서 유래되지 않은 어떤 종교 철학이 미국의 권리선언을 작성하는 데 들어갔다는 사실은 주목할 만하다.

미국 헌법의 권리선언에 들어있는 독특한 교리는 연방 교육 제도에 필요한 교과서를 집필하는 역사가들에게는 별로 눈에 띄지 않는 것이며, 인쇄술이 발명된 이래 언론인들 역시 이에 대해 무지한 채로 남아 있다. 그러나 실은 바로 이 독특한 교리 덕분에 미국은 1865년까지는 참다운 의미에서의 자유를 누릴 수 있었다. 1865년은 미국의 모든 주가 권리선언 제10조에 해당하는 권리를 상실한 해이다(각 주는 이때부터 독립을 상실했고 연방에 예속되게 된다).

1933년 연방정부는 지방 정부(주) 안에 있는 회사들과 주식회사들의 자유를 축소시키는 법안을 통과시킨다. 금과 술을 교환한 연방 정부는(루즈벨트, 1933-1937) 공산주의 법안인 공민권법을 제정하여 헌법의 권리선언을 제거해 버렸다.[2] 이 세 가지 경우 모두(지방 정부의 권리 상실, 금 대신 술을 교환해 준 사건, 교회와 학교를 연방 정부가 장악함) 언론이 결정적 역할을 했다는 사실은 주목할 만하다.

미국 초기 이민 시절까지만 해도 언론은 오늘날처럼 영웅과 악한을 "창조"해내거나, 수년 동안 그 가상의 인물들을 지탱할 수 있는 능력을 갖추고 있지 못했다. 17세기와 18세기에는 그 어떤 주요 신문이나 잡지도 엘비스 프레슬리나 존 레논 같은 음행을 일삼는 마약 중독자를 영웅으로 만들 수 없었고[3], 조국을 빛낸 애국자들을 "정신 분석" 대상으로 삼아 난도질할 수도 없었다. 그러나 오늘날 20세기에 들어와서는 창녀처럼 이곳저곳을 기웃거리는 언론이 등장해서 온갖 "영광"들을 조작해 내고, 심지어는 "구세주"들을 만들어내기도 한다(마틴 루터 킹 목사, 제인 폰다, 피카소, 존 레논, 엘비스 프레슬리, 케네디家, 지미 카터 등).[4]

1787년에 "민주주의"의 거대한 흐름 속에 심겨진 독특한 교리란, 의회는 종교 단체에 영향을 주는 그 어떤 법도 만들거나 통과시킬 수 없다는 것이었다. 따라서 이 원칙은 지역교회들의 행위, 신앙, 권리 등에도 적용되었다. 이 수정 조항은 헌법 권리선언의 제1항이었으며, 1964년 공민권법의 제정으로 무효화될 때까지[5] 근 200년 간 미국을 카톨릭 독재와 공산주의적 경찰 국가가 되지 못하도록 막는 데 결정적 기여를 했다. 지역교회는 성경에 언급된 단체며, 헌법을 제정하던 사람들은 "종교"를 언급할 때 지역교회들도 염두에 두었던 것이다. 왜냐하면 모든 구원받지 못한 정치가들에 따르면 교회란 "종교"와 관련이 있는 것이었기 때문이다. 이렇게 해서 미국은 반카톨릭적 입장을 취하는 사람들에게 종교적 자유를 부여한 세계 역사상 최초의 나라가 되었으며, "교회사"에서도 이런 경우는 처음이었다.

헌법 수정 조항 제1항은 미국에 사는 그 누구도 미사를 거부할 수 있으며, 교황을 지지하지 않을 수도 있고, 유아에게 물을 뿌리지 않을 권리를 보장하고 있다. 그뿐 아니라 미국인은 유아세례에 반대하는 설교도 할 수 있다. 다시 말해 목사는 자기 교회에서는 자기 회중에게 무슨 설교도 할 수 있다는 뜻이다. 만약 목사가 교황은 적그리스도라고 말하기를 원한다면, 그것이 자신의 종교적 확신일 경우 그렇게 설교할 수 있는 권리를 갖게 된 것이다. 그 당시는 아직까지 거대한 세력으로서의 언론이 존재하고 있지 않았으므로 그에게 압력을 가해 그의 표현의 자유를 빼앗지는 못했다. 더욱이 권리선언은 로마에게 이보다 훨씬 더 치명적일 수 있었다. 왜냐하면 어떤 그리스도인이 계시록의 창녀는 로마 교회이며 그 교회는 사탄의 신부라고 선언했다 할지라도(만약 그것이 그의 종교적 신념일 경우), 카톨릭의 사주를 받는 반(反)명예 훼손 연맹에 의해 체포될 수 없었기 때문이다. 한 마디로 말해 미국은 건국 초기부터 성경적 진리(요 17:17)를 듣고 성경적 진리를 읽을 수 있는 기회를 갖게 되었다. 이러한 특권은 서방 세계 그 어느 나라도 그때까지 누려보지 못했던 것이었다.

물론 의회가 후일(19세기) 카톨릭 교회에게 호의를 베풀었고 프로테스탄트들의 세금을 로마 카톨릭의 사업에 넘겨주기 시작한 것은 분명한 사실이다.[6] 하지만 적어도 헌법의 권리선언을 작성했던 미국의 건국 공신들의 의도는 존중해 줄 만한 것이었다. 미국은 이스라엘을(출 19,20장 참조) 제외하고는 유일하게 세계 그 어느 나라와도 다른 방식으로 건국된 것이다. 다시 말해 미국은 하나님과 하나님의 말씀과 더불어 시작하였고 거의 200년 동안 무려 1500년 간이나 종교적 자유를 박탈해 온 암흑 시대의 종교 괴물을 물리치고 승리할 수 있었던 것이다(이 괴물은 지금은 재빨리 변신을 시도해서 "인권"과 "종교적 관용"을 내세우고 있다. 자기들이 소수일 때는 늘 이 두 가지를 들고 나왔다).

영어 단어 중에서 가장 남용되는 것은 자유(freedom), 평화(peace), 해방(liberty) 및 단합(unity)일 것이다. 실제로는 수입, 참석 인원, 서적 판매, 정권 혹은 관능적 쾌락이 목적이면서도 겉으로는 이 네 가지 용어로 포장하면서 저질러진 범죄는 실로 그 수를 헤아릴 수가 없다. 아마 책 몇 권이라도 모자랄 것이다. 어떤 사람들은 항상 어떤 이들을 "해방시켜주려고" 애를 쓰거나, "이 땅에 평화를 가져오려고" 하거나, "다른 사람과 사랑을 나누려고" 하거나, 어떤 그룹을 모아서 "단합을 시도"하려고 한다. 샌프란시스코의 성도착자들은 계속적인 언론의 도움을 받아 결국 동성애자인 공립학교 교사들을 학교에 잔류시킬 수 있게 되었다(1980). 이들 동성애자인 교사들은 곧이어 "성도착 기법을 제시하지 못하는" 선생들을 몰아내기 시작했다.[7]

만약 그들이 교실에서 성경을 읽는 모든 교사들을 해고했다면 미국 전역의 언론 매체들은 성경 읽기가 성도착보다 더 파괴적인 것이기라도 한 것처럼 그 해고를 정당화시키기 위해 모든 수단을 강구할 것이다. 바로 이것이 오늘날의 미국이다. 뉴욕에서 지난 1960-1970년에 무장 단체로 조직된 "검은 당원"(Black militants)들이 마이애미, 뉴욕, 멤피스, 시카고, 왓츠, 워싱톤 D.C.에서 17,000여 명의 교사들과 학생들을 공격하여 100여 명의 사상자를 냈음에도 불구하고 언론 매체들이 집중 보도한 것이라고는 KKK(KuKlux-Klan : 미국의 비밀 결사로 흑인 및 기타 외국인을 배척하는 폭력 단체)의 위험에 관한 것뿐이었다.[8]

"자유"와 "해방"이라는 것들은 바로 그러한 경우에 사용되고 있는 것이다. 이 두 단어는 미국 혁명, 프랑스 혁명, 오스트리아 합병(1938), 미국의 남북전쟁(1861), 한국전쟁(1950), 러시아 혁명(1917), 쿠바 혁명 등에서 살인과 투옥을 정당화시키기 위해 사용되었다.

1776년 패트릭 헨리(Patrick Henry)는 "나에게 자유가 아니면 죽음을 달라"고 했다. 얼마 후(1800-1900) 그의 후손들은 "나에게 자유를 달라"고 하더니, 오늘날에는 (1900- 1990) "나에게 달라"고만 외치고 있다.

로마 클럽, 카톨릭 비밀 결사들(콜럼버스의 기사단 등), 보건 복지성, 전미 교육 협회 등과 같이 이 세상을 "위대한 신세계"로 만드는 일에 개입하고 있는 "선행가"들의 이면에는 에피쿠로스의 썩은 철학이 숨어 있다. "내가 먼저고, 너는 나중이다"(me first, you next). "인본주의"를 가장한 쾌락주의가 오늘날 "교육받은" 계층의 종교인 셈이다.

가장 위대한 쾌락주의자들 중 하나였던 하버드 대학 신학교수 폴 틸리히(Paul

Tillich)는 "모든 해방자들은 하나님께로부터 보내졌다"라고 말했는데, 이들 "구세주들"이 어찌 많은지 "모든 사람은 인류를 구원할 수 있는 내적 능력을 갖고 있다"[9]고 한다. 폴 틸리히가 말하는 "구원자"들 중에는 히믈러, 스탈린, 히틀러 및 괴링이 포함될 수 있을 것이다. 그러나 실제는 어떠했는가? 1790년 프랑스를 해방시킨 "구원자들"이 프랑스 "국민"은 "권리"를 갖고 있다고 외쳤을 때, 그들은 "공안 위원회"를 조직하여 그들이 옹호하겠다고 외쳤던 그 모든 자유를 없애버린 것이다.[10] 그 결과 프랑스는 로마 카톨릭 교회로 복귀했고 세계의 열강 대열에서 탈락하고 말았다. 프랑스는 이런 식으로 "해방"되었던 것이다.

그러나 18세기의 영국, 독일 및 프랑스의 위대한 계몽주의 사상가들과 관념론자들은 그들의 부르심을 발견하는 데 매우 뒤늦은 감이 없지 않다. 로마 카톨릭 교회는 이미 수세기 전에 카톨릭 교회가 "그리스도의 피로 해방되었으므로" 다시는 노예가 될 수 없다고 선언해 버렸다(굉장한 선언인 것 같이 보인다). 따라서 어떤 카톨릭 주교나 사제도 그 어느 나라의 통치자에게도 충성을 바칠 필요가 없다는 주장이다. 왜냐하면 카톨릭 사제들과 주교들의 손은 "주님의 몸과 피로 거룩하게" 되었으므로 세속의 권세들에게 손을 내주어서는 안된다는 것이다.[11] 이와 같은 논리를 오늘날 미국에서는 다음과 같이 적용한다. 만약 어떤 살인자가 흑인 강도인 경우에는 그는 무죄이지만, 백인 경찰이 방아쇠를 당겼다면 그는 유죄인 것이다.

카톨릭 교도들은 수세기 전에 다른 그 누구도 갖지 못한 공민권을 확보해 놓았다. 그들은 피부색 대신 종교 위에 그들의 권리의 토대를 세웠을 뿐이다. 카톨릭의 자유는 절대적인 것이었다. 이들이 누린 자유는 지난 1500년 간 유럽에서 발생한 왕과 교회와의 마찰 뒤에 항상 숨어 있었다.[12] 이 자유란 토마스 아 베켓의 경우 모든 성직자들은 민간 법정의 소송 대상에서 제외된다는 것을 의미했다.[13] 다시 말해 카톨릭 성직자들은 자기들이 살고 있는 그 나라의 법률에 복종하지 않을 절대적 "자유"를 갖고 있다는 말이다. 오늘날 카톨릭의 이 신념이 바뀌었다고 결코 착각하지 말라. 오늘날 카톨릭 교회는 표현만 바꾸어 막강한 권력을 갖고 있는 언론을 통해 자신들의 뉴스를 직접 편집한다.[14]

라인 지방을 점령할 때 히틀러가 내세운 알리바이는 그곳 주민들을 "해방"시킨다는 것이었다. 오스트리아를 점령할 때도 마찬가지였다.[15] 카스트로도 쿠바를 너무도 잘 "해방시켜 주어서", "자유"를 믿는 수백 명의 사람이 목숨을 걸고 탈출을 시도하거나 아니면 남아서 "자유"를 상실당할 수밖에 없었다.[16] 결국 10만여 명의 "해방받은" 쿠바 사람들은 쿠바를 탈출해서 미국에 망명을 요청하였다. 한편 그들이 찾아온 미국에서는 게이 해방과 여성 해방이 한창 벌어지고 있었다. 프라이팬에서 도망쳐서 아예 불 속으로 뛰어든 셈이다. 호치민이 사이공을 "해방"시켰을 때 46만 명이 그들이 부여받은 "공민권"을 발휘하여 가족들과 목숨을 걸고 바다 위로 몸을 내던졌다(1978- 1980). 이들이 바로 소위 "보트 피플"이다. 그들은 그들이 부여받은 "자유"와 "권리"를 모국에서 향유하기를 거부하였던 것이다.

"자유"와 "해방"이란 단어가 수많은 사람들에게는 지옥으로 향하는 지름길이었다. "자유로 탄생된 나라"라는 고백은 실로 대단한 신앙 고백이라고 할 수 있다. 공산주의자들이 니콜라스 2세로부터 러시아 농민들을 해방시켰을 때(1909-1918) 농민들은 모든 농토를 다 빼앗겼다.[17] 이들은 공산주의자들의 "해방" 이전에는 토지를 소유하고 있었던 농부들이었다. 모든 황제들이(900-1910) 죽인 사람들보다 거의 3천여 만 명 이상을 더 죽인[18] "해방자들"은 농민들로 하여금 조국을 떠날 "자유"를 주지 않기로 결정했다. 1921년까지는 누구든 자유롭게 조국을 떠날 수 있었다.

이처럼 "해방받은" 사람들에게 첫 번째 닥치는 것은 그전까지 누리던 자유를 빼앗기는 것이다.[19] 돈에 눈이 어두워 남부를 떠나 오하이오, 뉴욕, 미시간, 펜실베니아로 갔던 흑인들은 그들이 노예시절 향유하던 "권리들", 즉 일년에 8개월만 일하고 4개월은 사냥과 낚시를 할 수 있고 백인 주인이 그들의 모든 병원비를 지불하며 숙소와 음식을 제공받는 그러한 권리들이 사라졌다는 사실을 직면하게 되었던 것이다. 이러한 현실에 충격을 받은 흑인들은 공산주의 성격의 "흑인 향상 협회"를 조직하여 흑인들이 "해방되기" 전에 부여받았던 노예로서의 권리들을 되돌려 줄 것을 요구하고 나섰다. 이러한 캠페인의 캐치프레이즈는 "흑인들은 아직도 억압받고 있으며 노예 상태에 있다"는 것이다. 이 말이 믿어지지 않거든 "뿌리"라는 TV 프로그램을 한 번 보라.[20]

이와 같은 것들은 미국의 정치가 어떻게 시작되었는지를 분석하는 데 매우 유용하다고 생각된다. 오늘날 미국에서 게이 해방 및 여성 해방에 사용되고 있는 해방이라는 단어는 실은 지역교회의 해방에 사용되었던 단어였다. 즉 지역교회는 그 어떤 압력으로부터도 자유(해방)롭다는 의미로 쓰였었던 것이다. 팔레스타인 "해방군"(1979)은 테러와 시민의 암살을 목적으로 하는 무장 게릴라 단체이며, 때로는 전쟁에도 개입한다.

미국의 남부 "기독교" 지도자 회의는 이 단체를 지지한 반면에 KKK단이 "테러리스트들의 전술"을 쓰고 있다고 비난했다. 1945년 미국이 나치 치하로부터 억압받는 유럽 국민들을 "해방"시켰을 때, 곧이어 미국의 대통령이 되었던 아이젠하워 장군은 러시아 국민들을 러시아에 있는 수용소로 되돌려보내 처형당하도록 방치했던 것이다.[21] 수많은 소련군 포로와 연합군 포로들이 그들의 의사와는 달리 본국으로 "송환"되어 대량으로 학살을 당했다.[22] 아이히만이 히틀러를 위해 동일한 짓을 했을 때는 본국 송환 대신 "대참사"로 여겨졌었다. 수많은 러시아인들이 스탈린과 레닌은 그 누구도 "해방"시키지 않았다고 생각한 것은 지극히 당연한 일이었다. 해방이라는 단어를 가장 마귀적으로 사용한 것은 칼 막스가 아니었다. 그것은 다름 아닌 제2차 세계 대전 이후 점령군이 된 연합군 사령부였다. 얄타, 테헤란 및 오타와에서 체결된 루즈벨트와 스탈린 사이의 협약에 의해 1억 2천만 명이나 되는 비무장 민간인들이 (루마니아, 유고, 헝가리, 리투아니아, 라트비아, 에스토니아, 폴란드, 체코) 눈 하나 깜짝하지 않고 공산 독재자에게 넘겨졌으며, 그것도 자기 국민을 1,000만 명이나 학살했다고 고백한 독재자에게로 넘겨졌던 것이다.[23]

이것을 해방이라고 부른다면 이런 마귀적 해방도 있겠는가? 생각해 보라. 이 독재자는 전쟁 당사국도 아닌데 억지로 전쟁에 개입하게 된 핀란드와 폴란드 같은 나라마저 공격을 가했다. 본국 송환 작업은 히틀러의 최고 사령부와 강제수용소의 비밀 경찰에게는 한 마디의 상의도 없이 자행되었다. 뉴렘베르크 전범 재판이 진행되었을 때 연합군 본부의 직원들은 히틀러와 아이히만이 자행했었던 그 일들을 수행하고 있었다. 즉 자신들을 고문하고, 투옥하고, 죽이게 될 그러한 공산 체제하로 원하지도 않는 사람들을 배에 실어 보내는 것이었다. 뉴렘베르크 소송자 명부에는 중요한 사람 몇 명이 빠져버렸다. 왜냐하면 뉴렘베르크의 전범들은 "전쟁을 일으킨"(그래서 평화를 파괴한)[24] 죄와 "인류를 대적한 범죄"에 대해 재판을 받고 있었기 때문이다. 그렇다면 스탈린과 그의 참모들 역시 폴란드와 핀란드를 선전 포고도 없이 공격하지 않았는가? 이들 역시 전범이 아니고 무엇이란 말인가? 스탈린은 폴란드 장교는 물론 자기 나라의 장교들도 학살하였다. 스탈린은 모든 인민을 위해 "해방 전쟁"[25]을 수행하고 있다고 주장을 하면서 제2차 세계 대전을 일으켰었다. 도대체 아이젠하워는 무슨 짓을 한 것인가? 그가 4만 명의 이탈자들을 강제로 본국으로 송환했을 때 그가 저지른 인권 유린은 뉴렘베르크 전범의 범죄와 무엇이

다르단 말인가? "좋은 언론"만 등에 업고 있으면 범죄자도 훌륭한 사람으로 둔갑해 버리니 실로 놀라운 일이다.

스페인, 이탈리아, 콜롬비아에서는 로마 카톨릭 이외의 다른 어떤 종교도 공개적으로 허용되지 않았었다. 오늘날에도(1979) 카톨릭 이외의 모든 종교는 "이단"(종파)으로서 등록을 해야만 한다(아르헨티나).[26]

프랭클린 루즈벨트(Franklin Delano Roosevelt)가 미국을 제2차 세계 대전에 개입시켰을 때(물론 그는 미국의 청년들이 "다시는" 그 어떤 다른 전쟁에 참여하기 위해 파병되지 않을 것을 선언하였다)[27], 그는 지구상의 모든 남녀 노소는 자유를 향유할 권리가 있음을 역설함으로써 자유를 일반화시켰던 것이다. 그는 두려움과 결핍으로부터의 자유와 표현과 경배의 자유를 내세웠다. 이와 같은 디즈니랜드 철학을 어디서 끄집어 내었는지는 실로 알 수 없는 노릇이다.

시간이 존재한 이래 그 어떤 사람도, 하나님도, 마귀도, 역사도 그 어떤 인간을 두려움으로부터 면제시켜 준 적이 없다.[28] 그것은 실로 어리석은 생각임에 틀림없다. 이상하게도 미국 국민은 노만 록웰이 이 "네 가지 자유"에 관해 그린 일련의 그림들을 보면서 심오한 진리라도 바라보고 있는 것처럼 생각하였다. 하지만 두려움으로부터의 자유는 환상에 불과하며, 결핍으로부터의 자유는 순전한 픽션일 뿐이다. 아무것도 두려워하지 않는 사람이 생명 보험이나 화재 보험이나 의료 보험에 들 리가 없다. 그리고 자기 가족의 안전을 위해 두려움을 갖지 않는 사람은 천치 바보일 뿐이다. 프랭클린 루스벨트는 자유(해방)에 대한 어리석은 개념을 갖고 있었던 것이다.

"아름다운 미국"(America the beautiful)이라는 찬송시를 쓴 사람이 지금까지 살아있어서 "인간들의 눈물로 얼룩진" 미국의 도시들을 바라본다면 어떤 생각을 할 것인가? 그는 아마도 하나님의 은혜가 하나님과 하나님의 말씀을 믿는 사람들보다 자유와 해방을 믿는 사람들에게 더 크게 내려진다고 착각했을 지도 모른다.

성경은 『**주의 영이 계신 곳에는 자유가 있느니라.**』(고후 3:17)고 말씀하고 있다. 성경으로 이 땅의 정부들을 판단해 보건대(그리스도인은 모든 것을 판단하는 기준으로 성경을 사용하며, 이는 옳은 것이다), 인간들이 하나님의 영을 거역하고 또 슬프게 하고 있기 때문에(행 7:51, 엡 4:30) 자유를 잃어버리는 것이다(갈 5:13-17).

참다운 자유는 하나님께 근원을 둔 자유이며(요 8:32), 자유의 정확한 정의는 하나님의 말씀에 나와 있다. 이 자유라는 단어는 인간의 동물적 자극과 반응(파블로프의 실험) 및 진화된 동물적 본능보다 더 높은 권위는 없다고 주장하는 무신론자, 공산주의자 및 불가지론자들이 함부로 사용할 수 있는 용어가 아니다. “자유”와 “해방”이란 단어는 불가지론자나 무신론자에게는 거짓말하면 이익 배당이 생긴다는 사실을 발견한 교활한 동물이 남용하는 조건지워진 반응에 지나지 않는다.

미국의 독립 선언문에 자유는 창조주께서 부여해 주신 것이라고 되어 있다. 자유는 책임을 회피하거나 다른 사람의 돈과 재산을 훔치려 하는 방종자의 머리 속에서 떠오르는 철학적 개념이 결코 아니다.

사무엘 아담스(Samuel Adams, 1722-1803)와 존 로크(John Loke, 1704)는 미국의 독립 선언문에 가장 영향력을 끼친 인물로 잘 알려져 있다. 이 두 사람은 그들의 사상을 존 위클리프(John Wycliff)와 틴데일(Tyndale)의 사상에서 빌어올 수밖에 없었다. 그런데 위클리프는 교황을 적그리스도라고 가르쳤던 사람이다. 독립 선언서에는 청교도들의 정치 철학이 반영되기도 했다.[29] 독일과 영국의 종교개혁이 이루어져 신약 교회 정치가 국가 정치의 모델로 사용되기까지 진정한 공회 제도의 틀인 “평등한 권리”와 자유가 존재하는 정부 형태는 역사상 등장한 적이 없다.[30]

레오나르드 베이컨(Leonard Bacon)은 신약성경의 사도들은 그 어떤 국가교회도 세우지 않았으나[31], 스크루비와 카트라이트가 영국의 지역교회 정치를 강조한 데서 미국 정부의 참된 형태가 비롯되었다고 지적하고 있다.[32]

“자본주의”와 “자유 기업”에 기초한 입헌 공화 민주 제도는 결코 프랑스 무신론자나 독일의 관념론자나 영국의 이신론자들의 산물이 아니다. 미국의 건국 공신들은 성경대로 믿는 프로테스탄트 사상에 기초해서 미국을 건설했다. 프로테스탄트 사상은 “환경 보호론자”, “국제 사회주의자”, “녹색 당원”, “하나의 세계주의자”, “국제 공산당” 등과 아무런 관계도 없다. 기독교적 원칙에 입각해서 세워진 정부는 군주제, 사회주의, 가난과의 전쟁, 주택 계획, 연금, 의료 보험, 임금 보장 등과 같은 “이웃에게 선을 행하자”는 표어를 내건 복지 국가가 아니고, 항상 지방 자치 정부였던 것이다.

에드윈 홀(Edwin Hall)은 사도행전에 나와 있는 기독교 사상은 공회 제도와 일치한다고 했다. 지역교회의 기본 원칙은 자발적 연합(강제적인 통합이나 인종 혼혈이 아닌), 자발적 모임, 다수결 투표(선거인단에 의한 간접 투표가 아닌) 그리고 지도자들은 몸된 교회를 섬기기 위해 그들의 능력에 따라 선택된다는 것이었다.[33] 이와 같은 유기체를 통치할 도덕적 원칙들에 관해 존 로크는 참된 도덕에 대해 완전한 지식을 얻는 유일한 방법은 신약성경을 읽는 일이라고 고백했다.

로크가 말한 "신약성경"은 다름 아닌 1611년 <킹제임스성경>이었던 것이다.[34] 그것은 현대의 배교한 근본주의자들의 타락한 사고에서처럼 "원본"을 언급하는 것이 아니었음을 잊지 말라. 로크에 따르면 현대의 그 어떤 철학자나 인정받는 과학자도 미국의 도덕적 원칙을 수립하는 데 아무런 기여도 할 수 없었다는 말이 된다.

미국을 떠받쳤던 도덕의 원칙들은 "현대 철학자"들이 등장하기 300년 전에 이미 인쇄되어 출간되었다. 이 책 중의 책이 출판된 지 30년도 채 되기 전에(1628년 6월), 영국 하원은 권리장전(Bill of Rights)의 원칙들(배심원에 의한 재판, 적법한 소송 절차, 승인없는 점령의 배제, 대표권 없는 조세의 거부)을 천명하고 있는 권리청원(Petition of Right)을 통과시키기 위해 소집되었다.[35] 1689년 12월 16일 청원권과 표현의 자유와 무기의 개인 소유권 등이 선포되었다.[36] 이러한 일련의 사항들은 영국을 교황의 중세 암흑 시대로 되돌리려는 두 명의 로마 카톨릭 국왕(찰스 1세와 제임스 2세)과 대면할 수밖에 없었던 영국인들에 의해 이루어진 것이다.

비록 성공회라는 국가교회 제도하에 있긴 했어도 영국인들은 국가교회가 비성경적이라는 사실을 깨닫기 시작했다. 결국 참다운 그리스도인들은 성경에 나와 있는 공화제도적 요소들을 부정하는 국민 정부를 용납해서는 안된다는 사실을 인식하기에 이르렀다. 1500년 동안 카톨릭의 그 어떤 성경도 해내지 못한 그 일을 <킹제임스성경>은 단지 80년도 안되는 기간에 해냈던 것이다. 즉 영국의 정치를 바로잡는 그 일이 성경에 의해 이룩되었다는 말이다.

알저논 시드니(Algernon Sidney)는 국민의 모든 자유는 하나님과 자연으로부터 나온다는 주장을 편 수필가였다.[37] 비록 영국 국민들이 존 로크를 가장 존경할 만한 인물로 꼽는다 할지라도, 로크뿐만 아니라 아담스와 시드니도 "자유"란 서로 죽임을 통해 "적자"로서 생존해 온 진화론적 유인원들이 차지할 권리라고는 생각지 않았다(다윈과 헉슬리). 20세기의 작가들은 종종 금세기를 "과격한 세기"라고 부른다. 하나님이나 의로움과 관련없이 무조건적인 자유가 용납되는 곳에서는 오직 정글의 법칙만이 존재한다는 사실로 미루어볼 때, 이들 작가들의 주장은 매우 일리가 있다고 하겠다.

미국 헌법을 기초한 사람들에게 영향을 끼쳤던 또 한 사람은 <법의 정신, *The Spirit of Laws*>을 쓴 몽테스키외(Montesquieu)였다. 이 책에 따르면, 정부의 행정권(대통령)과 사법권(대법원) 그리고 입법권(의회)이 서로 분리되지 않으면 대의 정부는 사라지게 될 것이고 결국(카톨릭 국가에서처럼) 모든 자유를 상실할 것이다.[38] 사실 모든 카톨릭 지역교회들은 바티칸의 소유이며 그 어느 카톨릭 교회 회원들도 세계 어느 곳의 교회 건물이나 재산을 소유하고 있지 않다. 동시에 카톨릭 교도 중 99%가 교황 선출을 위한 투표에 참가할 수 없다. 카톨릭 같은 파시스트 독재 체제하에서는 "자유"란 전혀 고려되지 않는다. 우리에게 필요한 것은 "견제와 균형"에 입각한 제도요, 이 제도는 적어도 1933년까지는 미국에 존속했었다. 이 제도는 몽테스키외의 철학에 근거한 것으로 그는 이신론자였다.

웰만(Welman)에 따르면 미국 정부는 "메이플라워 호의 선상에서 잉태되어", "국민 정신 안에서 확고해졌고 국민 정부 안에서 구체화되었다"고 한다. 만약 이것이 사실이라면 미국의 자유와 해방에 대한 개념은 "이단들"이 지니고 있던 성경적 개념임이 틀림없다. 왜냐하면 바로 그러한 생각을 화란과 영국에 있던 침례교 지역교회들이 갖고 있었기 때문이다.[39]

메이플라워(Mayflower) 맹약에는 "다원론적 사회", "사회 보장", "게이 해방", "여성의 권리", "공민권" 및 "억압받는 소수민" 등과 같은 내용들은 전혀 들어있지 않다. 이 맹약에는 "정부 수립"의 목적이 하나님께 영광을 돌리고 기독교 신앙을 증진시키는 것이지, 로마 카톨릭 신앙을 보급시키는 것이 아님을 분명히 선언하고 있다.[40]

만약 우리가 메이플라워 그룹이 그들의 신앙 고백대로 믿고 있었다고 인정한다면, 우리는 일을 하지 않는 시민은 먹어서는 안된다는 확신 또한 받아들여야만 한다. 이것은 청교도들이 메이플라워 호에 승선하면서 미국으로 가져온 원칙으로 신약성경에서 발견되는(살후 3:10) "기독교 신앙"의 교리적 선언 중의 하나이다. 복지 단체가 제공하는 자선물은 세계 제1차 대전 이전에도 그리고 그 이후에도 "기독교 신앙"과는 아무런 관계가 없었다.

청교도들이 그들의 믿음을 고백했을 때 그들은 성경을 "문자적"으로 받아들이는 극단주의자였던 도나티스트 - 왈덴스 - 분리주의자 - 침례교도로 이어지는 그리스도인들의 관점을 고수했던 것이다. 이들은 종교적 독재를 피하기 위해 미국으로 건너왔다.

그들의 미국 이민 동기 중 가장 중요한 것은 "종교적" 동기였던 것이다.[41] 그들은 (미국에 이미 와 있던 청교도들에 의해) "브라운파"(침례교도 브라운의 추종자)와 "분리주의자"로 불렸다. 그들이 취한 "지독한" 종교적 입장에도 불구하고 이들 그룹은 메사츄세츠와 코네티컷주에 있던 청교도들의 정치 사상에 커다란 영향을 끼쳤던 것이다.

1638년 청교도들이 플리머스에 상륙한 지 20년도 되기 전에 최초의 미국 헌법이 쓰여졌다(이것은 "독립기념관"이 유명해지기 100여년 전의 일이다).

1. 모든 시민의 권위는 하나님으로부터 나온다(워싱턴 D.C.에서 나오는 것이 아니다).
2. 선출된 대표들이 지역 사회를 위한 법률을 제정한다(지방 법원 판사들이나 국세청이 만드는 것이 아니다).
3. 선거는 어떤 특정인의 선호로 결정되는 것이 아니며, 투표는 법과 하나님의 뜻에 따라 행해져야 한다("당신이 선택한 후보"를 위해 투표하는 것이 아니다).
4. 국민에게 주어진 모든 자유는 하나님을 찾고, 하나님의 인도하심을 구하며, 하나님을 위한 선택을 할 수 있는 자유여야 한다.[42] "변화하는 요소들"의 "가이드 라인"에 맞추어 이루어지는 가치 규명은 국민의 자유를 침해할 수 없다.

이 문서에는 그 어느 교회나 교회 지도자의 권위에 순종해야 된다는 말은 언급되어 있지 않다. 이 문서에 서명한 사람들은 모두 <킹제임스성경>이 지역 사회의 모든 사람들에게 최종권위가 된다고 생각했다. (이렇게 멋지게 시작한 나라가 오늘날 어찌 "이런 꼴"이 되었을까?) 이렇게 해서 <킹제임스성경>은 미국의 건설자들에게 정치적 헌장이 되었다. 왜냐하면 위에 인용한 "기본 규범들"은 독립을 주도한 대륙의 교회보다 100년이나 앞서 있었기 때문이다.

이 코네티컷 규례가 만들어진 배경은 퓨리탄-필그림 교회들의 지역 회중 조직이었다. 이 교회 조직에는 대주교나, 주교, 수도승, 추기경, 사제, 수녀 그리고 "교황청 대사"도 없었다. 메사츄세츠주 역시 입스위치의 나다니엘 워드(Nathaniel Word) 목사가 작성한 "자유 선언문"과 더불어 이 규례를 따랐다. 윌리암 펜(William Penn)은 펜실베니아 주를 위해 비슷한 법률을 제정하기 시작했다.[43] 이들 문서를 위해 그 어떤 로마 카톨릭 신자의 정치적, 종교적 충고도 구한 바 없다. 미국의 자유는 "평등권", "시민권" 혹은 "카톨릭의 용납" 등으로 시작된 것이 아니다. 미국의 자유는 <킹제임스성경>과 더불어 시작되었다.

성경적인 헌법을 만들려는 시도 덕분에 정부에 대한 두 가지 사상이 확립되었다. 첫째, 지역교회들과 개인과의 관계에 있어서는 의회가 결정을 내린다는 사실이다. 국가교회는 이들 문서의 그 어디에도 언급이 없다. 이 문서의 작성에는 그 어떤 카톨릭 성서도(ASV, NASV, RSV, NRSV) 참고 되지 않았고, 문서 작성을 위한 종교 혹은 정치 용어나 도덕적 원칙에 관한 토의에 그 어떤 카톨릭 주교나 사제도 초청된 바 없다.

이 정도이고 보니 미국에 모인 모든 민주적 단체는 고집과 편견으로 가득한 곳이라고 평가할 사람도 있을 것 같다. 왜냐하면 미국에서는 카톨릭 정부 형태가(정치적 정부이건 종교적 조직이건) 자유와 기독교와는 아무런 관계가 없다고 간주되고 있기 때문이다.

성공회 사람들이 군주제도하에서 중앙 집권적 정부 형태를 유지하고 있던 버지니아 주에는 로마 카톨릭의 잔재가 어느 정도 남아 있었다. 이 군주 제도하에서 영국 왕은 주교들로 이루어진 국가교회와 "하원" 의원으로 이루어진 의회를 통해 통치했던 것이다.[44] 이것은 1578년 엘리자베스 여왕의 헌장 이후부터 채택된 성공회 형태였다. 결국 하나님께서 원하시는 대로 교회국가 제도에 대한 "격렬하고 광신적인" 저항이 미국에서 일어나게 된 것이다. 미국 헌법에 권리선언을 첨가시킬 것을 끝까지 주장한 사람들은 버지니아 주의 침례교도들이었다. 우리는 이제까지 정치적인 문제를 간략히 다루었다. 이는 인류 역사상 최초로 한 국가 전체가 신약성경의 지역교회 정부를 모델로 해서 법률과 제도를 만들었기 때문이다. 그 내용은 투표(행 6:2,3), 자발적 기부(행 5:4), 기도와 감사(행 4:24), 하나님의 뜻을 구함(행 1:24), 자발적인 나눔(행 4:32), "평신도"와 "성직자"의 구분이 없음(행 4:32, 갈 3:26) 그리고 그 어떤 지위의 로마 카톨릭 성직 계급에게도 특별한 호의를 베풀지 않는 것이다.

물론 헌법을 제정하는 사람들은 여러 면에서 이러한 기준에 도달하지 못했다. 또 후일 아브라함 링컨, 프랭클린 루즈벨트 그리고 케네디 등이 인종적, 사회적 이슈를 사용해서 헌법의 기본 정신을 무너뜨려[45] 결국 헌법의 핵심적인 사항이 거의 남아 있지 않게 되기는 했다(의무적인 소득세, 강제 징병, 강제적인 인종 통합, 금본위 제도의 폐지, 공민권법 등). 하지만 최초의 시도는 놀라운 것이었다. 초창기 미국인들의 의도는 매우 선한 것이었다. 미국을 건설했던 분들은 일간 신문이나 텔레비전 뉴스가 <킹제임스성경>보다 미국에서 더 비중을 차지하는 그런 날이 오리라고는 꿈도 꾸지 않았다.

1700-1800년대에 돈벌이를 위해 만들어낸 신문 조각이 "언론"이라는 우상이 되어서 "믿음과 실행에 있어 최종권위"로서 받아들여지리라고 누가 생각이나 했겠는가? 언론이 성경을 대체해감에 따라(1860-1960), 공화제는 점차 민주주의로 변질되어 갔고(1860-1900), 그 후에는 연방 민주주의로(1900-1933), 결국은 연방 '소비에트'로 변질되었다(1933-1990). 이제 미국은 파산 당한 카톨릭 '공산' 국가로 몰락해가고 있다. 지옥으로 가는 길은 선한 의도로 포장되어 있는 법이다.

메사추세츠 주의 존 아담스가 사무엘 아담스와 패트릭 헨리와 함께 대륙 의회에 앉게 되었을 때(1774. 9월), 그는 거의 100여 년 동안 주 정부의 모델로 사용되었던 청교도 지역교회 정부의 형태를 생각했다. 패트릭 헨리(Patrick Henry, 1736-1799)는 침례교 설교자들이 거리에서 설교했다는 "용서받을 수 없는" 죄로 매질당하는 것을 목격했었다(롤라드, 알비겐스, 왈덴스, 불가리안, 페트로브루시안 및 헨리시안들 역시 동일한 박해를 받았다).[46]

사무엘 아담스는 군주제에 관한 한 이미 좌익 성향을 갖고 있었다.[47] 톰 페인(Tom Paine, 1737-1809)은 영국으로부터의 분리에 동조했는데, 이는 자기가 좌익 혁명 투사임을 내보이기 위함이었다[48](페인은 평생 동안 결코 성경을 믿어본 적이 없다). 7월 4일 독립 선언문이 버지니아의 토마스 제퍼슨(Thomas Jefferson)에 의해 작성되었고, 여러 주 대표들에 의해 채택되었다. 7월 2일에 열린 대륙 의회에서 독립 선언문의 배경사상에 대한 선언이 있었는데, 그것은 각 주가 "자유롭고 독립적인 주"[49]라는 것이었다. 바로 이것이 그때 이래로 남부의 여러 주들의 권리 선언문이 되었고, 로버트 리, 조지 월러스, 제퍼슨 데이비스 및 모든 남부 사람들이 믿었던 바이다

그러나 아브라함 링컨 이래로(Abraham Lincoln, 1865) 자유를 누린 주는 하나도 없었다. 동시에 그 어떤 주도 독립을 누리지 못했다. 1865년 이래 미국의 주들은 남침

례 교단 총회에 속한 지역교회들처럼 종속되고 말았다. 연방 관료들이 각 주를 소유하고 통제하게 되었던 것이다.

미국에서 1776년에 발생한 군사 행동은 "미국 혁명" 혹은 독립 전쟁으로 알려졌으며, 1861년에 발생한 군사 행동은 "반역 전쟁"이라고 불려왔다(한국에서는 남북전쟁으로 알려져 있다). 어째서 이것이 반역 전쟁인지는 그 누구도 설명하려 들지 않는다. 20세기의 교육받은 현대인들은 이 문제에 대해 언급을 회피하려고만 한다. 1861년 남부의 수늘은 1776년 독립 선언문에 명시되어 있는 각 주의 권리들을 주장했을 뿐이며, 그들은 그 권리들을 유지할 충분한 군사력을 갖고 있지 못했을 뿐이다. 결국 1861-1865년에 헌법은 무너졌고, 그때 이래 헌법은 한 번도 건전한 상태를 회복하지 못했다.

아브라함 링컨은 사실 헌법 자체를 어겨가면서 전쟁을 시작할 알리바이로서 헌법의 전문을 사용했다. 그는 자신의 공산주의적 사상을 정당화시키기 위해 위대한 단어들을 총동원했는데(자유, 해방, 평화 등), 이 단어들은 역사상 모든 살인자들이 남의 땅이나 돈을 훔치기 전에 사용했던 그 단어들이다. "정직한 에이브"는 "단합"(unity)이란 단어를 사용하였다. 링컨은 미국의 여러 주는 헌법이 형성되기 이전부터 이미 연합되어 있었으므로[50] 단합(혹은 연합)은 권리선언과 헌법에 나와 있는 자유와 권리보다도 더 중요하다고 말했다.[51] 그때 이래로 성경 대신 신문과 TV를 보는 사람들에게는 "연합을 보존"하는 것이 가장 중요한 이슈가 되어 버린 것이다. 미국 국민들을 배반하기 위해 링컨이 사용한 알리바이는 히틀러가 오스트리아와 체코를 점령할 때 사용한 핑계와 똑같다(히틀러에게도 유럽 대통합이 그 목표였다). 해 아래 새로운 것이 없는 법이다.

플로리다의 디즈니월드에 있는 대통령 기념관에 가면 위선자였으나 "정직한 에이브"로 불리는 사람이 미국 정부 내에서부터 자유를 잃어버릴 위험성이 있다고 테입을 통해 경고하고 있는 것을 볼 수 있다(자유를 빼앗은 사람이 자유를 상실할 위험을 경고하다니...). 독립 전쟁이 끝난 후(1787) 헌법 대회가 필라델피아에서 소집되었을 때 프랭클린, 워싱톤 그리고 해밀톤(이 세 사람은 이신론자들이었다)이 참석했다. 그들은 헌법 추가 조항이었던 권리선언이 제안되었을 때 그들이 이룩한 업적을 놓고 자축하고 있었다. 해밀톤과 많은 청교도들의 반대에도 불구하고 1791년 권리선언 10가지 조항이 비준되었다. 이들 10가지 중 첫 번째 것은 헌법 전체와 독립 선언문 전부보다도 교회사에 있어 훨씬 더 중요한 의미를 갖고 있다. 왜냐하면 제1항은 종교 기관의 설립에 관해서는 그 어떤 법도 제정될 수 없고 종교권의 "자유로운 행사"는 아무도 금할 수 없다고 규정하고 있기 때문이다.

만약 이 제1항이 그대로 준수되고 집행되었더라면 미국은 "각 주의 권리들"의 상실에도 불구하고 여전히 자유로운 나라로 남아 있었을 것이다. 1933년 루즈벨트 시대 이래로 미국의 연방 및 주 법률은 성경적 기독교의 모든 형태를 방해하고 억제하는 각종 법률을 계속해서 통과시키고 있다. 1964년에는 공산주의적 헌법이 추가되어 정부가 미국의 모든 지역교회에 대한 무제한적 통제권을 아무런 허가없이 사용할 수 있게 되었다. 이러한 수정안을 통과시킨 근거는 링컨이 부각시킨 인종 문제였다. 이 수정안은 "공민권법"(Civil Rights Act)이라고 불리며, 이 법에 따르면 만약 어떤 교회라도 인종 통합에 대한 언론 매체와 카톨릭 교회의 입장을 채택하지 않는다면 연방 정부가 그 교회를 간섭할 수 있다고 한다.

"어린이 학대"와 어린이 방치에 대한 뉴스 미디어의 견해를 받아들이지 않는 교회 학교는 문을 닫게 될 것이다. 성경은 체벌이 중요하다고 하는데(잠 23:13,14), 언론은 체벌이 "어린이 학대"라고 한다. 인종적 균형과 국세청의 "지침"에 관한 주 정부와 연방 정부의 지시를 거부하는 교회와 교회 학교는(그런데 이런 지시는 때로는 자의적으로 주어지며 심지어는 문서가 아닌 구두로 내려질 때도 있다) 면세 혜택을 받지 못하게 된다. 더 나아가 거리에서 설교하는 설교자는 "평화를 어지럽히는" 죄로 감옥에 갈 수도 있고[52), 그리스도인이 쇼핑 센터에서 전도지를 나누어주는 것도 금지를 당하게 될 것이다. 그것은 "사유 재산권의 침해"라는 것이다. 그렇다면 쇼핑 센터가 대중에게 공개된 곳이라는 사실은 거짓이란 말인가? 아니면 사도행전 1:6-10에 순종하고 있는 대중에게는 공개되어 있지 않다는 말인가?

1979년에 출판된 레스터 롤로프(Lester Roloff)의 "종교 기관 설립"은 연방 정부와 주 정부 그리고 보건사회부의 관료들에 의해 공격을 받았다. 이들은 학생과 교회 회원들을 해산시켰고 그를 감옥에다 집어넣었다. 롤로프는 미국 헌법에 보장된 기본권을 누릴 수 없게 되었던 것이다. 이처럼 미국 헌법은 연방 소비에트 재판정으로 대체되어 버렸다.

그러나 1776-1791년 사이에는 이런 일들은 감추어져 있었다. 그 당시에는 국민의 98%가 성경을 처음부터 끝까지 하나님의 말씀으로 믿고 있었기 때문에[53)] 구원받지 못한 이신론자들(워싱톤, 프랭클린, 아담스, 제퍼슨, 해밀톤)이 자신들을 기독교 전사로서 제시하려고 애를 썼다. 제1차 대륙 의회의 배경에는 대부흥 운동이 있었고 <킹제임스성경>이 미국 전체와 심지어 서인도 제도까지 설교되고 있었다. 대륙 의회에 모인 사람들은 주 예수 그리스도의 이름을 언급하지 않았고, 메이플라워호를 타고 온 조상들이 선교적 사명을 갖고 왔다는 사실을 언급하지는 않았지만 신약 교회 정부에 가장 가까운 헌법을 제정했다. 그것은 그 성격상 반카톨릭적인 국가를 세우려고 시도했다는 것을 의미한다.

오랫동안 괄시받고 무시당해 온 "침례교도"들은 드디어 국가 전체에 영향을 끼치게 되었다.[54] 그러나 그들은 이를 위해 그 댓가를 지불했었다. 28명의 침례교도들이 프로테스탄트 "교황"에게 세금을 내기를 거부한다고 해서 메사츄세츠 주에서 체포되었다. 이 세금은 국가교회가 임용한 목사들에게 바치는 것이었으므로 침례교도들은 그것을 바치기를 거부했다. 코네티컷 주는 한때 그 영토 내에서 침례교 전도자들을 받아들이지 않았으며, 위반자에게는 투옥과 벌금형을 부과했다.[55] 침례교 지도자들은 코네티컷에 있는 주 정부가 지원하는 교회에 반대한다는 이유로 투옥되었고 재산을 몰수당했다(1748). 노스캐롤라이나 출신의 존 웨더포드(John Weatherford)와 존 왈러(John Waller)는 버지니아 주 보안관에게 말 채찍으로 맞았다. 토마스 와포드(Thomas Waford) 역시 버지니아 주에서 폭도들에 의해 공격을 받았다.

또한 성공회 성직자들에게 지시를 받은 폭도들이 침례교도들에게 돌을 던졌다. 수십 명의 침례교도들이 버지니아 주에서 떠나라는 명령을 받았고 성공회는 그들의 재산을 몰수하려 했다.[56] 침례교도들은 총을 들고 이에 맞섰다. 침례교도들은 국가교회의 성직자들을 위해 국민의 세금을 거두는 것을 계속해서 반대했다. 결국 권리선언이 채택되어 그 불경스러운 작태는 멈추게 되었다.

앞서 언급한 1774년의 대륙 의회에서 알렉산더 해밀톤, 라이언 비쳐 그리고 존 아담스(모두 연방주의자들이었음)는 침례교도들을 대항했다. 침례교도들 역시 이들을 대항했다.[57] 어떤 로마 카톨릭 신자도 그들의 투쟁을 도와주지 않았다. 아일랜드의 카톨릭 신자들은 거의 100년 동안이나 아일랜드에 있는 성공회 성직자들을 지원하기 위해 세금을 내야만 하는 것에 대해 불평을 해오고 있었지만, 침례교도들이 세금 내는 것을 거부하는 것은 도와주지 않았다.[58] 위선자들은 항상 이중적 기준을 갖고 있는 법이다.

토마스 제퍼슨, 제임스 매디슨, 조지 메이슨은 모두 "성직자를 지원하는 세금을 내지 말자는 침례교의 견해를 채택했다.[59] 이들은 함께 "종교의 자유를 확립하기 위한 법안"을 작성해냈다(1785). 바로 이 버지니아 법안은 권리선언 수정 조항 제1항을 만들게 된 직접적이고 결정적인 원인이 되었다. 이처럼 첫 번째 수정 조항은 단지 "반연방주의자들"만의 작품은 아니었던 것이다(그러나 미국에 관한 모든 역사책은 그렇게 가르치고 있다).[60] 종교의 자유를 규정한 수정 조항 제1항은 처음 10명의 대통령 중 6명을 배출한 버지니아 주에서 미국 대통령에게 압력을 가했던 침례교도들의 작품이었던 것이다.

바로 이것이 다른 9개의 조항보다 짤막한 1개 조항이 헌법 자체보다도 미국의 국가 안보에 더 중요하게 된 배경이다. 왜냐하면 그때까지는 서방 세계의 모든 나라들이(그때 이래로는 독일, 프랑스, 스페인, 이탈리아, 멕시코, 남미, 폴란드, 카나다 등) 국가 안보는 예수회와 "의식들"을 통해 수행되는 교황의 정책에 의존하고 있었기 때문이다. 오늘날 아일랜드의 국가 안보는 바티칸에 의해서 결정된다. 스페인, 폴란드, 이탈리아, 오스트리아, 프랑스 및 러시아도 마찬가지일 것이다. 공산주의자인 교황 요한 바오로 2세는(1982-) 미국과 영국을(스코틀랜드 포함) 제외한 이 세상의 모든 "제3세계" 국가들과 제휴해서 카톨릭 국가의 단합과 권력을 증진시키기 위한 추악한 목적을 위해 이들 국가들을 이용할 수 있었다. 미국 헌법 수정 조항인 권리선언 제1조는 의회로 하여금 다음과 같은 목적으로는 그 어떤 법도 제정할 수 없도록 금지하고 있다.

1. 카톨릭 교회를 인정하거나 그 가르침을 기독교적 교리로 인정하는 것.
2. 그 어떤 교회에 의한 강제적 침례 혹은 물뿌림.
3. 미사 참석을 강요하거나 교황을 영적 지도자로 인정하는 것.
4. 미사와 교황을 조롱했다는 이유로 사람을 투옥하거나 살해하는 행위.
5. 교황을 적그리스도라고 말하는 사람을 투옥하거나 살해하는 행위.
6. 개신교도들에게 세금을 거두어 카톨릭 학교를 지원하는 행위.
7. 그리스도인들이 카톨릭 신도들에게 복음을 전하는 것을 금하는 행위.

권리선언의 수정 조항 제1조는 미국이 반카톨릭 국가로서 출발하도록 해 주었다. 왜냐하면 위에 열거한 일곱 가지 사항은 교황의 칙서와 카톨릭 공회에 따르면(500-1900) 모든 정부들이 카톨릭 교회에게 마땅히 행해야 할 의무라고 규정하고 있기 때문이다.[61] 카톨릭 교회의 교회법에 따르면 모든 국가는 경찰력과 군대를 동원해서 위

의 일곱 가지 사항을 강제로 집행해야 한다.[62]

침례교도들은 그들의 영향력을 통해서 카톨릭이 득세하기 이전에 영국에서 고대 켈트족이 시행했고[63] 중부 유럽에서 고트족이 시행했던 지방 정부 제도 및 원칙을 드디어 미국 땅에 다시 수립할 수 있었다. 이들 고대 튜톤족들은 자체 모임을 통해 자치 체제를 운영해 나갔다.[64] 이 모임은 장로들과 지도자들이 주도했으며, 가족 혹은 부족들은 투표를 통해 정치에 참여하였다. 그러나 이 제도는 시저가 제정한 로마법과 더불어 종식되었고, 그 후에는(500-1000) 로마 교회법에 의해 더 더욱 왜곡되었다. 이로써 자치적인 제도는 사라지고, 수백만의 사람이 노예화되었다(봉건 제도, 농노 제도 등).

이 로마법은 멕시코와 남미에서 1490년 이후 강제로 집행되었고, 그로 인해 수백만 명의 인디언들이 노예화되었다. 아브라함 링컨의 게티스버그(Gettysburg) 연설에 나와 있는 공산주의적 원칙이 아닌 침례교적 원칙에 입각해서 1779년 "자유를 바탕으로" 한 나라가 탄생하게 되었다. 링컨은 모든 사람이 동일하게 태어났다는 원칙을 고수했지만 그 어떤 인간도 똑같이 태어난 사람은 아무도 없다. "자유를 바탕으로"라는 침례교적 원칙은 지역교회는 자치 정부를 통해 스스로를 통치하며, 그 어느 왕이나 대주교, 대통령, 혹은 교황에게도 간섭받지 않는다는 것이다.

토마스 카트라잇(Thomas Cartwright, 1535-1603)은 감독 교회의 독재에 대해 비판했으며 로버트 브라운(Robert Browne, 1550-1633)과 함께 "국민을 다스리는 국민"(people governing people)이라는 기본 사상을 확립하는 데 기여하였다. 물론 이 사상은 성경적 기독교의 원칙하에 적용되는 것이다. ["우리 국민(민중)"이라는 개념이 신약성경에 나와 있는 원래적인 문맥에서 벗어나 왜곡되었을 때 오늘날의 공산주의 개념이 등장했다. 이 개념은 사도행전 4:35에 근거한 것이었다. 그러나 오늘날의 공산주의는 이 "기초 개념"과는 너무도 멀리 떨어져 있다. 현대의 공산주의는 카톨릭 교회와 같이 파시스트적 과두 체제인 것이다.]

브라운과 카트라잇에 앞서 영국의 보수주의적 성공회 신자였던 로저 허칭슨(Roger Hutchinson, 1560)과 헨드릭 터트우르트(Hendrik Tertwort, 1575)가 침례교적 원칙을 제시했었다.[65] 헨리 배로우(Henry Barrowe)와 존 그린우드(John Greenwood)는 국가와 교회의 분리에 관해 침례교적 입장을 가르쳤다고 해서 1587년 투옥되었다. 그러나 프랜시스 존슨(Francis Johnson, 1592), 존 심스(John Symth, 1593), 토마스 헬위즈

(Thomas Helwys)와 존 머튼(John Murton) 등이 이들을 따랐다.[66]

초기 청교도 세대들은 이들 분리주의자들의 본을 단순히 따랐을 뿐이다. 그 이후 전개된 미국 역사는 이미 살펴본 바 있다. 정직한 역사가라면 침례교 정치 형태가 권리선언을 제정하는 데 주요 요소였음을 부인하지 못할 것이다. 존 록크와 같은 철학자, 사무엘 아담스와 같은 정치가, 톰 페인과 같은 인본주의자들이 이들 초기 문서들에 정치적인 아이디어를 제공한 것은 사실이다. 하지만 미 헌법과 권리선언의 기초 전제는 그 어떤 정부도 종교적 목적으로는 아무에게도 세금을 물릴 수 없다는 것이었다. "대표권이 없는 징세"(taxation without representation)라는 이슈가 바로 이것이다. 당시 대륙 의회에 모인 사람들은 모두 그리스도인임을 고백하는 사람들이었고, 성경을 읽는 사람들이었고, 적어도 이신론자들이었기 때문에 종교적 주제를 배제한다는 것은 쉽지 않았다. 당시 논쟁의 초점이 다만 "세금" 문제였다고(종교적 이슈와는 전혀 무관한) 생각하는 것은 오늘날 수녀들의 임금과 카톨릭 교회 버스의 휘발유값을 국민의 세금으로 지불하는 사람들의 감정을 상하게 할까 두려워서 논쟁의 초점을 흐리려는 것뿐이다.[67]

만약 1776-1790년 사이에 있었던 논쟁에 종교적인 이슈가 포함되어 있지 않았다면 미국의 초기 문서(헌법, 권리선언 등)를 작성하는 데 있어 로마 카톨릭 사제와 주교들이 제외되어 있었다는 사실을 어떻게 설명할 수 있겠는가? 당시 바티칸 당국에서 파견한 "대표"는 대륙 의회에 한 사람도 없었다는 사실을 잊지 말라. "자유를 바탕으로 탄생된 나라"라는 말은, 미공화국(오늘날과 같은 카톨릭적 공산주의 요소가 가미된 UN의 위성국가로 전락해 버리기 이전)이 종교적 창녀(계 17:1-8)의 품에서 태어난 것이 아니고 침례 교회의 원칙에 따라 태동되었다는 뜻이다.

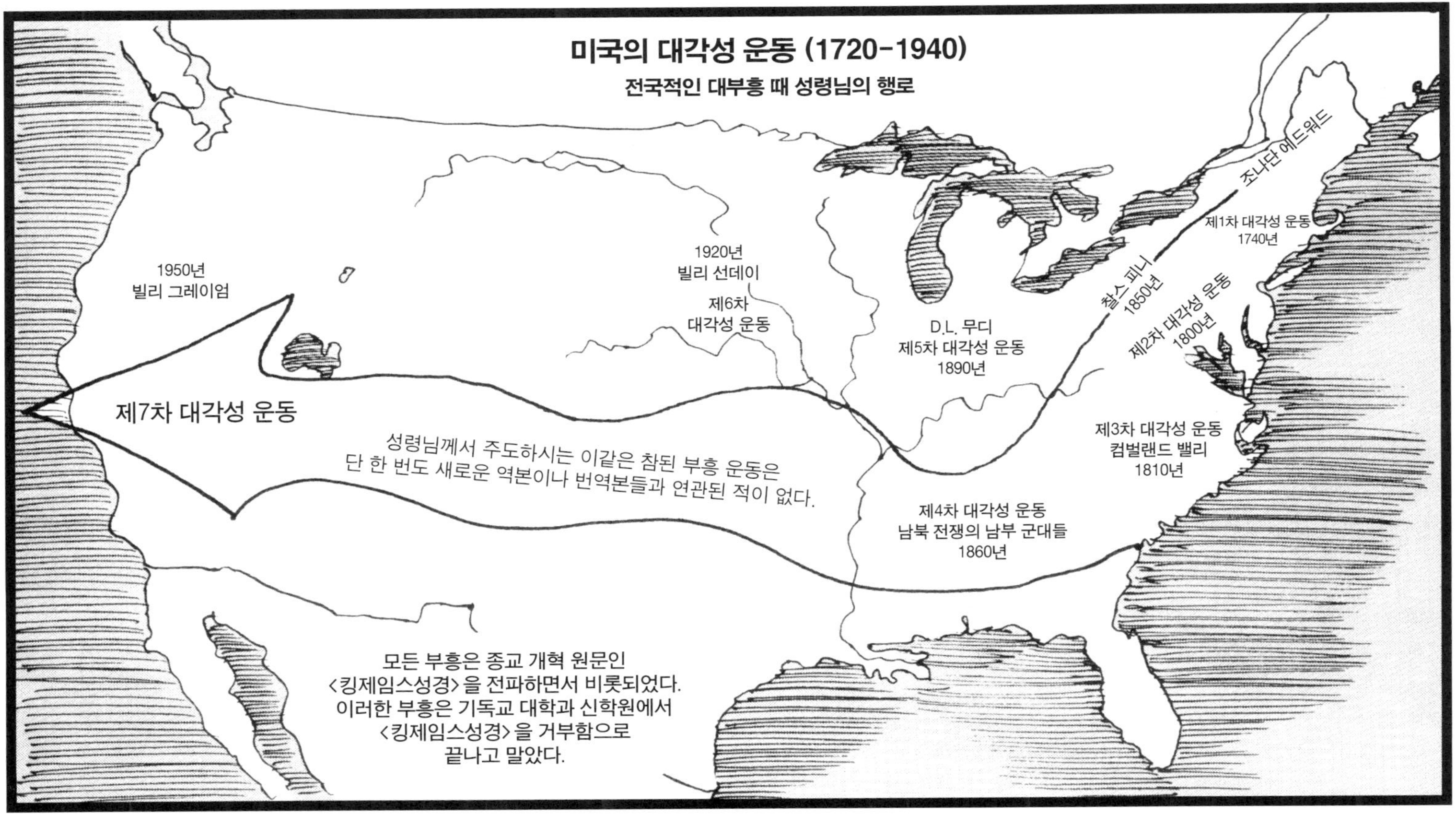
미국의 대각성 운동 (1720-1940)
전국적인 대부흥 때 성령님의 행로
조나단 에드워드
제1차 대각성 운동
1740년
찰스 피니
1850년
제2차 대각성 운동
1800년
제3차 대각성 운동
컴벌랜드 밸리
1810년
D.L. 무디
제5차 대각성 운동
1890년
제4차 대각성 운동
남북 전쟁의 남부 군대들
1860년
1920년
빌리 선데이
제6차
대각성 운동
1950년
빌리 그레이엄
제7차 대각성 운동
성령님께서 주도하시는 이같은 참된 부흥 운동은
단 한 번도 새로운 역본이나 번역본들과 연관된 적이 없다.
모든 부흥은 종교 개혁 원문인
〈킹제임스성경〉을 전파하면서 비롯되었다.
이러한 부흥은 기독교 대학과 신학원에서
〈킹제임스성경〉을 거부함으로
끝나고 말았다.

제 23 장
필라델피아 시대의 용사들

그런즉 너는 예수 그리스도의 훌륭한 군사로서 고난을 견뎌내라. 전쟁에 임하는 자는 아무도 이생의 일들에 얽매이지 아니하나니, 이는 자기를 군사로 뽑은 자를 기쁘게 하려 함이라. (딤후 2:3-4)

교회사에 있어 필라델피아 시대(계 3:7,8)는 1600-1900년 사이의 기간에 해당되며 복음의 문이 활짝 열린 시대였다. 하나님의 말씀 그대로를 순수하게 지켜온(계 3:8) 이 시대의 교회들은 카톨릭 교회의 부패한 교리 대신 성경적 진리를 들고 전세계를 누볐다. 이 시대에는 마틴 루터와 <킹제임스성경> 번역자들이 사용한 종교개혁 원문들이 세계를 휩쓸었다. 이 원문에서 1900년 이전까지 무려 800여 개의 언어로 하나님의 말씀이 번역된 것은 분명히 하나님의 섭리적 손길이었다.

이 성경들과 번역본들이 끼친 경제적, 사회적 영향은 실로 대단한 것이었다. 이를 두고 "교육받은 계층"[1]들(주로 철학자들과 과학자들)은 어떤 "왕국"이 임하고 있는 것이 아닌가 하고 착각했다. 즉 그들이 꿈꾸고 있던 "모든 인간이 자유와 연합하에 함께 살아갈 수 있는 완전한 평화의 시대, 즉 황금 시대"가 도래하고 있는 것으로 착각했던 것이다. 얼마 후 찰스 다윈이 그 "왕국"이 어떻게 도래할 것인가를 그의 이론으로 제시하자(다윈은 자연 발생에 따른 유기적 진화론을 내세웠다), 이들 학자 그룹들은 물고기가 물을 만난 듯이 그 이론을 따라가고 말았다.[2]

구원받지 못한 철학자들, 과학자들과 더불어 수많은 정통 보수주의자들과 복음주의 설교자들이 이 이론에 휩쓸렸다. 그들은 "교육받은 지성인" 계층으로 분류받고 싶었던 것이다. 이들 배교한 "지성인"들은 복음으로 인해 일어난 일련의 사건들을 두고 천년왕국이 도래한 것으로 간주했다. 그들이 내세운 근거는 다음과 같다. 첫째, 이교도들이 옷을 입게 되었고 읽고 쓰기를 배우게 되었다.[3] 둘째, 교통 기관과 통신 수단이 발달하고 전기 등이 발명되어 세계는 하나가 되어가고 있었다. 셋째, 바하, 베토벤, 로시니, 브라암스, 바그너 등으로 음악의 위대한 발전을 이룩했다. 넷째, 많은 교회들이 세워졌고 수많은 사람들이 성경을 읽게 되었다. 이로써 진리는 전세계를 향해 전진해가고 있는 것이다. 온 인류는 이제 배교와 적그리스도의 출현을 다루고 있는 성경 교리들을 "진보"의 관점과 지상에 세워질 하나님의 왕국이 도래한다는 "긍정적" 관점에서 해석해야만 될 것이다. (이들은 이사야 63장, 요한계시록 14:20, 19:15을 긍정적인 사고 방식으로 왜곡해서 해석한다.)

바로 이것이 19세기 중엽(1850-1890)에 살던 긍정적 사고주의자들에게 사탄이 제시한 "복음"이었다. 이와 같은 배경 하에서 드디어 "인간의 권리"를 주장하는 라오디케아 교회 시대가 지구상에 출현하게 된다. 그리스도 없는 공산주의, 강제수용소에서의 "평등한 권리", 거룩함이 없는 시민권, 책임을 배제한 "가치들" 그리고 무엇보다도 기독교 학자들의 "의견"을 최종권위로 삼으려 하는 배교한 근본주의자들이 차지도 않고 덥지도 않은 마지막 교회 시대를 수놓고 만 것이다.

이제부터 우리는 성령님께서 1700년부터 1850년 사이에 자신의 책(성경)을 가지고 어떤 사역을 수행하셨는지를 추적해 보고자 한다. 우리가 관심을 갖는 것은 신약 교회의 역사이지, 창녀 교회의 발전사도 아니고 "인간의 발전사"도 아님을 잊지 말자. (학자들은 인간이 경제적, 기술적으로 발전해 가면서 동시에 영적, 정신적으로도 발전해 간다는 후천년적 사고 방식을 갖고 있으며 교회사 역시 같은 관점에서 다루고 있다.) "이성의 시대", "계몽 시대"를 거쳐 등장한 것은 "원자 시대"로, 학자들이 "폭력의 세기"라고 부르는 20세기이다.[4] 이성과 계몽과 종교로도 인간의 죄성을 통제할 수 없었음을 스스로 입증한 결과이다.

18세기와 19세기는 인류 역사상 성경을 믿는 가장 위대한 증인들을 배출해 낸 시기였다. 이들의 삶과 사역을 다 다루자면 책 몇 권을 따로 써야할 정도이다. 이들 주님의 군사들은 실로 역전의 노장들이었다. 그들은 산, 평원, 사막, 바다를 누비면서 "전쟁"을 벌였고, 순교자의 무덤에 몸을 내던졌다. 그들은 피스가, 헤브론, 갈보리, 헬몬 그리고 모리아 산에 서서 그 어떤 교황, 황제, 왕, 대통령도 듣고 보지 못한 것들을 듣고 보았다. 그들의 생은 한 마디로 그들이 풀어준 쇠사슬, 그들이 해방시킨 영혼들, 그들이 먹인 배고픈 자들, 그들이 변화시킨 이교도들로 설명될 수 있다. 그들은 생활의 모든 면에서 예수 그리스도를 나타냈으며, 그들의 인생 여정은 교회에서 보낸 시간들과 제단에서 외친 찬양 소리들 그리고 무릎을 꿇고 기도를 드리며 흘린 눈물로 엮어져 있었다. 그들은 오직 한 가지 책만을 믿었고, 그 책을 설교했으며, 그 책을 암송했고, 그 책을 가르쳤다. 그들이 그 책을 외국어로 번역할 때 로마 카톨릭 교회의 부패한 알렉산드리아 필사본들 따위는 거들떠 보지도 않았다.

이들 돌격 대원들 중 몇은 다음과 같다. 토마스 웹(Thomas Webb, 1724-1796), 사무엘 시버리(Samuel Seabury, 1729-1796), 크리스챤 슈바르츠(Christian Schwartz, 1726-1798), 윌리암 카우퍼(William Cowper, 1731-1800), 존 뉴튼(John Newton, 1725-1807), 토마스 랑킨(Thomas Rankin, 1738-1810), 헨리 마틴(Henry Martyn, 1781-1812), 앤드류 풀러(Andrew Fuller, 1754-1815), 프란시스 애즈버리(Francis Asbury, 1745-1816), 티모시 드와이트(Timothy Dwight, 1752-1817), 플리니 피스크(Pliny Fiske, 1793-1825), 에드워드 페이슨(Edward Payson, 1783-1827), 로버트 홀(Robert Hall, 1764-1831), 조지 다나 보드만(Georgy Dana Boardman, 1801-1831), 아담 클라크(Adam Clarke, 1762-1832), 롤렌드 힐(Rowland Hill, 1744-1833), 윌리암 캐리(William Carey, 1761-1834), 로렌조 다우(Lorenzo Dow, 1777-1834), 로버트 모리슨(Robert Morrison, 1782-1834), 루터 라이스(Luther Rice, 1783-1836), 조슈아 마쉬만(Joshua Marshman, 1768-1837), 사무엘 마즈덴(Samuel Marsden, 1764-1838), 크리스마스 에반스(Christmas Evans, 1766-1838), 로버트 할데인(Robert Haldane, 1764-1842), 로버트 맥체인(Robert McCheyne, 1813-1834), 아도니람 저드슨(Adoniram Judson, 1788- 1850) 그리고 이 외에도 수십 명이 더 있다.

1800년대에 들어서면서 침례교 선교회, 런던 선교회, 교회 선교회, 글래스고우 선교회, 스코틀랜드 선교회 등이 세워졌다.[5] 1824년 이들 선교회들의 사역이 일으킨 커다란 파장으로 인해 로마 교황은 "성경 공회"들이 전세계 모든 민족의 언어로 성경을 번역할지도 모른다고 경고하기에 이르렀다.[6] 교황의 우려는 지극히 당연한 것이었다. 왜냐하면 이들 선교회들이 번역하고 있던 성경은 에라스무스의 <표준원문>에서 나온 것으로 이 원문은 그것이 출판된 이래 로마 카톨릭 교황과 사제들이 감히 추천하지 못한 유일한 헬라어 성경이기 때문이었다.[7]

1837년, "교육받은 계층"들이 아도니람 져드슨의 버마어 성경으로 마음이 상하게 되었을 때 미국 해외 성경 공회에서 성경을 변개시키려는 최초의 시도가 일어났다. 이들 학자들은 <킹제임스성경> 본문을 수정하려고 했다. 이 번역본은 두 차례나 선교지에서 아내를 잃었고, 쇠사슬로 묶여 철창에 갇혔으며, 수개월 간 열병으로 시달리기도 했고, 버마에 자녀들을 묻어야 했던 선교사가 번역한 그 성경이었다. 미국 성경 공회는 1836년 5월 "일반적으로 사용되는 영역본(즉 1611년 <킹제임스성경>)에 일치하는 번역본들만" 공인할 것이라고 선언했었다.[8]

이 선언은 1800년부터 "구령하는 근본주의자들"이 <킹제임스성경>을 카톨릭 원문으로 대체하려는 수차에 걸친 시도들이 있어왔기 때문에 이를 막을 목적으로 선포된 것이었다.

철창에 갇힌 적도 없고 선교지에 친척 하나도 묻어본 적이 없는 성경 공회 내의 교육받은 계층들은 <킹제임스성경>을 제거하려 했으나 그들의 시도는 부결되고 말았다(1850년 5월). 그러나 이들 학자들은 그들의 후계자들(1901년 ASV 위원회 위원들)과 마찬가지로 하나님의 말씀을 변개시키려는 노력을 결코 포기하지 않았다.

그들은 선교지에서 사용할 성경에 다른 영어 본문을 침투시키려고 노력했다.[9] 이들의 후계자들(웨스트코트와 홀트) 역시 1881년 개정 위원회에서 동일한 음모를 꾸몄다. <킹제임스성경>은 "원본에 충실하지 못하고" "헬라어의 의미를 전달하는 데 실패했기" 때문에 다른 성경을 써야 한다는 학자들이 득세하면서 교단들 사이에 싸움이 일어났다. 1611년 <킹제임스성경>을 고수하던 사람들은 "본질적이 아닌" 문제들로 성경 공회를 분열시키는 "지옥 얘기만 하는 문제아들"로 낙인이 찍히고 말았다.[10] 미국 해외 성경 공회는 1883년 5월 사라토가에서 열린 총회에서 교단 싸움으로 인해 쪼개질 수밖에 없었다. 이 "분열"의 책임은 "용감한 선교사"들 편에 섰던 성경대로 믿는 사람들에게로 돌아갔다. 사람들이 보기에는 복음의 돌격 대원들은 250년이나 "시대에 뒤떨어진" 성경을 믿고 사용하고 있었던 것이다. 이처럼 인간들은 성령님마저도 "시대에 뒤떨어진" 입장을 고수하고 계신다고 정죄하는 것이다.

윌리암 캐리 (William Carey, 1761-1834)

윌리암 캐리는 "근대 선교의 아버지"라고 불린다. 그는 선교에 대한 비전을 <모라비안 선교 소식, *Periodical Account of Moravian Missions*>이라는 책자에서 받았다. 그는 구두 수선공으로 일하면서 6개의 언어를 독학했고 인도를 향해 떠났다. 그는 그곳에서 42년 동안 44개의 언어와 방언으로 <킹제임스성경>을 번역했다.[11] 캐리의 표어는 "하나님으로부터 위대한 일들을 기대하고 하나님을 위해 위대한 일들을 시도하라"였다. 캐리의 사역을 통해 화란 선교회(1797), 영국과 해외 성경 공회(1804), 해외 선교를 위한 미국 위원회(1810), 미국 침례교 선교 연맹(1814), 미국 성경 공회(1816) 등이 생겨났다. 미국과 영국의 성경 공회에서 펴낸 모든 성경들은 1904년까지는 <킹제임스성경>의 <표준원문>에서 나온 번역본들이었다. 그러나 영국은 1904년 장자권을 포기하고(1611년판 <킹제임스성경> 서문에는 에서의 경거 망동에 대한 경고를 담고 있는데도 불구하고)[12] 오리겐과 콘스탄틴의 로마 카톨릭 교회의 아프리카 본문을 채택하고 말았다.[13] 이로써 "필라델피아" 교회 시대는 공식적으로 끝났다고 할 수 있다.

사무엘 밀즈 (Samuel Mills)

1806년 사무엘 밀즈는 모든 민족들에게 복음을 전파하라는 부르심을 받았다. 그는 제임스 리챠드, 프란시스 로빈즈, 하베이 루미스, 고든 홀과 루터 라이스를 불러 모아 "건초더미 그룹"을 만들었다. 이들은 건초더미를 쌓아놓은 곳에 모여 이교도들의 회심을 위해 기도했다. 후일 아도니람 저드슨, 사무엘 뉴웰, 사무엘 놋트 등이 이 그룹에 더해졌다. 1817년에 시작되어 1883년까지 계속된 이 기도 모임의 여러 회원이 체로키, 치카소, 촉타우 및 다코타 인디안들에게 복음을 전파했다.[14] 저드슨과 뉴웰은 인도의 선교사가 되었고, 그들에게 영향을 받은 다른 선교사들은 실론(스리랑카의 옛 이름, 1816), 중국(1830) 그리고 마두라(1834)에 가서 복음을 전했다. 그리스도께서 말씀하신 대로 그들은 "땅 끝까지" 갔다.

아도니람 저드슨 (Adoniram Judson, 1788-1850)

아도니람 저드슨은 버마로 선교를 위해 떠났다. 그는 미국에서 출발할 때는 장로교인이었으나, 버마의 수도 랭군에 내릴 때는 침례교도가 되었다. 그는 남은 여생을 버마인들의 영혼을 위해 보냈다. 그는 그곳에서 두 명의 아내와 딸을 묻어야 했고, 자기 자신도 버마 해안 근처의 바다에 수장되었다. <표준원문>을 번역하면서 지낸 저드슨의 감옥 생활에 대한 기록은 기독교의 고전이라고 할 수 있다. 모든 그리스도인은 그 내용을 잘 알아두어야 할 것이다.[15] 그의 아내 앤의 고난은 모든 순종하는 아내의 본이라고 할 수 있다(엡 5:22). 이 내용도 그리스도인이라면 잘 알아두어야 한다.

미국의 순회 설교자들

1800-1859년 사이에는 비록 웨슬리의 시절과 같은 대부흥은 없었지만, 스코틀랜드와 영국 지역에는 개인적으로 복음을 전하는 많은 증인들이 있었다[16]. 또한 일단의 증인들이 테네시, 조지아, 노스캐롤라이나, 사우스 캐롤라이나 그리고 켄터키 주로부터 시작하여 미국 전역으로 퍼져나갔다. 이들 순례자들은 미국의 대부흥 운동에 뒤따라 이어진 복음 운동의 선봉장들이었다. 따라서 이들에 관해 살펴보는 것은 매우 뜻깊은 일이다.[17]

에벤에셀 루미스(Ebenezer Loomis)는 일리노이, 오하이오, 미시간 주에서 복음을 전했고, 제임스 딜래니(James Delaney)는 위스콘신 주에서, 애모리 게일(Amory Gale)은 미네소타 주에서 설교했다. 이들 초기의 순회 설교자들은 믿음으로 살았으며 그 누구도 폭력에 의해 죽은 사람은 없다. 그들은 가죽 가방에 찬송가와 <킹제임스성경>을 넣고 말을 타고 다니면서 복음을 전했고, 많은 사람들을 그리스도께로 인도했다. 순회 설교자들은 "영 안에서 뜨거워야" 할 뿐 아니라 육체적으로도 강인해야 했다. 인디안들, 건달들, 주정뱅이들을 늘 대해야 했기 때문이다. 그들은 기도 모임보다 잭크 나이프에 더 친숙한 사람들을 회심시켜야만 했다.[18] 말을 타고 돌아니면서 복음을 전파하는 것은 아마 감리교 설교자였던 프란시스 애즈버리(Francis Asbury, 1745-1816)가 처음으로 시도했을 것이다.[19]

피터 카트라잇 (Peter Cartwright)

가장 잘 알려진 미국 개척 시대의 프론티어 설교자는 피터 카트라잇으로, 그는 키는 작아도 "통통한 체구"에 깔끔한 머리와 까맣게 반짝이는 눈을 갖고 있었다. 그는 켄터키 주 로간 카운티 근처에서 자신의 설교에 대해 "사람들은 매번 제임스 왕 시대의 영어를 공격하지만 <킹제임스성경>에는 하나님의 기름부음이 있다"라고 했다고 한다[20] (이 선언을 약 70년 후에 등장한 빌리 선데이의 선언과 비교해 보라. "나의 언어에 불평을 하는 어떤 설교자가 내게 묻기를 '왜 당신은 나처럼 설교하지 않는 거요?'라고 하기에, 나는 그에게 내가 그처럼 설교한다면 그 사람보다 전혀 나을 것이 없기 때문이라고 말해 주었다"[21]).

피터 카트라잇에 대해서는 많은 자료들이 있으며, 앤드류 잭슨(Andrew Jackson) 장군과 그의 만남은 너무도 잘 알려져 있는 일화이다. 엘머 타운즈(Elmer Towns)[22]라는 사람은 이 때의 일화를 어느 정도 '완화'시켜 전했다. 그러나 일부 사람들에 따르면 피터 카트라잇의 원래 발언은 "그 사람이 회개하지 않으면, 그 역시 깜둥이 도둑놈처럼 지옥으로 갈 것이다"였다고 한다. 때로는 "교육받은 계층"들의 "세련된 감각"이 그들로 진리를 발견하지 못하게 하기도 한다. 특히 그들이 역사적 사실들 대신 언론 매체에다 그들의 시간을 보내고 있는 한은 더욱 그렇다.

한 번은 피터 카트라잇이 감리교 감독들의 모임에 참석했을 때이다. 한 감독이 그를 조롱할 생각으로 헬라어로 말을 걸었다. 그러자 피터는 어렸을 때 배웠던 독일어로 대답을 했다.[23] 그 감독은 독일어를 전혀 몰랐으므로 어떻게든 그 순간을 벗어나야만 했다. 결국 그는 머리를 끄덕이면서 옆에 있던 사람들에게 "저 친구 헬라어 좀 아는데, 알고 있어!" 하고는 내빼고 말았다. 카트라잇은 그 외에도 죄인들을 넉다운시킨 일화로 유명해졌다. 그는 두 다리를 떡 벌리고 서서 커다란 주먹을 쥐고서는 "이봐 형제, 주의 영께서 당신과 다투고 계시는데도 그것을 못 느끼는 거야?"라고 외쳐대곤 했다고 한다.[24]

제임스 맥그리디 (James McGready)

미개척된 서부를 누비며 다니던 순회 설교자들과 매우 깊은 교제를 갖고 있던 제임스 맥그리디(1798)는 미국의 "캠프 미팅"의 창시자이며, 컴버랜드 밸리(Cumberland Valley) 전지역을 휩쓴 부흥(1806-1810)에 불꽃을 당긴 장본인이라고 할 수 있다.[25] 조지 가드윈(Georgy Godwin)이라는 사람은("교육받은 계층"과 그들의 "세련된 감각"에 맞추기 위해) 맥그리디를 "숲속의 침례교도"라고 불렀으며, 그의 추종자들을 "무식한 열변가들"[26]이라고 불렀다. 제임스 맥그리디의 설교로 300여 명이 거의 죽은 자들처럼 되어 하늘을 향해 자비를 내려달라고 울부짖었다고 한다. 이러한 현상은 웨슬리와 카트라잇의 사역에서도 있었던 일이다.

1801년 20,000여 명의 개척자들이 최초의 "캠프 미팅"에 참여했다. 바로 이 미팅이 미국의 부흥 운동의 전례라고 볼 수 있다. 열광적인 분위기에서 열린 캠프 미팅에는 존 맥기 목사와 로렌조 다우도 참석했다. 많은 사람들의 회심은 "열광"과 아울러 울부짖음과 "거룩한 웃음"으로 집회를 가득 채웠다. 죄인들은 기절하기도 했고 몇 시간 동안 그대로 누워 있기도 했다. "그들은 춤추고, 미친듯이 웃었고, 뛰어다녔고, 울부짖었고, 소리를 질러댔고, 뒹굴기도 했다."[27] (오늘날에는 "교육받은 계층들이" 디스코텍이나 NBA 농구장에서 이런 짓을 하고 있는 것이 종종 목격된다.) "다른 사람들은 그루터기와 벤치로 달려가 '죄인들이여, 숲으로 가서 구원받으라'고 외쳐댔다." 이러한 미팅이 있고 난 후 15년 동안이나 이러한 "열광적" 분위기는 계속되었다. 사람들을 조롱하려고 왔던 구원받지 못한 자들까지도 이 열광에 휩싸여 버렸다.[28]

로렌조 다우 (Lorenzo Dow)

로렌조 다우(1777)는 개척시대의 프론티어 설교자들 가운데 가장 괴짜였다. 그는 호프 훌(Hope Hull)의 설교로 회심했고, 그때 그는 자신이 죄인인 것을 너무도 확신한 나머지 의자에서 거의 떨어질 뻔했다고 한다.[29] 다우의 교회 장로들은 그가 무지하고, 교만하며, 행동이 거칠고, 설교 매너가 나쁘다고 비판했다. 후일 다우는 감리교인이 되어 전미국을 돌면서 칼빈주의자들은 "모든"을 "일부"로 제한시키는 제한주의자들이라고 반격했다. 칼빈주의자들은 성경에서 "모든"(all)이 나오면 그것을 "일부"(part)로 읽기 때문이다.[30] (극단적 칼빈주의자들의 "제한적 속죄" 교리를 비판하는 말이다.) 어떤 사람들은 그를 "마귀"라고 불렀다.[31] 그는 적어도 한 번 이상에 걸쳐 자기를 쫓아낸 한 마을을 저주했는데, 그 마을은 그후 100년 동안 너무도 많은 자연재해, 경제적 재앙 그리고 기상 재해를 당해 그 마을 사람들은 다우의 저주가 아니고서는 그럴 수가 있겠냐고 생각하기에 이르렀다고 한다.[32]

컴버랜드 밸리 부흥은 미국의 제2의 부흥(각성) 운동을 가져왔다. 성령께서는 이번에도 역시 서쪽을 향해 움직여 가셨는데, 이 때에는 약간 남서쪽이었다. 이 부흥에는 제1차 때보다는 온건한 반응이 나왔다. 결국 제1차 때보다는 "덜 열광적이고 논란의 여지가 적었다"고 "긍정적"인 평가를 받긴 했지만[33], 그만큼 열매는 적었다고 할 수 있다.

찰스 피니 (Charles Finney, 1792-1875)

제2차 대부흥 운동과 더불어 찰스 피니의 사역이 일어났다. 그는 그의 생애의 첫 20년 동안은 온타리오 호수 남쪽의 광야 지역과 뉴욕 주의 오네이다 카운티의 인구가 적은 지역에서 무명으로 지냈다. 쉬어러에 따르면 피니가 부흥 운동을 일으켰을 무렵 뉴잉글랜드 지방의 교회들은 영적으로 병에 걸린 상태였다고 한다.[34] 그 지역의 로마 카톨릭과 이교도들에게 제공된 "음식"이라고 해야 극단적 칼빈주의와 만인구원론뿐이었다. 왜냐하면 성령께서 그 지역에서 그분의 사역을 마치시고(1600-1780) 서쪽으로 옮겨가신 후 코네티컷과 메사츄세츠 주에서 생긴 공백을 카톨릭 교도들이 메꾸었기 때문이다.

피니가 불씨를 제공한 부흥은 메사츄세츠와 코네티컷 주의 서쪽 지역에 있는 뉴욕 시의 풀톤스트리트 화란 개혁 교회에서 시작되었고 곧이어 다른 교단들도 들어왔다. 같은 시기에 런던의 엑스터 홀, 크로스버 홀, 노스 반즈베리 홀 등에서는 장년들의 합심 기도회가 열리고 있었고, 컴버랜드 밸리의 부흥은 절정에 달해 있었다.

피니는 구원을 받으려면 개개인이 주님을 받아들여야 한다고 전파했다. 즉 그는 구원에 있어서의 개인의 책임을 강조한 것이다[35](경건주의자들 역시 이 점을 강조했다). 그는 칼빈주의자들이 말하는 "주권적 은혜" 대신 개개인이 회개해야만 한다고 강조했다. 그는 뉴욕 주의 유티카, 로마, 트로이시에서 복음을 전했고, 델라웨어 주 윌밍톤에서도 설교했다. 그후 그는 필라델피아에서 사역했고, 마지막으로는 뉴욕 주의 로체스터 시에서 일했다. 독일에서는 바이스, 네안더, 베이슐라그 등과 같은 사람들이 마틴 루터와 바우어를 하나로 묶어보려고 애를 쓰고 있었고, 영국에서는 다윈과 헉슬리가 인간과 원숭이 사이를 중재해 보려고 노력하고 있는 동안, 미국에서는 하나님께서 <킹제임스성경>의 설교와 교육을 통해 수천 명의 죄인들을 구원하시는 놀라운 역사를 계속 수행하고 계셨던 것이다.

찰스 피니, 로렌조 다우 및 제임스 맥그리디는 오직 하나의 책만을 믿었고 사용했다. 그들은 결코 "원본" 타령을 해 본 적이 없다. 그들은 자신들의 손에 들고 있는 것이 하나님의 말씀임을 알고 믿었던 것이다. 피니는 "탄식자의 벤치" 혹은 "애타는 좌석"[36]들의 창시자였다. 그는 변호사의 자질을 갖추고 있어서(루터, 크리소스톰, 탈마지, 터툴리안, 스코필드, 샘 존스 등도 마찬가지다) 다양한 직업의 사람들에게 잘 맞아떨어지는 내용을 제시하여 그들을 설득시키곤 했다. 그 결과 수십 명의 의사들과 변호사들이 그의 사역을 통해 구원을 받았다.

피니는 다른 사역자들로부터 많은 질시와 미움을 받았는데, 그 중 유니테리안 교도였던 테오도르 파커는 보스톤에서 일어난 부흥 역사를 방해하기 위해 온갖 방법을 동원했다.[37] 유니테리안 교도들과 로마 카톨릭 교도들은 자신들이 상속받은 "청교도 조상들의 땅"에 부흥을 가져온 챨스 피니를 미워했다. 헨리워드 비쳐 역시 피니를 저항했다(1843).[38] 여러 종교 단체에서 피니와 빌리 선데이의 이름을 언급하는 것은 돼지 우리에서 밀기울을 흔드는 것과 같다(이들을 못 잡아먹어서 안달이기 때문이다). 그럼에도 불구하고 피니는 그의 생애 동안 북장로 교회들에게 10만여 명의 새신자를 더해 주었고, 그의 사역과 연관되어 일어난 부흥으로 미국 전역에서 50만 명의 회심자를 얻었다.

로슨에 따르면 피니의 회심자들의 85%가 그들의 회심에 있어 진실되었던 반면, D.L. 무디의 경우는 70%에 지나지 않는다고 했다.[39] 피니는 대서양을 건너 영국 볼톤이라는 조그마한 마을에서 1,200명의 회심자를 얻었다. 이는 영국에서 이미 <킹제임스성경>을 설교하고 있었던 사람들에 의해 밭이 잘 갈아져 있었기 때문이었다. 예를 들면 영국에서는 로버트 에잇켄(Robert Aitken), 존 로버트슨(John Robertson), 리차드 위버(Richard Weaver), 레지날드 래드클리프(Reginald Radcliffe) 등이, 스코틀랜드에서는 로버트 할데인(Robert Haldane), 제임스 할데인(James Haldane), 로버트 엠 맥체인(Robert M. McCheyne), 호라티우스 보너(Horatius Bonar), 알렉산더 보너(Alexander Bonar) 등이 사역하고 있었다. 로버트 에잇켄은 성공회 소속이었는데도 제임스 맥그리디(James McGready) 스타일의 강력한 사역을 펼치고 있었다. 이들 모두는 1611년 <킹제임스성경>만을 하나님의 말씀이라고 믿었다.

데이비드 브레이너드 (David Brainerd)

필라델피아 시대의 위대한 선교사들 중 인디안들을 위해 사역한 사람들로는 존 엘리옷(John Eliot, 1604-1690), 데이비드 브레이너드(1718-1747), 존 사젼트(John Sargeant), 데이비드 짜이스버거(David Zeisberger) 그리고 헨리 바클레이(Henry Barklay) 등이 있다. 시간과 공간의 부족으로 이들 <킹제임스성경>의 위대한 설교자들의 생애를 다 다룰 수 없음은 안타까운 일이다. 모든 그리스도인들은 데이비드 브레이너드의 일기를 읽어야만 한다. 이 일기는 하나님의 뜻에 따라 십자가를 지려고 하는 그리스도인의 두 성품이 어떻게 갈등을 빚고 있는가를 가장 실감나게 기록하고 있다.

브레이너드는 게리 퍼켈(Gary Ferkel, 1979)이 밥 존스 대학교에서 쫓겨난 것처럼, 교수 중의 한 사람이 전혀 은혜롭지 못하다고 말했다고 해서 예일 대학에서 쫓겨났다(1740).[40] (오늘날도 <킹제임스성경>에 대한 근본주의 신학교 교수들의 태도와 왜곡된 고집을 접하게 되는 모든 신학생들도 같은 고백을 할 것이다. 한 마디로 전혀 은혜가 안된다.) 데이비드 브레이너드는 자기의 정직한 발언을 철회하지 않아 쫓겨났던 것이다. 그는 델라웨어 주, 르하이 강 및 서스케하나 강 등지에서 인디안들에게 복음을 전하다가 29세를 일기로 죽었다. 그의 일생은 한 마디로 생활의 궁핍과 어려운 자연 환경 가운데서의 투쟁이었다. 그의 거룩한 삶은 헨리 마틴에게 감동을 주어 선교사가 되도록 하였다. 윌리암 캐리가 선교사가 되기로 결심한 것도 브레이너드의 생애가 결정적인 동기가 되었다.[41]

브레이너드는 루소, 볼테르, 흄, 레싱과 동시대 사람이었다. 이들 철학자들의 삶과 브레이너드 같은 성경대로 믿는 사람들과의 생애를 그 열매와 더불어 비교해 본다면 자신이 믿고 설교하였던 바를 일관성 있게 실행한 점에 있어서 브레이너드는 4명의 흄, 5명의 볼테르, 혹은 6명의 루소를 능가하고도 남는다. 브레이너드는 그를 지켜보고 있는 사람들이 있든 없든 간에 자신의 확신에 충실하고 정직했다. 그는 인류의 유익과 하나님의 영광을 위해 영원한 열매를 맺은 것이다. 볼테르, 루소, 흄을 데이비드 브레이너드 옆에 나란히 둔다면 신품 메르세데스 벤츠 옆에 중고 티코 석 대를 세워놓는 꼴일 것이다. 세상에는 세상의 영웅이 있는 반면, 브레이너드는 하나님의 영웅이었다고 할 수 있다.

셀던 잭슨 (Sheldon Jackson)

개척지 선교 설교자들 가운데 가장 뛰어난 사람을 들자면 프린스톤 출신의 셀던 잭슨일 것이다(1834-1909). 그는 50년 동안 백만 마일을 여행하면서 사역을 한 결과 6개의 노회, 31개의 장로회 그리고 886개의 교회를 세우고 죽었다.[42] 그는 1960년 이전에 알라스카, 네브라스카, 아이오와, 몬타나, 워밍 및 유타 주를 돌며 설교했으며 77,100명의 회심자를 얻었다. 이 하나님의 용사는 1년 동안에(1869-1870) 29,000마일을 여행하며 23개의 교회를 세우기도 했다.[43] 그는 평생 단 한 가지의 책만을 사용했는데, 그것은 "축자적으로 영감받은 원본"이 아니라, 영어 <킹제임스성경>이었다.

에이 비 얼 (A.B. Earl)

에이 비 얼(1810-1890)은 여행을 하면서 복음을 전했던 설교자로 1830년경 사역을 시작한 후 미국과 캐나다에서 325,000마일을 여행하면서 말씀을 전파했다. 그 역시 1611년 <킹제임스성경>을 사용하여 평생 동안 15만 명의 회심자를 얻었다. 얼은 19,000여 번의 설교를 했으며, "나는 오랜 경험으로 하나님의 율법에 나와 있는 엄격한 심판을 선포하는 것이 사람들을 그리스도께로 인도하는 데 효과가 있다는 사실, 즉 사람들이 하나님께 자비를 구하기 전에 자신들은 버림받은 자라는 사실을 깨달아야 한다는 것을 알게 되었다"는 유명한 말을 남겼다.[44]

필라델피아 시대에 매튜 헨리(Matthew Henry), 앤드류 맥클라렌(Andrew McClaren), 존 헨리 죠웻(John Henry Jowett) 등은 목사로서 사역하면서 영적 교훈 혹은 경건 생활에 관한 교훈 등을 위주로 한 성경 주석을 출간하였다. 플리니 피스크(Pliny Fiske)와 레비 파슨(Levi Parson)은 1819년경 유대인과 아랍인들에게 복음을 전파했다. 다니엘 블리스(Daniel Bliss)는 시리아에서 개인 사역을 하였다.[45] 1854년 나가사키 항에 페리호가 정박함으로써 일본에서의 복음 사역이 재개되었는데, 리긴스, 윌리암스, 헵번과 시몬즈 등은 그곳에서 사역하였다. 그 중 가장 커다란 반향을 불러일으킨 것은 제임스 발라프(James Ballagh, 1872)가 조직한 "요꼬하마 밴드"라는 선교 단체였다. 이들은 일본 열도를 순회하며 복음을 전했으며, 도시샤 대학교에서 일어난 부흥의 원인이 되기도 했다.[46] 이 그룹이 훈련시켜 배출한 전도자들로는 카나모니, 야마무로, 크와베 및 키무라 등이 있다. 한편 허드슨 테일러(Hudson Taylor, 1832-1905)는 중국 내지 선교회를 세웠다. 판디타 라마바이와 몇 사람들은 인도에서 알렉산더 더프(Alexander Duff, 1853)의 사역을 이어받아 복음을 전했다.

빌리 브레이(Billy Bray, 1794-1868)는 영국의 콘월 출신으로 여러 곳을 순회하며 설교했던 전도자였다. 그는 심히 죄악된 삶을 살다가 구원을 받았으며, 거듭남과 아울러 영국에서 복음을 전하기 시작했다. 브레이는 커다란 집회를 개최해 본 적은 없지만 죽을 때까지 꾸준하고 신실하게 복음을 전했고, 그가 가는 곳마다 사람들을 그리스도께로 인도했다.[47] 빌리 브레이는 자기를 비판하는 사람들에 대해 이렇게 말하고 있다. "그들은 나를 보고 미친(mad) 사람이라고 한다. 그러나 그들이 의미하는 바는 내가 기쁜(glad) 사람이란 뜻이다... 나는 길을 걸어갈 때마다 한쪽 발은 '영광'이라고 말하고 또 한쪽 발은 '아멘'이라고 화답하는 것 같은 느낌을 받는다."[48]

브레이의 삶과 죽음은 하나님과의 친밀한 교제로 점철되었다. 아마 그러한 영적 축복을 누린 신학자들은 거의 없을 것이다. 브레이의 아내가 죽었을 때 그는 거실에서 춤을 추며 기뻐 외쳤다. "나의 아내 조에이는 빛나는 영광을 지닌 자들에게로 갔도다. 찬란한 천사들과 함께 거하니 영광이 있으라." 라오디케아 교회 시대(1900-?)에 사는 모든 그리스도인은 가능한 한 빌리 브레이의 전기를 읽어야만 한다. 특히 그가 실제로 산을 옮긴 때와 그의 마지막 한 닢을(그 돈은 의사를 불러 딸을 치료하려던 것이었다) 가난한 자에게 주어버린 일화를 잘 읽어봐야 할 것이다. 그때 하나님께서는 의사를 부르지 않고도 그의 딸을 치료해 주셨다. 빌리 브레이의 "다리를 건너는 이야기"는 실천신학과 성화에 있어서 이미 고전으로 남아 있다.[49]

클라우스 함즈(Claus Harms, 1778-1855)는 독일 출신으로 당시 커다란 영향을 미치고 있던 관념론을 공격했다. 니브(Neve)가 지적하는 19세기 전반기에 독일에서 일어났던 종교적 부흥[50]은 세속적 철학자들이나 과학자들[라흐만, 키에르케고르, 쉘링, 게세니우스, 깁본, 칸트, 슐러, 팔레이, 페인, 피히테, 밀, 나폴레옹(카톨릭), 헤겔, 슐라이어마허, 페스탈로치, 베토벤]에 의해서 일어난 것이 아니고, 바로 클라우스 함즈에 의해 일어난 것이었다.

토마스 구트리(Thomas Guthrie, 1803-1873), 에드워드 어빙(Edward Irving, 1792-1834), 헨리 패리(Henry Parry, 1829-1890), 롤랜드 힐(Rowland Hill, 1744-1833) 그리고 다니엘 롤랜즈(Daniel Rowlands, 1800)는 예수 그리스도께서 완성하신 피의 대속을 믿음으로 받게 되는 구원을 전파했다. 그들은 영국, 스코틀랜드, 미국에서 사람들을 주님께 인도했다. 롤랜즈가 설교하는 강대상 밑에 누군가가 화약을 갖다 놓고 도화선을 연결시켜 놓기도 했고, 한 번은 가까운 거리에서 엽총에 맞기도 했다.[51] 위에 열거한 모든 사람들은 단 하나의 책, 즉 <킹제임스성경>만을 설교했고 믿었다.

크리스마스 에반스(Christmas Evans, 1766-1838)는 웨일즈 출신의 설교자로 존 존스(John Johns), 윌리암 윌리암즈(William Williams), 다니엘 롤랜즈, 존 엘리아스(John Elias) 등의 뒤를 이어 부흥을 이끌었다. 1742년에는 두 명의 위대한 설교자가 스코틀랜드를 복음화시키고 있었다. 그는 윌리암 맥컬로크(William McCulloch)와 제임스 글렌딩(James Glending)이었다. 맥클로크는 글래스고우 근처에서 사역했는데, 그 결과 일 년에 400여 명의 남녀가 그리스도를 구주로 시인했다.[52] 이들의 회심은 강제로 미사에 참여하는 따위의 로마 카톨릭식 개종도 아니고 라오디케아 교회 시대에서 흔히 행하는 "입으로만" 하는 그런 회심과는 달리, 마음에서 우러나오는 진정한 회심이었다. 그들은 성인 남녀로서 맥클로크의 설교를 듣고 하나님께 울면서 자비와 용서를 구했던 자들이다.

크리스마스 에반스는 뛰어난 인물이었다. 그는 9살 때 부모를 잃었고 회심하기 전에 여러 사건들을 겪었다. 한 번은 거의 익사할 뻔하였으며, 한 번은 칼에 찔렸고, 또 한 번은 달리는 말에 치어 거의 죽을 뻔하였다. 그가 사역을 시작한 후에도 그의 회심을 못마땅하게 여겼던 친구들로부터 공격을 받아 그의 눈을 다쳤다.[53] 그는 어색한 설교자였으며 초라한 옷을 입고 다녔지만, 그의 메시지는 강력한 영향력이 있었다.

그의 설교를 들은 남녀노소는 울고, 뛰며, 소리를 질러댔고, 어떤 때는 흥분이 도저히 가라앉지 않을 때도 있었다. 사람들은 그의 설교에 크게 고무되어서 때로는 글자 그대로 일어나 춤을 추기도 했는데, 이로 인해 "웨일즈의 뛰는 자들"(The Welsh Jumpers)[54]이라는 말이 생겨났다.

에드워드 페이슨(Edward Payson)은 메인 주 포트랜드에서 목사로서 설교했으며, 사무엘 부엘(Samuel Bvell)은 롱 아일랜드에서 그리고 리차드 박스터(Richard Boxter)는 키더민스터에서 부쉬넬(Bushnell, 1802-1876), 비쳐(Beecher, 1800-1887), 필립스 브룩스(Phillips Brooks, 1835-1892), 프레드릭 로버트슨(Frederick Robertson, 1816-1853) 그리고 존 뉴만(John Newman, 1801-1890) 등과 더불어 사역했다. 그러나 부쉬넬은 후일 독일의 배교자 슐라이어마허(Schleiermacher)에 의해 사회주의에 몰입했고, 끝내 어린아이에게는 그가 구원받지 못했다는 말을 해서는 안되며, 어린아이는 태어나면서부터 그리스도인이었다고 생각하도록 가르쳐야 한다는 이단에 빠지고 말았다.[55]

리만 비쳐(Lyman Beecher)는 삼위일체 문제로 이단 판정을 받았다.[56] 그러나 그는 삼위일체에 관해 건전한 교리를 갖고 있었다. 그의 문제점은 그가 오리겐과 어거스틴의 거짓 교리인 후천년주의를 가르쳤고[57] "거듭난 인류 사회"에 대해 끊임없이 언급하였다는 것이다(성경 어디에도 인류가 거듭난다는 말은 없다. 개개인이 성령으로 거듭날 뿐이다). 그는 또한 해리에트 비쳐 스토우(Harriet Beecher Stowe)와 쥴리아 워드 호우(Julia Ward Howe) 등과 함께 "왕국을 이 땅에 가져오는 일"에 힘썼다. 그들은 북군이 남쪽의 백인들을 죽이는 것이 하나님의 "진리가 행진을 하고 있는 것"으로 해석했다. 이것은 진리라는 단어가 가장 남용된 예라고 볼 수 있다. 이들이 사용한 구실은 "자유"였다. 그들은 북쪽의 양키 군대가 남북전쟁에서 "인간을 해방"시키는 위대한 과업을 수행했다고 생각했다. 그러나 1980년 현재 미국의 흑인 향상 협회 지도자 중 그 누구도 흑인들이 "해방되었다"고 생각하는 사람은 하나도 없다.

로버트 모리슨(Robert Morrison, 1782-1834)은 최초의 개신교 중국 선교사이다. 그는 하나님의 은혜의 복음을 중국인이 받아들이지 못하도록 방해하는 두 가지 대적이 중국에 있음을 발견하였다. 그것은 로마 카톨릭과 동인도회사의 간부들이었다. 모리슨은 창고에서 살면서 <킹제임스성경>을 중국어로 번역했으며 중국어 사전과 문법 책도 만들었다. 사실 이것들 덕분에 1945-1965년 모택동이 만들어낸 공산주의에 관한 책들을 중국인들이 읽을 수 있었다(복음 전파, 성경 교육, 문화, 배교를 기억하라).

조슈아 마쉬만(Joshua Marshman, 1766-1837)은 윌리암 워드(William Word)와 윌리암 캐리의 선교 사역에 동참하기 위해 인도로 갔다. 사무엘 마스덴(Samuel Marsden)은 마오리(뉴질랜드)의 사도로 불리는 사람으로 1794년 호주로 갔다가 1814년에 처음으로 뉴질랜드로 갔다. 그때부터 1838년 그가 죽을 때까지 마스덴은 뉴질랜드로 여러 차례 선교 여행을 가서 마오리족에게 복음을 전했다. 마스덴의 사후 3년이 지나 그 지역을 방문한 셀윈(Selwyn) 주교는 이렇게 적고 있다. "우리는 이 지역 전주민이 신앙으로 돌이킨 것을 보았다." 마스덴이 죽었을 때 뉴질랜드의 모든 마오리족 성인들은 그리스도를 시인하는 자들이었다.

마스덴은 홀트와 네슬 본문의 전신이라고 할 수 있는 당시의 비평 원문들은 완전히 무시했다. 그것들은 윌리암 메이스(1729), 벵겔(1734), 하우드(1776), 버치(1798), 허그(1808), 알터(1787) 등이 만들어낸 "성서"들이었다. 마쉬맨과 마스덴 같은 선교사들은 거들떠도 보지 않은 이들 부패한 성서들은 오늘날의 커스터, 웨스트, 메이첸, 로버트슨(하버드 출신), 예일, 옥스포드, 할레, 캠브리지, 다트마우스, 프린스톤, 튜빙겐, 베를린 대학의 신학자들을 배출했다. 심은 대로 거두는 법이다.

존 펙(John Peck, 1789-1858)은 일리노이와 미주리 주로 선교 사역을 펼쳤다. 그는 조나단 고잉(Jonathan Going) 박사가 미국 침례교 가정 선교회를 설립하는 것을 도왔으며, 후일에 켄터키 코빙톤에 신학교를 세울 때도 그에게 도움을 주었다. 피터 파커(Peter Parker, 1804-1888)는 의료 선교 사역을 하기 위해 중국의 캔톤 지방으로 갔다. 그들은 바울의 지침대로 그리스도의 이름이 아직 알려지지 않은 지역으로 1611년 권위 역본, 즉 <킹제임스성경>을 들고 복음을 전파하러 간 것이다. 윌프레드 그렌펠(Wilfred Grenfell, 1866-1940)은 래브라도와 뉴펀들랜드에서 의료 선교사로서 일했다.

헨리 마틴(Henry Martyn, 1781-1812)은 페르시아로, 데이비드 리빙스톤(David Livingstone, 1813-1881)은 동아프리카로, 한스 에기드(Hans Egede, 1686-1758)는 그린랜드로, 알렉산더 더프(Alexander Duff, 1806-1878)는 인도로, 알프레드 세이커(Alfred Saker, 1814-1880)는 카메룬으로 갔다. 알렌 프란시스 가디너(Allen Francis Gardiner, 1794-1851)는 티에라 델 푸에고 제도에 있는 파타고니아 지방 해안에서 떨어져 있는 픽톤 섬에서 굶어 죽음으로써 자신의 피로 주님을 증거했다. 가디너는(네이트 세인트처럼) 포크랜드 섬의 원주민들을 복음화시킬 기회를 결코 얻지 못했다. 그러나 그의 희생적 죽음 후 영국 국민들의 각성으로 30년도 채 못되어 포크랜드 섬의 모든 원주민 성인들은 그리스도를 믿게 되었다. 그리스도는 이렇게 말씀하셨다. "너희는 온 세상에 가서 모든 피조물에게 복음을 전파하라."

존 게디(John Geddie, 1815-1872)는 오스트레일리아 북동 남태평양 상에 있는 군도인 뉴헤브리디스 지역으로 갔던 카나다 선교사였다. 많은 그리스도인들이 타잔의 모험담처럼 읽는 존 페이튼(John Paton, 1824-1907)의 생애를 가능케 했던 인물이었다. 게디가 에네이팀 섬에 상륙했을 때 그곳에는 그리스도인이 하나도 없었다. 그러나 그가 1832년 그곳을 떠났을 때 그곳에는 이교도가 하나도 없었다고 한다(어떤 사람들에게는 게디야말로 "영국 제국주의"의 전형적인 인물일지 모르겠다).

존 페이톤은 타나 지방의 인간 사냥꾼들 및 식인종들과 싸웠다. 이 전쟁을 수행하는데 있어 그가 갖고 있었던 무기는 <킹제임스성경>과 찬송가뿐이었다. 그의 아내는 죽었고 그의 아들도 죽었으며 선교 센터는 타 버렸다. 그는 모든 것을 잃고 성경 하나만을 든 채로 타나에서 쫓겨났다. 선교를 포기하는 대신 그는 아니와 섬으로 선교를 하러 갔다. 그는 그곳에 살면서 모든 원주민 성인들이 그리스도를 구주로 고백하도록 이끌었다.[58]

페이톤은 최소한 30차례에 걸쳐 직접적인 목숨의 위협을 당했다(이것은 직업 군인이나 깡패들보다도 더 많은 횟수이다). 그리고 적어도 20번은 무기가 그의 얼굴 혹은 몸에 거의 닿을 정도의 위협을 받았다.[59] 글을 읽을 줄 아는 그리스도인이라면 존 페이톤의 전기를 읽어야만 한다. 존 페이톤의 삶을 존 웨인, 아브라함 링컨, 맥아더, 케네디, 패튼 장군, 존 레논 등의 인생과 비교해 보면 그들의 삶은 "지루하기" 짝이 없는 인생일 뿐이다.

프러시아 출신의 조지 뮬러(Georgy Mueller)는 아무런 도움 없이 7백만 달러를 오직 기도로만 모금했던 사람이었다. 오늘날 그 정도를 모금하려면 온갖 수단을 총동원해야 할 것이다(자선 바자회, 기도 모금회, 부흥회, 강연회 등).[60] 그러나 조지 뮬러는 그런 방법을 하나도 동원하지 않았다. 조지 뮬러(1805-1898)는 독일의 프러시아 출신으로 할레에 있는 경건파 학교에서 공부한 후 영국의 브리스톨 지방으로 왔다. 그는 월급 한 푼 받지 않고 10,000명의 고아들을 키우고 보살폈다. 그는 42개국을 17년 간에 걸쳐 방문했고, 70세 이후에도 20만 마일을 여행했다. 조지 뮬러는 오직 <킹제임스성경>만을 죽을 때까지(무릎을 꿇고) 100번을 통독했다.[61] 그는 미국 달러화가 지금의 10배 정도의 가치가 있던 시절 100만 달러를 해외 선교에 기부했다.

뮬러는 영국으로 귀화한 독일인으로 오직 한 가지 성경만을 믿고, 설교하고, 읽고, 가르쳤다. 그 성경은 <영어 개역본, RV>이 아니었다. 사실 RV는 뮬러가 죽기 14년 전에 출판되어 보급되었으며, 당시 영국의 모든 배교한 근본주의자들과 배교한 보수주의자들이 추천했던 성서였다. 그러나 뮬러는 그것이 하나님의 말씀이 아님을 분별해 냈던 것이다.

헤겔과 쉘링이 그들의 철학으로 쓸데없는 짓들을 하고 있는 동안 미국과 영국은 1812년 전쟁을 벌였고, 나폴레옹은 로마 카톨릭과 밀약을 맺고(1810-1814) 유럽을 정복하고 있었으며, 파리는 프랑스 혁명으로 황폐화 되었다(1792-1793). 메떼르니히는 교황들의 도움을 받아(1814-1815) 추악한 로마 제국을 다시 재건하려고 애쓰고 있었고, 프러시아와 러시아 및 오스트리아는 폴란드를 분할했다(1772, 1793, 1795). 크림 전쟁, 7년 전쟁, 프랑스와 인도와의 전쟁 등으로 얼룩진 세상은 두 대륙에서 희생당하는 젊은이들을 지켜볼 수밖에 없었다. 이 와중에서도 필라델피아 시대의 주님의 용사들은 주님의 지상 명령에 순종하였다. 이들은 인종, 종교, 피부색, 시대 사조, 정치, 미술, 음악, 철학, 과학, "헬라어 학자들" 혹은 "사회 발전" 등에 전혀 아랑곳하지 않고 복음을 들고 나아갔다. 이들은 이 세상에 속한 사람들이 아니었다(요 17:14). 그들의 대장은 그들이 거하고 있는 세상을 위해서는 기도하지 않으셨기 때문이다(요 17:9). 이 세상은 이미 저주받았고(갈 1:3-8), A.D.33년에도 그러했듯이 1800년에도 "사라져" 가고 있었다. 이제 얼마 후면 하나님의 말씀은 그대로 남고 이 세상은 아예 자취를 감출 것이다(요 17장, 요일 2:17). 이들 필라델피아의 용사들은 오직 성경적인 관점만을 받아들였다. 로마에 대해서도(계 17:1-7), 인간의 본성에 대해서도(롬 1,2장) 그리고 세상에 대해서도(갈 1:4) 부정적인 시각으로 무장한 이들은 용맹스럽고 때로는 거칠게 이 세 가지 대적을 거슬러 싸워 나갔다. 그 결과 "교육받은" 사람들의 격렬한 반발을 불러일으키게 된 것이다.

영국 성공회의 국가교회(혹은 교회국가) 형태를 유지하려고 애썼던 버지니아 주에는 1793년 227개의 침례 교회가 23,000여 명의 회원을 보유하고 있었다. 다시 말해 버지니아에는 1880년 이전에 23,000여 명이나 되는 사람들이 로마 카톨릭 교회는 더 이상 "기록"하기나 "시도적"이지 않다고 믿고 있었다는 말이다.[62]

한때 침례교 설교자들이 길에서 채찍질까지 당했었던 코네티컷 주에서는 124개의 독립 침례 교회들이 생겨났으며 회원수는 21,660명에 달했다. 1762년에서 1794년 사이 뉴욕 주에는 84개의 침례 교회가 회원 5,200명을 보유하게 되었다. 침례교로 개종한 위그노였던 존 가노는 뉴욕 주에서 잠시 목회를 하다가(1787) 켄터키 주로 이주했다. 그후 켄터키 주는 갑자기 성경대로 믿는 침례교도들로 가득 차게 되었다. 예레미야 바디만(Jeremiah Vardeman)은 8,000명의 회심자들에게, 길버트 메이슨(Gilbert Mason)은 4,000명의 회심자에게, 제임스 콜만(James Coleman)도 4,000명의 회심자들에게, 다니엘 벅크너(Daniel Buckner)는 2,500명의 회심자들에게 침례를 주었다.[63] 이들 회심한 자들 중 단 한 사람도 어린아이는 없었고, 미사나 연옥을 믿은 자도 없었으며, 마리아에게 기도한 자도 없었다. 단 한 사람도 "성사들"이 기독교적이라고 생각하지 않았다.

이들 회심자들은 평생 동안 <킹제임스성경> 한 권만을 성경으로 읽었다. 침례교 설교자들은 켄터키와 테네시 주에 만족하지 않고 해외로 눈길을 돌렸다. J.L. 슈크(Shuck)와 I.J. 로버트(Roberts) 목사는 중국의 캔톤으로 갔고, 클롭튼(Clopton), 피어시(Pearcy), 존슨(Johnson) 및 휠덴(Whilden)은 상하이로, 존 데이(John Day)와 A.L. 존즈(Jones)는 리베리아와 시에라 레온(아프리카)에 지역교회들을 세웠다.[64]

퀼란(Quillan), 바그비(Bagby) 및 보웬(Bowen)은 브라질의 리오데자네이로, 산타 바르바라, 바이아, 마시오에 선교 센터를 세웠고, 웨스트럽(Westrup)과 포웰(Powell)은 12명의 선교사들과 함께 멕시코로 가서 살띠요, 빠또스, 빠라스 및 기타 지역에서 카톨릭 교도들에게 복음을 전파했다.[65] M.N. 코트(Cote) 박사는 로마에 독립 침례 교회를 세웠고 이 사역을 통해 밀라노, 베니스, 볼로냐, 모데나, 카프리, 바리, 바를레따 및 사르디니아 섬에도 선교 센터들이 세워졌다.[66]

이밖에도 타스마리아(H. 다울링 목사), 뉴질랜드(J. 손톤 목사) 그리고 퀸즈랜드(스튜어드와 윌슨) 등에도 지역 침례 교회들이 세워졌다. 심지어는 로마 카톨릭으로 똘똘 뭉친 스페인마저도 <킹제임스성경>의 공세를 피할 수는 없었다. W.J. 냅(Knapp)은 마드리드에 33명의 회원을 갖춘 지역교회를 세웠고, 뒤이어 알리깐떼, 라 스칼라 및 발렌시아에도 지역교회가 세워졌다.[67]

존 메이슨 펙(John Mason Peck, 1789-1838)은 1818년 세인트 루이스에서 교회를 조직하였고, 그후 미주리, 일리노이 그리고 인디애나 주 지역에 주일학교와 성경 공회들을 세워나갔다. 이들이 세운 모든 기관이 반카톨릭적 입장을 견지한 것은 물론이다.[68] 펙과 조나단 고잉이 세운 미국 침례교 가정 선교회는 카나다, 오하이오, 멕시코, 미시건, 중미 그리고 카리브해 지역으로 50명의 선교사를 파송했다.[69]

우리가 성경대로 믿는 선교사들의 사역을 바로 평가하기 위해서는 그들이 세운 지역교회들은 성경을 믿는 독립 침례 교회였다는 사실을 인지해야만 한다. 20세기 미국의 북침례교와 남침례교의 교단을 형성하게 된 교회들은 원래 이들 성경대로 믿는 독립 침례 교회들의 사역으로 생긴 것이다. 이들 침례 교회들의 목회자들은 해리 트루먼, 지미 카터, 마틴 루터 킹 주니어 등과 같은 "위대한" 침례교도들을 전혀 자랑하지 않았다. 20세기의 침례교가 얼마나 타락했는가는 위에 언급한 저명 인사들이 자신을 침례교도라고 한다는 사실로도 알 수 있다(오늘날 빌 클린턴도 자신을 침례교도라고 하는 정도니...).

독일의 침례교도들(1800-1890)은 동쪽으로 이주해서 러시아로 갔다. 그들은 그곳에서 만난 모든 루터교인과 그리스 정교 회원 및 로마 카톨릭 교도들에게 유아세례로는 구원받지 못하며 "성사들"은 전혀 신성한 것이 아니라고 증거했다.[70] 프리드리히 빌헬름 베데커(Friederich Wilhelm Baedecker, 1823-1906)는 러시아 전역을 돌면서 복음 집회를 열었던 러시아 순회 설교자였다. 그는 러시아에서 박해받고 있던 "슈툰트파"(러시아에 살고 있던 독일과 러시아 침례교도)들을 격려했고[71] 시베리아에 가서 죄수들에게도 복음을 전했다.

강력한 성경적 복음 전파와 교회 설립에 이어 자연적으로 교육 운동이 따랐다. 그러나 이들 대학과 신학교들의 설립은 신약 교회사의 범주 밖이므로 자세한 언급은 하지 않겠다. 1860년경 미국에는 180개의 교단 "기독교" 학교들이 존재하고 있었으며, 현재는 그 수가 그 때의 두 배에 달한다. 역사의 기본 순환 원칙에 따라 복음 전파에 이어 교육이 뒤따랐다.

복음 전도자가 어떤 지역에 가서 복음을 전파하고 뒤이어 교회가 세워지면 그곳에는 읽고 쓰고자 하는 교육열이 불어닥쳤다. 미국의 초등학교, 중학교 및 고등학교들은 바로 이들 성경 교사, 목사 및 전도자들의 사역으로부터 시작되었다고 할 수 있다.[72] 1600-1800년까지 미국의 교육과 성경은 너무도 밀접한 관계를 맺고 있었기에 어떤 사람이 성경 구절 십수 개를 언급하지 못한다면 그는 "교육"받은 자의 대열에 낄 수가 없었다. 성경은 학교 교육에 있어서 지극히 당연한 요소였다.

두 번에 걸친 대부흥(Great Awakenings)에 이어 세워진 미국의 사립 학교들의 역사는 그 역사를 누가 기록하든 혹은 누가 해석하든 간에 기독교적 배경을 무시할 수 없다. 개척지 전도에 이어 작은 학교들이 세워졌고 이들은 후일 큰 학교로 발전해 갔다(이들 학교들은 초창기에는 그 지역의 교회 회원들에 의해 설립되고 운영되었다). 동시에 그 어떤 교사도 성경을 믿는 부모와 교사들에 의해 테스트를 거치지 않고서는 어느 곳으로도 임용될 수가 없었다.

이들 학교들이 대형화되면서 많은 사람들이 권력과 권위를 위해 학교 운영에 참여하게 되었는데, 이들은 더 나은 교육 시설, 더 나은 근무 조건, 면세 혜택, 생활비 보조 등을 내세웠다. 1850년 이후 이교도들인 북동부 지역 출신의 전문 교육가들은 만인구원론, 유일신론, 카톨릭, 이신론(Deism)의 배경을 갖고 학교 안으로 들어왔다. "고등학교"와 대학이 생겨났고 뒤이어 대학교들과 "신학교"들이 생겨났다. (교육은 커다란 사업이다. 이는 학교에 아이들을 오랫동안 붙잡아 둘수록 부모들은 더 많은 돈을 내야 하기 때문이다. 그래서 오늘날은 대학원, 박사 과정, 박사후 과정까지 만들어 놓았다.)

드디어 호레이스 만(Horace Mann, 1796-1859)은 배교한 메사츄세츠 일당과 함께 학교 교육에 "학점", "표준화", "다양한 교과 과정", "가치 규명" 등의 개념을 도입시켜 교육을 백만장자들의 사업으로 전락시켰고, 급기야는 무엇이든지 원하는 것은 정당화시킬 수 있는 상대주의라는 철학으로 세뇌시킨 "교육받은 원숭이들"을 양산해 내기 시작했다. 나중에는 모든 지방 행정과 교육 제도가 연방 정부에게 넘어가 전국민이 진화론[73](반성경적), 로마에 대한 관용(반성경적), 국제 사회주의(반성경적), 성도착과 부도덕[74](반성경적), 절대 권위를 거부하는 상대주의[75](반성경적)와 같은 것들을 가르치는 동물원(원숭이들을 키워내는)으로 변질되었다.

오늘날 미국의 공립 학교 제도는 연방 소비에트 제도가 되어 국민들은 1년에 400억 달러를 교육세로 지불하고 있다(1980년 현재). 문제는 일년에 선생들에 대해 8,000건의 강도 사건이 발생하고, 학생들끼리는 15,000건의 폭력 사건이 발생하는 "학교"를 이 세금으로 지원하는 것이다. 이 공립 학교를 졸업한 "정글의 원숭이"들은 졸업 후 경찰력을 힘입어 취업까지 보장받게 된다. 그러나 이런 것들은 교회사가 아닌 반교회사이기에 여기서 멈추겠다.

필라델피아 시대의 용사들은 어찌나 강력하고 "사납게" 복음을 전하고 외쳐댔는지 1864년 교황 피오 9세는 교회와 국가의 분리를 믿는 모든 미국인들을 비난하는 "칙서"를 발표했다.[76] 그의 유설표(Syllabus of Errors)에 따르면 자신의 자유의지에 따라 자신의 종교를 선택할 수 있다고 믿는 모든 자는 오류에 빠져있다는 것이다.[77] 이 교황의 칙서와 선언은 이제까지 취소되거나, 개정되거나, 무효화된 적이 없다. 이것이 선포된 이래 모든 교황, 사제, 주교, 및 대주교들은(현 교황 요한 바오로 2세까지 포함해서) 이 "망발"을 하나님으로부터 나온 신성한 말씀이라고 믿고 있다.[78] 불쌍한 것은 수억 명에 이르는 카톨릭 "평신도"들은 자신들의 "지도자"들이 그러한 공식 입장을 견지하고 있다는 사실을 모르고 있다는 것이다. 이들은 다만 사제들과 "윗분"들에게 순종하면 모든 것이 잘되는 줄 알고 있는 "무지한" 자들이다.[79]

우리는 다음 장에서 19세기 후반부에 활동한 필라델피아의 최강 부대(스펄전, 무디, 토레이, 선데이, 샘 존스, 부스 장군, C.T. 스터드, 탈마지 등)를 살펴보기에 앞서 음녀들의 어미이며 세상의 가증스러운 것들의 어미인 종교 창녀가 그들의 "사역"(하나님께서 켜 놓으신 불빛을 즉시 꺼버리는 못된 짓)을 어떻게 수행하고 있는지를 먼저 살펴볼 것이다.

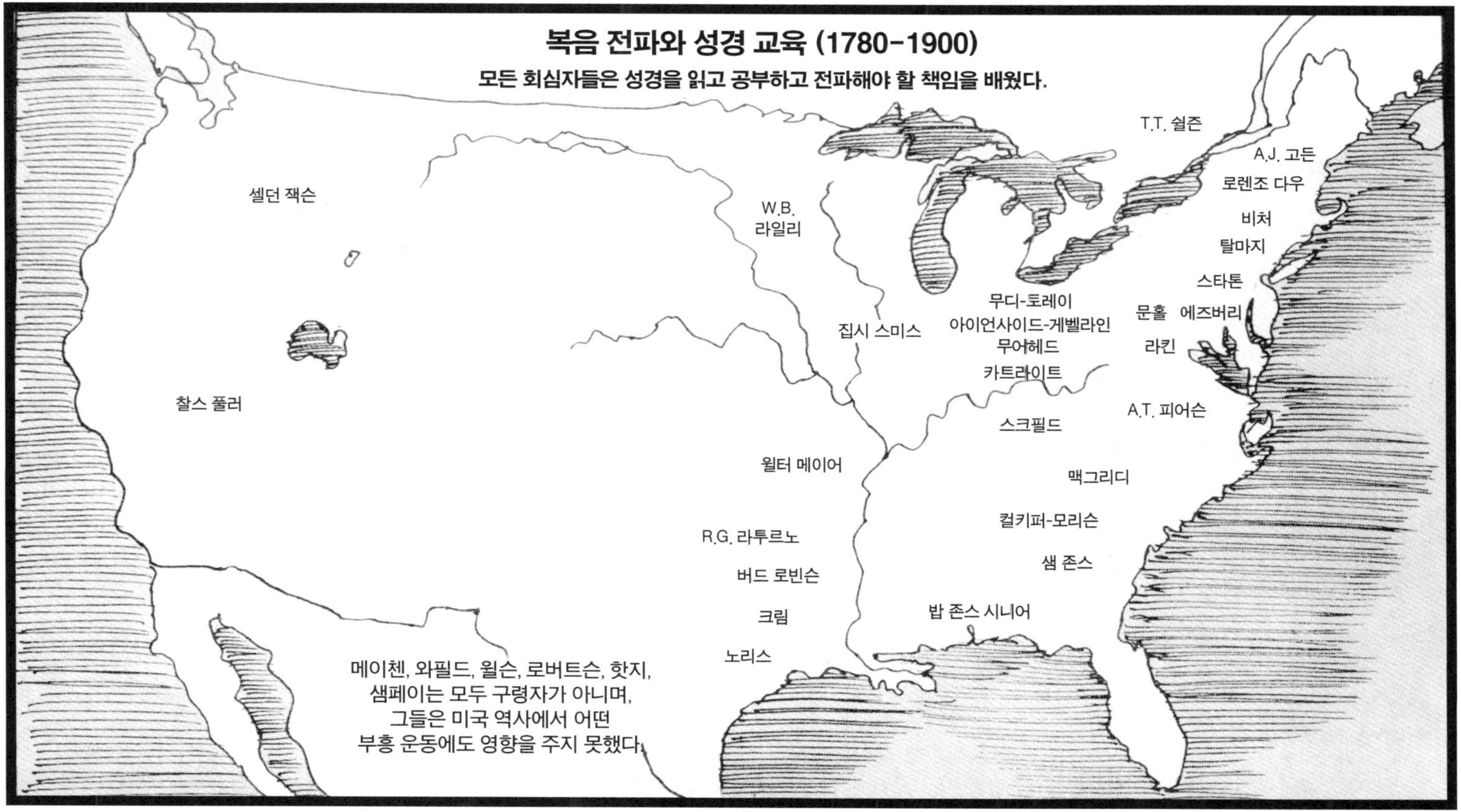
복음 전파와 성경 교육 (1780-1900)
모든 회심자들은 성경을 읽고 공부하고 전파해야 할 책임을 배웠다.
셀던 잭슨
찰스 풀러
W.B.
라일리
집시 스미스
월터 메이어
R.G. 라투르노
버드 로빈슨
크림
노리스
무디-토레이
아이언사이드-게벨라인
무어헤드
카트라이트
스크필드
맥그리디
컬키퍼-모리슨
샘 존스
밥 존스 시니어
T.T. 쉴즌
A.J. 고든
로렌조 다우
비처
탈마지
스타톤
문홀 에즈버리
라킨
A.T. 피어슨
메이첸, 와필드, 윌슨, 로버트슨, 핫지,
샘페이는 모두 구령자가 아니며,
그들은 미국 역사에서 어떤
부흥 운동에도 영향을 주지 못했다.

제 24 장
카톨릭의 음모와 반격

**너희는 너희 아비 마귀에게서 나와서 너희 아비의 정욕을 행하고자 하는도다.
그는 처음부터 살인자였으며 진리 가운데 거하지 아니하였으니
이는 자기 안에 진리가 없음이라. 그가 거짓말을 할 때는 자신에게서 우러나와 한 것이니,
이는 그가 거짓말쟁이요 또 거짓말의 아비이기 때문이라. (요 8:44)**

1979년 6월 28일 워싱톤 D.C.의 <카톨릭 스탠다드>紙는 펜사콜라 탈라하세 교구(신약성경 어디에도 '교구'라는 말은 없다)의 레네 그라시다 주교가 플로리다 주에서 발행하는 다섯 개의 신문들의 한 페이지 씩을 사서 사형 제도에 반대하는 자신의 의견을 전면광고로 실었다고 보도했다. 이 주교는 지난 15세기 동안 정착되고 실행되어 온 카톨릭 교회의 교리와 실행[1]에 정면으로 어긋나는 선언을 했던 것이다. 산 안토니오의 대주교(그는 그라시다 주교보다 한 계급 상급자이다)는 그라시다 주교의 반카톨릭적 이단 발언에 대해 단호히 반박했다. "...미국의 카톨릭 지도층이 사형 제도에 반대한다는 것은 명백한 거짓말이다." 카톨릭 당국은 1974년 11월 19일 이미 그라시다 주교의 의견을 부인한 바 있었다.[2]

그런데 그라시다 주교는 자신의 종교에 관해 터무니 없는 발언을 하면서 사형 제도에 반대했다. 그는 자기가 프로테스탄트들의 도덕에 관한 권위자인 것처럼 주장하면서 한 정부가 살인자들의 생명을 취할 권리가 있다고 가르치는 것은 죄라고 말했다. 이에 대해 미국의 펜사콜라성경신학원은 신문 광고를 통해 하나님의 말씀이 사형 제도에 관해 무엇이라고 하는지를 성경적으로 제시하였다.

이 광고가 나가자 미국 전역에 배포되는 카톨릭 기관지 <Our Sunday Visitor>라는 신문의 1면 톱으로 다음과 같은 기사가 등장했다. "플로리다에 편협한 신조가 유포되고 있음! 근본주의자들이 사형 제도를 반대하는 주교를 공격하다!"[3] 몽시뇨르 솔라나 신부는 "<뉴스 저널>지에 실린 성경대로 믿는 사람들의 광고는 '명예 훼손'이며, 카톨릭 교회의 역사와 정신에 대한 사실들에 배치된다"고 주장했다. 카톨릭 당국은 이 반박문으로 문제를 마무리지었다.

왜 그들은 명예 훼손을 회복하려고 소송하지 않은 것일까? 그것은 카톨릭 당국이 출판한 책만을 가지고도 그리스도인들을 숯불 위에 올려 놓고 태워 죽인 자들이 로마 카톨릭이요, 이 세상에서 가장 편협한 태도를 보인 집단이(그것도 십 수세기 동안) 바로 카톨릭임이 법정에서 증명되는 것을 두려워했기 때문이었던 것이다.[4] 그 어떤 사제도 사형 제도에 관해 성경대로 믿는 사람들과 공개석상에서 토론하려고 하지 않는 것은 물론이요, 더군다나 법정에서는 말할 것도 없다.[5]

이 자그마한 사건은 카톨릭 교회사가들이 교회사를 다루는 방식을 잘 예시해 주고 있다. 이미 여러 번 지적했듯이 카톨릭 교회가 강력하게 유지될 수 있는 것은 카톨릭 교인들의 무지 때문이다. 무지한 자를 속이기란 쉬운 일이다. 제리 버터필드라는 로마 카톨릭 교도는 <뉴스저널>지에 게재된 성경대로 믿는 사람들의 광고에 대해 "그것은 명백한 사실에 대한 왜곡되고 편협한 편견일 뿐이다"라고 말했다. 그러니까 자기 의로 가득찬 한 주교가 1500년 간에 걸쳐 유지되어 온 카톨릭의 교리와 실행에 어긋나는 주장을 하는 것과(이 주장은 바울이 로마서 13:1-6에서 말한 내용을 부인하고 있는 데도) 성경대로 믿는 사람들이 "죄"를 지었다고 거짓말하며 정직한 광고를 실은 사람들을 명예 훼손 죄로 몰아붙이는 것은 아무런 문제도 되지 않고, 그 주교의 위선과 어리석음이 성경에 의해 정확히 반박되는 것은 "왜곡되고 편협한 주장"이라는 것이다(이것이 바로 전형적인 로마 카톨릭 "정신"이다).

<Our Sunday Visitor>紙는 이 문제를 다루면서 자기들의 주교가 게재한 광고 내용은 하나도 인용하지 않았다. 버터필드와 솔라나는 로마 카톨릭 교회가 수많은 사람을 죽이는 일을 수세기 동안 실행해 왔고 그것을 자랑스럽게 여긴다는 사실을 알고 있으면서도[6] 자기들의 주교의 잘못을 고치려 하지 않았다. 이유는 그 주교가 카톨릭의 주교였기 때문이다. 그라시다 주교의 거짓말은 덮어두어야 하고 적어도 알리바이라도 만들어내야 했던 것이다. 주교 자신은 성경적이고 프로테스탄트적인 펜사콜라성경신학원의 광고에 대해 평을 했다. 그 주교가 보낸 편지는 신약성경을 공격하는 것이었고[7], 바울의 가르침에 모순되는 것이었으며, 성경대로 믿는 사람들에 대한 비방인 동시에 예수 그리스도의 가르침을 왜곡시킨 것이었다. 몽시뇨르 솔라나는 이 편지가 그 누구의 믿음에 대한 공격도 아니라고 시치미를 뗐다. 후천성 거짓말쟁이가 있는가 하면, 지금 보는 경우처럼 선천성에 가까운 거짓말쟁이도 있다.

이 20세기에 발생한 조그마한 사건에서 배울 수 있는 교훈은 카톨릭 교회사가들이나 작가들은 어떤 문제를 다룰 때 자기 회원들의 무지를 이용해서 모든 결론을 친카톨릭적으로 내려버린다는 사실이다.

<Our Sunday Visitor>紙는 사형 제도에 대해 성경을 단 한 구절도 인용하지 않았다. 이 잡지는 카톨릭 주교가 사형 제도를 반대하는 것이 왜 옳은지 성경적인 근거를 단 하나도 제시하지 않았다. 교회사에 있었던 단 한 가지의 실례도 언급하지 않은 채, 이 잡지는 다만 "사랑의 정신"과 "종교간의 협조"를 내세우면서 성경대로 믿는 사람들만 비난하고 나섰다. 이들은 역사적 사실을 말로만 들먹거렸을 뿐 단 하나의 실례도 들지 않았다. 카톨릭 교인들의 무지에 힘입어 이들은 역사적, 성경적 사실들을 근거로 사형 제도에 관한 올바른 입장을 제시한 자들을 편협한 자들로 몰아붙이고 말았다.

교회사를 올바로 배운 학생이라면 일곱 산 위에 앉아 있는 잔인한 살인마(계 17장)에 관한 역사적 사실을 언급한 것으로 인해 어리석고 위선적인 주교에 의해 고소당할 걱정은 할 필요가 없다. 이 창녀에 대한 모든 자료는 수천 페이지에 달한다(맨하탄, 램버트, 블랑샤르드, 쉬니키 등). 더군다나 솔라나 신부는 이들 자료들이 잘 수집되어 있어 재판시 언제든지 증거로 제시될 수 있다는 사실을 알고 있다.[8] 바로 이 때문에 A.D.1700년 이래 미국이나 영국에서는 카톨릭 주교나 사제가 "카톨릭 교회에 대한 명예 훼손 혐의"로 개신교도를 고소하지 못하는 것이다. 그들은 감히 나설 수가 없다.

카톨릭 교회의 침묵은 곧 시인과 다름이 없다. 먹이를 잡아챌 때까지는 낮은 목소리로 거짓말을 하는 것이다. 이들의 속임수는 카톨릭 교인들로 하여금 자신들의 교회는 경건하고, 영적이며, 공정하지 못한 "고집쟁이"들로부터 박해를 받고 있다고 생각하도록 하는 것이다. 이때 성경과 성경적 진리를 배제시키는 것은 카톨릭 교인들로 하여금 사실 확인을 위해 성경을 공부하는 "위험"을 방지해 줄 것이다. 그 어떤 카톨릭 지도자도 성경 토론에 공식적으로 관여하지 않는다. 히틀러와 뭇솔리니도 마찬가지였다.[9]

마지막 카톨릭 군주(제임스 2세)가 영국의 보좌에서 물러나고 카톨릭 교도는 더이상 영국의 권좌에 오를 수 없도록 되자 영국은 전세계의 최강국으로 떠오르기 시작한다. 1776년 미국에서 13개 식민주를 잃긴 했어도 여전히 영국은 경제적으로나 지리적으로 세계 최강국이었다. 북부 독일의 개신교 집안인 하노버 왕가로부터 시작된 영국의 하노버 왕조는 영국을 지상 최대의 강국으로 부상시켰다. 반면 로마 카톨릭 통치자들(1400-1789)에 의해 다스림을 받게 된 프랑스와 스페인은 최강국에서 밀려나기 시작하여 결국 가장자리로 떨어지고 말았다. 카톨릭 군주였던 루이 14세와 카톨릭 신자였던 나폴레옹의 치리 시절 군사 대국으로서의 지위를 누린 것을 제외하고는[10] 프랑스는 과거의 영광을 결코 재현하지 못했다.

1870년 북부 독일의 프로테스탄트 출신 비스마르크는 남부 독일의 카톨릭 오스트리아를 물리친 후 프랑스 카톨릭들을 지배했다.[11] 만약 미국이 1917년 개입하지 않았더라면 독일은 프랑스를 완전히 장악했을 것이다. 어쩌면 영국까지도 장악했을 가능성이 높다. 그 이유는 1917년의 영국은 반카톨릭적 입장을 포기한 채(1904) 해외선교 분야에서 로마 카톨릭의 예수회 헬라어 본문을 출판하고 있었기 때문이다.

이 모든 사건들은 세속사에 속하는 것으로 국제 정치, 해외 공관장 및 정치가들에 대해 잘 알고 있는 사람이라면 "영국이 점령했다" 혹은 "스페인이 화란을 공격했다" 혹은 "프러시아가 오스트리아를 공격했다"라는 말은 정확한 의미에서는 잘못된 것임을 인정할 것이다. 왜냐하면 전쟁은 사람들이 일으키는 것이기 때문이다. 총은 살인을 "저지를 수" 없다. 살인은 사람들에 의해 저질러질 뿐이다. 국가가 전쟁에 참여하게 되는 것은 개인들 때문이며, 개인들의 조언이나 결정이 전쟁을 야기시키는 것이다. "오스트리아와 독일이 러시아를 대항했다" 혹은 "프랑스가 독일과 영국을 대항했다"는 식의 표현이 중·고교 및 대학 교과서에 등장하는 것은 사실을 은폐시키려는 시도일 뿐이다.

이러한 전쟁들에 관한 정확한 실상을 파악하려면 전쟁 혹은 조약들을 체결하는 당사자들의 교육, 성장 과정, 철학, 동기, 행위 등을 분석해 보아야 한다. 예를 들면 로마 카톨릭 교회와 같은 거대하고 강력한 정치 조직이 갑자기 한 민족 전체(영국)의 지배권을 상실하고 이 민족이 세계 최강의 해군력과 식민지를 소유하게 되었다면 교황들, 주교들, 추기경들, 예수회 사제들, 대주교들, 수도승들, 수녀들 및 "교황청 대사들"로 이루어진 카톨릭 교회가 "좋아, 로마서 8:28 말씀대로 합력하여 선을 이루겠지 뭐! 자, 우리는 복음을 전파하고 기도하며 성경을 공부합시다"라고 말할 것 같은가?

예를 들면 1760년경 로마 카톨릭 교회는 독일의 절반, 영국과 스코틀랜드 전부, 아일랜드의 상당 부분, 미국의 13개 식민주에 거주하던 대다수의 주민들을 상실했다. 프랑스에서도 미묘한 상황이 전개되어 20년 뒤에는 민중 혁명이 발생해서 카톨릭 교회의 전재산을 몰수해 버렸다. 만약 여러분과 여러분의 친구들이 프랑스, 영국 및 아일랜드와 군주들을 오랫동안 지배해 오던 15세기의 역사를 자랑하는 정치 조직의 일부라고 한다면 당신들은 이러한 사태에 직면해서 "하나님의 축복이 있기를! 우리는 이미 사유 재산 제도와 민주주의를 항상 믿어 왔었는데 잘된 것 같소!"라고 말할 것인가? 만약 당신들이 그렇게 말한다면 당신들의 과거를 알고 있는 사람들이 그 말을 믿으리라고 생각하는가?

여기 필라델피아 교회 시대에는 만여 명의 목사, 교사, 선교사, 복음전도자들이 손에 <킹제임스성경>을 들고 전세계를 누비면서 카톨릭, 프로테스탄트, 힌두교도, 불교도, 도교신자, 모슬렘 그리고 심지어는 몽고인들에 이르기까지[예를 들면 1843-1891년 사이 몽고 선교사로 갔던 제임스 길모아(James Gilmore)] 모든 인종들을 그리스도께로 회심시키고 있는 동안, 제롬의 <라틴 벌게이트>에서 번역된 <림즈 듀웨이> 성경은 아무 열매도 없이 바티칸 도서관에서 썩고 있었다. 만약 당신이 이 당시(1800-1900)의 바티칸 당국에 관여하고 있었다면 어떻게든 오리겐에서 유래된 제롬의 아프리카 본문을 가지고 에라스무스의 <표준원문>을 대체하려 하지 않았겠는가?

우리가 이러한 사실을 언급하는 것은 이 글을 읽는 독자들 가운데 "세련된 감각"을 지닌 분이 있다면 앞으로 전개될 내용에 대비하시도록 하기 위함이다. 앞으로 전개되는 내용들이 어떤 분에게는 "역사적 사실들"이 될 것이고, 또 다른 분들에게는 "명예 훼손"이 될 것이다. 만약 당신이 성경대로 믿는 사람이라면 역사적 사실들을 확인할 수 있을 것이나, 당신이 로마 카톨릭 신자라면 감히 그렇게 하려고 하지 않을 것이다. 카톨릭 당국의 눈에는 모든 반카톨릭적 "사실"들은 "편협된 왜곡"일 뿐이다.[12)]

맥아더(MacArthur) 장군은 한때 이렇게 말한 적이 있다. "인류 역사가 시작된 이래 인간들은 평화를 추구해 왔다. 그러나 평화의 문제는 기본적으로 신학적인 것이다."[13)] 그렇다면 세계의 "평화 계획"에 교회 말고 그 누가 더 관심이 있겠는가? 맥아더 장군과 같은 세대였던 존 케네디는 유엔 연설에서 충격적인 선언을 했다(1963. 9. 22). "우리는 종교적인 불의를 정죄하는 데 주저하지 않는다."[14)]

케네디가 말하고 있는 우리란 누구를 지칭하는 것인가? 자신과 자신의 가족 전체가 소속되어 있는 로마 카톨릭 교회인가? 그 교회는 그리스도인을 죽이고 저주했을 뿐만 아니라 교회법과 교령집에도 모든 성경대로 믿는 사람들이 반카톨릭일 경우 이들은 이단이며 죽어 마땅하다고 말하고 있지 않은가?[15)] 케네디는 자신이 속한 그 교회의 신학에 대해 뭔가 알고 있었던가?[16)]

맥아더는 "평화"가 신학적인 문제라고 말했다. 존 케네디는 자기 교회의 주교들과 교황들이 프랑스에서 1002, 1077, 1114, 1172년에 불태웠던 카타리들에 관해 알고 있었을까? 그는 교황 중 한 사람(알렉산더 3세)이 프랑스에 살던 성경대로 믿는 모든 알비겐스들을 저주한 사실을 알고 있었을까?[17)] 도대체 "종교적인 불의"란 무엇을 두고 말한 것인가? 자기가 속해 있는 그 집단이 "종교적인 불의"의 대명사인 줄도 몰랐단 말인가?[18)]

우리는 교회사에서 등장하는 온갖 불의들이 역사가들에 의해 교묘히 다루어지고 있음을 이미 여러 번에 걸쳐 살펴본 바 있다. "그 당시의 상황에서는 어쩔 수가 없었다." "그것은 그 때의 시대 분위기였을 뿐이다." 그들은 이러한 구차한 변명을 늘어 놓은 후 모두가 자기들처럼 생각해 주기를 바란다.

예를 들면 라투렛은 루터가 유대인들의 학교를 불태우는 데 찬성했다고 말한다. 우리는 이 말을 어떻게 받아들여야 할 것인가? 그는 과연 학교를 불태웠는가?[19)] 그것은 루터 교회의 공식적인 가르침이었는가? 1554-1555년(루터와 동시대) 교황 피오 5세는 유대인들에게 강제로 세례를 주라고 명령했다. 거절하면... 그 다음은 뻔한 일이었다.[20] 로마에서는 2,430명의 유대인들이 세례를 받았고 그 중 몇 사람은 교황으로부터 직접 받았다. 루터는 그 어떤 유대인에게도 강제로 침례를 주지 않았으며, 그 어떤 유대인 학교도 불태운 적이 없다. 어째서 라투렛은 쓸데없이 거짓말을 하는가?

루터와 동시대였던 피의 메리(1555)는 250명의 프로테스탄트를 불태워 죽였다. 역사상 250명의 절반이라도 카톨릭 교도를 불태운 프로테스탄트 통치자가 있으면 세 명만 이름을 제시해 보라. 1534년 프란시스 1세는 카톨릭 주교들과 향연을 즐기다가 35명의 루터교도들을 불태웠다.[21] 1534년 당시 루터교도였던 그 어떤 통치자가 그 절반이라도 카톨릭 교도를 불태운 적이 있단 말인가? 만약 카톨릭 교회사가들의 말대로 "시대의 분위기"가 행동을 결정한다면 왜 카톨릭과 개신교도 사이에는 이처럼 커다란 차이가 나는 것인가? 한 마디로 카톨릭 정신이란 사탄적이며 늘상 일관되게 사탄적이었다고 결론을 내릴 수밖에 없다.

교황 클레멘트 8세가 "양심의 자유는 이 세상에서 가장 악한 것"이라고 말했을 때[22] 그 어떤 루터교도도, 칼빈주의자도, 침례교도도, 메노나이트도 그에게 동의하지 않았다. 왜 그랬는가? 클레멘트 8세가 "시대의 정신"과는 동떨어진 것이 아닌가? 그렇다면 왜 교황 피오 9세는(266년이나 지난 후) 그 어떤 인간도 자신의 양심에 따라 스스로 종교를 결정할 권리를 가질 수 없다고 말했는가?[23] 1598년과 1864년 사이에 시대 정신이 전혀 변하지 않았다는 말인가? 왜 시대가 바뀌었는데도 교황들의 생각은 동일한가?

오늘날의 시대 정신은 어떤가? 경제적 억압, 사회적 불평등, 짓밟힌 대중 등등을 언급하면서 부자들의 의무는 "갖지 못한 자들"과 부를 "나누는 것"이라고 말하는 카톨릭 교도들은 자신들의 최고 통치자가 1400개의 방이 있는 궁궐에서 19개의 방을 소유하고 있으며, 10대의 자가용과 100대의 개인용 전화기 그리고 식수 및 가스 공급회사를 소유하고 있으며, 수많은 저택들을 소유하고 있는 사실은 어떻게 설명할 것인가?[24] 이 자는 짓밟힌 대중들과 무엇을 함께 나누고 있는가? 막스와 레닌이 살아 있다면 이 자의 태도를 무엇이라고 부르겠는가? 이것이 "민중"의 교황인가? 교황 바오로 6세는 자신은 이런 상황에서 살면서도 "자신이 필요로 하지 않는데도 다른 사람들이 필요로 하는 것을 독점적으로 사용하는 것은 절대로 정당화 될 수 없다"고 주장했다.[25] 이보다 더 위선적인 것을 본 적이 있는가?

자기 교회의 회원들이 완전한 암흑 가운데 거하는 "직업 배우" 말고 그 누가 그와 같은 위선을 말할 수 있겠는가? 카톨릭 교회법에 따르면 교회와 국가의 분리는 이단이라고 한다.[26] 따라서 그 어떤 교황도 미국의 권리선언이나 독립 선언문을 정직하게 지지할 수 없었을 것이다. 이 사실도 모른 채 미국의 5천만 명의 카톨릭 교도들은 매우 "애국적"인 시민으로 살아가고 있다. 독립선언문에 서명한 한 명의 카톨릭 교도는 자기가 소속된 교회의 종교적 신념에 반하여 죄를 지은 것이다.[27] 모든 교황의 교서와 교회법에 따르면 교황만이 미국(세계 어느 곳이든)의 모든 카톨릭 교도들의 양심을 규제할 권리를 갖고 있으며, 만약 이들이 교회와 국가의 분리를 가르친다면 이단으로 이들을 처단할 수도 있도록 되어 있다.[28]

우리가 이 카톨릭 교회법과 교황의 교서[29]를 인용하면 카톨릭 당국은 당장 나서서 우리에게 "카톨릭 정신을 모독한다"고 공격한다. 이것이 앞서 언급한 그라시다 주교나 버터필드 및 솔라나 신부 등이 하는 일이다. 독자 여러분 중에서 교양있는 사람들이 왜 예수회에 대한 언급에 대해 그처럼 분개하는지를 알려면 예수회의 역사를 잘 살펴보아야만 한다.[30] 이들 예수회는 "목적은 수단을 정당화한다"는 원칙하에 움직이는 사교집단이다. 카톨릭 교황과 교회에 이득이 된다면 무슨 짓이든지 할 수 있다는 사람들이니 못할 일이 어디 있겠는가?

성경대로 믿는 사람들은 "옳은 일을 하기 위한 기회를 얻기 위해 옳지 않은 일을 하는 것은 결코 올바르지 못하다"라는 생각을 갖고 있다. 차이점을 알겠는가?

필라델피아 교회 시대를 향한 본격적인 카톨릭의 반격을 구체적으로 살펴보자. 민족국가들의 성립과 민족주의와 애국주의의 발흥(1600-1900)과 더불어 교황들은 십자군 원정 이후에 발생했던 것과 같은 복잡한 문제들에 직면하게 되었다. 문제는 어떻게 이들 민족 국가들을 전복시키고 그 통치자들을 로마 카톨릭으로 대치하여 그 정부를 다시 통제할 수 있느냐는 것이었다. 1582년부터 1990년까지의 모든 카톨릭 지도층의 노력은 이 한 가지 목적에 집중되어 있다. 따라서 1582년부터 현재에 이르기까지 "유럽의 외교 정책"의 배경에는 항상 바티칸 당국이 도사리고 있었다. 카톨릭 당국은 자신들과 기타 국가들과의 관계에서 잘못 되어가는 모든 일에 대해[31] 교회 내의 "자유주의자"들 혹은 "과격분자들"을 비난하고 있으며, "카톨릭 교도들 대부분은 그런 식으로 느끼고 있지 않다"라는 근거하에 모든 비판으로부터의 면책을 요구하면서 책임을 회피하고 있다. 그리고 혁명, 사기, 혹은 배반 등의 행위를 저지르다 현장에서 잡히면 "박해"를 받는다고 소리지르는 동시에 무엇보다도 전쟁과 가난을 포함한 전세계의 모

든 악한 일들은 "민족주의"(혹은 "나쁜 통치자들") 때문이라고 비난하고 나선다.[32)]

만약 우리가 역사를 심각하고 신중하게 분석해 본다면, 교황 자신과 그의 교회가 "평화"를 도래하도록 하는 중재자가 아니었을 경우에는 그 어떤 교황에게도 국가간의 평화의 도래가 아무런 이득이 되지 않았다는 사실을 파악할 수 있을 것이다. 반대로 두 강대국이 교황의 지배에 순복하지 않는 한 두 강대국 사이의 분쟁은 로마 카톨릭에게 항상 이득이 되어 왔다. 교황이 UN에서 국가간 분쟁의 "중재자"로서 자기 자신을 제시할 때, 그것은 교황이 국제적인 독재자로서 무료 봉사를 하겠다는 의미이다. 금관을 머리에 쓰고 14개의 방이 있는 아파트에 사는 사람에게는 월급이 필요없기 때문이다. 결국 예수회의 신학의 가르침은 이러하다. 나쁜 행동은 선한 "의도"가 있는 한 문제될 것이 없으며 "정당화할 수 있는 목적"을 위한 것이라면 속임수는 언제든지 사용할 수 있다.[33)] 모든 교황의 고해 사제는 예수회 회원이다.[34)]

결국 필라델피아 교회 시대에 있어 로마 카톨릭 교회는 전유럽에 걸쳐 출회나 파문으로 위협하는 방식보다는(시간이 걸리므로) 각 나라의 통치자들끼리 서로 물고 뜯게 하는 색다른 방식을 채택하여 자신들의 지배권을 확보하려는 전략을 채택하게 되었다. 우선 카톨릭 교도들은 프로테스탄트들을 죽이기 위해 군대를 조직하였다. 아우그스부르크 조약(Treaty of Augsburg, 1555)과 웨스트팔리아 조약(Treaty of Westphalia)은 이런 살상을 막기 위해 체결된 것들이다. 그러나 이런 조약들에도 불구하고 살상은 멈추지 않았다. 이는 그 어떤 교황도 웨스트팔리아 조약을 유효한 것으로 인정하지 않았기 때문이다.[35)] 교황은 카톨릭 당국에 의해 그 조건이 결정되어진 것을 제외하고는 그 어떤 국가간의 조약도 유효한 것으로 받아들이지 않는다. 자! 당신이 체결한 조약이 잘못되었다고 말하는 종교적 정치가와 상대해서(그는 자신이 4억 명의 신하를 거느리고 있다고 주장한다) "이 땅에 평화를" 가져올 수 있는 방법은 무엇이겠는가? 1598년 헨리 4세가 발표한 낭트 칙령(Edict of Nantes)으로 프랑스의 성경대로 믿는 사람들은 "시대 정신"과는 반대로 종교적 관용을 허락받았다(케네디가 "종교적 정의"에 관해 연설한 것을 기억하라). 그러나 교황 클레멘트 8세는 재빨리 낭트 칙령은 자신이 상상할 수 있는 "가장 저주받은 칙령"이라고 낙인을 찍었다.[36)]

크리스마스 시즌 때마다 "지상에 평화"를 들먹이는 교황이 "국내의 안정"을 유지하기 위해 이런 발언을 할 수 있겠는가 상상해 보라. 교황이 이런 발언을 하면 자신의 부하라고 내세우는 75%의 카톨릭 신자들이 가만히 있겠는가? 의도적이지 않고서야 교황이 그런 발언을 왜 했겠는가? 이것은 살상을 부추기기 위한 의도적 발언이었다. 독일 국민의 3분의 1을 살해한 30년 전쟁(1618-1648) 역시 동일한 방식에 의해 일어났다(1970-1982년 사이에 일어난 런던데리와 벨패스트의 폭동 역시 동일한 방식에 따라 발생했다).

한 카톨릭 국왕(루돌프 2세, 1576-1612)이 프로테스탄트들을 괴롭히지 않겠다고 한 맹세를 깨뜨렸다.[37] 그것은 놀랄 만한 일이 아니다. 왜냐하면 카톨릭 교도들은 만약 그들의 맹세가 카톨릭 "성지 파워 게임"이나 정치적 책략과 관련된 것일 경우 그 맹세를 지켜야 할 의무가 없기 때문이다.[38] 그래서 한 베네딕트 수도원장(렐리)은 사법관의 금지 명령에도 불구하고 바바리아 근처에 있는 인구의 85%가 프로테스탄트인 한 마을에 카톨릭 종교 퍼레이드를 벌이도록 명령했다(아일랜드, 인권 운동, KKK 등을 염두에 두라). 이 행렬이 공격을 받자(1607) 바바리아의 막시밀리안은 교황을 위해 그 마을[도나우워스(Donnauworth)]을 점령하고 바바리아에 예속시켰다. 그는 모든 프로테스탄트 교회들을 몰수하고 그 자리에다 예수회 회관을 세웠다. 그리고는 모든 프로테스탄트들을 떠나도록 명령했다. 이것은 아우그스부르크 조약의 명백한 위반이었다.[39] 그러나 교황 이노센트 10세(1644-1655)는 어떤 국가간의 조약이든지 거기에 들어있는 어떤 반카톨릭적 조항도 모두 무효라고 선언해 버렸다. 그러니까 카톨릭 당국의 이익과 세계 지배를 위한 카톨릭의 전략에 유익하지 못한 조약 내용은 "불법"이라는 것이다.[40]

종교를 가장한 이 살인마 집단은 제2차 바티칸 공회에서 "교회가 종교로 인해 인간을 괴롭히는 그 어떤 행위도 그리스도의 사상에 어긋나는 것이기에 그것을 징책하는 바이다"라고 선언했다.[41] 이보다 더 터무니없는 일이 있을 수 있을까? 이 교회는 독일과 오스트리아에 있는 모든 학교와 교회를 통제할 수 없다는 이유 때문에 30년 전쟁을 시작한 그 "교회"이다.[42] (이 전쟁으로 6백만 명 이상이 죽었다.) 30년 전쟁이 끝나자마자 라이네즈(Lainez)와 살메론(Salmeron)이라고 하는 두 명의 예수회 학자들이 1649년부터 잉골슈타트의 바바리아 대학교에서 가르치기 시작했다.[43] 이 학교의 졸업생 가운데 가장 뛰어난 사람은 아담 바이스하우프트(Adam Weishaupt, 1748-1830)로 그는 <브리태니카 백과사전>에 따르면 <일루미나티, Illuminati>의 창설자라고 한다. 바이스하우프트 자신도 예수회 출신이었다. 예수회 출신 피터 카니스는 로마는 더 이상 그리스도인들을 죽이지 않을 것이라고 주장하는 술책을 써서 바바리아를 로마 동물원으로 되돌려 놓았다. 그는 대학과 단체를 세웠고 그의 책에는 "논쟁없이 명백한" 성경 본문들을 잔뜩 인용하였다. 이 속임수에 수천 명이 넘어가고 말았다. 몇 년이 안되어 잉골슈타트에 있는 그 대학교는 성경대로 믿는 프로테스탄트가 그 곳에서 가르칠 수 없다는 법을 통과시킬 수 있었다. 이로써 바바리아 주민의 모든 고등 교육자는 로마 카톨릭 신자로 성장하게 되었다.[44)]

1570년 그라즈(Graz) 마을은 98%가 프로테스탄트였고, 단 두 세대만이 로마 카톨릭이었다. 예수회는 찰스 대공(Archduke Charles, 1573)을 설득해서 이 곳에 카톨릭 대학을 세웠고 그 대학과 그의 궁궐에는 오직 카톨릭 신자만을 직원으로 채용하였다. 1586년 이 예수회 대학은 대학교가 되었고(뉴올리언스에 있는 로욜라 대학교처럼) 카톨릭 신자들의 충분한 수가 "교육받은 계층"을 형성할 정도가 되자 이들을 정부 요직에 앉혔다. 곧이어 이들은 그라즈시의 주민은 카톨릭 교도여야만 한다는 법(히틀러의 뉴렘베르크법)을 제정 공포하였다.[45)] 1599년 페르디난트(Ferdinand)는 그라즈에 있는 모든 프로테스탄트 교회들과 채플을 폐쇄시켰고, 800여 명의 프로테스탄트 지식인들을 고향에서 축출시켰다. 그러니까 예수회의 활동을 용납하면 당신의 고향과 지방과 국가는 평화를 박탈당하는 셈이다(물론 당신이 이미 로마 카톨릭 교회 국가에 소속되어 있다면 문제될 것은 없다).

르네 데카르트(Rene Descartes)는 라플레체의 예수회 대학에서 교육을 받았다.[46)] 라이프니쯔(Leibnitz)는 데카르트의 "두 실체" 이론(기계적 실체와 정신적 실체)을 채택하였고, 데이비드 흄(David Hume)은 기계적 실체 하나만을 수용했다.[47)] 예수회는 데카르트의 이론을 승인했다. 이는 그가 루터와 칼빈에 대항하는 이론을 펼쳤기 때문이다.[48)] 그가 성경을 거부하고 그리스도를 부인하는 철학자였다는 사실은 예수회에게는 아무런 문제가 되지 않았다. 이중 기준을 갖고 있으면 무엇이든지 용납할 수 있다.

1550-1890년에 라틴 아메리카에서 로마 카톨릭 교회는 위대한 정치적 성공을 거두게 된다. 이들 국가들은 로마의 종교적 파시즘에 철저히 얽매여 있었기에 성경대로 믿는 사람들이 국민의 5% 이상으로 형성되어 본 적이 한 번도 없었다. 미국이 청교도적 지역교회 정부, 복음적 각성 운동, 인디안의 선교, 수천 명의 이민자들의 성경적 기독교로 회심하는 등의 과정을 거치는 동안 멕시코, 중미 및 남미는 완전한 영적 암흑에 처해 있었다. 물론 이것은 카톨릭에 의해 초래된 영적 암흑이다. 카톨릭 십자가와 원주민의 부두교 십자가가 나란히 걸렸고, 죽은 거인들에게 드리는 기도와 죽은 성자에게 드리는 기도가 뒤섞였으며, 산타 마리아호가 산살바도르 항에 도착하기 200

년 전부터 원주민들이 사용해 오던 염주와 묵주 등이 카톨릭 묵주와 함께 사용되었다.[49] 마야, 잉카, 아즈텍 족들이 만들어 놓은 형상들과 카톨릭 형상들이 나란히 선반에 놓였고, 성경에 대해서는 어찌나 무지했든지 남미의 정통 카톨릭 신자들 중 적 그리스도가 누구이고 어디에서 나오며 그가 얼마 동안 무슨 일을 할 것인지를 알고 있는 사람은 오늘날까지 10명도 안될 것이다.[50] 하일즈-앤더슨 학교의 초등학생들이(1980) 멕시코의 모든 주교와 대주교들보다 재림에 관해 더 많은 것을 알고 있을 것이다.

콜럼버스는 자신이 발견한 두 곳의 이름을 하나는 예수님을 위해 "산살바도르"(San Salvador)라고 했고, 또 하나는 마리아를 위해 "산타 마리아 데 라 꼰셉시온"(Santa Maria de la Concepcion)이라고 불렀다.[51] 그가 이렇게 한 것은 카톨릭 교도로서 "우리의 거룩한 믿음"을 전파하는데 관심이 있었기 때문이다. 그의 이러한 종교심을 입증이라도 하듯 콜럼버스는 프란체스코회 수도사들을 서인도 제도로 데리고 갔다.[52]

여기서 독자 여러분은 "우리의 거룩한 믿음"이 무엇을 뜻하는 가를 이해해야 한다(Our Sunday Visitor, 주 1-4 참조). 왜냐하면 콜럼버스와 그가 동반한 프란체스코회가 퍼뜨린 "거룩한 믿음"은 A.D.500-1500년, 즉 암흑 시대의 "믿음"이기 때문이다. 교황은 이미 미주 대륙 전체를 스페인의 카톨릭 국왕에게 개인 소유로 준 바가 있었으며 - 이로써 화란, 영국, 독일, 프랑스, 스코틀랜드, 노르웨이, 스웨덴, 러시아, 아일랜드 등은 식민지 획득의 길이 막히고 말았다. - 또한 교황은 그의 충실한 심복 페르디난트에게도 서인도제도, 하와이 및 그린랜드를 주고자 했다.[53]

그리스도의 대리자는 "모든 인간 위에 권위"를 갖고 있으므로[54] 그 어떤 나라든 대륙이든, 그것을 그 주민과 함께 자기가 원하는 사람에게 줄 수 있다. 만약 이것을 두고 단지 "시대 정신"일 뿐이었다고 생각하는 사람은 교황 피오 9세의 주도 하에 열린 바티칸 공회와 레오 13세(1878-1903)의 교서에 대해 읽어보는 것이 좋을 것이다. 이 두 신사 양반은 로마 카톨릭 교회는 모든 정치가와 통치자들의 미술, 음악 및 교육을 통제하기 위해 카톨릭 교회법을 강제로 집행할 수 있는 권위를 갖고 있으며, 거기에다 그들의 사상과 어휘와 행동을 지도할 능력도 갖고 있다고 선언하였다.[55] 더 나아가 그 어떤 정부(미국을 포함하여)도 그 어떤 범죄에 대해서도 수도승이나 수녀나 사제나 주교를 재판할 권리가 없다고 주장한다.[56] 그러니까 "시대 정신"(교황 알렉산더 5세 1492, 교황 클레멘트 10세 1676)은 교황들의 과대 망상증과는 아무런 상관이 없다는 말이다. 교황무오설(1870)은 교황 자신의 이익을 위해 교황 자신에 의해[57] 선포되었다. 과대 망상증 환자라고 해서 모두 정신 병원에 수용되어 있는 것은 아니다.

바로 이것이 콜럼버스의 "거룩한 믿음"의 본질이며, 예수회 선교사 자비에르의 "선교 여행"의 특징이기도 했다. "거룩한 믿음"이란 카톨릭 당국자들에게는 그리스도의 인격과 사역을 다루는 신약성경의 근본 진리들을 가리키는 것이 아니라 카톨릭의 가르침을 통칭하는 것이다.[58] 이 속에는 교부들이 왜곡한 진리들[59], 위조된 문서들[60], 교황의 명령과 교서들, 공회[61], 반성경적 전통, 구원은 교회에 복종함으로 얻을 수 있다는 가르침(이때 교회란 교황을 우두머리로 하는 카톨릭 지도층을 말함) 등이 포함되어 있다.[62] 미국에서는 이러한 선언들에 대한 진실된 평가가 성경과 그리스도에 대해 경건하고 헌신된 생활을 하고 있는(?) 카톨릭 평신도들(이들은 속기 쉽고, 고지식한 사람들이다)에 의해 "비방"이라고 간주된다. 이들은 자신들의 영적인 생활과 태도를 카톨릭 지도층도 동일하게 갖고 있다고 착각하고 있다. 카톨릭 당국은 전세계를 절대적인 지배 하에 두려는 파시스트 전체주의 국가이다. 당신은 카톨릭 교회가 자신들에 관해 쓴 글들과 자신들의 주교의 출판 허가를 받아 "반대 불가"(nihil obstat)라는 표식과 함께 발행한 자료들을 읽어 본다면 우리의 평가가 "비방"이 아니라는 사실을 알게 될 것이다.[63]

스페인 사람들에 의해 회심한 인디안들은 그 어떤 신약 지역교회에도 참석하지 않았다. 그들은 외국의 지배에 굴복했을 뿐이다. 진정으로 회심한 모든 인디안 성도들은 모두가 "제사장"(벧전 2:3-8)이었음에도 불구하고, 이들은 "제사장직"(카톨릭의 사제직)에서 제외되었다.[64] 인디안들은 성체성사, 고해성사 및 "종부성사"는 허락되었으나[65], 1590년까지는 교회 안에서 직분을 수행할 수 없었다. 이러한 "복음"(갈 1:8-10 혹은 고전 15:1-6의 복음이 아닌)과 "기독교 메시지"(엡 3장, 갈 4장, 딤전 2장, 계 17장이 아닌)를 전파한 카톨릭 선교사는 바돌로매 델라스 까사스(Bartholomew de Las Casas, 1474-1566)였다. 그는 끊임없이 스페인의 카톨릭 교도들에게 저항하는 인디안 혁명가들을 대하게 되었다. 까베사 데 바까(Cabeza De Vaca)는 인디안들에게 지나치게 관대하다는 이유로 카톨릭 당국에 의해 투옥되었다가 스페인으로 소환되었다.[66] 카톨릭 선교사들 중에는 베르날 보일, 뻬드로 데 꼬르도바, 마르께스 데 비야로보스, 마린데 발렌시아, 토마스 오르티스 등이 있었다. 예수회는 1550년 신대륙에 모습을 드러내고, 1572년 멕시코시티에 이주해서 그곳에 학교를 세웠다. 이것은 수도를 로마 카톨릭으로 확고하게 지배하여 이미 위축되거나 완전히 파괴된 다른 종교 단체들의 "종교적 권리들"까지 완전히 차지하고자 채택된 전략이었다.[67] 꼬르테스(Cortez)는 프란체스코회 사제들이 백만 명 이상에게 세례를 주었다고 선언하였다. 1586년경 한 카톨릭 신자는 거의 9백만 명이 세례를 받았다고 자랑하였고[68], 훌리안 가르세스(Julian Garces)라고 하는 뜰라스깔라의 주교는 1년에 15,000명의 멕시코인들에게 세례를 주었다고 주장했다.[69] 겐트의 피터(Peter of Ghent)도 하루에 14,000명에게 세례를 주었다고 자랑했는데, 교황 바오로 3세(1537)는 이 모든 세례는 "유효"하다고 선언했다. 그렇지 않다고 주장하는 사람은 "고집불통"이라는 낙인이 찍혔다.

여기서 우리는 교황, 프란체스코회, 미사 경본, 도미니크파, 예수회, 까르멜파, 어거스틴파, 카톨릭 액션, 작은 형제들, " 하나님의 성 요한파" 등과 같은 카톨릭 신자들이 말하는 "침례"(세례)가 무슨 뜻인지 분명히 해야만 한다. 이들에게 있어 침례(세례)란 "물뿌림"(water sprinkling)을 뜻하며, 모든 카톨릭 출판물(nihil obstat)의 공식 신조와 교리적 선언을 보면 물세례는 곧 성령에 의한 중생과 동의어라는 사실이 드러난다.[70] 그러니까 카톨릭 선교단이 세례를 준, 900만 명의 성경을 거부하는 이교도들은 물뿌림을 받고 하나님의 성령에 의해 거듭난 것으로 간주된 것이다. 그러나 이들과 이들에게 물을 뿌려 준 그 교회는 성경대로 믿는 그리스도인들을 공격하고 비방해 왔다.[71] (무엇이든지 믿어 버리는 그런 경향을 성경적 "믿음"과 혼동한 결과였다.) 배교한 침례교도인 라투렛(Latourette)은 조지아와 플로리다 주에서 카톨릭 선교사들이 남미에서 처럼 성공을 거두지 못한 것은 "영국의 해악으로 혼란이 야기되었기 때문"이라고 한다.[72] 도대체 영국의 해악이 무엇인가? 그는 이에 대해 입을 다문다. 그들은 결코 그것이 무엇인지 밝히지 않을 것이다.

영국의 "해악"은 <킹제임스성경>과 모라비안 및 경건파 선교사들과 더불어 전개된 웨슬리와 휫필드(두 명의 영국인)의 설교였다. 바로 이것을 "해악"이라고 언급한 것이다. 만약 그 누구라도 영국의 "해악" 때문에 예수회가 선교회를 세우지 못한 그곳에 무슨 일이 벌어졌는지를 확인하고 싶으면 플로리다 주에 세워진 100개의 지역교회를 살펴보면 된다(세인트 피트, 마이애미, 잭슨 빌, 파나마시티, 탐파, 포트 마이어즈, 데이드 시티, 포트 왈튼, 레이크 시티, 사라소타, 하이네즈 시티, 올란도, 펜사콜라, 탈라하세 등). 이들 교회들에서는 성인 성도들이 침수에 의해 침례를 받고, 예수 그리스도의 전천년 재림이 설교되고 있다. 반면 상파울로, 멕시코시티, 두랑고, 마나과, 과달라하라, 탐피코, 까라카스, 보고타, 리마 및 오악사카 등에 가면 A.D.1000년경에 유행하던 검은 제의를 입은 사람들이 여전히 “피가 없는 피”[73]를 마시고 “침례”라는 단어가 전혀 등장하지 않는데도 불구하고, 요한복음 3:5을 침례로 생각하면서 이교도 아이들에게 물을 뿌려주고 있는 모습을 볼 수 있다.

니카라과, 과테말라, 코스타리카, 온두라스, 베네수엘라, 스페인령 기아나, 뉴그라나다, 카르타게나, 칠레 등지에서 말하는 “회심”이란 A.D.500-1000년 당시의 암흑 시대의 의미를 그대로 갖고 있다. 카톨릭 교회는 성경 대신 기도서, 미사집 및 교리문답 등을 가르쳤고 자선을 베풀도록 가르침으로써, 배운 사람들로 하여금 더 많은 사람들을 교황의 복종으로 이끌도록 하였다. 카톨릭 교회는 종교 재판관들을 보내 스페인에서 혁명분자나 말썽꾼들을 몰아냈다. 카톨릭 교회는 선행을 하지 않으면 지옥에 간다고 가르침으로써 이교도 종족들의 “도덕적, 영적 수준”(?)을 높였다. 카톨릭 교회는 자선기관을 세웠고 학교와 병원도 세웠다(이것은 카톨릭 교회국가를 세우기 위해 세금을 거둬들여 이룬 일이다).

모든 동전에는 앞뒷면이 있는 법이다.

콜럼버스가 미대륙에 가져온 “거룩한 믿음”은 시몽 드 몽포르[74], 클레멘트 8세, 이그나티우스 로욜라, 또르께마다 및 “피의 메리”의 믿음이었다. 스페인과 포르투갈의 “선교사들”이 멕시코와 중남미의 인디안들을 “믿음”으로 “회심”시키고 있는 동안, 그들의 교회가 유럽에서 성경대로 믿는 사람들을 닥치는 대로 죽이고 있었다는 것은 (1500-1800) 역사적 사실이고, 그 어떤 법정에서도 증거로 제시될 수 있는 분명한 사실이다. 1560년에는 1,200명의 위그노(Huguenots)들이 프랑스의 아보이스(Abois)에서 참수당했고, 바시(Vasy)에서는 50여 명이(1562년 3월 1일) 그들이 살던 도시에서 예배를 드리려고 했다는 이유로 살해되었다.[75] 1582년에는 카톨릭 국가인 프랑스에서 영어로 된 카톨릭 성서가 출판되어 <커버데일 성경>, <틴데일 성경>, <비숍 성경, 1568> 및 <제네바 성경, 1560 > 등을 없애 버리려는 음모가 시도되었다. 1588년에는(7월 19-21일) 180명의 수도승과 신부(“선교사”)들이 스페인 함대에 선승하여 “영국의 해악”을 중지시키려는 작전에 참여했다. 700여 명의 영국 카톨릭 교도들이 화란에서 이 배에 동승했다. 이들은 영국에다 예수회가 펴낸 림즈성경(1582)을 보급하려고 했다.[76] 그러나 이 카톨릭 함대는 32척의 배와 10,185명의 카톨릭 군인 및 선원들을 잃고 말았다.[77] 결국 카톨릭의 예수회의 림즈 성서는 영국에 교두보를 확보하는 데 실패하고 말았다.

"영국의 해악"을 막기 위해 두 명의 카톨릭 교도가 예수회 사제의 지휘하에 제임스 국왕을 암살하려고 기도했고[78], 영국 의회를 폭파하려고 했었다(1605). 이 사건 역시 "카톨릭 정신을 비방하는 것"으로 카톨릭 신자들은 생각하고 있다. 이미 앞서 언급했듯이 30년 전쟁(1618-1648)은 카톨릭 통치자들이 그들의 맹세를 어김으로써 발발했다. 그들은 아우구스부르크 조약의 규정을 어기고 무장 군인을 동원하여 비무장 민간인을 죽였다. 1642년 영국 왕(찰스 1세)은 해외에서 카톨릭 군대를 고용해서 자기 나라 시민을 죽이려고 했다.[79] 다행히 그의 시도는 실패로 돌아갔고 그는 참수형을 당했다(1649년 1월 30일). 1660년 찰스 2세는 성경대로 믿는 사람들로부터 예배의 자유를 박탈했고, 크롬웰의 시체를 파내어 목을 잘랐다. 그는 또한 "반카톨릭 고집쟁이들"인 많은 그리스도인들을 죽였다.[80] 카나다에 있던 프랑스의 카톨릭 교도들은 인디안들과 합세하여 카나다, 노바스코티아, 뉴잉글랜드에서 영국인들을 쫓아내려고 했다.[81] 이들에게도 "영국의 해악"은 반카톨릭적 내용을 그대로 보존하고 있던 1611년 <킹제임스 성경>이었다. 프랑스와 인디안과의 전쟁이 발발하기(1756) 이전에도 뉴욕에서는 "언론의 자유"가 선포되었으나(1735), 교황 그레고리 14세와 피오 9세[82]는 곧바로 이 선언이 "이단"이라고 선포해 버렸다. 프랑스와 인디안 사이의 전쟁은 1763년에 끝났고, 카톨릭측은 카나다의 상당 부분과 미국의 중서부 일대를 빼앗기고 말았다. 이로써 미시간, 남북 다코타, 아이오와, 일리노이, 위스콘신, 미네소타 주가 교황의 소유가 되는 비극에서 벗어날 수 있게 되었다. 이 당시 프랑스는 95%가 카톨릭이었고 루이 15세(1715-1774)의 지배하에 있었다. 이 왕도 식민지로 갖고 있던 루이지애나와 인도를 상실했다.[83] 그의 통치 기간 중 로레인 지역(독일과 프랑스 사이의 지역)이 오스트리아(게르만족)에서 프랑스(라틴족)로 넘어갔다(1735년 비엔나 조약).

1789년 6월 20일 프랑스 혁명이 시작되었고 7월 14일에는 파리의 군중들에 의해 바스티유(Bastille)가 습격당했다. 카톨릭 국왕(루이 16세)과 그의 가족은 체포되었고(1791년 6월 21일) 1793년에 참수형에 처해졌다. 프랑스 혁명에서는 사람을 죽이기 위한 수단으로써 세 가지 기막힌 어휘가 등장했는데, 그것은 바로 자유, 평등, 박애였다. 그러나 프랑스 혁명을 통해 그 누구도 자유를 얻지 못했고, 그 누구도 평등하게 되지 못했으며, 혁명 지도자들의 "박애" 정신은 죽은 시체를 놓고 싸움을 벌이는 늑대 무리를 연상케 했다(당통, 로베스피에르, 마라, 볼테르, 루소 등). 프랑스 혁명은 1914년 볼셰비키 혁명까지 유럽에서 계속된 일련의 현상들의 시작이었다. 이 두 가지 경우 모두 국가교회의 통제하에 있던 군주에 대항하여 일어난 혁명이었다. 프랑스의 경우는 로마 카톨릭이었고, 러시아의 경우는 그리스 정교회였다. 이러한 사건들을 논하면서 교황, 주교, 추기경, 대주교들과 그들의 목표를 언급하지 않는다는 것은 역사를 모독하는 일이 될 것이다. 볼테르(Voltaire, 1694-1778)와 몰리에르(Moliere, 1622-1673)는 카톨릭에 의해 교육받았고, 당통(Danton,1759-1794)과 마라(Marat, 1744-1793)도 카톨릭 교도로서 성장하여 견진성사를 받았다. 1610년부터 1789년 사이의 모든 프랑스 왕들은 견진성사를 받은 카톨릭 신자로 로마 당국에 복종하지 않으면 파문이나 출회를 당한다는 위협 속에서 로마 당국의 권위에 순복했던 자들이다.[84] 따라서 혁명의 "원인들"에 대해서는 의문의 여지가 없다. 부패한 성직 계급과 부패한 교회가 부패한 국왕과 부패한 정부와 더불어 스스로 멸망을 초래한 것이다.

프랑스 혁명 시대에는 전세계에 걸쳐 <킹제임스성경>이 수십 개의 언어로 설교되고 있었는데, 반대로 미국과 영국의 구원받지 못한 인본주의자들은 성경적 기독교 대신 자유주의(인문주의)를 삶의 가치로 택하고자 했다. 프랑스의 퀘네이, 영국의 아담 스미스 그리고 게믈린, 슈텔러, 팔라스, 리내우스, 에울러 등과 같은 "과학자"들과 데카르트, 라이프니츠, 칸트, 스피노자 등과 같은 철학자 등이 이들에 가세했다. 볼테르, 몽테스키외, 루소 등은 "사회주의적 인본주의자들"("선행을 행하는 자")이었다. 이들은 모든 카톨릭 신자들과 마찬가지로 선행으로 구원받는다고 믿었다.[85] 드포우, 교황, 스테르네, 골드스미스, 레싱, 클롭스톡 등의 작가들은 모두 이런 식으로 배웠던 자들이다. [모든 구원받지 못한 사람은 인간의 문제들에 대한 해답과 해결책을 찾을 때 동일하게 생각한다(출 20:2,3 주석 참조).]

삼부회(Estates General)가 1789년 8월 4일 모였을 때 그들은 인권 선언(8월 26일)을 했다. 그러나 이 선언에는 미국의 권리선언처럼 성경적 침례교의 배경이 없었다. 프랑스의 정신적 배경은 90%가 로마 카톨릭이었기 때문이다. 로마 카톨릭에 대한 반동으로 프랑스의 인권 선언은 무신론적 색채를 띠고 말았다. 그러니까 인간이 자기 자신의 신이며, 하나님이나 성경과 관계없이 스스로의 율법을 확립할 수 있다는 것이었다. 무신론은 카톨릭에 대한 논리적이고 공산주의적인 반응이었다. 프랑스의 인권 선언이 말하는 "자유"란 하나님께서 주신 것이 아니다. 이 자유는 "내가 먼저고, 너는 그 다음"이라는 원칙에 따른 동물적인 자유를 말한다. 프랑스 혁명 지도자들 중 98%가 로마 카톨릭이었으므로 그들은 1790년 제한 군주제를 제정하고, "해방"된 모든 시민은 로마 카톨릭 성직자들의 봉급을 지불하기 위해 여전히 세금을 내야 한다고 확정했다.[86] (교회의 땅과 수도원이 국가에 의해 몰수되기는 했다). 이로써 프랑스 혁명은 미국의 권리선언이나 헌법과는 전혀 닮은 곳이 없는 "혁명"이 되고 말았다.

"아름다운 프랑스"에서 아직은 모든 것을 잃지 않았다고 판단한 교황은 1790년 오스트리아에 있는 그의 마피아 조직을 동원해 작업에 착수했다. 이들 마피아는 교황의 "서임" 권한을 대신해서 프랑스의 내정에 개입했고[87], 이로써 바티칸에서 파송된 첩자들이 프랑스의 새 정부를 전복시킬 음모를 꾸밀 수 있게 되었다.[88] 이러한 카톨릭의 정치적 공작은 국왕을 처형하고, 예수 그리스도의 탄생일을 역사적 사실에서 제외시켰으며, 소위 "공포 정치"라고 불리는 폭정을 편 지롱드 당의 반격을 야기시킨 원인이 되었다. 프랑스, 이탈리아, 오스트리아에서 로마 카톨릭 정치가들과 정치적 책략에 어려움이 닥지사 공안 위원회는 자신들이 인권 선언에서 옹호한 모든 자유를 폐지해 버렸다.[89] 마라는 당통에 의해 처형되었고, 로마 카톨릭 신자인 로베스피에르가 정권을 잡았다(1794). 공포 정치는 "인류의 형제애"[90]라고 불렸다(모든 현대의 로마 카톨릭 신앙 고백을 들어 보라). 비록 이 공포 정치로 프랑스에서의 로마 카톨릭 제국주의의 권세가 일시적으로 무너지긴 했으나, 프랑스 문제들의 해결책으로써 성경이나 성경에 대한 믿음은 전혀 회복되지 못했다.

이 모든 사건들은 반교회사에 속한다. 왜냐하면 이것들은 <킹제임스성경>의 설교와 교육이 전세계에 확장되는 것에 대한 로마 카톨릭의 음모와 반격들을 다루고 있기 때문이다. 나폴레옹(그는 유아세례와 견진성사를 받은 로마 카톨릭 교도였다)이 권좌에 오르자 즉각 교황과 밀약을 체결했다(아돌프 히틀러와 베니토 뭇솔리니도 마찬가지였다). 그리고 나서 그는 샤를마뉴(유아세례와 견진성사를 받은 로마 카톨릭 교도)가 그랬던 것처럼 무력으로 지상에 "왕국"을 건설하려고 했다.[91] 나폴레옹이 황제에 등극하자(그러나 그는 샤를마뉴가 크리스마스 때 저지른 실수는 반복하지 않았다) 그것은 신성 로마 제국을 종식시키는 것이라고(1805년 12월 2일) 비난을 받았다. 왜냐하면 "거룩한 아버지"가 왕관을 씌워 준 것이 아니라면 이 제국은 더이상 "거룩하다"고 할 수 없기 때문이었다. 이 로마 교황의 과대 망상적인 주장대로 모든 역사가들은 1805년을 "신성 로마 제국"의 종식으로 간주한다. 실로 무지몽매하고 비합리적인 맹종이 아닐 수 없다. 신성 로마 제국은 출발부터 거룩해 본 적도 없고 제국이 된 적도 없다. 상황은 A.D.800년 당시와 비슷했다. 나폴레옹이 교황국(1808)을 합병했을 때 카톨릭 신자들은 몹시 못마땅해 했다. 그래서 많은 카톨릭 교도들이 인본주의자와 무신론자들과 힘을 합쳐 그를 제거하려고 하였다.[92] 다행히 이들 무신론자들은 나폴레옹의 궁 안에 친구를 하나 갖고 있었는데, 그는 세례받고 견진성사를 받은 카톨릭 신자로 탤리란드(Talleyrand, 1754-1838)라는 사람이었다. 그는 목적은 수단을 정당화하고, 맹세는 때때로 지켜지지 않아도 된다는 예수회의 가르침을 따르는 자였다. 그는 그 가르침대로 혁명주의자들이 서로 다투도록 유도했고 프러시아로 하여금 나폴레옹을 공격하도록 권고했다. 이런 짓은 그가 나폴레옹의 외무장관으로 봉직하면서 저지른 것들이다.[93] 결국 개신교인 프러시아 군대와 (1813) 카톨릭인 오스트리아 군대는 라이프치히에서 나폴레옹을 잠시 곤경에 빠뜨렸다. 여기에서 배울 수 있는 것은 교황은 정말로 어려운 곤경에 처하면 개신교도들에게도 종교통합의 제스츄어를 써서 그들의 군대를 이용하고자 한다는 것이다("멋진" 전략이다!).

카톨릭 신자였던 나폴레옹 황제가 엘바섬으로부터 귀환했을 때(1815년 3월 1일), 그는 워털루 전투(1815년 6월 18일)에서 개신교인 영국과 프러시아 군대에게 패배했다. 이에 카톨릭의 "신성 동맹"이 교황 알렉산더 1세에 의해 성립되어 새로 부활한 "신성 로마 제국"의 통치자로서 카톨릭 교황을 옹립하고자 했다. 그는 이 목표를 이루지는 못했지만, 적어도 비엔나(카톨릭 오스트리아)를 동맹의 중심지로 지정하여 그곳에 프러시아와 러시아를 받아들였다(그런데 나폴레옹은 바로 이 "신성 동맹"[94]의 창시자였다. 비엔나는 다시 1960년 유엔의 원자력 위원회의 센터를 두게 되었다. 이 나라는 100명 중 99명이 카톨릭 교도인 철저한 카톨릭 국가이다). 나폴레옹은 "신성 동맹"을 세울 수밖에 없었는데 이는 그가 교황과 체결한 밀약의 조건에 따라 카톨릭 교회의 보호자가 되었기 때문이다(히틀러와 뭇솔리니도 동일한 처지에 놓였었다). 나폴레옹은 유럽 카톨릭 연합국(합중국)의 수도로 파리를 염두에 두고 있었던 반면에 (히틀러나 샤를마뉴도 그랬다) 교황은 로마를 염두에 두고 있었다.[95]

나폴레옹의 시대에든 그 어느 시대에든, 영국, 프랑스, 프러시아, 독일 등이 로마를 유럽의 수도로 원하지 않으면 그 어떤 교황도 유럽에서의 "평화"를 원하지 않았다. "프랑스와 오스트리아의 전쟁" 혹은 "영국과 프랑스의 전쟁"에 있어 가장 중요한 원인은 "민족주의"가 아니었다. 이 전쟁들은 카톨릭 재상들, 카톨릭 주교들, 성직자들, 통치자들 및 교황들이 그 어떤 나라도 평화를 유지하거나 이웃 나라와 화평하지 못하도록 계속해서 부추겼기 때문에 발생한 것이다.[96] 만약 이 사실을 믿지 못하겠거든 아브로 맨하탄(Avro Manhattan)이 쓴 책들에 제시된 자료들을 읽어 보라.[97] 신성 로마 제국의 부활은 1805년 이래 모든 교황들의 목표였을 뿐 아니라 향후 10년 이내에 사탄이 이루고자 하는 바요[98], 또 반드시 이루어질 것이다. 성경이 이에 대해 이미 예언하고 있기 때문이다(살후 2장, 계 13,17장). 이 제국의 수도는 로마가 될 것이요(계 17장), 그 다음에는 예루살렘이 될 것이다. 베를린도, 북경도, 모스크바도, 파리도, 런던도 아니다.

유아세례와 견진성사로 확고한 카톨릭이 된 메테르니히(Metternich, 1773-1859)에 따르면 유럽의 안보는 러시아와 영국 간의 평화에 달려 있다고 한다. 그밖의 나라들은 별 문제가 안된다는 것이다.[99] 따라서 메테르니히는 영국의 개신교도들과 러시아의 그리스 정교회 카톨릭들과 협력하고자 했다. 이들 두 나라가 서로 다투지 않으면 교황은 중부 유럽, 즉 오스트리아, 이탈리아, 프랑스, 독일, 폴란드, 체코슬로바키아, 헝가리, 유고슬라비아 등을 다시 통제할 수 있다고 생각했기 때문이다. 히틀러가 영국을 다룰 때 구상했던 외교 정책 역시 동일한 생각에 기초했다.[100] 두 명의 카톨릭 신자(메테르니히와 텔리란드)가 바티칸의 정책과 더불어 수년 동안 자리빼기 싸움을 벌이고 있는 동안, 미국에서는 제1차, 제2차 대부흥(각성) 운동이 일어났다. 파스칼, 보일, 할레이, 라신, 몰리에르, 드라이덴, 코르네유, 뮤릴로, 베르미르, 할스, 렘브란트 등이 인간으로 하여금 "인간을 돕도록" 함으로써 인간이 더욱더 인간다워져서 "모든 인간"이 잘 살 수 있는 왕국을 세워 보고자 애쓰고 있는 동안, 필라델피아 시대의 용사들은 죄인들에게 구원의 복음을 전하고, 성도들을 거룩해지도록 하며, 사람들로 하여금 성경에 관심을 갖도록 함으로써 하나님과 그의 아들이신 주 예수 그리스도께 영광과 존귀를 돌리고 있었다. 한 마디로 이들은 성경에 순종하고 있었고(행 1장, 마 28장), 반대로 구원받지 못한 "선을 행하는 자들"은 종교에 대해 거짓말을 하고, 문서를 위조하고, 조약을 파기하고, 재산을 훔치고, 전쟁을 일으키고, 소신을 버리고, 타협하며, 서로 미워하고, 암살 음모를 꾸미고, 서로 시기하며, 사기와 속임수를 일삼으면서 자신들의 욕심과 목표를 이루려고 날뛰고 있었던 것이다. 이것이 오늘날 1940-1990년 사이에 선행으로 구원받으려는 자들이 하고 있는 짓이다. 인간의 본성은 변하지 않는다.

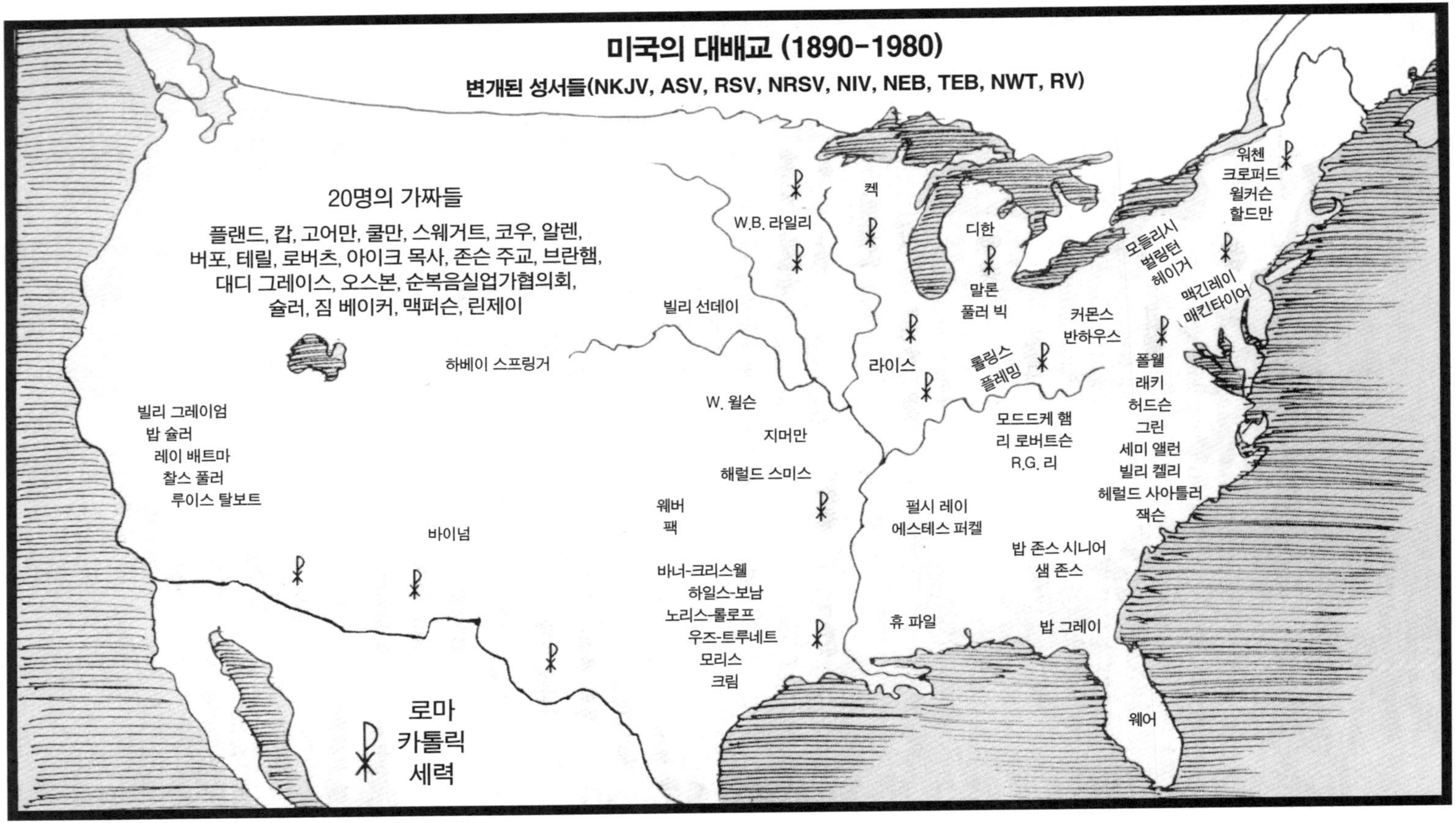
미국의 대배교 (1890-1980)
변개된 성서들(NKJV, ASV, RSV, NRSV, NIV, NEB, TEB, NWT, RV)
20명의 가짜들
플랜드, 캅, 고어만, 쿨만, 스웨거트, 코우, 알렌,
버포, 테릴, 로버츠, 아이크 목사, 존슨 주교, 브란햄,
대디 그레이스, 오스본, 순복음실업가협의회,
슐러, 짐 베이커, 맥퍼슨, 린제이
하베이 스프링거
빌리 그레이엄
밥 슐러
레이 배트마
찰스 풀러
루이스 탈보트
바이넘
W.B. 라일리
켁
빌리 선데이
W. 윌슨
지머만
해럴드 스미스
웨버
팩
바너-크리스웰
하일스-보남
노리스-롤로프
우즈-트루네트
모리스
크림
디한
말론
풀러 빅
라이스
롤링스
플레밍
커몬스
반하우스
모드드케 햄
리 로버트슨
R.G. 리
펄시 레이
에스테스 퍼켈
밥 존스 시니어
샘 존스
휴 파일
밥 그레이
웨어
워첸
크로퍼드
윌커슨
할드만
모들리시
벌링턴
헤이거
맥긴레이
매킨타이어
폴웰
래키
허드슨
그린
세미 앨런
빌리 켈리
헤럴드 사아틀러
잭슨
로마
카톨릭
세력

제 25 장
본격적인 공격 (1)

이는 우리가 육신 안에서 행하지만 육신을 따라 싸우지는 아니함이니, (우리의 전쟁 무기는 육신적인 것이 아니요, 오직 하나님을 통하여 견고한 요새들을 무너뜨리는 능력이라). (고후 10:3,4)

이제부터 필라델피아 교회 시대에 출현한 성경대로 믿는 돌격 대원들이 어떻게 본격적인 공격을 감행했는가를 살펴보고자 한다. 이들은 열쇠를 갖고 계신 그분께서 그들에게 열어 주신 열린 문을 통해 그분의 뒤를 따랐다.

다윈의 억측인 진화론을 근거로 해서 1848년[1] 칼 막스(Karl Marx)의 공산주의 선언이 등장했다. 이 선언은 선한 싸움을 싸우고 있던(딤후 4장) 돌격 대원들이 한창 활약하던 그때에 나왔는데, 이 선언은 "교육받은 계층"들 가운데서 성경을 거부하는 자들에 의해 나온 전형적인 반응이었다. 칼 막스는 평생 동안 한 번도 철모를 쓰고 작업복을 입고서 땀을 흘려 본 적이 없는 자로, 그를 따르던 두 부류의 공산주의자들, 즉 언론인(매스컴)과 학생(사이비 학문 집단)을 대표하는 자였다. 칼 막스는 라오디케아 교회가 미적지근한 상태로 변질될 것을 예고하는(계 3장) 나팔을 불고 있는 셈이었다. 공산당 선언 이래 역사는 이상한 방향으로 "발전"해 갔다. 이 선언문의 열매는 태평천국의 난(1850), 크림 전쟁(1853), 미국의 남북전쟁(1861-1865), 인도 세포이 반란(1857), 알래스카 매입(1867), 보불 전쟁(1870), 빅토르 엠마누엘 2세에 의한 로마 점령(1870), 1875년의 시민권법, 가필드 대통령 암살(1891), "카우보이들과 인디안들" 간의 마지막 전투(1890), 중일 전쟁(1894), 스페인과 미국의 전쟁(1898), 의화단 사건(1899), 맥킨리 암살(1901), 최초의 비행 성공(1903), 러일 전쟁(1904), 러시아 혁명(1905), 멕시코 혁명(1911) 그리고 발칸 전쟁(1912) 및 세계 1,2차 대전 등이었다.

막스의 생각으로는 이와 같은 역사가 '진화적인' 발전이었다. 그러나 이러한 역사가 진행되는 동안 빚은 늘어났고, 1,500만 명이나 되는 사람들이 고향을 떠났으며, 가정은 파괴되었고, 5천만 명 이상이 비참하게 죽었으며, 도덕적 원칙은 내팽개쳐졌다. 그러나 막스의 눈에는 그것들이 "향상"으로 비쳐졌던 것이다.

그러나 이 시기는 또한 가장 위대한 선교의 시기요, 복음 운동의 시기였다. 1600-1700년 사이의 "순찰 활동"과 1700-1840년 사이의 돌격 대원들에 뒤이어 성경대로 믿는 그리스도인들은 주력 부대로 소집되었고, 장비를 갖추었으며, 브리핑을 받고서 전선으로 투입되었다. 성경대로 믿는 강력한 군대가 <킹제임스성경>을 손에 들고 본격적인 공격에 나선 것이다. 이 공격이 얼마나 강력했던지 무신론자, 불가지론자, 과학자, 교육자, 카톨릭, 자유주의자들의 넋을 잃게 만들었고, 전세계적인 성경 부흥이 일어나서 인간성을 진화시킬 것이라는 착각을 불러일으킬 정도였다. 이 시대의 "위인들"로 알려진 자들, 즉 다윈, 헉슬리, 막스, 아인슈타인, 럿셀, 듀이, 헤겔 등은 사실 어리석고, 가련하고, 자기 의를 내세우는 죄인들로 성경의 강력한 설교에 대해 정신적인 불안을 느끼고서 이에 대해 히스테리컬하게 반응했던 자들이다. 이들 불가지론자, 무신론자 및 진화된 유인원들(19,20세기의 거장들)의 뒤에는 그 무시무시한 책, 즉 1611년 <킹제임스성경>이 자리잡고 있었다.

카톨릭 교회는 이 "영국의 해악"에 의해 압도되었고, 교황은 자신이 살고 있던 나라로부터 스스로를 고립시키고 말았다.[2] 자기 자신 속에 몰입된 치매 상태에서 교황은 자신이 오류가 없다(infallible)고 선언하였다. 이 선언은 어쩌면 파문, 출회, 기도, 9일간의 기도, 아베 마리아, 십일조, 고문, 종교 재판, 예수회의 음모, 전쟁, 신학적 궤변, 청원 등을 동원해서도 이룰 수 없었던 단합을 이룰 수도 있을 것 같았다.[3] 우리는 그 결과를 주목하고 살펴야 할 것이다.

조지 가드윈(George Godwin)은 "부흥 운동"에 대해서 "그것은 종교적 열정을 부추기기 위해 감정을 고조시키는 것이며... 종교적 부흥이 일어났던 시대는 억압과 잔인성으로 특징 지워진다"라고 말했다.[4] 이것이 사실이라면 1840-1933년은 교회사에 있어 억압과 잔인성 그리고 격렬한 감정의 고조가 정점에 달했어야만 한다. 그러나 이 기간은 A.D.300-1500년 사이에 있었던 배교의 암흑 시대와는 비교할 수도 없다. 만약 가드윈이 말하는 "종교"가 카톨릭, 프로테스탄트, 유대교 혹은 불교를 의미한다면 그의 주장은 일리가 있다고 본다. 그러나 가드윈이 말했던 종교란 사실은 웨슬리, 휫필드, 무디 그리고 피니의 사역을 두고 한 말이다.

필라델피아 교회 시대는 다윈의 "종의 기원"과 막스의 "자본론" 그리고 다음의 네 가지 역사적 움직임에 의해 거의 종말을 고하게 된다. 첫째, 땅 끝까지 퍼져나간 복음 전파, 둘째, 뒤이어 일어난 교육자들과 지식 계층의 박해, 셋째, 뒤이어 일어난 기독교계의 강력한 압력과 독재 정책들, 넷째, 곧 이어 진행된 로마 카톨릭 정치가, 사제 및 예수회의 반격. 이들은 그 누군가에 의해 로마에 빛이 비치기만 하면 재빨리 꺼버리는 것을 자신들의 소명으로 알고 있는 자들이다. 로마 교회는 과거에 순교자들의 피 위에 세웠던 것과 똑같은 방법으로 "그들의 반석"(신 32:31)을 심어 코네티컷과 매사추세츠 주를 점령했다. 이것은 성경적 기독교를 모방한 위조품일 뿐이었다. 이로써 미국의 뉴잉글랜드 지역은 19세기에 이르러 인본주의, 사회주의, 공산주의, 유니테리아니즘 및 마법이 풍미할 수 있는 옥토로 바뀌고 말았다. 이 지역 주민의 대다수가 로마 카톨릭이었음은 두 말할 필요도 없다.

찰스 헤이든 스펄전(Charles Hadden Spurgeon, 1834-1892)은 15명의 청중이 모여 있던 한 감리 교회에서 열린 저녁 집회에서 회심했다.[5] 그는 성 안드레 침례교 평신도 협회와 동역하면서 전도지를 배포하고 가난한 사람들을 방문함으로써 사역을 시작했다.[6] 1854년 그는 런던의 뉴파크 가에 있는 한 채플의 목사가 되었고, 후에는 거의 전생애를 메트로폴리탄 태버나클 교회에서 설교했다. 이 교회의 회중 수는 약 6,000명이었다. (오늘날 이 교회는 완전히 배교한 채 죽음의 침묵만 흐르고 있을 뿐이다. 복음 전파, 성경 교육, 문화, 배교의 악순환을 기억하라.) 조지 로리머(Georgy Lorimer)는 스펄전의 목소리에 대해 "부드럽고, 낭랑하며, 음색이 좋으며, 우렁차고... 호소력 있고 진지하다"라고 평했다.[7] 스펄전은 대부분의 사람들이 목사에 대한 존칭어로 사용하던 "Reverend"라는 말을 무시했고, 자기가 서명하는 서류에서 이 단어를 지워 버렸다. 그의 교리에 대해서 스펄전은, 자신이 칼빈주의자이며 침례교도라고 말했다.[8)] 교회사가 베더(Vedder)에 따르면 스펄전의 신학적 입장은 "온건한" 칼빈주의였다고 한다.[9)] 그는 믿는 "모든 사람"에게 예수 그리스도의 피를 통해 주어지는 구원과, "모든 사람"들을 위한 속죄를 설교했다.[10)] 조지 뮬러와 마찬가지로 스펄전도 고아원을 설립했으며, 목사를 양성하기 위한 대학, 문서 선교회 및 전도 책자 배포를 위한 기금 마련 기구 등을 설립했다.[11)] 그의 모든 책자에는 <킹제임스성경>이 사용되었고, 1884년까지는 그의 강단에서 오직 <킹제임스성경>만이 사용되었다. 스펄전의 설교들은 책으로 출판되었는데, 이 책들의 영향력은 가히 측정할 수 없을 정도이다. 이들 설교 중 약 절반 가량은 구약 성경을 본문으로 한 것이었다.[12)] 비록 칼빈주의자이긴 했어도 그는 칼빈과는 달리 전천년주의자였다.[13)] [스펄전의 설교 방법은 오티스 풀러(Otis Fuller)가 <스펄전 설교 노트, *Spurgeon's Sermon Notes*>에서 그 깊이 있는 내용을 잘 다루고 있다. 스펄전의 설교 스타일을 철저히 알고 싶은 사람은 <다윗의 보고, *The Treasury of David, Funk and Wagnals*, 1889> 8권을 읽기 바란다.] 샘 존스(Sam Johnes)와 빌리 선데이(Billy Sunday)는 스펄전의 책을 즐겨 읽었고[14)], 윌버 채프만(Wilbur Chapman)은 스펄전을 개인적으로 만나서 사역에 대한 자문을 구하기도 했으며, 무디(Moody) 역시 스펄전의 영향을 매우 크게 받았다.[15)]

스펄전은 <킹제임스성경>으로 수천 명의 영국인들을 그리스도께 인도한 설교자로, 영국의 침례교도들 사이에서 일어난 유명한 "교회 분열" 중 하나에 대해 책임이 있다고 할 수 있다. 스펄전은 교제에 대해서는 모두에게 개방하되 침례교도들 간의 회원 자격에 대해서는 개방적이지 않았다. 이에 침례교 연맹과 복음주의 동맹은 그에게 반대했고, 이 갈등으로 인해 영국의 침례교도들 사이에는 "격하 운동"(The Downgrade Movement)이라고 불리는 논쟁이 일어나게 되었다.[16)] 데이(R.E. Day)에 따르면 영국 침례교 연맹 런던 빌딩의 현관에 세워져 있는 스펄전의 동상은 가장 의미 있는(비극적이긴 할지라도) 동상이라고 한다. 왜냐하면 이 동상은 그를 미워하고 그를 대적했던 사람들에 의해서 세워졌기 때문이다[17)](마 23:29,30을 읽어 보라).

고든(A.J. Gordon)은 보스톤 근처에서 침례교 목사로 시무했으며 1860-1890년까지 복음을 전했다. 그는 스펄전과 마찬가지로 전천년주의자였다.[18)] [전천년주의자란 "천년지복주의자"(chiliast)란 뜻이다.] 이들은 로마 카톨릭에 의해 교회 시대 초기 400년 동안 "몬타니스트"(Montanists)라고 불렸다.

출처가 다소 불분명하며 한때 카톨릭 신자였던 에드워드 크로닌(Edward Cronin)이라는 사람이 소규모의 그룹을 이루어 그리스도인들과 만나기 시작했는데, 이 그룹은 후일 플리머스 형제단(Plymouth Brethren, 1827)으로 발전되었다. 스코필드 관주성경(old edition, via. C.I. Scofield, 1843-1921)은 이들 그룹의 가르침에서 나왔다. 뉴만(Newman)에 따르면 많은 무리의 복음 전도자들이(그 중 드와이트 무디가 가장 유명하다) 그들의 영감과 그들의 성경 해석 방법을 주로 이 형제단의 가르침과 이들과의 개인적인 교제로부터 얻었다고 진술하고 있다.[19] 이 그룹의 창설자는 카톨릭에 반대해서 나온 사람이었으므로 많은 복음 전도자들은 향후 100년 간 당연히 반카톨릭적 입장을 보였다. "플리머스"라는 단어가 이들 그룹과 관련해서 사용되는 것은 매우 흥미로운 일이다. 이는 1620년 화란을 떠난 플리머스 그룹에게 그들의 목사가 하나님께서는 "그의 거룩하신 말씀에서 더 많은 것을 보여 주실 빛"을 갖고 계시다고 말했기 때문이다.[20] 스코필드 관주성경은 전부는 아닐지라도 많은 내용에서 그 새로운 빛을 제공해 주었다고 할 수 있다.[21]

네이스마(Neeisma, 1843-1890)는 일본 사람으로, 그의 이름(조셉 하디)을 어떤 배의 선장(조)과 그 배 주인(알페우스 하디)의 이름에서 따 온 뛰어난 인물이었다. 그는 미국의 앤도버에서 회심한 후[22] 일본으로 돌아가서 기독교 대학을 세웠다(교토에 있는 도시샤 대학). 이곳에서 많은 일본 사람들이 주님께 인도되었고 일본인들을 위한 사역자들이 양성되었다.[23]

두려움을 모르는 데이비드 리빙스톤(David Livingstone)은 케이프 타운에서부터 아프리카를 횡단해 나갔다. 그는 백인으로는 최초로 빅토리아 폭포와 니아사 호수를 목격한 사람이었다. 그는 16년 간 9,000 마일을 여행했는데, 대부분의 여행은 도보로 이루어졌고 죽을 때까지 28,000마일 이상을 여행했다. 어떤 때는 4년 반 동안이나 가족과 떨어져 정글에서 일하기도 했다.[24]

스터드(Studd)의 선교 열정은 심약하고 미사여구만을 늘어놓는 은사주의자들에게는 고막을 울리는 경종과도 같다. 이들 은사주의자들은 "우리는 그리스도를 위해 십자군 원정을 가야 한다. 우리는 기도하며 설교한다. 우리는 성만찬을 집전하며, 사도신경을 암송하는 낙관론자들이다. '그리스도의 군사들이여, 전선으로 나아가자!'"라고 외치고 나서는 "저는 이 의무에서 면제시켜 주시기를 비나이다!"라고 속삭이는 자들이다. 얼마나 기막힌 협잡꾼인가!

스터드는 1885년에 중국에서 사역했고, 1908-1910년에는 인도와 아프리카에서 사역했다. 웨스트코트와 홀트가 영국에서 집에 앉아 성경을 변개시키고 있는 동안 그리고 그린과 샤프가 그 성경을 미국에서 변개시키고 있는 동안, 스터드는 <킹제임스성경>을 들고서 "군기를 돛에 달아라! 우리가 가는 길에 장벽이 있는가? 우리 하나님의 도우심으로 우리는 그것을 뛰어넘을 것이다. 우리가 가는 길에 사자와 전갈이 있는가? 우리는 그것들을 짓밟을 것이다. 예수 그리스도의 군사들이여, 결코 항복하지 말라! 군기를 돛에 달고 전진하라!"고 외쳤다.[25] 이 복음선들은 항해를 계속해 나갔다. (스터드의 아내는 13년의 기간 중 겨우 두 주 동안 그와 함께 있었다.)[26]

스터드, 무디, 피니 그리고 스펄전과 그들의 제자들에 의해 회심한 사람들은 그들에게서 지옥과 그리스도 외에는 이 세상에 "소망도 없고 하나님도 없다"는 것과(엡 2:12), 심판받은 후에 불못에서 영원을 보내는 것(계 20장)에 대해 들었다. 그들은 한결같이 반카톨릭이었고, 연옥이나 림보 등 카톨릭이 꾸며낸 이야기는 믿지 않았다. 이 네 명의 전도자들은 청교도, 모라비안, 경건파, 퀘이커교도들과 마찬가지로 주를 두려워하는 것이 지혜의 시작(잠 1:7, 욥 28:28)임을 믿었고, 모든 구원받지 못한 죄인들에게 구원이 없는 교육은 저주일 뿐이라고 가르치기를 주저하지 않았다. 가드윈에 따르면 지옥불과 저주는 "소위" 회심에 있어 첫 번째 원인이 되었다.[27] 비록 가드윈(Godwin)이 회심에 대해 말할 때 "소위"라는 말을 사용하여 비꼬기는 했어도 그가 말한 것은 사실이었다. 지옥으로부터 구원받지 못한 사람은 그 어떤 것으로부터도 구원받지 못한 사람이기 때문이다. 참된 침례교도와 그저 "침례교도"인 척하는 사람과의 차이점을 알려면 스펄전이 지옥에 대해 했던 설교와 1912년부터 1916년까지 연방 교회 협의회 회장을 지낸 "침례교도" 쉐일러 매튜(Shailer Matthews, 1863-1941)의 설교를 비교해 보면 된다. 이 가증스런 배교자는 이렇게 말했다. "죽음 후에 있을 보상에 호소하는 것과 심판을 강조하는 것은 이미 구시대적 유물이 되었다... 내세의 강조는 우리의 행위에 아무런 변화를 주지 못한다."[28] (쉐일러 매튜는 이 발언 후에 그의 신학적 입장을 상당히 크게 바꾸었다.)

무디는 "나는 하늘의 불로써 불타오르고 있는 남녀보다 오늘날 미국이 더 필요로 하는 것은 없다고 생각한다"[29]라고 말했으나, 교회 협의회의 공식 전도자인 찰스 템플턴(Charles Templeton, 1955)은 여기에 동의하지 않고, 오히려 "우리는 오늘날 무디 같은 사람들을 필요로 하지 않는다. 우리가 필요로 하는 것은 20세기 사람들의 필요를 연구할 20세기의 믿는 자들일 뿐이다"[30]라고 말했다. 무디는 성경대로 믿는 사람인 반면, 템플턴은 국제적 사회주의자였던 것이다. 무디는 1854년 보스톤에서 마운트 버논 회중교회의 주일학교 교사였던 킴볼(Kimball)에 의해 그리스도께로 인도되었다.[31] 1857년 무디는 시카고의 우범 지대에서 야외 집회들을 인도했는데, 이 집회들은 13명의 "아랍인 거리 설교자"들이 주도하는 조그마한 선교 사역으로 발전했다. 이들 설교자들의 이름은 "붉은 눈"(Red Eye), "백정 매든"(Madden the Butcher), "구두 수선공 다비"(Darby the Cobber), "검둥이 스토브파이프" (Black Stovepipe), "넝마바지 카데트" (Rag Breeches Cadet) 등이었다.[32] 6년 후 이 선교단의 회원은 1,000명이 되었다.

무디는 그의 개인 사역에 대한 열정과 작고 사소한 업무에 대한 끈기로 인해 "미치광이 무디"라고 불렸다.[33] 그는 회중 교회의 사역자였지만, 보샹 빅(Beauchamp Vick)처럼 안수를 받지는 않았다. 무디는 항상 모든 사람에게 복음을 증거했으며 예수님을 주와 구세주로 영접하도록 촉구하면서 상대방의 눈을 정면으로 응시했다. 그는 존경받는 신학 박사에게도 "형제, 오늘 당신의 혼은 어떤 상태입니까?"라고 친숙하게 묻곤 했다.[34] 그는 시카고에 있는 카톨릭 교도들로부터 박해를 받았는데, 한 번은 어떤 교황 추종자가 식칼을 들고서 그를 죽이려고 한 적도 있었다.[35]

무디는 이라 생키(Ira Sankey, 1840-1908)를 1870년에 만나 부흥 집회에서 찬양(독창)을 사용하기 시작했다. 이러한 시도는 무디가 처음이었다고 할 수 있다(피니는 음악을 싫어했으며, 스펄전은 전혀 음악에 흥미를 갖지 않았다).[36] 400번이 넘게 집회를 해 본 경험이 있는 오슨 파커(Orson Parker) 박사도 "나는 설교할 때만큼 찬양할 때에도 마음에 찔림을 준다고 확신한다"라고 말했다.[37] [찬송가에 대한 연구는 교회사와 더불어 살펴봐야 하는데, 지면 관계상 여기서 다룰 수 없을 것 같다.[38] 이 분야에 대해 개요적으로 다룬 뛰어난 두 권의 책이 있다. 조셉 벨처(Joseph Belcher)의 <찬송에 대한 역사적 개요, *Historical Sketches of Hymns*>와 실라스 페인(Silas Paine)의 <교회의 위대한 찬송 이야기, *Stories of the Great Hymns of the Church*>가 바로 그것이다.] 무디와 생키의 사역은 잘 알려져 있다. 그들은 글래스고우, 스코틀랜드, 런던, 보스톤, 볼티모어, 신시내티, 시카고, 세인트 루이스, 필라델피아 그리고 뉴욕 등지에서 집회를 열었고, 그들이 가는 곳마다 부흥이 일어났다. 스코틀랜드(1872)에서의 첫 집회에서는 3만 명이 운집했고, 무디가 그곳에 두 번째로 갔을 때는 4만여 명이 그의 설교를 듣기 위해 기다리고 있었다.[39] 그러나 그는 "세련된 감각"을 지니고서 무엇에든지 예민한 반응을 보이는 "교육받은" 계층으로부터는 조롱을 받았다. 그의 사역 기간 동안 출간된 소책자들에는 무디의 집회 때 성령께서 역사하신 것이 아니라 인간이 만들어 낸 자극, 돌발적인 발작에 불과하며, 그의 설교는 플리머스주의, 알미니안주의라는 비판들이 게재되어 있었다.[40] 늘 그랬던 것처럼 가드윈은 전체적인 평가를 이렇게 내렸다. "무디는 종교적 광신자이다."[41]

그러나 윌리암 필폿(William Philpot) 목사는 다른 각도에서 무디의 사역을 평가했다. "음악과 시의 전문가들이 예술의 법칙들을 연구하고 하모니의 무수한 미궁들을 실로 꿰고 있는 동안 보라, 한 평범하고 상냥한 비음의 사나이가 솔리스트를 대동하고서 우리 영국 사회를 새로운 영적인 흐름 안으로 몰아가고 있다. 이 새로운 흐름은 교회와 국가의 군주들과, 입법자들과, 일꾼들이 다 함께 마시도록 흘러 넘치고 있다."[42]

죄인들은 무디가 설교를 시작하기도 전에 생키의 찬양을 들으면서 회심했다.[43] 상담실에서의 구원 상담은 이때 시도되었다. 찰스 R. 어드만(Chales R. Erdman)은 무디의 설교 방식이 지극히 자연스러웠고 대화하는 스타일이었다고 말한다. "그는 셋째 줄이나 넷째 줄에 앉아 있는 사람과 이야기하고 있는 것처럼 보였다." 비록 그의 목소리는 낭랑하거나 잘 조절되지는 않았지만 어찌나 강력했는지 마이크 시설이 없이도 2만여 명의 청중을 집중시킬 수 있을 정도였다.[44]

무디는 오리겐(A.D.200) 시대 이전의 대부분의 교부들과 마찬가지로 전천년주의자였다. "어떤 사람들은 내가 그리스도께서 천년왕국이 끝나고 돌아오실 것이라고 믿고 있다고 말한다. 그러나 나는 성경에서 그런 사실을 찾을 수 없다. 하나님의 말씀은 나에게 천년왕국의 도래 시에 있을 표적들을 주의하고 기다리라고 말씀하는 것이 아니라 주의 오심을 기다리라고 지시하신다."[45] 물론 무디가 "하나님의 말씀"이라고 했을 때, 그는 자신이 죽을 때까지 읽었고 믿었고 설교했던 <킹제임스성경>을 지칭한 것이었다.

무디가 살아 있을 당시 로마 카톨릭 개정본이 웨스트코트와 홀트에 의해 출간되었다(RV, 1884). 이 성서는 미국의 모든 죽은 정통 보수주의자들에 의해 추천되었고 보급되었으며, 90%가 넘는 기독교 대학의 교수진들도 이에 동조했다. 그러나 무디는 그것을 그 누구에게도 "믿을 만한 번역본"이라고 추천한 적이 없다.

자유주의와 현대주의에 대해서(무디가 사역하고 있던 당시 교육받은 사역자들 사이에서는 이미 이 두 가지 배교의 물결이 일고 있었다[46]) 무디는 간단히 이렇게 언급했다. "나는 전세계 인류가 형제라거나, 아니면 하나님께서는 모든 인류의 아버지라고 하는 교리에 결코 동의하지 않는다. 나는 그런 교리는 전혀 믿지 않는다."[47] 이 선언으로 무디는 "사악한 고집쟁이"며 반카톨릭 부류에 속한 자라는 낙인이 찍혔다. 왜냐하면 무디의 발언은 "모든 사람은 다 형제이고 하나님께서는 그들 모두의 아버지이다"라고 선언한 제2차 바티칸 공회의 교리적 선언을 정면으로 거부하고 있기 때문이다.[48] 무디의 시대 이래로 로마 카톨릭 교회는(자유주의를 공격하면서도[49]) 완전히 자유주의로 가 버렸으며, 어떤 유신론적 진화론자도 생각할 수 없는 가장 자유주의적이고 현대주의적인 생각을 수용하였다.[50]

"원숭이 인간" 찰스 다윈에 대해서 무디는 이렇게 말했다. "오늘날 우리가 필요로 하는 사람은 머리 끝부터 발 끝까지 성경을 믿는 사람들이다. 성경에서 이해할 수 있는 것은 물론이요, 이해할 수 없는 것까지도 믿는 그러한 사람들이다."[51] "엘리자베스 여왕 시대의 고어체" 같은 것은 무디에게 아무런 문제도 되지 않았다. 그러나 그가 죽은 후 무디 성경 신학원(Moody Bible Institute)을 장악한 자들은 <킹제임스성경>의 고어체 혹은 옛날 어휘들을 싫어했다. 그러나 무디가 "성경"이라고 했을 때는 언제나 그가 손에 들고 있었던 그 책 외에 아무것도 의미하지 않았음을 잊지 말라.

무디만큼 하나님을 위해서 이 세상을 뒤흔든 사람도 없을 것이다. 무디는 구조 선교단(Rescue Mission) 사역자였던 대선배 어네스트 리빌(Ernest Rveal, 1880-1959)에게 젊은 시절 커다란 감명을 받았다.[52] 무디는 R.A. 토레이(Torrey, 1856-1928)에게 사역에 임하도록 자극을 주었으며, 무디 덕분에 토레이는 1880-1920년 사이 미국의 신학교들을 강타했던 독일의 관념론의 파도 속으로 빠져들지 않게 되었다. 그는 또한 집시 스미스(Gypsy Smith, 1860-1947)에게 영향을 주었다. 무디에 의해 회심한 사람의 수는 알 수가 없는데, 이는 그가 그것을 기록하지 않았기 때문이다.[53] 1960년대 어느 땐가 <시카고 데일리>지의 풍자 만화에 연기와 재가 위로 솟구쳐 오르는 시카고 하늘의 모습이 실린 적이 있었다. 연기 구름 가장 자리에는 "범죄", "욕심", "탐욕", "투쟁" 등의 단어들이 쓰여 있었고, 그 연기 기둥의 가운데는 수염을 기른 커다란 뚱보가 서 있는 모습이 그려져 있었다. 그 풍자 만화의 제목은 "시카고는 무디와 같은 사람이 필요하다"였다. (불행히도 시카고에는 무디 같은 사람이 나타나지 않았다. 무디성경신학원은 무디가 <킹제임스성경>에 대해 믿었던 바를 학생들에게 믿도록 가르치지 않는다. 이 신학원도 밥 존스 대학과 마찬가지로 파괴적 비평으로 신학생들을 가르치고 있다.) 1893년 시카고에서 만국 박람회가 열렸을 때 무디는 제일 큰 서커스

텐트를 빌려서 서커스에 몰려든 사람보다 두 배 이상의 청중을 동원하는 집회를 하루에 세 번이나 열었다.[54] 그는 또한 시카고의 거리 40여 곳에서 그의 신학생을 동원하여 박람회 기간 동안 야외 집회를 열었다.[55] 실로 무디는 "광신자"였던 것이다.

루벤 아처 토레이(Reuben Archer Torrey, 1856-1928)는 찰스 알렉산더(Charles Alexander)라는 찬양 인도자를 대동하고 오스트레일리아, 영국, 웨일즈, 중국, 인도, 아일랜드 그리고 미국에서 복음을 전파했다. 토레이의 사역은 1904-1905년에 있었던 웨일즈 부흥과 거의 동시에 시작되었다. 토레이는 리버풀에서 4,000명, 버밍햄에서 7,500명, 벨파스트에서 1,000명, 맨체스터에서 4,500명을 회심시켰다.[56] 이들 회심자들은 오늘날과 같이 "당신의 믿음을 나누십시오"라든가 "그리스도를 당신의 생활에 모셔들이세요"와 같은 메시지를 듣고 나서 물뿌림을 받은 "수천 명의 선행자" (do-gooders)들이 아니었다. 이들은 자신들의 죄를 회개하고 지옥으로부터 구원받기 위해 예수 그리스도의 피로 인한 완전한 속죄를 믿었던 죄인들이었으며, 모두 어른들이었다.

토레이의 사역은 "그리스도께서 세우신 교회(카톨릭)를 찾으라"든가 "성령 세례를 받은 초기 증거는 방언이다"(은사주의)는 따위의 사역과는 거리가 멀었다. 토레이와 무디가 전파한 것은 "하나님을 향한 회개와 주 예수 그리스도를 믿는 믿음"이었다.[57] 토레이의 사역으로 얻은 회심자 중 오스왈드 스미스(Oswald J. Smith)는 40여 개 국에서 설교하기까지 했으나[58] 후일 배교하여 로마 카톨릭 성서들을 <킹제임스성경>보다 더 우월한 성경이라고 추천하였다.[59] 밥 존스 1세에 따르면 1952년에도 호주에서는 토레이 캠페인이 지속되고 있었다고 한다.[60] 다른 여러 가지 열매들 중 하나는 로스앤젤레스의 성경 신학원으로, 그곳에서는 많은 개인 사역자들이 1960년 이전 수천 명을 그리스도께로 인도했다. (오늘날 이 신학원은 비올라, BIOLA 신학교로 이름을 바꾸었는데, 미국의 다른 모든 배교한 정통 신학교들과 마찬가지로 성경 비평가들을 양산해 내고 있다.)

사무엘 포터 존스(Samuel Porter Jones, 1847-1906, 보통 샘 존스로 알려져 있음)는 찰스 다윈, 칼 막스, 리차드 와그너, 요하네스 브라암스, 비스마르크, 그랜트 장군, 드와이트 무디, 리 장군, R.A.토레이 등의 사람들과 동시대 인물이었다. 샘 존스가 설교하던 기간 중에 RV(1884), ASV(1901)가 심한 악취를 풍기면서 등장했다. 변개한 성서들을 만들어 낸 성서 위원회의 회원들과는 달리 샘 존스는 그 두 권의 성서를 거들떠보지도 않았으며, 매년 400여 번의 설교를 36년 간 하면서도(하루에 네 번 설교한 적도 있다) 그 변개된 성서들로 설교한 적은 한 번도 없었다. 샘 존스의 설교가 얼마나 강력했던지 술집들이 문을 닫았고 극장이 문을 닫았으며, 그가 설교한 도시에서는 저주와 도박이 자취를 감추었고 수많은 죄인들이 회심했다(그는 RV, ASV, 혹은 그 어떤 헬라어 성경의 도움도 받지 않고 오직 1611년 <킹제임스성경>만으로 그런 부흥을 가져왔다). 그는 <킹제임스성경>을 들고 다니면서 암송하고 공부했으며, 그 성경을 놓고 기도했고, 그 성경을 놓고 울었으며, 그 성경을 설교했고, 그 성경 말씀을 실행에 옮기다가 주머니에 그 성경을 간직한 채 죽었다.

샘 존스는 알라바마 주(프랭크 노리스와 밥 존스 시니어도 알라바마에서 출생했다) 오우크 보웨리에서 태어났으며, 성장하여 조지아 주 카터스빌에 있는 남감리교 교단 소속 순회 설교자가 되었다. 그는 1년에 65달러를 받았으며, 미국 주요 도시에 갑자기 모습을 드러내기까지는 알려지지 않았던 인물이었다.[61] 젊은 시절을 방탕하게 보내던 그는 가족 중 한 사람의 매우 인상적인 임종을 지켜보다가 그의 할아버지에 의해 그리스도께 인도되었다.[62]

샘 존스는 구원받은 후 1611년 <킹제임스성경>을 들고 죄인들을 회개로 이끌기 위해 분연히 일어섰다. 그의 설교에 회중들은 울기도 하고, 웃기도 하며, 저주를 퍼붓기도 하고, 비명을 지르기도 하며, 거부하기도 하고, 받아들이기도 하며, 비판하기도 하고, 회개하기도 했다. 세인트 루이스 시의 시민들의 생활은 그의 설교로 인해 완전히 변화되었다. 카드놀이 파티가 중단되었고, 극장의 관중이 줄었으며, 기타 세상적인 오락들이 급격히 줄어들었다.[63] 이에 대해 서기관들과 바리새인들은 상습적인 비난을 퍼부었다. 보스톤 대학 신학부의 파괴적 비평을 전공으로 하는 W.L. 스티저 교수는 샘 존스에 대해 "그는 쇼맨십이 강하다"고 비난했다.[64] 어떤 도시의 시장은 지팡이로 샘 존스를 때렸고, 다른 사람은 우산으로 그를 내리치기도 했다.[65] 또 어떤 사람들은 그의 헛간을 다이너마이트로 폭파시켜 버리기도 했다.[66] 신문들도 그를 격렬하게 비난하기 시작했는데 이는 그가 신문사들의 수입에 치명타를 가했기 때문이었다(모든 신문들은 술 광고를 싣고 있었다). "칼 막스"의 후계자들(칼 막스는 신문기자 출신이었다)은 샘 존스의 발언을 왜곡시켜 보도했고, 그의 발언을 고의적으로 틀리게 인용했으며, 문맥과 상관없이 몇 문장을 빼내어 그를 비난하기도 했다. (1929-1932년 당시도 모든 언론들은 금주령이 내려진 기간 동안 술 광고를 다시 할 수 있도록 하기 위해 온갖 술수를 다 썼다.)

샘 존스에 대한 공격은 로마 카톨릭 당국이 <Our Sunday Visitaor>지를 통해 성경대로 믿는 사람들을 공격하는 것과 동일한 방식으로 이루어졌다. 그러나 이러한 공격의 와중에서도 우리의 순회 전도자는 위스키로 취해 버린 세인트 루이스에서 이렇게 당당하게 외쳤다. "내가 만약 가족을 위해 밤낮으로 기도하고, 제 때에 채무를 갚고, 한 아내만을 두고서 바른 생활을 하고 있는 그런 사람들의 마음을 상하게 하는 그런 설교를 하고 다닌다면 나는 매번 용서를 구할 것이다. 그러나 당신들 할례받지 못한 필리스티아인들에게는 절대로 사과하지 않을 것이다."[67] 다윈, 막스, 헉슬리, 모리스, 홀트 및 RV 등과 더불어 지내던 당시의 교육받은 계층에게 샘 존스는 이렇게 말했다. "이 겁쟁이들아, 편협한 악당들아! 파리도 너희 콧잔 등에 앉아 너희 한쪽 눈을 발길질하고 다른쪽 눈도 발로 차버릴 것이다."[68]

칼빈주의 5대 강령에 대한 샘 존스의 교리적 입장은 분명했는데, 그는 "하나님께서는 어떤 사람이 하나님의 자녀가 되겠다고 지원한 사람이 아니라면 선택하실 수 없다"(무조건적인 선택이 아니라 예수님을 영접한 사람을 선택한다는 말)라고 말했다.[69] 구원을 받았든 받지 않았든 교육받은 사람들에 대한 그의 태도도 분명했다. "나는 지옥에서 헬라어를 읽느니보다 차라리 하늘에서 ABC를 배우겠다."[70] 게다가 샘은 매우 실제적인 사람이었다. "하나님께서는 인간이 스스로 할 수 있는 일을 대신 해 주시지 않는다"라고 말했다.[71] 또 그는 "기이한 발언"으로 사람들을 놀라게 만들곤 했는데, 한 번은 웨스트버지니아에서 열린 집회에서 "자기 남편에게 욕을 한 번도 해보지 않은 여자들이 있다면 일어나 보시오"라고 말했다. 뒷좌석에서 세 명의 여자가 일어서자 존스는 이렇게 외쳤다. "여러분은 지금 웨스트버지니아에서 가장 형편없는 거짓말쟁이들을 보고 계십니다."[72]

샘 존스는 빌리 선데이처럼 그 어떤 이유로도 <킹제임스성경>을 고쳐 본 적이 없다. 이 두 사람의 설교자는 라오디케아 시대(현대)의 배교한 근본주의자들이 현대 역본들이 "의미가 분명하고", "번역이 더 나으며", "하나님의 말씀을 더 잘 이해하도록 해준다"는 핑계로 부패한 성서들을 사용하는 것과 같은 태도를 취하지 않았다. 빌리 선데이는 "성경이 말하는 것과 학자들이 말하는 바가 다르다면 학자들이 마귀와 한 편인 것이다"라고 말했다.[73] 이 두 사람은 "축자적으로 영감받은 무오한 원본"을 믿는다고 하면서 <킹제임스성경>의 오류를 지적하는 구원받은 보수주의자들과 그 어떤 무오한 것도 믿지 않는 구원받지 못한 자유주의자들을 동일하게 취급했다. 존스와 선데이에게 있어서 "학문"은 성경보다 아래에 놓여져야 하는 것이었다(그 누구의 위대한 학문이라 할지라도). 샘 존스가 J. 그레샴 메이첸, 벤자민 와필드, A.T. 로버트슨,

빈센트, 데이어, 로버트 딕 윌슨, 그린, 필립 샤프, 웨스트코트, 홀트, ASV 위원회, 브릭스, 드라이버, 델리취, 라잇풋, 엘리콧, 뉴만 추기경, 칼 막스, 레닌 그리고 찰스 다윈과 같은 시대에 살았다는 사실은 매우 시사적이라고 할 수 있다. 앞에서도 언급한 것처럼 존 패튼, 헨리 마틴, 데이비드 브레이너드 및 샘 존스 같은 사람의 전기와 이 세상의 영웅들의 전기를 비교해 보면 능력과 은혜로 충만했던 밝은 태양 곁에 희미한 촛불이 켜 있는 느낌이다.

은퇴한 감리교 감독인 에드윈 휴즈(Edwin Hughes)는 샘 존스를 당대 최고의 신학자들에 못지 않은 품위 있고 우아한 연설을 할 수 있는 사람이라고 평가했다.[74] 그러나 그의 청중들이 그의 지성과 학식을 증명해 보이기를 기대했을 때(그는 회심 전에는 변호사로 일했었다) 샘 존스는 다음과 같이 말했다. "정치 지도자들과 그 추종자들이여, 들으라! 이 도시의 사려깊은 시민들은 당신들이 저지르는 그 저주받을 행위들에 대해 '하나님께서 은혜를 내려 이 도시를 아직도 심판하지 않으셨도다'라고 말할 것이다. 당신들의 시장은 소신이 전혀 없다. 그는 바람에 흔들리는 나뭇잎처럼 줏대 없는 사람일 뿐이다."[75]

반대로 거칠고, 직선적이며, 과격한 설교를 들으러 온 청중에게 그는 이렇게 말했다. "심판은 법적인 용어이다. 이 단어의 의미는 사건의 공정한 평결을 의미하나, 종교적인 의미에서 볼 때는 하나님께서 사람과 천사들을 그의 백보좌 앞에 동시에 소환하여 하나님 자신과 모든 피조물 사이의 문제들을 철저히 심사하는 하늘에 있는 법정에서 도출될 최종적인 평결을 의미한다."[76] 찰스 다윈, 헉슬리, 헤켈 등은 샘 존스의 통찰력과 기지를 쫓아갈 수 없다. 밥 잉거솔(1833-1899)과 독일의 관념론자들(스트라우스, 그라프, 드웻, 벨하우젠)에 대한 그의 답변은 실로 명쾌하며 깊이 있다. "내가 성경의 모든 것을 이해한다면 그것은 나와 별 차이 없는 누군가가 성경을 썼다는 말이다."[77] (하나님께서 쓰셨기 때문에 성경을 다 이해하는 것은 불가능하다는 뜻이다.)

존스의 표어는 "당신의 비열함을 버리라"는 것이었다. 홀콤(Holcomb)에 따르면 "악을 그치고 선을 배우라"는 짧은 표현으로 샘 존스의 모든 메시지를 요약할 수 있다고 한다. 그는 볼티모어에서 2,500명, 토론토에서 6,000명, 로스앤젤레스에서 1,000명 그리고 테네시 주 네슈빌에서 수천 명의 회심자들을 얻었다.[78] 알라바마의 리폼(Reform, '개혁'이란 뜻) 시는 샘 존스가 그곳에서 집회를 열고 난 후에 그곳에 붙여진 이름이다. 조지아 주 토마슨 시에서 열린 샘 존스의 집회에서 구원받은 한 사람은 우리의 복음 전도자에게 가장 적합한 묘비문을 남겼다. "그는 몸에 딱맞는 연미복을 입고 있었다. 그는 강단에 서 있는 것이 아니라 그의 먹이에 바싹 다가선 채 그의 청중들 바로 옆에 서 있었다. 그러나 그는 펌프 손잡이로 은혜의 샘물을 퍼올리듯이 오른손을 위 아래로 힘있게 내젓고 있었다. 그가 얼마나 정확하게 '아멘' 화답을 유도해 냈는지! 그는 청중의 자긍심과 자기 만족감을 여지없이 무너뜨렸다. 신음과 훌쩍임과 눈물 속에서 청중들은 무릎을 꿇었고 고통 가운데 큰 소리로 울었다. 그때 그는 우리 죄인들에게 그의 '살인 청부업자들'(이들이야말로 필라델피아 시대로부터 본격적인 공격을 위해 출현한 용사들이다)을 보냈다." "그는 우리의 마음밭을 샅샅이 갈았다. 그는 우리를 몰아붙였고 조롱했으며 우리에게 호통을 쳤고 우리를 비웃기도 했다. 그는 우리를 보고 귀가 축처진 사냥개라고 부르기도 했고, 술고래, 맥주에 절은 놈들이라고 불렀다. 그는 우리 모두가 위선자이며 거짓말쟁이라고 분명하게 말했고 우리들 대부분을 도둑질도 할 놈들이라고 거칠게 꾸짖었다." "그의 설교 이후 마을은 더이상 옛날 그대로가 아니었다. 도박은 사라졌고 길거리에서는 욕지거리가 자취를 감추었으며 술집들은 문을 닫고 말았다."[79)]

샘 존스는 이러한 역사를 <킹제임스성경>으로 이룩했다. 그가 사용한 성경은 결코 "축자적으로 온전히 영감받은 원본"이 아니었다. 그는 1611년 <킹제임스성경>을 가지고 그와 동시대 사람들(다윈, 헉슬리, 헤켈, 홀트, 막스, 헤겔, 메리 베이커 에디, 브리이엄 영, 러더포드 판사, 럿셀 목사, 르네, 니체, 샤프, 죠셉 스미스, 슐라이어마허 등)이 70년 동안에도 이룩하지 못할 일을 7주만에 해냈다. 영적 진리의 보급과 개인의 영적 개혁에 관해서라면 이들 수많은 세속적 영웅들의 모든 학위와 연구와 이론과 저작을 다 합쳐도 샘 존스의 사역과는 비교도 되지 않는다.

존 피스크(John Fiske, 1842-1901)가 다윈의 진화론을 미국에 소개했을 때 그는 찰스 핫지(Charles Hodge, 1797-1873)라는 프린스톤 대학의 신학자의 반대에 부딪혔다. 테오도르 커일러(Theodor Cuyler)와 토마스 드윗 탈마지(Thomas DeWitt Talmage)라고 하는 설교자도 이에 반대했다. 이 세 사람 중 탈마지가 가장 효과적인 설교자였으며 가장 성경적인 입장을 견지했다. 탈마지(Talmage, 1832-1902)는 변호사가 되고자 했었다(루터, 터툴리안, 크리소스톰, 샘 존스 그리고 토레이도 마찬가지였다). 그러나 그는 설교자로 부르심을 받았다. 그는 뉴브런스윅 신학교에서 공부했는데 20세 때쯤에는 벌써 설교를 하고 있었다.[80)] 부룩클린에서 목사로 일했던 그는 <크리스챤 헤럴

드>라는 신문을 편집했고, 그의 설교는 600여 개의 신문에 정기적으로 게재되어 2천 5백만 명의 국내외 독자들에게 전달되었다.[81] 탈마지는 문자적인 하늘과 문자적인 지옥을 믿었으며, 유아세례로는 그 누구도 구원받을 수 없다고 믿었다. 그는 모든 인간은 회개하고 삶을 정결케 해야 하며, 예수 그리스도를 신뢰해야 하고 성경을 믿어야 한다고 말했다. 아무런 메모 없이 청중을 사로잡는 그의 능력은 당대 그 누구와도 비길 수 없이 특출한 것이었다. 탈마지의 설교는 짧고, 빨랐으며, 면도칼처럼 예리했다. 50초 내지 60초 동안 끊기지 않고 이어지는 문장 속에는 오늘날 대학 졸업자들도 알아듣기 어려운 어휘들로 가득차 있었다. 탈마지의 설교는 드라마틱한 설교가 문어체로 제시된 최고봉이라고 할 수 있다(드라마틱한 설교가로는 휫필드, 비쳐, R.G. 리 등이 있다). 그의 설교를 베이커 북 하우스 사에서 30권의 설교집으로 출간했고, 그의 전기는 밴 노스트(Van Norstand)가 쓴 <소셜 다이나마이트, *Social Dynamite*>라는 책에 잘 제시되어 있다.

윌리암 부스(William Booth, 1820-1912)는 평생 동안 1611년 <킹제임스성경>만을 사용했다. 그의 생애 동안에는 이미 배교한 보수주의자들이 애호하던 "성서들"(1885년의 RV, 1901년의 ASV)이 잘 알려져 있었지만, 그는 올바른 성경을 선택할 줄 아는 분별력을 갖추고 있었다. 그는 2백만이 넘는 부랑아와 거지들을 구원으로 인도했다.[82] 그는 감리 교단이 획일적인 복음을 전할 것을 요구하며 그의 사역에 제동을 걸자 교단을 떠났다. 감리 교단은 그가 목사로서 교회 안으로 데리고 들어온 사람들을 싫어했기 때문에 그를 순회 전도자로 만들려고 했다. 그가 데려온 사람들 중에는 뚜쟁이, 사기꾼, 창녀, 주정뱅이의 전력을 가진 사람들이 많이 있었기 때문이다.[83] 캐서린 부스(윌리암 부스의 아내)는 감리교 총회에서 남편이 교단의 정치 목사들로부터 목사직을 내놓고 순회 전도자가 되도록 권고받자 양산을 내던지면서 "절대로 안돼!"라고 소리쳤고 이 일로 윌리암 부스는 목사직에서 쫓겨났다. 그는 런던에 있는 헬즈 키친으로 가서 거리에서 설교했다. 그의 동조자들도 그와 함께 설교했다. 그들은 돌팔매질을 당했고 달걀 세례를 받았다. 그러나 그들은 이런 와중에서도 그들의 공격자들에게 "고맙습니다"라고 고개 숙여 인사했다고 한다.[84]

부스는 커다란 베이스 드럼과 빨갛고 노란 깃발(피와 불을 상징)을 들고 시내로 가서 수천 명을 구령했다. 후일 그의 "구세군"(Salvation Army) 부대가 전세계를 누비자 그는 크리스마스 인사를 대신해서 한 단어로 된 전문을 보냈다고 한다. 그 전문에는 "다른 이들"(Others)이라고 써 있었다.

그가 인도를 방문할 당시(1900) 그는 이미 위대한 인물로 인정받고 있었다. 그가 배에서 하선할 때는 밴드가 동원되었고 공작, 공작 부인들, 인도의 황후와 지도급 인사들이 마중을 나왔다. 그러나 부스는 이런 환영을 기대하지 않았다. 그는 갑판에 서서 "인도의 가난한 사람들은 어디 있는가? 나는 그들을 보러 왔다."라고 외쳤다.[85] 그는 문둥병자들과 부랑자들을 보러 왔었다.

부스가 죽게 되었을 때 사람들이 그에게 아침 식사로 물에 넣어 요리한 달걀을 가져오자 그는 울었다고 한다. 사람들이 왜 우는지를 묻자 그는 "수백 명의 런던 시민들이 오늘 아침 아무것도 먹을 것이 없어 굶고 있는데, 나에게 이런 달걀을 가져왔는가?"라고 말했다고 한다.[86]

바첼 린세이(Vachel Lindsay)는 이 십자가 군병을 위해 가장 훌륭한 비문을 기록했다. "부스는 커다란 베이스 드럼을 들고 '당신은 어린 양의 피로 씻김을 받았는가'라는 찬송을 했다. 성도들은 진지한 미소를 띠며 '그가 온다. 당신은 어린 양의 피로 씻김을 받았는가, 그 사람이 온다구'라고 말했다. 거리를 방황하던 문둥병자들이 그 행렬을 따랐고, 휘청거리고 있던 주정뱅이들도 어두운 도랑에서 기어나왔고, 매춘부들도 골목길에서 마약으로 창백해진 얼굴과 술냄새를 풍기며 따라 나왔다(여전히 정욕으로 가득차고, 나약한 의지력을 갖고 있었지만). 동시에 세상의 악으로 찌들어 있던 성도들도 죽은 행실과 냄새나는 모습을 지닌 채 행렬에 참가했다. 당신은 어린 양의 피로 씻김을 받았는가? 부스는 때로 행렬을 멈추고 기도를 할 때도 어린 양의 피로 씻김을 받았느냐고 물었다. 그는 깃발로 가득찬 하늘 너머 그의 주인을 쳐다보았다. 당신은 어린 양의 피로 씻김을 받았는가? 그리스도께서는 행렬이 무릎꿇고 있는 동안 그의 용사 부스를 위해 흰 옷과 면류관을 들고 부드럽게 강림하셨고 그는 그 거룩한 지성소에서 무릎을 꿇고 눈물을 흘리며 왕이신 예수님을 얼굴과 얼굴을 맞대어 보고 있었다. 당신은 어린 양의 피로 씻김을 받았는가?"

부스는 그의 사역 동안 한 번도 RV나 ASV를 만져 본 적이 없다. 실로 위대한 "구령자"였던 부스는 밥 존스, 옥스포드, 캠브리지, 펜사콜라 기독 대학, 콜게이트, 로체스터, 테네시 탬플, 시카고 대학 교수진들보다 훨씬 뛰어난 분별력을 갖추고 있었던 것이다.

C.I. 스코필드(Scofield, 1843-1921)는 미시간 주에서 태어나 테네시 주에서 소년

시절을 보냈다. 그는 남북전쟁 후에 세인트 루이스로 이주했고, 그후 다시 캔사스로 옮겨 그곳에서 변호사로 일했다. 용감하고 뛰어난 인물이었지만, 형편없는 술꾼이었던[87] 그는 YMCA의 토마스 맥피터즈(Thomas S. McPheeters)에 의해 그리스도께로 인도되었다.

스코필드는 무디와 선데이처럼 회중 교회의 회원이었다. 그는 1890년 중앙 아메리카 선교회를 창설했고, 1909년 <킹제임스성경>을 본문으로 한 관주 성경을 발행했다. 스코필드는 웨스트코트와 홀트의 RV와 샤프와 그린의 ASV를 읽어본 후 가치가 없다는 사실을 알고 그의 관주 성경의 본문으로 <킹제임스성경>을 택했다. 이 스코필드 관주성경 덕분에 미국의 침례교 목사들 중 절반 가량이 신학교에서 무천년주의를 배우고 졸업했음에도 불구하고 여전히 전천년 교리를 가르칠 수 있는 것이다. A.T. 로버트슨(Robertson)은 루이스빌에서 칼빈의 이단 교리를 가르친 배교한 근본주의자였다. 당시 저드슨, 머서, 스텟슨, 클라크, 바일러 대학 등에서는 어거스틴과 제롬이 만들어 낸 옛 이단 교리, 즉 후천년주의를 가르치고 있었다. 프랭크 노리스(Frank Norris) 덕분에 침례교도들은 현대주의로부터 성별하여 올바른 입장을 고수할 수 있었고, 스코필드 덕분에 재림에 관해 올바른 교리를 고수할 수 있었다. 1910년부터 1970년 사이에 등장한 남침례교도 중 구령할 줄 알고 정통 교리를 지킨 사람들이 있었다면(빌리 그래함, 해롤드 스미스, 크리스웰, R.G. 리 등), 그들을 지켜 준 것은 다름아닌 클라렌스 라킨(Clarence Larkin)의 <세대적 진리, *Dispensational Truth*>와 <스코필드 관주성경>(Old Scofield Reference Bible, 1909)이었다. 러시아 혁명(1917) 이전 스코필드 관주성경 편집자들은 러시아를 다가올 열강으로 꼽았다(에스겔 38,39장을 근거로).[88] 이와 같은 통찰력은 ASV나 RV와는 아무런 상관이 없다. 그들의 판단은 <킹제임스성경>에서 나온 것이었다.

스코필드 관주성경의 각주는 적그리스도는 사람이며, 지옥은 실제로 불타는 곳이고, 믿는 자의 구원의 보장은 영원하며, 휴거는 대환란 전에 있으며, 그리스도의 천 년 통치는 예루살렘에서 실제적으로 이루어질 것이며, 성경을 이해하는 열쇠는 이스라엘 민족, 즉 유대인에 대한 하나님의 다루심이라는 사실을 가르치고 있다. <킹제임스성경>에서 도출해 낸 이와 같은 진리는 모두 반카톨릭적이다. 따라서 그 어떤 카톨릭 신자나 주교, 추기경, 사제, 수도승, 수녀 혹은 교황도 에라스무스의 헬라어 원문에서 나온 번역본인 <킹제임스성경>을 추천하지 않는다.[89] 반대로 그들은 알란드, 메쯔거, 네슬, 웨스트코트와 홀트의 헬라어 원문에서 나온 번역본들(RV, ASV, NASV, NIV...)

을 추천해 왔으며[90] 앞으로도 추천할 것이다.

헨리 클레이 모리슨(Henry Clay Morrison, 1857-1942)은 켄터키 출신의 감리교 순회 전도자로 샘 존스와 프란시스 애즈버리와 같이 훌륭한 순회 설교자였다. 그는 애즈버리 신학교(현재는 자유주의 신학교로 변질되었음. 복음 전파, 교육 문화에 이은 배교의 악순환을 기억할 것)를 세우는 데 기여했다. 모리슨의 주요 사역은 "캠프 미팅"이었다. 윌리암 제닝스 브리얀(William Jennings Bryan, 1860-1925)은 모리슨을 미국에서 가장 위대한 설교자로 평가했다.

밥 슐러(Bob Schuler, 1880-1965) 역시 감리교 출신의 순회 전도자였다. 그는 오랫동안(1920-1960) 로스앤젤레스 시내에 있는 트리니티 감리 교회에서 목회했으며, 미국의 소돔과 같은 이 도시에서 "주님의 전사 밥"은 동분서주 하면서 죄를 지적하고 다녔다. 그는 또한 당시의 감리교계 지도자들을 호되게 꾸짖었다.[91] 그는 다섯 아이를 키웠는데 그 중 세 명이 목사가 되었다. 슐러는 성경대로 믿는 구식(현대주의가 아님) 감리교 설교자였으나, 그의 뒤를 이은 로버트 슐러(Robert Schuler)는 세속적인 아마추어 심리학자로서 버지니아 출신의 구식 설교자인 그의 아버지와는 전혀 닮은 데가 없는 자였다. 로스앤젤레스에서 사역한 슐러 부자의 관계는 마틴 루터와 마이클 루터 킹 쥬니어의 관계와 같다.

존 윌버 채프만(John Wilbur Chapman, 1859-1918)은 뛰어난 목사는 아니었지만, 열정적인 전도자였으며 캐나다, 하와이, 호주, 뉴질랜드, 스코틀랜드, 일본, 영국, 타스마니아, 필리핀 등에서 설교하여 두드러진 성과를 얻었다. 그는 빌리 선데이가 사역을 시작하도록 도와주기도 했다.[92] 채프만은 약 500여 명의 젊은이들이 전임 사역자로 나서도록 이끌었다.

조나단 고포스(Jonathan Goforth, 1859-1936)는 허드슨 테일러(1832-1905)의 책을 읽고서 중국으로 갈 것을 결심했다. 고포스 가족은 1900년에 일어난 의화단 사건 때 체포되어 심하게 부상당했으나 목숨은 건질 수 있었다. 고포스 부인이 쓴 그들의 사역에 관한 일기는 해외 선교에 관한 위대한 책이며, 필자는 모든 그리스도인에게 이 책을 읽을 것을 권한다. 다음은 고포스 일가가 중국의 폭도들에게 위협받고 있을 때의 일화이다. 중국 폭도들이 "외국 마귀를 죽여라, 죽여라, 죽여라!"고 외치자, 열 살 난 고포스의 아들이 "우리를 죽이지 말아요. 우리는 카톨릭이 아니라구요"라고 말했다. 그러자 그 폭도들의 두목이 부하들을 막으면서 "죽이지 마라. 이 사람들은 못된 외국 마귀들이 아니고 좋은 외국 마귀들이니라"고 말했다고 한다. 미국의 언론들보다도 훨씬 훌륭한 분별력을 갖추고 있지 않은가?[93] (구원받지 못한 중국 농부들이 때로는 미국의 하원 의원과 상원 의원들보다 더 똑똑하다는 사실이 입증된 셈이다.)

"엉클 버드 로빈슨"(Uncle Bud Robinson, 1860-1942)은 테네시에서 태어났으며 후에 텍사스로 이주했다. 그는 20살 때 회심했으나 글을 몰랐다. 그가 하는 영어는 겨우 알아들을 수 있을 정도였다. 그러나 그는 회심한 이후 47년 간을 전적으로 복음 전파에 헌신했다. 국민학교 교육도 받지 못한 사람이 전 생애를 복음을 전파하는 데 드렸던 것이다. 그는 1611년 <킹제임스성경>만을 사용했고 100만 마일을 여행하면서 33,000여 번의 설교를 통해 10만여 명의 죄인들을 그리스도께로 인도했다.[94] 초등학교도 나오지 못했지만 버드는 헬라어를 알고 있던 웨슬리만큼이나 <킹제임스성경>의 "근본적인 사항들"을 어려움 없이 이해할 수 있었다. 두 사람은 교리적으로 동일한 입장을 고수했다. 버드는 나사렛 교단을 냉랭한 감리 교단으로부터 분리하도록 만들었다. 그는 알미니안주의자였지만(믿음을 끝까지 지켜야 한다고 믿는), 실로 온유한 영을 가진 온유한 그리스도인이었으며, 수만 명의 사람들이 그로 인해 생활이 정결케 되고 지역 전체의 생활도 변화되었다. 그가 로스앤젤레스에서 그의 감리교 친구인 밥 슐러의 트리니티 감리 교회를 위해 설교했을 때 그는 이렇게 말했다. "내 말을 오해하지 말라. 나는 당신들이 담배를 씹으면 지옥에 간다고 말하지 않았다. 나는 그렇게 말한 적이 없다. 다시 말하지만 내가 말하지 않은 것을 말했다고 하지 말라. 나는 '감리교 신자라면 어떻게 그가 삼키기를 두려워하는 그것을 씹을 수 있는지 모르겠다'라고 말했을 뿐이다."[95]

로드니 "집시" 스미스(Rodney "Gypsy" Smith, 1860-1947)는 진짜 집시 출신으로 영국의 레이톤스톤 근처의 천막에서 태어났다. 그는 아무런 교육도 받지 않았다. 그는 어머니가 죽은 후 그의 아버지에 의해 그리스도께로 인도되었다.[96] 스미스는 집회를 열 때마다 많은 회심자를 얻었다. 당시에는 RV(1885), ASV(1901)가 널리 유포되고 있었고(영국과 미국에서) 배교한 모든 보수주의자들과 근본주의자들에 의해 추천하고 있었지만, 이 집시 출신 전도자는 이들 부패한 성서들은 거들떠보지도 않았다. 그는 죽기 전까지 미국을 다섯 차례에 걸쳐 방문했다.[97] 구세군의 윌리엄 부스 장군과 함께 일했던 초창기 시절 그는 거리에서 설교했으며, 한 번은 영국에서 옥외 집회 도중 카톨릭 폭도들의 공격을 당하기도 했다.[98] 그의 초창기 설교는 강력했다. "술과 도박은 사라져야 한다. 교만, 이기심, 비열함 그리고 그리스도인답지 못한 모든 것이 당신의 삶에서 사라져야 한다. 쾌락을 향한 사랑과, 쇼에 대한 애착과, 보다 나은 사람으로 보이려는 마음을 완전히 없애라. 하나님께서는 당신이 저 하늘나라의 아침 바람처럼 부드럽고, 사랑스럽고, 상쾌하기를 바라신다. 그것이 하나님의 목적이다. 이 모든 것을 완전히 없애라."[99)]

집시 스미스는 호주 및 영국의 덴버, 런던, 에딘버러, 맨체스터 등지에서 설교했고 미국도 방문했다(1889, 1892, 1906년). 1905-1915년 사이의 미국에 대한 다음과 같은 그의 평가는 1901년 ASV의 등장과 더불어 미국에서 배교의 라오디케아 교회 시대가 열리고 있었다는 증거가 된다. 그는 이렇게 말했다. "나는 미국 국민들이 지적으로, 사회적으로, 양적으로, 재정적으로 성장하고 있다는 인상을 가지고 돌아갑니다. 그러나 미국인들은 영적, 종교적 생활에 있어서는 물질적 생활과 보조를 맞추고 있지 못하고 있는 것 같습니다."[100)]

1918년 파리의 오페라 하우스에서 스미스의 설교를 듣고 150명의 사람들이 그리스도를 구세주로 영접하였다. 그들 대부분은 파리 사회의 상류층 사람들이었다. 미국에서 사역할 때면 그는 회중교회 목사들의 도움을 받았다(영국에서는 영국 국민 자유교회 소속이었다). 그는 일리노이의 페오리아, 브룩클린, 애틀란타 그리고 필라델피아에서 설교했다. 집시 스미스는 토레이처럼 단호한 성경 강론자는 아니었으며, 특히 말년에 가서 그의 메시지는 점점 부드러워졌다. 그럼에도 불구하고 그는 여전히 정통적이고 복음적인 입장을 철저히 고수했다. 전성기 때에 그의 메시지는 단호하고 직선적이었다. "내 말을 들으십시오! 성경에 따르면 회개란 죄에서 돌이켜 하나님께로 향하는 것입니다. 당신의 마음에 손을 얹고 당신에게 저주가 되어 왔던 그 일들을 끄집어 내서 '오 주여 여기 있나이다. 내 죄가 여기 있나이다. 내가 죽을 때까지 이 죄를 다시는 짓지 않겠습니다. 나는 지금 이 죄로부터 영원히 돌이키나이다.' 이렇게 고백하는 것이 바로 회개란 말입니다."[101)]

집시 스미스는 파니 크로스비(Fanny Crosby)도 만났고, 앤드류 머레이가 설교하는 것도 들었으며, 애틀란타에서 리 브로튼과 함께 상의할 기회도 있었다. 그는 캠벨 모건(Campbell Morgan)과 동시대 인물이었다. <킹제임스성경>을 믿었던 로드니 집시 스미스의 생애와 사역을 제대로 평가하려면 우리는 그의 생애 동안에 교황과의 밀약에 힘입은 히틀러가 대량 살상을 자행하고 있었고, 교황 피오 9세의 "교황 무오설"이 공회에서 공식 교리로 결정되기도 했다는 사실을 염두에 두어야 한다. 이 "무오설"은 역대 십수 명의 교황들의 "도덕"과 "믿음"에 관한 공식 교서들이 서로 모순된다는 사실을 잘 알고 있으면서도 로마 카톨릭 지도층이 내린 어리석은 결정이었다.[102] 이 교리는 바울 6세, 요한 3세 그리고 요한 바오로 2세 등에 의해서도 여전히 진리로 받아들여져 왔다.

교황들이 세계 1,2차 대전을 야기시킨 밀약을 체결하고 있는 동안[103] 집시 스미스와 W.B. 라일리는 그리스도의 재림을 전파했다.

W.B. 라일리(Riley, 1861-1947)는 인디애나에서 출생해서 켄터키에서 성장했다. 1897년 그는 미네소타의 미네아폴리스에 있는 제일침례교회에서 "남침례교" 목사로서 첫 사역을 시작했다.[104] 그는 철저히 독일계 루터 교회와 독일계 카톨릭이 지배하고 있던 그곳에 50년 간 머물면서 2,500명의 회중을 보유한 교회를 세웠다. 그는 1902년 노스웨스턴 학교를 창설했는데, 이 학교의 설립 근거는 <킹제임스성경>만이 하나님의 말씀이며, ASV와 RV는 독일 관념론이 낳은 배교한 성서라는 올바른 판단이었다. W.B. 라일리는 미국의 교육자들과 설교자들이 배교한 책임을 독일의 학문에 돌렸다.[105] 라일리는 반카톨릭적, 반사회주의적 입장을 견지했는데, 이것은 독립 선언문과 권리 선언을 제정한 미국의 건국 공신들의 입장이었다. 그는 교황 피오 9세(1846-1878)의 교서에도 불구하고 교회와 국가의 절대적인 분리를 믿었다. 그는 양심의 자유와 사유 재산 제도(당시 유럽을 휩쓴 막스의 사상에도 불구하고), 자유 기업을 신봉했다. 그는 또한 개인의 창의력과 복음에 의한 성격 개조가 가능함을 믿었다(당시는 행동주의 심리학이 유행하고 있었으며 이들은 모든 성격과 개인의 능력이 이미 결정되어 있다는 결정론을 주장했었다). 한 마디로 라일리는 문제를 일으키고, 지옥을 외치는 반동적 "문제아"였던 것이다. 그는 성경을 믿는 침례교도로서 지역교회의 독립성과 성인의 침례, 구원의 영원한 보장을 믿었다. 세계적인 전도자 빌리 그래함은 릴레이와 연관을 맺었고, 하나님께서 전세계적인 사역을 그에게 주시기 전 빌리 그래함은 릴레이가 고수했던 침례교적 입장을 간직하고 있었다. 1970년대의 제리 폴웰("도덕적 다수"의 주창자) 역시 동일한 입장을 고수했다. 몬타니스트, 마니키안, 카타리, 알비겐스, 폴리시안, 노바티안 그리고 도나티스트들이 20세기에도 여전히 활약하고 있었던 것이다.

이와 같은 교리를 지지하는 <킹제임스성경>이 성공회보다 침례교 출판사에 의해 더 많이 보급된 것은 지극히 당연한 일이었다. 실로 주님은 유머 감각을 갖고 계시며 (눅 10:21), 주님께는 이 세상의 "학식" 있는 자들을 "어리석게" 만드시는 것보다(고전 3:18) 더 기뻐하시는 일이 없는 것 같다(고전 1:28). 빌리 그래함은 침례교도로서 침례교도인 라일리와 연관이 있지, 초교파주의자인 밥 존스 쥬니어와는 아무 관계가 없다. 마찬가지로 제리 폴웰 역시 침례교도로 침례교도였던 프랭크 노리스와 연관이 있으며, 초교파주의자를 자처하는 타협주의자 밥 존스 3세와는 아무런 연관이 없었다.

제 26 장
본격적인 공격 (2)

믿음의 선한 싸움을 싸우라. 영원한 생명을 붙잡으라.
이를 위하여 네가 또한 부르심을 받았고,
많은 증인들 앞에서 선한 고백으로 고백하였느니라. (딤전 6:12)

역사가들과 신학자들은 W.B. 라일리, 샘 존스, D.L. 무디, 빌리 선데이 등과 같은 사람들을 바울이나 마틴 루터 같은 사람들과 같은 부류에 두기를 싫어한다. 왜냐하면 학자들이 그들의 불같은 성격과 그들의 인격은 무시한 채 "바울 신학"과 "루터 신학"만을 끊임없이 논하기 때문이다. 그럼으로써 학자들은 그들의 "사역"보다는 그들의 "지식"만을 고려의 대상으로 삼게 된다. 신학자들은 항상 "성경으로 돌아가려고" 애쓰거나 아니면 "종교개혁으로 돌아가려고" 애를 쓴다. 그러나 신학자들에게 필요한 것은 종교개혁을 일으키기 위해 루터와 칼빈을 사용하신 "하나님께로" 돌이키는 것이다. 신학자들은 또한 종교개혁을 위해 하나님께서 사용하신 "성경"은, 1880년 이래로 인쇄되어 나온 그 어떤 영어나 독일어 성서와도 다른 것이라는 사실을 기억해야 한다.

배교한 근본주의 신학자들을 가려내는 또 하나의 방법은 이들이 소위 "역사적인 근본주의적 입장"을 계속해서 언급한다는 사실이다. 이들은 성경을 믿는 일에도 관심이 없고 루터와 바울이 일으켰던 것과 같은 "소요"를 일으키는 데도 관심이 없다. 그들에게 관심거리가 되는 것은 2-3세기, 10-15세기 전에 진짜 성경대로 믿는 사람들이 믿는다고 고백했던 그것을 자기들도 믿는다는 근거하에 자신들의 현 상황을 정당화시키는 것뿐이다. "역사적인 근본주의적 입장들"은 흔히 현실에 안주하는 데 대한 알리바이로 사용된다. 이 "근본주의적 입장들"에는 최종권위, 복음 전파, 선교, 지역교회 등에 대한 언급이 들어 있지 않다. 그것들은 교회사 초기에 있었던 일곱 번의 공회에도 한 번도 포함되지 않았었다. 또한 루터 시대와 칼빈 시대에 물침례와 선택의 교리에 관한 "근본주의적" 입장은 잘못된 것이었다. 바울, 루터, 무디, 선데이 등은 "역사적 입장들"을 취하지 않았다. 그들은 다만 성경을 믿었고 성경대로 설교했을 뿐이다.

윌리암 워드 아이에르(William Ward Ayer)는 다음과 같은 예언을 남겼는데, 그것은 1950년에 정확히 성취되었다. "뉴욕은 이제 본질적으로 이교도의 도시가 되어 버렸다. 이 도시의 시민들의 도덕적, 종교적 상태는 심각한 지경에 이르렀다. 우리는 뉴욕을 미국화시키고 기독교화시켜야만 한다. 그렇지 않으면 오히려 뉴욕이 우리를 유럽화시키고 이교도화시켜 버리고 말 것이다."[1] 이 침례교 "이단"은(로마 카톨릭 교회법에 따르면 모든 침례교인은 "이단"이다[2]) 유럽과 이교도를 언급했다. 사실 뉴욕을 이교도화시킨 사람들은 아프리카 출신이다. 무디와 샘 존스의 부흥이 끝나가자 로마 카톨릭 교회는 교육 기관과 병원들을 세웠고(물론 세금을 지원받아서), 뒤이어 소교구들이 세워졌다.[3] 로마의 침투 직전에는 대대적인 교육 운동이 펼쳐졌는데, 이 운동으로 록펠러가 60만 달러를 기부하고 침례교도들이 40만 달러를 지원해서 거대한 시카고 대학 건물이 세워졌다. 이 계획은 1890년에 시작되어 서방 세계에 있어 사회주의, 공산주의, 무신론의 가장 위대한 온상이 되어 버린 시카고 대학(Chicago College)의 건축으로 절정에 달했다. 시카고 대학의 역사는 "역사적인 근본주의적 신앙"을 믿는다고 하면서 동시에 종교개혁이 만들어 낸 영어 성경인 <킹제임스성경>을 혼잡케 만들기 시작한 침례교인들에게 어떤 일이 발생할 수 있는가를 가장 잘 증명해 주는 사건이 아닐 수 없다. 반세기 동안 <킹제임스성경>을 뜯어고쳐 온 시카고 대학은 1930-40년대에 자유주의자들과 불신자들의 손에 넘어가고 만 것이다.

미국인들은 19세기 말과 20세기 초에 태평양 케이블, 샌프란시스코 지진, 노동자 폭동, 금주, 브룩클린 다리, 인디언과 인디언 정착촌, 시카고 세계 박람회, 필리핀의 반란, 다가올 제1차 세계 대전 등을 겪고 있었다. 이와 같은 "뉴스거리"에 미국인들이 마음을 빼앗기고 있는 동안 두 가지 항목이 나타나서 슬그머니 자리를 잡았는데, 그것은 미국민들이 열렬히 환영한 "고등 비평"(파괴적 추측)과 의무 교육법이었다. 이 두 가지가 서로 연합된 결과 연방 학교 제도는 전국 교육자 협의회(NEA)[4]에 의해 완전히 통제되기 시작했고, 이들은 즉시 "교회와 국가의 분리"라는 명제 하에 성경을 학교에서 "추방"시켜 버렸다. 동시에 각 주 정부의 돈이 로마 카톨릭 학교들에 흘러들어가게 되었다.[5] 결국 미국의 공립 학교들은 모두 파괴되어 버렸고(1954-1974), 주 방위병과 법무부에 의해 지원을 받는 강제적인 연방 교육제로 대체되고 말았다. 이 연방 교육제는 매년 28억 달러의 운영비가 지출되는데도 매년 7만 건의 교사 폭행 사건과 25만 건의 학생 폭행 사건이 발생하고 있다. 뿐만 아니라 강제로 스쿨 버스 제도를 시행하여 매일 4백만 달러 상당의 휘발유를 낭비하고 있다.[6] 이처럼 공공 교육이 연방 교육으로 바뀌면서 교육 재정은 파탄을 맞이하게 되었고, 학교 내에서의 성경 읽기와 기도도 금지되었으며, 학교에 십계명을 인쇄해서 게재하는 것마저도 금지되었다. 이렇게 해서 미국의 건국 공신들(1776)의 후손들은 비기독교적 교육을 강제적으로 받을 수밖에 없게 되었고, 결국 정글의 법칙이 난무하는 곳에서 "학습"할 수밖에 없게 되었다. 칼 막스의 후예들인 언론인들은 이 교육 제도에 반대하는 모든 미국인들(골드워터, 월레스, 래퍼티, 앤더슨, 리스, 바넷, 포버스 등)을 숙청해 버렸고, 1950년 이후로는 가정 안에서의 성경 읽기마저 신문과 TV로 대체되고 말았다. 하나님께서는 외모로 민족들을 판단하지 않으신다. 하나님의 말씀이 변개되고 무시당하면 하나님께서는 국민의 모든 필요를 공급할 수 있는 정부를 세우도록 허락하시기 때문에 결국 국민의 모든 행동을 완전히 통제할 수 있는 정부가 나타나고 마는 것이다(잠 28:2).

집시 스미스, 존 맥닐(John McNeil), 빌리 선데이 등이 이 과도기에 뛰어난 하나님의 증인들로 일어섰지만, 주 공격 부대 외에 다른 공격 부대도 함께 공격을 하고 있었다. 윌리엄 엘버트 뮌세이(William Elbert Munsey)는 감리교도로 남부 지방에서 짧은 기간 동안 설교했다. 뮌세이의 설교는 많은 과학적 자료들을 효과적으로 구성하는 특징이 있었으며[7], 그는 특히 지옥의 연기와 화염을 정말로 보고 느낄 수 있을 정도로 지옥을 실감나게 묘사했다. 그의 용어들은 그와 동시대 인물이었던 무신론자 밥 잉거솔의 어휘보다 훨씬 뛰어났다.[8]

하워드 장군(General Howard)은 전담 사역자가 아니면서도 예수 그리스도를 위한 훌륭한 증인이었다. 그는 탐파 시에서 3,000명의 군인들에게 이렇게 말했다. "이봐, 장병들, 나는 41년 전에 이 막사에서 2마일 떨어진 곳에서 주 예수 그리스도께 항복했었네. 그때 이래로 그분은 나의 사령관이 되셨지. 그분이야말로 군대를 지휘했던 모든 장군들 중 최고의 장군이셨다는 사실을 자네들에게 말해 주고 싶네."[9] 박스터 F. 맥클렌돈("사이클론 맥")과 헨리 C. 모리슨은 남부 지방에서 설교했다. 밥 존스 시니어는 모리슨에 대해 말하기를 모리슨이 최고의 설교를 하면 더 훌륭한 설교자가 있었는가 의심할 정도였다고 했다.[10] 모리슨은 강한 메시지(위클리프와 사보나롤라가 당대 사람들을 정죄했듯이)를 전했다. 그는 이렇게 외쳤다. "이 시대의 죄악에 대한 치유책은 설교에서만 찾을 수 있다!"[11]

F.B. 메이어(Meyer), G. 캠벨 모건, 앤드류 머레이, L.W. 먼홀(Munhall), 존 B. 컬피퍼(Culpepper)는 신학자이면서도 연구실에만 머물러 있지 않았다. 마이어와 모건은 주로 성경을 가르치는 일과 신학적 오류들을 바로잡는 사역에 힘을 쏟았다.[12] 머레이는(루스 팩슨과 애이미 카미카엘과 같이) 그리스도인의 성결과 헌신에 대한 성경적인 책자들을 많이 저술하였다. 먼홀과 컬피퍼는 사역의 성격면에서 복음 전도자에 가까웠다.[13]

이 기간을 언급하면서 "구조 선교단"(rescue mission)이 이룩한 사역을 빼놓을 수 없다. "구조 선교단"은 1830년 오하이오 주의 장로교 노회가 선원들을 대상으로 시작한 사역에서 시작되었다. 이 선교단은 성공회 교회에서 모였으며 그들 중 가장 열심이고 뛰어난 활동가는 한 침례교인이었다. 이 단체의 초대 책임자는 회중 교회 회원이었다.[14] 제리 맥콜레이(Jerry McAuley, 그의 간증에 따르면 그는 회심한 카톨릭 신자였다)는 1872년 자신의 선교단을 조직했다. 멜 트로터(Mel Trotter)는 기수 출신의 협잡꾼이었던 톰 맥케이(Tom Mackey)에 의해 이 선교단으로 끌려와 구원을 받았다. 멜의 친구인 웨스트버지니아의 찰스톤 출신 팻 위드로(Pat Withrow)는 어네스트 리빌을 자기 사역으로 이끌어들인 사람이었다.[15] 1921년경에는 미국 전역에 58개의 선교단이 생겼다. 이들의 표어는 "신조가 아닌 그리스도를, 율법이 아닌 사랑을"이었다. <그랜드 래피즈 모닝 헤럴드>지의 편집자 주에 보면(1940년 9월 12일자) 사람들을 그리스도께로 인도하는 일에 집착해 있던 선교 단원들에 대한 논평이 나와 있다. "멜 트로터가 얼마나 많은 사람들을 회개에 이르도록 이끌었는지는 아무도 모른다. 아마도 수천 명이 넘을 것이다. 그가 얼마나 많은 생명을 구원했는지, 얼마나 많은 굶주린 사람들에게 빵을 주었는지, 얼마나 많은 사람들에게 옷을 입혀 주었는지, 얼마나 많은 혼을 하나님께 인도했는지는 하나님 한 분만이 아시는 비밀일 것이다."[16]

존 맥닐(John McNeil, 1854-1933)은 스코틀랜드의 복음 전도자이며 대단히 유머러스하고 영적인 전도자였다. 그의 사역은 인쇄물로 출판된 적이 없었다. 그는 어떤 면에서는 샘 존스와 비슷했지만, 그의 설교는 사회적 혹은 개인적 개혁보다는 교회 생활과 성경 교리들에 더 집중되어 있었다. 그는 "하나님은 모든 사람의 아버지시며 모든 인간은 형제들"이라는 로마 카톨릭의 교리를 받아들인 교회 협의회의 인물들(워드, 파이크, 속크만, 옥스남, 라우센부쉬 등)을 비판했다. 그는 이렇게 설교했다. "심판하시지 않는 그런 하나님을 나는 멸시한다. 어떤 사람들이 말하는 하나님은 그저 사랑뿐이다. 그러나 죠셉 파커가 말했듯이 '이 위대하고 새로운 현대적 사랑은 그저 커다란 입맞춤에 지나지 않는다.'"[17] 바로 이 사랑의 신(god)은 1960년대와 1970년에 캐서린 쿨만, PTL(Praise the Lord의 약자, 1970-80년대에 미국에서 일어났던 일련의 은사주의 운동으로 우리 나라의 "경배와 찬양"과 유사함 - 역자주), 오랄 로버츠, 지미 스와거트, 지미 카터의 누이 등에 의해 전파되었다. 이 사랑의 신은 1920년대에 벌써 미국 땅에 선을 보였던 것이다.

맥닐은 샘 존스와 마찬가지로 카톨릭 "성사들"은 그 누구도 구원할 수 없다고 했다. 그는 또 은사주의 위선자들을 매우 강하게 공격했다. "당신이 뭔가에 대해 매우 뜨겁게 달아올랐을 때...하나님께서 문을 열어주신 것처럼 보일 때, 그래서 당신이 위로 올라갔고, 당신이 계단에 올라가 막 문을 들어서려고 하는 순간 하나님께서 당신의 면전에서 문을 쾅 닫아 버리면 당신은 층계를 내려가면서 할렐루야를 부르겠는가? 수없이 '할렐루야'를 외치지만 그것은 일시적인 흥분일 뿐이다. 하나님께서 당신 면전에서 문을 닫아 버리실 때 당신은 어떻게 느끼겠는가? 계단을 내려가면서 주님을 경배하고 찬미하겠는가?"[18] 라오디케아 시대의 배교자들은 다시 <리빙 바이블>을 내세웠으나, 로고스 출판사는(60,70년대) 질병, 가난, 심지어는 약간 아픈 것에 대해서도 하나님을 찬양할 수 없는 자들임을 스스로 드러내 보이고 말았다. 코플란드, 고어맨, 테럴, 오스본, 어윙, 코우, 알렌, 캡(1960-1980) 등과 같은 육신적인 말쟁이들의 사역으로 인해 그리스도의 몸된 교회의 "적극적 사고방식가"들은 바울이 타락했고 신실하지 못한 삶을 살았다고 생각하기에 이르렀다. 왜냐하면 바울은 병든 채 살았고 가난에 찌든 채 죽어갔기 때문이다(고후 11-12장, 딤후 4장, 골 4장, 행 20-28장). 가난과 질병은 짐 베이커의 "PTL" 같은 곳에서는 "할렐루야"를 부를 수 없는 주제이다.

롤랑 리벨(Rolan Leavell)은 남침례교 작가로 아마도 윌리암 애슐리 선데이(보통 빌리 선데이로 알려져 있음)의 사역에 대해 학자들과 역사가들이 갖는 전형적인 태도를 가장 잘 보여주고 있는 사람이라고 할 수 있다. 그는 빌리 선데이의 집회는 "지나치게 감정이 고취된" 것으로 "지나치게 상업적이며" 이런 스타일은 "그의 죽음과 더불어 끝났다"라고 말했다.[19] 그에 따르면 빌리는 "교회나 교회 집사들에게 반감을 갖고 있는 일반적 사람들의 편견에 호소했다"(그러나 성경적 복음 전파 용어로 말하자면 빌리는 교회 지도자들의 죄들을 지적하는 설교를 한 것이다. 마 23장, 렘 23장). 이와 같은 리벨의 평가가 올바를 수 없는 것은 리벨이 살고 있던 당시는 이미 언론 매체가 사람들을 완전히 장악했고 반성경적 세속주의가 리벨 같은 사람들의 삶 속에 완전히 침투한 상태였기 때문이다. 리벨은 더이상 성경적 관점에서 생각하거나 글을 쓸 수 없는 상태였다. 남침례교 총회를 이끌고 있던 리벨의 동료들은 미식 축구와 농구 게임을 보면서 환성을 지르거나 싸구려 드라마를 보면서 눈물을 쏟으면서도 죄를 지적하는 설교에는 화를 내는 자들이었다. 1940년대에는 막스의 제4계급(언론)은 알콜 산업과 헐리우드의 지원을 받아 대다수의 설교자, 목사, 신학교 교수들의 사고를 완전히 장악하게 되었고 결국 이들의 종교적 감각은 마비되고 말았다. 쟈니 카슨 같은 코메디 쇼를 보고 즐길 수 있는 정도의 영적 상태라면 어찌 "다윗 쇼"를 읽고 감동을 받을 수 있겠는가? 라켈 웰치나 파라 포셋 같은 여배우들을 보고 흥분하는 자들은 에베소 교회의 부흥에 눈하나 깜짝하지 않는 법이다(행 19:19,20). 딘 마틴이나 필 도나휴 같은 사람의 호소력으로는 욥과 모세와 함께 하늘나라 여행을 할 수 없는 것이다.

빌리 선데이(Billy Sunday, 1862-1935)는 이와 같은 육신적 상태에 놓여 있던 대중에게 직격탄을 쏘아 댔다. 그는 그의 청중들을 너무도 강하게 흔들어 놓았으므로 TV 쇼를 보면서 웃음을 낭비하던 타락한 자들은 오히려 빌리 선데이가 "너무 감정적"이라는 핑계를 댔다. 죽어 있는 자들에게는 "너무 감정적"이었을 수도 있었을 것이다.

리벨은 무디에 대해서는 "복음 집회 조직의 천재"로 평가했으나 선데이에 대해서는 "지나치게 상업적"이라는 딱지를 붙였다.[20] 그러나 빌리 선데이는 역사가들과 작가들이 객관적 근대 교회사를 쓸 수 있는 능력이 완전히 결여되어 있다는 사실을 가장 잘 보여주고 있는 반증이라고 할 수 있다. 호머 로데히버(Homer Rodeheaver)는 빌리를 가장 잘 알고 있었던 사람으로, 빌리를 부정적으로 평가하는 모든 작가들과 정반대의 의견을 제시한다. 예를 들면 빌리는 자신이 거둔 헌금의 1/3을 동역자들의 급여로 지불했고, 임종시 그에게는 5만 달러의 재산만이 있었을 뿐이라고 그는 말했다.[21] 드럼몬드는 빌리 선데이가 "최악의 복음 전파자"의 전형이라고 말했다.[22] 반면 로데히버는 "나는 선데이가 바울 이래 최고의 전도자였다고 생각한다"고 말했다.[23] 드럼몬드(Drummond)는 빌리가 사람들을 그리스도께로 인도하려고 기울인 노력을 "강단에서 옷 소매를 펄럭이며 옷 장사처럼 떠벌린 것"으로 묘사한다.[24] 알렉산드리아 학파의 헬라어 문법 학자인 A.T. 로버트슨은 "나는 빌리처럼 복음을 전할 수 있는 사람을 존경한다. 그는 피츠버그 구석구석, 심지어는 차도에서 3개월 간 복음을 전해 18,000명을 그리스도께로 인도했다"고 말했다.[25] (로버트슨은 적어도 빌리가 <킹제임스성경>을 가지고 3개월 간 거둔 열매가 자기가 웨스트코트, 홀트, 알란드, 네슬의 알렉산드리아 헬라어 "원문"을 가지고 40년 간 이룩한 것보다 더 크다는 사실을 인정할 정도의 분별력은 갖고 있었다.) 피츠버그에서 구원받은 18,000명의 죄인들 가운데 적어도 75% 이상이 18-80세의 성인 남자였다는 사실은 매우 의미 있는 일이 아닐 수 없다. 사탕발림식의 복음은 아직 유행하지 않았고, 사람들은 제대로 구원을 받았던 것이다.

빌리 선데이에 대한 공격은 여러 방면에서 다양한 방식으로 이루어졌다. 빌리 선데이는 그의 사역의 초기에 술에 대한 도전장을 던졌고 따라서 당시의 술꾼들과 주류업자들로부터 공개적, 비공개적으로 공격을 받았다.[26] 로데히버는 "빌리 선데이는 이제껏 내가 본 설교자 중 그 어떤 사람과도 전혀 다른 식으로 설교했다. 그는 최신 유행하는 속어를 사용했고 청중의 99%가 알아들을 수 있는 표현을 선호했다"고 말했다.[27] 때로는 이런 설교가 상당히 "부정적"인 반응을 불러 일으키기도 했다. 예를 들면 선데이는 교회 협의회의 지도급 인사인 글래든 박사를 "늙은 대머리 멍청이"라고 말했다(루터, 모르드캐 햄, 프랭크 노리스 등도 직설적 언어를 사용한 것으로 유명하다). 빌리는 당시의 고등 교육을 받은 자유주의자들을(모두 하나같이 사회주의자 혹은 막스주의자였음) "몸이나 사리는 겁 많은 약골들"이라고 불렀다. 이에 대해 교회사가들은 빌리는 "남을 존경할 줄 모르는 자"라고 평가했다. 이들 학자들에게 빌리는 예의도 없고 "교회의 개념"도 모르는 무뢰한으로 비쳐졌고, 그의 설교 역시 "왜곡되고 속되다"는 평가를 받았다.[28] 그러나 로데히버는 선데이를 생각이 깨끗하고 순수한 사람이라고 말했으며, 강단에서 죄인들을 힐책할 때 말고는 그 어떤 사석에서도 속된 이야기를 한 적이 없고, 한 번의 집회를 통해 600명을 한 교회에 등록시킬 정도였다고 말했다. "교회에 대해 합당한 개념"을 갖지 못한 사람치고는 대단한 업적이라고 할 수 있지 않은가?

8주 간에 걸쳐 지속된 필라델피아의 집회에서는 약 230만 명이 빌리 선데이의 설교를 들었다.[29] 로데히버는 선데이의 집회들은 "큰 사업"이라고 불렸으며, 이는 교회들의 후원 없이 개개인 성도들이 그 집회의 비용을 부담할 것을 보장했기 때문이라고 지적한다. 이 사실은 매우 주목할 만하다. 왜냐하면 이로써 미국의 종교 단체들이 고용하는 종교 지도자들이 자신들의 배교한 종교 단체를 위해 정책을 강요하거나 선전을 일삼을 수 없게 되었기 때문이다. 빌리 선데이는 북부 침례 교단과 감리 교회의 배교를 막아 준 사역을 펼쳤다. 이 사역은 스코필드 관주성경이 출판되고 있던 시기에 이룩되었고, 선데이는 J. 프랭크 노리스가 남침례 교단을 바로잡는 사역을 시작하는 동안에도 계속해서 설교했다.

선데이의 설교는 화끈하고 극적인 호소력을 갖고 있었다. 그는 모든 규정화된 형식을 내던졌고 고유의 복음 전파 방식을 갖고 있었다. 강단으로 걸어나가는 순간부터 그는 마치 "최고조로 음이 잡힌 바이올린 줄" 같았다. 그는 매우 민감했고, 그의 유머는 전염성이 강했으며 자유 자재로 사람을 울릴 수 있었다.[30] "만약 내가 나의 그리스도와 복음으로 사람들의 관심을 이끌 수 없다면, 또 만약 내가 당신이 하늘나라에 가고픈 마음을 갖도록 하지 못하고 지옥에서 벗어나고자 애쓰도록 만들지 못한다면 그것은 내가 뭔가 잘못된 것이 틀림없다."[31]

공산주의, 사회주의, 카톨릭, 관념론, 자유주의, 무신론 등의 강력한 영적 공격에 맞서야 했던 많은 그리스도의 용사들은 1800년대 끝 무렵에 사역을 시작했지만, 그들의 공적은 제1차 세계 대전 후에 가서야 가시화되었다. 이들 "구식 복음의 수호자들"(노리스, 풀러, 존즈, 라이스, 라킨, 빌링톤, 디한, 트루엣 등)의 사역을 이해하기 위해서는 빌리 선데이의 사역 이전에 시작되어 사역 기간 중에 퍼져나간 엄청난 배교의 물결을 염두에 두지 않으면 안된다. 우리는 이미 모든 배교는 기독교 대학 및 신학교에서 발흥된다는 사실을 배운 바 있다(모든 공산주의 운동과 사회주의 운동은 일반 대학에서 시작되었다). 이제는 우리가 다시 알렉산드리아의 이집트로 돌아가 알렉산드리아 이단이 무디와 선데이와 집시 스미스 등이 전 국민을 성경으로 돌이키고 있는 동안 무슨 짓을 하고 있었는가를 살펴보아야 한다.[32] 때는 바야흐로 알렉산드리아의 이단들이 영국과 독일에서 모습을 드러내는 시기였다.

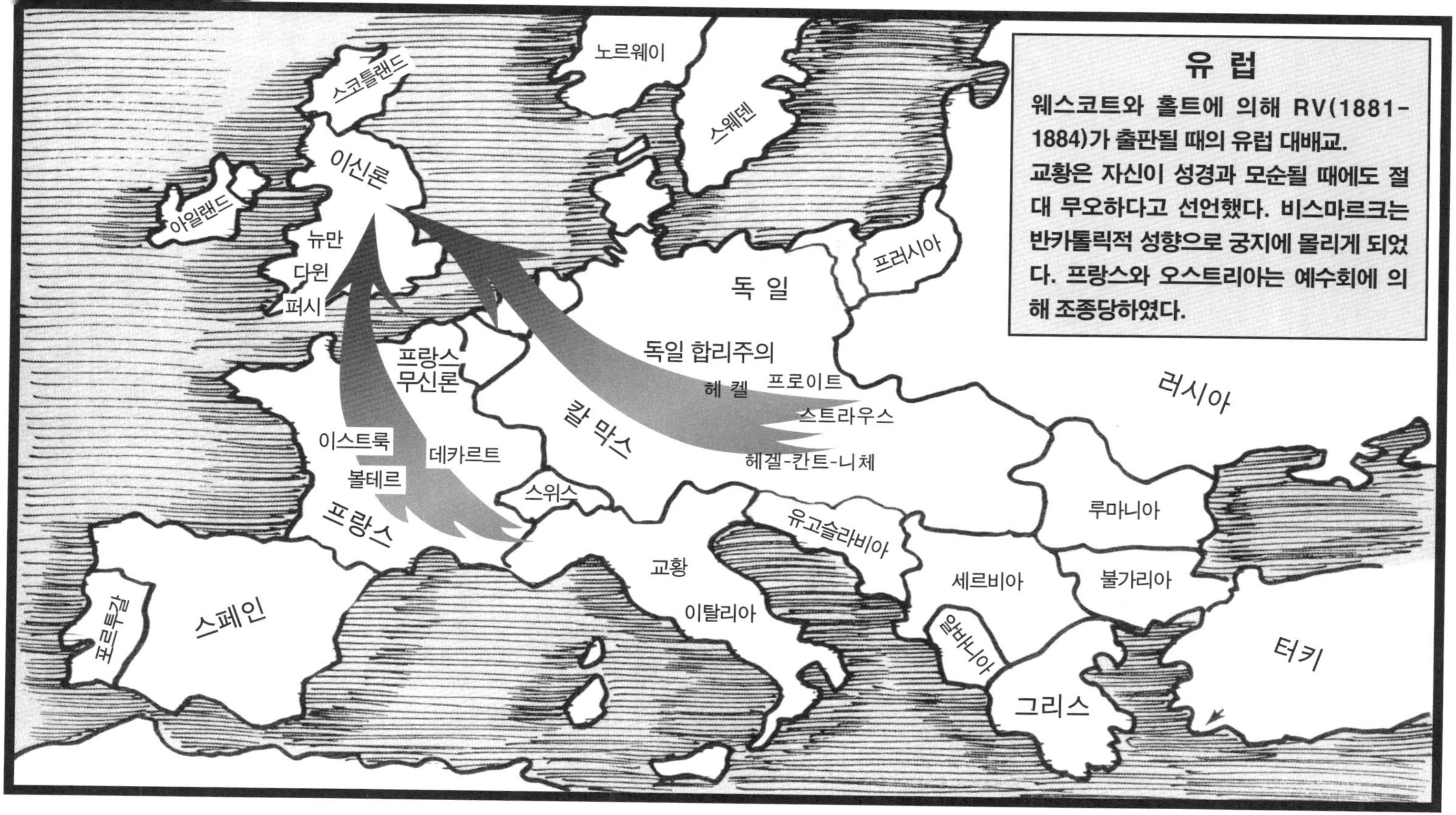

유 럽

웨스코트와 홀트에 의해 RV(1881-1884)가 출판될 때의 유럽 대배교.
교황은 자신이 성경과 모순될 때에도 절대 무오하다고 선언했다. 비스마르크는 반카톨릭적 성향으로 궁지에 몰리게 되었다. 프랑스와 오스트리아는 예수회에 의해 조종당하였다.

제 27 장
대배교의 배경

아무도 어떤 모양으로든지 너희를 미혹하지 못하게 하라.
이는 먼저 배교하는 일이 이르지 않고, 또 죄의 사람
곧 멸망의 아들이 나타나지 않고서는 그 날이 오지 아니함이라. (살후 2:3)

성경을 하나님의 말씀으로 믿는 교회사가는 역사에 나타난 여러 가지 영적 움직임들을 판단할 수 있는 기준을 갖고 있는 셈이다. 이 기준은 계시록 2장과 3장에서 발견할 수 있는 일곱 "교회 시대"이다.

이 내용을 잘 읽어 본 독자라면 여섯 번째와 일곱 번째 교회 시대 사이에는 다른 시대들 간의 차이와는 비교할 수 없을 만큼 커다란 영적 침체가 시작되고 있음을 간파할 수 있을 것이다. 이 일곱 교회들이 총 2000년 기간(A.D.70-?)에 걸쳐 전개된 것을 감안한다면, "대배교"의 시대가 교회 시대 전체의 20분의 1에 해당하는 마지막 100년 간에 발생한다는 사실은 주목할 만하다. 이 엄청난 "배교의 물결"은 성경 여러 곳에 예언되어 있다(딤후 3장, 딤전 4장, 유, 창 49장, 신 32장, 살후 2장 등). 이런 예언들에 따르면 막스와 다윈의 철학과 그 추종자들은 성경과 정반대 편에 서 있는 자들이다. 이 철학들은 20세기 말이 인류 역사의 절정이 될 것이라는 긍정적 입장을 보이고 있는 반면, 성경은 철저히 부정적인 입장을 견지하고 있기 때문이다.

D.L. 무디와 빌리 선데이의 사역이 절정기에 달해 있었고 성경대로 믿는 지역교회들이 미국 전역에 우후죽순처럼 생겨나고 있던 바로 그 기간 중에도 오늘날의 대붕괴를 예견하는 먹구름이 수평선을 뒤덮기 시작했다. 이 먹구름들은 하룻밤 사이에 생긴 것이 아니다. 이러한 현상은 교회사에 있어 여러 번에 걸쳐 일어났던 것으로 (A.D.325, A.D.580, A.D.1000, A.D.1580 등) 충분히 예견할 수 있는 일이었다.

역사를 통해 반복되어 온 "교회사의 악순환"(복음 전파, 교육, 문화, 배교)에 따라 대부흥 운동 기간 혹은 그 직후부터 설립된 모든 교육 기관에는 한결같이 문화가 침투했다. 문화는 미술, 음악, 과학, 철학, "사회학" 등을 기독교 안으로 유입시켰다. 거의 모든 문화 운동이 항상 후천년주의적 성격을 띠어 왔음은 주지의 사실이다.[1] 모든 문화운동은 예수 그리스도께서 이 땅을 직접 통치함 없이 인간의 노력에 의해 일종의 유토피아를 가져오려는 인간의 희망에서 비롯된다. [이런 자들을 우리는 "왕국 건설자"(Kingdom builders)라고 부른다.]

이 착각은 거듭나지 못한 사람들의 생각에 확고히 자리잡고 있는 것으로 이 지상에 살았던 거의 모든 대통령, 교황, 정신과 의사들은 인류의 미래에 대해 긍정적인 발언을 해왔다. 이러한 예는 수도 없이 많다(모든 정치 연설은 이러한 기조하에 작성된다). 루즈벨트[2], 트루먼[3], 챔벌레인[4], 케네디[5]의 연설 등이 그 대표적인 경우다. 세계의 정치, 종교 지도자들이 그와 같은 거짓말을 되풀이했던 이유는 간단하다. 그들의 추종 세력을 확보하기 위해 긍정적인 미래를 제시해야만 하기 때문이다. 이 땅에서 지도자가 되기 위해서는 "인간에게 희망"을 심어 주는 수밖에는 없는 것이다. 이 세상의 통치자 역시(눅 4:6) 긍정적 사고 방식의 소유자였다(창 3:1). 사람들은 장미빛 미래에 속고 싶어하는 것이다.

미혹을 원하면 미혹받는 수밖에 없다(살후 2:11, 겔 14:9). 구원받지 못한 사람들, "선행을 하며 살면 그만이다"라고 생각하는 거듭나지 못한 사람들은 자신이 스스로를 구원할 수 있을 만큼 선하다는 말을 듣기 원한다. 그들은 스스로의 노력에 의해 (사 64:6, 시 39:5) 자신은 물론 자기 조국, 자기 교회, 자기 학교도 구원할 수 있다고 착각하고 있는 것이다.

이것이 바로 오늘날의 교회 협의회(WCC)가 갖고 있는 입장이다. 그들은 모든 사람은 자동적으로 구원받을 것이며, 그 누구도 지옥에 가지 않는다[6]고 가르치는 것은 물론, 스스로의 노력에 의해 이 땅에 유토피아를 세울 수 있다고 가르친다. 이들은 정치적인 법률 제정과 혁명적 선동을 통해 유토피아가 이루어질 것이라고 믿고 있다.[7] 이들 위선자 집단은 지난 100년 동안 말로는 "교회와 국가의 분리"를 주장해 왔지만, 실제로는 온갖 정치, 사회적 이슈에 입장을 표명하거나 자신들의 주장을 공개적으로 또는 사적으로 강조해 왔다. 예를 들면 최저 임금제, 빈곤 퇴치 계획, 아프리카의 공산 게릴라 지원, 시민권법 제정, 거리 시위, 멕시코 노동자 수입, 인종 차별 없는 주택 정책, 국방의 의무에 있어 충성 서약 폐지, 연방 정부의 주택 정책 통제 등.

그러나 이들 위선자들은 1980년 제리 폴웰이 "도덕적 다수"(Moral Majority)에 대한 정치적 호소를 시도하자(즉 도덕적으로 건전한 사람들이 정치적, 사회적 이슈에 적극 개입하자는 운동), 설교자와 목사들은 정치에 "개입"해서는 안된다며 거세게 항의하고 나섰다. 이런 위선적인 행동은 교회 협의회 소속 감독이나 목사들이 이미 지난 50년 동안 칼 막스의 주장을 공개적으로 옹호했으며 미국의 거의 모든 주요 언론기관에 자신들의 정치적 압력을 행사해 온 이후에 취해진 것이었다.[8]

이제껏 언론에 발표된 그들의 선언들과 교회 협의회 지도자들이 쓴 십여 권의 책들에는 교회 협의회의 정치적 입장이 분명히 나와 있다. 그들은 독재 실시를 위한 무기 압수에 찬성하고 있으며, 성도착자들이 공립 학교에서 가르치는 것을 지지하고, 전세계를 하나의 경찰력으로 통제하는 하나의 정부가 세워져 사유 재산 제도를 없애고 계급 없는 사회를 만드는 것을 그 목표로 하고 있다.[9] 이 목적을 달성하기 위해서는 그 어떤 수단도 정당화된다[시위, 혁명, 소요, 연방 통제, 무정부 상태 혹은 "중성의 성서"[10](하나님을 아버지가 아닌 중성의 존재로 표현한 "성서"), 그 밖의 모든 수단들]. 교회 협의회는 막스와 레닌과 동일한 방식으로 "민중이 원하는 것"을 민중에게 제공하고 있는 것이다. 사탄은 이 목적을 위해 정치 지도자와 종교 지도자들을 부지런히 양성해 왔다. 드물게 예외적인 인물이라면 빅토리아 여왕, 토마스 제퍼슨, 올리버 크롬웰, 비스마르크 및 오렌지 공 윌리암 정도일 것이나 이들 역시 배교의 물결은 막지 못했다(눅 4:6).

영국이 찰스 다윈에게로 돌이킨 것은 다름 아닌 빅토리아 여왕의 통치 기간이었다(1837-1901). 당시 2만여 명의 부정적 설교자들이 『**진실로 가장 좋은 상태에 있는 모**

든 사람도 다 헛될 뿐이니이다』(시 39:5)라고 외쳐대자 사람들은 이 화살을 피해 "구원"과 "도움"을 받으러 다윈에게로 가버렸던 것이다. 다윈과 막스는 장미빛 세상을 꿈꾸는 "교육받은 계층"에게는 구세주가 아닐 수 없다. 대중은 그들이 제공하는 마약을 원하고 있는 것이다. 대중의 환심을 살 수 있는 방법은 미래에 대해 거짓말을 하는 것이다.[11] "그들이 원하는 그것을 주라." 이것이 계략의 핵심이다.

토레이, 무디, 선데이, 집시 스미스의 사역 기간 중 배교의 구름이 서서히 덮이기 시작했고 1800년 이래 시작된 이 먹구름은 1880-1930년에는 짙은 먹구름으로 전기독교계를 뒤덮을 정도가 되었다. 이 저기압을 불러온 원인을 세 가지로 요약해 볼 수 있다.

1. 유럽, 영국 그리고 미국의 일반 가정에서 매일 성경을 읽는 것을 대신해 신문과 잡지를 읽는 습관이 정착되었다. 이 "언론"의 자유에 대해 교황이 반대했던 이유[12]는 카톨릭 정치 조직에 대한 위협이라고 생각했기 때문이다. 사실에 대한 정보를 갖게 되면 카톨릭으로 남아 있을 사람이 줄어들 것이기 때문이다. 카톨릭 교회가 강성한 조직력을 유지할 수 있었던 것은 카톨릭의 제국주의적 정치 책략과 그 책략의 수행 방법에 대해 교인들이 무지했기 때문이었다. 그러나 언론은 로마 카톨릭 교회에 아무런 위협이 되지 못했다. 왜냐하면 막스주의에 편승한 언론은 로마와 동일한 원칙 하에 세워진 세속적인 기관이었기 때문이다. 즉 언론 역시 재정적, 정치적 편의주의를 목표로 삼고 있는 것이다.

사실 로마 카톨릭 교회에 가장 위험한 것은 성경이다. 따라서 신문에 매주 성경이 게재되지 않는 한 로마 카톨릭 교회는 언론과 "조화"를 이룰 수 있다. 미국의 주요 언론 기관(T.V., 라디오, 신문) 중 "반카톨릭"적인 기관은 단 하나도 없었다. 그들은 한결같이 친카톨릭적이다. 반면 성경, 표현의 자유, 지역교회, 엄격한 법의 집행, 사형 제도, 무기 소유, 민족주의, 애국심, 도덕 기준 등에는 반대하고 나선 언론 매체들이 수두룩하게 등장했다. 한 마디로 이들 언론 매체들은 공산주의적인 입장을 갖고 있고, 대중을 노예화시켜 카톨릭 독재자가 지배할 수 있는 여건을 조성하는 임무를 맡고 있다.

오늘날 "현대인"들은 생명, 과학, 죽음, 종교, 도덕, 정치, 국제 문제, 및 교육에 대해 주로 막스적 사고로 무장된 언론 매체로부터 정보를 얻고 있다. 스탈린, 레닌, 엥겔스, 막스는 전부 노동자나 농부가 아닌 언론인이었다는 사실은 주목할 만하다.[13] 그들은 "프롤레타리아"가 아닌 제4계급으로 불리는 신종 귀족인 언론인들이었던 것이다. 러시아 혁명의 배경을 연구해 보면(프랑스 혁명의 배경과 마찬가지로) 그 배후에는 노동자들이 없었다는 사실이 확연히 드러난다.

레닌은 권력에 아첨하는 사람으로 국제 사회주의 운동을 통해 자신의 안전과 지위를 보장받으려고 했던 언론인이었다. 레닌은 공산 러시아를 창조해 내지 않았다. 그는 군사적 제국주의를 실시하기 위한 기구를 만들어 자신이 그 독재자가 되었던 것이다. 그러나 그는 너무 일찍 죽었고 스탈린(Stalin)이 대신 그 자리를 차지했다.[14] 러시아는 오늘날 프롤레타리아 혹은 "짓밟힌 노동 계급"과는 아무런 관계가 없다. 러시아는 제국주의적 군사 독재 국가로 중산층(브르조와)에 해당되는 경찰들(NKVD)에 의해 통제되는 사회이다(소련의 붕괴 이전의 상황임 - 역자주).

레닌(Lenin), 트로츠키(Trotsky), 막스(Marx)는 언론인이 되기 전에 "학생"이었다. 바로 이 사실은 오늘날 20세기의 공산주의 운동이 어째서 학생과 교수로부터 시작해서 언론을 통해 번져나가는가를 여실히 보여 준다. 미국 유수의 대학들(1970년대의 켄트 주립 대학, 1960년대의 버클리, 1930년대의 콜럼비아 대학교)과 전국 교육자 연합회(NEA)[15]는 민주주의나 공화제를 추진한 세력들이 아니다. 오히려 이들은 레닌, 트로츠키, 막스와 마찬가지로 자본주의 혹은 민주적 제도들을 무너뜨리기 위해 조직된 학생운동 세력이었다. 언론이 사용하는 용어는 대다수가 대학 수업 시간에 사용하는 용어이며, 반대로 언론에서 사용하는 용어는 대학에서 통용된다. (예를 들면 의미있는, 관련된, 의미있는 가치, 사회 참여, 깊이 있는 "신뢰", 인종 차별, 실재에 대한 초점, 결정적인 내용, 제도화된 구조, 억압받는 소수, 최종적 확증, 현실 유지에 도움이 되는 사실과 확인 가능한 사실, 피드백, 단순한 사고 방식, 적절한 관점, 다원주의 사회, 가치 규명, 정상 회담, 대화, 데탕트, 유예 기간, 사면... 등.)

신문 기자들은 대학 졸업자들이거나, 대학 졸업자로 자처하면서 대학에서 사용하는 용어들을 신문에 그대로 사용한다. 그러나 이들이 사용하는 용어들은 역사적 사실이나 민중, 노동 계급과는 아무런 관계가 없는 것이며, 신약 지역교회와는 더 더욱 아무런 상관이 없는 것들이다. 그들의 용어들은 환상의 왕국에나 속한다고 할 수 있다. "단순한 사고 방식의 확장은 현시대에 있어 종교의 붕괴와 관계가 있을 가능성이 있다." 그러나 이런 식으로 이야기한다고 늑대가 양이 되는 것은 결코 아니다.

가정에서의 성경 읽기는 신문과 잡지의 구독으로 대체되었고, 여기에 라디오(1920)

와 T.V.(1950)까지 도입되었다. 따라서 미국의 시민들은(1920-?) 실재 대신 막스적 환상을 보면서 살아 왔으며, 진리 대신 거짓말을 들어왔고, 성경적 도덕 대신 비도덕적 이교도에 노출되어 왔으며, 건전한 문학 대신 외설 문학에 젖어 왔고, 문화적 차이를 인정하는 대신 인종 통합을 당연시해 왔으며. 사이비 학문, 사이비 종교, 사이비 과학에 물들어 왔다. 무엇보다도 미국인들은 "뉴스" 거리가 될 만한 "새로운 무엇"에 대해 중독되고 말았다. 이제 전세계적 공산주의 카톨릭 교회는 언제 등장하더라도 충분할 만큼의 회원을 준비시켜 놓은 셈이다.

2. 성경대로 믿는 그리스도인들과 복음 전파자들이 일단 기독교 대학들을 버리고 서부로 옮겨가게 되자(무디는 일리노이 출신인 반면 빌리 선데이는 아이오와 출신이었음을 염두에 둘 것), 기독교 대학, 대학교, 신학교(할레, 튜빙겐, 시카고, 하바드, 예일, 콜게이트, 옥스퍼드, 캠브리지 등)이 기독교에 해로운 영향을 끼치게 되었다. 기독교 교육이든, 세속적 교육이든 모든 고등 교육의 최종 목표는 하나의 최종적이고 절대적인 권위에 대한 믿음을 파괴시키는 것이다. 유명 기독 대학, 신학교 및 대학교들은 알든, 모르든 이 임무를 착실히 수행하고 있다. 이들 교육 기관에서 공부를 시작한 대부분의 학생들은 얼마 후 성경 대신 교수들의(구원받은 죄인이든, 구원받지 못한 죄인이든 간에) 의견과 철학을 최종권위로 받아들이게 된다(세월이 지나면 이들 학교의 교수진은 모두 구원받지 못한 사람들로 대체될 것이며, 성경은 경시될 뿐 아니라 공격을 받고 부인당하게 될 것이다).[16]

합리주의, 자유주의, 사회주의 및 근대주의의 뿌리는 언제나 교육받은 그리스도인들에게 있어 왔다. 이들 교육받은 그리스도인들[17]의 뿌리와 배경이 정통 신학교들과 대학교들과 연관되어 있음은 주지의 사실이다. 이로써 학생들과 교수들은 공산주의와 자유주의를 발흥시키게 되었다. 이 두 가지 운동은 학교에서 시작되었다. 신약 교회사의 관점에서 보자면 이 두 가지 운동은 일고의 가치도 없다. 이 지구상에서 주요 일간지를 펴낸 사람치고 신약 지역교회의 회원인 사람은 아무도 없었다. 자유주의 대학의 교수치고 신약 지역교회의 회원인 사람도 하나도 없었다. 막스주의를 신봉하는 학생치고 신약 지역교회의 회원이었던 사람은 결코 없었으며 앞으로도 없을 것이다.

참된 신약 지역교회는 죄에 대해 설교하고 하나님께서 진리에 반대하는 자들(고전 5,6장)의 계략을 분쇄해 주시도록 기도하는 것 외에 당대의 사회적, 정치적 이슈에 "개입"해 본 적이 결코 없다. 노예들의 해방(고전 7:21, 딤전 6:1-2), "공정한 부의 분배", "소외 당하는 계층과의 부의 공유"는 신약 교회와 아무런 관련이 없다.

3. 기독교의 배교에는 음녀의 어미 로마 카톨릭이 그 배후에 놓여 있다. 비록 로마가 영국, 스코틀랜드, 미국을 상실하기는 했어도 결코 그들의 목표를 포기한 적은 없다. 이들은 과거 자기들이 정죄했던[18] 구원받지 못한 철학자들을 도구로 사용해서 개신교도들의 성경[19]에 대한 믿음을 파괴시키고자 시도했다. 로마는 기독교 학교들 내에서 몰래 활동하여 교수진들을 암흑 시대의 성서로 되돌려 놓았고, 카톨릭식 "기독교"의 성사 위주의 의식주의로 기독교 신앙을 대체해 버렸다.[20]

서양 사람들이 일단 최종권위로서의 성경을 버리자, 가야 할 곳이라고는 로마밖에 없게 되었다. 신문과 잡지가 최종권위가 될 수는 없기 때문이다. 결국 모든 길은 로마로 통하게 된 셈이다. 이로써 로마 교황은 성경을 제쳐놓은 채 스스로가 무오하다고 하는 지상의 최종권위가 된 셈이다. 필리핀의 공산혁명자들을 격려하기 위해 마닐라에 모습을 드러낸 교황 앞에(1981년 2월) 필리핀 대통령 마르코스가 자신의 죄를 용서해 달라고 간청하며 그를 "거룩한 아버지"(요 17:11 참조)라고 부른 사실은 결코 놀랄 일이 못된다.[21]

지금까지 제시한 이 세 가지 요소들이 필라델피아 시대(계 3:6-10)의 막을 내리고 기독교를 배교의 늪으로 이끌어 간 것이다. 로마에서 시작된 배교의 물결이(A.D.300- 400) 발칸 반도에 침투했고(A.D.400-800) 곧이어 영국으로 번져갔으며(A.D.500-800) 뒤이어 독일과(A.D.800-1000) 프랑스(A.D.1000-1400)를 완전히 뒤엎었고 영국의 기독교(1900-1990)를 완전히 와해시켜 버렸다면(1960년경에 스펄견의 태버나클교회는 이미 박물관이 되어 버린 상태였다) 미국 또한 이 배교의 물결에서 피할 도리는 전혀 없었던 것이다.

르네 데카르트(Rene Decartes, 1561-1650)와 아담 바이스하우프트(Adam Weishaupt, 1748-1830)는 둘 다 예수회에서 양육받은(로마 카톨릭 신자였던 히틀러는 예수회가 아닌 베네딕트 수도사들에 의해 양육받았다) 바바리아 출신 카톨릭 신자였다.[22] 데카르트에게 있어 최종권위는 성경이 아니었다. 그의 최종권위는 상상력과 함께 육체적인 감각이었다. 데카르트는 "사고 방법"을 위해 자신이 만들어 낸 규칙들(70여 페이지에 달함)이 모든 인간으로 하여금 모든 문제에 있어 올바른 판단을 내리도록 해 줄 것이라고 믿었다. 이로써 무오한 사고 방식이 생겨났고, 이성은 선과 악을 알 수 있는 신으로 군림하게 되었다(창 3장 참조).[23] 데카르트는 인류는 선한 카톨릭 신자로서 로마 카톨릭 사제들과 교황들에게 복종해야 한다고 가르쳤으며, 권위적인 계시로서의 성경은 거부해야 한다고 주장했다.

데카르트는 비록 교황에 의해 "선한" 카톨릭 신자로 인정받지는 못했지만, 예수회는 교황의 견해와 정반대로 바이스하우프트와 몰리에르(Moliene, 1622-1673)는 물론 데카르트 역시 자신들이 키워냈음을 자랑스러워한다.[24] 예수회의 역사에는 예를 들면 셰익스피어(Shakespare)는 그가 성경을 믿었기 때문이 아니라 로마 카톨릭 신자였던 아버지를 두었기 때문에 천재라고 한다.[25] 레싱(Lessing, 1729-1781) 역시 그가 마틴 루터의 가르침 대신 교황에게 순복했기 때문에 훌륭하다고 한다.[26] 바이런, 쉘리, 하이네 역시 "수용할 만하다"는 평가를 받는 것은 그들 역시 "카톨릭적 영향하에서 양육받았기 때문"이라고 한다. 위에 언급된 자들 가운데는 셰익스피어 이후 그 누구도 성경을 믿는 사람이 없었다.

다만 빅토르 위고(Victor Hugo, 1802-1885)만이 그의 <노틀담의 곱추>라는 작품으로 교황의 금서 목록에 들어가게 된 성경을 믿는 사람이었을 뿐이다.[27] 콰지모도와 에스메랄다(노틀담의 주인공들)의 모험담은 선하고 경건하고 거룩한 "신부들"은 육욕으로 불타오를 뿐 아니라, 공갈 협박을 동원해서 육욕을 채운다는 사실을 여실히 보여 준다.

1750년부터 1774년까지는 흔히 "계몽 시대"라고 불리는데, 이는 루터의 독일어 <표준원문>을 사용해서 복음을 전파한 경건파들과 모라비안 교도들의 전세계적인 선교 운동 때문이 아니고, 존 로크(John Locke, 1632-1704), 파스칼(Pascal, 1623-1662), 보일(Boyle), 할레이(Halley), 라시느(Racine), 임마누엘 칸트(Immanuel Kant, 1724-1804) 등이 로마 카톨릭 교회가 개인의 창의력을 억누르는 영향력을 잃어버리도록 하는데 기여했기 때문이라고 한다. 그러나 칸트는 "계몽"을 가져오기는 커녕 영적으로 완전한 소경에 불과했다. 칸트는 하나님의 말씀을 믿는 것은 어떤 증명도 없이 시도되는 막연한 것이라는 잘못된 추측을 가지고 그의 철학을 출발하여 결국 증명할 수 있는 사실들은 "과학"의 범주에 넣었고(골 2:8, 딤전 6:20), 반면 증명할 수 없는 믿음은 "종교"(갈 1:8-15)의 범주에 넣었다. 이 교묘한 철학 체계로 인해 독일의 모든 대학 교수들(칸트를 믿고 따른)은 대학 캠퍼스에서 실험관이나 망원경 혹은 현미경을 통해 증명된 것은 참 지식인 반면, 솔로몬, 모세, 다윗, 및 바울 등이 기록한 것은 참 지식이 아니라는 실로 어처구니 없는 교만에 사로잡히고 말았다(이 교만은 끝도 없고 완화될 수도 없음이 역사적으로 입증되었다). 이로써 대학 실험실에서 관찰되는 물리적 현상만이 절대 진리가 되었고, 반대로 하늘, 지옥, 동정녀 탄생, 육체의 부활, 새로운 출생, 예수 그리스도의 재림 등은 "비실재적"인 것들이 되고 말았다. 대학 실험실에서 어떻게 이런 사실들을 증명할 수 있는가? 리엘, 팔레이, 다윈은 모두 칸트로부터 힌트를 얻어 그들의 "과학"을 세워나갔다. 이들은 파라오나 님롯만큼이나 "계몽된" 자였던 것이다.

헤르데르(Herder)의 <인류의 역사, *History of Mankind*>가 1780년에 출판되었고, 이 책은 교육받은 계층의 교과서가 되어 버렸다. 이 책은 어거스틴의 <하나님의 도성>과 히틀러의 <나의 투쟁> 및 요한 바오로 2세의 1982년 순방 연설과 마찬가지로 후천년주의적이다.

과학에서는 "물리적 현상의 관찰"이 최대의 과제가 되었다. 프리스틀리, 카벤디쉬, 폰 할러, 라마르크, 허쉘, 라플라스, 제너, 폴타, 빙클만 등이 나와서 과학을 발전시켰지만, 그 누구도 B.C.4000년 이래 존재해 온 인간의 문제를 해결하는 데 성공하지 못했다. 이들 과학자들은 그 어떤 사람도 구원시키지 못했고, 그 누구도 자기 자신의 고국이 지니고 있는 기아, 분쟁, 죄, 혁명, 실업 문제를 해결하지 못했으며, 죄와 죽음에 대한 치유책을 찾아내지 못했고, 국제 분쟁, 전쟁, 혹은 질병을 해결하지 못했다("과학"은 구원받지 못한 철학자들에 의해 그 용어가 사용된 이래로 인류의 일곱 가지 큰 문제를 단 하나도 해결하지 못했다. "과학"은 기껏해야 하나님의 말씀을 믿고 복종하는 것을 대체해 버린 업적을 세운 셈이다.)

진젠돌프, 웨슬리, 번연, 휫필드, 에드워드, 테넌트, 피니, 존스, 카트라잇, 무디 및 선데이가 영적 전쟁의 선두에 서 있는 동안 음악가들은 최대의 돌풍을 일으켰고(바하, 구노, 모짜르트, 헨델, 하이든, 베토벤, 슈베르트, 슈만, 쇼팽, 브람스, 바그너, 리스트, 베르디, 비제 등) 미술가들은 전세계적인 복음 전파로 얻은 열매들을 거두고 있었다(렘브란트, 버미어, 고야, 터너, 호가트, 마네, 모네, 마티스, 쿠베, 세잔느, 르노와르, 반 고호, 드가 등).

성령께서 로마 카톨릭, 불교, 도교, 이슬람교, 유교, "자유 연애", 진화론, 무신론, 무정부주의, 회의주의를 폭풍으로 휩쓸자 산업 혁명이 일어났고, 수백 가지의 발명품들이 쏟아져 나왔으며, 농업 및 사회 혁명이 일어났고, "과학"은 온갖 종류의 술책을 동원하기 시작했다. 어찌나 커다란 "발전"과 "진화"가 일어났는지 구원받지 못한 자들 중 성경을 알고 있었던 사람들은 "천국이 세워지는 것"이 아닌가 하고 생각할 정도였고, 과학(딤전 6:20)과 철학(골 2:8)에 시간을 보내고 있던 모든 배교한 그리스도인 역시 "왕국이 임하고 있다"고 생각했다.

1933년 말 히틀러는 나치 운동을 "긍정적"(창 3:1 참조) 기독교 운동이라고 말했다.[28] 이 정도면 당시의 미혹의 상태가 어느 정도였는지 짐작하고도 남을 것이다 히틀러는 대량 살상을 시작하기 전 "기독교 교회의 수장"인 교황과 밀약을 체결하였고, 매우 현명하게도 자신의 정부를 그리스도의 천 년 통치(계 20:1-2)를 따라 이름지었다. "천년 제국"(thousand year reich)이란 말은 인간이 스스로의 노력에 의해 이 땅에 "천국"(계 20:1-3)을 세울 수 있다는 믿음에서 지어진 이름이었다. 어리석게도 모든 인본주의자들은 이 사실을 믿고 있다.

라투렛(그는 자기가 "침례교도"라고 고백한다) 같은 역사가는 교황의 입장에서 교회사를 집필했다.[29] 즉 종교 역시 발전하고 있다는 관점에서 교회사를 기술한 것이다. "기독교적 자극"이라는 용어가 라투렛의 교회사에는 여러 번 등장한다. 사람들은 이를 두고 이 용어가 성경과 관련이 있는 것으로 생각하지만, 실상은 그렇지 않다. 성경에는 개인, 민족, 국가, 교회를 위한 기독교적 자극이란 말이 한 군데도 나오지 않는다. 라투렛(웨스트코트와 홀트와 같이)은 비카톨릭 신자로 성장했으면서도 로마 카톨릭 교회가 "기독교" 조직이라는 가르침을 지지하고 유포하여 사람들로 이 사실을 신뢰하도록 하는 데 기여한 인물이다. 카톨릭 교회 내에서는 17세기부터 20세기에 걸쳐 전세계적인 "개혁" 운동이 일어나 프로테스탄트의 성경을 읽는 것이 금지되었다(교황의 칙령을 순종하려면 그랬다).[30] 더 나아가 17-20세기 동안에는 그 어떤 카톨릭 신자도 구원이 물침례 이외로부터 온다고 믿지 못하도록 강요 당했다.[31] 반면 전세계에서 <킹제임스성경>을 가르치고 설교하고 있었던 사람들은 예수 그리스도께서 그 어떤 교회와 상관없이 죄인들을 구원하며 그 어떤 교회도 그 누구의 구원을 통제할 수 없다고 가르쳤다. 웨슬리와 휫필드는 설교시 유아세례에 대해 아무런 언급도 하지 않았고 그들의 회심자들도 마찬가지였다. 피니와 스펄젼 역시 설교시 이에 대해 아무런 언급을 하지 않았고 그들의 회심자들도 마찬가지였다. "기독교적 자극"이란 윌리암 부스 장군이나 피터 카트라잇 만큼이나 "카톨릭"과 관계가 없다. 라투렛이 묘사했던 "기독교적 자극"이란 전세계적인 복음 전파와 종교개혁 성경의 보급을 로마 카톨릭 교회가 15세기에 걸쳐서도 이룩하지 못한 것을 단 3세기에 걸쳐 이룩했다는 사실을 의미한다.

이 놀라운 성령의 움직임이(이 역사는 <킹제임스성경>과 여기에서 번역된 800여개 언어로 된 번역본들을 통해 이루어졌다) 사탄에 의해 방해를 받는 것은 지극히 당연한 일이었다. 앞에서도 언급했듯이 마귀는 교회 역사에 있어 주인공인 교회만큼이나 맹렬히 활동하고 있다. 사탄의 역사와 목적, 계획 및 책략(고후 2:11)에 대해 언급하지 않은 교회사는 결코 교회사가 될 수 없다. 그런 책은 세속사에 불과하다.

사도행전을 보면 신약의 지역교회와 그 회원들은 그들 안에서 성령께서 역사하실 때마다 다른 사람들에 의해 매번 반대를 당해 왔음을 알 수 있다(행 9:1-4; 13:44-45; 14:3-5 등). 16,17,18,19세기의 복음 사역과 선교 운동이 아무런 반대 없이 환영을 받았을 것이라고 생각하는 것은 지극히 무지한 소치에서 나온 생각일 뿐이다. 오히려 교회사에 있어 가장 거대한 배교의 물결이 이 복음 운동에 뒤이어 밀려왔다. 이 배교는 <킹제임스성경>의 본거지인 영국에서 꽃피웠고 전세계로 신속히 확산되었다. 독일과 프랑스에서 움트기 시작한 배교는 당연히 서쪽으로 전개되었다. 이 배교는 철학(골 2:8)과 연관되었고 한 학생 저널리스트(배교한 유대인이었음)의 활약으로 확산되었으며, 생활을 위해 평생토록 정직하게 일해 본 적이 없는 로마 카톨릭 성경 개정자들과 더불어 가속화되었다.

배교의 배경에는 프랑스 혁명, 프랑스에서의 예수회의 복권, 부모가 독일의 루터 교회로 회심한 한 독일계 유대인에 의한 프랑스 혁명 이념의 체계화 등이 있었다. 이 배교의 카톨릭적 측면을 보자면 옥스포드와 캠브리지 대학이 반-프로테스탄트, 반-<킹제임스성경>, 반-표준원문 동맹체로 변질된 것이다.

이 배교의 "유대적" 측면은 토마스 뮨쩌(1770), 바보이프(1796), 에갈리투(프랑스, 1838), 하이네, 문트, 구츠코(독일), 바이트링(1842), 페르디난트 라살레(독일계 유대인, 1842), 푸리에(플아스, 1836), 카베 변호사(1856) 그리고 푸르동(1865) 등의 사상들이 일반화된 것이었다.[32] 이들 독일인들과 프랑스인들은 유대인의 피를 받았으나, 무신론자인 칼 막스와 같이 극단적 사회주의 혹은 극단적 공산주의의 형태를 지지하였다. 막스는 결코 새로운 사상을 창출한 것이 아니었다. 이미 알려진 대로 플라토(B.C. 427-347)는 그리스 철학자로 고대로부터 있어 온 이 모든 사상의 원천이었다. 그의 공화국은 철저히 국가가 통제하는 공산체제였다(가족을 국가가 통제하고, 혼인 역시 국가가 통제하도록 되어 있다). 막스는 매스컴을 이용 그의 사상을 확산시킬 수 있었다. 그 자신도 저널리스트였으므로(레닌과 트로츠키와 마찬가지로) 플라토, 뮨쩌, 바보이프 등이 접촉할 수 없었던 수천 명의 사람들에게 영향을 끼칠 수 있었다. 막스의 사상은 전혀 새로운 것이 없었다. 그의 사상은 단순했다. 그는 일하기가 싫었으므로 "철학 박사" 학위를 따고자 했다. 그는 이 세상의 모든 문제는 사람들을 고용해서 자기들을 위해 일하도록 시키는 사람들에 의해 발생된다고 결정해 버렸다. 이 세상의 모든 악의 뿌리는 죄가 아니고(약 4:1), 그것은 돈을 사랑하는 것이다(딤전 6:10, <킹제임스성경>은 막스의 속을 200여 년 전에 꿰뚫어 보고 있었다) 막스는 정욕으로 인한 싸움이(약 4:1) 자기가 갖고 있지 못한 것을 획득할 수 있는 "과학적" 방법이라고 결론내렸다. 혁명이 "돈이 없는 자"에게 해결책이라는 것이다. 고용주를 죽이고 그의 재산을 빼앗으면 되는데 무엇하러 일을 하느냐는 것이다.

공산주의는 단순화시키면 너무도 "간단"해진다. 한 마디로 말해 원하는 것을 훔치라는 것이다. 이것을 모를 사람이 있는가? 레닌과 스탈린의 막스주의는 정치국을 만들어(당을 장악한 19명으로 되어 있음) 1700만 명의 당원과 6억 5천만 명의 인민을 통제하는 체제를 만들어 냈다. 한 마디로 공산주의란 종교적 계급에 의해 통제되는 군사 독재인 것이다. 이 종교 계급은 "모든 믿음과 실행에 있어서의 최종권위로서" 진화적 과정을 숭배하는 "선행을 하는 자들"로 이루어져 있고 이들은 그들의 죽은 성자인 레닌의 묘지로의 순례 행렬을 모든 사람에게 강요한다. 이들 종교계급을 보호하기 위해 비밀 경찰(GPU, 후일에는 NKVD가 됨)이 창설되었고 이것은 후일의 KGB가 되었다(로마 카톨릭의 비밀 경찰 역할은 추기경과 예수회가 맡고 있다).

오늘날 칼 막스의 유품이라고 해 봐야 노동 조합이 파업도 일으킬 수 없고, 노동자들은 기도도 할 수 없으며, 노동자들은 단결권도 갖지 못하는 상태로의 전락이다. 이곳에서는 모든 사람이 모든 권력을 장악하고 있는 중앙 정부에 복종하거나 아니면 강제수용소에 가야만 한다. 이외에도 그들은 인민들의 권리와 믿음과는 아무런 상관없이 "평화 국가들"에 대한 침략 전쟁을 일삼고 있다.[33]

그가 남긴 또 다른 유산은 중공으로 이곳에서는 그 어떤 혁명가도(막스와 레닌 같은) 24시간 이내에 처형되며, 그 어떤 흑인도 공직을 차지할 수 없고, "민중"에 의한 정부가 "민중"에 의해 세워지기 전에 4천만 명의 "민중"이 처형당했다. 모택동 어록이라고 해야 몇몇 용어와 열정을 제외하면 막스 전집의 내용과 다를 바가 하나도 없다. 우리가 모든 일과 모든 사람을 그 열매로 판단해야 한다면(마 7:20) 그리고 정직한 역사 학도라면, 칼 막스는 미혹당한 자라는 사실을 인정하지 않을 수 없을 것이다.

영국에서는(1750-1890) 안개와 비에 의해 막스주의의 강도가 좀 식은 감이 없지 않다. 어쩌면 독일의 맥주 대신 차를 즐기는 영국인들의 차분한 성품 때문인지는 몰라도 무신론과 혁명은 진화론(다윈)과 사회주의(페이비안 협회)로 완화되었다. 칼 막스는 영국에 있는 그의 친구들이 누구인지를 알고 있었다. 따라서 그는 그의 "자본론"을 다윈(1809-1882)에게 헌정하기를 원했던 것이다. 다윈은 사태 파악을 못했을지라도 칼 막스는 눈치가 빨랐다. 막스는 만약 영국 사람들이 다윈의 "환상적" 이론(생물학적 진화론)을 "과학적"이라고 받아들인다면 자신의 경제 이론도 "과학적"이라고 받아들일 것을 알고 있었던 것이다. 그렇게 되면 체계화된 소득세, 의무 교육, 상속과 사유 재산 폐지, 총기 압수, 계급 없는 사회, 복지 국가 및 인종 통합 등은 모두 한 통속이 되고 만다.

다윈과 막스는 같은 부류에 속한다. 이는 어째서 공산주의자들은 비과학적인가를 설명해 준다. 진화론은 열역학 1,2법칙에 정면으로 어긋나는 엉터리 가설로 차마 이론이라고 부를 수도 없는 것이다. 진화론은 광적인 종교적 신념으로 전적으로 "비과학적"이다. 만약 "과학"(딤전 6:20)이 "관찰"에 의해 사실로 증명될 수 있는 "지식의 체계"라고 한다면, 진화론과 계급없는 사회라는 이론은 환상에 불과하다. 이 두 이론은 그 어떤 "과학"과도 관계가 없다.

<킹제임스성경>의 창세기 1:1을 받아들이지 않는 한 "기원"에 관한 그 어떤 과학도 있을 수 없다. "지질 연대, 지질 시대" 등은 타락한 상상력의 부산물에 불과하다.[34] 어떤 지질 이론을 가지고 인간의 기원에 관해 설명할 수 있다는 생각은 자신의 선함과 동료 인간들(동물)이 상호 살상을 통해 "진흙에서 낙원까지" 도달할 수 있는 능력과 선을 수행할 수 있는 능력을 갖고 있다고 믿고 있는 종교적 광신자들의 착각일 뿐이다. 다윈과 막스의 체계 안에서 살상(killing)은 매우 중요한 요소이다. 종교적 광신자들은 자신의 종교를 전파하기 위해 살상도 서슴지 않는다.

배교는 항상 문화와 더불어 시작된다(복음 전파-교육-문화-배교의 악순환을 기억하라). 막스와 다윈과 그의 동료들은 알렉산드리아 이단(A.D.200-300)의 이중적인 권

위들을 구축했고 성경을 없애 버릴 의도를 가지고 성경을 대했다. 성경은 사유 재산을 인정하며(마 20:15, 행 5:4), 고용주의 권리도 인정한다(마 20:15). 또 성경은 막스의 "생활 양식"(life style)을 비난하고 있으며(살후 3:10), 그의 종교적 신념 역시 무효화시킨다(시 19:2; 119:89,160). 성경은 다윈의 학문도 어리석은 것으로 간주하며(롬 1:22), "기원"에 관한 그의 이론 역시 예수 그리스도에 의해 반박되어 있다(막 10:6, 마 24:38, 요 5:46,47).

이로써 우리는 막스의 이론과 다윈의 이론은 성경적 가르침을 싫어하는 어리석은 자들의 발상난에 불과하다는 결론을 내릴 수밖에 없다. 이 두 사람은 노동자가 아니었고, 농부도 아니었으며, "억압받는 대중"도 아니었다. 이들 두 사람은 인류가 갖고 있는 문제들에 대한 객관적 분석에 있어 아무런 판단력도 갖추지 못한 자들이었다. 그런데 바로 이 두 가지 이론이 19세기 영국과 그 식민지를 휩쓸었던 것이다.

다윈과 아브라함 링컨과 홀트, 이들은 공통점을 갖고 있다.[35] 그들은 "완전한 사회를 건설"하는 데 있어 원숭이로부터 진화된 인간이 "매일 매일 모든 면에서 발전"하고 있기 때문에 적자 생존에 입각한 약간의 투쟁만 더해진다면 예수 그리스도가 없어도 완전한 사회를 건설할 수 있다는 긍정적 사고 방식을 갖고 있는 것이다. 링컨이 말한 "국민의, 국민에 의한, 국민을 위한"이란 표어는 프랑스 혁명의 모토를 미국식으로 표현한 것에 불과하다. 이 표어가 의미하는 궁극적인 의미는 폭력을 사용해서라도 목표를 달성한다는 것이요, 결국은 공산당처럼 "원하는 것을 훔치라"는 표어로 결론이 내려진다. 이들이 절도와 살인(물론 "국민" 혹은 "민중"의 이름으로)을 위해 사용하는 상투적 용어는 "자유"와 "해방"이다.

자유와 해방을 위해 살인과 절도를 정당화시키는 것은 그것이 링컨, 처칠, 루즈벨트, 교황의 입에서 나온 것이든 레닌, 막스, 히틀러, 카스트로의 입에서 나온 것이든 동일한 것이다. 예수 그리스도 없이 완전한 사회를 건설하려는 이들 "왕국 건설자"(kingdom builders)들은 한결같이 동일한 용어를 쓰고 있으며 이제껏 큰 효과를 얻어왔다("자유"와 "해방").

바로 이것이 교회사의 대배교가 전개될 역사적 배경인 것이다. 뒤이어 역사의 무대에 등장하는 이들은 "근본주의자"들로, 이들은 동정녀 탄생, 육체적 부활, 피의 속죄, 그리스도의 신성을 믿는다고 고백하는 자들이다. 그들은 정통 영국 국교회(성공회)

회원이며 "선하고, 경건하며, 헌신된 학자들"이다. 이들 근본주의자들은 1881-1885년에 다음과 같은 자들의 지지를 업고 역사의 무대에 등장했다.

1. 막스주의자와 페이비안 사회주의자들(Fabians) : 이들은 부의 불평등한 분배가 모든 악의 뿌리라고 믿고 있으며, 모두가 각자의 재산을 "공유"하는 "공정하고 평등한" 경제 제도만이 인간의 모든 문제를 해결할 것이라고 믿는 자들이다.

2. 진화론자들과 이신론자들 : 이들은 성경이 모순과 "비과학적 오류들"로 가득차 있다고 믿고, "적자 생존"의 법칙으로 인간은 환경을 극복할 수 있으며, 결국에는 인간의 본성마저 바꿀 수 있다고 생각한다(비인간성도 진화되면 진정한 인간성으로 바뀐다는 진화론적 허구 - 역자주).

3. 옥스포드 운동을 주도한 퓨지주의자들(Puseyites) : 이들은 1611년의 <킹제임스 성경>이 1582년의 예수회 역본으로 대체되어야 한다고 주장함으로써 영국의 프로테스탄트들이 바티칸으로 되돌아가도록 길을 열어 놓은 셈이다.

이 세 요소는 한 마디로 사회주의-카톨릭-로마-공산주의-진화론 운동이라고 할 수 있다. "인류의 향상을 위해 전진하는 사회"를 내걸고 나선 이들이지만, 실상은 "암흑 시대의 퇴보를 위한 인간 중심 사회"를 건설하려는 것뿐이다. 이러한 구상은 언론 매체들의 작품이다. 인간이 이러한 생각을 하게 된 것은 성경이 말씀하시는 바를 믿는 대신 언론인들과 학자들이 말하고 쓴 바를 믿은 결과이다.

이들 언론과 학문은 "귀가 가려운 자들"(딤후 4:1-6)과 아테네 사람들(행 17:21)을 위해 인위적으로 이슈와 관심거리들을 만들어냈을 뿐 아니라, 이러한 이슈들이 20세기에도 계속해서 인간의 마음을 사로잡을 수 있게 하는 데 총력을 기울였다. 결국 비본질적이고, 좌익 성향을 띠며, 비실제적이고, 공산주의적이며, 인간의 근본 문제와는 아무런 상관이 없는 문제들이 오늘날에는 모든 사람들의 최우선 관심의 대상이 되어 버린 것이다.

이제껏 살펴본 내용들은 신약 교회사를 많이 벗어난 것들이긴 하지만, 우리가 잊지 말아야 할 것은 1933-1980년 사이 연방 정부가 교회들에 대해 취한 부정적 조치들은 모두 언론이 주도했다는 사실이다.[36] 언론인, 상원 의원, 하원 의원, 대통령, 관료 및 학자들을 배출해 낸 자들은 다름 아닌 다윈(과학자들과 생물학자들), 막스(철학자, 언론인 및 사회주의자) 그리고 프랑스 림즈의 예수회 신부들(성경 개정자 및 번역자들)이었던 것이다. 돈 문제는 경제적 "전문가"들이 장악하고 있었던 반면(모간, 록펠러,

포드 등) 그들은 대학 교육을 받은 사람들의 사고 방식을 통제하고 있었던 것이다. 이는 왜 오늘날 미국의 가장 강력한 공산주의 지지기반이 대학 캠퍼스인가를 잘 설명해 준다. 이는 러시아, 중국에서도 마찬가지였다. 전세계 어느 곳에서든지 공산주의자가 발흥하는 곳에는 그 배후에 학생 운동이 있다[37](이란, 필리핀, 엘살바도르, 잠비아, 로데시아 등). 레닌, 막스, 트로츠키는(엥겔스와 마찬가지로) 첫째, 학생들이었고 둘째, 언론인이었다. 그들은 결코 노동을 해 본 적이 없다.

다윈을 100년 전에 추종했든지 오늘날 추종하고 있든지 간에, 그 사람은 종교적 이단인 셈이다. 이 이단은 인간은 동물에게서 왔고 동물의 뿌리는 식물이요, 식물의 근원은 광물이라고 믿고 있다.[38] 그 어떤 궤변으로도 자연발생설과 "획득된 형질"이라는 원칙을 위장할 수는 없으며, 다윈의 기본 입장에 대한 그 어떤 개정 작업도 이 기본 원칙을 바꿀 수 없다.

다윈은 모든 진화론자 및 인본주의자들이 가르치는 바를 그대로 가르쳤다. 즉 발전은 항상 진행되어 왔기에 불가피한 것이라는 것이다. "만약 발전이 추진된다면 발전은 불가피하다"(막스), 혹은 "환경을 통제할 수 있다면 발전은 분명히 가능하다"(아인슈타인, 하이젠베르크, 플랑크 등), 혹은 "발전은 상대적으로 볼 때 불가피하다"(실증주의, 실존주의 등)와 같이 그 어떤 식으로 표현하든 한결같이 인간의 타락한 본성을 정당화시키려는 기본 의도에는 변함이 없다. 만약 당신이 어디로부터 와서 어디로 가고 있는지를 모른다면 현재 어디에 있는지 모르는 것은 당연하다. 결국 이들이 말하는 "발전"이란 말은 "진화" 혹은 "변증법"과 마찬가지로 상대적인 용어인 셈이다. 따라서 인간이 얼마나 퇴보했으며 인류의 역사가 쇠퇴의 반복이었다는 명백한 사실도 보기에 따라서는 "발전"이 될 수도 있다는 것이다. 이처럼 아인슈타인의 상대주의는 기원도 목표도 모두 제거해 버렸던 것이다.

데카르트는 그의 혼을 잃어버린 채 그의 이성을 발견했고, 칸트는 이성을 잃어 버린 채 그의 의식만을 발견했고, 버트란트 럿셀은 그의 의식(혹은 양심)은 잃어버린 채 그의 동물적 반응을 발견했고, 아인슈타인은 그의 동물적 반응은 잃어버린 채 블랙홀에서 진공만을 발견하고 만 것이다.

단순화시켜 쉽게 표현하자면 다윈은 그 누구도 거듭날 필요가 없으며, 이는 최초의 출생 때부터 인간은 올바르게 태어났기 때문이라고 한다. 이 문제에 관한 한 다윈과 주 예수 그리스도는 결코 합의에 이를 수가 없다(요 3장).

요한복음 3:3은 창세기 1-3장에 근거하며, 그리스도께서는 모세가 창세기 2장에 기록한 것은(막 10:6) "학문"이 아니고 사실이라고 주장하셨다. 따라서 찰스 다윈이 틀렸든지 예수 그리스도가 틀렸든지 둘 중 하나이다.

예수 그리스도께서는 인간은 고귀한 존재로 위로부터 출발했지만, 타락하여 현재는 밑바닥 인생이 된 것과 따라서 창조주의 개입 없이는 자기가 밑바닥에 처해 있다는 사실도 모르는 처지이며, 더 나아가 그의 창조주의 기적 없이는 원상태로 회복할 수 없음을 주장하셨다. 반면 다윈의 주장은 인간이 밑바닥에서부터 출발하여 스스로의 노력을 통해 한 단계 한 단계 발전을 거듭해 왔다는 것이다.[39] 이것은 사실과는 아무런 상관도 없는 가상 이론에 불과하다. 다윈의 입장을 이해하는 데는 그 어떤 전문 지식도, 기술도 필요 없다. 그 어떤 실험도 다윈을 인정하거나 부인하는 데는 필요 없다. 진화론을 완전히 이해하는 데는 고등학교 교육도 필요 없다.

진화론은 자신은 성경이 말씀하시는 바 타락한 상태에(엡 2,4장, 롬 3장, 사 65장, 시 14편, 마 23장, 렘 23장 등) 있지 않다고 생각하여 스스로를 속이려고 애쓰는 구원받지 못한 죄인의 자기 정당화에 불과하다. 자기 노력으로 쟁취한 발전이기에 자기 의를 내세우겠다는 의도 외에는 아무것도 아닌 것이다.

다윈의 "과학적" 연구라고 해야 하나님의 말씀 앞에 불편한 심기와 공포심을 없애 보려고 발버둥친 것에 불과하며, 그의 추종자들 역시 동일한 입장에 처해 있는 자들로 다윈이 옳다는 것을 증명하기 위해 달에서 화산재를 가져오는 데 250억 달러를 쓰는 사람들이다.

칼 막스에게도 역시 동일한 평가를 내릴 수밖에 없다. 이 두 사람은 자신들이 지옥에 갈 수밖에 없는 죄인이라는 사실에 심한 정서 불안을 느꼈고[40], 그들의 철학 체계는 결국 이러한 히스테리에 근거한 것이다.

막스는 자기 스스로 지성인으로 분류되고 싶어했으나 그는 결코 지성인이 아니었다. 그는 출생 때부터 유대인이었지만 어떻게 해서든지 유대인이라는 신분에서 벗어나고 싶어했다. 그는 결코 일을 하려고 하지 않았고 그 결과 그의 두 아들은 굶어 죽었다. 그는 광란의 순간을 맞이했고 모든 가족은 해체되어야 한다고 외쳤으며, 그 누구도 자신의 것을 소유할 수 없고, 사람들이 성경을 믿고[41] 설교하는 이유는 경제적인 강압이나 야망 때문이라고 설파했다(예수 그리스도와 바울의 인생을 아는 사람이라면 막스의 이런 주장이 터무니 없음을 인정할 것이다).

막스는 자신이 인간에게 "천년왕국"을 가져올 수 있는 방법을 제시해 주는 메시야라는 사실을 조심스럽게 알렸다. 그는 자기가 진리에 대해서 모세나 베드로, 야고보, 요한, 바울, 그리스도보다도 더 월등한 계시들을 갖고 있다고 말했고, 이 계시들을 심오한 종교적 확신들로 선포했다. 그는 자신의 종교적 신념을 위해 죽으려 했던 종교적 광신자였던 것이다.[42]

막스는 성경에 계시된 하나님 대신 자기 머리를 신뢰했고 그 결과 이 우주에서 가장 높은 권위는 자기 자신의 의견이라는 결론을 내리고 말았다. 그는 자신의 "근본주의"에 대해 얼마나 확고한 종교적 신념을 가지고 있었는지 그 어떤 민족이나, 정부나, 국민이라 할지라도 그가 만든 종교의 제단에 제물로 바쳐져야 한다고 주장했다.

레닌은 막스가 가르친 것을 단순히 적용했을 뿐이다. 즉 레닌은 러시아 민족과 정부와 국가를 막스의 철학이라는 제단에 제물로 바쳐 버린 것이다.[43] 막스가 지니고 있었던 문제들은 모두 다 아담의 타락한 성품에서 나온 것뿐이었다. 그는 남을 비난했고(창 3:12,13), 하나님의 섭리와 다루심에 불만을 품었으며(창 4:13), 예수 그리스도를 거짓말쟁이로 만들었고(요 8:43-47), 성경이 인간의 본성에 대해 말씀하시는 바를(엡 2:1-4) 거부했으며, 불가지론자였고(살후 1:8), 무신론을 주장했다(시 14:1). 그는 자기가 "위에 있는 권세"(롬 13장)를 무너뜨릴 수 있을 만큼 똑똑하다고 생각했으며, 무엇보다도 그는 트로츠키와 같이 "인류"에 대한 완전한 믿음을 갖고 있었다. 다시 말해 그는 하나님께서 인간에 대해 하신 말씀들을(사 65:8; 40:15,17, 요 2:25, 눅 11:13, 갈 1:4) 정면으로 거부한 것이다.

한 마디로 막스는 성경을 거부한 어리석은 자였던 것이다. 제리 멕콜레이(구조 선교단 사역자), 호라티우스 보우너(성경대로 믿는 스코틀랜드인), 케일과 리츨(히브리어 어원 학자 및 현대주의자), 헨리 워드 비쳐, 드윗 탈마지, D.L.무디, 샘 존스, 윌리엄 부스 장군, 스펄젼, 제임스 길모어(티벳 선교사), 조셉 네에지마(일본 선교사), 필립스 브룩스, 헨리 조웻, 테니슨, 롱펠로우, 제임스 찰머, 라일 주교 및 지니커이 신부 등이 열심히 일하고 있었고, 거리 설교자들이 영국과 웨일즈의 거리에서 복음을 외치는 동안(이 모든 사람은 막스와 동시대 사람들이다), 막스는 대낮의 박쥐처럼 완전히 눈을 가린 채 제 갈 길로 가버리고 말았다.[44] 당신이 성경을 믿는 사람이라면 다윈과 막스는 불치의 병에 걸린 사람들임을 인정할 것이다. 이 두 사람은 근거없는 "낙관주의자"였던 것이다.

열역학 제1법칙은 다윈의 기원론을 무너뜨렸고[45], 열역학 제2법칙은 그의 종의 진화에 대한 이론을 무너뜨렸다. 이 두 법칙은 이 세상 어디에서든지 그 누구에 의해서든지 실험으로 "입증"할 수 있는 "증명된" 법칙이다. 그런데도 불구하고 엥겔스, 막스, 레닌 및 트로츠키 등은 이 맹독성 이론을 재빨리 삼켜 버리고 말았다. 이들이 모든 진보와 발전 혹은 "진화"를 추진하도록 하기 위해 "조치"를 취하자, 그 결과는 비밀 경찰이 통제하는 무서운 정글사회가 되어버린 것이다. 러시아의 그 어떤 국왕들도(짜르) 20세기에 공산당이 죽인 것만큼 많은 러시아인을 죽이거나, 고문하거나, 투옥한 적이 없었다.[46] 링컨이 "해방"시킨 아프리카 노예들을(A.D.1700-1853) 지난 1세기 동안 "해방"되지 못한 러시아 노예들과 비교한다면 러시아 노예들이 20배나 더 많을 것이다.

현대의 진화론자들과 현대주의자들의 철학에 근거해서 통계적 자료를 판단해야만 한다면 노예가 많을수록 인간 사회는 더 진보한다는 결론이 나온다. 결국 "진보는 불가피하다"는 것이 진화론자들의 결론인 셈이다. 오늘날(1980)에는 1944년보다 더 많은 강제수용소들이 있으며, 1863년보다 더 많은 노예가 있고, 러시아 혁명이 일어나기 전 100년 동안 일어났던 전쟁보다 1945년 이래 현재까지 일어났던 전쟁이 훨씬 많다.

당신이 진화론자라면 이 모든 것은 진보 혹은 발전인 셈이다. 왜냐하면 헤겔의 변증법과 막스의 변증법에 따르면 이것은 필연코 진보일 수밖에 없기 때문이다.

제28장 대배교

때가 이르리니, 사람들이 건전한 교리를 견디지 못하고, 그들 자신의 정욕에 따라 가려운 귀를 즐겁게 해 줄 선생들을 많이 두리라. 또한 그들이 그들의 귀를 진리에서 돌이켜 꾸며낸 이야기로 돌리리라. (딤후 4:3-4)

거리 설교자들(street preachers)과 다윈, 막스 그리고 프랑스 림즈의 예수회 회원들의 개인적인 반응들이 얼마나 밀접한 관계가 있는지는 심판날에 가서야 밝혀질 것이다. 거리 설교는 공산주의자, 진화론자, 카톨릭 교도들이 접해 본 것 중 가장 통제가 불가능한 것이다. 이들 전체주의자들이 "대중"의 사고 방식을 "해방"시켜 주기 위해 온갖 노력을 경주하고 있는 그 순간에도 거리 설교자들의 메시지는 사람들의 귓가에 전달되고 있기 때문이다.[1] 라디오와 TV 방송은 꺼 버리면 되고, 신문은 사 보지 않을 수 있으며, 전도지는 구겨서 버릴 수 있지만, 거리의 설교자는 거리에서 쫓아내거나 죽이기 전에는 통제할 수가 없다.[2] 그가 입을 열기만 하면 누군가는 들을 수밖에 없다. 참된 표현(혹은 언론)의 자유란(미국에서는 더이상 누릴 수 없게 된) 그 누구도 어느 곳에서든지 일어나 입을 열어 자기가 말하기 원하는 것을 말할 수 있음을 뜻한다.

오늘날 TV와 라디오를 통해서는 이 자유를 누릴 수 없다. 오늘날 미국에서는 도색 잡지, 동성 연애, 인종, 낙태, 성도착, 폭력 등에 관해서는 자유롭게 토론이 되는지 모르지만, 만약 어떤 사람이 공산주의, 진화론, 카톨릭, 사회주의, 인종 혼혈, 학자들에 관해 비판하면서 성경을 인용하기 시작하면 당장 방송에서 축출당하고 만다. 이 문제에 관한 한 평등은 없다. 오늘날 미국의 언론은 막스주의적인 입장을 고수하면서 친카톨릭, 친공산주의, 반성경적, 친사회주의, 반분리주의, 친통합주의, 반민족주의 등을 견지하고 있기 때문에 이에 반대되는 견해는 용납되지 않는다.

이로써 미국은 "암흑 시대를 재현하기 위한 인간 중심 사회"로 되돌아가고 있는 셈이다. 인본주의와 더불어 진화론과 공산주의라고 하는 세 가지 종교를 무조건적으로 받아들여야만 하는 것이 오늘날 미국의 추세이다. 그러나 이 세 가지는 전쟁, 노예화, 빈곤 및 갈등 이외에는 그 어떤 열매도 맺지 못했음을 역사는 보여 준다. 이것은 중세의 로마 카톨릭이 맺은 열매와 동일한 규모와 동일한 성질의 열매가 아닐 수 없다.

"인본주의 선언"(The New-Humanist의 1933년 5-6월호)은 엥겔스, 막스, 레닌의 사상에 기초한 것으로[3] 이 선언에 따르면 우주는 스스로 존재하고 영원하며, 창조된 것이 결코 아니라고 한다(그러나 이것은 열역학 제1법칙이라는 과학의 법칙에 정면으로 위배되는 것이다). 인본주의의 기본 전제가 이처럼 비과학적일 뿐 아니라 터무니없는 거짓말이기 때문에 그 다음 사항들도 당연히 거짓말들로 이루어질 수밖에 없다. 기초가 썩었는데 그 위에 지은 집이야 뻔하지 않은가? 그 다음 사항들은(The New Humanist 선언, 1973년 9-10월호) 무디, 토레이, 집시 스미스, 빌리 선데이, 밥 존스 시니어, 샘 존스, 찰스 피니 등의 사역이 해로운 것이며 환상에 불과하다는 생각을 유포하기 위해 작성된 것들이다. 열역학 제1법칙을 위반한 비과학적 환상을 물질과 에너지에 대한 교리로 채택한 이들은 모든 윤리는 "상황에 따라 유동적"이라고 선언해 버렸다. 즉 확정된 도덕법은 없으며 지구상에 있어 최종권위는 인간의 지성이고, 평화와 기쁨으로 가득 찬 완벽한 천년왕국은 기술, 교통, 통신의 발달로 이룩할 수 있다는 것이다. 이들은 무신론을 신봉하는 자들로 하나님께서는 인간에게 그 어떤 언어로도 기록된 계시를 주신 적이 없다고 주장한다. 결국 경배와 기도는 "사회 복지"를 위한 "단체적인 협력들"로 대치되고 말았다. 인류가 할 수 있는 유일한 것은 힘을 합쳐 노력해서 유토피아를 이룩하는 것이라는 결론이다.

이것은 토마스와 알더스 헉슬리가 가르쳤던 무신론과 동일하다. 이와 같은 틀 안에서는 모든 공산당 비밀 경찰과 정보 기관들이 성경, 경배, 기도 등을 "대체"시키기 위해 "사회 복지"의 이름으로 무슨 짓이든 할 수 있게 되었다. 그러나 이 "사회 복지"란 무신론적 "사회 복지"에 동의하지 않는 사람들에게는 감옥, 살상 그리고 강제 수용소를 의미할 뿐이다. 진정한 인본주의자들은 자신들의 반대자들을 고문하면서 그것은 "사회 복지"를 위한 "행동 개조"(behavior modification)일 뿐이라고 주장할 것이다. 행동 개조란 실상은 굶주림, 구타, 전기 충격 및 세뇌 교육을 의미한다. 모든 공산주의자, 사회주의자 및 국제 사회주의자 그리고 인문주의자들은 후천년적(진화론적) 사고를 갖고 있다.[4] 이것은 앞서 인용한 "새로운 인본주의" 선언에 나오는 바로 그것이다. 반면 온 우주의 참된 최종권위인 성경은 전천년주의를 주장한다. 한 마디로 인간은 하나님께서 멈추게 하실 때까지 계속해서 퇴보한다는 것이다.

인본주의자들에게는 인간 자체가 목표와 목적이 되어 버렸다. 그러나 그들은 인간이 "시작"되었을 때는 아무런 목적 없이 우연히 생성된 것으로 인정한다.[5] "인간"은 이제 "만물의 척도"인고로 그리스도의 재림은 어거스틴이 제시한 "진화론적 과정"으로 "재해석"되거나 "재평가"되어야만 한다. 후천년적 체계에 있어서의 "재림"은 그리스도께서 자신의 약속에 따라(요 14장, 행 1장, 살전 4장) 지상에 다시 돌아오심으로써 자신의 말씀을 지키시는 것이 아니고, "계급 평등화"[6]를 필요로하는 억압받는 소수들의 "해방"과 사회 정의를 위해 종교적 정치인들이 경제 제도들을 통해 목적을 달성하도록 이끄는 인본주의 정신, 바로 그것이라고 한다.

공산주의, 인본주의 그리고 사회주의는 무신론자들에 의해 고수되건 이신론자들에 의해 고수되건 간에 종교적인 요소들을 갖추고 있다. 계시록 20:1-10의 말씀에 반대하지 않고서는 "왕국 건설자"가 될 수 없다. 이는 성경이 왕국과 왕에 대해 다루고 있기 때문이다. 권위에 관한 그 어떤 논쟁도 - 공산주의와 사회주의의 주창자들은 모두 성경의 권위에 도전한다 - 최종권위인 성경을 다루지 않을 수 없다.

왜냐하면 성경은 이미 1900년 전에 인간은 창조주의 개입 없이는(시 2편, 마 5장, 욜 2장, 사 66장) 완전한 사회를 가져올 수 없다고(딤후 3장, 렘 23장, 마 23장, 딤전 4장, 계 13장) 선언하고 있으며, 만왕의 왕 되시는 분은(계 20장) 가장 반공산주의적이고, 반카톨릭적이며, 비인본주의적인 통치자이시며, 지상에서 통치했던 그 누구보다 "반사회적"인 독재자이심을 선포하고 있기 때문이다.

이 사실을 믿든 안 믿든 간에 최종권위인 성경을 무너뜨림으로 인간의 권위를 내세우고 인간의 손으로 "지상 낙원"을 세우려는 모든 시도는 <킹제임스성경>의 권위를 제거하기 위해 조직된 1881년의 "영국 개정 위원회"의 성경 개정 시도에서부터 본격화되었다. 웨스트코트와 홀트[7]가 하나님의 책을 제거할 분명한 목적을 가지고 개정 위원회를 조직했을 때, 그들은 프랑스의 예수회 신부들과, 합리주의자(이성론자)들이 되어 버린 배교한 독일의 루터교도들[8] 그리고 찰스 다윈과 칼 막스의 추종자들로 둘러싸인 그룹을 형성한 것이다. 아마 지구상 그 어디에서도 그와 같은 이질적인 혼성 집단이 성경을 왜곡시키기 위해 모인 경우는 없을 것이다. 독일의 배교자들은 파라, 세믈러, 스트라우스, 아스트룩, 바터, 홉펠트, 쿠에넨, 헤르데르, 로이스, 바트케, 에발트, 아이히혼 등이었다. 세믈러(Semeler, 1725-1791)는 독일 이성주의의 아버지이며, 아이히혼(Eichhorn, 1752-1826)은 고등 비평학의 아버지였다. 시즈, 케넌, 라보이세이 등은 다윈의 추종자들이었고, 퓨지와 모리스는 막스의 국제 사회주의에 심취한 자들로 모택동 정권에도 참여하려는 자들이었다. 웨스트코트와 홀트는 다윈이 창세기 1-3장에 대해 취한 동일한 "입장"을 견지했고[9] 홀트의 국제 사회주의에 대한 그의 편파적 성향은 너무도 분명했다.[10] 그는 유니테리안 교도였던 J.F.D. 모리스(1805-1872)를 우상화했으며, 그의 "그리스도의 왕국"이라는 정치학 논문을 영어로 기록된 최고의 작품이라고 칭찬했다. "정통 보수주의자들"(밥 존스 대학교의 교수진들이 사용하는 용어임) 역시 이미 다윈과 막스의 영향을 받았고, 이에 종교개혁 원문인 프로테스탄트 성경 대신, 로마 카톨릭 원문인 바티칸 성서를 받아들일 준비가 되어 있었다.[11] 이 위원회 가운데는 하나의 종교와 "성경"뿐 아니라 교황을 위해서도 아프리카 이집트로 되돌아가려는 영이 숨어 있었다.

이 아프리카 출신의 "교황"이 만약 다윈의 정글과 막스의 경제 제도를 한데 묶는다면 그야말로 "과학적 진화론자"가 될 것이 분명하다. 이런 교황이라면 "계급 없는 사회", 즉 정글 속에서 혼혈된 동물들을 충분히 다스릴 수 있을 것이다. 이러한 종교적 동물원은 인본주의적 무신론의 틀 속에 아프리카의 성서와 아프리카의 교황을 용납하게 될 것이다. 다만 한 가지 문제는 "믿음과 실행의 모든 문제에 있어" 최종권위로서 성경만을 붙들고 있는 자들을 어떻게 제거해 버릴 것인가 하는 것이다. 이때야말로 "교황"이 최종권위로 나서서 그 외의 권위를 주장하는 자들을 "목베어" 버리면 되는 것이다. 그렇게 되면 성경이 2000년 전에 예언한 그대로 적그리스도(계 13:1-8)가 사탄의 능력으로(살후 2장) 통제하는 "유토피아"가 실현될 것이다.

이와 같은 계획의 초석을 1881년 개정 위원회가 놓게 된다. 이 위원회는 철저히 친카톨릭적이다.[12] 이 위원회는 비스마르크가 독일로부터 예수회를 축출했었다는 사실을 알고서도 독일의 부흥시기에 직면하여(1870-1880) 바티칸의 입장을 취했으며[13], 심지어 오스트리아가 예수회를 받아들임으로써(1860-1870) 영원히 패배당하고 말았다는 사실을 알고서도 이 입장을 취했던 것이다.

개정 위원회는 옥스포드 운동(1830-1850)과 존 뉴만 추기경이 로마 카톨릭 교회로 "개종"함으로써 얻어진 열매라고 할 수 있다. 이 두 가지 사건으로 영국의 신학교들과 교회 기관들은 로마 카톨릭 지도층에 문호를 개방하게 되었다.[14] 모리스(Maurice, 1805-1872)와 퓨세이(Pusey, 1800-1882)는 성공회 안에서 그들의 임무를 수행해 내었고, 다윈과 막스는 일반 대학교들이 성경을 거부하도록 만반의 준비를 갖추었다. (일단 성경이 한 쪽으로 밀려나자 대체 권위가 수용되어야만 했다. 이런 상황에서 로마는 항상 대체권위를 자처하고 나선다.) 웨스트코트와 홀트의 속임수는 기독교의 권위인 종교개혁 성경을 제거해 버리는 것이었다. 이 성경은 그와 경쟁하는 다른 권위에 의해 대체되었는데, 그것이 바로 암흑 시대에 로마 카톨릭 살인마들이 사용했던 카톨릭 성서였던 것이다.

결국 전세계가 휴머니즘이라는 종교를 수용할 때면(1970-2000) 교황은 최종권위로서 우뚝 서게 될 것이다. 이것은 이미 스파냐 1장, 계시록 13장, 마태복음 12장에 예언되어 있다. 라오디케아 교회시기 동안에는 인간이 신격화되기 때문이다(살후 2장, 단 7,8,9장). 성경의 예언은 인류의 미래에 대해 매우 부정적이다. 성경은 모든 시민과 인간의 권리들(소위 "인권"이라고 알려짐)이 전부 박탈당하고 이 세상이 이제껏 경험한 것 가운데 가장 무서운 타락의 시대가 도래할 것을 예고하고 있다(마 24장, 계 13장. 그것도 "평등, 평화, 단합 및 자유"의 이름으로 이런 무시무시한 시대가 도래할 것이다). 교황, 막스, 다윈의 추종자들이 성경의 사실들을 믿지 않는다고 해도 소용없다. 그들은 하나님께서 미리 정해 놓으신 계획에 따라 스스로를 저주하게 될 것이다. 불신은 인류의 역사를 바꿀 수 없다. 하나님께서는 인류의 역사를 성경에 미리 다 기록해 놓으셨기 때문이다. 인류가 이 기록된 사실을 믿든 믿지 않든 간에 역사는 성경에 기록된 그대로 이루어져 가고 있다.

이제까지의 내용을 요약해 보자. 웨스트코트와 홀트가 "시민권"을 내세우는 라오디케아 교회 시대를 열기 위해 개정 위원회를 만들었을 당시 그들이 만들어 낸 작품을 정당하게 평가하는 데 있어 무시할 수 없는 세 가지 상황이 전개되고 있었다.

1. 미국의 내전(남북전쟁)이 끝난 지 얼마 안되었던 그 시점에 존 브라운은 "억압받는 소수"를 위한 "시민권"을 주창했고, 그의 노력은 독립주로 알려져 있던 사우스캐롤라이나 주의 사유 재산을 연방 정부가 압수하는 결과를 가져왔다. 이로써 60만 명이나 되는 젊은이들이 생존권을 박탈당했고 미 연방에 속한 모든 주에서는 "시민권"이 종식되고 말았다. 웨스트코트와 홀트는 개정 위원회를 설립할 당시 "국민을 위한, 국민에 의한, 국민의 정부"가 어떤 것인지를 잘 알고 있었다. 하나님에 의한 정부와 링컨과는 아무런 관계가 없었다. 아브라함 링컨이 미국의 헌법을 무력화시키고 나서 남부 연합에 속해 있던 한 주를 공격하기 위해 위장한 군함을 체스피크만에 보냈을 때, 그의 논리는 아돌프 히틀러나 피델 카스트로의 논리와 하나도 다를 바가 없었다.

그 유명한 "정직한 에이브"는(1866년 이래 그는 언론의 영웅이 되었다.) 미국 헌법의 목적은 1차적으로 자유가 아닌 "완벽한 연합"이기 때문에 헌법보다는 "연합"이 더 중요하고, 따라서 미국의 연합(Union)을 유지하기 위해서는 헌법은 무시되어도 좋다고 결론지었다.[15] (스탈린도 라트비아, 에스토니아, 핀란드, 리투아니아, 루마니아, 폴란드를 침공할 때 소연방의 연합을 우선시했고 이들 백성들의 자유는 전혀 고려치 않았다. 아돌프 히틀러 역시 오스트리아와 체코슬로바키아 침공시 동일한 논리를 전개했었다.)

외국 정부(남부의 주들은 미합중국에서 분리했었다)에 대해 강제적으로 복종하도록 만들기 위해 무력을 사용하는 것도 아브라함 링컨에게는 "국민을 위한, 국민에 의한, 국민의 정부"가 수행해야 할 임무였던 것이다. 모택동과 레닌도 이런 정부를 아브라함 링컨보다 더 멋지게 표현할 수 없었다. 아브라함 링컨이 군사력의 우위를 통해 굳건한 독재를 확립하게 되자 최종권위에 있어 한 치의 양보도 할 수 없었던 로마 카톨릭 교회의 암살 음모의 대상이 되고만 것이다(1944년 히틀러를 암살하려 했던 스토펜베르크 역시 로마 카톨릭이었다). 링컨의 암살범 부스와 그의 다리를 치료해 준 머드 박사 그리고 헛간에 그를 숨겨 준 가정(로이드 가족) 모두가 다 로마 카톨릭 신자들이다.[16]

2. 웨스트코트와 홀트는 자신들의 조국 영국 안에서 벌어지고 있던 카톨릭 에큐메니칼 운동인 "한 우리"(one fold)로 돌아가기 운동이 전개되는 상황을 지켜보고 있었다. 영국 카톨릭 신자들은 <킹제임스성경> 번역을 위한 의회 모임 참석자들을 폭파시키고(1605년 11월), 국왕을 살해하려고 했으며, 스페인 군대를 동원하여(1588) 영국

의 프로테스탄트들을 멸절시키려고 했었고, 더러운 죄인을(이 죄인은 마리아가 죄없이 태어났고 베드로와 야고보, 바울, 요한보다 먼저 부활했다고 선포한 자였다) 모든 그리스도인들의 무오한 최종권위로 내세우기도 했었다.

이제 웨스트코트와 홀트 일행은 암흑 시대를 지배했던 로마 카톨릭의 권위를 영어를 사용하는 사람들에게 최종권위로 삼도록 하기 위해 예수회 신부 같은 열정을 가지고 계획에 착수했던 것이다.[17] 그들은 이미 200여 년 동안이나 밀, 펠, 왈톤, 그리스바흐 등과 같은 학자들에 의해 1611년 <킹제임스성경>이 위협당하고 있었던 바탕 위에서 그들의 최종 작품인 개역본(RV, 1881-1884)을 탄생시켰다.

3. 마지막으로 웨스트코트와 홀트가 종교개혁 본문을 파괴시키기 위해 사용한 필사본들은 두 개의 "70인역 필사본"으로(이 두 가지는 모두 헬라어 신·구약을 담고 있음), 신약성경이 완성된지 200년이나 지나 만들어진 것이었다. 이 추악하고 변개되고 부패한 필사본들에는 "근본적이고 본질적인 교리들"(오늘날 테네시탬플, 하일스 앤더슨 및 밥 존스 대학교 같은 신학교들이 이런 상투적 표현을 사용한다)과 더불어 신·구약에 모두 외경들을 담고 있으며, 이들 외경들은 신·구약 사이에 따로 모아져 있는 것이 아니라, 마치 "축자적으로 완전히 영감받은 원본"의 일부인 것처럼 정경의 일부로서 포함되어 있다.[18]

라오디케아 교회 시대(20세기)의 성서공회들과 밥 존스 대학교 교수진(1940-1980)들이 사용하는 네슬(Nestle), 알란드(Aland), 메쯔거(Metzger), 니다(Nida)의 "과학적 헬라어 원본들"이라고 불리는 필사본들에는 다음과 같은 누룩들이 들어 있다.

a. 다윈주의 : 예수 그리스도의 재림을 부인하는 종교적 진화론을 만들어 냈음.

b. 막스주의 : 혁명적 인문주의를 만들어 낸 장본인으로 자본주의자들 혹은 "러시아 황제들"이 10세기 동안 했던 것보다 1세기 동안 더 많은 사람들을 고문하고 죽였음.

c. 로마 카톨릭 : 수없이 많은 성경대로 믿는 그리스도인들을 죽였음.

d. 사회주의 : 재림 이전에 적그리스도의 치리하에서 죽음과 지옥의 왕국(사 28장, 계 6장)을 가져오려고 시도하고 있음.

바로 이 네 가지 요소가 필라델피아 교회 시대(계 3:8-10)를 종식시켜버린 "올스타 팀 멤버"(1881-1884)라고 할 수 있다.

이 네 가지 사상, 즉 "착각"(사회주의), "새디즘"(막스주의), "정신 이상"(다윈주의), "사탄주의"(로마 카톨릭)로 무장한 성경 개정 위원회는 유럽과 미국의 주요 보수주의자들(그린, 메이첸, 로버트슨, 샤프 등)의 적극적인 환영을 받았다. 그러나 네슬은 1980년 자기들이 최고의 본문이라고 주장한 그 본문에다(1890년부터 1976년까지 그대로 고수하였음) <표준원문>에서 슬쩍 도둑질한 구절을 상당수 첨가시킴으로써 자신들의 본문이 잘못된 것임을 스스로 입증하고 말았다.

그럼에도 불구하고 네슬은 그들이 처음부터 사용하던 로마 카톨릭의 알렉산드리아 필사본들을 그들이 펴내는 모든 헬라어 성서의 주요 권위로 붙들고 있다. 오늘날 네슬의 본문은 기본적으로 1884년의 웨스트코트와 홀트의 본문이다.[19] 이 본문은 독일과 영국의 종교개혁 성경들에 들어 있는 본문이 결코 아니다.

앞서 언급한 그 세 가지가 합쳐져서 그리스도의 몸 안에서 일어났던 가장 큰 배교가 발생하게 되었다. 이것이 기독교 교육에 미친 해악은 거의 계산이 불가능할 정도로 엄청난 것이었다. 소위 기독교 대학 안에서 이런 것들을 배운 젊은 설교자들이 이로 인해 얼마나 커다란 영향을 받았는지는 그리스도의 심판석에서나 알려지게 될 것이다.

웨스트코트와 홀트의 개정 작업이 얼마나 사악하며 무모한 무지에서 나온 것이었는가를 염두에 둔다면, 이에 대한 그 어떤 비판도 심한 비판이라고 할 수는 없을 것이다. [이 두 사람의 무지와 오만이 빚어낸 엄청난 악영향을 염두에 둔다면 딘 버간(Dean Burgon)의 다소 거친 비판은 매우 유순한 비판이라고 할 수 있겠다.][20] 이들의 무지와 오만은 20세기에 그들을 옹호하고 그들의 "역작"을 지지하는 자들에게도 전염되었다.

성경 개정 위원회가 만들어 낸 왜곡된 성서들(RV, ASV, NIV, NASV)은 신격의 제3위이신 성령에 의해 "암흑 시대 부패 역본"으로 판명되었다. 홀트나 샤프(ASV, 1901)는 누구에게 성경을 가르칠 수 있을 만큼 영어 성경에 대해 잘 알고 있지 못했다. 그들은 자기들의 작품에 제기된 합리적인 반론에 대해 합리적인 답변을 한 번도 하지 못한 사람들이었다.[21] (논리적인 답변의 기록이 전무하기 때문이다.)

딘 버간, 스크리브너(Scrivener), 호스키어(Hoskier) 그리고 기타 다른 학자들이 성경 개정에 대해 제시한 모든 반론에 대해 홀트나 웨스트코트는 100년 동안 한 번도 답변을 해보려고 시도해 본 적이 없다.[22] 오늘날까지도(1983) ASV 개정 위원회에 가담한 그 누구도 그들에 대해 제기된 합리적인 반론에 대해 자신들의 주장을 옹호하는 책을 단 한 권도 쓴 적이 없다. 더 나아가 이들 중 그 누구도 본문 전달에 관한 거짓 이론, 변개된 본문, 그리스도의 신성에 대한 공격, 필사본 증거를 다루는 데 있어서의 그들의 무지에 대해 자신들을 방어할 수 있는 사람은 없다.[23)]

이 엄청난 음모와 비밀 작업은 언론 매체에 의해 은밀히 추진되었다. 다시 말해 "이름을 날려보고" 싶은 아테네 사람들(행 17:21)이 모든 일을 꾸민 것이다. 이들 언론인들은 양무리들을 도살장으로 이끌고 가기 위해 앞장 선 유다의 숫염소 역할을 한 셈이다. 그들은 "잔인한 조상들"로부터 나온 자들이었으나 장미같이 향긋한 냄새를 풍기고 등장하였으며, 교회사에서 "믿음의 수호자들", "말씀에 충실했던 믿음의 거성들", "축자적으로 영감받은 원본을 담대하게 옹호하는 선구자" 등으로 평가받게 된다. 그러나 이들에게 가장 합당한 평가는 "가장 위험한, 미혹 당한 배교자들"이라고 할 수 있다.

만약 이들이 "자유주의자"였거나 "현대주의자"였더라면 그리스도의 몸은 그 피해의 반 정도만을 입었을지도 모른다. 그러나 이들은 신약에서(막 1,5장, 행 16,19장) 마귀에게 사로잡힌 자가 믿었던 것처럼 그리스도의 신성을 믿는다고 고백하는 자들이다. 그러기에 더 많은 사람이 이들에게 속아넘어가고 만 것이다. 물론 이들은 성경이 말하는 것을 믿지 않았다.[24)] 이들은 성경이 다윈의 진화론에 일치하지 않는 무엇을 말하는 경우 그것을 무시해 버렸고, 바티칸의 에큐메니칼 운동이나 사회주의 등에 반대하는 성경 말씀도 믿지 않았으며, 구원받지 못한 독일어 및 헬라어 문법 학자들의 의견을 성경보다 더 존중했다.

알렉산드리아의 이단들은 그들이 옳다고 믿는 바와 성경이 말하는 바가 다르면 늘 성경을 버리는 쪽을 택했다. 그들은 성경이 말씀하고 있는 그대로를 믿는 대신, 그들이 보기에 성경이 "의미"한다고 생각하는 바 그것을 믿어 왔다. (예를 들면 사도행전 12장의 "이스터"를 "유월절"로 믿으며, 계시록 22장의 계명들을 "그들의 두루마기를 빠는"으로 믿는다.)

드디어 예수회는 두 명의 확고한 동맹자를 얻게 되었다. 웨스트코트와 홀트는 마리아 숭배에 대해 매우 긍정적이었기 때문이다.[25)] 다윈 역시 이 두 사람을 자기 편으로 갖게 되었다. 이 두 사람은 공개석상에서나 개인석상에서나 다윈에 대해 이야기한 적은 없지만 다윈의 책을 즐겨 읽었기 때문이다. 마지막으로 이 두 사람은 도나티스트, 노바티안, 몬타니스트, 마니키안과 같은 성경대로 믿는 사람들에 대해 오리겐-콘스탄틴-유세비우스-어거스틴이 취한 입장을 그대로 답습했다. 웨스트코트와 홀트는 성사(sacraments)를 신봉하는 자들이었으며[26] 침례에 의한 중생이 신약 교회의 교리라고 생각했다. 이 두 사람은 아담과 이브가 실제로 "타락"했거나 에덴의 동산에서 실제로 살았던 사람이라고 믿지 않았다.[27]

무엇보다도 그들이 성경 개정 위원회에서 만들어 내 퍼뜨린 이론들은 도를 지나쳐 거의 광기에 이를 지경이었다.[28] 그들이 "더 긴 본문과 더 짧은 본문"에 대해 주장한 이론은 거짓이다. 그들이 만들어 낸 "루시안 개정본"(Lucian Recension) 이론도 거짓이다. "고유의 개연성"에 대한 이론도 거짓이며, "계열 본문들"에 관한 이론도 넌센스에 불과하다.[29] 이런 엉터리 이론들을 받아들인 사람들은 미국과 영국 신학교들의 "대다수의 보수주의 배교자들"로, 이들은 스펀지가 물기를 빨아들이듯이 이 맹독성 이론을 빨아들여 세뇌되고 말았다. 이 이론을 받아들인 사람들은 객관적인 분별력을 상실한 채 다음의 요소들을 완전히 무시하고서 그런 결정을 내렸던 것이다.

1. 말씀의 전파 및 성경 교육의 원천과 전개 과정과 결과와 관련된 역사적 사실들(행 11,13장).

2. 그들이 말하는 "권위있는 헬라어 본문"은 지난 1200년 동안 교황, 종교 재판소, 추기경, 예수회, 카톨릭 국왕들이 암흑 시대에 사용하던 것이었음.

3. 바티칸 사본의 기원과 보존에 관한 사실들.

4. 종교개혁 본문에 대한 성령의 증거.

5. 웨스트코트와 홀트는 이 종교개혁 성경의 보존을 위해 많은 사람들이 순교했다는 사실을 무시한 채 자기들의 헬라어 성서를 만들어 냈음.

웨스트코트와 홀트가 만들어 낸 "성서"의 등장으로 라오디케아 시대가 열렸고 뒤를 이어 온갖 "성서들"(ASV, NASV, RSV, NRSV, NIV, NEB, NWT, TLB, TEV 등)이 등장했기 때문에 우리는 이 "성서"를 "라오디케아 시대의 표준 역본"이라고 부를 수 있을 것이다. 그 "성서"는 라오디케아 시대의 "권위 역본"으로 기독교 학자들의 타락을 상징하는 기념비이며, 배교의 시대를 여는 이정표인 것이다.[30]

이 헬라어 원문은 1970-1982년 사이 밥 존스 대학과 펜사콜라 기독 대학에서 추천했던 NASV의 저본이다.[31] 이 원문은 또한 로마 카톨릭의 예루살렘 성경(1972)과 로마 카톨릭의 "아메리칸" 성경(1970) 그리고 암흑 시대의 예수회 성경(1582)의 저본이다. "근대"가 웨스트팔리아 강화 조약(1648)으로부터 시작되었다고 하면 로마 카톨릭에게는 "근대"가 시작되지 않은 셈이다. 왜냐하면 1648년 이래 웨스트팔리아 강화 조약을 유효한 조약으로 인정한 로마 교황은 한 사람도 없었기 때문이다.[32)]

이와 같이 해서 이 본문의 지지자들(모든 근본주의자들과 보수주의자들)은 자기도 모르게 잔인한 음녀인 로마 카톨릭과 손을 잡고 만 셈이다. 왜냐하면 이 라오디케아 표준역본은 아돌프 히틀러, 죠셉 괴벨, 피의 메리, 헤르만 괴링, 피델 카스트로,. 베니토 뭇솔리니 그리고 게슈타포의 책임자였던 하인리히 히믈러에게 세례를 주고, 그들을 키워 낸 종교 집단이 채택하고 보급해 온 바로 그 역본이었기 때문이다.[33)] "너희는 그 열매들을 보고 나무들을 알게 되리라."

이 라오디케아 시대의 배교는 비교를 불허한다. 메이첸, 잔, 케일, 윙클러, 세이스, 오르, 비셀, 앨리스, 와필드, 로버트슨, 샤프, 그린, 윌슨 그리고 심지어 토레이(가끔씩) 등과 같은 보수주의자들과 "복음주의자"들이 로마 카톨릭 예수회 신부의 헬라어 원문을 가지고 영국과 독일의 종교개혁 성경을 뜯어고치리라고 누가 감히 생각이나 했겠는가? 북아일랜드의 프로테스탄트 투사인 이안 페이슬리와 밥 존스 3세 같은 사람들이 교제를 가질 것이라는 사실을 누가 예상할 수 있었겠는가? 그들이 설교했던 학교와 그들이 월급을 준 교수진들은 바티칸 당국의 공식 성경인 로마 카톨릭 예수회 헬라어 본문을 전세계에 보급하고 있다.

대배교의 영향이 그나마 신약 지역교회들에 최소화될 수 있었던 것은 신학교에서 가르친 것과는 달리 종교개혁 영어 본문(KJV 1611)을 고수한 신실한 목사들 때문이었다. 장로 교회들과 감독 교회들(성공회)은 처음부터 신약성경의 원리에 입각하여 독립 교회로 시작된 것이 아니었기에 이 배교의 물결에서 침몰하고 말았다. 뒤를 이어 감리 교회들 역시 몰락했다(1880-1940).[34)] 남침례 교단 역시 이 배교의 재앙을 피할 수는 없었다.

교단 소속 남침례 신학교에서는 <킹제임스성경>을 ASV(1901)로 교체해야 한다는 압력이 가중되었다.[35)] "초창기" 교회들 중 몇몇은 저항하였다. 프랭크 노리스의 사역이 없었더라면 남침례 교단의 모든 교회가 "과학적 해석학", "비평적 평가", "고유의 개연성", "최근의 고고학적 발견" 등에 미혹되어 대배교에 전부 휩쓸려 버렸을 것이다. 사실 남침례 교단은 주일학교 교재에 ASV를 사용하더니 곧이어 RSV를 사용하기에 이르렀다. 이 두 "성서들"은 동일한 헬라어 원문(NIV와 NASV에 동일하게 사용됨)에서 나온 것으로 아무런 차이가 없다. 1970년경에 이르면서 남침례 교단 총회는 히피들과 시골 여인들이 술취한 변호사들과 은사주의 실업가들과 함께 사교 모임을 갖는 모습을 하게 된다. 대배교는 성경에 예언된 대로(살후 2장) 정확히 발생했던 것이다.

주(註)

<들어가는 말>

1. 밥 존스 3세가 게리 퍼켈에게 보낸 편지(1976. 3. 5). 사우스 캐롤라이나 그린빌 소재 밥 존스 대학교의 밥 존스 3세는 이 편지에서 "그 문제는 진리 對 오류가 아니라 선호(취향)과 선호와의 문제다..."라고 했다. 이와 같은 선언을 하게 된 배경은 그가 킹 제임스 텍스트보다 NASV, NIV에 나와 있는 알렉산드리아 텍스트의 30,000군데나 되는 변개된 부분을 선호하기 때문이다.
2. 밥 존스 대학교 신학대학 학장인 트루만 위즈덤 씨가 1978년 7월 19일 "럭크만파"에게 보낸 편지에 나와 있는 내용. "하나님의 사람"(위즈덤 씨가 인용한 사람은 토레이와 스펄전임)들도 때로는 <킹제임스성경>을 고쳤으므로 다른 사람도 그렇게 해도 무방하다. 이것이 위즈덤(지혜) 씨의 주장이다.
3. 커스터와 닐의 "밥 존스 대학교 성경학부가 성경에 대해 취하는 입장"(1978년 이래 이 유인물은 모든 학생들에게 복사되어 배포되고 있다.) 그들의 공식 입장이란 로마 카톨릭 교회의 예수회 희랍어 텍스트(알렉산드리아 텍스트)가 프로테스탄트 종교개혁 표준원문보다 우월하며 그럼에도 희랍어 텍스트이든 영어성경이든 그 어떤 것도 하나님의 말씀은 아니라고 한다.
4. Philip Schaff, *History of the Christian Church* (Grand Rapids, MI: Wm. B. Eerdmans Publishing Co., 1910), Ⅴ, p. 75.
5. Gustav Aulen, *The Faith of the Christian Church* (Philadelphia: Muhlenberg Press, 1948), p. 131. H.G.G. Herklotts, *How OUR Bible Came to Us* (New York: Oxford Press, 1945), p. 118을 보시오. 이 곳에서는 오리겐이 에라스무스와 홀트 옆에 나란히 놓고 설명되어 있지만 에라스무스 텍스트를 택한 그 어떤 설교자도 홀트와 오리겐의 텍스트를 함께 추종하지는 않는다.
6. Loraine Boettner, Studies in Theology (Grand Rapids, MI: Wm. Eerdmans and Sons, 1947), p. 39.
7. Philip Dorf, *Our Earlier Heritage* (New York: Oxford Book Co., 1940), p. 234.
8. Edward Hulme, *Renaissance and Reformation* (New York: The Century Co., 1914), p. 228.
9. Reinhold Seeberg, *A History of Christian Doctrines* (Grand Rapids, MI: Baker Book House, 1952), Ⅰ, p. 385.
10. Schaff, Ⅴ, p. 34.

11. Carl Henry, *The Protestant Dilemma* (Grand Rapids, MI: Wm. Eerdmans and Sons, 1949), p. 42.
12. Emil Brunner, *Revelation and Reason* (Philadelphia: Westminster Press, 1946), p. 248.
13. Henry Swete, *The Apocalypse of St. John* (Grand Rapids, MI: Wm. B. Eerdmans, 1951), p. 16.
14. W.M. Ramsay, *The Letters to the Seven Churches* (London: Hodder and Stoughton), p. 122.
15. Geerhardus Vos, *Biblical Theology* (Grand Rapids, MI: Eerdmans and Sons, 1948), p. 142.
16. *Ibid.*
17. Karl Barth, *The Doctrine of the Word of God* (Edinburgh, Scotland: T. and T. Clark, 1936), p. 144.
18. Schaff, II, p. 815.
19. George W. Dollar, *A History of Fundamentalism in America* (Greenville, SC: Bob Jones University Press, 1973), p. 357 of the Biographical Index.
20. *Ibid.*, p. 46.
21. *Ibid.*

<제 1장>

1. Rev. R.P. Blakeney, *Popery in Its Social Aspects* (Toronto, Canada: The Gospel Witness), "Donation of Constantine," pp. 45-47.
2. See introduction, note 3.
3. 주의 칼(The Sword of the Lord) 1977년 9월호에서 E.S. Anderson 목사의 책을 선전하는 문구. "드디어 여러분은 희랍어 원문으로 참된 말씀을 배우고 이해할 수 있게 되었습니다... 원래의 말씀(Original Word)을 배우세요."
4. G.H. Orchard, *A Concise History of the Baptists* (Lexington, KY: Ashland Avenue Baptist Church, 1956), p. 88.
5. *Faith Magazine* (Greenville, SC: Bob Jones University Press)에 나와 있는 광고문구 "옛 시절의 신앙과 성경의 절대권위를 그 누구에게도 변명함이 없이 대변하는 잡지"
   그런데 밥 존스 3세는 그 어떤 성경도 절대적일 수 없다고 했다. 들어가는 말, 주 1과 1978년 7월 19일자 조지 페인에게 보낸 편지를 보시오.
6. Blakeney, p. 125.
7. Beatty and Johnson, *Heritage of Western Civilization* (New York: Doubleday and Co., 1964), Vol. II, "The Canon and Decrees of the Council of Trent," pp. 70-77. Also Blakeney, pp. 124-125.
8. 제8장 니케아 공회에 관한 주들을 보시오.
9. G.H. Coy, *The Inside Story of the Anglo-American Revised New Testament* (1973), pp. 79-99.
10. <제9장>을 보라.

11. Alexander Hislop, *The Two Babylons* (New York: Loizeaux Brothers, 1916), pp. 21-160.
12. 서문을 참조하라.
13. 1978년 7월에서 11월까지 존 R. 라이스가 허버트 에반스와 교환한 서신에서 발췌한 부분. 그는 사도행전 8장 37절에 관해 "성경의 다른 부분과 어울리지 않는 것 같다"라고 말했다.
14. 따라서 모든 작가들과 모든 역사가들.
15. <들어가는 말> 주 1 참조.
16. 하바드, 다트마우스, 예일, 콜롬비아에 관한 진실을 자료화한 Earle E. Cairns의 책 *Christianity Through the Centuries* (Grand Rapids, MI: Zondervan Publishing House, 1954), pp. 339-400.
17. Schaff, II, pp. 219-258.
18. Texts in Roberts and Donaldson, *Ante-Nicene Fathers,* I, p. 5 and III, pp. 377-382.
19. Schaff, II, pp. 241-242.
20. *Ibid.,* p. 241.
21. *Ibid.,* p. 258.
22. Wilbur N. Pickering, *The Identity of the New Testament Text* (Nashville, TN: Thomas Nelson, Inc., 1977), pp. 41-92.
23. *Ibid., p. 473.*
24. *Ibid.,* p. 474.
25. Albert Henry Newman, *A Manual of Church History* (Philadelphia: American Baptist Publication Soc., 1902), I, p. 127.
26. Schaff, II, p. 487.
27. *Ibid.,* p. 493.
28. *Ibid.,* p. 493, on Vaticanus and Sinaiticus.
29. *Ibid.,* p. 509.
30. *Ibid.,* p. 501.
31. *Ibid.,* p. 500.
32. *Ibid.,* p. 646.
33. Kenneth Scott Latourette, *The Expansion of Christianity* (Grand Rapids, MI: Zondervan Publishing Co., 1970), III, pp. 322-335.

< 제 2 장 >

1. <제1장> 주 18 참조.
2. 샤프가 유아세례에 관해 "사실"이라고 (제1장, 주 23) 주장한 것은 "사실"이 아닌 가상적 추측임을 주시하라.
3. <제1장> 주 1 참조.
4. <들어가는 말> 주 1 참조.
5. <제12장> 참조.

6. Morrow, *My Catholic Faith* (Kenosha, WI: Mission House, 1960), pp. 107-120.
7. Pope Boniface, "Unum Sanctum," November 18, 1302; text in Schaff, VI, pp. 25-27.
8. Paul Blanshard, *American Freedom and Catholic Power* (Boston: Beacon Press, 1958), p. 27.
9. Pickering, p. 105.
10. *The Ante Nicene Fathers* (Grand Rapids, MI: Eerdmans Publishing Co., 1961), "The Apostolic Constitutions," III, pp. 391-505.
11. <제17장> 참조.
12. Latourette, III, p. 188.
13. *Ibid.,* pp. 107-109.
14. *Ibid.,* pp. 56-64.
15. <제16장> 참조.
16. Herklotts의 *How Our Bible Came to Us*(1945). John R. Rice는 1970년 이 제목의 책을 출판하였다. 그러나 이 책은 그 누구의 "성경"과도 아무런 관계는 없다.
17. Latourette, III, p. 428.
18. *Ibid.,* p. 453.

<제 3 장>

1. Schaff, Ⅰ, p. 569.
2. Herklotts, pp. 114-119.
3. Peter S. Ruckman, *The Christian's Handbook of Manuscript Evidence* (Pensacola, FL: Bible Baptist Bookstore, 1970), pp. 40-54.
4. Schaff, III, pp. 973-976.
5. *International Standard Bible Encyclopedia (ISBE)* (Grand Rapids, MI: Wm. B. Eerdmans, 1939), Ⅰ, pp. 561, 563, 565.
6. <제2장> 주 9를 볼 것.
7. Rev. H.S. Miller, *Biblical Introduction* (Houghton, NY: Word Bearer Press, 1937) pp. 259-260.
8. *Ibid.,* p. 150.
9. *Ibid.,* pp. 232-233.
10. 이 문제를 다루는 모든 학자들과 교회사가들.
11. Miller, p. 296. Fenton J.A. Hort, *Introduction to the New Testament* (New York: Macmillan and Co., 1893), p. 561.
12. Henry Thiessen, *Introduction to the New Testament* (Grand Rapids, MI: Eerdmans, 1943), p. 72. Brooke F. Westcott and F.J.A. Hort, Pregace to the Greek New Testament (any edition by any publisher), pp. 548-549.
13. Schaff, II, p. 815.
14. Alfred Martin, cited by David Otis Fuller in *Which Bible?* (Grand Rapids, MI: Grand

Rapids International Publications, 1970), pp. 144-173.

15. Hort, *Introduction,* cited by Pickering, pp. 58-59.
16. Pickering, pp. 44-51, 62-77.
17. *Ibid.*
18. *Ibid.,* pp. 88-91.
19. <들어가는 말> 주 3 참조.
20. 웨스트코트와 홀트는 성경이 다른 고전과 다르다고 믿지 않았다(Hort, Introduction, II, pp. 280-281).
21. Miller, p. 143.
22. 주 20 참조.
23. Schaff, I, p. 819.
24. 예를 들면 바실리데스는 히브리서를 배재했고, 히폴리투스(A.D.235)는 바울이 히브리서를 썼다는 사실을 부인하였다. 바실리데스는 구원받지 못한 영지주의자였다. 히폴리투스의 이름을 사용한 위조 문서들을 볼 것(*Catholic Encyclopedia*, VII, p. 361; XI, p. 622). Daniel Theron, *Evidence of Tradition*을 볼 것(Grand Rapids, MI: Baker Book House, 1958), pp. 43-119.
25. 디오니시우스는 한 로마 카톨릭 신자에 의해 5세기에 쓰여졌다. 그것은 속임수를 위한(*Catholic Encyclopedia*, V, p. 13) 위조 문서이다(*Outline of Dogmatic Theology,* II, p. 279).
26. 이 사람(가이우스)은 역사적 인물이 아니다. 왜냐하면 이 이름은 카톨릭 신자들이 위조한 "사도들의 규례들"이라는 위조 문서에서 나온 것이기 때문이다(*Catholic Encyclopedia*, IV, p. 779; I, pp. 571, 605; *Catholic Dictionary,* p. 43).
27. Daniel Theron, *Evidence of Tradition* (Grand Rapids, MI: Baker Book House, 1958), pp. 30-31.
28. Herklotts, p. 115.
29. ISBE, II, p. 1356.
30. *Ibid.*
31. Schaff, II, p. 486. 말시온은 스스로가 불가지론자라고 고백했다. 실질적으로 무신론자였던 그는 누가복음에서 50구절 이상을 변개시켰다(Nestle의 비평장치, 1960, 눅 10-24장 참조).
32. *Ibid.,* p. 161.
33. Peter S. Ruckman, *The Christian's Handbook of Science and Philosophy* (Pensacola, FL: Bible Baptist Bookstore, 1985), pp. 75-81.
34. Schaff, p. 518.
35. ISBE, I, p. 365.
36. Adamantius Origen, *The First Principles,* pp. 202-203, from Herbert Musurillo, *The Fathers of the Primitive Church* (New York: Mentor-Omega Books, 1966), nihil obstat.
37. Cleveland, OH: World Publishing Co., 1926.
38. Miller, p. 193.
39. *Ibid.,* p. 191

40. ISBE, Ⅰ, p. 166.
41. Miller, p. 130.
42. Edward Hills, *Believing Bible Study* (Des Moines, IA: The Christian Research.
43. *Ibid.,* pp. 37, 170, 171.
44. *Ibid.,* p. 35.
45. Schaff, II, p. 517. And so all writers: Mansi, Hefele, Migne, Alzog, Schaff, Funk, Ilyricus, Mountaucon, Huizinga, Lord Acton, Gibbon, Toynbee, Spengler, Wocher, Hilgenfeld, Harnack, Becker, Mabillon, and Sleidan.
46. 클레멘트의 이름으로 위조된 문서들의 증거가 샤프의 교회사 II권 p. 637, 주 2에서 발견된다.
47. Miller, p. 132.
48. *Ibid.,* p. 133.
49. Hills, pp. 45, 178, 179.
50. Pickering, p. 105.
51. *Ibid.,* pp. 117-119.
52. Schaff, II, pp. 579-613.
53. L.D. Twilley, *The Origin and Transmission of the New Testamant* (Grand Rapids, MI: Eerdmans Publishing, 1957), p. 37.
54. 주 50 참조.
55. Hills, pp. 180-181. David Otis Fuller, *Which Bible?,* p. 187.
56. Benjamin G. Wilkinson, cited by Fuller, pp. 187, 223, 224.
57. Miller, p. 312.
58. *Ibid.*
59. And all writers (Donald Waite, *The Case for the Received Text,* paperback and photocopied syllabus, June 25, 1971), p. 17.
60. 1565개의 대문자 및 소문자 필사본이 있다. Dean John William Burgon의 *The Causes of Corruption of the Traditional Text of the Holy Gospels*(1896), *The Causes of Textual Corruption* (Collingswood, NJ: The Bible for Today)로 재판된 것을 보라.
61. Dean John William Burgon, *The Revision Revised* (Paradise, PA: Conservative Classics), pp. 212, 213. This is a reprint from 1883.
62. Pickering, p. 77.
63. Waite, Section E, p. 16.
64. 모든 현대의 기독교 대학과 신학교는 이 본문을 추천하는 교수진을 고용하고 있다. Afman, Proter, Martin(Tennessee Temple), Fink(Hyles-Anderson), Custer, Neal, Panosian(Bob Jones), Sumner Wemp, Hindson(Liberty Baptist University) 등.
65. Baron Porcelli, *The Antichrist* (London: Protestant Truth Soc., 1890), p. 25. Also Williston Walker, *A History of the Christian Church* (New York: Charles Scribners Sons, 1959), p. 9.
66. Frederic William Farrar, *The Early Days of Christianity* (London: Cassell, Petter, Galpin, and Co., 1882), II, pp. 203-218.

67. Eusebius, *Ecclesiastical History,* Section Ⅳ, no. 36. See also "Jerome" note in chapter 11.
68. Avro Manhattan, *Vatican Imperialism in the Twentieth Century* (Grand Rapids, MI: Zondervan Publishing House, 1965), pp. 262-266, citing Time Magazine (Oct. 5, 1953). 뉴스 보도에 따르면 51명의 프로테스탄트가 살해되었고 42개의 학교가 불타 무너졌거나 폭격당했고 110개의 프로테스탄트 학교들이 문을 닫았다.
69. Avro Manhattan, *Catholic Power Today* (New York: Lyle Stuart, Inc., 1967), pp. 243-269.
70. Aleksandr Solzhenitsyn, *The Gulag Archipelago* (New York: Harper and Row Pub., 1973). Or further, the mechanical porduct of an accidental concurrence of chemicals that accidently contained "predestinated purpose"! See Arthur Custance, *Science and Faith* (Zondervan, 1978), pp. 65, 17, 78, citing Dean H. Kenyon and Gary Steinman, *Biochemical Predestination* (McGraw-Hill, 1969).

<제 4 장>

1. Citing Celsus from Origen's *Contra Celsus,* Ⅶ, 9. DePressence, *The Martyrs and Apologists* (London: Hodder and Stoughton, 1871), p. 21.
2. *Epistle to Romans,* Syriac Version.
3. *Martyrium St. Ignatius,* copies by Ussher, Grabe, Smith, Cotelier, Ruinart, Peterman, et al.
4. *Epistola Circularis Ecclesiae Smyrnesis,* edited by Ussher, Zahn, Funk, et al.
5. William Forbush, editor, *Foxe's Book of Martyrs* (Grand Rapids, MI: Zondervan Publishing House, 1967), pp. 1-6.
6. Benjamin Wilkinson, *Our Authorized Bible Vindicated,* cited by Fuller, *Which Bible?,* pp. 231-243.
7. <킹제임스성경>의 서문(preface to the Reader)에 나오는 오리겐의 과오에 대한 언급을 할 것.
8. Wilkinson, pp. 216-220.
9. 1611년 <킹제임스성경>의 원본에 나오는 서문에는 구약성경은 히브리어로 기록되었으며 신약성경은 헬라어로 기록되었다는 사실을 밝히고 있음을 주목하라. 외경은 신구약 그 어디에도 포함되지 않고 그 가운데에 놓여 있음도 참조할 것.
10. (헌사)에서는 예수 그리스도께 "유일하신 구주"로서 영광을 돌리고 있으며 <킹제임스성경>의 번역자들은 그들이 번역한 책이 그들의 생명보다도 더 가치 있다는 사실을 계속해서 확인하고 있다.
11. 1963년 교황 바울 6세가 린든 존슨 대통령에게 보낸 선물.
12. 맨하탄, p. 170. 1958년 유네스코의 사무총장은 카톨릭이었고, 미국의 건강 교육 및 복지 책임자도 (HEW) 카톨릭이었다. 요한의 칙서(1965, Paecim in Terris)는 미국에서 세계 문제에 관한 강연회에 모두 참석하였다.
13. Williston Walker, *A History of the Christian Church* (New York: Charles Scribners Sons, 1959), p. 9, "Dea Roma"- 로마 제국은 신격을 갖고 있다; B.C.29년 퍼가모(Pergamum)는

바빌론 제사장직을 로마의 시저에게 넘겨주었다. Clarence Larkin, *Dispensational Truth* (Philadelphia: Clarence Larkin Estate, 1918), p. 130.

14. Brinton, Christopher, and Wolff, *Civilization in the West* (New York: Prentice Hall, 1964), p. 662.
15. J. Edgar Hoover, *Masters of Deceit* (New York: Henry Holt, 1958), p. 313.
16. Cairns, p. 95.
17. *Ibid.,* p. 96.
18. Lars Qualben, *A History of the Christian Church* (New York: Thomas Nelson and Sons, 1933), p. 99.
19. Cairns, p. 97.
20. *Foxe's Book of Martyrs,* pp. 31, 35, 27-29.
21. Solzhenitsyn, Ⅰ, pp. 24-143.
22. *Introduction to Contemporary Civilization in the West* (New York: Columbia University Press, 1946), Vol.Ⅱ, pp. 1195-1207, Articles 122, 123, 124, 121.
23. Solzhenitsyn, chapters 9-10.
24. Loraine Boettner, *Roman Catholicism* (Phillipsburg, NJ: Presbyterian and Reformed Publishing Co., 1962), pp. 292-301. Gives the pope who kept a brothel.
25. Cairns, p. 99.
26. Robert A. Baker, *A Summary of Christian History* (Nashville, TN: Broadman Press, 1959), p. 16.
27. Frederic Farrar, *The Early Days of Christianity* (London: Cassell, Petter, Galpin, and Co., 1882), pp. 280-319.
28. Schaff, Ⅱ, pp. 619, 620; Ⅰ, p. 385; Ⅱ, pp. 834-836.
29. *Ibid.,* Ⅱ, p. 856.
30. 피오 9세는 그의 "연설집"에서 자기는 "시저"(카이사)라고 말하고 있다.
31. 바론 포르첼리의 책 p. 28에서 인용된 교황 이노센트 3세(Const. Decretals, Lib. 1, fol. 615)는 교황은 "이 지상에서 하나님"의 위치를 차지하고 있는 사람이라고 주장한다. 제7장 주 53 참조.
32. 주 87 참조. 데시우스는 (포르첼리의 책 p. 28에 인용됨. *Comment in Justific. Pontific, Lec. II*) 교황은 하나님이 하실 수 있는 것은 모두 할 수 있다라고 주장한다.
33. Schaff, Ⅱ, p. 47, citing Pliny.
34. Acts 11:26; 13:1-4; 16:1-4.
35. Pickering, p. 105.
36. See note 3.
37. Schaff, Ⅱ, p. 658.
38. *Ibid.,* p. 660, footnote 1.
39. Ibid., pp. 663-664. 이것이 로마 카톨릭의 입장이다. 무스리요 p. 73 참조.
40. 원문 비평학에 관한 어떤 책이든 볼 것.
41. 그것은 헬라어사본에 있다(Smyrnaeans 8:2). 이 조잡한 위조 문서가 없다면 카톨릭은 자신

들의 "전통"을 옹호하는데 어려움을 겪게 될 것이다. 왜냐하면 이 문서 역시 주교를 "하나님으로" 순종해야 한다고 믿는 어리석은 자들을 꾸짖고 있기 때문이다(Musurillo, p. 77). *Ignatius to the Smyrnaeans* (Musurillo, p. 77)도 보라.

42. *Martyrium St. Polycarp,* edited by Ussher (London, 1647).

43. *The Epistle of Polycarp,* chapter 4; Schaff, II, p. 52.

44. 어거스틴은 로마 카톨릭 교회를 어머니로서 갖고 있지 않는다면 하나님을 아버지로 모실 수 없다고 신성 모독적인 발언을 하였다. 그러니까 로마 카톨릭 교회의 회원이 아닌 사람은 모두 사탄의 자식(요 8:40-48, 엡 2:1-4)이라는 것이다. Augustine, *De Symboli,* from *The Encyclopedia of Religious Quotations* (1976), p. 117.

45. Qualben, pp. 97-98.

46. Louis La Ravoire Morrow, *My Catholic Faith* (Kenosha, WI: My Mission House, 1960), pp. 143-150.

47. *Ibid.,* pp. 128-131.

48. Hoover, pp. 320-322.

49. Henry Bettenson, *The Early Christian Fathers* (Oxford: Oxford University Press, 1956), p. 266.

50. 더 나아가 로마의 주교(감독)는 신성한 일들에 있어 하나님으로서 간주되어야 한다(Bitonto의 Cornelius Musso가 "Consciences"에서), 더 나아가 "나는 이 지구상의 하나님이다."라는 선언이 1차 세계 대전이 끝난지 4년이 지난 1922년 4월 30일에 교황 피오 11세의 겸손한 고백 속에 들어 있었다(Baron Porcelli, p. 31).

51. Schaff, II, p. 52.

52. 50여 개의 카톨릭 위조 문서들이 카톨릭 공식 백과사전에 사실로 수록되어 있다(뉴욕, The Encyclopedia Press, 1913), I, pp. 636, 632, 610, 613, 572; II, pp. 299-300; IV, pp. 14, 41, 42, 44; V, pp. 773, 177, 195, 등.

53. Schaff, II, p. 53.

54. Qualben, pp. 86-88.

55. Schaff, II, p. 618.

56. Mauro, Calvin, Delitzsch, Keil, Baxter, Hengstenberg, Spurgeon, F.F. Bruce, Alex Gilchrist, Milton Arnold, Edwin Orr, Charles Hodge, R.B. Jones, et al.

57. Schaff, II, pp. 611-614.

58. Eusebius, *Ecclesiastical History,* VI, no. 5, citing Clement of Alexandria.

59. Schaff, II, pp. 58, 59.

60. John Henry Newman, *A Manual of Church History* (American Baptist Publication Soc.), I, p. 161.

61. *Ibid.*

62. Dollar, pp. 93-97.

63. Newman, p. 162.

64. *Ibid.*

65. *Ibid.,* p. 163.

66. Fuller, pp. 186-193. Bettenson, p. 19.
67. John H.P. Reumann, *The Romance of Bible Scripts and Scholars* (Englewood cliffs, NJ: Prentice-Hall, Inc., 1965), pp. 50-58.
68. 큐레토리안사본과 시내 시리아사본에서 벗어난 내용들을 관찰해 보라; 이런 왜곡들의 출처는 너무도 분명하다. 왜냐하면 이들 필사본들은 오리겐의 비평주(Paulus' Syro-Hexaplarian version)를 담고 있기 때문이다. Miller, p. 231.
69. ISBE, Ⅴ, p. 2952. Also, Fuller, *Which Bible?,* citing Wikinson, p. 220.
70. Dr. E.G. Robinson, *Researches in the History of the Baptists,* p. 208. Mosheim, *Institutes of Ecclesiastical History,* chapter 4, p. 2.; chapter 5.
71. 이것이 몬타누스의 문제점이었다. 그는 요한일서 2:15-16을 문자적으로 받아들였던 것이다(Newman, Ⅰ, pp. 203-205). Benedict, *History of the Baptists* (New York: L. Colby and Co., 1848, reprint 1977), p. 5. Tertullian and Privatus both left for the same reason. (Citing Robinson's *Ecclesiastical Researches,* Vol. Ⅰ.)
72. Orchard, p. 114.
73. *Ibid.,* p. 112.
74. Newman, Ⅰ, p. 379.
75. Thomas Armitage, *The History of the Baptists* (Minneapolis, MN: reprint by James and Klock Christian Pub. Co., copyright 1886), p. 275. Benedict, p. 3, 보고마일은 “하나님은 자비로우시다.”라는 의미를 갖고 있는 불가리어로 된 합성어이다. 보가즈, 베긴즈, 베가즈는 “기도의 사람들”이란 뜻이다.
76. Baker, p. 178.
77. 그는 카톨릭 교회 안에서만 침례로 중생을 얻을 수 있다고 가르쳤다. 그는 또한 주의 만찬은 희생 제사이며 카톨릭 주교가 이끄는 교회에 소속되지 않으면 어떤 사람이라도 구원받지 못한다고 가르쳤다. 샤프, II, pp. 262, 244, 151.
78. *Ibid.,* p. 161.
79. *Ibid.*
80. Boettner, pp. 77, 79, 89. 카톨릭의 “입장”은 분명하다. 전통은 성경과 동일할 뿐 아니라 축자영감에 있어서도 성경과 동일하다.
81. Solzhenitsyn, Ⅰ, pp. 39, 48, 59, 78, 82.
82. Musurillo, pp. 51-54.
83. Irenaeus, *Against Heresies,* cited by Musurillo, p. 139. Also Schaff, II, p. 159. 베드로가 십자가에 거꾸로 매달려 죽었다는 주장을 내세운 사람은 오리겐이었다.
84. Eusebius, Ⅴ, pp. 23-25.
85. Walker, p. 85. 켈트교회의 성경은 A.V. 1611의 표준원문에서 나온 것이다. Fuller, *Which Bible?,* p. 187를 보라.
86. 매닝 추기경은 (The Tablet, 10월 9일, 1864) 모든 교황은 그가 좋아하지 않는 어떤 법이라도 변경할 수 있으며 그의 계획에 어긋나는 그 어떤 법의 적용도 면제받을 수 있다 (Cardinal Bellarmine, cited in Salter, *Hall Lectures,* Manhattan, p. 51).
87. 예를 들면 1855년 교황은 사르디니아와 스페인 왕국들의 모든 법을 불법이라고 선언하였

고 1856년에는 멕시코의 모든 법을 그리고 1862년에는 오스트리아의 모든 법을 불법이라 고 선언하였다. 1875년에는 프러시아의 일부 법률을 무효라고 선언하였다. 카톨릭 교회가 그 나라의 정부를 전복하지 못하도록 금하는 그 어떤 법률도 카톨릭 교황에게는 비도덕적 이며 무효가 되어 버린다(Porcelli, p. 43). 피오 9세는 "나는 길이요, 진리요, 생명이라."고 말했다(Lord Acton, Quirinus, *Letters on the Council*, p. 285). 교황은 그 누구에 의해서도 판단받을 수 없다(Innocent III, Sermon iii on Consecration, cited by Manhattan, p. 52).

88. Schaff, II, p. 62. 교황도 마찬가지임. 발레리안은 모든 교황이 다루는 방식과 동일하게 그 문제를 다루었다. 왈덴스들은 겨울 혹한 속에서 가정과 마을을 3일 만에 떠나라는 명령을 받았다. "The Order of Gastaldo" cited by Samuel Morland, *The History of the Evangelical Churches of the Piedmont*, 1658, p. 303.
89. Eusebius, *Ecclesiastical History,* edited by Isaac Boyle, translated by C.F. Cruse(1955), p. 25. The "Cathari" are Novatians.
90. Orchard, p. 86, citing *History of the Donatists,* p. 60, and Dupins, *Church History,* C, iv, c. 3, cited by Orchard.
91. Peter S. Ruckman, *An Analysis of Practical Theology in the Light of the Book of Acts* (Pensacola, 1953), Doctoral Thesis at Bob Jones University.
92. Communication from R.A. Alicante, Internal Revenue Service, Treasury Dept., USA, April 1978, to Gary Ginsky.
93. Kirsopp Lake, Harvard Theological Review (1928), Vol.21, pp. 345-346. Also, Reumann, p. 109, and Geddes MacGregor, *The Bible In the Making* (Philadelphia: J.B. Lippincott Co., 1959), pp. 93.
94. Edward Hills, *The King James Bible Defended* (Des Moines, IA: The Christian Research Press, 1956), pp. 42-45.
95. Walker, p. 75.
96. *Ibid.*
97. Nathan Ausubel, *The Book of Jewish Knowledge* (New York: Crown Publishers, 1964), under "Hellenists," "The Talmud," and "Alexandria."
98. Newman, Ⅰ, pp. 285-286.
99. 왈덴스는 도나티스트들과 같은 성격의 무리들이었다: Bousset Bishop of Meaux, cited by Allix and Robinson, in the works of Armitage and Orchard.
100. *De Principiis,* 4, 11, from Joseph Cullen Ayer, *A Source for Ancient Church History* (Charles Scribners Sons, 1952), pp. 200-201.
101. Commentary on John, Book Ⅰ, Section 3, cited in *The Ante-Nicene Fathers.*
102. Newman, p. 285.
103. *De Principiis,* Ⅰ, 6, cited by Ayer, p. 198.
104. Contra Celsus 7:17, cited by Ayer, p. 197. 즉 그리스도의 죽음은 우리의 속죄를 위한 대속의 죽음이 아닌 우리의 본이 될 뿐이라는 것이다.
105. Schaff, II, p. 790. Arthur C. Constance, *Science and Faith* (Grand Rapids, MI: Zondervan Pub. Co., 1978), pp. 108, 109.

106. Boettner, pp. 76-101.
107. Avro Manhattan, *The Vatican Moscow Alliance* (New York: Ralston-Pilot, Inc., Publishers, 1977), pp. 253, 255, 257, 258.

<제 5 장>

1. B.C.133-A.D.30 로마에 대한 모든 역사책에 따르면 그렇다(Durant, Gibbon, Mommsen, Merivale, Arnold, et al).
2. Henri Fesquet, *The Drama of Vatican II* (1965), translated by Bernard Murchland (New York: Random House, 1967), pp. 741-744.
3. Walker, p. 9.
4. *Ibid.*, p. 545.
5. Newman, Ⅰ, Chapter III, pp. 34-64. 히틀러: "일본과 소련 사이의 중립조약이 체결되었으므로 유럽에는 더 이상 두려워할 것이 없다." 1938, John Toland의 책 *Adolph Hitler* (New York: Doubleday, 1976), II, p. 755에 인용됨.
6. 예를 들면 필립 샤프가 성경없이 (Ibid., p. 26) 역사의 진리들을 해석해야 한다고 주장하고 있음을 보라. (Ⅰ, pp. 22-26, "The Duty of a Church Historian"). 샤프는 "성경이 아닌 기독교가 절대 진리이다. 따라서 역사가의 의무는 '하나님의 나라의 여러 분파' 간에 중재자 혹은 무오한 해석자로서의 역할을 해야 한다"라고 말하고 있다. 이것은 교황의 주장과 정확히 일치하는 것이다.
7. Istanbul, Vietnam, Korea, Hungary, Cuba, Cambodia, Pakistan, Lebanon, Cyprus, Israel, Congo, Guyana, Ghana, etc.
8. See chapter 4, note 8.
9. Schaff, II, p. 618.
10. <제4장> 주 8 Musurillo, p. 195를 볼 것. 카톨릭 신자들은 오리겐이 "사제로서" 서품을 받았다고 분명히 말한다.
11. De Principiis, Book 4, chapter 1, p. 365(니케아 이후 교부들). 이것이 1884년 웨스트코트와 홀트가 내세운 입장이다. 웨스트코트가 캔터베리 대주교에게 보낸 편지와 (1890년 3월 4일), 홀트가 존 엘러톤(Life of Hort, Vol. I, p. 78)에게 보낸 편지를 볼 것.
12. *De Drincipiis*, Koetschau의 인용. *NIV*와 *NASV*에서 현대의 근본주의자들에 의해서 제거된 것과 정확히 똑같다.
13. *De Principiis*, Book 3, Sections 3, 5, cited by Musurillo, p. 198.
14. Commentary on the Song of Solomon, cited by Musurillo, p. 198.
15. 디모데전서 6장 16절 주석. Musurillo, Koetschau 인용, p. 210. 이것은 예수회 창설자의 가르침과 정확히 똑같다. Fulop Muller, *The Power and the Secret of the Jesuits* (New York: Garden City Pub., 1930), pp. 4-43.
16. 자신들의 "절충" 헬라어 본문을가지고 NIV, ASV, NASV의 저본을 제공한 웨스트코트와 홀트와 정확히 똑같음. Hort to Rev. Rowland williams (Oct. 21, 1860) and to Ellerton (Apr.

3, 1860). See *Life of Hort,* Ⅰ, p. 416.

17. Dr. samuel hemphill, *History of the Revision of the New Testament* (1906), chapter 5, cited by G.H. Coy, pp. 134-135. See also Stewart Custer, *The Quality of the Textus Receptus* (Greenville, SC: Bob Jones University Press, 1979).
18. Protestant Biblical Interpretation (Boston: W.A. Wilde Co., 1950) pp. 36, 42. 버나드 렘에 따르면 A.V. 1611의 개정자들은 한결같이 자유주의자들이라고 한다. 신복음주의자의 비평치고는 대단한 것 같다. 존 R. 라이스가 Mrs. Mary Mitchell에게 보낸 편지 내용에는 (1971, 10. 26, Pensacola, FL.) “ASV는 AV보다 몇 가지 구체적인 사항에 있어 더 정확합니다”라고 되어 있으나 라이스는 어떤 것이 그러한지 제시하지 않았고 ASV를 감히 사용하지도 않았다.
19. Peter S. Ruckman, *Church History,* Volume Ⅱ, chapter 10.
20. See *Contra Celsus,* Ⅷ, no. 68. See the typical last page of the last chapter of ANY church historian (Van Dusen, *World Christianity;* McNeill, *The Christian Hope for World Society;* W.W. Sweet, *The Story of Religion in America;* and Troeltsch, Neve, Harnack, Latourette, Walker, Schaff, Cairns, etc.)
21. See the panegyrics by Schaff, Musurillo, Walker, and others.
22. *De Principiis, Ante-Nicene Fathers,* Ⅳ, pp. 365-372. See John R. Rice to Herbert Evans (Feb. 2, 1973). 라이스는 주저하지 않고 A.V. 본문을 고친다.
23. Agustine, *City of God,* Books Ⅺ-ⅫC. 이것은 필립 샤프에게서도 발견된다. *A Select Library of Nicene and Post-Nicene Fathers* (Grand Rapids, MI: Wm. B. Eerdmans Pub. Co.), Vol.Ⅱ.
24. *Ante-Nicene Fathers,* Ⅳ, pp. 366-368.
25. 샤프의 혐오감을 일으키는 찬사를 보라(Ⅱ, p. 790). Musurillo (a “nihil obstat” Roman Catholic) in his work, p. 198.
26. Newman, Ⅰ, 282; Robert H. Pfeiffer, *Introduction to the Apocrypha* (New York: Harper and Bros., 1949), p. x.
27. Elgin Moyer, *Who Was in Church History* (Chicago: Moody Press, 1962), p. 315.
28. LeRoy Froom, *The Prophetic Faith of Our Fathers* (Washington, DC: Review and Herald Pub. Co., 1948), Ⅰ, pp. 212, 370, 478. See Peter S. Ruckman, *The Bible Believer's Commentary on Revelation* (Pensacola, FL: Bible Baptist Bookstore, 1970), preface.
29. 맛소라 원문의 잠언 22:20-21이 “그것들을 3중으로 묘사했다”고 변개된 사실과 이 변개를 허마의 목자(Origen, De Principis, Book Ⅳ, Section 11)를 사용해서 정당화시키고 있음을 주목하라. 오리겐이 이처럼 히브리어 본문을 변개시키는 것은 자신의 풍유적 해석이 성경보다 더 우월한 계시임을 내보이려는 것이다. 그는 자신들이 갖고 있는 구약 성서가 히브리어 원문보다 더 우월하다고 마귀적인 선언을 하고 있다(“Letter to Africanus,” *Ante-Nicene Fathers,* Ⅳ, p. 387).
30. 이 이교적인 영지주의 학파가 어떻게 갑자기 “기독교” 학파로 둔갑했는지에 대해 모든 역사가들이 침묵을 지키고 있다는 사실을 주목하라(뉴만, Ⅰ, p. 271).
31. Photo in the Turkish Historical Society, and Frensley Trench, *Secret of the Ages* (New

York: Pinnacle Books, 1974), pp. 112-133 (photo section).

32. Ruckman, *Manuscript Evidence,* chapter 4.

33. Augustine, *City of God,* Book XVIII, chapters 42, 43.

34. Ausubel, under "Alexandria."

35. Moyer, p. 331.

36. "신비"로의 입문은 기독교 이전의 모든 종교들의 공통된 특징이다(히슬롭, 4-7장).

37. Hackensack, New Jersey-*Christian Heritage* (May 1959), cited by Boettner, p. 53. John Eudes, *The Priest, His Dignity and Obligations* (New York: P.J. Kennedy and Sons, 1947), XXV, pp. 13, 8, 176, 177. 오리겐은 그의 "레위기 주석"(8:3)에서 그 어떤 그리스도인도 "신비적인 입맞춤"의 신비에 관한 완전한 지식을 얻기까지는 그리스도에게 연합될 수 없다고 말하고 있다. See Ruckman, *The Mark of the Beast* (Pensacola, FL: Bible Baptist Bookstore, 1959).

38. "그리스도인"이란 단어는 여기서는 영지주의자-플라토주의자-카톨릭 신자를 뜻한다(주 38 참조).

39. Schaff, II, pp. 442-497.

40. *Ibid.*

41. 모든 교회사가들이 저술한 모든 교회사 책에 "과학"(딤전 6:20)과 철학(골 2:8)이라는 두 단어가 나올 때마다 이 장에 열거된 모든 사람과의 관계를 주목하도록 하라.

42. See Oswald J. Smith, *The Battle for the Truth,* pp. 60, 88, 104, 115: ASV(1901)가 옳다.-아니다! AV가 옳다.-아니다! 로마 카톨릭 성서가 옳다. 왜냐하면 이것은 축자적으로 영감받았기 때문이다. 이 형편없는 책은 오스왈드의 로마 카톨릭 입장을 은폐시키기 위해 개정되었다.

43. Ruckman, *Science and Philosophy,* p. 67.

44. 이것은 "도덕적 기준의 포기"에 대한 현대인들의 용어이다.

45. AP 통신에 의해 알려진 모든 현대의 물리학자와 같이 Custance, pp. 65-98.

46. Newman, I, pp. 275-278.

47. Schaff, II, pp. 777-778.

48. Newman, I, p. 273.

49. *Ibid.,* p. 278, footnote 4.

50. *ASV, NASV, NIV* 및 모든 "절충" 번역본의 요한복음 18:37을 볼 것. *The Bible Believer's Commentary* 사도행전 4:27을 볼 것(Pensacola, FL: Bible Baptist Bookstore, 1974).

51. Newman, I, p. 278.

52. Schaff, II, p. 172.

53. Newman, I, p. 278. Hills, *Believing Bible Study,* pp. 190-193.

54. 클레멘트는 이레내우스와 저스틴과 더불어 (니케아 이후 교부들, II, p. 165). "기독교 문학의 창시자"로 불린다. 제롬은 (Ibid., p. 166) 클레멘트가 모든 고대 사람들 중에서 가장 박식한 사람이라고 말했다. 그러나 그의 어떤 저서에도 그가 성경을 믿었다든가 구원받았다는 증거는 없다. 여기서 말하는 "기독교 문학"이란 후대의 작가들이 성경에 관한 언급이 약간 들어있을 때 "기독교" 문학이라고 부르는 것과 동일한 의미에서의 기독교 문학이라

고 할 수 있다. (예를 들면 십계, 출애굽, 벤허, 솔로몬의 광산, 성의 등과 같은 할리우드 영화들도 기독교 문학에 포함된다.)

55. Homilies on Leviticus 8:3, and Commentaries on Romans 5:9.
56. Musurillo, p. 198. citing Origen, "Song of Solomon."
57. Origen, *De Principiis,* cited by Koetschau, p. 323, in Musurillo, p. 202.
58. *Ibid.*
59. See Commentary on 1 Timothy 1:16, note 19.
60. Origen, *De Principiis,* Book Ⅳ, chapter Ⅰ, Section 16.
61. 이것은 과장된 표현이 아니다. 독자들은 사우스 캐롤라이나 그린빌에 있는 밥 존스 대학교의 밥 존스 3세로부터 "정체성 확인"에 대해 요구할 수 있다. 커스터와 닐이 쓴 글의 추신에 나와 있다. 이 서신은 1978-1979에 수십 명의 문의자에게 발송된 바 있다.
62. Theron, p. 113.
63. 이것이 팜필루스와 유세비우스에 의해 필사된 헬라어 구약성경이다. Schaff, II, p. 793. Ira Price, *The Ancestry of the English Bible,* p. 70, cited by J.J. Ray, *God Worte Only One Bible* (Junction City, OR: The Eye Opener Publishers, 1955), p. 19. See also *Ante-Nicene Fathers,* Vol.Ⅳ, p. 230.
64. Schaff, II, p. 592.
65. Armitage, pp. 184-190.
66. Schaff, II, p. 611.

<제 6 장>

1. Johann Lorenz Moshim's church history (1755), C. 2, part 2.
2. Tertullian, *De Baptismo* (*Baptist Magazine,* Vol.Ⅴ, p. 210, cited by Orchard, p. 33).
3. Wall, *History of Infant Baptism,* Ⅴ, p. 50, cited by Orchard, p. 33).
4. Morningus, *History of the Baptists,* p. 2, citing 1 Clement.
5. Wake, translator, *Catholic Epistles and Barnabas,* no. 11, p. 292, cited by Orchard, p. 13. "바나바스"에 나와 있는 구절은 잘 알려져 있다.
6. Justin's *Apology,* Section ⅬⅪ, cited in *The Ante-Nicene Fathers* (Grand Rapids, MI: Wm. B. Eerdmans Pub. Co.), Vol.Ⅰ.
7. Schaff, II, p. 253.
8. *Ibid.,* p. 254.
9. Danver, *History of the Baptists,* p. 63, cited by Orchard, p. 35.
10. Orchard, pp. 38-41.
11. *Ibid.,* pp. 42-44.
12. Augustine, *City of God,* Book 18, chapters 42, 43.
13. Orchard, p. 65, citing Robinson, *Researches into the History of Baptism,* pp. 155, 227.
14. And so all who deal wity the subject.

15. Orchard, p. 67.
16. Wall, *History of Infant Baptism*, pp. 281-291.
17. Walker, p. 75. 오리겐은 사카에게서 수학했는데 포르피리는 사카를 제롬과 마찬가지로 "그리스도인"이라고 불렀다. (Eusebius, Ecclesiastical History, Ⅵ, chapter ⅩⅨ, sections 6-7). 사카의 책들은 처음부터 끝까지 구원받지 못하고, 성경을 거부하며, 반유대적인 헬라 철학자들의 책들이었다.
18. 이것은 플라토의 가르침이었다. see Dagobert Runes, *Pictorial History of Philosophy* (New York: Bramhall House, 1959), p. 83. 그것은 또한 아리스토텔레스의 가르침이기도 했으며 후일 예수회에 의해 다듬어지고 정리되었다. (Muller, p. 157). 그것은 또한 어거스틴에 의해 지지되었으며 (Ibid., p. 152), 1980년 현재 30여 개가 넘는 기독교 대학과 신학교의 교수진들에 의해 실행되고 있다.
19. F.F. Bruce, *The Books and the Parchments* (Westwood, NJ: Fleming H. Revell Co., 1950), p. 188.
20. 오리겐과 클레멘트는 신약의 외경인 허마스가 영감을 받았다고 분명히 믿었으며 (De Principiis, Book Ⅳ, no. 1). 동시에 벨과 용 그리고 수산나의 이야기도 영감받았다고 믿었다. ("Letter to Aficanus," Ante-Nicene Fathers, Vol.Ⅳ, p. 386). 밀러는 "알렉산드리아 정경"에 관해 틀렸다. Miller, Biblical Introduction, p. 122. 오리겐은 수산나의 이야기가 "성령에 의해" 쓰여졌다고 말한다.
21. Orchard, pp. 94-99.
22. And also Cyprian-Qualben, p. 98.
23. Eusebius, *Ecclesiastical History,* Vol.Ⅲ, section 39.
24. Henry Sike, translator, *The Gospel of the Infancy of Jesus* (1697).
25. M.R. James, *The Acts of Paul* (London: Oxford Press, 1926), p. 273.
26. Schaff, Ⅱ, p. 618, citing Eusebius, *Ecclesiastical History,* Vol.Ⅱ, Section 25.
27. Irenaeus in Theron, *Evidence of Tradition* (1957), p. 43.
28. Theron, p. 45.
29. *Ibid., p. 69.*
30. *Ibid.*
31. *Ibid., p. 55.*
32. *Ibid.,* p. 59, citing Monarchian Prologues,
33. *Ibid.,* p. 63.
34. *Ibid.,* p. 65.
35. *Ibid.,* p. 69, citing Jerome.
36. Schaff, Ⅱ, p. 244 샤프는 터툴리안을 카톨릭 신자로 만들고 싶어 안달이 났다. 그는 터툴리안의 입장에 대해 거짓말을 하고 있다. (Schaff, Ⅱ, p. 243); See Tertullian, Ad Marcion, ⅩⅩⅦ.
37. Dean John William Burgon, "The Last Twelve Verses of Mark," Appendix Ⅶ from Edward Miller, editor, *The Traditional Text of the Holy Gospels* (London: George Bell and Sons, 1896), reprinted as *The Last Twelve Verses of Mark* (Collingswood, NJ: The Bible for

Today).

38. See note 23.

39. Justin Martyr, *Apology I*, c. 61, cited by Schaff, II, p. 247.

40. "Tauffe," *Herzog Encyclopedia of Religious Knowledge*, cited by Armitage, p. 140; also Schaff, II, pp. 249, 250, notes 1, 2, 3. 샤프는 유아세례주의자로서 침수를 지지하는 모든 증거 자료들을 각주에만 한정시키고 있다.

41. Armitage, p. 140.

42. *Ibid.*, p. 141.

43. Calvin, *Institutes of the Christian Religion*, Ⅳ, chapter 15, section 19; see Schaff, II, p. 251, note 3.

44. *The Epistle of Barnabas*, X, section 11.

45. *The Shepherd of Hermas*, Book III, Similitude Ⅸ, section 16.

46. Orchard, pp. 12-17.

47. 터툴리안은 몬타니스트 그룹에 동참하기 전 그의 초기 작품에서는 유아세례가 영생을 전달해 주는 것으로 말하고 있다. 물에 의한 "중생"을 주목하라. (Schaff, II, p. 253). See also the *Didache*, Ⅶ (*Ante-Nicene Fathers*, Ⅶ, p. 379).

48. *Didache*, Ⅶ.

49. *Ibid.*, Ⅷ.

50. *Ibid.*

51. *Ibid.* Ⅸ.

52. *Ibid.*

53. *Ibid.*, Ⅰ, See the *Mahabharata*, 5, 1517, of Hinduism. 이곳에는 이 플라토적 위조 문서가 어디에서 유래됐는지를 보여주고 있다.

54. *Didache*, XⅣ.

55. *Ibid.*, Ⅳ.

56. *Ibid.*

57. *Ante-Nicene Fathers*, Ⅶ, p. 373, from Riddle.

58. Justin, *Apology*, Ⅰ, c. 61.

59. "세례용 물"(그 물로 하게 될 "목욕"과 더불어)이 디도서 3:5로부터 추출되어 나오게 됨으로써 "중생"이라는 단어가 성령대신 물에 해당되게 되었다. 이러한 성경 변개는 요한복음 3:5에도 적용되어 결국 캠벨주의자와 카톨릭 이단을 만들어내고 말았다. (Justin, Apology, Ⅰ, c. 61).

60. 모든 화란, 독일의 그리스도인들과 스위스의 개혁 교회들은 물이 로마서 4:11의 할례의 인침을 대신했다고 가르친다. 그러나 신구약 그 어디에서도 "인침" 혹은 "표적"이라는 단어가 물침례와 관련되어 사용된 적은 없다.

61. 마태복음 24:13은 모든 루터교도, 카톨릭 신자, 은사주의자, 감리교도, 성공회원 및 몰몬교도, 여호와의 증인, 안식교도들에 의해 잘못 적용되었다. (<피터 럭크만의 주석서 사도행전>, 말씀보존학회, 1997, 2:38을 참조..)

62. Schaff, II, p. 254.

63. See Papias under note 23.
64. *Ante-Nicene Fathers,* II, p. 537.
65. *Ibid.,* p. 536.
66. *Ibid.,* p. 547.
67. Articld 31 of *The thirty-Nine Articles of the Anglican Church.*
68. *Ante-Nicene Fathers,* II, p. 548.
69. *Ad Haeresies,* Vol.V, 2, 3.
70. Ignatius, *Ad Smyrna*-NOT IN THE SYRIAC (see chapter 4, note 41).
71. Schaff, II, pp. 244-245.
72. Henry Lea, *History of Clerical Celibacy in the Christian Church* (London: Watts and Co., 1932), pp. 13-113.
73. Schaff, II, p. 601. 이 역사적 난센스들은 오리겐이 정경이라고 생각했던 책 「허마의 목자들」 Vision 3, 7절에서 발견된다.
74. See notes 27, 28, chapter 8.
75. Eusebius, *Ecclesiastical History,* IV, Sections 62, 63.
76. 콜럼버스의 기사단이 발행한 모든 책(1950-1980)을 볼 것.
77. Armitage, pp. 53-57.
78. *Ibid.,* p. 61.
79. Augustine, cited by Armitage, p. 186 (writings against Pelagius on baptism, chapter 58, and on original sin, chapter 3, 4).
80. John Lord, *Beacon Lights on History* (London: 1883), pp. 283-308.
81. Orchard, p. 98.
82. 그러나 실제로는 어찌나 시대에 뒤떨어졌는지(신약 시대, A.D.70-90) 그가 글을 읽거나 쓸 줄 아는 사람인가가 의심스러울 지경이다. Schaff, III, p. 1026에 보면 이 형편없는 이단에 대한 찬사가 장황하게 나와 있다. "죽은 자들에 대해서는 칭찬"을 해주는 것이 교회사가들의 모토인 것 같다. 이들 교회사가들은 건전한 판단보다는 자신들의 사회적 이미지와 서적 판매에 더 큰 관심을 갖고 있는 자들이다. 죽은 자들에 대해 칭찬이 아닌 비판을 가하는 것은 (딤후 3:8, 왕상 22:53; 21:22, 렘 29:22) 성령님께서 택하신 방법이다. 따라서 주의깊은 사람이라면 입을 다물고 성령님의 음성에 귀를 기울이는 것이 나을 것이다.
83. Schaff, III, p. 1028.
84. Walker, p. 165.
85. Ruckman, *Thesis,* p. 39, citing Augustine, "On Christian Doctrine," Book 3, chapter 30.
86. F.F. Bruce, *The Spreading Flame,* p. 333; but for a real deifying of human corruption, see Daniel Rops, *The Church in the Dark Ages* (London: J.M. Dent and Sons, 1959), nihil obstat, pp. 18-44.
87. S.L. Greenslade, *Chambers Encyclopedia,* I, p. 775.
88. Council of Mela in Numidia (415 A.D.): Danvers, *History of Baptism,* pp. 118-119, cited by Orchard, p. 98.
89. Augustine, *Ad Donatists,* Book IV, chapter 24-32.

90. Bruce, p. 339.
91. Walker, p. 165.
92. *The Biblical Evangelist,* Vol.13, no. 9, Jan. 1979.
93. Augustine, "On Baptism," Book Ⅰ, chapters 28-62. Wall *History,* Part Ⅰ, p. 196. 어거스틴은 요한복음 3:5을 인용할 때마다 잘못 인용하여 "천국"으로 읽는다. See Ruckman, *The Sure Word of Prophecy,* chapters 1-4.
94. Armitage, p. 185.
95. Neander, *Church History,* Vol. Ⅰ, p. 313.
96. *Ibid.*
97. 글렌칼슨 (Atlanta, GA; 1978. 12. 16)과 커스터로부터 온 편지, Quality of the TR, p. 2. 글렌갈슨은 그의 편시에서 "밥 존스 대학교에서는 인분수의라고 하는 신을 경배한다. 그리고 자기 자신들을 권위로 내세운다"라고 말하고 있다. 인문주의(Humanism)란 기독교 대학교에서 학생들에게 Rendall, Trench, Vincent, Thayer, Hort, Wuest, Robertson, Schaff, Yaeger(주 82를 볼 것) 등과 같은 학자들의 학문을 우상시 하도록 하는 죄를 말한다.
98. Armitage, p. 189.
99. Seventh Council of Carthage, citing Sedatus of Tuburbo.
100. Council of Trent, 1547, March 3, canons Ⅳ, Ⅸ.
101. *My Catholic Faith,* pp. 26-29.
102. D.B. Ray, *Baptist Succession* (St. Louis: Baptist Pub. Co., 1870), pp. 408-437, from Augsburg Confession, Art. 9; Doctrinal Tracts, Methodist Conference, Prayer Book, pp. 180, 181; Presbyterian Longer Catechism, p. 165.
103. Salem Witchcraft Trials (1692). Earl Cairns, *Christianity in the United States* (Chicago: Moody Press, 1964), p. 34. Also whipping and imprisoning of Baptists: Henry Vedder, *A Short History of the Baptistis* (Valley Forge, PA: American Baptist Pub. Soc., 1907), pp. 287-307.
104. Armitage, pp. 358-359.
105. *Ibid.,* chapters Ⅴ, Ⅵ.
106. Blackeney, *Popery in Its Social Aspects,* pp. 85-285.
107. *Foxe's Book of Martyrs,* pp. 100-280.
108. 이것은 "반카톨릭" 문서가 아니다. 卐(Swastica)는 Bernhard Groner 신부가 원장으로 있는 랑바흐의 베네딕트 수도원의 유니폼에 새겨진 공식 문장이다. John Toland, *Hitler, the Pictorial Documentary of His Life,* p. 7. 히틀러는 하루에 두 번씩 그곳에 들렀다.

<제 7 장>

1. Newman, Ⅰ, p. 306.
2. William H. Prescott, *Conquest of Mexico* (Paris: Baudrys European Library, (1844), III, pp. 338-340.

3. Lady Queensborough (Edith Star Miller), *Occult Theocrasy* (Los Angeles: The Christian Book Club of America, 1933, reprint 1968), Appendix III, p. 715.
4. *Ibid.*
5. 그와 같은 논리에 따르면 처음 두 철자(ΙΧΥΘΣ)가 ΙΗΣΟΘΣ ΧΡΙΣΤΟΣ와 일치한다는 이유로 우리는 물고기가 예수 그리스도를 대표한다고 믿어야만 한다. 이 논리에 따르면 "Satan"이 "Saint Anthony"(성 안토니)를 대표할 수도 있다는 말이 된다. 어리석은 사람의 마음을 속이는 것은 너무도 간단하다(롬 16:18). 특히 그 사람이 대부분의 카톨릭 교도만큼 어리석다면 더 더군다나 그렇다.
6. Walker, p. 101.
7. Eusebius, *Ecclesiastical History,* Vol. I, section 31, cited by Colm Luibheld, *The Essential Eusebius* (New York: Mentor-Omega Books, 1966), p. 185.
8. *Ibid.,* Vol.IV, p. 36, cited in Luibheld, p. 200.
9. Moyer, p. 319. See *The Septuagint Version* (Zondervan Publishers, 1970), p. vi.
10. ISBE, Vol. I, pp. 182, 183; also Miller, p. 224.
11. 바티칸사본(B)은 마카비서와 므나세의 기도를 제외한 모든 외경을 담고 있다(Miller, p. 193). 시내사본(ℵ)은 구약 외경에다가 신약에서 허마의 목자를 담고 있다(Ibid., p. 291).
12. Luibheld, p. 213.
13. *Ibid.,* p. 211.
14. *Ibid.,* p. 212.
15. *Ibid.,* p. 214.
16. Eusebius, IV, section 65.
17. Luibheld, p. 213.
18. *Ibid.,* pp. 210-213.
19. Eusebius, IV, section 66.
20. Bruce, p. 100.
21. Orchard, p. 88.
22. Armitage, p. 202.
23. *Ante-Nicene Fathers,* Vol.VII, pp. 500-570.
24. Schaff, III, p. 67.
25. Armitage, p. 200.
26. Morrow, p. 205.
27. Armitage, p. 202.
28. *Ibid.*
29. Hislop, pp. 91-113.
30. *Ibid.,* pp. 167-170.
31. Schaff, III, p. 33.
32. *Ibid.*
33. Newman, I, p. 312.
34. Froom, *Prophetic Faith,* pp. 362-364.

35. Schaff, p. 619.
36. Dollar, p. 62.
37. Walker, p. 545.
38. Article XVII.
39. 이 해석은 (갈빈, 어거스틴, 와필드, 메이췐 그리고 모든 교황) "무지"와 "자만"이다(롬 11:25).
40. Schaff, III, p. 1028.
41. Anthony Wilhelm, *Christ among Us* (New York: Newman Press, 1967), nihil obstat, pp. 26, 386.
42. Hislop, p. 101.
43. *Ibid.*, p. 109.
44. Muller, *History of the Dorians,* Vol.II, p. 405, in the *Asiatic Journal,* Vols. VII, VIII, cited by Hislop, p. 168.
45. Wilkinson, *Egyptians,* Lib and Cap 7, p. 57; Layard, *Nineveh and Its Remains,* Vol.II, pp. 472-474.
46. 교황 피오 5세(1570)는 예레미야 1장을 영국의 엘리자베스 여왕에게 잘못 적용시킴으로써 다른 나라에 가서 살륙을 감행하고자 했던 5,000여 명의 선원을 수장시키고 말았다. 16장 주 101-105에 있는 자료를 볼 것.
47. See chapter 8.
48. Boniface, *Umum Sanctum* (1302), cited by Manhattan, p. 63. 샤프는 카톨릭 교회와의 중재자 역할을 고수하기 위해 이 선언을 매우 온건하게 표현하고 있다.
49. Wilhelm, p. 313.
50. *Ibid.,* p. 345.
51. *Ibid.,* pp. 176-187, Roberts S. Wicks, *Edge of Wisdom* (New York: Scribners, 1964), pp. 40, 41.
52. 이것은 과장이 아니다. 이것은 카톨릭의 공식적이고 반대할 수 없는 가르침이다; Wilhelm, p. 345.
53. Pope Innocent III, *Sermon on Consecration,* cited by Manhattan, p. 52.
54. *Great Encyclical Letters,* 193, 304, cited by Lambert, p. 245.
55. *Civilta Cattolica* (April 1948).
56. F.J. Connell, *Freedom of Worship* (New York: Paulist Press, 1944), p. 4.
57. *Cardinal Mindszenty, Memoirs* (New York: Macmillan Pub. Co., 1974), pp. 225, 226, 233.
58. James Toller, *Politics and Religion* (New York: Voice of Freedom Press, 1940), p. 53.
59. Schaff, III, p. 86.
60. *Ibid.*, footnote 1.
61. Wilhelm, p. 386.
62. Augustine, *City of God,* Book XIII, chapter 23; Book XVI, chapter 15; Book VIII, chapter 36.
63. *Ibid.,* Book XX, chapter 13.

64. *Ibid.,* Book XVIII, chapters 42, 43.
65. *Ibid.,* Book XX, chapter 9.
66. *Ibid.*
67. *Ibid.,* Book XX, chapters 29, 25.
68. *Ibid.,* Book XXII, chapters 15, 16.
69. *Ibid.,* Book XXII, chapters 19, 25.
70. *Ibid.,* Book XX, chapter 5.
71. 존 R. 라이스가 허버트 에반스에게 보낸 편지(Herkimer, NY; 1973. 2. 2) 라이스는 KJV의 사도행전 8:37이 잘못되었으며, 골로새서 1:14의 "그의 피"도 선호의 문제이고(p. 2), 계시록 22:14도 KJV가 잘못 번역한 것이라고 생각한다. 이와 더불어 여러 구절들도 의문이 간다(창 3:1)고 주장한다. 라이스는 사도행전 12:4과 계시록 22:14에서 로마 카톨릭 성서인 ASV를 추천한다.
72. Schaff, III, pp. 628-630.
73. 그는 그의 신문에서 "럭크만주의"(Ruckmanism)에 대해서도 경고한 바 있다. 그는 또한 전국 네트웍을 갖춘 라디오 방송에서 <킹제임스성경>이 하나님의 말씀이라고 믿는 사람은 이단이라고 규정했다. 과야나의 짐 존스(1978)는 제리 팔웰이나 밥 존스 3세가 성경을 하나님의 말씀이 아니라고 생각한 것과 똑같은 자세를 취했다.
74. 1978년 밥 존스 대학교에서는 NEB, RSV 그리고 TEV는 변개된 성서로 정죄되었으나 어리석은 근본주의자들은 ASV와 NASV에 나와 있는 동일한 변개들은 정죄하기를 거부했다.
75. 모든 이교도들의 신비 종교에서는 사람에게 침례를 주어 중생시킨다고 한다(Hislop, citing Bishop Hays, *The Sincere Christian,* Vol. I, pp. 356, 358, 362; *Asiatic Researches,* Vol. XVI, p. 271; Humbold, *Mexican Researches,* Vol. I, p. 185; Bryant, *Mythology,* Vol.III, pp. 21, 84, 78, and 75; plus Plutarch, Persius, Bunsen, Newman, Servius, Dryden, Theocritus, etc).
76. 신조로서 인쇄되어진 설교, 1940년 텍사스 Ft. Worth 제일침례교회, "근본주의자는 어떤 사람인가?"
77. Opatus Lib 1, cap 22, cited by Armitage, p. 202. 샤프는 워커가 그 문제를 진술하듯이(Walker, p. 106) 청원요청에 대해 거짓말을 늘어놓는다. 첫 번째 청원은 기부금이 오직 "카톨릭" 교회에게만 주어진다는 불평뿐이었다. 신학적인 이슈는 이 청원에 전혀 언급되지 않았다.
78. Orchard, p. 88.
79. Armitage, p. 202. 샤프는 또다시 거짓말을 한다(주 77 참조). 그는 박해는 단지 "형법과 교회의 몰수 등"에 한정된다고 말한다. 그는 거짓말을 해야만 한다. 샤프는 어거스틴이 도나티스트를 죽인 살인자가 아니라고 생각했다: he was. (See chapter 6, note 88). Constantine had sent troops to Africa to KILL Donatists (Armitage, p. 203, citing Mosheim and Tillemont).
80. Orchard, p. 90.
81. Mosheim, C. 5, chapter 5.
82. Orchard, p. 94.
83. Armitage, p. 203.

< 제 8 장 >

1. Nimrod, iii, p. 329, cited in *Quarterly Journal of Prophecy,* July 1852, p. 244. 이것은 오리겐의 "아프리카의 회한한 대학교"가 낳은 결과이다.
2. "하나님께서는 그의 아들을 항상 낳으신다." 이것은 오리겐이 사람들을 멸망으로 이끌 때 써먹는 방식이다. (Moeller, Neander, Dorner, Huetius, etc.). See Schaff, II, pp. 551-552.
3. Schaff, III, p. 626.
4. *Ibid.*
5. Armitage, I, p. 197. Schaff, III, p. 275. Sixth Canon of the Council.
6. Froom, *The Prophetic Faith,* p. 370.
7. *Ibid.,* p. 39.
8. Wilhelm, pp. 26, 313, 345, 386.
9. Ayer, p. 305.
10. Shirley C. Jackson, *The Millennial Hope* (Chicago: University of Chicago Press, 1918), pp. 171-174.
11. Schaff, III, pp. 302-303.
12. Benjamin Warfield, *Studies in Tertullian and Augustine* (London: Oxford University Press, 1930), pp. 114-116, 121, 126.
13. Schaff, III, p. 690.
14. 콘스탄틴과 교황 레오 대제는 그것이 성령에 의해 영감을 받았다고 믿었으며 신약성경과 같은 수준이라고 믿었다(Schaff, III, p. 63).
15. *Ibid.,* p. 630.
16. "The Athanasian Creed," Sec. I, from Philip Schaff, *The Creeds of Christendom* (New York: Harper and Bros., 1877, 1919), Vol. I, pp. 34-43.
17. *Ibid.,* Section 28.
18. Servetus (1511-1553), chapter 16.
19. "Athanasian Creed," Sections 42-44.
20. *Ibid.,* p. 695.
21. "Nicene Creed," (325, A.D.), in Schaff, II, pp. 535-539.
22. "Nicaeno-Constantinopolitan Creed" (325-381 A.D.), Sections 9, 10.
23. Schaff, II, p. 619.
24. Origen, *Commentary on John,* Sections 32, Luibheld, p. 19.
25. No Catholic has to believe Genesis is literal.
26. Origen's Creed (230 A.D.), Section 2, Schaff, II, p. 666.
27. *Ibid.,* pp. 666-667.
28. Luibheld, pp. 23, 24.
29. Schaff, III, pp. 698-705.
30. *Ibid.,* p. 699.
31. *Ibid.,* p. 700.

32. *Ibid.*
33. 밥 존스 대학교의 스튜어트 커스터와 마샬 닐이 총장의 공식승인을 얻어 발송한 편지 (1978, 6장의 주 97 참조). "메이첸, 웨스트코트, 홀트, 같은 사람을 자유주의자 혹은 불신주의라고 부르는 것은 돌아가신 분들을 비방하는 것이다." 그러나 그 누구도 그들이 "불신자"라고 부른 적은 없다. 우리는 그들이 성경을 거부하고, 성경을 변개시킨, 죽은 정통주의 배교자라고 말했을 뿐이다.
34. Schaff, III, p. 997. 어거스틴은 성경을 거부하는 카톨릭 신자로 신성 모독자이다. 그는 카톨릭 교회의 권위에 대해 감동받지 않았다면 복음도 믿지 않았을 것이라고 말했다.
35. Socrates, *Ecclesiastical Historia,* Vol. I, p. 8.
36. Eusebius, "The Life of Constantine" (*Ecclesiastical History,* III, section 10).
37. Armitage, p. 203.
38. Schaff, III, p. 625.
39. *Ibid.*
40. Armitage, p. 204.
41. *Ibid.*
42. Schaff, III, p. 625, citing Eusebius, *Ecclesiastical History,* I, c, iii, and c 12.
43. *Ibid.,* p. 626.
44. Armitage, p. 204.
45. Henry Fesquet, *The Drama of Vatican II,* pp, 19, 741, 743, and 744.
46. Wilhelm, p. 155.
47. 1960과 1980년 사이에 이들이 펴낸 "번역본들"에 관한 모든 책을 볼 것.
48. Eusebius, *Ecclesiastical History,* IV, section 36.

< 제 9 장 >

1. 「아우슈비츠의 계명」(1951)은 루돌프 회스의 자서전이다. 그는 자신이 "헌신된 카톨릭 신자"라고 말하고 있다. (p. 9). 허만 괴링은 "The Reichs Marshall"(제국의 원수)라는 책에서 (Mosely, 1974) 그의 대부는 로마 카톨릭 교도였다고 말하고 있다. 아돌프 히틀러는 "나는 지금 카톨릭 신자이며 항상 그러할 것이다"라고 말했다. (Toland, II, p. 803). 히틀러도 뭇솔리니도 그 어떤 교황에 의해 그 어떤 이유로도 파문당한 적이 없다. 그들이 살인마와 전쟁광이라는 사실은 그리스도의 대리인에게는 아무런 의미도 없다. 그러고도 그는 세계의 모든 TV 카메라 앞에서 두 손가락을 들면서 평화를 말한다. 교황은 로마 카톨릭의 정책과 지배력을 진척시켜 주기만 한다면 그 어떤 마귀적인 살인마에게도 아무런 간섭을 하지 않는다.
2. 교황 우르반은 "그리스도인들"에게 - "병사들이여, 이 비겁한 민족들을 굴복시켜라"고 연설했다. (The World's Great Speeches, 1954, p. 69). See also B.J. Spalding, *History of the Church of God* (New ork: Schwartz, Kirwin, and Fauss, 1883), p. 405. 무장한 주교들과 대주교들이 수도원장의 명령하에 알비겐스들을 대량으로 학살시키기 위해 군대를 지휘했다.

Zoe Oldenburg, *Massacre at Montsegur* (Minerva Press, 1968), translated by Peter Green, pp. 12, 112.

3. *Catholic Encyclopedia,* II, p. 666; *Catholic Dictionary,* p. 258.
4. Leo XIII, *Great Encyclical Letters,* pp. 161, 126, 225, 91; and *Catholic Encycolpedia,* VII, p. 261. Also, *The Administration of Legislation in the New Code of Canon Law* (New York: Ayrinhac, Longmans, Green, and Co., 1930), nos. 28, 29, 231.
5. The Second Vatican Council (*Drama of Vatican II,* p. 585), pp. 591, 592, 728, 729.
6. *US News and World Report,* Dec. 21, 1952; and *Christian Heritage,* May 1959; cited by Boettner, p. 61, Vatican paper, *L'Obsservatore Romano,* May 18, cited in the *New York Herald-Tribune.* Also, *Ave Maria,* quoted in the *Chicago Sun Times,* Feb. 24, 1959.
7. 모든 주요 교회사가들은 게르만족속을 "아리안"이라고 부른다.
8. H. Daniel Rops, *The Church in the Dark Ages* (New York: J.M. Denton and Sons, 1959), nihil obstat, pp. 110-113.
9. 1959. 4. 15; 1958. 11; 1959. 4; 프로테스탄트들이 죽거나 부상당했고 프로테스탄트 교회들이 폐쇄되었고 학교들이 불태워졌다. 설교자들이 체포되었으며 돌에 맞기도 했다. 1572년 국제뉴스 미디아나 TV가 없던 시절 카톨릭 신자들은 48시간도 채 안되는 시간에 5만 명을 살해하였다. (8월, 성 바돌로매의 날, 프랑스).
10. *Catholic Encyclopedia,* XIV, p. 766; *Civilta Cattolica,* April 1948; Benedict XIV, papal bull (1750), sections 3, 4.
11. Schaff, III, pp. 633-637.
12. Morrow, p. 279.
13. Peter S. Ruckman, *Satan's Masterpiece-The New ASV* (Pensacola, FL: Bible Baptist Bookstore, 1972, revised 1978).
14. Hills, *Believing Bible Study,* p. 106.
15. *Ibid.,* pp. 45, 177.
16. *Catholic Encyclopedia,* IV, p. 86. Dean J.W. Burgon and Edward Miller, *The Traditional Text*(London: George Bell and Sons, 1896), pp. 163-164, G. Salmon, *Criticism of the Text of the New Testament* (1897), pp. 60-64.
17. F.C. Cook, *The Revised Version of the First Three Gospels* (1882), pp. 161-163, 183.
18. Dean J.W. Burgon, *The Revison Revised* (Paradise, PA: Conservative Classics, reprint), pp. 271-281.
19. Schaff, II, p. 815; Miller, p. 62; Charles A. Briggs, *The Study of the Holy Scriptures* (Grand Rapids, MI: Baker House, 1970), p. 204.
20. David Otis Fuller, *True or False?* (Grand Rapids, MI: International Publications, 1973), citing Wilbur Pickering, pp. 233-235.
21. Baker, *A Summary of Christian History* (Nashville, TN: Broadman Press, 1959), p. 178.
22. The Donation of Constantine, Pseudo-Isidorian Decretals, etc.
23. Peter S. Ruckman, *Rome-The Great Private Interpreter* (Pensacola, FL: Bible Baptist Bookstore, 1970).

24. Blakeney, pp. 45-52.
25. *Ibid.,* chapter Ⅵ, pp. 49, 55.
26. St. Alphonsus Liguori, *Moral Theology,* cited by Vesuntione(Westminster, MD: Jones and Adelman, The Newman Press, 1956), Vol. Ⅰ, pp. 364, 365, 366, 420; Vol.Ⅱ, pp. 118, 122; and Vol.Ⅵ, pp. 123-126.
27. Schaff, Ⅲ, pp. 1016-1028.
28. Froom, citing Augustine, *Christian Doctrine,* Book 3, chapter 30.
29. 어거스틴은 정부가 종교적 신념을 이유로 (도나티스트들의 경우) 사람을 죽일 수 있는 권리를 갖고 있다는데 아무런 반대도 하지 않았으며 오히려 카르타고 공회가 있기 1년 전에 그 공회를 소집하여 박해를 강요하였다. (Orchard, pp. 61, 94-99).
30. Augustine, *City of God,* Book ⅩⅩ, chapter 7-9, 13.
31. Gallandi, *Bibliotheca Veterum Patrus,* Tom Ⅷ, pp. 107-129.
32. Eusebius, *Ecclesiastical History,* Book 10, chapters 2, 4.
33. Reinhold Seeberg, *A History of Doctrines* (Grand Rapids, MI: Baker Book House, 1952), P. 62.
34. Augustine, *Against the Donatists* (see chapter 6, note 79).
35. Edgar J. Goodspeed, *A History of Early Christian Literature* (Chicago: University of Chicago Press, p. 256).
36. Cyprian, *Ad Smyrna,* C. 8, by Schaff, Ⅲ, p. 148.
37. Schaff, Ⅲ, p. 101.
38. Epiphanius, *Heresies 67,* citing Hieracas, in the *herzog Encyclopedia,* Vol.Ⅵ, p. 100.
39. Schaff, Ⅲ, pp. 450-492.
40. Gleason Archer, Jr..가 A Survey of the Old Testament Introduction (Chicago: Moody Press, 1964), pp. 39-40에서 그것을 받아들인 것과 정확히 똑같다.
41. Schaff, Ⅲ, p. 396.
42. Henry C. Lea가 The History of the Catholic Church (London: Watts and Co., 1932)라는 책에서 제시한 성직 계급의 독신원칙에 대해 자세한 논쟁을 볼 것.
43. Ayer, p. 342.
44. Chapter 6, note 88.
45. Augustine, cited by Ayer, p. 450.
46. 에피파네스에 따르면 399-400까지. (Zockler, Schaff, Neander, Palladius 그리고 제롬): 오리겐은 그보다 140년 전에 죽었다.
47. Calvin, machen, Warfield, Boettner, Mauro, and Zwingli.
48. Armitage, pp. 9, 277; Ayer, p. 295.
49. Ayer, p. 450.
50. Armitage, p. 175.
51. *Ibid.,* p. 204.
52. Schaff, Ⅱ, p. 628.
53. Armitage, p. 206.

54. Lea, pp. 49-51.
55. *Divine Institute*, b.v.c. XX, cited by Armitage, p. 207.
56. Schaff, III, p. 231.
57. Armitage, p. 206, citing *Herzog Encyclopedia.*
58. Mosheim, *Church History,* c. 3; Robinson, *Ecclesiastical Researches,* p. 127; Tertullian, *De Baptismo,* cited by Armitage, p. 161.
59. "바나바스", 파피아스, 마터, 이레내우스, 터툴리안, 메토디우스, 락탄티우스 등은 모두 전천년주의자들이었다. (샤프, III, p. 614).
60 DePressence, *The Martyrs and Aoplogists,* p. 21.
61. Armitage, p. 203.
62. Edwin Charles Dargan, *A History of Preaching* (London: Hodder and Stoughton, 1905), Vol. I, p. 74.
63. *Ibid.,* citing Nebe, *Zur Geschichte der Predigt,* Vol. I, pp. 84-85.
64. Bruce, The books and the Parchments, p. 216. 부르스는 그것을 "최근에 설정된 표준원문"이라고 부르고 있다. 이로써 그는 웨스트코트와 홀트의 터무니없는 이론을 받아들이고 있음을 고백하는 것이다. (주 18에 주어져 있음)
65. Rops, pp. 183, 199.
66. Dargan, Vol. I, pp. 38, 68.
67. Temple Chevalier, *The Epistles of the Apostolic Fathers* (London: Cambridge Press, 1833), p. 71; and A.J. Mason, *The Persecution of Diocletian* (Cambridge: Deighton Bell and Co., 1876), pp. 290-294.
68. Ruckman, *Thesis,* p. 52, citing Mason.
69. *Ibid.,* p. 354.
70. DePressence, pp. 21-22.
71. *Ibid.,* pp. 82, 97, citing Cyprian, *De Lapsis,* Vol.VIII.
72. See Acts 5:29-32.
73. *Foxe's Book of martyrs,* p. 23.
74. Schaff, II, p. 513.
75. *Ibid.,* p. 513.
76. *Ibid.,* p. 515.
77. 어거스틴은 침례받지 않은 유아들이 영원한 불 가운데서 보낼 것이라고 말한다(설교 294). 그리고 그들의 저주는 "가벼울" 것이라고 말한다. (Armitage, p. 216).
78. Schaff, II, p. 166.
79. *Ibid.,* p. 165.
80. Irenaeus, *Ad Haeresies,* Vol.III, chapter 3, par. 3.
81. 샤프는 위에 주어진 관련 자료를 인용한다. (Schaff, II, p. 165, footnote 2) 이레내우스는 동료 이단들과 마찬가지로 (오리겐과 클레멘트) 카톨릭 교회로부터 분리되는 것은 성령으로부터 분리되는 것이라고 생각했다. (Schaff, II, p. 171).
82. See chapter 12, note 66.

83. Bob Jones, III, to Gary Ferkel (March 5, 1976), p. 2. 이것은 퍼켈이 밥 존스 3세에게 밥 존스 대학교의 교수와 학생들이 KJV를 조롱하고 웨스트코트와 홀트의 부패한 이론을 추천한다는 분명한 증거를 보낸 후에 (1976. 3. 2) 쓰여졌다.
84. 트렌트 공회(1546)에서는 의롭게됨에 대한 교리에 관해서만 모든 침례교도와 장로교인들에게 33개의 저주가 선포되었다.
85. *Catholic Encyclopedia,* Vol.Ⅶ, p. 260; the Fourth Lateran Council (1215); Benedict XIV bull (1750), section 3.
86. Manhattan, pp. 263-269.
87. *Civilta Cattolica,* April 1948.
88. Ryan, *The Church and State,* pp. 38-50, cited by Harvey Springer, *And So God Help Us* (Englewood, CO: 1959), p. 25.
89. Armitage, pp. 280-283, citing the material from Giesler, Milner, Henry, and Herzog.
90. 왈덴스들은 어른에게만 침례를 주었다; Evervinus, Peter Abbot of Cluny, St. Bernard, Ecbertus Schonargiensy, Ermengendus, Alanus magnus, cited by Allix, p. 140; Danvers, p. 298; Ivimey, *History of the English Baptists,* Vol. I, p. 21; Allix, *Church of the Albigenses,* C. 16, p. 145.
91. 더 나아가 이들 그룹 중 많은 사람들이 구원의 영원한 보장을 가르쳤다: Orchard, pp. 295, 297.
92. 샤프가 가능성을 "사실들"로 바꾸려는 노력을 하는 추태를 보자. 그 다음 단계로는 그것들이 "확실한 사실들"인 것처럼 취급해 버린다.
93. Called "Biblical" by Whiston (*Primitive Christianity Revived,* Vol.III). Also, *The Ante-Nicene Fathers,* Vol.Ⅶ, p. 390.
94. Schaff, II, p. 279, footnote 6.
95. *Ibid.,* from John 21:9.
96. *Ibid.,* citing Lib 8, p. 217 sq.
97. Tertullian, *De Baptismo,* C. 1.
98. Schaff, II, p. 280.
99. ISBE, p. 3060; Armitage, p. 156; Miller, pp. 229-238.
100. ISBE, pp. 2883, 2884; Fuller, *Which Bible?,* pp. 192-193, citing Wilkerson.
101. Dargan, vol. I, p. 140.
102. Council of Malevium (416), Carthage (397), and Numidia (415). 어거스틴에 따르면, 유아세례가 유아를 거듭나게 하는 것이라고 믿지 않는 사람은 불신자(Infidel)라고 한다. Wall, *History,* Part I, c 15, pp. 190-196.

<제 10장>

1. 그는 그 칭호를 거부했다. (그레고리 대제, 590-604) 그러나 이 칭호는 그의 후계자들에게 607년 곧바로 다시 부여되었다. (Boniface II, *Catholic Encyclopedia,* II, p. 660).

2. 교황 다마수스(366-384)는 자기 자신을 이 비성경적 칭호로 부른 최초의 사람이었다. (Catholic Encyclopedia, Ⅳ, p. 614). "로마의"란 단어는 Zozimus(417-418)에 의해 첨가되었다.
3. ISBE, p. 3060; Fuller, *Which Bible?*, p. 188, citing Benjamin Wilkinson.
4. Isaac Boyle, editor, *Ecclesiastical History (*1955), pp. 208-211.
5. *Ibid.*, p. 22.
6. 시프리안에 따르면 감독(주교)은 "성령의 운반자"라고 한다. (Schaff, Ⅱ, p. 151).
7. Baker, pp. 47, 48.
8. 이것은 과장이 아니다. (*Catholic Encyclopedia*, Ⅵ, p. 48. Letters to Pope Clement Ⅶ fro Cardinal du perron).
9. 밥 존스 대학교의 "기독교 신앙"에 관한 광고 : "근본주의자란 모든 것을 성경으로 판단하는 주 예수 그리스도를 믿는 거듭난 사람이다." ASV, NASV, RV, NIV는 변개된 성서들의 목록에는 없다. 이렇게 되면 다섯개(KJV 포함)의 권위들이 존재하게 된다. 그렇다면 어떤 성경으로 판단해야 하는가가 문제로 남는다.
10. 믿음의 규례는 Manual of Roomish Controversy, Blakeney, p. 25 sq.에 인용되어 있다.
11. 에반즈와 함께 존 R. 라이스도 그렇다. "여러 번역본들이 다함께 하나님의 말씀을 담고 있다." 에반즈는 라이스의 책 OUR GOD BREATHED BOOK - THE BIBLE, p. 376을 인용하고 있다.
12. 테네시탬플의 프레드 아프만, Chattanooga, TN: "이들 역본들(ASV, NASV)을 출간해 낸 사람들은 <킹제임스성경>을 펴낸 사람들과 동일한 믿음과 학문의 소유자라고 나는 생각한다." (1976. 11. 18). 그렇지만 이 성경들과 AV 사이에는 36,000 군데의 차이가 나고 세 가지의 상충하는 "권위들"이 존재하는 셈이다.
13. Archer, pp. 22-24를 볼 것. 이곳에서는 성경의 권위가 너무도 강조되어 있어 우리는 글리슨 아쳐가 그것들을 믿는다고 생각하게 된다. 그러나 실상은 그는 그런 것을 전혀 믿지 않는다. p. 23을 보라. 그는 자신의 "믿음"을 재진술 하고 있다. 즉 그에게 있어 최종권위는 학자들이 그 구절을 어떻게 해석하는가이다.
14. Moyer, p. 226.
15. Newman, Ⅰ, p. 209; Schaff, Ⅲ, pp. 41-77.
16. Schaff, Ⅲ, p. 49.
17. *Ibid.*, p. 51.
18. *Ibid.*, p. 62.
19. Armitage, p. 213.에 따르면 그렇다. 그럼에도 불구하고 Orchard는 (p. 59) 그가 노바티안들에게 관용을 베풀었다고 말한다.
20. Chapter 14, notes 121-128.
21. Chapter 9, note 65.
22. Rops, pp. 100-104.
23. *Catholic Encyclopedia*, Ⅷ, p. 27.
24. Rops, p. 97.
25. Schaff, Ⅳ, p. 145.

26. *Ibid.,* p. 442.
27, Rops, pp. 103-104.
28. Moyer, p. 246.
29. *Ibid.* Also Schaff, III, p. 740.
30. Schaff, III, p. 744, citing Mansi, vi., p. 971.
31. *Ibid.,* pp. 744-746.
32. Morrow, p. 251; Manhattan, p. 62, citing Innocent III, *Sermon on consecration.* Also *Great Encyclical Letters* from Leo the Great, pp. 193, 304.
33. F.R. Webber, *A History of Preaching in Britain and America* (Milwaukee, WI: Northwestern Publishing House, 1952), chapter 1, pp. 29-50.
34. Fuller, *Which Bible?* , pp. 187, 198-203.
35. Schaff, III, p. 795, citing Mansi, iv., p. 301 sq.
36. *Ibid.,* p. 795.
37. *Ibid.,* p. 797.
38. Carthage (418); Canon 1.
39. Schaff, III, pp. 716, 724.
40. *Ibid.,* pp. 802-816.
41. *Ibid.,* p. 1027.
42. *Ibid.,* pp. 816-856.
43. Proposition 13, citing translation from the Latin in Mansi (Hefele, Vol. II, p. 704 sq.).
44. Armitage, pp. 176, 177; Newman, I, p. 206; Benedict, *History of Baptists,* p. 5.
45. Armitage, p. 196, citing *Ancient Christianity,* pp. 336-338.
46. Schaff, III, p. 351.
47. *Ibid.,* II, pp. 655-659.
48. *Ibid.,* III, p. 994.
49. *Ibid.,* p. 365.
50. *Ibid.,* p. 360.
51. *Ibid.,* p. 366; also Benedict, p. 9.
52. 비록 그가 그것을 명령하지는 않았지만 그것을 방관했다. see Robinson, *Researches,* p. 151, cited by Orchard, p. 61.
53. Boyle, editor, *Ecclesiastical History* (1955), Council of Nice, p. 25.
54. Armitage, p. 196.
55. 마리아 숭배사상은 창세기 3장에 대한 오리겐의 풍유적 해석으로부터 나왔다. 즉 마리아는 이브의 대변자인 것이다. (이레내우스): See Schaff, III, p. 414.
56. 예를 들면 어거스틴은 유다서 19절이 만약 당신이 카톨릭 교회와 교제가 없으면 성령을 갖고 있지 못하다는 것을 의미하는 것이라고 말한다. (Sermon 21, Vol.6, *Post-Nicene Fathers,* pp. 328-340).
57. Fuller, pp. 202-215, citing Wilkinson, Allix, Nolan, Scrivener, Leger, Gillery, Kenyon, etc.
58. Schaff, III, p. 71.

59. ISBE, pp. 2883-2884.
60. Tatian (110-176); Miller, pp. 230-232.
61. Latourette, Ⅰ, p. 87.
62. *Ibid.,* p. 89.
63. Adolph Harnack, *The Mission and Expansion of Christianity* (New York: G.P. Putnam and Sons, 1908), translated by James Moffatt, Vol.Ⅱ, pp. 278-280. Also, Mesnage, *Le Christianisme en Afrique* (Algiers: Adolphe Jourdan, 1914, 1915), Vol.Ⅰ, p. 273.
64. Moyer, p. 211.
65. Duchesne, *Fastes Episcopaux de L'Ancienne Gaul* (Paris: Albert Fontemoing, 1900-1915), Vol.Ⅰ, pp. 31, 32. The Burgundians in France were from Germany. Mezeray, *History of France,* p. 8, cited by Orchard, p. 164.
66. Latourette, Ⅰ, p. 102.
67. *Ibid.,* p. 105.
68. Eusebius, *Ecclesiastical History,* Book Ⅴ, chapter 10.
69. 패트릭은 389-461에 살았다. 즉 그는 제롬과 아무런 상관이 없는 라틴어 성경을 사용했다. Jacobus, *Catholic and Protestant Bibles Compared,* p. 200, footnotes 15, cited by Fuller, *Which Bible?* p. 199. 아담 클라크의 주석 마태복음 1:18을 볼 것.
70. Latourette, Ⅰ, p. 205.
71. *Ibid.,* called "publicans" and "Bulgarians" (Benedict, p. 15).
72. Robinson, *Researches,* pp. 73, 93, 32; and Mezeray, *French History,* pp. 4-8, both cited by Orchard, pp. 107, 161-167. 다른 이름들은 보가즈(파란), 베긴즈, 피카즈(보헤미아), 베가즈(라인란트), 파테린즈(불가리아) 등이다. 이들은 Ivimey와 (*History of the English Baptists,* Vol.Ⅰ) 다른 사람들에 따르면 왈덴스가 되었다고 한다.
73. Mosheim, chapter 11, part 2, chapter 5, cited by Orchard, p. 231, and Armitage, pp. 237-240.
74. Schaff, Ⅲ, pp. 66, 68; Latourette, Ⅰ, p. 325; Newman, Ⅰ, p. 313.
75. Latourette, Ⅰ, p. 175.
76. Hislop, pp. 5, 6, 77, 79.
77. Rops, pp. 40-51.
78. 알비겐스와 왈덴스들은 구원의 영원한 보장을 가르쳤다. Orchard, pp. 295-296, citing Reiner, Lindanus, Gaulter, and Ecchius.
79. *Civilta Cattolica,* April 1948; John Ryan, *The Church and State,* p. 38.
80. Wikinson, *Our Authorized Bible Vindicated,* chapter Ⅱ, cited by Fuller, *Which Bibld?,* pp. 187-191.
81. Manhattan, *Vatican Imperialism in the Twentieth Century,* pp. 260-373. Legislation on the sacraments in the *New Code of Canon Law,* no. 29 (*The Sacred Canons,* Ⅰ. 125). Shea, *The Life of Pius IX,* p. 243, cited by O.C. Lambert, *Catholicism against Itself* (winfield, AL: O.C. Lambert, Publisher, 1956), p. 221. Also *Catholic Encyclopedia,* Ⅷ, p. 27; and Ray, *Baptist Succession,* p. 387.

82. 이 책은 아직도 "모든 세계의 걸작"들과 같이 "명쾌한 논리"를 보여주는 "위대한 작품"이다. 이 책은 오직 하나님께서 유일하게 영감을 주신 "인류의 천재성이 나은 기념비적인 작품"이다. (Rops, the Catholic, nihil obstat writer, pp. 40-45): 스타워즈도 그렇다(1978).
83. Rops, pp. 183, 191, 202; Latourette, Ⅰ, p. 200.
84. Schaff, Ⅳ, pp. 82, 78-80.
85. 464년경에 쓰여진 「고백록」의 25장과 "크로티쿠스에게 보내는 편지"(어떤 작가들은 크로티우스가 아니고 세렌디히 라고도 함). 이 편지는 10장으로 구성되어 있다. The Book of Armagh에는 *St. Patrici Canticum Scotticum*이라고 불리는 아일랜드 찬송이 들어 있다. (Schaff, Ⅳ, pp. 50-51).
86. Dargan, *A History of Preaching,* Vol. Ⅰ, pp. 87-90.
87. Schaff, Ⅲ, pp. 439, 494, 507, 502.
88. Valesius, *Annotations of the Life of Eusebius,* translated by Rev. Parker in Boyles, *Ecclesiastical History* (1959), pp. ⅶ, ⅹⅵ.
89. See chapters 12, 13 to understand WHY.
90. Schaff, Ⅳ, pp. 53-121.
91. Observe: Milan, Turin, Florence, etc.
92. Harnack, *The Mission and Expansion of Christianity,* Vol.Ⅱ, pp. 251-260.
93. Orchard, p. 138.
94. *Ibid.,* p. 135.
95. Wikinson, chapter Ⅱ; Jacobus, p. 200.
96. Schaff, Ⅳ, p. 45.
97. See chapter 13 of this work.
98. Thuanus, *History* (1733), Book 54, cited by Blakeney, *Popery in Its Social Aspects,* p. 112.
99. Wikinson, cited by Fuller, pp. 194-215.
100. Morrow, *My Cahtolic Faith,* pp. 102, 103.
101. 이것은 과장이 아니다. 카톨릭 신자들은 당신이 이것을 과장이라고 생각하도록 할 것이다. 1686년에 나온 Bordeaux 성경은 (Bordeaux의 대주교의 재가를 받아 발행된 것인데 거기에는 사도행전 13:2에 단 "미사의 희생 제사"라는 말이 첨가되어 있다. 그외에도 고린도전서 3:15에는 "연옥의"라는 말이 고린도후서 6:14에는 "성체성사"라는 말이 그리고 디모데전서 4:1에는 "로마의"라는 말이 첨가되어 있다. (Blakeney, pp. 50-51).

<제 11 장>

1. Newman, Ⅰ, p. 207.
2. Orchard, p. 215, citing Robinson, *History of Baptism,* p. 215.
3. Orchard, p. 176.
4. *Ibid.,* p. 113; also Allix, *Remembrances on the Ancient Churches of the Piedmont,* chapters 3, 19, 14, pp. 25, 175, 124. 파테린들은 십자가 표시는 짐승의 표라고 말했다. Orchard, p.

146.

5. 이것은 골로새서 2:23을 <킹제임스성경>에 나와 있는 대로 받아들이기를 고의로 거부하고 ASV와 NASV에 나와 있는 대로 받아들인 수도원 타입의 기독교가 결국에는 도달하게 될 논리적 결과였다. 이러한 기독교는 밥 존스 대학교(1950-1980)와 펜사콜라 기독 대학(1978-1980)의 규율과 교칙에 잘 예시되어 있다. 강요된 규율과 반복 훈련의 영성으로 오해되고 있는 것이다.
6. Schaff, III, p. 59.
7. *Ibid.,* p. 195.
8. *Ibid.,* p. 198-199.
9. *Ibid.,* p. 901.
10. Count Montalembert, *The Monks of the West* (Edinburgh, Scotland: William Blackwood and Sons, 1861-1876), Vol. I, p. 379. H.H. Milman, *The History of Latin Christianity* (London: 1854), Vol. I, pp. 409-426.
11. ISBE, p. 2954.
12. Schaff, III, p. 973, note 1; p. 986. 제롬은 타티안을 이단이라고 불렀는데 그 이유는 타티안의 "사복음서 조화"(Diatessaron)가 바티칸사본과 시내사본(ASV, NIV, NASV)이 위조되기 100년 전에 이미 시리아어로 기록된 표준원문(AV, 1611)과 일치하기 때문이라는 것이다. 이 시리아 역본은 아라비아어로 번역되었으며 (Schaff, III, p. 982, 주 1) 누가복음 2:33, 요한복음 9:35 그리고 마태복음 6:13에서 콘스탄틴-밥 존스-유세비우스-오리겐 등의 IV, NIV, ASV, NASV, RV, RSV 등의 "절충"본문과는 달리 <킹제임스성경> 본문을 가지고 있다.
13. Schaff, III, p. 161.
14. *New Brunswick Review* (Aug. 1854), pp. 282, 283; (May 1854), pp. 60, 61, 57, 325, cited by Wilkinson.
15. Schaff, III, p. 163.
16. St. Francis, Mother Cabrini, Xavier, Joan of Arc, Bernadette, et al.
17. 앤더슨의 책에 대한 라이스의 광고문. (*Sword of the Lord,* Sept. 1977). "이제는 헬라어 원본으로 참된 말씀을 배울 수 있게 되었고 깨달으실 수 있습니다. 이제야 말로 진지한 성경학도들이 원어를 공부할 수 있게 되었습니다."
18. Schaff, III, p. 175.
19. *Ibid.*
20. *Ibid.,* p. 168.
21. Toland, I, p. 167.
22. Schaff, III, p. 166.
23. *Ibid.,* III, p. 167.
24. *Ibid.,* p. 172.
25. *Ibid.,* p. 173.
26. Frank S. Mead, *Rebels Without a Cause* (New York: Abingdon Press, 1964), p. 50.
27. Schaff, III, p. 197.
28. Mansi, *History* (Florence and Venice: 1715 and later), Vol. II, p. 1095 sq. Also Neander,

Vol.III, p. 468.

29. Montalembert's translation (Vol. II, p. 44), cited by Schaff, III, p. 221.
30. Schaff, III, p. 223.
31. See chapter 6, note 108.
32. Schaff, III, p. 182.
33. Mead, pp. 49-53.
34. Schaff, III, p. 186.
35. Moyer, p. 15.
36. Schaff, III, p. 186.
37, *Ibid.,* p. 108.
38. *Ibid.,* p. 113.
39. 미드는 말하기를 "첫 번째 기둥은 15피트(약 5m)에서 나중에는 60피트(p. 59. 약 20m)가 되었다."고 한다. 모여에 따르면 처음에는 9피트(약 3m)에서 후일 50피트(p. 15. 약 16m) 라고 한다.
40. Schaff, III, p. 192.
41. Mead, p. 60.
42. *Ibid.,* p. 59.
43. Armitage, pp. 208, 156. Also, ISBE, section 2, p. 3069. See Jerome's estimate of Origen under note 52.
44. *The Nicene and Post-Nicene Fathers,* Vol.VI, pp. 487-488.
45. *Ibid.,* p. xviii, Prolegomena to Jerome.
46. Schaff, III, p. 212.
47. *Ibid.,* p. 216.
48. Moyer, p. 217.
49. Schaff, III, p. 968, note 1.
50. *Ibid.*
51. Fuller, *Which Bible?,* pp. 192, 195, citing Wilkinson.
52. 제롬은 신약성경을 재편집 하면서 오리겐을 모방하기를 바란다고 말했다. 그에게는 오리겐이 사도들 이래 가장 위대한 성경 교사였다는 것이다. (Preface to *The Book of Hebrew Names,* p. 485, Vol.VI, *the Nicene and Post-Nicene Fathers*).
53. Schaff, III, p. 971.
54. 그의 "목표"는 (주 52) 정확히 달성되었다. 웨스트코트와 홀트는 이보다 훨씬 더 나아갔다. 그들은 7,957 구절 중에서 5,788 구절을 변개시켰다. 1881년의 RV 위원회에서 보수주의자들이 꾸며낸 거짓 위선들을 보라. Coy, *The Inside Story of the Anglo-American Revised New Testament,* Rule 1, p. 42.
55. 그들의 편지에는 그들이 마리아 숭배자임이 버젓이 고백되어 있다. *Life and Letters of Westcott,* Vol. I, pp. 81, 251; *Life and Letters of Hort,* Vol.2, pp. 49, 50, 86, 234.
56. So, Prebendary F.H. Scrivener, *Introduction to the Criticism of the English Version of the New Testament* (1861-1894), Vol.2, p. 270. 그는 말하기를 홀트가 오리겐과 유세비우스 그

리고 제롬과 일치하는 동일한 필사본들을 사용했다고 했다.

57. Schaff, III, p. 973, note 1.
58. Coy, pp. 52-63.
59. *Ibid.,* p. 226.
60. Schaff, III, p. 978.
61. *The Nicene and Post-Nicene Fathers,* Vol.VI, pp. 144-146.
62. *Ibid.,* p. 488.
63. See *The Concordance of the Septuagint* (London: Samuel Bagster and Sons, 1890) 칠십인역(LXX)은 알렉산드리아사본(A), 시내사본(א) 그리고 바티칸사본(B)이라는 칭호로 제시되고 있다.
64. Ruckman, *Manuscript Evidence,* chapter 4.
65. *The Nicene and Post-Nicene Fathers,* Vol.VII, p. 492.
66. See *The Epistles of Clement* (*Ante-Nicene Fathers,* introduction by John Keith, Vol.X, p. 266). 오리겐은 젊은이에 대한 종교 교육은 요한복음과 로마서가 아닌 토빗과 유디스로 시작해야 한다고 가르쳤다. Herklotts, *How Our Bible Came to Us* (Oxford: Oxford University Press), pp. 95-96. Origen cites the Wisdom of Solomon 9:6, as "THAT WHICH IS WRITTEN" (Commentary on Matthew, p. 426).
67. Jerome, Vol.VI, pp. 94, 191, 492, 493.
68. 미국의 모든 카톨릭 사제, 주교 그리고 대주교에 따르면 당신이 그것을 믿지 않으면 저주를 받는다고 한다. Council of Trent, Feb. 8, 1546 (*Catholic Encyclopedia,* VI, p. 406; Morrow, pp. 250-251). 모든 사람은 교황을 하나님으로서 복종해야 한다. (Baron Porcelli, pp. 24-32).
69. *Faith Magazine* (Greenville, SC: Bob Jones University Press, Nov. 1979).
70. 퍼켈이 밥 존스 대학교의 밥 존스 3세에게 보낸 편지. (1976. 3. 12):

a. 밥 존스 대학교 성경 학과에서 추천하는 모든 번역본들은 "건전하다." b. 그 어떤 교사도 KJV가 하나님의 말씀이라고 믿지 않는다. 그것은 다만 "표준"일 뿐이다. c. 홀트의 이론이 밥 존스 대학교의 강의실에서는 사실로서 가르쳐지고 있다. d. 닐 박사는 KJV를 하나님의 말씀이라고 믿는 성경대로 믿는 사람들을 조롱했다. 학생들도 이에 동조하였다.

71. 그들은 마리아를 "하나님의 어머니"라고 부르지 않는 "이단"이었다. (Scahff, III, pp. 714-720). Also, *Nicene and Post-Nicene Fathers,* Vol.IX, pp. 935, 937.
72. *Nicene and Post-Nicene Fathers,* Vol.IX, Prolegomena, pp. 15, 16.
73. 두 학파는 상충하는 성경 본문과 상충하는 이스터 날짜와 감독(주교)에 대한 상충하는 사상과, 결혼에 대한 상충하는 견해와 그리고 정경의 내용에 대한 상충하는 의견을 갖고 있었다. (제5장 참조).
74. 이 단어는 디다케(A.D.120)에서 발견된다. 이 책은 클레멘트와 동시대의 것이며 오리겐보다는 앞선다. (Ad Cor 40, on Clement): 이 책에는 감독(주교)이 "대제사장"이라고 되어 있다.
75. Dargan, Vol.1, pp. 92, 93.
76. Schaff, III, p. 309.

77. *Ibid.,* p. 508.
78. *Ibid.,* p. 107, citing Homily SⅦ, ep ad Hebr Tom Ⅻ, pp. 241-242.
79. Schaff, III, p. 439.
80. *Ibid.,* Ⅳ, p. 45.
81. Harry Ironside, *Tractus* (1968).
82. Bede, *Ecclesiastical History,* Books Ⅰ, II; also, Montalembert, Vol.III.
83. Webber, *A History of Preaching in Britain and America,* p. 47.
84. Ironside, *Tractus.*
85. Schaff, Ⅳ, p. 47.
86. *Ibid.,* p. 46.
87. F.F. Bruce, *The Spreading Flame* (Grand Rapids, MI: Wm. Eerdmans Pub. Co., 1958), chapter ⅩⅩⅩⅨ; John McNeill, *The Celtic Penitentials and Their Influence on Continential Christianity* (Paris: Edouard Champion, 1923), pp. vi, 199.
88. Webber, p. 48.
89. *Catholic Encyclopedia,* Vol.Ⅷ, p. 27. 이 저주의 내용은 모든 반카톨릭 분자들은 살해되어야만 한다는 것이다.

< 제 12 장 >

1. 이 어리석고 이교적인 사회주의 사상을 부추긴 장본인 역시 오리겐이었다. (Contra Celsus, Ⅷ, no. 68).
2. Toland, Vol.II, p. 770.
3. 두 사람 모두 칼빈처럼 인간 본성의 전적 타락을 믿었다. (Schaff, III, pp. 824-829), 혹은 적어도 그들은 그렇게 믿고 있는 척 했다. 두 사람 모두 영적 왕국이 인간의 노력에 의해 올 것이라고 믿었다(무천년주의).
4. Walker, p. 165.
5. 토마스 아퀴나스 : "교황과 예수 그리스도 사이에는 아무런 차이가 없다." : *Summa Theologica* ⅩⅩⅩⅣ (Paris, 1871-1880), edited by Frette and Mare, p. 549. Also see papal bull of Pope Pius Ⅴ in 1570.
6. See Fleming Revell, *The Encyclopedia of Religious Quotations* (1976), pp. 359, 384, 645.
7. Rops, pp. 259, 287, 246, 247.
8. Latourette, *Three Centuries of Advance* (pp. 118-119), Vol.III, pp. 316, 317, 119, 243; Webber and White.
9. Adamnan, *Life of St. Columba,* In William Reeves, editor, *Historians of Scotland* (Edinburgh, 1874), Vol.Ⅵ.
10. Schaff, Ⅳ, p. 35.
11. Webber, pp. 47-48.
12. Schaff, Ⅳ, p. 73.

13. Arthur West Haddan and William Stubbs, *The Councils and Ecclesiastical Documents* (Oxford: Clarendon Press), Ⅰ, pp. 22-26.
14. Bede, Book Ⅰ, chapter 4.
15. Tertullian, *Adversus Judaeus,* 7, cited by Schaff.
16. Schaff, Ⅳ, p. 25.
17. *Ibid.*
18. *Ibid.,* p. 32, note 1.
19. *Ibid.,* p. 32.
20. *Ibid.*
21. Lambert, citing *Catholic Encyclopedia,* Vols. Ⅵ, p. 797; Ⅴ, p. 441; and Ⅶ, p. 261. Leo ⅩⅡ, in *The Life of Leo,* etc.
22. Bede, cited by Schaff, Ⅳ, p. 32.
23. Schaff, Ⅳ, p. 35.
24. *Ibid.,* p. 36, citing Bede.
25. Webber, Vol. Ⅰ, pp. 61-73.
26. Schaff, Ⅳ, p. 36.
27. J.H. Burton, *A History of Scotland* (Edinburgh, 1853), Vol. Ⅰ, pp. 404-405.
28. Bede, Vol. Ⅱ, chapter 3. Haddon and Stubbs, Ⅲ, p. 53. 샤프는 그레고리가 영국을 기독교 시저 같이 정복했다고 자기도 모르게 고백하고 있다. (샤프, Ⅳ, p. 214) 사실 그대로 맞는 말이다.
29. Schaff, Ⅳ, p. 38.
30. 두 사람 모두 J.H. Burton, W.G. Blaikie, A.B. Scott 그리고 W.D. Simpson이 쓴 역사책을 읽기를 거부하였다.
31. Schaff, Ⅳ, p. 78.
32. Robinson, *Eccleiastical Researches,* chapter 7, p. 106, cited by Orchard, p. 101.
33. 이 인용은 샤프의 책에서 나온 것이다. (Ⅳ, p. 79). 샤프는 친카톨릭 에큐메니칼주의자로 1901년 ASV위원회 책임자였다.
34. Henri Martin, cited by Montalembert, Vol. Ⅰ, p. 394.
35. Thomas Smyth, *Apostolic Succession* (Boston: Corcker and Brewster, 1841), Vol. Ⅰ, p. 185; Alban Butler, *The Lives of the Saints* (London: Thomas Richardson and Sons), p. 168.
36. Dr. Fulke in Bower, *History of the Popes,* Vol. Ⅰ, chapter 1, cited by Smyth, p. 185.
37. See Archibald Scott, *St. Ninian and the Founding of the Celtic Church Among the Britons and the Scots* (Edinburgh, 1916); Webber, pp. 32, 33, 87.
38. Latourette, Vol. Ⅱ, p. 89; schaff, Ⅳ, p. 90.
39. Webber, Ⅰ, pp. 97, 99, 106.
40. Schaff, Ⅳ, pp. 91-92.
41. O.C. Lambert, *Catholicism against Itself,* Ⅱ, p. 139.
42. *The Letters of Boniface,* cited by Neander, Ebrard, Werner, Fisher, et al.
43. Rupert (St. Ruidbert), about 700 A.D.

44. Latourette, Vol.II, pp. 92-93.
45. Schaff, IV, p. 94.
46. *Ibid.,* pp. 92, 95.
47. *Ibid.,* p. 96.
48. See St. Joan of Arc (chapter 14) and Thomas Becket.
49. Sermon 15, as found in Migne, *Patrology Latinus,* p. 870.
50. *Ibid.*
51. Crule's German translation, *Geschichteder Deutschen Predigt, im Mittelalter (*1879), p. 14.
52. Latourette, Vol.II, p. 104, citing Carlo De Clerq, *La Legislation Religion Franque de Clovis et Charlemagne,* 1936.
53. Schaff, IV, p. 103.
54. Albert Hauck, *Kirchengeschichte Deutschlands* (Leipzig: J.C. Hinrichsche Buchhandlung, 1922-1929), Vol.II, pp. 41-42.
55. See chapter 13, notes 16-17.
56. Heinrich Heine, *Philosophy and Religion in Germany* (New York: Vintage Books, Random House, 1973) p. 419. 괴팅겐의 한 맥주집에서 열린 간담회에서 한 독일 사람은 프랑스인들이 나폴리에서 Hohenstaufen의 Konradin을 목베어 죽였기 때문에 프랑스에 대해 독일이 복수를 해야 한다고 말했다. 그런데 이 사건은 200여년 전에 발생한 사건이었다.
57. 이 교리는 후천년주의라고 불린다. See Ruckman, *The Sure Word of Prophecy,* pp. 198-205.
58. Schaff, IV, p. 240.
59. Rops, p. 51.
60. Moyer, p. 84.
61. Schaff, p. 241.
62. 스테판 3세는 찰리의 두 번째 결혼에 항의했다. 그러나 그의 항의는 성경적 근거에서 나온 것이 아니었다. (주 55를 볼 것). 왜냐하면 카톨릭 당국은 4번의 결혼도 정당화한 적이 있기 때문이다. (Lambert, p. 189, citing *Catholic Encyclopedia,* VIII, p. 425). 교황이 화가 난 것은 두 번째 부인이 롬바드 즉 "이단"이었기 때문이었다. (Schaff, IV, p. 243, note 2, citing Milman, *Latin Christianity,* Book IV, chapter 12).
63. Hallam, *The Middle Ages,* Vol.I, p. 26.
64. James, *A History of Charlemagne* (London, 1947), p. 499.
65. Schaff, IV, p. 251.
66. *Ibid.* See the work by F. Paul Peterson, *Peter's Tomb Recently Discovered in Jerusalem,* Box 2451, Fort Wayne, IN.
67. Harold Lamb, *Charlemagne* (New York: Doubleday Co., 1954), pp. 170-174.
68. Rops, p. 400.
69. Schaff, IV, p. 252.
70. 그래서 모든 교황은 "나의 주" 혹은 "하나님"이라고 불림을 받을 때 얼굴을 붉히는 법이 없다. (Porcelli, pp. 24-32; Lambert, p. 155). *Catholic Encyclopedia,* XV, p. 403. Porcelli,

p. 45, citing Consciones in *Epistula ad Romana,* p. 606.

71. Leo XIII, *Great Encyclical Letters,* pp. 193, 304, 184, 185. Pope Pius XI in Encyclical *Light of Truth,* p. 5. Also, Gibbons, *Faith of Our Fathers* (nihil obstat), pp. 153, 142.

72. 이것은 고집스러운 과장이거나 논쟁적 목적에서 나온 의도적 편견이 아니다. 이 주제에 대한 모든 카톨릭 공식 가르침은 모든 사람이 성 베드로와 로마 교황의 치리하에 복종해야 된다는 것이다. Hermann, Wedewer, and McSorley, *Short History of the Catholic Church* (St. Louis: Herder Book Co., 1923), nihil obstat, p. 103.

73. *Catholic Encyclopedia,* II, p. 666; VIII, p. 36; VII, p. 261; and *Cahtolic Dictionary,* p. 257; also *The Life of Leo XIII,* p. 540.

74. Schaff, IV, p. 253.

75. 샤를마뉴의 "정통" 사상에서 발견되는 이 "오류"에 대해 카톨릭 역사가들이 어떻게 애처로이 옹호하고 있는지 주목하라. (Rops, nihil obstat, p. 413-420). 로마 교황들은 그 군대의 사령관이 자신들의 교황이라는 유일한 근거하에 군사적인 보호를 원했다.

76. Schaff, IV, p. 256.

77. Lambert, Vol. II, p. 139.

78. *Catholic Encyclopedia,* Vol. VIII, p. 407.

79. *Catholic Dictionary,* p. 870.

80. Schaff, IV, p. 256.

81. Migne, *Patrol Latinus,* Tom CXXX (1853); and Hefele, Massen, Weizsacker, et al. Schaff, II, p. 648 sq.

82. "제일 클레멘트 서신"이라는 책 그 어디에도 "클레멘트"라는 이름은 발견되지 않는다. 이 서신이 위조가 아니고 진품일 가능성이 있다는 주장은 난센스에 불과하다. (샤프, II, p. 641).

83. *Catholic Encyclopedia,* XIV, p. 371; IV, pp. 393, 391; XV, p. 391; X, p. 14; XIV, p. 714.

84. Schaff, IV, p. 269.

85. *Ibid.,* p. 284.

86. *Catholic Encyclopedia,* VIII, pp. 425, 426.

87. Liutprand, *De Rebus Gestis Ottonis,* Antapodoseos, seu Rerum per Europam gestarum Libri VI, from Migne, Tom XXXVI, pp. 898-910.

88. Manhattan, *The Vatican Billions,* chapter 27.

89. Schaff, IV, p. 280.

90. Orchard, pp. 323-333, citing Mevingus, Danvers, Allix, Cardinal Bellarmine, Wall, Cardinal Hossius, Claudius Seisselius (see chapter 9, note 90). 몇몇 증인들은 로마 카톨릭 신자들이다.

91. Jones, *History of the Church,* Vol. II, p. 55. Ivemy, *History of the English Baptists,* Vol. I, p. 21.

92. *Ante-Nicene Fathers,* VI, p. 240.

93. *Ibid.,* p. 241.

94. *Ibid.,* pp. 251-253.
95. *Ibid.,* pp. 179-233.
96. *Ibid.,* "The Disputation with Manes," p. 182.
97. Schaff, Ⅳ, p. 581. Armitage, p. 237.
98. Schaff, Ⅳ, p. 573.
99. 포티우스는 867년 노회에서 거짓말쟁이와 이단으로서 쫓겨났다. (Armitage, p. 235). 페트루스 시쿨루스는 신성 로마 제국이 폴리시안을 비방하기 위해 고용한 청부업자였다. (Schaff, Ⅳ, p. 574).
100. Armitage, p. 248.
101. Schaff, Ⅳ, p. 577.
102. Orchard, pp. 135, 137, citing Mosheim, Robinson, Jones, Gibbons, et al.
103. Gieseler, *Untersuchengen Uber die Geschichte der Paulicianer* (1829), no. Ⅰ, p. 79 sq., Vol.Ⅱ, p. 234 sq. Also, Hahn, *Geschichte der Ketzer im Mittelalter* (1845), Vol.Ⅰ, pp. 30-35.
104. Armitage, p. 240.
105. Edward Gibbons, *The History of the Decline and Fall of the Roman Empire* (London, 1776-1788), Vol.Ⅱ, chapter 54.
106. Robinson, *Baptist Church History,* p. 211.
107. Mosheim, Cen 2, Part 2, chapter 5.
108. Allix, *Remembrances of the Ancient Churches of the Piedmont,* chapters 3, 18, 19.
109. Orchard, p. 143.
110. *Ibid.,* p. 146.
111. *Ibid.*
112. See notes 64-69.
113. Allix, chapter 19, p. 175.
114. Mezeray, *History of France,* p. 8.
115. Robinson, p. 299, cited by Orchard, pp. 165, 166.
116. Orchard, p. 327.
117. Schaff, Ⅳ, p. 274.
118. *Ibid.,* p. 276.
119. Mezeray, p. 117.
120. Mosheim, chapter 11, part 2.
121. Orchard, p. 177.
122. *Ibid.*, p. 257.
123. Sacco, *Ecclesiastical History,* Vol.Ⅱ, p. 320.
124. 샤프는 그의 교회사 Ⅳ권 p. 574에서 프로테스탄트들이 개혁 중 좋은 것들은 중세 카톨릭에서 나왔다는 것을 입증하기 위해 애를 쓰면서 교묘한 어휘들을 사용하고 있다. 중세 카톨릭을 벗어나 종교개혁은 모두 부정적일 뿐이라는 전형적인 역사 왜곡이 아닐 수 없다.
125. Mohammed; see chapter 13, notes 19-22.

126. 이것이 바로 카톨릭 교도들의 고백이다. Morrow, 나의 카톨릭 신앙, pp. 26-29.
127. Toland, Vol.II, p. 803.

< 제 13 장 >

1. Julius Mantey, *Was Peter a Pope?* (Chicago: Moody Press, 1949), p. 60. Boettner, pp. 7-8.
2. Lambert, p. 51.
3. *Ibid.,* p. 52.
4. 밥 존스 대학교도 정확히 동일한 짓을 하고 있음을 주목하라. Faith Magazine (1979. 2). pp. 1-3. 역사학부 부장인 파노시안의 글을 볼 것. 가장 분명한 예는 로버트 섬너와 스튜어드 키스터가 1979-1981년 사이에 펴낸 팜플렛들이다. 이것들은 파괴적 비평을 옹호하는 것으로 그들은 전적으로 휴머니스트들이다. 그런데도 이 두 사람은 "믿는 사람"이라고 고백한다.
5. Roland Bainton, *Here I Stand* (New York: Abingdon Press, 1950), p. 379.
6. Darras, *The Lives ans Times of the Roman Pontiffs*(New York: Stadler and Co., 1869), Vol.2, p. 354.
7. Spaulding, *A History of the Church of God,* p. 412.
8. *Catholic Encyclopedia,* XIV, p. 289; III, p. 729; VI, pp. 140-141.
9. *Ibid.,* III, p. 729; IX, p. 159.
10. *Ibid.*
11. *Ibid.,* VIII, p. 427.
12. *Ibid.,* IV, p. 13; II, p. 429.
13. "Successors of Peter," *Ibid.,* XII, p. 270; "Vicar of Christ" from Innocent III, *Ibid.,* XV, p. 403; and "Vicar of God" by Nicolas III, *Ibid.,* p. 403.
14. Moreland, introduction c-c3, Janus to St. Peter; Lucina to St. Margaret; St. George takes over Mars' place; St. Damien replaces Aesculapius; etc.
15. Innitzer 추기경은 오스트리아의 안슐로스에서 (1938) 히틀러를 환영했다. 피오 11세 역시 폰 페이펜을 환영했다. 독일의 카톨릭 정당의 지도자(루드버히 클라스)는 히틀러의 "고상한 이상"(Noble Ideals)에 매료되었다고 한다. (Toland, Vol. I, pp. 331, 481, 482).
16. Panosian, p. 3.
17. Fuller, *Which Bible?*, pp. 187-209.
18. 애매한 표현의 사용, 특면되는 맹세들, 시치미 떼기 등이 정통 카톨릭 지도자들에 의해 모두 정당화 되고 있음을 주목하라. (Blakeney, pp. 7-35).
19. A. Sprenger, *Das Leben und die Lehre des Mohammad* (Berlin, 1861), vol. III, pp. 211, 522.
20. Schaff, IV, p. 164.
21. *Ibid.,* p. 168.
22. 교황 우르반 II세도 동일하다. (14장 주 22-23 참조). 터키인들, 사라센인들 그리고 모슬

렘인들을 죽이는 경우는 제외된다.

23. Chapter 10, notes 26-32.
24. 이 형상은 300년 이상 자연에 노출되어 있음으로 인해 검은색으로 변했다. See Bishop Morrow, *My Catholic Faith,* pp. 200-201.
25. Schaff, Ⅳ, p. 89.
26. *Ibid.,* pp. 314, 315.
27. 바티칸 정치가들은 8세기 동안이나 자신들의 대적이었던 러시아 정교회를 제거하기 위한 유용한 도구로서 볼쉐비키를 환영하였다. (Manhattan, Vatican Billians, 16장, pp. 118, 123). 바티칸 당국이 공산주의를 포용하자 Mindszenty 헌신짝처럼 내팽개쳐졌다. (Ibid., pp. 340-343).
28. *Year Book* (Jan. 1977), p. 987.
29. 이것은 미국에서 너무도 많은 마리아를 보았다고 하는 (1975, 5. 5.) 한 카톨릭 신자에게 내려진 (Necedah, WI) 개인적인 성무금지령이라고 불렸다. 스페인, 멕시코, 및 필리핀에서 몇 번에 걸쳐 마리아를 보는 것은 용납되었지만 (이곳에서 성경대로 믿는 프로테스탄트들이 대학 교육을 받지 못했기 때문이다.) 그러나 미국에서는 사정이 다르다. People's Almanac (1975), p. 260.
30. Migne, *Patrology Latin,* Tom 139, from Benedict Pape Vol.Ⅷ, Epistle 32.
31. "우리는 미사에서 죄사함과, 은혜와, 죄용서를 얻으며 하나님의 의로움을 충족시킨다." (My Catholic Faith, pp. 282-283). 미사는 "갈보리의 희생 제사 바로 그것이다." (Ibid., p. 281).
32. Schaff, Ⅳ, p. 381.
33. *Catholic Encyclopedia,* XⅤ, p. 213.
34. Anonymous professor, *Manual of Christian Doctrine* (Philadelphia: John Joseph McVey, 1909), pp. 153, 297.
35. *Catholic Encyclopedia,* Ⅷ, p. 426; Ⅲ, p. 729; Ⅶ, p. 425.
36. Stapleton, *Explanation of Cahtolic Morals* (New York: Benziger Bros., 1904), nihil obstat, Vol. Ⅰ, p. 797.
37. Hippolytus, 131, *Catholic Encyclopedia,* XⅢ, p. 729.
38. *Catholic Encyclopedia,* Ⅴ, p. 58; *Catholic Dictionary,* p. 549.
39. Manhattan, *Vatican Imperialism in the Twentieth Century,* chapters 9, 16.
40. 프랑스에서의 헨리의 경우를 주목하라. (Blakeney, p. 113). 그는 성경대로 믿는 사람들에게 관용을 베푼 후에 암살당했다. (Moyer, p. 192).
41. Schaff, Ⅳ, p. 385.
42. 피터는 또한 마리아가 그녀의 기도를 통해 모든 사람을 구원한다고 말한다. 왜냐하면 그녀는 하늘과 땅의 모든 권세를 갖고 있기 때문이다. Liguori, *The Glories of Mary* (New York: P.J. Kennedy and Sons, 1902), pp. 201-202.
43. *Ibid.*
44. Boileau, *History of Flagellantium* (Paris, 1700); Cooper, *Flagellation and the Flagellants* (1870).

45. Schaff, IV, p. 440, note 2.
46. *Ibid.,* p. 445.
47. Orchard, p. 86.
48. HE DID: Dr. Ira Price, *Ancestry of Our English Bible* (New York: Irwin and A.P. Wikgren, 1949), p. 70; Burgon and Miller, *the Traditional Text,* p. 63.
49. Hills, *Believing Bible Study,* pp. 170, 13, 36, 37, 45.
50. Cardinal Gibbons, *Faith of Our Fathers* (Baltimore: John Murphy and Co., 1917), nihil obstat, p. 93.
51. Leo XIII, *Great Encyclical Letters,* pp. 412, 413; also, the Fourth Rule of the Council of Trent (1563), used by Pius IV, p. 82.
52. *Catholic Dictionary,* 1887.
53. *Franciscan Almanac* (1937), p. 114.
54. Liguori, *Spouse of Christ,* pp. 161, 551.
55. Manhattan, *Vatican Billions,* pp. 146-199. 카톨릭 교회의 수입은 낮게 잡아 대략 1920년 이래 연 40억 달러이며 그 이전 시대에는 400년 평균해서 매년 약 10억 달러 정도이다.
56. 맹세하에 선포된 진리들도 상대적일 뿐이며 절대적이지 못하다. (Explanation of Catholic Morals, p. 130). 맹세하에 거짓말하는 것을 정당화시키는데 필요한 것은 목표(CAUSE)이다. (Catholic Encyclopedia, XI, p. 696). 이것은 대부분의 현대 근본주의자들의 교육사상과 일치한다.
57. D.B. Ray, *Baptist Succession* (St. Louis: Baptist Publishing Co., 1870), p. 396, from Darling, *History of Rome,* p. 293.
58. 이것은 과장이 아니다: 수도승, 주교, 사제들이 그들의 대주교(Stepinec)의 권고를 받아 우스타시를 결성했고 보호해 주었으며 독일군이 유고와 루마니아에 진격해 온 후 82만 명의 세르비아인을 (때로는 하루에 1500명 이상) 살해하는데 적극 가담했다. (Manhattan, Vatican Imperialism in the Twentieth Century, pp. 356-369).
59. Wallechinsky and Wallace, *The People's Almanac* (Doubleday, 1975), p. 554, estimates 75,000,000. See also Oldenburg, *Massacre at Montsegur,* pp. 264, 112.
60. 사제들은 살상을 일삼았고 살상을 명령했다. 이것은 Simrak 주교에 따르면 (Manhattan, *Vatican Imperialism in the Twentieth Century,* p. 366). 바티칸의 공식 정책이라고 한다. 페릭 신부는 (Livino 근처의 고리카) 한 설교에서 "나의 여동생을 죽이시오"라고 말했다. 그의 여동생은 그리스 정교회 회원이었다. (Ibid., p. 365).
61. 보니파스 8세는 정치적 독재자에 대해 즉 자기 자신에 대해 이 온건한 명칭을 사용하였다.
62. Moyer, p. 172.
63. *Ibid.*
64. *Ibid.;* also *Catholic Encyclopedia,* "Physician of Souls," "Gregory the Great."
65. Schaff, IV, p. 212.
66. *Ibid.*
67. *Ibid.,* p. 215.

68. Pelagius II(579-590) drove them out.
69. Carlo De Clerq, *La Legislation Religieuse Franque de Clovis et Charlemagne* (1936), p. 167.
70. 카톨릭 교회사가들에 따르면 "오해"가 있었다고 한다. Webber and White, *Civilization for Modern Times* (Washington: Catholic Educ. Press, 1955), nihil obstat, p. 29.
71. Mintalembert, *The Monks of the West,* Vol.II, p. 173.
72. *Ibid.*
73. Gibbon, *History,* chapter 45, cited by Schaff, IV, p. 217.
74. James Barmby, *Gregory the Great* (London, 1879), p. 191.
75. Schaff, IV, p. 225.
76. Magna Moralia, found in Eberts, *Geschichte der Christlich Lateinischen Liter* (Leipzig, 1874), Vol.1, p. 515 sq.
77. Schaff, IV, p. 226.
78. 즉 어떤 아이들은 지옥에 가도록 예정되어야만 한다.
79. Schaff, IV, p. 528.
80. 그는 그것을 승인하였고 공회를 소집하여 황제로 하여금 그의 신학적 믿음을 칼로 강요할 수 있도록 하였다. (Orchard, pp. 60, 97, 99).
81. Rabanus Maurus in Migne, Tom 112, cited by Schaff, IV, p. 530.
82. Morrow, My Catholic Faith, pp. 150, 151, 175, 195; Franciscan Almanac (1937), p. 228; John O'Brien, The Faith of Millions (Huntington, In: Our Sunday Visitor, 1938), p. 268.
83. Liguori, The dignity and Duties of the Priest, cited by Boettner, p. 175.
84. Morrow, My Catholic Faith, pp. 284, 287.
85. Durieux, Eucharist Law and Practise (Fairbalt, MN: Oliver Dolphin, 1926), nihil obstat, p. 149.
86. Morrow, My Catholic Faith, pp. 284-287.
87. 우리는 왜곡시킨 것이 하나도 없다. 이것은 로마 카톨릭의 공식 입장이다. 이 사실을 부인하는 사람들은 지나치게 어리석거나 (1400만 명의 평신도) 지나치게 뒤틀려 있다고 밖에 말할 수 없다. (20만 명의 사제, 주교, 대주교, "교황청 대사"). See John O'Brien, *The Faith of Millions,* nihil obstat, p. 382.
88. Council of Trent, Canons 1, 2, 3 (Blakeney, pp. 107-108).
89. *The Holy Sacrifice of the Mass,* Knights of Columbus pamphlet no. 6 (St. Louis, MO: Religious Information Bureau), pp. 28-29, Also printed in New haven CT, 1965.
90. *Ibid.,* pp. 11-15. The Fifth Article in the Creed of Pius IV, *Ordo Administrandi Sacramenti,* p. 67.
91. Hislop, pp. 156-157.
92. Schaff, IV, p. 547.
93. 검은 것이 하얗다고 믿게 하려는 카톨릭 당국의 어리석은 시도들에 대해서는 14장의 주 12-14를 볼 것.
94. 이 당시 성경대로 믿는 그리스도인들은 베렝게리안이라고 불렀다. (Walls, History,

Orchard가 인용함, p. 297).

95. Migne, Tom 150, p. 410.

96. Schaff, Ⅳ, p. 559, citing Mansi, Neander, Sudendorf, et al.

97. According to Orchard, p. 180.

98. Boettner, p. 170.

99. Schaff, Ⅳ, p. 571.

100. Blakeney, *Manual of Romish Controversy* (Toronto: The Gospel Witness, 1851), citing the Roman Missal, Article Ⅲ, no. 7.

101. Ibid., *citing The Casuist,* A Collection of Cases in Moral and Pastoral Theology, vol. 3.

102. *Ibid.,* pp. 165, 166. this work is by the Archbishop of New York, John M,. Failey. The author citing him is Joseph Wagner, 1906.

103. Ibid., p. 149. 이것은 전혀 과장이 아니다. Article X, nos. 5,k 12, 13, have all the instructions. Also, Missale Romanum, cited by J.R, Rowell, *Romanism Exposed by Romanism,* p. 9.

104. "성병"(host)은 빵조각으로 삼켜지기 전 "하나님의 어린 양"이라고 불리며 (Morrow, My Catholic Faith, p. 307), 또한 "나의 주 나의 하나님"이라고 불림으로써 카톨릭의 신이 실제적으로는 그의 배임을 보여주고 있다(롬 16:18, 빌 3:19). 위스콘신 주 오쉬코쉬에 있는 카톨릭 교회의 이름은 MARY QUEEN OF HEAVEN이다.

105. Approved by Gregory Ⅱ (715-731) and Gregory Ⅲ (731-741).

106. Moyer, p. 220.

107. Schaff, Ⅳ, pp. 628, 629.

108. Joseph Langen, *Johannes von Damaskus,* Opera omnia in Migne, *Patrolus Greek,* Tom XCⅣ-XCⅥ (1712, Paris, 1879), p. 461.

109. Migne, *Patrology Greek,* Tom XCⅣ, pp. 521-656.

110. Schaff, Ⅳ, p. 670.

111. Bede, Ⅴ, p. 24, translated by Giles (Bohns Antiquarian Library, 1884), p. 297.

112. Schaff, Ⅳ, p. 674.

113. Boettner, pp. 117-123.

114. Schaff, Ⅲ, p. 145; Vedder, p. 58.

115. Schaff, Ⅲ, p. 318.

116. 우리는 모든 로마 카톨릭 교회는 파시스트거나 공산주의적 전체 국가이며 오직 두 계급(상층과 하층)만이 존재한다는 사실을 확인하였다. 제3의 계급은 무신론자들이나 성경대로 믿는 프로테스탄트들의 압력으로 생겨나게 된다.

117. See chapter 3.

118. Moyer, p. 110.

119. 전혀 과장이 아니다. Pope Pius Ⅸ, *Discourse del Sommo Pontefice* (1872), Vols. Ⅰ, Ⅱ, from Salmon, *Dela Devotion au Pape* (1904); also, Bishop Ullathorne, *Life of Mother Mary Callahan* (1912), p. 430.

120. Latourette, Vol.2, p. 164.

121. *Ibid.,* p. 165.

<제 14 장>

1. See *Indulgences Granted by the Sovereign Pontiff to the Faithful* (Dublin, 1845); Addis and Aroid, *The Catholic Dictionary,* p. 443; and *Catholic Encyclopedia,* Ⅷ, p. 429, concerning John XIX (1024-1032).
2. Bull of Pius Ⅳ (1564); the Third Canon of the Fourth Council of Lateran (1215A.D.). Council of Trent, Session Ⅶ, Canons 4, 8; plus Liguori, *Moral Theology,* Vol.Ⅸ, Ⅳ, pp. 239, 201, 202.
3. Leo XIII, *Great Encyclical Letters,* (New York: Benziger Bros.) nihil obstat, p. 160.
4. *Ibid.,* p. 193.
5. *Ibid.,* p. 304.
6. Bellarmine, cited by Breckenridge (Lambert, Vol. I, p. 245).
7. Pius XI, Encyclical, *Light of Truth,* p. 5.
8. *Great Encyclical Letters,* pp. 184, 185; and the Syllabus of Pope Pius Ⅸ (1864). D.B. Ray, p. 396, citing Dauling, *History of Romanism,* p. 293: 교황은 "우주의 최고의 주님이시다."
9. *Catholic Encyclopedia,* Ⅶ, p. 260.
10. Ibid., XIV, p. 779. 1949년 피오 12세는 이탈리아의 변호사들 모임에서 이 사실을 되풀이 주장했고(11월 6일) 로타로마나 법정에서도(11월 13일) 그리하였으며 미국의 상원의원들의 모임에서도 동일한 주장을 되풀이 하였다(11월 17일).
11. Blakeney, *Manual of Romish Controversy,* p. 239.
12. Manhattan, *The Moscow Vatican Alliance,* pp. 59-62.
13. Council of Trent, Canons 1, 2, 3, 4, and 6.
14. Schaff, V, pp. 674-675. 교황은 "믿음"에 대해 정의를 내릴 때 성경에 정의된 내용이 아니라(히 11:1-4) 로마 카톨릭 정책에 따라 정의를 내렸다. 그에 따르면 교황에게 순복하지 않으면 아무도 하늘나라에 갈 수 없다. (아퀴나스의 *Summa Theologica*에 보면 이 자아망상적 광기가 나와 있다.)
15. 그는 성경대로 믿는 네스토리안들이 그곳에 간지 600년 후에 중국에 도착했다. (Latourette, II, pp. 274-277), 네스토리안들은 마리아를 "하나님의 어머니"라고 부르지 않았다. 그들은 이 카톨릭 이단을 신성 모독이라고 간주했다.
16. Manhattan, *Vatican Imperialism in the Twentieth Century,* p. 278.
17. 이 네스토리안들은 "하나님의 어머니"에게 반대했으며 (크리소스톰, 제11장 주 71 참조), 이들의 선교사들은 로마가 아니라 시리아로부터 왔다(제3장 참조) : Latourette, pp. 277-278.
18. Manhattan, *Vatican Imperialism in the Twentieth Century,* pp. 278-279.
19. *Ibid.,* pp. 280-290.
20. Latourette, III, p. 359. 올바른 성경과 올바른 복음은 Medhurst 박사와 허드슨 테일러

(1832-1905)가 가져갔다; Moyer, p. 397.

21. Cary, *A History of Christianity in Japan* (New York: Fleming Revell, 1909), Vol. I, pp. 137-142. also, *Transactions of the Asiatic Society of Japan* (Yokohama, 1874), Vol.VI, p. 46. sq.
22. Robert Baker, *A Summary of Church History* (Nashville, TN: Broadman Press, 1959), p. 153.
23. Pope Urban II cited in *Robert the Monk*, Vol. I, Rec III, 727, cited by Schaff, V, p. 228. Also Hagenmeyer, *Epistulae* (Innsbruck, 1901), p. 136.
24. Schaff, V, p. 232.
25. Cairns, *Christianity Through the Centuries*, p. 240.
26. Mannheimer, *Die Juden Verfolgungen in Speier, Worms*, etc. (Darmstadt, 1877), cited by Schaff, V, p. 234.
27. Recueildes, *Des Croisades;* Fulcher, *Gesta Francorum Jerusalem. Perigrinantium*, Vol. I, 13, from Migne, *Patrol*, Tom 155.
28. Schaff, V, p. 237. But, see the remarkable work by Trevor Ravenscroft, *THE SPEAR OF DESTINY* (New York: G.P. Putnam and Sons, 1937), pp. 14, 15, 17.
29. Robert the Monk, *Historia Hiereuslymitana*, in Bongar's work, also Recueildes, *Croisades*, Vol.III, p. 867.
30. Cairns, p. 240.
31. Henry Treece, *The Crusades* (New York: Random House, 1962), pp. 113, 132; Schaff, V, p. 251.
32. Treece, p. 129; Schaff, V, p. 251.
33. Bernard, *De Consideratione*, II, p. 1, in Neander, *History* (Hamburg: 1825-1852), edited by Deutsch, Vol. II, pp. 81-116.
34. Schaff, V, p. 262.
35. T.A. Archer, *History of the Crusades*, in the *Dictionary of National Biographies* (London, 1868), p. 331. Lane-Poole, *Life of Saladin and the Fall of Jerusalem* (New York: 1898).
36. Walker, p. 223; Treece, pp. 83, 183; Schaff, V, p. 257.
37. Treece, p. 182.
38. Wilken, *Geschichte der Kreuzzuge* (cited by Schaff, p. 268), Vol.VI, pp. 71-83.
39. *Ibid.*
40. 그들의 부하들이 (반드시 교황에게 복종해야 된다.) 살해 임무를 수행하고 있는 동안 교황들은 한결같이 평화에 대한 메시지를 보내고 있다. 1949년 피오 12세는 입을 열 때마다 "평화"를 들먹거렸다. 그러나 남미에서는 교황의 사제들과 주교들이 프로테스탄트들에게 미사에 참여하지 않으면 죽이겠다고 위협했고 그들의 성경을 직접 불태우라고 강요했다. (Christian Science Monitor, 1950. 9. 12, AP dispatch) 주교들, 대주교들, 수도원장들은 무장을 하였고 알비겐스를 살해하라는 이노센트 3세의 명령에 의해 순종하는 군대에 합류하였다. (Schaff, V, pp. 50,10). 이것은 픽션이 아니라 역사적 사실들이다.
41. Schaff, V, pp. 276-277.

42. Hurter, *Life of Innocent Ⅰ,* Vol.Ⅰ, pp. 694-702; F. Pears, *The Fall of Constantinople* (New York, 1886), pp. 365-370.
43. Schaff, Ⅴ, p. 280.
44. *Ibid.,* p. 297.
45. Schaff, Ⅵ, pp. 52-57.
46. Jack Chick, *Alberto* (Chino, CA: 1981)
47. Jones and Adelman, *Moral Theology* (Newman Press, 1956), nihil obstat, p. 68; Leo the Great, *Great Encyclical Letters,* pp. 412, 413; Pius Ⅳ (1563), Council of Trent, *Canons and Decrees,* p. 274.
48. *Civilta Cattolica* (Apr. 1948). 모든 프로테스탄트들은 그들이 세금을 바치는 정부로부터의 보호를 거부당해야만 하며 그 정부는 그 세금을 가지고 카톨릭 신자들에게만 자유와 보호를 제공해야 한다.
49. Innocent Ⅳ, Alexander Ⅳ (1254), Urban Ⅳ (1262), Clement (1265), Nicolas Ⅲ (1278), John XXII (1317), Martin Ⅰ (1418), and Innocent Ⅷ (1485). Evidence documented in *Magnum Bullarium* (Luxemburg, 1727).
50. Schaff, Ⅵ, p. 523.
51. Louis of Paramo, *Origen and Progress of the Inquisition,* cited by Schaff, Ⅵ, p. 529.
52. *Infessura Tommasinis,* Ed. Burkhardt, p. 25; Geiger, Vol.Ⅱ, pp. 255, 264; cited by Schaff, Vol.Ⅵ, p. 528.
53. Dowling in Ray, pp. 398, 399.
54. Philip Dorf, *visualized World History* (New York: Oxford Book Co., 1937), pp. 107-108.
55. Hills, *The King James Version Defended* (Des Moines, IA: The Christian Research Press, 1956), p. 119. Manuel Chrysolarus (1350-1415), Gemistos Plethon (1355-1450), and Theodorus Caza (1400-1475).
56. Moyer, p. 447.
57. Cardinal Newman, essay on the *Davelopment of Christian Doctrine* (London, 1846), p. 73. 로마는 "진리의 기둥과 터"이거나 아니면 "적그리스도"이거나 둘 중 하나이다. Father Fletcher, *Guild of Our Lady of Ransom* (Feb. 1914): "만약 교황이 그리스도의 대리인이 아니라면, 그는 적그리스도임에 틀림없다. 그 중간적 견해는 있을 수 없다." Froom, *The Prophetic Faith of Our Fathers* (Washington, DC: Review and Herald, 1950), Vol.Ⅱ, pp. 20-22, 74-100.
58. Schaff, Ⅴ, p. 292. 인간의 생각은 "높고 비이기적인 목표를 경멸"한다. 다시 말해 당신이 성경을 버리면 "높은" 목표를 경멸하는 것이요 성경을 무시하면 "비이기적인" 목표는 경멸하는 것이다. 히틀러는 "그의 시대"에는 위대한 사람이었다. 비록 그가 "시대 정신"과 더불어 몰락했지만 그는 "선각자"였고 UN이 그가 가르친 그 사상을 적용할 때까지는 (즉 로마 카톨릭이면서 공산주의자인 교황의 인도하에) 완전히 평가받지 못했다. 이것이 바로 샤프의 역사해석이다.
59. 될린져는 이들을 폴리시안들이라고 한다. 샤프는 이들을 카타리와 파타리아(파테린)와 연관시킨다. 보고마일의 중심지는 발칸반도에 있었고 그들의 "가계"는 보헤미아로 올라가

"형제단"을 낳았고 이들은 사보나롤라와 후스 그리고 왈덴스들에게 영향을 끼쳤다. Steven Runiciman, *A History of the First Bulgarian Empire* (London: G. Bell and Sons, 1930), pp. xii, 190-194. See also chapter 14, note 156.

60. Robert Baker, p. 179.
61. Robinson, *History of Baptism,* p. 211, cited by Orchard, p. 130.
62. Schaff, V, p. 471. 카타리 역시 발칸반도로부터 왔다. 이로써 발칸반도는 유럽에서 이단들의 "근원지"가 되었다. (Armitage, p. 277.)
63. Schaff, V, p. 472.
64. Migne, citing Alanus Insulis, in *Patrologiae Cursus Completus, etc.,* edited by Garnier Freres (Paris, 1884-1866), pp. 210, 266.
65. Eusebius, *Ecclesiastical History,* edited by Isaac Boyles (Grand Rapids, MI: Baker Book House, 1955), chapter XIII, p. 263.
66. Schaff, V, p. 472.
67. *William of Newborough,* Hamilton's edition, pp. 121-123, cited by Schaff, V, p. 473.
68. Dollinger, *Beitrage zur Sekten Geschichte des Mittelalters* (Munich, 1890), Vol. I, pp. 124-125.
69. Latourette, Vol.III, pp. 247-366.
70. Schaff, V, p. 475.
71. Dollinger, Vol.II, p. 730.
72. Lea, *The History of the Inquisition in the Middle Ages* (New York: Harper Bros., 1888), Vol. I, p. 104.
73. Waldus, Valdes, Vaudois, Valdensed라고도 한다. 이름이 이처럼 다양한 것은 그들이 "분열주의자"이며 비정통이고 교리적으로 건전하지 못한 집단이라는 인상을 심어주기 위한 것이다(6장, 주 78, 79를 볼 것).
74. Ray, *Baptist Succession,* p. 109.
75. Fuller, *Which Bible?,* citing Wilkinson, p. 201.
76. Schaff, V, p. 496.
77. Froom, pp. 841, 860; Orchard, p. 235, citing Allix.
78. Allix, chapter 22, p. 223.
79. Morland, pp. 30-48, from the Waldensian documents called *A Confession of Faith* (the earliest being 1120 A.D.), Book I, chapter IV, Article VI.
80. Ray, *Baptist Succession,* Section II, pp. 115-116.
81. *Ibid.,* citing *Southern Baptist Review,* Vol.VI, p. 113.
82. Ranerius Sacchone, *De Catharibus et Leonistis seu Pauperbis de Lugduon,* p. 1775, from Martone-Durand, Thes. Anecd., 1759, 1776.
83. Lagarde, *The Latin Church in the Middle Ages* (New York: Charles Scribners, 1915), pp. 103, 105.
84. Schaff, V, p. 509, citing *Epistles of Innocent III,* x-69, vii 186 from Migne, *Patrology,* p. 215.

85. *Ibid.,* Epistle XI, p. 230.
86. Hurter, cited by Schaff (Innocent III, Vol.II, pp. 317-322).
87. Armitage, p. 279. *Bright Lights in Dark Times* (Oak Park, IL: Bible Truth Publishers, 1978), p. 43.
88. Samuel Morland, *The Churches of the Valley of the Piedmont* (1658), Book II, p. 352.
89. Schaff, V, p. 514.
90. 이 잔인한 불한당은 역사가들에 의해 "인권"을 신장시킨 위대한 자유주의자로서 명예의 전당에 놓이게 되었다. Knight, *Half Hours of English History* (London: Frederick Warne and Co., 1876), pp. 328-330.
91. Armitage, p. 311.
92. *Ibid.*
93. *Magnum Bull,* p. 103, cited by Blakeney, p. 100.
94. *Magnum Bull,* p. 122.
95. Clement Lib V, Tit III, Cl from Corpus Juris. Canonical.
96. *Moral Theology* (Venice, 1928), Vol.IV, pp. 202-239.
97. 성경대로 믿는 그리스도인들(즉 반카톨릭)의 살해와 고문이 교황 알렉산더 4세, 우르반 4세, 율리우스 3세, 클레멘트 5세, 베네딕트 14세, 이노센트 3세 등에 의해 승인되었다. 카톨릭 신자들이 그들의 주인들이 저지른 잔인한 만행에 대해 제시하는 알리바이는 이들 새디스트적 살인마들은 실제로 방아쇠를 당기지 않았으며 칼을 들지도 않았다는 것이다. (그렇다면 히틀러도 마찬가지로 용서된다.) 이들 정신적으로 병이든 사람들의 비뚤어진 생각에는 그리스도인들이 자살을 했으며 세속 정부는 (교회가 통제하던) "그들이 자살하는 것은 도왔을 뿐이다"라는 것이다. (Schaff, V, p. 516). 하나님께서는 "성모 교회"가 그 어떤 사람도 죽이는 것을 금하셨다. 그러나 이 교회는 "평등"을 믿으며 "인간의 동포애"를 믿는다고 한다. Webber and White, *Civilization for Modern Times* (1955), nihil obstat, p. 26.
98. *Foxe's Book of Martyrs,* pp. 333-337.
99. *Ibid.,* p. 336.
100. Ibid. 로마 카톨릭의 사고 방식으로는 살인은 죄가 아니지만 미사에 참석하지 않는 것은 죄가 된다.
101. Webber and White, pp. 58, 59.
102. *Foxe's Book of Martyrs,* p. 122.
103. Morland, *History of the Evangelical Churches of the Piedmont,* p. 349.
104. *Foxe's Book of Martyrs,* p. 123.
105. *Ibid.,* p. 124.
106. Morland, Book II, chapter VI, p. 241.
107. 라틴어로된 본문 전체(1487)가 캠브리지 대학교 도서관에 있다. 이것은 1658년 사무엘 모란드에 의해 영어로 번역되었다. (Book I, Article II).
108. 팍스의 순교사, p. 126. 카톨릭의 새디스트적 생각으로는 사람을 고문하는 것은 죄가 아니며 성자에게 기도하기를 거절하는 것은 죄이다. 이것은 바로 사도 바울이 디도서 1:15과 디모데전서 4:2에서 말한 더럽고 화인맞은 양심인 것이다. 인간의 옳고 그름을 판단하는

하나님의 기준이 사탄에게 건네져서 (예수 그리스도의 이름으로, 축복받은 베드로와, 마리아 등) 그의 뜻을 이루고 있다(그리스도의 이름으로, "하나님의 뜻이다." 등).

109. *Ibid.,* p. 126.

110. Manhattan, *Religious Terror in Ireland* (1971), p. 220.

111. 남미에서의 실상(어느 정도 온건함, 1949-1951); Manhattan, *Vatican Imperialism in the Twentieth Century,* pp. 262-266 세르비아에서의 무자비한 살상(1940-1943); *Ibid..,* pp. 354-368. 프랑스에서의 대량 학살: 13세기 2만 명과 18세기 7만 명(리용 한 곳에서만); Seymour, *History of the French Revolution,* Vol.Ⅴ, p. 210; Orchard, p. 215. 즉 얼마만큼 죽일 것이냐는 "지리적 위치"와 "정치적 상황"에 따라 달라진다. 그러나 살인은 계속된다.

112. 한 프로테스탄트 신자는 (알라바마 윈필드 출신의 산사람) 기록된 자료를 가지고 하원 반미국 활동위원회(McCarthy, et al.)를 너무도 공포에 질리게 만들었다. 그 결과 이 위원회는 그 사람과 감히 서신 교환을 할 생각을 포기하고 말았다. O.C. Lambert, *Roman Catholicism Is Un-American* (Shreveport, LA: Lambert Book House, 1956), also O.C. Lambert, *Catholicism Against Itself,* Vol.Ⅱ, pp. 184-185.

113. Schaff, Ⅴ, p. 521.

114. 로마 카톨릭 교리(이 교리는 카톨릭 교회가 정의내린 것임)에 따르면 성경을 읽는 그리스도인은 이단이다. Bertrand Conway, *The Question Box* (Columbus Press, 1913), nihil obstat, pp. 67, 70, 174, 66, 86, 131. Gibbons, *Faith of Our Fathers,* nihil obstat, p. 43. *Catholic Dictionary,* p. 82. Brennan, *History of the Catholic Church,* p. 242.

115. Schaff, Ⅴ, p. 521, citing Flade, Mirbt, Breholles, etc.

116. 예를 들면 Grancey 부대의 제5 사령관인 Petit Bourg의 몬시뇨르가 Pignerol 마을에서 1655년 11월 27일 목격자로서 서명한 선언문이 있다. (Morland, p. 333).

117. *Ibid.,* Book Ⅱ, chapter Ⅵ, p. 345.

118. *Ibid.,* p. 350. (illustrated).

119. L'Lorente, *Historа Critique de L'Inquisition D'Espange,* Vol.Ⅳ, p. 2552. 스페인에서는 1478-1517년 사이 13,000명의 "이단"들이 산 채로 태워졌다. 주 111 참조.

120. Schaff, Ⅵ, p. 554.

121. 힐즈의 "객관적" 과학자들과 역사가들의 "중립적인 견해"라고 불리우는 뛰어난 분석을 볼 것, *Believing Bible Study,* p. 57-65.

122. 이것은 성경적 권위를 다룰 때 "선호"라고 불린다. (밥 존스 3세가 게리 테켈에게 보낸 편지 1976. 3. 5. "이것은 진리 對 오류의 문제가 아니라 선호 對 선호의 문제이다.)

123. *Ibid.*

124. Pickering, *The Identity of the New Testament Text* (Nashville, TN: Thomas Nelson Pub., 1977), pp. 17, 27, 31-33.

125. 세상은 자기에게 속한 자들을 사랑한다는 사실을 주목하라(요 17:14; 요일 4:5). 1959년 갤럽 여론조사에 따르면 역사상 살았던 인물들 중 미국인들이 저녁 식사에 가장 초대하고 싶은 인물의 순서는 다음과 같다. 루즈벨트, 루즈벨트 부인, 닉슨, 아이젠하워, 윈스턴 처칠, 워싱톤 링컨, 트루만, 맥아더, 아이젠 하워 부인 그리고 11번째가 예수 그리스도였다.

126. 이것이 모든 카톨릭 교황들이 일년 365일 내세우는 주제이다.

127. 가장 혼란스러운 예는 다음과 같다. See Robert Sumner, article on Bible Translations, *Biblical Evangelist* (Jan. 1979).
128. Hills, *Believing Bible Study,* pp. 88, 90, 103.
129. R.W. Thompson, pp. 456-461.
130. See note 111.
131. Liguori, *True Spouse,* nihil obstat, p. 551.
132. Ray, p. 389, citing Dauling, *Church History,* p. 451.
133. Schaff, VI, p. 552.
134. Orchard, p. 142, citing Mosheim and Allix.
135. 11장 주 87, 33, 34를 볼 것. 그 지역은 또한 스페인에서 온 보도에 의해 복음화 되었다. Taylor, *History of the General Baptists,* Vol. I, p. 25.
136. Moyer, p. 19.
137. Vedder, *A Short History of the Baptists* (Valley Forge, PA: Judson Press, 1907), p. 84.
138. Schaff, V, p. 100.
139. *Ibid.,* p. 98.
140. R.W. Thompson, pp. 366-426.
141. *Ibid.*, p. 342. 퍼베이는 "개정"을 필요로 하는 라틴 필사본들에 대해 언급하고 있다; 그러나 퍼베이는 "압력"에 못견뎌 프로테스탄트 교회로부터 떨어져 나갔다. (Ibid., p. 343).
142. Colin Clair, *The Story of the English Bible* (London: Bruce and Hawthorne, 1930), pp. 6, 15.
143. Ray, P. 112, citing *American Sunday School Union,* p. 18.
144. Schaff, VI, p. 316.
145. Buddensieg, editor, *De Veritate Script* (Leipzig, 1904), three vols.
146. *Ibid.,* Vol. I, pp. 109, 138; Vol. II, pp. 392, 86, 156, 198, 220.
147. Schaff, VI, p. 343. 위클리프는 외경을 번역하지 않았다.
148. See note 141.
149. Wilkin, *Fodera Conventiones et Literia* (London: 1704), Vol. III, p. 350.
150. Orchard, pp. 232, 237, citing Robinson, Jones, Taylor, Allix, et al.
151. Liguori, *Moral Theology,* pp. 130-137. Sacred Council, Labbei et Cossart, Session XIX, cited by Blakeney, pp. 30-38.
152. F. Paul Peterson, *The Rise and Fall of the Roman Cahtolic Church* (Fort Wayne, IN: 1960), pp. 116, 118, 121.
153. R.W. Thompson, pp. 407-426.
154. Schaff, VI, p. 699.
155. Armitage, p. 321.
156. *Ibid.,* p. 320. 이곳이 바로 시걸과 메토디우스의 작품이 만들어진 곳이다. (제13장); 이 책은 로마 카톨릭 배교자들에 의해 슬라브족이 "기독교화" 되었음에도 불구하고 열매를 맺었다. Oldenburg, *Massacre at Montsegur,* pp. 259-264.
157. Armitage, p. 320.
158. 순종하는 카톨릭 신자라면 그 어떤 형태의 민주주의나 교회와 국가의 분리를 믿을 수

없다. Pope Pius Ⅸ, *Syllabus of Errors;* Pope Leo XIII, *Encyclical on Human Liberty* (Paulist Press), p. 25. Patrick Henry O'Brien letters published in *L'Auroro,* a paper printed by the Italian Baptistis Association of America, cited by Peterson, pp. 134-136. See also *Catholic Encyclopedia,* XIV, p. 369, and Leo's *Great Encyclical Letters,* pp. 120, 122, 126, 196, 452.

159. Schaff, Ⅵ, p. 702, citing Pastor, *Beurtheilung,* p. 71 sq.
160. Froom, Vol.Ⅱ, pp. 145-146. 사보나롤라는 성경이 사람들을 그리스도께로 인도하는 것이지 로마 카톨릭 사제가 하는 것이 아니라고 말했다. Barton, *One Hundred Revival Sermons and Outlines* (New York: Harper and Bros., 1906), p. 23.
161. Froom, p. 149.
162. Moyer, p. 217.
163. See chapter 12, notes 21, 22, 28.
164. Schaff, Ⅵ, p. 204.
165. Lyons, Toulouse, Lausanne, Nice, Toulon, Carcassone, etc.
166. 이들은 페트로브루시안이라고 불렸다. 그들은 로마 카톨릭 제사장제도를 무효화시켰고 카톨릭 "성사들"을 이교적 미신이라고 비난했다. (Armitage, p. 286). 그들의 본부는 툴루즈, 로산, 나본, 프로방스, 도핀, 아를레스, 엠브론 그리고 디 지역으로 주로 프랑스 남부 지역이었다.
167. Moyer, p. 193.
168. Schaff, Ⅴ, p. 484.
169. Moyer, p. 327.
170. Armitage, p. 287.
171. LaGarde, p. 449.
172. *Ibid.,* p. 452.
173. Schaff, Ⅴ, p. 482.
174. Dargan, p. 482.
175. LaGarde, p. 450.
176. *Ibid.,* p. 449.
177. Froom, p. 623.
178. *Ibid.,* pp. 619, 620.
179. LaGarde, pp. 450-455.
180. Schaff, Ⅵ, p. 463.
181. Froom, pp. 731-734, citing Ernst Benz, *Ecclesia Spiritualis.*
182. Schaff, Ⅵ, p. 374.
183. Moyer, p. 26.
184. Schaff, Ⅴ, p. 694.
185. LaGarde, p. 102.
186. Schaff, Ⅴ, p. 435.
187. *Ibid.,* p. 411.

188. Sabatier, *Speculum Perfectionis* (1898); LaGarde, pp. 103, 105.
189. 윌리암은 교황은 무오하지 않으며 성경만이 삶과 믿음의 모든 문제에 있어 유일한 권위라고 가르쳤다(Moyer, p. 312).
190. Schaff, Ⅴ, p. 372.
191. Froom, pp. 796-801.
192. Dargan, Vol. Ⅰ, pp. 229, 258-259.
193. Moyer, p. 41.
194. Dargan, p. 318.
195. *Ibid.,* pp. 330-335.
196. Schaff, Ⅴ, p. 502; Froom, p. 844.
197. Dargan, Vol. Ⅰ, p. 307.
198. Baker, pp. 151-152.
199. Froom, citing Tractus in wilhelm Preger's work, chapter 5.
200. Schaff, Ⅵ, p. 246.
201. *Ibid.,* pp. 255-257.
202. Siebert, Beitrage Zur *Voreformatorichen Heiligen und Reliquienverbrung,* pp. 39, 55, 59.
203. Schaff, Ⅵ, p. 721.
204. Armitage, Vol. Ⅰ, p. 323.
205. *Ibid.*
206. *Ibid.,* p. 324.
207. *Ibid.,* p. 325.
208. *Ibid.*
209. *Ibid.,* p. 236.
210. American Opinion이라는 우익 잡지에 나와 있는 이들 정치이론에 관한 분명한 증거들을 볼 것.
211. Dowling, p. 293, cited by Ray, p. 396; Manhattan, *Vatican Imperialism,* p. 32.
212. Toland, Vol. Ⅰ, pp. 425-426; Alan Wykes, *Hitler* (New York: Ballantine Books, 1970), p. 44.

<제 15 장>

1. Benedict Ⅸ (1033-1045 A.D.), 간음과 살인; John XXIII (1400-1415 A.D.), 동성애와 강간; Alexander Ⅵ (1492-1503 A.D.), 사생아 etc. Halley, *Bible Handbook* (1927-1965), pp. 774, 779.
2. Benried, *Vita Gregory,* C. 68; Jaffe, *Monumenta Gregoriana,* p. 223, cited by Schaff, Ⅴ, pp. 50-51.
3. Schaff, Ⅴ, p. 56.
4. Walker, p. 210.
5. Schaff, Ⅴ, p. 60.

6. *Ibid.,* p. 62, citing a letter to the Bishop of Metz (Mar. 15, 1081).
7. Migne, *Patrol Latinus,* 171, p. 1440 sq.
8. Schaff, V, p. 65, citing Baxmann, Vol.II, p. 424.
9. Ibid. 한 명의 이단(어거스틴)의 사사로운 해석에 근거해서 형성된 성경 한 구절에 대한 오해는 무려 6천만 명이 넘는 사람들을 죽음으로 몰아가는 주요한 원인이 될 수 있다는 사실을 주목하라. (30년 전쟁, 오스트리아와 스페인의 왕위계승 전쟁, 프랑스 혁명, 볼쉐비키 혁명, 세계 대전들, 100년 전쟁, 베트남 전쟁), 제16장 주 109, 110 참조.
10. Schaff, V, p. 127.
11. James A. Froude, *Life and Times of Thomas Becket* (1877). Also, Edwin Abbott, *St. Thomas of Canterbury* (London: 1888).
12. Schaff, V, p. 127. 카톨릭 당국자들의 죄를 정당화시키려는 이러한 카톨릭 알리바이를 샤프는 카톨릭 교도들이 제시하는 그대로 제시한다. De Montor, *Lives and Times of the Roman Pontiffs* (New York: D. and J. Stadler), Vol. I, p. 309.
13. Vacandard, *The Inquisition* (New York: Longmans Green and Co., 1908), p. 43.
14. Schaff, V, p. 129.
15. 교황들은 히틀러와 뭇솔리니를 전심을 다해서 지원했다. 파첼리 추기경은 제3제국을 100% 지지했다. 그가 히틀러와 정교조약을 체결했을 때 그 조약은 독일의 모든 주교들로 히틀러에게 협조하도록 강요했다. 카톨릭에 독일 제국에 반대했던 유일한 사항은 유대인의 살해와는 아무런 관계가 없다. 그것은 Balder Von Sirach's Youth Program (Article 16, Manhattan, *Vatican Imperialism in the Twentieth Century,* pp. 382-386). Weyland, Laval, and Petain 등은 모두 로마 카톨릭 교도였다.
16. 베케트는 영국의 전 국토가 그에게 속한다고 생각했다. 왜냐하면 자기가 전 국토의 대주교라고 생각했기 때문이다(see Schaff, V, p. 131).
17. Schaff, V, p. 131.
18. *Ibid.*
19. *Ibid.,* p. 136.
20. Pius XI, *Encyclical Light of Truth,* p.5. *The Decrees of the Council of Trent,* Canons, pp. 143, 144, 159-160.
21. Abbot, Vol. I, pp. 89-93; *St. Thomas of Canterbury* (1888), Vol. I, pp. 89-94, 목격자들의 말을 인용 (Grim, Fitz-Stephens, William of Canterbury).
22. Salisbury, *Vita St. Thoma,* Vol.II. p. 322.
23. Schaff, V, pp. 146-147.
24. *Ibid.,* p. 148.
25. Potthast, *Regesta Imperii,* edited by J. Ficker (1881), p. 316.
26. *Ibid.,* p. 415. 교황들이 그 어떤 사람의 땅을 (때로는 대륙들) 그들의 총애를 받는 사람들에게 넘겨줄 수 있다고 생각하는 것은 전혀 이상한 것이 아니다 왜냐하면 교황들은 처음부터 온 세상이 자기 것이라는 전제하에 행동하기 때문이다. 알렉산더 6세는 북미, 중미, 남미 대륙을 스페인의 페르디난드 왕에게 자기 맘대로 넘겨 주었다(1493). Published by Reden (1577) and found in *Hakluytus Posthumous* (London: Henrie Fetherstone Pub., 1625).

27. Schaff, Ⅴ, p. 172.
28. *Catholic Encyclopedia,* X, p. 195; XI, p. 696. Stapleton, *The Explanation of Catholic Morals* (New York: Benziger Bros., 1904), nihil obstat, p. 129.
29. Potthast, p. 435. Matthew Paris also in H.R. Luard's series (London, 1872-1883), seven volumes, Vol.Ⅱ, p. 611.
30. Schaff, Ⅴ, pp. 622-623.
31. Moyer, p. 405.
32. Schaff, Ⅴ, p. 661.
33. *Ibid.,* p. 765. Also Dens, Tom Ⅱ, no. 56, cited by Blakeney, *Roman Controversy,* p. 228.
34. Schaff, Ⅴ, p. 667.
35. *Summa Theologica,* III, pp. 5, 7, 57; Ⅰ, p. 2.
36. Migne, editor, *Summa Theologica,* IV, pp. 485, 486, 600-852.
37. *Ibid.,* III, 76.2.
38. Schaff, Ⅴ, p. 673.
39. *Ibid.,* p. 676, citing Luther.
40. *Ibid.,* p. 676.
41. Kropatscheck, *Ockham und Luther im Beitr. zur Forderung Christ. Theol.* (Guttersloh, 1900), pp. 55, 66.
42. Muller, *Ludwig der Bayer,* p. 208, referred to in Walker, pp. 237, 251.
43. Schaff, Ⅴ, p. 690.
44. *Ibid.,* p. 689, citing Schwane, *Dogmengeschichte,* p. 656.
45. Dante, *Paradiso* XXX, p. 147 sq.
46. Finke, *Aus den Tagen Bonifaz* (Munster, 1902), p. 152 sq.
47. Manhattan, *Vatican Billions,* chapter 26. *Catholic Encyclopedia,* Ⅱ, p. 666!
48. Manhattan, *Vatican Imperialism,* p. 134.
49. *Ibid.* 샤프는 그 어휘가 미칠 파장 때문인지 감히 이 어휘를 인용하지 못하고 말았다. 필립 왕은 그 어떤 카톨릭 신자가 교황에 대해 생각하고 있는 그대로 생각하지 않았던 것이다. 샤프는 영국 출신의 카톨릭 신자로 옥스포드 운동(1820-1880)에 관여하였기 때문에 필립 왕의 "불경스러운" 태도를 용납할 수 없었던 것이다.
50. Text from W. Romer, *Die Bulle Unam Sanctum* (Schaffhausen, 1889).
51. Villari, *Chronica Universale,* Vol.III, p. 63.
52. Schaff, VI, p. 22. See chapter 14, note 202.
53. Ptolemy of Lucca, citing Ferretus of Vicenza; also Beitrage and Finke.
54. Riezler, *Die Literarischen Wider Sacher der Papste* (Leipzig, 1854).
55. Dollinger, *Kirchengeschichte* (1843), Vol.Ⅱ, p. 259.
56. Morland, pp. 30-34. A.D.1120년에 행해진 신앙 고백. 여기에는 베드로, 마리아, 미사, 정치적 통치, 카톨릭 지도부 등에 관해 로마 당국이 가르친 모든 것에 대한 단호한 비난이 담겨 있다.
57. Ferretus of Vicenza, *Muratori* IX, p. 1013. Villari, *History of Florence,* Vol.VIII, p. 80.

58. Villari, *Life of Savonarola,* Vol. Ⅰ, p. 183.
59. 그 어떤 카톨릭 신자도 첩을 두었다는 이유로 파문당하지 않았다. 사제들도 첩을 두었을지라도 처벌받지 않았다. (*Catholic Encyclopedia*, Ⅳ, p. 207, Ⅲ, p. 486). Also *Ibid.*, Ⅰ, pp. 289-293; Ⅷ, p. 562.
60. 레오 10세는 마키아벨리의 "Mandragola"를 좋아했다. 왜냐하면 이 책은 악한 일과 간음을 미화시키고 있기 때문이다. (Schaff, Ⅵ, pp. 612, 613).
61. Leo XⅢ, *Great Encyclical Letters,* p. 308.
62. C.A. Montor, Vol. Ⅰ, p. 197.
63. Lambert, *Catholicism against Itself,* Ⅱ, pp. 116, 117.
64. See chapter 13, note 14.
65. *Catholic Dictionary* (New York: Vatican Edition, 1929).
66. De Ligney, *Teachings of the Catholic Church* (New York: Office of Catholic Pub., 1886), p. 14.
67. O'Brien, *History of the Mass,* nihil obstat, p. 367.
68. *Ibid.,* pp. 384, 385.
69. *Catholic Encyclopedia,* Ⅹ, p. 230.
70. 도미니크파가 어거스틴파와 의견이 맞지 않는다면 당신 마음대로 하라(*Short History of the Catholic Church,* p. 48; *Catholic Encyclopedia,* XⅢ, p. 549; Ⅶ, p. 539). 인문주의자들이 스콜라 철학자들과 의견을 달리하면 당신의 주장에 일치하는 것을 택하라(*Catholic Encyclopedia,* Ⅻ, p. 701; Ⅶ, p. 540). 프란시스코파가 도미니크파와 틀리면 원하는 파를 택하라(*Catholic Encyclopedia,* XⅢ, p. 6; Ⅳ, p. 327; *Catholic Dictionary,* p. 94). 두 개의 상충하는 권위가 하나님께서 모든 것의 최종권위가 되신 다는 것을 무너뜨리기 위해 주어진다. (밥 존스 대학교의 스튜어트 커스터의 모든 책을 보라. 1981년 이러한 신성 모독적 작태가 그럴싸하게 전개되었다.)
71. *Lone Star Catholic* (Mar. 1, 1959).
72. Schaff, Ⅵ, p. 515.
73. Dollinger, Friedrich, D. Papstthum, pp. 123-131.
74. Schaff, Ⅵ, p. 529.
75. *The Witch Persecutions,* Phil., Vol.Ⅲ (Transl. and Reprints).
76. Liguori, *True Spouse,* pp. 92-93.
77. *Ibid.,* p. 352.
78. Eudes, *the Priest, His Dignity and Obligations* (1947), p. 177.
79. *Ibid.,* pp. 8, 13.
80. *Catholic Encyclopedia,* Ⅰ, pp. 289-293.

< 제 16 장 >

1. Fuller, *Which Bible?*, p. 198.

2. *Ibid.,* pp. 219, 220.
3. Cathcart, *Ancient British and Irish Churches,* pp. 14-20, cited by Fuller, p. 199. Also Leger, *General History of the Vaudois Churches,* pp. 160-165; Fuller, *Which Bible?;* and C.T. Collins Trelawny, *Perranzabuloe, The Lost Church Found*(London, 1872).
4. 샤프는 1582년 예수회 신부에 의해 출간된 카톨릭의 암흑 시대 공식 본문을 추천하고 있다. *New Brunswick Review* (May, 1854), pp. 23, 60, 61, 57; *Life of Schaff,* p. 245.
5. 그 어떤 카톨릭 공식 성서도 그 어떤 표준원문에서 나오지 않았다. 모든 교황들이 추천하거나 공인한 카톨릭 성서들은 NASV와 NIV의 헬라어 본문과 일치한다. 이 본문은 밥 존스 대학교도 추천하고 있다. *the Vulgate, Challoner, Rheims Challoner, Douay Rheims, American, Jerusalem,* etc. 그 어떤 카톨릭 신자도 에라스무스, 스테파누스, 베자 혹은 엘지버 등이 편수한 헬라어 원문에서 번역된 성경은 결코 추천하지 않는다.
6. Bulletine, *Critique* (Paris, Jan. 15, 1881). Tobias Mullen, the Catholic Bishop of Eire, PA, is cited in the *Dublin Review* (July 1881).
7. 종교개혁, 미국의 제1차, 제2차 대각성(부흥)운동, 주일학교운동, 영국에서의 웨슬리의 부흥운동, 선교회의 설립, 교회와 국가의 분리와 같은 모든 일들은 안티옥에서 나온 시리아 표준원문과 연관되어 있다. 이 모든 것 중 그 어느 것도 ASV, NASV, RV 혹은 NIV에 쓰인 헬라어 원문과는 아무런 관계가 없다.
8. Ray, p. 309, citing Neander, p. 200.
9. *Bright Lights in Dark Times,* p. 31.
10. *Ibid.,* pp. 32-33. 왈덴스들에게 영향을 준 Bernard of Thiron, Robert of Abrisses, Vitelis of Savigny. (Schaff, Ⅵ, p. 463).
11. Froom, Vol.Ⅱ, pp. 20-22.
12. Dargan, Vol.Ⅰ, p. 322.
13. Froom, pp. 74-100.
14. *Ibid.,* Vol.Ⅴ, p. 32, citing Neander, Vol.Ⅴ, p. 178.
15. *Ibid.,* citing Neander, p. 181.
16. *Ibid.*
17, Froom, p. 127.
18. And "dunce," tyndale, from Trench, *The Study of Words,* p. 91. Also H.D. Spence, *The Church of England, A History for People* (London: Cassell and Co. 1898), p. 51.
19. Roland Leavell, *Evangelism, Christ's Imperative* (Nashville, TN: The Broadman Press, 1951), Vol.Ⅱ, p. 423.
20. Froom, citing Villari, Sermon ⅩⅩⅢ (Villari, *The Life and Times of Girolamo Savonarola*).
21. George Coy, chapters Ⅱ, Ⅲ.
22. Letter from Gary Ferkel, *Bible Believer's Bulletin* (Oct. 1978).
23. Dr. Hemphill, *The History of the Revision of the New Testament* (1906), chapter 5, cited by Coy, p. 135.
24. Gilley, *Waldensian Researches,* p. 8. De Sanctus, *Popery, Puseyism, and Jesuitism,* p. 53. Fuller, *Which Bible?,* p. 211, note 40.

25. Sam Jones, Monk Paker, Bob Jones Sr., Frank Norris, Moody, Harry Ironside, J. Harold Smith, Gypsy smith는 모두 거리에서 설교했다.
26. Schaff, Ⅶ, p. 172.
27. Melanchthon, *Vita Lutheri* (trans. by Ritter, 1555), Berlin, 1841, p. 32-44.
28. Schaff, Ⅶ, p. 290.
29. Frid Myconius, *History of the Reformation* (Leipzig, 1718), edited by Cyprian, p. 73.
30. Schaff, Ⅶ, p. 168.
31. Heine, *Zur Geschichte der Religion und Philosophie in Deutschland* (1852), cited by Schaff, Ⅶ, p. 740.
32. Schaff, Ⅶ, p. 735.
33. *Ibid.,* p. 212.
34. Froom, Vol.Ⅱ, p. 267.
35. Keris, *Compendium of Luther* (Philadelphia: Westminster Press, 1943), p. 244 sq.
36. Schaff, Ⅶ, p. 169; as J. Frank Norris, see Vol.Ⅱ.
37. *Ibid.,* p. 322.
38. *Three Treatises by Martin Luther* (Philadelphia: Muhlenberg Press, 1943), pp. 9-26.
39. Reumann, *The Romance of Bible Scripts and Scholars* (Englewook Cliffs, NJ: Prentice Hall, 1965), p. 78.
40. *Ibid.,* p. 79.
41. *Ibid.*
42. W. Schwartz, *Principles and Problems of Bible Translating* (Cambridge: Cambridge Press, 1955); also the *Journal of Theological Studeies* (New York: 1955), pp. 61-76, 199-209.
43. Bainton, p. 367.
44. *Ibid.,* p. 331.
45. Schwartz, cited by Reumann, p. 86.
46. *Ibid.,* p. 87.
47. *Ibid.,* p. 88.
48. *Ibid.,* pp. 72-73.
49. Bainton, p. 384.
50. *Ibid.,* p. 310.
51. Schaff, Ⅶ, p. 169.
52. See Matt. (13, 23; Titus 1; 1 Tim. 2, 4; and Rev. 17.
53. Newman, Vol.Ⅱ, p. 61, 레오 10세에게 보내는 편지 인용.
54. Schaff, Ⅶ, p. 297.
55. Newman, pp. 66-67.
56. *Ibid.,* p. 67.
57. Schaff, Ⅱ, p. 194.
58. Luther, *Sermon on the Gospels* (Rock Island, IL: Lutheran Augustana Book Concern, 1871), Vol.Ⅰ, p. 337.

59. Schaff, II, pp. 304-306.
60. John McNeill, *A History of the Cure of Souls* (New York: Harper and Bros., 1951), p. 120 sq.
61. 야고보서에 대한 루터의 언급을 근거로 해서 내려진 성경에 대한 루터의 충실성에 대한 주장은 어리석기 그지없다. H.H. Kramm, *Theology of Martin Luther* (London: James Clark and Co., 1947), p. 112; and Jonah; Mitchell Hunter, *The Teaching of Calvin* (London: James Clark and Co., 1950), p. 70. 자기 의를 내세우는 로마 카톨릭의 바리새인들이 야고보서 2장을 듣고서 행위 구원을 주장하자 야고보서에 대한 비판조로 말한 것 뿐이다. 루터는 성경에 그의 목숨을 걸었고 이때 루터의 성경은 에라스무스의 헬라어 원문이었다. 내 생각에는 요즘 신학교 교수들 중 루터 만큼 성경을 존중하는 사람은 거의 없을 것이다.
62. Schaff, II, p. 736; that is, THE BIBLE (New Testament).
63. *Ibid.,* p. 18.
64. Jaroslav Pelikan, *From Luther to Kierkegaard* (Concordia: Concordia Publishing House, 1950), p. 6. See chapter 15, notes 41, 42, for Ockham's Biblical beliefs.
65. Schaff, III, p. 259.
66. Calvin, *Institutes of the Christian Religion,* by John Allen, Presbyterian Board of Education, Phil., Vol. II, p. viii, citing Dr. Cunningham.
67. Pelikan, p. 26.
68. Schaff, VII, p. 187.
69. *Ibid.,* p. 473.
70. Pelikan, p. 45.
71. Translated by Olive Wyon (Philadelphia: Westminster Press, 1946), p. vi.
72. 제네바에서의 사역은 위그노들과 퓨리탄들의 도덕 생활에 영향을 주었다. (Schaff, VIII, p. 264).
73. G.G. Herrick, *Some Heretics of Yesterday,* cited by Schaff, VII, p. 295.
74. Hooker, *Ecclesiastical Polity,* Vol. I, p. 158, cited by Schaff, VII, p. 287.
75. Froom, Vol. II, p. 436.
76. H.T. Kerr, *A Compendium of Luther's Theology* (Philadelphia: Westminster Press, 1943), p. 245.
77. Schaff, VIII, p. 567.
78. G.P. Fisher, *A History of the Reformation* (New York: Scribners and Sons, 1873), pp. 201-238. 이 분류는 건전하다. 칼빈은 신학자이기에 앞서 철학자였다. 그는 복음적 구령자이거나 성경학자는 결코 못되었다.
79. *Ibid.,* p. 261.
80. Cunningham, *Reformers and the Theology of the Reformation* (Edinburgh, 1866), Vol. II, p. vi.
81. Schaff, VIII, pp. 703-708.
82. 예를 들면 칼빈의 기독교강요 제1권 7장 1번을 횟필드, 패튼, 웨슬리, 브레이너드, 혹은 뮬러 등의 자서전적인 자료들과 비교해 보라.

83. Doumergue, *Essai sur L'Histoire du Culte Reformation Principalment au XIX Siecle* (1890), p. 15.
84. Material from D'Aubigne, Vol.Ⅶ.
85. 샤프, Ⅷ, p. 532. 비록 알렉산드리아의 알레고리적 해석 방법보다는 우월하지만 예언을 다루는데 있어서는 후일 칼빈주의자들의 손에서 아주 어리석은 해석이 되고 만다. 모든 극단적 칼빈주의자들은 (TULIP, 5 point) 역사의 점진적 발전에 관한 한 알렉산드리아 학파와 오리겐을 추종한다.
86. Schaff, Ⅷ, p. 237.
87. *Ibid.,* p. 32.
88. *Ibid.,* p. 72.
89. Armitage, pp. 367-409.
90. John O'Brien, *Finding Christ's Church, p. 20; The Priest,* etc. p. 99; *Twentieth Century Encyclopedia,* Vol.60; Rops, p. 10; Ronald Knox, *Trials of a Translator* (New York: Sheed and Ward, 1949), pp. 21, 22; *Great Encyclical Letters* (Leo XIII), p. 281, etc.
91. Willkinson, *Our Authorized Bible Vindicated,* cited by Fuller, *Which Bible?,* chapter Ⅳ, pp. 231-243.
92. *Ibid.,* pp. 300-303.
93. 자유주의자인 Dean Luther Weigle이 이 비방의 주인공이다. *The New Testament Octapla* (New York: Thomas Nelson and Sons, 1946), p. vii.
94. 이것은 홀트, 엘리코트, 라이스, 브루스, 샤프, 밀리간, 카터 등의 책에 나와 있는 전형적인 거짓말이다.
95. Hemphill, cited by Coy, p. 135.
96. 이것이 밥 존스 대학교, 린치버그에 있는 팔웰의 학교(리버티), 휘튼, 샌프란시스코 신학교, 달라스, 및 기타 알렉산드리아 계열 학교들의 교수들이 펼치는 현대적 속임수이다. 이들은 현재 예일, 하바드, 콜롬비아, 프린스턴(1810-1910) 대학교들의 전철을 밟고 있으며 그 사실을 모르고 있다. 에드워드 힐스 박사의 명쾌한 분석을 볼 것. *Believing Bible Study,* p. 218.
97. *Foxe's Book of Martyrs,* pp. 245-273.
98. *Ibid.,* p. 278.
99. *Ibid.,* p. 294.
100. *Ibid.*
101. *Ibid.,* pp. 308-309.
102. Blakeney, *Popery in Its Social Aspects,* pp. 165-166; Walker, pp. 497-499.
103. Wilkinson in Fuller, *Which Bible?,* pp. 283-285.
104. See *Life of Westcott,* Vol.Ⅰ, pp. 94, 95, 99, 211, 222, 340, 315, 367, 391, 392; Vol.Ⅱ, pp. 53, 117. Also, *Life of Hort,* Vol.Ⅰ, pp. 76, 77, 424, 430, 449, 458, 459; Vol.Ⅱ, pp. 49, 50, 51, 89, 134, 135, 30, 32, 108, 140.
105. 제17장에 나와 있는 제임스 1세에 대한 간단한 분석을 볼 것.
106. 존 R. 라이스(및 기타)가 이끄는 현대 학자들은 AV 1611이 근대 성공회원들의 요구에

부응하기 위해 번역되었다고 사람들을 오도한다. "성공회 소속의 번역자들은 은혜에 의해 구원받는다는 교리를 분명히 이해하지 못했고 따라서 필사본들을 충분히 주의깊게 확인하지 못했다..."(1973. 2. 2). 문제의 구절인 계시록 22:14은 1582년에 나온 카톨릭의 예수회 성서 안에 라이스가 추천한 대로(ASV, NASV) 나와 있다. 이 본문은 AV 번역자들이 이미 검토하였다. 라이스는 거짓말쟁이였다. 그는 AV 번역자들이 "확인한" 필사본들을 본 적도 없다.

107. Blakeney, p. 281.

108. 어떤 사람들에 따르면 이 카톨릭 대학살극으로 약 50%의 독일인이 살해되었다고 하며 도산의 ⅔가 파괴되었다고 한다. (Dorf, p. 143). See Hugo Grotius, *On the Laws of War and Peace* (1625).

109. Roman Catholic *Premier*: Ngo Dinh Diem. Roman Catholic *Head of Secret Police:* Ngo Dinh Nhu. Roman Catholic *Archbishop of Hue:* Ngo Ninh Thuc.

110. 1955. 7월 4일 울스터 의회에 폭탄 테러가 기도되었다. 1956년 12월에는 라디오 방송국과 우체국에서 다이나마이트가 폭발했고 1966년에는 무관의 집이 폭탄에 맞았고 1969년 8월 12일에는 런던데리에서 프로테스탄트들에게 돌을 던졌으며 1970년 대법원 판사의 집에 폭탄이 장치되었고 1980년에는 Lord Mountbatten이 암살당했다. 등.

111. 사이공에서 (주 109를 볼 것) "세 명의 유명한" 카톨릭 신자들이 불교의 승려들을 체포하여 감옥에서 고문을 하였으며 "공산주의자"들과 같은 곳에 수감하였다. 그리고 나서는 전국에 계엄령을 선포하였다. (Manhattan, *Vatican Imperialism*, pp. 397-398).

112. Aug. 12, 1969; Oct. 18, 1968; Jan. 1969.

113. *Catholic Encyclopedia,* Ⅷ, pp. 335, 336; XⅣ, p. 369. *Moral Theology,* nihil obstat, p. 68 (this book was on sale in the bookstore of Notre Dame University in 1957). Pope John XXIII in the *Tablete* (Jan. 9, 1960). Father D.S. Phelan, *The Western Watchman* (St. Louis: June 27, 1912), and the *Civilta Cattolica* (Apr. 1948), a Jesuit magazine.

114. *Catholic Encyclopedia*, Ⅷ, p. 29. 이것이 종교재판을 그처럼 유익하게 만든 그것이다. 십자군 운동도 마찬가지였다. 즉 경기침체 혹은 파산을 면하려면 전쟁을 시작하라는 원칙은 정치에서는 기본이다.

115. 무기력한 여인들: Toliver and Constable, *The Blond Knight of Germany* (New York: Ballantine Books, 1970), the life of Erich Hartmann, pp. 182-186.

116. 전쟁이 지속되는 기간 중 한 번도 승리하려고 싸워 본 적이 없었다. See Ronald Glasser, *363 Days* (New York: George Braziller, 1971), pp. 31-46, 181-188.

117. Through FDR at Yalta: Gen. Albert Wedemeyer, *Wedemeyer Reports* (New York: Henry Holt, NOL, 1958), pp. 346, 347.

118. 소위 말하는 "1964년의 시민권리법" 이에 대해서는 John C. Satterfield(미국 변호사 협회 전 회장) 말하기를 "이 법이 통과된다면 이 법은 헌법에 묘사된 민주주의를 무너뜨리고 말 것이다"라고 했다. 또 다른 미국의 변호사 협회 회장은 말하기를 "이것은 무제한으로 통제받지 않는 연방정부의 권력을 의미한다."고 했다. 이 선언에 대해 사법위원회의 위원 6명이 동조했다. 이들은 말하기를 "시민권법은 '전국가를 규격화'시키는 법안"이라고 말했다. Document no. 914, in the Eighty-Eighth Congress, First Session, pp. 62-94, cited by Alan

Stang, *It's Very Simple* (1965), pp. 62-94.

119. Walker, p. 392.

120. Cairns, p. 381.

121. Newman, Vol. II, pp. 397-398.

122. *Ibid.,* p. 398.

123. Cairns, p. 381.

124. Ruckman, *The Sure Word.*

125. Index(금서 목록)에 나와 있는 성경 공부 금지 사항을 주목하라. Blakeney, *Popery in its Social Aspects,* pp. 133-139.

126. 루이 14세는 프랑스를 재정파탄으로 몰고 갔다. Dorf, *Our Early Heritage* (New York: Oxford Book Co., 1940), p. 268.

127. Casualties in Thirty Years War, Williston Walker, p. 396.

128. 나폴레옹은 히틀러와 뭇솔리니처럼 교황과 정교조약을 체결했다. A.J.P. Taylor, *From Napoleon to Lenin* (New York: Harper Torch Books, 1950), p. 14.

129. 메테르니히는 교황 바오로 2세와 같이 정치에 개입하는 자였다. Ibid., pp. 21-26.

130. 모든 통치자들이 교황에게 동맹을 맹세해야 한다는 증거는 Manhattan이 쓴 *Vatican Imperialism,* pp. 53-54에 나와 있다.

131. 모든 교황들의 전체주의적 전략은 분명히 알려져 있으며, 분명히 문서로 자료화되어 있다. R.W. Thompsom, *Footprints of the Jesuits,* pp. 338-339, 458-460.

132. Piepper, *Dogmatics in Outline* (Concordia, 1950), Vol. I, p. 57.

133. Seeberg, Book II, section 82.

134, Vedder, p. 60.

135. Newman, Vol. II, p. 185.

136. *Ibid.,* pp. 186, 177.

137. Moyer, p. 367.

138. Newman, Vol, II, p. 168.

139. Cairns, p. 333.

140. Vedder, p. 184. 비록 그가 생년월일을 다르게 제시하고 있으나(1496), 모여는 1492년이라고 말한다.

141. Armitage, p. 410.

142. *Ibid.,* p. 410; Vedder, p. 185.

143. Armitage, p. 411.

144. Vedder, p. 188.

145. *Ibid.,* p. 193.

146. Moyer, p. 282.

147. Vedder, p. 156.

148. Buckle, *History of Civilization,* Vol. I, p. 189, cited by Armitage, p. 414. 이 인용은 찰스 5세(1546)의 궁정에 보내진 베니스 대사의 공식 보고서에서 나온 것이다. 카톨릭 교도들은 3만 명의 메노파 침례교도들을 죽였다고 되어 있다.

149. Armitage, p. 355.
150. Egli, *The Zurich Baptists,* p. 62, cited by Armitage, Vol. I, p. 336.
151. Winters, *Bavarian Anabaptists,* p. 58, cited by Armitage, Vol. I, p. 341.
152. Gastus, p. 200, cited by Armitage, p. 348.
153. Michelet, *Life of Luther* (Paris, 1835; Brussels, 1845), translated by Hazlitte (London, 1846), p. 252. Also, Alzog, III, p. 28, cited by Armitage, p. 376.
154. Armitage, p. 377, citing Bowden and Jortin.
155. *Ibid.,* p. 378. citing the Catholic authority Bremmer, from St. Anshavu, *Gemina* (Holmiae, 1677), p. 255.
156. Armitage, p. 379.
157. Herzog, *The Life of Oecolampadius,* Vol. I, section 312, cited by Armitage, p. 382.
158. *Ibid.*
159. *Ibid.,* p. 392.
160. *Foxe's Book of Martyrs,* p. 402.
161. Armitage, p. 379.
162. *Ibid.,* p. 396.
163. Stan Hossi, *De Haeres Nostri Temporis,* Lib I and *Opera Luther* Tom I pp. 70-72, cited by Armitage, p. 396-397. 칼빈은 구원에 물이 필요하다는 사실을 부인했다. (Schaff, VIII, p. 556). 그러나 물은 여전히 "죄의 책임과 처벌을 제거하여" 유아를 그리스도께 결합시킨다. (Ibid., pp. 584-585) : 다시 말해 존 칼빈은 정신 이상자였다는 말이다. 루터는 물 뿌리는 대신 침수를 배웠다. (Tanfbuchlein, 1523).
164. 예를 들면 칼빈은 교회가 "당신을 잉태했고" "출생시켰기" 때문에 당신의 어머니라고 주장했다. (Institutes, IV, 1장). 더나아가 교회밖에서는 구원이 없다고 주장했다. 그러니까 칼빈은 장신이상자였을 뿐 아니라 카톨릭 신자이기도 한 셈이다 .
165. 비록 샤프가 "침례교도"라고는 말하지 않을지라도 그는 그를 "아나뱁티스트"(재침례파)라고 부르겠다고 고집한다. (Schaff, VIII, p. 172, note 1). See *Letters,* edited by DeWette, Vol.III, p. 179. Kayser was a *Baptist* (Armitage, p. 403).
166. See the documented evidence in Ruckman, *Manuscript Evidence.*

<제 17 장>

1. 예를 들면 라투렛은 기독교 팽창사를 2000 페이지가 넘게 쓴 사람인데도 왈덴스들의 교회에 대한 역사는 겉핥기식으로 넘어간다. 그는 성 바돌로매 대학살이 아예 없었던 것으로 생각하는 모양이다. (이 기간을 다루고 있는 3권 참조).
2. 카톨릭 당국에 따르면 인류 역사에 있어 가장 영광스러웠던 시기는 성경적 기독교가 부흥을 이루기 전에 있었던 암흑 시대라고 한다. (see *Catholic Encyclopedia,* VII, p. 262; I, p. 610; XIV, p. 593. *Catholic Dictionary,* pp. 41, 42, 105. Maitland, *The Dark Ages,* p. 461. thompson, *Footprints of the Jesuits,* p. 342.

3. Webber and White, *civilization for Modern Times,* pp. 65-67, 276-309.
4. Manhattan, *The Vatican Moscow Alliance,* pp. 258-259.
5. 루이 14세는 낭트 칙령을 무효화했다(1685). 더 나아가 그는 모든 프로테스탄트들은 한결같이 "이단"이라는 근거하에 프랑스의 모든 개신교도들을 죽이라는 칙령을 발표했다(1715). 예외가 있었다면 노예선에 팔려가는 것 뿐이었다. (*Foxe's Book of Martyrs,* p. 344).
6. 이것은 거짓말과 속임수 대신 사용하는 64,000 달러 가치나 나가는 용어이다: see Blakeney, *Popery in Its Social Aspects,* pp. 7-15.
7. 1950년 케네디와 Dougherty 추기경 사이에 있었던 유명한 사건을 보라. 그때 케네디는 (단합과 권력을 위해) 언론과 라디오를 통해 미국 국민들에게 거짓말을 했고 자신은 외국정부로부터는 (즉 바티칸) 헌법과 상치되는 명령을 받는 의무로부터 제외될 것처럼 주장했다. 다니엘 포울링 박사는 이 문제를 *Mine Eyes Have Seen* (New York: McGraw Hill, 1960)에서 다루었고 더 자세한 내용은 다음 책에 나와 있다. *Redbook* (Nov. 1957); *Ave Maria,* cited by the *Chicago Sun Times* (Feb. 24, 1959); *U.S. News and World Report* (Dec. 21, 1959); and *The Voice of Freedom* (July 1955), Archbishop of Montreal.
8. See "Infallibility of the Church" pp. 144-147, in Most Rev. L. Morrow, S.T.D., *My Catholic Faith.*
9. 성경을 믿는 모든 프로테스탄트들은 저주를 받았다(Anathema)는 것은 로마 카톨릭 공식사전에 공식적으로 명기되어 있는 공식신조이다. *Catholic Dictionary* (Addis and Arnold, 1887, or the Vatican edition, 1929), plus *Catholic Encyclopedia* (Encyclopedia Press, 1913), and Gibbons, *Faith of Our Fathers* (Baltimore, 1917).
10. Walker, pp. 497-499. Fuller, *Which Bible?,* p. 284, citing Wilkinson.
11. Fuller, *Which Bible?,* pp. 270-271, citing Wilkinson.
12. *Ibid.,* pp. 240-243; 265-267; 270-271.
13. Hulme, *Renaissance and Reformation* (New York: Century Co., 1914), p. 428.
14. 카톨릭 교회법에 따르면 열거된 그 어떤 사람도 다음과 같이 생각한다면 저주를 받는다. ① 제롬의 벌게이트 성서에 오류가 있다. ② 전통은 성경만큼 영감받은 것이 아니다. ③ 토빗과 유디스는 정경이 아니다. ④ 성경의 의미는 분명하다. (잠 8:6-10). Froude, *The Council of Trent* (Paris, 1832), pp. 174-175.
15. *The Index,* Art. 2; Blakeney, p. 140.
16. 주 17 참조. 그 어떤 카톨릭 작가도 안티옥 교회에서 나온 (제3 장) 시리아 표준원문에서 그 어떤 언어로 성경을 번역한 적이 없다.
17. Council of Trent, *The Index,* Art. 4, cited by Blakeney, p. 141.
18. Peter S. Ruckman, *Problem Texts* (Pensacola, FL: Bible Baptist Bookstore, 1980), appendix 10에 나오는 편지를 볼 것.
19. *The Index,* Canons after Art. 10; Council of Trent (Paris edition, 1832).
20. R.W. Thompson, *The Footprints of the Jesuits,* p. 57. 당신은 당신의 양심에 반하는 죄를 지을 것을 명령하는 카톨릭 상급자의 명령에 순종해야만 한다(citing Bartoli, Vol.II, p. 92, 93).
21. Mosheim XIII from Vol.II, p. 150.

22. Thompson, p. 414. 실제적으로 적용에 있어, 그 어떤 카톨릭 신자도 행정부의 일자리를 얻기 위해 미국이 헌법에 순복할 것을 맹세하고 나서 분명한 의식을 갖고 그것을 곧바로 어기더라도 (교황이 명령할 경우) 아무런 문제가 되지 않는다.
23. Peterson, pp. 142, 121, 119, 112.
24. Blakeney, p. 157.
25. Latourette, Vol.III, pp. 259-261.
26. Labbe and Cossart (Jesuit historians), p. 78, and Cardinal Cusanus, *Cusanus De Concord,* Vol.XV, p. 3. Also, Sir H. Lynde, *Defence of the Via Tuta* (London, 1850), p. 65, cited by Blakeney, pp. 47-48.
27. *History of the Jesuits,* from Nobart, *Memories Historia sur Les Mission des Malabar,* p. 145.
28. 알렉산더 5세는 그레고리 12세가 이단이라고 말했다. (Catholic Encyclopedia, I, p. 28); 클레멘트 7세는 교황 식스투스 5세가 승인한 모든 카톨릭 성서들을 불태워 버렸다. (Catholic Encyclopedia, II, pp. 411, 412, XIV, p. 110). 클레멘트 11세는 피오 10세의 제안들을 비난했다. (Catholic Dictionary, p. 82). "무오한" 교황들이 믿음의 모든 문제에 있어 의견이 일치한다고 하는 것은 새빨간 거짓말이다.
29. 그들은 공자를 숭배했고 회심자들에게 하나님을 여러 명의 신들 위에 군림하는 우두머리 신으로 인정하도록 가르쳤다. : Thompson, pp. 197, 207.
30. Manhattan, *Vatican Imperialism,* p. 282.
31. Latourette, pp. 240-361.
32. Buckle, Vol. I, p. 189.
33. Vedder, p. 188.
34. Armitage, p. 411-412.
35. *Ibid.,* p. 412.
36. *Ibid.,* citing Motley in Dollinger, Vol. II, p. 280.
37. Armitage, p. 415, citing Rule, *Dutch Republic,* Vol. II, pp. 250-251.
38. Blakeney, p. 109.
39. Mezeray, *History of France,* Vol. II, p. 1098. Kenneth Scott Latourette가 쓴 2000여 페이지가 넘는 책에는 이 잔인한 비극에 대해 전혀 언급이 없고 필립 샤프가 쓴 4800여 페이지에도 없다. 침묵은 동조임을 잊지 말라.
40. 2,000 in Poitiers (Poictiers); 1,000 in Orleans; 200 in Meldis; 200 in Toulouse; 500 in Rouen; 264 in Bordeaux; etc. (*Foxe's Book of Martyrs,* pp. 83-83).
41. Thuanus, *History* (London, 1733), cited by Blakeney, p. 112.
42. Nismes, *History* (1780), Vol.23, p. 557.
43. Webber and White, p. 77.
44. *Ibid.,* p. 29.
45. Blakeney, p. 192.
46. 암살범의 이름은 Ravaillac이었다. (Blakeney, p. 113). Moyer, p. 192는 "종교적 광신자"일 뿐이라고 말한다.

47. Dorf. p. 167. 그는 얀센주의자들을 멸절시키려는 예수회의 행위 역시 지지했다.
48. Moyer, p. 256.
49. *Foxe's Book of Martyrs,* p. 55.
50. *Ibid.,* p. 36.
51. Armitage, p. 448.
52. *Lights and Shadows of the Reformation* (Mountain View, CA: Omega Christian Pub., 1978), pp. 174, 198.
53. Armitage, p. 450.
54. 교황 마르틴 1세(A.D.649-655)는 터키족의 노예화를 승인했다; De Montor, *Lives and Times of the Roman Pontiffs* (New York: D. and J. Stadler and Co., 1869), Vol. I, p. 157.
55. M.J. Spaulding, *Missellanae* (Louisville, KY: Gill and Levering, 1855), pp. 345-346.
56. Manhattan, *Vatican Imperialism,* p. 384.
57. Manhattan, *The Vatican Moscow Alliance,* pp. 265-286.
58. 로욜라는 존 칼빈과 마틴 루터와 나란히 놓여 있다. 도르포는 (p. 127) 그의 책에서 로욜라를 "종교개혁의 선구자"로 평가한다. 로욜라는 "교육의 진흥"에 몰두했다. 그가 말하는 교육이란 맹세한 후에도 거짓말 할 수 있도록 사실을 왜곡시키도록 그리고 자기가 믿지 않는 것을 믿는다고 말하고 자기 종교와 일치하지 않으면 누구든지 죽일 수 있도록 가르치는 것이었다.
59. Toland, Vol. II, p. 903.

<제 18 장>

1. Moyer, p. 236.
2. McCrie, *The Life of John Knox* (Chicago: Moody Press, 1976), pp. 27-29, 39-64.
3. James Hefley, *Heroes of the Faith* (Chicago: Moody Press, 1963), pp. 102, 108.
4. *Ibid.,* pp. 104-105; *Catholic Encyclopedia,* III, p. 194; Mons. John Ryan, *The State and the Church,* p. 38, cited by Art Wilson, *And So Help Us God* (Wichita, KS: 1960); *Civilta Cattolica* (Apr. 1948).
5. 찰스는 또한 로마 카톨릭 교도인 Marguerete Valois (로마 카톨릭 교도였던 Catherine de' Medici의 딸로 1572년 성 바돌로매 축일에 성경대로 믿는 위그노 5만 명이 학살되던 당시 프랑스의 여왕으로서 통치하고 있었다.)의 딸과 결혼했다. Walker, p. 415.
6. 교황 (혹은 그 어떤 카톨릭 신자)이 크롬웰의 "독재정치"에 대해 불평하는 것은 논쟁의 여지가 없이 웃기는 일이 아닐 수 없다. 모든 교황들은 자기가 전 지구의 최고 통치자이며 따라서 모든 독재자들 중 최고의 자리를 차지한다고 가르쳤다 (Gibbons, p. 142; *Great Encyclical Letters,* pp. 193, 304; Pius XI, Encyclical *Light of Truth,* p. 5). 그들은 겸손을 내보이기 위해 돌에 키스를 하면서도 (1979년 1월 25일 요한 바오로 2세에 대해 AP 통신이 보도한 내용) 하나님께서 자신들의 결정에 따라야 한다고 주장한다. 카톨릭 교도들에게 종교적 자유를 허용한 크롬웰은 교황같은 정신이상자들과는 비교할 수 없다. 크롬웰은 카

톨릭 신자들이 민간인을 죽이기 위해 군대를 고용하지 않는 한 그들에게 종교의 자유를 허락했다. 북아일랜드의 IRA와 영국의 찰스 1세 등은 정부를 전복하기 위해 민간인들을 죽였다.

7. Frederick Harrison, *Oliver Cromwell* (London, 1892), p. 228.
8. *Foxe's Book of Martyrs*, pp. 334-337.
9. John P. Doan, *The Essential Erasmus* (New York: Omega-Mentor Books, 1964), nihil obstat, p. 17.
10. Moyer, p. 135.
11. Schaff, Ⅶ, pp. 424, 425, 434.
12. Burgon and Miller, *The Traditional Text*, p. 202.
13. Fuller, *Which Bible?*, pp. 231-243, citing Wilkinson.
14. See Hill's excellent documentation, *Believing Bible Study*, pp. 186-195.
15. *Ibid.*, pp. 191, 192, 193, citing Schwartz, *Principles and Problems of Biblical Translating* (New York: Cambridge Univ. Press, 1955), pp. 96-97, 132-139.
16. *Ibid.*, p. 193. Also, Theodora Beza, Impressa, *Novum Testamentum*, (Cantabrigiae, 1642), 눅 2:33; 계 22:14; 딤전 3:16; 골 1:14; 행 20:28 등. 베자는 NASV, ASV 및 NIV에서 변개된 핵심 구절들에 있어서 에라스무스와 틀리지 않는다.
17. Anything by Rice. Also, letter to Linton Smith (Jan. 5, 1979) from Missionary Crusader, Inc., Lubbock Texas. Homer Duncan.
18. Hills, *Believing Bible Study*, p. 192.
19. *Ibid.*
20. *Ibid.*, citing *Erasmus* (New York: Preserved Smith, 1923), p. 181.
21. Coy, pp. 219, 281.
22. Moyer, p. 281.
23. Mosheim, Cent. 10, p. 2, chapter 5. Also, Armitage, pp. 421-422.
24. Armitage, pp. 421-422.
25. Wallechinsky and Wallace, *People's Almanac* (Doubleday, 1975), p. 1106. 그것을 확인할 수 있는 단 하나의 증거도 없다. (다만 모든 친카톨릭 역사가들만이 그의 행동이 여자 같다고 주장한다. MacGregor, pp. 145, 146). MacGregor는 전형적인 자유주의 주석가로 영적인 소경이다. 그는 제임스 왕의 "병적인 명예심"에 대해 언급하고 있으나 그는 모든 교황이 모든 국왕들보다 더 우월하다고 생각한다는 사실은 주목하지 않는다. 만약 제임스 1세가 "병적인 명예심"을 갖고 있었다고 한다면 베드로의 의자에 앉아 있던 미신적인 바보들은 과대망상증에 걸려 있었음에 틀림없다.
26. <킹제임스성경>의 설교와 가르침의 결과 많은 침례교가 생겨났다. (성공회가 아닌 침례교회임을 주목하라.) (*The People's Almanac*, p. 1267에 나와 있는 증거를 볼 것).
27. Moyer, p. 214.
28. 17장의 주 36-46 참조. 이것은 살렘에서 있었던 "마녀들"의 화형에 대한 설명을 제공한다(1692).
29. Lambert, *Catholicism against Itself*, Vol.Ⅱ, p. 250.

30. Moyer의 비방이 섞인 주석을 볼 것(p. 14).
31. Runes, *Philosophy* (New York: Bramhall House, 1959), p. 174.
32. Moyer, p. 115. *Tractus Theologico-Politicus;* Ruckman, *Science and Philosophy,* pp. 83-85.
33. Ruckman, *Science and Philosophy,* pp. 83-85. Leviathan in *The Heritage of Western Civilization* (Englewood Cliffs, NJ: Prentice Hall and Co., 1968), Vol.II, pp. 107-109.
34. Moyer, p. 25.
35. See Fuller, *Which Bibld?,* citing Wilkinson, chapter VI.
36. 드라마는 이렇게 전개된다. : 하나님께서 금지하신 것은 "너에게 좋으니까"(창 3:6) 먹어라. 지식이 "좋다."는(고전 8:1) 것을 누가 의심할 수 있었겠는가? 지식은 "나쁜 것이 아니다." 지식은 당신을 신들처럼 만들어 줄 것이다(창 3:3-4).
37. 번연의 신학에 대한 정확하고 자세한 내용은 Armitage의 책을 볼 것. Vol.II, pp. 497-539.
38. *Ibid.,* pp. 514, 522, 513.
39. Vedder, pp. 213-266.
40. Newman, Vol.II, pp. 468-470.
41. Moyer, p. 321.
42. *Ibid.,* p. 656.
43. Neve, *Churches and Sects of Christendom* (Blair, NB: Lutheran Publishing House, 1944), pp. 40-48; Schaff, VII, pp. 574, 654, 656.
44. *James Arminius Works,* trans. Nichols and Bagnall, three vols. (1853), Vol. I, pp. 254-281.
45. 윌킨슨은 하나님께서 존중하신 본문과 하나님께서 존중하신 번역본의 역사에 대해 진술하는 가운데 (Fuller, *Which Bible?,* p. 270) 갑자기 영국과 미국의 자유주의자를 만들어낸 것은 전천년주의였다고 주장한다. (8장, 주 6,7). 메이첸, 와필드 그리고 로버트슨은 전천년주의자가 아니었다.
46. Ashland, KY (1960-1978). The editors ard Bob Ross and John Gilpin.
47. *James Arminius,* p. 248.
48. *Ibid.,* p. 254; Vol.II, p. 497.
49. 이것은 비방이나 과장이 아니다. 제16장 주 76-87과 제6장 주 89에 나와 있는 증거를 볼 것.
50. Cairns, *Christianity Through the Centuries,* p. 352.
51. Whitefield, the writer is Rev. L.W. Hervey, *Manual of Revivals* (New York: Funk and Wagnalls, 1884), p. 24.
52. 바울에 대한 강박관념을 볼 것(서문).
53. 폴란드 출신의 교황이 "복음을 퍼뜨리기 위해"(1979. 1. 25자 *Pensacola News Journal*) 남미를 방문하는 "호의적" 순방에 의해 고무되었다. 이 경우 "복음 전파"란 미국 정부를 전복시키기 위해 카톨릭 주교들이 이끄는 공산혁명가들과의 접촉을 의미한다.
54. 이것은 과장이 아니다. : 존즈의 "구원 계획"은 전적으로 "이웃"에 대한 선행과 착한 행실에 의해 달성된다. 즉 시민의 권리, 사회정의, 게이해방, 동성애 등. Kilduff and Javers, *The Suicide Cult* (New York: Bantam Books, Nov. 1978), pp. 10-100.
55. *Ibid.,* pp. 70-90.

56. *Ibid.,* p. 161.
57. James Harvey Robinson, *Readings in European History* (London: Ginn and Co., 1904), chapter Ⅰ.
58. *Ibid.,* p. 7.
59. *Ibid.,* p. 62.
60. Wallace Speer, *The Encyclopedia of Religious Quotations* (Old Tappan, NJ: Fleming Revell, 1976), p. 55. 헨리 클레이는 이렇게 말했다. "정부와 연합된 모든 종교는 다소간 자유에 대해 적대적이다"(Wilbur Fiske, *The Beginnigns of New England,* p. 17). 만약 카톨릭 교회가 (사제, 수녀, 수도승, 교황, 대주교 혹은 주교를 통해) 그 어떤 공산주의 선동가나, 통치자나, 이상가나, 교사나, 정치가나, 단체에게 (쿠바, 이탈리아, 러시아, 폴란드 등) "도움이나 혜택"을 베푼다면 이것은 미국의 헌법에 따르면 배반죄에 해당한다. (Article III, Section 3, no. 1); Cooper and Fenton, *Politics* (1884), p. 144.
61. Paul Blanshard, *American Freedom and Catholic Power* (Boston: Beacon Press, 1949), chapter 12. 이것은 과장이 아니다. 간단한 내력을 제시해 보겠다.

1947. 2. 대법원은 프로테스탄트들의 세금이 (뉴저지주) 로마 카톨릭 사립학교의 교통보조비로 사용되는 것은 헌법적으로 정당하다고 판시했다.

1948. 3. 그러나 공립 학교에서 성경을 가르치는 것은 잘못이다.

1949. 5. 공립 학교에 대한 3억 달라의 지원금 배당이 스펠만 추기경의 로비활동과 압력에 의해 의회에서 무산되었다. 그는 이 지원금이 "미국 민주주의를 해치는 것"이라고 했다. 이 세상에 살았던 그 어떤 교황도 민주주의를 신뢰하지 않았다(*Catholic Encyclopedia,* XⅣ, p. 369; *Great Encyclical Letters,* Leo XIII, pp. 122, 126, 120, 196, 452; Pius IX, *Syllabus of Errors,* Leo XIII, *Encyclopedia om Human Liberities*).

1953. 2. 모든 프로테스탄트 선교사들은 콜롬비아에서 활동이 금지되었다.

1954. 10. 기드온 협회가 공립 학교에 <킹제임스성경>을 배포하는 일이 대법원에 의해 불법화되었다. (이탈리아, 스페인, 칠레, 아르헨티나, 멕시코, 콜롬비아도 마찬가지이다.)

1956. 2. 카톨릭 수녀들은 침례교인, 감리교인 그리고 장로교인들을 공립 학교에서 가르치면서 카톨릭의 문장과 유니폼을 착용하도록 허락받았다(Kentucky).

1981. 11. 그라시다 주교는 플로리다 주 상원의원을 이용해서 로마 카톨릭 난민들(베트남 사람들)이 플로리다 해안에서 불법 낚시도구를 사용할 수 있는 권리를 보호해 주었다. 이로써 카톨릭 당국은 미국인들을 보호해 주는 법률을 무효화시킨 셈이다.

< 제 19 장 >

1. 예를 들어 로마 카톨릭 교황의 20세기 공식 신학에 의하면 찰스 메이슨(살인자), 짐 존스(대량 학살자), 이디 아민(성도착자, 살인마)은 물론 아돌프 히틀러와 히믈러도 모두 "하나님의 아들들"이다. Anthony Qilhelm, *Christ Among Us* (New York : Newman Press, 1967), pp. 313-318.
2. 이것은 독일에서 반 히틀러주의에 대한 대표적인 대답이다. T.L. Jarman, The Rise and Fall

of Nazi Germany (New York : New American Liberary, Inc., 1961), p. 174.

3. 예를 들어 전 카톨릭 사제였던 리베라(Rivera)의 말을 인용한 책인 *Alberto* (Chino, CA : Chick Publications, 1980)을 참조하라. Rev. R.B. Cook, The Story of the Baptists (James and Webb Printing Co., 1884), p. 45.

4. 서문의 각주 1 참고. 교회사가 Eusebius, Vitalis, Evagrius, Severius, Haymo, Tolomeo, Hagenbach, Giesler, Ruinart, Maclear, Thierry, Bryce, Sugenheim, Zockler, Schaff, Creighton, Rothe, Hasse, Baronius, Chastel, Herzog, Alexander, Bossuet, D'Aubigne, Mohler, Gottfried, Arnold, Cramer, Weismann, Hottinger 역시 이 왜곡된 견해에서 벗어나지 못했다. [Kurtz, Church History, trans. John MacPherson (London : Hodder and Stoughton, 1884-1893), Vol. Ⅲ, pp. 413-600].

5. Arthur Custance, *Science and Faith* (Zondervan, 1978), pp. 56, 65, 98, 157-159, citing Wells, Sherrington, Jennings, Kety, Monod, Medawar, Oparin, Haldane, Lavoiser, Dobzhanscky, Theodosius, Paul Weiss, etc. 진화는 첫 번째 우연의 조합으로 예정되었으며, 생명체와 생명이 없는 물질이 같으며, 나무와 돌에도 정서가 있다고 한다. 이 어리석은 소경들은 우연이 사람을 만들어냈다고 한다.

6. R. P. Blakeney, *Popery and Its Social Aspects* (Edinburg, Scotland : Hope Trust Publishers, 1890), pp. 132-137.

7. 트렌트 공회(1564)의 성사에 대한 결의와 법규집, 대사(Indulgences)에 대한 법규집을 참조하라. 테젤은 "대사"(면죄)에 대해 "나는 사도(베드로)가 설교로 한 것보다 더 많은 혼들을 대사로 구원하였다...상자의 바닥에서 돈이 달그락 소리를 내는 그 순간 혼은 연옥으로부터 벗어나 자유로이 하늘로 날아갔다."라고 말했다. Thesis 56, 99, 100 in D'Aubigne's History of the Reformation, Vol. Ⅰ(New York : American Tract Society), pp. 241, 242.

8. R.W. Thompson, Footprints of the Jesuits (New York : Cranston and Curtis, 1894), pp. 342, 430, 425.

9. Owen Chadwick, *The Reformation* (Penguin Books, 1964), pp. 125, 130, 233. Neville Williams, The Life and Times of Elizabeth (New York : Doubleday and Co., 1972), p. 169. 후자에 대한 언급은 윌리엄의 암살에 대한 것이다. 링컨의 암살범은 카톨릭 신자이며, 아돌프 히틀러의 암살 시도도 카톨릭 신자(Stauffenberg)에 의한 것이었으며, 루즈벨트 암살 시도도 카톨릭 신자에 의한 것이었다. 오렌지 공 윌리엄을 죽인 자 역시 마찬가지다.

10. Oldenburg, Massacre at Montsegur, trans. Peter Green (minerva Press, 1968), pp. 136, 149. 고문은 "그리스도의 대리자"가 공식적으로 승인한 것이다. (Pope Alexander Ⅳ, Pope urban Ⅳ, Pope Julius Ⅲ, Pope Clement Ⅴ, Pope Benedict ⅩⅣ : Blakeney, p. 100) 또한 그들은 만일 카톨릭에 반대하는 범죄에 대해 저지르고 자백하지 않는 개신교도가 있다면 "회개하게 하거나 고문을 해야 한다."고 말한 사람을 성인(saint)이라 부른다. [Moral Theology, Vol. Ⅳ (Venice, 1828), p. 201, cited by Blakeney, p. 104].

11. Kirchner, *Western Civilization,* pp. 89-91. 특히 프랑스에서 성경대로 믿는 사역자들을 15일 내에 국가를 떠나거나 노예선의 노예로 만드는 명령(루이 14세, 1685)을 기억하라. [Newman, A Manual of Church History (Baptist Publishing Society, 1902), pp. 480-485]. 만일 성경대로 믿는 사람들이 로마로 변절했다면 로마 카톨릭 교회국가로부터 30%더 많은

봉급을 받을 수 있었다.

12. J.S. Anderson, Heroes of the Faith (Bible Truth Publishers, reprint 1980), pp. 72-86. 1856년에 교황 피오 9세가 교서를 쓰는 동안 10,000명의 죄수들을 카톨릭 지하감옥에 보냈다는 사실이 밝혀졌다. 많은 죄수들이 그곳에 15-20년동안 있었으며, 때로는 몇 달동안 두 발에 족쇄를 채워 벽에다 묶어두기까지 했다. Joseph McCabe, Rome's Syllsbus of Condemned Opinions. Girard, Kansas : Haldeman Julius Pub., 1950), p.17, citing Luigi orsiini. (그는 그 당시에 정치적 죄수로 그곳에 있었던 당사자이다.).
13. Neville Williams,p. 100.
14. Qualben, A History of the Christian Church (New York : Thomas Nelsons, 1933), p. 293. Chadwick, p. 288. 주교들과 수도원장, 대주교들은 가끔씩 군대 가운데서 그들을 전쟁터로 이끌었다. (Schaffe, Vol. Ⅴ, pp. 50-51).
15. Paul Blanshard, American Freedom and Catholic Power (Boston: Beacon Press, 1949), pp. 103-134. 메사추세츠 주의 "헤럴드 뉴스"(1958년 9월 5일)는 Joseph Aguiar Jr.는 유권자들에게 만일 그가 당선된다면 메사추세츠 주의 납세자들에게 그곳의 모든 로마 카톨릭 학교의 경비 50%를 부담시키겠노라고 했다. Manhattan, Vatacan Imperialism, p. 88.
16. 펜사콜라에서 로마 카톨릭 시장이 당선된 후 1980년에 벌어진 Gracida fiasco를 위한 작품 pp. 78-79를 참조하라. (Pensacola News Journal, Feb.-march 1981).
17. *Drama of Vatican II*, pp. 587, 585. 스페인과 이탈리아의 개신교도들은 거리에서 설교하거나, 복음전도지를 나눠주거나, 교회 건물을 위해 땅을 사거나, 전도 집회나 성경공부를 알리거나, 바티칸을 비평하는 기사가 실린 어떤 신문도 발행할 수 없었다.
18. Anthony Wilhelm, p. 155, R. W. Thompson, p. 394.
19. 예를 들어 카톨릭의 예루살렘 성경과 ASV에 있는 바티칸 사본의 본문이 1582년 예수회 성경인 <림즈-듀웨이 성경>의 본문에는 없다는 사실을 점검해 보라.
20. Karl Stadler, Austria (Praeger Publications, 1971), p. 243. 오스트리아에서 수천명의 유대인들이 화형과 참수형을 당했을 때 카톨릭 교회의 지도자들 중 그 누구도, 그 어떤 교황, 추기경, 대주교, 주교, 사제, 수녀도 반대하지 않았다. 1000년동안 단 한 번도 없었다. 또한 1944년 나찌의 게쉬타포가 로마에서 300명이 넘는 로마 카톨릭 신자들을 죽였을 때, 교황은 공개적으로 나찌의 편을 들어 카톨릭 신자들이 죽은 것에 대해 언급하길 거부했다. (Robert Katz, *Death in Rome*, pp. 140-178).
21. Four Popes (New York: Ideal Publishing Co., 1958), pp. 6, 17, 26, and 36. 요한 23세(어떤 교회사를 보더라도 1410년에 실제로 살았던)와 교황 요한 바오로 2세는 둘 다 공산주의자였으며, 반 자본주의, 반 민주주의, 친 막스주의자였다. (*Drama of Vatican II*, pp. 591, 592, and 693).
22. Kirchner, pp. 82-87; Chadwick, pp. 310, 316, and 320. 1948년부터 남미의 로마 카톨릭 사제들과 평신도들은 115명 이상의 개신교인들을 죽였고, 66개의 개신교 교회당을 불태우거나 폭파시켰으며, 200여개의 학교를 폐교시켰다. 그러나 미국의 언론들은 아무런 언급도 하지 않았다. [Ronald Cooke, Roman Catholic Ecumenicism (Hounslow, England: Valiant Press, 1966), p. 38].
23. *Four Popes*, pp. 34, 30, 17, and 28. Robert Katz, Death in Rome, (New York: MacMillan

Co., 1967), pp. 250-255. 교황 피오 12세는 로마 카톨릭 회원들에게 300명의 로마 카톨릭 평신도들을 죽이도록 명령한 게쉬타포의 수장이 침례받고 견진례를 받은 카톨릭 신자이며, 교황 자신이 그 일에 전적으로 찬동했다는 사실을 알려주지 않았다.

24. R. W. Thompson, pp. 430, 373, and 446.
25. Neville Williams, pp. 96-100. George Malcom Thompson, *The Twelve Days* (G. P. Putnam and Sons, 1964), pp. 42, 43, and 60. Chadwikc, pp. 281, 282, Qualben, pp. 350, 382.
26. 주 3번과 Chadwick, p. 288. Oldenburg, p. 12, 264. Blakeney, p. 41.을 보라.
27. 제임스 왕은 공개적으로 "나는 신이나 천사가 아니라 다른 사람들과 마찬가지로 단지 사람일 뿐이다."라고 말했다. [Heather Jenner, *The Royal Wives* (New York: St. Martins Press, 1967), p. 167] 이 겸손하고 온당한 말과 "그리스도의 대리자"로 자처하는 자의 오만한 말을 비교해보라. (Volume One, Chapters 9 and 14), *Catholic Encyclopedia*, Vol. ll (New York: The Encyclopedia Press, 1913), p. 66 and Wedewer and McSorter, *Short History of the Catholic Church* (St. Louis : Herder Publishing, 1916), pp. 402, 403; also *Externals of the Catholic Church* (New York: P. J. Kennedy and Sons, 1919), p. 5.
28. Marcus Loane, *Makers of Religious Freedom* (Eerdmans Publishing Co., 1961), p. 41. Toynbee, pp. 56, 68. 10권이 넘는 교회사를 기록한 라투렛은 당황하여 찰스 1세에 대해 논의하기조차 꺼려한다. W. A. Shaw, *A History of the English Church*, 1900 or R. S. Bosher, *The Making of the Restoration Settlement*, 1951. 찰스 1세는 스코틀랜드와 영국을 침공하기 위해 아일랜드 군을 빌리고자 교황에게 돈과 군대의 지원을 부탁했다. 이 일은 아일랜드 군이 15만명의 개신교인들을 죽인 후에 된 것이다(Owen Chadwick, p. 233).
29. Henry C. Vedder, *A Short History of the Baptist Church* (The American Baptist Publishing Society, 1907), p. 229. 토마스 해리슨이 이 무자비한 카톨릭에게 죽임을 당하고 사지가 잘렸을 때(1660. 10. 13), 그는 이미 목이 매달린 채 그 앞에 있는 사형 집행인의 뺨을 때리기까지 했다. [Houston Peterson, *The World's Great Speeches*(New Your: Simon and Schuster, 1954), pp. 99-100].
30. Neville Williams, p. 174. 메리는 20세기 BBC의 선전과 반대로 자신이 한 종교(로마 카톨릭 종교)를 위해 그녀의 생명을 바치겠다고 말했다. 그녀가 의미한 것은 그녀가 영국 정부를 전복시키려 했기에 죽는다는 것이다. [Thomas A Backet (Volume One, p. 336) and Gregory the "Great" (Volume One, p. 326)]. 로마 카톨릭이 정치적인 단체이기 때문에 (1940년대의 파시스트, 1950년대의 자본주의자, 1970년대의 공산주의자)어떤 반역죄도 믿음의 행위로 불리며, 어떤 혁명도 하나님의 뜻이라 불릴 수 있다.
31. Elgin Moyer, *Who Was Who in Church History* (Moody Press, 1962), p. 10. 페르난도 알베르토 드 톨레도 알바(1508-1582)는 자신이 두 사람을 짓밟아 죽였다는 것을 보이기 위해 자신의 동상을 세웠다. 그 두 명 중 한 명은 네델란드의 평범한 성경대로 믿는 사람을 나타내며, 다른 사람은 개신교의 지도자를 나타낸다. 이 사람은 스코틀랜드의 메리 여왕과 접촉하여 "하나의 참된 교회를 지키기 위해" 영국을 침공하고자 애쓴 사람이다.
32. Williams, p. 96.
33. Gibbon, *Decline and Fall of the Roman Empire*, Vol. III (New York : Modern Library), pp. 625, 626.

34. Owen Chadwick, p. 233.
35. Emily Hahn, *The Fractured Emerald* (Doubleday, 1971), p. 340. Foxe, *Book of Martyrs* (Philadelphia : John Winston and Co., 1926), pp. 334-337. 배교한 침례교인인 케네스 스캇 라투렛(3권)은 다시 너무나 당황스러워 로마 카톨릭이 개신교인을 대량 학살한 사실이 없는 것처럼 가장하였다. 그의 교회사 중 A.D. 1500-1800년을 다루는 어느 곳에서도 이러한 진실을 언급하지 않았다.
36. 교황 레오 10세와 교황 마틴(1418)은 "그들을 불태우라"고 말했다(Blakeney, p. 228). 그들은 라테란 4차 공회(1215)의 3번째 법규에 의하면 "모조리 없애버려야 한다". ditto Catholic Encyclopedia, Vol. V, p. 441.
37. H. A. Ayrinhac, *New Code of Cannon Laws* (No. 29) (London: Longman and Greens, 1928). "바티칸 II"를 제외하고, 역사적으로 모든 공식적인 카톨릭 공회의 모든 공식적인 카톨릭 견해에 의하면 모든 개신교인들은 이단이다. 로마 카톨릭 성직자들이 승인한 (반대불가) 공식적인 "Handbook of Heresies"에 개신교가 있다(Cozen, p. 70). 15장 전체는 성경대로 믿는 루터교인과 성경대로 믿는 칼빈주의자와 성경대로 믿는 침례교인이 이단임을 밝혀놓고 있다. Schaff, Vol. VIII, pp. 696-699 and Qualben, p. 343.
38. Foxe, p. 310-313. 추기경 Lepicier(1910)이 교황에게 보내는 교황 특사에 의하면 "절단해 죽여야 한다." (*The Stability and Progress of Dogma*, Part II, cited by Rone, p. 175).
39. Foxe, p. 313. 왕의 판무관 앞에서 했던 맹세에 의하면 한 마을(Glynwood)에서 12만명의 개신교인들이 죽임을 당했다(Foxe, Ibid., p. 312). 어떤 마울에서는(Kilmore) 200가족 전체가 살해당했다. 앤트림이라는 지역에서는 2100명이 죽임을 당했다.
40. Lattourette, Darras, Spalding, Baronius, Sarpi, DuPin, Gustavus, Walsh의 교회사를 참조하라. *Catholic Encyclopedia*, Vol. VI, p. 797 and Vol. VII, p. 262 and Vol. I, p. 38.
41. 교황 피오 9세(1864)는 공개적으로 말하기를 미국은 하나의 종교만을 가져야 하며, 그 종교는 미국에서 카톨릭 교회가 감독하지 않는 한 공개적인 예배를 막아야 한다고 했다 (*Syllabus*, cited in the *Catholic Encyclopedia*, Vol. XIV, p. 369). 더욱이 "미국 문명은 가치없는 모방에 불과하며 의미 없는 이름이다"라고 했다(Leo XIII, *Great Encyclical Letters*, p. 120). 미국에 있는 카톨릭이 기대하는 것은 무엇일까? 위에 있는 교황의 선언들은 모두 정치 철학의 정치적인 영역에서 미국 정치에 대한 정치적인 선언이다. 이것들은 모두 미국의 헌법과 시민권리장전과 반대되는 것들이다.
42. *Great Encyclical Letters* (New York: Benzinger Brothers), p. 304.
43. 샤를마뉴가 "왕국을 가져오려고" 했던 시도들은 이러한 방식을 따른 것이다.
44. Thomas Aquinas, *Summa Theologica*, Part II (London: Thomas Bakers, 1914), p. 499. *Catholic Encyclopedia*, Vol. III, p. 181; Vol. V, p. 441; Vol. VII, p. 260, and Vol. VI, p. 797.
45. Blakeney, *Popery in its Social Aspect*, pp. 33-38, 43.
46. *Ibid.*, p. 277. The Magna Charta, for example, (Vol. I, p. 332).
47. Avro Manhattan, *Vatican Moscow Alliance* (Los Angeles: Ralston Pilot, Inc., 1977), Chap. 19. *Franciscan Almanac*, 1937, p. 68 and the Brooklyn *"Tablet,"* September 5, 1953.
48. Avro Manhattan, The *Vatican Billions* (London: Paravision Books, 1972), Chapters 23-25, 26.

49. Stadler, p. 31.
50. Kirchner, pp. 199-202. A. P. Taylor, *From Napoleon to Lenin* (London: harper and Row, 190), pp. 85, 86. See Stefan Lorant, *Seig Heil* (New York: Bonanza Books, 1974), pp. 24, 30, 34.
51. G. M. Thompson, *The Twelve Days* (New York: Putnam Sons, 1964), pp. 21, 32, 35, 42, 43, 60. (13장을 보라).
52. Kirchner, p. 129. 무솔리니와 히틀러는 협약서에 1929년, 1933년에 서명했다. 카톨릭 교황은 스페인, 이탈리아, 독일에서 공식적으로 파시즘과 나치주의를 지지했으며, 때로는 자기 교회의 회원들을 희생하고서도 나치의 게쉬타포와 비밀요원들을 지지했다. 반 나치주의와 반 파시즘을 표방하는 정통 카톨릭 신자들과 친 나치주의를 주장하는 카톨릭 신자들의 논쟁 속에, 교황 피오 12세는 게쉬타포의 편을 들었고, 이것은 실제적으로 그늘의 삼독 관구에 있는 신자들의 죽음을 의미했다(Robert Kata, pp. 250-258).
53. Avro Manhattan, *Vatican Imperialism*, Chapters 15, 17, 23 and 25.
54. 이 계획은 스페인을 위한 바티칸 계획서에서 공개적이고 분명하고 자세히 제시되었으며, 1000년이 넘게 영향력을 발휘해 왔다. Paul Blanshard, *American Freedom and Catholic Power in Spain and Portugal* (Boston: Beacon Press, 1962), pp. 94-173. 이 책을 통해 A.D. 1100년부터 모든 교황들에 의한 이상적인 계획들을 알 수 있다.
55. Paul Lee Tan, *Signs of the Times* (Rockville, Maryland: Assurance Publishers, 1979), p. 327-328.
56. August Neander, *A General History of the Christian Religion and the Church*, Vol. II, trans. Joseph Torrey (Boston: Crocker and Brewster, 1870), pp. 229, 250-251.
57. Schaff, Vol. IV, pp. 242-243.
58. Specifically Honorius III (1216), Innocent IV(1243), Urban IV (1262), John XXII(1317), Leo X(1520), and Clement VII(1528). See Blakeney, manual, p. 228.
59. *Foxe's Book of Martyrs*, pp. 205-295.
60. *Ibid.*, p. 332-349.
61. Henry Guercke, *A Manual of Church History*, trans. by William Shedd(Warren Draper Pub., 1857), pp. 385, 401.
62. Qualben, pp. 347, 303, also Armitage, *A History of the Baptists*, Vol. I (Minneapolis, MN: james and Klock Christian Printing Co., 1886), pp. 300, 280 and 282.
63. Evangelical Confederation of Churches, cited in *Time Magazine*, October 5, 1953. 1946년 7월 31일 한 로마 카톨릭 사제(Pedro Juarez)는 폭도들을 선동해 두 명의 친 프로테스탄트 회원들(marcelo Ocano, Leopoldo Diza)을 끌고 가서 살아있는 채로 한 명의 머리 가죽을 벗기고 눈에다 못을 박았다. 그리고 죽을 때까지 귀를 잘라내고, 이빨을 부숴뜨리고, 곤봉으로 때렸다.
64. Liguori, *The True Spouse of Christ* (New York), p. 92, 93. John Eudes, *The Priest, His Dignity and Obligations* (New York: P. J. Kennedy and Sons, 1947), p. 177. *Catholic Encyclopedia*, Vol. III, p. 194. Also Leo's *Great Encyclical Letters*, pp. 127, 116, 161 and 452.
65. John Francis Knoll, *Catholic Facts* (Huntington, Indiana: Our Sunday Visitor Press, 1927),

p. 54. Leo's *Great Encyclical Letters*, pp. 127, 160, 91, 125, 323, and 304.

66. *Catholic Encyclopedia*, Vol. XIII, p. 337. Fox, p. 62. "미사를 기념하는 것"은 종종 "하나님의 영광 등을 위해" 고문과 살인이 뒤따랐다. 이것은 "그리스도의 참된 신부"(Liguori in footnote 61)의 역사 1000년에서 특별한 경우가 아니다. 이 교회는 사실 피흘리는 창녀에 불과하다(계 17:1-9). Manhattan, pp. 368, 356.

67. Oldenburg, pp. 363, 165, and 194.

68. *Pope John XXIII*, trans. Dorothy White(McGraw and Hill Book Co., 1964), p. 384. 이것은 "Pacem in Teris"(1963년 4월)을 쓴 공산주의 교황이 공개적으로 공산주의와의 타협을 변호한 것이다. 그는 로마에 있는 이탈리아 공산당에 있는 KGB 용원을 통해 크레믈린과 접촉할 수 있었다. (Manhattan, The Vatican Moscow Washington Alliance, pp. 148-152).

69. *Ibid.*, p. 89, 386.

70. 유대인 죄인을 "하늘의 문", "새벽별"(계시록 22장에 있는 그리스도의 이름), "언약의 방주"(Morrow, p. 399)라고 부르는 것이 불경건한 신성모독인지 생각해 보라.

71. 교황들이 실제로 그들을 죽이라는 명령을 내렸음을 주목하라. [August Bernhard Hasler, *How the Pope Became Infallible* (Garden City, New York : Doubleday and Co., 1981), p. 293]. 그리고 사람들이 이 일련의 살인극을 알고자 하면 숨기고자 애쓰는 것이다(Robert Katz, pp. 252-253). 믿을 수 없는 이중성과 속이는 기만이 로마 카톨릭의 "표시들"이다. A.D. 33년부터 현대까지의 교회사를 살펴봐도 성경대로 믿는 침례교인이 종교적인 이유나 믿음 때문에 어떤 사람을 죽인 일은 한 번도 없었다.

72. 루이 14세 때 사보이 공작의 주도 하에 이런 일이 일어났으며(Newman, Vol.Ⅱ, pp. 593-595), 히틀러가 교황 피오 11세와 협약을 체결할 때도 일어났다. [Arnold Rubin, *Hitler and the Nazis* (Bantam Books, 1977), p. 78. See also *Foxe's Book of Martyrs*, p. 107]. 언론 매체가 영국 군대를 성공적으로 축출한 뒤 아일랜드를 향한 카톨릭의 계획은 대량 학살과 고아들을 강제적으로 카톨릭 학교와 수도원으로 보내는 것이었다.

73. Wilston Walker, *A History of the Christian Church* (New York : Scribners, 1959), pp. 498-499. Qualben, pp. 303, 304, 347-348. Chadwick, pp. 263, 354, 269, 316. Art Wilson, pamphlet published in 1960 ("*And So Help Us God*") citing Roman Catholic Canon Law, pp. 23-41.

74. *Great Encyclical Letter*, p. 161, 452. Manhattan, pp. 268-270.

75. For example : Walter Montano, Anthony Zachello, Angel Martinez, Anthony Zeoli, Father Chiniquy, John Carrera, B.H. Pearson, L.H. Lehmann, etc.

76. Neander, Vol. I, pp. 129, 130.

77. Qualben, p. 97-98.

78. Neander, Vol. II, p. 249. Armitage, Vol. I, p. 217-218. 어거스틴은 로마 카톨릭 교회가 그에게 복음을 믿으라고 하지 않는다면 자신은 복음(갈 1:8-10, 고전 15:1-8)을 믿지 않았을 것이라고 말한 타락한 비참한 사람이었다. [George Fisher, A History of the Christian Church (New York : Charles Scriblers), p. 140].

79. Schaff, Vol. IV, p. 103.

80. *Encyclopedia of Religious Quotations* (New York: Fleming and Revell, 1976), p. 254. 이것

을 구원받지 못한 사람들의 모임("인류")을 "하나님의 몸..."이라고 가르친 공산주의자와 비교해 보라. 이것은 공산주의자 요한 23세(Henri Fesquet, p. 693)의 Roman Catholic doctrine of Vatican Ⅱ의 공식적인 정의이다. 로마 카톨릭 성직자들의 공인 신학은 (교회 회원들이 인식하든, 인식하지 못하든) 국제 공산주의이다. 카톨릭에서 태어나 카톨릭의 세례를 받고, 견진례를 받고, 예일에서 철학박사 학위(Ph.D.)를 딴 한 카톨릭 신자(Garry Wills)는 정통 카톨릭은 정부에 대항한 혁명을 일으키는 국제 사회주의자가 되어야 한다고 말했다. [Bare Ruined Choirs (New York : Delta Publishing Co., Inc., 1972), Chapters 4, 5, 12]

81. Lorraine Boettner, *Roman Catholicism* (Philadelphia : Presbyterian Reformed Publishing Co., 1962), pp. 80-88.
82. 대표적인 경우가 세르베투스이며(Schaff, Vol. Ⅷ, pp. 715-789), 그는 존 칼빈이 호의를 베풀어 화형대신 참형을 건의했던 자이다.
83. Chadwick, p. 61.
84. *Ibid.*, p. 307.
85. Oldenburg, p. 112.
86. *Ibid.*, p. 264. 카톨릭 주교들은 덴마크에서 루터교 목사들을 무장 공격으로 위협했으며(Qualben, p. 22), 한 로마 카톨릭 사제는 폭도들을 선동해 Fernandez Ocano를 고문으로 죽게 하였다(각주 63 참조). Zacamitla, Vera Cruz에 있는 신부 Jose Perez는 다음과 같이 말했다(1952년 2월). "나는 저 복음주의자들을 완전히 끝장내기 위해 곤봉을 들고 최전방까지 갈 것을 나의 자녀들인 여러분께 약속하는 바입니다."(Ronald Cooke, p. 43).

    이러한 예들은 20세기 카톨릭의 전형적인 모습이다. 아무 것도 "암흑시대"와 달라진 것이 없다. 라투렛이나 샤프는 거짓말을 한 것이다. 라투렛은 1961년에 포르투칼 카톨릭 신자들에 의해 164명의 감리교 설교자들과(77명의 다른 사람들의 실종도) 3만여명의 회원들이 죽임을 당한 것에 대해 어떤 언급도 하지 않는다(Ibid., p. 40).

    살인은 로마 카톨릭이 "거룩한 사도적 믿음"을 전승했다는 "표"다.
87. Manhattan, *Vatican Moscow Washington Alliance*, p. 222
88. *Ibid.*, pp. 231-247. 1980년에서 1983년까지 주요 일간지를 읽는다면 이 말의 자세한 의미를 깨달을 것이다. 교황이 폴란드 정부에 대해 반대한 것은(1983년 6월) 그들이 공산주의자였기 때문이 아니라 로마에 의해 조정되지 않았기 때문이다(Vol. Ⅰ, p. 221). 교황은 자신에게 결정권을 주는 그 어떤 정치 단체나 공산주의자와도 손을 잡는다(예를 들어 산살바도르, 과테말라, 온두라스, 독일, 남아일랜드, 멕시코, 쿠바, 프랑스 등). 만일 교황이 프러시아를 통제할 수 없다면 독일 정부를 전복시켜야 한다고 "중앙당"을 창설한 자도 독일 카톨릭 신자였다(Kurtz, Vol.Ⅲ, pp. 308-312). 이때 교황 피오 9세는 예수 그리스도를 고백할 때 다니엘 2장의 쳐부수는 돌로 고백하면서 프러시아 국가를 쳐부수기를 원했다(Ibid., p. 321).

< 제 20 장 >

1. Ruckman, *The History of the New Testament Church, Vol. I,* (Pensacola, FL: Pensacola Bible

Institute Press, 1982), Chapter 10, specifically the material between footnote 87 and 95.

2. Ruckman, *Ibid.*, Vol. I, Chapter 16, footnote 151 through 152.
3. *The Journals of George Whitefield* (Grand Rapid, MI: Christian Classics, reprint 1970), pp. 299, 189, 251, 136 and 134. Also David Otis Fuller, *Valiant for the Truth* (Lippincott Co., 1961), p. 268. *Journal of John Wesley* (Moody Press, reprint 1950), p. 47.
4. *Journal of John Wesley,* p. 56, 61-66.
5. Qualben, p. 354. Chadwick, pp. 371, 404.
6. 16장 각주 67-70을 보라.
7. Newman, Vol. II, pp. 317-328.
8. Elgin Moyer, *Who Was Who in Church History* (Moody Press, 1962), p. 432.
9. Canon X, Council of Trent, Cited in De Ligney, *The Teachings of the Catholic Church* (New York: Office of Catholic Publications, 1886), p. 14.
10. Jarman, *The Rise and Decline of Nazi Germany* (New York University: Signet Paperback, reprint 1956), p. 20.
11. Qualben, pp. 364, 366.
12. *Ibid.*, p. 365.
13. Latourette, Vol. III. (Zondervan, 1970), p. 47.
14. 이 지옥 같은 음녀의 품으로 돌아가게 하는 데 책임이 있는 배교자들은 Bonn의 George, Kaulen Hermes, Klee, Hirscher, Hilgers, Wurtzburg의 Franz Hoffman, Vienna의 Gunther, Tubingen의 Kuhn, Drey, Freiburg의 maier, Staudenmaier, Sengler, Munich의 Frohschamer이다(Kurtz, Vol. III, pp. 262-267). 이 배교의 최종 작품은 네슬의 로마 카톨릭 헬라어 신약(1890)이며, 급기야 1904년에는 영국 선교 현장에서 <표준원문>을 대체하기에 이르렀다.
15. Latourette, pp. 47, 48.
16. Moyer, p. 431.
17. 10장 각주 31, 38, 50-51을 보라.
18. Grossel, *Die Mission und die Evangelische Kirche im 17 Jahrhundert,* cited by Latourette, Vol. III, p. 46.
19. Robert Baker, A Summary of Church History (Broadman Press, 1959), p. 283.
20. *The Bible, the Baptists and the Board System* (The Challenge Press, 1957), pp. 74, 75, 79-98. John Rice, *Southern Baptists Awake* (Sword of the Lord Press, 1963), pp. 39-85.
21. 밥 존스 주니어와 밥 존스 3세가 예수회 철학에 지대한 영향을 받았다는 사실을 아무도 간과해서는 안된다. 그들이 발간한 "Faith magazine"(1983년 5-6월호)을 읽으면 예수회의 궤변과 완벽히 일치하는 다음의 광고문안을 볼 수 있다. "만일 당신이 성경을 믿으면, 당신은 주님을 알지 못하는 자들에게 당신의 교육을 맡기지 않을 것이다." 이것이 20세기 예수회 철학의 고전이다. 정직한 광고라면 "만일 당신이 성경을 믿으면, 당신은 성경을 믿지 않는 자들에게 당신의 교육을 맡기지 않을 것이다."라고 해야 한다.

    밥 존스 주니어와 밥 존스 3세는 모두 성경을 믿지 않기 때문에 그들은 이와같이 이상하게 왜곡된 광고문안을 만든 것이다. 그것은 당연한 일이다. 100% 로마 카톨릭의 예수회 정신이다.

22. Cairns, pp. 251, 252, 405, 407.
23. 18장 각주 30-35을 보라.
24. Four Hundred Years with the Ausband (Scottdale, PA : Herald Press, 1964), pp. 9, 12, 22.
25. Moyer, p. 384. Newman, Vol. II, p. 526.
26. *Ibid.*, p. 527.
27. Moyer, p. 151. Newman, p. 528.
28. 독일에서 이같은 운동을 주도한 사람은 프랑케였다(Latourette, Vol. 3, p. 412). 할레 대학이 독일어로 가르쳐야 한다는 생각을 선도했으며, 이 생각은 마틴 루터로부터 직접 온 것이다.
29. Newman, pp. 529-530. Moyer, p. 151.
30. Newman, *Ibid.*, p. 530.
31. J. Herbert Kane, A Global View of World Missions (Grand Rapids, MI : Baker Book House, 1971), p. 78.
32. Moyer, p. 450.
33. Qualben, p. 396. Newman, pp. 556-557.
34. Kane, p. 78-80. Also, george Smith, *A Short History of christian Missions* (London: T and T Clark, 1890), pp. 128, 129.
35. Wesley's *Journal*, p. 36.
36. *Ibid.*, p. 56. Kane, p. 81.
37. Kane, *Ibid.*, p. 79.
38. *Ibid.*, p. 80.
39. Cairns, p. 398.
40. Moyer, p. 450.
41. Newman, p. 541.
42. Cairns, p. 445
43. Moyer, p. 365.
44. *Ibid.*, p. 351.
45. Latourette, Vol. III. p. 47. (12장 참조).

< 제 21 장 >

1. 럭크만, <피터 럭크만의 주석서 사도행전>의 2, 10, 19장 주석을 보라.
2. Elmer Towns, *The Christian Hall of fame* (Grand Rapid, MI: Baker Book House), p. 75.
3. Henry Johnson, *Stories of Great Revivals, Vol. I* (London Religious Tract Society, 1906), Chapter 1.
4. *Ibid.*, pp. 180-181 citing Whitefield's *Journal.*
5. Wesley's *Journal*, p. 388, 405.
6. Gilchrist Lawson, *Deeper Experiences of Famous Christians*(Chicago, IL: Witness Co., 1911),

p. 70.

7. Walker, pp. 389-390.
8. J. L. Neve, *Churches and Sects of Christendom*, (Blair, NE: Lutheran Publishing House, 1944), p. 318
9. Latourette, Vol. IV, p. 413.
10. *Ibid.*, p. 235.
11. Wesley's *Journal*, p. 73, 74.
12. 이것은 전혀 "과장"이 아니다. 1981년에서 1983년까지 PBI Press에서 발간한 "The Alexandrian Cult"에 대한 기사를 참조하라. 교육받지 못한 평범한 사람이 실제적인 증거를 요구한다면, 현대(1800년 이후)의 학자들이 추천하는 어떤 현대 역본이든지 골라서 디모데전서 6:5과 6:10을 살펴보게 하라. 결국 말씀은 "살아 있고 활력이 있어 양 날이 있는 어떤 칼보다도 예리"하다. 그러나 변개시킨 성경들은 더 이상 날선 칼이 아니다. 모든 현대 역본, 개정본, 번역본들은 디모데전서 6:5, 6:10이 무뎌 있다. 점검해 보라.
13. 밥 존스 3세와 성경대로 믿는 사람들 사이에 최종 권위의 문제에 대해 어떤 공통점이 있나 살펴보라. *Problem Texts* (Pensacola, FL: Pensacola Bible Institute Press, 1980), pp. 434-441. 그런데도 밥 존스 대학은 뻔뻔스럽게도 "성경의 권위"를 주제로 J.B. Williams, James Singleton, S.B. Cooke, Edward Panosian, Rodney Bell, John Visser이 7번의 강연을 했다. 밥 존스 대학에는 이 지상에 있는 어떤 책이 성경이라고 믿거나, 그들이 회중에게 설교하는 책(킹제임스성경)이 모든 것을 판단하는 최종권위라는 사실을 믿는 사람은 아무도 없다.
14. *America's Hour of Decision* (Wheaton, IL: Van Kampen Press, 1951), p. 31.
15. *Sermons by John Wesley*, the Wesleyan Standard, Vol. I, p. 1886, p. 190.
16. Hervey, p. 24. Newman, Vol. II, p. 647
17. Lawson, p. 181.
18. Drummond, *The Story of American Protestantism* (Boston: Beacon Press, 1950), p. 118.
19. Henry Johnson, *Stories of Great Revivals* (London Religious Tract Society, 1906), Chapter I.
20. Newman, Vol. II, p. 646.
21. Lawson, p. 181.
22. 5장 참조
23. Drummond, p. 119.
24. *Ibid.*, p. 116.
25. Lawson, p. 182
26. Drummond, pp. 122, 118, 119; Newman, p. 674.
27. Hervey, p. 161.
28. 이것은 하일스 앤더슨, 리버티 침례 대학, 테네시 탬플, 밥 존스 대학의 모든 교수진들이 가르치는 것들이다. O. P. Moore, 101 Tributes to the Bible, 1976, Items 37, 44, 65, 74를 보라.
29. Herbert Lockyer, *Last Words of Saints and Sinners* (Grand Rapids, MI: Kregel Publications, 1969), p. 57.

30. Wesley's *Journal*, p. 419. Lockyer, p. 64.
31. Rev. Richard Cook, The Story of the Baptists (Wilmington, DE: Rev. H. M. Wharton, 1884), pp. 126, 130.
32. *Ibid.*, p. 199.
33. 1983년 밥 존스 대학에서 개최한 "세계학술대회"에 참석한 근본주의 학자들은 1909년에 스코필드가 가르쳤던 것에서 조금도 더 나가지 못했다. 산타 로사 학교(Dayton Hobbs), 펜사콜라 기독대학(Bekah Horton), 리버티 침례 대학(Falwell)의 교수진들은 1909년 스코필드보다 더 향상된 진리로 가르치는 어떠한 것도 이단이라고 말한다.
34. Drummond, p. 51.
35. Editorials in Faith Magazine (Faith for the Family), BJU Press, Jan. 1980. 트루먼 달러(캔사스, 시티, MO)는 모든 경비 일체를 지원 받아 일요일 오전 설교 시간에 500여명의 회중들 앞에 50분간 설교하는 기회를 준다는 초청 편지를 받고서, 그 약속을 지키지 않았다.
36. Newman, Vol. II, p. 252.
37. *Ibid.*, p. 284.
38. Schaff, Vol. VIII, p. 705 Vol. VII, p. 544. 루터교회와 국가가 분리되어야 한다는 루터의 견해는 오히려 매노파와 재침례교도들에 의해 지켜졌다(Ibid., p. 545).
39. Et. al.
40. Vedder, p. 294, D. B. Ray, *Baptist Succession* (ST. Louis Baptist Publishing Co., 1880), pp. 44-60.
41. Benedict, *History of the Baptists* (L. Colby and Co., 1848), reprint in 1997, p. 74.
42. Crosby, *History of the English Baptists*, Vol. II, p. 46. D. B. Ray, pp. 78-82 citing Religious Encyclopedia, Vol. I, p. 796.
43. Vedder, p. 293. RAy, p. 60.
44. Vedder, p. 289. See Illustrated Book of All Religions (Chicago: Star Publishing Co., 1960), p. 57 citing Reinerius Waldo and inquisitor for the Waldenses. Benedict, p. 74.
45. 침례교인들은 원래 왈덴스였다. Ypeis and Dermout, *Geschiedenis der Nederlandsche*, cited by William R. Williams in rone, p. 172.
46. Benedict, pp. 387, 388. Vedder, pp. 290-293. Jones, *The Quakers in the American Colonies*, p. 216, cited by Latourette, Vol. III, pp. 193-198. 라투렛은 바티칸 정당 노선을 따라 전형적인 카톨릭 정신을 지니고, 그의 색인에서 찰스 2세를 없앴다. 거기서 우리는(p. 489) 찰스 1세, 찰스 5세, 찰스 7세를 언급한 것을 볼 수 있으나, 찰스 2세는 없다. 이는 찰스 2세가 윌리엄 펜에게 매노파, 루터교인, 유대인, 퀘이커 교도, 왈덴스를 위해 땅을 준 카톨릭 왕이 기 때문이다(Robert Baker, p. 302). 찰스 1세는 로저 윌리엄스에게 상당한 양의 돈을 주었다. [Armstrong, The Baptists in America(Doubleday, NY: Doubleday-Galilee Books, 1979), p. 60]. 찰스 1세와 찰스 2세는 "종교적 자유"와 "종교적 관용"을 필요로 한다는 거짓말로 사람을 속이는 다른 이중 인격자처럼 그들 자신의 교회를 위해 다른 사람들을 죽이고 그들의 믿음을 말살시켰다(see Chapter One, footnotes, 10, 11, 12, 16, 19, 28, 37, 41 and 69).
47. Latourette, Vol. III, p. 199.

48. *Two Hundred Years of the Society for the Propagation of the Gospel* (London, 1901), pp. 52-56 cited by Latourette, Vol. III, p. 196.
49. *Ibid.*, p. 200.
50. Gewehr, *The Great Awakening in Virginia* (Duke University Press, 1930), pp. 40-44.
51. Latourette, Vol. III, p. 25: et. al.
52. Benedict, p. 364 sq.
53. R. B. Cook, pp. 206, 215. Armstrong, 66-73.
54. Armitage, Vol. II, p. 683.
55. Vedder, p. 35.
56. Benedict, pp. 371-377. Armitage, p. 688.
57. Drummond, p. 58.
58. Thomas Coonan, *The Irish Catholic Confederacy and the Puritan Revolution* (Dublin: Clomore and Reynolds, 1954), Chapter 24. Also, Weber and White, *Civilization in Modern Times* (The Catholic Encyclopedia Press), nihil obstat, pp. 84-88.
    1983년에 이 이중적인 위선자(교황 요한 바오로 2세)를 "폴란드의 왕"이라 불렀다 (Associated Press, NBC, CBS, telecasts of June 14-22, 1983).
59. 이 용어("마니키안")는 보니페이스가 1301년에 구원받지 않은 프랑스 왕으로부터 돈을 강탈하기 위해 사용하던 것이다(Vol. I, p. 338). 럭크만주의자, 후스파, 마니키안, 네스토리안, 노리스파 같은 용어들은 성경을 거부하고 금전적, 인원적인 지원을 원하는 보수주의자, 근본주의자들이 늘상 사용하는 용어들이다.
60. Drummond, p. 26.
61. Lawson, pp. 133, 123, 127.
62. Towns, *The Christian Hall of Fame*, p. 66.
63. Armitage, p. 575 sq.
64. Williston Walker, *A History of the Christian Church* (New York: Charles Scribners, 1959), p. 432.
65. Newman, Vol. II, p. 616. 프렐링후이센은 보통 경건주의자나 화란 개혁주의자로 불린다.
66. "한 우리에 한 양떼"는 구원받지 못한 이교도 황제인 콘스탄틴이 처음으로 그 말을 한 이래로 카톨릭의 정통 노선이 되고 말았다(Vol., p.136). See "On the Unity of the Catholic Church" by Cyprian(200-259) in M.L. Moser, Ecumenicism Under the Spotlight (Little Rock, AR : Challenge Press, 1973), p. 14.
67. Horace Greely는 "성경을 읽는 민족을 정신적으로나 사회적으로 지배한다는 것은 불가능하다."라고 말했다. [*Encyclopedia of Religious* Quotations (New York : Fleming Revell, 1976), p. 48]. 성경은 분리와 불일치를 만든다.
68. Newman, p. 616 citing Whitefield's *Authobiography.*
69. Walker, p. 465. Drummond, p. 120.
70. Newman, p. 674.
71. Moyer, p. 389.
72. Cairns, *Christianity Through the Ages* (Grand Rapids, Mi: Zondervan Publishing, 1954), pp.

399-400.

73. 드럼몬드는 라투렛이나 듀란트, 샤프와 마찬가지로 역사적 사실을 설명하는데 있어 눈멀었다. 복음전파 이후에는 늘 교육이 따라 나온다. 모든 대륙에서 이러한 일은 교회사 2000년동안 예외가 없었다.

74. Walker, p. 465.

75. *Ibid.*, p. 466. 라투렛은 신광주의에 침례교인들을 포함시켰다(Vol. III, p. 231).

76. J. L. Neve, *A History of Christian Thought*, Vol. II, (Philadelphia: Muhlenberg Press, 1946), p. 346.

77. Claus Harms (1788-1855), Hengstenberg (1802-1869), Vilmar(1800-1868), Delitzsch (1813-1890), Luthardt(1823-1902), and the Separatists(Hevy Horche, 1712; Huchmann, 1721; Hedinger, 1703; and Marsay, 1742)이 여기에 해당하고, 다음과 같은 독일의 신실한 목자들이 더해질 수 있다. Elias Shrenk, Heinrich Coerper, Fritz Binde, Ernst Modersohn, Jacob Koch, Ernst Kuehn, Henrich Klein, Gottleib Fisher, Jullius Dammam, Adolph Stoecker, Bildhauser Schmitt, Fritz Oezbach, etc.

78. Miller, *General Biblical Introduction* (Houghton, NY: Word Bearer Press, 1937), pp. 74-77. 민족 전체가 문화를 독일 이성주의의 형태로 숭배하기 시작했다(Ritschl, Pfleiderer, Bidermann, Reuss, Kayser, Vatke, Bleek, Lucke, Beghardt, Weiss, Sartorius, Maer Martensen, Ullmann, Dornder, Kannis, etc.). 그들은 배교한 근본주의자들처럼 "전체가 축자적으로 영감받은 최초의 원본"에 대한 믿음은 버리지 않았는지 몰라도, 그들은 성경에 대한 믿음은 버렸다(Walker, pp. 479-483).

< 제 22 장 >

1. 이 세 문서는 비록 그곳에 그리스도인들이 함께 있었지만 모두 이신론자들의 작품이지 그리스도인들의 작품이 아니다. 그 어떤 문서에도 "예수"의 이름이 나오지 않는다(Walker, p. 472).

2. John Stormer, *None Dare Call It Treason* (Liberty Bell Press, 1964), pp. 185-196.

3. 잘 알려진 마약중독자인 존 레논은 하늘나라와 지옥이 없다고 말했다. [John Noebel, *The Marxist Minstrels* (Tulsa, OK: Christian Crusade Press)].

4. 여기에 대한 기록된 증거는 신문 등을 포함하여 500 페이지가 넘는다. *Hysteria*, 1964, by Lionel Lokos (New Rochelle, NY: Arlington House, 1967) and *Distortion by Design by* B. J. Hargis (Tulsa, OK: Christian Crusade, 1965).

5. Lloyd Wright와 John Satterfield(미국법조협회 전직 회장)은 경고하기를 만일 소위 공민권법이 통과된다면 헌법에 분명히 명시된 민주주의가 파괴될 것이라고 했다. 사법 위원회의 6명의 회원들은 그것을 "완전한 통제를 위한 청사진"으로 불렀으며, 그것은 교황 치하의 파시스트 교회든지, 코미테른 치하의 소비에트 공산주의 국가든지 마찬가지다라고 했다. (Document No. 914, 88th Congress, First Session, pp. 62-64, 94).

6. Avro Manhattan, *The Vatican Billions* (Attic Press, 1972), pp. 150, 168, 171, 172, 175, 177.

가장 최근의 횡령사건은 연방 정부가 카톨릭 교회에게 쿠바로부터 10만 명의 카톨릭 신자들이 유입되는 것과 5만 명이 플로리다 주에 재거주할 수 있도록 하는데 드는 비용들을 지불한 것이다(1980). 범죄형을 선고받은 자들을 포함하여 그들 중 4만 명 이상은 생활보호명부에 올랐다.

7. See press releases published in the *Enquirer Magazine* (Sept. 1980) and the *San Francisco Chronicle* (1980-1982).
8. See Associated Press releases in all the *Gannett* Newspapers (headquarters in Rochester, NY) in 1981.
9. Robert Wicks, *The Edge of Wisdom* (New York: Scribners, 1964), p. 222. 여기서 사용되는 "모든 사람"이라는 용어는 이디 아민(대량 학살자), 히틀러(집단 할살자), 짐 존스(살인자), 찰스 맨슨(성도착자)에게 해당된다.
10. Kirchner, p. 125. 이것은 레닌이 프로레타리아 계급을 다룬 것과 똑 같다(see *Lenin for Beginners*, pp. 61, 68-70). 레닌의 정당은 기자 협회에 의해 만들어졌으며, 지배 계급은 결코 프로레타리아가 아니라 기자 출신의 독재자였다(Ibid., pp. 58, 140).
11. James Harvey Robinson, *Readings in European History*, Vol. I (Boston: Ginn and Co., 1904), pp. 273, 379.
12. 324,331 참조
13. Joseph McCabe, *Rome's Syllabus* (Girard, Kansas: 1950), p. 7, Articles 42 and 44, as stated by Pope Pius IX in 1848.
14. 예를 들어 *Time Magazine*, June 18, 1970, on "A Triumphal Return" (pp. 27-36)에 기사를 쓴 카톨릭 외판원을 보라. 여기에는 로마 카톨릭 장군인 루돌프 호우스(Hoess)의 지휘아래 화장되었던 아우슈비츠의 죽은 유대인들을 위해 기도하는 공산주의자 교황이 있다. 호우스는 그의 상관인 로마 카톨릭의 히믈러의 명령에 복종한 것이며, 이것은 교황의 오른 팔인 아돌프 히틀러에게서 나온 것이었다. 그는 이러한 학살이 진행되는 동안 교황과 협약을 체결하였다(see Chapter 14)!
15. John Toland, *Adolph Hitler* (Doubleday and Co., Inc., 1976), pp. 434-435, 457).
16. 두 달만에 52,000명의 쿠바인들이 카스트로의 "자유"가 자유와 반대되는 것임을 깨닫고 미국으로 망명한 것이다(1980년 5-6월).
17. Kirchner, p. 240. 레닌은 그의 "4월 이론"에서 모든 소유지는 몰수되어야 한다고 말했으며(*Lenin for Beginners*, p. 133), 여기에는 겨우 4에이커의 땅을 가진 농부도 포함되었다.
18. 어떤 작가들은 스탈린이 브루조와에 대한 인민의 승리와 "4월 이론"을 이룩하기 위해 거의 3천만명의 자국민을 죽였다고 고백했음을 주장한다. "*The Suicide of Europe*," Prince Michel Sturdza [Foreign Minister of Rumania] (Boston: Western Island), 1968), pp. 279, 280.
19. See Stalin in Houstone Peterson, p. 788. "이 전쟁에서 유럽에서 해방된 자들은 자신의 독립을 발견할 것이다." 즉시 1억 2천만명의 사람들이 노예처럼 되어 버렸으며, 아무도 임금을 위해 파업을 할 수도 없게 되었다(Solidarity in Poland : 1980-1983).
20. 가장 악의적인 인종차별 영화인 "뿌리"는 인종차별과 반-백인정서를 확산시키기 위해 만들어진 고의적인 인종차별 작품이다. 이 영화는 가능한한 흑인들을 선동하기 위해 TV에서 3번이나 재방영 되었다. 이 영화가 지금까지 무엇인가 기여했다는 증거는 하마도 없으며,

단지 백인과 흑인의 인종차별적 대립과 격한 감정을 부추켰을 뿐이다.

21. Robert Welch, *The Politician* (Massachusetts: Belmont Publications), pp. 21-43.
22. Ibid., pp. 39,45.
23. Leo Kahn, *The Nuremberg Trials* (Ballantine Illustrate History, 1972), pp. 25, 27, 6 and 31. 천이백만명의 백성들에 대한 놀랄만한 배신을 기록한 사람은 바로 윈스턴 처칠이었다 (Sturdza, p. 280). "당신을 위해 루마니아에서 90%, 그리스에서 10%, 유고슬라비아에서 50%씩 다스리는 것이 어떻소?"(그는 헝가리와 불가리아도 언급했다.) 2분 후에 처칠은 "수백만의 사람들의 운명이 달린 이러한 일들을 즉석에서 결정하는 것은 세상을 백안시하는 어리석은 생각인 것 같소. 종이를 불태우는 것이 어떻소?" 스탈린은 "그것은 안돼요, 당신이 그것을 간직하시오." [Winston Churchill, *The Second World War, Triumph and Tragedy* (Gostone: Houghton Miflin Co., 19, 53), pp. 227-228].
24. Ibid., p. 28, 44.
25. 각주 19 참조
26. Associated Press releases, November 1979.
27. Peterson, 755. 1940년에 루즈벨트는 "내가 다시, 또다시, 거듭해서 말씀드리는 것은 이 소년들을 결코 외국의 전쟁터로 보내지 않겠다는 것입니다." 그러나 그는 새빨간 거짓말을 했다는 이유로 탄핵되지 않았다.
28. 프랭클린 루즈벨트는 역사를 전혀 공부하지 않았거나, 공부를 했을지라도 역사를 통해 인간의 성품에 대해 아무 것도 배우지 못했다고 생각할 수 있다. 유일한 다른 대답은 그가 알고도 그가 세계 독재자가 되기 위해 고의적으로 행했다는 것이다. [see Hitler's wartime magzine *Signal* (Englewood Cliffs, NJ: Prentice Hall Inc., 1976), pp. 21-24].
29. *Christian History of the Constitution*, Vol. I, ed. Joseph Montgomery, comp. Vernon Hall, (American Constitution Press, 1960), pp. 29, 30.
30. Ibid., pp. 44, 47. See the English Bill of Rights from 1689.
31. *Genesis of the New England Churches* (1874) cited by Hall, p. 23.
32. Ibid., pp. 24, 25, citing Bacon.
33. *The Puritans and Their Principles*, Edwin Hall, 1846, cited by Hall, p. 28.
34. *The Works of John Locke*, Vol. I (1714) in Book II on civil government, Chapters I-XII.
35. John fiske, *The Beginnings of New England* (1889), and Adams' and Stephens Select Documents of Constitutional History, 1901.
36. Verna Hall, pp. 44-46 citing *English Bill of Rights* (Dec. 16) put together in Westminster, England.
37. *The Works of Algernon Sydney* (London, 1772), cited by Hall, pp. 129-130.
38. James Madison in the Federalist Papers (No. 47) citing Montesquieu, *The Spirit of Laws*, (Colonial Press, 1900).
39. *Polity of the Pilgrim Churches* by Welmann, cited in Hall, p. 147. Ibid., p. 242 citing John Goodwin's *The Pilgrim Republic*. Also Vedder, pp. 202-204.
40. *The Mayflower Compact*, original edition (1647), cited in Bradford's *History of the Plymouth Plantation*.

41. Cains, *Christianity in the US*, pp. 16, 17, 27.
42. George Leon Walker, *History of the First Church in Hartford*, 1884, cited by Hall, p. 249.
43. Hall, Ibid., pp. 257-264.
44. John Fiske, *Civil Government*, cited by Hall, p. 278. Bancroft's *History of the United States*, p. 190.
45. 1980년 5월 17,18일 마이애미에서 폭동이 일어났는데 마이애미 경찰국의 공민권을 뒤엎는 연방사법부의 판결을 얻기 위함이다. 이미 4명의 백인들은 판결을 받았으나 취하된 상태였는데 다시 재판하게 된 것이다. 일사부재리의 원칙에 위배되는 것이다. 흑인 인종차별주의자에 의해 중재가 요청되었다("*The Citizen*", May, June, July, 1980). 흑인 폭도들로부터 자신을 지키려던 백인 경찰들을 체포하라는 시위행진은 몽고매리, 알라바마(1983년 6월)에서 계속되었다.
46. Vedder, p. 319. Armitage, Vol. II, p. 729-730. Richard Cook, *The Story of the Baptists*, 1884, pp. 206, 215.
47. W. V. Wells, *The Life of Samuel Adams* (1865) cited by Hall, p. 315.
48. Moyer, p. 318.
49. Nevins and Commager, *A Pocket History of the United States* (Washington Square Press, 1960), Chapter 10. 이것은 단순히 "주들의 권리"가 "통합"이나 "흑인"을 패배시키기 위한 수법이 아니라는 것을 의미한다. 반대로 연방정부에 의한 강제적인 통합은 미국의 헌법을 뒤엎는 것이다(각주 10 참조). 이것은 어떻게 공민권법이 작용했는지를 보여 준다(각주 5 참조).
50. J. Vernon Jacobs, *500 Little Known Facts from American History*, 1964, p. 126.
51. Ibid., p. 147.
52. Robert Semple, *The Rise and Progress of the Virginia Baptists* (published by author, 1810), pp. 1-15.
53. John Quincy Adams, for example (Secretary of State, July 4, 1821) : "미국의 독립선언일로부터 미국민들은 하나님의 법과 복음의 법안에 있으며, 그들은 그들의 행동규법으로 인식하고 있었다."(David Norris, Before You Lost It All, 1977, p. 14). 그러나 미국의 주요일간지의 편집장 중 그 누구도 이것을 믿지 않으며, 어떤 TV 뉴스 해설가도, 어떤 교육가도(전미교육협회의) 이 사실을 믿지 않는다. 미국인들의 마음은 더 이상 그들의 조상들이 세운 원칙들에 동의하지 않는다. [Tim LaHaye, *The Battle for the Public Schools* (Old Tappan, NJ: Fleming Revell, 1983), pp. 1-225].
54. Armitage, pp. 730,807, 742, 743.
55. Benedict, pp. 371-382, 386. 코네티컷 주에서 자유를 위해 투쟁한 위대한 인물은 침례교도인 Issac Backus이다(Armstrong, pp. 92-102).
56. Semple, pp. 18-22. 종교적 자유를 위한 실제적인 싸움을 전개했던 인물들은 버지니아에서 왔으며, 다음의 인물들을 따른 자들이다. Issac Backus, Daniel Marshall, Jeremiah Walker, Samuel Harris, Dutton Lane, William Murphy, John Williams, John Pickette, Elijah Craig, Joseph Anthony, Elijah Baker, James Read, John Waller, James Chiles, John Garrard, Lewis Lunsford and many others. 이들과 Robert E. Lee가 같은지역 출신이라는 사실은 우

연의 일치가 아니다. 그는 링컨의 횡포를 알고 있었고, 공민권법을 범하는 것을 공민권을 위한 전쟁인 것처럼 속이는 것이었다.

57. 여러 작가들에 의하면 이것은 계몽주의자들로 대표되는 이신론자들을 대항해서 싸우는 성경대로 믿는 그리스도인의 사건이다. Weishaupt's "Illuminati," Armitage, p. 784-758. [Lady Queenborough, *Occult Theocracy*, Vol. I (Hawthorne, CA: Christian, Book Club of America, 1993), pp. 370-375].
58. Peterson, pp. 423, 424, citing Daniel O'Conner, Feb. 1824. Also Chapter VI in Thomas Coonan, *The Irish Catholic Confederacy and the Puritan Revolution* (Buling, Ireland: Clomore and Reynolds). Weber and White, pp. 82-84.
59. Armitage, pp. 797-798. 카톨릭의 견해는 여느 때처럼 확실치 않다. 그들은 카톨릭 사제들이 아닌 사역자들을 지원하는 카톨릭 세금을 반대한다. 그러나 이 경우에 반대로 모는 프로테스탄트는 그들을 지원하기 위해 세금을 내야만 한다. Blanshard, Chapter 4.
60. Armitage, Ibid., p. 806. Cook, p. 248. 대표적인 사람은 John Lelansd이다.
61. Pope Piux IX (1864), *Syllabus of Errors*, Articles 15, 17, 21, 24, 37, 54, 63 and 77 cited in Boettner, pp. 25-26.
62. O. C. Lambert, p. 256 citing *Catholic Encyclopedia*, XIII, p. 336. Ibid., p. 242 citing *Catholic Dictionary*, p. 18. Ibid., p. 226 citing *Catholic Encyclopedia*, V, p. 441 and *Penal Legislation in the New Code of Canon Law*, 53.
63. Hall, p. 14. Archibald Scott, *St. Ninian and the Founding of the Celtic Church Among the Britons and Picts* (Edinburgh, 1916). W. D. Simpson, *St. Ninian and the Origins of the Christian Church in Scotland* (Edinburgh, 1940).
64. John Fiske, *The Beginnings of New England* (Houghton Mifflin and Co. 1898), cited by Hall, pp. 14, 15.
65. Vedder, p. 195.
66. Newton, *A History of the Baptists*, Vol. I, p. 127, cited by Richard Cook in *The Story of the Baptists*, p. 200, Also Cairns, p. 367.
67. Paul Blandshard, *American Freedom and Catholic Power*, pp. 76, 109, 114-127.

<제 23 장>

1. See p. 26 in this work for "the educated class." Witness *Ralph Waldo Emerson*. Foe example : Hitler, Himmler, the Son of Sam, Jim Jones, Corryl, General Sherman, Mao Tse-tung, Lenin, Fidel Castro, FDR, Mussolini, Lee Oswald, etc. Peterson, p. 368.
2. 반쯤 미친 Woodrow Wilson(1919)은 "베르사유 협정은 단지...그들은 우리를 세상이 이전에 결코 꿈꾸어보지 못한 고요하고 평화로운 초장으로 유혹할 것이다."라고 말한다. 그러나 예를 들어 세계 2차전쟁, 한국전쟁, 베트남전 그리고 아프가니스탄, 이스라엘, 라오스, 캄보디아, 레바논 등의 전쟁이 있었다. *Ibid.*, p. 726.
3. George Smith, *A Short History of Christian Missions* (London : T. and T. Clark, 1902), p.

237. 이러한 낙관적인 생각을 부추긴 사람들은 DeWitt Talmage, Henry Ward Beecher, Adam Clarke, Matthew Henry, Augustine, Dean Alford, Origen, Westcott, hort, Nestle, F.F. Bruce, Edersheim, Berkhof 등과 구원받지 않은 자유주의 신학자들이다. [see Lawrence Rowe Thomas, *Does the Bible Teach Millennialism?* (Swengel, PA : Reiner Pub., 1970).

4. 이것은 세계 2차대전을 겪으면서 눈으로 직접 목격한 200여개의 문서들과 정치학, 무기, 전술학, 범세계 전략학 등에 관한 유명한 책들을 통해 이루어진 용어들이다. They are published by Ballantine Books, Inc., N.Y., edited by Barrie Pitt.
5. Kane, *A Global View of World Missions* (Grand Rapids, MI: Baker Book House, 1971), p. 76.
6. Blanshard, p. 58.
7. Boettner, pp. 94-100. 로마 카톨릭은 강력하게 밥 존스 대학(Custer, Brokenshire, Payne, Whitte, Neal, Panosian)과 테네시 탬플 대학(faulkner, Robinson, Martin, Price)의 교수진들이 추천하는 헬라어 성경을 40년째 추천하고 있다. See George Coy, *The Inside Story* (Dallas, OR: Itemizer-Observer, 1973), pp. 219-225.
8. Vedder, p. 338.
9. *Ibid.*, p. 339.
10. *Ibid.*, p. 339. "강력한 분파주의, 지나친 분쟁, 파괴등 다툼을 일으키는 자로 불렸다."
11. George Smith, p. 167. 캐리는 "the form of agreement"의 제 9 장에서 <킹제임스성경>을 "거룩한 성경"(1805년, 10월 7일 월요일)이라고 말했다.
12. 최초의 판에 있는 헌사문 뒤에 11페이지(마지막 문단)에 기록되어 있다.
13. 그 본문은 밥 존스 대학의 커스터와 닐에 의해 채택되었다(see Ruckman, *Handbook of Manuscript Evidence*).
14. Kane, pp. 86-87.
15. Edward Judson, *Adoniram Judson* (American Baptist Pub. Society, 1894).
16. John Ryland, Andrew Gifford, Joseph Stennent, Samuel Stennent, and Thomas Hoolis, John Skepp, Robert Hall, etc. Cook, pp. 178-196. William Grimshaw(1708-1763)는 영국의 40여개가 넘는 도시들에서 복음을 전한 위대한 복음전도자였다. William Romaine(1714-1795)은 카드 놀이에 반대하여 복음을 전한 감독교회 복음전도자이다. Daniel Rowlands(1713-1790)와 John Berridge (1716-1793)는 거리에서 복음을 전한다는 이유로 라이센스를 취소당했지만 그들은 꾸밈없이 복음을 전하는 복음전도자들이었다. Berridge는 1년에 4000명의 혼들을 구령했다. Rowlands는 매주 2000명에게 복음을 전파했다. Henry Venn(1724-1797), James Hervey(1713-1758), Walker of Truro(1714-1761)는 모두 66구경의 <킹제임스성경>을 쏘아댔다. See J. C. Ryle, *Christian Leaders of the Eighteenth Century* (Edinburgh: Banner of Truth Trust, 1885), pp. 26-316.
17. 성경대로 믿는 침례교인들 중에는 Thomas Baldwin, Stephan Cano, Daniel Sharp, Alfred Bennet, William R. Williams, Samuel Smith, Francis Wayland, Reuben Guild, John Broadus, Martin Andereson, William Cathcart 등이다. Armitage, Chapter 15.
18. Drummond, p. 238.
19. Loc. cit.

20. *Ibid.*, p 239 citing Catwright's *Autobiography.*
21. Homer Rhodeheaver, *Twenty Years with Billy Sunday* (Windona Lake Indiana, 1936), p. 68.
22. Elmer Towns, p. 94.
23. J. Gilchrist Lawson, p. 260.
24. *Ibid.*, pp. 230-235.
25. George Godwin, *The Great Revivalists* (Boston: Beacon Press, 1950), p. 30. Newman, Vol. I, p. 617-619.
26. Drummond, p. 241.
27. McMaster, *History of the United States*, cited by Godwin, pp. 154-155.
28. *Ibid.*, p. 156 from the posthumous works of Rev. James McGready published by McGready, Nashville, TN, 1837.
29. Lawson, p. 217.
30. Drummond, p. 240, footnote no. 4.
31. Lawson, p. 224.
32. *Ibid.*, pp. 216-225.
33. Fred Hoffman, *Revival Times in America* (Boston: W. A. Wilde Company, 1956), pp. 65-75. Baker, p. 351.
34. John Shearer, *Old Time Revivals*, "The Million Testament Campaign," 1932, p. 54.
35. *Ibid.*, p. 55. Fred Hoffman, Ibid., Chapter 5.
36. Qualben, p. 471.
37. Basil Miller, *Charles G. Finney* (Grand Rapids: Zondervan And Sons, 1960), p. 111.
38. 1880년까지 메사추세츠 주와 코네티컷 주의 대부분의 주요 사회, 경제, 정치, 종교 기구는 로마 카톨릭의 추기경, 주교, 대주교에 위해 관장되었다.
39. Lawson, p. 243.
40. Moyer, p. 55.
41. Glover, *Progress of World Wide Missions* (George Doran and Co., 1924). pp. 103-104.
42. Kane, p. 98.
43. Moyer, pp. 213, 214.
44. Lawson, p. 310. 이것의 현대의 "침례교인"(Shailer Mathews)의 말과 비교해 보라. "사후의 보상과 형벌에 대한 호소는 시대에 뒤떨어진 것이며... 사후의 생애는 현재의 행위와 아무런 상관이 없다." [*The Curse of MODERNISM*, tract by Pastor W. A. Criswell (Largo, FL: Evangelical Scripture Mission, 1950)].
45. Moyer, pp. 144, 145, 321.
46. Herbert Kane, p. 243.
47. Lawson, p. 264.
48. Bourne, *The King's Son* (London: the Epworth Press, 1937).
49. Loc. cit.
50. J. L. Neve, Vol. II, p. 128.
51. Johnson, *Stories of Great Revivals* (London Religous Tract Society, 1906), pp. 170-175.

52. *Ibid.*, p. 119.
53. Lawson, p. 204.
54. *Ibid.*, pp. 206-210.
55. Moyer, p. 68.
56. *Ibid.*, p. 35.
57. 오리겐은 루즈벨트, 다윈, 마틴 루터 킹, 레닌, 스탈린, 막스, 교황 요한 바오로 2세, 히틀러, 어거스틴 등과 같이 후천년주의 진화론자였다. (see Neander, Vol. I, pp. 129, 194).
58. John Paton. *Thirty Years with the South Sea Cannibals* (Moody Press, 1964), pp. 298-302.
59. *Ibid.*, 40, 41. 57, 66, 71, 74, 100, 130, 142, 150, 152, etc.
60. A. Sims, *An Hour with George Muller* (Moody Press, 1950), pp. 15-29.
61. Ed Reese, *The Life and Ministry of George Mueller*, Christian Hall of Fame Series (Glenwood, IL: Fudamental Publishers, 1975).
62. Armitage, p. 735.
63. *Ibid.*, pp. 753, 843.
64. *Ibid.*, p. 337.
65. *Ibid.*, p. 838.
66. *Ibid.*, p. 839.
67. *Ibid.*, p. 835.
68. Cook, pp. 362, 368.
69. Moyer, p. 324.
70. 독일에 있는 성경대로 믿는 훌륭한 침례교인 중에는 26개의 지역교회를 설립한 J. G. Onken(1800)이 있다. 1844년까지 Onken은 17명의 성경대로 믿는 침례교 설교자들을 훈련시켜 파송보냈다. 그곳은 신실한 루터교인이거나 신실한 카톨릭 신자들이 있는 곳이었다.
71. Moyer, 126, and *The Stundists* (Oak Park, IL: Bible Truth Pub., 1976), Chapter 7.
72. 이것은 모든 복음전도자가 어디로 가든지 행하는 정확한 순서임을 주목하라. Paton, p. 273-274, Africa (Kane, p. 376), South America (Ibid., pp. 460-461), etc.
73. 1966년에 대법원은 어떤 학교도 진화론을 하나의 이론으로 가르쳐서는 안되며 사실로 가르쳐야 한다고 판결했다. 기도와 성경은 더 이상 공립 학교에서 효력을 미치지 못하게 된 것이다. [Bolton Davidheiser, *Evolution and Christian Faith* (Grand Rapids: Baker Book House, 1969), pp. 89-133].
74. Claire Chambers, *The SIECUS Circle* (Western Islands Pub., 1977), pp. 43, 55, 231, 284, 307, 215, 297, 299, 154, 267, 32, 173 and 198-201. 어떤 공립 학교에서도 성교육을 다루면서 도덕적인 기준들을 가르치지 않는다. 성도착과 탈선(근친상간, 수간, 동성애, 자위 행위, 남색 등)을 단지 "가치의 문제", "삶의 스타일"이라 부른다.
75. 모든 나라의 모든 공산주의 운동은 예외없이 대학 교수 아래 공부하는 학생들과 함께 시작되었다. [Charles Taylor, *The Desitiny of America* (Van Nuys, CA: Time-Light Pub., 1972)]. 예를 들어 이라크, 이란, 쿠바, 중국, 칠레, 러시아 등이 그 예다. 여러 번 말했듯이 스탈린, 막스, 레닌, 트로츠키는 노동자, 농부, 영세농민이 아니었고, 모두 사회에 대한 철학적 이론을 배웠던 기자들이었다. See Chapter VI in John Stormer's *None Dare Call It*

Treason (Liberty Bell Books, 1964). 칼 막스는 사이비 철학자들과 자신도 전혀 알지 못하는 것들을 가지고 차를 마시며 이야기 하느라고 커피숖에서 대부분의 시간을 보냈다. Ibid., pp. 99-123.

76. *Syllabus of Errors*, Article 55. 교황 레오는 "그러므로 우리가 지금까지 들은 모든 것으로 볼 때 분명하다. 우리는 친미주의의 근간을 이루는 견해들을 승인할 수 없다."(*Great Encyclical Letters*, p452).

77. Ibid., Article 15. 레오는 또한 "모든 종교적인 의무들을 무시하거나 서로 다른 종교들을 동일한 호의로 대하는 것은 ... 국가에 합법적이지도 않다. 억제되지 않은 생각의 자유와 어떤 사람의 생각들을 공개적으로 알리는 것은 시민권의 고유의 영역이 아니며, 결코 찬성하거나 지지받을 가치가 없다."라고 말했다(*Great Encyclical Letters*, p: 126). 레오 12세와 요한 바오로 2세가 함께 폴란드로 방문해서 "인권"에 대해 이야기하는 것을 상상해 보라.

78. *Catholic Encyclopedia*, cited by Boettner, p. 409. 요한 23세는 트렌트 공회야 말로 로마 카톨릭 교리를 정의한 가장 위대한 공회라고 생각했다. [Robert Neville, *The World of the Vatican* (Harper and Row, 1962), p. 239.

79. "교회의 편협은...교회가 교회의 자녀들로 이단적인 논쟁을 읽거나 듣지 못하도록 금지시키거나, 그 질문들을 연구함으로 종교적 진리를 찾도록 노력하지 못하게 했다" [John H. Stapleton, *Explanation of Catholic Morals* (New York: M. Sullivan, 1879), pp. 351, 352. 카톨릭 평신도들은 맹목적으로 카톨릭 성직자의 말을 따라야 한다. [Ligouri, *Spouse of Christ* (New York : M. Sullivan, 1879), pp. 351, 352.] 대부분의 직업적인 창녀들은 수치심이 없다(잠 30:20). 로마 카톨릭 주교들에 의해 주어진 위에 있는 두 가지 인용들(반박불가)은 수치심을 상실한 것들이다.

< 제 24 장 >

1. 로마 카톨릭 교회는 항상 반대파를 숙청해 버리는 일에 찬성을 해 왔다(Aquinas, *Summa Theologia,* Vol. VI, p. 90, Vol. II, p. 154). The *Tablet,* Nov. 5, 1938. 그러한 행위는 1901에 교황 레오 13세에 의해서 개인적으로 권장되기도 했으며 교황 요한 13세는 그의 정적들을 메달아 죽였다(*Catholic Encyclopedia,* Vol. VIII, p. 426, VIII, p. 661).

2. The Tablet은 뉴욕 브룩클린 로마 카톨릭 주교관구의 공식적인 잡지이다. The Tablet에서는 사형제도는 계속 시행되어야 한다고 주장했다(1938. 11. 5.). 예를들면 교황의 칙령에 의하면 성경을 읽는 사람들을 다루는 유일한 방법이 바로 그것이기 때문이다(1559). Oldenwood, *The Cloven Foot*(Boston: A. Wentworth and Co., 1855). pp. 138, 144.

3. 교회의 공식적인 가르침에 불순종해서 반대하는 주교는 보호되어야하지만 성경적인 관점에서 그를 반대하는 성경대로 믿는 사람은 징계를 받아야 한다. 여기서는 성경대로 믿는 사람이 로마 카톨릭의 입장을 취하고 주교가 "이단들"의 입장을 취하고 있다. 카톨릭 교회는 실제로는 믿든지 믿지 않든지 상관없이 무엇이든 가르치고 무엇이든 말하고 무엇이든 실행하고 무엇이든 믿는다고 고백한다. "우리가 맹세하고 선포하는 진리는 절대적인 것이 아니라 상대적인 것이다." (*Explanation of Catholic Morals,* p. 130). 만약 교황이 어떤 교리

를 제정하면서 하나님께 맹세를 했다 하더라도 그것은 실제로 무엇을 했다는 의미가 아니다.

4. Boettner, pp. 426-434.
5. Emmet McCoughlin, *People's Padre* (Boston: Beacon Press, 1954), p. 248.
6. 각주 1을 보라. 세르기우스 1세(687-701)는 파스칼이 죽음에 처해지도록 정죄하고 나서 자신도 감옥에서 교살되었다. [Chevalier Artand De Montor, *Lives and Times of the Roman Pontiffs*, nihil obstat (New York: D. & J. Stadler and Co., 1869), p. 173]. 교황 레오(447)는 프리실리안 주교를 살해하도록 명령했다(*Catholic Encyclopedia,* Vol. VIII, p. 27, nihil obstat).
7. "반 카톨릭 증오문학"이 제 3위 하나님이신 성령님에 의해서 신약성경에 영감받은 형태로 기록된 것을 주목하라(히 10:8-12, 막 12:38-40, 판 17-18장, 마 23:9, 딤전 2:5, 엡 2:8-10, 계 17:1-9, 렘 44:17,25, 막 7:5-9, 등). 만약 성령님께서 인간의 형태로 중세에 이 세상에 오셨다면 로마 카톨릭 교회는 그를 살해해 버렸을 것이다.
8. 이것은 *nihil obstat*에 거짓말을 함으로서 간단하게 해결되었다(*Catholic Encyclopedia,* 15 volumes, 1913, Encyclopedia Press, New York). 인용: Vol. IV, p. 1; Vol. V, p. 441; Vol. VII, p. 260; Vol. VII, p. 261; Vol. III, p. 194; Vol. XV, p. 126.
9. 히틀러는 교황의 무오류성을 Mein Kampf에서 나찌즘을 "긍정적인 기독교"라고 부름으로서 입증했다. [Lehman, *Behind the Dictators,* (New York: Aeora Publishing Co., 1942), pp. 8-28]. 히틀러, 교황 피오 11세, 뭇솔리니 그리고 교황 피오 12세는 40년 동안 단 한 번도 그들이 세우려고 하거나 믿고있는 하나의 정치적이고 사회적인 입장을 성경이 지지한다고 주장하지 못했다.
10. 나폴레옹은 프랑스에서 개신교도들의 모든 종교집회들을 금지시켜버렸다(Fisher, p. 543). 프랑스에서는 1852년부터 1879년까지 국민 모두 다 카톨릭이었다(Walter Kirchner, p. 129). 대부분의 작가들에 의해서 나폴레옹은 "새로운 샤를마뉴"로 극찬 되었다(12장을 보라).
11. 이것은 프랑스와 오스트리아의 성경대로 믿는 개신교들에 의해서 이룩되었으며(Kirchner, Ibid., p. 89-91) 러시아에서 예수회를 몰아내게 되었다(Weber and White, p. 242). 이것은 프랑스의 카톨릭을 대적하기 위한 러시아 그리스 정교회와의 동맹으로 이루어졌다(Fisher, Vol. II, pp. 297-398). 이 동맹이 깨지게 되었을 때, 로마 카톨릭은 발칸과 오스트리아에 있는 그리스 정교회를 침공했다(pp. 218-219).
12. 이것이 성경적 권위를 위해 진리가 설 때 존 알 라이스와 밥 존스 3세가 받아들인 노선이다(1960-1980). [Ruckman, *Problem Text,* (Pensacola, FL: Pensacola Bible Institute Press, 1980), Appendices 8-10].
13. Houstone Peterson, p. 819.
14. *Ibid.*, p. 842.
15. 교황 피오 4세의 84개의 "제안들" 중 16, 24, 25, 55, 77을 보라. 이 교리는 트렌트 공회에서 확정되었다. *History of the Popes,* Vol. IV (St. Louis: Herder and Co., 1933), p. 144, and Blakeney, pp. 61-105.
16. 재침례교도들은 죽음에 처해지게 되었다(Theodosius in 413). Thielman Van Bracht, *The Bloody Theatre or Martyrs Mirror* (1625), published by Menno Auder in 1944, p. 94. 유아

세례에 관한 카톨릭의 신학에 의하면 모든 침례교인들을 다 사형에 처해져야만 하며 그들 중 300명은 이미 카톨릭 판사들에 의해서 처형되었다(Ibid., pp. 100-139).

17. Zoe Oldenburg, *Massacre at Montsegur* (Minerva Press, 1968), p. 390. 케네디의 교회가 콜롬비아에서 51명의 개신교도들을 살해하고 42개의 학교와 3개의 교회를 불태울 때 그는 어디에 있었는가? (*News Bulletin,* Evangelical Confederation of Columbia, reported in Time Magazine, Oct. 5, 1953)

18. Oldenburg, p. 296, 363. 1959년에 스페인에서 정부에 의해서 모든 개신 교회들이 통제를 받고 개신교도들이 종교 집회를 열 때는 정부의 허락 하에 열어야 하게끔 되었고 30명의 개신교도들이 살해되었을 때 케네디는 어디서 무엇을 했는가? (Blanshard, *Freedom and Catholic Power in Spain,* p 69) 케네디는 "우리는 종교적 자유를 금하지 않는다."라고 거짓말을 했던 것이다.

19. De le Roi, *Die Evangelische Christenheit und die Suden,* Vol. I, pp. 20-44, cited by Latourette, Vol. III, p. 59 and *Vermahnug Wider Die Juden,* 1546, section LXV, pp. 186-188, cited by Schaff, Vol. Vll, p. 62. 루터는 건물을 불질러 버리겠다고 말했으나 불지르지 않았다. 그러나 교황들은 사람을 불태워 버리겠다고 하고 나서 진짜로 불태워 버렸다. 아무리 미국 사람들이 "홀로코스트"에 관해서 뉴스 매체를 통해 세뇌를 당했다 하더라도 분명한 역사적 사실들에는 차이가 있는 것이다(친 카톨릭적 영화 제작사들에 의해서 반 독일적인 영화들이 1980년부터 1982년 사이에 나왔었다).

20. Latourette, Vol. III, p. 57. 로마 카톨릭의 전형적인 행동양식은 유대인 아이들을 납치해다가 강제로 세례를 주는 것이다. (Cecil Roth, *The Forced Baptisms,* reprint from *Jewish Quarterly Review,* New Series, Vol. XVI, no. 2, 1925, p. 108, cited by Latourette, Ibid.)

21. Owen Chadwick, p. 153.

22. *Ibid.,* p. 167.

23. *The Syllabus* (1864)

24. Nino Lo Bello, *the Vatican Empire* (New York: Trident Pub. Co., 1968), pp. 10, 40, 42.

25. *Ibid.,* p. 171.

26. R. W. Thompson, p. 373.

27. Henri Fesquet, p. 591.

28. R.W. Thompson, pp. 374, 430, 446, 425. 교황 피오 9세는 교회와 국가를 분리하는 것은 저주받을 가르침이라고 했다. 그것은 바티칸에 의하면 거짓 가르침이다. 로마카톨릭의 법령집에 의하면 거짓 가르침은 이단이 된다[M.L. Cozen's, *Handbook,* (nihil obstat)]. 그리고 이단은 사형에 처해져야만 한다.

29. 예를 들어보자. 법령 747조항에는 모든 태아들은 그들이 살아있는 한 즉시로 카톨릭 교회에 가서 유아세례를 받아야 한다고 되어있다[Woywood, *New Canon Law* (New York: Joshep Wagner, Inc., 1918), p. 152]. 케네디가 종교적 자유가 있다고 거짓말함으로 그의 교회와 교회의 법령을 공개적으로 부인하는 것보다 더 불쌍한 모습은 없을 것이다[Blanshard, *God and Man in Washington* (Boston: Beacon Press, 1960), p. 199]. 법령 1374에 따르면 케네디는 주교로부터 특별한 명령을 받기 전에는 모든 공립학교들을 배척해야 한다. 법령 1399에 따르면 모든 로마 카톨릭 교도들은 마틴 루터, 존 녹스, 쯔빙글리, O.C. 렘버트, 아

브로 맨하탄, 존 카레라, 빅토르 위고, 엔써니 제올리, 잭 칙, 폴 블랑샤드, 죠셉 메카베 등의 책을 읽는 것은 금지된 것이다. 이들 중 일곱 명은 성경대로 믿는 사람들이고 네 명은 구령자들이다.

30. Kurts, Vol. III(trans. by Mcpherson), pp. 7, 21, 24, 96, 278, 315. R.F. Muller, pp. 121, 127, 149, 153, 155, 232 sq. 예수회는 그들 자신의 교황이 제정한 법을 몇 차례 어긴 적이 있다. 예수회가 포르투갈, 스페인, 프랑스에서 쫓겨났을(1758-1769) 때 교황 클레멘트 13세는 그들이 이태리로 들어오는 것조차 거부했었다(Catholic Encyclopedia, Vol. IV, p. 33.). 클레멘트 14세도 그들을 억압했었다.

31. 이것은 왜 로마 카톨릭이 권력을 잡게 되었을 때 오직 자유주의 카톨릭들만이 죽임을 당하고 투옥되었는가에 대한 설명이 된다(Lehmann, pp. 5, 6, 56, 57). 누구든지 동독 공화국과 같이하는 자는 친 카톨릭과 친 예수회에 의해서 체포되었다. 모든 친 에수회 카톨릭교도들은 동독과 히틀러에 대항했다(Ibid., p. 56-59).

32. 예를 들면 히틀러는 개신교도들을 "반 기독교적"이라고 불렀다(Jesuit Weekly "*America*," April 19, 1940). 그리고 허버트 오블린(아일리쉬 카톨릭교도)은 *New York Herald Tribune* (May 29, 1938)에서 히틀러가 유럽의 종교적 자유를 가져왔다고 했다. 오블린은 아일리쉬 카톨릭교도로서 모든 교황들이 그랬던 것처럼 "종교적 자유"라는 말을 할 때 모든 카톨릭 교도들만을 위한 종교적 자유를 의미했던 것이다.

33. R. w. Thompson, p. 155. Rene Fulop Miller가 증거들을 들어 제시한 *The Power and Secret of the Jesuits*를 보라. (New York: Garden City Publishers, 1930), pp. 130-200. Miller의 저작은 Hammerstein, Reichmann, Schimberg, Sommervogel, Dreydorf, Cathrein, Berner, Binder, Heiner, Henke, Jovy, Keim, Laistner, Meyer, Thamin, Stammler, Welcer, Wesermarck, Zimmerman 등과 그 밖의 40명의 작가들의 저작들에 영향을 미쳤다.

34. Nino lo Bello, p. 72.

35. Kurtz, Vol. III, p. 4. 교황 이노센트 10세는 *Zelo Domus Dei*라는 칙서를 냈다. 다른 예는 비스마르크가 교황에게 순종하지 않을 때에는 모든 외국 국가들이 독일을 대항한다는 내용을 실은 카톨릭 신문(*Wochenblatt Germania*)이다(Kurtz, Vol. III, p. 313). "교황은...그 정부에 의해서 통과된 모든 법령은 무효화되고 금지되어야 한다고 선언했다..." (Sardinian) (Blakeney, p. 232). 피오 9세(1855)는 피에몬테 주의 모든 법령은 무효화되고 금지되어야 한다고 했다. 그리고 1865년에는 멕시코의 모든 법령이, 1862년에는 오스트리아의 모든 법령이, 1863년에는 그라나다의 모든 법령이 무효화되어야 한다고 주장했다(Baron Porcelli, p. 43).

36. 각주 22번을 보라. 그러한 미친 짓을 가르친 자는 클레멘트 8세와 함께 사라져 버리지 않았다. 300년이나 더 지나서도(1901) 그의 "복된 사도적 계승자"(교황 피오 10세, 1906)는 교회와 국가의 분리가 명시되어 있는 미국의 헌법은 "절대적으로 잘못되어 있으며 심각한 오류에 빠져있다."라고 주장했다(Rone, pp. 250-260, citing C. A. Beard and Anderson, *Readings in Modern European History*, p. 229).

37. Quzlben, pp. 348, 350. Chadwick, pp. 310-316. Blakeney, p. 41. Emancipation Bil이 통과된 이후로는 맹세는 더 이상 소용이 없게되었다(1829). 결국 카톨릭의 맹세는 아무 짝에도 쓸모 없는 것이다(Ligouri, *Moral Theology*, Vol. VI, p. 286).

38. Blakeney, pp. 19-24, 31-37. 이것에 대한 가장 좋은 예는 모든 카톨릭 주교들은 모든 이단들(개신교도들)을 자신들의 힘을 다해서 없애버리겠다고 맹세한다는 것이다. 미국이나 영국에서 "박해"와 "이단적"이라는 단어를 빼버린 채 맹세를 할 때도 이태리에서는 같은 맹세를 그 두 단어를 포함한 채 한다(Porcelli, p. 65).
39. 현대의 좋은 예는 교황이 국가와 교회의 분리제도를 없애버리기 위해서 Alsace와 Lorrain에서 폭력을 사용한다는 것이다. 이것은 히틀러가 Saar과 Rhineland를 점령함으로 더해지게 되었다(Manhattan, *Vatican Imperialism*, pp. 195-199).
40. Chadwick, p. 320. 오스트리아의 모든 법은 교황에 의해서 카톨릭 외의 그 어떤 종교도 용납하지 못하도록 되었다(Kurtz, Vol. III, p. 336).
41. Fesquet, p. 748. 참된 카톨릭의 입장은 다음과 같다. "로마가 이단들을 사형에 처할 때 그들의 피는 성도들의 피라고 불리지 않는다. 그들의 피는 강도나 살인사들의 피보다 못한 것이다." (요한계시록 17:6을 보라. Dublin에서 R. Coyne에 의해 출판된 라틴 벌 게이트와 대주교 Troy의 판본을 보라.) "교황이 말한 것은 무엇이나 하나님 자신이 말씀하신 것과 같게 여겨야 한다. 영적 권위에 있어서 우리는 교황을 하나님과 같이 받들어야 한다." (Bishop Corneliou Musso of Bonito, in Rome: *Consciones in Ep ad Rom*, p. 606, cited by Porcelli, p. 45). 교황 우르반 4세에 의하면 이단들은 멸절되어야 한다(1262). 그리고 교황 클레멘트 5세에 의하면 그들에게는 고문이 가해져야 한다(1311). See Blakeney, p. 100.
42. 그것은 30년 전쟁으로도 끝나지 않았다. 교황 피오 9세(1871)는 프러시안 군대를 "올드 카톨릭"이라고 불렀다. 그러나 그 카톨릭들은 그의 무오성을 거부해 버렸다. 그는 독일의 모든 공립학교에서 행해지는 설교를 막기 위해서(1872-1873) 폴란드에 선동가를 보내기도 했다(Count Ledochowski). (Kurtz, Vol. III, pp. 315). See Fisher, p. 331, 359, 549, and 347. 프란시스 프랑코가 스페인 정부를 대적해서 혁명을 일으키는 것은 쉬운 일이었으나 북 아일랜드에서 개신교도가 카톨릭의 테러를 방어하는 것은 용이한 일이 아니었다. 로마 카톨릭은 지난 15세기 동안 모든 살인자들의 어머니 역할을 톡톡히 해 왔으며 그들의 길잡이 노릇을 해 왔다(Kirchner, p. 217).
43. Chadwick, pp. 262-264.
44. Qualben, pp. 347, 348, 302, and 303.
45. Chadwick, p. 310.
46. Muller, pp. 212, 125.
47. *Ibid.*, p. 125.
48. *Ibid.*, p. 126.
49 Brenner, *Idols Behind Altars* (New York: Payson and Clark, 1929), p. 359. Braden, *Religious Aspects of the Conquest of Mexico* (Durham, NC: Duke University Press, 1930), pp. 291-306. 하이티의 주민 중 80%는 로마 카톨릭이고 100%는 부두교도들이다. 공산주의 교황인 요한 바오로 2세기 그곳에 방문했을 때 부두교의 사제들은 그를 열렬히 환영했다. 그들은 그가 부두교를 지지해 주고 부두교의 의식인 땅에 입맞추는 것을 행하는 것에 매우 고마워 했다.
50. Albert Close, A*ntichrist and His Ten Kingdoms* (London: Thynnes and Co., 1910). 문제는 후스, 라티머, 녹스, 리들리, 위클리프, 틴데일, 루터, 무디, 칼빈, 스펄젼 그리고 브레드포드

같은 사람들은 로마의 감독을 항상 적그리스도라고 생각했다는 데에 있다. [Paisley, *Billy Graham and the Church of Rome* (Belfast, Ireland: Puritan Printing, 1970), p. 7-9].

51. Van Wyck Brooks, *Columbus' Journal of the First Voyage to America* (Albert and Charles Boni, 1924), p. 30.

52. Villanueva, *Los Franciscanos en Las Indias* (Madrid, 1982), p. 7, cited by Latourette, Vol. III, p. 86.

53. Avro Manhattan, *The Vatican Billions*, pp. 88-90 citing R. Eden from 1577 found in *Harkluytus Posthumus*, printed by William Stansby, London, 1625.

54. Chamberlain, *The Bad Popes* (New York: Dial Press, 1969), p. 9. *Great Encyclical Letter*, pp. 193, 304, 184, 185. *Catholic Encyclopedia* Vol. XV, p. 126.

55. R. W. Thompson, pp. 342, 374, 414.

56. *Ibid.*, pp. 445-446 citing Lord Robert Montague's *Errors Concerning Politics and Religion.* "교황은 모든 인간의 법률로부터 제외된다." (*Exer. De Const. Licens.* IX, Quaest 3 cited by Bishop Jewell from Cardinal Manning).

57. Thompson, p. 321. 그가 그것을 하는 동안 경건한 무리들은 이탈리아의 왕을 따르는 자들을 "회칠한 무덤들"이라고 불렀다. See A. B. Hasler, *How the Pope Became Infallible*, Chapters 7, 8. 88명의 주교들은 교황의 무오성에 반대해서 투표했다(Ibid., p. 187).

58. Gibbon, *Faith of Our Fathers* (Baltimore: John Murphy Co., 1917). Boettner, pp. 75, 79.

59. *Catholic Encyclopedia*, Vol. VII, pp. 270

60. *Catholic Encyclopedia*, Vol. V, p. 13; Vol. I, pp. 629-630; Vol. II, pp. 279-300; Vol. IV, pp. 4, 544; Vol. VII, p. 361; Vol. XIV, p. 378.

61. Morrow, *My Catholic Faith*, p. 26-29.

62. *Ibid.*, pp. 150-151. 이 교리는 카톨릭 교회 밖에서는 아무도 구원받을 수 없다는 것이다. 그들은 "당신은 로마 카톨릭 교회가 믿는다고 고백하는 것을 반드시 믿어야 하면 만약 그렇지 않을 경우에는 당신은 하나님의 진리를 거부하는 것이다."라고 주장한다. Schaff, *Creeds of Christendom*, Vol. II (Harper Bros., 1899), p. 210 [Wilmers, *Handbook of the Christian Religion*, 3rd ed., nihil obstat (Benzinger Bro., 1891), 427] "카톨릭의 성사들을 거부하는 것은 이단적인 것이며 모든 비 카톨릭 교도들은 결코 구원받을 수 없다." [citing Patrick Cardinal Hayes, in Thomas Kinkaid, *Explanation of Baltimore Catechism*, nihil obstat (Benzinger Bros., 1927), p. 132]

63. 각주 62에서 제시된 것들은 모두 한 카톨릭 주교의 허가 하에 출판된 것들이다.

64. Acosta, *De Promulgatione Evangelii apud Barbars*, Book VI, Chapter 19 cited by Latourette, Vol. III, p. 91. Schmidlin, *Catholic Mission Theory* (Techny, IL: Mission Press, 1931) (Ibid.).

65. Latourette, Vol. III, p. 91.

66. Morris Bishp, *The Odyssey of Cabeza De Vaca* (New York: Century Co., 1933), pp. vii and 306.

67. "어떠한 이단적이 가르침의 독이라도 순수한 믿음을 중독 시킬 수 없다." 카톨릭의 이러한 주장을 해석하면 이렇다. "적그리스도와 로마에 대한 어떠한 성경적 가르침이라도 사탄

의 왕국을 붕괴시킬 수는 없다."

68. Toribio De Motolina, *Historia De Lost Indios de las Nueva Espana*, Tratado II, Chaps. 2, 3 in *Coleccion de Documentos para la Histria De Mexico* by Icabalceta, Vol. I, 1858 cited by Latourette, Vol. III, p. 113.
69. Latourette, *Ibid.*, p. 113 citing Marimano De Cuevas, p. 334.
70. 모든 카톨릭의 "믿음의 고백"들은 침례로 중생한다는 저주받을 교리들을 포함하고 있다. 그들은 항상 이것을 가르쳐 왔다(6장을 보라).
71. Boettner, pp. 437-442. Oldenwood, pp. 136, 138, 144.
72. Latourette, Vol. III, p. 134.
73. 여기에는 어떠한 과장도 없다. Morrow, pp. 276-287. 카톨릭이 가르치는 무오설은 이 세상의 그 누가 저지를 수 있는 것보다도 훨씬 더 황당한 것이다.
74. 로마 카톨릭 교도인 사이몬은 5000명의 성경대로 믿는 남자들과 여자들 그리고 어린이들을 학살하기 전에 다음과 같이 기도했다. "가장 자비로우신 예수여, 주님께서는 주님의 거룩한 전쟁을 위해서 저를 택하셨습니다." (Oldenburg, p. 165)
75. Chadwick, p. 164.
76. Ibid., p. 288.
77. Charles Knight, *Half Hours of English History* (London: Warne na Co., 1876), p. 558.
78. Kurtz, Vol. III, p. 7. 모든 세 명의 영국인들은 모두 스페인에서의 로마 카톨릭의 사역에 관련되어 있다(Robert Catesby, Thomas Percy, Guy Fawkes). 그들은 모두 외국을 대표하고 있었다(오늘날은 바티칸이라 불린다). 그들은 모두 영국(오늘날은 미국을)과 영국(오늘날은 헌법을)의 왕령을 무너뜨리려고 하였다. 로마는 결코 변하지 않는다.
79. Toynbee, *King Charles*, p. 68. 이것은 로마 카톨릭의 추기경인 마짜리니에 의해서 저질러졌다.
80. Armitage, Vol. I, p. 476.
81. See Houston Peterson, p. 99. 7년 전쟁은 프랑스와 인도의 전쟁이라고 불린다(1756-1763). 영국이 전쟁에서 이겼고 카톨릭이 져서 카톨릭은 Nova Scotia, Newfoundland, Hudson Bay를 잃게 되었다.
82. Thompson, p. 287, 30. *Great Encyclical Letters*, p. 126. Blanshard, *American Freedom and Catholic Power*, pp. 212, 216, 218, 227, and 230.
83. Stewart Easton, *A Brief History of the Western World* (Barnes and Noble, 1962), p. 276. 루이지아나는 먼저 스페인으로 갔다가 미국으로 갔다.
84. 헨리 3세의 상속자들은 모두 로마 카톨릭 국가에서 태어나서 로마 카톨릭의 교육을 받고 로마 카톨릭의 서원을 하였다. 이것을 제 2차 바티칸 공회에서 다룬 "인권문제"와 "시민의 자유"에 대해서 거짓말을 한 근대의 절대군주(요한 바오로 2세)의 발언과 비교해 보라. (Chadwick, pp. 165, 166). 피오 14세는 카톨릭과 어울리려고 하는 모든 개신교도들을 완전히 죽이려고 하였다(Fox's Book of Martyrs, p. 332).
85. See Morrow, p. 155. 트렌트 공회(1547. 1. 13)에서는 어떤 사람도 자신이 죽기 전에 구원받았는지 구원받지 못했는지 알 수 없다고 했다(Schaff, *Creeds of Christendom*, Vol. II, pp. 98. 99). 모든 카톨릭 교도들은 성경에는 구원에 관한 모든 진리들이 다 들어 있다고 믿지

말아야 한다. 그들은 자신들의 구원에 관한 가장 중요한 문제를 죽을 때까지 알 수 없는 것이다[Henry Woods, *Our Priceless Heritage* (Harrisburg, PA: The Evangelical Press, 1941), p. 17 and Rone, p. 63].

86. Phillip Dorf, *Visualized Church History* (New York: Oxford, 1937), p. 169. Kirchner, p. 124.

87. Kirchner, p. 114. Fisher, p. 505. 요셉 2세에게 속해 있던 오스트리아는 프란시스 2세와 그의 예수회에 의해서 통치되게 되었다. See *World Almanac*, Bicentennial edition, 1976, p. 537.

88. Phelan은 "신부"로서(*Weatern Watchman*, St. Louis, June 25, 1912) "미국 정부와 함께 지옥으로 가라."고 말했다. 이노센트 2세는 존 왕을 대적한 이후에 마그나 카르타의 군주들과 교제를 단절해 버렸다(*Catholic Encyclopedia*, Vol. IX, pp. 532, 533). 교황의 정책은 어떤 상황 아래서건 그 누구를 상대하건 간에 상관 없이 수시로 바뀌는 것이다. 어떠한 교황이나 추기경, 주교, 사제, 혹은 대주교도 정치적인 우세를 차지하기 까지 도덕적 원칙이나 윤리적 원칙 따위는 아랑곳 하지 않는다.

89. Kirchner, p. 125. 이것이 레닌이 러시아를 혁명시킬 때 사용한 방법이며 마오가 중국을 "재 교육"시킬 때 사용한 방법임을 주목하라. [Fred Schwartz, *You Can Trust the Communists* (Englewood, NY: Prentice hall, 1960), p. 90, 99]. "나는 지금 운전석에 앉았다. 아무도 나를 방해하지 말아라." 프랭크 데오도르 루즈벨트도 미국의 통치권을 거머쥐게 되었을 때 정확히 똑같은 짓을 하고 말았다. 아브라함 링컨도 정확히 같은 짓을 하였다(see Peterson, pp. 829, 788).

90. Kirchner, p. 125. 모든 카톨릭 작가들에 의하면 로마 카톨릭도 제 2차 바티칸 공회에서 정확히 같은 짓을 하였다(see Anthony Wilhelm, p. 313). 제 2차 바티칸 공회에서는 모든 인간은 서로 형제이며 하나님을 아버지로 모시고 있다고 선포했다. 이것은 프랑스를 혁명으로 몰고 갔던 모든 무신론자들도 포함하는 것이다. 로마 카톨릭의 정책은 항상 편리한 대로 변화했던 것이다. 그들의 정책은 항상 돈을 따라가는 사업이었다.

91. 모든 교황주의자들(나폴레옹, 샤를마뉴, 히틀러, 프랑코, 뭇솔리니 등)은 카톨릭의 사업에는 세금을 부과하지 않았고 개신교의 사업에는 세금을 부과했다. 예를 들면 미국에서는 모든 장로교회는 로마 카톨릭 예수회를 위해서 국방비를 낸다(Blanshard, *God and Man in Washington*, p. 154). 즉 정부에서는 장로교회에서 돈을 걷어서 카톨릭을 원조해 준다는 것이다. 카톨릭과 동맹을 맺은 국가에서는 만약 당신이 집에서 성경공부를 한다면 당신은 체포되는 것이다(Nino lo Bello, p. 64). 다음의 카톨릭 동맹 국가는 공산주의국가가 될 것이다(각주 88을 보라).

92. Weber and White, p. 173-174. Kirchner, p. 130.

93. Kirchner, *Ibid.* 카톨릭의 정책은 어떠한 상황이나 대상이나 근거를 가리지 않고 편리한 대로 변하는 것을 볼 수 있다.

94. A. J. P. Taylor, *from Napoleon to Lenin* (New York: harper and Row, 1950), p. 13.

95. *Ibid.*, p. 15.

96. 핵심 인물들은 교황 피오 6세, 7세, 8세, 9세, 10세, 클레멘트 13세, 14세, 레오 13세, 그레고리 16세, 베네딕트 15세, 추기경 마짜르니(프랑스), 탈레이랑드(프랑스), 로베스피에르(프랑스), 매태르니히(오스트리아), 나폴레옹(프랑스) 그리고 스페인의 모든 통치자들이다. 이

마피아적이며 아담의 타락한 본성을 적나라하게 드러내는 자들은 어느 형태의 종교적 자유건 간에 종교적 자유에 관한 한 수단과 방법을 가리지 않고 무너뜨리도록 자신의 교회 회원들에게 주입시켜 왔다. 열거된 이들 중 단 한 명도 성경대로 믿는 사람이거나 그 비슷한 것도 아니었다. 그리고 그들 중 누구도 신약교회의 제도와 카니발 축제의 차이를 알지 못했다.

97. *Vatican Imperialism in the Twentieth Century*와 *The Vatican Moscow Washington Alliance*를 주목해서 읽어 보라. 카톨릭 교회의 회원 중 어느 누구나 혹은 어느 그룹이나 아니면 카톨릭 교회 그 자체라도 맨하탄의 2000페이지에 달하는 증거들을 반박하거나 부인할 수 없다.
98. 요한계시록 13장과 저자의 <짐승의 표>를 보라. 이것을 하기 위해서 교황은 발칸의 동서를 누벼야 한다. 이것은 그가 로마에서 예루살렘까지 가게 할 것이다(살후 2:1-10). 이것은 유고슬라비아, 그리스, 알바니아를 포함하는 옛 로마 제국의 영토이다.
99. Taylor, pp. 19, 20. 메테르니히가 히틀러처럼 많은 경우에 정치적으로 옳았다는 것을 주목하라. 러시아가 영국을 대적하기 위해서 독일과 손을 잡았을 때 유럽의 안전은 보장받을 수 없게 되었다(Ribbentrop's Treaty with Russia in 1939). 제 2차 세계대전 당시 러시아가 영국과 미국을 대적했을 때 유럽은 가장 어려운 상황에 직면하게 되었다. *Signal*에서는 히틀러의 전쟁을 예언했었다.
100. 나폴레옹(카톨릭)은 히틀러(카톨릭)처럼 유대인들의 권리는 전혀 고려의 대상이 될 수 없다고 했다[L. S. H. Houghton, *French and Belgian Protestantism* (New York: Missionary Education Movement, 1919), p. 89]. Toland, *Adolph Hitler,* pp. 424, 440, 485, 512. 히틀러는 영국과 동맹을 맺던가 적어도 영국으로 하여금 중립적인 입장을 취하게 하려고 했었다(*Signal,* "The Road to Dunkirk," "*The False Plan of Pan Europe*").*clopedia*, Vol. VIII, p. 426, VIII, p. 661).

< 제 25 장 >

1. 이 로마 카톨릭교도는 "바뵈프"라고 불렸다(1796). 그리고 그는 사유 재산제도의 철폐(플라토)와 결혼제도의 폐지(플라토) 그리고 가족 제도를 폐지하고 정부가 그 기능을 대신할 것(플라토)을 주장했다. 그는 모든 부의 균등한 분배를 주장했다. 바뵈프의 로마 카톨릭 신봉자들은 "인류평등주의자"들이라고 불리며 칼 막스가 가르쳤던 무신론을 신봉했다[C. F. W. Walther, *Communism and Socialism* (Hill City, MN: Hope Publishing Bureau, 1964), pp. 45, 46]. 바뵈프의 사상은 포리어, 카벨, 루이스 등에 의하여 프랑스에 영향을 미쳤고 베이블링, 스티르네르에 의해서 독일에 영향을 미쳤다(Kurtz, Vol. III, p. 453).
2. Qualben, p. 380.
3. R. W. Thompson, pp. 315, 321. Edmon Paris, *The Secret History of the Jesuits* (Chino, CA: Chick Publications, 1975), Parts II and IV.
4. George Godwin, pp. 18, 14, and 41.
5. R. E. Day, *The Shadow of the Broad Brim* (Philadelphia: Judson Press, 1934), p. 57.
6. *Ibid.*, p. 70.

7. *Ibid.*, p. 208.
8. *Ibid.*, p. 213.
9. Henry Vedder, p. 260.
10. J. Gilchrist Lawson, p. 298.
11. William James, *The Varieties of Religious Experiences* (New York: Modern Library, 1902), p. 460.
12. Vedder, p. 260.
13. Dwight Moody, *The Second Coming of Christ* (Chicago: Moody Press, 1896), pp. 104-105.
14. Walt Holcomb, *Best Loved Sermons of Sam James* (Nashville, TN: The Parthenon Press, 1950), p. 176. See also Rhodeheaver, *Twenty Years with Billy Sunday* (Winona lake, IN: Hall Mac, Co., 1936), p. 21.
15. *Great Pulpit Masters* (London: Fleming Revell and Co.,), p. 15.
16. R. E. Day, p. 149.
17. *Ibid.*, p. 150.
18. A. J. Gordon, *The Ministry of the Spirit* (Philadelphia, 1949), p. 209-120.
19. Newman, *Manual of Church History*, Vol. II, pp. 710-712.
20. Drummond, p. 51.
21. 스코필드 관주성경의 어느 판이나 상관없이 창세기 1:6,7(6:2), 신명기 22:10-22, 요엘 2장, 마가복음 16:9, 디모데후서 4:4에 대한 주는 독자들을 총체적으로 잘못된 해석으로 인도하고 있다. 그것은 어느 말로 된 성경이나 판본이나 역본을 막론하고 전혀 성경적 지지를 못받는 불신앙에서 비롯된 해석이다.
22. Elgin Moyer, p. 302.
23. *Ibid.*
24. McCleary, *An Hour with David Livingstone* (Grand Rapids, MI: Zondervan Pub., 1939), p. 20.
25. Henry Grubb, *C. T. Studd* (Wheaton, IL: Sword of the Lord Pub., 1946) pp. 124, 150,.
26. *Ibid.*, p. 152.
27. Godwin, p. 20. 이것은 모든 교황들의 작태를 무색하게 만드는 것이다. 교황들은 자신들이 하나님을 개인적으로 나타내는 반영이라고 주장했으며 자신들의 명령을 따르지 않는 사람은 그 누구라도 죽일 수 있는 최종권위라고 주장했다(14장과 17장을 보라).
28. W. A. Criswell, *The Curse of Modernism.*
29. R. E. Day, *Brush Aglow* (Philadelphia: Judson Press, 1936), p. 100.
30. *Prophecy Monthly*, Vol. 25. No. 11, November 1955, p. 21.
31. Lawson, p. 341.
32. A. P. Fitt, *Life of D. L. Moody* (Chicago), p. 29.
33. R. E. Day, p. 106.
34. W. H. Daniels, *D. L. Moody and His Work*, (Hartford, CT: American Publishing Co., 1876), p. 140.
35. Ibid., p. 72.

36. R. E. Day, p. 160.
37. Hervey, pp. 43-45.
38. However, see pages 259-261. in this present volume.
39. Daniels, pp. 370-373, 271. Lawson, p. 350.
40. Daniels, p. 275.
41. Godwin, p. 166.
42. Hervey, p. 33 citing *A Pocket of Pebbles*, p. 94.
43. Henry Johnson, *Stories of Great Revivals*, pp. 317-318.
44. Erdmans, *Great Pulpit Masters*, Vol. I, p. 11.
45. Moody, *The Second Coming*, p. 26.
46. 드와이트 무디는 20세기의 모든 방면을 대표하고 있는 지도자들에 의해서 그 당시의 모든 학구적, 사회적, 종교적 그리고 경제적인 기준으로 받아들여 지고 있다. 그는 웨스트코트, 홀트, 에버하트 네슬, 지그문트 프로이드, 칼 막스, 교황 피오 4세, 레닌, 찰스 다윈, 교황 피오 5세, 알두스 헉슬리, 스트라우스, 바우어, 호레이스 부쉬넬, 호레이스 만, 티쉔돌프, 그라프, 라잇풋, 엥겔스 등과 같은 무리들로부터 과학, 종교, 사회, 경제, 철학, 학문, 정치 따위의 기준으로 받아들여진 것이다. 결국 교육받지 못한 19세기의 설교자는 그로부터 100년 후의 미국과 유럽의 모든 대학교 교수들보다 진리를 붙잡는데 있어서는 비교도 않될 만큼 훨씬 탁월했던 것이다.
47. *Great Pulpit Masters*, p. 144.
48. Anthony Wilhelm, p. 313. Henri Fesquet, p. 693.
49. 교황 피오 9세의 발언이 모든 종교적 그리고 정치적 자유주의자들에 의해서 사용되고 있음을 보라. 교황 피오는 자신이 무오하다고 스스로 천거한 인물이다. 그는 1870년 이후에는 로마에 가기를 두려워했다. 그리고 그가 죽자 그의 교회 회원들(로마 카톨릭)은 그를 저주하며 돌을 던졌다(*Catholic Encyclopedia*, Vol. I, p. 287).
50. David Boltonheiser, *Evolution and the Christian Faith*, p. 184-186.
51. *Ibid.*, pp. 120-121.
52. Herbert Lockyer, *A Modern Praying Hyde* (Evansville, IN: Keller Crescent Co.), pp. 1-3.
53. A. P. Fitt, The Life of D. L. Moody (Chicago: Moody Press, n.d.), p. 84.
54. Fred Hoffman, *Revival Times in America*, pp. 135, 136.
55. *Ibid.*
56. *Great Pulpit Masters*, Vol. III, citing Tice, *Around the World with Alexander*, pp. 1-4
57. <피터 럭크만의 주석서 사도행전> 20:21 참조.
58. Oswald Smith, *What Hath God Wrought?* (Toronto, Canada: People's Press, 1952), pp. 8-15.
59. Oswald Smith, *The Battle for the Truth* (Toronto: People's Press, 1953). 스미스는 이 출판물을 통해서 로마 카톨릭의 신약성경은 무오하며 하나님의 영감받은 말씀인 반면 <킹제임스성경>은 오류와 오역으로 가득하다고 주장했다.
60. Interview on December 10, 1952 with Dr. Jones, Sr.
61. Walt Holcomb, *Sam Jones* (Nashville: Methodist Publishing House, 1947), pp. 50-56.

62. *Ibid.*, pp. 40-45.
63. Cited by John McNeil in *Winona Echoes*, Article entitled "45 Notable Address" (Winona Lake, Indiana, 1914), p. 66.
64. *Ibid.*, p. 91.
65. *Ibid.*, p. 18.
66. Franklin Turner, *Life and Sayings of Sam Jones* (Atlanta: Turner Co., 1907), pp. 464, 465.
67. McNeil, p. 79.
68. Hot Shots, ed. W. M. Leftwish (Nashville: Methodist Publishing House, 1914), pp. 464, 465.
69. Walt Holcomb, p. 46.
70. *Ibid.*
71. *Ibid.*, p. 59.
72. McNeil, p. 294.
73. Rhodeheaver, p. 69.
74. Holcomb, p. 6.
75. *Ibid.*, p. 102.
76. *Ibid.*, p. 167.
77. *Ibid.*, p. 81.
78. 샘 존스의 50회 생일까지 60만에서 70만이나 되는 죄인들이 주 예수 그리스도를 공개적으로 영접하고 죄와 마귀의 권세로부터 구원받았다(Ibid., p. 12).
79. Ibid., pp. 58, 59. 만약 현대의 배교한 근본주의자들이 그러한 결과를 갖고 온 강력한 설교가 어떤 것인가를 보기를 원한다면 샘 존스의 설교 20편을 읽어볼 것을 권한다. <복음설교>(Chicago, IL: Rhodes and McClure Publishing Co., 1897). 지미 스와거트, 오랄 로버트, 로버트 슐러, 렉스 험버드, 빌리 그래함, 트루먼 달라, 찰스 캠, C.W. 부르포, R.W. 티엠, Ike 목사, 존 맥카터 같은 자들의 설교와 샘 존스의 설교와는 상당한 차이가 있다.
80. DeWitt Talmage, *Social Dynamite* (Chicago Standard Publishing Co., 1888), biographical sketch by Van Nostrand.
81. Drummond, p. 359.
82. Elmer Towns, p. 116.
83. Frank S. Mead, *Rebels With a Cause* (New York: Abington Press, 1964), p. 142.
84. *Ibid.*, p. 148.
85. *Ibid.*, p. 153.
86. *Ibid.*
87. Elmer Towns, p. 144.
88. 올드 스코필드 관주성경에는 메섹과 투발에 대해서 이러한 관련구절을 제시해 놓았다(p. 828).
89. 필립 2세(1558)는 어떤 성경을 막론하고 성경을 읽는 자는 죽음에 처해진다는 발언을 했으며 이 발언은 1559년에 발행된 교황의 칙령에도 인가를 받았다(Oldenburg, p. 144).
90. 토이(Toy)의 저서 *The Inside History of the Anglo American Revision Committee*(1973)에는

모든 "사용할 수 있을 만한 본문들"에 대해서 논의하고 있다. 테네시 템플, 밥 존스 신학교, 하일스 앤더슨, 리버티 신학교, 피드먼트 신학교, 필스버리 신학교, 펜사콜라 기독대학, 달라스 신학교 등에서 추천하고 있는 헬라어 원문은 카톨릭의 신학자들과 평신도들 그리고 성직자들이 온 마음을 바쳐 증거하고 있는 바로 그 원문이다.

91. 이러한 문제들에 대해서는 밥 슐러의 저서 *Some Dogs I Have Known*과 *I Met Thses Along the Trail*에서 훌륭히 다루고 있다.

92. Towns, p. 168.

93. See Jonathan Gofroth, *By My Spirit* (Grand Rapids, MI: Zondervan Publishing Co., 1942).

94. Towns, p. 158.

95. From a sermon by Bob Sluler in Rhodeheaver Auditorium, Bob Jones University Campus, Greenville, S.C., 1951.

96. Moyer, p. 379.

97. George Dollar, *A History of Fundamentalism in America*, (Greenville, SC: Bob Jones University Press, 1973), p. 362.

98. Gypsy Smith, *His Life and His Work, an Autobiography* (New York: Fleming Revell, 1901), pp. 108, 279, 286.

99. Gypsy Smith, As Jesus Passed By (New York: Fleming Revell Co., 1905), p. 111.

100. Life and Work, p. 314.

101. Charles Parkhurst, One Hundred Great Texts and Their Treatment (New York: harper and Bros., 1914), p. 276.

102. 예를 들면 로마 카톨릭의 주교인 스트로스메이어는 피오 4세와 그의 반미치광이적인 성직자단이 교황 빅터(192)가 몬타니스트를 정죄했다고 지적했다. 교황 마르셀리누스(296-303)는 우상숭배자였다. 그레고리 1세는 교황 요한 바오로 2세를 "적그리스도"라고 불렀다(그리고 요한 23세와 바울 6세도 그렇게 불렀다). 교황 파스칼 2세와 교황 유지니우스 3세는 결투를 승인했다. 반면에 줄리어스 2세와 피오 4세는 결투를 다시 금지했다. 교황 유지니우스 4세는 바질 공회에서 승인되었다. 반면 피오 2세는 그것울 다시 무효화 시켰다. 하드리안 2세(867-872)는 결혼이 합법적인 것이라고 했고 반면에 교황 피오 7세(1800-1823)는 그렇지 않다고 했다. [Peterson, *Rise and Fall of Roman Catholic Church*, p. 177. 스트로스메이어 주교는 반카톨릭과 바티칸 공회의 무오성을 부인하는 의견을 지지했다. 1870: Catholic Encyclopedia, Vol. XIV, (Encyclopedia Press), nihil obstat, July 1, 1912, 뉴욕의 대주교인 존 카디날 파를리가 추천한다.]

103. 역사상 그 어떤 교황도 왕 중의 왕이시며 주중의 주로서의 예수 그리스도의 재림에 관해서는 말 한마디 한 적이 없는 것을 주목하라. 피오 11세, 피오 12세, 요한 23세, 바오로 6세, 요한 바오로 1세 그리고 요한 바오로 2세 중 그 누구도 예수 그리스도의 재림에 대해서 얘기하지 않았다. 이 땅 위에 왕국을 세운다는 자들이 예수 그리스도의 재림에 관해서는 단 한 마디도 하지 않는 것이다(삼하 19:11). 교황들은 "왕"에 대해서 콤플렉스를 가지고 있는 것이 분명하다.

104. George Dollar, p. 112.

105. Ibid., p. 114. 이것에 대해서는 28장과 29장을 보라. 라일리의 시대에는 이미 독일의 이

성주의와 미국의 이신론이 남침례교와 북침례교의 지도자들을 로마 카톨릭의 헬라어 원문인 웨스트코트와 홀트의 원문으로 미국과 독일의 종교개혁 성경을 고쳐야 한다고 미혹했을 때이다.

<제 26 장>

1. Mel Larson, *God's Man in Manhattan* (Zondervan Publishing Co., 1950), 84.
2. 로마 카톨릭의 법규집은 그레고리 13세가 출간한 *Corpus Juris Canonici*라고 알려진 것이 포함되어 있으며 트렌트 공회의 신조가 포함되어 있고 클레멘트 12세와 베네딕트 14세의 교황 칙령도 포함되어 있다. (minutes of examination before Commissioners of Education, 1828, cited by Blakeney, p. 69). 트레트 공회에서는 모든 침례교인들은 하나님의 저주 아래에 있다고 공포되었다. Blakeney, p. 125.
3. Blanshard, *American Freedom and Catholic Power*, Chapts. 2, 5, and 12.
4. Criswell.
5. 브랑샤드의 예를 보라. *God and Man,* p. 89. 연방정부는 포드햄 대학에 정가보다 싼 가격으로 땅을 팔았다. 그러나 대법원은 그것이 헌법을 유린하는 일이라고 선포하기를 두려워했다. 그래서 진화론과 인종통합에 미혹된 담대하고 용감한 아홉 명의 판사는 재판을 아예 거부해 버렸다. [Harris vs. City of N.Y. 357, US 907(1958), and William Gart vs. Cole, Case no 771(1959)]. 뉴욕의 버팔로에서는 카톨릭 교회가 정부의 돈 51,000,000불을 정부의 투자금인 236,000,000불과 함께 취하게 되었다(Manhattan, *The Vatican Billions,* p. 183).
6. John Stormer, *None Dare Call It Treason* 12장. 이러한 미친 짓은 케인즈의 학설을 수용한 데에 그 원인이 있었다. 이러한 불황으로 미국에서는 성경이 해외로 보내지는 것이 금지되었고 미국에 사는 한 사람 평균 5,000불의 빚을 지게 되었다.
7. *Sermons and Lectures* (nashville, TN: Cokesbury Press, 1878), two volumes.
8. Ibid., p. 100 sq. Robert Ingersoll, *Complete Lectures* (Chicago: J. Regan and Co., 1911)과 비교하라.
9. Parkhurst.
10. Interview with Dr. Jones, Sr.
11. H. C. Morrison, *Sermons for the Times* (Louisville, KY: Pentecostal Publishing Co., 1921), p. 97.
12. Complete listings in Zondervan and Eerdmans.
13. *Biography of James Culpepper* (Louisville, KY: Herald Press, 1953).
14. *The Romance of Missions* (Minneapolis, MN: Osterhus Publishing Co.), p. 23.
15. Lockyer, p. 8.
16. Zartas, Mel Trotter, *a Biography* (Grand Rapids, MI: Zondervan, 1950), pp. 23, 24.
17. Leftwich, p. 67.
18. Roland Leavell, *Evangelism, Christ's Imperative Commission* (Nashville: Broadman Press, 1951), p. 87.

19. *Ibid.*, p. 86.
20. *Ibid.*, p. 85.
21. Rhodeheaver, p. 112.
22. Drummond, pp. 112, 118.
23. Rhodeheaver, p. 145.
24. Drummond, p. 327.
25. Winona Echoes, p. 336.
26. Rhodeheaver, p. 11.
27. *Ibid.*, pp. 22, 100.
28. Drummond, p. 328.
29. *Ibid.*, p. 327.
30. *Ibid.*, pp. 18, 20.
31. Winona Echoes, 1931, p. 241
32. "아프리카의 희한한 대학교"를 보라.

< 제 27 장 >

1. 밥 존스 대학교에서는 지난 50년(1930-1983) 간 전천년주의를 찾아볼 수가 없었다. 전천년주의는 매튜 헨리, 벌콥, 존 칼빈, 어거스틴, 교황들, 벤자민 와필드, 카톨릭의 주교들, A.T. 로버트슨, 웨스트코트와 홀트 그리고 예수회에 의해서 이단적인 것으로 여겨졌다. [로렌스 토마스의 *Does the Bible Teach Millennialism?*(Swengel, PA: Reiner Publishers, 1960)을 보라.]
2. 루즈벨트의 취임식 연설(1937. 1. 20).
3. 한국전쟁이 발발하기전 투루먼의 연설(1950).
4. *Chamberlain*이 히틀러와 함께 돌아옴(1938. 9. 30).
5. 케네디의 취임식 연설(1961. 1. 20).
6. 이것이 바로 "교육받은 계층"을 끌어들이는 다윈의 망상인 것이다. Arthur Custance의 *Scince and Faith* (Grand Rapid: Zondervan, 1978)을 보라.
7. John Stormer, Chapter XIII.
8. Your Church Their Target (Arlington, VA: Crestwood Books, 1966), p. 182.
9. 이것은 정확한 고백이며 거기에는 어떤 과장됨도 없다. 제안은 1942년 3월에 오하이오의 델라웨어에 있는 웨슬리안 대학교에서 받아들여졌으며 Federal Council International Church Commission에서 공식화 되었다.
10. "성의 구분이 없는 성경"은 1982년과 1983년에 언론매체 사이에서 중요한 뉴스거리 중에 하나였다. 이것은 하나님 아버지를 사생아를 안고 있는 흑인여인으로 묘사한 *Litany On Slum Life*라는 글을 시카고에 있는 제일회중교회의 목사인 J.A. 하브스가 읽음으로 발단이 되었다. (*Your Church*, pp. 150-160).
11. See J. W. Montgomery, The Shape of the Past, pp. 42-46, 149-150.

12. Leo XIII, *Great Encyclical Letters*, cited by Manhattan, *Vatican Imperialism*, p. 148. See also Gregory XVI's Bull "Mirari."
13. Kirchner, p. 262. Stalin edited PRAVDA. 뉴스 메디아는 미국과 유럽에서 국제 카톨릭과 국제 공산주의의 주요 조직이다.
14. 공산주의에 대한 스탈린의 개념은 단순했다. 그것은 히틀러나 뭇솔리니와 같은 파시스트 스타일의 독재권력이었다. 공산주의, 인본주의, 카톨릭주의, 파시즘, 나치즘 그리고 사회주의와 같은 것들은 우리가 전에도 말했던 것처럼 모두 같은 시스템으로 되어 있다. 그들은 단지 각각 외형적으로 다른 고백만 할 뿐이다. 그들은 모두 전체주의자들이다. 그 사상들은 모두 나름대로의 종교적 신념을 가지고 있다. 그들은 모두 자신들의 목적을 위해서 어떠한 말이든 할 것이다. 그들은 모두 인간의 문제에 대한 해답을 가지고 있다고 주장한다. 그들은 모두 전체의 유익과 왕국을 가져오기 위해서 살인을 정당화 할 것이다. 그리고 그들은 모두 성경의 무오성을 부인할 것이다. 그러므로 모든 배교한 그리스도인들은 모두 대학교육을 받은 자들이었던 것이다.
15. 모든 배교한 그리스도인들은 모두 대학교육을 받은 사람들이다.
16. 오하이오 매실론에 있는 매실론 침례 성전의 목사인 Bruce Cummons. Baptist Mid Mission에서 구원받고 성별되고 교육받고 구령하며 "단 한 번만 결혼한" "성경대로 믿는다고 고백하는" 자들이 성경에 대한 그리스도인들의 믿음을 공격하였던 것이다(*Baptist Recorder*, Aug. 1980).
17. 모든 배교는 독일에서부터 시작되었다. Huetius(1721), Morinus(1712), Wettstein(1730), Schleirmacher(1834), Ernesti(1781), Michaelis(1791), Leibnitz(1716), Lessing(1781), Semler (1791), Griesbach 그리고 Kant, Herder, Paulus, Hegel, Strauss, Oehler, Bleek, Lucke 등. 모든 배교는 보수주의 대학교 내에 있는 교육받은 그리스도인들로부터 시작되었다 (Fisher, p. 576. Kurtz, Vol. III, p. 131-193을 보라).
18. Kirchner, pp. 113, 114. Miller, pp. 155, 164, 166. Voltaire와 Moliere는 모두 예수회에 의해서 교육받았다(Miller, *Ibid.*, p. 466). Weishaupt도 Descartes처럼 예수회에 의해서 교육받았다(Kurtz, p. 96). 마가렛 윌슨의 *The Essential Descartes*을 보라. (Mentor Books, 1969), p. 124.
19. 카톨릭의 교황청에서 파괴적인 비평으로 선호되고 있는 작품을 쓴 리차드 사이몬(1712)을 예로 들 수 있다(Kurtz, Vol. III, p. 36). 휴티우스는 오리겐의 작품을 개역할 것을 명령받은 카톨릭 신자였다(Ibid., p. 37). 레이브니쯔는 성경을 믿는다고 고백한 적이 없음에도 불구하고 예수회에 의해서 인정받았다(Muller, p. 27). 뭇솔리니가 교황과 화합의 서명을 했을 때 그는 카톨릭의 믿음에 순종해서 그것을 실행하고 있었던 것이다. 그는 *God Does Not Exist*라는 책을 썼음에도 불구하고 카톨릭과 화합을 할 수 있었다(Ninon Lo Bello, p. 60).
20. 영국의 Pueyism(뉴만 추기경 등)과 독일의 Sacramentalism(Frank Offman, Gunther Klee, Kuh, Drey, Staudenmaier, Sengler, Hettinger, Froschamer, Hermer, 등) (Kurtz, Vol. III, pp. 262-272)
21. 가장 "위대한" 공산주의자인 교황 요한 바오로 2세와 수녀들과 주교들은 공산주의 국가들에 방문해서 공산주의자들과 만났다. 그는 필리핀에 잇는 모든 미군 부대에 공격을 가할

것을 요구하기도 했다. (*United Press Release,* Angeles, 1982, written by *Fernando Del Mundo:* "THE ROCK"에 있는 짧은 기사들도 보라.)

22. 18번을 보라.
23. Wilson, p. 35.
24. *Ibid.*, pp. 59, 121.
25. Muller, p. 465.
26. *Ibid.*, p. 465.
27. 누가 성직자와 집시 소녀의 이야기를 다룬 *The Hunchback of Notre Dame*을 잊을 수 있겠는가? 모든 교황들의 편에서 보자면 빅토르 위고는 "못된 녀석"이었던 것이다.
28. Lehmann, *Behind the Dictators* (New York: Aeora Publishing Co., 1942), p. 8.
29. 이것은 결코 과장된 말이 아니다. 이것은 라토레의 저서 *Expansion of Christianity Volume II.* 의 서문을 쓴 윈터의 고백이다. (New York: Harper and Row, p. xi.) 윈터에 의하면 라토레는 바티칸의 영으로 책을 쓴 것이다. 이것은 종교적 음녀와 함께 한 배교한 종교통합적 입장인 것이다.
30. 트렌트 공회의 차례에서 4번째 법규를 보라. 그것은 피오 12세와 교황 그레고리 16세 아래서 200년 후에 확증된 것이다.
31. 만약 그가 그렇다면 그는 자기 자신의 머리 위에 14개의 저주를 퍼부은 것이다. 트렌트 공회는 카톨릭 교회의 수장과 카톨릭 성직자들, 카톨릭 주교들 그리고 카톨릭 대주교들에 의해서 결정된 것이다.
32. C. F. W. Walther, p. 46-51.
33. Kenneth Goff, *What is Communism* (Englewood, CO: 1950), p. 4. 공산주의자 자신에 의해서 정의된 공산주의를 정의한 공식적인 문장은 미국에서 공산주의를 가장 훌륭히 정의한 문장일 것이다. 그 문장은 단순히 다음과 같다. "공산주의는 작은 소규모의 그룹이 전 세계를 통치하려고 시도하는 것이며..." 공산주의에 대한 이 정의는 로마 카톨릭 교회, 나찌, 국제 은행가 협의회, 마피아, CFR, "로마 클럽" 등에 정확히 적용된다고 할 수 있다. 이 모든 무신론자들과 카톨릭의 계획들은 뚜렷한 목적을 가지고 있다.
34. David Bolton, pp. 282-290. "Ages"와 "eons"는 이론을 정립하기 위해서 고안된 것들이다. 모든 과학자들은 물질의 열량이 저하되고 있으며 분해되고 있다는 사실을 잘 알고 있다. 모든 연료는 고갈되고 있다. 만약 이러한 사실을 생각해본다면 지구가 백만년 이상 된다는 것은 절대로 불가능한 일이다. 아마도 지구는 만년이상 되지 않았을 것이다. 헨리 모리스의 *Studies in the Bible and Science*를 보라. (Philadelphia: Presbyterian Reformed Publishing Co., 1966), pp. 159-165. "지질학 연대"는 진화론자들의 이론이 사실이라는 가정하여 제시된 것이다.
35. 링컨은 공식적으로나 비공식적으로 그의 생애에 있어서 단 한 번도 예수 그리스도께서 지상에 어떤 형태로든지 정부를 세우신다는 언급을 하지 않았다. 다윈, 막스, 교황 요한 23세, 피의 여왕 메리, 교황 요한 바오로 2세, 아돌프 히틀러, 징기스칸, 테드 케네디, 프랭크 데오도르 루즈벨트, 짐 존스 등도 한 번도 그러한 언급을 하지 않았다.
36. Wilmot Robertson, Part V, pp. 228-373. 우리 교회의 젊은이들이 거리설교를 하다가 두 번이나 감옥에 간 일이 있었다. 그들은 거리에서 설교했다는 이유로 3000불의 벌금을 물어

야만 했다. 이것이 바로 "자유의 나라"인 미국에서 일어나고 있는 일이다.

37. 공산주의 혁명가들이 항상 "노동자들"과 "농민들"만 미혹하는 것은 아니다(David Noebel, *The Maxist Minstrels,* pp. 187-195). 그들은 마약과 음행에 흥미를 느끼는 고등학교와 대학교 학생들에게도 미혹의 손길을 뻗치고 있다. 존 래논은 SDS(a college communist organization)를 돕기 위해서 아비 호프만에게 5000불을 지불하기도 했다(Ibid., pp. 112, 113).
38. 어떠한 진화론자들도 생명이 바위로부터 나왔다고 자신있게 말하지 못한다[Brancazo and Cameron, *The Origin and Evolution of Atmospheres and Oceans* (John Wiley and Sons, 1965)]. 물이 있기 전에는 용해된 바위가 있었다. 당신은 "단세포 생물"이 물로부터 나왔다고 배웠겠지만 물도 용암이 바위로 되기 전까지는 존재하지 않았다(Wilder Smith, p. 88). 그들은 아무 생명도 없는 무생물로부터 물이 생성되었다는 가정을 기존 사실인양 속이고 있는 것이다(Morris, p. 78).
39. 어떠한 그룹들을 살펴보더라도 4000개 이상의 "없어진 조각, missing links"들이 있다. 갑각류와 유인원사이, 균류와 갑각류사이, 그 밖의 각 종과 종 사이와 서로 다른 계 사이에는 존재해야할 연결고리들이 너무나도 많이 비어 있다. [Byron Nelson, *After Its kind* (Minnesota: Bethany Fellowship, 1927), pp. 8, 9, Chapter V]
40. John Stormer, p. 21. 그의 아이들 두 명이 죽게 되었을 때 그의 부인도 거의 죽게 되었고 그도 극도로 비참한 상황에 놓이게 되었다. Richard Wurmbrand, *The Answer to Moscow's Bible.* 이것을 자신의 3자녀의 죽음의 소식을 듣고 *It Is Well With My Soul*이라는 찬송을 지은 그리스도인과 비교해 보라. 호라티오 스태포드(1828-1888)는 그의 자녀들이 물에 빠져 죽었다는 소식을 들은 후에도 "모든 슬픔이 내게 몰려와도 주님께서 내게 가르쳐 주신 말은 '내 영혼 평안해!'"라고 기록하였다. 어떻게 스태포드같은 자의 방문을 받고도 어리석은 막스는 40만 명의 사람들을 자신의 철학으로 미혹할 수 있었단 말인가?
41. 칼 막스는 "부자들" 외에는 그 누구도 죄를 짓지 않는다고 믿었다. 그는 자신과 같이 가난한 사람은 죄가 없다고 믿었던 것이다. [Jess Pedigo, *Yes Ginger, Communism is your enemy* (tulsa, OK: Christian Crusade Publishing, 1970), p. 5]. C.F.W. Walthers, loc cit.
42. 모든 진짜 공산주의자들은 굉장히 종교적인 자들이다. 이 점에 있어서 Gus Hall은 좋은 예라고 할 수 있는데 그는 다음과 같이 말했다. "막시즘은 과학적인 공부와 같으며 이상을 실현하는 것이다...최상의 생활은 막시즘이 옳다는 것을 증명할 것이다...경제적인 그리고 정치적인 시스템은 이제 보다 더 월등한 사회 질서에 의해서 재 편성이 되어야 한다(러시아, 중국, 쿠바, 베트남 등)...우리의 과학은 이러한 문제들을 성공적으로 잡지 못했다...막시즘과 레닌주의는 살아있는 과학이다...막시즘과 레닌주의의 과학은 종합적으로...사회주의는 모든 인간의 삶을 풍성하고 안전하며 의미 있고 창조적이며 활기차게 만들 수 있다(러시아, 중국, 쿠바, 베트남 등)." Gus Hall, *The Only Choice* (New York: New Century Publishers, 1963), pp. 6, 48, 21.
43. *Ideas in Conflict*을 보라. DOD pamphlet 3-11, DOD pamphlet 355-133, NAVPERS 92998, AFP 190-1-4, pp. 21-22.
44. 예를 들면 그의 *Manifesto*(1848)에서 막스는(플라토와 마찬가지로) 사유재산제도를 폐지하는 것을 옹호했다. 이것은 그가 영국에서 영어 성경을 읽는 동안 개인의 사유재산인 그의

돈은 자신이 마음대로 사용할 수 있다는(마 20:15, 행 5:1-6) 성경의 구절을 보고 그것과 반대로 생각해 버린 것이다(*Ideas in Conflict* p. 113을 보라).

45. Wilder Smith, pp. 55-76. "기원들"은 "거기"에 있는 무엇인가로부터 와야만 한다. 아무것도 아닌 곳에서는 아무것도 올 수 없다. 두 번째 법칙은 거기에 있는 것은 무엇이든지 간에 거기에 영원히 있을 수 없든지 혹은 백만년 이상 되었을 것이다.

46. 레닌은 1918년에 비상위원회를 세웠다. GPU, NKVD 그리고 MVD가 이것의 뒤를 따랐다. 수천 명이 투옥되었으며 고문 중에 살해되었다. (*Ideas in Conflict*, p. 142.) 솔제니친은 100개의 포로수용소를 작성했으며 이것으로 인해서 200만 명이 투옥되었다(*The Gulag Archipelago*, Vol. II). 이것에 더해서 스탈린은 거의 3천만명의 자기 민족을 학살했다고 고백하기도 했다(Michel Sturdza, p. 279). 이밖에 미치광이 지도자들이 자기 민족의 반이나 학살하기도 했다. 스탈린의 시대에는 감옥에 있던 사람들이 무려 2백만에 육박했다. 그중 백만명 이상이 소위 "정치범"들이었던 것이다. [McWhirter, *Guiness Book of World Records*, (New York: Sterling Publishers, Inc., 1960-1979), pp. 4, 396 (studies by, S. Grosu)] Bao Ruc-wang은 중국에서는 1600만명의 투옥되었다고 주장했다(Ibid., p. 396).

< 제 28 장 >

1. 로마 카톨릭의 미사는 어떠한 공산주의국가에서도 제제를 받은 적이 없다. 로마 카톨릭의 미사나 그 외의 소유물을 제외하고는 어떠한 사유재산이나 기업이나 권리들을 막론하고 그것들은 모두 제한되어야 하고 파괴되었다. Fedor Belov, *The History of the Soviet Collective Farm*, Manya Gordon, *Workers Before and After Lenin*, and Nicolas Prychodky, *One of the 15,000,000* (Toronto: J. M. Dent and Sons, 1952). 자유가 보장된 미사들 가운데 가족생활에 관해서는 Nicolas Voinov의, *The Waif*를 보라(New York: Pantheon Press, 1955), pp. 120-140. 러시아의 포로수용소에는(1920-1980) 천만명이 감금되 있었다[see Hugh Seton Watson, *From Lenin to Malenkov* (New York: Praeger Publishers, 1955), pp. 120-170].
2. 미국은 1980년 대에 들어서 거리에서 설교하는 젊은 설교자들을 체포하는 것이 일반화 되어버렸다. Rev. Noe, Livonia, Michigan; Rev. Gregg Estep, Dayton, Ohio; Rev. Mills, Birmingham, Alabama, and from the Bible Believer's Bulletin, Pensacola, FL.
3. 인본주의자들의 "신"은 막스와 엥겔스의 신이었다. 그 두 인물은 매우 종교적인 사람들이었던고로 민중이 따를 수 있는 신을 만들어 낸 것이다. 모든 거듭나지 못한 행위주의자들은 모두 같은 신을 섬기고 있는 것이다(see *Bible Believers' Bulletins* for July and August, 1983).
4. 이것에 대한 정의는 저자의 *The Sure Word of Prophecy*를 보라 (Pensacola, FL: Pensacola Bible Press, 1970)
5. 예를 들면 라부아지에에 의하면 생명은 기계적인 기능에 불과한 것이고 니콜라스 씨즈에 의하면 안에서 나오는 골체의 제정리에 불과한 것이다. H 케넌은 진화가 갑자기 일어날 것이 예정되어 있었다고 한다. 오파린 하르단에 의하면 생물과 무생물은 같은 것이다. 약

퀘스트 모노드에 의하면 인간은 거의 일어날 수 없는 가능성 가운데서 태어난 것이다(see Custance, pp. 56, 77, 78, 98). 이들의 주장에 의하면 광물질이 진화를 거처 인간이 되었다고 믿어야 한다.

6. 어떠한 공산주의 국가에서도 자유가 보장되지 않는다. 윌리암 엘리콧 박사는 이것이야말로 그리스도인들의 생활과 선교 그리고 NCCC의 궁극적인 목표라고 했다(*Berlin Congress*, Dec. 6, 1996). 이것은 교황 6세와 교황 요한 바오로 2세의 노선과 정확히 일치하는 것이다. [Carl McIntire, *Outside the Gate* (Christian Beacon Press, 1967), p. 256].
7. 그의 아들이 쓴 *Life of Hort*(Vol. I, pp. 78 and 424.)를 보라. 홀트는 다윈, 씨즈, 케넌, 라부아지에 등만 믿었던 것이 아니라 모든 "학자"들의 말을 여과없이 다 믿어버렸다.
8. 이들 배교자들의 이름은 다음과 같다. Gesenius, Farrar, Semler, Strauss, Astruc, Dewette, Vater, Hupfeld, Kuenen, Herder, Reuss, Vatke, Eichorn, Ewald, etc.
9. *Life of Hort*, Vol. I, p. 424. *Life of Westcott*, Vol. II, p. 69. 이 입장이 1500년도 더 되었음을 주목하라. 이 입장은 바로 오리겐의 입장이었다.
10. 홀트는 구원받지 못한 유니테리안 교도인 J. F. D. Maurice를 우상화 했으며 그의 정치적인 저서인 "그리스도의 왕국"을 극찬했다. 홀트는 그의 본을 따랐던 것이다(Life of Hort, *Ibid.*, pp. 113, 133, 88, 64, and 67).
11. 밥죤스 대학에서 추천되고 있는 ASV와 NASV는 배교한 근본주의자들과 보수주의자들이 로마카톨릭의 헬라어 원문을 영어로 옮긴 것이다. Ruckman, *The Christian's Handbook of Manuscript Evidence*, 1970). Toy, pp. 17-61.
12. Toy, pp. 17-61.
13. 그것은 이 배교한 보수주의자들이 반카톨릭적입장이 어떠한 역사적 결과를 가져오게 되었는지를 보았다는 것이다. 오스트리아와 독일은 1582년의 예수회 성경을 받아들이면 국가적으로 어떠한 일이 벌어지는 지는 전세계에 보이는 좋은 본보기가 되었다. 영국은 1918년과 1945년에 굳건한 위치에 있었다. 그러나 니다 교수와 에버하트 네슬 교수의 영향으로 인해서 로마 카톨릭 성경을 수용한 결과 끔찍한 결과를 초래하게 되었다.
14. 이것은 영국 의회에 카톨릭이 허용된 1829년의 해방운동보다 더 일찍 시작된 것이다. "The Tablet"이라는 아일렌드에(1855) 있는 카톨릭 신문은 이들 영국 의회에 있는 카톨릭 회원들은 카톨릭 교회를 대표하기 위해서 카톨릭 사제단에 의해 파견된 자들이었다고 했다. (Blakeney, pp. 300-304. See also Toy, p. 21 citing John Henry Newman, *Apologia Pro vita Sua*, 1890, p. 191).
15. 23장을 보라.
16. 모든 암살자들과 음모자들은 로마 카톨릭 교도인 Mary Surratt의 집에서 마을에서 가장 헌신되 카톨릭 교도와 만났다. 그들은 모두 자신들이 "링컨을 암살하기 위한 하나님의 도구"라고 겸손히 고백했던 것이다. (*Trial of Surratt*, Vol. I, p. 310 cited by Peterson, pp. 112, 113)
17. 이들 두 사람다 그들의 저작에 의하면 반종교개혁적이였으며 친카톨릭적이었다. *Life of Hort*, Vol. I, p. 30; Life of Westcott, Vol. 2, p. 53.
18. 미국에 있는 어떠한 기독교 학교의 어떠한 학자도 이것에 대해서 감히 논쟁하려 들지 않는다. <킹제임스성경>의 번역자들은 외경이 정경의 일부가 아니었음을 알았다. 밥죤스 3

세와 그의 교수진들은 외경이 정경의 일부라고 믿었던 사람들이 편수한 원문을 사용하는 것을 어떻게 설명할 수 있는 것인가?

19. 미국에서 1979년 이후에 발행된 모든 판본들의 서문을 보라. 니다는 20세기의 성서공회들을 이용해서 종교개혁 원문을 완전히 망쳐버리고 있다. Nestle, Intro. p. 41, 39, 47, 54 and 64.

20. 버간은 성경 변개자들을 향해서 다음과 같이 포문을 열었다. "너희들은 굉장히 부정직하며 미신에 사로잡혀 있다. 너희는 쓸데없는 것만 배웠고, 너희는 어린아이 같은 욕망과 경험주의에 의존하는 구나. 너희의 기초는 썩었고 완전히 타락한 것이며 이제 더 이상 존재하지도 않는구나. 왜냐하면 너희의 생각은 순수한 우화에 지나지 않기 때문이다." [Burgon, T*he Revision Revised* (London: John Murray and Co., 185), pp. 373, 375, 376, 378, 516, 520, 277, 285, 293, 396, etc.].

21. 웨스트코트와 홀트에 대한 기록은 그들 자신의 기록까지 포함하여 그들의 이론을 증명하는 것은 하나도 없다. 그들은 창세기 1-3장은 신화라고 믿었으며 그리스철학자들은 신뢰할만하다고 생각한 반면 성경은 최종권위가 될 수 없다고 믿었다. (*Life of Fenton John Anthony Hort*, Vol. I, pp. 82, 158, 140, and 159). 이들 두 배교자들은 침례에 의한 중생을 믿었으며 자신들의 헬라어 원문을 만드는 일을 비밀리에 진행시켰다.

22. 600쪽이 넘는 자서전을 통해서 종교개혁 원문을 공격하게된 정당한 이유에 대해서 기술한 단 20쪽도 찾아볼 수 없다. 약 500쪽 정도는 구원받지 못한 철학자들과 예술가들 그리고 영국 국교회의 정치가들 그리고 종교통합운동가들의 의견과 생각을 담고 있다. 어디를 보아도 이들 중 단 한명도 성경적인 사람이었다는 것을 증명할 수 없다. (see Ruckman, *Custer's Last Stand*, Chapter 4).그들은 망상 속에 살고 망상 속에 죽은 사람들이었던 것이다.

23. Burgon, *The Revision Revised*. 호스키어 박사는 908쪽에 걸쳐 그들의 반 기독교적인 관점을 지적하고 있다. *Codex B and Its Allies* (london: Bernard Quaritch, 1914) 홀트는 단 한 쪽에 걸쳐서도 증거하지 못하고 있다. 이러한 현상은 밥 존스 대학교에서도 볼 수 있는 현상이다. 그들은 럭크만의 "이단적인" 가르침을 반박하기 위해서 성경에서 단 한 구절도 보여주지 못하고 있다(*Ruckman, Custer's Last Stand*, pp. 49-58). 성경에 대한 무지는 현대 학자들의 공통적인 요소이다.

24. 창세기 1-3장이 역사적인 사실이라는 부인한 후에 이들 두 성경 거부자들은 인간의 타락도 거부해 버림으로서 중생도 필요없는 것으로만들어 버렸다. 모든 구원받지 못한 공산주의자들도 이들과 정확히 같은 일을 자행하고 있다. 만약 인간이 타락하지 않았다면 인간은 스스로 진화했다는 것이 사실이며 무기물에서 유기물로 유기물에서 다시 포유류로 진화했으며 결국 인간이 된 것이다.

25. Toy, p. 80.

26. *Life of Hort*, pp. 76. 77. *Life of Westcott*, Vol. I, p. 231.

27. 이것을 오리겐의 가름침과 비교해 보라(Vol. I, p. 75). *Life of Westcott*, Vol. 2, p. 69 and *Life of Hort*, Vol. I, p. 78.

28. 어떠한 이론(루시안 개정본에 관한)도 신학적으로나 역사적으로 증명되지 못했다. [see Pickering, *The Identity of the New Testament Text* (New York: Thomas Nelson, Inc., 1977)].

그런데도 불구하고 Warfield, Machen Sumner, Custer, MacRae, Newman, Souter, Westcott, Hort, Green 테네시 템플의 교수진, 밥 존스 대학의 교수진 등은 그것을 사실로 받아들여 버렸다. 그들은 그것을 사실로 받아들일뿐만 아니라 그것을 받아들이지 않는 자들을 박해하기까지 했다(see Ruckman, Custer's Last Stand). 그러나 그러한 이론을 신봉하는 어리석고 돈에 눈먼 "보수주의자들"은 그 이론을 뒷받침 할 수 있는 단 하나의 증거도 대지 못한다.

29. 그 생각에 기초한 이론은 <시내사본>이나 <바티칸사본>과 대립되는 <킹제임스성경>의 모든 구절들은 후대에 기록된 것이라고 한다. 왜냐하면 그것들은 "후대계열"에 포함되기 때문이다. 그러나 <킹제임스성경>이 <바티칸사본>과 <시내사본>과 일치할때는, 그 일치하는 <킹제임스성경>의 구절은 "후대계열"이 아닌 다른 계열에 포함되어야 한다고 주장한다. 정말 디즈니랜드식 "역사적 입장"을 취하는 디즈니랜드식 "근본주의자들"이 아닐 수 없다.
30. 이 부패한 본문은 그 후 약 90년 후에 리버티 침례교 대학(린치버그에 있는 파웰의)에 의해서 제작된 "뉴킹제임스성경"에 그대로 들어가게 되었다(롬 1:18, 25, 딤후 2:15, 딤전 6:5, 10, 20, 행 4:27을 보라). 그들은 <뉴킹제임스성경>의 헬라어 원문이 <표준원문>이기 때문에 이 부패한 영어 성경을 신뢰할 수있다고 주장한 것이다. 그러나 그러한 이유로 그것을 신뢰할 수는 없다. 1884년의 RV는 홀트의 원문에 기초한 것이다(창 1, 9, 24, 49, 사 34장을 보라).
31. Stewart Custer (Bob Jones University, May 29, 1978). "최초의 원문에 가장 근접한 헬라어 원문과 히브리어 원문을 따라야 합니다... 이 원문은 알렉산드리아 원문이라고 알려진 바로 그 원문입니다."(토마스 모리스 부인에게 쓴 편지에서)
32. 모든 맹세는 교황이 거짓말쟁이를 그의 거짓말로부터 해방시켜주기를 원할때에는 무시될 수도 있다. Blakeney, pp. 32-37 from *Moral Theology* (Venice, 1828), Vol. VI, p. 286. Fulop Miller, p. 154-156. 모든 교황은 도덕과 윤리에 대한 Liguori의 저작을 증거하며 인용할뿐만 아니라 승인하고 있다(Miller, p. 166).
33. 아돌프 히틀러를 배출한 사립학교는 예수회에 의해서 통제되었었다. "*The Congregation of Mary*" 모든 개신교도들은 예수회에 의해서 반 카톨릭 집단으로 분류되었다(Jesuit Weekly, America, April 18, 1940). 물론 히틀러는 반 개신교적인 인물이었다(L. H. Lehmann, pp. 23, 29, 46).
34. George Dollar, A History of Fundamentalism in America (Greenville, SC: Bob Jones University Press, 1973), pp. 174, 179, 190, 191, 213, 247, and 249. 감리교회에 대해서 145쪽에 걸쳐 저술한 책은 "Why the Methodist Church has Gone Modern"(Wheation, IL: 1959)이라는 제목의 책이다.
35. 독자는 Broadman Press literature에서 1940-1980에 출간한 *Adult Sunday School Union Quarterlies*를 볼 수 있을 것이다. 1952년 후에 RSV는 계속 일치해 왔다.

참고문헌

CHURCH HISTORIES

Alexander, Gross, James B. Scouller, Prof. R.V. Foster, and Prof. T.C. Johnson, *A History of the Methodist Church, South, The United Presbyterian Church.* Cumberland Press, 1894.

Amitage, Thomas, *A History of the Baptists.* Two volumes. Minneapolis: James and Klock Christian Pub. Co., 1977 reprint.

Ayer, Joseph Cullen, Jr., *A Source Book for Ancient Church History.* New York: Charles Scribner and Sons, 1952.

Baker, Robert, *A Summary of Christian History.* Nashville, Tennessee: Broadman Press, 1959.

Barnes, Lemuel, *2000 Years of Missons Before Carey.* Philadelphia: American Baptist Pub. Soc., 1900.

Bettenson, Henry, *Documents of the Christian Church.* New York: Oxford University Press, 1947.

--, *The Early Church Fathers,* Oxford Press, 1956.

Blanshard, Paul, *American Freedom and Catholic Power.* Boston: Beacon Hill Press, 1958.

Brown, Rev. William, *The History of Mission.* Vols. Ⅰ and Ⅱ. Additional notes by Benjamin Coles. Philadelphia; M'Carty and Davis, 1820.

Bruce, F.F., *The Books and the Parchments.* Old Tappan, New Jersey: Fleming Revell Co., 1950.

--, *The Spreading Flame.* Grand Rapids: Eerdmans Pub. Co., 1958.

Buckley, J.M., *A History of the Methodists in the United States.* Two volumes. New York: Charles Scribners and Sons, 1987.

Cairns, Earle E., *Christianity Through the Centuries.* Grand Rapids: Zondervan Pub. House, 1954.

Christian, John T., *A History of the Baptists.* Nashville, Tennessee: Sunday School Board of the Southern Baptist Convention, 1922.

Contantelos, Demetrius J., *The Greek Orthodox Church.* New York: Seabury Press, 1967.

Coy, George H., *The Inside Story of the Anglo-American Revised New Testament.* Dallas,

Oregeon: 1973.

Cramp, J.M., *Baptist History.* Philadelphia: American Baptist Pub. Soc., n.d.

Dargan, Edwin Charles, *The Art of Preaching in the Light of History.* Nashville, Tennessee: Sunday School Board of the Southern Baptist Convention, 1922.

--, *A History of Preaching.* Two volumes. New York: Hodder and Stoughton, 1905.

D'Aubigne, J.H. Merle, *The History of the Protestant Church in Hungary.* Boston: Phillips, Sampson, and Co., 1854.

Dolan, John P., *The Essential Erasmus.* Mentor Omega Book (nihil obstat); New American Library, 1964.

Dollar, George W., *A History of Fundamentalism in America.* Greenville, South Carolina: Bob Jones University Press, 1973.

Drummond, Andrew Landale, *The Story of American Protestantism.* Boston: Beacon Press, 1950.

Encyclopedia of Religious Quotations. Fleming and Revell, 1976.

Farrar, F.W., *Early Days of Christianity.* Vol.Ⅱ. Cassell, Petter, Galpin, and Co., 1882.

Fathers of the Church. Vols. 13 and 17. New York: Fathers of the Church, Inc., 1951.

Fisher, George P., *A History of the Christian Church.* New York: Charles Scribner and Sons. 1887, 1915.

Forbush, editor, *Foxe's Book of Martyrs.* Philadelphia: John C. Winston and Co., 1882.

Froom, LeRoy, *The Prophetic Faith of Our Fathers.* Vols., Ⅰ, Ⅱ and Ⅲ. Washington, D.C.: Review and Herald Pub. Co., 1948.

Fulton, John, editor, *Ten Epochs in Church History.* Ten volumes. New York: Charles Scribner and Sons, 1900.

Glover, Robert Hall, *The Progress of World-Wide Missions.* New York: George Doran and Co., 1924.

Goodspeed, Edgar J., *A History of Early Christian Literature.* Chicago: University of Chicago Press, 1942.

Gulston, Charles, *No Greater Heritage.* Grand Rapids: William B. Eerdmans Pub. Co., 1960.

Hefele, Charles Joseph, *A History of the Christian Councils.* Three volumes. Translated and edited by William R. Clark. Edinburgh: T&T Clarke, 1871.

Henri, Daniel Rops, *The Church of the Apostles and Martyrs.* Vol. Ⅰ translated by Audrey Butler. Image Book (nihil obstat), New York: Doubleday and Co., 1960.

Hoffman, Fred, *Revival Times in America.* Boston: W.A. Wilde Co., 1956.

Hughes, Philip, *The Church in Crisis.* Image Book (nihil obstat), New York: Doubleday and Co., 1960.

John, Bishop of Bristol, *The Ecclesiastical History of the Second and Third Centuries.* London: Griffith Ferran and Co., n.d.

Kane, J. Herbert, *A Global View of Christian Missions.* Grand Rapids: Baker Book House,

1971.

Kuiper, B.K., *The Church in History.* Grand Rapids: William B. Eerdmans Pub. Co., 1951

LaGarde, Andre, *The Latin Church in the Middle Ages.* Translated by Archibald Alexander. New York: Charles Scribners and Sons, 1915.

Lambert, O.C., *Catholicism Against Itself.* Two volumes. Winfield, Alabama: 1956.

Latourette, Kenneth Scott, *The Expansion of Christianity: Three Centuries of Advance.* Vols. Ⅰ-Ⅴ. New York: Harper and Bros. Pubs., 1939.

Lea, H.C., *The History of Sacredotal Celibacy.* London: Watts and Co., 1932.

Lebreton, Jules, and Zeiller, *The History of the Primitive Christian Church.* Two volumes. New York: MacMillan Co., 1946, 1949.

Luibheid, Colm. The Essential Eusebius. Mentor Omega Book (nihil obstat), New American Library, 1966.

Manhattan, Avro, *Religious Terror in Ireland.* Greenwood, South Carolina: Attic Press, 1971.

--, *The Vatican Billions.* Greenwood, South Carolina: Attic Press, 1972.

--, *Vatican Imperalism in the Twentieth Century.* Grand Rapids: Zondervan Pub. Co., 1965.

--, *The Vatican Moscow Alliance.* New York: Ralston-Pilot, Inc., 1977.

Morland, Samuel, *The Churches of the Valley of the Piedmont.* For Smith, Arkansas: Franklin Printing Co., 1975 reprint.

Moyer, Elgin, *Great Leaders of the Chirstian Church.* Chicago: Moody Press, 1951.

--, *Who Was Who in Church History.* Chicago: Moody Press, 1951.

Mueller, J. Theodore, *Great Missionaries to India.* Grand Rapids: Zondervan Pub. House, 1952.

Musurillo, Herbert A., *Fathers of the Primitive Church.* Mentor Omega Book (nihil obstat). New York: New American Library, 1966.

Newman, Albert Henry, *A History of the Baptist Church in the United States.* New York: Christian Literature Pub. Co., 1894.

--, *A Manual of Church Histroy.* Vols. Ⅰ and Ⅱ. Philadelphia: American Baptist Pub. Soc., 1904.

Nicene and Post-Nicene Fathers. Vols. Ⅰ and Ⅱ. Grand Rapids: William B. Eerdmans Pub. Co., 1952 reprint.

Norwood, Frederick, *The Development of Modern Christianity Since 1500.* New York: Abingdon Press, 1956.

Peterson, Paul, *The Rise and Fall of the Roman Catholic Church.* Keesport, Pennsylvania: 1960.

Qualben, Lars P., *A History of the Christian Church.* New York: Thomas Nelson and Sons, 1942.

Ray, D.B., *Baptist Succession.* St. Louis Baptist Pub. Co.,1880.

Reumann, *The Romance of Bible Scripts and Scholars.* Prentice Hall Pub. Co., 1967.

Schaff, Philip, *The Creeds of Christendom* Vols. I, II and III. New York: Harper and Bros., 1877, 1919.

Spence, H.D., *The Church of England*: A History for the People. Vols. I, II and III. London: Cassell and Co., Ltd., 1898.

Theron, Daniel, *Evidence of Tradition*. Grand Rapids: Baker Book House, 1958.

Thompson, R.W., *Footprints of the Jesuits*. Cincinnati: Cranston and Curtis Pub. Co., 1894.

Vacandad, *The Inquisition*. New York: Longmans, Green, and Co., 1908.

Vedder, Henry C., *A Short History of the Baptists*. Philadelphia: American Baptist Pub. Soc., 1907.

Walker, Williston, *A History of the Christian Church*. New York: Charles Scribner and Sons, 1959.

Webber, F.R., *A History of Preaching in Britain and America*. Three volums. Milwaukee: Northwestern Pub. House, 1957.

SECULAR HISTORIES

Beatty and Johnson, *Heritage of Western Civilization*. Vol. II. New Jersey: Prentice Hall, 1958.

Brinton, Christopher and Wolff, *Civilization in the West*. New Jersey: Prentice Hall, 1964.

Burckhardt, Jacob, *The Renaissance in Italy*. London: Albert and Charles Boni, 1935.

Creighton, M.A., *A History of the Papacy*. Vols. I-VI. London: Longmans, Green, and co., 1923.

Cubberley, Ellwood, *A History of Education*. New York: Houghton Mifflin Co., 1920.

Feiling, Keith, *A History of England*. New York: McGraw-Hill Book Co., Inc., 1948.

Grant, A.J., *A History of Europe*. Vol. V. New York: Barnes and Noble, 1951.

Hoover, J. Edgar, *Masters of Deceit*. Henry Holt and Co., 1958.

Huizinga, J., *The Wanting of the Middle Ages*. London: Edward and Arnold and Co., 1937.

Hulme, Edward M., *Renaissance and Reformation*. New York: Century Co., 1914.

Kilduff and Javers, *Suicide Cult*. Bantam Books, 1978.

Knight, Charles, *Half Hours of English History*. London: Frederick Warne and Co., n.d.

Knox's History of the Reformation. Vols. I and II. New York: Philosophical Library, 1950.

Lamb, Harold, *Charlemagne*. New York: Banatam Books, 1954.

McCabe, Joseph, *The Story of Religious Controversy*. Boston: Stratford Pubs., n.d.

McIntire, Carl, *Twentieth Century Reformation*. Second revised edition. Collingwood, New Jersey: Christian Beacon Press, 1945.

McNeil, John, *A History of the Cure of Souls.* New York: Harper and Bros., 1951.
Mott and Dee, *The Middle Ages.* Barnes and Noble, 1950.
Neve, J.L., *Churches and Sects of Christendom.* Blair, Nebraska: Lutheran Pub. House, 1944.
Runes, Dagobert D., *Pictorial History of Philosophy.* New York: Bramhall House, 1949.
Schwiebert, E.G., *Luther and His Times.* St. Louis, Missouri: Concordia Pub. House, 1950.
Smalley, Beryl, *Study of the Bible in the Middle Ages.* Oxford: Basil and Blackwell, 1952.
Smith and Cheetham, *Dictionary of Christian Antiquities.* Vol.Ⅱ. Hartford, Connecticut: J.B. Burr Pub. Co., 1880.
Smyth, J. Paterson, *The Bible in the Making.* New York: James Pott and Co., 1914.
Solzhenitsyn, Aleksandr Z., *The Gulag Archipelago.* Two volumes. Harper and Row Pbus., 1973.
Toland, John, *Adolph Hitler.* Doubleday and Co., 1976.
--, *Adolph Hitler, Pictorial Documentary.* Doubleday and Co., 1978.
Weber and White, *Civilization for Modern Times.* Catholic Education Press (nihil obstat), 1955.

THEOLOGICAL WORKS

Aubrey, Edwin Ewart, *Present Theological Tendencies.* New York: Harper and Bros. Pubs., 1936.
Baker, J.F. Bethune, *An Introduction to the Early History of Christian Doctrine.* London: Methuen and Co., 1923.
Berkhof, Louis, *History of Christian Doctrines.* Grand Rapids: William B. Eerdmans Pubs., 1949.
--, *An Introduction to Systematic Theology.* Grand Rapids: William B. Eerdmans Pubs., 1932.
--, *Systematic Theology.* Grand Rapids: William B. Eerdmans Pubs., 1949.
Boettner, Loraine, *Studies in Reformed Theology.* Grand Rapids: William B. Eerdmans Pubs., 1947.
--, *The Doctrine of Predestination.* Grand Rapids: William B. Eerdmans Pubs., 1932.
--, *Roman Catholicism.* Philadelphia: Presbyterian and Reformed Pub. Co., 1962.
Bright Lights in Dark Times. Oak Park, Illinois: Bible Truth Pubs., 1977.
Brunner, Emil. *The Christian Doctrine of God.* Philadelphia: Westminster Press, 1950.
--, *Dogmatics.* Vol.Ⅰ. Philadelphia: Westminster Press, 1950.
--, *The Theology of Crisis.* New York: Charles Scribner and Sons, 1929.
Buel, Samuel, *Dogmatic Theology.* Vol.Ⅰ. New York: Thomas Whittaker, 1890.

Burrows, Miller, *An Outline of Biblical Theology.* Philadelphia: Westminster Press, 1946.

Calvin, John, *The Institutes of the Christian Religion.* Translated by John Allen, Vols. I and II. Philadelphia: Presbyterian Board of Christian Education. n.d.

Chafer, Lewis Sperry, *Systematic Theology.* Vols. I, II and III. Dallas: Dallas Seminary Press, 1947.

Clark, W.H., *An Outline of Chirstian Theology.* New York: Charles Scribneer and Sons, 1911.

Donaldson, James, *The History of Christian Literature and Doctrine.* Three volumes. London: MacMillan and Co., 1866.

Dowey, Edward A., Jr., *The Knowledge of God in Calvin's Theology.* New York: Columbia University Press, 1952.

Finney, Charles G., *Lectures on Systematic Theology.* Grand Rapids: William B. Eerdmans Pub. Co., 1951.

Fisher, George P., *History of Christian Doctrine.* Edinburgh: T&T Clarke, 1896.

Harnack, Adolph, *The History of Dogma.* Eight volumes. Boston: Little, Brown, and Co., 1900.

Hengstenberg, E.W., *Christology of the Old Testament.* Three volumes translated by James Martin, Edinburgh: T&T Clarke, 1875.

Hislop, Alexander, *The Two Babylons.* Loizeaux Bros., 1916.

Hodge, *Systematic Theology.* Three volumes. New York: Scribner, Armstrong, and Co., 1873.

Illustrated Book of All Religions. Chicago: Star Pub. Co., n.d.

Kerr, H.T., *A Compendium of Luther's Theology.* Philadelphia: Westminster Press, 1943.

Kramm, H.H., *The Theology of Martin Luther.* London: James Clarke and Co., 1947.

Lawson, John, *The Biblical Theology of St. Irenaeus.* London: Epworth Press, 1948.

Mackintosh, Hugh Ross, *Types of Modern Theology.* London: Nisbet and Co., 1937.

Morrow, L.L., *My Catholic Faith,* kenosha, Wisconsin: My Mission House, 1949.

Neve, J.L., *A History of Christian Thought.* Two volumes. Philadelphia: Muhlenberg Press, 1946.

Porcelli, Baron, *The Anti-Christ.* Protestant Truth Soc., 1920.

Seeberg, Rheinhold. *Histroy of Christian Doctrines.* Books I and II. Grand Rapids: Baker Book House, 1952.

Shedd, William G.T., *Dogmatic Theology.* Vols. I and II. Grand Rapids: Zondervan Pub. House, 1888 reprint.

Simpson, W.J. Sparrow, *St. Augustine's Episcopate.* New York: MacMillan Co., 1944.

Smith, Wilbur, *Therefore Stand.* Baker Book House, 1945.

Stevens, George Barker, *The Theology of the Old Testament.* London: T&T Clarke, 1899.

Strong, Augustus H., *Systematic Theology.* Three volumes. Philadelphia: Judson Press, 1907.

Thiessen, Henry C., *Introductory Lectures on Systematic Theology.* Grand Rapids: William B. Eerdmans Pubs., 1949.

Van Oosterzee, J.J., *Christian Dogmatics.* Vol. I. New York: Scribner, Armstrong, and Co., 1874.

DOCTRINAL STUDIES

Barth, Karl, *The Epistle to the Romans.* Translated by Edwyn Hoskyns. Oxford: 1933.

--, *Doctrine of the Word of God.* Translated by G.T. Thomson. Edinburgh: T&T Clarke, 1936.

Belcher, Joseph, *Historical Sketches of Hymns.* Philadelphia: Lindsay and Blakiston Co., 1859.

Biederwolf, W.E., *How I Know God Can Answer Prayer.* Grand Rapids: William B. Eerdmans Pub. Co., n.d.

--, *The Millennium Bible.* Chicago: W.P. Blessing Co., 1924.

--, *Whipping-Post Theology.* Grand Rapids: William B. Eerdmans Pub. Co., 1934.

Blakeney, Rev. R.P., *Popery in Its Social Aspects.* Toronto, Canada: Gospel Witness. Edinburgh, Scotland: Hope Trust, n.d.

Brunner, Emil, *Revelation and Reason.* Translated by Olive Wyon. Philadelphia: Westminster Press, 1946.

--, *The Word and the World.* New York: Charles Scribner and Sons, 1931.

Butler. Donald, *Four Philosophies.* New York: Harper and Bros., 1951.

Cadoux, Cecil John, *The Case for Evangelical Modernism.* Chicago: Willett, Clark, and Co., 1939.

Carlson, Edgar M., *The Reinterpretation of Luther.* Philadelphia: Westminster Press, 1948.

Case, Shirley Jackson, *The Millennial Hope.* Chicago: University of Chicago Press, 1918.

Catechism Explained. New York: Benziger Bros., Spirgo-Clark, 1899.

Chevallier, Rev. Temple, *Epistles of the Apostolic Fathers.* Cambridge: 1833.

Cole, Henry, *Calvin's Calvinism.* Reprint of a translation of 1856. Grand Rapids: William B. Eerdmans Pub. Co., 1950.

Cooper, David L., *The World's Greatest Library.* Los Angeles: Biblical Research Soc., 1942.

Doctrines and Disciplines of the Methodist Church. New York: Methodist Pub. House, Whitmore and Stone. 1940.

Dods, Marcus, *The Bible: Its Origin and Its Nature.* New York: Methodist Pub. House, Whitmore and Stone. 1940.

Edwards, President Jonathan, *A History of the Work of Redemption.* New York: American

Tract Soc., 1808.
Ferm, Vergilius, *Puritan Sage.* New York: Library Pubs., 1953.
Free, Joseph, *Archaeology and Bible History.* Wheaton, Illinois: Van Kampen Press, 1950.
Fuller, David O., *True or False?* Grand Rapids: Grand Rapids International Pubs., 1973.
--, *Which Bible?* Grand Rapids: Grand Rapids International Pubs., 1970.
Gaussen, L., *Theopneustia.* Chicago: Bible Institute Colportage Assoc., n.d.
Gerberdin, G.H., *Lutheran Fundamentals.* Augustana Book Concern, 1925.
Gibbons, James, *The Faith of Our Fathers.* Baltimore, Maryland: John Murphy Co., 1876.
Gordon, A.J., *The Ministry of the Spirit.* Philadelphia: Judson Press, 1949, 1950.
Goulooze, William, *Pastoral Psychology.* Grand Rapids: Baker Book House, 1950.
Graves, J.R., *Seven Dispensations.* Memphis, Tennessee: Baptist Book House, 1883.
Harris, Laird, *Inspiration and Canonicity of the Bible.* Grand Rapids: Zondervan Pub. House, 1957.
Henry, Carl, *The Protestant Dilemma.* Grand Rapids: William B. Eerdmans Pub. Co., 1949.
Hentz, Rev. John P., *History of the Lutheran Version of the Bible.* Dayton, Ohio: F. Heer Printing Co., 1910.
Herklotts, H.G., *How Our Bible Came to Us.* New York: Oxford University Press, 1954.
Hildebrant, Franz, *From Luther to Wesley.* London: Lutterworth Press, 1951.
Hills, Edward, *Believing Bible Study.* Des Moines, Iowa: Christian Research Press, 1967.
--, *The King James Version Defended.* Des Moines, Iowa: Christian Research Press, 1956.
Hodge, Charles, *Commentary on the Epistle to the Romans.* New York: Armstrong and Son, 1882.
Horney, Karen, *The Neurotic Personality of Our Time.* New York: W.W. Norton and Co., 1937.
Hunter, A. Mitchell, *The Teaching of Calvin.* London: James Clarke and Co., 1950.
Jackson, Samuel Macauley, editor-in-chief, *The New Schaff-Herzog Encyclopedia of Religious Knowledge.* Twelve volumes, Sherman and Gilmore assisting. New York: Funk and Wagnalls Co., 1908.
James, William, *The Varieties of Religious Experience.* New York: Mordern Library, 1902.
Johnson, Paul E., *The Psychology of Religion.* New York: Abingdon-Cokesbury Press, 1945.
Johnson, Thomas H. and Perry Miller, *The Puritans.* New York: American Book Co., 1939.
Kerr, Hugh Thomson, *Preaching in the Early Church.* London: Fleming Revell and Co., 1942.
Kinkaid, Thomas, *The Baltimore Catechism, An Explanation.* New York: Benziger Bors., Inc., 1945.
Lightfoot, Bishop J.B., *The Apostolic Fathers.* New York: Macmillan and Co., 1898.

Luther, Martin, *A Commentary on St. Paul's Epistle to the Galatians*. Philadelphia: Smyth English and Co., 1860.

MacGregor, Gedder, *The Bible in the Making*. Philadelphia: J.D. Lippincott Co., 1959.

Manhattan, Avro, *Catholic Power Today*. Lyle Stuart, 1967.

Mason, Arthur James, *The Persecution of Diocletian*. Cambridge: Deighton Bell and Co., 1876.

Maxwell, L.E., *Crowded to Christ*. Grand rapids: William B. Eerdmans Pub. Co., 1952.

McCrossan, T.J., The Bible: *Its Christ and Modernism*. Wheaton, Illinois: Sword of the Lord Pubs., 1929.

Mead, Frank S., *Rebels With a Cause*. New York: Abingdon Press, 1964.

Miller, H.S., *General Biblical Introduction*. Word Bearer Press, 1937.

Morgan, G. Campbell, *Preaching*. New York: Fleming and Revell Co., 1937.

Mortimer, Rev. Alfred G., Catholic Faith and Practice. Vol. Ⅰ. London: Longmans, Green, and Co., 1905.

Nevius, Warren Nelson, *Religion as Experience and Truth*. Philadelphia: Westminster Press, 1941.

Niebuhr, Reinhold, *Beyond Tragedy*. New York: Charles Scribner and Sons, 1938.

Orr, James, *Revelation and Inspiration*. London: Duckworth and Co., 1918.

Parker, John H., *Library of the Fathers*. Vol.Ⅳ. London: Library of the Fathers, 1850.

Peck, Martin W., *The Meaning of Psychoanalysis*. New York: Permabooks, 1950.

Pegis, Anton C., *St. Thomas Aquinas, Basic Writings*. Two volumes. New York: Random House, 1945.

Pelikan, Jaroslav, *From Luther to Kierkegaard*. St. Louis, Missouri: Concordia Pub. House, 1950.

Pickering, Wilbur, *The Identity of the New Testament Text*. Thomas Nelson, Inc., 1977.

Pope, The Very Rev. Hugh, *English Versions of the Bible*. London: B. Herder Book Co., 1952.

Pressense, E. De, *The Martyrs and Apologists*. London: Hodder and Stoughton, 1871.

Pusey, Edward B., *The Confessions of St. Augustine*. New York: Pocket Books, Inc., 1933.

Queensborough, Lady, *Occult Theocracy*. Vol. Ⅰ. Christian Book Club of America, 1952.

Ramsey, W.M., *The Letters to the Seven Churches of Asia*. London: Hodder and Stoughton, n.d.

Rimmer, Harry, *Modern Science and the Genesis Record*. Grand Rapids: William B. Eerdmans Pub. Co., 1952.

--, *The Crucible of Calvary*. Grand Rapids: William B. Eerdmans Pub. Co., 1945.

Roberts-Donaldson, *The Ante-Nicene Fathers*. Ten volumes. Buffalo, New York: Christian Literature Pub. Co., 1885.

Rolston, Holmes, *A Conservative Looks at Barth and Brunner*. Nashville, Tennessee: Cokesbury Press, 1943.

Ruch, Floyd, *Psychology and Life.* Chicago: Scott, Foresman, and Co., 1948.

Ruckman, Peter S., *The Christian's Handbook of Manuscript Evidence.* Pensacola, Florida: Bible Baptist Bookstore, 1970.

--, *Satan's Masterpiece-The New ASV.* Pensacola, Florida: Bible Baptist Bookstore, 1971.

Rutledge, David, *Christ, Anti-Christ, and Millennium.* London: Marshall Bros., 1903.

Salter, Andrew, *The Case Against Psychoanalysis.* New York: Henry Holt and Co., 1952.

Sanday, Rev. William, *Inspiration (Bampton Lectures).* London, New York: Longmans Pubs., 1893.

--, and Rev. Arthur C. Headlam, *The Epistle to the Romans.* New York: Charles Scribner and sons, 1897.

Schleirmarcher, Friedrich, *The Christian Faith.* Mackintosh and Stewart, editors. Edinburgh, Scotland: T&T Clarke, 1948.

Second Coming of Christ. Chicago: Moody Press, 1896.

Smyth, Thomas, *Apostolic Succession.* Boston: Corcker and Brewster, 1841.

Swete, Henry B., *The Apocalypse of St. John.* Grand Rapids: William B. Eerdmans Pub. Co., 1951.

Thorpe, Louis and Barney Katz, *The Psychology of Abnormal Behavior.* New York: Ronald Press Co., 1948.

Wallechinsky and Wallace, *The People's Almanac.* New York: Doubleday and Co., 1975.

Wicks, Robert S., *Edge of Wisdom.* Scribner and Sons, 1964.

Wilhelm, Anthony, *Christ Among Us.* Newman Press (nihil obstat), 1967.

MISCELLANY

Arminius, James, *The Works of James Arminius.* Translated by James Derby. London: Miller and Orton, 1853.

Aulen, Gustaf, *Faith of the Christian Church.* Philadelphia: Muhlenberg Press, 1948.

Bailey, Albert and C.F. Kent, *History of the Hebrew Comminwealth.* New York: Charles Scribner's Sons, 1949.

Baille, John, *Invitation to Pilgrimage.* New York: Charles Scribner's Sons, 1942.

Bainton, Roland H., *Here I Stand.* New York: Abingdon-Cokesbury Press.

신 약 교 회 사

초판발행 1995년 11월 30일
개정증보판 1쇄 1997년 8월 20일
개정증보판 5쇄 2023년 2월 28일

지은이 피터 S. 럭크만
옮긴이 편 집 부
펴낸이 말씀보존학회
펴낸곳 말씀보존학회

서울시 강서 우체국 사서함 제90호
전화 (02) 2665-3743 / 팩스 (02) 2665-3302
인터넷 : www.biblemaster.co.kr
출판등록 제409-2022-000036호

값 32,000원